Über die Herausgeber

Uwe Flick, Prof. Dr. phil., geb. 1956 in Heidelberg, Studium der Psychologie und Soziologie in München und Berlin. Professor für Qualitative Methoden an der Alice Salomon Fachhochschule Berlin. Forschung und Lehre zu Qualitativen Methoden, Alltagswissen, Gesundheit bei Jugendlichen und im Alter.

Veröffentlichungen: Sozialforschung – Methoden und Anwendungen. Ein Überblick über die BA-Studiengänge (Reinbek 2009); Qualitative Sozialforschung – eine Einführung (Reinbek 2007, London u. a. 2002, Tokio 2002, Madrid 2004, São Paulo 2004, Lissabon 2005, Taipeh 2007); Qualitative Evaluationsforschung (Hg.; Reinbek 2006). The SAGE Qualitative Research Kit (Hg.; London u. a. 2007); Handbuch Qualitative Sozialforschung (Hg. mit E. v. Kardorff u. a., München 1991, 2. Aufl. 1995); An Introduction to Qualitative Research (London u. a. 1998, 3rd. Ed. 2006); Psychologie des Sozialen – Repräsentationen in Wissen und Sprache (Hg.; Reinbek 1995; Cambridge, New York 1998); Innovation durch New Public Health (Hg.; Göttingen 2002); Psychologie des technisierten Alltags (Opladen 1996); Wann fühlen wir uns gesund? – Subjektive Vorstellungen über Gesundheit und Krankheit (Hg.; Weinheim 1998); Triangulation – Eine Einführung (Wiesbaden 2004, 2. Aufl. 2008); Gesundheit als Leitidee? (mit U. Walter u. a., Bern 2004); Alt und gesund? (mit U. Walter u. a., Wiesbaden 2006); Gesundheit auf der Straße (mit G. Röhnsch, Weinheim 2008).

Ernst von Kardorff, Prof. Dr. phil., geb. 1950 in Traunstein, Studium der Soziologie und Psychologie in München. Professor für Soziologie am Institut für Rehabilitationswissenschaften der Humboldt-Universität zu Berlin. Forschung und Lehre zu Bewältigung chronischer Krankheit, Social Support, Angehörige in der Rehabilitation und Pflege, Berufsbiographien Behinderter, Altenhilfe, sozialpsychiatrische Versorgung, Selbsthilfe und Qualitative Forschung.

Veröffentlichungen: Qualitative Forschung in der Rehabilitation. In: Koch, U., Bengel, J. (Hg.), Handbuch der Rehabilitationswissenschaften (Berlin, Heidelberg, New York 2000); Psychiatrie und Sozialpädagogik. In: Otto, H.-U., Thiersch, H. (Hg.), Handbuch Sozialarbeit/Sozialpädagogik (Neuwied 2001); Mit dem kranken Partner leben. Anforderungen, Belastungen und Leistungen von Angehörigen Krebskranker (zus. mit C. Schönberger, Opladen 2004); Zur gesellschaftlichen Bedeutung und Entwicklung (qualitativer) Evaluationsforschung. In: Flick, U. (Hg.), Qualitative Evaluationsforschung. Konzepte – Methoden – Umsetzungen (Reinbek 2006); Virtuelle Gemeinschaften – eine neue Form der Vergesellschaftung? In: Hollstein, B., Straus, F. (Hg.), Qualitative Netzwerkanalyse (Wiesbaden 2006); Kein Ende der Ausgrenzung: Ver-rückter in Sicht? In: Anhorn, R., Bettinger, F., Stehr, J. (Hg.), Sozialer Ausschluss und Soziale Arbeit (Bielefeld 2006).

Ines Steinke, Dr. phil., MBA, geb. 1965 in Bischofswerda, Studium der Psychologie und European Business Administration in Leipzig und London. Forschung und Lehre zu qualitativen Methoden, Allgemeine Psychologie und Jugendforschung. Tätigkeit in der Wirtschaft in den Bereichen Markenführung, Markt- und Werbepsychologie sowie Usability und Design-Management.

Veröffentlichungen: Kriterien qualitativer Forschung. Ansätze zur Bewertung qualitativ-empirischer Sozialforschung (Weinheim 1999); Geltung und Güte. Bewertungskriterien für qualitative Forschung. In: Kraimer, K. (Hg.), Die Fallrekonstruktion – Sinnverstehen in der sozialwissenschaftlichen Forschung (Frankfurt/M. 2000).

*Uwe Flick, Ernst von Kardorff,
Ines Steinke (Hg.)*

Qualitative Forschung
Ein Handbuch

rowohlts enzyklopädie
im Rowohlt Taschenbuch Verlag

rowohlts enzyklopädie
Herausgegeben von Burghard König

9. Auflage Februar 2012

Originalausgabe
Veröffentlicht im Rowohlt Taschenbuch Verlag,
Reinbek bei Hamburg, Oktober 2000
Copyright © 2000 by Rowohlt Taschenbuch Verlag GmbH,
Reinbek bei Hamburg
Umschlaggestaltung any.way, Walter Hellmann
Satz aus der Sabon und Syntax PostScript (PageMaker),
Pinkuin Satz und Datentechnik, Berlin
Druck und Bindung CPI – Clausen & Bosse, Leck
Printed in Germany
ISBN 978 3 499 55628 9

Das für dieses Buch verwendete FSC®-zertifizierte Papier
Classic liefert Stora Enso, Finnland.

Inhalt

3. Theorie qualitativer Forschung

Vorwort

Dieses Handbuch will Zusammenhänge, gemeinsame Linien und Differenzen in den heterogenen Entwicklungen der qualitativen Forschung herstellen und aufzeigen. Die Leser mögen damit einen repräsentativen Überblick über die gegenwärtige Landschaft der qualitativen Forschung mit ihren erkenntnistheoretischen Grundannahmen, theoretischen Hauptlinien, methodologischen Grundpositionen und der Methodenentwicklung gewinnen und einen Eindruck von Entwicklungstendenzen erhalten. Dazu werden aktuelle Diskussionen im deutschsprachigen und angloamerikanischen Raum zusammengeführt.

Als Einstieg werden Beispiele vorgestellt, wie qualitative Forschung arbeitet. Dazu dienen Beschreibungen der Forschungsstile von Wissenschaftlern, die das Feld geprägt haben. Weiter wird verdeutlicht, welchen eigenen Beitrag qualitative Forschung zur sozialwissenschaftlichen Erkenntnisgewinnung, Theoriebildung und Methodologie leistet.

Die Theorie qualitativer Forschung wird anhand der wichtigsten Hintergrundtheorien und an Beispielen ausgewählter Gegenstandsbereiche qualitativer Forschung verdeutlicht, ergänzt durch Beiträge zu Forschungsdesigns und methodologischen Verfahrensweisen.

Der Schwerpunkt des Handbuchs liegt auf der Darstellung der wichtigsten Methoden, die derzeit in der qualitativen Forschung verwendet werden. Die Forschungspraxis bei der Erhebung und Interpretation qualitativer Daten steht damit im Zentrum des Buchs.

Abschließend wird die qualitative Forschung im Kontext betrachtet. Hier finden sich Beiträge zur Forschungsethik, zu Lehre und Verwendung qualitativer Forschung sowie kritische Reflexionen zu Stand und Perspektiven qualitativer Forschung.

Das Handbuch wendet sich an Studierende in verschiedenen Fächern, in denen qualitative Forschung angewendet wird. Deshalb wurde auch ein eigener Serviceteil mit Literaturempfehlungen zu Einführungen und klassischen Texten der qualitativen Forschung, Studienhinweisen und aktuellen Internetadressen am Ende des Buchs eingerichtet. Es wendet sich weiterhin an Lehrende in den Sozialwissenschaften und soll schließlich als Nachschlagewerk für qualitative Forscher an Hochschulen und in der Praxis dienen. Es ersetzt kein Lehrbuch der qualitativen Forschung und ist auch kein «Kochbuch», mit dessen alleiniger Hilfe man ein konkretes Forschungsvorhaben umsetzen kann. Vielmehr will es Orientierung, Hintergrund- und Reflexionswissen vermitteln und über den Stand der Entwicklung informieren. Am Ende jedes Beitrags finden sich Hinweise zu weiterführender Literatur.

Das vorliegende Handbuch unterscheidet sich von dem von Flick, Kardorff, Keupp, Rosenstiel und Wolff (1991) herausgegebenen «Handbuch Qualitative Sozialforschung» in konzeptioneller Hinsicht – so fehlen die Anwendungsbereiche qualitativer Forschung und disziplinspezifische Zugänge. Dafür haben wir hier die Darstellung von Methodologie und Methoden in den Vordergrund gestellt. Insofern können sich beide Bände ergänzen; ihre vergleichende Lektüre zeigt auch die produktive Weiterentwicklung im Feld qualitativer Methoden.

Aus Gründen der besseren Lesbarkeit wurde darauf verzichtet, immer die männliche und die weibliche Form zu verwenden. Leserinnen und Leser mögen sich bitte abwechselnd eine weibliche und eine männliche Person vorstellen, wo von Forschern und Interviewpartnern die Rede ist.

Zum Schluss möchten wir allen Autorinnen und Autoren noch einmal herzlich für ihre Beiträge danken und für ihre Bereitschaft zu Überarbeitungen und Kürzungen. Dank gebührt auch Frau Carola Volkmar, die das Gesamtliteraturverzeichnis und die Register bearbeitet hat. Nicht zuletzt danken wir dem Herausgeber der Reihe *rowohlts enzyklopädie*, Dr. Burghard König, für seine Unterstützung bei der Realisierung dieses Projekts auch in schwieriger werdenden Zeiten.

Uwe Flick, Ernst von Kardorff und Ines Steinke

Uwe Flick, Ernst von Kardorff und Ines Steinke

1. Was ist qualitative Forschung?
Einleitung und Überblick

Qualitative Forschung hat sich in den letzten Jahren zu einem breiten, manchmal schon fast unübersichtlichen Feld entwickelt. In unterschiedlichsten Disziplinen und Fächern ist sie zu einem Teil der Ausbildung in empirischen Forschungsmethoden geworden. Die Palette der Fächer reicht von Soziologie über Psychologie bis zu Kultur-, Erziehungs- und Wirtschaftswissenschaften, um nur einige Beispiele zu nennen. Neben den klassischen Grundlagenfächern findet sie immer mehr Aufmerksamkeit in den eher angewandten Fächern wie Sozialarbeit, Pflegewissenschaften oder Public Health. Qualitative Forschung hat seit jeher eine starke Anwendungsorientierung in ihren Fragestellungen und Vorgehensweisen und nimmt dort mittlerweile einen wichtigen Platz ein. Im Bereich der Sozialwissenschaften im weitesten Sinn gibt es kaum ein Forschungsfeld, in dem qualitative Forschung nicht zumindest auch eingesetzt wird – insbesondere wenn man den Blick auf die internationale Landschaft erweitert. Auch wenn Kritik, Vorbehalte und Vorurteile gegenüber qualitativer Forschung nicht verstummt sind, kann man doch festhalten, dass sie sich etabliert und konsolidiert und im Sinne von Thomas Kuhn (1962) den Status einer paradigmatischen «normal science» erreicht hat.

1. Einladung zur qualitativen Forschung

Qualitative Forschung hat den Anspruch, Lebenswelten «von innen heraus» aus der Sicht der handelnden Menschen zu beschreiben. Damit will sie zu einem besseren Verständnis sozialer Wirklichkeit(en) beitragen und auf Abläufe, Deutungsmuster und Strukturmerkmale aufmerksam machen. Diese bleiben Nichtmitgliedern verschlossen, sind aber auch den in der Selbstverständlichkeit des Alltags befangenen Akteuren selbst in der Regel nicht bewusst. Mit ihren genauen und «dichten» Beschreibungen bildet qualitative Forschung weder Wirklichkeit einfach ab, noch pflegt sie einen Exotismus um seiner selbst willen. Vielmehr nutzt sie das Fremde oder von der Norm Abweichende und das Unerwartete als Erkenntnisquelle und Spiegel, der in seiner Reflexion das Unbekannte im Bekannten und Bekanntes im Unbekannten als Differenz wahrnehmbar macht und damit erweiterte Möglichkeiten von (Selbst-)Erkenntnis eröffnet. Der theoretische und praktische Gewinn dieser Perspektive soll hier kurz und exemplarisch an vier Fragestellungen verdeutlicht werden, die in klassischen qualitativen Studien bearbeitet wurden.

(1) Wie prägen jugendliche Migranten eine lokale Kultur? Wie sehen sie ihre Lebensperspektiven? Wie reagieren sie auf ihre Umwelt, und welche Form sozialer Organisation erzeugt ihr Gruppenleben? (2) Welche Folgen hat das Leben als Patient in einer psychiatrischen Klinik, und wie kann er unter den dort vorgefundenen Bedingungen seine Identität bewahren? (3) Auf welchen Grundlagen beruht die Möglichkeit zu Verständigung und zu gemeinsamem Handeln in ganz unterschiedlichen sozialen Situationen? (4) Welches sind die konkreten Folgen von Arbeitslosigkeit, und wie werden sie individuell und in einer lokalen Gemeinschaft verarbeitet?

Das sind aus einer unendlichen Vielfalt möglicher Fragen Themenbereiche, die mit Hilfe qualitativer Methoden besonders gut, theoretisch fruchtbar und auch in praxisrelevanter Form bearbeitet wurden.

1. William F. Whytes (1955/1996) klassische ethnographische Studie über eine Straßengang in einer Großstadt im Osten der USA der 40er Jahre zeichnet aus einzelnen Beobachtungen, persönlichen Aufzeichnungen des Untersuchers und anderen Quellen ein umfassendes Bild einer dynamischen lokalen Kultur. Whyte hatte sich über eine Schlüsselperson Zugang zu einer Gruppe junger italienischer

Migranten der zweiten Generation verschafft. Durch seine zweijährige teilnehmende Beobachtung konnte er Informationen über Motive, Werthaltungen und Lebensgefühl sowie über die soziale Organisation, Freundschaftsbeziehungen und Loyalitäten dieser lokalen Kultur gewinnen. Diese verdichten sich in theoretisch belangvollen Aussagen wie:

> «Whytes Gangs können durchaus als Beispiel für eine temporäre Nichtanpassung junger Menschen gesehen werden. Sie entziehen sich den Normen des Elternhauses, (...) sehen sich gleichzeitig den vorherrschenden Normen der amerikanischen Gesellschaft ausgesetzt. Abweichendes Verhalten ist zu vermerken sowohl gegenüber den Normen des Elternhauses wie gegenüber den herrschenden Werten des Einwanderungslandes. Abweichendes Verhalten bis hin zur Kriminalität kann als vorübergehende Fehlanpassung gesehen werden, die sowohl die Option zur Anpassung wie auch zur dauerhaften Nichtanpassung in sich trägt» (Atteslander 1996, S. XIII).

2. Aus der genauen Beschreibung der Strategien, mit denen die Insassen ihre Identität sichern, konnte Erving Goffman in seinen Studien über psychiatrische Kliniken und Gefängnisse (1973a) allgemeine Strukturmomente der von ihm so genannten «totalen Institution» gewinnen: Auf die entpersönlichenden Verfahrensweisen wie Anstaltskleidung, Fehlen privater Rückzugsmöglichkeiten, beständige Überwachung, reglementierter Tagesablauf etc. reagieren die Insassen mit Ironie, Verstellung, betonter Überanpassung, heimlichen Bündnissen mit dem Personal, Rebellion usw. Mit dieser Konstruktion eines «Unterlebens» in der Institution sichern sie ihr Überleben als Subjekte. Diese Studie kann als eine der großen organisationssoziologischen Studien qualitativer Forschung gelten. Sie eröffnete zudem eine öffentliche Diskussion über die Lage von Psychiatriepatienten und Gefängnisinsassen und gab in den entsprechenden Bereichen Anregungen zu Reformen. Schließlich liefert sie heute noch Anregungen für eine Vielzahl ähnlicher Studien in anderen Bereichen wie Altenheime (z. B. Koch-Straube 1997).

3. Aus einer grundlagentheoretischen Perspektive konnte Harold Garfinkel (1967a) mit Hilfe sog. Krisenexperimente auf die ungenannten Voraussetzungen und Regeln zur Herstellung alltäglicher Verständigungsprozesse verweisen. Damit ließ sich soziale Integration als beständige und an Situationen angepasste Konstruktionsleistung der beteiligten Menschen beschreiben: Wenn etwa eine Person in einer alltäglichen Begegnung auf die eher floskelhafte Nachfrage

«Wie geht es dir?» mit der Rückfrage antwortet «Wie meinst du das, körperlich, geistig, seelisch?», dann bringt das erst einmal den erwarteten Ablauf der Dinge ins Stocken. Daran wird deutlich, dass Äußerungen nur kontextbezogen verstanden werden können und es keinen «gereinigten» Sinn gibt. Stärker als von abstrakten Normen wird das gemeinsame alltägliche Handeln der Menschen von einer kompetenten situativen Anwendung von Interaktions- und Kommunikationsregeln («Ethnomethoden») geprägt, in denen das Wissen und die Erfahrungen einer Kultur beständig hergestellt und lebendig werden.

4. In einer noch heute in der Arbeitslosenforschung immer wieder zitierten Studie sind Jahoda, Lazarsfeld und Zeisel (1933) den Folgen von Arbeitslosigkeit in einem kleinen österreichischen Industriedorf zur Zeit der Weltwirtschaftskrise der 30er Jahre nachgegangen. In einer schöpferischen Verknüpfung von quantitativen (z. B. Messung der Ganggeschwindigkeit, Einkommensstatistiken) und qualitativen Methoden (z. B. Interviews, Haushaltsbücher, Tagebuchaufzeichnungen, Aufsätze von Jugendlichen über ihre Zukunftsvorstellungen, Analyse von Akten usw.) und historischem Material haben sie mit der *Leitformel* (vgl. Jahoda 1995) einer «müden Gemeinschaft» eine verdichtete Charakterisierung des Lebensgefühls und der alltäglichen Handlungsabläufe in einer von Arbeitslosigkeit betroffenen Kommune herausgearbeitet. Gleichzeitig konnten sie unterschiedliche individuelle «Haltungstypen» als Reaktion auf Arbeitslosigkeit identifizieren, so die «Ungebrochenen», die «Resignierten», die «Verzweifelten» und die «Apathischen» – ein Ergebnis, das sich auch in der heutigen Forschung als nützliche Heuristik erweist.

Whyte steht für ein gelungenes Beispiel einer ethnographischen Studie *(→ 3.8; → 5.5)*, in deren Tradition sich qualitative Gemeinde- und Subkulturforschung, Untersuchungen zum abweichenden Verhalten bis zu den «Cultural Studies» *(→ 3.9)* entwickelt haben. Goffman hat viele Institutionsanalysen, Untersuchungen zur Interaktion zwischen Professionellen und ihren Kunden oder Patienten angeregt und für Strategien der situativen Präsentation der eigenen Identität im Angesicht der anderen sensibilisiert. Garfinkels Studie steht für eine Entwicklung qualitativer Forschung, die formale Strukturen und Regeln für die Konstruktion alltäglichen Handelns zu identifizieren sucht. Und die komplexe Soziographie von Jahoda et al. zeigt, wie praxisnah und sozialpolitisch relevant qualitative Forschung sein kann.

2. Warum qualitative Forschung?

Was macht allgemein die besondere Attraktivität und Aktualität qualitativer Forschung aus? Sie ist in ihren Zugangsweisen zu den untersuchten Phänomenen häufig offener und dadurch ‹näher dran› als andere Forschungsstrategien, die eher mit großen Zahlen und stark standardisierten, dadurch auch stärker objektivistischen Methoden und normativen Konzepten (Wilson 1973) arbeiten. In Antworten auf die Fragen in einem Leitfadeninterview (→ 5.2), in biographischen Erzählungen (→ 5.11), in ethnographischen Beschreibungen (→ 5.5; → 5.22) des Alltags oder der Prozesse in Institutionen wird häufig ein wesentlich konkreteres und plastischeres Bild davon deutlich, was es aus der Perspektive der Betroffenen heißt, z. B. mit einer chronischen Krankheit zu leben, als dies mit einer standardisierten Befragung erreicht werden kann. Gerade in Zeiten, in denen sich fest gefügte soziale Lebenswelten und -stile auflösen und sich das soziale Leben aus immer mehr und neueren Lebensformen und -weisen zusammensetzt, sind Forschungsstrategien gefragt, die zunächst genaue und dichte Beschreibungen liefern. Und die dabei die Sichtweisen der beteiligten Subjekte, die subjektiven und sozialen Konstruktionen (→ 3.4) ihrer Welt berücksichtigen. Auch wenn die Postmoderne vielleicht schon wieder zu Ende ist, die Prozesse der Pluralisierung und Auflösung, die neuen Unübersichtlichkeiten, die mit diesem Begriff beschrieben werden, bestehen weiter. Standardisierte Methoden benötigen für die Konzipierung ihrer Erhebungsinstrumente (z. B. ein Fragebogen) eine feste Vorstellung über den untersuchten Gegenstand, wogegen qualitative Forschung für das Neue im Untersuchten, das Unbekannte im scheinbar Bekannten offen sein kann. Damit können auch Wahrnehmungen von Fremdheit in der modernen Alltagswelt, in der «das Abenteuer gleich um die Ecke» beginnt (Bruckner & Finkielkraut 1981), beschrieben und in ihrer Bedeutung verortet werden. Gerade diese Offenheit für Erfahrungswelten, ihre innere Verfasstheit und ihre Konstruktionsprinzipien sind für die qualitative Forschung nicht nur Selbstzweck für ein Panorama von ‹Sittenbildern› kleiner Lebenswelten, sondern zentraler Ausgangspunkt für gegenstandsbegründete Theoriebildung (→ 2.1; → 6.6).

3. Forschungsperspektiven in der qualitativen Forschung

Die Bezeichnung qualitative Forschung ist ein Oberbegriff für unterschiedliche Forschungsansätze. Diese differieren in ihren theoretischen Annahmen, in ihrem Gegenstandsverständnis und methodischen Fokus. Sie lassen sich jedoch zu drei Hauptlinien zusammenfassen: Theoretische Bezugspunkte werden erstens in den Traditionen des *symbolischen Interaktionismus* *(→ 3.3)* und der *Phänomenologie* *(→ 3.1)*, die eher subjektiven Bedeutungen und individuellen Sinnzuschreibungen nachgehen, gesucht; zweitens in der *Ethnomethodologie (→ 3.2)* und im *Konstruktivismus (→ 3.4)*, die an den Routinen des Alltags und der Herstellung sozialer Wirklichkeit interessiert sind. Einen dritten Bezugspunkt bilden *strukturalistische* oder *psychoanalytische (→ 2.5; → 5.20)* Positionen, die von der Annahme von latenten sozialen Konfigurationen sowie von unbewussten psychischen Strukturen und Mechanismen ausgehen.

Die Ansätze unterscheiden sich weiterhin in ihren Forschungszielen und in den eingesetzten Methoden. Gegenüberstellen lassen sich erstens Ansätze, bei denen die «Sicht des Subjekts» (Bergold & Flick 1987) im Vordergrund steht, einer zweiten Gruppe, bei der das Ziel eher die Beschreibung der Prozesse der Herstellung vorhandener (alltäglicher, institutioneller oder allgemein: sozialer) Situationen, Milieus (z. B. Hildenbrand 1983) und sozialer Ordnung (etwa die ethnomethodologischen Sprachanalysen; → 5.17) ist. Die (zumeist) hermeneutische Rekonstruktion von «handlungs- und bedeutungsgenerierenden Tiefenstrukturen» im Sinne psychoanalytischer *(→ 5.20)* oder objektiv-hermeneutischer *(→ 5.16)* Konzeptionen (Lüders & Reichertz 1986) kennzeichnet die dritte Forschungsperspektive.

Die im Teil 5 ausführlicher behandelten Methoden der Erhebung und Auswertung von Daten lassen sich diesen Forschungsperspektiven wie folgt zuordnen: In der ersten Gruppe stehen (Leitfaden- oder Narrative) Interviews *(→ 5.2)* und darauf bezogene Verfahren der Codierung *(→ 5.13)* oder Inhaltsanalyse *(→ 5.12)* im Vordergrund. In der zweiten Forschungsperspektive werden Daten eher in Gruppendiskussionen *(→ 5.4)*, durch ethnographische Methoden bzw. (teilnehmende) Beobachtung *(→ 5.5)* sowie durch die mediale Aufzeichnung von Interaktionen erhoben, um sie dann diskurs- oder konversationsanalytisch *(→ 5.19; → 5.17)* auszuwerten. Hierzu lassen sich ebenfalls Ansätze der Gattungs- oder Dokumentenanalyse (→ 5.18; → 5.15) rechnen. Vertreter der dritten Perspektive erheben Daten vor allem durch die Aufzeichnung von Interaktionen und die Verwendung von Fotos (→ 5.6) oder Filmen (→ 5.7), die dann jeweils einer der unterschiedlichen Spielarten hermeneutischer Analyse zugeführt werden (vgl. Hitzler & Honer 1997).

Die Tabelle fasst diese Zuordnung noch einmal zusammen, ergänzt durch exemplarische Forschungsfelder, die die drei Perspektiven jeweils kennzeichnen.

	Forschungsperspektive		
	Zugänge zu subjektiven Sichtweisen	Beschreibung von Prozessen der Herstellung sozialer Situationen	Hermeneutische Analyse tiefer liegender Strukturen
Theoretische Positionen	Symbolischer Interaktionismus Phänomenologie	Ethnomethodologie Konstruktivismus	Psychoanalyse genetischer Strukturalismus
Methoden der Datenerhebung	Leitfaden-Interviews Narrative Interviews	Gruppendiskussion Ethnographie Teilnehmende Beobachtung Aufzeichnung von Interaktionen Sammlung von Dokumenten	Aufzeichnung von Interaktionen Fotografie Filme
Methoden der Interpretation	Theoretisches Codieren Qualitative Inhaltsanalyse Narrative Analysen Hermeneutische Verfahren	Konversationsanalyse Diskursanalyse Gattungsanalyse Dokumentenanalyse	objektive Hermeneutik Tiefenhermeneutik Hermeneutische Wissenssoziologie
Anwendungsfelder	Biographieforschung Analyse von Alltagswissen	Analyse von Lebenswelten und Organisationen Evaluationsforschung Cultural Studies	Familienforschung Biographieforschung Generationsforschung Genderforschung

Forschungsperspektiven in der qualitativen Forschung

4. Grundannahmen und Kennzeichen qualitativer Forschung

Bei aller Heterogenität der als ‹Qualitative Forschung› zusammengefassten Ansätze lassen sich doch verschiedene Grundannahmen und Kennzeichen festhalten, die ihnen gemeinsam sind (vgl. zum Folgenden auch Flick 2007a, Kap. 2 und 6; v. Kardorff 2000; Steinke 1999, Kap. 2).

Grundannahmen qualitativer Forschung
1. Soziale Wirklichkeit lässt sich als Ergebnis gemeinsam in sozialer Interaktion hergestellter Bedeutungen und Zusammenhänge verstehen. Beides wird von den Handelnden in konkreten Situationen im Rahmen ihrer subjektiven Relevanzhorizonte (Schütz 1971; → *3.1*) interpretiert und stellt damit die Grundlage für ihr Handeln und ihre Handlungsentwürfe dar. Menschen handeln auf der Basis von gemeinsam geteilten Bedeutungen, die sie Objekten, Ereignissen, Situationen und Personen zuschreiben (Blumer 1973). Diese Bedeutungen modifizieren sie beständig und «rahmen» (Goffman 1974b; → *2.2*) sie kontextbezogen in Reaktion auf die Deutungen anderer. In diesem Verständnis erscheinen soziale Wirklichkeiten als Ergebnis beständig ablaufender sozialer Konstruktionsprozesse (Berger & Luckmann 1969; → *3.4*). Für die Methodologie der qualitativen Forschung folgt daraus als erster Ansatzpunkt die Konzentration auf die Formen und Inhalte dieser alltäglichen Herstellungsprozesse über die Rekonstruktion der subjektiven Sichtweisen und Deutungsmuster der sozialen Akteure.

2. Aus der Annahme über die beständige alltägliche Herstellung einer gemeinsamen Welt resultieren der Prozesscharakter, die Reflexivität und Rekursivität sozialer Wirklichkeit. Für die Methodologie qualitativer Forschung folgt daraus als zweiter Ansatzpunkt die Analyse von Kommunikations- und Interaktionssequenzen mit Hilfe von Beobachtungsverfahren (→ *5.5*) und anschließenden sequenziellen Textanalysen (→ *5.16*; → *5.17*).

3. Menschen leben in unterschiedlichen Lebenslagen, die durch Indikatoren wie Einkommen, Bildung, Beruf, Alter, Wohnsituation usw. ‹objektiv› bestimmbar werden. Sie deuten ihre Lebensumstände sinnhaft in einer ganzheitlichen, synthetisierten und kontextualisierten Weise, die solchen Indikatoren erst eine interpretierbare Bedeutung verleiht und darüber vermittelt handlungswirksam wird.

Die aus den Aussagen der Subjekte gewonnenen und nach methodologischen Regeln typisierten Aussagen lassen sich z. B. mit dem
Konzept der «Lebenswelt» (→ 3.8) beschreiben. Darin werden subjektive oder kollektive Deutungsmuster – z. B. «Laientheorien»,
«Weltbilder», gemeinsam geteilte Normen und Werte –, soziale
Beziehungen und begrenzende wie Chancen eröffnende Lebensumstände mit den eigenen biographischen Entwürfen, der vergangenen
Lebensgeschichte und mit wahrgenommenen Handlungsmöglichkeiten in der Zukunft verknüpft. Dadurch werden subjektiv bedeutsame individuelle und milieutypische Lebenshaltungen und Le-
bensweisen erkennbar und verstehbar. Methodologisch führt dies
zum dritten Ansatzpunkt: zu einer hermeneutischen Interpretation
subjektiv gemeinten Sinns, der im Rahmen eines vorgängigen, intuitiven alltagsweltlichen Vorverständnisses für jede Gesellschaft ob-
jektivierbarer und idealtypisch beschreibbarer Bedeutungen verstehbar wird und damit individuelle und kollektive Einstellungen
und Handlungen erklärbar macht.

4. Dass Realität interaktiv hergestellt und subjektiv bedeutsam
wird, dass sie über kollektive und individuelle Interpretationsleistungen vermittelt und handlungswirksam wird, sind Hintergrundannahmen unterschiedlicher qualitativer Forschungsansätze. Dementsprechend kommt der Kommunikation in der qualitativen
Forschung eine herausragende Rolle zu. Methodologisch bedeutet
dies, dass die Strategien der Datenerhebung selbst einen kommunikativen, dialogischen Charakter aufweisen. Deshalb werden Theo-
rie-, Konzept- und Typenbildung in der qualitativen Forschung
selbst explizit als Ergebnis einer perspektivischen Re-Konstruktion
der sozialen Konstruktion der Wirklichkeit (→ 3.4) gesehen. In der
Methodologie der qualitativen Forschung sind zwei grundlegend
verschiedene Perspektiven der Re-Konstruktion zu unterscheiden:
– der Versuch der Beschreibung grundlegender allgemeiner Mechanismen, mit deren Hilfe Handelnde in ihrem Alltag eine gemeinsame soziale Wirklichkeit «herstellen», wie dies etwa in der Ethnomethodologie (→ 3.2) angenommen wird;
– die «dichte Beschreibung» (Geertz 1983a; → 2.6) der jeweiligen
  subjektiven Wirklichkeitskonstruktionen (Alltagstheorien, Biographien, Ereignisse usw.) und deren Verankerung in kulturellen
  Selbstverständlichkeiten und Praktiken in lokalen und organisa-
  tionsgeprägten Milieus.

Untersuchungen des ersten Typs liefern Erkenntnisse über die Methoden, mit denen Alltagshandelnde Gespräche führen, Situationen bewältigen, kurz: eine soziale Ordnung herstellen.

Untersuchungen des zweiten Typs liefern gegenstandsbezogene inhaltliche Informationen über subjektiv bedeutsame Verknüpfungen von Erleben und Handeln, über Auffassungen zu Themen wie Gesundheit, Erziehung, Politik, soziale Beziehungen, Verantwortung, Schicksal, Schuld, über Lebensentwürfe, inneres Erleben und Gefühle.

Theoretische Grundannahmen qualitativer Forschung
1. Soziale Wirklichkeit als gemeinsame Herstellung und Zuschreibung von Bedeutungen.
2. Prozesscharakter und Reflexivität sozialer Wirklichkeit.
3. ‹Objektive› Lebensbedingungen werden durch subjektive Bedeutungen für die Lebenswelt relevant.
4. Der kommunikative Charakter sozialer Wirklichkeit lässt die Rekonstruktion von Konstruktionen sozialer Wirklichkeit zum Ansatzpunkt der Forschung werden.

Kennzeichen qualitativer Forschungspraxis
Die Praxis qualitativer Forschung ist generell dadurch geprägt, dass es (1) nicht *die* Methode gibt, sondern ein methodisches Spektrum unterschiedlicher Ansätze, die je nach Fragestellung und Forschungstradition ausgewählt werden können.

Ein zentrales Kennzeichen qualitativer Forschung, das damit im Zusammenhang steht, ist (2) die Gegenstandsangemessenheit von Methoden: Für fast jedes Verfahren lässt sich zurückverfolgen, für welchen besonderen Forschungsgegenstand es entwickelt wurde. Ausgangspunkt war in der Regel, dass die vorhandenen Methoden für diesen spezifischen Gegenstand nicht geeignet waren. So wurde das narrative Interview *(→ 5.2; → 5.11)* ursprünglich für die Analyse kommunaler Machtprozesse entwickelt und die objektive Hermeneutik *(→ 5.16)* für Studien über sozialisatorische Interaktion. Für qualitative Forschung ist typisch, dass der untersuchte Gegenstand und die an ihn herangetragene Fragestellung den Bezugspunkt für die Auswahl und Bewertung von Methoden darstellen und nicht – wie dies etwa in der Psychologie mit ihrer Festlegung auf das Experiment noch weitgehend der Fall ist – das aus der Forschung ausgeschlossen bleibt, was mit bestimmten Methoden nicht untersucht werden kann.

Qualitative Forschung hat (3) eine starke Orientierung am Alltagsgeschehen und/oder am Alltagswissen der Untersuchten. Handlungsprozesse – z. B. Verläufe von Beratungsgesprächen – werden in ihrem alltäglichen Kontext situiert.

Entsprechend sind qualitative Erhebungs-, Analyse- und Interpretationsverfahren in starkem Maß dem Gedanken der Kontextualität (4) verpflichtet: Daten werden in ihrem natürlichen Kontext erhoben und Aussagen im Kontext einer längeren Antwort oder Erzählung, des Interviewverlaufs insgesamt oder auch der Biographie des Interviewpartners analysiert.

Dabei wird (5) die Unterschiedlichkeit der Perspektiven der Beteiligten berücksichtigt. Ein weiteres Kennzeichen qualitativer Forschung ist, dass die Reflexivität des Forschers über sein Handeln und seine Wahrnehmungen im untersuchten Feld als ein wesentlicher Teil der Erkenntnis und nicht als eine zu kontrollierende bzw. auszuschaltende Störquelle verstanden wird (6).

Das Erkenntnisprinzip qualitativer Forschung ist auch eher das Verstehen (7) von komplexen Zusammenhängen als die Erklärung durch die Isolierung einer einzelnen (z. B. Ursache-Wirkungs-)Beziehung. Verstehen richtet sich im Sinne des «methodisch kontrollierten Fremdverstehens» (Arbeitsgruppe Bielefelder Soziologen 1976) auf den Nachvollzug der Perspektive des anderen.

Um dieser Perspektive möglichst großen Spielraum zu lassen und ihr so nahe wie möglich zu kommen, ist vor allem die Datenerhebung bei qualitativer Forschung vom Prinzip der Offenheit (8) geprägt (Hoffmann-Riem 1980): Fragen werden offen formuliert, in der Ethnographie wird nicht mit starren Beobachtungsrastern, sondern offen beobachtet.

Qualitative Studien setzen häufig an der Analyse oder Rekonstruktion von (Einzel-)Fällen (Gerhardt 1995) an (9) und gehen erst im zweiten Schritt dazu über, diese Fälle vergleichend und verallgemeinernd zusammenzufassen oder gegenüberzustellen.

Weiterhin geht qualitative Forschung von der Konstruktion der Wirklichkeit (10) aus – den subjektiven Konstruktionen der Untersuchten und dem Vorgehen der Forschung als konstruktivem Akt (→ 3.4).

Schließlich ist die qualitative Forschung trotz der zunehmenden Bedeutung visueller Datenquellen wie Fotos oder Filme überwiegend eine Textwissenschaft (11). Sie produziert Daten als Texte – etwa transkribierte Interviews oder ethnographische Feldnotizen – und ist für die Mehrzahl ihrer (hermeneutischen) Interpretationsverfahren auf das Medium des Textes als Arbeitsgrundlage angewiesen.

In ihrer Zielsetzung ist qualitative Forschung immer noch eine entdeckende Wissenschaft (12), weshalb erkenntnistheoretische Konzepte wie die Abduktion *(→ 4.3)* sich zunehmender Aufmerksamkeit erfreuen. An die Entdeckung des Neuen in den Daten schließt sich häufig die Entwicklung von Theorien aus der Empirie als Großziel qualitativer Forschung an.

Kennzeichen qualitativer Forschungspraxis
1. Methodisches Spektrum statt Einheitsmethode
2. Gegenstandsangemessenheit von Methoden
3. Orientierung am Alltagsgeschehen und/oder Alltagswissen
4. Kontextualität als Leitgedanke
5. Perspektiven der Beteiligten
6. Reflexivität des Forschers
7. Verstehen als Erkenntnisprinzip
8. Prinzip der Offenheit
9. Fallanalyse als Ausgangspunkt
10. Konstruktion der Wirklichkeit als Grundlage
11. Qualitative Forschung als Textwissenschaft
12. Entdeckung und Theoriebildung als Ziel

---

5. Verhältnis zu quantitativ-standardisierter Forschung

Qualitative und quantitativ-standardisierte Forschung haben sich parallel zu zwei eigenständigen Bereichen empirischer Sozialforschung entwickelt. Sie lassen sich bei entsprechenden Fragestellungen auch miteinander verbinden *(→ 4.5)*. Dabei sollte aber nicht außer Acht gelassen werden, dass sie sich in wesentlichen Punkten voneinander unterscheiden. So zeigen sich Differenzen der beiden Forschungsrichtungen darin, welche Formen von Erfahrung als methodisch kontrollierbar angesehen und in der Folge als erlaubte Erfahrung zugelassen werden. Dies macht sich wesentlich an der Rolle

des Forschers und am Grad der Standardisierung des Vorgehens fest
(→ *4.1*):

1. In der quantitativen Forschung wird der Unabhängigkeit des
Beobachters vom Forschungsgegenstand ein zentraler Stellenwert
eingeräumt. Qualitative Forschung greift dagegen auf die (methodisch kontrollierte) subjektive Wahrnehmung der Forschers als Bestandteil der Erkenntnis zurück.

2. Quantitative Forschung ist für ihre vergleichend-statistischen
Auswertungen auf ein hohes Maß an Standardisierung der Datenerhebung angewiesen. Dies führt z. B. dazu, dass in einem Fragebogen die Reihenfolge der Fragen wie auch die Antwortmöglichkeiten
fest vorgegeben werden und im Idealfall die Bedingungen bei der Beantwortung der Fragen möglichst bei allen Untersuchungsteilnehmern konstant gehalten werden sollten. Qualitative Interviews sind
hier flexibler und passen sich stärker dem Verlauf im Einzelfall an.

Jenseits von Debatten, in denen sich beide Richtungen wechselseitig die wissenschaftliche Legitimation absprechen, lässt sich
nüchterner fragen, wo, d. h. bei welcher Fragestellung und welchem
Gegenstand, qualitative oder quantitative Forschung jeweils indiziert ist.

Qualitative Forschung ist immer dort zu empfehlen, wo es um
die Erschließung eines bislang wenig erforschten Wirklichkeitsbe-
reichs («Felderkundung») mit Hilfe von «sensibilisierenden Konzepten» (Blumer 1973) geht. Durch den Einsatz von «naturalistischen» Methoden, wie teilnehmender Beobachtung, offenen
Interviews oder Tagebüchern, lassen sich erste Informationen zur
Hypothesenformulierung für anschließende, standardisierte und repräsentative Erhebungen gewinnen (z. B. zur Rolle von Angehörigen in der Rehabilitation; zur Lebenswelt psychisch kranker
Menschen); hier bilden qualitative Studien wenn nicht eine Voraussetzung für, so zumindest eine sinnvolle Ergänzung zu quantitativen
Studien.

Qualitative Forschung kann sog. harte Daten von Patienten (z. B.
soziodemographische Daten, die Verteilung von Diagnosen in der
Bevölkerung) ergänzen durch deren subjektive Sichtweisen – etwa
Vorstellungen über die eigene berufliche Zukunft im Angesicht einer Erkrankung, ihre Zufriedenheit mit bestimmten Versorgungs-
leistungen.

Qualitative (Fall-)Studien können repräsentative quantitative

Studien differenzierend und vertiefend ergänzen und Erklärungen für zu interpretierende statistische Zusammenhänge liefern.

6. Geschichte und Entwicklungsstand qualitativer Forschung

Qualitative Forschung kann auf eine lange Tradition zurückblicken, die in den meisten Sozialwissenschaften bis in deren Anfänge zurückreicht. Sie erlebt seit den 60er Jahren in den USA und seit den 70er Jahren in der deutschsprachigen Diskussion jeweils eine Renaissance und findet seitdem immer stärkere Verbreitung (vgl. Flick 2007a, S. 35, für Phasen dieser Entwicklungen). Bislang gibt es unseres Wissens noch keine Monographie, die die Geschichte qualitativer Forschung nachzeichnet.

Ihre Entwicklung war seit jeher dadurch gekennzeichnet, dass sie sich in unterschiedlichen Teilbereichen vollzogen hat, die jeweils durch einen spezifischen Theoriehintergrund, ein eigenes Wirklichkeitsverständnis und ein eigenständiges methodisches Programm gekennzeichnet waren. Ein Beispiel hierfür ist die Ethnomethodologie, die durch einen spezifischen Forschungsstil *(→ 2.3)*, Theoriehintergrund *(→ 3.2)* und die Konversationsanalyse als Forschungsprogramm *(→ 5.17)*, das sich in einige neuere Ansätze ausdifferenziert hat *(→ 5.18; → 5.19)*, und insgesamt durch eine breite empirische Forschungsaktivität gekennzeichnet ist. Entsprechend solcher Entwicklungslinien lässt sich aktuell feststellen, dass sich eine Reihe von Feldern und Ansätzen qualitativer Forschung herausgebildet haben, die sich eigenständig entfalten und relativ wenig Bezug zu den Diskussionen und zur Forschung in den jeweils anderen Feldern haben. Solche Bereiche qualitativer Forschung sind etwa neben der Ethnomethodologie die objektive Hermeneutik *(→ 5.16)*, die Biographieforschung *(→ 3.6; → 3.7; → 5.11)*, die Ethnographie *(→ 3.8; → 5.5)*, Cultural Studies *(→ 3.3; → 3.9)* oder (ethno-)psychoanalytische Forschung und Tiefenhermeneutik *(→ 2.5; → 5.20)*. Diese Differenzierung qualitativer Forschung wird noch dadurch verstärkt, dass die deutschsprachigen und angloamerikanischen Diskussionen sich um teilweise sehr unterschiedliche Themen und Methoden drehen und dass es zwischen beiden Bereichen nur einen begrenzten Austausch gibt.

Schließlich sollte noch erwähnt werden, dass die methodische Diskussion in der deutschsprachigen Literatur nach einer Phase der grundlagentheoretisch orientierten Methodologiedebatten in den 70er Jahren in eine Phase der zunehmenden methodischen Konsolidierung und breiten Anwendung der Methoden in empirischen Projekten übergegangen ist. In der angloamerikanischen Diskussion waren dagegen die 80er und 90er Jahre stark von einer neuen Reflexivität und Infragestellung methodischer Gewissheiten geprägt (Stichworte sind hier: die Krise der Repräsentation und der Legitimation, ausgelöst durch die Debatten über das Schreiben in der Ethnographie – vgl. die Beiträge in Denzin & Lincoln 1994b; → 2.7; → 3.3; → 5.5; → 5.22). Mittlerweile ist aber auch hier ein verstärktes Bemühen um die Kanonisierung des Vorgehens in Lehrbüchern zu verzeichnen, zum Teil gerade unter Berücksichtigung der reflexiven Debatten (z. B. Gubrium & Holstein 1997; → 7).

Am Beginn des 21. Jahrhunderts ist die Entwicklung der Qualitativen Forschung noch deutlicher durch eine Diversifizierung gekennzeichnet (vgl. Flick 2007a, Kap. 31). Neben den weiter oben angesprochenen Entwicklungslinien, die wieder stärker zur Schulenbildung im Feld beitragen, ist vor allem die Ausdifferenzierung und Konsolidierung von speziellen Anwendungsbereichen qualitativer Forschung (bzw. Methoden) zu verzeichnen. Nimmt man nur die in rascher Folge erschienenen Handbücher als Indikatoren, lassen sich solche Entwicklungen für die qualitative Medienforschung (Ayas & Bergmann 2006; Mikos & Wegener 2005), die Psychologie insgesamt (Willig & Stainton-Rogers 2008) oder die Entwicklungspsychologie (Mey 2005), Gesundheits- und Pflegeforschung (Schaeffer & Müller-Mundt 2002), Evaluationsforschung (Flick 2006a), aber auch für die Grounded Theory (Bryant & Charmaz 2007) oder die Diskursanalyse (Keller et al. 2001) verzeichnen. Auch hier sind allerdings wieder die deutsch- und englischsprachigen Publikationen und Entwicklungen wenig miteinander verzahnt. Zu den jüngsten Entwicklungen, bei denen noch abzuwarten bleibt, ob sie mittelfristig auch die deutschsprachige qualitative Forschung vor neue Herausforderungen stellen werden, zählt einerseits der Trend zur pragmatischen Verknüpfung qualitativer und quantitativer Forschung in der sog. Mixed-Methodology-Bewegung (→ 4.5). Andererseits verlangen verschiedene Praxisbereiche nach der sog. Evidenzbasierung von Interventionen und Ansätzen. Dabei stellt sich zunehmend die Frage, wie sich Evidenz bei der Anwendung qualitativer Methoden bestimmen lässt und welche Rolle qualitative Forschung in dieser Entwicklung spielen kann (vgl. hierzu Denzin & Lincoln 2005b und Morse et al. 2001). Weiterhin wird die Frage der Qualität qualitativer Forschung nach wie vor diskutiert (vgl. Flick 2007c; Seale 1999a; Steinke 1999; → 4.7). Schließlich ist in verschiedenen Bereichen festzustellen, dass die Forschungspraxis mit qualitativen Methoden wesentlich weiter und breiter entwickelt ist, als der darauf bezogene methodologische und methodische Diskurs vermuten lässt – wie etwa für die qualitative Evaluationsforschung verschiedentlich festgehalten wird (→ 3.12; → 6.5; vgl. auch die Beiträge zu Flick 2006a).

7. Ziel und Aufbau des Handbuchs

Das vorliegende Handbuch will eine Bestandsaufnahme und Ortsbestimmung der sich differenzierenden qualitativen Forschung und einen Überblick über den Stand und die neueren Trends im Bereich der Theorie und Methodenentwicklung geben. Weiterhin soll es Zusammenhänge herstellen und gemeinsame Linien und Differenzen in den teilweise sehr heterogenen Entwicklungen der erkenntnistheoretischen Grundannahmen, der theoriespezifischen Zuordnungen, der methodologischen Grundpositionen und der Methodenentwicklung in der qualitativen Forschung aufzeigen. Diese Ziele werden in folgenden Etappen in Angriff genommen: Teil 2 «Wie qualitative Forschung gemacht wird – paradigmatische Forschungsstile» gibt dem Leser einen Einblick in die Forschungspraxis einiger führender Protagonisten der qualitativen Forschung. An einer Studie (oder mehreren) wird verdeutlicht, wie Forscherpersönlichkeiten wie Anselm Strauss, Erving Goffman oder Norman Denzin zu ihren Fragestellungen kommen, was den für sie typischen Untersuchungsaufbau, ihre Auswahl von Methoden, ihren Feldzugang und das Vorgehen bei der Erhebung, Auswertung bis zur Interpretation kennzeichnet. Die vorgestellten Vertreter wurden danach ausgewählt, dass sie jeweils für einen zentralen Ansatz in der Geschichte der qualitativen Forschung oder aktuelle Entwicklungen stehen.

Teil 3 «Theorie qualitativer Forschung» stellt zunächst die wesentlichen theoretischen Grundpositionen qualitativer Forschung dar. Im ersten Teilbereich *(→ 3.1–3.5)* werden die Hintergrundtheorien (z. B. Phänomenologie, Ethnomethodologie, Symbolischer Interaktionismus) in ihrem Einfluss auf die Gestaltung qualitativer

Untersuchungen, ihre Konsequenzen für methodische Überlegungen und für die Entscheidung für spezifische Methoden und Interpretationen untersucht. Im zweiten Teilbereich *(→ 3.6–3.12)* werden verschiedene gegenstandsbezogene Forschungsprogramme (z. B. Biographie-, Organisations- oder Evaluationsforschung) skizziert.

Teil 4 «Methodologie qualitativer Forschung» behandelt erkenntnistheoretische Fragen – von Abduktion über die Rolle von Hypothesen bis zu Gütekriterien bei qualitativer Forschung. Weiterhin werden allgemeinere Fragen der Gestaltung qualitativer Forschung zum Gegenstand.

Der fünfte Teil «Qualitative Methoden und Forschungspraxis» stellt die wesentlichen Methoden qualitativer Forschung entlang des Ablaufs des qualitativen Forschungsprozesses dar: Nach dem Feldzugang werden Methoden zur Erhebung verbaler Daten (Interviews, Gruppendiskussionen) und audiovisueller Daten (Beobachtung und die Verwendung von Film und Fotomaterial) behandelt. Daran schließen sich Kapitel zu den Methoden der Aufbereitung (Transkription verbaler Daten) und Auswertung von Interviewdaten, zu computerunterstützten Analysen, Inhaltsanalysen sowie den wichtigsten Methoden der Dateninterpretation an. Abschließend wird die Frage der Darstellung der Ergebnisse und Vorgehensweisen qualitativer Forschung behandelt.

Im Teil 6 wird «Qualitative Forschung im Kontext» – von Forschungsethik und Datenschutz, ihrer Vermittlung in der Lehre und von Fragen der Verwendung der Erkenntnisse in der Praxis – betrachtet. Schließlich wird qualitative Forschung von drei Autoren *(→ 6.4–6.6)* im Zusammenhang ihrer Entwicklung diskutiert. Den Abschluss bildet ein Serviceteil, der Informationen über Zeitschriften, klassische Literatur und Lehrbücher, Datenbanken, Computerprogramme sowie Internetquellen u. a. gibt.

Weiterführende Literatur

Flick, U. (2007). Qualitative Sozialforschung – Eine Einführung. Reinbek bei Hamburg: Rowohlt.

Gubrium, J. F. & Holstein, J. A. (1997). The New Language of Qualitative Method. New York, Oxford: Oxford University Press.

Strauss, A. L. (1987). Qualitative analysis for social scientists. Cambridge: Cambridge University Press (dt. 1991: Grundlagen qualitativer Sozialforschung. München: Fink).

2. Wie qualitative Forschung gemacht wird – paradigmatische Forschungsstile

2.0 Einleitung

In diesem Teil werden Wissenschaftler vorgestellt, die die heutige Landschaft qualitativer Forschung nicht nur durch ihre bahnbrechenden theoretischen Konzepte, methodologischen Annahmen oder methodischen Innovationen nachhaltig gestaltet, sondern ihr auch einen sehr persönlichen Stempel durch ihre Arbeitsweise aufgeprägt haben. Gerade der persönliche Zugang zum Feld, die Haltung zu den untersuchten Menschen in ihren spezifischen Milieus, ein originelles und suchendes Vorgehen bei der Methodenentwicklung, Mut zur Theorieentwicklung – oft quer zu eingefahrenen Gleisen – spielen bei qualitativer Forschung eine große Rolle. Trotz vielfältiger Versuche zur Standardisierung und Kodifizierung qualitativer Forschung und Entwicklung von Lehrtraditionen (→ 6.2) bleibt doch immer ein unaufhebbarer «Rest», der durch die Person des Forschers, seine Originalität, Hartnäckigkeit, sein Temperament und seine Vorlieben – eben seinen unverwechselbaren *Stil* – bestimmt wird. In der Person der prägenden Forscher, in ihrem Erfindungsreichtum (→ 6.6), ihrer Beobachtungsgabe, ihrer Sensibilität für Äußerungen, ihrem Sinn für Situationen und ihrer «Kunst der Interpretation» (→ 5.21) liegt begründet, was ihre Werke zu Klassikern des Feldes und zu den «Riesen» macht, auf deren Schultern wir stehen, um eine Formulierung von Robert K. Merton aufzugreifen.

An ausgewählten Beispielen herausragender qualitativer Forscher soll gezeigt werden, «wie qualitative Forschung gemacht wird». Unsere Auswahl orientiert sich an Vertretern qualitativer Forschung, die bis heute den Mainstream der qualitativen Forschung prägen. Sie haben entweder eigene Forschungsparadigmen begründet und in ihrem Forschungsbereich klassische Studien erarbeitet. Oder sie haben mit ihren Ansätzen über ihre jeweilige Disziplin oder Herkunft hinausgehende Wirkungen erzielt bzw. einen substanziellen Beitrag zur Weiterentwicklung der qualitativen Forschung geleistet. Persönlichkeiten wie Howard S. Becker, Marie Jahoda, Dorothy K. Smith, Ulrich Oevermann oder William F. Whyte und einige andere, die alle zu dieser Galerie hinzugehören, mögen verzeihen, dass sie sich hier nicht wieder finden.

Der erste Beitrag widmet sich Anselm Strauss *(→ 2.1)*. Zusammen mit Barney Glaser ist er Begründer der Grounded Theory in der Tradition des Symbolischen Interaktionismus. Neben großen theoretischen Abhandlungen und wegweisenden Studien im Feld der Medizinsoziologie übt Strauss vor allem durch seine Lehrbücher zum konkreten Vorgehen – von Datenauswahl und -erhebung über Auswertung und Codierung bis zur Interpretation und Darstellung – immer noch großen Einfluss aus.

Erving Goffman *(→ 2.2)* ist der breiteren Öffentlichkeit vielleicht durch seine Bücher «Asyle» (1973a) oder «Wir alle spielen Theater» (1969) bekannt. Er beeinflusst mit seinen originellen und eigenständigen Konzepten bis heute viele Studien zur Face-to-face-Interaktion, Identitätsbildung, zur Präsentation des Selbst im Alltag, zur Situationsgebundenheit und Organisationsbestimmtheit sozialer Interaktion.

Harold Garfinkel gilt als Begründer der Ethnomethodologie *(→ 3.2)*. Harvey Sacks ist der Erfinder der Konversationsanalyse *(→ 5.17)*. Beide haben mit ihrer radikalisierten Frage nach den Grundlagen sozialer Ordnung und ihrer innovativen Entwicklung neuer methodischer Instrumentarien, wie der sequenziellen Textanalyse, einen ganz neuen Blickwinkel sozialwissenschaftlicher Forschung eröffnet, der die Sicht auf eine Tiefengrammatik der Sozialität freigibt *(→ 2.3)*.

Paul Willis *(→ 2.4)*, Mitbegründer des Center for Contemporary Cultural Studies in Birmingham, hat mit seinen Studien zur Populärkultur von Jugendgruppen und zum Spannungsverhältnis zwischen traditionellen und neu entstehenden Milieus wesentlich zur Entwicklung der Cultural Studies *(→ 3.9)* beigetragen.

Die Studien von Paul Parin, Fritz Morgenthaler und Goldy Parin-Matthèy *(→ 2.5)* gehören neben den Untersuchungen von Georges Devereux zu den Klassikern der Ethnopsychoanalyse und eröffnen Einblicke in das Fremde, in dem sich doch bekannte und unbewusste Muster wieder finden, die insbesondere das Verhältnis von Individuum und Gesellschaft betreffen.

Den Abschluss bilden Beiträge über zwei Forscher, Clifford

Geertz (→ 2.6) und Norman K. Denzin (→ 2.7), die aus unterschiedlicher wissenschaftlicher Herkunft zu den großen Erneuerern und zu kritischen Wortführern innerhalb der qualitativen Forschung geworden sind. Gerade aufgrund ihrer ausgedehnten Felderfahrungen und umfangreicher empirischer Studien konstatieren sie eine Krise der Repräsentation, auf die sie in reflektierter und unterschiedlicher Form antworten.

Bruno Hildenbrand
2.1 Anselm Strauss

1. Pragmatismus und Symbolischer Interaktionismus als theoretische Grundlagen von Strauss' Methodologie
2. Die Charakteristik des Forschungsprozesses
3. Darstellung des Forschungsprozesses im Stil der Grounded Theory am Beispiel der Studie über chronisch Kranke
4. Zur Stellung der Grounded Theory im Kontext der qualitativen Sozialforschung

1. Pragmatismus und Symbolischer Interaktionismus als theoretische Grundlagen von Strauss' Methodologie

In einer ihrer Übersichten über die Grounded Theory nennen Corbin und Strauss zwei Schlüsselthemen, die die Entwicklung dieser von Barney Glaser und Anselm Strauss begründeten Methodologie leiten: (1) Das erste Thema bezieht sich auf den Begriff des *Wandels*, das heißt, es geht um das Entdecken grundlegender Prozesse, die Wandel bewirken. Diese Prozesse betreffen soziale Einheiten vom Individuum bis hin zur Organisation; sie werden von Wandel beeinflusst und beeinflussen ihrerseits Wandel, sie bringen ihn also hervor. (2) Das zweite Thema bezieht sich auf das Verhältnis der Grounded Theory zum Determinismus. Zwar wird das Bestehen von strukturellen Bedingungen eines Handelns anerkannt (vgl. Strauss 1993b, S. 60–65; Corbin & Strauss 1993, S. 110 ff.). Jedoch sind die Handelnden diesen Bedingungen nicht ausgeliefert – sie nehmen

Wahlmöglichkeiten wahr und treffen auf dieser Grundlage ihre Wahlen.

In anderer Formulierung könnte man von vier Grundbegriffen sprechen, die vom Pragmatismus herkommen und das Forschen von Anselm Strauss leiten: *Interaktion, Zeitlichkeit, Prozesshaftigkeit, Strukturiertheit* (Soeffner 1995, S. 30).

Als weiteres grundlegendes Konzept ist die Nähe von künstlerischem und wissenschaftlichem Arbeiten zu nennen, und zwar in der Hinsicht, wie Künstler bzw. Wissenschaftler mit ihrem Material (dem Sujet eines Bildes, dem Thema eines Forschungsprojekts) umgehen. Es besteht eine intensive Wechselbeziehung in der Auseinandersetzung mit dem Thema, die beide Beteiligten verändert. Es entsteht «eine Ordnung und eine Form, die beide vorher nicht besaßen» (Dewey 1980, S. 79, zitiert in Strauss 1991, S. 35). Dem liegt die Auffassung des Pragmatismus (wie anderer philosophischer Traditionen, z. B. der Phänomenologie) zugrunde, eine Spaltung zwischen Erkennendem und Erkanntem, Subjekt und Objekt, nicht anzunehmen, sondern eine Interaktion zwischen beiden. Die Objektivität bleibt dabei nicht auf der Strecke. Schließlich ist es das Material, das den Forschungsprozess steuert, und es ist die Kreativität des Forschers, die die Strukturiertheit des Materials offen legt: «Der Forschungsprozess leitet den Forscher, alle potenziell lohnenden Wege zum Verstehen zu gehen» (Corbin & Strauss 1990, S. 420).

2. Die Charakteristik des Forschungsprozesses

Grounded Theory als triadischer und zirkulärer Prozess
Bei seinen Forschungen nimmt Anselm Strauss den Ausgangspunkt nicht bei theoretischen Vorannahmen, die es zu überprüfen gilt. Die genaue Kenntnis bestehender Theorien ist zwar unverzichtbar, der Umgang mit ihnen erfolgt jedoch eher respektlos (Star 1997, S. 2). Theoretische Konzepte, die in einer Untersuchung entwickelt werden, werden im Zuge der Analyse von Daten *entdeckt* und müssen sich an den Daten *bewähren* – andere Kriterien gibt es nicht. Auch am Ende eines Forschungsprojekts wird daher der Weg zu den Daten immer wieder neu beschritten, der Analyseprozess ist triadisch und zirkulär (i. S. des hermeneutischen Zirkels) zugleich:

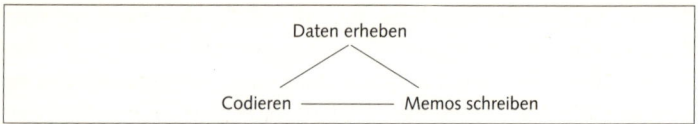

Abbildung 1: Grounded Theory als triadischer und zirkulärer Prozess

Dem entspricht auch der Prozess des Schlussfolgerns. Hier steht der Pragmatist Charles S. Peirce Pate. Strauss selbst spricht von einer Verknüpfung von induktiven und deduktiven Verfahren des Schlussfolgerns und verzichtet darauf, seine diesbezüglichen Erörterungen bei Peirce abzusichern, die bei ihm nur zwischen den Zeilen aufscheinen. Hätte er diesen Bezug explizit gemacht, dann wäre es unverzichtbar gewesen, abduktives Schlussfolgern als erste Stufe des Schlussfolgerns einzubeziehen *(→ 4.3)*.

Der gesamte Prozess sieht dann so aus: Abduktive Schlüsse dienen dazu, eine erklärende Hypothese in der Form zu bilden, dass von einer Folge auf ein Vorhergehendes geschlossen wird. Solche Schlüsse sind ein grundlegendes Prinzip des bewussten erkennenden Lebens allgemein, kommen also auch im Alltag vor, und sind zugleich die zentrale Forschungsstrategie des Erkennens von Neuem (Grathoff 1989, S. 281).

Erkenntnisse auf Grundlage abduktiven Schlussfolgerns kommen, wie Peirce sagt, wie ein Blitz – Gesetz und Anwendung werden gleichzeitig erkannt. Voraussetzung dafür ist die Bereitschaft, sich von Vorannahmen frei zu machen und unbefangen auf die Daten zu blicken *(→ 4.3)*.

Hierzu ein Beispiel (aus: Hildenbrand 1999, S. 52 ff.). In einer Studie werden familiengeschichtliche Daten analysiert: Der Vater von Herrn Dittrich war als Wanderhändler viel unterwegs, und Herr Dittrich, der zweitälteste Sohn, kehrte das erste Mal auf den Hof seiner Mutter zurück, als er die weiterführende Schule abbrach, während sein älterer Bruder den Schulbesuch fortsetzen konnte, und das zweite Mal, als er nach etlichen Wanderjahren und nach dem Krieg den Hof trotz erheblicher Erbauseinandersetzungen übernahm. Er kam also vom Hof (und von der Mutter) nicht los. Er wird ihr enger Vertrauter gewesen sein.

Diese Informationen und sich daran anschließende Vermutungen zusammenziehend, heißt das: Es bestand eine enge Beziehung zwischen Herrn Dittrich und seiner Mutter in den ersten Lebensjahren, aus der der Vater ausgeschlossen war. Sie war so eng, dass die Entwicklung der Fähigkeit für eine Perspektivenübernahme eingeschränkt war.

Auf der zweiten Stufe des Forschens, der Stufe der Deduktion, werden die abduktiv gewonnenen Hypothesen in ein Typisierungsschema überführt, das «in der Art eines Diagramms» (Peirce, zitiert nach Grathoff 1989, S. 276) formuliert wird. Hier wird untersucht, «welche Auswirkungen diese Hypothese, falls sie unterstellt wird, auf die Modifizierung unserer *Erwartungen* hat, die sich auf eine künftige Erfahrung beziehen» (Peirce, a. a. O.).

Hierzu die Fortsetzung unseres Beispiels: Aus der abduktiv erschlossenen Hypothese von der Einschränkung der Perspektivenübernahme schließen wir deduktiv, dass Herr Dittrich von klein auf ein Problem mit der Nähe-Distanz-Regulierung haben wird, das sich als Ambivalenz ausdrückt. In einem Diagramm skizzieren wir, welche Resultate wir für die aktuelle Paar- und Familiensituation erwarten:

Ambivalenz	
abgegrenzt	bezogen
milieuweltlich: Verhältnis der Familie zu ihrer sozialen Umgebung: Außenseiter im Dorf, aber auf das Dorf verwiesen	*interaktionsstrukturell:* Ehemann befangen in seiner Perspektive, daraus resultierend gespannte Paarbeziehung
Stillstand von Zeit **vs. Strukturtransformation**	

Auf der dritten Stufe des Forschens, der Stufe der Induktion, wird schließlich überprüft, «inwiefern die Konsequenzen, die sich aus der deduktiven Applikation der Hypothese ergeben, mit der Erfahrung übereinstimmen» (Peirce, zitiert nach Grathoff 1989, S. 277). Damit ist die Forschung am Ende des Forschungsprozesses wieder bei den Daten angelangt.

Um zum Beispiel zurückzukommen: Eingeschränkte Perspektivenübernahme entfaltet ihre subversive Kraft vor allem dann, wenn es bei dem Betreffenden keine Entwicklung gegeben hat. Darum wurde in das Diagramm die Spalte «Stillstand von Zeit vs. Strukturtransformation» eingefügt. Sodann wird das Familienleben sowohl unter milieuweltlichen (z. B. Stellung der Familie im Dorf) als auch unter interaktionsstrukturellen Gesichtspunkten gezielt auf den im Diagramm skizzierten Hypothesenkomplex untersucht, nachdem dafür geeignete Daten erhoben worden sind, und die Frage der Entwicklung wird gesondert analysiert: Wie war es zu

Beginn der Ehe, was hat sich wann und wie verändert, was ist gleich geblieben?

Die Arbeitsschritte im Forschungsprozess

Der Analyseprozess beginnt damit, dass der Forscher ein geringes Quantum an Daten erhebt und an dieses Material Fragen stellt. Das heißt: «Ereignisse werden genommen für bzw. analysiert als potenzielle Indikatoren für Phänomene, denen konzeptuelle Bezeichnungen gegeben werden» (Corbin & Strauss 1990, S. 420). Entscheidend ist, die Phase der Erhebung von Material von der der Analyse dieses Materials nicht zu trennen, sondern miteinander zu verschränken und nur so viel an Material zu erheben, wie für den Analyseprozess erforderlich ist. Nur so kann das Material die Analyse steuern. Die einzelnen Schritte sind wie folgt (vgl. Strauss 1991, S. 44–47):

– Der Forscher stellt Fragen an das Material (dieser Prozess heißt bei Strauss: Codieren), dabei unterstützt ihn das *Codierparadigma* (Strauss 1991, S. 57): Es wird gefragt nach Bedingungen/Interaktionen zwischen den Akteuren/Strategien und Taktiken/Konsequenzen *(→ 5.13).*

– Im Prozess des Codierens entwickelt der Forscher *Konzepte*, das sind in Begriffe gefasste Hypothesen, und er stellt Zusammenhänge zwischen diesen Konzepten her. Immer neues Codieren von Daten führt zu dichteren konzeptionellen Zusammenhängen und damit zu einer Theorie *(→ 4.2).*

– Diese entstehende Theorie wird stets überprüft, und zwar auf dem Weg des Kontrastierens: In einem Verfahren, das Strauss «theoretical sampling» nennt und das von der sich entwickelnden Theorie gesteuert wird, werden Beispiele herangezogen, die geeignet sind, bisherige Schlussfolgerungen zu überprüfen *(→ 4.4; → 5.13).*

– Es werden immer neue Daten codiert.

– Die sukzessive Integration der Konzepte führt zu einer oder mehreren Schlüsselkategorien und damit zum Kern der entstehenden Theorie.

– Die einzelnen Bestandteile der sich entwickelnden Theorie werden in Theorie-Memos ausgearbeitet, in einen Zusammenhang gebracht und in diesem Prozess ausgebaut.

– Auch in der Endphase der Entwicklung einer Theorie kann es als geboten erscheinen, neue Daten zu erheben und zu codieren – es ist immer die Empirie, an der sich eine Theorie zu erweisen hat und zu der die Theorie immer zurückkehrt als letzter Instanz.

– Dies erstreckt sich auch in das Abfassen der entstehenden Theorie hinein. An den Abschlussbericht werden überdies ästhetische Forderungen gestellt: Hier soll die Wissenschaftlerin oder der Wissenschaftler *kreativ gestalten.*

Grounded Theory in Forschung und Lehre

Eine Darstellung des Forschungsstils von Anselm Strauss wäre unvollständig, würde man die Aspekte Forschungsberatung und Lehre nicht einbeziehen. Für Strauss sind «lernen, lehren, arbeiten und spielen untrennbar kombiniert» (Star 1997, S. 1; → 6.2).

Strauss ist ein exemplarischer Vertreter des Humboldt'schen Universitätsgedankens, und er verkörperte bis zu seinem Tod 1996 kurz vor Erreichen des 80. Lebensjahres, der ihn mitten aus der Arbeit riss, exemplarisch den Typus des Gelehrten.

Wie Strauss auf der Fachlichkeit des Analyseprozesses besteht und sich gegen jede Form von Intuitionismus wendet, gleichzeitig aber eine Formalisierung interpretativer Forschung ablehnt, so stellt er Richtlinien für den Beratungsprozess auf, ohne diese als Dogma auszugeben.

Dies hätte im Übrigen auch nicht Strauss' Menschenbild entsprochen. Dieses ist im Wesentlichen durch einen großen Respekt für das Gegenüber gekennzeichnet, dessen Perspektive (i. S. von G. H. Mead) für Strauss Priorität hat. Wenn in dieser Haltung der Berater bzw. Betreuer einer wissenschaftlichen Arbeit gleichzeitig Verantwortung für den Beratungs- bzw. Betreuungsprozess übernehmen soll, dann besteht eine Option darin, Richtlinien zu formulieren, deren sich die zu Beratenden in eigener Verantwortung bedienen *können.* Wiederum sind es die Grundannahmen des Pragmatismus, die Strauss leiten, wenn er vom Berater fordert,

– die Perspektive der Ratsuchenden nicht nur im Forschungsprozess, sondern auch im lebensgeschichtlichen Prozess einzunehmen, soweit dies – im Interesse der Forschung – erforderlich ist;

– sich an den Forschungsprozess der Ratsuchenden anzuschließen, vor allem in dem von ihnen gesetzten Rahmen zu bleiben und von hier aus generative Fragen zu stellen – also Fragen, die an Prozessen und Strukturen orientiert sind;

– das Überschreiten dieses Rahmens, wenn es geboten erscheint, als Option vorzuschlagen und Alternativen auszuprobieren;

– schließlich als Prüfstein für einen Ratschlag die Frage anzusehen, ob dieser eine Antwort auf das Problem der Ratsuchenden darstellt.

Diese Richtlinien sind kompatibel mit einer Theorie professionellen Handelns in Beratung und Therapie; andersherum: Aus ihnen könnte eine solche Theorie entwickelt werden (vgl. Welter-Enderlin & Hildenbrand 1996). Hieran zeigt sich, wie eng bei Strauss die Verbindung von Theorie, Methodologie und Praxis angelegt ist.

3. Darstellung des Forschungsprozesses im Stil der Grounded Theory am Beispiel der Studie über chronisch Kranke

Fragestellung

Als Anselm Strauss Ende der 50er Jahre an das University of California Medical Center in San Francisco wechselt, erscheint es ihm nach einigen Monaten, die Beobachtungen in Krankenhäusern gewidmet waren, angemessen zu untersuchen, wie dort Prozesse des Sterbens von Patienten gehandhabt werden:

> «Diese Wahl war logisch aus mehreren Gründen: Für das Krankenhauspersonal war Sterben ein klinisches, praktisches und professionelles Problem; es war sowohl soziologisch als auch professionell relevant; und es passte zu meinen Interessen an einer Soziologie der Arbeit, der Berufe und der Organisation» (Strauss 1993a, S. 21).

Dem folgten weitere Untersuchungen im Bereich der Medizinischen Soziologie, z. B. über die Bewältigung chronischer Krankheit.

Durchführung der Untersuchung

Feldforschung (Schatzman & Strauss 1973), durchgeführt auf dem Kontinuum von Teilnahme als Beobachtung bis hin zur Beobachtung als Teilnahme, steht im Zentrum der Datenerhebung; Interviewen nimmt demgegenüber eine untergeordnete Bedeutung an und wird nur dort durchgeführt, wo es unverzichtbar ist (Strauss 1993a).

Von Beginn der Datenerhebung an werden Konzepte entwickelt und überprüft. Dabei spielt die «mikroskopische Analyse» (Strauss 2004), die nun an einem Beispiel vorgestellt werden soll, eine bedeutende Rolle. In ihrem 1990/1996 erschienenen Lehrbuch stellen Strauss und Corbin folgende Seminardiskussion (die auch als Typus für einen Analyseprozess im Rahmen eines Forschungsprojekts genommen werden kann, denn Strauss forschte vorzugsweise im

Team) über den Satz eines jungen Behinderten vor, der lautet: «Sobald ich in der Dusche bin.» Im Beispiel wird nur das Wort «sobald» analysiert:

D = Dozent
S = Student (verschiedene Wortmeldungen)

«D: Wenn man den Kontext der Handlungen des Interviewten einbezieht, was könnte *sobald* bedeuten?

S: Der Mann fühlte sich *unabhängig*, sobald er in der Dusche war. Eine *Konsequenz*.

D: Wo sonst könnte er sich unabhängig fühlen, sobald er dort ist?

S: Im Bett und im Rollstuhl.

D: Wo könnte er sich *abhängig* fühlen, sobald er dort ist? Eine andere *Konsequenz*, aber bezogen auf eine Variation in seiner Aktivität.

S: Wenn er vor einer Treppenflucht steht.

D: Was sonst könnte *sobald* bedeuten?

S: Eine Bedingung für das, was im Handeln des Interviewten als Nächstes folgt.

S: Das Ende einer Handlung und der Anfang der nächsten. Die Idee von Handlungs-*Phasen* oder -*Abfolgen*.

D: Lassen Sie uns eine andere Situation nehmen, in der das Wort *sobald* benutzt werden könnte, und sie mit der vorliegenden vergleichen. Vielleicht ergeben sich andere potenzielle Bedeutungen des Wortes durch diesen Vergleich.
Die Situation könnte ein Leichtathletikrennen sein. Der Sprecher sagt: ‹Sobald der Startschuss losging, vergaß ich all die Monate aufreibendes Training›» (Strauss & Corbin 1990/1996, S. 62).

An diesem Beispiel kann man sehen, wie mit Hilfe des *Codierparadigmas* (hier: Bedingungen und Konsequenzen) sowie durch gedankenexperimentelle Variation im Kontrastierungsprozess des *theoretical sampling* Bedeutungshorizonte erschlossen und damit die Konzept- und Theoriebildung vorangetrieben werden.

Ergebnisse
Allerdings sagt das Beispiel nichts darüber aus, für welches Konzept diese Analyse einen Beitrag leistet. Zieht man jedoch die Studie über chronisch Kranke in der Familie heran, aus der dieses Beispiel stammt (Corbin & Strauss 1993), wird Verschiedenes deutlich. Dort werden zwei zentrale Konzepte benutzt: Das eine ist das der *Verlaufskurve*, das zweite das der *Arbeit*. Verlaufskurvenformen werden nach ihrer *Richtung* eingeteilt: Es gibt stabile, instabile, nach

oben gerichtete, nach unten gerichtete Verlaufskurven. Jede dieser Richtungen bezeichnet eine *Phase*, und jede dieser Phasen fordert von den Handelnden (den Kranken selbst und ihren Angehörigen) in den unterschiedlichen *Arbeitslinien* unterschiedliche *Arbeiten* ab. Daher die Fokussierung im Beispiel oben auf *Handlung* (als Arbeit), und daher die Frage nach *Abhängigkeit* bzw. *Unabhängigkeit*, denn je nach Phase sind die Autonomiespielräume des Kranken und seiner Angehörigen größer oder kleiner, bzw. die durch die Phase gesetzten *Bedingungen* fordern Aktivitäten der Beteiligten auf unterschiedliche Weise heraus.

Die hier kursiv gesetzten Begriffe wurden in der als Beispiel gewählten Studie anhand des Verfahrens der erwähnten Sequenzanalyse entwickelt und überprüft. Ergebnis ist eine *substanzielle* Theorie über die Bewältigung chronischer Krankheit, aber diese kann ebenso zum Ausgangspunkt genommen werden für eine *formale* Theorie (Glaser & Strauss 1967, S. 79–99), in diesem Fall für eine Handlungstheorie (vgl. Strauss 1993b; zum allgemeinen theoretischen Status des Verlaufskurvenkonzepts: Soeffner 1991a).

4. Zur Stellung der Grounded Theory im Kontext der qualitativen Sozialforschung

In den USA gehört die Grounded Theory zum festen Bestand des Kanons qualitativer Sozialforschung. So weisen die drei mit der Grounded Theory vor allem verbundenen Autoren Glaser, Strauss und Corbin in einem der führenden Arbeitsbücher qualitativer Datenanalyse von Miles & Huberman (1994), im Autorenverzeichnis mit die häufigsten Einträge auf. Auch in den wichtigeren anderen Lehrbüchern im Umfeld des Symbolischen Interaktionismus *(→ 3.3)* und der Phänomenologischen Soziologie *(→ 3.1)* hat die Grounded Theory ihren festen Platz.

In Deutschland beginnt die Rezeptionsgeschichte der Grounded Theory auf breiterer Basis mit der Publikation eines von Glaser und Strauss auf Englisch 1965 erschienenen Aufsatzes zur Grounded Theory (dt.: 1979).

Hier ist ein kleiner Einschub zur deutschen Übersetzung des Begriffs «Grounded Theory» erforderlich. Im Band von Hopf und Weingarten wird Grounded Theory übersetzt als «Gegenstandsbezogene Theorie». Dies ist wenig trennscharf, weil ein solches Etikett auch andere Methodologien für sich in Anspruch nehmen können. Gänzlich unangemessen, weil am Kern vorbei, ist «Gegenstandsnahe Theorie», worunter Wiedemann (1991) die Grounded Theory subsumiert. Flick 2007a übersetzt «Gegenstandsbegründete Theorie» und findet damit eine angemessene Formulierung. Jedoch ist inzwischen «Grounded Theory» zu einem stehenden Begriff und Markenzeichen geworden, sodass man auf eine Eindeutung umstandslos verzichten kann.

Anselm Strauss hatte sich vorher mit «Spiegel und Masken» 1968, mit seinem Reader mit Texten von G. H. Mead 1969 sowie, zusammen mit Barney Glaser, mit dem Buch über Sterben 1974 bereits einen festen Namen im deutschsprachigen Raum gemacht. In Deutschland wirkt er mit beachtlichem Einfluss als Lehrer, u. a. am Sozialwissenschaftlichen Archiv der Universität Konstanz im Rahmen eines Gastsemesters 1975, dem weitere Aufenthalte folgen sollten.

«The Discovery of Grounded Theory» wird erst 1999 ins Deutsche übersetzt; 1991 erschien «Grundlagen qualitativer Sozialforschung», eine zweite, auflagenstärkere Studienausgabe folgte 1994. Das wachsende Interesse der Psychologie an der Grounded Theory zeigt die Publikation von «Grounded Theory – Grundlagen qualitativer Sozialforschung» (Strauss & Corbin 1990) in einem psychologischen Fachverlag. Dieses Buch ist übrigens zum Anlass schwerer Vorwürfe seitens des Mitbegründers der Grounded Theory, Barney Glaser, gegen Juliet Corbin geworden, der ihr eine handwerkliche Verwässerung des Konzepts vorwirft und dabei so weit geht, Strauss aufzufordern, den Begriff Grounded Theory für dieses Buch nicht in Anspruch zu nehmen (Glaser 1992, S. 2).

In Deutschland gehört die Grounded Theory zum festen Bestand des methodologischen Diskurses, vor allem im Bereich der «sozialwissenschaftlichen Hermeneutik» (Hitzler & Honer 1997). Eine systematische Auseinandersetzung mit den methodologischen Grundlagen der Grounded Theory im Kontrast zur Objektiven Hermeneutik und zur ethnomethodologischen Konversationsanalyse findet allerdings nicht statt (vgl. jedoch Hildenbrand 1999).

Welche Rolle kann die Grounded Theory im methodologischen Kanon der qualitativen Sozialforschung spielen? Sie bietet am ehesten die Gewähr, den Forschungsprozess nicht in erster Linie zu reflektieren – daran mangelt es nicht in der deutschsprachigen Literatur –, sondern ihn voranzutreiben, d. h. mit einem minimalen Aufwand an Datenerhebung ein Maximum an Datenanalyse und folgender Theoriebildung zu erreichen. Garanten dafür sind Analyse von Anfang an, Theoretical Sampling und stete Rückkehr zu den Daten.

Dieser Kerngedanke der Grounded Theory scheint sich in der deutschen Forschungslandschaft nicht nachhaltig durchgesetzt zu haben, denn die «klassische» Abfolge: zehn Interviews zu erheben und diese *danach* zu analysieren, unabhängig davon, ob das erhobene Material eine Relevanz für die sich entwickelnde Theorie hat, gehört nach wie vor zum Standard einer sich qualitativ nennenden empirischen Sozialforschung und zu den frustrierenden Erfahrungen von Forschungsberatern, die, wenn es bereits zu spät ist, aufgefordert werden, zündende Ideen für die Rettung solcher im Ansatz problematischer Forschungsprozesse zu entwickeln. Zu wünschen wäre, dass weniger über Methoden geredet und mehr Forschung betrieben wird. Die Grounded Theory bietet dafür das angemessene Rüstzeug.

Weiterführende Literatur

Glaser, B. G. & Strauss, A. L. (1967). The Discovery of Grounded Theory: Strategies for Qualitative Research. Chicago: Aldine Publishing Company.

Schatzman, L. & Strauss, A. L. (1973). Field Research: Strategies for a Natural Sociology. Englewood Cliffs: Prentice Hall.

Strauss, A. L. (1991). Grundlagen qualitativer Sozialforschung. München: Fink.

Herbert Willems
2.2 Erving Goffmans Forschungsstil

1. Naturalistische Beobachtung
2. Metaphern, Modelle, theoretische Perspektiven
3. Von der Anormalität zur Normalität
4. Dekonstruktionen
5. Materialklassifizierungen, Idealtypisierungen, Differenzierungen
6. Sequenzanalyse
7. Doppelte Hermeneutik
8. Konzeptkonstruktionen

Goffmans Vorgehensweisen sind durch seinen zentralen Gegenstand bestimmt, die *unmittelbare Interaktion*. In ihr sieht Goffman hauptsächlich – und dies prägt seine Methodik – eine Sphäre *impliziten* Wissens, das die Akteure wegen seines habituellen Charakters kaum artikulieren oder ‹sagen› können. Das hier gemeinte Wissen manifestiert sich z. B. in den ebenso unreflektierten wie subtil-passenden Verhaltensweisen des Blickens, des Lächelns, des taktvollen Übersehens oder der Schlagfertigkeit. Aus dem ‹Unbewusstsein› derartigen Verhaltens (Giddens spricht von «praktischem Bewusstsein» im Unterschied zu «diskursivem Bewusstsein») ergibt sich die Begrenztheit von Methoden, die auf Explikationen und Selbstbeschreibungen der untersuchten Akteure setzen (Interviews, biographische Selbstzeugnisse usw.). Noch limitierter sind aus Goffmans Sicht Laborexperimente, weil sie genau das eliminieren, was es als Erstes zu untersuchen gilt, die «soziale Natur» der (Interaktions-)Praxis.

Das Ensemble von Vorgehensweisen, das Goffman anstelle der genannten «traditionellen Untersuchungsverfahren» (1974a, S. 19) praktiziert, soll im Folgenden inventarisiert werden.

1. Naturalistische Beobachtung

Goffman entwickelt die *«Interaktionsethologie»* (1974a, S. 10). In diesem methodischen Rahmen geht es darum, Interaktionsprozesse «naturalistisch» zu untersuchen, das heißt zunächst, sie in ihrem «natürlichen Milieu» *auf*zusuchen und zu dokumentieren. In einer posthum publizierten Rede über Feldforschung betont Goffman, dass es darauf ankommt, sich den Beforschten möglichst anzunähern, sich «möglichst authentisch ihren Lebensumständen auszusetzen» (1996, S. 263). Nur auf diese Weise, die er als das «Herzstück der Beobachtung» (1996, S. 268) bezeichnet, sei das entscheidende Ziel zu erreichen, nämlich «tiefe Vertrautheit» (1996, S. 267) mit der untersuchten Praxis und ihren Akteuren. In dieser Vertrautheit sieht Goffman eine Art Vorstadium soziologischer Information, die sich auf einer ersten Ebene dann ergibt, wenn es gelingt, in scheinbar ordnungslosen Verhaltensströmen «natürliche Verhaltensmuster» (1974a, S. 10) zu entdecken.

Unter *naturalistischer Beobachtung* versteht Goffman in seinen frühen Arbeiten hauptsächlich «teilnehmende Beobachtung» *(→ 5.5)*. Als in diesem Sinn operierender «Ethnologe der eigenen

Kultur» (Dahrendorf) beobachtet er zum einen den ‹normalen› Alltag. Zum anderen sucht er besondere, sonderbare und abgesonderte Welten jenseits von jedermanns Alltag auf. Eine abgelegene Kleinpächtergemeinschaft, ein Spielkasino und eine psychiatrische Anstalt sind die am bekanntesten gewordenen Fälle. Die entsprechenden Studien Goffmans (vgl. 1969; 1973a; 1973b) stehen für die systematische Möglichkeit des soziologischen Beobachters, die eigene ‹Welt-Fremdheit› als Informationsgenerator zu nutzen. Indem er sich als ‹Außenstehender› mit der zu erforschenden Sozial- und Sinnwelt vertraut macht, erfährt er deren Besonderheit als Ensemble von Differenzen zu seinen eigenen Selbstverständlichkeiten.

Eine besondere und besonders wichtige Option naturalistischer Beobachtung sieht der späte Goffman im Einsatz audiovisueller Aufzeichnungsmedien (→ 5.6; → 5.7). Sie produzieren ihm zufolge mit ‹registrativen› Daten eine qualitativ neue Basis für eine «mikrofunktionale Analyse», die «Aufschluss über die Rolle des einzelnen Verhaltenselements im Strom des vorausgehenden, gleichzeitig ablaufenden und nachfolgenden Verhaltens bietet» (Goffman 1981a, S. 107). Aus seiner Auffassung, dass die «Koinzidenz von Thema und Aufzeichnungstechnik (...) den Forscher in ein völlig neues Verhältnis zu seinen Daten» (Goffman 1981a, S. 107) setzt, zieht er aber nicht den Schluss, mediale Aufzeichnungen zu privilegieren oder auch nur eine zentrale Rolle spielen zu lassen.

Goffmans grundsätzliche Position in der ‹Datenfrage› ist vielmehr ‹pluralistisch›. Er verwendet diverse Materialien, um alternative und komplementäre Gegenstandszugänge und Vergleichsmöglichkeiten zu gewinnen. Nicht zuletzt stützt sich Goffman auf sein eigenes Primärerfahrungswissen und auf die ‹storys› der Tagespresse (vgl. Goffman 1977, S. 24).

2. Metaphern, Modelle, theoretische Perspektiven

Goffmans ‹Naturalismus› bedeutet von Anfang an nicht bloß ‹Empirismus›. Vielmehr handelt es sich bei Goffman um einen «theoretisch orientierten Empiristen» (Collins 1980, S. 174). Eine durchgängige Beobachtungs-, Analyse- und Beschreibungsstrategie Goffmans besteht also darin, Metaphern, Konzepte und Modelle zu nutzen. Goffman bedient sich z. B. der Theatermetaphorik

(1969), des Ritualmodells (1971a, b) und der Spieltheorie (1981b). Dabei geht es ihm einerseits um die Generierung von Begriffs- und Deutungsmitteln, die im Sinne einer «Strategie der Analogien» (Lenz 1991, S. 57) auf die verschiedensten sozialen Praxisbereiche anwendbar sind. Andererseits zielt Goffman auf soziologische Informationen durch *relative* Verfremdungen sozialer Wirklichkeit, und zwar der vertrauten Wirklichkeit des Alltagslebens. Viele ‹Entdeckungen› Goffmans verdanken sich seinen perspektivisch reflektierenden und distanzierenden «Rahmungen», die dem Selbstverständlichen und Bekannten neue Signifikanzen verleihen (vgl. Williams 1988, S. 73). Wichtig ist hierbei, dass Goffman auf Interpretationsmittel zurückgreift, die wie das Theater oder das Spiel eine zwar eigene, aber auch dem zu analysierenden Gegenstandsbereich *ähnliche* Sinn- und Wirklichkeitssphäre darstellen. Auf dieser Basis steht eine «komparative Analyse» (Goffman), die systematisch und empirisch gehaltvoll zur Feststellung sowohl von Identitäten und Verwandtschaften als auch von Unterschieden führt.

Goffman praktiziert diese Strategie in einer Reihe von Studien, die mit der «*Interaktionsordnung*» denselben Gegenstand haben, aber in differenziellen perspektivischen Bezugsrahmen stehen. Dies entspricht seiner Auffassung, dass es sowohl eine unüberbrückbare Kluft zwischen den soziologischen Objekten und Deutungsmitteln gibt, als auch eine je eigene Relativität der verschiedenen Deutungsmittel. Dieser Relativität, d. h. der mit jeder Einzelperspektive der Untersuchung verbundenen spezifischen Blindheit, begegnet Goffman mit einer Pluralisierung seiner Perspektiven.

3. Von der Anormalität zur Normalität

Eine der wichtigsten Forschungsstrategien Goffmans wird von Hans Oswald (1984, S. 212) «Methode des extremen Kontrastes» und von Paul Drew und Anthony Wootton (1988, S. 7) «Untersuchung des Normalen durch das Anormale» genannt. Damit ist gemeint, dass Goffman Extreme, Abweichungen, Krisen, anomische Situationen und andere ‹Anormalitäten› als Brücken zum Verständnis von Normalformen nutzt.

So haben Goffmans Analysen der strategischen Interaktion letztlich den Sinn, Strukturprinzipien der Alltagsinteraktion zu erhellen (vgl. 1981b, S. 74). In ähnlicher Weise instrumentiert Goffman die «negativen Erfahrungen» (1977), in denen Normalität zusammenbricht, gebrochen wird oder gar nicht erst zustande kommt. Grenzerfahrungen wie die des Psychiatrieinsassen dienen Goffman (vgl. 1973a) als Zugang zu dem, was die Normalität ‹im Innersten zusammenhält›.

Neben dem Rückgriff auf ‹natürliche› Kontraste bzw. Abweichungen operiert Goffman ganz in Übereinstimmung mit anderen Ansätzen der qualitativen Sozialforschung mit ‹künstlichen› Abweichungen und Irritationen. Eine Art «Krisenexperiment» (→ *3.2)* findet sich in seiner Untersuchung der Geschlechterdarstellung auf Reklamefotografien (1981a). Dort empfiehlt er, die abgebildeten Geschlechtersujets gedanklich zu vertauschen, um implizite Normalformerwartungen zu enthüllen. Diese ‹Technik› könne sich auf das «unermessliche soziologische Wissen unseres Auges und auf den erstaunlichen Konsensus (stützen, H. W.), der zwischen den Betrachtern herrscht» (1981a, S. 108). Hier wie überhaupt geht Goffman davon aus, dass der Sozialwissenschaftler sein intuitives (Habitus-)Wissen analytisch gebrauchen kann, weil er es mit den anderen Gesellschaftsmitgliedern teilt.

4. Dekonstruktionen

Goffman verfolgt sein Ziel, soziale ‹Sinnmaschinen› und ‹mentale Maschinerien› zu enthüllen, auch mit einer Art soziologischer Tiefenhermeneutik, die lebenspraktische Konstrukte wie das des Sprechers und Distinktionen wie die zwischen Ehrlichkeit und Täuschung «dekonstruiert» (vgl. z. B. 1969; 1973b; 1974a; 1977; 1981a, c). Bereits die erste Monographie Goffmans, *The Presentation of Self in Everyday Life,* die das ‹Individuum› in verschiedene dramaturgische Funktionen und Elemente zerlegt, ist in diesem Sinn konzipiert und durchaus programmatisch zu verstehen.

Den systematischen Höhepunkt des Goffman'schen «Dekonstruktivismus» bildet zweifellos die *«Rahmen-Analyse»* (1977), die ‹lebendige› Alltagserfahrungen in Sinnstrukturen auflöst. Goffmans rahmenanalytischer Strategie, ‹unbewusste› Sinnkomplexität zu enthüllen, entspricht ein komplexes System von Konzepten, das die Differenzierung von Rahmenklassen und die Beschreibung von transformationslogischen Zusammenhängen zwischen verschiedenen

Rahmen erlaubt. Die Interaktionsebene (und damit die Grenzen der Mikrosoziologie) überschreitend, analysiert und dekonstruiert Goffman die Reflexivität und Schichtung sozialen Sinns verschiedenster Art.

5. Materialklassifizierungen, Idealtypisierungen, Differenzierungen

Eine Variante der Praxis von Goffman, mit Phänomenen und Daten umzugehen, kann subsumptionslogisch genannt werden. In «Geschlecht und Werbung» verfolgt er sein analytisches Ziel auf der Basis eines «Zusammenwerfens» (1981a, S. 109) diverser Bildmaterialien. Er setzt auf die Subsumption «oberflächlich unterschiedlicher» Daten, die er nach dem Prinzip ‹Versuch und Irrtum› «hypothetisch in ein und denselben Rahmen» stellt (1981a, S. 109). Die Klassifikation der Materialien soll eine Art Gestalt preisgeben, nämlich eine Strukturidentität, die aus den erfassten differenziellen Kontexten hervortritt. Die Tiefe und Breite der Kontext-Unterschiede der Materialien vermitteln Goffman zufolge «irgendwie den Eindruck einer Struktur (...), den Eindruck eines einzigen Organisationsprinzips, das den oberflächlichen Unterschieden zugrunde liegt» (1981a, S. 109).

Die Logik dieses Vorgehens entspricht Max Webers Bildung von Idealtypen, auf die Goffman sich in «Asyle» ausdrücklich als seine «Methode» beruft (1973a, S. 17). Konzepte wie das der «totalen Institution» sind also abstrakte, eine Vielzahl unterschiedlicher Phänomene integrierende Konstrukte (vgl. Manning 1992, S. 21). Goffman ist entsprechend bestrebt, der Identifizierung «gemeinsamer Züge» die Herausarbeitung «wichtiger Unterschiede» folgen zu lassen (1973a, S. 17). Wenn er z. B. soziale Gebilde wie Klöster, Konzentrationslager, psychiatrische Anstalten, Kasernen und Handelsschiffe in «ein und denselben Rahmen» stellt, nämlich als totale Institutionen identifiziert, dann widmet er sich im nächsten Schritt den Beschränktheiten dieses Rahmens, d. h. strukturellen Besonderheiten der untersuchten Phänomene. Nach demselben Prinzip handhabt Goffman jede Art von Datenmaterial. Die Suche nach scheinbar oder wirklich diskrepanten Fakten und ‹Ausnahmen von der Regel› ist für Goffman von ähnlich großer forschungsstrategischer Bedeutung wie das Sortieren im Dienste der (Ideal-)Typenbildung.

6. Sequenzanalyse

In der Reihe der Forschungsstrategien Goffmans steht auch die «Sequenzanalyse», deren Ziel es ist, Abfolgeordnungen des Interaktionsgeschehens zu rekonstruieren. Das Vorgehen der Sequenzanalyse, das die ethnomethodologische Konversationsanalyse *(→ 5.17)* und die Strukturale Hermeneutik *(→ 5.16)* als ihr Herzstück betrachten, bezieht sich auf eine (Interaktions-)Ordnung, die nicht allein im seriellen Nacheinander zweier Äußerungen besteht. «Sequenz» meint vielmehr die spezifische Verkoppelung von Verhaltenselementen zu einem «genuinen Abfolgemuster. Eine Äußerung, etwa eine ‹Frage›, kann ‹sequenzielle› Implikationen haben, insofern sie für den (oder die) nachfolgenden ‹turn(s)› festlegt, von welchem Sprecher, mittels welcher Aktivität über welchen Äußerungstypus etc. er realisiert werden soll» (Bergmann 1991a, S. 310). Im Sinne dieses Verständnisses fordert auch Goffman, «die Sequenzierung zu erkennen und zu beschreiben» (1978, S. 168). Und er befasst sich im ausdrücklichen Anschluss an die Konversationsanalyse mit «Handlungssequenzen, bei denen auf den Schritt des einen Partizipanten der eines anderen folgt und der erste Schritt den Rahmen für den zweiten absteckt» (Goffman 1974a, S. 207).

Goffman hält allerdings die von Konversationsanalytikern postulierte und praktizierte Sequenzanalyse als reine «Systemanalyse», in der «der Vorgang der Kommunikation gleichsam als ein autonom organisiertes System konzeptualisiert» wird (Bergmann 1991a, S. 311), für unzureichend. Wogegen Goffman sich wendet, wenn er die Sicht des «bezüglich der Möglichkeit kulturfreier Formulierungen optimistischen ‹Kommunikationsingenieurs›» kritisiert (1978, S. 127), ist die Abkopplung bzw. Nihilierung der «offenkundig kulturspezifisch definierten» (1978, S. 129) moralisch-rituellen Dimension der sozialen Praxis. In dieser Dimension entdeckt Goffman eine *eigentümliche* und eigentümlich *sequenzielle* Ordnung (vgl. z. B. 1971b, S. 25).

7. Doppelte Hermeneutik

Eine der wichtigsten Forschungsstrategien Goffmans zielt auf die Entdeckung impliziter Deutungsmuster und ‹Weltbilder› der alltäglichen Lebenspraxis, sei es die aller Gesellschaftsmitglieder oder die bestimmter sozialer Gruppen. «Man muss sich», so heißt es in der «Rahmen-Analyse», «ein Bild von dem oder den Rahmen einer Gruppe, ihrem System von Vorstellungen, ihrer ‹Kosmologie› zu machen versuchen, obwohl das ein Gebiet ist, das auch genaue Analytiker gewöhnlich gern an andere weitergereicht haben» (Goffman 1977, S. 37). Frederic Jameson (1976) hat im Hinblick auf diese forschungsprogrammatische Leitidee von Goffmans «Theorie über Theorien» gesprochen. Anthony Giddens (vgl. 1988, S. 12 ff.) nennt Goffmans Ansatz eine «doppelte Hermeneutik» – «doppelt», weil es sich um eine Kunst der Interpretation von jedermanns «Interpretationskunst» handelt *(→ 5.21)*.

Damit sind nicht nur Sinnstrukturen und Urteilsfähigkeiten auf der Interaktionsebene gemeint. Goffman bezieht sich vielmehr auch auf praktische Wissensbestände oder ‹Hermeneutiken›, die mehr oder weniger komplexen Lebensformen und Identitäten entsprechen. Dabei geht er davon aus, «dass jede Gruppe von Menschen – Gefangene, Primitive, Piloten oder Patienten – ein eigenes Leben entwickelt, welches sinnvoll, vernünftig und normal erscheint, sobald man es aus der Nähe betrachtet» (Goffman 1973a, S. 7 f.; vgl. auch 1996, S. 269). «Aus der Nähe betrachten» meint hier – neben «teilnehmender Beobachtung» *(→ 5.5)* – Rückgriff auf ein reflexives Wissen bestimmter Aktorklassen. Zwar geht Goffman wie erwähnt davon aus, dass das Wissen der ‹Lebenspraktiker› überwiegend intuitiv-unbewusster Natur (also nicht abfragbar) ist, aber er glaubt auch, dass Extrem- oder Randexistenzen wie Stigmatisierte, Ehebrecher, Spione, Könige oder KZ-Insassen durch ihre Abweichung *von* Normalität eine Art diskursives Wissen *über* Normalität erwerben. Goffman schöpft dieses ‹parasoziologische› Wissen z. B. vom Typ der «Klugheit» ab und macht (damit) zugleich soziale Innenperspektiven transparent. So erfährt man aus «Asyle» auch den «Sinn», wie die soziale Welt der Klinik von den Insassen «subjektiv erlebt» wird (Goffman 1973a, S. 7; vgl. v. Kardorff 1991a, S. 337).

8. Konzeptkonstruktionen

Für Goffman ist die Ausarbeitung von konzeptuellen «Bezugssystemen (...), in die eine ständig wachsende Anzahl von Fakten eingeordnet werden könnte» (1974a, S. 19), eine Hauptaufgabe seines

Fachs. Goffman verschrieb sich dieser Aufgabe im Rahmen eines Wechselspiels von Theorie- und Empiriearbeit. Statt Theorie ‹von oben› zu bilden, importierte er zunächst Konzeptmittel in die Empiriearbeit. Diese Vorgehensweise verfolgt zwei Hauptziele: Zum einen soll sich «unsere Auffassung des sozialen Handelns neu strukturieren» (Goffman 1974a, S. 19), zum anderen geht es darum, diverse und große Datenmengen zu organisieren bzw. zu reorganisieren. Entscheidend ist, dass der Ausgangspunkt des Arbeitens von Goffman immer in der Empirie liegt, aus deren jeweiliger Besonderheit heraus er sich dann für eine analytische Leitperspektive wie etwa das Theatermodell entscheidet. Die Ausdifferenzierung der verschiedenen Leitperspektiven zu konzeptuellen Bezugssystemen betreibt Goffman durch die Bildung von Hierarchien von ‹Teilkonstrukten›. Deren Entwicklung geht von mehr oder weniger abstrakten konzeptuellen Basisdistinktionen aus, z. B. der Unterscheidung von Modulation und Täuschung (1977). Daran schließt sich jeweils ein Netz weiterer Distinktionen in verschiedenen, zunehmend empirienahen Abstraktionslagen an. All dies geschieht stets in der Verarbeitung von und in der Konfrontation mit Materialien, an denen sich die Konzepte zu bewähren haben (vgl. Williams 1988, S. 71). Das Endziel dieses Induktion und Deduktion vermittelnden Vorgehens ist eine formale analytische Sprache, die das Feld der Face-to-face-Interaktion zu beschreiben erlaubt.

Das höchste Formalisierungsniveau erreicht Goffman in der «Rahmen-Analyse». Es ist ihm damit, seine älteren Konzeptapparate weitgehend integrierend, gelungen, ein «Meta-Schema» (Goffman) für die analytische Beschreibung der Interaktionsordnung zu entwickeln (vgl. Manning 1992, S. 16). Dieses Metaschema und seine Vorläufer im Goffman'schen Werk stehen als soziologische ‹Landkarte› und auch als theoretisch-analytisches Programm näher an Parsons' Soziologie, als vielfach geglaubt wird. Goffmans kritische Distanz, ja Opposition zu Parsons kann nicht darüber hinwegtäuschen, dass sein Ansatz den (Parsons'schen) Titel «Strukturfunktionalismus» verdient. Und auch Parsons' Formalismus findet in Goffmans Soziologie nicht sein Gegenteil, sondern vielmehr seine Überbietung.

Weiterführende Literatur

Bergmann, J. R. (1991). Goffmans Soziologie des Gesprächs und seine ambivalente Beziehung zur Konversationsanalyse. In: Hettlage, R. & Lenz, K. (Hg.): Erving Goffman – ein soziologischer Klassiker der zweiten Generation, S. 301–326. Bern, Stuttgart: Haupt.

Burns, T. (1992). Erving Goffman. London: Routledge.

Williams, R. (1988). Understanding Goffman's Methods. In: Drew, P. & Wootton, A. (Hg.): Erving Goffman – Exploring the Interaction Order, S. 64–88. Cambridge: Polity Press.

Jörg R. Bergmann
2.3 Harold Garfinkel und Harvey Sacks

---

1. Wissenschaftsgeschichtlicher Hintergrund
2. Entwicklung des Forschungsprogramms
3. Forschungspraktiken
4. Garfinkel, Sacks und die qualitative Sozialforschung

Harold Garfinkel (* 1917) ist heute weithin bekannt als der Begründer der Ethnomethodologie. Er hat diesem Forschungsansatz seinen Namen gegeben und mit seinen frühen Arbeiten, die 1967 in dem Buch «Studies in ethnomethodology» gesammelt erschienen, die theoretischen, konzeptionellen und methodologischen Grundlagen dieses Ansatzes geschaffen. Gegenstand der Ethnomethodologie ist nach Garfinkel das praktische, situative Alltagshandeln. Ihr Ziel ist es, die als selbstverständlich hingenommenen Praktiken und Verfahren *(Methoden)* zu bestimmen, mittels deren die Mitglieder einer Gesellschaft *(ethnos)* in ihrem Handeln das eigene Tun wahrnehmbar und erkennbar machen und die Wirklichkeit um sich sinnhaft strukturieren und ordnen. Im Gegensatz zu Erving Goffmans Arbeiten *(→ 2.2)*, die etwa zur gleichen Zeit entstanden, sind Garfinkels Arbeiten sehr viel sperriger und schwerer zugänglich, sie sind ihrem Anspruch nach grundsätzlich, ihrem Charakter nach durchgehend programmatisch, in ihren Begriffen und Unterscheidungen stark selbstbezüglich, und sie bleiben deshalb oft dunkel. Dennoch oder vielleicht sogar deshalb hat Garfinkel eine beträchtliche Anzahl von

Anhängern gefunden, die «die Ethnomethodologie» zu einer eigenen Schule haben werden lassen. Aus der Ethnomethodologie hat sich in den 60er und 70er Jahren als eigene Forschungsrichtung die Konversationsanalyse *(→ 5.17)* entwickelt, die sich darauf konzentriert, die Strukturmechanismen von sprachlicher und nichtsprachlicher Interaktion herauszuarbeiten. Für die Konversationsanalyse waren die Arbeiten von Harvey Sacks (1935–1975), insbesondere dessen «lectures» (Sacks 1992), von grundlegender Bedeutung. Aus Gründen, die im Folgenden noch dargelegt werden, waren sowohl Garfinkel als auch Sacks bei der Explikation und Methodisierung ihres Vorgehens sehr zurückhaltend. Umso aufschlussreicher erscheint es deshalb, einen genaueren Blick auf den Forschungsstil dieser beiden Wissenschaftler zu werfen.

1. Wissenschaftsgeschichtlicher Hintergrund

Garfinkels Entscheidung, das Alltagshandeln ins Zentrum des sozialwissenschaftlichen Interesses zu rücken, entspringt nicht einer Faszination durch die Exotik des Trivialen, sondern beruht auf einer voraussetzungsreichen theoretischen Überlegung. Der Bezugspunkt Garfinkels ist ein Thema, das in der Soziologie als das Hobbes'sche Problem bekannt ist und die Frage betrifft, wie soziale Ordnung möglich ist, da doch die Menschen egoistische Ziele verfolgen und deshalb im Kampf aller gegen alle leben. Garfinkels Ansatzpunkt sind die Überlegungen seines Doktorvaters Talcott Parsons (1937), der mit seiner anspruchsvollen Theorie des sozialen Handelns einen allgemeinen Bezugsrahmen der Soziologie vorgelegt hatte und zu diesem Zeitpunkt die internationale soziologische Diskussion beherrschte. Parsons sieht die Lösung des Problems sozialer Ordnung nicht bei utilitaristischen Gesellschaftsmodellen, sondern in einer von Durkheim und Freud vorgezeichneten Weise: Soziale Integration resultiert aus der kollektiven Übernahme und Internalisierung gemeinsam geteilter Werte und Normen, wodurch nicht nur die egoistischen Tendenzen der Individuen gezügelt, sondern auch die Objekte ihrer Begierden kulturell kontrolliert werden. Doch genau diese Lösung ist das Ziel der Kritik, die Garfinkel (1952) in seiner Dissertation «The perception of the other: A study in social order» theoretisch entwickelt und mit einer Interviewstudie empirisch unterlegt. (Zum Verhältnis von Parsons und Garfinkel vgl. vor allem Heritage 1984.)

In seiner Kritik an Parsons stützt sich Garfinkel im Wesentlichen auf Arbeiten von Alfred Schütz, der bereits Anfang der 40er Jahre in einem Briefwechsel mit Parsons (Schütz & Parsons 1977) in dessen Werk eine mangelhafte Klärung der subjektiven Perspektive moniert hatte. An diesem Punkt setzt auch Garfinkel an. Er kritisiert, dass die spezifischen Aneignungs-, Interpretations-, Übersetzungs- und Entscheidungsleistungen der Handelnden in Parsons' Theorie als irrelevant übergangen oder mit dem Modell wissenschaftlich-rationalen Handelns gleichgesetzt werden. Sein Argument ist, dass man die Lösung des Problems der sozialen Ordnung allein in den elementaren Prozessen der alltäglichen Sinnkonstitution findet, das heißt, indem man verfolgt, wie Akteure in ihren tagtäglichen Aktivitäten die kulturellen Normen und Werte in die Situation hineinvermitteln, dort mit anderen abstimmen und handlungsrelevant machen. Weil das Interesse der Ethnomethodologie an den situativen Praktiken des Alltagslebens allein theoretisch begründet ist, ist es nicht überraschend, dass Garfinkel (1991, S. 11) in einem seiner späteren Texte im Hinblick auf Parsons' (1937) «The structure of social action» feststellt: «Die Ursprünge der Ethnomethodologie liegen in diesem wunderbaren Buch. Ihre frühesten Schritte gingen von diesen Texten aus.»

Obwohl Garfinkel bei der Arbeit an seiner Dissertation primär die Parsons'sche Handlungstheorie im Auge hatte und das spätere Programm der Ethnomethodologie noch nicht in Sicht war, finden sich in dieser frühen Arbeit zumindest ansatzweise schon zahlreiche Konzepte und Aspekte, die für den späteren Stil seiner Arbeiten charakteristisch sind: die scharfe Unterscheidung zwischen wissenschaftlicher und alltäglicher Rationalität; die Verlagerung der Sinnkonstitution aus einem transzendentalen oder psychologischen Bezugsrahmen in das soziale Geschehen des Alltags; die Vorstellung von sozialer Ordnung nicht als einer fixierbaren, dingähnlichen Tatsache, sondern als einer kontinuierlichen Herstellung über die Zeit; die Zentrierung des Untersuchungsinteresses auf die geschmeidigen Situationspraktiken der Akteure; die kompromisslose Weigerung, allgemeine Schemata zur Erklärung sozialen Handelns zu akzeptieren; die ungenierte «empirische» Lektüre theoretischer Texte. Zu diesen Charakteristika tritt in den späteren Texten Garfinkels eine scharfe, zuweilen polemische Frontstellung gegen die herkömmliche «formale Analyse» (Garfinkel 1996) hinzu.

Mitte der 50er Jahre begegneten sich Harold Garfinkel und Harvey Sacks zum ersten Mal (und zwar in einem Seminar von Parsons in Harvard). Sacks studierte zu diesem Zeitpunkt Jura an der Yale-Universität, doch interessierte er sich weniger dafür, das Recht als Jurist zu praktizieren, sondern dafür, wie das Recht als eine Institution funktioniert (Schegloff in Sacks 1992). Für die weitere intellektuelle Entwicklung von Sacks war zum einen der fortbestehende Austausch mit Garfinkel von entscheidender Bedeutung, zum andern das Milieu an der Universität Berkeley, an die er Ende der 50er Jahre wechselte. Hier übte in den folgenden Jahren vor allem Erving Goffman, dessen erstes Buch («The presentation of self in everyday life») im Jahr 1959 erschien und die Erforschung der Face-to-face-Kommunikation zu einem eigenständigen Thema machte, einen starken Einfluss auf Sacks wie auf andere spätere Ethnomethodologen (David Sudnow) und Konversationsanalytiker (Emanuel Schegloff) aus. Den «lectures», die Sacks ab 1964 zu halten begann und die er aufzeichnen, abschreiben und zirkulieren ließ, ist zu entnehmen, dass für die Entwicklung seiner Forschungsinteressen darüber hinaus die Arbeiten des späten Wittgenstein, klassische Philosophie und Logik, die Ethnographien der Chicagoer Schule und der Kulturanthropologie, die generative Grammatik sowie Freuds Arbeiten von erkennbarer Bedeutung waren. Doch diese Quellen waren für ihn eher Denkanstöße und Ressourcen, die er – ohne besondere Treue gegenüber dem Original – für seine Interessen benutzte. Zentral dagegen blieb für ihn Garfinkels Ansatz, die Methodizität des Alltagshandelns in seinen situativen Praktiken zum ersten Untersuchungsthema zu machen.

2. Entwicklung des Forschungsprogramms

Nirgendwo findet sich eine anschaulichere und überzeugendere Darstellung des ethnomethodologischen Forschungsprogramms als in einer Episode, die Garfinkel selbst unter dem Titel «Was Shils monierte» berichtet (Garfinkel, Lynch & Livingston 1981, S. 133). Im Jahr 1954 wurde Fred Strodtbeck von der University of Chicago Law School angeheuert, um Tonbandaufzeichnungen zu analysieren, die heimlich von den Beratungen von Geschworenen gemacht worden waren. Als Strodtbeck den Vorschlag machte, für diese Analyse die von Bales entwickelten Kategorien der Interaction Process

Analysis anzuwenden, monierte Edward Shils: «Wenn wir Bales' Interaction Process Analysis verwenden, werden wir sicher eine Menge darüber herausfinden, was an ihren Beratungen die Geschworenen zu einer Kleingruppe macht. Wir möchten aber wissen, was an ihren Beratungen die Geschworenen zu Geschworenen macht.» Dass Strodtbeck darauf erwiderte, Shils würde die falsche Frage stellen, und dass Shils dann dieser Erwiderung zustimmte, gehört für Garfinkel mit zur Moral dieser Geschichte: Nach Garfinkels Überzeugung hat Shils in der Tat die richtige Frage gestellt, nur haben die Sozialwissenschaften nicht die begriffliche und methodische Ausstattung, um das, was Shils monierte, in untersuchbare Phänomene zu übersetzen. Shils' Frage formuliert exemplarisch das, was die Ethnomethodologie in ihrem Untersuchungsprogramm anstrebt: gerade nicht ein soziales Phänomen unter eine bekannte soziologische Kategorie zu subsumieren, sondern herauszuarbeiten, durch welche praktischen Methoden «etwas» zu «etwas» wird.

Garfinkel verschreibt der Ethnomethodologie ein konstitutionsanalytisches Programm und kritisiert die herkömmliche Soziologie und Sozialforschung, weil sie die Frage, wie sich ein soziales Phänomen in den situativen Praktiken der Handelnden konstituiert, überspringen und dabei ohne weitere Klärung Alltagswissen und Common-Sense-Praktiken als Ressourcen benutzen, anstatt sie zu ihrem Thema zu machen. Dies ist in der frühen Phase der Ethnomethodologie ein ostinates Thema, das Garfinkel in seinen Aufsätzen an verschiedenen Phänomenen durchspielt, z. B. an dem Thema «Suizid», das sich deshalb zur Explikation der neuartigen ethnomethodologischen Sichtweise eignet, weil Durkheim ihm eine klassische, für die Begründung des Fachs Soziologie wichtige Untersuchung gewidmet hat. In Durkheims Arbeit, so das ethnomethodologische Argument, fließt Alltagswissen über «Suizid» und die Verwendung dieser Kategorie ohne genauere Klärung ein. Dieser Praxis hält Sacks (1963, S. 8) entgegen, dass «die Kategorie ‹Suizid› so lange nicht einmal potenziell Teil des soziologischen Apparats ist, solange wir diese Kategorie nicht beschrieben, das heißt, solange wir keine Beschreibung der Verfahren, mittels deren Fälle dieser Klasse zusammengestellt werden, vorgenommen haben». Garfinkel (1967a, S. 11–18) selbst hat denn auch konsequenterweise in einer teilnehmend beobachtenden Studie aufgezeigt, mittels welcher situativer, praktischer Verfahren ein *Coroner* – in den USA ein Beamter, der Todesfälle mit nicht eindeutiger

Ursache untersucht – einen Suizid ‹feststellt› und dazu für einen auf-
gefundenen Leichnam anhand der vorfindbaren partikulären Spuren
eine «plausible suizidale Vorgeschichte» konstruiert.

Da die Ethnomethodologie zum Untersuchungsgegenstand macht,
was als unhinterfragte Ressource und Voraussetzung in die herkömmliche Soziologie und Sozialforschung einfließt, konnte sie in ihrem
Vorgehen nicht einfach auf die etablierten Verfahren der Datenerhebung und -verarbeitung und der Theoriebildung zugreifen. Zum einen
wird der Gegenstand der Ethnomethodologie, die situativen Praktiken der Generierung von Wirklichkeit, eliminiert, wenn man ein soziales Geschehen durch Codierung und numerisch-statistische Transformation methodisch aufbereitet. Zum andern lassen sich diese
Praktiken nicht einfach im Interview abfragen; sie werden zwar, wie
Garfinkel schreibt, im Alltag gesehen, bleiben jedoch unbemerkt
(«seen but unnoticed»). Urteile darüber, ob Aussagen und Feststellungen von Alltagshandelnden angemessen, zutreffend, bedeutsam etc.
sind, sind immer praktische Urteile, denn sie werden mit Hilfe situativer Verfahren im Hinblick auf praktische Zwecke und praktische
Zwänge gefällt und akzeptiert; deshalb nimmt die Ethnomethodologie ihnen gegenüber eine Haltung der «Indifferenz» ein (Garfinkel &
Sacks 1976, S. 138 ff.). Das heißt, dass die Ethnomethodologie sich
bei der Umsetzung ihres konstitutionsanalytischen Programms nicht
einfach auf Interviewantworten stützen kann (es sei denn, es wird
danach gefragt, was in dem Verhalten der Beteiligten ein Interview zu
einem Interview macht).

Mit ihrer Ausrichtung auf die lokalen Praktiken und ungeglätte-
ten Details, in denen sich ein soziales Phänomen konstituiert, ist die
Ethnomethodologie für ihre eigenen Untersuchungen darauf angewiesen, Datenmaterial zu erhalten, in dem die Vorgänge, die sie im
Auge hat, konserviert sind. Das verpflichtet sie auf einen registrie-
renden Konservierungsmodus (Bergmann 1985), in dem ein soziales
Geschehen ohne Rücksicht auf Plausibilität und Verhaltenserwar-
tungen in seiner rohen Erscheinung bewahrt wird. Dies ist der Hintergrund für das in den 60er Jahren einsetzende Interesse der Ethnomethodologen und Konversationsanalytiker für Tonband- und
Videoaufzeichnungen von sozialen Interaktionen in «natürlichen»,
d. h. ungestellten Kontexten, und für die Entwicklung von Transkrip-
tionskonventionen, die es ermöglichen, ein Gespräch ohne orthogra-
phische Normierung und Reduktion schriftlich zu fixieren. Freilich

ist diese Methodisierung aus einer ethnomethodologischen Perspektive nicht ohne Probleme. Ihrem eigenen Selbstverständnis nach sollten allgemeine, gegenstandsunabhängige Kategorien und Regeln – und Methoden stellen im Prinzip ja nichts anderes dar – bei der Untersuchung eines sozialen Phänomens nicht eingesetzt werden, da sonst die spezifischen Generierungsverfahren und «identifizierenden Merkmale» (Garfinkel) dieses Phänomens verloren gehen oder präjudiziert werden. Es ist deshalb nur konsequent, wenn Garfinkels Studie über eine transsexuelle Person oder die konversationsanalytische Praxis der Prozessierung und Präsentation von Daten mittels Transkripten selbst ethnomethodologisch dekonstruiert wurde (vgl. Rogers 1992; Anderson & Sharrock 1984).

In den formativen Jahren der Ethnomethodologie und der Konversationsanalyse haben sich Garfinkel und Sacks bei aller Programmatik, die vor allem Garfinkels Texte auszeichnet, beharrlich dem Ansinnen verweigert, die Verfahrensregeln ihres Ansatzes zu explizieren und im Rahmen einer Methodenlehre verbindlich zu machen. (Dies ist vielleicht auch einer der Gründe, weshalb Garfinkel und Sacks verhältnismäßig wenig publiziert und mehr über die Formen der mündlichen akademischen Kommunikation ihre Wirkung entfaltet haben – man denke in diesem Zusammenhang etwa auch an Wittgenstein.) Garfinkel postuliert für Untersuchungsmethoden ein «unique adequacy requirement», das heißt, sie müssten so beschaffen sein, dass sie ihrem Gegenstand einzigartig angemessen sind – was aber erst entschieden werden kann, nachdem man zu Erkenntnissen über den Gegenstand gelangt ist, was somit eine Formalisierung unmöglich macht. Festschreibungen und Kanonisierungen des eigenen methodischen Vorgehens haben sich später vor allem in der Konversationsanalyse entwickelt – und ziehen bis heute immer wieder die Kritik vieler Ethnomethodologen auf sich. Die Vertreter dieser beiden Positionen eint jedoch die Überzeugung, dass Methoden in keinem Fall vor den Gegenständen stehen dürfen und im Zweifelsfall eben geopfert werden müssen.

3. Forschungspraktiken

Will man Ethnomethodologie und Konversationsanalyse anhand der Arbeiten von Garfinkel und Sacks als qualitative Untersuchungsansätze charakterisieren und dazu ihr methodisches Vorgehen systematisch beschreiben, ergibt sich aufgrund der dargestellten Eigenheiten dieser Ansätze ein Bild, das wenig einheitlich ist. Bei der Datenerhebung werden ethnographische Methoden *(→ 5.5)*, dazu vor allem registrierende Verfahren eingesetzt. Sacks und andere Forscher greifen in etlichen Fällen auch auf prozess-produzierte Daten – etwa auf Tonbandaufzeichnungen von Telefongesprächen mit einem «Suicid Prevention Center» – zurück. Entscheidend ist, dass das soziale Geschehen in seinem «natürlichen» Kontext und in seinem realen zeitlichen Verlauf dokumentiert wird. Garfinkel fordert für die von ihm inaugurierten «studies of work» *(→ 3.2)*, dass die Forscher sich die für den untersuchten Arbeitskontext spezifischen Kompetenzen aneignen müssen – eine extreme Forderung, die nur in Ausnahmefällen realisiert werden kann. Die Konversationsanalyse begnügt sich dagegen oft mit einfachen Tonbandaufzeichnungen von Gesprächen als Daten, ohne ein tieferes Wissen über den Gesprächskontext zur Voraussetzung zu machen.

Entsprechend ihrer konstitutionsanalytischen Haltung sind die Fragestellungen bei Garfinkel und Sacks nur als theoretisches Globalprogramm vorgegeben; sie erhalten ihre jeweilige Besonderheit immer erst in Auseinandersetzung mit dem gesammelten Material. Bei der Interpretation des Datenmaterials setzen Ethnomethodologie und Konversationsanalyse in der Regel an vertrauten sozialen Szenen und intuitiv verständlichen kommunikativen Äußerungen an und versuchen, aus diesen analytisch diejenigen formalen Verfahren herauszulösen, vermittels deren sich im Handeln der Akteure die Gebilde und Ereignisse der sozialen Welt konstituieren. Die Beherrschung dieser Verfahren macht die interpretativen und interaktiven Kompetenzen der Handelnden aus, durch die sie erst Mitglieder einer Gesellschaft werden. Da diese Kompetenzen aber in hohem Maß routinisiert sind, entziehen sie sich der Aufmerksamkeit und sind auch dem Forscher nur schwer zugänglich. Um dennoch die in der sozialen Wirklichkeit verborgenen Herstellungsleistungen von sozialer Wirklichkeit sichtbar zu machen, haben Garfinkel, Sacks und andere Vertreter der Ethnomethodologie und Konversationsanalyse immer wieder Kunstgriffe eingesetzt, die helfen sollen, die opake Alltagswelt aufzubrechen. Drei dieser Kunstgriffe sollen kurz skizziert werden:

1. Bereits in seiner Dissertation verfolgte Garfinkel (1963, S. 187) die Strategie, ausgehend von einem stabilen Handlungssys-

tem danach zu fragen, was man tun müsse, um Unordnung zu erzeugen. Die Überlegung dabei war, dass diejenigen Operationen, die
erforderlich sind, um anomische Situationen und Desorganisation
hervorzurufen, Aufschluss darüber geben können, wie soziale Strukturen aufrechterhalten werden. Die von ihm und seinen Studenten
durchgeführten Krisenexperimente vermochten zwar ziemliche Verwirrung und Verärgerung bei den Betroffenen auszulösen, hatten
letztlich jedoch weniger eine analytisch-aufschließende Bedeutung,
sondern mehr die Funktion, für Nicht-Ethnomethodologen aufzuzeigen, dass die Alltagswelt verborgene und für selbstverständlich
hingenommene Strukturmerkmale ausweist. Allerdings hat Garfinkel die Idee nie aufgegeben, kritische Vorfälle, in denen eine soziale
Ordnung kollabiert, als Heuristik zu benutzen. So achtet er etwa in
seinen «studies of work» auf die Präsenz und Wirkung von «Verfah-
rens-Störenfrieden» *(procedural troublemakers)*, das heißt von Personen, die blind sind, im Rollstuhl sitzen oder andere Handicaps
haben, denn «mittels dieser ‹troublemaker› können die verkörperten *(incarnate)* und sozial-organisatorischen Details einer Arbeit
aufgedeckt und ihre Transparenz überwunden werden» (Garfinkel
1996, S. 12). Ein anderes Beispiel liefert der Garfinkel-Schüler Robillard (1999), der seine eigene schwere Erkrankung – er leidet an
fortschreitender Paralyse und ist für die Kommunikation auf technische Hilfsmittel angewiesen – benutzt, um Aufschluss über die Praktiken zu erhalten, die dafür sorgen, dass uns die Dinge im Alltag als
normal und natürlich erscheinen. (Vgl. weitere Beispiele in Schwartz
& Jacobs 1979.)

2. Für das Vorgehen von Ethnomethodologie und Konversationsanalyse ist eine gegenläufige und paradox anmutende Bewegung kennzeichnend. Diese besteht darin, sich im Forschungsprozess dem zu untersuchenden sozialen Geschehen bis auf geringste
Distanz anzunähern und sich doch gleichzeitig von ihm zu entfernen. Die Annäherung besteht in der konversationsanalytischen Arbeit darin, die beobachteten sozialen Vorgänge durch audiovisuelle
Aufzeichnung ihrer Flüchtigkeit zu entreißen, durch genaue Transkription *(→ 5.9)* auch kleinster und unbedeutend scheinender Äu-
ßerungselemente und Verhaltenspartikel das abgelaufene Geschehen schriftsprachlich zu fixieren wie auch durch wiederholtes
Abhören und Betrachten der Aufzeichnungen eine immer feinkör-
nigere und nuancenreichere Vorstellung von den zu untersuchenden

sozialen Vorgängen zu entwickeln. Konversationsanalytiker holen sich also ein soziales Objekt mikroskopisch nah heran und betrachten es auf eine Weise, wie es der verhuschten Wahrnehmungspraxis des Alltags nicht möglich und der Typisierungspraxis der gängigen sozialwissenschaftlichen Methodik fremd ist. Gleichzeitig aber entfernen sie sich von ihrem sozialen Untersuchungsobjekt dadurch, dass sie das im Alltag übliche Verfahren, sich ein soziales Geschehen durch rasche Zuschreibung von Motiven verständlich zu machen, vermeiden, darüber hinaus die aufgezeichneten Äußerungen und Verhaltensabläufe nicht durch kondensierende und deutende Paraphrasen ersetzen sowie das Wissen über den Kontext einer sozialen Interaktion nur in höchst kontrollierter und dosierter Weise für die Analyse zulassen. Der Sinn dieser Haltung der Konversationsanalyse, die Entfernung zum Untersuchungsgegenstand zugleich zu verringern und zu erhöhen, ist es, die analytische Aufmerksamkeit ganz auf die interaktive Ordnung eines sozialen Geschehens und dessen Hervorbringung durch die Interagierenden zu lenken. Ziel ist es, die Konstruktionsleistungen der interagierenden Partner zu rekonstruieren und dazu deren Beobachtungen zu beobachten, deren Interpretationen zu interpretieren und deren (Ethno-)Methoden zu methodisieren.

3. Auch Ethnomethodologen und Konversationsanalytiker sind in ihrer Forschungsarbeit darauf angewiesen, von den Verfahren und Methoden Gebrauch zu machen, deren Analyse sie zu ihrem Untersuchungsthema erkoren haben. Bei der Interpretation einer Handlung oder Äußerung haben sie gar keine andere Wahl, als fortwährend ihre Kompetenz als Gesellschaftsmitglieder einzusetzen und ihr intuitives Verständnis zu benutzen. Doch Ethnomethodologie und Konversationsanalyse sind darauf gerichtet, Intuition nicht einfach zu gebrauchen, sondern dann einen Schritt von der eigenen Intuition zurückzutreten und die zugrunde liegenden generativen Mechanismen dieser Intuition zu analysieren. So hat Harvey Sacks (1972) in einem berühmt gewordenen Aufsatz die von einem knapp drei Jahre alten Mädchen erzählte Geschichte «The baby cried. The mommy picked it up» analysiert. Dabei legte er zunächst sein intuitives Verständnis dieser Geschichte dar, dass nämlich die Mutter, die das Baby aufnimmt, die Mutter dieses Babys ist, obwohl kein Personalpronomen explizit eine solche Beziehung markiert. Sein Aufsatz befasst sich dann mit der Aufgabe, die Mechanismen zu rekonstru-

ieren, die bei ihm – und vermutlich auch bei den meisten anderen Hörern dieser Geschichte – zu dem beschriebenen intuitiven Verständnis geführt haben. (Für eine andere ethnomethodologische Studie dieser Art, die einen paradigmatischen Charakter hat, vgl. Smith 1976.)

Um diese nicht einfache Distanzierung von dem eigenen intuitiven Verständnis zu erleichtern, hat Sacks einen Kunstgriff angewandt. Man sieht z. B. eine Person und nimmt sie intuitiv als «wütend» wahr. Doch was an dem Verhalten dieser Person hat die Intuition «wütend» evoziert? Sacks lenkt die Aufmerksamkeit auf diese zugrunde liegenden Produktionspraktiken, indem er vor das intuitiv wahrgenommene Personenmerkmal ein «doing being» setzt. So wird aus «angry» ein «[doing being] angry» oder aus einer Person, die man intuitiv als einen Polizisten erkennt, ein «[doing being] a policeman». Nun besteht die Möglichkeit, die eigene Intuition in beobachtbare Herstellungspraktiken aufzulösen (Sacks 1984).

Der Rekurs auf das eigene intuitive Verständnis ist bei Garfinkel und Sacks keineswegs die Regel. Im Gegenteil, für beide ist nicht Intuition und spontanes Verstehen, sondern Beobachtung von zentraler methodischer Bedeutung. Intuitives Verstehen spielt für Garfinkel und Sacks nicht die Rolle einer letzten, Evidenz vermittelnden Instanz; es ist kein Explanans, sondern als etwas Hergestelltes ein Explanandum. Deshalb werden auch solche beobachtbaren Geordnetheiten in einem sozialen Geschehen, die der Intuition widersprechen, im Hinblick auf ihre sinnvermittelte Herstellung untersucht. Aufgrund dieser widersprüchlichen Haltung, intuitives Verständnis zu beachten und gleichzeitig zu missachten, hat Howard Schwartz die Ethnomethodologie einmal als «verstehenden Behaviorismus» bezeichnet.

4. Garfinkel, Sacks und die qualitative Sozialforschung

Garfinkel und Sacks haben sich zu Fragen der qualitativen Sozialforschung nicht explizit geäußert. Aus ihrer Kritik an der quantifizierenden Sozialforschung und aus ihrer eigenen Forschungspraxis – der interpretativen Haltung, der Orientierung an der subjektiven Perspektive der Handelnden, der Tendenz zur Fallanalyse etc. – geht jedoch eindeutig hervor, dass beide ihrem Selbstverständnis nach der qualitativen Sozialforschung zuzurechnen sind, weil bei ihr die Integrität der Daten besser gewährleistet ist. Von diesem Punkt aus wird auch deutlich, worin der spezifische Beitrag von Garfinkel und Sacks zur qualitativen Sozialforschung besteht. Ihre Arbeiten zeigen, dass die Konstruktion von sozialer Wirklichkeit in den kommunikativen Prozessen und situativen Praktiken des alltäglichen Handelns beobachtet werden kann; sie lenken die Aufmerksamkeit darauf, dass die Forschung ihre sozialen Objekte in der zeitlichen Struktur, in der das Leben sich ereignet, analysieren muss; sie weisen nach, welch großer Erkenntnisgewinn für die Soziologie in der Berücksichtigung scheinbar unbedeutender Details liegt; und sie machen misstrauisch gegenüber den eigenen Common-Sense-Deutungen wie gegenüber den wissenschaftlichen Kategorien, mit denen man als Wissenschaftler beim Umgang mit Daten nur allzu gern operiert. Helmuth Plessner (1974, S. 146) hat einmal über das Unternehmen der Husserl'schen Phänomenologie geschrieben, charakteristisch für sie sei «die Tendenz zum Abbau von philosophischen Theorien und ‹Ismen›, Standpunkten und Prinzipien, der Verzicht auf systematische Einheit gegenüber der andrängenden Fülle konkreter Themen, Arbeitswille und Weltoffenheit, spezialistische Genügsamkeit, Andacht zum Kleinen, Geduld zum Fragment, Selbstbescheidung gegen das Unermessliche.» Es ist diese Haltung, die – über Alfred Schütz vermittelt – auch den Forschungsstil von Garfinkel und Sacks kennzeichnet. Die unbedingte Orientierung hin auf die Sache und die Nachrangigkeit der Methode ist vielleicht der bedeutendste – wenngleich durchaus ambivalente – Beitrag, den Ethnomethodologie und Konversationsanalyse durch ihr eigenes Exempel zu einer allgemeinen Methodologie der qualitativen Sozialforschung beisteuern.

Weiterführende Literatur

Garfinkel, H. (1967). Studies in ethnomethodology. Englewood Cliffs, N. J.: Prentice Hall.

Heritage, J. C. (1984). Garfinkel and ethnomethodology. Oxford: Polity Press.

Sacks, H. (1992). Lectures on conversation. Vol. I and II. Edited by G. Jefferson with introductions by E. A. Schegloff. Oxford: Blackwell.

Rolf Lindner
2.4 Paul Willis und das Centre for Contemporary Cultural Studies

Paul Willis gilt als der wichtigste Exponent der ethnographischen Forschung im Kontext des Centre for Contemporary Cultural Studies (CCCS), Birmingham. Seine Studie *Learning to Labour – How Working Class Kids Get Working Class Jobs* (1977), in der Bundesrepublik 1979 unter dem irreführenden Titel *Spaß am Widerstand – Gegenkultur in der Arbeiterschule* veröffentlicht, ist eine auf Feldforschung beruhende Untersuchung des Übergangs von der Schule in die Arbeitswelt. Am Beispiel einer informellen Gruppe von Hauptschülern zeichnet die Studie die Prozesse nach, die dazu führen, dass die Schulabgänger die Entscheidung für unqualifizierte Jobs im Bereich der materiellen Produktion als eine bewusste, auf kulturelle Faktoren zurückgehende Wahl verstehen. *Learning to Labour* wird mittlerweile als Klassiker angesehen und in der Bedeutung Werken wie *Street Corner Society* von William F. Whyte (1955) gleichgesetzt.

1. Paul Willis und das CCCS

Willis' ethnographische Arbeiten sind aus dem CCCS hervorgegangen. Das CCCS wurde 1964 aufgrund der Initiative von Richard Hoggart am English Department der Universität Birmingham als Postgraduate-Studiengang eingerichtet und von ihm de facto bis 1968, de jure bis 1972 geleitet. Sein Nachfolger wurde Stuart Hall, unter dessen Leitung das Institut internationales Renommee gewann und *Cultural Studies* zu einem Markenzeichen interdisziplinären Lehrens und Forschens wurde *(→ 3.9)*.

Die frühe Hoggart'sche Phase des CCCS betonte die Ausweitung des literaturwissenschaftlichen Kanons auf Erzeugnisse der Populär- und Massenkultur wie Trivialliteratur, Soap-Operas, Film, Werbung u. a. m. Dabei ging es freilich nicht um den bloßen Austausch von Objektivationen (von der hohen zur Massenkultur, von der Oper zur Popmusik etwa), sondern um einen Perspektivwechsel in den Literary Studies, der sich in der Bezeichnung *Cultural Studies* niederschlug. Von vornherein ging der Anspruch der Cultural Studies über die immanente Textanalyse hinaus, im Mittelpunkt stand vielmehr die Beziehung zwischen dem jeweiligen ‹Text› (Buch, Film, Musik etc.) und dem ‹Leser› (Konsument, Rezipient). Dabei ging man von der These aus, dass diese Beziehung durch die Lebensweise des ‹Lesers› bestimmt wird. Cultural Studies wurde in diesem Kontext als eine ‹Disziplin› oder besser: als eine Perspektive verstanden, die sich der Analyse von Kultur «as a whole way of life» (Raymond Williams) verschreibt. Durch diese «anthropologische Wende» in den Literaturwissenschaften war zugleich die ethnographische Annäherung an das Feld nahe gelegt. Nur durch die Analyse der Elemente einer ganzen Lebensweise ist es möglich, die Bedeutung zu verstehen, die je bestimmten kulturellen Formen und Objektivationen von den Subjekten beigemessen wird.

2. Paul Willis' Studie *Profane Culture* als Forschungsparadigma der Cultural Studies

Paul Willis' ethnographische Studien *Learning to Labour* (1977) und *Profane Culture* (1978) fallen unter die Ägide von Stuart Hall, der bis 1979 Direktor des CCCS war. In dieser Zeit wurde der gesellschaftsanalytische und herrschaftskritische Akzent intellektueller Tätigkeit am Centre noch verstärkt, sodass vor allem das Verhältnis von kultureller Hegemonie und subordinierten Kulturen zum Gegenstand der Untersuchungen wurde. Willis' Studie *Profane Culture,* die aus seiner Doktorarbeit hervorgegangen ist, kann in mehrerer Hinsicht als ein Paradebeispiel für das skizzierte, zeitgenössische Verständnis von Cultural Studies angesehen werden. Bereits der Titel macht den Bruch mit einem Konzept von Kultur evident, das darunter allein ein Ensemble von kanonischen («heiligen») Werken versteht. Vom Standpunkt der klassischen Literaturwissenschaft ist «profane Kultur» eine Contradictio in adjecto, und genauso ist die-

ser Begriff auch gemeint: Er widersetzt sich dem Ausschließlichkeits-
anspruch der «heiligen Kultur». Diese in den Titel eingeschriebene
‹Widersetzlichkeit› verweist auf eine weitere exemplarische Dimension von *Profane Culture*: die auf die Alltags-Kreativität der Subjekte ausgerichtete Perspektive. Um dem vor allem in der Manipulati-
onstheorie vorherrschenden Bild von den Konsumenten/Rezipienten
als passive Opfer der Kulturindustrie zu entgehen, wurde im Rahmen der Cultural Studies eine heute zunehmend als «populistisch»
kritisierte Lesart des Konsums von Massenkulturwaren als kreativer oder gar subversiver Akt entwickelt. Ebendies ist das eigentliche
Thema von *Profane Culture*: «dass unterdrückte und untergeordnete Gruppen oder Minderheiten die Konstruktion ihrer eigenen Kultur selbst beeinflussen können und nicht nur die Betrogenen sind»
(1978, S. 1; Übers. d. Hg.). Zum Dritten ist die Studie ein exempla-
risches Beispiel für das methodologische Prinzip, das den Cultural
Studies zugrunde liegt: die innere Beziehung zwischen Objekt und
Lebensstil einer Gruppe freizulegen. Diese innere Beziehung bezeichnet Paul Willis in Analogie zu Claude Lévi-Strauss als kulturelle
Homologie.

Zwei für die späten 60er Jahre geradezu paradigmatische jugendliche Subkulturen bilden den Untersuchungsgegenstand von Willis'
Studie, Rocker («bike boys») einerseits, Hippies andererseits. Auf
der Basis von allgemeiner Beobachtung der ‹Szenen›, Teilnahme am
Gruppengeschehen und Einzel- wie Gruppengesprächen vermag
Willis ein kohärentes Bild der jeweiligen Gruppenkultur zu zeichnen, innerhalb deren nichts, weder die Vorliebe der Rocker für Sin-
gles noch die der Hippies für Konzeptalben, zufällig ist. In faszi-
nierender und beeindruckend dichter Weise arbeitet Willis die
Homologien heraus, die bei den Rockern im Umgang mit dem Mo-
torrad, dem Kernelement der Gruppenkultur und den Ritualen des
Rock 'n' Roll, bei den Hippies im Gebrauch bewusstseinserweitern-
der Drogen, progressiver Rockmusik und ästhetischer Eigen-
inszenierung bestehen. In einleuchtender Weise wird dem Leser
vermittelt, dass bestimmte Dinge im kulturellen Umfeld einer gesellschaftlichen Gruppe enge Parallelen zu deren Ansichten, Werten und
Gefühlsstrukturen aufweisen. Diese aber sind wiederum entscheidend vom Herkunftsmilieu geprägt; letzten Endes erweisen sich beide Subkulturformationen als generationsspezifische Abwandlungen
ihrer Herkunftskultur. Paul Willis' Studie kann damit als ein klassi-

sches Beispiel für die Subkulturanalyse im Rahmen des CCCS angesehen werden, die jugendliche Subkulturen als generationsspezifische Subsysteme klassenspezifischer Stammkulturen («parent cultures») begriff (Clarke et al. 1979).

3. *Learning to Labour:* die Sicht der Akteure als wissenschaftliche und kulturelle Herausforderung

Wenn von Willis als «minor classic» die Rede ist, dann ist damit
Willis' zweite ethnographische Studie *Learning to Labour. How
Working Class Kids Get Working Class Jobs* (1977) gemeint. Zwar
früher als *Profane Culture* erschienen, lag der Untersuchungszeit-
raum der Studie später, nämlich zwischen 1973 und 1975. Hervorgegangen ist diese Studie aus einem vom Social Science Research
Council (SSRC) geförderten Forschungsprojekt mit dem Titel *The
Transition from School to Work.* Wie aus dem als ‹Stencilled Paper›
publizierten Schlussbericht hervorgeht, sollte mit diesem Projekt die
Beschränkung der Forschungsaktivitäten des CCCS auf das Freizeit-
verhalten Jugendlicher zugunsten einer stärkeren Berücksichtigung
arbeitsbezogener Wert- und Handlungsorientierungen überwunden
werden. Der ursprüngliche Projekttitel macht deutlich, in welcher
Perspektive dies geschehen sollte; Willis ging es um die Analyse der
inneren Dynamik des Übergangsprozesses von der Schule in die Arbeitswelt aus der Sicht der Akteure. Zwei Arbeitshypothesen liegen
dem Förderungsantrag von Paul Willis zugrunde:
    1. Schulabgänger aus der Arbeiterklasse entwickeln ihre Defini-
tion der Situation (offensichtlich eine Bezugnahme auf das Thomas-
Theorem) in erster Linie nicht aus offiziellen Quellen, sondern vielmehr aus der «informellen Kultur der Arbeit».
    2. Der Übergang von der Schule zur Arbeitswelt wird eher aus
der Perspektive des «subjektiven Sinns» der Handelnden als aus der
Übernahme institutioneller Blickwinkel verstanden (Willis 1975,
S. 3).
    Das Forschungsprojekt umfasste eine Hauptstudie und fünf klei-
ne Vergleichsuntersuchungen. Letztere spielen, bis auf eine, in
Learning to Labour nur eine äußerst untergeordnete Rolle; Willis'
Interesse ist eindeutig auf eine Freundesgruppe von zwölf Jungen im
Alter von 15, 16 Jahren fokussiert, die gemeinsam eine im Industrie-
gebiet der Midlands gelegene Hauptschule besuchen. Diese Gruppe,

in der Studie «Lads» genannt, wurde von Willis ausgewählt, weil sie mit ihrem aufsässigen Verhalten ihre negative, «oppositionelle» Haltung gegenüber der Institution Schule, ihren Vertretern und Anhängern ausdrückten. Aufgrund dieser selektiven Fokussierung wird auch verständlich, dass sich die einzige relevante Vergleichsuntersuchung auf eine Gruppe von Schülern mit positiver Orientierung gegenüber der Schule bezieht. Diese Schul-Konformisten, die den anderen Pol der kulturellen Schullandschaft bilden, wurden von den «Lads» (mit eindeutiger Anspielung) als «ear'oles», als Streber bezeichnet. In diesem Gegensatz scheint sich mir im Übrigen der Kontrast zwischen «corner boys» und «college boys» in Whytes *Street Corner Society* zu wiederholen.

Willis begleitete die Schulklasse über die letzten anderthalb Schuljahre. Er beteiligte sich an den Schulstunden, verfolgte die Berufsberatung, begleitete die «Lads» in der Freizeit (und in den ersten Wochen auch noch an ihrem Arbeitsplatz), machte mit Schülern, Lehrern und Eltern Einzel- und Gruppeninterviews und wertete darüber hinaus andere Materialien wie Tagebücher und Berufsberatungsbroschüren aus.

Die besondere Problematik teilnehmender Beobachtung in einem strukturierten Kontext wie der Institution Schule zeigt sich nicht zuletzt in dem Loyalitätskonflikt, in den der Forscher gegenüber Schülern einerseits, Lehrern andererseits gerät. Der Machtunterschied zwischen diesen machte es unmöglich, eine enge Beziehung sowohl zum Lehrpersonal als auch zu den Schülern aufrechtzuerhalten: «Jede Beziehung zum Lehrerkollegium hätten die Schüler als Komplizenschaft mit der Schule und ihrer Autorität ausgelegt. Man wäre einfach dem Lehrpersonal zugeschlagen worden. Und das hätte uns von genau den Informationskanälen und Verhaltensmustern abgeschnitten, für die wir uns am meisten interessierten» (Willis 1977, S. 8; Übers. d. Hg.). Auf der anderen Seite hätte eine eindeutige Identifikation mit den Lads als ein Unruhe stiftender Akt interpretiert werden und zum Ausschluss des Forschers führen können. Willis entschied sich zu einer «deutlichen Parteinahme für die Jugendlichen im Feld und parallel dazu für eine Strategie der privaten Aufklärung des Lehrerkollegiums» (1977, S. 9; Übers. d. Hg.). Willis' Parteiergreifen für die «Lads» ist vor allem von feministischer Seite einer heftigen Kritik unterzogen worden. Nicht nur, dass er in den Gesprächen offensichtlich dem Macho-Talk nicht entgegengesteuert hat. Insbesondere wird ihm vorgehalten, dass er den Männlichkeitskult als Widerstand zelebriert, ohne dessen – von Willis durchaus thematisierte – gewalttätige, sexistische und rassistische Elemente systematisch in die Analyse einzubeziehen (McRobbie 1980). Aus Willis' Schlussbericht geht hervor, dass er aufgrund seiner sympathetischen Annäherung an die Jugendlichen einen «Zwischen»-Status gewann, weder Gruppenmitglied noch Lehrer, «jemand, mit dem man leicht ins Gespräch kommen konnte und der sie nicht verpfiff» (ebd.; Übers. d. Hg.). Vielleicht ist dieser Status aufgrund der sympathetischen Elemente noch am ehesten als älterer «Kumpel» zu umschreiben. Vorgehen und Narrativ erinnern stark an Whytes Kontakt mit «Doc's gang» in *Street Corner Society*. Eine wichtige, aber kaum erwähnte Komponente der Forschung im Feld jugendlicher Subkulturen scheint darin zu bestehen, dass Forscher und Erforschte (wie bei Whyte und bei Willis im Fall von *Profane Culture*) ein und derselben (gleichgeschlechtlichen) Altersklasse angehören, zumindest aber (wie bei Willis im Fall von *Learning to Labour*) vom Alter her nicht zu weit auseinander liegen.

Der Vorwurf, den Machismo der «Lads» implizit zu teilen, trifft insofern besonders hart, als Willis in der Maskulinität und Härte der oppositionellen Schulgruppe die wesentlichen Elemente kultureller Selbstbehauptung sieht. Diese in Frage zu stellen hieße auch, die systemkritischen Aspekte der Arbeiterkultur zu desavouieren. Letzten Endes nämlich sieht Willis die kapitalismuskritische Haltung seiner Protagonisten in deren Unterscheidung zwischen geistiger und körperlicher Arbeit, die Ablehnung der ersteren und der geradezu enthusiastischen Verteidigung der letzteren als Kernelement eines männlich orientierten Ethos. Es ist der vom Vater auf den Sohn übergegangene Stolz auf körperliche Arbeit, der zum Signum kultureller Unterscheidung und zur klassenkulturellen Alternative zur Bildungsofferte und zum Mobilitätsoptimismus in der Schule wird. Körperliche Arbeit steht «für Maskulinität und Opposition gegen die Autorität – zumindest wie diese in der Schule erfahren wird. Sie drückt Aggressivität aus; ferner ein gewisses Maß an Scharfsinn und Schläue; eine Unehrerbietigkeit, die in Worten nicht auszudrücken ist; eine spürbare Solidarität» (Willis 1979, S. 162). Darin ist aber auch das paradox anmutende, Anpassung an und Widerstand gegen die Verhältnisse in ein und demselben Akt miteinander verschmelzende Resultat dieser Studie zu sehen.

Die Antwort auf die Eingangsfrage «Wie bekommen Arbeiter-kinder Stellen als Arbeiter» (Übers. d. Hg.) kann nur lauten: vermittels kultureller Praxis. Die kulturelle Selbstbehauptung, die die informelle Kultur der Gruppe gegen das als illusionär abgetane, weil nur Einzelne betreffende Aufstiegsangebot qua Bildung setzt, führt letztlich zur sozialen Selbstintegration, die auch als eine Selbstverurteilung zu einer (sub-)proletarischen Existenz interpretiert werden kann. Paradoxerweise wird diese Selbstverurteilung von den ‹Lads› als ein Akt der Rebellion, als Opposition gegenüber (Schul-)Autoritäten und «Kriechern», den «ear'oles», begriffen. Darin liegt die Logik und Tragik der kulturellen Reproduktion beschlossen.

Mit seiner Diagnose eines in die kulturelle Praxis der Subjekte eingebauten Selbstintegrationsmechanismus gelingt es Willis, wie Mahnkopf (1985, S. 239) resümiert, Prozesse sozialer Reproduktion ohne deterministische Kurzschlüsse zu denken. Vielmehr wird, wie George Marcus (1986, S. 178) betont, die kapitalistische Struktur in Termini menschlicher Beziehungen reformuliert. Zugleich aber liegt in der These von der Selbstintegration via kultureller Praxis die Gefahr eines eigenen Determinismus kultureller Art verborgen. In dieser Hinsicht kommt Willis' Theorie kultureller Reproduktion der These von der «Kultur der Armut» (Lewis 1971) nahe. Hier wie dort haben wir es mit Formen kultureller Selbstbehauptung zu tun, die auf der intergenerationalen Weitergabe ‹abweichender› Wert- und Handlungsorientierungen beruhen. Hier wie dort steht im Zentrum dieser Wertorientierungen die Weigerung, das (durchschaute) «Spiel mitzuspielen».

4. Zur ethnographischen Forschungspraxis der *Cultural Studies*

Obwohl ethnographische Forschung als ein Kernstück der Arbeit am CCCS gilt, gibt es de facto nur wenige richtiggehende ethnographische Studien. Willis' harsches Urteil, dass das CCCS «eigentlich keine genuin ethnographische Tradition besaß» (1997, S. 187; Übers. d. Hg.), mag überzogen klingen, enthält aber einen wahren Kern. Zwar gehört erfahrungsorientiertes Forschen zu den Grundprinzipien der Cultural Studies, wobei der eigenen Erfahrung ein privilegierter Stellenwert (etwa in der Subkulturforschung oder in den «women studies») zugebilligt wurde; soweit ich sehe, hat aber

niemand außer Willis sich über längere Zeit im Forschungsfeld auf-
gehalten. Sowohl für *Profane Culture* wie für *Learning to Labour*
hat Willis mehr als ein Jahr Feldforschung betrieben und damit die
klassischen Kriterien erfüllt. Dabei reichte das Methodenspektrum
vom – zumeist unterschätzten – bloßen «Herumhängen» in der Szene bis hin zur teilnehmenden Beobachtung im strikten Sinn des
Worts *(→ 5.5)*, ergänzt und vertieft durch informelle Gespräche,
Gruppeninterviews und Tagebuchanalyse. Methodischer Orientie-
rungspunkt der Birmingham-Schule war der soziologische «Naturalismus» von der «Chicago School» über William F. Whyte bis Howard S. Becker u. a. (Roberts 1975). Auch Willis orientiert sich an
dieser Tradition, kritisiert aber zugleich deren heimlichen Positivismus, der in der ‹Objektivierung› der Forschungssubjekte besteht,
die sich nicht zuletzt in dem Insistieren auf die Passivität des teilnehmenden Beobachters als vermeintlich Objektivität garantieren-
des methodisches Grundprinzip ausdrückt (Willis 1976). Willis'
Kritik an der herkömmlichen Feldforschung geht freilich über diese
nicht erst heute banal klingende Feststellung hinaus. Sie bezieht sich
insbesondere auf den der ethnographischen Forschung inhärenten
«Humanismus», der sich in der Tendenz niederschlägt, die Untersu-
chungskultur, in der Regel eine begrenzte Einheit, als eine Welt für
sich zu nehmen, «in der die Menschen um sich kreisen und dabei
ihre eigenen Formen auf verschiedene Weise kontrollieren» (Willis
1997, S. 184; Übers. d. Hg.). Ethnographische Untersuchungen
‹verlieren› sich häufig in der Lebenswelt ihrer Protagonisten, ohne
zu bedenken, in welchem Verhältnis diese zum übergreifenden System steht *(→ 3.8)*. Demgegenüber insistiert Willis auf der Notwendigkeit, theoretisches, nicht unmittelbar dem Feld ‹entnehmbares›
Wissen in die Untersuchung einzubeziehen, um den historisch gegebenen Verhältnissen, innerhalb deren die Subjekte agieren, Rechnung zu tragen. Willis hat diesen Forschungsansatz mit dem Akro-
nym TIES versehen, das für «theoretically informed ethnographic
study» steht. Ein solches theoriegeleitetes Forschen beginnt bereits
bei der Auswahl des Untersuchungsfeldes: «Warum forscht man genau an diesem und nicht an einem anderen Ort?» (Marcus 1986,
S. 172). *Learning to Labour* zeigt eine solche strategische Wahl des
Schauplatzes, eignet sich doch die Übergangsphase von der Schule
in die Arbeitswelt besonders gut, um Fragen der Systemreproduk-
tion aus der Handlungsperspektive der Subjekte nachzugehen. Ge-

rade in der Fähigkeit, die größere Ordnung, ob wir sie nun System oder Gesellschaft nennen, in den Raum der Ethnographie zu bringen, ist die besondere Leistung von Willis' Forschungsweise zu sehen:

> «(*Learning to Labour*) stellt somit eine umfassende Reflexion innerhalb eines experimentierenden Prozesses dar, die sich darum bemüht, Kernfragen der politischen Ökonomie und weiter reichende Gesichtspunkte der Repräsentation in das ethnographische Schreiben einzubeziehen» (Marcus 1986, S. 177; Übers. d. Hg.).

Auf diese Weise gelingt es der Ethnographie in ihren besten Momenten, Struktur als Resultat menschlicher Tätigkeit, im Falle der ‹Lads› als unbeabsichtigte Folgen zielgerichteten Handelns erkennbar werden zu lassen. Mehr noch: Über die traditionelle Suche der Ethnologie nach dem «native's point of view» hinaus wird Ethnographie hier zu einer Kulturkritik, die, wie Marcus (1986, S. 180) hervorhebt, in dem Leben der Opfer der makrosozialen Systeme ‹verkörpert› ist.

Die bis heute andauernde Wirkungsgeschichte von *Learning to Labour* zeigt sich nicht zuletzt daran, dass es zu Nachfolgestudien wie z. B. *Learning Capitalist Culture* (Foley 1990) gekommen ist, die methodisch den Weg gehen, den Paul Willis gewiesen hat.

Weiterführende Literatur

Marcus, G. E. (1986). Contemporary Problems of Ethnography in the Modern World System. In: Clifford, J. & Marcus, G. E. (Hg.): Writing Culture. The Poetics and Politics of Ethnography, S. 165–193. Berkeley, Los Angeles, London: University of California Press.

Willis, P. (1997). TIES. Theoretically Informed Ethnographic Study. In: Nugent, S. & Shore, C. (Hg.): Anthropology and Cultural Studies, S. 182–192. London, Chicago: The University of Chicago Press.

Maya Nadig und Johannes Reichmayr
2.5 Paul Parin, Fritz Morgenthaler und Goldy Parin-Matthèy

1. Die ethnopsychoanalytische Frageperspektive
2. Feldforschung bei den Dogon und Agni in Westafrika – zur Entwicklung von Technik und Theoriebildung der Ethnopsychoanalyse
3. Der Forscher in der ethnopsychoanalytischen Feldforschung
4. Der Beitrag der Ethnopsychoanalyse zum Verständnis der eigenen und der fremden Kultur und Gesellschaft
5. Ein Blick auf die Ethnopsychoanalyse heute

1. Die ethnopsychoanalytische Frageperspektive

Paul Parin, Goldy Parin-Matthèy und Fritz Morgenthaler gelten als die Begründer der Ethnopsychoanalyse. Erstmals in der Geschichte der Verbindung von Psychoanalyse und Ethnologie war es ihnen auf ihren Forschungsreisen in Westafrika in den 50er und 60er Jahren gelungen, die Freud'sche psychoanalytische Methode und Technik auf ethnologischem Untersuchungsgebiet bei Angehörigen traditionsgeleiteter Kulturen anzuwenden. Das Freud'sche Strukturmodell der Psyche (Es, Ich, Überich), die darauf aufbauende psychoanalytische Ich-Psychologie und ihre Weiterentwicklungen bildeten für die Zürcher Forschergruppe den theoretischen Ausgangs- und Ansatzpunkt für ihre Untersuchungen. Sie berücksichtigten die verschiedenen Versuche, die sich um die Anwendung der Psychoanalyse auf die Gesellschaftswissenschaften drehten. Im Bereich der Ethnologie waren es insbesondere die Studien von Warner Muensterberger über chinesische Migranten in den Vereinigten Staaten (1974) und die Untersuchungen der amerikanischen ‹Culture and Personality›-Schule (vgl. Reichmayr 1995), die von den Zürcher Psychoanalytikern genutzt wurden. Ihr spezielles Interesse richtete sich auf die Erforschung struktureller Aspekte der innerpsychischen Organisation, was sich in der Frage zusammenfassen ließ, ob bei unterschiedlichen gesellschaftlichen und kulturellen Verhältnissen, z. B. bei Westafrikanern, die noch in Dorfverbänden und in ihren Traditionen lebten, andere psychologische Gesetze gelten als bei uns.

2. Feldforschung bei den Dogon und Agni in Westafrika – zur Entwicklung von Technik und Theoriebildung der Ethnopsychoanalyse

Die erste Reise nach Westafrika, die im Dezember 1954 begann und bis zum April 1955 dauerte, hatte keine vorgegebenen wissenschaftlichen Zielsetzungen. Die Neugierde und das Interesse, fremde Erlebnis- und Verhaltensweisen zu verstehen und psychoanalytisch zu erforschen, wurden auf dieser Reise geweckt und sind für die weiteren psychologischen Forschungsaktivitäten bestimmend geworden.

Die *Entwicklung* der Ethnopsychoanalyse und ihres methodischen Ansatzes kann in drei Etappen unterteilt werden. Auf den ersten beiden Reisen durch Westafrika (1954/1955 und 1956/1957) wurden Beobachtungen über auffallende Verhaltensweisen gesammelt, systematisiert und mit Hilfe der Technik der charakteranalytischen Deutung im Hinblick auf Struktur und Dynamik der Psyche psychoanalytisch ausgewertet, um zu allgemeineren Feststellungen über die Persönlichkeit der Westafrikaner zu kommen. Nach Abschluss der ersten Reise begannen intensive ethnologische Studien, die fortan einen fixen Bestandteil ihrer ethnopsychoanalytischen Forschungsaktivitäten bildeten. Mit der vergleichenden charakteranalytischen Deutungstechnik und den damit gewonnenen Einsichten war der erste Schritt zur Öffnung eines neuen psychoanalytischen Forschungsfeldes getan.

Die Nutzung der Hauptinstrumente der Psychoanalyse, die *Übertragung* und die *Bearbeitung der Widerstände*, geschah im nächsten Schritt, bei dem die psychoanalytische Technik aus ihrem klinischen Setting gelöst und auf ethnologischem Untersuchungsgebiet als Forschungsmethode eingesetzt wurde. Dies geschah erstmals bei den Gesprächen zur Einleitung von Psychoanalysen mit den Dogon in Mali in Westafrika auf der dritten Forschungsreise (vom Dezember 1959 bis zum Mai 1960). Die Dogon wurden gewählt, weil eine ausreichende Anzahl von ihnen eine europäische Sprache beherrschte und die althergebrachte Lebensform sowie die traditionellen und religiösen Einrichtungen bei ihnen weitgehend erhalten geblieben waren. 1963 erschien die Studie *Die Weißen denken zuviel. Psychoanalytische Untersuchungen bei den Dogon in Westafrika* (Parin, Morgenthaler & Parin-Matthèy 1993). Im Gegensatz zu den Untersuchungen auf der ersten und zweiten Reise bestand das Forschungsziel nun darin, Einzelheiten über das Innenleben und die un-

bewussten seelischen Strukturen der untersuchten Personen zu erfahren, und «zu prüfen, ob sich die Technik der Psychoanalyse dazu
eignet, das Innenleben von Menschen zu verstehen, die in einem traditionsgeleiteten westafrikanischen Gesellschaftsgefüge leben» (Parin 1965, S. 342), sowie Kenntnisse darüber zu erwerben, in welcher anderen Art und Weise sich bei ihnen das «Ich» aus dem «Es»
entwickelt hat: «Der Sinn der Untersuchung ist der, Afrikaner so zu
uns sprechen zu lassen, wie sie selber fühlen und denken, und sie
dabei zu verstehen» (Parin, Morgenthaler & Parin-Matthèy 1993,
S. 34).

Dazu führten Paul Parin und Fritz Morgenthaler zusammen
während mehrerer Monate mit 13 Dogon Serien von psychoanalytischen Gesprächen, pro Person zwischen 20 und 40 Sitzungen, insgesamt 350 Stunden. Über die Sitzungen wurden stenographische Protokolle verfasst, welche die «freien Assoziationen» der Analysanden
wiedergaben. Um diese richtig verstehen zu können, wurden neben
den in der Literatur zugänglichen Kenntnissen über die Kultur und
Gesellschaft der Dogon die Ergebnisse von 25 psychiatrischen Untersuchungen und die von Goldy Parin-Matthèy bei 100 Personen
aufgenommenen Deutungen der Rorschach-Tafeln als nichtsprachliches projektives Erhebungsverfahren berücksichtigt.

Aus den Erfahrungen mit der Anwendung der psychoanalytischen Methode bei den Dogon konnte klar abgeleitet werden, «dass
die Psychologie des abendländischen Menschen nur einen Spezialfall der Möglichkeiten beschreibt, wie das menschliche Seelenleben
beschaffen sein kann» (Parin, Morgenthaler & Parin-Matthèy 1993,
S. 534).

Im Dezember 1965 begann die fünfte Forschungsreise nach
Westafrika, die bis Mai 1966 dauerte und deren Ziel es war, bei den
Agni, die im tropischen Regenwald an der Elfenbeinküste leben, eine
ethnopsychoanalytische Feldstudie durchzuführen. Das umfangreiche Material, das bei dieser Untersuchung erhoben werden konnte,
wurde in dem 1971 veröffentlichten Buch *Fürchte deinen Nächsten
wie dich selbst – Psychoanalyse und Gesellschaft am Modell der
Agni in Westafrika* verarbeitet (Parin, Morgenthaler & Parin-
Matthèy 1971). Im Zusammenhang mit den Forschungen bei den
Agni steht auch eine Reihe von kürzeren Veröffentlichungen, in denen Fragestellungen behandelt wurden (zum Kulturwandel, zur psychoanalytischen Aggressionstheorie und zu kulturspezifischen For-

men des Ödipuskomplexes), denen die ethnopsychoanalytischen Erfahrungen bei den Agni, bei den Dogon sowie den Psychoanalysen in der eigenen Kultur als Grundlage dienten (Parin 1992; Parin & Parin-Matthèy 1988). Im Unterschied zur Untersuchung über die Dogon, in deren Mittelpunkt die Erfassung der psychischen Struktur einzelner Personen stand, wird bei den Agni die Wechselwirkung zwischen *individuellen* und *gesellschaftlichen Strukturen* besonders beachtet und das Studium des Individuums im Rahmen seiner Kultur hervorgehoben.

Ausgehend von den bewusst unterschiedlich gewählten Bedingungen bei den Agni im Vergleich zu den Dogon kamen die Forscher zu der Annahme, dass sich auch bei der Psychologie der Agni tief greifende Unterschiede ergeben würden, und sie sahen darin eine «Herausforderung an die direkte Anwendung der psychoanalytischen Methode: Kann sie dazu beitragen, Menschen aus matrilinear organisierten Sozietäten zu verstehen, obzwar sie aus der Psychologie patrilinear geordneter entstanden ist und eine ihrer Grundkonzeptionen, der ödipale Konflikt – angeblich oder wirklich –, ausschließlich der patriarchalen Familienorganisation entstammt?» (Parin, Morgenthaler & Parin-Matthèy 1971, S. 13).

Diese Fragestellung wurde in ein übergeordnetes Forschungsziel eingebettet: Mit Hilfe der Ethnopsychoanalyse bei den Agni sollte ein Beitrag zum Verhältnis von Psychoanalyse und Sozialwissenschaften geleistet werden, indem das Ineinandergreifen individueller und gesellschaftlicher Kräfte mit den technischen und methodischen Mitteln der Psychoanalyse aufgezeigt wird. Die Verschränkung gesellschaftlicher und individueller Faktoren wird deutlich, wenn die historische Dimension seelischer Erlebnisse aufgezeigt wird, die Beziehung zwischen der Art der Ökonomie und der psychischen Struktur hergestellt oder die Art der Objektbeziehungen zum Gesellschaftsgefüge in Relation gesetzt wird.

3. Der Forscher in der ethnopsychoanalytischen Feldforschung

Eine wesentliche Dimension der Untersuchung hatte mit der ständig erforderlichen *Reflexion der eigenen Rolle als Forscher* zu tun:

«Will man die seelische Entwicklung und ihr Ergebnis, den psychischen Apparat der Agni, die wir mit dem Rüstzeug und der Methode der Psychoanalyse untersucht haben, theoretisch beschreiben, kann man nicht vergleichend vorgehen: Bei uns ist es so, bei ihnen anders. Die unausweichliche Verstrickung des Beobachters in seine eigene Psychologie, seine Abhängigkeit von den Wertmaßstäben, Urteilen und Vorurteilen seiner Kulturgemeinschaft und Klassenideologie verzerren und verstümmeln das, was er kennen lernen wollte. Erst die abstrakte Begriffswelt der Metapsychologie, mit ihren Theorien, Hypothesen und Konjekturen, reduziert das schwer fassbare, in seiner individuellen und kulturellen Eigenart unvergleichbare Seelische auf einfache Grundvorgänge. Strukturen, Funktionen und Entwicklungsschritte halten es aus, an denen anderer Menschen aus einer anderen Umwelt gemessen zu werden» (Parin, Morgenthaler & Parin-Matthèy 1971, S. 505).

Wie bei den Dogon ergab sich auch bei den Agni die Notwendigkeit, bei der Ich- und Über-Ich-Entwicklung spezielle Funktionen zu beschreiben, die mit den Begriffen des «Gruppen-Ich» und des «Clangewissens» versuchsweise angegeben wurden. Wesentliche Unterschiede im Vergleich zu Erfahrungen in der europäischen psychoanalytischen Praxis zeigten sich auch bei der Formierung der ödipalen Konflikte. Alle Modifikationen trugen dem Anspruch Rechnung, dass versucht werden sollte, von der psychoanalytischen Theorie her bessere Voraussetzungen zu schaffen, um dem Verhältnis von Individuum und Gesellschaft theoretisch näher zu kommen *(→ 5.20).*

4. Der Beitrag der Ethnopsychoanalyse zum Verständnis der eigenen und der fremden Kultur und Gesellschaft

Die ethnopsychoanalytischen Beobachtungen und Untersuchungen, die in den Jahren 1954 bis 1971 in Westafrika gemacht wurden, haben zu «Einsichten über bis dahin unerkannte oder zu wenig beachtete Zusammenhänge gesellschaftlicher Einrichtungen mit unbewussten Prozessen» geführt, die sich «geradezu aufdrängten» (Parin 1989, S. 103). Im Ergebnis zeigte sich, dass vor allem die Wirkungen der gesellschaftlichen Kräfte im Individuum zum Ausdruck kommen und im Vordergrund stehen, während die biologischen Momente gegenüber den kulturellen Bedingungen zurücktreten. Die Erfahrungen der Psychoanalytiker in der traditionsgeleiteten Kultur standen im Wechselverhältnis mit der psychoanalytischen Tätigkeit in der eigenen Gesellschaft. Die ethnopsychoanalytischen Anschauungen wurden «bei den Afrikanern und gleichzeitig und danach bei unseren Analysanden in der Schweiz in direkten Untersuchungen von Individuen entwickelt. Dabei haben wir die psychoanalytische Theorie, oder Metapsychologie von Sigmund Freud, seinen Mitarbeitern und Nachfolgern vorerst unverändert angewandt. Erst wenn sich diese Theorie einmal nicht eignete, um unsere Beobachtungen zu erklären, haben wir sie modifiziert, etwas hinzugefügt, anderes weggelassen oder abgeändert. So kommen wir natürlich nicht zu einer neuen, geschlossenen Theorie. Doch wirken unsere Hypothesen und Annahmen auf die psychoanalytischen Anschauungen zurück, beeinflussen unser Handeln als Analytiker, können anderen Analytikern vielleicht helfen, die Probleme ihrer Analysanden besser zu verstehen» (Parin 1980, S. 6).

Die Erfahrungen bei den Dogon und den Agni haben die Wahrnehmung für die Verhältnisse in der eigenen Gesellschaft geschärft. Die ethnopsychoanalytischen Untersuchungen hatten die Wirkung der gesellschaftlichen Kräfte im Individuum unmittelbar deutlich werden lassen. Diese Einsichten schufen die notwendige Distanz, um bei der psychoanalytischen Arbeit in der eigenen Kultur die komplexen gesellschaftlichen Prozesse zu erfassen und in die psychoanalytische Theorie und Praxis einzubeziehen. Auf der theoretischen Ebene wurde diesen Erfahrungen mit dem Modell der Anpassungsmechanismen des Ich Rechnung getragen. Die Anpassungsmechanismen entlasten «das Ich in ähnlicher Weise von der ständigen Auseinandersetzung mit der Außenwelt (...) wie die Abwehrmechanismen das gegenüber den abgewiesenen Triebansprüchen leisten» (Parin 1977, S. 485). Nun wurde dem Funktionieren von Anpassungsmechanismen in der eigenen Kultur nachgegangen, was zur Ausarbeitung der «Identifikation mit der Ideologie einer Rolle» führte und Phänomene der Macht und Herrschaft ins Blickfeld rückte. Damit konnte die soziale Umwelt nicht mehr wie bisher (wie bei Freud und in den Modellen der psychoanalytischen Ich-Psychologie) als unveränderliche Größe angesetzt werden, sondern es war möglich, unterschiedliche soziale und gesellschaftliche Gegebenheiten und Verhältnisse in der Struktur und für die Funktion des Ich zu studieren und so die Leistungen des Ich in einer sich verändernden und auf es einwirkenden Umwelt zu bestimmen. Diese «ethnopsychoanalytische» Erweiterung der Psychoanalyse ermöglichte eine umfassendere psychoanalytische Untersuchung des Einzelnen in seiner Gesellschaft. Die Hindernisse bei der Ausarbeitung des Verfahrens lagen nicht auf der theoretischen Ebene oder in den Grundannahmen der psychoanalytischen Theorie, die in ihren Ansätzen (etwa dem Konzept der Ver-

drängung oder der Auffassung des Überich) die Wirkung gesellschaftlicher Kräfte immer berücksichtigt hatten, sondern vielmehr
in den Umständen, unter denen die psychoanalytische Forschung in
der eigenen Kultur betrieben wurde:

«Der psychoanalytische Beobachter gehörte immer der gleichen Gesellschaft und oft der gleichen Klasse an wie sein Analysand, den er untersuchte, und beide hatten mehr oder weniger die gleiche Sozialisation durchgemacht. Die nötige Distanz zur Erfassung gesellschaftlicher Prozesse war
kaum zu gewinnen. Zumindest diese eine Schwierigkeit fällt weg, wenn
man das Instrument der Psychoanalyse auf Angehörige eines anderen Vol-
kes anwendet, besonders wenn man sich damit außerhalb dessen begibt,
was man den ‹abendländischen Kulturkreis› genannt hat. Dann tritt der Zusammenhang gesellschaftlicher Einrichtungen und Prozesse mit psychischen
Strukturen und Funktionen ungleich klarer hervor» (Parin 1976, S. 2).

Der Ansatz, über die Anpassungsmechanismen des Ich zur Psychoanalyse gesellschaftlicher Prozesse zu gelangen, hebt sich von anderen Versuchen dieser Art dadurch ab, dass er es mit den Mitteln der
Psychoanalyse selbst, ihrer Methode und Theorie, unter Beibehal-
tung des Trieb- und Konfliktmodells der Psychoanalyse, leistet. Die
Psychologie des Ich wurde so ausgebaut, dass das Wirken gesellschaftlicher Prozesse dort aufgeklärt werden konnte, «wo sie sich
jedenfalls bemerkbar machen: im Seelenleben des Einzelnen» (Parin
& Parin-Matthèy 1992, S. 14).

5. Ein Blick auf die Ethnopsychoanalyse heute

Es ist interessant festzustellen, dass die Ansätze, die heute in aktuellen epistemologischen Diskussionen zu konstruktivistischen *(→ 3.4)*
und poststrukturalistischen *(→ 3.3)* Konzepten vertreten werden, den
wissenschaftstheoretischen und methodischen Positionen der Ethnopsychoanalyse nahe kommen. Dies hängt auf methodologischer Ebene mit der psychoanalytischen Technik zusammen, die dem Unbewussten, der Subjektivität, dem Beziehungsverlauf und dem
spezifischen Kontext (Rahmen/Setting) eine große Bedeutung bei-
misst und mit der Methode der freien Assoziation an konflikt- und
prozesshafte Verläufe, an orts- und situationsspezifische Bedingungen und an Beziehungen gebundenes Material erhebt und deutet. Je
eindeutiger Parin, Morgenthaler und Parin-Matthèy diesen methodischen Ansatz in ihren ethnopsychoanalytischen Untersuchungen

praktizierten, desto präziser nahmen sie damit die Konkretisierung poststrukturalistischer Forschungspostulate vorweg. Mit dem systematischen Einsatz der Technik der Psychoanalyse als Forschungsmethode im Feld wurde das sozialwissenschaftliche Tabu gegenüber der kontext-, der zeit- und standortbezogenen Interpretation gebrochen.[1]

Rückschauend betrachtet entwickelte sich die methodische Integration der Psychoanalyse in die Ethnologie nur langsam. Sie begann in den USA mit der ‹Culture and Personality›-Forschung (1930 bis 1960), als sich Ethnologen zuerst theoretisch an der Psychoanalyse orientierten und ihre klassischen Feldforschungen durch psychoanalytische Konzepte und essenzialistische Kulturtheorien anleiteten.

Georges Devereux entwickelte neben seinen Forschungen in verschiedenen Kulturen (1961, 1985) ein Konzept zu ethnischen Abwehrformen (1974) und eine methodische Theorie zur Verbindung von Ethnologie und Psychoanalyse. Er fokussierte die Rolle und Ängste des Forschers im Feld und zeigte, wie ‹objektive› Methoden zur Abwehr dieser Gegenübertragungsängste benutzt werden können (1967). Unter seinen Pariser Schülern befinden sich u. a. Tobie Nathan (1977, 1988, 1995; Nathan & Stengers 1995) und Marie Rose Moro (1994, 1998).

Eine erste methodische Annäherung von Psychoanalyse und Ethnologie wurde in den 50er bis 70er Jahren vor allem durch eine Gruppe ausgebildeter Psychoanalytiker in den USA, mit denen Paul Parin in Verbindung stand, geleistet. Ihre methodische Vorgehensweise bewegte sich zwischen ethnologischer Beobachtung, Rorschachtests und systematischen psychiatrischen und psychoanalytischen Interviews mit Angehörigen einer ‹fremden› Kultur (z. B. Boyer 1980, 1982, 1983). Für viele dieser Studien wurde die Zeitschrift *The Psychoanalytic Study of Society* (Boyer & Grolnik 1975 ff.) das Forum. Das Interesse an Ethnopsychoanalyse dauert bis heute an (vgl. Crapanzano 1973, 1983, 1985; Gehrie 1989; Muensterberger 1974; Obeyesekere 1990; Heald & Deluz 1994).

In der europäischen Ethnopsychoanalyse entstanden – meist in Anlehnung an die Arbeiten von Parin, Morgenthaler und Parin-Matthèy – mehrere Monographien von Psychoanalytikern mit ethnologischem Interesse (Tripet 1990; Nadig 1986; Maier 1996; Weilenmann 1992; Rodriguez-Rabanal 1990). Gleichzeitig wurden ethnopsychoanalytische Fragestellungen von Ethnologen aufgenommen, die sich einer Analyse unterzogen oder sich mit Psychoanalytikern zusammengetan und unterschiedliche empirische Arbeiten durchgeführt haben (z. B. Crapanzano 1973, 1983; Weiss 1991; Kubik 1993, 1994; Roth 1998; Weidmann 1990; Kayales 1998 u. a.). Je nach den Rahmenbedingungen, unter denen sie im Feld lebten, haben sie die Konzepte und den methodischen Ansatz der «klassischen» Psychoanalyse in sehr unterschiedlicher Weise eingesetzt. Die möglichst strikte Beachtung der Gegenübertragung wurde dabei zu einer immer wichtigeren Forderung.[2]

Theoretische Arbeiten zur Ethnopsychoanalyse befassen sich mit Geschichte und Theorie (Erdheim & Nadig 1983; Zinser 1984; Hauschild 1981; Adler 1993; Heinrichs 1993; Haase 1996), der Rolle des Unbewussten im Verhältnis Individuum – Gesellschaft (Erdheim 1982, 1988) und mit methodischen Fragen (z. B. Nadig & Erdheim 1980; Leithäuser & Volmerg 1988; Nadig 1992; Saller 1993). Einen fundierten Überblick über die Entwicklung der Ethnopsychoanalyse mit der wichtigsten Literatur gibt Reichmayr (1995 und 2000), Ausschnitte aus dem Spektrum der neueren Arbeiten vermittelt die Reihe *Ethnopsychoanalyse* (1990 ff.).

Kritische Auseinandersetzungen mit der Verbindung von Psychoanalyse und Ethnologie zielen auf die kategorialen Anteile der psychoanalytischen Metapsychologie, die über die Lebendigkeit der Daten gestülpt werde (Reiche 1995), und auf die Fragwürdigkeit typisierender Konzepte wie das Frauenbild, das Konzept der Homosexualität etc. An Methode und Technik irritiert das Prinzip der Selbstreflexion, das als ethnozentrische Selbstbetrachtung und Nabelschau und «Fremderfahrung als Selbsterfahrung» missverstanden werden kann (vgl. z. B. Kohl 1992).

In der Geschichte der Psychoanalyse spielte die Frage nach der Reichweite und der Übertragbarkeit der psychoanalytischen Methodik und in jüngerer Zeit auch ihrer Technik eine Rolle. Es wurde diskutiert, ob die Methode (Technik) diagnostisch und therapeutisch dehnbar sei: Manche Autoren relativierten die Metatheorie und setzten – bisweilen nur implizit – bei der Verbindung von Psychoanalyse und Sozialwissenschaft den Akzent auf die Erkenntniskraft der psychoanalytischen Technik, d. h. auf die frei schwebende Aufmerksamkeit, die Arbeit mit dem Setting (Rahmen) (Morgenthaler 1978), in dem die Begegnungen stattfinden, und auf die Gegenübertragung. Winnicott (1974) entwickelte das Konzept des Übergangsraums und eröffnete damit der psychoanalytischen Technik eine Dimension für das Unaussprechliche, noch nicht Sprachfähige im Prozess der Individuation, der Symbolbildung, und Bion formulierte in seinem Buch *Lernen durch Erfahrung* (1990) die Bedingungen, denen sich der Analytiker (als Suchender/Forschender) aussetzen muss, um einen «container» zu bieten für jene Empfindungen und Erfahrungen, die in der Beziehung noch nicht verstanden werden können. Roy Schafer (1982) kritisiert die historische Fixiertheit und Starrheit der metatheoretischen Konzepte im Gegensatz zur Bewegtheit und Kontextbezogenheit der psychoanalytischen Technik als Verstehensprozess. Oder es wird bestritten, dass Psychoanalyse und Gesellschaftswissenschaften überhaupt vereinbar seien (Reiche 1995). Die wissenschaftliche Anwendung der psychoanalytischen Technik, des Prinzips der Gegenübertragung auf Gegenstände, Texte und Kunstwerke, zur Analyse der unbewussten Strukturen, die Kulturprodukten innewohnen, begann mit Lorenzer (1981b, 1986; → 5.20), wurde von Leithäuser und Volmerg (1988) weitergeführt und auf Gruppen und Fragestellungen der Sozialpsychologie ausgeweitet (Keupp 1994; Menschik-Bendele & Ottomeyer 1998). Leuzinger (1998) verficht das «Junktim» von quantifizierbaren Methoden mit psychoanalytischen Vorgehensweisen in psychologischen Forschungen. Diese methodischen Verbindungen stehen den Ansätzen der Ethnopsychoanalyse nahe.

Eine aktuelle praxisbezogene ethnopsychoanalytische oder ethnopsychiatrische Richtung wird von Psychoanalytikern getragen, die therapeutische Erfahrungen mit Migranten gesammelt haben. Es werden Techniken und Settings entwickelt, die der multiplen kulturellen und oft unaussprechlichen traumatischen Erfahrung von Flüchtlingen und Migrierenden Raum verschaffen und eine prozesshafte gemeinsame Wahrnehmung ihrer Bedeutung ermöglichen sollen (vgl. Pedrina 1999; Moro 1994, 1998; Möhring & Apsel 1995; Ottomeyer 1997; Signer 1994; Bazzi 1996; Nathan 1988, 1995; Peltzer 1995). Eine eindrucksvolle Umsetzung von Raum schaffenden psychoanalytischen und ethnologischen Konzepten findet sich in dem Buch *Überlebenskunst in Übergangswelten* (Ninck Gbeassor et al. 1999).

Die Konvergenz zwischen Sozialwissenschaften und Ethnopsychoanalyse begann mit dem sog. postmodernen epistemologischen Paradigmenwechsel in der Philosophie (z. B. Kuhn 1962; Lyotard 1980; Toulmin 1991), der dualistische und objektivistische Wissenschaftskonzepte hinterfragte und den Weg für dynamische, prozesshafte und relationale Konzepte öffnete. Das sozial- und literaturwissenschaftliche Bewusstsein für die Problematik generalisierender Aussagen und Zuschreibungen und für die Standortbezogenheit jeder Erkenntnis wurde geschärft; die qualitative Sozialforschung erhielt eine starke Aufwertung (vgl. Flick 2007a). Im Rahmen der in Ethnologie und Kulturwissenschaft geführten ‹Writing culture›-Debatte ging es ebenfalls um die Relativität des ethnographischen Arbeitens und darum, dass Ethnologen immer nur in der Lage seien, ein Verhältnis zu beschreiben – das Verhältnis zwischen dem Forscher mit seinem Herkunftsmilieu und dem ihm fremden Milieu. In der postkolonialen Krise der Ethnologie wurde konstatiert, dass eine deterritorialisierte, globalisierte und vernetzte Welt eine veränderte Wissenschaft in Theorie und Praxis zur Folge habe (z. B. Berg & Fuchs 1993; Hall 1994, 1997; Hannerz 1992, 1995 u. a.), z. B. die Auflösung des herkömmlichen territorialen und einheitlichen Kulturbegriffs zugunsten eines prozesshaften Konzepts oder die Hinwendung zur Analyse der Konstruktion von Diskursen aus unterschiedlichen Perspektiven und in unterschiedlichen Kontexten statt «Realitäten».

Verkürzt ausgedrückt geht es um folgende Schlagworte: Verzicht auf den Objektivitätsanspruch, auf vorschnelle Verallgemeinerungen und Kategorisierungen; Dynamisierung des fundamentalistischen Kultur- und Ethnizitätsbegriffs und des essenzialistischen Sex- und Genderbegriffs; Kritik am dualistischen Denken, das die Welt in binäre Oppositionen einteilt; Akzeptanz der Standortgebundenheit jeder wissenschaftlichen Aussage; Aufwertung des qualitativen Forschens und des methodischen Prinzips der dialogischen Praxis (Dammann 1991), des Geschichten-Erzählens (Abu Lughod 1991, 1993), der dichten Beschreibung und Selbstreflexion (Geertz 1973, 1983a; Clifford & Marcus 1986; Clifford 1993a, b, c; → 3.3).

Mit dem poststrukturalistischen Paradigmenwechsel haben in Ethnologie, Literatur- und Kulturwissenschaft Grundsätze an Gewicht gewonnen, die die ethnopsychoanalytische Methodik schon früh elaboriert und differenziert hat. Die methodischen Gesichtspunkte und das technische Instrumentarium, denen sich andere Richtungen angenähert haben, wurden von der Psychoanalyse bzw. Ethnopsychoanalyse in einem Jahrzehnte dauernden Prozess ausgearbeitet. Dazu zählen:

- vorwiegend qualitatives Arbeiten, bei dem die Darstellung von Fallgeschichten und das «Geschichtenerzählen» eine wichtige Rolle spielen.
- Transparenz der Forschungsbeziehung durch die Reflexion von Übertragung – Gegenübertragung und der Standortgebundenheit der Beziehungen.
- Deuten der situationsspezifischen, subjektiven oder emotionalen Materialien, d. h. Kontextualisierung und Spezifizierung anstatt Kategorisierung.
- Beachten von Sequenzen, d. h. Prozesshaftigkeit der Forschung bzw. Forschungsbeziehung.

Mit der zunehmenden Konzentration auf die Struktur des Erkenntnisprozesses und auf die Transparenz der Methode, die für komplexe Kulturalität Raum schaffend wirkt, entwickelte sich eine Art Kongenialität zwischen der poststrukturalistischen Sozialwissenschaft, postkolonialer Ethnologie und der Ethnopsychoanalyse und Psychoanalyse (vgl. Nadig 1997), die bisher noch kaum wahrgenommen und diskutiert worden ist.

Anmerkungen

1 Die hier aufgestellte Behauptung, dass ethnopsychoanalytisches Forschen poststrukturalistischen Erkenntnispositionen nahe steht, ist vor allem auf das methodische Vorgehen bezogen. Dies schließt aber nicht aus, dass bei der sekundären Interpretation der Gesprächsdaten ein Bezug auf essenzialistische Kulturmodelle möglich ist, der die prozesshafte Lebendigkeit der Primärdaten wieder reduziert oder aufhebt. Es handelt sich hier um zwei verschiedene Interpretationsebenen und -schritte (vgl. Signer 1994).

2 Neben der notwendigen Anpassung an die jeweilige Feldsituation (Forschung allein oder in einer Gruppe, die sich gegenseitig supervisierte) spielte dabei die Tatsache eine Rolle, dass keineswegs alle Forscherinnen und Forscher über eine psychoanalytische Ausbildung verfügen und Erfahrungen mit der psychoanalytischen Wahrnehmungseinstellung und Methode mitbringen. Für die Weiterentwicklung der Ethnopsychoanalyse als Methode und Praxis wird es von entscheidender Bedeutung sein, wie die Ausbildung in dieser Disziplin verbessert werden kann. Sie steht für einen hohen Anspruch: Ethnologische und psychoanalytische Kompetenzen sollen miteinander verbunden werden. Ethnologen verfügen aber nur selten über psychoanalytische Kompetenz und Psychoanalytiker selten über ethnologische. Es ist im Interesse aller drei Disziplinen, an der Lösung dieses Problems intensiv zu arbeiten.

In der vorliegenden Arbeit werden als ethnopsychoanalytische Arbeiten solche erwähnt, die sich (1) von ihrem Selbstverständnis her als solche betrachten bzw.

(2) sich in die Tradition der Auseinandersetzung zwischen Psychoanalyse und Ethnologie stellen und die (3) am weitesten elaborierte Anwendung, die auch als eigentliche Ethnopsychoanalyse bezeichnet werden könnte und mit der Anwendung der psychoanalytischen Technik gegeben ist (erstmals bei Parin, Parin-Matthèy und Morgenthaler).

Weiterführende Literatur

Haase, H. (1996). Ethnopsychoanalyse: Wanderungen zwischen den Welten. Stuttgart: Verlag Internationale Psychoanalyse.

Parin, P., F. Morgenthaler & G. Parin-Matthèy (1993). Die Weißen denken zuviel. Psychoanalytische Untersuchungen bei den Dogon in Westafrika. (4. Auflage). Mit einem neuen Vorwort von Paul Parin und Goldy Parin-Matthèy. Hamburg: Europäische Verlagsanstalt.

Reichmayr, J. (1995). Einführung in die Ethnopsychoanalyse. Geschichte, Theorien und Methoden. Frankfurt a. M.: Fischer.

Stephan Wolff
2.6 Clifford Geertz

> 1. Clifford Geertz und sein wissenschaftlicher Hintergrund
> 2. Die Entwicklung des Forschungsprogramms
> 3. Elemente des ethnologischen Verstehens
> 4. Wirkungen und Kritik des Geertz'schen Programms

> «Thick Description» is the most literate theater in town! Organizational Mission: (…) For us theater is our thick description of the world around us. Target audience: «crossover audience» (aus der Website des gleichnamigen Theaters in San Francisco).

Sich einem Verständnis qualitativer Forschung über die Kontrastierung verschiedener Forschungsstile zu nähern entspricht dem Wissenschaftsverständnis von Clifford Geertz in besonderem Maß. Was an seinen Arbeiten fasziniert, ist nicht die Originalität der Methodik, die er bei seinen Feldstudien in Java, Bali und Marokko eingesetzt hat, sondern seine darin zum Ausdruck kommende *Forschungshaltung*. Sie manifestiert sich in einer spezifischen Art und

Weise des (Be-)Schreibens ethnologischer Sachverhalte, die er als *Dichte Beschreibung* bezeichnet. In der Arbeit an und mit Beschreibungen sieht Geertz die entscheidenden Optionen interpretativer Forschungsarbeit in der Ethnologie, ein Gedanke, der auch von einer Reihe anderer Sozial- und Geisteswissenschaften mit großem Interesse aufgenommen wurde.

1. Clifford Geertz und sein wissenschaftlicher Hintergrund

Geertz (1923–2006) beschäftigte sich zunächst mit Englischer Literatur und Philosophie und wandte sich erst nach dem BA der Anthropologie zu. Er verbrachte sein Graduierten-Studium am *Department of Social Relations in Harvard* (Ph. D. 1956), das damals ganz unter dem Eindruck der disziplinübergreifenden Integrationsbemühungen von Talcott Parsons stand. Geertz betont selbst den enormen Einfluss, den Parsons auf ihn ausgeübt hat – nicht zuletzt, weil er ihn mit Weber und Durkheim vertraut gemacht habe. Weitere damals für ihn prägende Kollegen seien Allport, Bruner, Kluckhohn, Krech und Murray gewesen.

Ein Erbe dieser Zeit besteht in einer – trotz aller späteren Betonung des Handlungsaspekts – eindeutigen Bevorzugung einer systemischen gegenüber einer person-zentrierten Herangehensweise. Geertz übernimmt die von Kroeber und Parsons (1958) maßgeblich propagierte These einer Dichotomie von Kultur und Gesellschaft. *Kultur* bezieht sich demzufolge auf Werte, Ideen und Symbole und nur darüber vermittelt auf soziale Interaktion. Wie bei Weber, Durkheim und Parsons bleiben Geertz' Individuen kollektiv und anonym. Immer steht bei ihm die Frage im Vordergrund, wie Kultur Handeln steuert und bestimmt, und nicht, wie Gesellschaftsmitglieder aktiv von sich aus kulturelle Ausdrucksformen in sinnvolle Erfahrungsmuster integrieren oder für ihre praktischen Zwecke einsetzen. Geertz folgt Parsons auch darin, dass er Kultur gleichberechtigt neben, tendenziell sogar über oder doch übergreifend im Verhältnis zu den anderen gesellschaftlichen Funktionssystemen positioniert.

Sein Forschungsverständnis formuliert Geertz Anfang der 70er Jahre in drei programmatischen Aufsätzen (1983a, b, c), die mittlerweile zu ethnologischen «Klassikern» avanciert sind. Von diesen Arbeiten ist ein wesentlicher Impuls für die Verschiebung des Interessenschwerpunkts (nicht nur) seiner Disziplin zu interpretativen

Ansätzen ausgegangen (Ortner 1984). Sie haben Geertz zu dem vermutlich meistzitierten Ethnologen der Gegenwart gemacht. Diese Popularität geht freilich oft mit Vereinfachungen und Missdeutungen einher. *Problematische Rezeptionsversuche* sind z. B. solche, die darauf hinauslaufen, die von Geertz entwickelte Darstellungsform der «Dichten Beschreibung»

— auf eine *Forschungstechnik* zu reduzieren und sie in das übliche Methodenarsenal einzuordnen;

— sie als *Patentrezept* für ganz unterschiedliche Disziplinen zu vereinnahmen, oder auch

— sie *zu trivialisieren*, indem man sie mit Detailliertheit und farbiger Schilderung gleichsetzt und verwechselt.

Solche fragwürdigen Aneignungen stellen sich nicht zuletzt deshalb ein, weil Geertz Gegner wie Sympathisanten bei ihren Rekonstruktionsversuchen in der Regel allein lässt. Auf diese Weise ist er nicht nur zum Gegenstand ehrfürchtiger Bewunderung, sondern ebenso zur beliebten Zielscheibe zum Teil ganz unterschiedlich ansetzender Kritik geworden. Wird er von den einen als Anything-goes-Relativist gescholten, der den Status der Ethnologie als objektive Wissenschaft fahrlässig aufs Spiel setzt, greifen ihn andere als zwar verkappten, aber umso hartnäckigeren Realisten an. Geertz, der in den 70er und frühen 80er Jahren die ethnographische Avantgarde repräsentierte, gilt heute manchen seiner postmodernen Schüler fast schon als Konservativer. Selbst von seinen Gegnern dürfte aber kaum einer bestreiten, dass er wesentlich dazu beigetragen hat, die Ethnologie von einer exotischen und hoch spezialisierten Randposition ins Zentrum der intellektuellen Diskussionen zu rücken. Nicht nur in seiner Disziplin kommt kaum jemand an Geertz vorbei; als Direktor der sozialwissenschaftlichen Abteilung des *Institute of Advanced Studies* in Princeton bekleidet er auch eine der prominentesten Türsteher-Positionen des internationalen Wissenschaftsbetriebs.

2. Die Entwicklung des Forschungsprogramms

Ausgangspunkt seiner Überlegungen zum *ethnologischen Verstehen* ist die These, dass – nachdem Empathie, naiver Realismus und andere vermeintlich unmittelbare Zugänge zum Gegenüber bzw. zur Realität diskreditiert sind – das Problem der Erfassung des «native's point of view» in neuer Weise formuliert und gelöst werden müsse. Wie er in einer Reihe kritischer Kommentare zu anderen prominenten ethnologischen Theorieangeboten zu belegen versucht (vgl. Geertz 1988), lässt sich dieses Problem weder naturalistisch überspielen noch psychoanalytisch unterlaufen, weder strukturalistisch auflösen noch materialistisch trivialisieren. Aufgabe von Ethnologen sei es vielmehr, die *Bedeutung* sozialer Ereignisse zu erfassen und dies auf der Basis der *Beobachtung einfacher Handlungen* zu tun. Eine detaillierte Beobachtung allein ergebe aber noch kein sinnvolles Bild einer Situation. Stattdessen gelte es, die vielfältigen Ebenen lokaler Bedeutungen zu entfalten, um so zu einem umfassenden und einsichtsvollen Bild der untersuchten sozialen Umstände zu gelangen.

Geertz wird nicht müde zu betonen, dass eine ethnologische Analyse, die dies leisten kann, eine bestimmte *Form des Wissens* sei, also keine Frage von Methoden bzw. von Methodologie. Was das Unternehmen im Kern ausmacht, sei eine besondere geistige Anstrengung, ein kompliziertes intellektuelles Wagnis. Um diese riskante Anstrengung zu charakterisieren, bedient er sich der von Gilbert Ryle (1971) vorgeschlagenen Unterscheidung zwischen einer «dünnen» und einer «dichten» Beschreibung eines Sachverhalts. Diese Differenz lässt sich am von Ryle selbst gewählten Beispiel der Beschreibung des Zwinkerns zweier Knaben in Gegenwart eines dritten erläutern: Das Zwinkern «dünn» beschrieben, reduziert sich auf die Notierung schneller Bewegungen eines Augenlids. Demgegenüber läuft eine «dichte Beschreibung» dieses spezifischen Zwinkerns u. U. darauf hinaus, dass der Zwinkerer nur so tut, als ob er zwinkerte, um einen nicht eingeweihten Dritten glauben zu machen, dass eine geheime Verabredung im Gange sei.

Die «Dichte» einer Beschreibung erschöpft sich offensichtlich nicht in ihrem Reichtum an Details oder in ihrer Genauigkeit. Sie sollte immer an das konzeptuelle System der Untersuchten anschließen («emische Analyse»). Dichte Beschreibungen sind zunächst unsere (Re-)Konstruktionen dessen, was die Beteiligten vor Ort konstruieren. Sie zu erstellen, ähnelt somit der Aufgabe eines Kunstkritikers, der eine Aufführung kommentieren oder ein Gemälde deuten soll. Dass ein solches Vorgehen gerade aus wissenschaftlichen Gründen nicht nur geboten, sondern auch realisierbar ist, ergibt sich für Geertz konsequent aus seinem *Verständnis von Kultur*:

«Der Kulturbegriff, den ich vertrete (…), ist wesentlich ein semiotischer. Ich meine mit Max Weber, dass der Mensch ein Wesen ist, das in selbst gesponnene Bedeutungsgewebe verstrickt ist, wobei ich Kultur als dieses Gewebe ansehe. Ihre Untersuchung ist daher keine experimentelle Wissenschaft, die nach Gesetzen sucht, sondern eine interpretierende, die nach Bedeutungen sucht. Mir geht es um Erläuterungen, um das Deuten gesellschaftlicher Ausdrucksformen, die zunächst rätselhaft erscheinen» (1983a, S. 9).

Geertz konzipiert Kulturen als Systeme symbolischer Formen. Insoweit soziales Handeln im ständigen Austausch signifikanter Symbole besteht, sind Symbole zugleich *Produkt* wie *Medium* sozialer Handlungs- und Verstehensprozesse *(→ 3.3)*. Sie vermitteln zum einen entscheidende Informationen über das Leben in dem betreffenden sozialen Zusammenhang – *worldview* –, zum anderen Anweisungen, wie man als Mitglied dort leben, fühlen und handeln sollte – *ethos*. Zusammen mit den mit ihnen verbundenen Bedeutungen fügen sie sich zu einem kulturellen Beziehungsganzen, dessen Teile miteinander verknüpft sind und aufeinander verweisen.

Die «Enge» dieser Verknüpfung kann natürlich variieren. Ein extremes Beispiel für Kohärenz beschreibt Geertz (1980a) am Beispiel des balinesischen Theater-Staats des 19. Jahrhunderts, wo er Entsprechungsverhältnisse zwischen dem Arrangement der großen Staatsrituale, der Anordnung der Gebäude im Herrscherpalast, der Geographie balinesischer Fürstentümer, der relativen Bedeutung der Statusgruppen und deren historischer Veränderung, der Struktur der Abwicklung des Außenhandels wie der Festlegung der Termine für die Feldbewässerung konstatiert. So kristallisiert sich der balinesische Staat zu einer gigantischen vieldimensionalen Kunstform, in der alle verfügbaren Zeichenebenen auf das exemplarische Zentrum verweisen.

3. Elemente des ethnologischen Verstehens

Ethnologisches Verstehen folgt einer *spezifischen Denkbewegung*: Geertz spricht von einem beständigen Lavieren zwischen lokalspezifischen Details und umfassenden Strukturen, von einer fortschreitenden Spirale allgemeiner Beobachtungen und detaillierter Kommentare (1983c, S. 307). Ihren ethnologischen Beobachtern präsentiert sich Kultur als ein öffentlich aufgeführtes und insoweit *lesbares* Dokument. Sie verfertigen andere und wenn möglich tiefere und komplexere Interpretationen dieser «Aufführungen» (bzw. von deren Interpretationen durch die Mitglieder der untersuchten Kultur), als sie den Mitgliedern selbst zur Verfügung stehen.

Geertz' Vorgehen unterscheidet sich von dem anderer mit Kultur befasster Disziplinen (wie Soziologie, Folklore, Literaturkritik, Geschichte) und Herangehensweisen (wie klassischer Ethnographie oder Phänomenologie) durch eine spezifische Form der ethnographischen Darstellung: eben die *Dichte Beschreibung*. Ihre Besonderheit besteht darin, dass sie *mikroskopisch* ansetzt, d. h. sich auf einzelne, vergleichsweise überschaubare soziale Phänomene konzentriert.[1] Geertz versucht, jene symbolischen Elemente einer Kultur zu isolieren, welche die grundlegenden Erfahrungs- und Orientierungsweisen dieser Kultur in exemplarischer Weise zum Ausdruck bringen (ein nach seinen Worten kaum planbarer, sehr von Zufällen, aber auch von disziplinierter Intuition abhängiger Prozess; vgl. Ostrow 1990, S. 67). Diese zentralen Symbole liest Geertz als «metasoziale Kommentare» über die jeweilige Kultur.

In der Regel sind dies elaborierte situative Konstellationen bzw. Rituale (wie Hahnenkämpfe und Begräbniszeremonien in Bali, javanische Nachbarschaftsfeste oder marokkanische Märkte). Es können aber auch verschiedene Begriffe und ihre jeweiligen semantischen Felder, wie die Gerechtigkeitskonzepte des malaiischen, islamischen bzw. hinduistischen Kulturkreises (1983e), oder auch bestimmte paradigmatische Personen sein, die als Metaphern für eine bestimmte Kultur (hier: für die je besondere Spiritualität des Islam in Java bzw. Marokko; 1968) eingeführt und genutzt werden.

Ausgangspunkt und *erster Schritt* einer Dichten Beschreibung ist eine knappe Schilderung des Geschehens, wie es sich den Beobachtern der betreffenden Abläufe unmittelbar bietet. Geertz setzt am Wirklichkeitsverständnis der Einheimischen an (u. a. indem er sich zu dessen Schilderung möglichst «erfahrungsnaher» Begriffe bedient), geht aber im weiteren Verlauf der Analyse deutend darüber hinaus. Deuten besteht nach seinen Worten darin, das «Gesagte» eines Diskurses dem vergänglichen Augenblick zu entreißen. Angesichts der situativen Kontingenzen sozialen Handelns ähnele die Arbeit des Ethnologen dem «Versuch, ein Manuskript zu lesen (...), das fremdartig, verblasst, unvollständig, voll von Widersprüchen, fragwürdigen Verbesserungen und tendenziösen Kommentaren ist, aber nicht in konventionellen Lautzeichen, sondern in vergänglichen Beispielen geformten Verhaltens geschrieben ist» (1983a, S. 15).

Den Schlüssel zum «Gesagten» sucht Geertz nicht in irgendwelchen, dem Phänomen selbst äußerlichen Ursachen, Bedingungen oder Korrelationen mit anderen Variablen, sondern in der bzw. über die Beschreibung dieses Phänomens selbst. Zu diesem Zweck zeigt er *im zweiten Schritt*, welche *anderen* Beschreibungen hinter der Ebene des Offensichtlichen liegen bzw. aufgrund von Feldbeobachtungen und sonstigen Erkenntnissen über die betreffende Kultur bzw. über analoge Phänomene in anderen Kulturen zusätzlich entwickelt werden können. Auf diese Weise akkumuliert sich eine Vielzahl ganz unterschiedlicher Interpretationsfolien, die das betreffende Phänomen jeweils unter einer anderen Perspektive transparent werden lassen. Für dieses Zusammentragen von Bedeutungsebenen gibt es keine Stoppregel: Die Dichte Beschreibung bleibt somit *grundsätzlich unabgeschlossen*.

Geertz spricht davon, man müsse zwischen den Bedeutungsebenen hin- und herspringen, um so verschiedene Darstellungen zu einem Gewebe vereinen und darin wiederum ein konzeptuelles Muster erkennen und transparent machen zu können. Dieses Interpretationsergebnis gelte es dann erneut an die Elemente deutend anzulegen, um schließlich eine ganz neue *Lesart* des ursprünglichen Textes zu erzeugen. An «Dichte» gewinnt eine Beschreibung in dem Maße, in welchem die verschiedenen Darstellungsebenen interpretativ aneinander anknüpfen und sich ergänzen. «Dichte» darf nicht mit induktiver Generalisierung, Triangulation *(→ 4.6)* oder gar logischer Folgebeziehung verwechselt werden. Die Beschreibungsebenen stehen nicht in einem Ableitungsverhältnis zueinander, sondern in einem Verhältnis der *Juxtaposition*. Dies bedeutet, dass zwei oder mehrere kulturelle Sinnbereiche bzw. Beschreibungsebenen textlich und argumentativ so zusammengebracht werden, dass sie gleichzeitig miteinander verbunden und kontrastiert werden.

Die Elaboriertheit dieser Zusammenstellungen wird deutlich, wenn Geertz, um seinen Lesern ein Gefühl für die besondere Form der kulturellen Organisation der Personenwahrnehmung in Bali zu vermitteln, Eigennamen, Namen der Geburtenfolge, Verwandtschaftsbegriffe, Teknonyme, Statustitel und öffentliche Titel miteinander kombiniert und dann in einem weiteren Schritt darauf die balinesischen Vorstellungen von Zeit projiziert, wie sie sich in den dort verwendeten unterschiedlichen Kalendersystemen bzw. in ihrem Zusammenspiel manifestieren. Der Text vermittelt so den Eindruck, dass die verschiedenen Modi der symbolischen Strukturierung von Erfahrung in Bali in komplexer Weise ineinander greifen, sich wiederholen und sich gegenseitig verstärken. Auf allen diesen sozialen «Bühnen» und Bedeutungsebenen wird immer dasselbe Schauspiel aufgeführt – nämlich das Ethos der balinesischen Kultur.

Um die Bedeutung gesellschaftlicher Ausdrucksformen erfassen zu können, reichen die Daten aus Interviews und Beobachtungen vor Ort nicht aus. Der Ethnologe muss selbst aktiv werden, diese Bedeutungen, wenn auch unterstützt durch die Interpretationen der «Einheimischen», vor dem Hintergrund seines Vorwissens lesen und ihnen auf diese Weise *Sinn einschreiben*. In diesem Verständnis stellen Dichte Beschreibungen unweigerlich Fiktionen («etwas Hergestelltes») dar, für die der Ethnologe die Verantwortung übernehmen muss – ohne sich letztlich auf eine Basis unbezweifelbarer Tatsachen berufen zu können. *Alle* Interpretationen des Ethnologen werden nämlich im Licht theoretischer Vorannahmen getroffen, und diese Vorannahmen beeinflussen den ethnologischen Erkenntnisgang bis hinunter auf die Ebene der unmittelbaren Erfahrung. Obwohl sich *Schlüsselsymbole* (Ortner 1972) bzw. *totale soziale Tatsachen* (im Sinne von Marcel Mauss) in besonderem Maß für die Geertz'sche Form der Beschreibung anzubieten scheinen, ist es faktisch doch erst die «Dichte» der ethnographischen Beschreibung, welche den Gegenständen ihre «Tiefe» verleiht.

Die Darstellungspraxis der interpretativen Ethnologie beschränkt sich aber nicht auf Dichte Beschreibungen. In einem *dritten Schritt* gilt es, aus einzelnen dicht beschriebenen Gegenständen analytisch gehaltvolle Schlussfolgerungen zu ziehen. Zur Erstellung einer vertieften «Lesart» eines kulturellen Phänomens kommt also noch dessen *theoretische Spezifizierung* hinzu. Die Spezifikation entspricht im Rahmen des interpretativen Vorgehens dem, was klassischerweise als «Erklärung» figuriert. Hier geht es um die Feststellung dessen, was das so erworbene Wissen uns über die *spezifische* Gesellschaft sagt, in der es gewonnen wurde. Darüber hinaus interessiert aber auch, was sich daraus im Hinblick auf die Beantwortung *allgemeinerer*, vom konkreten Forschungsfeld gänzlich unabhängiger gesellschaftstheoretischer Fragestellungen erschließen lässt.

In seiner Aufsatzsammlung aus dem Jahre 1983 wären dies: die figurative Natur sozialer Theorie, das moralische Aufeinanderwirken kontrastierender Mentalitäten, die praktischen Schwierigkeiten beim Versuch, Sachverhalte so zu sehen, wie dies andere tun, der epistemologische Status des Common Sense, die enthüllende Macht der Kunst, die symbolische Konstruktion von Autorität, die geschwätzige Buntheit des modernen intellektuellen Lebens und die Beziehung zwischen Sein und Sollen (vgl. Geertz 1983h, S. 5).

Auf diese Weise werden so verschiedene «Kunstformen» wie der balinesische Hahnenkampf, *König Lear* und *Schuld und Sühne* fruchtbar aufeinander beziehbar: insoweit sie nämlich auf ihre je unterschiedliche Weise existenzielle Herausforderungen – Geertz nennt hier: Tod, Männlichkeit, Wut, Stolz, Verlust, Gnade und Glück – thematisieren und in ihren Implikationen durchspielen. Im Gegensatz zum traditionellen Verständnis zielen Spezifikationen freilich nicht auf ethnologische Theoriebildung bzw. Hypothesenprüfung. Im Gegenteil: Geertz geht es eher um eine ethnographisch informierte Reflexion über Themen von *allgemeinerer intellektueller Bedeutung*. Er versucht, aus der sprichwörtlichen Provinzialität der Ethnographen, die nur «ihre» jeweilige Kultur im Blick haben, eine Tugend zu machen. Indem er die verschiedenen «local knowledges», die ihm aufgrund seiner Felderfahrung zugänglich sind, in eine dynamische Spannung zueinander bringt, lässt er beim Leser die Imagination einer übergreifenden *Diskursgemeinschaft zwischen den Kulturen* entstehen. Den eigentlichen ethnologischen Gegenstand lokalisiert Geertz somit weder in den Ereignissen, die in irgendwelchen abgelegenen Dörfern beobachtet wurden, noch in deren Dichten Beschreibungen, sondern gleichsam *dazwischen*. Es geht ihm im Kern um das *Verstehen von Kultur überhaupt* mit Hilfe der kontrastierenden Beschreibung von lokalen Kulturen.

4. Wirkungen und Kritik des Geertz'schen Programms

Geertz hat viele Bewunderer, aber kaum Schüler oder gar Nachfolger gefunden (Ortner 1997). Während Geertz gerade in den Geistes- und Kulturwissenschaften immer noch *en vogue* ist, hat sein Einfluss in der eigenen Disziplin deutlich abgenommen. Dies erklärt sich nur zum geringen Teil dadurch, dass seine empirischen Behauptungen zunehmend kritisch in Frage gestellt werden (z. B.

durch Wikan 1990). Entscheidender scheint gewesen zu sein, dass sich

– die «interpretative Wende» zunehmend gegen sich selbst gedreht hat, was zu einer in ihrer Selbstbezüglichkeit gelegentlich lähmenden Konzentration auf und Beschäftigung mit erkenntnistheoretischen und politischen Fragen der ethnographischen Repräsentation führte (was Geertz 1988 selbst als Erster kritisch-ironisch kommentiert hat);

– als Folge *wissenschaftlicher Entwicklungen* innerhalb wie außerhalb der Ethnologie (man denke an die kognitive Anthropologie, die Kultursoziologie, die diskursive Psychologie oder die Ethnomethodologie), aber auch als Konsequenz *weltpolitischer Ereignisse* (die das globale Dorf zunehmend als eine «Welt in Stücken» auf der Suche nach einer Ordnung der Differenzen erscheinen lassen; vgl. Geertz 1996) die Frage nach einem adäquaten Verständnis von Kultur nicht unwesentlich kompliziert.

Kultur muss heute offenbar in *anderer Weise* konzipiert, lokalisiert und untersucht werden:

– als fragmentiert zwischen verschiedenen Gruppen, aber auch als ein in seinen Manifestationen inkonsistentes Gebilde: als Feld der Auseinandersetzung zwischen Sinnbezügen in regionalen, gesellschaftlichen und ideologischen Grenzbereichen;

– als öffentliche Inszenierung mit eigener textueller Kohärenz, die aber immer neu vor Ort hergestellt und reinterpretiert wird;

– als fragiles und stetig sich entwickelndes Netz von Bedeutungen, an dem die verschiedensten Akteure teilweise in Konkurrenz zueinander knüpfen;

– als ein Instrumentenkasten, den Gesellschaftsmitglieder einsetzen (können), um vor Ort und im Hinblick auf ihre praktischen Zwecke soziales Handeln zu gestalten und zu interpretieren (vgl. Ortner 1997).

Dies alles verlangt aber ein Abgehen nicht nur von der *Kultur-als-Variable-Sicht* (was Geertz tut), sondern teilweise auch von der *Kultur-als-Kontext-Sicht* (was er vermeidet) und vor allem eine stärkere Berücksichtigung des *Praxisaspekts* von Kultur. Es ist gerade dieser Punkt, an dem auch die kritischen Kommentare des Geertz'schen Forschungsprogramms ansetzen.

Zum einen wird ihm eine *Missachtung der Ebene der «Eingeborenen»* vorgeworfen. Da er Versuche, am indigenen Diskurs teilzunehmen, als von vornherein zum Scheitern verurteilt ansieht, nimmt Geertz bevorzugt die Position des *distanzierten und distinguierten Beobachters* ein. Seine Texte enthalten nicht nur praktisch keine Interpretationen erster Ordnung. Auch Interpretationen zweiter Ordnung, also solche, die die Beobachtungen der Einheimischen beobachten, finden sich kaum. Als Ethnograph führt er gleichsam einen «monologischen Diskurs». Durch die Ausblendung der konkreten Erkenntnisbedingungen und insbesondere aller kommunikativen und interaktiven Momente wird die Sichtweise der «Eingeborenen» aus dem ethnographischen Text weitgehend eliminiert. Crapanzano (1986) kritisiert die damit einhergehende Entmündigung; es entstünde eine Aura der Willkür, die das Überzeugende seiner Schilderungen einschränkt und Zweifel bezüglich seiner Datenbasis provoziert. Moerman (1988) moniert, dass Geertz' Interpretationen praktisch gänzlich unabhängig davon seien, was seine Untersuchungssubjekte konkret sagen und tun. Obwohl Geertz den mikroskopischen Charakter Dichter Beschreibungen sowie einen szenischen und handlungstheoretischen Kulturbegriff propagiert, sucht er Kultur nicht in kommunikativen Handlungen, sondern primär in Wörtern, Symbolen und Ritualen. Geertz bleibt so vor den Toren der Interaktion stehen. Methodisch führt dies zu einer einseitigen Konzentration auf «schöne Daten» und «interessante Fälle», d. h. zu einer problematischen Abwertung der analytischen Reichweite «dünner» Beschreibungen und der kulturellen Bedeutungshaltigkeit bzw. Methodizität vermeintlich weniger «tiefer» sozialer Phänomene (vgl. als exemplarische Gegenposition Sacks 1992).

Seine Vorliebe für das kunstvolle In-Beziehung-Setzen von verschiedenen Sinnebenen bzw. von Dortigem mit Hiesigem hat Geertz den Vorwurf des *Relativismus* eingetragen (vgl. Shankman 1984). Dieser ist insoweit ungerechtfertigt, als Geertz den Relativismus primär als methodische Strategie einsetzt, diesen also nicht wie die Relativismus-Kritiker als erkenntnistheoretische Position versteht. Auch wenn er somit eher als *Anti-Relativist* anzusprechen wäre (vgl. Geertz 1984a), so ist doch sein Pluralismus, seine Vorliebe für kulturelle Differenzen, Kontraste, Konflikte und Nuancen in ungewöhnlich starker Weise ausgeprägt. Im Unterschied zu den meisten seiner Kollegen vergleicht er nicht nur das Dortige mit dem Hiesigen, sondern auch verschiedene Kulturen miteinander. In Verbindung mit seiner betonten Reflexivität verleitet ihn dies gelegentlich zu einer ironisch kokettierenden Nonchalance gegenüber den Standards empirischer Forschung (z. B. Geertz 1995, S. 17 f.).

Es macht das Gewagte, aber auch die Faszination dieser Art, ethnographische Darstellungen zu gestalten, aus, dass bei ihrer Lektüre die Grenze zwischen hier und dort, zwischen Realität und Imagination, zwischen Wissenschaft und Poesie wenn nicht ins Wanken, so doch ins Flimmern gerät. Beim Leser stellt sich ein Gefühl der Ambivalenz ein: Ist das, was Geertz behauptet, wirklich eine Rekonstruktion der Bedeutung, welche die betreffende soziale Handlungsweise für die Einheimischen besitzt, oder nur das, was Geertz heraus- bzw. hineinliest? Für die aufgestellten Behauptungen wird zwar eine empirische Fundiertheit als gegeben signalisiert («ethnographically informed»). Geertz verzichtet aber notorisch darauf, nähere Hinweise auf deren Begründung bzw. Begründbarkeit gemäß üblicher wissenschaftlicher Standards zu geben. Wenn, wie Greenblatt (1997) vermutet, die «Verführungskraft» (Roseberry 1982) der Geertz'schen Arbeiten gerade auch für Nicht-Ethnologen vor allem darin besteht, dass sie neben ihren literarisch-ästhetischen Qualitäten eine «Berührung mit dem Faktischen» versprechen, dann stellt dieser von Geertz gepflegte *quasi-referentielle Stil* eine nicht ganz ungefährliche Variante des «genre blurring» dar (Geertz 1983f): Der Gewinn an Imagination könnte leicht durch einen Verlust an Vertrauen in die «empirische Erdung» konterkariert werden.

Geertz sieht sich selbst als Meister der «unabsolute truths» (Berreby 1995), als einer, der für heilsame Irritationen sorgt und uns daran hindert, schnelle Antworten zu finden. Eine hochpotente Medizin, kein Hausmittel für den Alltag qualitativer Forschung.

Anmerkungen

1 Mikroskopisch bedeutet nicht *mikroanalytisch*. Mikroanalytische Ansätze (wie Kontextanalyse, Ethnographie der Kommunikation oder Konversationsanalyse) beschäftigen sich damit, *wie alltägliche Prozesse der Interaktion organisiert sind*, während es Geertz darum geht, den Bedeutungsgehalt eines überschaubaren Stücks Kultur auszuloten. Er strebt nicht genaueres Hinsehen (etwa mit Hilfe von Videoaufzeichnungen), sondern tiefere Interpretation an.

Weiterführende Literatur

Gottowik, V. (1997). Konstruktionen des Anderen – Clifford Geertz und die Krise der ethnographischen Repräsentation. Berlin: Reimer.

Ostrow, J. M. (1990). The Availability of Difference: Clifford Geertz on Problems of Ethnographic Research and Interpretation. *Qualitative Studies in Education,* 3, 61–69.

Wolff, S. (1992). Die Anatomie der Dichten Beschreibung – Clifford Geertz als Autor. In: Matthes, J. (Hg.): Zwischen den Kulturen? – Die Sozialwissenschaften vor dem Problem des Kulturvergleichs. *Soziale Welt,* Sonderband 8, 339–361. Göttingen: Schwartz.

Yvonna S. Lincoln
2.7 Norman K. Denzin – ein Leben in Bewegung

1. Einleitung
2. Die Durchquerung der Disziplinen und die Aufweichung der Gattungen
3. Die Durchquerung der Methoden: von der klassischen Soziologie zur postmodernen Performance

1. Einleitung

Nur wenige Forscher haben die Fachrichtung so oft geändert und in derart vielen Genres gearbeitet wie Norman K. Denzin. Und wenige haben wie er mit Talent die Aufweichung der zwischen diesen Genres bestehenden Grenzen befördert. In seiner akademischen Laufbahn hat sich Denzin an zwei Fronten betätigt. Einerseits hat er die Erforschung des sozialen Alltagslebens vorangetrieben und dabei sein Augenmerk vor allem auf die Auswirkungen des Kinos auf die Gestaltung der heutigen Kultur *(→ 5.7)* gerichtet. Andererseits hat er zur Stärkung des interpretativen Paradigmas in den Sozialwissenschaften seinen Beitrag geleistet. An beiden Fronten hat er die Grenzen der Disziplinen, die Traditionslinien der modernen Soziologie und das Regelwerk der sozialwissenschaftlichen Methodik übertreten.

Es ist kaum möglich, die Wandlungen der Methode Denzins vom klassischen Symbolischen Interaktionisten zum Narrations- und Textproduktionstheoretiker durch Angabe der überquerten Fachgrenzen zu charakterisieren. Um seine Entwicklungsschritte zu rekonstruieren, kann es nützlich sein, das Bild der Teilüberschneidungen zu verwenden. Die Annahme ist nämlich abwegig, dass Denzin die Arbeitsweise des Symbolischen Interaktionisten ganz hinter sich gelassen habe. Das Gegenteil trifft zu. Unter dem nachhaltigen Einfluss Herbert Blumers knüpfte Denzin unmittelbar an die Schule des Symbolischen Interaktionismus *(→ 3.3)* an, als er die Codes und kulturellen Symbole, die in den Kommunikationsstrukturen und Relevanzsystemen der amerikanischen Lebensgegenwart unterhalb der Ebene der Propositionen (im Sinne der Inhalte des Gesagten) wirksam sind, zu untersuchen begann. Seine Methoden, sein Sprachstil und seine Narrationspraktiken gehen stets von «Theorien des Sozialen» (1996b) aus. Sie beruhen also auf der Annahme, dass soziale und sprachliche Codes und Symbole eine Kultur zum Ausdruck bringen und diese zugleich mitgestalten.

Eines der überdauernden Themen seiner Beiträge ist die Suche nach Verbindungen zwischen Methoden, Ansätzen und Denkrichtungen (zu den Themen: Interaktionismus und Ethnomethodologie vgl. 1969; Soziologie der Emotionen und Interaktionismus vgl. 1983; Semiotik und Interaktionismus vgl. 1987c; Interaktionismus und *cultural studies* vgl. 1992a; Interaktionismus und Trends der Postmoderne vgl. 1989b). In dem Versuch der Anbindung des Interaktionismus an andere Traditionen und Methoden hat Denzin verschiedene Disziplinen, Artefakte (vor allem das zeitgenössische Kino), materielle Praktiken (vornehmlich die Ethnographie als verschriftetes Produkt der Erforschung sozialen Lebens) und Gesellschaftskritiken (von Baudrillard, Foucault, Deleuze, Derrida, um nur einige zu nennen) ausgelotet. Obgleich er Grenzen und Schranken in beiden Richtungen wiederholt überschritt, hat er – wie der Buddhist im Sprichwort – nie zweimal seinen Fuß in denselben Fluss getaucht.

2. Die Durchquerung der Disziplinen und die Aufweichung der Gattungen

Clifford Geertz (1983f) mag eine Aufweichung der traditionellen Gattungsgrenzen abstrakt vorhersagen, kann sie selber jedoch nicht so effektiv verwirklichen wie Denzin. In den vergangenen 30 Jahren hat Letzterer die Sozialwissenschaften durchquert – nicht zuletzt auch die Soziologie und Anthropologie (vgl. 1971, 1989a, 1990a),

die systematische Untersuchung früher Filmproduktionen, die Kino-
studien und die neue Filmkritik (1988, 1991b, 1992a, 1993), Theorien der sozialen Devianz, die Alkoholismusforschung (soziale Organisation, individuelle Zerstörung, Entwöhnungs«industrie» und
-struktur [1977]), Fiktion, ethnographische Fiktion und Ethnopoetik (1997), die Kinder- und Familienforschung (1985, 1997), die
Emotionsphänomenologie (1983, 1985a), die Untersuchung von
Geschlecht und Sexualität in der Epoche der Postmoderne (1985b),
die *cultural studies* (1991b, 1992a, 1997), die Methodologie der Sozialwissenschaften (1971, 1979; Denzin & Lincoln 1994b, 2005a).

In einem allgemeineren Sinn geht das Aufweichen der Gattungen
mit der Übertretung von Fachgrenzen, der Anknüpfung an verschiedene intellektuelle Traditionen und der Übernahme viel verspre-
chender Erkenntnisse aus anderen Disziplinen zur Bereicherung des
eigenen Fachs einher. In einem engeren Sinn ist das Aufweichen der
Gattungen gleichbedeutend mit dem Verschwindenlassen starrer
Barrieren zwischen akademischen Fächern, womöglich sogar mit
der radikalen Zerstörung solcher Schranken. Es kann schließlich
auch die Konstitution neuer Disziplinen gemeint sein, wie dies bei
den *cultural studies (→ 2.4; → 3.9)* und Kommunikationsanalysen
geschehen ist, d. h. die Erschaffung von Hybriden, in denen Problemstellungen und Fragen aus diversen Fächern aufeinander ge-
pfropft werden – gleichsam wie beim Basteln, das mit übernomme-
nen, veränderten und adaptierten Verfahren ein neues Werkzeug zur
Bearbeitung eines im Aufmerksamkeitsfokus stehenden Problems
erfindet.

Als Denzin derartige Kreuzungen suchte, entwarf und erläuterte,
lieferte er für jüngere Forscher – und für solche, die zum Zweck der
Selbstbestimmung und der Lehre neue Wege suchten – Beispiele zur
Veranschaulichung seiner Arbeitsweise mit. Die Suche nach hybriden Methoden findet sich vermutlich am deutlichsten in der ersten
Ausgabe des *Handbook of qualitative research*, das ich mit ihm herausgegeben habe (Denzin & Lincoln 1994b). In diesem Buch ermu-
tigt Denzin die Vertreter der qualitativen Forschung aus vielen Fächern zur Aufgabe der Vorstellung, dass irgendeine Disziplin auf
irgendeine Methode, irgendeine Wissenschaftsphilosophie oder irgendeine analytische Strategie einen ausschließlichen Besitzan-
spruch anmelden dürfe. Damit meinte er, dass die Forschenden sich
als Bastler betätigen und gerade die Methoden und Daten verwen-

den sollten, die sie für nützlich, konstruktiv oder vorteilhaft erachten. «Traditionen», die sich in bestimmten akademischen Disziplinen verfestigt haben, seien eben nicht deren Eigentum. Diese Traditionen liefern vielmehr Werkzeuge, Versatzstücke und Rohdaten, aus denen wir neue Methoden, neue analytische Verfahren und neue Auffassungen des gesellschaftlichen Lebens basteln könnten. So sind aus «Traditionen» Trümmerfelder geworden, aus denen wir vereinzelte Mauerreste zu neuen Arrangements zusammenfügen, auch wenn der Ursprung dieser Mauerreste von anderen Handwerkern, gleich ob Generalisten oder Spezialisten, wieder erkannt wird.

In der Ablehnung der Methodenhörigkeit lud Denzin nicht nur zu einer Wanderung durch die Sozialwissenschaften ein. Wie einige andere Forscher auch empfahl er die Abwendung von den Wissenschaften als starren Gebilden. Dadurch eröffnete sich die Möglichkeit der Anbindung der Humanwissenschaften an die bildenden Künste, die literarische Fiktionalität, die Poesie, die Oralität des Erzählens, das Filmschaffen usw. Und wie andere Vertreter der *cultural studies* (→ 2.4; → 3.9) entwarf Denzin ein Projekt, in dem beinahe die ganze Materialität von Kunst, Film, Fernsehen, Werbung, Presse oder anderen Medien in der Untersuchung des modernen Westens zum Objekt gemacht würde. Seine Absicht war es natürlich nicht, ein abstruses soziologisches Wissenssystem zu errichten; vielmehr zielte sie darauf ab, «Ethnographie[n] zu erschaffen, die sich den Abstraktionen und großen theoretischen Umklammerungen» (2000a) widersetzen. So zeichnete sich eine «Rückkehr zur Narration als politische Handlung» ab, die gegenseitiges Verstehen, Mitgefühl und Solidarität befördert.

Dem vorliegenden Beitrag liegt die Frage zugrunde, welchen Forschungsbereichen, -gegenständen und -methoden sich Denzin mit Scharfsinn und produktiv zugewandt hat. Nicht weniger wichtig ist allerdings auch die Frage, wie er von einem «Dorther» – dem Beginn seiner wissenschaftlichen Laufbahn – zu dem «Hier» seines heutigen Wirkens gelangt ist. Gibt es so etwas wie Wegmarken und Perioden seiner stufenweise sich vollziehenden Entwicklung? Ist es möglich, im Schaffen Denzins wie beispielsweise bei Picasso zwischen «Perioden», Sequenzen, Einflüssen, Wandlungen, Neuorientierungen zu unterscheiden? Obgleich ein derart knapp bemessener Beitrag wie der vorliegende die Spuren der Einflüsse, die Bücher, Filme, Artikel und die Einsichten nicht einzeln sichten und darstellen kann, soll dennoch der Versuch gewagt werden, durch Betrachtung einiger repräsentativer Schriften Einblick in die Entwicklungslinien von Denzins Schaffen zu gewinnen.

3. Die Durchquerung der Methoden: von der klassischen Soziologie zur postmodernen Performance

Eine bedeutsame Wegmarke auf dem Pfad von einer strikt vom Symbolischen Interaktionismus geprägten Position zum späteren «Interpretationismus» findet sich in *The logic of naturalistic inquiry* (1971). Viele der frühen, in dieser Schrift entwickelten Gedanken sind in späteren Texten erneut formuliert, zugleich aber ergänzt und zunehmend theoretisch eingebettet worden. Während Denzin diese Lesart des Forschens als *naturalistischen Behaviorismus* bezeichnete – eine Ausdrucksweise, die er später ablehnen wird –, begann er das Bild der neuen Arbeit und der neuen Rolle des Soziologen zu zeichnen. Er schilderte, wie der

«naturalistische Behaviorismus die beobachtende Person direkt in den Mittelpunkt des forschenden Handelns versetzt. Damit wird sie als eine konkrete Instanz anerkannt. Der naturalistische Behaviorismus unterstreicht die Tatsache, dass jedes sozialwissenschaftliche Arbeiten gleichsam die einmalige Perspektive der beobachtenden Person zum Ausdruck bringt. (...) Der naturalistische Behaviorist steht damit außerhalb der allgemeinen soziologischen Gemeinschaft – oder er stellt sich dieser sogar entgegen –, denn er sucht nachgerade die Einbeziehung seiner selbst in die Betrachtung» (1971, S. 167).

Mit diesen Sätzen steckte Denzin den Rahmen ab, innerhalb dessen er später seine Ideen zum Thema der Kernstellung der Sozialforscher zunächst im Forschungs- und dann im Verschriftungsprozess ergänzt hat. Gleichzeitig wird dadurch die Bedeutung der standpunktbezogenen Epistemologie hervorgehoben. Nicht zu übersehen ist schließlich die neue Position des Sozialforschers in der Rolle des Gesellschaftskritikers, des Fürsprechers, des öffentlich wirkenden Intellektuellen und des Produzenten einprägsamer sozialer Repräsentationen.

Dennoch ist klar, dass Denzin selbst in der Antizipation der Ideen, die sein heutiges Schaffen dominieren, noch den Normen der Soziologie der 70er Jahre verpflichtet war. Seine «programmatische Erklärung» der für Symbolische Interaktionisten und andere Soziologen unverzichtbaren Dinge, mit denen sie auf überzeugende Weise ihr Anliegen vertreten können, umfasst beispielsweise noch die Bewertung «der Indikatoren an den üblichen Reliabilitäts-, Wiederholbarkeits- und Validitätsstandards» (1971, S. 167), die Generalisierung (S. 174) und die Kausalanalyse (S. 179). Obwohl er also dem naturalistischen Behavioristen den Maßstab wissenschaftlicher Methodik als Garanten der Respektabilität empfiehlt, bringt er dennoch bereits den Prozess der Verselbständigung gegenüber traditionellen Methoden ins Rollen. So knüpft er an Garfinkels Maxime der Sprache als einer gesellschaftlichen Produktion *(→ 2.3; → 3.2)* an, sprengt allerdings die Tragweite dieser Maxime durch das Argument, dass auch das Selbst «gesellschaftlich hervorgebracht» sei und dass Gegenstände und Orte zu Interaktionen anreizten, um ihrerseits «zum Zielpunkt aller gemeinsamen Handlungen» (S. 172) zu werden. Demnach bestimmt sich das Selbst unentwegt durch die Sprechweise, in der es sich auszudrücken wählt, durch die «Anderen», mit denen es interagiert (oder nicht zu interagieren wünscht), durch die Objekte, auf die es einwirkt, und durch die Arenen, in denen es sich konkretisiert. In späteren Schriften tritt als Bestimmungsmoment noch die Reflexion der forschenden Person als Produzentin eines oder sogar vieler «Ich» im Forschungsfeld hinzu.

In der gedanklichen Durcharbeitung des Wittgenstein'schen Satzes, dass man darüber schweigen soll, worüber man nicht sprechen kann, wurde Denzin zur Analyse von Zeit und Bewusstsein (1982) herangeführt. Diese Untersuchung diente ihm als Stützpfeiler, auf dem er eine Brücke vom Bewusstsein und zu den Affekten, von den Affekten zu den Emotionen und schließlich von den Emotionen zum leiblichen Selbst geschlagen hat (vgl. Denzin 1983, 1984, 1985a, b; Charmaz 1985). In *Of time and mind* empfiehlt er speziell den Soziologen den Verzicht auf «jeglichen (…) aus dem Logischen Positivismus stammenden Lehrsatz (…), wenn sie einen Weg zur Konstruktion eines haltbaren, authentischen Abbildes menschlicher Sinnhaftigkeit und Interaktion» (Denzin 1982, S. 43) bahnen wollen. Auch in diesem Fall beginnt eine bis in seine heutige Arbeit reichende Entwicklung mit einem Aufruf – mit dem Plädoyer für eine erweiterte, mehrere Disziplinen in sich vereinigende und durch Einbeziehung literarischen und künstlerischen Schaffens bereicherte Sozialforschung.

Nicht weniger auffällig ist allerdings die Tatsache, dass er 1990 aus dem früheren Plädoyer für die Verabschiedung des Logischen Positivismus den Schluss zieht, dass es wohl unmöglich sei, «je hinter die persönlichen Sorgen und die flüchtigen Erfahrungen zu gelangen, die das Leben der Individuen grundlegend verändern» (1990a, S. 2). Wir müssten uns also damit abfinden, dass

> «die Auffassungen, Einstellungen und Erfahrungen in gleichem Maße wie die Personen als Vertreter dieser Auffassungen, Einstellungen und Erfahrungen nichts anderes sind als kulturelle, vertextete Gebilde (…), die außerhalb der von uns (oder von ihnen) geschriebenen Texte keine Autonomie besitzen» (1990a, S. 14).

Daraus ergibt sich zunächst die Forderung nach «minimalsten theoretischen Vorannahmen» in der «Analyse und Beschreibung der persönlichen Sorgen, über die sich die gewöhnlichen Leute austauschen. Wir leihen diesen Menschen bloß unsere Stimme» (1990a, S. 15). Auf der Grundlage dieses Hypothesenminimalismus zeichnet Denzin später (vgl. 1996, 2000a, b) die Umrisse einer «gleichzeitig minimalen, existenziellen, auf Selbstbeobachtung beruhenden, verletzbaren, performativen und kritischen» Ethnographie – die «Erzählung eines Soziologen, [die] stets mit Allegorien arbeitet und als Metapher zu verstehen ist, eine Parabel, die *nicht nur in Gestalt eines schlichten Verzeichnisses menschlicher Erfahrung,* [sondern auch] in der einer Utopie der Vergebung auftritt, eine Geschichte, die den Lesenden (und dem Schreibenden) einen Lebenskompass in die Hand gibt» (1996b, S. 748; Herv. Y. L.). Die dialektische Bewegung findet somit zwischen dem Schreiben von Geschichten, die von minimalen theoretischen Erwägungen motiviert sind, und dem Verständnis des Schreibens als eines «politischen und theoretischen Handelns» statt (vgl. 2000b). In einem Wort: «Wer über Kultur schreibt, verschriftet Theorien» (1997, S. xii).

Die eine Lesart dieser Dialektik suggeriert, dass minimale theoretische Festlegungen so viel bedeuten wie (a) minimale Beschäftigung mit apriorischen Theorien und (b) Suche nach neuen Sozialtheorien auf der Basis von Erhebungen konkreter Erfahrungsdaten (induktiv vorgehende Theorien des gesellschaftlichen Lebens). Eine andere Lesart der Dialektik könnte sich aus der Reaktion auf elaborierte, gelegentlich aufgeblasene Sozialtheorien ergeben, an denen sich eine Generation modernistischer Gelehrter versucht hat. Gleichgültig, woraus sich diese Dialektik auch speisen mag – Denzins Fähigkeit, Widersprüche, Spannungen, gegensätzliche und paradoxe Elemente in kulturellen Artefakten (vor allem im Film [vgl. z.B. 1988]) zu erkennen und namhaft zu machen, gehört seit 1990 zu den Markenzeichen seines Schaffens.

Der nächste, folgerichtige Schritt war die postmoderne und dekonstruktivistische Wendung. In zwei für das *Journal of Contemporary Ethnography* verfassten, durch ein knappes Jahr voneinander getrennten Artikeln macht sich Denzin für die aufblühende postmoderne Ethnographie stark. 1989 meint er:

> «Ich vertrete eine ganz einfache These. Die heutige soziologische Ethnographie soll dem von der Anthropologie ausgehenden Impuls folgen. Sie soll aufhören, sich mit wissenschaftlicher Methodik, der Gewinnung und Analyse qualitativer Daten, dem Schreiben über das Schreiben ethnographischer Studien, der Suche nach grundlegenden Prinzipien des sozialen Lebens und den Belangen der institutionalisierten Zeitschriftenwissenschaft zu befassen. Es ist an der Zeit, dass sie zu einer ernsthaft existenziellen Angelegenheit wird» (1989a, S. 89).

1990 definierte er erneut den seiner Meinung nach wichtigsten Punkt ethnographischen Arbeitens:

> «Wenn die interpretative Ethnographie mit einem Minimum an theoretischem Aufwand Texte anfertigt, löst sie die durch Konvention festgesetzten Grenzen zwischen den Disziplinen auf und überbrückt die Kluft, die zwischen der beobachtenden Person und der untersuchten Welt besteht. Werden die Texte in der ersten Person Singular geschrieben, bedienen sie sich der forschenden Person als eines Fensters auf die Welt. Der Autor wird zum Textsubjekt. In solchen Verschriftungen entfallen die traditionellen ethnographischen Probleme – und so auch die beklemmenden Fragen nach Reliabilität, Validität, theoretischen Konstrukten, nach den Differenzen zwischen Fakten und Fiktionen sowie nach der Beurteilung oder der Bewertung von Erfahrungen (…) an den Kriterien der westlichen Vernunft, Logik und Wissenschaft» (1990b, S. 231).

Diese beiden Arbeiten markieren eine weitere Kehre in Denzins Denkens, die sich in allen danach erschienenen Schriften, einschließlich der ersten und zweiten Auflage des *Handbook of qualitative research* (Denzin & Lincoln 1994b, 2000), bemerkbar macht.

Das Verständnis dessen, was diese postmoderne Triebkraft zu bewirken vermag, wird über die von Derridas Textdekonstruktion begründete analytische Technik erreicht. Diese Technik besteht aus einer eng geführten Textanalyse, die «untersucht, wie ein Text seine Eigenlogik, Ordnung und Präsenz erzeugt (...). Gefragt wird danach, wie ein Text spezifische Bilder der Gesellschaft, der Kultur, des Mitmenschen, des Subjekts, der Strukturen und der sozialen Kernbereiche, Gegensätze, Hierarchien, Ordnungen, Rationalität und Vernunft kreiert» (1991b, S. 35).

Die Dekonstruktion kulturell vermittelter Texte, besonders der Filme, macht eine Analyse dessen möglich, was üblicherweise vor den Lesenden «verborgen» wird: Es wird das rhetorische Machwerk erfasst, das Rassismus, Sexismus, Klassenbewusstsein oder andere Unterdrückungsmechanismen, Herrschaftsformen und kulturelle Hierarchien zementiert oder verleugnet. Lässt man sich auf derartige dekonstruktivistische Praktiken ein und «liest» man die Schriften anderer, die sich solchen Praktiken angeschlossen haben, erwirbt man die Kompetenz zur Kulturkritik und zur Aufdeckung der dem westlichen, kolonialistischen und modernistischen Denken zugrunde liegenden Voraussetzungen.

Seine den Dekonstruktivismus fortführenden Arbeiten haben Denzin schließlich zu der Position geführt, die er heute einnimmt. In der Potenzialität der «qualitativen Forschung und der interpretativen Ethnographie» erblickt er die «Möglichkeit zum radikaldemokratischen Handeln» (2000b). Damit bilden die qualitativen Methoden keine Ensembles von bevorzugt verwendeten Werkzeugen der Interpretationstätigkeit mehr. Viel eher konstituieren sie die Voraussetzungen zur Durchführung einer neuen Sozialwissenschaft, mit der «sich die traditionelle Soziologie wird auflösen lassen» (1996b). In einer derart gewandelten Soziologie ist an die Stelle der alten epistemologischen Glaubenssätze und der Wertmaßstäbe eine neue «postpragmatische, feministische, kommunitaristische und von höchsten moralischen Erwägungen geleitete Ethik» getreten, deren eine Fähigkeit darin besteht, «die Welt zu verändern» (2000b). Die neuen sozialwissenschaftlichen Texte sind nach Denzins Dafürhalten also mit dem vernetzt, was er als «vertrauten, zivilen Journalismus» bezeichnet (2000b, S. 899). Sie verknüpfen sich mit der «Performance»-Ethnographie, den kritischen Rassismus- und Ethnienstudien und mit den Geisteswissenschaften (vgl. 2000b).

Gemäß der von Marcus und Fischer (1986) beförderten Sozialwissenschaft, die nicht nur die Kultur beschreibt, sondern auch zur *Kulturkritik* befähigt, wird die Sozialforschung für das neue Millennium also «eine existenzielle, interpretative Ethnographie sein – eine

Ethnographie, die der Blaupause der Kulturkritik eingeschrieben ist» (Denzin 2000b). In aller Gelassenheit, doch mit Insistenz erkundet Denzin nun eine Zukunft, in der sich die Kritik «der Logik des Spätkapitalismus» (1991a, S. 408) mit einer von Mitgefühl und Respekt getragenen «Politik der Hoffnung» (2000b) verbündet. Dies ist gewiss ein Standpunkt, vom dem aus die Möglichkeiten der qualitativen Forschung und des ethnographischen Schreibens *(→ 5.22)* bereichert werden können.

Übersetzung aus dem Englischen von Alexandre Métraux

Weiterführende Literatur

Denzin, N. K. (1989). Interpretive interactionism. Applied social research methods series, Vol. 16. Thousand Oaks, Ca.: Sage Publications.

Denzin, N. K. (1989). The research act: A theoretical introduction to sociological methods, 3rd Ed. Englewood Cliffs, NJ: Prentice Hall.

Denzin, N. K. (1997). Interpretive Ethnography: Ethnographic Practices for the 21st Century. Thousand Oaks, Ca.: Sage Publications.

3 Theorie qualitativer Forschung

3.0 Einleitung

Qualitative Forschung lässt sich nicht auf Erhebungs- und Auswertungsverfahren, methodologische Prinzipien oder auf detaillierte und exotische Beschreibungen von Lebenswelten reduzieren. Methoden und Methodologie sind ihr kein Selbstzweck. Sie beruhen auf theoretischen Überlegungen und sollen ihrerseits der Theoriebildung dienen. Die genaue Beschreibung von Lebenswelten soll zu einem besseren Verständnis spezifischer kultureller Selbstverständlichkeiten, Handlungsformen und -strategien beitragen, um Strukturen und Muster ihrer sozialen Reproduktion sowie ihre Eigenrationalitäten zu erkennen.

Ein gemeinsamer Ausgangspunkt der im Einzelnen unterschiedlichen theoretischen Traditionen qualitativer Forschung ist das Alltagshandeln der Gesellschaftsmitglieder in unterschiedlichen Situationen und unter verschiedenen kulturellen Bedingungen. In deren detaillierten Beschreibungen geht es aber nicht um eine Verdoppelung oder um ein «Abbild» der Wirklichkeit. Deren Charakter ist vielmehr selbst zentrales Thema theoretischer Bemühungen in der qualitativen Forschung. Um soziale Wirklichkeit(en) theoretisch zu fassen, ist zunächst eine Re-Konstruktion und Analyse der mit Hilfe unterschiedlicher ethnographischer Verfahren, aus Interviews und Dokumenten gewonnenen Daten erforderlich. Zweitens geht es darum, die daraus gewonnenen Erkenntnisse in übergreifende theoretische Bezüge – etwa, als Beitrag zu den Grundlagen einer Konstitution von Sozialität, als Beitrag zu einer Theorie sozialer Ordnung oder als Beitrag zu einer Theorie der Kultur oder regionaler Kulturen – einzubetten.

Die erste Gruppe der von uns ausgewählten Beiträge steht für die wichtigsten *Hintergrundtheorien* der qualitativen Sozialforschung: für die phänomenologische Lebensweltanalyse *(→ 3.1)*, die Ethnomethodologie *(→ 3.2)* und den Symbolischen Interaktionismus *(→ 3.3)* sowie für konstruktivistische *(→ 3.4)* und für hermeneutische *(→ 3.5)* Theorieperspektiven. Die zweite Gruppe repräsentiert *gegenstandsspezifische Forschungsprogramme* und Theorieentwicklungen *(→ 3.6–3.12)*.

Hintergrundtheorien

Der erste Beitrag *(→ 3.1)* vermittelt einen Überblick über die von Alfred Schütz im Anschluss an Edmund Husserl entwickelte phänomenologische Lebensweltanalyse. In ihr sind die Grundlagen der Sinnkonstitution für eine sozialwissenschaftliche Analyse des Sinnverstehens ausgearbeitet. In dieser theoretischen Perspektive erweist sich die uns selbstverständlich gegebene soziale Wirklichkeit als voraussetzungsvolle «gesellschaftliche Konstruktion» (Berger & Luckmann 1969) ihrer Mitglieder *(→ 3.4)*.

Die Ethnomethodologie stellt eine eigenständige Theorieentwicklung innerhalb der qualitativen Forschung dar *(→ 3.2)*. Mit der phänomenologischen Analyse teilt sie die Frage nach den Routinegründen alltäglichen Handelns und ihrer formalen Mechanismen. In der soziologischen Tradition greift sie die von Durkheim erstmals aufgeworfene Frage nach den Voraussetzungen sozialer Ordnung auf und richtet dazu ihr Augenmerk auf die alltäglich von den Gesellschaftsmitgliedern vollzogenen «Herstellungsleistungen», die erst die soziale Ordnung als Geordnetheit von Kommunikation und Interaktion hervorbringen.

Der Symbolische Interaktionismus *(→ 3.3)* hat seine Wurzeln im Pragmatismus und ist einer humanistischen Perspektive verpflichtet. In seinen Grundannahmen betont er die aktive Rolle des Subjekts bei der Gestaltung sozialer Wirklichkeit, verweist auf die Prozesse situativen Aushandelns gemeinsamer Handlungslinien und die Rolle eingelebter kultureller, symbolisch vermittelter Normen, die in der Interaktion erst zur konkreten Handlungswirklichkeit für die Beteiligten werden. In seinen neueren Entwicklungen unter den Bedingungen der Postmoderne und dem Eindruck der Krise der Repräsentation werden die konstruktivistischen Momente des Ansatzes stärker ausgearbeitet.

Die nicht nur in der qualitativen Forschung, hier aber besonders intensiv diskutierten und weiterentwickelten Ansätze zu einer konstruktivistischen Perspektive in den Sozialwissenschaften sind das Thema des anschließenden Beitrags *(→ 3.4)*. Hier kommen neben methodologischen Überlegungen auch erkenntnistheoretische Fragen zum Charakter der sozialen Wirklichkeit zur Sprache. Dabei werden Bezüge zu wissenschaftstheoretischen Überlegungen einerseits aus der Systemtheorie, andererseits aus den Literaturwissenschaften im Hinblick auf ihren Beitrag zur Theoriebildung in der qualitativen Forschung diskutiert.

Hermeneutische Ansätze bilden neben Phänomenologie und Symbolischem Interaktionismus die dritte große Traditionslinie qualitativer Forschung *(→ 3.5)*. Qualitative Daten wie Protokolle, Memos, Interviewtranskripte, Fotografien oder Filme sprechen nicht für sich; in der qualitativen Forschung werden sie als Texte aufgefasst, die gelesen und das heißt gedeutet und mit vorliegenden Forschungsergebnissen verknüpft werden müssen. In den verschiedenen hermeneutischen Ansätzen liegt eine umfangreiche Tradition zur theoriegeleiteten Methodisierung dieser Interpretationsbemühungen vor.

Gegenstandsspezifische Forschungsprogramme und Theorieperspektiven

Qualitative Biographieforschung *(→ 3.6)* und qualitative Generationsforschung *(→ 3.7)* stehen in einem engen Bezug: Wie verschränken sich individuelle Deutungen und das heißt immer auch Re- und Neukonstruktionen der eigenen Biographie mit historischen Konstellationen und Ereignissen, die Mitglieder einer Generation sowohl gestaltet als auch erlitten haben? Wie entstehen aus diesen Konstellationen neue Figurationen und Lebensstile? Gerade auch im Kontext einer Alltagsgeschichte der modernen Welt eröffnen qualitative Theorieperspektiven hier neue Erkenntnisräume.

Lebensweltanalyse rekonstruiert die Binnensicht der Handelnden in unterschiedlichen lokalen Milieus, «Sinnprovinzen» und Sonderwelten, um von daher zu einem besseren Verständnis der Beteiligten und ihrer Lebenswelt(en) insgesamt zu gelangen *(→ 3.8)*. Deren Erforschung zeigt dabei nicht nur die Vielfalt moderner Lebensformen. In ihrer methodischen Perspektive künstlicher Verfremdung des Gewohnten und scheinbar Bekannten öffnet sie als Rückspiegelung die Aussicht auf allgemeine Prinzipien und Prozesse der sozialen Konstruktion von Lebenswelten. Die interdisziplinär zwischen Soziologie, Ethnographie, Medien-, Kultur- und Literaturwissenschaft angelegten Cultural Studies *(→ 3.9)* interessieren sich hier etwa für folgende Fragestellungen: Wie werden kulturelle Symbole und Traditionen im Kontext von sozialem Wandel, unter spezifischen

Machtverhältnissen und bei sozialen Konflikten von den Beteiligten genutzt und verändert? Wie weit werden die Akteure in ihrem Handeln dabei von den Traditionen, Moden und Ungleichzeitigkeiten der (populären) Kultur geprägt, die sie zugleich verändern?

Theoretische Perspektiven der qualitativen Forschung haben auch Eingang in die moderne Geschlechterforschung gefunden *(→ 3.10)*. Hier geht es sowohl um die Prozesse der sozialen Konstruktion von Geschlecht/Gender als auch um eine qualitative Analyse von Kommunikation und Interaktion innerhalb der Geschlechter und zwischen ihnen. Eine besondere theoretische Herausforderung liegt dann z. B. darin, Interaktionsanalysen als Ausdruck der gesellschaftlich ungleichen Geschlechterordnung(en) zu analysieren.

Organisationsanalyse und -entwicklung *(→ 3.11)* und Evaluationsforschung *(→ 3.12)* stehen beispielhaft für zwei zentrale Anwendungsbereiche qualitativer Forschung. Theoretisch sind sie interessant, weil bei der Anwendung qualitativer Verfahren in der Organisationsentwicklung und bei der Evaluation förderliche und hinderliche Mechanismen bei der Veränderung und Neudefinition sozialer Konstruktionen sichtbar werden. Damit vermittelt qualitative Forschung Einblicke in die Mikrostrukturen sozialen Wandels und seiner Voraussetzungen.

Ronald Hitzler und Thomas S. Eberle
3.1 Phänomenologische Lebensweltanalyse

---

1. Die Idee einer Phänomenologie der Lebenswelt
2. Von der Sinnkonstitution zum Fremdverstehen
3. Zur soziologischen Relevanz der Lebensweltanalyse

---

1. Die Idee einer Phänomenologie der Lebenswelt

Die wesentlich von Thomas Luckmann aus den USA ‹re-importierte› Variante der von Alfred Schütz im Anschluss an Edmund Husserl entwickelten Mundanphänomenologie bildet heute unbestreitbar eine der zentralen Hintergrundtheorien der qualitativen Forschung (vgl. dazu bereits Brauner 1978). Zentrales Thema der Mundanphänomenologie ist die Rekonstruktion der formalen Strukturen der Lebenswelt.

Den wissenschaftsgeschichtlichen Hintergrund für die Zuwendung zur Lebenswelt bildet Husserls Diagnose (1969) über die entscheidende Ursache der ‹Krisis der Europäischen Wissenschaften›, die er darin gesehen hat, dass ihre Protagonisten ‹vergessen› hatten (bzw. haben), dass alle Wissenschaft in der Lebenswelt gründet. Das lebensweltliche Apriori der Wissenschaften aufzuklären war für Husserl dementsprechend der Weg, um die ‹Krise› der Wissenschaften zu beheben. Denn wenn das ‹Sinnfundament› der Lebenswelt (wieder) freigelegt ist, dann werden, so Husserl, die wissenschaftlichen Idealisierungen nicht mehr reifiziert, und die Wissenschaften können zu einem ‹adäquaten› methodologischen Selbstverständnis gelangen.

Lebenswelt im Sinne Husserls ist die ursprüngliche Sphäre, der selbstverständliche, unbefragte Boden sowohl jeglichen alltäglichen Handelns und Denkens als auch jeden wissenschaftlichen Theoretisierens und Philosophierens (vgl. dazu auch Welz 1996). In ihren konkreten Ausformungen existiert sie in milliardenfacher Vielfalt als einzig wirkliche Welt jeder einzelnen Person, jedes «Egos». Diese Variationen bauen sich auf aus allgemeinen, unwandelbaren Grundstrukturen, dem ‹Reich ursprünglicher Evidenzen›.

Alfred Schütz hat diese Idee Husserls aufgenommen und versucht, die allgemeinsten Wesensmerkmale der Lebenswelt – im Hinblick auf die besondere Problemstellung der Sozial- gegenüber den Naturwissenschaften – zu erkunden (vgl. Schütz & Luckmann 1979, 1984). Allgemeines Ziel der an den erkenntnistheoretischen Problemen der Sozialwissenschaften orientierten Lebensweltanalyse ist somit die Analyse des Sinn-Verstehens mittels einer formalen Beschreibung invarianter Grundstrukturen der Sinnkonstitution *im subjektiven Bewusstsein des Handelnden*.

Im Gegensatz zum üblichen objektivistischen und induktiven Wissenschaftsverständnis geht die Phänomenologie von den Erfahrungen des Einzelnen aus und bearbeitet diese in reflexiver Form. Mithin ist die Mundanphänomenologie von Schütz und in der Nachfolge von Schütz im strengen Sinn kein soziologischer Ansatz, sondern eine *proto*-soziologische Unternehmung, die der eigentlichen soziologischen Arbeit zugrunde liegt (vgl. dazu Luckmann

1993, Knoblauch 1996a sowie Hitzler & Honer 1984). Das heißt, es geht um die *epistemologische* Klärung des lebensweltlichen ‹Fundaments›, das zum einen den Referenzpunkt, zum anderen die implizite Grundlage sozialwissenschaftlicher Forschungsbemühungen darstellt.

Gleichwohl verfahren sowohl ‹normale› Wissenschaften als auch Mundanphänomenologie – jedenfalls im weiteren Sinn – *empirisch* (vgl. Luckmann 1979). Allerdings besteht das spezifisch ‹Andere› an *phänomenologischer* Empirie darin, dass hierbei der Forscher ansetzt bei seinen eigenen, subjektiven Erfahrungen. Was immer dann an phänomenologischen ‹Operationen› auf welches Erkenntnisinteresse hin auch vollzogen wird, die alleinige, weil allein evidente Datenbasis sind (und bleiben) die eigenen, subjektiven Erfahrungen. Auf der Basis dieser ‹besonderen› Art von Daten dringt der Phänomenologe auf dem Wege kontrollierter Abstraktionen zu den fundierenden Schichten von Bewusstseinsprozessen vor und deckt die universalen Strukturen subjektiver Konstitutionsleistungen auf *(→ 3.8)*.

Schütz analysiert die Lebenswelt aber nicht nur im Hinblick darauf, wie sie im subjektiven Bewusstsein sinnhaft konstituiert wird; er begreift sie auch als durch die Wirkhandlungen der Menschen *produziert* (vgl. dazu vor allem Srubar 1988). Daraus wiederum ‹erklärt› sich die hochgradige Anschlussfähigkeit der phänomenologischen Lebensweltanalyse an vielfältige Problemstellungen der interpretativen Soziologie generell und zur theoretischen Perspektive des amerikanischen Pragmatismus im Speziellen (vgl. insbesondere die Aufsätze von Schütz 1971 und 1972).

2. Von der Sinnkonstitution zum Fremdverstehen

Schütz arbeitete zeitlebens am Problem einer sicheren philosophischen Grundlegung der Verstehenden Soziologie. Als Ausgangspunkt wählte er Max Webers Definition der Soziologie als einer «Wissenschaft, welche soziales Handeln deutend verstehen und dadurch in seinem Ablauf und seinen Wirkungen ursächlich erklären will» (Weber 1972, S. 1). Verstanden werden soll gemäß Weber der «subjektiv gemeinte Sinn», den die Handelnden mit ihrem Handeln verbinden. Folgerichtig erkennt Schütz das Hauptproblem einer methodologischen Grundlegung der Sozialwissenschaften darin, den

Sinnsetzungs- und Sinndeutungsprozess sowie die stufenweise Konstitution menschlichen Wissens zu analysieren. Mit anderen Worten: Mundanphänomenologie als Methode ist ‹Konstitutionsanalyse›. Sämtliche Sinngebilde sind, so die Grundthese von Schütz (1960/1974, S. 19), «weiter auflösbar in Sinnsetzungs- und Verstehensprozesse von Handelnden in der Sozialwelt». Soziale Phänomene aus den Handlungen der beteiligten Individuen zu erklären, muss daher heißen, auf den subjektiven Sinn zu rekurrieren, den diese Handlungen für die Handelnden selbst haben.

Bei dieser Rekonstruktion baut Schütz auf der transzendentalen Phänomenologie von Edmund Husserl auf: Der Sinn von Erfahrungen wird durch Bewusstseinsakte bestimmt. Ein Sinn-Zusammenhang entsteht dadurch, dass (Einzel-)Erfahrungen durch Synthesen höherer Ordnung zu einer Einheit zusammengefügt werden. Der Gesamtzusammenhang der Erfahrung bildet dann den Inbegriff aller subjektiven Sinnzusammenhänge, und der spezifische Sinn einer Erfahrung ergibt sich aus der Einordnung derselben in diesen Gesamtzusammenhang der Erfahrung.

Handlungen sind Erfahrungen besonderer Art: Ihr Sinn konstituiert sich durch den das Ergebnis Handlung vorwegnehmenden Entwurf. Deshalb hält Schütz Handeln und Handlung auch strikt auseinander: Der Sinn des Handelns bestimmt sich durch den Sinn der vorentworfenen Handlung. Das Handlungsziel ist das Um-zu-Motiv der Handlung, der Anlass bzw. die Gründe für den Handlungsentwurf bilden die Weil-Motive. Webers «subjektiv gemeinter Sinn» ist, so gesehen, nichts anderes als eine Selbstauslegung des eigenen Handlungsentwurfs durch den Handelnden. Diese Selbstauslegung erfolgt stets von einem «Jetzt und So», bleibt also notwendig ‹relativ›: Die Sinndeutungen variieren, und zwar je nach dem Zeitpunkt, zu dem sie erfolgen, und je nach dem momentanen, situativen Interesse an der Auslegung sowie je nach dem biographiespezifischen, durch Typisierungs- und Relevanzstrukturen geprägten Wissensvorrat, welcher der Auslegung zugrunde liegt.

Zur *Analyse* des Fremdverstehens verlässt Schütz die Ebene der transzendentalen Phänomenologie: Mit der (alltäglichen) «Generalthesis des Alter Ego» setzt er die Existenz von Mitmenschen voraus und analysiert das Fremdverstehen im Rahmen der quasi-natürlichen Einstellung. Seine Grundfrage lautet: Wie können andere Menschen verstanden werden, wenn kein direkter Zugang zu ihrem Bewusstsein möglich ist? Seine Analyse zeigt, dass das Alter Ego nur «signitiv», also über Zeichen und Anzeichen vermittelt, verstanden werden kann. Der Verstehensakt besteht daher stets in einer Selbstauslegung des Deutenden auf der Basis seines biographisch bestimmten Wissensvorrats und ausgerichtet an seinem situativen Relevanzsystem. Infolgedessen sind dem Deutenden stets nur fragmentarische Ausschnitte des fremden subjektiven Sinnzusammenhangs zugänglich. Jede Sinndeutung kann daher nicht mehr sein als ein Näherungswert. Dessen Qualität hängt vom Ausmaß der Vertrautheit mit und der ‹Gegenwärtigkeit› des jeweiligen Alter Ego im Bewusstsein der verstehenden Person ab.

Anders als die (transzendentale) Phänomenologie müssen die Sozialwissenschaften somit notwendig die sinnhafte Vorkonstituiertheit der sozialen Welt methodologisch in Rechnung stellen. Das heißt, sozialwissenschaftliche Theorien und Modelle sind Konstruktionen ‹zweiter Ordnung›, die auf den alltagsweltlichen Konstruktionen ‹erster Ordnung› basieren (müssen). Schütz formuliert dies in Form von zwei methodologischen Postulaten: dem Postulat der subjektiven Interpretation und dem Postulat der Adäquanz.

Das *Postulat der subjektiven Interpretation* verlangt von sozialwissenschaftlichen Erklärungen, auf den subjektiven Handlungssinn zu rekurrieren. Theoriebautechnisch heißt dies, dass aufgrund typischer Muster eines beobachteten Handlungsablaufs ein Modell eines Handelnden konstruiert wird, dem ein Bewusstsein mit typischen Um-zu und Weil-Motiven zugeordnet wird. Das *Postulat der Adäquanz* verlangt, dass die Konstruktionen des Sozialwissenschaftlers mit den Konstruktionen der Alltagshandelnden konsistent zu sein haben. Sie müssen also verständlich sein und ein Handeln zutreffend erklären. Vollständige Adäquanz liegt dann vor, wenn die konkrete Sinnorientierung von Akteuren zutreffend erfasst ist. Damit erklären wir die subjektive Perspektive des einzelnen Akteurs zum tatsächlich *letzten* Bezugspunkt für sozialwissenschaftliche Analysen, denn «das Festhalten an der subjektiven Perspektive» bietet, so Schütz (in Schütz & Parsons 1977, S. 65 f.), «die einzige, freilich auch hinreichende Garantie dafür, dass die soziale Wirklichkeit nicht durch eine fiktive, nicht existierende Welt ersetzt wird, die irgendein wissenschaftlicher Beobachter konstruiert hat».

Wie Schütz gezeigt hat, kann die Perspektive eines *anderen* Akteurs aber eben nur annäherungsweise erfasst werden. Vollständige

Adäquanz bleibt daher ein unerreichbares Ideal verstehender Sozialwissenschaften.

3. Zur soziologischen Relevanz der Lebensweltanalyse

Begreift man die phänomenologische Lebensweltanalyse als sowohl *proto-* als auch *para*soziologische Erkenntnistheorie, dann erscheint sie als unmittelbar relevant für jegliche Soziologie, die darauf basiert, dass unser *Erleben,* und nicht ein ‹objektiver› Sachverhalt, entscheidend ist für unsere Situationsdefinitionen: Wir sind, wie Schütz (1971, S. 232) schreibt, «Aktivitätszentren» unserer jeweiligen Situationen und damit auch je subjektiv definitionsmächtig – und im Verhältnis zueinander changierend zwischen hochgradiger Übereinkunft und krassem Gegensatz.

Wenn unsere Alltagswelt demnach nicht einfach aus ‹brute facts›, sondern aus – mannigfaltigen – Bedeutungen besteht, dann geht es (auch) *soziologisch* wesentlich darum, rekonstruierend zu verstehen, wie Bedeutungen entstehen und fortbestehen, wann und warum sie ‹objektiv› genannt werden können und wie sich Menschen die gesellschaftlich ‹objektivierten› Bedeutungen wiederum deutend aneignen, daraus, wie aus einem Steinbruch, ihre je ‹subjektiven› Sinnhaftigkeiten herausbrechen und dadurch wiederum an der Konstruktion der ‹objektiven Wirklichkeit› mitwirken (vgl. dazu Berger & Luckmann 1969; auch Hitzler 1988). Das erfahrungswissenschaftliche Programm der Phänomenologie zielt forschungspraktisch somit auf die *systematische Rekonstruktion multipler Erfahrungsqualitäten* (→ 3.8).

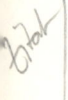

Die Lebenswelt ist demnach also keineswegs ein *marginales* Thema der Sozialwissenschaften, sondern deren systematisches Kernproblem: Da Erleben, Erfahren, Handeln eine ursprüngliche, nur dem erlebenden, erfahrenden, handelnden Subjekt selber ‹wirklich› zugängliche Sphäre ist, sind sog. objektive Faktizitäten nur als subjektive Bewusstseinsgegebenheiten überhaupt empirisch evident. Natürlich kann dieses Erleben gegenüber einem als ‹objektiv› definierten Sachverhalt ‹täuschen›. Trotzdem bestimmt es sozusagen ‹objektiv› unser Handeln. Denn nicht nur ist unser Bewusstsein notwendigerweise intentional (‹von etwas›), die Korrelate dieser Intentionalität sind auch – zumindest in der alltäglichen Erfahrung – sinnhaft (vgl. hierzu Schütz 1960/1974).

Weil die Lebenswelt grundsätzlich zu jedem Zeitpunkt weit mehr Erfahrungsmöglichkeiten eröffnet, als ein Einzelner tatsächlich thematisch fokussieren kann, wählt er ständig und zwangsläufig unter den ihm jederzeit prinzipiell möglichen Erfahrungen aus (vgl. dazu Esser 1996). Dass folglich unser Erleben und Handeln stets das Ergebnis von Auswahlvorgängen ist, wird uns aber im Allgemeinen nicht zum Thema, weil wir unentwegt damit beschäftigt sind, unser tatsächliches Erleben sinnhaft zu vervollständigen bzw. jede je ausgewählte Wahrnehmung gestalthaft zu komplettieren. Das heißt, im Rekurs auf die Sinnhaftigkeit von Erfahrungen differenzieren wir, entsprechend unseren je subjektiven Relevanzen, zwischen Wichtigem und Unwichtigem, zwischen Beliebigem und Nichtbeliebigem.

Diese Sinnhaftigkeit kann ausgesprochen situationsspezifisch und kurzlebig, sie kann aber auch (fast) völlig situationsunabhängig und dauerhaft sein; sie kann rein subjektiv, sie kann aber auch (in einem jeweils zu bestimmenden Ausmaß) sozial ‹gelten›. Denn natürlich lebt jeder Mensch in seiner eigenen Lebenswelt als dem Insgesamt seines konkreten Erfahrungsraums. Aber alle Konkretionen lebensweltlicher Strukturen sind auch intersubjektiv geprägt. Wir verfügen zur Bewältigung unseres normalen Alltagslebens also über eine große Anzahl gemeinsam geteilter Deutungsschemata, unsere je subjektiven Relevanzsysteme überschneiden sich vielfach.

Gemeinsame Überzeugungen erst ermöglichen und bestimmen unser Alltagsleben, das immer ein *Zusammenleben* ist. In gewisser Weise ‹teilt› das Subjekt seine je konkrete Lebenswelt mit anderen. Genauer gesagt: Die Korrelate seines Erlebens entsprechen den Korrelaten des Erlebens anderer in typisierbarer Weise. Damit können sich von verschiedenen Subjekten geteilte und das heißt intersubjektiv gültige Deutungsschemata herausbilden, die mit den je individuellen, biographisch bedingten Sinnstrukturen mehr oder weniger stark korrelieren. Anders ausgedrückt: Menschliche Sozial-Praxis ist – unumgänglich – eine *interpretative*, eine Zeichen und Symbole deutende, wesentlich *kommunikative* Praxis (vgl. dazu Luckmann 1986, 1989).

In diesem Sinn begreift z. B. Werner Marx (1987) die Lebenswelt als eine Pluralität von teils klar konturierten, teils unbestimmten, zweckhaften Sonderwelten. Marx argumentiert, Husserl unterscheide die Lebenswelt von den Sonderwelten dadurch, dass Erstere vorgegeben und nicht absichtsvoll konstituiert sei, während Letztere auf Zwecke ausgerichtet seien (z. B. Welt des Berufstätigen, des Familienmitglieds, des Bürgers usw.). Jede aktuelle Erfahrung, jede gegenwärtige Welt hat, so Marx (1987, S. 129), «den Gehalt einer Sonderwelt».

Hitzler und Honer (z. B. 1984, 1988, 1991) präferieren, im Anschluss an Benita Luckmann (1970), aus verschiedenen Gründen zwar den Begriff «kleine soziale Lebenswelten», meinen aber grosso modo das gleiche Phänomen: Eine kleine soziale Lebenswelt oder Sonderwelt ist ein in sich strukturiertes *Fragment* der Lebenswelt, innerhalb dessen Erfahrungen in Relation zu einem speziellen, verbindlich bereitgestellten intersubjektiven Wissensvorrat statthaben. Eine kleine soziale Lebenswelt ist das Korrelat des subjektiven Erlebens der Wirklichkeit in einer Teil- bzw. Teilzeitkultur. ‹Klein› ist eine solche Welt also nicht etwa deshalb, weil sie grundsätzlich nur kleine Räume beträfe oder nur aus wenigen Mitgliedern bestünde. Als ‹klein› bezeichnet wird eine kleine soziale Lebenswelt vielmehr deshalb, weil in ihr die Komplexität *möglicher* Relevanzen reduziert ist auf ein *bestimmtes* Relevanzsystem. ‹Sozial› wird eine kleine soziale Lebenswelt deshalb genannt, weil dieses Relevanzsystem intersubjektiv verbindlich ist für gelingende Partizipationen. Empirische Beispiele für Analysen kleiner sozialer Lebenswelten finden sich bei Knoblauch (z. B. 1988, 1997), Honer (z. B. 1994b), Hitzler (z. B. 1993), Hitzler & Pfadenhauer (1998) und Soeffner (z. B. 1992).

Während prinzipiell also jedem Menschen tatsächlich seine eigene, einmalige Lebenswelt gegeben ist, erscheinen empirisch gesehen die je subjektiven Lebenswelten nur relativ originell, denn die Menschen greifen bei ihrer Orientierung in ihrer Welt typischerweise auf soziohistorisch ‹gültige› Deutungsschemata und Handlungskonzepte zurück.

Insbesondere in modernen Gesellschaften sind kleine soziale Lebenswelten mithin die subjektiven Entsprechungen sozial mannigfaltig differenzierter, kultureller Objektivationen der Wirklichkeit, wie sie sich z. B. in divergenten Sprach- und Sprechmilieus manifestieren (vgl. dazu Luckmann 1989; Knoblauch 1995, 1996b). Daraus resultiert vor allem, dass die Relevanzstrukturen verschiedener Gesellschaftsmitglieder nur noch sehr bedingt und ‹vorläufig› die gleichen sind. Hinzu kommt, dass sich im Zusammenhang mit der fortschreitenden Arbeitsteilung die Proportionen der allgemein be-

kannten Bedeutungen und die der jeweils ‹nur› von Experten gewussten Sachverhalte zueinander verschieben: Die Sonderwissensbe-
stände nehmen zu, werden immer stärker spezialisiert und entfernen
sich zunehmend vom Allgemeinwissen (vgl. dazu auch Hitzler, Honer & Maeder 1994). Daraus folgt, dass sich die Zusammenhänge
auflösen zwischen dem, was jedermann weiß, und dem, was eben
nur relativ wenige wissen. Wenn nun aber, wie Schütz & Luckmann
(1979, S. 378) schreiben, «im Grenzfall, der Bereich des gemeinsamen Wissens und der gemeinsamen Relevanzen unter einen kritischen Punkt zusammenschrumpft, ist Kommunikation innerhalb
der Gesellschaft kaum noch möglich. Es bilden sich ‹Gesellschaften
innerhalb der Gesellschaft› heraus».

Dies wiederum ist eine für die immer wieder postulierte Notwendigkeit einer ethnologischen Gesinnung des Soziologen gegenüber
der eigenen Kultur (vgl. dazu z. B. Hirschauer & Amann 1997) ausgesprochen bedeutsame Erkenntnis; denn sie besagt, dass unter solchen Bedingungen für jede Gruppierung, für jedes Kollektiv, auch
innerhalb einer Gesellschaft, andere Arten von Wissen und vor allem andere Hierarchien von Wissensarten relevant sind bzw. zumindest relevant sein können.[1] Und indem somit die mannigfaltigen Lebenswelten und kleinen sozialen Lebenswelten anderer Menschen
zum Gegenstand des wissenschaftlichen Interesses werden, wird das
Problem, inwieweit und wie es gelingen kann, die Welt mit den Augen dieser anderen Menschen zu sehen (vgl. hierzu Plessner 1983),
den je subjektiv gemeinten Sinn *ihrer* Erfahrungen zu rekonstruieren, nicht mehr ‹nur› methodologisch, sondern auch und insbesondere *methodisch* virulent.

Mit der *Methodik* empirischer Sozialforschung hat sich Schütz
selber allerdings nie beschäftigt. Derlei Implikationen der Lebensweltanalyse zeigen sich aber schon früh in den Arbeiten vor allem
von Harold Garfinkel (1967a; → 2.3) und Aaron V. Cicourel (1970).
In Deutschland wird die Schütz'sche ‹Matrix› vor allem für die systematische Analyse des Zustandekommens sozialwissenschaftlicher
Daten (vgl. z. B. Luckmann & Gross 1977), für die Analyse kommunikativer Gattungen *(→ 5.18)*, zur Explikation hermeneutischer
Rekonstruktionsverfahren *(→ 3.5; → 5.16)* sowie zur Begründung
ethnographischer Soziologie *(→ 3.8)* genutzt.

Vor dem Hintergrund der vorausgegangenen Ausführungen wird
zunehmend offenkundig, dass der epistemologisch relevante Ant-

agonismus in der Sozialforschung nicht zwischen qualitativen und quantitativen und auch nicht zwischen standardisierten und nicht-standardisierten Untersuchungen besteht, sondern zwischen herme-neutischen und szientistischen Methodologien und Methodiken (vgl. Eberle 1999b).

Anmerkung

1 Demgegenüber setzt das Testen von Hypothesen im Rahmen des deduktiv-no-mologischen Erklärungsmodells – sozusagen implizit – voraus, dass Menschen unter gleichen Bedingungen gleich handeln. In Gesellschaften mit vorwiegend traditionaler Orientierung ist dies zwar oft der Fall, in modernen Gesellschaften jedoch lediglich im Bereich von Routinehandlungen. Je mehr moderne Gesell-schaften durch Enttraditionalisierung, Optionensteigerung und Individualisie-rung geprägt sind (Gross 1994, 1999) und je öfter die Akteure ihre Situationen um- oder neu interpretieren, desto kontingenter wird ihr Wissen und Handeln, desto mehr verkümmert die Prognosefähigkeit der Wenn-dann-Aussagen und umso dringlicher werden explorativ-interpretative Forschungsdesigns (vgl. dazu auch Hitzler 1997, 1999b).

Weiterführende Literatur

Honer, A. (1993). Lebensweltliche Ethnographie. Wiesbaden: Deutscher Universi-täts Verlag.

Knoblauch, H. (1995). Kommunikationskultur. Berlin, New York: de Gruyter.

Schütz, A. & Luckmann, Th. (1979 & 1984). Strukturen der Lebenswelt. Band 1 und Band 2. Frankfurt a. M.: Suhrkamp.

Jörg R. Bergmann
3.2 Ethnomethodologie

1. Wissenschaftsgeschichtlicher Hintergrund
2. Das Wirklichkeitsmodell der Ethnomethodologie
3. Zentrale Konzepte und programmatische Aussagen
4. Entwicklungen und Perspektiven: die «Studies of Work»
5. Kritische Einschätzung und Ausblick

1. Wissenschaftsgeschichtlicher Hintergrund

Ethnomethodologie (= EM) bezeichnet einen soziologischen Untersuchungsansatz, der soziale Ordnung bis in die Verästelungen alltäglicher Situationen hinein als eine methodisch generierte Hervorbringung der Mitglieder einer Gesellschaft versteht und dessen Ziel
es ist, die Prinzipien und Mechanismen zu bestimmen, mittels deren
die Handelnden in ihrem Handeln die sinnhafte Strukturierung und
Ordnung dessen herstellen, was um sie vorgeht und was sie in der
sozialen Interaktion mit anderen selbst äußern und tun.

Name und Programmatik der EM gehen auf Harold Garfinkel
(1967a) zurück, der sich in den 50er und 60er Jahren in Auseinandersetzung mit dem Werk Talcott Parsons' (1937) und Alfred Schütz'
(1974) der alten und für das Fach Soziologie zentralen Frage zuwandte, wie soziale Ordnung möglich ist (Hilbert 1992). Im Strukturfunktionalismus von Talcott Parsons wurde das Problem der sozialen Ordnung durch den Rekurs auf einen normativen Konsens als
gelöst betrachtet; im Vorhandensein gesellschaftlich gleichförmig
internalisierter kultureller Wertsysteme sah man die Lösung des Problems sozialer Ordnung garantiert. Dagegen sperrte sich Harold
Garfinkel mit dem Argument, dass zwischen den immer nur allgemein formulierbaren Regeln und Werten einerseits, der unvermeidlich partikularen Situation des aktuellen Handelns andererseits ein
erkenntnistheoretischer Hiatus liegt (Heritage 1984, 1987). Allgemeine Regeln, so Garfinkel, müssen notwendigerweise in das aktuelle Interaktionsgeschehen hinein vermittelt, sie müssen situiert werden, damit sie handlungsrelevant werden. Diese Vermittlung aber
müssen die Handelnden durch die Interpretation der Regeln wie der
Situation erreichen; nur durch Sinnzuschreibung und Deutung lassen sich Regeln, Werte und Situation stimmig aufeinander beziehen.

Bei der Prägung des Begriffs EM lehnte sich Garfinkel (1974) an
das in der nordamerikanischen Kulturanthropologie entwickelte
Konzept der «ethnoscience» an. Die Forschungsrichtung der «ethnoscience», die später in den Ansatz einer «kognitiven Anthropologie» einging (D'Andrade 1995), beschäftigt sich mit «der Ordnung
der Dinge in den Köpfen der Leute» (Goodenough 1964). Ihr Ziel
ist es, mit Hilfe besonderer Techniken der semantischen Analyse aus
dem in einer Sprachgemeinschaft benutzten Vokabular einzelne kulturelle Orientierungsschemata zu bestimmen. So bezeichnet etwa

«Ethnomedizin» das rekonstruierte Wissens- und Vorstellungssystem einer einzelnen Sprachgemeinschaft über Krankheiten, Krankheitsursachen und Heilverfahren. Auch Garfinkels Aufmerksamkeit galt dem, was die Mitglieder einer Gesellschaft bei der Abwicklung alltäglicher Angelegenheiten wissen, denken und tun; im Begriff «Ethnomethodologie» kommt dies durch die Vorsilbe «Ethno-» zum Ausdruck. Doch anders als die kognitiven Anthropologen verfolgte Garfinkel nicht die Bestimmung der Struktur domänenspezifischer Orientierungs- und Erfahrungsmuster als Ziel. Die Problematik, der er sich widmete, war grundsätzlicherer Art. Sein Interesse galt dem operativen Fundament der im alltäglichen Handeln als selbstverständlich hingenommenen sinnhaften Ordnung, d. h. den Techniken und Mechanismen – den Ethno-Methoden – ihrer Produktion.

Entgegen dem in der Parsons'schen Theorie unterstellten «kognitiven Konsens» (Wilson 1973) tritt bei Garfinkel die Vorstellung, dass die Mitglieder einer Gesellschaft in ihrem Verhalten und Handeln sich nicht passiv ihren sozialisierten Bedürfnissystemen, internalisierten Normen, sozialen Zwängen etc. unterwerfen, vielmehr in der Interaktion mit anderen die soziale Wirklichkeit fortwährend als einen sinnhaften Handlungszusammenhang hervorbringen und aktiv gestalten. Dieses Akteursmodell war zwar nicht «politisch» motiviert, doch es hatte eine hohe Affinität zu den gesellschaftlichen Emanzipationsbestrebungen der 60er Jahre. Während der normativ-konsensuelle Charakter des parsonianischen Kategoriensystems vor dem Hintergrund politischer, sozialer und generativer Konflikte in der amerikanischen Gesellschaft zunehmend als inadäquat, wenn nicht als irreal empfunden wurde, entsprachen Ansätze, die den Konstruktions- und Aushandlungscharakter von sozialer Wirklichkeit betonten, sehr viel eher dem damaligen Zeitgeist (Gouldner 1974). Dies ist ein bedeutsamer – außerwissenschaftlicher – Grund für den in den 60er Jahren einsetzenden Erfolg der EM, des Symbolischen Interaktionismus, der Abhandlung von Berger und Luckmann (1969) oder der Arbeiten Erving Goffmans (Widmer 1991), die sich aus zum Teil unterschiedlichen ideengeschichtlichen Quellen speisen und sich dennoch in der Betonung der aktiven, kreativen Rolle des Individuums in der sozialen Interaktion treffen (Arbeitsgruppe Bielefelder Soziologen 1973). Garfinkel selbst macht an mehreren Stellen deutlich, dass Erklärungsansätze, die die Interpretations- und

Konstruktionsleistungen der Handelnden ignorieren, seiner Ansicht nach mit einem Akteursmodell arbeiten, bei dem die Handelnden als «Beurteilungstrottel» *(judgemental dopes)* erscheinen.

Die Entwicklungsgeschichte der EM war zunächst davon bestimmt, dass sie fast ausschließlich als Kritik an dem vorherrschenden strukturfunktionalen Theoriemodell sowie als Kritik an dem akzeptierten Methodenkanon der empirischen Sozialforschung rezipiert wurde. Dies gilt insbesondere für den deutschsprachigen Raum, wo Jürgen Habermas (1970) die ethnomethodologische Kritik an den unreflektierten Voraussetzungen der sozialwissenschaftlichen Forschungspraxis sehr früh bekannt gemacht hat und wo durch den Erfolg des Buchs von Aaron Cicourel (1970) der Ruf der EM als methodenkritisches Unternehmen verfestigt wurde. Erst mit einer gewissen Verzögerung wurde realisiert, dass die EM auch ein eigenes Forschungsprogramm verfolgt.

2. Das Wirklichkeitsmodell der Ethnomethodologie

Kennzeichnend für die EM ist, dass sie mit einem Wirklichkeitsmodell operiert, das sich scharf von der erkenntnisrealistischen, auf Durkheim zurückgehenden Vorstellung absetzt, soziale Fakten seien als objektive Realität Gegenstand und Legitimation der Soziologie. In der Einleitung zu seinem Buch «Studies in ethnomethodology», das rasch zum Gründungstext der EM wurde, schreibt Garfinkel (1967a, S. VII):

> «Im Gegensatz zu bestimmten Darstellungen Durkheims, wonach die objektive Wirklichkeit sozialer Tatsachen das fundamentale Prinzip der Soziologie ist, wird die Auffassung vertreten und als Untersuchungsrichtlinie benutzt, dass für Gesellschaftsmitglieder, die Soziologie betreiben, die objektive Wirklichkeit sozialer Tatsachen *als* eine fortwährende Hervorbringung und Leistung der gemeinsamen Tätigkeiten des Alltagslebens ein fundamentales Prinzip ist, wobei die Gesellschaftsmitglieder die gewöhnlichen, kunstvollen Weisen dieser Hervorbringung kennen, benutzen und als selbstverständlich hinnehmen.» *

Garfinkel negiert nicht, dass soziale Sachverhalte als objektiv gegebene Wirklichkeit erfahren werden, aber er wendet sich entschieden dagegen, diese Gewissheitserfahrung des Alltags zur Grundlage einer Wissenschaft des Sozialen zu machen. Er schlägt stattdessen vor, «die objektive Wirklichkeit sozialer Tatsachen *als* eine fortwährende Hervorbringung und Leistung der gemeinsamen Tätigkeiten des Alltagslebens» zu betrachten, also nicht von der Gegebenheit sozialer Tatsachen auszugehen, sondern deren objektive Wirklichkeit als eine fortwährende Leistung oder Herstellung zu konzipieren, die sich in und mit den Aktivitäten des Alltagslebens vollzieht. In diesem Wirklichkeitsmodell sind vor allem die folgenden Bestimmungen von Bedeutung:

1. Für die EM wird das, was die Handelnden in ihrem alltäglichen Tun als vorgegebene soziale Tatsachen, als unabhängig von ihrem Zutun existierende Realität wahrnehmen und behandeln, erst in ihren Handlungen und Wahrnehmungen als solche hervorgebracht. Gesellschaftliche Tatbestände erhalten ihren Wirklichkeitscharakter ausschließlich über die zwischen den Menschen ablaufenden Interaktionen. Erst in der sozialen Interaktion stellt sich die Objektivität von als «objektiv» wahrgenommenen Ereignissen, die Faktizität von als «faktisch» geltenden Sachverhalten her.

2. Dieser Prozess der Wirklichkeitserzeugung ist prinzipiell zu keinem Zeitpunkt abgeschlossen, er vollzieht sich fortwährend in den sozialen, aufeinander abgestimmten Handlungen der Akteure. Gesellschaftliche Wirklichkeit wird von Garfinkel verstanden als eine Vollzugswirklichkeit («an ongoing accomplishment»), als eine Wirklichkeit, die von den Interagierenden in jedem Moment und jeder Situation – «lokal» – hervorgebracht wird (Mehan & Wood 1975). Im Gegensatz zu sozialwissenschaftlichen Theorien mit einem ungebrochen normativen, objektivistischen Wirklichkeitsverständnis geht die Ethnomethodologie davon aus, dass der Wirklichkeitscharakter gesellschaftlicher Tatbestände nicht eine diesen inhärente Eigenschaft ist; gesellschaftliche Tatbestände erhalten ihren Wirklichkeitscharakter ausschließlich über die zwischen den Menschen ablaufenden Interaktionen: Nur im alltäglich-praktischen Handeln *ver-wirklicht* sich gesellschaftliche Wirklichkeit.

3. Bei dem kontinuierlichen Prozess der Wirklichkeitserzeugung spielen Alltagswissen, Routinen und Interpretationen eine wichtige Rolle. Dennoch darf die ethnomethodologische Vorstellung von der Genese sinnhafter Ordnung in der Alltagspraxis nicht «kognitiv» verkürzt und auf die Frage beschränkt werden, wie der Sinn einer Handlung in der subjektiven Wahrnehmung der Beteiligten hervorgebracht wird. Bei den Ordnungsleistungen, welche die EM als Untersuchungsobjekt vor Augen hat, handelt es sich vielmehr um Sinn-

indikationen und -offenbarungen, welche die Handelnden in ihren Äußerungen dem Interaktionspartner als Verstehenshilfen mit auf den Weg geben.

4. Die EM lässt sich von der Vorstellung leiten, dass alltägliche Handlungen in ihrem Vollzug als «Zeichen-und-Zeugnisse-einer-sozialen-Ordnung» (Garfinkel) erkennbar gemacht werden – zwei Personen, die zusammen zu Fuß gehen, machen für andere deutlich, dass hier «zwei Personen gemeinsam zu Fuß gehen» (Ryave & Schenkein 1974). Dieser Vorgang der sinnvermittelten Wirklichkeitserzeugung kann, da alle kompetenten Gesellschaftsmitglieder an ihm teilhaben, nicht in subjektiv beliebiger Manier ablaufen, er erfolgt vielmehr *methodisch* (Weingarten et al. 1976), was bedeutet: Er weist einzelne formale und als solche beschreibbare Strukturmerkmale auf. Für die im Alltag Handelnden ist dieser Prozess der methodischen Wirklichkeitsproduktion uninteressant, sie nehmen ihn für selbstverständlich. Für die EM ist dieser Generierungsprozess das zentrale Thema; das, was im Alltag selbstverständlich ist, wird ihr zum Problem (Wolff 1976).

An dieser Charakterisierung lässt sich erkennen, dass bei dem ethnomethodologischen Wirklichkeitsmodell die phänomenologische, von Husserl beschriebene Technik der Epoché – die Einklammerung des Glaubens an die Existenz der Welt – Pate gestanden hat (Filmer et al. 1972; Eberle 1984). Auch Garfinkel verfolgt ein konstitutionsanalytisches Interesse, allerdings ist es nicht sein Ziel, den Bewusstseinsstrom an sich mit seinen Kogitationen und intentionalen Gegenständen für die Beschreibung zu gewinnen, und er kümmert sich auch nicht um den transzendentallogischen Status, den diese Operation der Einklammerung und Reduktion in der phänomenologischen Philosophie hat *(→ 3.1)*. Garfinkel suspendiert den Glauben an die Gegebenheit sozialer Sachverhalte, um einen Blick darauf zu gewinnen, wie in den Akten der Mitglieder einer Gesellschaft soziale Tatsachen zu sozialen Tatsachen werden. Diese Übertragung der konstitutionsanalytischen Perspektive aus der Sphäre der Philosophie in den Bereich der Sozialwissenschaften ist zweifellos problematisch und deshalb auch oftmals kritisiert worden (Eickelpasch & Lehmann 1983; List 1983); doch sie stellt eine originäre Leistung Garfinkels dar, die bei Generationen von Forschern ein hohes Maß an sozialwissenschaftlicher Innovation und Kreativität freigesetzt hat.

Zur Exemplifizierung und Erläuterung des ethnomethodologischen Wirklichkeitsmodells ist kaum eine Arbeit besser geeignet als die Fallstudie von Garfinkel (1967a) über die Transsexuelle «Agnes». Wie die Unterscheidung von Mann und Frau in der Alltagswelt als selbstverständliche soziale Tatsache gilt, so wird in der Soziologie und der Sozialforschung die Geschlechtszugehörigkeit als Beschreibungseinheit, die als Variable bei jeder Datenerhebung berücksichtigt wird, vorausgesetzt. Am Beispiel von «Agnes» arbeitet Garfinkel nun heraus, dass die Geschlechterdifferenzierung und ihre natürliche Selbstverständlichkeit keineswegs eine naturhafte Tatsache ist. Agnes, die mit männlichen Geschlechtsmerkmalen geboren wurde, zunächst als Junge aufwuchs, dann ihr Erscheinungsbild änderte, als junge Frau lebte und sich mit 19 Jahren einer Operation zur Geschlechtsumwandlung unterzog, lehrte Garfinkel, dass Frau-Sein bedeutet, von anderen als «Frau» wahrgenommen und behandelt zu werden, was wiederum voraussetzt, sich mittels zahlreicher Methoden für andere als «normale, natürliche Frau» wahrnehmbar zu machen. Auf diese Weise wird aus der Tatsache der Geschlechtszugehörigkeit eine sich fortwährend vollziehende, eine fortwährend präsentative, interaktive und perzeptive Leistung (vgl. im Anschluss an Garfinkels Agnes-Studie auch die Untersuchungen von Kessler & McKenna 1978 und Hirschauer 1993). Unter dem Blick der Ethnomethodologie verwandelt sich eine dinghaft unabänderliche Tatsache in ein Geschehen, das über die Zeit abläuft, sich ändern und eine unerwartete Entwicklung nehmen kann.

3. Zentrale Konzepte und programmatische Aussagen

Da Garfinkel das Problem, wie zwischen den Menschen sinnhafte, soziale Ordnung entsteht, nicht durch den Rekurs auf gleichförmig internalisierte Wertsysteme gelöst sieht, tritt für ihn die Frage nach dem «Wie» der Sinnkonstitution im alltäglichen Handeln in den Vordergrund. «Diese Arbeit», beginnt Garfinkel (1952, S. 1) seine bei Talcott Parsons entstandene Dissertation, «beschäftigt sich mit den Bedingungen, unter denen eine Person ihrer Umwelt kontinuierlich Sinn verleiht.» Diese Beschäftigung mit der Frage der Sinnkonstitution durchzieht die EM von ihren Anfängen bis in ihre jüngste Vergangenheit. Doch Garfinkel gibt dieser Frage eine eigene Wendung, die den besonderen Charakter der EM gegenüber anderen interpretativen Forschungsansätzen auszeichnet. Für ihn ist der Vorgang der Sinnstiftung im alltäglichen Handeln nichts, was von diesem Handeln selbst getrennt und in die Köpfe der Leute verlagert werden könnte. Stattdessen geht er davon aus, «dass sinnhafte Ereignisse vollständig und ausschließlich Ereignisse in der Verhaltensumgebung einer Person sind (...). Daher gibt es keinen Grund, unter die Schädeldecke zu schauen, denn dort ist nichts Interessantes zu finden außer Hirn» (1963, S. 190). Diese Entscheidung Garfinkels, den Prozess der subjektiven Sinngebung nicht als einen inneren, «privaten» Bewusstseinsvorgang, sondern von Beginn an als ein soziales, «öffentliches» Geschehen für die Untersuchung zu konzeptualisieren, ist von zentraler Bedeutung für die EM und hat weit reichende Folgen für deren Forschungspraxis. (Für eine ethnomethodologische Diskussion und Kritik mentaler Konzepte und kognitivistischer Theorien vgl. Coulter 1989.)

Der EM geht es nicht um die Rekonstruktion eines stillen, inneren Verstehens im Sinn einer Nachvollzugshermeneutik, sondern darum, den im Handeln selbst sich dokumentierenden Prozess des Verstehens-und-sich-verständlich-Machens zu beobachten und im Hinblick auf seine Strukturprinzipien zu beschreiben. Garfinkel (1967a, S. VII) hat dieses Ziel in eine definitorische Bestimmung der EM hineingenommen, in der mehrere Konzepte auftauchen, die für ein Verständnis der EM von zentraler Bedeutung sind: «Ethnomethodologische Studien analysieren Alltagstätigkeiten als Methoden, mittels deren die Mitglieder einer Gesellschaft ebendiese Tätigkeiten für-praktische-Zwecke-sichtbar-rational-und-mitteilbar, das heißt ‹darstellbar und erklärbar› (accountable) machen; sie analysieren also Alltagstätigkeiten als Organisationen gewöhnlicher Alltagstätigkeiten.» Die in dieser Bestimmung enthaltenen Konzepte lassen sich in folgender Weise auseinander ziehen:

1. Der Ort, an dem für die EM die sinnvermittelte Konstruktion von Wirklichkeit stattfindet, ist das soziale Geschehen, da die Akteure im Vollzug ihrer Handlungen Techniken und Verfahren einsetzen, um ebendiese Handlungen erkennbar, verstehbar, beschreibbar, erklärbar *(accountable)* zu machen. «Account» meint dabei mehr als «Verstehen», es meint die beobachtbaren Formen und Darstellungen, in denen sich eine Wahrnehmung, eine Interpretation, eine Erklärung materialisieren. Dieser externalisierte Charakter von *accounts* zeigt sich etwa dort besonders deutlich, wo Garfinkel

(1967a, S. 1) schreibt: «Wenn ich von ‹accountable› spreche (...), meine ich damit beobachtbar-und-mitteilbar, d. h. verfügbar für die Gesellschaftsmitglieder als situierte Praktiken des Schauens-und-Erzählens». Andere Paraphrasierungen, die sich verstreut über Garfinkels Arbeiten für den Begriff *accountable* finden, sind etwa *recordable, countable, picturable, tellable, storyable, representable*.

2. Garfinkels definitorische Bestimmung der EM lässt weiterhin erkennen, dass diese *accounts* nicht als isolierbare sprachliche Ereignisse verstanden werden dürfen, die jenseits des ablaufenden Geschehens produziert oder wahrgenommen werden; sie sind vielmehr ein integraler Bestandteil des sozialen Geschehens, auf das sie sich beziehen. Beispielsweise wird in der spezifischen Art und Weise, in der zwei Personen miteinander sprechen, erkennbar gemacht, dass es sich bei dieser Unterhaltung um ein Gespräch zwischen einem Arzt und einem Patienten handelt; gleichzeitig werden ihre Äußerungen nur verständlich, wenn man sie als Äußerungen in einem Arzt-Patient-Gespräch hört. *Accounts* besitzen also eine prinzipielle *Reflexivität*; denn während sie einerseits dazu dienen, die Ordnung und den Sinn eines sozialen Geschehens zu erzeugen und erkennbar zu machen, sind sie andererseits selbst ein Teil dieses Geschehens und erhalten ihre Bedeutung und ihren intelligiblen Gehalt erst in der Bezugnahme auf diese soziale Ordnung.

3. Diese Rückbezüglichkeit von *accounts* findet ihren Ausdruck vorrangig darin, dass Äußerungen und Handlungen durchgängig auf den Kontext, in dem sie ablaufen, bezogen sind und dadurch unvermeidlich einen *indexikalen* Charakter annehmen. Sie verweisen fortwährend auf die Situation und den Kontext, in dem sie produziert werden, und um ihren Gehalt und Sinn zu verstehen, müssen die Rezipienten selbst kontinuierlich das Umfeld des Geschehens in Betracht ziehen. Da sich aber im Fortgang eines Geschehens die situativen und kontextuellen Gegebenheiten beständig ändern, hat jede soziale Begegnung etwas Einmaliges und Partikuläres. Dieser indexikal-partikuläre Charakter allen sozialen Geschehens stellt für die wissenschaftliche Betrachtung, die ja auf Typisierung, Formalisierung und Generalisierung aus ist, ein Ärgernis dar. Versuche, dieses Ärgernis durch Entindexikalisierung – indem man indexikale durch objektive Ausdrücke ersetzt – zu beheben, führen jedoch nur zu Scheinlösungen, weil sich Kontextverweisungen auch im wissenschaftlichen Diskurs prinzipiell nicht vermeiden lassen. Wenn man

aber angesichts dieser Situation dazu übergeht, soziale Interaktion als bloße Aktualisierung und Ausführung von abstrakt beschreibbaren Verhaltensmustern (Rollen etc.) zu konzipieren, negiert man gerade deren wesentlich kontextgebundene Qualität. Garfinkel hat sich deshalb dazu entschlossen, das ethnomethodologische Untersuchungsprogramm ganz auf die Frage auszurichten, wie die Entstehung von sozialer Ordnung aus unvermeidlich indexikalen, situations- und kontextgebundenen Äußerungen und Handlungen möglich ist: «Ich verwende den Begriff ‹Ethnomethodologie›, um damit die Untersuchung der rationalen Eigenschaften indexikaler Ausdrücke und anderer praktischer Handlungen als eine sich fortwährend, kontingent vollziehende Leistung organisierter, kunstvoller Praktiken des Alltagslebens zu bezeichnen» (1967a, S. 11). Was meint Garfinkel damit, dass indexikale Ausdrücke rationale Eigenschaften haben?

4. Es ist eine Prämisse der EM, dass die reflexive Kontextbezogenheit der Sinngenerierung und die Indexikalität alltäglicher Äußerungen und Handlungen prinzipiell nicht aufzuheben sind (Garfinkel & Sacks 1976). Das aber heißt, dass die Bedingungen, unter denen Menschen im Alltag handeln, Handlungsprojekte entwerfen und Entscheidungen treffen, immer unklar sind und immer nur in sehr begrenztem Maß im Vorhinein abgeklärt werden können. Wie aber ist unter solchen Bedingungen angemessenes und effizientes Verhalten, Kommunikation und Kooperation überhaupt möglich? Diese Frage ist für Garfinkel jedoch bereits falsch gestellt, weil sie vom Modell wissenschaftlich-rationaler Kommunikation ausgeht, an dem gemessen Alltagskommunikation defizitär erscheinen muss. Doch im Alltag – und darauf bezieht sich die Bemerkung von der Rationalität indexikaler Ausdrücke – kann Kommunikation nur dadurch stattfinden, dass Begriffe in der Interaktion nicht klar definiert, sondern vage verwendet, Bedeutungen nicht ein für alle Mal fixiert, sondern fließend gehandhabt, Themen und Sinninhalte nicht formalisiert und von Widersprüchen befreit, sondern offen und mehrdeutig gehalten werden. «Was würde das für ein Gerede in der Welt geben, wenn man die Namen der Dinge in Definitionen verwandeln wollte!», hatte Lichtenberg (1983, S. 450) einmal in seinen Sudelbüchern vermerkt, und in genau diesem Sinn ist Garfinkel darauf aus, gegenüber der wissenschaftlichen Rationalität die Eigenrationalität des alltäglichen Handelns zu behaupten.

Für die EM ist der Sinn sprachlicher Äußerungen in sozial organisierten Handlungszusammenhängen strukturell ungewiss. Die Vagheit und der elliptische Charakter von Aussagen gelten im Alltag jedoch nicht als «Fehler», sondern sind als situationsangemessenes Verhalten sozial sanktioniert; die Kommunikationspartner, die ja von pragmatischen Handlungsmotiven geleitet werden, vertrauen darauf, dass der jeweils andere schon verstehen werde, was man mit seiner Äußerung gemeint hat, und das, was man selbst momentan nicht verstanden hat, einen Sinn hat, der sich im weiteren Lauf des Gesprächs noch klären wird. Noch zugespitzter formuliert: Die EM geht davon aus, dass im alltäglichen Interaktionsgeschehen die strukturelle Sinnungewissheit von Äußerungen eine konstitutive Bedingung für Sinngewissheit, also für sinnhaftes Erleben und Handeln, ist. Damit kommt die EM im Hinblick auf den Charakter der Alltagsrationalität zu einer ähnlichen Einschätzung wie Ludwig Wittgenstein (1967, S. 63), der, in einer ganz anderen theoretischen Tradition stehend, diesen paradoxen Zusammenhang folgendermaßen formuliert:

> «Einerseits ist klar, dass jeder Satz unsrer Sprache ‹in Ordnung ist, wie er ist›. Das heißt, dass wir nicht ein Ideal anstreben: Als hätten unsere gewöhnlichen, vagen Sätze noch keinen ganz untadelhaften Sinn und eine vollkommene Sprache wäre von uns erst zu konstruieren. Andererseits scheint es klar: Wo Sinn ist, muss vollkommene Ordnung sein. (…) Also muss die vollkommene Ordnung auch im vagsten Satz stecken.»

Alltagsdiskurse zeichnen sich für die EM durch Vorläufigkeit, Vagheit, Unvollständigkeit oder Ambiguität aus, doch diese Charakterisierungen, die ja auf einen Mangel hindeuten, dürfen nicht darüber hinwegtäuschen, dass Kommunikation und Verständigung in der Alltagswelt allein auf diese Weise erzielt werden kann. Nur gemessen an einem wissenschaftlichen Modell von Verständigung, das auf der Prämisse unbedingter Eindeutigkeit, Vollständigkeit und Objektivität von Aussagen beruht, müssen diese Merkmale der alltäglichen Kommunikation defizitär erscheinen. An diesem Punkt wird deutlich, dass die EM als Kritik an der szientistischen Vorgehensweise der herkömmlichen Sozialwissenschaften und die EM als Programm zur Erforschung der Eigenrationalität der alltäglichen Lebenswelt zwei Seiten ein und des gleichen Unternehmens sind. (Über das Verhältnis der EM zu kanonischen sozial- und geisteswissenschaftlichen Themen vgl. Button 1991.)

4. Entwicklungen und Perspektiven: die «Studies of Work»

In der Anfangsphase der EM waren die Arbeiten von Garfinkel (1967a) noch ganz darauf gerichtet, den Nachweis zu führen, dass mit der Alltagswelt ein unbekanntes Untersuchungsfeld vor den Augen der Sozialwissenschaftler liegt, das zu erforschen sich lohnt. Er tat dies zum einen dadurch, dass er aufzeigte, auf welche Weise in die sozialwissenschaftliche Forschungspraxis – etwa beim Codieren eines Fragebogens – fortwährend unerkannt Alltagselemente einfließen, die entsprechend den methodologischen und messtheoretischen Ansprüchen der empirischen Sozialforschung dringend geklärt werden müssten (hierzu auch Cicourel 1970). Oder er wies nach, dass Krankenakten aus einer psychiatrischen Klinik, die einem außenstehenden sozialwissenschaftlichen Beobachter als mangelhafte Datenquellen erscheinen, ihre «Defizite» sofort verlieren, wenn man sie in ihren klinischen Verwendungskontext stellt; es gibt also, so Garfinkel, «gute organisatorische Gründe für schlechte Krankenakten». Am bekanntesten ist Garfinkel geworden durch seine unkonventionellen Krisenexperimente, bei denen einzelne Merkmale der Alltagswelt – etwa ihre wesensmäßige Vagheit – dadurch deutlich gemacht und zu Bewusstsein gebracht wurden, dass jemand systematisch gegen sie verstieß – also etwa die Verwendung indexikaler Ausdrücke monierte oder die klare Bedeutung eines Begriffs einforderte. Der Zusammenbruch der normalen Kommunikation machte ihr alltagsweltliches Fundament sichtbar.

Angestoßen von den Arbeiten Garfinkels, haben sich in der Frühphase der EM zahlreiche Einzelstudien mit der Frage befasst, wie in unterschiedlichen Organisationen «Tatsachen» hergestellt werden: Wie wird bei Gericht angesichts widersprüchlicher Informationen ein eindeutiger Tathergang rekonstruiert (Pollner 1987)? Wie wird in einer Klinik ein Patient, der gestorben ist, in den Handlungen des Klinikpersonals zu einem Toten gemacht (Sudnow 1973)? Wie wird in einer Resozialisierungseinrichtung die Differenz zwischen Insassen und Betreuern erzeugt und aufrechterhalten (Wieder 1974)? Wie wird in einem Sozialamt festgestellt, ob jemand anspruchsberechtigt ist (Zimmerman 1974)?

Über weitere ethnomethodologische Studien zu Themen dieser oder ähnlicher Art informieren vor allem die Sammelbände von Douglas (1970), Turner (1974), Psathas (1979), Helm et al. (1989), Coulter (1990), Watson & Seiler (1992), Have & Psathas (1995), Psathas (1995); eine umfangreiche Bibliographie zur Ethnomethodologie bis 1990 findet sich bei Fehr et al. (1990). Übersichten und kritische Diskussionen über die weitere Entwicklung der EM nach ihrer Begründung durch Harold Garfinkel liefern Attewell (1974), Sharrock & Anderson (1986), Atkinson (1988) und Maynard & Clayman (1991). Für den deutschsprachigen Raum ist auf die Darstellung bei Patzelt (1987) und die Fallstudie von Fengler & Fengler (1980) zu verweisen.

Garfinkel selbst hat sich seit Mitte der 70er Jahre mit einer Weiterentwicklung der EM befasst, die unter der Bezeichnung «studies of work» (1986) bekannt geworden ist und die im Folgenden kurz vorgestellt werden soll. Arbeiten, die in diesem Umfeld entstanden sind, konzentrieren sich darauf, die besonderen praktischen Kompetenzen zu beschreiben, die der Ausführung einer spezifischen beruflichen Tätigkeit zugrunde liegen. Dabei geht es in erster Linie darum, die jeweils einzigartige, nicht unter eine allgemeine Kategorie subsumierbare Qualität einer beruflichen Arbeit aufzuspüren. Einen Schwerpunkt bildet dabei die Analyse von (natur-)wissenschaftlicher Arbeit (Lynch, Livingston & Garfinkel 1985), woraus sich erklärt, dass die ethnomethodologischen «studies of work» in den vergangenen Jahren vor allem in der Wissenschaftssoziologie rezipiert und diskutiert wurden (Knorr-Cetina & Mulkay 1983; Lynch 1993).

Die Formulierung und Ausdifferenzierung des «studies of work»-Ansatzes (Garfinkel 1991, 1996; Garfinkel & Wieder 1992) ist bis zu einem gewissen Grad zu verstehen als Reaktion auf die Entstehung und den Erfolg der Konversationsanalyse, die ihre Wurzeln ebenfalls in dem ursprünglichen Programm der Ethnomethodologie hat und sich als eigenständiger Untersuchungsansatz weitgehend konsolidieren konnte (→ 5.17). Die «studies of work» als aktuellste Version ethnomethodologischer Forschung bieten demgegenüber kein so klares Bild, was nicht zuletzt an der Komplexität des Gegenstandsbereichs «Arbeit» liegt (Heritage 1987). Hatte die Konversationsanalyse sich ganz auf den eingeschränkten Aspekt der sprachlichen und nichtsprachlichen Interaktion beschränkt, beziehen die «studies of work» alles ein, was sich im Vollzug von Arbeitstätigkeiten – auch über einen längeren Zeitraum hinweg – ereignet, also nicht nur sprachliche Interaktionsepisoden, sondern etwa auch den technischen Umgang mit Instrumenten, die Manipulation und räumliche Organisation von Objekten oder die im Arbeitsablauf entstehenden Bild- und Schriftdokumente.

Ein zentrales Theorem der frühen Ethnomethodologie lautet, dass Akteure im Vollzug von Handlungen zahlreiche Techniken und Verfahren einsetzen, um ebendiese Handlungen darstellbar und erklärbar *(accountable)* zu machen, und dass sie auf diese Weise den Wirklichkeitscharakter sozialer Tatsachen hervorbringen. An diesem Punkt gehen die «studies of work» einen Schritt weiter und radikalisieren ihrem eigenen Selbstverständnis nach die Idee der sinnvermittelten Erzeugung von Wirklichkeit. Sie verwerfen die in dieser Konzeption implizit enthaltene Zweiteilung von Beschreibung, Darstellung und Erklärung *(account)* einerseits, Objekten, Tatsachen, Sachverhalten andererseits. Sie insistieren stattdessen auf der Unteilbarkeit und Nichtreduzierbarkeit der lokalen Produktion von sozialer Ordnung in und als den verkörperten Praktiken *(embodied practices)* der Handelnden. Sinn und Wirklichkeitscharakter sozialer Objekte werden nicht länger gesehen als Resultat der Verwendung von für sich isolierbaren Darstellungspraktiken, vielmehr werden Objekt und Darstellung als eine Einheit, als ein in der Ausführung sinnlich-körperlicher Tätigkeiten sich realisierendes Ganzes verstanden.

An diesem Punkt wird deutlich, dass der «studies of work»-Ansatz insbesondere unter dem Einfluss von Maurice Merleau-Pontys Untersuchungen zur Phänomenologie des Leibes formuliert wurde. Seine Bemühungen, die Unterscheidung zwischen dem Leib als Mechanismus-an-sich und dem Bewusstsein als Sein-für-sich zu überwinden, versuchen die «studies of work» auf soziologische Weise bei der Analyse von Arbeitsvollzügen fortzusetzen. Ihr Gegenstand ist das verkörperte Wissen, das sich in der selbstverständlichen Beherrschung kunstfertiger Praktiken materialisiert und das für die erfolgreiche Ausführung einer bestimmten Arbeit konstitutiv ist. Sie zielen damit auf die empirische Analyse von Kompetenzsystemen ab, die für einen bestimmten Typus von Arbeit charakteristisch sind und ihm seine Identität verleihen.

Diese Kompetenzen lassen sich nicht in den Lehr- und Handbüchern abbilden und werden auch in der herkömmlichen Arbeits- und Berufssoziologie ignoriert. Zwischen den Lehrbuchdarstellungen, den offiziellen Regeln einer Arbeit, die immer nur modellhafte Versionen eines Arbeitsvorgangs liefern können, und dem tatsächlichen, praktischen Arbeitsvollzug in einem bestimmten situierten Moment besteht eine prinzipielle Kluft – das, was die Alltagserfahrung als Unterschied zwischen Theorie und Praxis kennt. Trotz gründlicher theoretischer Vorbildung muss jede Arbeit – vom Fahren eines Sattelschleppers über das Klavierspielen bis zum Führen eines mathematischen Beweises – immer erst als praktische Tätigkeit erlernt werden. Dabei erwirbt sich der Praktiker die Fähigkeit, Kontingenzen zu erkennen und sich auf sie einzustellen, Entscheidungen über den Verlauf der Arbeit nicht schematisch, sondern von Moment zu Moment zu treffen und im Umgang mit den situativen Unwägbarkeiten und lokalen Konstellationen irgendwie die beobachtbare Adäquanz und Effizienz seines Tuns zu bewerkstelligen. Dieses «Irgendwie» ist in den Beschreibungen der Praktiker wie der Soziologen bislang systematisch ausgespart worden. Die «studies of work» machen nun genau dieses «Irgendwie» zu ihrem ersten Thema, indem sie danach fragen, «genau wie» in der körperlich-handwerklichen Ausführung praktischer Tätigkeiten – in den Details ihres Vollzugs – die Spezifität einer bestimmten Arbeit sich konstituiert.

Für den Ansatz der «studies of work» haben einige der Untersuchungen, die in den 70er Jahren entstanden sind, einen paradigmatischen Charakter. Dabei handelt es sich um Studien, die sich mit der Entdeckungstätigkeit von Astronomen in einem Observatorium (Garfinkel, Lynch & Livingston 1981), mit der Labortätigkeit von Neurobiologen (Lynch 1985), mit der Beweisführungstätigkeit von Mathematikern (Livingston 1986), mit der verborgenen Pädagogisierungstätigkeit wissenschaftlicher Einführungstexte (Morrison 1981), mit der Improvisationstätigkeit beim Klavierspielen (Sudnow 1978) oder der Arbeit an Tastaturen (Sudnow 1979) befassen. In diesen Studien wird etwa gezeigt, dass selbst die Herstellung der «Nachvollziehbarkeit» eines mathematischen Beweises, von der üblicherweise angenommen wird, dass sie kontextunabhängig verläuft, in den lokalen, situierten Handlungssequenzen der mit Kreide an der Tafel agierenden Mathematiker verortet ist. Und ein Pulsar wird als «kulturelles Objekt» bestimmt, indem gezeigt wird, dass er während einer Sequenz von Beobachtungsreihen allein durch eine Reihe verkörperter Arbeitshandlungen der Astronomen zu existieren beginnt.

Neuere Untersuchungen in der Tradition der «studies of work» befassen sich zum einen mit den lokalen, situativen Praktiken professionalisierter Arbeit (vgl. etwa Travers 1997, eine Studie über die Arbeit von Rechtsanwälten und Strafverteidigern), zum andern – und das macht den Großteil der aktuellen Forschungsarbeiten in diesem Bereich aus – mit den situativen Arbeitspraktiken beim Umgang mit Technologie, insbesondere Informationstechnologie. Die «studies of work» zielen ja darauf ab, für die Beschreibung des Gebrauchs von Maschinen und Computern nicht allgemeine Schemata zu entwickeln, sondern aus den situativen Details der Verwendung von Objekten und Informationen (etwa auf einem Bildschirm) die «identifying features» (Garfinkel) dieser Arbeit zu bestimmen. Dieser genaue Blick für die lokalen Praktiken der Handhabung von Gegenständen und der Ausführung von Arbeitsvollzügen macht die «studies of work» attraktiv und anschlussfähig für die Forschungen im Bereich der Human-Computer-Interaction (HCI) und des Computer-Supported-Cooperative-Work (CSCW), wie vor allem die Arbeit von Lucy Suchman (1987) eindrücklich unter Beweis stellt.

Das Programm der «studies of work» hat auch die Entwicklung der sog. Workplace Studies (Knoblauch 1996c) stark beeinflusst, die sich der Analyse komplexer Arbeitsvollzüge vorrangig im Bereich der Informationstechnologie widmen (zur Übersicht vgl. Button 1993). Ein wichtiger Aspekt dieser Arbeitskontexte besteht darin, dass Spezialisierung, Arbeitsteilung und Konzentration auf einen Bildschirm zu der Notwendigkeit führen, dass die Akteure besondere Koordinations- und Antizipationsleistungen im Hinblick auf das Tun der Arbeitskollegen erbringen. Prüfen, Wahrnehmen, Denken, Wiedererkennen etc. findet deshalb in Kontexten dieser Art häufig gerade nicht als innerpersonaler, psychischer Vorgang statt, sondern wird als Teil des eigenen kommunikativen Verhaltens in höchst differenzierten und impliziten Weisen den Kollegen vermittelt. Da die ethnomethodologischen «studies of work» immer schon diese verkörperte, kommunikative Form des Wissens und Erkennens zu ihrem Thema gemacht haben, ergeben sich hier neuartige und faszinierende Verbindungen zu kognitionswissenschaftlichen Ansätzen, die Kognitionsprozesse nicht auf gehirnphysiologische Vorgänge reduzieren, sondern als «distributed cognition» materialisiert in der kommunikativen Ökologie von Arbeits- und Lernkontexten lokalisieren (vgl. hierzu Engeström & Middleton 1996).

5. Kritische Einschätzung und Ausblick

Spannungen zwischen der Konversationsanalyse und den «studies of work» durchziehen die Diskussionen in den vergangenen Jahren und führen nicht selten zu schroffen Stellungnahmen. Diese Differenzen sind nicht als innerschulischer Streit zwischen zwei ethnomethodologischen Lagern abzutun, denn sie betreffen einen Punkt von allgemeiner Relevanz – insbesondere für die qualitative Sozialforschung. Die Konversationsanalyse verfolgt das Ziel, die Mechanismen zu bestimmen, die für die Organisation von «talk-in-interaction» prinzipiell relevant sind. Für manchen Ethnomethodologen (vgl. etwa Pollner 1991) wird bei diesem Vorhaben aber Garfinkels ursprüngliches Programm bis zur Unkenntlichkeit verwässert. Befürchtet wird, dass mit der Formalisierung und Versprachwissenschaftlichung der Konversationsanalyse die Idee, dass Interaktion immer lokal gebunden ist, unvermeidlich einen indexikalen Charakter hat und einem Prozess der reflexiven Sinnkonstitution unterliegt, bedeutungslos wird. Garfinkel selbst (1991; vgl. auch Lynch 1993, Kap. 7) hat in seinen programmatischen Arbeiten beharrlich von der «haecceitas» des Sozialen gesprochen und als Fokus des ethnomethodologischen Interesses herausgestellt. Mit dieser Bezeichnung (deren Herleitung Garfinkel unterlässt) soll zum Ausdruck gebracht werden, dass alles Soziale immer nur als ein Individuelles, Einmaliges existiert – ein Merkmal also, das man gerade eliminiert, wenn man das Soziale in allgemeinen Begriffen beschreibt und unter vorgegebene, theoretisch abgeleitete Kategorien subsumiert. Man stößt hier auf das prinzipielle Problem, auf welchem Allgemeinheitsniveau qualitative Forschungsarbeiten ihren jeweiligen sozialen Untersuchungsgegenstand behandeln sollen.

Das Insistieren auf der «haecceitas» aller sozialen Objekte, die in der wissenschaftlichen Betrachtung nicht verletzt werden dürfe, lähmt aber letztendlich jede analytische Bemühung und führt in immer tieferen Detaillierungsschleifen zu einer deskriptiven Verdopplung des Gegenstands. Den Begriff «haecceitas» hatte ursprünglich der mittelalterliche Scholastiker Johannes Duns Scotus geprägt, um die «Dieses-jetzt-Hierheit» der Dinge zu bezeichnen. Gemeint ist damit, in Heideggers Formulierung, der sich in seinen Frühschriften mit Duns Scotus befasst hatte: «Was real existiert, ist ein Individuelles. (...) Alles, was real existiert, ist ein ‹Solches-Jetzt-Hier›» (Safranski 1997, S. 84). Doch dieses Wunder der Singularität des Wirklichen ist eine nominalistische Konstruktion, denn der menschliche Verstand bewegt sich immer schon vergleichend, verknüpfend und ordnend zwischen den jeweils einmaligen Einzelheiten – und der Sozialwissenschaftler tut das Gleiche in systematischer Absicht. Dennoch sollte Garfinkels Verweis auf die «haecceitas» alles Sozialen nicht als bloße Provokation der modellkonstruierenden Sozialwissenschaften wahrgenommen werden, sondern als Mahnung, bei aller notwendigen Formalisierung und Generalisierung nicht den lokalen, reflexiven Konstitutionsprozess des Sozialen aus dem Blick zu verlieren. Wenn es den ethnomethodologischen «studies of work» gelingt, in dosierter Generalisierung Zugang zu finden zu dem, was die situativen Anforderungen, die praktischen Fertigkeiten, das verkörperte Wissen einer beruflichen Arbeit ausmacht, könnten ihre Erkenntnisse in vielen Bereichen einen nachhaltigen Einfluss ausüben.

* Diese und alle folgenden Übersetzungen der Texte Harold Garfinkels wurden vom Verfasser vorgenommen.

Weiterführende Literatur

Heritage, J. C. (1984). Garfinkel and ethnomethodology. Oxford: Polity Press.

Patzelt, W. J. (1987). Grundlagen der Ethnomethodologie: Theorie, Empirie und politikwissenschaftlicher Nutzen einer Soziologie des Alltags. München: Fink.

Weingarten E.; Sack, F. & Schenkein, J. (Hg.) (1976). Ethnomethodologie: Beiträge zu einer Soziologie des Alltagshandelns. Frankfurt a. M.: Suhrkamp.

Norman K. Denzin
3.3 Symbolischer Interaktionismus

1. Grundprinzipien des Symbolischen Interaktionismus
2. Theorien der Handlungsinstanz und Handlungstheorien
3. Grundannahmen
4. Rasse und Gender
5. Epistemologische und konzeptionelle Annahmen
6. Die Anfänge: Cooley, James, Mead, Dewey, Blumer
7. Ausprägungen interaktionistischen Denkens
8. Neuere Entwicklungen: die narrative Wende
9. Repräsentationen von Erfahrungen
10. Zur Beurteilung von Interpretationen
11. Der Streit um die Wahrheit
12. Zusammenfassung

Der Symbolische Interaktionismus ist die einzige genuin amerikanische soziologische und sozialpsychologische Perspektive, die ihre Ursprünge bis zu den frühen amerikanischen Pragmatisten James, Dewey, Peirce und Mead zurückverfolgen kann. Man hat ihn die loyale Opposition in der amerikanischen Soziologie genannt und als die am stärksten soziologisch geprägte Perspektive in der Sozialpsychologie bezeichnet. Erst in jüngster Zeit hat sein Denken auch Eingang in die Diskurse anderer sozialwissenschaftlicher Disziplinen, in Psychologie, Anthropologie und Wissenschaftsforschung gefunden, in denen die Arbeiten Meads mit den Theorien von Wittgenstein, Wygotsky und Bakhtin verknüpft werden. So rückt etwa Harré «symbolische Interaktionen» ins Zentrum der Psychologie, indem er zeigt, dass Konzepte wie das Selbst, Einstellungen, Motive, Geschlecht und Gefühle «diskursiv hergestellt werden und sich eher als Attribute von Konversationen und nicht als mentale Einheiten begreifen lassen» (Harré 1992, S. 526).

Auch andere Sozialwissenschaftler wählen zur Untersuchung von Biographien, Identitäten und sozialen Beziehungen einen interaktionistisch geprägten Ansatz (vgl. Dunn 1998; Holstein & Gubrium 2000; Musolf 1998; Wiley 1994). Die relativ junge Zeitschrift *Mind, Culture, and Activity* veröffentlicht Arbeiten, die die Tradition des Symbolischen Interaktionismus mit Studien zur Wissenschaftsforschung, zur Kulturpsychologie und zur sowjetischen Tradition mit den Arbeiten von Wygotsky und anderen verbindet. Die Zeitschrift *Symbolic Interaction* und das jährlich erscheinende Forschungsjournal *Studies in Symbolic Interaction* publizieren regelmäßig Arbeiten von Symbolischen Interaktionisten und Mitgliedern der *Society for the Study of Symbolic Interaction.*

Die Geschichte des Interaktionismus in Amerika war ein Leidensweg: Er wurde oft totgesagt, und seine Vertreter wurden verleumdet (vgl. Fine 1993). Aber er weigert sich zu sterben. Heute erfreut der Interaktionismus sich bester Gesundheit und beweist seine Lebendigkeit in einschlägigen Zeitschriften, auf Jahrestagungen und Symposien.

1. Grundprinzipien des Symbolischen Interaktionismus

Der Begriff *symbolisch* bezieht sich auf die sprachlichen Grundlagen menschlichen Zusammenlebens; *Interaktion* hebt darauf ab, dass Menschen nicht auf ihr Gegenüber hin, sondern in wechselseitiger Beziehung zueinander gemeinsam handeln. Der Begriff Interaktion dient den Symbolischen Interaktionisten zur Untersuchung und Analyse der Entwicklungsverläufe von Handlungen, die entstehen, wenn zwei oder mehr Personen (oder Akteure) ihre individuellen Handlungslinien in ihrer jeweiligen Handlungsinstanz (Reflexivität) mit dem Ziel gemeinsamen Handelns aufeinander abstimmen.

2. Theorien der Handlungsinstanz und Handlungstheorien

Die Konzepte Handlung und Handlungsinstanz stehen im Mittelpunkt der interaktionistischen Theorien des Selbst und des Interaktionsprozesses. Handlungen beziehen sich auf Erfahrungen, die für die Person in reflexiver Weise Bedeutung erlangen. Der Begriff der Handlungsinstanz beschreibt den Ort der Handlung in der Person selbst, in der Sprache oder in anderen Strukturen und Prozessen. Damit ergibt sich die Frage nach dem Ort des autonomen reflexiven Individuums im Verlauf der Konstruktion bedeutungshaltiger Handlungen. Erzeugen die Menschen ihre eigenen Erfahrungen? Oder stammen sie von einer umfassenderen Einheit oder einem kollektiven Handlungssubjekt? Sind Handlungsinstanz, Bedeutung und Intention in der handelnden Person selbst, in der Erfahrung

oder in der Sozialstruktur verankert? Machen Menschen ihre Geschichte, aber nicht unter selbst gewählten Bedingungen, so wie es
Karl Marx annahm? Wenn sich die Geschichte hinter dem Rücken
der Menschen vollzieht, dann sind es Strukturen und nicht handelnde Personen, die Geschichte machen. Wäre das der Fall, dann wäre
weder die Person noch ein einzelnes Individuum der zentrale Gegenstand interaktionistischer Forschung. Dann wären eher externe
Systeme und diskursive Praktiken die Quelle für die einzigartige
Subjektivität und die spezifischen Erfahrungen jedes Einzelnen. Interaktionisten lehnen diese Sichtweise ab und behaupten, dass Erfahrung, Struktur und Subjektivität das Ergebnis dialogischer Prozesse sind.

Folgt man Giddens' Theorie der Strukturierung und seinem Konzept der Dualität von Strukturen, dann lässt sich formulieren, «dass
die strukturierten Eigenschaften sozialer Systeme gleichzeitig als
Medium und Resultat sozialer Handlungen fungieren» (Herv. i. Original; Giddens 1981, S. 19). Weiter heißt es, «jede soziale Handlung
besteht aus sozialen Praktiken, die räumlich und zeitlich situiert sind
und von den Akteuren gekonnt und nachvollziehbar organisiert
werden» (1981, S. 19). Auf diese Weise überwindet Giddens' inter-
aktionistisches Modell die falschen Gegensätze zwischen Handlung
und Handlungsinstanz, Bedeutung und Struktur. Giddens' Ausführungen stimmen mit den Annahmen des Symbolischen Interaktionismus überein. Jeder Einzelne handelt in der Praxis als sozialer
Akteur, auch wenn sein Handeln von strukturbildenden Regeln, materiellen Ressourcen und den strukturierten Prozessen begrenzt
wird, die mit seiner Klassenlage, seinem Geschlecht, seiner rassischen und ethnischen Zugehörigkeit, seiner Nationalität und seiner
lokalen Gemeinschaft zusammenhängen.

3. Grundannahmen

In seiner kanonisierten Form beruht der Symbolische Interaktionismus auf folgenden Grundannahmen (vgl. Blumer 1981):

1. «dass Menschen gegenüber ‹Dingen› auf der Grundlage der
Bedeutungen handeln, die diese Dinge für sie besitzen» (Blumer
1969, S. 2; dt. 1973, S. 81).

2. Die Bedeutung der Dinge entsteht in der sozialen Interaktion.

3. Bedeutungen werden «durch einen Prozess der Interpretation

verändert, in dem selbstreflexive Individuen symbolisch vermittelt interagieren» (Blumer 1969, S. 2; dt. 1973, S. 81).

4. Menschen erschaffen die Erfahrungswelt, in der sie leben.

5. Die Bedeutungen dieser Welten sind das Ergebnis von Interaktionen und werden durch die von den Personen jeweils situativ eingebrachten selbstreflexiven Momente mitgestaltet.

6. Die Interaktion der Personen mit sich selbst ist «mit der sozialen Interaktion verwoben und beeinflusst sie ihrerseits» (Blumer 1981, S. 153).

7. Formierung und Auflösung, Konflikte und Verschmelzungen gemeinsamer Handlungen konstituieren das «soziale Leben der menschlichen Gesellschaft», wie Blumer sagt. Gesellschaft besteht aus den gemeinsamen oder sozialen Handlungen, «die von [ihren] Mitgliedern geformt und vollzogen werden» (Blumer 1981, S. 153).

8. Ein komplexer Interpretationsprozess erzeugt und prägt die Bedeutungen der Dinge für die Menschen. Dieser Vorgang gründet im kulturellen Bereich, «im Kreislauf der Kultur» (du Gay, Hall, Janes, Mackay & Negus 1997, S. 3), in dem Bedeutungen durch die Massenmedien definiert und Identitäten, auch in der Werbung, im Kino und im Fernsehen, in geläufigen kulturellen Schemata repräsentiert werden.

Die wesentliche Aufgabe der Massenmedien besteht darin, die Welt aus zweiter Hand, in der wir alle leben, als natürlich erscheinen zu lassen und diesen Vorgang unsichtbar zu machen. Anlässlich der Beobachtung, dass die Massenmedien die Wirklichkeit aufbessern und ihr den Eindruck von Natürlichkeit verleihen, stellt Barthes (1957/1972, S. 11) heraus, dass «Natur und Geschichte bei jeder Gelegenheit verwechselt [werden]». Die vorrangigen Ziele des massenmedialen Komplexes bestehen in der Erschaffung von Adressaten, die (1) zu Konsumenten der in den Medien angepriesenen Produkte werden und (2) dabei ein Konsumentenverhalten erlernen sollen, das den im politischen System des Kapitalismus verankerten Normen des Besitzindividualismus entspricht; weiter gehend (3) sollen sie zu Anhängern einer öffentlichen Meinung gemacht werden, die die strategischen politischen Ziele des Staates unterstützt (Smythe 1994, S. 285). Das Publikum ist in erster Linie das formbare Rohmaterial für die Informationstechnologien (Smythe 1994, S. 268). Schließlich geht es den Medien darum, alles zu tun, um das

Konsumentenpublikum vergessen zu lassen, dass es nichts anderes als formbare Knetmasse ist.

Aus diesem Kontext erschließt sich die Bedeutung kultureller Narrationen und Geschichten, die die Natur der menschlichen Existenz, wie sie unter den Bedingungen des Spätkapitalismus im 20. Jahrhundert erscheint, bestärken sollen. Diese Geschichten vermitteln den Menschen die Illusion von einer Seele, von struktureller Freiheit und freiem Willen. Auf die beschriebene Weise verankert der Kreislauf der Kultur (Produktion, Distribution, Repräsentation) dieses System der Befriedung.

4. Rasse und Gender

Jegliche menschliche Erfahrung ist von Rassen- und Geschlechtszugehörigkeit geprägt und wird durch die gesellschaftlich konstruierten Kategorien von Männlichkeit und Weiblichkeit (‹Gender›; Anm. d. Ü.) gefiltert *(→ 3.10)*. Diese Kategoriensysteme privilegieren die weiße gegenüber anderen Hautfarben. Sie reproduzieren negative rassische und ethnische Stereotype über Farbige und regulieren die sexuellen Beziehungen zwischen Angehörigen unterschiedlicher Hautfarbe und ethnischer Zugehörigkeit. Das von Gender-Kategorien (Männlichkeit und Weiblichkeit) überformte rassische Selbst wird in alltäglichen Ritualen, in den Gesprächen zwischen Männern und Frauen und in medialen Darstellungen aktualisiert.

Gender-Kategorien besitzen einen performativen Charakter, der in und durch die Interaktion erzeugt wird. Die performativen Darstellungsformen des Geschlechts bringen eine gendergeprägte Sozialstruktur hervor. In diesen Darstellungen gibt es kein Original, vor dessen Hintergrund sich eine konkrete Geschlechterdarstellung beurteilen ließe. Butler argumentiert, dass jede Person in ihren interaktiven Darstellungen eine ganz bestimmte Version hetero- oder nichtheterosexueller Identität erzeugt. Jede Darstellung wird damit zur Maskerade, zur Kopie des realen Geschlechts, zur nachgeahmten Imitation. Butler präzisiert dies so: «Wenn Heterosexualität eine unmögliche Nachahmung ihrer selbst ist, eine Imitation, die sich in der Performanz als Original konstituiert, dann ist diese nachgeahmte Parodie der ‹Heterosexualität› (…) immer und nur eine Nachahmung der Nachahmung, eine Kopie der Kopie, für die kein Original existiert» (1993, S. 644).

5. Epistemologische und konzeptionelle Annahmen

Die symbolisch interaktionistische Perspektive kann durch eine kontrastierende Beschreibung derjenigen empirischen und theoretischen Praktiken verdeutlicht werden, die von ihren Vertretern geschätzt bzw. von ihnen abgelehnt werden:

1. Interpretative (und symbolische) Interaktionisten bestreiten den Nutzen allgemeiner Theorien.

2. Interaktionisten lehnen umfassende allgemeine Theorien der Gesellschaft ab; wie viele poststrukturelle (Foucault) und postmoderne (Lyotard) Theoretiker sind sie von der Bedeutung einer Dokumentation lokaler Geschichten über Arten und Abläufe menschlicher Interaktionen überzeugt.

3. Interaktionisten wenden sich gegen Theorien, die menschliche Erfahrung objektivieren und quantifizieren. Sie bevorzugen in ihren Texten eine Darstellung, die eng an den aktuellen Erfahrungen der Menschen bleibt, über die sie schreiben.

4. Interaktionisten verabscheuen Theorien, die von anderen Disziplinen, etwa aus den Natur- oder Wirtschaftswissenschaften (z. B. Chaos- oder Rational-Choice-Theorien), importiert werden.

5. Interaktionisten lehnen Theorien ab, die Geschichtlichkeit ignorieren, ohne dabei selbst einem historischen Determinismus zu verfallen. Sie gehen davon aus, dass Menschen und nicht irgendwelche unerbittlichen Mächte Geschichte machen, obgleich sie auch zugeben, dass sich die Geschichten der Menschen nicht immer ihrem eigenen Handeln verdanken.

6. Interaktionisten wenden sich gegen Theorien, die Biographien und gelebte Erfahrungen der handelnden Menschen übergehen.

7. Interaktionisten halten nichts von «Warum»-Fragen. Sie stellen stattdessen «Wie»-Fragen. Wie z. B. ist ein vorliegender Erfahrungsausschnitt strukturiert, wie wird er gelebt, und wie wird ihm Bedeutung verliehen?

Diese Punkte fassen die Positionen zusammen, die die Interaktionisten ablehnen und für die sie vielfach kritisiert wurden: Sie würden nicht leisten, was andere von ihnen erwarteten, wie z. B. Makroanalysen von Machtstrukturen oder eine klare Definition der eigenen Konzepte und Begriffe; oder sie wurden wegen des kognitiven Übergewichts in ihren Grundannahmen, wegen der Annahme emergenter Theorien oder wegen ihrer Ahistorizität und Strukturfeindlichkeit kritisiert (vgl. Musolf 1998). Allzu oft zeigt sich in diesen Kritiken ein fehlendes Verständnis für das Anliegen der Interaktionisten, oder es stellt sich heraus, dass die Kritiker die Schriften der Interaktionisten einfach nicht gelesen haben.

6. Die Anfänge: Cooley, James, Mead, Dewey, Blumer

Ich wende mich nun einer kurzen Darstellung und Diskussion der Anfänge der symbolisch interaktionistischen Perspektive im Kontext der amerikanischen Gesellschaftstheorie zu (vgl. auch: Musolf 1998, S. 20–92; Holstein & Gubrium 2000, S. 17–37; Wiley 1994).

Interaktionisten sind kulturelle Romantiker. Ihre Vision vom Selbst und von der Gesellschaft steht in oft tragischer und auch ironischer Weise in einer direkten Verbindungslinie zum linken Romantizismus von Ralph Waldo Emerson, Karl Marx und William James. Von Anbeginn jagten die Interaktionisten einer janusköpfigen Chimäre nach. Einerseits setzten sich ihre Begründer für eine interpretative und subjektive Erforschung menschlicher Erfahrung ein. Andererseits bemühten sie sich um eine objektive Wissenschaft vom menschlichen Verhalten, die den aus den Naturwissenschaften entlehnten Kriterien genügen sollte.

Die Erkenntnis-, Wahrheits-, Wissenschafts- und Bedeutungstheorie des Pragmatismus ist von grundlegender Bedeutung für das interaktionistische Erbe. Für Mead, Peirce, James und Dewey bestimmt sich Wahrheit in Begriffen von Handlungsfolgen. Wahr ist, was funktioniert. Für Dewey und James wurde der Pragmatismus zu einem Instrument der Kulturkritik. Deweys Pragmatismus feierte die kritische Intelligenz, die sich der wissenschaftlichen Methode als Königsweg zu wissenschaftlichen Erkenntnissen bediene. In ihren verschiedenen Ausprägungen lebt diese pragmatistische Tradition bis heute fort (vgl. Denzin 1992a, S. 133; Strauss 1993b). Sie ist eine der am meisten lebendigen und überlebensfähigsten interpretativen philosophischen Positionen, die man heute in den Wissenschaften vom Menschen antreffen kann.

Cooley behauptete, dass das Selbst des Einzelnen seinen Ursprung in den Erfahrungen der Primärgruppe, vor allem der Familie habe. Moderne Gesellschaften seien von den Medien geprägt. Daher biete ein administrativ-politisch regulierter Wettbewerb die beste Garantie für eine Bewahrung der demokratischen Werte einer Gesellschaft wie die Vereinigten Staaten.

James argumentierte, dass der Zustand des Bewusstseins oder der Bewusstseinsstrom das zentrale Thema der Psychologie sei. Das Selbst in seiner Kernform als Wissendes oder Subjekt (das ICH) bilde das Zentrum des persönlichen Bewusstseins. Im Erfahrungsprozess interagiere das «ICH» mit dem «MICH»[1] oder Selbst als Gegenüber. Für James besitzt jedes Individuum so viele Selbste, wie es soziale Beziehungen unterhält.

Mead stellt Cooley und James vom Kopf auf die Füße. Für ihn ist das Selbst keine mentale Kategorie. Selbst und Geist sind für ihn soziale und kognitive Prozesse, die in der sich wandelnden sozialen Welt verankert sind. Das Selbst ist ein soziales Objekt, das im Bereich der Erfahrung angesiedelt ist. Seine Struktur gewinnt das Selbst durch das Prinzip der Sozialität oder, anders ausgedrückt, durch Übernahme der Perspektive des anderen in einer gegebenen sozialen Situation. Dieses Selbst kann wissenschaftlich genauso untersucht werden wie ein Gegenstand in den Naturwissenschaften. Da Mead Introspektion als unwissenschaftlich verwarf, plädierte er dafür, die beiden Begriffe Selbst und Gesellschaft über einen wechselseitigen Interaktionsprozess miteinander zu verknüpfen. Sein Schlüsselbegriff der «Handlung» (the act) ersetzt dann James' Konzept des Bewusstseinsstroms.

Blumer (1969) macht aus Mead einen Soziologen. Dabei entwirft er ein aus Meads Konzept der sozialen Handlung abgeleitetes Bild der Gesellschaft; er führt dazu die Konzepte der gemeinsamen Handlung (joint action) und der Handlungseinheit (acting unit) ein, um die Interaktionen, die von Dyaden bis zu komplexen Institutionen reichen, beschreiben zu können. Das Selbst wird bei ihm als interpretativer Prozess gefasst und Gesellschaft (in Anlehnung an Park und Thomas) als ein Gebilde konstruiert, das sich auf das Zusammenspiel von Macht, Interessen, Gruppenposition, kollektiver Aktion und Protest gründet. Blumer wandte seine Version von Mead und Park auf die Untersuchung von Mode, Film, rassischen Vorurteilen, kollektivem Verhalten und den Prozess der Industrialisierung an.

Mit Mead und Blumers Erweiterung entfernt sich die interaktionistische Tradition definitiv von den interpretativen und phänomenologischen Ansätzen bei Cooley und James. Sie tritt, wie bereits oben bemerkt, in eine Phase der Verwirrung ein und versucht, wenn auch erfolglos, naturalistisch, subjektiv und wissenschaftlich zu werden. (In der 1974b veröffentlichten *Rahmenanalyse* versuchte Goffman zunächst, die vernachlässigte Position von James und die phänomenologische Tradition wieder zur Geltung zu bringen, verwarf dies aber schließlich; → *2.2.*)

7. Ausprägungen interaktionistischen Denkens

Der Symbolische Interaktionismus existiert in unterschiedlichen Ausprägungen; darunter finden sich pragmatistische, feministische, phänomenologische und konstruktivistische Varianten. Unterschiede bestehen aber nicht nur in den theoretischen Orientierungen. Auf der methodologischen Ebene bedienen sich Interaktionisten eines breiten Spektrums interpretativer und qualitativer Ansätze, darunter etwa Selbstbeschreibungen, Erzählungen des Selbst, strukturelle, artikulative, semiotische und praktische Ethnographien, Grounded Theory, biographische und lebensgeschichtliche Methoden, Performance und feministische Ethnographie, eher traditionelle Interviewverfahren und teilnehmende Beobachtung, kreative Interviewtechniken, die von Blumer beschriebenen interpretativen Strategien, Konversationsanalysen, ethnographische Studien und Laboruntersuchungen zu grundlegenden Prinzipien des sozialen Lebens sowie historische Studien des Zivilisationsprozesses.

Interaktionisten haben wesentliche und substanzielle Beiträge zu vielen Bereichen sozialwissenschaftlicher Forschung geliefert. Eine unvollständige Aufzählung würde die Bereiche abweichendes Verhalten, soziale Probleme, kollektives Verhalten, Medizinsoziologie, Emotionsforschung, Kunst, soziale Organisationen, Rassenbeziehungen, Industrialisierung, kindliche Sozialisation, Mode, Film, Massenmedien, familiale Gewalt und Kleingruppenforschung umfassen. Kurz, es existieren viele verschiedene Stile und Versionen des Symbolischen Interaktionismus, die sich über das gesamte Feld der Soziologie und Sozialpsychologie erstrecken.

8. Neuere Entwicklungen: die narrative Wende

Die heutigen Symbolischen Interaktionisten heben besonders die reflexiven, gendergeprägten und situierten Aspekte menschlicher Erfahrung hervor. Sie untersuchen den Stellenwert von Sprache und mehrfach codierten Bedeutungen in Interaktionszusammenhängen (vgl. Holstein & Gubrium 2000). Diese Beschäftigung mit reflexiven oder narrativen Aspekten wird auch von anderen Perspektiven herausgestellt – von der Phänomenologie *(→ 3.1)* bis zur Hermeneutik *(→ 3.5)*, von der Semiotik und der Psychoanalyse *(→ 5.20)* bis zum Feminismus *(→ 3.10)* und zur Erzähltheorie *(→ 5.11)*, von der dialogischen und diskursiven Psychologie *(→ 5.19)* bis zur Kulturpsychologie, von der interpretativen Soziologie bis zu den Cultural Studies *(→ 3.9)*.

Die narrative Wende bewegt sich zugleich in zwei Richtungen. Erstens präsentieren Symbolische Interaktionisten (und andere Theoretiker) verschiedene narrative Versionen oder Geschichten über das Funktionieren der Welt des Sozialen. Die Erzählformen werden üblicherweise als Theorie bezeichnet, wie etwa Freuds Annahmen zur psychosexuellen Entwicklung *(→ 5.20)*. In diesem Zusammenhang erinnert uns Charles Lemert daran, dass Soziologie aus Imaginationen besteht und die verschiedenen Soziologien «aus Geschichten [bestehen], die Menschen darüber erzählen, was sie über ihre Erfahrungen im sozialen Leben herausgefunden haben» (1997, S. 14). Mit dieser Formulierung kann man den Interaktionismus am besten begreifen: verschiedene Geschichten über die soziale Welt, Geschichten, die sich Menschen selbst über ihr Leben und die Welten, in denen sie sich bewegen, erzählen, Geschichten, die gelingen, aber auch scheitern können.

Zweitens untersuchen Symbolische Interaktionisten Erzählungen und Diskurssysteme und unterstellen, dass diese Strukturen dem Alltagsleben Kohärenz und Bedeutung verleihen. (Ein System von *Diskursen* ist eine Möglichkeit zur Repräsentation der Welt.) Systeme von Diskursen fassen Wissen über die Welt zusammen und produzieren dieses Wissen zugleich (Foucault 1980, S. 27). Diese diskursiven Systeme sind selten einfach wahr oder falsch. In der Welt der menschlichen Angelegenheiten werden Wahrheit und Fakten auf unterschiedliche Weise konstruiert. Ihre Bedeutungen sind in konkurrierende Diskurse eingebettet. Damit sind sie in die Kämpfe um Machtpositionen oder Wahrheitsdefinitionen verwickelt, und es stellt sich die Frage, wer die Definitionsmacht über Wahrheit und Unwahrheit besitzt (Hall 1996c, S. 205).

9. Repräsentationen von Erfahrungen

Weil sich Erfahrungen nicht unmittelbar erforschen lassen, fragen Symbolische Interaktionisten, auf welche Weise in Diskurssystemen (Interviews, Geschichten, Rituale, Mythen) verankerte Erzählungen Erfahrungsgehalte wiedergeben. Die in den Erzählungen sichtbaren Repräsentationspraktiken werden als narrative Konstruktionen bezeichnet. Formen und Bedeutungen der Alltagserfahrung lassen sich immer in narrativen Repräsentationen wieder finden. Diese Repräsentationen sind gestaltete Texte, die in Form von Geschichten erzählt und weitergegeben werden. Bruner betont in diesem Zusammenhang ausdrücklich, dass Repräsentationen «gestaltet werden müssen, um erfahrbar zu werden» (1984, S. 7). Daher untersuchen Symbolische Interaktionisten gestaltete Texte, vollzogene Rituale, erzählte Geschichten, gesungene Lieder, gelesene Romane, aufgeführte Dramen. Ich paraphrasiere Bruner (1984, S. 7), wenn ich behaupte, dass Erfahrung eine Gestaltung, eine Performance und Wirklichkeit eine soziale Konstruktion ist.

Die Politiken der Repräsentation sind grundlegend für die Erforschung von Erfahrungen. Der Frage nach dem Wie der Repräsentation eines Gegenstandes ist ein Kampf um Macht und Bedeutungen eingeschrieben. Während die Sozialwissenschaften traditionell die Erfahrung selbst privilegiert haben, begreift man heute, dass kein Leben und keine Erfahrung außerhalb irgendeines Repräsentationssystems gelebt werden kann (Hall 1996d, S. 473). In der Tat ist es unmöglich, «den Politiken der Repräsentation zu entkommen» (Hall 1996d, S. 473).

Symbolische Interaktionisten beschäftigen sich unablässig damit, Interpretationen über die Welt zu konstruieren. Alle Erklärungsversuche, «wie sorgfältig sie auch immer getestet oder belegt sein mögen, bleiben am Ende das Werk eines Autors» (Hall 1996a, S. 14; → 5.22). Interaktionistische Erklärungen spiegeln die Sichtweise des Autors wider und besitzen keine Garantie auf Wahrheit oder Objektivität. Feministische Wissenschaftlerinnen z. B. haben häufig (zu Recht, wie ich glaube) darauf hingewiesen, dass Methoden und Ziele der positivistischen Sozialpsychologie einen gender-Bias aufweisen und Ausdruck patriarchaler Überzeugungen und Praxis sind (→ 3.10).

Ergänzend möchte ich hinzufügen, dass die traditionellen experimentellen Methoden der sozialpsychologischen Forschung diese Verzerrungen reproduzieren.

10. Zur Beurteilung von Interpretationen

Die narrative Wende und die feministische Kritik haben die Interaktionisten zu einer sehr tastenden und vorläufigen Formulierung ihrer Argumente und Positionen bewogen. Man begreift jetzt, dass es keine letztgültige oder autorisierte Version der Wahrheit gibt. Trotzdem gibt es noch Beurteilungskriterien, die anzuwenden sind. Interaktionisten sind «dazu verpflichtet, systematische, streng geprüfte, zusammenhängende, umfassende, konzeptionell klare und gut nachvollziehbare Begründungen zu liefern, die den Leser über die ihnen zugrunde liegende theoretische Struktur und über Wertungen aufklären (...) [dennoch] können wir den letztlich interpretativen Charakter sozialwissenschaftlicher Forschung nicht leugnen» (Hall 1996a, S. 14).

Interpretative Interaktionisten (vgl. Denzin 2000b) suchen nach einer existenziellen und interpretierenden Sozialwissenschaft, die sich als Vorlage für eine Kulturkritik eignet. Eine derartige Kulturkritik gründet sich auf das Sichtbarmachen besonderer Welten im Verlauf des Forschungsprozesses und erkennt, dass jede Forschung theoriegeleitet und wertgeladen ist. Daher kann es keine objektive Beschreibung einer Kultur und ihrer Formen geben. Ethnographische, ästhetische und politische Aspekte lassen sich niemals klar voneinander trennen. Qualitative Forschung ist, wie die Kunst, immer politisch.

Eine ihrem Anspruch nach kritische, zivile und literarische Form qualitativer Forschung muss vier Kriterien genügen. Sie muss die Beherrschung schriftlicher Formulierungskunst, d. h. einen guten Stil, nachweisen. Sie muss eine thematisch gut gewählte und ansprechende, aber möglichst kurze Erzählung präsentieren. Diese Erzählung sollte auf einem realistischen, tatsächlich stattgefundenen Gespräch beruhen und sich auf erinnerungswürdige und wiedererkennbare Charaktere konzentrieren, die in präzise beschriebenen «unvergesslichen Szenen» (Ford 1998, S. 1112) agieren. Zweitens sollte die Arbeit klar identifizierbare kulturelle und politische Themen behandeln, z. B. Ungerechtigkeiten, die auf Strukturen und Meinungen über Rassen, Klassen, Geschlecht und sexuelle Orientierung beruhen. Drittens sollte die Arbeit eine Politik der Hoffnung zum Ausdruck bringen. Sie sollte die Dinge in ihrem aktuellen Zustand kritisieren und eine Vorstellung davon vermitteln, wie sie anders sein könnten. Schließlich müssen diese Ziele mit Hilfe direkter und indirekter symbolischer und rhetorischer Mittel erreicht werden. Wissenschaftler, die sich bei ihren Veröffentlichungen an diese Vorgaben halten, sind vollkommen in die Unterdrückungsmechanismen und Ungerechtigkeiten ihrer Zeit verwickelt. Sie richten ihre ethnographischen Forscherenergien auf höhere, utopische und moralisch gerechtfertigte Ziele.

Die Wahrheit dieser neuen Textformen bemisst sich an praktischen Kriterien, an ihren wahrheitsstiftenden Wirkungen, an den kritischen und moralischen Diskursen, die sie auslösen, an der «Empathie, die sie erzeugen, am Erfahrungsaustausch, den sie ermöglichen, und an den sozialen Bindungen, die sie stiften» (Jackson 1998, S. 180). Die Kraft dieser Texte liegt nicht in ihrer Qualität, «die Welt so zu spiegeln, wie sie ‹wirklich› ist» (Jackson 1998, S. 180). Die Welt ist immer schon durch narrative Texte vermittelt konstruiert. Rorty (1979) besteht darauf, dass es keinen Spiegel der Natur gebe. Die Welt, wie wir sie kennen, ist und wird durch Repräsentationshandlungen und Interpretationen konstruiert.

Endlich geht es dieser performativen Ethnographie um die Erkundung neuer Wege, um das geschlechtercodierte und unverletzliche Selbst in seinem ethischen Verhältnis zur Natur zu verorten und zu repräsentieren. Dazu werden andere Formen des Schreibens erprobt wie Tagebuchaufzeichnungen, Naturbeschreibungen und Textperformances in der natürlichen Umgebung.

11. Der Streit um die Wahrheit

Viele Vertreter aus dem Kreis der Interaktionisten lehnen die narrative Wende und ihre Implikationen für die Forschung ab. Diese Kritiker stützen ihre Argumente auf sechs Überzeugungen:

1. Die neue Art zu schreiben sei unwissenschaftlich und könne daher kein Bestandteil ethnographischer Forschung sein *(→ 5.5)*.

2. Die neuen Autoren seien Moralisten und gehörten nicht in die Wissenschaft.

3. Die Neuerer folgten einer fehlerhaften Erkenntnistheorie, weil sie nicht an den interesselosen Beobachter einer von menschlicher Intervention unabhängigen Wirklichkeit glauben.

4. Das neue Schreiben bediene sich der Fiktion; dies gehöre in den Bereich der Kunst, sei aber keine Wissenschaft.

5. Die neuen Autoren untersuchten nicht die gelebte Erfahrung als das eigentliche Feld der Ethnographie und verließen damit die Position der teilnehmenden Beobachter.

6. Sie seien Vertreter der Postmoderne; diese verkörpere in ihrer fatalistischen, nativistischen, radikalen, absurden und nihilistischen Haltung eine irrationale Position.

Diese Überzeugungen bilden ein komplexes diskursives System, dessen einzelnen Bestandteilen jeweils eigene Veröffentlichungen zugeordnet werden können. Zusammengenommen repräsentieren diese Auffassungen eine beeindruckende und doch zweifelhafte Kritik an dem neuen interaktionistischen Projekt. Sie verweisen darauf, dass es mit den gewohnten Wegen der Forschung keine Probleme gebe, während die neuen tatsächlich mehr Probleme aufwerfen, als sie lösen können. Diese Argumente dienen dazu, die neue Herangehensweise aus der Wissenschaft zu exkommunizieren und sie in die Geisteswissenschaften oder die Kunst abzuschieben. Einige Kollegen würden die Neuerer am liebsten ganz aus dem akademischen Leben verbannen, andere hingegen würden sie nur aus bestimmten Theoriezusammenhängen, konkret aus der Community des Symbolischen Interaktionismus, exkommunizieren.

12. Zusammenfassung

Zusammenfassend bietet der Symbolische Interaktionismus eine genuine Theorie der Handlung, der Bedeutung, der Motive, der Gefühle, des Gender, der Person und der Sozialstruktur. Seine Theorie ist für alle Humanwissenschaften von der Psychologie über Soziologie, Geschichtswissenschaft, Anthropologie bis zur Politikwissenschaft bedeutsam. Auf dieser Grundlage untersuchen Interaktionisten die Schnittflächen von Interaktion, Biographie und Sozialstruktur in bestimmten historischen Konstellationen.

Übersetzung aus dem Amerikanischen von Ernst v. Kardorff

Anmerkung

[1] Mit «ICH» bezeichnet James «dasjenige, was immer dasselbe bleibt, obwohl sich der Bewusstseinszustand ständig wandelt» (Diaz-Bone & Schubert 1996, S. 40), während sich das «MICH» «auf all die wesentlich äußeren Dinge, in de-

nen sich das Subjekt anerkennt und sein Wissen von sich gewinnt» (1996, S. 40), bezieht. (Anm. d. Ü.).

Weiterführende Literatur

Holstein, J. A. & Gubrium, J. F. (2000). The Self We Live By: Narrative Identity in a Postmodern World. New York: Oxford University Press.

Musolf, G. R. (1998). Structure and Agency in Everyday Life: An Introduction to Social Psychology. Dix Hills, N. Y.: General Hall Inc.

Strauss, A. (1993). Continual Permutations of Action. New York: Aldine, de Gruyter.

Uwe Flick
3.4 Konstruktivismus

1. Einleitung
2. Was ist Konstruktivismus?
3. Erkenntnistheoretische Annahmen zum Charakter sozialer Wirklichkeit
4. Konstruktion des Wissens
5. Sozialwissenschaftliche Erkenntnis als soziale Konstruktion
6. Mimesis und Welterzeugung in Texten
7. Konstruktivismus und qualitative Forschung

1. Einleitung

Die Konstruktion sozialer Wirklichkeit als Thema hat Konjunktur. Für fast alle Bereiche sozialwissenschaftlicher Forschung gibt es Monographien oder Sammelbände, in denen ein konstruktivistischer Zugang gewählt wird – zur Sozialisation (Grundmann 1999), zu Gesundheit und Krankheit (Gawatz & Nowak 1993; Lachmund & Stollberg 1992; Flick 1998b), zu technischem Wandel (Flick 1996) oder zur Transsexualität (Hirschauer 1993), um nur einige zu nennen. Erkenntnisse im wissenschaftlichen Handeln werden auch generell als soziale Konstruktionen (z. B. Latour & Woolgar 1979) gesehen, was zu erbitterten Kontroversen geführt hat (vgl. die von Sokal 1996 ausgelösten Debatten). Hacking (1999) sieht diesen Begriff sogar als Kampfvokabel in den Wissenschaften. In Bezug auf qualitative Forschung haben konstruktivistische Annahmen (etwa von Schütz 1971 oder Berger & Luckmann 1969) den Ausgangspunkt verschiedener Methoden gebildet. Im Laufe der Zeit wurde diesen Annahmen in der qualitativen Forschung jedoch weniger Aufmerksamkeit geschenkt. Gegenwärtig nimmt das Interesse an konstruktivistischen Annahmen wieder zu (z. B. Flick 2007a, Kap. 7; T. Sutter 1997).

2. Was ist Konstruktivismus?

Unter der Bezeichnung ‹Konstruktivismus› werden Programme mit unterschiedlichen Ansatzpunkten subsumiert. Gemeinsam ist allen konstruktivistischen Ansätzen, dass sie das Verhältnis zur Wirklichkeit problematisieren, indem sie konstruktive Prozesse beim Zugang zu dieser behandeln. Konstruktionsleistungen werden auf verschiedenen Ebenen angesiedelt:

1. In der Tradition von Jean Piaget (1937) werden Erkennen, Wahrnehmung der Welt und das Wissen über sie als Konstruktionen verstanden. Der radikale Konstruktivismus (Glasersfeld 1996; Schmidt 1987) führt diesen Gedanken dahin gehend fort, dass jede Form der Erkenntnis schon aufgrund der neurobiologischen Prozesse, die dabei involviert sind, nur zu den Bildern von der Welt und der Wirklichkeit, nicht jedoch zu beidem direkt Zugang habe. Luhmann (1990a) verbindet diese Überlegungen mit systemtheoretischen Perspektiven, um daraus eine Gesellschaftstheorie zu formulieren (1997).

2. Sozialer Konstruktivismus in der Tradition von Schütz (1971), Berger und Luckmann (1969) und Gergen (1985, 1999) fragt nach den sozialen (z. B. kulturellen oder historischen) Konventionalisierungen, die Wahrnehmung und Wissen im Alltag beeinflussen.

3. Konstruktivistische Wissen(schaft)ssoziologie in der Tradition von Fleck (1935) und aktuell in der als «Laborkonstruktivismus» (Knorr-Cetina 1984; Latour & Woolgar 1979) fortgeführten Forschung fragt danach, wie soziale, historische, lokale, pragmatische etc. Faktoren wissenschaftliche Erkenntnis so beeinflussen, dass wissenschaftliche Fakten als soziale Konstruktionen («lokale Erzeugungen») aufzufassen sind (vgl. zur Unterscheidung dieser «Spielarten» des Konstruktivismus auch Knorr-Cetina 1989).

Konstruktivismus ist kein einheitliches Programm, sondern entwickelt sich parallel in verschiedenen Disziplinen: Psychologie, Soziologie, Philosophie, Neurobiologie, Psychiatrie und Informatik. Von den drei angesprochenen Richtungen sollen im Folgenden die ersten beiden kurz in den für qualitative Forschung relevanten Aspekten behandelt werden. Das empirische Programm des (Labor)-Konstruktivismus wurde bislang noch nicht auf qualitative Forschung angewendet. Im Folgenden ist der Gedanke leitend, dass der Konstruktivismus damit beschäftigt ist, wie Wissen entsteht, welcher Wissensbegriff angemessen ist und welche Kriterien zur Bewertung von Wissen herangezogen werden können. Für qualitative Forschung ist dies in doppelter Hinsicht relevant, da sie wie jede Forschung Wissen produziert und dabei (häufig zumindest) an spezifischen Wissensformen empirisch ansetzt – z. B. biographisches, Experten- oder Alltagswissen.

3. Erkenntnistheoretische Annahmen zum Charakter sozialer Wirklichkeit

Schon Alfred Schütz (1971, S. 5) hat festgehalten, dass Tatsachen erst über ihre Bedeutungen und ihre Interpretationen relevant werden:

> «Genau genommen gibt es nirgends so etwas wie reine und einfache Tatsachen. Alle Tatsachen sind immer schon aus einem universellen Zusammenhang durch unsere Bewusstseinsabläufe ausgewählte Tatsachen. Somit sind sie immer interpretierte Tatsachen: entweder sind sie in künstlicher Abstraktion aus ihrem Zusammenhang gelöst, oder aber sie werden nur in ihrem partikulären Zusammenhang gesehen. Daher tragen in beiden Fällen die Tatsachen ihren interpretativen inneren und äußeren Horizont mit sich.»

Auf die Frage des Zugangs zu Realität, Welt und Tatsachen bezieht sich ein großer Teil der Kritik am Konstruktivismus, weshalb Mitterer aktuell (1999, S. 486) betont: «Kein Konstruktivismus vertritt die Meinung ‹Alles ist konstruiert›». Glasersfeld (1992, S. 30) unterstreicht: «Der Radikale Konstruktivismus leugnet *keineswegs* eine äußere Realität». Dagegen wird von den verschiedenen Konstruktivismen von Schütz bis Glasersfeld in Frage gestellt, dass die äußere Realität *unmittelbar* zugänglich sei – d. h. unabhängig von Wahrnehmungen und Begriffen, die wir verwenden und konstruieren. Wahrnehmung wird nicht als passiv-rezeptiver Abbildungsprozess, sondern als aktiv-konstruktiver Herstellungsprozess verstanden. Dies hat Konsequenzen für die Frage, ob eine Repräsentation (der Wirklichkeit, eines Prozesses oder Gegenstandes) auf ihre Richtigkeit hin am ‹Original› überprüft werden kann. Diese Form der Prüfbarkeit wird vom Konstruktivismus allerdings in Frage gestellt, da das Original nur über andere Vorstellungen (oder Konstruktionen) zugänglich ist. Deshalb können nur die verschiedenen Vorstellungen oder Konstruktionen miteinander verglichen werden. Für konstruktivistische Erkenntnistheorie und darauf basierende empirische Forschung werden Wissen und die enthaltenen Konstruktionen der relevante Zugang zu den Gegenständen, mit denen sie sich beschäftigen.

4. Konstruktion des Wissens

An drei zentralen Autoren lässt sich verdeutlichen, wie das Zustandekommen von Wissen und seine Funktion konstruktivistisch beschrieben wird.

1. Schütz (1971, S. 5) geht von folgender Prämisse aus: «Unser gesamtes Wissen von der Welt, sei es im wissenschaftlichen oder im alltäglichen Denken, enthält Konstruktionen, das heißt einen Verband von Abstraktionen, Generalisierungen, Formalisierungen und Idealisierungen, die der jeweiligen Stufe gedanklicher Organisation gemäß sind». Für Schütz wird jede Form des Wissens durch Selektion und Strukturierung konstruiert. Die einzelnen Formen unterscheiden sich nach dem Grad der Strukturierung und Idealisierung, der von ihren Funktionen – konkreter als Basis alltäglichen Handelns oder abstrakter als Modell in der wissenschaftlichen Theoriebildung – abhängt. Schütz benennt verschiedene Prozesse, denen gemeinsam ist, dass die Bildung des Wissens über die Welt nicht als reine Abbildung gegebener Fakten zu verstehen ist, sondern die Inhalte in einem aktiven Herstellungsprozess konstruiert werden.

2. Dieses Verständnis wird im radikalen Konstruktivismus weiterentwickelt, dessen «Kernthesen» Glasersfeld (1992, S. 30) formuliert:

«1. Was wir ‹Wissen› nennen, repräsentiert keineswegs eine Welt, die angeblich jenseits unseres Kontaktes mit ihr existiert. (…) (D)er Konstruktivismus führt ähnlich wie der Pragmatismus ein modifiziertes Konzept von Erkennen/Wissen ein. Danach bezieht sich Wissen auf die Art und Weise, wie wir unsere Erfahrungswelt organisieren.

2. Der Radikale Konstruktivismus leugnet *keineswegs* eine äußere Realität. (...)

3. Mit Berkeley stimmt der Radikale Konstruktivismus darin überein, dass es unvernünftig wäre, etwas die Existenz zu bescheinigen, was nicht oder nicht irgendwann wahrgenommen werden kann/könnte. (...)

4. Von Vico übernimmt der Radikale Konstruktivismus die grundlegende Idee, dass menschliches Wissen eine menschliche Konstruktion ist. (...)

5. Der Konstruktivismus gibt die Forderung auf, Erkenntnis sei ‹wahr›, insofern sie die objektive Wirklichkeit abbilde. Stattdessen wird lediglich verlangt, dass Wissen *viabel* sein muss, insofern es in die Erfahrungswelt des Wissenden *passen* soll (...).»

Wissen organisiert demnach Erfahrungen, die erst die Erkenntnis der Welt außerhalb des erkennenden Subjekts oder Organismus ermöglichen. Erfahrungen werden durch die Begriffe und Zusammenhänge, die das erkennende Subjekt konstruiert, strukturiert und verstanden. Ob das dabei entstehende Bild wahr oder richtig ist, lässt sich nicht beantworten. Jedoch lässt sich seine Qualität durch seine *Viabilität* bestimmen, das heißt, inwieweit das Bild oder Modell dem Subjekt ermöglicht, sich in der Welt zurechtzufinden und in ihr zu handeln. Dabei ist ein Ansatzpunkt die Frage, wie die «Konstruktion von Begriffen» (Glasersfeld 1996, S. 132 ff.) funktioniert.

3. Für den sozialen Konstruktionismus erhalten die sozialen Austauschprozesse bei der Entstehung von Wissen, insbesondere der verwendeten Begriffe, eine spezielle Bedeutung. In diesem Sinne formuliert Gergen (1994, S. 49 ff.) folgende «Annahmen für eine sozialkonstruktionistische Wissenschaft»:

«Die Begriffe, mit denen wir die Welt und uns selbst erklären, werden nicht von den angenommenen Gegenständen solcher Erklärungen diktiert (...). Die Begriffe und Formen, mittels deren wir ein Verständnis der Welt und von uns selbst erreichen, sind soziale Artefakte, Produkte historisch und kulturell situierter Austauschprozesse zwischen Menschen. (...). Inwieweit eine bestimmte Erklärung der Welt oder des Selbst über die Zeit aufrechterhalten wird, hängt nicht von der objektiven Validität der Erklärung, sondern von den Eventualitäten sozialer Prozesse ab. (...) Sprache leitet ihre Bedeutung in menschlichen Angelegenheiten aus der Art, in der sie in Beziehungsmustern funktioniert, ab. Die Bewertung vorhandener Diskursformen heißt Muster kulturellen Lebens zu bewerten; solche Bewertungen verschaffen anderen kulturellen Enklaven Gehör.»

Wissen wird in sozialen Austauschprozessen konstruiert, basiert auf der Rolle von Sprache in sozialen Beziehungen und hat vor allem soziale Funktionen. Die angesprochenen Eventualitäten sozialer Prozesse beeinflussen, was als gültige oder brauchbare Erklärung überdauert.

Entsprechend diesen drei konstruktivistischen Positionen läuft der Zugang zur Erfahrungswelt, d. h. der natürlichen und sozialen Umwelt, den Ereignissen und Aktivitäten darin, über die vom wahrnehmenden Subjekt konstruierten Begriffe und das daraus gebildete Wissen ab. Diese dienen dann zur Interpretation von Erfahrungen, d. h. Verstehen und Zuschreibung von Bedeutungen (vgl. Abb. 1).

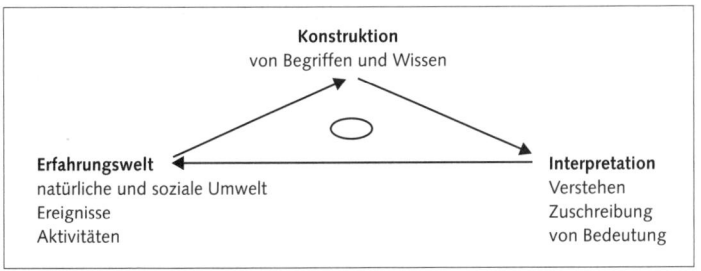

Abbildung 1:
Konstruktion und Interpretation als Zugänge zur Erfahrungswelt

Die Überlegungen des sozialen und radikalen Konstruktivismus beziehen sich auf Erkenntnis und Wissen generell, nicht (nur oder spezifisch) auf wissenschaftliche Erkenntnisse. Insbesondere für den radikalen Konstruktivismus steht eine Umsetzung der Grundgedanken in eine Konzeptualisierung empirischer Forschung noch aus (erste Ansatzpunkte liefert Schmidt 1998). Hier soll jedoch der Fokus auf die Bedeutung des Konstruktivismus für (speziell qualitative) Forschung gelegt werden. Zu klären ist das Verhältnis von Wissen und Forschung (5.) und die Beziehungen zwischen Erfahrungswelt und Konstruktionen, zwischen Konstruktionen und Interpretationen und zwischen Interpretation und Erfahrungswelt (6.).

5. Sozialwissenschaftliche Erkenntnis als soziale Konstruktion

Für die Sozialwissenschaften geht Schütz davon aus, dass ihre Erkenntnis am Alltagsverstand ansetzt: «Die gedanklichen Gegenstände, die von Sozialwissenschaftlern gebildet werden, beziehen und gründen sich auf gedankliche Gegenstände, die im Verständnis des im Alltag unter seinen Mitmenschen lebenden Menschen gebildet werden» (1971, S. 7). Sozialwissenschaftliches Wissen wird auf der Basis des vorfindlichen Alltagswissens entwickelt und über diesen Entwicklungsprozess sozial konstruiert. Zentraler Gedanke ist die Unterscheidung, die Schütz zwischen Konstruktionen ersten und zweiten Grades trifft: «Daher sind die Konstruktionen der Sozialwissenschaften sozusagen Konstruktionen zweiten Grades, das heißt Konstruktionen von Konstruktionen jener Handelnden im Sozialfeld». Entsprechend sieht Schütz als «erste Aufgabe der Methodologie der Sozialwissenschaften, die allgemeinen Prinzipien zu erforschen, nach denen der Mensch im Alltag seine Erfahrungen und insbesondere die der Sozialwelt ordnet» (1971, S. 68). Für Schütz werden Alltagserkenntnis und -wissen zur Basis, auf der der Sozialwissenschaftler eine in stärkerem Maß formalisierte und verallgemeinerte «Version der Welt» (Goodman 1978) entwickelt. Entsprechend nimmt Schütz (1971, S. 267 f.) «mannigfaltige Wirklichkeiten» an, von denen die Welt der Wissenschaft nur eine darstellt, die sich teilweise nach anderen Prinzipien organisiert als die Welt des Alltags. Sozialwissenschaftliche Forschung wird zu einer Forschung, die auf der Grundlage vorfindlicher Alltagskonstruktionen eine andere Version der Welt konstruiert. Ihre Ergebnisse, das Wissen und die objektivierten Bedeutungen, die sie liefert, sind soziale Konstruktionen im untersuchten Alltag und darauf aufbauend Konstruktionen in den wissenschaftlichen Analysen. Schütz' Überlegungen wurden von Berger und Luckmann (1969) für die Soziologie weiterentwickelt und haben in der Folge vor allem die Biographieforschung *(→ 3.6; → 3.7; → 5.11)* und die Entwicklung der Ethnomethodologie *(→ 2.3; → 3.2; → 5.17)* stark beeinflusst.

Wissenschaftliches Wissen als Text
Sozialwissenschaftliche Analysen benutzen für ihre Konstruktionen zunehmend das Medium des Textes: Daten werden als Texte (z. B. in Form von Interviews *→ 5.2*) erhoben, als solche bearbeitet und interpretiert *(→ 5.10–5.21)*. Schließlich werden auch die Erkenntnisse in Form von Texten dargestellt *(→ 5.22)*. Teilweise wird bereits im Gegenstandsverständnis der Text als Metapher oder als Begriff angewendet – von der «Welt als Text» generell (Garz & Kraimer 1994a) über die Stadt als Text (Darnton 1989), das Leben als Erzäh-

lung (Bruner 1990) bis zu Personen und Identitäten als Texte (Gergen 1988; Shotter & Gergen 1989). In eine ähnliche Richtung gehen die Vorstellungen, dass zwischen der Interpretation von Texten, Personen und Artefakten kein grundlegender Unterschied auf der Ebene der Verfahrensweisen besteht (Dennett 1991) oder dass kognitive Prozesse am ehesten über die Analyse von Diskursen (statt Erinnerung und Experiment) zu untersuchen sind (Edwards & Potter 1992; → 5.19). In all diesen Ansätzen werden die untersuchten Zusammenhänge und Handlungs- und Erfahrungsweisen in Texten vermutet oder an ihnen untersucht. Sozialwissenschaftliche Konstruktionen werden damit vielfach zu textuellen Konstruktionen, zum Teil verknüpft mit der Vorstellung, dass alltägliche Konstruktionen textuelle Konstruktionen seien. Dieser Ansatz ist vor allem im Kontext der Postmoderne-Diskussion verstärkt aufgegriffen worden und steht in Verbindung mit den neueren Entwicklungen des Symbolischen Interaktionismus *(→ 3.3)* und den Arbeiten Denzins *(→ 2.7; 5.7)*. Verfolgt man diesen Gedanken weiter, lässt sich fragen, welche Prozesse der Konstruktion (erster und zweiter Ordnung: Schütz) bzw. der Welterzeugung (Goodman) bei der Transformation von Handlungs- und Erfahrungsweisen in Texte oder zumindest textähnliche Konstruktionen ablaufen. Zur Beantwortung dieser Frage soll auf das Konzept der *Mimesis* (vgl. Gebauer & Wulf 1992) zurückgegriffen werden, das auch für eine mit Texten operierende Sozialwissenschaft Aufschlüsse bietet.

6. Mimesis und Welterzeugung in Texten

Mimesis beschäftigt sich mit der Darstellung von (ursprünglich, etwa bei Aristoteles: natürlichen) Welten in symbolischen Welten. Bei Blumenberg (1981) wird sie etwa als «Nachahmung der Natur» diskutiert. In der Kritischen Theorie bei Adorno und Horkheimer (1955) und Adorno (1966) wurde der Begriff als Gegenkonzept zur Rationalität des begrifflichen Denkens im Rahmen der zunehmend verwissenschaftlichten Weltsicht aufgegriffen (vgl. hierzu auch Wellmer 1985). Aktuell ist ein zunehmendes Interesse an einem breiteren Verständnis von Mimesis zu verzeichnen: «Mimesis kann deshalb in einem umfassenden Sinne als Darstellung gelten» (Reck 1991, S. 65). Als Beispiel wird häufig die Darstellung von natürlichen oder sozialen Zusammenhängen in literarischen oder dramatischen Texten bzw. auf der Bühne diskutiert: Demnach «ist Mimesis Kennzeichnung der Produktion einer symbolischen Welt, die praktische und theoretische Bestandteile einbezieht» (Gebauer & Wulf 1992, S. 11). Das aktuelle Interesse richtet sich auf dieses Konzept auch jenseits von Literatur und Theater. Die Diskussion thematisiert Mimesis als allgemeines Prinzip, mit dem sich das Verstehen von Welt und Texten skizzieren lässt: «In mimetischen Prozessen gleicht sich der Mensch der Welt an. Mimesis ermöglicht es dem Menschen, aus sich herauszutreten, die Außenwelt in die Innenwelt hineinzuholen und die Innenwelt auszudrücken. Sie stellt eine sonst nicht erreichbare Nähe zu den Objekten her und ist daher auch eine notwendige Bedingung von Verstehen» (S. 11).

Bei der Anwendung dieser Überlegungen auf die Herstellung und Funktion von Sozialwissenschaft und ihren Texten lassen sich mimetische Anteile an folgenden Stellen identifizieren: bei der Umsetzung von Erfahrungen in Erzählungen, Berichte etc. durch die Untersuchten[1], bei der Konstruktion von Texten auf dieser Basis seitens der Forscher, bei deren Interpretation solcher Konstruktionen und schließlich beim Rückfluss solcher Interpretationen in alltägliche Zusammenhänge. Mit diesem Rückfluss von Wissenschaft in den Alltag beschäftigen sich ausführlicher die Theorie der sozialen Repräsentationen (Moscovici 1984) oder auch Matthes (1985). Das heißt, dass Sozialwissenschaft mit ihren Ergebnissen – sofern sie als Einzelergebnisse auch die Aufmerksamkeit einer breiteren Öffentlichkeit auf sich ziehen können, insgesamt jedoch in jedem Fall – die Welt, die sie untersuchen möchte, bereits mitbestimmt und mitkonstruiert hat (vgl. hierzu auch Gergen 1973). Damit fließen ihre Interpretationen und Verständnisweisen wieder zurück in die alltäglichen Erfahrungsweisen. Dass dabei diese Interpretationen nicht eins zu eins aufgenommen werden, sondern entsprechend den Rationalitäten des Alltags transformiert werden, haben Moscovici (1961) zur Rezeption der Psychoanalyse und die Verwendungsforschung (vgl. Beck & Bonß 1989; → 6.3) in unterschiedlichen Fallstudien gezeigt.

Mimesis als Prozess
Einen fruchtbaren Ansatzpunkt, um die mimetischen Transformationsprozesse bei der Produktion und Rezeption sozialwissenschaftlicher Texte nachzuzeichnen, bieten die Überlegungen von Ricœur (1981a, 1988). Er zerlegt den mimetischen Prozess «spielerisch, den-

noch allen Ernstes» in die drei Schritte Mimesis$_1$, Mimesis$_2$ und Mimesis$_3$:

> «Die Hermeneutik hingegen bemüht sich darum, den gesamten Bogen der Vorgänge zu rekonstruieren, durch die aus der praktischen Erfahrung Werke, Autoren und Leser hervorgehen. Am Schluss der Analyse wird sich als Folge ergeben, dass der Leser der Agierende im besonderen Sinne ist, der durch seine Tätigkeit – das Lesen – die Einheit des Weges von der Mimesis$_1$ über Mimesis$_2$ zu Mimesis$_3$ auf seinen Schultern trägt» (Ricœur 1988, S. 88 f.).

Verstehen von Texten – und weitergedacht von sozialer Wirklichkeit – wird zu einem aktiven Prozess der Herstellung von Wirklichkeit, an dem nicht nur der Autor von Texten bzw. Versionen der Welt, sondern auch derjenige beteiligt ist, für den diese erstellt werden und der sie ‹liest› bzw. versteht. Mit Ricœur lassen sich die drei Formen von Mimesis wie folgt unterscheiden:

Die mimetische Transformation bei der ‹Verarbeitung› von Erfahrungen der sozialen oder natürlichen Umwelt in textuelle Konstruktionen – in Begriffe, Wissen oder Alltagserzählungen gegenüber anderen, in bestimmte Dokumente etc. bei der Herstellung von Texten zu Forschungszwecken – ist jeweils als Vorgang der Konstruktion zu verstehen. Nach Ricœur findet an dieser Stelle Mimesis$_2$ statt:

> «Dies ist der Bereich der Mimesis$_2$ zwischen dem Vorher und dem Nachher des Textes. Auf dieser Stufe könnte Mimesis als die Konfiguration von Handlung definiert werden. Diese Konfiguration wird beherrscht von einer Schematisierung, die historisch strukturiert ist in einer Tradition oder Traditionen, und wird in individuellen Werken zum Ausdruck gebracht, die in unterschiedlichen Beziehungen zu den Zwängen stehen, die von diesem Schematismus geschaffen werden» (Ricœur 1981a, S. 25).

Die mimetische Transformation solcher Texte in Verständnisweisen durch Interpretation findet in Prozessen des Alltagsverstehens von Erzählungen, Dokumenten, Büchern, Zeitungen etc. und der wissenschaftlichen Interpretation solcher Erzählungen, Forschungsdokumente oder Texte statt. Ricœur bezeichnet dies als Mimesis$_3$. Sie «bezeichnet die Schnittstelle zwischen der Welt des Textes und der Welt des Hörers oder Lesers» (1981a, S. 26).

Schließlich spielt beim Rückfluss solcher alltäglichen und/oder wissenschaftlichen Interpretationen in Handlungsweisen über Vorverständnisse menschlichen Handelns und sozialer oder natürlicher Ereignisse Mimesis₁ eine Rolle:

«Was immer der Status dieser Geschichten sein mag, die irgendwie der Erzählung, die wir ihnen geben mögen, vorgelagert sind, bezeugt schon unsere Verwendung des Wortes Geschichte (in diesem prä-narrativen Sinne verstanden) unser Vor-Verständnis, dass Handlung in dem Ausmaß menschlich ist, in dem es eine Lebensgeschichte charakterisiert, die erzählt zu werden verdient: Mimesis₁ ist jenes Vorverständnis dessen, was menschliches Handeln ausmacht, seiner Semantik, seiner Symbolik, seiner Zeitlichkeit. Aus diesem Vor-Verständnis, das Dichtern und ihren Lesern gemeinsam ist, entsteht Fiktion, und mit der Fiktion kommt die zweite Form der Mimesis, die textuell und literarisch ist» (Ricœur 1981a, S. 20).

Entsprechend dieser Sichtweise, die Ricœur für die Auseinandersetzung mit literarischen Texten formuliert hat, lassen sich mimetische Prozesse an folgenden Stellen im sozialwissenschaftlichen Verstehen als Wechselspiel von Konstruktion und Interpretation von Erfahrungen festmachen:

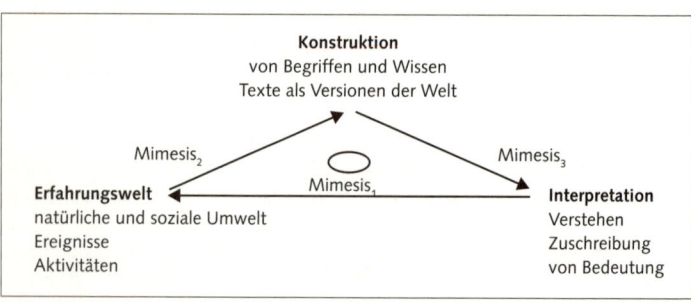

Abbildung 2: Prozess der Mimesis

Gebauer & Wulf (1992) verdeutlichen, dass Verstehen als konstruktiver Prozess unter Einbeziehung des Verstehenden sich auf Verstehen insgesamt in sozialwissenschaftlicher Forschung erstreckt. Dabei greifen sie auf Goodmans (1978) Theorie von verschiedenen Weisen der Welterzeugung und den daraus resultierenden Versionen der Welt als Ergebnis von Erkenntnis zurück: «Erkennen gleicher Muster ist eine Sache des Erfindens: Organisationsweisen ‹werden nicht in der Welt gefunden, sondern in die Welt eingebaut›» (Gebauer & Wulf 1992, S. 28). Gebauer und Wulf diskutieren Mimesis für

Erkenntnisprozesse allgemein. Ricœur entwickelt dieses Konzept für Verstehensprozesse in Bezug auf Literatur in einer Weise, die ohne die enge und strenge Vorstellung der Abbildung gegebener Wirklichkeit in Texte, ohne die entsprechende enge Auffassung von Wirklichkeit und Wahrheit auskommt: «In diesem Verständnis ist Mimesis unseren Begriffen der Referenz, des Wirklichen und der Wahrheit voraus» (1981a, S. 31). Dieses Verständnis von Mimesis kann den Prozess der sozialen Konstruktion von Wirklichkeit – in Wissen, in Texten und allgemein – weiter ausführen und die Konzeptionen des radikalen Konstruktivismus und des sozialen Konstruktionismus ergänzen.

7. Konstruktivismus und qualitative Forschung

In dieser Sichtweise lässt sich Mimesis für eine Verstehenskonzeption in den Sozialwissenschaften nutzen, die berücksichtigt, dass es sich beim zu Verstehenden auf verschiedenen Ebenen um etwas Konstruiertes und Dargestelltes handelt: Mimetische Prozesse lassen sich in der Verarbeitung von Erfahrungen in der Alltagspraxis ausmachen. Sie finden auch in Interviews und dadurch jeweils in der Konstruktion textualisierter und textualisierbarer, damit Sozialwissenschaft zugänglichen Versionen der Welt statt. Schließlich spielen sie eine Rolle in der Herstellung von Texten zu Forschungszwecken – z. B. Protokollen, Berichten oder Interpretationen.

Diese Vorstellung des mimetischen Prozesses lässt sich auf ein in der qualitativen Forschung verbreitetes Design (→ 4.1) anwenden – die Rekonstruktion von Lebensgeschichten bzw. Biographien (→ 3.6; → 3.7) in Interviews (→ 5.2). Dabei werden Erzählungen (→ 5.11) als die angemessene Darstellungsform biographischer Erfahrungen betrachtet. Ricœur (1981a, S. 20) vertritt die «These der narrativen oder prä-narrativen Qualität der Erfahrung». Hinsichtlich der mimetischen Beziehung zwischen Lebensgeschichten und Erzählungen verdeutlicht Bruner (1987, S. 12 f.),

«dass die Mimesis zwischen dem so genannten Leben und Erzählungen eine zweiseitige Sache ist: (...) Erzählungen imitieren Leben, Leben imitiert Erzählungen. ‹Leben› in diesem Sinne ist dieselbe Art der Konstruktion der menschlichen Phantasie, wie es ‹eine Erzählung› ist. Es wird von menschlichen Wesen durch aktive Rationalisierung konstruiert, durch dieselbe Art der Rationalisierung, durch die wir Erzählungen konstruieren. Wenn jemand sein Leben erzählt (…), handelt es sich dabei in jedem Falle eher um eine kognitive Leistung als um eine glasklare Schilderung von etwas eindeutig Gegebenem. Am Ende ist es eine narrative Leistung. Es gibt, psychologisch gesehen, nichts wie das ‹Leben an sich›. Zumindest handelt es sich um eine selektive Leistung der Erinnerung; darüber hinaus ist das eigene Leben zu erzählen eine interpretative Leistung.»

Damit wird die biographische Erzählung des eigenen Lebens nicht zu einer Abbildung faktischer Verläufe. Sie wird zu einer mimetischen Darstellung von Erfahrungen, die allgemeiner im Wissen und spezieller zu diesem Zweck – im Interview – in Form einer Erzählung konstruiert werden. Auf der anderen Seite liefert die Erzählung allgemein einen Rahmen, in dem Erfahrungen eingeordnet, dargestellt, bewertet etc. – kurz: in dem sie erlebt werden. Der Gegenstand, den qualitative Forschung (hier) untersucht, ist also bereits im Alltag in der Form, in der sie ihn untersuchen will, konstruiert und interpretiert. In der Situation des Interviews wird diese alltägliche Interpretations- und Konstruktionsweise genutzt, um diese Erfahrungen einer symbolischen Welt – der Wissenschaft und ihren Texten – zuzuführen. Die Erfahrungen werden dann von dieser Welt aus interpretiert.

Durch die Rekonstruktion des Lebens unter einer besonderen Fragestellung wird eine Version der jeweiligen Erfahrungen konstruiert und interpretiert. Inwieweit das Leben und die Erfahrungen in der berichteten Form tatsächlich stattgefunden haben, ist dabei nicht nachprüfbar. Jedoch lässt sich feststellen, welche Konstruktion das erzählende Subjekt von beidem präsentiert und auch welche Version in der Forschungssituation entsteht. Spätestens in der Darstellung der Ergebnisse dieser Rekonstruktion sollen diese Erfahrungen und die Welt, in der sie gemacht worden sind, in einer bestimmten Weise präsentiert und gesehen werden – etwa in Form einer (neuen) Theorie *(→ 2.1; → 5.13; → 6.6)* mit Geltungsansprüchen. Mimetische Prozesse erzeugen Versionen der Welt, die sich durch qualitative Forschung verstehen und interpretieren lassen. Ricœurs verschiedene Formen der Mimesis und Schütz' Unterscheidung alltäglicher und wissenschaftlicher Konstruktionen füllen den Rahmen weiter aus, den Goodman mit der Annahme der verschiedenen Versionen der Welt absteckt, die durch alltägliche, künstlerische und wissenschaftliche Konstruktionsweisen erzeugt werden.

Für qualitative Forschung werden konstruktivistische Annahmen für das Verständnis der erhobenen Daten – z. B. Biographien als Konstruktionen (vgl. hierzu auch Bude 1984) – relevant. Dabei stellt sich die Frage, ob es ihr gelingt, Zugang zu den Konstruktionen der Interviewpartner oder der Mitglieder eines Forschungsfeldes zu finden.

Wie sich am Beispiel der objektiven Hermeneutik *(→ 5.16)* zeigen ließe, werden konstruktivistische Annahmen weiterhin für die kritische Analyse des Vorgehens und der methodologischen Ansprüche (für eine Anwendung der hier skizzierten Mimesiskonzeption auf dieses Verfahren vgl. Flick 2000) oder im Sinne einer Weiterentwicklung relevant (für die Verbindung dieses Ansatzes oder der Konversationsanalyse *[→ 5.17]* mit dem Konstruktivismus im Sinne von Luhmann 1990a vgl. die Beiträge in T. Sutter 1997).

Genereller lässt sich im Sinne des wissenschaftssoziologischen Konstruktivismus die Frage stellen, welche Entscheidungsprozesse Teil des qualitativen Forschungsprozesses sind *(→ 4.1)* und wie sie den Erkenntnisprozess wie auch die erzielten Ergebnisse beeinflussen (vgl. hierzu Flick 1991a, 2007a).

Schließlich lassen sich konstruktivistische Annahmen als Ausgangspunkt für die Auseinandersetzung mit der Frage der Geltungsbegründung qualitativer Forschung nehmen (vgl. Steinke 1999; → 4.7) – insbesondere weil die Gültigkeit von Wissen und ihre Bestimmung gerade für den radikalen Konstruktivismus ein zentrales Problem darstellt, das unter dem Stichwort der Viabilität von Wissen, Modellen, Theorien oder Erkenntnissen abgehandelt wird (vgl. Glasersfeld 1996).[2]

Anmerkungen

1 Dabei wird dann das Verständnis von Mimesis, das Bruner in Rückgriff auf Aristoteles und Ricœur entwickelt, relevant: «Mimesis war das Einfangen des ‹Lebens in Aktion›, eine Ausarbeitung und Verbesserung dessen, was passiert war» (Bruner 1990, S. 46). «Mimesis ist eine Art Metapher der Realität (...) Sie bezieht sich auf Realität nicht, um sie zu kopieren, sondern um ihr eine neue Lesart zu geben» (Ricœur 1981b, zit. n. Bruner 1990, S. 46). Mimetische Prozesse lassen sich dann als Prinzip der alltagssprachlichen Darstellung von Handlungsweisen, Ereignissen und Situationen verstehen, durch das Letztere in eine kommunizierbare und verständliche Version ‹gebracht› werden – für das Subjekt selbst und für andere.

2 Viabilität meint, dass Wissen oder andere Konstruktionen sich am jeweiligen Verwendungkontext als brauchbar und haltbar (lebensfähig) erweisen müssen –

sie müssen passen und dem Individuum Handeln und Überleben in der jeweiligen Umwelt ermöglichen. Das heißt nicht, dass Konstruktionen wahr sein oder korrekte Abbildungen enthalten müssen – beides lässt sich nicht überprüfen, da sie nicht mit dem Original direkt verglichen werden können.

Weiterführende Literatur

Flick, U. (2007a). Qualitative Sozialforschung – Eine Einführung. Reinbek bei Hamburg: Rowohlt.

Gergen, K. J. (1994). Realities and Relationships. Soundings in Social Construction. Cambridge, Mass.: Harvard University Press.

Glasersfeld, E. v. (1996). Radikaler Konstruktivismus: Ideen, Ergebnisse, Probleme. Frankfurt a. M.: Suhrkamp.

Hans-Georg Soeffner
3.5 Sozialwissenschaftliche Hermeneutik

1. Phänomenologie des Verstehens
2. Besonderheiten sozialwissenschaftlichen Verstehens
3. Hermeneutik als selbstreflexives Unternehmen: die Relativität der Deutung und der Universalitätsanspruch der Hermeneutik
4. Probleme methodisch kontrollierten Verstehens – der konkrete Fall und der ‹ideale› Typus

Die Lehre vom interpretativen Vorgehen, die Hermeneutik, hat im Verlauf ihrer Geschichte Veränderungen durchgemacht, Erweiterungen erfahren und – als selbstreflexiver Erkenntnisstil – durch Kritik maßgeblich zur eigenen Veränderung beigetragen. In historisch-systematischer Hinsicht ist sie gebunden an das Prinzip der Schriftlichkeit, zunächst an die Aufzeichnung von Sprache (an Texte), im Weiteren aber – folgerichtig – an die Qualität des Aufgezeichnet-Seins von ‹Daten› (im weitesten Sinn) überhaupt, also an die Fixiertheit und damit tendenziell unendlich wiederholbare Abrufbarkeit (d. h. Diskursivität) von sowohl sprachlichen als auch nicht-sprachlichen Dokumenten: von menschlichen (Ent-)Äußerungen, Handlungen und Produktionen, von menschlichen Objektivationen jeder Art.

Ergänzt und verändert worden ist aber auch die generelle Fragestellung der Hermeneutik. Geht es traditionell ausschließlich um das ‹Was› des Verstehens, so geht es nun – gerade auch in den Verfahren, die sich unter dem Etikett einer sozialwissenschaftlichen Hermeneutik versammeln lassen – mehr und mehr um das ‹Wie›: um das Verstehen des Verstehens selbst, um Verfahren, ‹Regeln›, ‹Muster›, implizite Prämissen, sozialisatorisch vermittelte Aneignungs-, Unterweisungs- und Überlieferungsweisen des Deutens und Verstehens.

1. Phänomenologie des Verstehens

Verstehen können wir jenen Vorgang nennen, der einer Erfahrung Sinn verleiht. *Fremdverstehen* können wir jenen Vorgang nennen, bei dem wir einer Erfahrung den Sinn verleihen, dass sie sich auf ein Ereignis in der Welt bezieht, dem Alter Ego bereits einen Sinn verliehen hat.

Verstehen als Vorgang, der sich auf meine eigenen Bewusstseinsleistungen bezieht, liegt einerseits *logisch* dem Verstehen des Alter Ego zugrunde, andererseits ist Selbstverstehen *empirisch* ein Produkt dessen, was in der Tradition des Symbolischen Interaktionismus *(→ 3.3)* seit Charles H. Cooley (1902) als ‹Spiegelungsprozess› bezeichnet wird, also als eine Übertragung des Verstehens anderer auf mein Bewusstsein. Selbstverstehen ist prinzipiell kontinuierlich und vollständig möglich, denn Erlebnisse und Erfahrungen tragen zunächst keinen Sinn in sich. Vielmehr konstituiert das subjektive Bewusstsein Sinn dadurch, dass es die Erfahrung auf anderes bezieht. Dieser Akt der Sinnschöpfung beinhaltet im Wesentlichen das, was Verstehen als Selbstverstehen meint. Fremdverstehen hingegen, und das ist das für das Problem des Verstehens überhaupt Entscheidende, geschieht in *Auffassungsperspektiven*. Das heißt, Fremdverstehen ist nur diskontinuierlich und partiell möglich. Selbstverstehen ist ein prinzipiell unzweifelhafter Akt; Fremdverstehen ist ein prinzipiell zweifelhafter Akt.

Fremdverstehen basiert auf *meinen* Erlebnissen und Erfahrungen von Alter Ego. Jeder Sinn, den ich ihm unterstelle, kann abweichen von dem Sinn, den Alter Ego selber seinen Erfahrungen verleiht. Ich erfasse stets nur Fragmente seines tatsächlichen Erlebens. Und ich verstehe stets nur möglicherweise den von ihm subjektiv tatsächlich gemeinten Sinn. Das Bewusstsein von Alter Ego präsentiert sich mir über Anzeichen und über Zeichen. Diese weisen drei Sinnschichten auf (dazu auch Eberle 1984): (1) einen objektivierten, intersubjektiv gültigen Sinn; (2) einen subjektiven Sinn und (3) einen okkasionellen Sinn. Wenn ich Alter Ego verstehen will, dann muss ich – hypothetisch – seine subjektiven Motive auslegen und den objektiven, subjektiven und okkasionellen Sinn seiner ‹Bezeichnungen› rekonstruieren. Damit dürfte plausibel werden, dass Verstehen fremden Sinns nur näherungsweise gelingen kann.

Fraglos verfügt das Ego im Alltag nicht über ein Monopol zur Interpretation der Welt, sondern befindet sich empirisch immer schon in einer von anderen vorinterpretierten Welt. Alltäglich gilt die Unterstellung, dass die Standpunkte des einen und des anderen im Großen und Ganzen austauschbar sind, dass das, was für den einen relevant ist, auch relevant für den anderen wäre, wäre er an dessen Stelle, und dass es immer wieder und bis auf weiteres so ist und sein wird. Das heißt, alltäglich ist Fremdverstehen nicht an sich problematisch, sondern fraglose Routine. Während erkenntnistheoretisch das Problem des Fremdverstehens also darin besteht zu erklären, wie Letzteres überhaupt möglich ist, stellt es in der Alltagseinstellung eine ziemlich banale Bewusstseinsleistung dar: Es ist für Menschen «normalerweise» so normal, dass es gar nicht Gegenstand ihres alltäglichen Interesses wird.

Menschliches Verhalten, als beobachtbare Form menschlichen Handelns – sei es nichtsprachlicher oder sprachlicher Art –, ist von und für Menschen interpretierbar, weil es neben vielen anderen Eigenschaften immer die der (Proto-)Zeichenhaftigkeit aufweist. Von der Geste bis zum ‹signifikanten› Symbol, vom Anzeichen und Symptom bis zum konstruierten und eindeutig definierten mathematischen Zeichen, vom Körper und Gesichtsausdruck bis zur Kleidung, vom Natureindruck bis zum menschlichen Produkt ordnen wir uns und unserer Umwelt Zeichenqualitäten zu und konstituieren damit den menschlichen Interpretationshorizont (Wundt 1921; Mead 1934; Bühler 1965). Dabei korrespondieren den verschiedenen Zeichenarten und ihrer jeweils unterschiedlichen Semantik und Verknüpfungsform auch unterschiedliche Deutungsprozeduren (dazu auch Schütz & Luckmann 1984, S. 178–200).

Verstehen ist also alles andere als eine Erfindung der Geistes- und Sozialwissenschaften. Es geschieht zunächst auch nicht in einer besonderen theoretischen Einstellung, sondern es ist für Menschen ständig praktizierte Alltagsroutine. Das permanente Problem verstehender Wissenschaftler besteht deshalb darin zu plausibilisieren, was ihr Tun eigentlich zu einem wissenschaftlichen Unternehmen macht, obwohl es doch explizit auf einem ganz alltäglichen, allgemein menschlichen Vermögen basiert.

2. Besonderheiten sozialwissenschaftlichen Verstehens

Jeder Sozialwissenschaftler hat es, bevor er sich an Prognosen wagt, zunächst mit der Beschreibung und Analyse jener Konstruktionen zu tun, auf die sich das Handeln und Planen von Gesellschaftsmitgliedern in alltäglicher, pragmatischer Perspektive beziehen: der Konstruktionen ‹erster Ordnung› (Schütz 1971, S. 3–54) der alltäglichen, soziohistorisch verankerten Typen, Modelle, Routinen, Plausibilitäten, Wissensformen, Wissensbestände und (oft impliziten) Schlussverfahren. Das bedeutet vor allem, dass die Daten des Sozialwissenschaftlers, anders als die Daten des Naturwissenschaftlers, vorinterpretiert sind, dass seine Konstruktionen eben Konstruktionen von Konstruktionen sind. Der Sozialwissenschaftler entwirft Konstruktionen ‹zweiter Ordnung›. Diese sind kontrollierte, methodisch überprüfte und überprüfbare, verstehende Rekonstruktionen der Konstruktionen ‹erster Ordnung›.

Der wissenschaftliche Interpret macht zwar nichts prinzipiell anderes als das, was Menschen im Alltag auch tun: Er deutet Wahrnehmungen als Verweise auf einen ihnen zugrunde liegenden Sinn hin. Aber anders als der Alltagsmensch versucht der wissenschaftliche Interpret, sich über die Voraussetzungen und die Methoden seines Verstehens Klarheit zu verschaffen. Denn dadurch und nur dadurch wird Verstehen zu einer wissenschaftlichen Methode. Dadurch auch erst wird Verstehen systematisch lehr- und lernbar.

Zwischen den Konstruktionen ‹erster Ordnung› und ‹zweiter Ordnung› besteht somit eine logische Differenz (dazu auch Carnap 1928) und mehr als nur diese. Das Handeln, auf das sich die Rekonstruktionen beziehen, ist, wenn jene beginnen, längst vorüber, ein für alle Mal vergangen und nicht wiederholbar. Es muss – sofern es überhaupt der Interpretation zugänglich sein kann – in bestimmten ‹Daten› (Spuren) repräsentiert sein, und es ‹präsentiert› sich in den Daten als abgeschlossene Handlung. Da es ihm um überprüfbare,

d. h. intersubjektiv verstandesmäßig nachvollziehbare Rekonstruktionen geht, kann der Sozialwissenschaftler diese Handlungen letztlich weder kongenial nachvollziehen noch emphatisch in die Seelen und Gemüter, Gedanken und Empfindungen der (damals) Handelnden einziehen wollen: Er wird stattdessen ‹rekonstruktiv-hermeneutisch› Möglichkeitsmodelle der Handlungsabläufe *und* der Handelnden entwerfen.

Das Verstehen des Sozialwissenschaftlers geschieht also in einer besonderen, eben nicht alltäglichen Einstellung, die Schütz als theoretische Subsinnwelt bezeichnet. Dies ist eine Einstellung des prinzipiellen Zweifels an sozialen Selbstverständlichkeiten. Diese Einstellung ist dadurch geprägt, dass sie die Sorge um die eigene Existenz ausklammert und nur daran interessiert ist, die Wirklichkeit zu durchschauen, die ‹Wahrheit› (d. h. das Zustandekommen) der gesellschaftlichen Wirklichkeit zu erkennen. In dieser Einstellung gibt es keine sozialweltliche Präsenz, kein In-Situation-Sein, keine lebendigen Mitmenschen, sondern nur idealisierte Modelle sozialer Erscheinungen und vom Sozialwissenschaftler konstruierte künstliche Geschöpfe. Sozialwissenschaftliches Verstehen unterscheidet sich vom alltäglichen Verstehen also dadurch, dass die Interpretationsleistungen hier nicht unter Rückgriff auf den Alltagsverstand geschehen, sondern auf dem Rückgriff auf extensiv aktiviertes Wissen und auch auf einem Vorrat an professionellem Sonderwissen beruhen. Dieses Verstehen ist anders als das alltägliche nicht bezogen auf pragmatische Bedürfnisse des Lebensvollzugs, sondern auf das Relevanzsystem eines pragmatisch desinteressierten Beobachters (Schütz 1974, S. 313–340).

Sozialwissenschaftliches Verstehen zielt ab auf die Erkenntnis der Konstitutionsbedingungen für ‹Wirklichkeit›, auf die Entzauberung gesellschaftlicher Konstruktionen. Es soll Phänomene, die der Wissenschaftler in den Blick genommen hat, sinnentsprechend, problemadäquat und logisch konsistent rekonstruieren und es dadurch ermöglichen, sie – im Sinne Webers (1973a) – sowohl «sinnadäquat» zu verstehen als auch «kausaladäquat» zu erklären. Der praktische gesellschaftliche Nutzen dieses Unternehmens liegt darin, die Menschen auf die vom Alltagsverstand gemeinhin nicht thematisierten Umstände, Zusammenhänge und Regeln aufmerksam zu machen, in deren Rahmen sie ihr Leben vollziehen (dazu auch Luckmann 1980).

Sozialwissenschaftliches Verstehen ist somit notwendigerweise immer auch ein Verstehen des Verstehens, ein Verstehen ‹zweiter Ordnung›.

3. Hermeneutik als selbstreflexives Unternehmen: die Relativität der Deutung und der Universalitätsanspruch der Hermeneutik

Die Mehrzahl menschlicher Deutungsleistungen vollzieht sich, wie gesagt, keineswegs methodisch kontrolliert, sondern fraglos – und sozusagen beiläufig – vor dem Hintergrund eines impliziten Wissens um das, was ‹hier und jetzt› ist und getan werden muss. Zu diesem implizit Gewussten, immer schon Gedeuteten und in die Deutung von Handlungen Einbezogenen gehört das, was in der phänomenologisch orientierten Sozialphilosophie bzw. ‹Protosoziologie› als «alltägliche Lebenswelt» (Luckmann 1980, 1990) und in der Sozialforschung als «Milieu» (Grathoff 1989) oder «kleine soziale Lebenswelt» (z. B. Luckmann 1970; Hitzler & Honer 1984, 1988; → 3.8) bezeichnet wird: die konkrete Umgebung eines Menschen, die Gesamtheit dessen, was von ihm als auf ihn wirksam erlebt wird, ungeachtet der Frage nach dem, was ‹objektiv› auf ihn einwirkt (Gurwitsch 1977, S. 86).

Für eine Sozialwissenschaft der gesellschaftlichen Orientierungs-, Handlungs-, Produktions- und Wissensformen gilt dabei ebenso wie für die phänomenologisch orientierte Philosophie (→ 3.1), dass ‹Umwelt› ein Begriff ist, «der ausschließlich in der geistigen Sphäre seine Stelle hat» (Husserl 1969, S. 317), d. h. ein Begriff, der die spezifisch menschlichen, zeichen- und symbolhaft organisierten Wahrnehmungs-, Deutungs- und Handlungsformen repräsentiert, ‹hinter› die zumindest Menschen nicht zurückgreifen können. Dementsprechend ist es ein Unding, umweltliche Natur oder ‹unbeseelte› Umwelt als in sich Geistesfremdes zu begreifen und so die Geistes- und Gesellschaftswissenschaften «durch Naturwissenschaft (…) unterbauen und so vermeintlich exakt» (Husserl 1969, S. 317) machen zu wollen.

Menschliche Umwelt, Lebenswelt, lässt sich dementsprechend weder nach einem Modell von ‹außen/innen› oder ‹Subjekt/Objekt› noch mit Hilfe räumlicher Abmessungen und territorialer Verteilungen beschreiben. Sie ist für uns kein Gegenüber, weder Käfig noch unbegrenzter Raum, sondern Wahrnehmungs-, Orientierungs- und Handlungshorizont. Sie bewegt sich mit uns, wenn wir uns bewegen, sie verändert uns – unser Handeln –, wenn wir sie verändern. Sie existiert nicht ohne uns, und wir existieren nicht ohne sie. Aber wir *sind* nicht unsere Umwelt, wir *haben* sie. Unser Verhältnis zu ihr und zu uns ist – um mit Plessner (1970) zu sprechen – bestimmt durch unsere «exzentrische Positionalität», durch den «doppeldeutigen Charakter» unserer Existenz (S. 41 f.), die zwei unterschiedliche und dennoch ineinander greifende Ordnungen repräsentiert. Empirische Milieuanalyse bzw. Lebensweltanalyse stellt somit den Versuch dar, die konkreten Orientierungs-, Handlungs- und Organisationsformen von Individuen in und mit ihrer Umwelt zu beschreiben und konkretes Handeln vor diesem Hintergrund zu interpretieren.

Deskriptionen von Milieus bzw. ‹kleinen Lebens-Welten› dokumentieren also – neben gesprochenen und transkribierten Texten – die Modi der Orientierung eines Menschen im Raum, in der konkreten Umgebung, in der gelebten Zeit, gegenüber der eigenen Leiblichkeit und gegenüber anderen Personen: Sie dokumentieren damit die weitgehend nichtsprachliche Produktion und Reproduktion eines sozialen Interaktionsgefüges, dessen Singularität in die kollektiven semantischen Typen der Sprache übersetzt und dabei immer schon auch gedeutet werden muss.[1] Zugleich damit entsteht aber auch das Grundproblem der Protokollierung und Deskription von Milieus und/oder Situationen: der Versprachlichung nichtsprachlicher Zusammenhänge.

Über der sinnlich wahrnehmbaren Welt baut sich darüber hinaus – diese ordnend, klassifizierend und deutend – eine eigene Welt kollektiver Zeichen und Symbole auf (Cassirer 1953; Langer 1965), sowohl in der Sprache als auch in Handlung und Orientierung (dazu Berger & Luckmann 1969, S. 89–138). Kleine Alltagswelten, Milieus und die in ihnen stattfindenden und sie gestaltenden Handlungen sind symbolhaft konstituiert: Leben in sozialer Ordnung und in Milieus als Bestandteilen dieser Ordnung bedeutet Leben in zeichenhaft organisierten Verweisungszusammenhängen und Symbolen. Insofern sind Milieu- und Sprachanalyse gleichermaßen Symbolanalyse, und insofern bestimmt auch erst der Symbolzusammenhang als Ganzer Formen und Typik menschlichen Handelns. Wissenschaft als Symbolanalyse (Soeffner 1991b) besteht demnach in dem Versuch der Rekonstruktion des symbolischen Gesamtzusammenhangs menschlicher Handlungs-, Orientierungs- und Wissensformen (materiale Beispiele dazu in Soeffner 1992).

Jenseits der (Sprach-)Texte und in der wissenschaftlichen Hermeneutik oft von ihnen überlagert, wird mit der Blickwendung auf Milieu bzw. alltägliche Lebenswelt zugleich der universale Auslegungsanspruch der Hermeneutik erkennbar: Für sie gibt es keine ‹materia nuda›, keine ‹brute facts›, keine ‹nackten Tatsachen›. Stattdessen wird jetzt das Problem der Abgrenzbarkeit von Texten und/oder Deutungsgegenständen sichtbar, mit anderen Worten: das Problem des Kontextes, der Einbettung des Sinnhorizonts von Deutendem, Deutung und Deutungsgegenständen (dazu auch Bühler 1965). Daraus folgt: (1) Als immer schon sich alltäglich vollziehender (und daher wissenschaftlich auch rekonstruierbarer und methodisierbarer), deutender menschlicher Zugriff auf Welt und die menschliche Existenz in ihr ist die Hermeneutik ihrem Anspruch nach *universal*; (2) wegen der Abhängigkeit des Deutenden, der Deutung und der Deutungsobjekte von ihrer jeweiligen Einbettung in Milieus, Geschichte, Geschichten und Deutungsgemeinschaften sind die jeweiligen ‹Resultate› hermeneutischer Auslegung jedoch *relativ*. Sie stehen in Relation zu einem je gegebenen soziohistorischen Sinnzusammenhang und erlangen in Bezug auf diesen ihre Geltung.

Diese Relativität hat nichts zu tun mit Beliebigkeit. Sie schließt – in der wissenschaftlichen Hermeneutik – kontrollierte Überprüfungsprozesse gerade nicht aus: Die Überprüfungen richten sich auf den – intersubjektiv plausibilisierbaren – Zusammenhang zwischen der Deutung und ihren spezifischen Randbedingungen. Dadurch, dass hier die prinzipielle Relativität und das konkret Relative bewusst in Rechnung gestellt werden, wird der Anspruch auf Intersubjektivität des Verfahrens und der Ergebnisse aufrechterhalten und durchgesetzt: Beliebigkeit wird ausgeschlossen, indem Relativität und Intersubjektivität kontrolliert aufeinander bezogen werden.

Aus milieutheoretisch-lebensweltanalytischer Perspektive, die eine der historischen Perspektive vorgelagerte objektiv wirksame Sinnschicht subjektiver Orientierung sichtbar werden lässt, wird der gesamte Umkreis des Wahrnehmbaren durch die kulturellen Relevanzen eines Wahrnehmenden bestimmt. Die Annäherung an intersubjektiv nachvollziehbares Verstehen müsste dementsprechend Folgendes leisten (Scheler 1923; auch Srubar 1981):

1. das bewusste und kontrollierte Abstrahieren des Interpreten von den eigenen kulturellen Fraglosigkeiten und der eigenen historischen Perspektive (Reflexion der eigenen Vor-Urteile);

2. die Rekonstruktion (so weit wie möglich) der Struktur des ‹fremden› Milieus und der historischen Bindung eines überlieferten Dokumentes oder ‹records› und der ‹anderen› Lebenswelt seines Produzenten (das Fremde zum Sprechen bringen);

3. die Zuordnung der eigenen und der fremden Erfahrungsstruktur sowie der eigenen Deutung und des Deutungsgegenstandes zu einem wissenschaftlichen ‹universe of discourse› objektiv möglicher, d. h. intersubjektiv nachvollziehbarer Milieus, Kontexte und Bedeutungen (Verortung im Bedeutungsraum).

4. Probleme methodisch kontrollierten Verstehens – der konkrete Fall und der ‹ideale› Typus

Sozialwissenschaftliche Auslegung ist notwendigerweise exemplarische Arbeit am Fall. Sie vollzieht sich auf zwei Ebenen: (1) im Aufsuchen, Erproben und Absichern ihrer Interpretationsregeln und ihrer Verfahren; (2) in der Rekonstruktion einer Fallstruktur, in der sie Bedingungen und Konstitutionsregeln sozialer Erscheinungen und Gebilde in ihrer Konkretion, ihrer konkreten Wirksamkeit und Veränderbarkeit sichtbar macht. Dabei sollen einerseits der Fall in seiner Besonderheit und die Bedingungen seiner Individuierung sichtbar werden (exemplarisch Soeffner 1992, Kap. 1). Andererseits sollen diese Typik und Vergleichbarkeit aus der Analyse der Formen und Strukturen der Typenbildung und -veränderung entwickelt und ‹erklärt› werden.

Die Interpretation des Falls erhebt Anspruch auf Objektivität in zwei Richtungen: (1) im Hinblick auf die Überprüfbarkeit, d. h. Offenlegung der Auslegungsverfahren und des in sie eingehenden Vorwissens sowie – damit verbunden – auf die Überprüfungspflicht, die der Interpret sich und anderen wissenschaftlichen Interpreten auferlegt; (2) im Hinblick auf Richtung und Ziel des Verfahrens: auf die Analyse des sozial ‹objektiv› Wirksamen – auf die gesellschaftlichen Institutionen sowie deren historisch gültigen Sinn als Handlungsdeterminanten und auf die für den Handelnden möglicherweise verborgene, ‹latente› Sinnstruktur des Handelns (Oevermann et al. 1979).

Ziel der Analyse ist die verdichtende Rekonstruktion eines objektivierten Typus sozialen Handelns aus seinen konkreten, fallspezifischen Ausprägungen heraus. Dieser objektivierte Typus ist insofern ‹Idealtypus›, als er mit dem Zweck konstruiert wird, einerseits gegenüber der Empirie insofern systematisch Unrecht zu haben, als er das Besondere im Einzelfall nur unzulänglich wiedergibt, andererseits gerade dadurch dem Einzelfall zu seinem Recht zu verhelfen, dass er das historisch Besondere vor dem Hintergrund struktureller Allgemeinheit sichtbar abhebt (Weber 1973b, S. 190–202; dazu auch Schütz & Luckmann 1979, S. 277–290).

Die Rekonstruktion eines objektivierten Typus gesellschaftlichen Handelns baut sich auf von – jeweils extensiven – Einzelfallanalysen über Fallvergleich, Deskription und Rekonstruktion fallübergreifender Muster bis hin zur Deskription und Rekonstruktion fallübergreifender und zugleich fallgenerierender Strukturen. Der so rekonstruierte Typus enthält und veranschaulicht die strukturelle Differenz von evolutionär und historisch sich verändernden Strukturformationen einerseits und ihren konkret historisch-kulturspezifischen Ausdifferenzierungen andererseits.[2]

Die Einzelfallanalysen dienen so der schrittweisen Entdeckung allgemeiner Strukturen sozialen Handelns, während der Einzelfall selbst als historisch-konkrete Antwort auf eine konkret-historische (Problem-)Situation und Strukturformation interpretiert wird: Mit den Einzelerscheinungen wird die Strukturentwicklung, mit den Einzelfallanalysen die Theorieentwicklung historisch fortgeschrieben.

Der Weg vom deutenden Verstehen zum ‹ursächlichen› Erklären des Ablaufs und der Wirkungen sozialen Handelns führt mithin über die Konstruktion eines *begrifflich reinen Typus* von dem oder den als Typus gedachten Handelnden und dem von ihnen subjektiv gemeinten Sinn (Weber 1972, S. 1–4), d. h. über eine Konstruktion ‹zweiter Ordnung› (Schütz 1971). Erst und nur im Reich der idealtypischen zweckrationalen Konstruktionen lässt sich entscheiden, wie ein Akteur im Falle ‹idealer Zweckrationalität› disponiert und gehandelt haben würde (Esser 1999). Erst mit Hilfe dieser idealtypischen Konstruktionen, die terminologisch, klassifikatorisch und heuristisch umso besser ihren Dienst leisten, je ‹weltfremder› sie sind, lassen sich Vergleiche mit dem dokumentierten Handeln anstellen. Erst dann ist es auch möglich, den ‹Abstand› zwischen dem Handeln in idealtypischer Zweckrationalität einerseits, dem dokumentierten Handeln andererseits dadurch ‹kausal› zu erklären, dass die Elemente benannt werden können, die sich im untersuchten Fall in die ‹reine Zweckrationalität› eingemischt und diese mit anderen Motiven durchsetzt haben.

Der konkrete Einzelfall wird also ausschließlich im Hinblick auf seinen Abstand vom und seine Differenz zum begrifflich ‹reinen› zweckrationalen Idealtypus kausal erklärt. Nicht durch diese kausale Erklärung der Differenz lässt sich der Einzelfall deutend verstehen, sondern umgekehrt: Durch deutendes Verstehen sozialen Handelns gelangt man zur Konstruktion von Idealtypen, die ihrerseits den Einzelfall als solchen sichtbar machen und ihm zu seinem Recht verhelfen. Indem sie seine Differenz zum Idealtypus erklären, tragen sie dazu bei, ihn in seiner Singularität und Konkretion zu verstehen.

Verstehende Sozialwissenschaft in diesem Sinn ist die fortschreitende Rekonstruktion, das fortschreitende, den Einzelfall und damit die Menschen, ihre Ordnungen und ihre Geschichte ernst nehmende, deutende Verstehen sozialen Handelns. Die wissenschaftlichen Konstruktionen ‹zweiter Ordnung›, die historisch-genetischen Idealtypen, zielen auf ebendieses historische Verstehen des Einzelfalls und auf das Verstehen der Historie gleichermaßen.

Anmerkungen

[1] Mit deutlichem Zeitabstand gegenüber den einschlägigen Forschungsaktivitäten in den USA entwickelt sich seit den 80er Jahren auch im deutschsprachigen Raum eine Alltagsethnographie im hier gemeinten Verständnis *(→ 3.8)*. Beispielhaft sei hier verwiesen auf Studien zum bäuerlichen Milieu (Hildenbrand 1983), zur kleinen Lebens-Welt des Bodybuilders (Honer 1985a) und des Wünschelrutengängers (Knoblauch 1992), zur Laborsituation (Knorr-Cetina 1984, 1988), zur Kultur des Punk (Lau 1992), zur Polizeiarbeit (Reichertz 1991a) und zur Spendenpraxis (Voß 1992). – Siehe auch die materialen Beiträge in Soeffner (1988).

[2] Als ‹berühmtes› Beispiel seien hier die Krankenhaus-Studien von Barney Glaser und Anselm Strauss genannt, in deren Kontext die so genannte ‹grounded theory›, das Prinzip der schrittweise abstrahierenden Theoriebildung auf der Basis von Einzelfallanalysen, entwickelt worden ist (Glaser & Strauss 1965, 1967, 1968; Strauss 1991; *→ 5.13; → 2.1; → 6.6*).

Weiterführende Literatur

Hitzler, R. & Honer, A. (1997) (Hg.). Sozialwissenschaftliche Hermeneutik. Opladen: Leske & Budrich.

Humboldt, W. v. (1836/1999). Über die Verschiedenheit des menschlichen Sprachbaues und ihren Einfluss auf die geistige Entwicklung des Menschengeschlechts.
Opladen: Leske & Budrich.

Soeffner, H.-G. (1989). Auslegung des Alltags – Der Alltag der Auslegung. Frankfurt a. M.: Suhrkamp.

Winfried Marotzki
3.6 Qualitative Biographieforschung

---

1. Biographie und Bildungsgeschichte im gesellschaftlichen Wandel
2. Prozesse der Bedeutungs- und Sinnerzeugung
3. Prozesse der Selbst- und Welterzeugung
4. Schlussbemerkung

---

1. Biographie und Bildungsgeschichte im gesellschaftlichen Wandel

Die Fragen, wie Menschen lernen und was Bildung bedeutet, ist jeweils in Abhängigkeit von der *geistigen Situation der Zeit* zu durch-
denken. Die Signatur gegenwärtiger Gesellschaftsentwicklung ist
wesentlich durch die rasante Einführung neuer Informationsverar-
beitungstechnologien geprägt. Nimmt man die Gebiete der Genfor-
schung und der Forschungen zur Künstlichen Intelligenz sowie die
durch sie öffentlich ausgelösten Diskussionen hinzu, dann stellt sich
die Frage nach dem Ort des Menschen innerhalb des Gesamtgefüges
gegenwärtiger soziotechnischer Systeme immer dringender. Wir werden genötigt, unser Verständnis vom Menschen neu zu durch-
denken, um Auskunft darüber geben zu können, was Lernen und
Bildung in hochkomplexen Gesellschaften bedeuten. Für die Bearbeitung dieser Frage ist es hilfreich, sich auf eine Forschungsrichtung zu beziehen, die sich in den Sozialwissenschaften wie auch in
der Erziehungswissenschaft in den letzten 15 bis 20 Jahren durchgesetzt hat: die Qualitative Biographieforschung (vgl. auch → *3.7*).
Menschliche Entwicklung wird aus der Perspektive dieser Forschungsrichtung als lebenslanger Lern- und Bildungsprozess zugänglich, sodass die Frage «Was kann man heute von einem Menschen wissen?» (Sartre 1977, S. 7) wesentlich über das Studium von

Lernmustern und Bildungsfiguren in lebensgeschichtlichen Horizonten bearbeitbar wird.

Wenngleich in der Tradition der Erziehungswissenschaft die Thematik der Biographie u. a. auch als Autobiographie eine Tradition aufweisen kann – man denke etwa an Wilhelm Diltheys einschlägige Überlegungen –, so stammen die eigentlichen Impulse zur Ausarbeitung eines Forschungsprogramms doch aus der Entwicklung des sog. Interpretativen oder Qualitativen Paradigmas (Hoffmann-Riem 1980) aus den Sozialwissenschaften. Damit ist neben eine überwiegend quantitativ ausgerichtete Bildungs- und Lebenslaufforschung (Leschinsky 1988) eine an den Standards qualitativer Sozialforschung orientierte Biographieforschung getreten (Marotzki 1995a; → 3.7).

Ihre Grundlagen werden durch Annahmen gebildet, die in so verschiedenen Richtungen wie Wissenssoziologie, Symbolischer Interaktionismus *(→ 3.3)*, Ethnotheorie, Ethnomethodologie *(→ 3.2)* und Konversationsanalyse *(→ 5.17)* ausgearbeitet worden sind. Eine zentrale methodologische Annahme besteht darin, gesellschaftliche Tatsachen über die Sinn- und Bedeutungszuschreibung der Handelnden zu erschließen. Hier gilt die «Prämisse von der Interaktionsbedingtheit individueller Bedeutungszuschreibungen» (Hoffmann-Riem 1980, S. 342), die insbesondere im Symbolischen Interaktionismus ausgearbeitet worden ist (Blumer 1969). Das Wechselspiel des einzelnen Menschen mit der Gesellschaft wird als interpretativer Prozess gesehen, der sich im Medium signifikanter Symbole (also z. B. Sprache) abspielt. Der Mensch lernt die Welt und sich grundsätzlich in interaktionsvermittelten und -gebundenen Deutungen kennen. Qualitative Biographieforschung akzeptiert, dass die Biographie des Einzelnen immer auch als soziales Konstrukt zu begreifen ist, aber eben nicht nur. Der Schwerpunkt ihrer Betrachtung verlagert sich darauf, individuelle Formen der Verarbeitung gesellschaftlicher und milieuspezifischer Erfahrung zu studieren. Individuelle Formen können natürlich solche sein, die den Individuen sozialisatorisch angetragen werden und die sie übernehmen. Aber es muss sich nicht in jedem Fall um eine Übernahme handeln. Die individuelle Variation oder gar die Erzeugung neuer Strukturen der Erfahrungsverarbeitung ist als emergenter und teilweise auch kontingenter Prozess gerade nicht aus gesellschaftlichen Vorgaben ableitbar. Individualität und die Probleme von Emergenz und Kontingenz hängen zusammen.

Emergenz bedeutet in diesem Zusammenhang, dass die Entscheidungen des Menschen durch Umweltfaktoren nie ganz programmierbar sind. Biographische Entscheidungen, die immer das Element von Freiheit enthalten, sind nicht als ethischer Algorithmus rekonstruierbar. *Kontingenz* bedeutet die existenzielle Erfahrung des Endlichen und des Zufälligen, durch die der Mensch auf sich zurückgeworfen wird. Wenn eingangs gesagt wurde, dass die Frage, wie Menschen lernen, immer auch im zeitdiagnostischen Rahmen betrachtet werden muss, dann mag an dieser Stelle darauf verwiesen werden, dass Kontingenzsteigerung gerade ein Merkmal der Entwicklung moderner Gesellschaften darstellt. In diesem Sinne schreibt Peukert:

> «Was die Neuzeit kennzeichnet, ist selbst umstritten. Am wenigsten kontrovers mag die Behauptung sein, dass ihr eine radikalisierte Erfahrung der Endlichkeit und der Zufälligkeit alles Gegebenen zugrunde liegt: Es ist zufällig und endlich, also ‹kontingent› insofern, als es auch anders oder auch nicht sein könnte. Die Zufälligkeit des Faktischen wird nicht mehr durch eine intuitiv einsehbare Wesensordnung aufgefangen» (Peukert 1984, S. 130).

Demnach wird es immer schwieriger, *Normalbiographien* zu beschreiben oder vorherzusagen. Es wird immer fragwürdiger, diese oder jene Entwicklung als *normal* zu beschreiben und zu erwarten. Die Reaktions- und Verarbeitungsformen der Menschen sind vielgestaltig. Die gesteigerte Ausdifferenzierung gesellschaftlicher Sinnwelten geht einher mit einer sich weiter ausbildenden Vielfältigkeit individueller Lebensführung und Werthaltung. Suchbewegungen und experimentelle Formen der Existenz scheinen für viele Menschen nicht nur auf Krisensituationen ihres Lebens begrenzt zu sein, sondern zur permanenten Vollzugsform des Daseins zu werden. Mit anderen Worten: Die Frage nach subjektiven Sinngehalten impliziert, dass damit noch etwas anderes gemeint ist als nur das, was an gesellschaftlichen Sinnvorgaben dem Einzelnen angeboten wird. Subjektivität wird in dieser Perspektive nicht nur als bloßes Resultat gesellschaftlicher Intersubjektivität verstanden, sondern auch als deren Bedingung. Qualitative Biographieforschung erhält ihre Chance gerade dadurch, dass sie sich der Komplexität des Einzelfalls stellt. Zwei Aspekte werden im Folgenden besonders herausgearbeitet, die für die Konstitution von Biographien entscheidend sind: Prozesse der Bedeutungs- und Sinnherstellung und Prozesse der Erzeugung von Selbst- und Weltbildern.

2. Prozesse der Bedeutungs- und Sinnerzeugung

Wilhelm Dilthey (1852–1911) hat mit seiner Grundlegung der Geisteswissenschaften ein Verständnis des menschlichen Lebenslaufs eröffnet, das in der bisherigen Rezeption in systematischer Weise kaum genutzt worden ist. Er opponiert gegen mechanistische, technokratische und reduktionistische Auffassungen vom Menschen und entwirft, ausgehend von der bekannt gewordenen Parole «Die Natur erklären wir, den Menschen verstehen wir», ein Konzept, das es erlauben soll, den Menschen durch seine Manifestationen zu verstehen. Unter menschlichen Manifestationen versteht er sowohl künstlerische Produktionen als auch jegliche Art ordnenden Tuns und Verhaltens in gesellschaftlich-sozialen Kontexten. Für ein solches Verstehenskonzept sieht er den methodischen Ansatzpunkt in der inneren Erfahrung, in der uns die Realität gegeben ist. Verstehen ist für ihn eng an die Tradition der Hermeneutik gebunden, die sich mit der Auslegung von Texten und Kommunikationssituationen beschäftigt. Methodisch gesehen sind menschliche Objektivationen und Manifestationen im weitesten Sinn als *Text* aufzufassen (vgl. Blankertz 1982, S. 219), den es im Verstehensprozess auszulegen gilt.

Für Dilthey besteht die Aufgabe der Geisteswissenschaften darin, gesellschaftlich aufeinander bezogene individuelle *Lebenseinheiten* zu verstehen, d. h. «nachzuerleben und denkend zu erfassen» (Dilthey V, 1982, S. 340). Solche Lebenseinheiten beschreibt er zunächst als Einzelpersonen und als deren Ausdrucksformen, Worte und Handlungen. Diese Einzelindividuen werden jedoch nicht als isolierte, atomisierte Subjekte, sondern, wie wir heute sagen würden: als sozialisatorisch vermittelte verstanden; das heißt, dass sie in soziale Einheiten wie Familien, Gruppen, Gesellschaft, Menschheit eingebettet sind. Einerseits werden sie durch diese in einer bestimmten historischen Situation geprägt; andererseits prägen die Individuen diese in mehr oder minder großem Ausmaß. Kein Begriff, sagt Dilthey, erschöpfe den Gehalt dieser individuellen Einheiten:

> «vielmehr kann die Mannigfaltigkeit des anschaulich in ihnen Gegebenen nur erlebt, verstanden und beschrieben werden. Und auch ihre Verwebung im geschichtlichen Verlaufe ist ein Singuläres und für das Denken unausschöpfbar» (V, 1982, S. 341).

Begriffliches Denken ist also, folgen wir dem Dilthey'schen Gedanken, nur bedingt dazu in der Lage, Menschen in ihrem individuellen

Gewordensein zu verstehen. Es ist ein *notwendiges* Element des Verstehensprozesses, aber noch kein *hinreichendes*.

Sinnbildung als Herstellung von Zusammenhängen
Sinn wird für Dilthey mit Hilfe des Mechanismus der Zusammenhangsbildung hervorgebracht. Die Kategorie des Zusammenhanges ist für ihn eine zentrale *Kategorie des Lebens:*

> «Der Lebensverlauf besteht aus Teilen, besteht aus Erlebnissen, die in einem inneren Zusammenhang miteinander stehen. Jedes einzelne Erlebnis ist auf ein Selbst bezogen, dessen Teil es ist; es ist durch die Struktur mit anderen Teilen zu einem Zusammenhang verbunden. In allem Geistigen finden wir Zusammenhang; so ist Zusammenhang eine Kategorie, die aus dem Leben entspringt. Wir fassen Zusammenhang auf vermöge der Einheit des Bewusstseins» (VII, 1968c, S. 195).

Die Zusammenhangsbildung ist bei Dilthey also eine Leistung des Bewusstseins, das Beziehungen zwischen Teilen und einem Ganzen beständig herstellt und in neuen biographischen Situationen überprüft bzw. modifiziert. Damit erweist sich die Lebensgeschichte als ein vom Subjekt hervorgebrachtes Konstrukt, das als eine Einheit die Fülle von Erfahrungen und Ereignissen des gelebten Lebens zu einem Zusammenhang organisiert. Die Herstellung eines solchen Zusammenhangs der Erlebnisse und Erfahrungen erfolgt über Akte der Bedeutungszuschreibung. Bedeutung wird von der Gegenwart aus vergangenen Ereignissen verliehen. Die Erinnerungen, die jemand von seinem Leben noch aktualisieren kann, sind jene, die ihm bedeutungsvoll in einem Gesamtzusammenhang erscheinen, durch die er sein Leben strukturiert. Nur wo solche vom Subjekt gestifteten Sinnzusammenhänge vorhanden sind, ist auch Entwicklung möglich (vgl. Dilthey V, 1982, S. 218).

Zusammenfassend ist also zu sagen, dass der Begriff *Biographisierung* jene Form der bedeutungsordnenden, sinnherstellenden Leistung des Subjekts in der Besinnung auf das eigene gelebte Leben bezeichnet. Eine sinnstiftende Biographisierung gelingt nur dann, wenn das Subjekt in der Lage ist, in retrospektiver Einstellung Zusammenhänge herzustellen, die es erlauben, Ereignisse und Erlebnisse in sie einzuordnen und Beziehungen untereinander wie auch zur Gesamtheit herzustellen. Auf diese Weise arbeiten wir ständig daran, unser Leben konsistent zu machen, Linien in das *Material unserer Vergangenheit* zu legen, die ordnen und Zusammenhänge stiften. Linien trennen, heben hervor, konturieren, zeigen Richtungen an. Sie stellen Bezugs- und Orientierungsmarkierungen dar. Gelingt es nicht, Linien in unsere Biographie zu bringen, dann sagen wir auch umgangssprachlich: «Ich bekomme das alles nicht mehr zusammen.» Wenn in dieser Weise das Linienlegen, die Zusammenhangsbildung misslingt, dann kann zu Recht von einer Krise, einer existenziellen Sinnkrise, gesprochen werden. Menschliche Entwürfe tragen die Signatur des Individuellen und sind nur bedingt verallgemeinerbar:

> «Jedes Leben hat einen eigenen Sinn. Er liegt in einem Bedeutungszusammenhang, in welchem jede erinnerbare Gegenwart einen Eigenwert besitzt, doch zugleich im Zusammenhang der Erinnerung eine Beziehung zu einem Sinn des Ganzen hat. Dieser Sinn des individuellen Daseins ist ganz singulär, dem Erkennen unauflösbar, und er repräsentiert doch in seiner Art, wie eine Monade von Leibniz, das geschichtliche Universum» (Dilthey VII, 1968c, S. 199).

Die *Perspektive der individuellen Sinn- und Bedeutungserzeugung* führt direkt zu dem Ansatz moderner Biographieforschung. Ein Verstehensansatz, der sich ausschließlich der Sphäre der sozialen Interaktion verpflichtet weiß, greift zu kurz. Die Subjektivitätsproblematik kann nicht durch die Intersubjektivitätsproblematik ersetzt werden. Das bedeutet keinesfalls, dass Intersubjektivität ausgeschlossen werden soll; es heißt vielmehr, dass Intersubjektivität eine notwendige, aber keine hinreichende Verstehensbedingung von Individualität darstellt. Dabei interessiert nicht nur die Frage nach den intersubjektiven Bedingungen von Subjektivität, sondern auch die nach den subjektiven Bedingungen von Intersubjektivität. Die konsequente Perspektive des Individuellen führt zur Kategorie der Biographie.

Dieser Ort moderner Biographieforschung lässt sich durch einige Überlegungen J. P. Sartres näher beleuchten. So hat er in seiner Marxismuskritik gefordert, die hermeneutische Aufmerksamkeit dem Einzelnen zuzuwenden. Der zeitgenössische Marxismus habe die Austreibung des Menschen aus dem Wissen betrieben. Dagegen setzt Sartre seine berühmte Definition: «Gegenstand des Existenzialismus ist – aufgrund des Versagens der Marxisten – der Einzelmensch im gesellschaftlichen Feld» (1964, S. 106). Sartre fordert, Individuen zu verstehen, indem deren Wirklichkeitsverarbeitungsformen studiert werden. Gegen eine wie auch immer geartete Abgeschlossenheit des

Wissens, gegen Eindeutigkeit im Sinnverstehen, setzt er auf prinzipielle Vielfältigkeit und Vieldimensionalität: «Man muss auf der Vieldeutigkeit der verflossenen Tatsachen bestehen» (1964, S. 100). Der Marxismus weise eine gewisse Blutarmut auf; er habe die Austreibung des Menschen aus dem Wissen betrieben. Die Wiedergewinnung eines Wissens über den Einzelmenschen ist Sartres Ziel. Deshalb wird für ihn konsequenterweise die *Biographie* zur Zentralkategorie. In hermeneutischer Absicht folgt er den Spuren des Individuums. In verschiedenen existenzialhermeneutisch angelegten extensiven Fallauslegungen (z. B. über Flaubert, Genet, Baudelaire) hat er – aus philosophischer Perspektive – den Weg einer modernen Biographieforschung, die sich als qualitative Auslegung von Einzelfällen versteht, vorgezeichnet.

Die Überlegungen zu Dilthey in diesem Abschnitt haben im Wesentlichen den Gedanken herausgearbeitet, dass für menschliche Existenz die Sinn- und Bedeutungsherstellung charakteristisch ist. Prozesse der Biographisierung stellen einen unmittelbaren Ausdruck dieser Dimensionen dar. Dadurch ist die eingangs referierte These des Interpretativen Paradigmas, dass der Mensch als interpretierendes, weltentwerfendes, Wirklichkeit erst erzeugendes Wesen gesehen wird, von einem bestimmten Gesichtswinkel aus beleuchtet worden. Sinn- und Bedeutungsproduktion stellen das kreative Zentrum menschlicher Existenz dar. Ein Verständnis von Lernen und Bildung kann davon nicht absehen, sondern erschließt sich vielmehr erst, wenn man Lern- und Bildungsprozesse als spezifische Arten von Selbst- und Weltinterpretation verstehen lernt. Dieser Gesichtspunkt soll jetzt im nächsten Argumentationsschritt vertieft werden.

3. Prozesse der Selbst- und Welterzeugung

Hier bietet es sich an, auf die wissenssoziologische Position von Alfred Schütz zurückzugreifen, die in der Tradition phänomenologisch orientierter Theoriebildung steht. Mit seinem Namen verbindet sich das Bemühen einer im Wesentlichen an Edmund Husserl anschließenden Fundierung der Sozialwissenschaften durch eine Klärung der Sinnkonstitutionsprozesse in der Lebenswelt *(→ 3.1; → 3.8)*. In Schütz' Werk werden Fragen bearbeitet, die darauf zielen zu klären, wie soziale Welt sinnhaft konstituiert wird und wie eine wissenschaftliche Erschließung solcher Prozesse der Sinnsetzung möglich ist. Schütz hat seinen Fragehorizont in der Auseinandersetzung mit Georg Simmel und vor allem Max Weber ausgearbeitet. Dabei bildet die Frage, wie man den subjektiven Sinn fremden Verhaltens verstehen kann, ein zentrales Motiv seines Denkens. Er geht davon aus, dass der Mensch verschiedene innere Haltungen gegenüber sich selbst und der Welt aufbauen kann. Es gibt eine Polymorphie solcher Zugänge. Diese sind aufeinander nicht reduzierbar. Der Mensch kann nicht aus einer einzelnen Form heraus verstanden werden (vgl. hierzu Srubar 1988, S. 49), sondern nur aus einem Ensemble vielfältiger Formen des Zugangs zu sich und der Welt. Das ist der harte Kern der Schütz'schen Position.

Seit 1928 beginnt Schütz mit den Vorarbeiten zu *Der sinnhafte Aufbau der sozialen Welt*, die im Jahre 1932 erscheint. In dieser Schrift setzt er Sinnkonstitution mit sozialem Handeln und dessen Sozialität in eine wesentliche Beziehung. Nach seiner Emigration in die USA arbeitet er ab 1939 an einer Synthese von Handlungs- und Lebenswelttheorie, die er als *pragmatische Lebenswelttheorie* bezeichnet. Zu deren Kennzeichnung verwendet er den Begriff *Kosmion*, der die symbolische Selbstinterpretation einer Gesellschaft bezeichnet. Indem der Mensch die Welt sinnhaft auslegt, macht er sie zu seiner Lebenswelt, zum Kosmion. In einem solchen Kosmion gibt es verschiedene Wirklichkeitsbereiche. Die Annahme der Vielfältigkeit von Wirklichkeitsebenen hat Schütz in seiner *Theorie der mannigfachen Sinnwelten* (vgl. 1971) ausgearbeitet, in der versucht wird, der inter- und intrakulturellen Vielfalt menschlicher Wirklichkeiten Geltung zu verschaffen. Die Anerkennung der lebensweltlichen Fundierung menschlichen Handelns führt ihn zu der Auffassung einer Pluralität finiter Sinnbereiche, die den umfassenden Horizont der von ihm so genannten Lebenswelt bezeichnen. Die Pluralisierung von Sinnbereichen entspricht einer Pluralisierung von Rationalitätsbereichen, denn für jeden Sinnbereich ist eine bestimmte Haltung gegenüber der Welt und sich selbst charakteristisch.

Es war William James, der in seinen *Principles of Psychology* (1890) darauf hinwies, dass solche Welten grundsätzlich subjektiv erzeugt werden. Schütz knüpft daran an, z. B. in seiner Arbeit *Don Quixote und das Problem der Realität*:

«Die ganze Unterscheidung zwischen real und irreal, die ganze Psychologie des Glaubens, des Unglaubens und Zweifels ist, immer nach William James, auf zwei psychische Tatsachen gegründet: 1. dass wir denselben Gegenstand auf verschiedene Art und Weise denken können; und 2. dass, wenn wir dies getan haben, wir die Wahl haben, welcher Ansicht wir uns anschließen und welche wir vernachlässigen wollen. Der Ursprung und Quellpunkt aller Realität, gleichgültig, ob sie absolut oder praktisch ist, ist daher subjektiv, sind wir selbst. Dementsprechend existieren eine ganze Reihe, wahrscheinlich eine unendliche Anzahl von verschiedenen Realitätsbereichen, jede mit ihrem eigenen speziellen und besonderen Erkenntnisstil, welche James ‹Subuniversa› nennt» (Schütz 1972, S. 102).

Die Palette möglicher Welten reicht von der Alltagswelt über die Welt der Wissenschaft bis zur Traum- und Phantasiewelt, die Wahnwelt der Psychose, die Welt des Rausches halluzinogener Drogen wie LSD; schließlich gehört auch – so würden wir heute hinzufügen – die ‹virtual reality›, in der sich mancher Computerfreak bewegt, dazu. Jede dieser Welten bildet einen eigenen Sinnhorizont und ist auf ihre eigene Weise real *(→ 3.8)*. In jedem Wirklichkeitsbereich gibt es Sinnmuster, die untereinander nicht kompatibel sein müssen. Wir haben jedoch die Fähigkeit, zwischen ihnen zu wechseln. Vielleicht ist es für Menschen konstitutiv, dass sie *Weltenwanderer* sind, dass sie sich in verschiedenen Welten aufhalten können, um dann in ihre Alltagswelt zurückkehren zu können. Die letztgenannte Fähigkeit ist ein zugleich notwendiges und sensibles Kriterium für Gemeinschaftsfähigkeit: Die Welt des Alltags ist der unhintergehbare Bezugsrahmen für solche Wanderungen. Das Wandern in andere Welten ist eine Abkehr vom täglichen Leben im Vertrauen darauf, dass man wieder dorthin zurückkehren werde. Die anderen Welten stellen die Selbstverständlichkeiten der Alltagswelt in Frage, bedrohen diese direkt oder indirekt und wirken deshalb häufig Angst auslösend. Gemeinschaften entwickeln deshalb Formen (Traditionen, Konventionen) für die Zulassung anderer Welten, für die In-Frage-Stellung des Alltags. Darüber hinausgehende Infragestellungen und Überschreitungen des Alltags erzeugen häufig eine Krise, die in der Regel zu spezifischen Biographisierungsprozessen führt:

«Wenn sein Leben [das des Menschen – W. M.] bzw. das, was ihm als Sinn seines Lebens gilt, bedroht erscheint, muss er sich fragen, ob denn das, was gerade noch so dringlich und wichtig schien, noch immer so dringlich und wichtig ist. Er unterzieht die bisher so selbstverständlich wirksamen Relevanzen einer ausdrücklichen Deutung in dem Licht, das die gegenwärtige

Krise auf sein bisheriges und das in Frage gestellte zukünftige Leben wirft. Was das Ergebnis dieser Deutung ist, ist eine andere Sache: die Relevanzen können je nachdem für nichtig oder doch immer noch für richtig befunden werden. Das Ergebnis seiner Überlegungen kann der Mensch als ein Memento mori für seinen weiteren Lebenslauf festhalten oder – vor allem dann, wenn sich die Krise verflüchtigt – so schnell als möglich wieder vergessen» (Schütz & Luckmann 1984, S. 175).

Der Mensch beginnt dann Fragen an sich und die Welt zu stellen. Es kann zu einer Umstrukturierung subjektiver Relevanzen und damit zu einer Transformation des Welt- und Selbstverhaltens kommen. Menschen sehen sich und ihre Welt dann anders. Genau diese Prozesse sind in der Biographieforschung von Interesse: Können wir im Einzelfall solche Wandlungen verstehen? Können wir Aussagen über Bedingungen und Folgen machen? Obwohl also der Welt des Alltags eine pragmatische Auszeichnung zukommt, sind die anderen Welten nicht abgedrängt; sie stellen eine innere Bereicherung dar. Der Einzelne verarmt, wenn er als Weltenwanderer sich nur in einer einzigen Welt einnistet. Denn Grenzüberschreitung bedeutet, dass das tägliche Leben seinen Realitätsakzent zugunsten eines anderen verliert. Auf der anderen Seite sieht sich der Mensch der Gefahr der Dissoziation ausgesetzt, wenn die Alltagswelt als archimedischer Punkt der Existenzorganisation außer Kraft gesetzt wird. Menschliches Leben ist aus dieser Sicht ein ständiger Prozess der Erzeugung und Aufrechterhaltung von Welten. Wir sind Weltenwanderer, Grenzgänger, Fremde und Heimkehrer. Fragilität von Identität ist die Signatur unserer Existenz.

Von der Schütz'schen Position aus lassen sich weitere Bezüge zu moderner Biographieforschung herstellen: Es geht gerade darum, eine große Vielzahl von Formen des Zugangs des Menschen zu sich und zur äußeren gesellschaftlichen Realität kennen zu lernen. Ein Wissen über eine breite Phänomenologie solcher Zugangsformen müsste zum Grundbestand sozialwissenschaftlichen Denkens gehören. Es darf als ein typisches Kennzeichen moderner Biographieforschung gelten, die Fragerichtung von dem *Was* und dem *Warum* auf das *Wie* gelenkt zu haben. Die Frage des *Wie* bezieht sich auf Vollzüge und Formen; man könnte sie als eine morphologische bezeichnen. Die Analyse der in Form von narrativen Interviews dokumentierten Biographisierungsprozesse dient der Absicht, solche Formen der Selbst- und Welthaltungen auszulegen. Resultat solcher Analy-

sen sind häufig mikrologisch genau beschriebene Muster der Ge-
staltgebung, die eine Morphologie, teilweise möchte man sagen:
eine Genealogie empirischer Bildungsfiguren darstellt. Die Biographieforschung in diesem Sinn beschäftigt sich mit dem Ausarbeiten von
Bildungsfiguren. Sie betreibt, was bei W. Benjamin und bei
Th. W. Adorno mikrologische Analyse (Marotzki 1997b) genannt
wird. Das Interesse an möglichen Formen der Welt- und Selbsthal-
tungen arbeitet mit der Prämisse, dass diese vom einzelnen Menschen in interaktiven Kontexten erzeugt werden, aus diesen aber
nicht ableitbar sind. Sinn- und Bedeutungserzeugung heißt vor allem, dass ein Selbst- und Weltverhalten des Menschen aufgebaut
wird. Welten sind nicht vorgegeben, sondern müssen handelnd,
kommunizierend und biographisierend erzeugt und aufrechterhalten werden. Wir entwerfen in Prozessen der Biographisierung ständig uns selbst und die Welt vom Blickwinkel einer bestimmten uns
eigenen Seinsweise. Es ist berechtigt, ein solches Selbst- und Weltverhalten mit dem Begriff der Bildung anzusprechen. Moderne Qualitative Biographieforschung (in erziehungswissenschaftlicher Absicht) interessiert sich somit für konkrete Bildungsfiguren, ihr
Entstehen und ihre Wandlungen (Marotzki 1997b).

4. Schlussbemerkung

In diesem Beitrag wurde der phänomenologische Bezug betont, weil
hier alltägliche Lebenswelt als Fundierungshorizont verstanden
wird. Es ist hier also nicht – wie etwa in der Tradition von Habermas – eine Entgegensetzung von Lebenswelt und System im Spiel. Es
geht deshalb auch nicht darum, systemische Überformungen der Lebenswelt aufzuspüren, um diese vor jenen zu schützen. Biographieforschung in der phänomenologischen Tradition (→ 3.1) ist also
nicht mit Betroffenheitslyrik oder einem neuen Subjektivismus
gleichzusetzen. Das muss betont werden, weil man nur so dem Vorwurf der Therapeutisierung von Lern- und Bildungsprozessen entgehen kann. Qualitative Biographieforschung, die auf Einzelfallaus-
legung setzt, kann sich in der Tradition mikrologischer Analyse
(Benjamin, Adorno) verstehen und sieht sich insofern nicht zwangsläufig im Gegensatz zu gesellschaftstheoretischen Ansätzen, wie ihr
gerne vorgehalten wird.

Am Beginn dieses Beitrags wurde nach dem Ort des Menschen

innerhalb des Szenarios soziotechnischer Systeme gefragt. Technische Systeme, vor allem neue Technologien, entlasten uns von Routinetätigkeiten. In der Regel werden diese durch technische Systeme schneller und zuverlässiger ausgeführt. Der Mensch könnte jetzt mit seinen kreativen, innovativen, expressiven Problemlösungsressourcen stärker zur Geltung kommen. Diese sind auch angesichts gesellschaftlicher Problemlagen stärker denn je gefragt. Um diese Potenziale zur Geltung kommen zu lassen, um sie zu entwickeln und sie zu fördern, bedarf es geeigneter Lern- und Bildungsszenarien. Die entscheidende Einsicht besteht darin, dass Problemlösungspotenziale nicht allein als kognitive Kapazität begriffen werden können. Es sind vor allem biographische Ressourcen, die im umfassenden Sinn Ordnungspotenziale darstellen. Sie zu explorieren ist eine der Hauptaufgaben Qualitativer Biographieforschung. Ihr geht es darum, neuartige Perspektiven und Sinnzusammenhänge auszutauschen, zu erfahren, wie unterschiedlich Menschen scheinbar eindeutige *facts* wahrnehmen, verarbeiten, welche Bedeutung sie ihnen zuschreiben. Dabei gibt es keine wahre und falsche Sichtweise von Dingen. Vielmehr wird die konkrete Erfahrungswelt der Menschen als eigenständiger Bedeutungs- und Sinnzusammenhang für Kreativitäts- und Problemlösungsprozesse systematisch berücksichtigt und aufgenommen. Darauf bezogene Flexibilität ist nicht zu gewinnen ohne eine Flexibilität der Welt- und Selbstreferenzen.

Weiterführende Literatur

Marotzki, W. (1995). Qualitative Bildungsforschung. In: König, E. & Zedler, P. (Hg.). Bilanz qualitativer Forschung. Band I: Grundlagen qualitativer Forschung. S. 99–134. Weinheim: Deutscher Studien Verlag.

Schütz, A. & Luckmann, Th. (1984). Strukturen der Lebenswelt. Bd. 2. Frankfurt a. M.: Suhrkamp.

Srubar, I. (1988). Kosmion. Die Genese der pragmatischen Lebenswelttheorie von Alfred Schütz und ihr anthropologischer Hintergrund. Frankfurt a. M.: Suhrkamp.

Heinz Bude
3.7 Qualitative Generationsforschung

1. Ein Ausdruck für die moderne Erfahrung der Verzeitlichung
2. Der Generations- im Unterschied zum Kohortenbegriff
3. Prinzipien der Rekonstruktion
4. Perspektiven der Forschung

Im Vergehen der Großgruppengesellschaft bietet sich heute der Generationsbegriff als einer der letzten Bezugspunkte für einen Wir-Begriff des Einzelnen an (Bude 1997). Nachdem «Klasse» und «Nation» als selbstverständliche Kollektivierungsgrößen nicht mehr ohne weiteres zur Verfügung stehen, zieht man die «Generation» als Kategorie sozialer Einbettung vor, die weder mit politischer Ideologie noch mit nationaler Geschichte belastet zu sein scheint. Die Erfahrungs- und Erinnerungsgemeinschaft einer Generation behauptet eine horizontale Identität der Weltauffassung und Weltbewältigung jenseits der vertikalen Solidaritäten von Herkunftsgefühlen und Assoziationsbereitschaften (Nora 1996). Was benachbarte Geburtsjahrgänge zu einer Generation macht, ist das Gefühl der gleichartigen Betroffenheit durch eine einzigartige geschichtliche und gesellschaftliche Situation. So begründen Ergänzungsreaktionen und Themenverschmelzungen in alltäglichen Unterhaltungen eine eigenartige Nähe ansonsten sich fremd gegenüberstehender Personen (dazu Bahrdt 1996). Im Horizont des auf diese Weise thematisch werdenden Generationszusammenhangs vergleicht man sein eigenes Leben mit dem der Gleichaltrigen, wodurch das Kontingenzerleben der Biographie einen Anker in kollektiven Erfahrungsbezügen findet. Man beurteilt die persönliche Lebensgeschichte im Blick auf die Lebensverläufe der Generationsgenossen: was man erwarten konnte, was Glück war und woran man gescheitert ist.

1. Ein Ausdruck für die moderne Erfahrung der Verzeitlichung

Die aktuelle Konjunktur des Generationsbegriffs in der gesellschaftlichen wie der soziologischen Selbstbeschreibung lässt freilich leicht darüber hinwegsehen, dass das Problem der Generationen die Soziologie seit ihrem Beginn beschäftigt hat und dass der Generationsbegriff zu den geschichtlichen Grundbegriffen der modernen Erfahrung der Verzeitlichung der Sozialverhältnisse gehört (siehe Koselleck 1978). Allerdings ist die methodische Verwendung des Begriffs vergleichsweise unterentwickelt. Über Fragen, wie sich Generationen bilden, wie sie zu identifizieren sind und welche sozialisierende Wirkung sie über die Lebenszeit ihrer Angehörigen entfalten, besteht trotz der klassischen Referenz auf den Aufsatz von Karl Mannheim (1964b) keine Einigkeit. Man unterstellt eine Strukturschwäche des Konzepts, das zwar eine Reformulierung abrufbarer Selbstverständnisse des Alltags erlaubt, aber keine kontrollierte Strukturierung anonymer Daten. Oder man greift auf methodisch griffigere Konzepte zurück, bei denen jedoch der wesentliche Aussagegehalt des Generationsbegriffs verloren geht. Es ist deshalb für die Begründung der interpretativen Generationsforschung nötig, einige begriffliche Festlegungen und methodische Klärungen vorzunehmen, damit man nicht immer wieder von vorn anfängt, wo man längst weitergehen könnte.

2. Der Generations- im Unterschied zum Kohortenbegriff

Die für das Verständnis des sozialen Wandels so wichtige Umstellung von Quer- auf Längsschnittbeschreibungen und die damit verbundene Einsicht, dass sich begründete Trendaussagen erst aus dem systematischen Vergleich der Lebenslagen und Lebensbilanzen verschiedener Geburtskohorten ergeben (dazu programmatisch Mayer 1990), hat unter der Hand zu einer Ersetzung des historischen Generationsbegriffs durch den chronologischen Kohortenbegriff geführt. Obwohl Kohorte nach Norman B. Ryders (1965) offener Definition ein Aggregat von Individuen meint, die ein gleiches Ereignis innerhalb eines gleichen Zeitraums erlebt haben, bezeichnet das Konzept in der Forschung üblicherweise eine Jahrgangsgruppe (zu Genese und Geltung des Kohortenbegriffs jetzt Sackmann 1998, S. 29–63). Doch Geburtskohorten bilden noch keine Generation, es kommt vielmehr auf die mögliche Bezugnahme auf ein gemeinsames Präge- und Wirkungserlebnis an, aus dem sich die Evidenz einer Gemeinsamkeit trotz des Unterschieds von Herkunft, Religion oder ethnischer Zugehörigkeit ergibt. Wo eine solche Evidenz fehlt, ist auch keine Generation vorhanden, selbst wenn die Geburtsjahre beieinander liegen. Wo aber dieses Gefühl der Partizipation an einem

gemeinsamen Empfinden und Reagieren vorliegt, kann sie durch
eine widersprechende Chronologie nicht widerlegt werden. Denn
Generationen sind kollektive Gebilde, die überhaupt erst eine sinnvolle Addition einzelner Jahrgangskohorten möglich machen. Man
fängt, wie Richard Alewyn (1929, S. 522) schon früh gesehen hat,
am verkehrten Ende an, wenn man die einzelnen Lebensläufe vergleicht und in einen Takt zu bringen versucht. Daraus entstehen anstatt Konstruktionen von Generationen nur Kataloge von Kohorten,
die stets zu viel an Begriffen versprechen und immer zu wenig über
gemeinsame Verhaltensformen und Deutungsmuster enthalten.

Es geht nicht darum, das von den Vertretern des Kohortenansat-
zes in der Demographie und daran anschließend in der Mobilitäts-
und Sozialisationsforschung ins Feld geführte Argument zu bestreiten, dass allein schon die Jahrgangsstärke (Easterlin 1980) oder die
Gelegenheitsstruktur, auf die Gruppen von Gleichaltrigen beim
Übergang vom Bildungs- ins Beschäftigungssystem treffen (Müller
1978), die objektiven Lebenschancen von Jahrgängen bestimmen;
nur braucht die konstituierte Generationslage einen sie konstituierenden Generationszusammenhang, der aus diversen Effekten eine
gesellschaftlich zuschreibungsfähige Einheit schafft. Hierin ist die
methodisch anspruchsvolle Implikation des Generationsbegriffs zu
sehen: dass er den Prozess der schrittweisen Ausprägung einer Generationsgestalt verständlich macht, die überhaupt erst den Rahmen
für die Aggregierung einzelner Geburtskohorten zum Gesamt der
Gleichaltrigen darstellt. Ohne dieses interpretative Element verliert
sich die Generationsforschung in ein beliebiges Unterscheiden und
Vergleichen, das am Phänomen der generationsmäßig sich erneuern-
den Gesellschaft vorbeigeht.

Denn im Generationsbegriff wird nicht die bloße Variation der
Lebensverhältnisse in der Gleichzeitigkeit des Ungleichzeitigen erfasst, sondern das stete Neueinsetzen tonangebender Formationen,
die einen neuartigen Zugang zum Gegebenen und neuartige Distan-
zierungen vom Überkommenen zum Ausdruck bringen. Der von ihnen selbst gewollte oder von anderen erwartete Akteurscharakter
von Generationen findet sich im Kohortenkonzept nicht wieder. Bei
aller nötigen Vorsicht vor einem entsprechenden Reduktionismus
darf man den Umstand nicht unterschlagen, dass das periodische
Auftreten von Generationen in den biologischen Gegebenheiten unseres befristeten Daseins fundiert ist. Aus dieser biologischen Fun-

dierung ist soziologisch nichts ableitbar; aber man verfehlt das Phänomen, wenn dieser Zusammenhang zwischen dem Faktum begrenzter Lebensdauer und den Projekten generationeller Selbstbehauptung nicht berücksichtigt wird. Es macht daher einen
entscheidenden Unterschied in der Herangehensweise, ob man die
sozialen Verschiebungen in der Abfolge der Kohorten oder die vita-
len Momente im Wechsel der Generationen im Blick hat.

Dabei ziehen Generations- und Kohortentheoretiker an einem
Strang, wenn es um die Abkehr von Stetigkeits- und Langsamkeits-
annahmen in der Betrachtung gesellschaftlicher Entwicklung geht.
Nicht gleitende Übergänge, sondern sprunghafte Mutationen kennzeichnen den modernen Sachverhalt der Generationen, wie er besonders in der politischen Geschichte des 20. Jahrhunderts vor Augen
tritt. Die Generation der Jugendbewegung am Anfang des Jahrhunderts, die Generation der politischen Jugend aus der Zwischen-
kriegszeit, die skeptische Generation der Nachkriegszeit oder die
Protestgeneration der Wohlfahrtsgesellschaft (Schelsky 1981) bezeichnen Kehrtwendungen und Neuanfänge im gesellschaftlichen
Selbstverständnis, die sich kaum auf eine Linie kollektiven Lernens
oder allmählicher Höherentwicklung bringen lassen. Besonders der
genealogische Begriff der Familiengeneration unterstellt Traditions-
anschlüsse, wo ein neuer Zugang zur akkumulierten Kultur gesucht
wird. Die Prozesse der von Generation zu Generation verlaufenden
Vererbung des Sozialstatus der Herkunftsfamilie sind im Übrigen zu
unterscheiden von den generationsmäßigen Schnitten in den kollektiven Haltungen, Leidenschaften und Erinnerungen. Generation ist
kein Fortschreibungs-, sondern ein Unterbrechungsbegriff (dazu be-
griffsgeschichtlich Riedel 1969).

3. Prinzipien der Rekonstruktion

Selbstbestimmung aus Differenzsetzung
Daraus folgt das erste Prinzip einer interpretativen Methode der
Generationsforschung: Generationen bestimmen sich aus der Differenz zu anderen Generationen. Man kann nicht sofort Auskunft darüber geben, welcher Generation man angehört, aber man kann ganz
sicher sagen, welcher Generation man sich auf keinen Fall zurech-
net. Nach dieser Form der Selbstbestimmung aus dem Unterschied
lassen sich spontane generationelle Attribuierungen sowohl hervor-

locken als auch rekonstruieren. Hier hilft wie immer die strukturalistische Doktrin des Relationismus weiter, der zufolge das Einzelne
seine Bestimmung erst aus seiner Beziehung zu einem anderen gewinnt. Die alltagssprachlichen Identifizierungsmuster können dann
auf öffentliche Formeln bezogen werden, um den eingelebten Bedeu-
tungshof einer Bezeichnung zu ermessen (siehe Bude 2000). So gibt
es z. B. den Ausdruck «89er-Generation» (Leggewie 1995), unter
dem sich eine Vielfalt von Deutungen und Zuordnungen verbergen,
die zuallererst auf ihren Sitz im Leben geprüft werden müssen, bevor sie für eine informierende Gesellschaftsbeschreibung verwendet
werden können.

Polare Einheit
Allerdings bildet eine Generation eine Problemeinheit und nicht eine
Einheit der Lösungen (Jäger 1977). Generationen reproduzieren sich
im äußeren wie im inneren Gegensatz. Nicht nur existieren immer
verschiedene Individualitätsmuster (zu diesem Ausdruck Popitz
1972, S. 15) innerhalb einer Generation, sondern es werden vor allem sich widersprechende Konsequenzen aus einer gemeinsam
durchlebten Situation gezogen. Aus diesem Grund unterscheidet
Mannheim (1964b) zwischen der deutungsbedürftigen «Generationslage», dem horizontbildenden «Generationszusammenhang» sowie den polarisierten «Generationseinheiten». In der Flakhelfer-Generation des deutschen Wiederaufbaus nach dem Zweiten Weltkrieg
(Bude 1987) beispielsweise steht einer dominanten stillen Fraktion
des «kommunikativen Beschweigens» (Lübbe 1983) eine einflussreiche kritische Fraktion des Einspruchs und der Abkehr gegenüber.
Die Polarität von Luhmann und Habermas oder von Walser und
Grass ist konstitutiv für die soziale und geistige Physiognomie dieser
Generation. Die systematische Berücksichtigung solcher polarer
Formen der Auseinandersetzung mit derselben gesellschaftlichen
und geschichtlichen Betroffenheit kann man als zweites methodisches Prinzip der Generationsforschung festhalten.

Avantgardistische und rezeptive Gruppen
Damit hängt ein drittes Prinzip der Rekonstruktion zusammen, was
das Zusammenspiel von avantgardistischen und rezeptiven Gruppen
in der Ausgestaltung des gemeinsamen Deutungshorizonts betrifft.
Es sind immer wenige, die für die Gesamtheit der Gleichaltrigen den

Takt vorgeben und die Stichworte prägen. So bestand der aktivier-
bare Kern der Bewegung von 1968 aus einer Masse von vielleicht
10 000 Leuten, die freilich für die Mehrheit der später so genannten
68er-Generation die Stimmung und den Stoff geliefert haben (siehe
Bude 1995, S. 40 f.). Man kann den Prozess der retrospektiven Ver-
mehrung der 68er-Generation über die 70er, 80er und 90er Jahre
verfolgen, was sich als ein paradoxer Zusammenhang von Erlebnis-
steigerung durch Erfahrungsverflüchtigung darstellt. Es tut immer
weniger zur Sache, an welchen Aktionen man wirklich beteiligt war,
im Vordergrund steht das Wir-Gefühl gemeinsamer Ursprünge und
geteilter Motive. Die generationelle Erzählgemeinschaft öffnet sich
für alternative Versionen und weiter zurückgreifende Geschichten
und bildet am Ende nur noch einen Resonanzraum für gleich gestimmte Assoziationen.

Führende, unterdrückte und umgelenkte Typen
Schließlich ändert sich das Passungsverhältnis von Biographie und
Geschichte mit den historischen Akzentverschiebungen im Generationszusammenhang. Von Julius Petersen (1926) stammt die Unterscheidung zwischen «führendem», «umgelenktem» und «unter-
drücktem Generationstyp», um die verschiedenen Formen der
Aufnahme und Ausprägung der konstituierenden Grundintentionen
und Formungstendenzen einer Generationsgestalt erfassbar zu machen (vgl. Mannheim 1964b, S. 559 ff.). Wo der «führende Generationstyp» die Gelegenheiten und Herausforderungen einer gesellschaftlichen und geschichtlichen Situation als Verwirklichung in ihm
angelegter Dispositionen und Tendenzen begreift, fühlt sich der
«umgelenkte Typ» aus einer gewissen existenziellen Unentschieden-
heit heraus zur Anschmiegung an dominierende Themen und Stile
veranlasst, wohingegen sich der «unterdrückte Typ» ins Abseits gestellt sieht, wo er entweder den Moden des Zeitgeistes nachgibt oder
sich als Einsamer seiner Zeit entgegenstellt. Wieder am Beispiel: Wie
sich 1989 die Gewichte zwischen den Heroen der Bürgerbewegung,
den Skeptikern aus der Systemopposition und dem «Volk» der Wende verteilten, lässt sich noch nicht sagen. Aber dass die Zeit «führender Generationstypen» wie Bärbel Bohley oder Sascha Anderson
abgelaufen ist, steht außer Frage. Es sind jetzt andere Formen der
Selbstdurchsetzung gefragt, an denen die Generationsgenossen ihre
Chancen erkennen und ihre Risiken ermessen können. So existiert

für Generationen die Erfahrung des historischen Augenblicks, wo zwischen Vorläufern, Pfadfindern, prägenden Leitfiguren, selbständigen Talenten ohne führende Bedeutung, abhängigen Mitläufern, Ausläufern und Modetalenten entschieden wird. Aber schon im nächsten Augenblick kann sich der «führende Typ» des Ursprungs als eine überzogene und verstiegene Figur voller Selbsttäuschungen und Fehlhaltungen entpuppen, und man erinnert sich der damals «unterdrückten Typen», die in ihrer Resistenz und in ihrem Eigensinn vorweggenommen haben, was in der Gegenwart gefordert ist. Das vierte methodische Prinzip der Generationsforschung bezieht sich auf diese sich wandelnden Verhältnisse zwischen Biographie und Geschichte, wodurch die Generation zu einer Realität ständiger Uminterpretation und Refigurationen wird. Jede Gesamtrekonstruktion muss sich deshalb ihrer eigenen Position in Bezug auf das Altern einer Generation bewusst werden, damit man nicht nur wiederholt, was gerade als primäres Erlebnis gilt.

Allerdings bleibt bei aller Reflexivität in der lebenslangen Selbstbildung einer Generation immer ein «aproblematischer Lebensfond» bestehen, dem sich das Gefühl schicksalhafter Verbundenheit bei den Gleichaltrigen verdankt. Es ist dieser Grund im Unreflexiven und Unverfügbaren, woraus sich die historisch-soziale Einheit einer Generation ergibt. Man berührt ihn, wenn man die Frage gefunden hat, auf die die rekonstruierte Generationsgestalt eine Antwort darstellt.

4. Perspektiven der Forschung

Gemessen an diesen interpretativen Prinzipien, ist die qualitative Generationsforschung in Deutschland wenig entwickelt. Die Vermischung von Kohorten- und Generationskonzept ist für das Wuchern methodisch unkontrollierter Generationsbezeichnungen verantwortlich, die sich mal an die Moden der Populärkultur (Diederichsen 1993), mal an die Verläufe der politischen Geschichte (Mohr 1992), mal an die Veränderungen des Lebenslaufregimes oder der Wertorientierungen von Jugendgenerationen (Jugendwerk der Deutschen Shell 1985) hängen. Dazu kommt die Dominanz eines mit solchen öffentlichen Thematisierungszyklen relativ unverbundenen genealogischen Konzepts in der Bestimmung einer Folge von Generationen der Vergangenheitsbewältigung, nach dem wir jetzt die

Dritte Generation der Enkel von den Opfern und Tätern des Nationalsozialismus erreicht haben (Kohlstruck 1997). Eine neue Generation, die ihren Anspruch auf die Definition der Wirklichkeit erhebt, ist nach diesen Forschungen nicht zu erkennen.

Man kann diese Lage als Ausdruck einer Modalität der historischen Zeit sehen, die eher müde Abwindungen als scharfe Differenzsetzung zwischen Jungen und Alten befördert. Aber womöglich erleben wir eine Phase grundlegender Veränderungen in den Bildungsprozessen und Entwicklungsdynamiken von Generationen. Nicht mehr Kriege und ihre Folgen, sondern der Wohlfahrtsstaat und seine Transformationen prägen die Lebenschancen und Lebensauffassungen benachbarter Geburtsjahrgänge (Leisering 1992). So entzünden sich heute an der Auslegung des «Generationenvertrags» in der Rentenversicherung politisch mobilisierbare Generationskonflikte (Stiftung für die Rechte zukünftiger Generationen 1998). Wie solche institutionell produzierten Generationsverhältnisse mit den Vorstellungen historischer Generationen zusammenhängen, ist zwar als Forschungsproblem erkannt (Kaufmann 1993), aber bisher weder begrifflich noch methodisch von der qualitativen Generationsforschung gelöst worden.

Weiterführende Literatur

Bude, H. (1995). Das Altern einer Generation – Die Jahrgänge 1938 bis 1948. Frankfurt a. M.: Suhrkamp (2. Aufl. 1997).

Doerry, M. (1986). Übergangsmenschen. Die Mentalität der Wilhelminer und die Krise des Kaiserreiches. 2 Bde. Weinheim, München: Juventa.

Elder Jr, G. H. (1974). Children of the Great Depression. Chicago: University of Chicago Press.

Anne Honer
3.8 Lebensweltanalyse in der Ethnographie

1. Native's point of view
2. Existenzielles Engagement
3. Rekonstruktion sozialer Konstruktionen

Wenn wir Erfahrungskorrelate anderer Menschen zum Gegenstand unseres wissenschaftlichen Interesses machen, wird das Problem methodologisch virulent, inwieweit und wie es gelingen kann, die Welt – annäherungsweise – mit den Augen dieser anderen Menschen zu sehen (vgl. Plessner 1983), das heißt, den – typisch gemeinten – subjektiven Sinn *ihrer* Erfahrungen zu rekonstruieren.

Alfred Schütz (1971, S. 160) vertraute ja darauf, dass der Wissenschaftler «in offensichtlicher Übereinstimmung mit ganz bestimmten Strukturgesetzen die jeweils gemäßen, idealen personalen Typen, mit denen er den zum Gegenstand seiner wissenschaftlichen Untersuchung ausgewählten Sektor der Sozialwelt bevölkert», konstruieren kann. Dies betrifft jedoch erst die theoretische *Reflexion* bereits analysierter Daten, keineswegs aber die *Gewinnung* von Daten. Die Datengewinnung erfordert vielmehr zunächst einmal den Einsatz von Methoden, deren Qualitätskriterium darin besteht, ob bzw. in welchem Maß sie geeignet sind, die Relevanzen des *anderen* aufzuspüren und zu rekonstruieren. Und die *Analyse* der Daten erfordert dann wiederum sorgsame, hermeneutisch reflektierte Interpretationsarbeit, um jenseits der Idiosynkrasien des anderen wie des Forschers (ideale) *Typen* von Welterfahrungen zu verstehen (vgl. Reichertz 1991a; Honer 1993, S. 89–116; → *3.5*; → *5.16*).

Der Rückgriff auf die Phänomenologie im Sinne von Alfred Schütz klärt im Kontext dieses Erkenntnisinteresses also vor allem den Wirklichkeitszugang des Sozialwissenschaftlers selber – eben im Sinne einer reflexiven Rekonstruktion von dessen eigenen Erfahrungsweisen und Bewusstseinsvorgängen in der – wie auch immer gearteten – Auseinandersetzung mit seinem jeweiligen (soziologischen) Forschungsgegenstand (→ *3.1*; vgl. Eberle 1999b; Hitzler 1999b).

Insgesamt lässt sich dieser Forschungsansatz somit als ‹ethnographische Lebensweltanalyse› bzw. als ‹Lebensweltanalyse in der Ethnographie› bezeichnen. Er dient der verstehenden Beschreibung von kleinen sozialen Lebenswelten, von sozial (mit-)organisierten Ausschnitten individueller Welterfahrungen, denn laut Thomas Luckmann (1989, S. 34) ist es «die vornehmliche Aufgabe der sozialwissenschaftlichen Methodologie, ‹Sinn› systematisch zu rekonstruieren» (vgl. dazu auch Honer 1999). Die so verstandene ethnographische Lebensweltanalyse ergänzt relativ problemlos (bestimmte) andere ethnographische Forschungsprogramme – z. B. das der ‹dichten Beschreibung› *(→ 2.6; → 5.5)*.

Vereinfacht gesagt bedeutet ‹dichte Beschreibung› als Forschungsprogramm, die Wissensstrukturen, die Deutungsschemata
untersuchter Kulturfelder oder auch nur von Partikeln untersuchter
Kulturfelder, die so etwas wie ein ‹Bedeutungsgewebe› mehr oder
weniger hierarchisch in sich geordneter ‹semantischer Felder› bilden,
zu entdecken und herauszuarbeiten und somit einen Zugang zur
Kultur, zum Wissensvorrat und zu den Habitualitäten der untersuchten Menschen zu gewinnen. ‹Dichte Beschreibung› zielt darauf
ab, ‹Erklärungen› (in einem kulturellen Bereich) im Verhältnis zum
Insgesamt dieses kulturellen Bereiches zu erklären.

1. Native's point of view

Mit diesem Programm hat der Ethnologe Clifford Geertz *(→ 2.6)* die
Verortung des im Folgenden skizzierten ethnographischen Interesses an den (kleinen) Kulturen moderner Gesellschaften in der ethnologischen Tradition wesentlich angeregt; vor allem weil er nachhaltig dafür plädiert, «the native's point of view» (1984b) zu
rekonstruieren – sozusagen mit allen verfügbaren Mitteln. Insofern
weist dieses Programm auch vielfältige Verbindungen auf zu jener
journalistischen Tradition, die exemplarisch in Robert E. Parks Methode des ‹nosing around› ihren ‹klassischen› Ausdruck findet (vgl.
Lindner 1990). Dergleichen reportageartige Studien (vgl. dazu auch
Hartmann 1988) sind in ihrer großen Mehrzahl nicht nur höchst un-
terhaltsam und lehrreich, sondern auch soziologisch außerordent-
lich fruchtbar. Gleichwohl erscheint klärungsbedürftig, was die solche Reportagen gemeinhin ‹garnierende› Behauptung, man
rekonstruiere dabei Ausschnitte sozusagen des Lebens, ‹wie es gelebt wird›, eigentlich forschungstechnisch für Konsequenzen zeitigt
bzw. zeitigen soll.

Im Unterschied zur Ethnographie fremder Völker muss der Ethnograph in der ‹eigenen› Gesellschaft sich der Fremdheit des Bekannten und Vertrauten durch eine artifizielle Einstellungsänderung
erst wieder bewusst werden *(→ 5.5)*. Er muss in nächster Nähe jene
‹Fremde› überhaupt entdecken, die der ethnologische Ethnograph
gemeinhin fast zwangsläufig ‹existenziell› erfährt, weil und indem
seine alltäglichen Routinen ‹im Feld› oft ziemlich brachial erschüt-
tert werden. Er muss sozusagen lernen, dass er nicht voraussetzen
darf, «dass seine Auslegung der neuen Kultur- und Zivilisationsmus-

ter mit derjenigen zusammenfällt, die unter den Mitgliedern der in-group gebräuchlich ist. Im Gegenteil, er muss mit fundamentalen Brüchen rechnen, wie man Dinge sieht und Situationen behandelt» (Schütz 1972, S. 63). Der soziologische Ethnograph muss, in absichtsvoller Abkehr von der fraglosen ‹Reziprozität der Perspektiven›, also stets damit rechnen, dass, ganz im Sinne von Pascal Bruckner und Alain Finkielkraut (1981), ‹das Abenteuer *gleich um die Ecke*› beginnt und dass ‹gleich um die Ecke› tatsächlich das *Abenteuer* beginnt (vgl. Knoblauch 1991a, 1995; Hirschauer & Amann 1997).

Durch den ‹fremden Blick› auf das je interessierende Phänomen erst versetzt sich der soziologische Ethnograph in die Lage, sein eigenes, fragloses (Hintergrund-)Wissen darüber zu explizieren und gegebenenfalls zu klären, woher dieses Wissen stammt, in welchen typischen Situationen es erworben wurde, um es dann aus methodischen Gründen zu modifizieren oder zu suspendieren. Es geht also nicht darum, sein eigenes Wissen zu vergessen, sondern darum, dessen Relativität zu erkennen und interpretativ zu berücksichtigen. Es geht darum, ‹die Fremde› aufzusuchen, sozusagen entgegen der Gewissheit des ‹Denkens-wie-üblich›, des ‹Und-so-weiter›, der ‹Vertauschbarkeit der Standpunkte›, mit denen der gemeine Alltagsverstand (auch mancher Soziologen) alles zu okkupieren pflegt, was als einigermaßen vertraut oder auch nur bekannt in seinem Horizont erscheint (vgl. Soeffner 1985, S. 111; Adler & Adler 1987a).

Ethnographie muss deshalb, wie jede nichtstandardisierte Sozialforschung, will sie dem Stand der einschlägigen Grundlagenforschung entsprechen, zunächst und vor allem nachhaltig geprägt sein von einer grundsätzlichen Skepsis gegenüber der Qualität von Daten, die von anderen übermittelt werden. Zumindest scheint es fragwürdig, ob Mitteilungen anderer über soziale Phänomene als Daten der Phänomene selber gelten dürfen. Zunächst und zweifelsfrei jedenfalls sind sie einfach Daten der Mitteilung, Daten darüber, wie ein Sachverhalt (von wem auch immer) situativ dargestellt wird (vgl. Bergmann 1985; Reichertz 1988). Dieses prinzipielle Dilemma, dass das subjektive Wissen des anderen Menschen nicht ‹wirklich› direkt zugänglich ist, es trotzdem die wichtigste Datenbasis sozialwissenschaftlicher Untersuchungen darstellt, lässt sich zwar nicht lösen, aber es lässt sich idealerweise ‹kompensieren› dadurch, dass der Feldforscher versucht, mit der zu erforschenden Welt hochgradig vertraut zu werden: idealerweise, indem er sich «unmittelbar auf die Praxis» einlässt (Garz & Kraimer 1991, S. 13), das heißt, indem er so etwas wie eine temporäre Mitgliedschaft erwirbt – unter weniger idealen Bedingungen über die sehr flexible und sensitive Anwendung explorativ-interpretativer Verfahrenstechniken.

‹Lebensweltanalyse› meint somit den methodischen Versuch, die Welt gleichsam durch die Augen eines idealen Typs (irgend-)einer Normalität hindurchsehend zu rekonstruieren. Denn:

> «Nur dieses methodologische Prinzip gibt uns die notwendige Garantie, dass wir es in der Tat mit der wirklichen sozialen Lebenswelt von uns allen zu tun haben, welche, sogar als Objekt der theoretischen Forschung, ein System reziproker sozialer Beziehungen bleibt, die alle auf der wechselseitigen subjektiven Auslegung der in ihm Handelnden aufgebaut sind» (Schütz 1972, S. 18).

Normalität im generellen Sinn lässt sich aber in modernen Gesellschaften – wenn überhaupt – nur noch abstrakt erkennen: vielleicht in Phänomenen wie der ‹Bastelexistenz› (vgl. Hitzler & Honer 1994; Hitzler 1994). *Empirisch* fassbar jedenfalls scheinen in aller Regel nur noch thematisch begrenzte, zweckgerichtete, subkultur-, milieu- und gruppenspezifische, also sozusagen relative Normalitäten.

Forschungstechnisch folgt aus dieser Einsicht, dass wir als ‹vitale› Ethnographen (Geertz 1990) der fremden Welten ‹um uns herum› die meisten der üblicherweise in der soziologischen Forschung als bedeutsam erachteten Fragen ausklammern und stattdessen fragen, was denn dem Untersuchten – als einem Typus – wichtig ist, was er als ‹seine Welt› erfährt. Und erst von seinen Wichtigkeiten aus fragen wir dann nach möglichst genauen Informationen über das, was ihm wichtig ist – und wir fragen eventuell, wie es kommt, dass ihm anderes unwichtig ist, denn «bevor man Phänomene aus Faktoren erklärt oder nach Zwecken deutet, ist in jedem Fall der Versuch angezeigt, sie in ihrem ursprünglichen Erfahrungsbereich zu verstehen» (Plessner 1982, S. 229).

2. Existenzielles Engagement

Während somit ‹dichte Beschreibungen› im Wesentlichen der Rekonstruktion von «für eine gegebene Kultur und Gesellschaft typischen Verständigungsformen, ihrer Ethnohermeneutik», dienen, zielt die Lebensweltanalyse letztendlich darauf ab, «die historisch objektivierten Sinnstrukturen einer Kultur und Gesellschaft (...) in eine alle Teilkulturen, Gesamtkulturen und Epochen übergreifende ‹universale› menschliche Hermeneutik zu übersetzen» (Luckmann 1989, S. 35). Das heißt, die Bedeutung der Lebensweltanalyse besteht vor allem darin, dass wir mit ihr die Chance verbessern, Welt(en) wenigstens annäherungsweise so zu rekonstruieren, wie die Menschen sie erfahren, statt der Welt, wie sie nach Meinung des Soziologen aussieht. Die Welt des Soziologen kann selbstverständlich ebenfalls von Interesse sein, aber dann eben als Welt des Soziologen – und nicht als scheinbar ‹objektive› Welt.

Allerdings wird das lebensweltanalytische Postulat von Alfred Schütz, das dem Wissenschaftler empfiehlt, aus der existenziellen Sorge kognitiv herauszuspringen und pragmatisch völlig desinteressiert in rein theoretischer Anschauung einsam zu reflektieren, oft dahin gehend fehlinterpretiert, dass nicht nur die Daten-Analyse, sondern auch die Daten-Gewinnung im Feld selber gleichsam aus einer ‹weltlosen› Position heraus erfolgen könne oder gar erfolgen solle. Einer solchen Auffassung steht jedoch eindeutig das Schütz'sche Diktum entgegen, dass der Wissenschaftler sich niemals in einer sozialen Umwelt befindet, dass er es niemals mit konkreten lebenden anderen Menschen zu tun hat, sondern mit Homunkuli in einer Modellwelt, die er aus den vorinterpretierten Daten von Vor- und Mitwelten sekundär konstruiert (vgl. Schütz 1971, S. 3–54). Das bedeutet, dass der Sozialwissenschaftler, solange er empirisch arbeitet, solange er Daten selber sammelt, keineswegs eine übergeordnete, eine wie auch immer ‹objektive› Perspektive beanspruchen kann (vgl. dazu auch Hitzler 1999a).

Der Feldforscher handelt praktisch in einer sozialen Umwelt. Deshalb muss er – und zwar deutlicher, als Geertz dies tut – seinen konkreten Standpunkt als Teilnehmer am sozialen Geschehen mit reflektieren und (sich) Rechenschaft darüber ablegen, wie und wo er selber als ‹Beobachter› im Geflecht sozialer Beziehungen zu verorten ist. Da aber das Verhältnis zwischen dem Sozialwissenschaftler und seinem Gegenstand eben einen «Sonderfall der Beziehung zwischen Erkennen und Handeln, zwischen symbolischer Beherrschung und praktischer Handhabung, zwischen der logischen, d. h. mit allen akkumulierten Objektivierungsinstrumenten ausgerüsteten Logik und der *universell vorlogischen Logik der Praxis*» darstellt (Bourdieu 1982, S. 40 f.), empfiehlt es sich tatsächlich, auf längere Sicht eine «Theorie der Bedeutung des Eingeborenseins» zu entwickeln.

Kurzfristig ergeben sich daraus, dass Erklärungswissen eine andere Qualität hat als Handlungswissen, für ethnographisches Arbeiten zweierlei Konsequenzen: Zum einen muss man in der Forschungspraxis klar unterscheiden zwischen dem Prozess der Datenerhebung im Feld alltäglichen Handelns und dem Prozess der Dateninterpretation in der theoretischen Einstellung. Zum anderen muss man bei den alltagspraktisch konstituierten Daten klar unterscheiden zwischen (durch aktive Teilnahme und Beobachtung gewonnenen) Handlungsdaten und (durch Gespräche bzw. Interviews) gewonnenen Selbst-Darstellungs-Daten, die idealerweise handlungsleitendes Wissen repräsentieren (vgl. Honer 1994c).

Bourdieu ist darin zuzustimmen, dass ein Sozialforscher umso bessere Aussichten hat, die Perspektive seines Gegenstandes zu verstehen, je mehr er selbst nicht nur die symbolische Logik der wissenschaftlichen Theorie, sondern auch die Logik der alltäglichen Praxis (seines jeweiligen Untersuchungsfeldes) beherrscht. Wer sich in diesem Sinn einen Habitus angeeignet hat und sich dann doch auch wieder – mittels der ‹Objektivierungsinstrumente der Wissenschaft›, mittels kontrollierter theoretischer Reflexion – von ihm distanzieren kann, verfügt über besondere Daten, die nur schwerlich anderweitig zu gewinnen sind. Und darin eben liegt der für die Lebensweltanalyse konstitutive *phänomenologische* Beitrag zur Erschließung und Rekonstruktion des Forschungsgegenstandes.

In der Lebensweltanalyse geht es nicht darum, den Kanon feldadäquater Erhebungsverfahren, wie er insbesondere im Rahmen des sog. ‹interpretativen Paradigmas› bereitsteht, durch die phänomenologische Methode zu ersetzen. Es geht auch keineswegs darum, dass man statt praktischer Feldforschung – also den Leuten zuschauen, über die Schulter sehen, mit den Leuten reden und ihre ‹Dokumentationen› studieren – nunmehr ‹Introspektion› (und im Gefolge dann ‹Bilderbuch-Phänomenologie›) betreiben sollte. Es geht lediglich darum, dass das, was der Phänomenologe tut, nämlich seine eigenen Erfahrungen zu reflektieren, stärker in die empirische Sozialforschung integriert wird. Nach diesem Verständnis meint ‹Lebensweltanalyse in der Ethnographie› also ein Forschungsverfahren, das verschiedene Möglichkeiten der Datenerhebung zu integrieren und eine Reihe von je spezifisch sich eignenden Methoden zu applizieren sucht. Und die ideale Basis dafür ist der Erwerb der praktischen Mitgliedschaft an dem Geschehen, das erforscht werden soll, und damit der Gewinn einer existenziellen Innensicht (vgl. Douglas 1976, S. 107 ff.; Schütz 1972, S. 17).

Unverzichtbar dafür, dass wir von einer lebensweltanalytisch orientierten Ethnographie sprechen können, erscheint, dass wir das Geschehen aus der Perspektive des (typischen) Teilnehmers beschreiben, unsere Kommentare daraufhin überprüfen, auf welche Relevanzsysteme sie sich jeweils beziehen, und unsere Analysen als Produkte einer theoretischen Einstellung reflektieren. Da man aber nur über Erfahrungen reflektieren kann, die man (gemacht) hat, muss man stets mitbedenken, welche (Art von) Erfahrungen man – bezogen auf eine bestimmte Thematik – nun jeweils tatsächlich selber (gemacht) hat.

Bei manchen Themen ist es nur in einem sehr eingeschränkten Sinn oder auch überhaupt nicht möglich, die ‹Innensicht› eines Teilnehmers selber zu erlangen. Deshalb kann man die in Frage stehende Welt wirklich nur von außen, eben aus einer anderen Perspektive, und das heißt vor allem: nur vermittelt über die Darstellungen, über die (zeichenhaften und anzeichenhaften) Objektivationen und Repräsentationen der dort tatsächlich gemachten Erfahrungen, kennen lernen. Denn eine Erfahrung von innen lässt sich, jedenfalls im strengen phänomenologischen Sinn, eben nur gewinnen, wenn man sich auf ein Thema (auch) existenziell einlässt.

Im Rahmen einer solchen Mitgliedschaft lassen sich dann unterschiedliche ‹natürliche› Beobachtungen anstellen. Mitteilungen anderer lassen sich, aufgrund der intimen Feldkenntnis, besser evozieren und organisieren, und mitgeteilte Daten lassen sich zuverlässiger evaluieren.

3. Rekonstruktion sozialer Konstruktionen

Ethnographische Lebensweltanalyse, die Verbindung von Teilnahme und Beobachtung, von Hermeneutik und Phänomenologie, besteht – im Kern – erstens darin, dass möglichst viele und vielfältige aktuelle und sedimentierte Äußerungs- und Vollzugsformen einer zu rekonstruierenden (Teil-)Wirklichkeit erfasst und interpretativ verfügbar gemacht werden, und zweitens darin, dass die ‹Innensicht› des normalen Teilnehmers an einem gesellschaftlich-kulturellen Geschehen wenigstens annäherungsweise verstanden und nachvollzogen wird (vgl. in diesem Sinn Geertz 1984b); denn «das Festhalten an der subjektiven Perspektive ist die einzige, freilich auch hinreichende Garantie dafür, dass die soziale Wirklichkeit nicht durch eine fiktive, nicht existierende Welt ersetzt wird, die irgendein wissenschaftlicher Beobachter konstruiert hat» (Schütz in Schütz & Parsons 1977, S. 65 f.).

Die Lebenswelt als Basis soziologischer Rekonstruktionen der sozialen Konstruktion von Wirklichkeiten *(→ 3.4)* zu gewinnen, bedeutet weder folkloristische Verklärung noch Verquickung von Forschungs- mit praktischen Interessen. In das ‹Dickicht der Lebenswelt› (vgl. Matthiesen 1983) einzudringen bedeutet, das Korrelat unseres Handelns, unseres Erlebens und Erleidens zu beschreiben und den von Alfred Schütz (1971, S. 49 ff.) formulierten Postulaten logischer Konsistenz, Adäquanz und subjektiver Interpretierbarkeit entsprechend in theoretische Konstrukte zweiten Grades zu übersetzen.

Gerade aus dieser ‹professionellen Schizophrenie›, aus diesem pointierten ‹Springen› zwischen den Sub-Sinnwelten, resultiert jene analytisch so fruchtbare Position des ‹marginal man› (Stonequist, 1961):

«Die Objektivität des Randseiters, die sich in multiplen Sichtweisen niederschlägt, ist weder Resultat aus Gleichgültigkeit (im Sinne einer Position über den Parteien) noch aus einer kritischen Haltung an sich geboren, die ihn das scheinbar Selbstverständliche in Zweifel ziehen lässt. Der tiefere Grund für die Objektivität des Randseiters liegt vielmehr (…) in der Erkenntnis der Grenzen des ‹thinking as usual›. Er ist ein Fremdgewordener, der gerade aufgrund soziokultureller Entfremdung die Chance zur Klarsicht hat» (Lindner 1990, S. 206).

Diesem ‹Randgänger› sind Einsichten möglich, die dem ‹Eingeborenen›, der keine Alternativen kennt oder wahrnimmt oder zur Kenntnis zu nehmen bereit ist, verschlossen sind (vgl. Park 1950; Schütz 1972, S. 53–69). Wichtig scheint dabei zu betonen, dass der Randseiter die Chance zur Klarsicht hat und nicht etwa dazu gezwungen ist, «über kulturelle Unterschiede und kulturellen Wandel nachzudenken» (Stagl, zit. nach Lindner 1990, S. 203). Die ‹Perspektive des Fremden› ist ein diffiziler, ‹heuristischer Kunstgriff› bei Forschungen in der eigenen Kultur. «Der Forscher im Feld ist folglich ein *experimenteller* marginal man» (Lindner 1990, S. 210).

Für eine soziologische Ethnographie ist diese experimentelle Grundhaltung als erkenntnisgenerierende Attitüde in der theoretischen Einstellung unverzichtbar; denn «es mag Menschen geben, die so vollständig darin aufgehen, professionelle Soziologen zu sein, dass sie sich gedanklich niemals davon lösen können, Soziologe zu sein. In diesem Fall sollten sie nicht Feldforscher sein» (Douglas 1976, S. 120; Übersetzung A. H.). Forschungsethisch gesehen bedeutet das für den lebensweltanalytisch orientierten Ethnographen also, dass er sich einlassen muss auf unerwartete Erfahrungen, dass er bereit sein muss, sich verwirren zu lassen, Schocks zu erleben, eigene Moralvorstellungen (vorübergehend) auszuklammern, Vor-Urteile zu erkennen und aufzugeben, kurz: dass er eine maximale Bereitschaft haben muss, den anderen Sinn *so* zu verstehen, wie er gemeint ist. Ambitionierter ausgedrückt: Im reflektierten Wechsel der Bezugsrahmen, der Relevanzsysteme, der Weltsichten kommt das grundstrukturelle ‹Doppelgängertum› des Menschen (im Sinne von Plessner 1985) methodologisch zum Tragen. Und das Problem dabei besteht darin, dass man mit dieser Attitüde auch selber, sozusagen ‹privat›, aus keinem Feld so herauskommt, wie man hineingegangen ist (vgl. Lévi-Strauss 1978, S. 400).

Programmatisch gesehen ist das einer ethnographischen Lebensweltanalyse inhärente Erkenntnisinteresse ‹existenzialistischer› als das einer ‹dichten Beschreibung›. Aber es ist durchaus nicht ‹postmodern›, wenn ‹postmoderne Ethnographie› tatsächlich bedeutet: «Dieser Art zu schreiben widerstrebt Induktion, Deduktion, Hyothesen testen, analytische Schemata, allgemeine Prinzipien, grounded theory, Codierformen und gut geführte Feldnotizen (...) Vergangen sind Begriffe wie Daten, Reliabilität und Validität. (...) *Interpretationen werden vermieden*» (Denzin 1989a, S. 91 – Übersetzung und Hervorhebung A. H.). Die genuin soziologische Qualität im Umgang mit dem Feldmaterial liegt durchaus nicht darin, es so zu lassen, wie es ‹gewachsen› ist, und auch nicht darin, die Idiosynkrasien des Forschers dazu auszubreiten, sondern darin, sich diesem Material in den interpretativen Phasen mit theoretischem Interesse zuzuwenden und seine erkenntnisrelevanten Implikationen ‹zur Sprache zu bringen›. Bei dieser ‹Transformation› von einer Typisierungsebene in eine andere sind die inhärenten interpretativen Operationen zu explizieren – im Sinne sozialwissenschaftlicher Hermeneutik (vgl. Soeffner 1989; Schröer 1994; Hitzler & Honer 1997; → 3.5; → 5.16).

Denn auch die Lebensweltanalyse ist letztendlich nichts anderes als ein den Kanon bewährter Methoden ergänzendes Mittel dazu, die möglichst ‹dicht› beschriebenen Ethnomethoden von Menschen und ihre beabsichtigten wie unbeabsichtigten Sedimente und Konsequenzen zu erfassen, um so die Sinnhaftigkeit konkreter Phänomene, Prozesse und Ereignisse in ihrer Typik zu verstehen *(→ 3.2)*.

Weiterführende Literatur

Hirschauer, S. & Amann, K. (Hg.) (1997). Die Befremdung der eigenen Kultur. Frankfurt a. M.: Suhrkamp.

Honer, A. (1993). Lebensweltliche Ethnographie. Wiesbaden: Deutscher Universitätsverlag.

Knoblauch, H. (1995). Kommunikationskultur. Berlin, New York: de Gruyter.

Rainer Winter
3.9 Cultural Studies

1. Das Projekt der Cultural Studies
2. Wissenschaftsgeschichtlicher Hintergrund
3. Grundaussagen der Cultural-Studies-Analyse
4. Ein Beispiel für qualitative Forschung: die Analytik des Populären
5. Perspektiven und neuere Entwicklungstendenzen der Cultural Studies
6. Die Bedeutung der Cultural Studies für die qualitative Forschung

1. Das Projekt der Cultural Studies

Die Cultural Studies sind ein interdisziplinäres Projekt, das vor allem mit qualitativen Methoden kulturelle Formen, Praktiken und Prozesse gegenwärtiger Gesellschaften einer kritischen Untersuchung und Analyse unterzieht. Es gibt nicht eine Version der Cultural Studies, sondern in unterschiedlichen akademischen Disziplinen, in verschiedenen Ländern und zu verschiedenen Zeitpunkten sind mehrere Ausprägungen entstanden. Auch wenn die jeweils kontextspezifischen Artikulationen des Projekts es schwierig machen,

Cultural Studies präzise und einheitlich zu definieren, so lassen sich doch gemeinsame Fragestellungen, ein spezifischer Zugang zur sozialen Wirklichkeit und ebenso ein intellektuelles Zentrum in ihrer Geschichte identifizieren. Am *Birmingham Centre for Contemporary Cultural Studies* (CCCS) wurde dieser Begriff in den 60er Jahren nämlich zum ersten Mal verwendet, und es wurden die charakteristischen Merkmale theoretischer und empirischer Forschung entwickelt, die bis heute für das Projekt weltweit wegweisend sind. Die ‹Erfindung› der Cultural Studies beruhte auf der Erkenntnis, dass die Kultur eine zentrale Bedeutung in der Gegenwart hat und dass sie nur im Kontext von Macht und Politik angemessen analysiert werden kann. So sind Anlässe für Forschungen oft soziale und politische Probleme bzw. Fragestellungen. Das methodologische Vorgehen der Cultural Studies lässt sich am besten als Bricolage (Bastelei) bezeichnen. Für ein besonderes Forschungsprojekt werden aus verschiedenen wissenschaftlichen Feldern Theorien und Methoden nach pragmatischen und strategischen Gesichtspunkten ausgewählt, kombiniert und angewendet. Wenn es die Forschungsfrage erfordert, werden auch, aufbauend auf dem Verfügbaren, neue Theorien und Methoden «gebastelt» oder entwickelt *(→ 2.4)*.

Die Cultural Studies knüpfen nicht nur an unterschiedliche Theorien wie kulturalistische oder (post-)strukturalistische Ansätze an. Auch bei den Methoden herrscht eine große Vielfalt, die von der semiotischen Textanalyse über die teilnehmende Beobachtung *(→ 5.5)* bis zum narrativen Interview *(→ 5.2)* und der Gruppendiskussion *(→ 5.4)* reicht. Dabei verfolgen die Cultural Studies, wie Stuart Hall, der langjährige Direktor des CCCS, feststellt, immer das Ziel, «Menschen ein Verständnis dessen zu ermöglichen, was vor sich geht, und, im Besonderen, ihnen Denkweisen, Überlebensstrategien und Widerstandsressourcen zu vermitteln» (1990, S. 22; Übers. d. Verf.).

2. Wissenschaftsgeschichtlicher Hintergrund

Gegründet wurde das Centre for Contemporary Cultural Studies 1964 von dem Literaturwissenschaftler Richard Hoggart. Aufbauend auf der Synthese literaturkritischer und soziologischer Ansätze war sein Ziel, die populäre Kultur zu analysieren. Die Impulse für diese Orientierung wurden durch verschiedene Publikationen und daran anschließende Debatten innerhalb der *New Left* in Großbritannien seit Ende der 50er Jahre gegeben. So hatte Hoggart selbst in seinem 1957 erschienenen Buch *The Uses of Literacy* den Einfluss des sozialen Wandels, insbesondere den negativen der kommerziellen Massenkultur, auf die Kulturen der Arbeiterklasse in dichten Beschreibungen ihrer alltäglichen Praktiken und kulturellen Formen herausgearbeitet. Raymond Williams hat in seinem im darauf folgenden Jahr erschienenen Buch *Culture and Society 1780–1950* (1958) in einer differenzierten Auseinandersetzung mit der englischen Literatur und Literaturkritik seit dem 18. Jahrhundert die verschiedenen Bedeutungen von «culture» entschlüsselt, miteinander verglichen und systematisiert. Einerseits verdichteten sich in diesem Begriff die Reaktionen auf und die Kritik an der Modernität, andererseits wurde im englischen Kontext eine holistische Konzeption von Kultur entwickelt, die diese als «a whole way of life» begreift. Kultur wird nicht als ein vom Alltag abgegrenzter Bereich bestimmt, sondern «culture is ordinary». In seiner Kritik an Williams hob der Historiker Edward P. Thompson (1961) hervor, es sei zu beachten, dass es in jeder ‹gesamten Lebensweise› auch Widersprüche, soziale Konflikte und Auseinandersetzungen gäbe. Er selbst wies in *The Making of the English Working Class* (1963) nach, dass die Arbeiterklasse am kulturellen Prozess ihrer eigenen Entstehung aktiv beteiligt war.

Dies waren die Ausgangspunkte für die Arbeit in Birmingham, die sich zunächst als Suchbewegung charakterisieren lässt. Insbesondere unter der Anleitung von Stuart Hall rückten soziologische und kulturtheoretische Fragestellungen in den Mittelpunkt. In einer Abgrenzung vom damals dominierenden Strukturfunktionalismus und seiner integrationistischen Kulturkonzeption beschäftigten sich die Mitglieder des CCCS mit alternativen Theorien, die sich intensiv der produktiven Rolle von Kultur widmeten. So lieferten z. B. die deutsche Tradition der Kultursoziologie (M. Weber, G. Simmel) und ihr verstehender Zugang zur sozialen Wirklichkeit, der symbolische Interaktionismus (H. Becker; → 3.3), die Wissenssoziologie (P. L. Berger & T. Luckmann) und der französische Strukturalismus (R. Barthes, C. Lévi-Strauss, L. Althusser) die Ressourcen, mit denen das Projekt der Cultural Studies vorangetrieben wurde. Wie Hall rückblickend feststellt, entwickelten sich die Cultural Studies in Birmingham in der Vermittlung und in der Auseinandersetzung zwischen dem kulturalistischen und dem strukturalistischen Paradigma: «Während im ‹Kulturalismus› Erfahrung das Fundament – der Bereich des ‹Gelebten› – war, auf dem sich das Bewusstsein und die Bedingungen überschneiden, betonte der Strukturalismus, dass ‹Erfahrung› per definitionem nicht das Fundament von irgendetwas sein könne, weil man seine Existenzbedingungen nur *in und durch* die Kategorien, Klassifikationen und Rahmen der Kultur ‹leben› und erfahren könne» (1999, S. 30).

Schließlich führten eine intensive Beschäftigung mit Gramscis Hegemonietheorie (1991 ff.) und später mit Foucaults Analytik der Macht (1977) dazu, dass Kultur als ein Feld sozialer Ungleichheit bestimmt wurde, auf dem um Macht gekämpft und gerungen wird.

Vor diesem theoretischen Hintergrund wurden ausgehend von sozialen Problemlagen (wie. z. B. Erosion der Arbeiterklasse, Ausbreitung eines konsumistischen Lebensstils) und aktuellen Fragestellungen (z. B. mediale Definitionen sozialer Auseinandersetzungen und Probleme) verschiedene Forschungsprojekte durchgeführt. Berühmt geworden sind die Studien zu jugendlichen Subkulturen (Hall & Jefferson 1976; Willis 1979; Hebdige 1979) und zur Medienanalyse und -rezeption (Hall 1980, dt. 1999; Morley 1980). Seit den 80er Jahren kam es, vor allem durch Schüler und Migranten vermittelt, zu einer Internationalisierung der Cultural Studies, die zunächst in Australien, Kanada und den USA, heute jedoch weltweit betrieben werden, in Deutschland vor allem von Udo Göttlich (1996), Friedrich Krotz (1995), Lothar Mikos (1994) und Rainer Winter (1995) (vgl. auch die Beiträge in Hepp & Winter 1999; Göttlich & Winter 2000).

3. Grundaussagen der Cultural-Studies-Analyse

Die Schwierigkeit einer Definition der Cultural Studies darf nicht dazu führen, dass jede Analyse von Kultur, insbesondere von populärer Kultur, mit Cultural Studies gleichgesetzt wird. So sind z. B. eine semiotische Analyse eines Hollywoodfilms oder die ethnographische Erforschung kultureller Welten ohne Bezug zum Verhältnis von Kultur und Macht keine Cultural Studies. Denn ihr Projekt hat das Ziel, kulturelle Prozesse in ihrer kontextuellen Einbindung in Machtverhältnisse zu erforschen. Deren bestimmender und prägender Einfluss auf kulturelle Praktiken soll herausgestellt werden. Dabei wird in der Tradition von Williams ein umfassender Kulturbegriff verwendet, der sowohl kulturelle Texte als auch Erfahrungen und Praktiken umfasst. Die herkömmliche Unterscheidung zwischen Hoch- und Populärkultur wird selbst als Ausdruck gesellschaftlicher Machtverhältnisse verstanden. Das eigentliche Objekt der Cultural Studies sind so nicht diskrete kulturelle Formen, die losgelöst von ihrem sozialen oder politischen Kontext betrachtet werden. Vielmehr werden, ausgehend von konkreten Fragestellungen, kulturelle Prozesse in ihren verschiedenen Formen in räumlich und zeitlich spezifischen Kontexten analysiert. Wie Lawrence Grossberg (1999, S. 60) schreibt, werden die Cultural Studies von einem radikalen Kontextualismus geprägt: «Um es für die Cultural Studies auf den Punkt zu bringen: der Kontext ist alles, und alles ist kontextuell» (Übers. d. Verf.). Dabei ist der Kontext nicht einfach ein Rahmen, der soziale Praktiken, die sich innerhalb seiner Grenzen ereignen, beeinflusst und bestimmt. Vielmehr konstituieren die Praktiken und Identitäten erst den Kontext, in dem sie Praktiken und Identitäten sind. Für die Analyse bedeutet dies: «Eine Praxis zu verstehen, erfordert ihren Kontext theoretisch und historisch zu (re)konstruieren» (Grossberg 1992, S. 55; Übers. d. Verf.). So bedingen sich Theorie und Kontext im Rahmen einer Cultural-Studies-Analyse gegenseitig, das gewonnene Wissen ist immer kontextspezifisch, wobei Kontexte nie vollständig repräsentiert, sondern nur unter verschiedenen Perspektiven konstruiert werden können. Ziel der Cultural Studies ist es, mit den jeweils verfügbaren theoretischen Ressourcen und empirischen Forschungen konjunkturelle Prozesse besser zu verstehen und in einem zweiten Schritt auch zu einer Veränderung ihrer Kontexte beizutragen. Dies bedeutet, symbolische Auseinandersetzungen, den Kampf um Bedeutungen und Formen des ‹Widerstands› zu bestimmen und ‹Wissen› bereitzustellen, damit die Beteiligten diese Prozesse besser verstehen können.

Kulturen kommen für die Cultural Studies immer nur im Plural vor. Gegen monolithische und essenzialistische Konzeptionen von Kultur heben sie die Vielfalt der Kulturen und Werte hervor, die die sich im Wandel befindlichen Gesellschaften der Gegenwart bestimmen – Kulturen der Klasse, der Geschlechter, der Ethnien, sexuelle und politische Subkulturen, Randkulturen, medial vermittelte Spezialkulturen. Vor dem Hintergrund der Enttraditionalisierung und Auflösung stabiler Identitäten legen die Cultural Studies dar, dass

Kultur ein Kampf um Bedeutungen ist, ein nie zu beendender Konflikt über Sinn und Wert von kulturellen Traditionen, Praktiken und Erfahrungen. Vor allem in ethnographischen Studien zeigen sie, dass es neben den dominanten Vorstellungen der durch die Kulturindustrien geprägten Mainstreamkultur auch «abweichende», residuale und emergente Auffassungen und Werte gibt (Williams 1977). Dabei ist eine ihrer zentralen Einsichten, dass sich von einer auch noch so gelehrten und raffinierten Interpretation eines kulturellen Textes, einer Ideologie oder eines Diskurses nicht ableiten lässt, wie diese kulturellen Formen *tatsächlich* im Alltag von verschiedenen Personen und sozialen Gruppen interpretiert, verwendet oder angeeignet werden. In der Rezeption und Aneignung von Symbolen und Medien, im Basteln von Stilen der Selbstdarstellung aus vorgegebenen Ressourcen oder in den Bemühungen, eine widerständige Identität in Institutionen zu schaffen und aufrechtzuerhalten *(→ 2.4)*, zeigen die Cultural Studies nämlich die Kreativität und Produktivität kultureller Prozesse auf. Diese Kunst des Eigensinns, die sich in alltäglichen Kontexten entfaltet, kann als eine Kritik der Macht verstanden werden (Winter 2000). Sehr deutlich hat dies John Fiske herausgearbeitet.

4. Ein Beispiel für qualitative Forschung: die Analytik des Populären

Fiske knüpft in seinen Analysen des Populären in der Gegenwart eng an Foucaults (1976) Unterscheidung zwischen Macht und Widerstand an. ‹Widerstand› kann in spezifischen historischen Situationen im Verhältnis von diskursiven Strukturen, kultureller Praxis und subjektiven Erfahrungen entstehen. Fiske begreift den Alltag als kontinuierliche Auseinandersetzung zwischen den Strategien der «Starken» und den Guerillataktiken der «Schwachen» (vgl. 1989, S. 32–47; 1997). Im Gebrauch der «Ressourcen», die das System in Form von medialen Texten und anderen Konsumobjekten zur Verfügung stellt, versuchen die alltäglichen Akteure ihre Lebensbedingungen selbst zu definieren und ihre Interessen auszudrücken. Fiske interessiert sich nicht für die Aneignungsprozesse, die zur sozialen Reproduktion beitragen, sondern für den heimlichen und verborgenen Konsum, der im Sinne von Michel de Certeau (1988) eine Fabrikation, eine Produktion von Bedeutungen und Vergnügen ist, in der den Konsumenten ihre eigenen Angelegenheiten deutlicher werden und die (vielleicht) zur allmählichen kulturellen und sozialen Transformation beitragen kann (Fiske 1993).

Auf scharfsinnige und originelle Weise dekonstruiert Fiske in seinen Analysen die unterschiedlichsten populären Texte von Madonna über *Stirb langsam* bis zu *Eine schrecklich nette Familie* mit dem Ziel, ihr Potenzial an Bedeutungen aufzuzeigen, das je nach sozialer und historischer Situation der Zuschauer von diesen unterschiedlich aufgenommen und umgesetzt wird. Er zeigt die Inkonsistenzen, die Unabgeschlossenheit, die widersprüchliche Struktur oder die Polyphonie medialer Texte auf, arbeitet heraus, wie eng populäre Texte auf die gesellschaftliche Wirklichkeit bezogen sind und soziale Differenzen artikulieren. Die Rezeption und die Aneignung von Texten wird zu einer kontextuell verankerten gesellschaftlichen Praxis, in der die Texte als Objekte nicht vorgegeben sind, sondern erst auf der Basis sozialer Erfahrungen produziert werden. Damit zeigt Fiske die Einzigartigkeit und Signifikanz kultureller Praktiken auf, die an einem besonderen Ort zu einer besonderen Zeit realisiert werden. Er versteht Kultur, die er als ‹ganze Lebensweise› begreift, als Praxis, als eine Reihe sich verändernder, miteinander konkurrierender und im Konflikt stehender Sinnmuster und Bedeutungen: «Zur Kultur gehört der Kampf um die Kontrolle und die Mitwirkung an der gesellschaftlichen Zirkulation und dem Gebrauch von Bedeutungen, Wissen, Vergnügen und Werten. Sowohl die Dimension des Sinns als auch die der Macht müssen immer berücksichtigt werden» (1993, S. 13; Übers. d. Verf.).

5. Perspektiven und neuere Entwicklungstendenzen der Cultural Studies

Neben den Arbeiten von Fiske gibt es in der Tradition der Cultural Studies eine Fülle von qualitativen Studien, die die Rezeptions- und Aneignungsprozesse im Alltag untersuchen, ohne die Machtverhältnisse auszublenden, die ihnen Gestalt verleihen. Als Erster zeigte David Morley (1980) in einer richtungweisenden Untersuchung, wie komplex die Reaktionen auf mediale Texte sein können. Sie hängen von dem Zusammenspiel sozialer, kultureller und diskursiver Positionen ab (wie Klasse, ethnische Zugehörigkeit, Alter oder Geschlecht), die auf die ungleiche Verteilung von Macht in der Gesellschaft und der kulturellen Codierung von Texten verweisen. Daran schloss sich eine Fülle von ethnographisch orientierten Studien alltäglicher Kontexte der Medienrezeption an (Nightingale 1996). So kommt z. B. Mary E. Brown (1994) in einer ethnographischen Studie zu den Gesprächen von Frauen über Seifenopern zu dem Ergebnis, dass die Serien genutzt werden, um kritische Einstellungen gegenüber der von Männern ausgeübten Dominanz auszudrücken. Auch wenn die meisten dieser Serien von einer männlichen Sichtweise bestimmt werden, wird diese von den Frauen in ihren Gesprächen subversiv gewendet, z. B. indem sie zusammen über das Verhalten von Männern in der Serie lachen. Das Sprechen über Seifenopern wird zu einem widerständigen Vergnügen. Ergänzend haben Studien zu Fans gezeigt, dass diese produktiv und kreativ mit medialen Produkten umgehen und sie auch «gegen den Strich lesen» (Winter 1995).

Der Kontext, der in vielen neueren Arbeiten der Cultural Studies zum Thema wird, ist die Globalisierung von westlichen Konsumgütern und Medientexten (vgl. Morley 1997) auf der einen und die Migration ethnischer Gruppen auf der anderen Seite. Eine zentrale Fragestellung ist die damit zusammenhängende Transformation kultureller Identitäten und die Herausbildung neuer Formen von Ethnizität (Hall 1994). Eine erste, ethnographisch ausgerichtete Untersuchung, die diesem Zusammenhang nachgeht, hat Mary Gillespie (1995) vorgelegt. Sie zeigt, wie Fernsehen und Video von Familien aus dem Pandschab (Hindus, Sikhs) und von Jugendlichen in Southall (Westlondon) als kommunikative Ressourcen genutzt werden, um neue Identitäten in der Diaspora auszuhandeln. Am Beispiel der Werbung für Coca-Cola und ihrer lokalen Aneignung durch Jugendliche kann Gillespie (1995, S. 191–197) deutlich machen, dass ein transnationales Produkt einen imaginären Raum eröffnen kann, in dem die eigene Kultur neu definiert wird: «Medien werden von produktiven Konsumenten genutzt, um Grenzen zu bewahren und zu befestigen, aber auch, um neue geteilte Räume zu schaffen, in welchen synkretistische kulturelle Formen, wie z. B. ‹neue Ethnizitäten›, entstehen können» (ebd., 1995, S. 208; Übers. d. Verf.).

Auf eine wachsende Kritik an der intensiven Beschäftigung mit dem «Konsum» medialer Texte, die in den Vorwurf eines «kulturellen Populismus» mündete, reagieren die Vertreter der Cultural Studies nun auch verstärkt mit einer Untersuchung der Prozesse der

«Produktion», so z. B. mit einer Analyse ihrer kulturellen Dimension (Du Gay 1997; McRobbie 1998) bzw. mit der Produktion von
«media events» (Fiske 1994). Um einen kulturellen Text oder ein
Artefakt angemessen analysieren zu können, sollten die kulturellen
Prozesse der Repräsentation, der Identität, der Produktion, des Konsums und der Regulation gemeinsam untersucht werden (Du Gay et
al. 1997). Nur so lässt sich der «circuit of culture» erfassen und damit die Zentralität der Kultur in der Postmoderne.

6. Die Bedeutung der Cultural Studies für die qualitative Forschung

Die Cultural Studies zeichnen sich durch eine qualitative Analyse
kultureller Prozesse in verschiedenen sozialen Kontexten aus, die
durch Machtverhältnisse, Wandel und Konflikt geprägt sind. Sowohl in der Jugend- als auch in der Medienforschung wirkten sie
innovativ, indem sie die Dominanz quantitativer Verfahren zurück-
wiesen und neue theoretische und methodische Alternativen entwickelten. So machte z. B. ihre originelle Verbindung von semiotischer
Text- und ethnographischer Rezeptionsanalyse auch in anderen For-
schungstraditionen wie dem kommunikationswissenschaftlich orientierten «uses- and gratifications-approach» («Nutzen- und Beloh-
nungsansatz») Schule (Liebes & Katz 1990). Die Cultural Studies
betreiben qualitative Forschung im Rahmen umfassender Kultur-
und Gesellschaftsanalysen. So ist ihre Stärke gerade die Herstellung
von Zusammenhängen über einzelne Erfahrungsräume hinweg und
damit der Nachweis, dass Kultur eine ‹ganze Lebensweise› («a whole
way of life») im Sinne von Williams ist (vgl. Fiske 1999). Ihre Theorien und Modelle sowie ihre Fragestellungen sind nicht allgemein
gültig oder gleich bleibend, vielmehr werden sie als Antwort auf die
sozialen Probleme und Fragestellungen spezifischer Kontexte entwickelt.

Bei allem in Anspruch genommenen Pragmatismus und Eklektizismus im methodologischen Vorgehen, die deutlich machen, dass
qualitative Sozialforschung eine Bricolage ist (Denzin & Lincoln
1994a), wäre es auch im Rahmen der Cultural Studies sinnvoll, Kriterien zur Bewertung und Analyse der eigenen Arbeit, sowohl zur
Datengewinnung als auch zur «Kunst und Politik der Interpretation» (Denzin 1994; → 3.3; → 2.7; → 5.21), zu entwickeln. Allerdings ist die Übertragung und Anwendung positivistischer und post-

positivistischer Kriterien *(→ 4.7)*, wie es Kritiker versuchen (Ferguson & Golding 1997), nicht sinnvoll, da die Cultural Studies konstruktivistisch *(→ 3.4)*, so in der Herstellung von Kontexten, wie auch kritisch *(→ 2.4)*, so in der Analyse von Machtverhältnissen, orientiert sind. Ihr kritischer Konstruktivismus kann innerhalb der qualitativen Forschung weiterhin eine innovative Kraft entfalten. Ein nachdrückliches Betonen des konstruktivistischen Charakters des Forschungsprozesses und insbesondere der Rolle des Forschers kann auch die Reflexivität und den interpretativen Charakter – sowohl der Cultural Studies als auch der qualitativen Forschung – hervorheben und steigern.

Weiterführende Literatur

Denzin, N. K. (Hg.) (1996 ff.). Cultural Studies. A Research Volume. Greenwich, Co.: JAI-Press (erscheint jährlich seit 1996).

Fiske, J. (2000). Lesarten des Populären. Wien: Turia & Kant.

Hepp, A. & Winter, R. (Hg.) (1999). Kultur – Medien – Macht. Cultural Studies und Medienanalyse. Zweite erweiterte und überarbeitete Auflage. Opladen: Westdeutscher Verlag.

Regine Gildemeister
3.10 Geschlechterforschung (gender studies)

1. Wissenschaftsgeschichtlicher Hintergrund
2. Wissenschaftslogische und erkenntnistheoretische Vorannahmen
3. Grundaussagen der Geschlechterforschung
4. Differenzierungen in den theoretischen Positionen
5. Neuere Entwicklungstendenzen und Perspektiven
6. Kritische Einschätzung

1. Wissenschaftsgeschichtlicher Hintergrund

Die Geschlechterforschung hat sich vor dem Hintergrund der Frauenforschung entwickelt, die in den 70er Jahren als Frauenbewegung in der Wissenschaft den jahrhundertelangen Ausschluss von Frauen aus

Wissenschaft und Forschung skandalisierte. Die enge Verbindung zwischen Forschung und politischer Bewegung hatte zur Folge, dass mit Frauenforschung zunächst immer auch ein praktischer Beitrag zum Abbau von Benachteiligungen von Frauen angezielt war, sodass Formen der aktivierenden Sozialforschung *(→ 3.12)* ein hoher Stellenwert zukam. Aber auch wenn sie sich als ‹parteilich› verstand, war die Frauenforschung in sich heterogen: Weder gab es einen einheitlichen Theoriezugang, noch eine konsensuelle methodologische Grundlegung. In der *öffentlich* wirksamen Debatte wurden jedoch zunehmend Versuche bestimmend, das ‹Frau-Sein› zu definieren und ‹Frauenforschung› als eine aus diesem ‹Frau-Sein› sich herleitende frauenspezifische Perspektive zu verstehen. Damit wurde verstärkt Bezug genommen auf substanziell gedachte Unterschiede zwischen den Geschlechtern bzw. generell auf Konzepte von «Differenz» (z. B. Irigaray 1987). Für die Forschung ergab sich als Problem, dass sie zum Ausgangspunkt hatte, was Ergebnis ihrer Analysen war: dass Frauen und Männer in physischer, psychischer, sozialer Hinsicht verschieden seien und die Frauen kennzeichnenden Eigenschaften und Fähigkeiten nicht angemessen wahrgenommen bzw. bewertet würden.

Die Geschlechterforschung entwickelte sich zum Teil parallel, zum Teil aber auch in deutlich kritischer Abgrenzung zu den identitätspolitischen Konzepten und der dort eingelagerten Tendenz zur Positivierung und Essenzialisierung der Geschlechterdifferenz (Knapp 1988). Mit ‹Geschlechterforschung› ist jedoch ebenfalls kein einheitlicher Theoriezugang verbunden. Auch besteht keine klare Grenze zur Frauenforschung, sodass vielfach von der ‹Frauen- und Geschlechterforschung› gesprochen wird. Im Unterschied zu den differenztheoretischen Ansätzen wird in diesem Kontext allerdings durchgängig betont, dass Geschlecht eine *soziale* Kategorie sei, es in einem grundsätzlichen Sinn immer um soziale *Verhältnisse* ginge. Es wird daher nicht mehr versucht, die Differenz substanziell-wesensmäßig zu erfassen, wohl aber, Geschlechterverhältnisse unter Aspekten ihrer Hierarchisierung und sozialen Ungleichheit zu analysieren.

2. Wissenschaftslogische und erkenntnistheoretische Vorannahmen

Die Aufteilung der Menschen in Männer und Frauen wird in aller Regel als ein ‹außergesellschaftlicher›, als ein der Welt der ‹Natur› zugewiesener Tatbestand gesehen. Ein Blick in die Geschichte der

Wissenschaft zeigt jedoch gleichzeitig, dass hier ‹der Mensch›, oder besser: ‹der allgemeine Mensch›, die Grundlage von jeweils disziplinspezifischen Betrachtungen bildet und die (Zwei-)Geschlechtlichkeit *kein* Thema ist. Nur dort, wo mit einem Thema wie Fortpflanzung auch die Geschlechtlichkeit von Menschen unvermeidbar angesprochen ist, wird sie explizit – vor allem mit Blick auf ‹die Frau›. Über weite Strecken der Wissenschaftsgeschichte kann man den Eindruck gewinnen, dass *nur* Frauen ‹Geschlechtswesen› sind, ‹allgemeines Mensch-Sein› sich dagegen offenbar über Geschlechtszugehörigkeit erhebt. Dabei geschieht in aller Regel eine fraglos vorgenommene Gleichsetzung dieses ‹Allgemein-Menschlichen› mit dem «Männlichen» (de Beauvoir 1951). Zugleich wird diese Gleichsetzung – darauf wies Georg Simmel bereits 1902 hin – nicht kenntlich gemacht. Die Frage, welche Folgen diese Identifizierung des Allgemeinen mit dem Männlichen in Wissenschaft und Forschung hatte, ist von Anfang an eine der Grundfragen in der Frauen- und Geschlechterforschung.

In der feministischen Wissenschaftskritik nahm die Auseinandersetzung mit dem Rationalitäts-, Objektivitäts- und Universalitätsanspruch des traditionellen Wissenschaftsverständnisses einen zentralen Platz ein. Zunächst ging es ‹nur› darum, die vielfachen Verstöße gegen das Universalitäts- und Objektivitätsgebot im Themenbereich Frauen, Weiblichkeit, Geschlechterdifferenz etc. nachzuweisen und zu zeigen, dass Wissenschaft gerade durch den Ausschluss von Frauen Funktionen der Herrschaftslegitimierung erfüllte und viele als «geschlechtsneutral» geltende Forschungsergebnisse sich als ideologieverdächtig erwiesen (Hausen & Nowotny 1986). In einer zweiten Stufe ging es sehr viel grundsätzlicher darum, die Prinzipien Rationalität, Objektivität, Universalität selber in Frage zu stellen. Sie gerieten unter Verdacht, nicht nur sekundär für Herrschaftsinteressen missbrauchbar zu sein, sondern ihrerseits immanent einen Herrschaftsanspruch zu enthalten (Klinger 1990, S. 28). Dies hat in Teilen der Frauenforschung zu einer Ablehnung des Methodischen geführt, zu Versuchen seiner Auflösung in Betroffenheit, Begegnung und sinnliche Erfahrung (z. B. Modelmog 1991).

Dieser Schritt wird von der Geschlechterforschung nicht geteilt; hier wird vielmehr darauf abgestellt, dass die feministischen Ansätze sowohl zur (Kultur-)Kritik als auch zur radikalen Infragestellung des szientifischen Wissenschaftsverständnisses nicht allein standen,

sondern an vielfältige wissenschaftskritische Traditionen anschließen konnten. In der Geschlechterforschung werden solche Bezüge
(vgl. Abschnitt 4) inzwischen expliziter ausgewiesen. In der Ausdifferenzierung ihrer Positionen wird zugleich deutlich, dass die Ablehnung des naturwissenschaftlich geprägten szientifischen Erkenntnisideals nicht beinhaltet, eine gemeinsame erkenntnistheoretische
Position zu formulieren. Das Spektrum reicht derzeit von der dia-
lektischen Theorie der Gesellschaft bis zum radikalen Konstruktivismus (→ 3.4).

Gemeinsam ist den verschiedenen Ansätzen jedoch, dass es in ihnen immer weniger darum geht, Forschungen zu Frauen oder (zunehmend) auch zu Männern (im Überblick: Meuser 1998) lediglich
additiv zu einer ansonsten unverändert geschlechtsblinden Wissenschaft hinzuzufügen. An die Stelle einer naiven Setzung einer natur-
haft gegebenen (Zwei-)Geschlechtlichkeit tritt vielmehr eine durch
(sozial-)wissenschaftliche Theorien geleitete wissenschaftliche Konstitution des Forschungsgegenstandes: Geschlecht als eine grundlegende Kategorie sozialer Ordnung.

3. Grundaussagen der Geschlechterforschung

Etwas holzschnittartig können in der Konstitution ihres Gegenstandes derzeit zwei Pole in der Geschlechterforschung unterschieden
werden: Geschlecht als *Strukturkategorie* und Geschlecht als *soziale
Konstruktion*. Um die Vermittlung beider Positionen wird gerungen.

Vor allem im Kontext der *Forschungen zu sozialer Ungleichheit*
wird Geschlecht in der Variante einer ‹sozialen Strukturkategorie›
gefasst, vergleichbar mit anderen Kategorien sozialer Strukturierung
wie Klasse/Schicht, Ethnizität oder auch Alter (z. B. Frerichs &
Steinrücke 1993). Theoretisch zentral ist die Frage nach der gesellschaftlichen Organisation des *Geschlechterverhältnisses*; dieser Begriff zielt ab auf die Gesamtheit institutionalisierter Regelungen,
durch welche Frauen und Männer als «soziale Gruppen» zueinander positioniert sind (Becker-Schmidt & Knapp 1995). Die Grenzziehung zwischen den Geschlechtern ist in dieser Argumentation der
historisch ausgebildeten Dominanz des Produktionsbereichs gegenüber der privaten Reproduktion geschuldet. Erst aus diesem Un-
gleichgewicht ergeben sich Hierarchien im Geschlechterverhältnis,
können Männer in beiden Bereichen dominieren, weil ihre beruf-

liche Arbeit auch die Lebensverhältnisse im Bereich des ‹Privaten› mitbestimmt. Frauen dagegen sind die Hauptakteurinnen in der privaten Reproduktion, ihre berufliche Arbeit wird nicht in der gleichen Weise honoriert. Die viel zitierte «Vereinbarkeitsproblematik von Beruf und Familie» besteht daher im Wesentlichen für Frauen, sie sind «doppelt vergesellschaftet», wie es bei Becker-Schmidt heißt, Grenzgängerinnen zwischen zwei gesellschaftlichen Sphären und mit widersprüchlichen Verhaltensanforderungen konfrontiert.

In der anderen Variante wird «Geschlecht» (im Englischen: «gender», daher die Benennung: *gender studies*) als «soziale Konstruktion» gefasst, das heißt, es wird in strikter Abgrenzung zu jeglicher Naturalisierung die gesellschaftliche *Herstellung* ebenjener Ordnung untersucht, die uns erst im *Ergebnis* als ‹Geschlechterdifferenz›, als ‹Weiblichkeit› und ‹Männlichkeit› entgegentritt. Es ist gerade diese Voraussetzung, dass es zwei und nur zwei Geschlechter gebe, die zum Gegenstand der Analysen wurde.

Im Unterschied zu ‹Geschlecht als Strukturkategorie› geht es hier nicht um die sozialstrukturellen Auswirkungen, sondern um die Frage, wie es zu der binären, wechselseitig exklusiven Klassifikation von zwei Geschlechtern kommt, die dann als omnirelevante Hintergrundannahme in allen sozialen Situationen wirksam wird und Hierarchiebildungen impliziert. Geschlecht wird damit verstanden als ein *generatives* Muster zur Herstellung sozialer Ordnung (Gildemeister & Wetterer 1992). In diesem Zusammenhang kommt der Analyse von *Interaktionsprozessen* ein zentraler Stellenwert zu. Denn Geschlechtszugehörigkeit ist in dieser Perspektive nicht einfach ein ‹Merkmal›, das ein Individuum an sich und in sich trägt, sondern sie wird in Interaktionen immer wieder aufs Neue hergestellt, woran die Interaktionspartner insgesamt beteiligt sind («doing gender», vgl. West & Zimmerman 1991).

Für die Argumentation ist die im Englischen geläufige Unterscheidung von ‹sex› und ‹gender› wesentlich: Mit ‹sex› sind gewöhnlich die biologischen bzw. physiologischen Geschlechtsmerkmale gemeint, mit ‹gender› die sozialen und kulturellen Attribute (Zuschreibungen). In dieser Unterscheidung wird implizit eine Trennlinie zwischen ‹Natur› und ‹Kultur› gezogen, wobei ‹Natur› als ‹Grundlage› der Ausprägung auf der Ebene von ‹Kultur› gilt. Der an dieser Stelle sichtbar werdende implizite Biologismus in der «sex-gender»-Figur wurde in den verschiedenen Theorien «sozialer Konstruktion» zum Ausgangspunkt der Kritik (z. B. Nicholson 1994). Aus dieser Perspektive geht es nämlich gerade darum, nicht von einem Punkt auszugehen, sondern das Spannungsfeld mehrdimensionaler, wechselseitig interdependenter Bezugsrahmen auszuleuchten.

Hintergrund für eine solche Theoriebildung sind historische und kulturvergleichende Untersuchungen. Sie belegen eindrucksvoll, dass Vorstellungen und Konzepte des biologischen Körpers nicht ‹natürlich gegeben›, sondern Produkte historischer, gesellschaftlich-kultureller Interpretation sind (vgl. zur historischen Dimension z. B. Honegger 1991; Laqueur 1992; zur kulturvergleichenden Dimension z. B. Douglas 1974; Kessler & McKenna 1978; de Valle 1993). Der Körper ist – als Leib – nur als *wahrgenommener* sozial relevant.

4. Differenzierungen in den theoretischen Positionen

Innerhalb des so aufgespannten Feldes der Geschlechterforschung bestehen weit reichende Kontroversen und Differenzen bezüglich Theorie, Methodologie und nicht zuletzt auch der Verbindung von Wissenschaft und Politik.

Diese ergeben sich einerseits aus der Spannung zwischen den aus den gesellschaftlichen Zuweisungs- und Zuschreibungspraxen resultierenden ‹Gruppenrechten› von Frauen, andererseits aus dem Bestreben, die ‹Zweigeschlechtlichkeit› selbst zum Thema zu machen und dadurch Denkmodelle jenseits simpler binärer Opposition anzuregen. Des Weiteren bestehen zwischen den jeweiligen Wissenschaftraditionen gravierende Unterschiede sowohl hinsichtlich ihrer erkenntnistheoretischen Grundlagen als auch im Gegenstandsbezug. So haben etwa sozialhistorische Rekonstruktionen zum Bedeutungswandel des Begriffs Geschlecht (Frevert 1995) und erkenntnistheoretische und wissenschaftsgeschichtliche Arbeiten, die aufzeigen, wie die jeweiligen Vorstellungen einer zweigeschlechtlichen sozialen Ordnung auf die Analyse von ‹Natur› übertragen wurden (z. B. Schiebinger 1995; Haraway 1995), sehr unterschiedliche Einsatzpunkte. Der Bezug auf ‹Geschlecht› allein stellt mit wachsender Differenzierung in der Forschung immer weniger einen fraglosen Rahmen bereit, aus dem heraus sich die Dimensionierung von Forschungsfragen und -perspektiven ‹wie von selbst› ergibt. Stattdessen haben sich – hier bezogen auf die deutschsprachige Diskussion – in den 90er Jahren verschiedene Wahlverwandtschaften zu Theorietraditionen herausgebildet, über die dann Forschungsfragen generiert werden. Sehr weitläufig rezipiert wurden die an die gesellschaftstheoretische Tradition der «Kritischen Theorie» anschließenden Analysen zur «doppelten Vergesellschaftung» von Frauen, in die oft auch psychoanalytische Ansätze eingingen (z. B. Becker-Schmidt & Knapp 1995). Großen Einfluss auf die Geschlechterforschung hat die Soziologie Bourdieus gewonnen, da sie die Möglichkeit eröffnet, sowohl gesellschaftstheoretische Bezüge aufzunehmen als auch auf der Mikroebene mit dem Begriff des «Spiels» bzw. der «Konstruktion» zu arbeiten (z. B. Dölling & Krais 1997). Der Begriff der Konstruktion ist auch für systemtheoretisch inspirierte Annäherungen (z. B. Pasero 1995) und diskurstheoretische Ansätze zentral, im letzteren Fall verbunden mit der Forderung nach «Dekonstruktion» als wissenschaftlich-politischer Strategie (z. B. Butler 1991). Auch im Komplex der wissenssoziologischen Analysen (einschließlich der Ethnomethodologie, z. B. Hirschauer 1994, Meuser 1998; → 3.2) spielt der Begriff der «sozialen Konstruktion» eine wichtige Rolle, hier allerdings nicht verbunden mit der Forderung nach ‹Dekonstruktion›, sondern mit dem Anspruch auf methodisch geleitete Rekonstruktion sozialer Abläufe (Hirschauer 1995).

Aus dieser knappen Auflistung wird bereits deutlich, dass der Begriff ‹Konstruktion› je nach theoretischem Kontext mit unterschiedlichen Bedeutungen aufgeladen ist und die Kennzeichnung ‹konstruktivistische Geschlechterforschung› mehr verwirrt als erhellt. Diese Benennung unterstellt eine den verschiedenen Ansätzen gemeinsame erkenntnistheoretische Grundlegung, die so nicht gegeben ist. Vielmehr hat die Ausdifferenzierung vielfältiger «Spielarten des Konstruktivismus» (Knorr-Cetina 1989) eine durchaus unterschiedliche Positionierung bezüglich der Kernfrage, welcher Status der ‹Realität› in der Erkenntnis zukommt, zur Voraussetzung und zur Folge (→ 3.4).

Alle genannten Ansätze haben jedoch eine gemeinsame Grundlage: Sie grenzen sich ab vom Mainstream des naturwissenschaftlichen Erkenntnisideals, in dem von einer klaren Trennung von ‹Subjekt› und ‹Objekt›, von Erkennendem und Erkanntem ausgegangen und der Objektbereich enthistorisiert wird. In diesem Zusammenhang wird auch der hohe Stellenwert verständlich, der im Vergleich zu sonstigen sozialwissenschaftlichen Forschungen den qualitativen Verfahren zukommt bzw. von Anfang an zugekommen ist.

5. Neuere Entwicklungstendenzen und Perspektiven

Vor allem in den konstruktionstheoretischen, insbesondere den wissenssoziologisch begründeten Ansätzen wird die *strukturgenerative* Bedeutung der Kategorie Geschlecht herausgestellt. Hier wird an zentraler Stelle in den Blick genommen, dass sich soziale Situationen so und nicht anders herstellen, weil wir immer von einer Welt von zwei und nur zwei Geschlechtern ausgehen, eine ‹Kultur der Zweigeschlechtlichkeit› sich entfalten kann, die sich aufgrund von Institutionalisierung erhärtet, objektiviert hat. Die Modi der Institutionalisierung spiegeln und elaborieren dabei nicht eine vorgegebene Geschlechterdifferenz, sondern sie bringen vielmehr die je spezifischen Bedeutungen, mit der die Geschlechterkategorien belegt sind, erst hervor («institutionelle Reflexivität»; s. Goffman 1994; → 2.2).

Wird Geschlecht als ‹generatives Muster der Herstellung sozialer Ordnung› zum Thema der Forschung, so verlagert sich der Schwerpunkt empirischer Analyse tendenziell vom individuellen Handlungsträger auf die interaktive und situationstypische Praxis des ‹doing gender›. Die Frage nach ‹Geschlecht› bzw. ‹Geschlechtszugehörigkeit› wird damit ein Stück weit aus dem Individuum und seinem psycho-physischen ‹Geschlecht-Sein› herausverlagert. Der Blickwinkel verlagert sich von der Beschäftigung mit Einzelpersonen hin zur Analyse der sozialen Muster (Interaktions- und Kommunikationsmuster, Deutungsmuster, Sinnstrukturen).

Das bedeutet nicht, auf die Untersuchung der ‹Innenrepräsentanz›, auf die Untersuchung von Geschlechtsidentität, Biographieverläufen oder die Ausbildung von Habitusformationen zu verzichten. Diese erfolgt jedoch nicht unter einer normativen Vorgabe (z. B. einer ‹abgeschlossenen›, ‹richtigen›, ‹reifen› Identität), sondern macht Formen und Typen der Aneignung zu einer empirischen Frage (für Biographieverläufe vgl. Dausien 1996).

Die *interaktionelle* Tiefenstruktur in der sozialen Konstruktion von Geschlecht ist insbesondere über Transsexuellenforschungen demonstriert worden (im Überblick Hirschauer 1993; Lindemann 1993). Diese Forschungen untersuchen an der Bruchstelle von Normalität, wie die Konstruktion von Zweigeschlechtlichkeit alltagspraktisch-methodisch vollzogen wird, denn im Wechsel von einem Geschlecht zum anderen können die Vorgänge des ‹doing gender› wie in einer Art Zeitlupe analysiert werden. Die Forschungsresulta-

te verdeutlichen, dass durch die Unterstellung binärer Geschlechter-
klassifikation in faktisch jeder Interaktion auf ein Reaktionspoten-
zial vertraut werden kann, das auch Irritationen noch verarbeitet.
Die Ausweitung dieser Grundlagenforschung in aktuelle Kontexte
beinhaltet eine Reihe von Problemen.

In der ‹normalen› Empirie finden wir immer schon Männer und
Frauen – die soziale Wirklichkeit ist zweigeschlechtlich strukturiert
(Goffman 1994). Im Untersuchungsfeld haben Forscher und Be-
forschte immer schon ein Geschlecht, sie sind als Männer und Frauen
erkennbar und als solche in den forschungsbezogenen Interpretationen und Auswertungen präsent. Insofern ist der wissenssoziologische
Ansatz einer ‹sozialen Konstruktion von Geschlecht› äußerst erfah-
rungsfern. Er basiert darauf, dass man sich den eigenen Wissensbeständen gegenüber systematisch «dumm» stellt *(→ 3.1; → 3.8)*. Man
nimmt eine Perspektive künstlicher Fremdheit ein, ‹befremdet› die
eigene Kultur. Und: In dieser Forschungshaltung entlastet man sich
gezielt von jeglichem Handlungsdruck im Forschungsfeld. Betont
wird die Differenz von Wissenschaft und Lebenspraxis, nicht der
Anwendungsbezug *(→ 3.8)*.

Positiv gewendet bedeutet das, eine Forschungskultur zu entwickeln, in der systematisch vermieden wird, lediglich bekannte Figuren (und Stereotype) der Geschlechterdifferenz zu reproduzieren
(und damit zu reifizieren). Dazu ist es hilfreich, wenn
- vermieden wird, ‹Männer› und ‹Frauen› als Blöcke in essenziali-
  sierender Weise miteinander zu vergleichen oder ‹Geschlecht› als
  fraglose Ressource der Forschung einzusetzen;
- das Alltagswissen um die Differenz bei der Entwicklung von Fragestellungen kontrolliert wird, indem es z. B. abwechselnd explizit gemacht und dann wieder gezielt ausgeblendet wird;
- Forschungsphasen zeitlich entzerrt werden und in bestimmten
  Phasen der Auswertung das Material ‹de-sexualisiert› wird, also
  Hinweise auf die Geschlechtszugehörigkeit der Sprechenden im
  Text getilgt werden, sodass als ‹männlich› oder ‹weiblich› klassifi-
  zierte Formen an den Aussagen und nicht an den Personen festgemacht werden (müssen);
- ‹Cross-gender›-Aktivitäten und -Räume untersucht werden, um
  sich für Vielfalt, Widersprüche und Ambiguitäten alltäglicher Praxis zu öffnen und die Praxis der Unterscheidung selbst zu analysieren.

Mit der Vermeidung polarisierender Geschlechterkategorien ex ante und der Betonung von Forschung als einem Entdeckungszusammenhang ist bei einer so ausgerichteten Geschlechterforschung die Nähe zu qualitativen und insbesondere hermeneutischen Methoden (→ 3.5; → 5.16) groß. Dennoch beinhaltet sie keinen Ausschluss quantifizierender Verfahren, sondern zunächst nur die Forderung nach Ergebnisoffenheit der Forschung vor dem Hintergrund einer wissenschaftlichen (theoriegeleiteten) Konstitution des Forschungsgegenstandes.

6. Kritische Einschätzung

Die Frauen- und Geschlechterforschung ist inzwischen in erheblichem Maß mit den Auswirkungen der eigenen Arbeiten in Wissenschaft und Gesellschaft konfrontiert, z. B. indem sie zu einer umfassenden Diskursivierung der Geschlechterverhältnisse beigetragen hat. Insbesondere gilt für sie, was Giddens als «doppelte Hermeneutik» in den Sozialwissenschaften benannt hat: Einerseits werde der Objektbereich selbst durch die gesellschaftlich Handelnden konstituiert, und die Sozialwissenschaften rekonstruieren und reinterpretieren deren Bedeutungsrahmen mit den eigenen Theoriekonzepten. Andererseits gebe es ein fortwährendes «Abrutschen» der in der Soziologie geschaffenen Begriffe in die Sprache jener, deren Handeln und Verhalten mit ebenjenen Begriffen «eigentlich» analysiert werden sollte. Dieses «Abrutschen» könne dazu führen, dass diese Begriffe wesentliche Grundzüge ebendieses zu analysierenden Verhaltens bestimmen (Giddens 1984, S. 199). Dies ist mit Begriffen der Frauenforschung geschehen und vollzieht sich derzeit vor allem mit einer nahezu inflationären Verwendung des Begriffs der ‹Konstruktion›: Er wird zunehmend losgelöst von seinen theoretischen Kontexten und mit dem Adjektiv ‹bloß› versehen zur Option einer Freiheit von allen sozialen Zwängen, die dann selber nicht mehr analysiert werden. Dieser Prozess reflektiert einerseits wichtige Momente eines allgemeinen sozialen Wandels in den Geschlechterverhältnissen. So ist unübersehbar, dass mit oder innerhalb der Kategorien ‹weiblich› und ‹männlich› keine Eindeutigkeit mehr hergestellt werden kann – die Codierungen sind brüchig geworden. Ein Indikator dafür ist die Pluralisierung hin zu ‹Weiblichkeiten› und ‹Männlichkeiten› in der Literatur. Andererseits hat die ‹Natur der

Zweigeschlechtlichkeit› ihre ‹natürliche Selbstverständlichkeit› und ihre Fraglosigkeit nicht eingebüßt. In den Forschungsresultaten der letzten Jahre wird überdeutlich, dass sich die soziale Ungleichheit der Geschlechter trotz Diskursivierung immer wieder ‹vor Ort› reproduziert, der *Diskursivierung* bislang keine *Habitualisierung* gefolgt ist.

Der Geschlechterforschung werden daher so schnell weder Gegenstandsbereich (die Differenzierung nach Geschlecht) noch deren Ungleichheitsrelevanz abhanden kommen (Gildemeister & Robert 1999). Damit bleibt die Perspektive der Geschlechterforschung in faktisch jedem Handlungsfeld von Bedeutung. Umso wichtiger wird es, solche Verfahren zu entwickeln, in denen die interaktive Herstellung von Geschlecht verbunden wird mit der Analyse von Geschlechterordnungen in modernen Gesellschaften. Bislang steht weitgehend aus, Struktur- und Prozessanalysen miteinander zu verbinden oder, wie es auch heißt: die Analyse sozialer Ungleichheit mit dem Fokus der ‹sozialen Konstruktion›. Dies aber ist offensichtlich eine der grundlegenden und weitgehend ungelösten Fragen in der allgemeinen Methodendiskussion innerhalb der qualitativen Sozialforschung. Daraus folgt, dass es in der Geschlechterforschung keinen ‹Königinnenweg›, keine herausgehobene Einzelmethode gibt oder geben kann, zugleich aber auch, dass von ihr wichtige Beiträge zur Entwicklung der Methoden zu erwarten sind.

Weiterführende Literatur

Behnke, C. & Meuser, M. (1999). Geschlechterforschung und qualitative Methoden. Opladen: Leske & Budrich.

Dausien, B., Herrmann, M., Oechsle, M., Schmerl, Ch. & Stein-Hilbers, M. (Hg.) (1999). Erkenntnisprojekt Geschlecht. Feministische Perspektiven verwandeln Wissenschaft. Opladen: Leske & Budrich.

Hagemann-White, C. (1994). Der Umgang mit der Zweigeschlechtlichkeit als Forschungsaufgabe. In: Diezinger, A., Kitzer, H., Anker, I., Bingel, I., Haas, E. & Odierna, S. (Hg.): Erfahrung mit Methode – Wege sozialwissenschaftlicher Frauenforschung, S. 301–320. Freiburg i. Breisgau: Kore.

Lutz von Rosenstiel
3.11 Organisationsanalyse

Sozialwissenschaften, die sich mit der Organisation, insbesondere mit Erwerbsarbeit in Organisationen, auseinander gesetzt haben, sind – als anwendungsorientierte Disziplinen – fast stets von der Komplexität des von ihnen untersuchten Gegenstandes, d. h. des Menschen in einem von ihm selbst geschaffenen Kontext, ausgegangen. Daher war hier die Offenheit für unterschiedliche methodische Zugänge in der Regel größer als in der sozialwissenschaftlichen Grundlagenforschung. So finden sich nicht nur in den Sozialwissenschaften von der Organisation in engerem Sinn wie der Arbeits- und Organisationspsychologie oder der Industriesoziologie, sondern auch in einschlägigen Feldern der Wirtschaftswissenschaften oder der Politologie von jeher neben quantitativ orientierten Methoden auch qualitative, die sich um eine differenzierte Beschreibung des Phänomens bemühten und dies u. a. aus der Sicht der handelnden Subjekte zu interpretieren suchten. Auch Einzelfallstudien als Erkenntnisquelle wurden akzeptiert, und es wurde vielfach darauf verzichtet, verallgemeinerungsfähige oder gar in mathematische Form gebrachte Gesetzmäßigkeiten zu formulieren. In der Geschichtswissenschaft oder in der Ethnologie, soweit sich diese Disziplinen für den Gegenstand der Organisation öffneten, dominierten ohnehin qualitative Forschungsmethoden. Man findet heute in der sozialwissenschaftlichen Auseinandersetzung mit Organisationen quantitativ orientierte und qualitative Forschung nebeneinander, wobei insgesamt das zeitweise geringere Gewicht qualitativer Forschungsansätze wieder zugenommen hat. Ohne jeden Anspruch auf Vollständigkeit oder auch nur auf Repräsentativität sollen dazu einige Grundüberlegungen zur Diskussion gestellt und exemplarische Forschungsstrategien qualitativer Art vorgestellt werden.

1. Zum Begriff der Organisation

Organisationen, die von der Sozialwissenschaft beschrieben, erklärt, prognostiziert und kontrolliert (Zimbardo 1995) werden sollen, entstammen meist der Wirtschaft und Verwaltung. Diese werden vielfach als ihrer Umwelt gegenüber offene Systeme definiert, die zeitlich überdauernd existieren, spezifische Ziele verfolgen, u. a. aus Individuum bzw. Gruppen zusammengesetzt sind und eine bestimmte Struktur zur Koordination der einzelnen Tätigkeiten aufweisen, die in der Regel durch Arbeitsteilung und eine Hierarchie von Verantwortung gekennzeichnet sind (Gebert 1978; v. Rosenstiel 2000).

Das Erleben und Handeln der Menschen in den Organisationen ist äußerst vielfältig. Organisationsmitglieder betreiben dort politische Spiele (Neuberger 1995a), sie erzählen sich Witze darüber (Neuberger 1988b), schließen Freundschaften (Refisch 1997), verlieben sich in Arbeitskolleginnen bzw. -kollegen und leben eine offene oder geheime erotische Beziehung (Mainiero 1994) oder quälen einander in der Art des Mobbing (Leymann 1993). Sie plagen in Abhängigkeit von ihrer Arbeitssituation Partner bzw. Partnerinnen und erziehen die Kinder auf eine besondere Weise (Grüneisen & Hoff 1977); sie bauen im Extremfall ihre Intelligenz ab (Greif 1978). Auf all dies allerdings lassen sich die Organisationswissenschaftler nur am Rande ein. Das primär interessierende Handeln von Menschen in Organisationen ist deren Arbeit (Ulich 1994; Gebert & v. Rosenstiel 1996). Entsprechend wird in der Psychologie das einschlägige anwendungsorientierte Spezialgebiet meist als Arbeits- und Organisationspsychologie bezeichnet (Greif, Holling & Nicholson 1989). Und auch in der Industriesoziologie (Lutz, Hartmann & Hirsch-Kreinsen 1996) bzw. in der Organisationssoziologie (Türk 1992) stehen die Strukturen im Vordergrund, innerhalb deren sich Arbeit vollzieht.

Bilder und Betrachtungsperspektiven
Organisationen sind von Menschen geschaffene Phänomene und somit Bestandteile der Kultur. Sie bestehen in Abhängigkeit vom Menschen, erfüllen in seinem Leben ganz bestimmte Funktionen, unterliegen so dem gesellschaftlichen Wandel und sind entsprechend auch historisch zu betrachten. Organisationen können nur eingeschränkt

mit dem Blick von außen analysiert werden, wenn die Forschungsergebnisse Anspruch auf Relevanz erheben wollen. Es gilt also ebenfalls zu klären, welche Bedeutung sie für den Einzelnen haben, wie
sie interpretiert werden und welches Bild sich die Menschen von der
Organisation machen.

Organisationen als äußerst komplexe Gebilde, innerhalb deren
Menschen, Aufgaben und Technologien im Rahmen bestimmter
Strukturen ziel- und zweckorientiert koordiniert werden, eignen
sich jeweils ausschnitthaft und perspektivisch für die wissenschaftliche Analyse ganz verschiedener Wissenschaften – und sind als viel-
schichtige Gegenstände prädestiniert für interdisziplinäre Forschung. Aber auch die, die als Mitglieder der Organisation einen Teil
ihres Lebens darin verbringen oder in anderer Form von diesen betroffen werden, haben ihre Bilder der Organisation (Neuberger
1988b; G. Morgan 1997). Dabei dominiert in den klassischen Or-
ganisationswissenschaften – und keineswegs nur in solchen inge-
nieurwissenschaftlicher Provenienz – die Metapher der Maschine.
Ein Zahnrad greift in das andere; dreht das große sich langsam, so
führt dies zu erheblicher Beschleunigung bei den kleinen; wird ein
Teil funktionsunfähig, so muss es repariert oder gar gänzlich ausgetauscht werden. Da eine derartige Maschine auch veraltet, ist gelegentlich eine völlige Neukonstruktion – «Business reengineering» –
erforderlich. Angesichts einer derartigen Sicht der Organisation ist
es klar, dass strenge Kausalitätsannahmen herrschen, das Bemühen
um ein Auffinden allgemeiner Gesetzmäßigkeiten und deren Darstellung in mathematischer Form dominiert und als Forschungsmethoden quantitativ ausgerichtete Verfahren die Wissenschaft bestimmen.

Es gibt allerdings auch gänzlich andere Metaphern der Organisation, Brillen, durch die diese betrachtet wird. So wird der Eigner
eines mittelständischen Unternehmens dieses häufig als eine Familie interpretieren, der ehrgeizige Manager als politische Bühne, auf
der es Einfluss zu gewinnen gilt, der auf Geltung versessene Aufsteiger als Arena, auf der eindrucksvolle Rollen («Impression management») gespielt werden. Andere wiederum interpretieren die
Organisation – orientiert an Analogien des Lebendigen – evolu-
tionstheoretisch und verstehen sie als Garten, innerhalb dessen verschiedene Pflanzen miteinander konkurrieren, wobei die einen im
Schatten der größeren prächtig gedeihen, während andere dort ver-

kümmern. Aber auch die Sicht der Organisation als Pflanze, die sich nach immanenten Gesetzen entfaltet und der Selbstregulation unterliegt, ist häufig anzutreffen. Sozialwissenschaftler sehen die Organisation nicht selten als ein Geflecht sich stabilisierender zwischenmenschlicher Beziehungen. Die Reihe der Bilder ließe sich fortsetzen, viele weitere Metaphern könnte man benennen, jedoch soll nur eine weitere, die in der Wissenschaft in jüngster Zeit erhöhte Beachtung gefunden hat, thematisiert werden: die Metapher der Kultur.

2. Die Organisation als Kultur

Bereits 1951 sprach Jaques in einem sehr modern anmutenden Sinn von der Kultur einer Fabrik, doch gewann die kulturspezifische Betrachtung der Organisation erst Anfang der 80er Jahre durch das viel zitierte und kontrovers diskutierte Werk «Auf der Suche nach Spitzenleistungen» von Peters & Waterman (1984) ein breites Interesse. Die Autoren glaubten im Rahmen ihrer unternehmensvergleichenden Untersuchungen entdeckt zu haben, dass die sog. weichen Faktoren wie soziale Qualifikation der Manager, Art der Stellenbesetzungen, Führungsstil oder Betriebsklima für den Erfolg wichtiger sind als die harten wie die Strategie, die Organisationsstruktur oder die Steuerungs- und Kontrollsysteme.

Die Organisationskultur lässt sich dabei nach Schreyögg (1992) in Anlehnung an Allaire und Firsirotu (1984) wie folgt bestimmen:
– Sie ist ein implizites Phänomen, das Selbstverständnis und Eigendefinition der Organisation prägt;
– sie ist ‹selbstverständlich› und wird in der Regel nicht reflektiert;
– sie bezieht sich auf gemeinsame Orientierungen an Werten, macht organisatorisches Handeln einheitlich und kohärent;
– sie ist das Ergebnis eines Lernprozesses im Umgang mit Bedingungen, die innerhalb und außerhalb der Unternehmung liegen;
– sie vermittelt Sinn und Orientierung in einer komplexen Welt und vereinheitlicht so deren Interpretation und enthält Handlungsprogramme;
– sie ergibt sich aus einem Sozialisationsprozess, der dazu führt, aus einer kulturellen Tradition heraus zu handeln, was bedeutet, dass sie nicht bewusst gelernt wird.
In diesem Sinn wird nicht in einzelnen Elementen der Organisation

etwas gesehen, was als Kulturbestandteil interpretiert werden sollte
(«die Organisation hat Kultur»), sondern sie wird insgesamt als Kultur verstanden («die Organisation ist Kultur» – Smircich 1983; Neuberger & Kompa 1987).

So betrachtet kann alles, was in der Organisation beobachtbar
ist, als Ausdruck spezifischer, ihr zugrunde liegender Überzeugungen und Werte interpretiert werden. Dies gilt für verbale Äußerungen, für zwischenmenschliche Interaktionen und für Artefakte, z. B.
für die in der Organisation zum Einsatz kommende Technik, für die
Architektur der Hauptverwaltung oder die Uniform der Pförtner.
Jeweils lässt sich die Frage stellen, was dies als Symbolisierung zugrunde liegender Kulturwerte bedeutet.

Damit wird ein Gesichtspunkt nahezu aller Umschreibungen der
Organisationskultur angesprochen, dass sie nämlich durch unterschiedliche Ebenen dargestellt werden sollte. Schein (1984) differenziert drei derartige Ebenen:

– Basisannahmen, die meist nicht bewusst sind, wie Grundüberzeu-
  gungen über die Umwelt, die Wahrheit, die Natur des Menschen
  oder die zwischenmenschlichen Beziehungen;
– Normen, Standards und Wertorientierungen, die durchaus be-
  wusstseinsfähig sind und als Verhaltensrichtlinien für die Organisationsmitglieder gelten;
– Artefakte, die zum einen im Sinne der Zweckrationalität offen-
  sichtliche Funktion haben, zugleich aber als Ausdruck der im Unternehmen vorherrschenden Basisannahmen gedeutet werden
  können, wie dies für alles Sichtbare und Beobachtbare in der Organisation gilt (Kaschube 1993).

3. Organisation als sozialer Prozess

Bemüht sich jemand darum, rasch einen Begriff einer spezifischen
Organisation zu gewinnen, so fragt er meist nach deren Zweck und
lässt sich eine Darstellung ihrer Aufbaustruktur, das Organigramm,
zeigen. Allzu leicht wird dabei diese graphische Darstellung mit der
faktischen Struktur verwechselt. Tatsächlich entspricht das, was sich
in der Organisation beobachten lässt, nicht dem Organigramm. Dieses lässt sich als ein Plan, als ein Sollkonzept interpretieren, dem die
beobachtbare Realität mehr oder weniger entsprechen kann. In der
viel diskutierten Unterscheidung von formeller und informeller Or-

ganisation (Roethlisberger & Dickson 1939) wird dies in missverständlicher Weise (Irle 1963) deutlich. Die sozialwissenschaftliche Betrachtung der Organisation hat nun diesen Beziehungen, die als Beziehungen zwischen Menschen interpretierbar sind, besondere Beachtung geschenkt. In diesem Sinn sieht Kahn (1977) die Struktur der Organisation in den stabilisierten Beziehungen zwischen ihren Mitgliedern. Betrachtet man diese Beziehungen in der zeitlichen Erstreckung dynamisiert, so zeigen sie sich auch als die Ablauforganisation und sind dazu geeignet, die Geschäftsprozesse zu visualisieren. Sind nun Beziehungen zwischen den Organisationsmitgliedern gleichermaßen Aufbau und Ablauf der Organisation, so ist deren nachhaltige Veränderung zugleich ein organisatorischer Wandel. Darauf baut das deutlich sozialwissenschaftlich geprägte Konzept der Organisationsentwicklung auf, das auf Lewin (1947) zurückgeht und dessen Entwicklung von French und Bell (1977) dargestellt wird.

Die Gesellschaft für Organisationsentwicklung (GOE 1980) definiert Organisationsentwicklung «als einen längerfristig angelegten, organisationsumfassenden Entwicklungs- und Veränderungsprozess von Organisationen und der in ihnen tätigen Menschen. Der Prozess beruht auf Lernen aller Betroffenen durch direkte Mitwirkung und praktische Erfahrung. Sein Ziel besteht in einer gleichzeitigen Verbesserung der Leistungsfähigkeit der Organisation (Effizienz) und der Qualität des Arbeitslebens (Humanität)».

Normativ bestimmte Kennzeichen eines Organisationsentwicklungsprozesses sind:

- Hilfe zur Selbsthilfe, das heißt, nicht außen stehende Experten tragen den Prozess, sondern sie befähigen die Betroffenen, den Veränderungsprozess selbst zu gestalten;
- Betroffene zu Beteiligten machen, das heißt, die jeweils Betroffenen konkretisieren die für sie geltenden organisatorischen Regelungen und entwickeln sie weiter, womit verbunden ist:
- Demokratisierung des Lebens in Organisationen, das heißt, dass die Betroffenen selbst die Maßnahmen gestalten und nicht höhere hierarchische Ebenen oder externe Experten.

Es ist offensichtlich, dass hinter einem derartigen Konzept eine gänzliche andere Metapher steht als die der Maschine. In der Organisation wird letztlich ein sich selbst organisierendes soziales System (Jung 1987) gesehen.

4. Methoden der Erkenntnisgewinnung

Sieht man in einer Wissenschaft ein System von Erkenntnissen aus einem Gegenstandsbereich, so stellt sich die Frage, wie man zu diesen Erkenntnissen gelangt und wie man sie sodann zum System verknüpft. Der Gegenstand Organisation ist nun nicht unabhängig vom Betrachter, sondern ergibt sich jeweils aus dessen Betrachtungsperspektive. Wer mit der Metapher der Maschine im Kopf an die Organisation herantritt, wird andere Methoden zur Datengewinnung und andere theoretische Konzepte zur Erkenntnisverknüpfung bevorzugen als jener, der in der Organisation ein sich selbst organisierendes soziales System sieht, oder als derjenige, der sie als eine Kultur betrachtet. Aber auch die Frage, ob es – generell gesehen – eher um Diagnose oder um Intervention bzw. – spezifisch betrachtet – um Organisationsanalyse oder -gestaltung geht, ist für die Wahl der adäquaten Methoden bedeutsam. Das Nebeneinander ganz unterschiedlicher Methoden der Organisationsanalyse ist also aus diesem Blickwinkel schlüssig, insbesondere der Umstand, dass sowohl quantitative als auch qualitative Verfahren zum Einsatz kommen.

Sieht man in einer anwendungsorientierten Forschung die Ziele, den Gegenstandsbereich zu beschreiben, zu erklären bzw. zu verstehen, Prognosen zu formulieren und Maßnahmen zur Gestaltung einzuleiten (Zimbardo 1995), kann man entsprechend auch in der empirischen Organisationsforschung erkennende – auf die Beschreibung, Erklärung, das Verständnis des Gegenstands gerichtete – Ansätze von gestaltenden abheben (Kieser & Kubicek 1977). Geht es primär um Erkenntnisziele, werden sowohl Falsifikationsstrategien verfolgt, die sich meist quantitativer Methoden bedienen, als auch Explorationsstrategien, bei denen ein qualitatives Vorgehen überwiegt (Müller-Böling 1992). Dieses Vorherrschen qualitativer Ansätze gilt auch für Konstruktionsstrategien, mit deren Hilfe wissenschaftlich begründetes Veränderungswissen erarbeitet werden soll. Hier findet man häufig konkrete Einzelfallstudien, oder man analysiert Organisationsprojekte, deren Befunde dann verallgemeinert werden (Szyperski & Müller-Böling 1981). Die in all diesen Fällen zum Einsatz kommenden Techniken der Datensammlung entsprechen den in der empirischen Sozialforschung generell üblichen Methoden. Es wird schriftlich oder mündlich, standardisiert oder unstandardisiert befragt, verdeckt oder offen, teilnehmend oder nicht teilnehmend, systematisch oder unsystematisch beobachtet *(→ 5.5)* oder auf Verfahren der Inhaltsanalyse *(→ 5.12)* zurückgegriffen, wobei diese Datengewinnung in Fallstudien oder vergleichenden Feldstudien, aber auch im Rahmen von Experimenten oder innerhalb der Aktionsforschung vorgenommen werden kann (Müller-Böling 1992).

Qualitative Methoden spielen innerhalb dieses breiten Spektrums eine nicht unerhebliche Rolle auch und gerade, wenn man an die spezifischen sozialwissenschaftlichen Vorgehensweisen denkt (Brandstätter 1978; Kühlmann & Franke 1989; Büssing 1995; Bungard, Holling & Schultz-Gambard 1996). Beispiele – zum Teil höchst zentraler und prominenter Art – für alle von Lamnek (1995) genannten qualitativen Methoden und Techniken lassen sich im Rahmen von Organisationsanalysen finden.

So stößt man häufig auf Einzelfallstudien oder vergleichende Falldarstellungen im Feld. Beispiele dafür sind die Analysen der Unternehmenskommunikation in einer bayerischen Bank, die als eine Bedingung des Erfolgs interpretiert wird (Wever & Besig 1995), oder die Darstellung der theoriegeleitet entwickelten wertorientierten Personalarbeit eines bayerischen Automobilherstellers (Bihl 1995).

Sehr verbreitet ist der Einsatz verschiedener Formen des qualitativen Interviews *(→ 5.2)*, das gelegentlich auch in schriftlicher Form mit offenen Fragen durchgeführt wird. Ein frühes Beispiel dafür ist die Befragung von ca. 8000 Arbeitern durch Levenstein (1912). Im Begleitbrief an die Befragten heißt es:

«Lieber Freund!
Eine große Bitte ergeht an Sie. Ich möchte etwas wissen von Ihrem Fühlen und Denken, wie die Arbeit auf Sie einwirkt, welche Hoffnungen und Wünsche Sie haben (...) Auch an Ihre Frau geht dieselbe Bitte. Schreiben Sie so recht aus der Seele heraus. Kein Name wird genannt (...)»
Beispiele für einige Fragen sind:
«18. Denken Sie bei Ihrer Arbeit – und an was denken Sie – oder ist es Ihnen überhaupt unmöglich, dabei zu denken?»
«20. Was drückt Sie mehr, der geringe Lohn oder dass Sie vom Arbeitgeber so abhängig sind, so wenig Aussichten haben, im Leben weiterzukommen, Ihren Kindern gar nichts bieten zu können?»
«25. Gehen Sie oft in den Wald? Was denken Sie, wenn Sie auf dem Waldboden liegen, ringsherum tiefe Einsamkeit?»

Den Durchbruch fand jedoch das qualitative Interview im Rahmen der Hawthorne-Studien (Roethlisberger & Dickson 1939), und hier spezifisch innerhalb des sog. Interviewprogramms. Das Ziel dabei war es, zu erkunden, wie die Arbeitnehmer ihre Situation wahrnehmen, um daraus zum einen Verbesserungsvorschläge abzuleiten und zum anderen eine Basis für ein Führungstraining zu gewinnen. 21 000 Personen wurden dabei befragt, wobei es im Zuge der Methodenentwicklung gelang, von direktiven Vorgehensweisen zu qualitativ orientierten Befragungs- und Auswertungsmethoden zu kommen. Die Grenzen und Verfälschungsgefahren im Rahmen strukturierter schriftlicher Befragungen wurden dabei deutlich thematisiert. Innerhalb des gewählten indirekten Ansatzes sollten die Befragten im Rahmen der Fragestellung den Gesprächsgegenstand selbst auswählen und der Fragende sich auf die Themen des Interviewpartners einstellen. Für die Interviewer galt die Regel, mit Freundlichkeit und Geduld zuzuhören, auf das Erteilen von Ratschlägen und Belehrungen zu verzichten, nicht zu widersprechen und nur im Ausnahmefall explizit Fragen zu formulieren. Es galt, als Basis der späteren Auswertung, möglichst den gesamten Gesprächsverlauf zu protokollieren. Die Niederschriften waren dann die Grundlage zur Bildung relevanter Kategorien für die Auswertung.

Qualitative Interviews werden aber auch – obwohl hier strukturierte schriftliche Massenbefragungen überwiegen – in der Arbeitszufriedenheitsmessung eingesetzt (Neuberger 1985), bei der Analyse organisationaler Praktiken, bei der Erforschung von Auswahl und Einarbeitung neuer Mitarbeiter (v. Rosenstiel, Nerdinger & Spieß 1991), bei der Analyse von Wirkungen organisationaler Führungstrainings (Schönhammer 1985), bei der Erfassung von Unternehmenskultur (Schein 1985) und bei vielen anderen Teilthemen mehr.

Nicht ganz so häufig stößt man auf Gruppendiskussionen *(→ 5.4)* im Rahmen der Organisationsanalyse, wobei spezifisch ausgewählte Organisationsmitglieder, Berater oder Kunden der Organisation frei organisationsrelevante Themen besprechen. Diese Diskussionen werden häufig auf Tonband oder Videoband aufgezeichnet, gegebenenfalls transkribiert *(→ 5.9)*. Es werden auf der Basis der Transkripte Kategorien gebildet, danach wird die Auswertung in einer meist interpretierenden Weise vorgenommen. Erhebliche Bedeutung haben derartige Gruppendiskussionen bei gestaltungszentrierten Vorgehensweisen im Rahmen von Organisationsentwicklungsprozessen, und zwar dann, wenn die Daten an die Betroffenen zurückgemeldet, mit ihnen gemeinsam analysiert und in eine Maßnahmenplanung überführt werden (Gebert 1995).

Auch auf Inhaltsanalysen *(→ 5.12)* trifft man in der empirischen Organisationsforschung relativ häufig, wenn z. B. Unternehmensleitsätze, Führungsgrundsätze oder andere für die Organisation kennzeichnende Dokumente analysiert *(→ 5.15)* werden (Dierkes & Hähner 1993), man nach den Inhalten der betrieblichen Aus-, Fort- und Weiterbildung fragt (Pawlowsky & Bäumer 1993) oder wenn man aus unternehmensspezifischen Witzen auf die Kultur dieser Organisation schließen möchte (Neuberger 1988b).

Die teilnehmende Beobachtung *(→ 5.5)* wird gelegentlich in unterschiedlichem Ausprägungsgrad innerhalb der Organisationsanalyse herangezogen. Bekannt wurde in diesem Kontext die Arbeit von Zavala, Locke, Van Cott und Fleishman (1965), die mit dem Ziel der Analyse des Hubschrauberfliegens diese Kompetenz selbst erwarben und ihre Erfahrungen in diesem Zusammenhang in einer Arbeitsanalyse dokumentierten. Noch stärker beachtet wurde die viel zitierte Studie von Mintzberg (1973) zur Analyse des Alltagshandelns von Managern in Organisationen. Freilich waren hier nicht alle Kriterien für die teilnehmende Beobachtung erfüllt. Mintzberg ließ tagelang fünf Topmanager verschiedener Funktionsbereiche von früh bis spät begleiten, wobei die Beobachter alle Aktivitäten der Manager registrierten.

Selten nur trifft man in der Organisationsforschung auf die biographische Methode, obwohl – besonders mit psychoanalytischer Orientierung – gewisse Ansätze in dieser Richtung zu beobachten sind (Mertens & Lang 1991). Angeregt wurde eine derartige biographische Orientierung u. a. durch Kets de Vries und Miller (1986), die fünf unterschiedliche biographisch bedingte Formen neurotischer Persönlichkeitsstrukturen postulieren und deren mögliche Auswirkungen auf die Organisation darstellen. So neigen etwa zwanghafte Persönlichkeiten in Führungspositionen zu Kontrollphantasien und bauen eine ausgesprochen autokratische, alles Handeln der Unterstellten vorschreibende und kontrollierende Organisation um sich herum auf. Ohne expliziten Rückgriff auf tiefenpsychologische Konzepte hat Klein (1991) aus den Wertorientierungen und Einstellungen von Unternehmern die Strukturen und Praktiken ihrer Unternehmen abzuleiten gesucht.

Qualitative Methoden gibt es also – das sollte verdeutlicht werden – auf nahezu allen Gebieten der empirischen Organisationsforschung, besonders ausgeprägt aber auf denen der Organisationskulturforschung und der Organisationsentwicklung. Beide sollen exemplarisch hervorgehoben werden.

Methoden der Organisationskulturforschung

Sieht der Wissenschaftler die Organisation als Kultur, so liegt es nahe, auch jene Methoden zu nutzen, die in der Kulturforschung, vor allem in der Ethnologie, üblich sind (Helmers 1993). Dies gilt insbesondere, wenn der Forscher dem Metaphernansatz nahe steht («die Organisation ist Kultur») und entsprechend zu interpretativen Erklärungsansätzen neigt. Es gilt weniger, wenn er den Variablen-Ansatz vertritt («die Organisation hat Kultur») und die Organisationskultur funktionalistisch erklärt, etwa aus erfolgreichen organisationalen Problemlösungsansätzen in der Vergangenheit (Schein 1990). In diesem erstgenannten Sinn hat Turner (1977) vorgeschlagen, komplexe Organisationen wie «Eingeborenenstämme» zu betrachten und zu ihrer Untersuchung – wie von Lévi-Strauss (1981) empfohlen – strukturalistische Interpretationsansätze heranzuziehen. So gibt es vermehrt Versuche, Zeremonien in der Organisation zu entdecken und zu analysieren, z. B. Weihnachtsfeiern oder Betriebsausflüge (Kieser 1988; Rosen 1988), Rituale in der Organisation zu deuten, z. B. Workshops in einem ganz spezifischen Rahmen mit feststehendem Ort, Tag und Ablauf (Trice & Beyer 1985). Zunehmend sucht man auch nach Organisations- oder Firmenmythen (Westerlund & Sjöstrand 1981); dabei eignen sich besonders tradierte Erzählungen über den Firmengründer oder andere Zentralpersonen des Unternehmens für die Werte symbolisierende Mythenbildung (Kubicek 1984; Neuberger & Kompa 1987).

Kennzeichnend für bestimmte Organisationen sind auch Tabus. So gibt es Worte, die nicht ausgesprochen werden dürfen, oder Themen, über die nicht kommuniziert werden soll, was in vielen Organisationen der Wirtschaft für das Gehalt gilt; man spricht geradezu von einem «Tabu der Gehälter» (Neuberger & Kompa 1987).

Aber auch der Tribalismus, der in der Ethnologie die Tendenz zur Bevorzugung von Kontakten mit Mitgliedern der eigenen Kulturgruppe kennzeichnet, wird in der Organisationsforschung in Analogie verwendet, etwa dann, wenn es um die Analyse sozialer Netze geht, bis hin zu Fragen der Koalitionsbildung innerhalb der Mikropolitik (Neuberger 1995a), oder – mit negativer Wertung – um die Analyse von ‹Seilschaften›. Dabei ist es für die Kulturforschung – auch bei der Erforschung der Organisationskultur – kennzeichnend, dass die beobachtbaren Fakten nicht objektiv beschrieben werden können, sondern schon ausgewählt und interpretiert sind und die Forschung entsprechend als systematische Interpretation zu deuten ist.

Der gelegentlich in der betriebswirtschaftlichen Organisationskulturforschung gemachte Versuch, die Fakten kontextfrei und ‹objektiv› zu erfassen (Hoffmann 1989; Taubitz 1990), hat sich nicht als sehr erfolgreich erwiesen. Wählt man die Perspektive der Kultur, so gilt es, die beobachtbaren Fakten im Sinne einer Oberflächenstruktur zu verstehen und die Tiefenstruktur der sie erzeugenden Programme (Neuberger 1995b) interpretativ zu erschließen. Dabei kann man kaum mit vorgegebenen Regeln an die Deutung gehen, sondern muss diese wiederum kontextspezifisch und gegebenenfalls mit den Mitgliedern der Organisation gemeinsam entwickeln und kommunikativ validieren (→ 4.7). Neuberger (1995b) zeigt, dass dies z. B. an Toilettensprüchen, Pausengesprächen oder an Firmenlogos versucht wurde. Zu vielen dieser auch als Symptome der Kultur interpretierbaren Äußerungen oder Objektivationen liegen Untersuchungen vor, etwa zu Geschichten, Mythen und Legenden, zu Sprachregelungen, Witzen, Geschäftsberichten und Führungsgrundsätzen, zu Gemeinschaftsveranstaltungen, Kleidervorschriften, Statussymbolen oder zur Architektur des Hauptgebäudes. Neuberger (1989b) zeigt, an welche Symptome der Unternehmenskultur – verbale interaktive, artifizielle – in diesem Zusammenhang gedacht werden kann.

Symptome der Unternehmenskultur		
verbale	interaktionale	artifizielle (objektivierte)
Geschichten	Riten, Zeremonien, Traditionen	Statussymbole
Mythen	Feiern, Festessen, Jubiläen	Abzeichen, Embleme Geschenke, Fahnen
Anekdoten	Konventionen	Logos
Parabeln	Konferenzen, Tagungen	Preise, Urkunden, Incentive-Reisen
Legenden, Sagen, Märchen	Vorstandsbesuche, Revisorbesuche	Idole, Totems, Fetische
Slogans, Mottos, Maximen, Grundsätze	Organisationsentwicklung	Kleidung, äußere Erscheinung
	Auswahl und Einführung neuer Mitarbeiter	
Sprachregelungen	Beförderung	Architektur, Arbeitsbedingungen
Jargon, Argot, Tabus	Degradierung, Entlassung, freiwillige Kündigung, Pensionierung, Tod	Plakate, Broschüren, Werkszeitung
Lieder, Hymnen	Beschwerden	schriftlich fixierte Systeme (z. B. der Lohnfindung), Einstufung, Beförderung
	magische Handlungen (Mitarbeiterauswahl, strategische Planung usw.) Tabus	

Symptome der Unternehmenskultur

Methoden der Organisationsentwicklung

Mit Prozessen der Organisationsentwicklung setzt sich eine gestaltungsorientierte Forschung auseinander. Sie hat die klassische Subjekt-Objekt-Beziehung herkömmlicher Sozialforschung in eine Subjekt-Subjekt-Beziehung im Sinne der Aktionsforschung (Lewin 1947, 1976; Sievers 1977) überführt. Vereinfacht ausgedrückt lässt sich sagen, dass Organisationsentwicklung eine Anwendung der Aktionsforschung in Organisationen ist. Eine dort betriebene «Tat-Forschung» (Lewin 1947) ist Kernstück nahezu aller heute betriebener Organisationsentwicklungsprozesse, und zwar im Sinne des auf Lewin zurückgehenden Survey-Feedback-Ansatzes. Dabei werden nach einer entsprechenden Information aller betroffenen Organisationsmitglieder über die Ziele und Verfahrensweisen zunächst

Daten erhoben (Survey). Dies kann auf der Basis strukturierter oder unstrukturierter Fragebögen, mit Hilfe qualitativer Interviews, im Rahmen von Gruppendiskussionen mit Unterstützung durch Moderationsverfahren oder auch auf der Grundlage spontan gezeichneter Bilder der eigenen Situation (Comelli 1985, 1994) aus dem Stegreif heraus entwickelter, die Beziehungen in der Organisation widerspiegelnder Theatersketches etc. erfolgen. Die zusammengefassten, meist angemessen visualisierten Ergebnisse dieser Datenerhebung werden dann an die Betroffenen selbst – und nicht ausschließlich an das obere Management oder externe Berater – zurückgespielt (Feedback). Die Befunde werden unter Nutzung von Moderationsmethoden diskutiert und diagnostiziert; dabei kann man auch die bei diesem interaktiven Prozess sichtbar werdenden sozialen Beziehungen der Teilnehmer untereinander thematisieren. Der Diskussionsleiter in der Rolle des Prozessberaters kann unterstützend eingreifen, wobei er allerdings auf das Einbringen inhaltlicher Konzeptionen verzichtet. Es werden ausschließlich von den Teilnehmern auf der Sachebene Stärken und Schwächen herausgearbeitet, sodann wird im Rahmen von Aktionsplänen von einzelnen Teilnehmern oder Projektmitarbeitern der Versuch unternommen, die zusammen erarbeiteten Verbesserungsvorschläge zu implementieren.

Neben dem Survey-Feedback-Ansatz gibt es eine Reihe weiterer Methoden der Organisationsentwicklung (v. Rosenstiel, Einsiedler, Streich & Rau 1987; Gebert 1995). Besonders erfolgreich im Sinne der von den Betroffenen selbst formulierten Ziele scheint jedoch die Vorgehensweise dann zu sein, wenn zum einen die Survey-Feedback-Methode mit der Prozessberatung kombiniert wird (Friedlander & Brown 1974; Gebert 1995), zum anderen bestimmte Rahmenbedingungen gegeben sind (v. Rosenstiel 2000), insbesondere die Unterstützung des Prozesses durch das obere Management, eine Kultur, innerhalb deren offene Kommunikation und ein Mindestmaß an Vertrauen sichergestellt sind sowie die Bereitschaft, nicht ergebnisorientiert in einem kurzfristigen Sinn zu denken, sondern sich auf längerfristige Prozesse einzulassen.

5. Abschluss

Organisationen sind von Menschen geschaffene Systeme, die Bedeutung für ihre Mitglieder durch ihre Wahrnehmung, Deutung und Interpretationen gewinnen. Will man all dies wissenschaftlich fassen, so eignen sich qualitative Verfahren dafür besonders gut. Es ist daher nicht überraschend, dass diese innerhalb empirischer Organisationsanalysen eine erhebliche Rolle spielen.

Weiterführende Literatur
Dierkes, M., v. Rosenstiel, L. & Steger, U. (Hg.) (1993). Unternehmenskultur in Theorie und Praxis. Frankfurt a. M.: Campus.
Gebert, D. (1995). Intervention in Organisationen. In: Schuler, H. (Hg.): Lehrbuch Organisationspsychologie, S. 481–494. Bern: Huber.
Neuberger, O. & Kompa, A. (1987). Wir, die Firma. Weinheim: Beltz.

Ernst von Kardorff
3.12 Qualitative Evaluationsforschung

1. Aufgaben der Evaluationsforschung im gesellschaftlichen Kontext
2. Evaluation als angewandte Sozialforschung
3. Auf dem Weg zur qualitativen Evaluationsforschung
4. Merkmale qualitativer Evaluationsforschung
5. Varianten qualitativ orientierter Ansätze in der Evaluationsforschung
6. Perspektiven

1. Aufgaben der Evaluationsforschung im gesellschaftlichen Kontext

In modernen Wissensgesellschaften (Stehr 1994) besteht ein zunehmender Bedarf an wissenschaftlich abgesicherten Nachweisen über Wirksamkeit, Effizienz, Qualität und Akzeptanz politischer Programme und Maßnahmen in allen gesellschaftlichen Bereichen. Verstärkt wird die Nachfrage nach entscheidungsrelevanten Informationen, Planungshilfen und Bewertungen durch einen modernisierungsbedingten gesellschaftlichen Veränderungsbedarf, durch knappe Mittel der öffentlichen Haushalte, die zu verschärfter Effizienz- und Kostenkontrolle führen, sowie durch ein gestiegenes Qualitätsbewusstsein seitens einer kritischen Öffentlichkeit.

Evaluation lässt sich als wissenschaftliche Antwort auf diese Herausforderungen verstehen:

1. Sie überprüft Wirksamkeit, Effizienz und Zielerreichung politischer, sozialer und ökologischer Programme, Maßnahmen, Modelle und Gesetze, pädagogischer und therapeutischer Interventionen, sozialer, kultureller und technischer Innovationen sowie Organisationsveränderungen in komplexen und sich beständig ändernden Umwelten.

2. Ihre Ergebnisse sollen Entscheidungs- und Planungshilfen liefern und aus Sicht ihrer Auftraggeber zu verbesserter Steuerung, höherer Rationalität und verbesserter Qualität von Angeboten beitragen sowie Argumente für eine legitime Durchsetzung von Zielen und Interessen liefern (Madaus, Scriven & Stufflebeam 1983; Rossi & Freeman 1993; Weiß 1998; v. Kardorff 1998a; → 6.3).

3. Evaluation soll erwünschte gesellschaftliche und organisationsinterne Veränderungen und Lernprozesse anregen, dokumentieren und begleiten (Torres, Preskill & Piontek 1996).

4. Schließlich soll Evaluation im Sinne *entdeckender Sozialforschung* neue Erkenntnisse zu einem vertieften Verständnis der untersuchten Bereiche beisteuern (vgl. Chelimsky & Shadish 1997).

2. Evaluation als angewandte Sozialforschung

Evaluation(sforschung) ist *angewandte Sozialforschung*. Und angewandte Sozialforschung ist zum großen Teil Evaluation. Aus ihrem Anwendungsbezug resultieren einige Besonderheiten, die am experimentellen Paradigma orientierte und auf Quantifizierung ausgerichtete (z. B. Bortz & Döring 1995; Wottawa & Thierau 1998) und qualitative Ansätze der Evaluationsforschung (z. B. Guba & Lincoln 1989; Shaw 1999) gleichermaßen betreffen, z. B.:

– Sie ist gebundene, meist außeruniversitäre Auftragsforschung, die sich ihre Fragestellungen nur begrenzt selbst wählen kann, und sie ist an enge zeitliche Vorgaben gebunden;

– sie bewegt sich in Feldern, die von Machtkonstellationen und unterschiedlichen Interessenlagen geprägt sind; damit wird sie unvermeidlich mit gesellschaftlichen Problemlagen, Konjunkturen, Politiken und deren Auswirkungen konfrontiert und in sie verwickelt.

Das heißt auch: Evaluationsforschung trifft nicht auf ein «stummes» Objekt. Vielmehr zeigt ihr jeweiliger «Gegenstand», seien es Organisationen – wie Krankenhäuser, Schulen, Verwaltungen –, politische Programme – wie Gesundheitsförderung, Stadtentwicklung, Resozialisierung – oder Verhaltensweisen von Menschen – wie Leistungen in Schule und Beruf, abweichendes Verhalten, Veränderung von Einstellungen – eine *hohe Reaktanz* auf die Evaluation selbst. Damit wird Evaluationsforschung generell und nicht nur gewollt, wie in der Aktionsforschung oder in neueren Empowermentansätzen (Fetterman, Kaftarian & Wandersman 1996; Stark 1996), selbst zu einem Moment von Veränderung; dabei haben die Tatsache und der Prozess der Evaluation häufig größeres Gewicht als ihre Ergebnisse selbst *(→ 6.3)*. Evaluation trifft auf sich beständig verändernde Interpretationen der von Programmen und Maßnahmen und ihrer Evaluierung betroffenen Personen und kollektiven Akteure (z. B. Verbände); dabei wird sie oft mit kontroversen Reaktionen auf ihren Vollzug und ihre Ergebnisse konfrontiert. Diese reflexive Reaktanz ihres «Gegenstandes» lässt die dafür sensiblen interpretativen und prozessorientierten Ansätze für die Evaluation besonders bedeutsam werden: weil sie nicht nur die Tatsache der «gesellschaftlichen Konstruktion der Wirklichkeit» (Berger & Luckmann 1969) und ihres Prozesscharakters berücksichtigen, sondern weil sie auch die doppelte soziale Konstruktion, die im Verlauf der Evaluation entsteht und die die Evaluation ihrerseits erzeugt, sichtbar machen (Guba & Lincoln 1989; Patton 1997).

Der Großteil der kontroversen theoretischen Debatten in der Evaluationsforschung kreist um Paradigmen (z. B. Cronbach 1982; Lincoln 1994; House 1994; Stufflebeam 1994), um die Rolle der Evaluationsforscher und die Beteiligung der Betroffenen am Evaluationsgeschehen (Bryk 1983; Fetterman 1994), um die sozialen Voraussetzungen und Folgen von Evaluation (House 1993), um angemessene Forschungsdesigns (aus qualitativer Perspektive z. B. Guba & Lincoln 1989, aus [quasi-]experimentell-quantitativer Sicht z. B. Wittmann 1985) sowie um gesicherte Standards (Cronbach 1983). Die Praxis der Evaluationsforschung hingegen zeichnet sich durch ein hohes Maß an Pragmatismus, eine eklektische Kombination von qualitativen und quantitativen Methoden *(→ 4.5)* und durch eine – wenig beschriebene und oft verschwiegene – Verhandlungs(un)-kultur im Spannungsfeld zwischen Auftraggebern, von der Evaluation betroffenen Akteuren sowie dem Anspruch an wissenschaftliche Seriosität und Erwartungen der Öffentlichkeit aus (vgl. auch Freundlieb & Wolff 1999).

3. Auf dem Weg zur qualitativen Evaluationsforschung

Guba und Lincoln (1989), die zusammen mit Patton (1990 und 1997) zu den herausragenden Vertretern einer *qualitativen Evaluationsforschung* in den USA zählen, sehen die Entwicklung der Evaluationsforschung in drei Phasen oder «Generationen», denen sie eine «vierte», qualitative, gegenüberstellen, die durch ein konstruktivistisches Paradigma *(→ 3.4)*, eine naturalistische Forschungsmethodologie *(→ 3.3)* und eine konsequente Praxis des Aushandelns von Zielen, durch konsensuelle Validierungsstrategien (Kvale 1995a; House 1993; → 4.7), durch Offenheit, Transparenz und Fairness gegenüber den Beteiligten sowie durch Wertepluralismus im Rahmen einer demokratischen Gesellschaft gekennzeichnet ist/sein soll (Guba & Lincoln 1989; House 1993).

In der ersten *Phase des Messens*, von den Entwicklungsskalen und Intelligenztests Binets zu Beginn des 20. Jahrhunderts bis etwa Mitte der 30er Jahre, standen Fragen der Quantifizierung, z. B. von Schulleistungen, im Vordergrund. In der zweiten, bis in die späten 50er Jahre andauernden, *Phase der Beschreibung* ging es vorrangig um Zuschnitt und Wirkungsweise von Programmen (program-evaluation), nachdem individuelle (Leistungs-)Unterschiede statistisch gemessen werden konnten. In der dritten, mit sozial- und bildungspolitischen Reformprogrammen in den USA verbundenen *Phase der Beurteilung* wurde Evaluation zur wissenschaftlich gestützten Politikberatung. Nicht erst die Ergebnisse, sondern bereits die Ziele selbst müssen nun evaluiert, Abläufe an vorgegebenen Standards beurteilt und die Auswirkungen nicht allein innerhalb der Programme selbst, sondern auch auf die relevanten Umwelten hin beurteilt werden.

Bezogen auf die deutsche Entwicklung beginnt die Konjunktur der Evaluationsforschung erst im Zuge der sozial- und bildungspolitischen Reformprogramme der sozialliberalen Koalition zu Beginn der 70er Jahre. Neben der Programmevaluation (z. B. Modellprogramm Psychiatrie) ging und geht es bis heute vor allem um die Evaluation lokal begrenzter Modellvorhaben (vgl. auch Lange 1983). Methodisch sind diese Evaluationen durch eine Koexistenz von Messen, Beschreiben und Beurteilen gekennzeichnet, wobei besonders in den Bereichen kommunaler psychosozialer Versorgung, Sozial- und Jugendarbeit, Stadtentwicklung und bei Initiativen aus den Neuen Sozialen Bewegungen auch veränderungs- und beteiligungsorientierte Ansätze der Aktionsforschung zum Tragen kommen. Mit dem Ende des Wohlfahrtsstaats und der Krise der Staatsfinanzen gewinnen auf verstärkte Effizienz und Qualitätssicherung sowie auf Organisationsentwicklung zielende Ansätze an Gewicht, im Bereich der Diskussion um Akzeptanz und professionelle Qualität im Bereich personenbezogener Dienstleistungen auch Konzepte der Praxisforschung (Heiner 1988a), der Selbstevaluation (Heiner 1988b) und einer auf Organisationslernen zielenden «experimentierenden Evaluation» (Heiner 1998; → 3.11). In den letztgenannten Ansätzen kommt qualitativen Methoden und evaluativen Interventionen – wie Gruppendiskussionen (→ 5.4), Situationsporträts, Delphi-Techniken, ethnographische Methoden (→ 5.5), teilnehmende Beobachtung, Qualitätszirkel usw. – ein großes Gewicht zu. Im Zuge der aktuellen Diskussionen um (ökonomische) Effizienz tritt allerdings wieder stärker eine am experimentellen Paradigma orientierte Ergebnismessung in den Vordergrund. Eine der angelsächsischen Entwicklung vergleichbare wissenschaftliche Diskussion über Evaluation gibt es in Deutschland bislang allerdings ebenso wenig wie eine eigenständige Professionalisierung von Evaluationsforschern.

Aus dieser Entwicklungsskizze lässt sich erkennen, dass qualitative, prozessorientierte, kommunikations- und beteiligungsorientierte Verfahren zusätzlich zu quantifizierenden und summativ angelegten Evaluationsstudien an Bedeutung gewinnen. Damit reagiert die inzwischen in allen modernen Gesellschaften und hier vor allem in den USA zu einer eigenen Forschungsindustrie angewachsene Evaluationsforschung[1] auf Krisen und Defizite. Hier handelt es sich vor allem um folgende Kritikpunkte:

– Auftraggeber und Beteiligte kritisieren häufig den zu geringen praktischen Nutzen und die oft legitimatorische Verwendung ihrer Ergebnisse (vgl. Legge 1984).

– Die von Evaluation und Maßnahmen der Qualitätssicherung betroffenen Organisationen und Personen bemängeln aus ethischer und politischer Sicht die fehlende Berücksichtigung der Anliegen, Meinungen und Ansprüche der Beteiligten («stakeholder») und deren geringe Einfluss- und Partizipationsmöglichkeiten.

– Wissenschaftliche Kritiker heben eine – inzwischen korrigierte – Fixierung auf die sog. summative, nur ergebnisbezogene anstelle der Abläufe begleitenden, «formativen» Evaluation hervor. Aus konzeptioneller Sicht bemängeln sie das Fehlen einer systematischen Einbeziehung subjektiver Theorien, Diskurse und Praktiken der Beteiligten und Adressaten der evaluierten Maßnahmen, weil in ihnen die guten und die schlechten Gründe für Widerstände und für unvorhergesehene Entwicklungen zum Ausdruck kommen können. Wieder andere Kritiker bemängeln die fehlende kommunikative Responsivität der Verfahren (Stake 1997) für die Strategien der Untersuchten im Umgang mit Programmen und Maßnahmen oder die distanzierte Perspektive der Begleitforschung, die scheinbar objektiv beschreibt und nachzeichnet, wie Programme scheitern und erst nach der Havarie Gründe dafür benennt, statt begleitend in der Funktion eines Lotsen einzugreifen (vgl. v. Kardorff 1988) und Lernprozesse einzuleiten (Patton 1998). Ein weiterer Einwand betrifft einen Mangel an eigenständigen Erkenntnisfragen als Beitrag zu sozialwissenschaftlichem Wissen und Theoriebildung (Chelimsky & Shadish 1997).

Qualitative Evaluation beansprucht, einige dieser Kritikpunkte aufzugreifen und damit insgesamt eine neue Perspektive für die Evaluationsforschung zu eröffnen.

4. Merkmale qualitativer Evaluationsforschung

Hintergrundannahmen, Prinzipien und theoretische Perspektiven
Nimmt man die von Guba und Lincoln entwickelte «Evaluation der vierten Generation» (1989) als die am weitesten ausgearbeitete Konzeption qualitativer Evaluationsforschung zur Richtschnur, dann lassen sich folgende normative und konzeptionelle Prinzipien benennen:

1. Unter normativen Aspekten ist Evaluationsforschung *wertgebundene Forschung*, etwa wenn es um die Erhöhung der Leistung von Arbeitnehmern, um gesundheitsbewussteres Verhalten von Patienten oder um Kriminalitätsprävention geht. Nach Guba und Lincoln soll sie hier demokratischen Werten wie Transparenz, Beteiligung, Betonung des freien Willens, sozialer Verantwortung, Aufrichtigkeit und einer humanistischen Perspektive verpflichtet sein. Auf jeden Fall soll sie die ihrer Arbeit zugrunde liegenden Werte benennen und veröffentlichen.

2. Versteht man soziale Wirklichkeit als gesellschaftliche Konstruktion, dann sind die «Adressaten» von Maßnahmen nicht nur «Objekte», die auf Interventionen reagieren, sondern handelnde

Subjekte, die Interventionen in ihre Umwelt in ihre Alltagstheorien inkorporieren, sie in bestimmter Weise deuten und sinnhafte Strategien (schöpferische Uminterpretation, Widerstand, ironisches Unterlaufen, Gegenentwürfe usw.) im Umgang mit ihnen entwickeln.

3. Daher sollte Evaluationsforschung – und in der Praxis bleibt ihr auch gar nichts anderes übrig – als kommunikativer Aushandlungsprozess angelegt sein. Sie erfüllt nicht nur Dienstleistungsfunktionen und ist nicht bloß Umsetzungshilfe und/oder Akzeptanz- und Legitimationsbeschaffer für den Auftraggeber; sie ist auch den Beteiligten der Programme und den Adressaten von Maßnahmen verpflichtet, weil deren Interessen, Handlungsspielräume und Lebensqualität von der evaluierten Maßnahme betroffen sind. Evaluationsforschung spielt unvermeidlich immer selbst eine aktive Rolle bei Veränderungen; sie agiert mithin als «change-agent» – auch wenn man ihren tatsächlichen Einfluss nicht überschätzen sollte (Freundlieb & Wolff 1999). Daraus folgt, dass Evaluation sich weniger als wissenschaftliche Autorität in sozialtechnischen Belangen begreifen, sondern besser offen an der Klärung von Interessenkonflikten und Handlungsperspektiven, an der Aushandlung von Zielen und Formen der Umsetzung mitwirken sollte. Dies kann geschehen, indem sie moderierende Funktionen übernimmt und wissenschaftlichen Sachverstand liefert (etwa auf von Beteiligten nicht gesehene Folgen aufmerksam macht), konsensuelle Bemühungen um Zielklärung in die Programm- und Maßnahmengestaltung im Prozess der Umsetzung und diesen verändernd einbringt, aber auch unaufhebbare Differenzen und Dissens sichtbar macht. Die Ergebnisse von Evaluation nehmen daher eher den Charakter reflexiven und orientierenden statt technisch-instrumentellen Wissens an (vgl. Beck & Bonß 1989).

4. Das Wirklichkeitsverständnis qualitativer Evaluationsforschung ist im Kern konstruktivistisch *(→ 3.4)*: Soziale Wirklichkeit wird verstanden als Ergebnis kommunikativ und interaktiv ausgehandelter Strukturen, die sich in Deutungsmustern, Diskursen, sozialen Repräsentationen und Handlungsmustern niederschlagen. Der reflexive und prozessuale Charakter der Wirklichkeit wird in der qualitativen Evaluationsforschung aus der Sicht der unterschiedlichen Rollen und Positionen der Beteiligten nachgezeichnet. Die wissenschaftliche Deutung wird dabei selbst Teil der rekonstruktiven Entdeckung und Gestaltung der sozialen Wirklichkeit, die Ge-

genstand der Veränderung der evaluierten Maßnahme ist. Kurz: Qualitative Evaluationsforschung folgt dem «interpretativen Paradigma» (Wilson 1973).

Methodologische Prinzipien

1. Im Unterschied zu der am normativen Paradigma orientierten Evaluationsforschung geht es aus qualitativer Perspektive anstelle statistischer Repräsentativität um eine theoriegenerierende, z. B. nach Prinzipien des «theoretical sampling» (→ 4.4) hypothesengeleitete (→ 4.2) Auswahl der Untersuchungseinheiten. Anstelle von im Voraus festgelegten Messzeitpunkten geht es um beobachtete Wendepunkte, Krisen und Widerstände im Projektverlauf, die als aussagekräftige und bedeutsame Daten gelesen werden. Anstelle von Kontrollgruppenvergleichen geht es um einen systematischen Vergleich kontrastierender Fälle (Stake 1995), deren Besonderheiten im Detail untersucht werden. Anstelle einer aufsummierten Betrachtung von Reaktionen auf standardisierte Erhebungsinstrumente und Tests steht die Rekonstruktion unterschiedlicher Begründungsmuster und Handlungsstrategien im Vordergrund. Statt einer Überprüfung von Modellannahmen anhand vorgegebener Kategorien geht es um ein kommunikatives Aushandeln von zielführenden und konsensuell akzeptierten Erfolgskriterien auf der Basis der Projekterfahrungen.

2. Prozessorientierung («formativ») hat Vorrang vor Ergebnisorientierung («summativ»), weil sie für Lernprozesse der Implementation, für Akzeptanzgewinnung und die Analyse von Fehlschlägen und Widerständen wichtige Hinweise zur Beurteilung, aber auch zur Weiterentwicklung der untersuchten Maßnahmen liefert. Patton (1998) spricht hier treffend von der Entdeckung des «Prozessnutzens». So haben Narrationen über besondere Ereignisse, Wahrnehmungen und Gefühle Vorrang vor verallgemeinerbaren Kennziffern, weil sie als sensibler Indikator für relevante Projektentwicklungen, für unerwartete Aus- und Nebenwirkungen gelten und Wahrnehmungs- und Deutungsmuster erschließen, die anschließend auf ihre Dominanz im untersuchten Kontext und, weiterführend, auf projektübergreifend verallgemeinerbare Elemente hin überprüft werden können.

3. Qualitative Evaluationsforschung zielt auf Spezifität und nicht unbedingt auf Generalisierbarkeit; daher spielen im For-

schungsdesign lokalhistorische Aspekte, die jeweiligen professionellen Milieus und Netzwerke der Projektmitarbeiter und der Zielgruppen, lokale Machtkartelle, Besonderheiten örtlicher Geschichte und Traditionen, der Einfluss lokaler Honoratioren usw. eine zentrale Rolle. Dies schließt eine Übertragbarkeit der jeweiligen Maßnahme nicht aus, bindet sie aber an die jeweils besonderen Bedingungen für Implementation und Umsetzung. Qualitativer Evaluationsforschung geht es damit nicht vorrangig um die Entwicklung genereller Theorien, sondern um projektbezogene, meist lokal begrenzte, gleichwohl wissenschaftlich fundierte Aussagen und Stellungnahmen zu Fragen praktischer Vernunft in aushandelbaren, aber auch strukturgebundenen, asymmetrischen, vermachteten und interessenbestimmten Konstellationen.

4. Das Forschungsdesign (→ 4.1) ist als rekursiver Lern- und Lehrprozess (Guba & Lincoln 1989) mit vielfältigen Rückkoppelungsschleifen angelegt, z. B. mit Hilfe von Gruppendiskussionen (→ 5.4), moderierten Zielfindungs- und Ergebnisgesprächen, externen Audits usw. Im Unterschied zur grundlagenwissenschaftlichen Forschung ist Evaluationsforschung nur begrenzt offen. Sie ist von Zielen und Rahmenbedingungen der Auftraggeber bestimmt, steht unter Ergebniszwang und Zeitdruck. Dies führt dazu, dass die programmatischen Postulate nur näherungsweise umgesetzt und der Anspruch etwa sehr zeitaufwendiger Auswertung von Interviews (→ 5.2) und teilnehmender Beobachtung in Auswertungsgruppen und mit ‹peer-reviews› (→ 5.5) selten eingelöst werden kann. Daher werden in der Praxis vielfach «Abkürzungsstrategien» (→ 4.1) und pragmatische Kompromisse gewählt.

Methoden
Qualitative Evaluationsforschung bevorzugt ein «responsives» Vorgehen (z. B. Stake 1995), das die Reaktionen der Untersuchten einbezieht. Dabei greift sie auf die gesamte Breite der auch sonst in qualitativer Forschung üblichen Verfahren zurück: verschiedene Formen des Interviews (→ 5.2), problemzentrierte Gruppendiskussionen (→ 5.4), teilnehmende Beobachtung (→ 5.5), Netzwerkkarten, Verlaufsdokumentationen, Analyse von Akten (→ 5.15), Verfahren der Feldforschung (→ 5.5) sowie persönliche Aufzeichnungen der Untersucher usw. Ebenfalls in Betracht kommen quantitative Erhebungsverfahren, vor allem deskriptive Statistiken. Im Kontext von Eva-

luationen, die auf gemeinsames Lernen und Organisationsentwicklung abzielen, werden auch innovative Verfahren aus Bürgerbewegungen (z. B. Zukunftswerkstätten, Werkstattgespräche, Planspiele) und aus der Organisationsberatung (z. B. Kartenabfragen, Mind-Mapping, Delphi-Techniken) eingesetzt.

Interpretation und Validierung
Eine entscheidende Rolle kommt hier dem Prozess der Kommunikation mit den Beteiligten zu: zur Überprüfung der korrekten Erfassung ihrer Sichtweisen, der Bewertung des Projektverlaufs, zur möglichen Änderung von Projektzielen und zur Initiierung weiterführender Lernprozesse. Diese Prinzipien einer *kommunikativen Validierung* (Kvale 1995a) werden durch externe «Audits» von Experten ergänzt, um damit ein facettenreiches Bild der begleiteten Maßnahme zu erhalten und sie im Sinne einer Aktionsorientierung mit den «stakeholders» und den Auftraggebern weiterzuentwickeln. Aufgrund der Komplexität und Dynamik bei der Evaluation von Maßnahmen und Programmen sollten in jedem Fall die Möglichkeiten einer Triangulation (Flick 1991b; → 4.6) der Ergebnisse genutzt werden, um damit eine multiperspektivische Validierung *(→ 4.7)* zu erreichen. Eine hilfreiche Orientierung zur Qualitätssicherung von Evaluationsstudien bilden immer noch Cronbachs (1983) 95 Thesen und Kriterien für Programmevaluationen (vgl. auch House 1980 und v. a. Sanders 1999).

Darstellung der Ergebnisse
Ein besonderes Problem der Evaluationsforschung stellt die Präsentation der Forschungsergebnisse dar, die in der Auftragsforschung rechtlich Eigentum des Auftraggebers sind. Da ihre Ergebnisse gesellschaftlich und politisch kontroverse Felder berühren (etwa die Freigabe von Drogen, Verwahrung psychisch kranker Rechtsbrecher, Risikoprävention, Verwaltungsreformen usw.), haben Auftraggeber häufig das Interesse an einer bestimmten Darstellung der Ergebnisse, in der z. B. Fehlschläge hervorgehoben oder vertuscht, geringe Erfolge beschönigt oder Akzeptanz herbeiformuliert werden sollen. Neben der Verpflichtung zu wissenschaftlicher Redlichkeit und Nachvollziehbarkeit, zum Datenschutz, zur Einwilligung in die Teilnahme und zur Verantwortung gegenüber den Untersuchten *(→ 6.1)* sind hier vor allem Fragen der Fairness, der Offenheit und

die Verpflichtung zur Öffentlichkeit berührt, aber auch Aspekte der Parteilichkeit (advocacy) für nicht berücksichtigte Interessen in Programmen für Adressaten mit geringer Verhandlungsmacht (Sozialhilfeempfänger, Arbeitslose, Menschen mit Behinderung, geringfügig Beschäftigte usw.) angesprochen. Damit wird die Rolle des Begleitforschers zu einem schwierigen Balanceakt, der bereits beim Einstieg ins Feld (→ 5.1) und dem oft schwierigen Aufbau eines akzeptierten Vertrauensverhältnisses beginnt und erst mit Aushandlungsprozessen über Inhalte und Formen der Darstellung endet.

Die Präsentation von Ergebnissen aus Evaluationsstudien ist selbst als Prozess des Argumentierens mit den Beteiligten (meist nur den Auftraggebern) über die «issues» im untersuchten Feld aufzufassen und sollte sich auch so verstehen (House 1993). Nützliche Hinweise für Darstellungsformen, die die Ergebnispräsentation als Moment einer «reflexiven Verwendung» (→ 6.3) selbst zum Anlass weiterer Lernprozesse werden lassen, finden sich bei Torres, Preskill und Piontek (1996).

5. Varianten qualitativ orientierter Ansätze in der Evaluationsforschung

Evaluationsforschung ist eng mit gesellschaftlichen Veränderungen verbunden. Darauf haben *Aktionsforschung* (zur Übersicht Gstettner 1995; Moser 1995) nutzerorientierte, auf «Empowerment» von Bürgerbewegungen und Klienten ausgerichtete Konzeptionen (Fetterman 1994; Fetterman, Kaftarian & Wandersman 1996) und unter dem Etikett *Praxisforschung* (v. Kardorff 1988; Heiner 1988a) beratende und kommunikative Ansätze für eine «bessere Praxis» (Everitt & Hardiker 1996) reagiert. Unter dem Begriff *Selbstevaluation* (Heiner 1988b) oder *Practitioner Research* (Fuller & Petch 1995) haben sich um Aspekte einer «lernenden Organisation» (Torres u. a. 1996; Heiner 1998) zentrierte Konzepte, vor allem im psychosozialen Bereich und auf dem Feld der Sozialarbeit, herausgebildet (Shaw & Lishman 1999).

6. Perspektiven

Die Entwicklungschancen einer eigenständigen qualitativen Evaluationsforschung in Deutschland sind nur schwer zu beurteilen. Die politisch-administrative Nachfrage setzt – nicht zuletzt in der Krise des Sozialstaats – überwiegend auf die Beantwortung vorab definierter Fragen und auf möglichst quantifizierbare «harte» (= zahlenförmig darstellbare) Daten zu Wirkungsnachweisen und zur Qualitäts- und Kostenkontrolle. Weiter geht es um Qualitätsbeurteilung anhand expertendefinierter Kriterien und Standards sowie auf im Vorfeld der Veröffentlichung mit Experten abgestimmte Berichte, die zur Legitimation geeigneter erscheinen als ergebnisoffene, kritische, partizipative, von konfliktreichen Aushandlungsprozessen bestimmte und an sozial-kommunikativen Lernprozessen orientierte Evaluation. Andererseits haben die Krisen der Verwendung *(→ 6.3)*, der Akzeptanz und der Bedeutung von Evaluation (Legge 1984; Kraus 1995) dafür sensibilisiert, Evaluation stärker als Begleitforschung und Entwicklung, als Erfahrungs- und Lernprozess mit sozialer Veränderung zu begreifen und damit zu insgesamt befriedigenderen Praxismodellen zu gelangen, in denen die subjektiven Sichtweisen und Interessen, die Laien- und Expertentheorien und -praktiken stärker zur Geltung kommen und auf diesem Weg eine *problembezogene praktische Vernunft* größeres Gewicht erhält (Guba & Lincoln 1989; House 1993; Chelimsky & Shadish 1997; Shaw 1999). Evaluation hat Konjunktur (Bröckling et al. 2004) aufgrund neuer staatlicher Reformprogramme, besonders im Gesundheitswesen, der Arbeitsmarktpolitik und im Bildungswesen, aber auch in der Umweltpolitik und der Entwicklungszusammenarbeit sowie marktinduzierter Probleme privater Anbieter von Produkten und Dienstleistungen. Diese haben zu einem neuerlichen Aufschwung der Programm- und der Maßnahmenevaluation, der Entwicklung und Überprüfung von Qualitätsstandards, zu einer gestiegenen Nachfrage nach übergreifenden Leistungsvergleichen (Rankings, Benchmarks) und der Evaluation der Organisationsentwicklung in Krankenhäusern, Heimen, Schulen, Universitäten, Wirtschaftsunternehmen und Verwaltungen geführt (vgl. Stockmann 2004). Mit der 1997 gegründeten Deutschen Gesellschaft für Evaluationsforschung (seit 2005: Gesellschaft für Evaluationsforschung), der Formulierung von Qualitätsstandards (DeGEval 2003), einer eigenen Fachzeitschrift (*Zeitschrift für Evaluation*) und der Einrichtung eines ersten interdisziplinären Master-Studiengangs *Evaluation* (Saarbrücken) reagiert die Disziplin nun auch in Deutschland auf die neue Situation mit Professionalisierung und Institutionalisierung. Diese Entwicklung stellt die qualitative Evaluationsforschung aber auch vor neue Herausforderungen:

1. die Klärung des Verhältnisses zu dem zunehmend vom Paradigma der Evidenzbasierung geprägten Mainstream einer hochgradig standardisierten, auf randomisierte Kontrollgruppenvergleiche und auf Kennziffern hin orientieren Evaluationsmethodologie. Dabei spielen qualitative Erhebungen bislang eher im Vorfeld von Studien eine Rolle. Jedoch kommen dabei weder die *interpretative*, die *sozialkonstruktive* und die *entdeckende* Perspektive der qualitativen Evaluationsforschung noch ihre *partizipations-* und *aushandlungsorientierten* Konzepte wesentlich zum Tragen (vgl. v. Kardorff 2006);

2. die Klärung der eigenständigen Qualität qualitativer Evaluationsforschung (vgl. Flick 2006b; Patton 2003) und damit ihres besonderen und unverwechselbaren Beitrags zu Theorie, Methodologie und Praxis der Evaluation;

3. die Aufklärung und Reflexion der meist implizit bleibenden, theoretisch folgenreichen Vorannahmen (z. B. Akteursmodelle, Modernisierungsprozesse) in Evaluationsstudien (vgl. Chen 1997);

4. die wissenschaftspolitische Positionierung der qualitativen Evaluationsforschung in den Anwendungsfeldern wie in der Wissenschaft; so gibt es im Unterschied zu Deutschland in England bereits einen regierungsoffiziellen Kriterienkatalog für die qualitative Evaluationsforschung (Spencer et al. 2003).

In einer übergreifenden Perspektive sieht Schwandt (2002) Evaluationsforschung in der Tradition einer praktischen Klugheitslehre und in methodologischer Hinsicht als eine Form praktischer Hermeneutik, die mit ihren Ergebnissen zu kontextsensibler Problemwahrnehmung und -lösung beitragen kann.

Anmerkung

1 Dies zeigt sich z. B. an der Vielzahl spezialisierter Zeitschriften wie *Evaluation Review, Evaluation Studies, Evaluation Quarterly, Evaluation Practice* u. a. sowie einer unüberblickbaren Zahl großer und kleiner privater Forschungsinstitute.

Weiterführende Literatur

Flick, U. (Hg.) (2006a). Qualitative Evaluationsforschung. Konzepte – Methoden – Umsetzungen. Reinbek bei Hamburg: Rowohlt.

Kuckartz, U., Dresing, T., Rädiker, S. & Stefer, C. (2007). Qualitative Evaluation. Der Einstieg in die Praxis. Wiesbaden: VS-Verlag.

Schwandt, T. A. (2002). Evaluation Practice Reconsidered. New York: Peter Lang.

4. Methodologie qualitativer Forschung

4.0 Einleitung

Qualitative Forschung bewegt sich im Spannungsfeld unterschiedlicher theoretischer Programme *(→ 3.1–3.12)* und einer breiten Palette konkreter methodischer Vorgehensweisen *(→ 5.1–5.22)*. Die Methodologie qualitativer Forschung beschäftigt sich mit der Vermittlung zwischen Theorie und Methode und der konzeptionellen Gestaltung des Vorgehens in empirischen Studien über die konkreten Methoden zur Datenerhebung und -analyse hinaus. Die dabei aufgeworfenen methodologischen Fragen stellen sich – zwar mit unterschiedlichem Gewicht, aber doch generell – für jede der methodischen Alternativen und alle theoretischen Backgrounds.

Die Diskussion in den Kapiteln dieses Teils dreht sich um Fragen der *Forschungsplanung* – Designs *(→ 4.1)* – und die Verbindung qualitativer und quantitativer *(→ 4.5)* oder verschiedener qualitativer Methoden (Triangulation → *4.6*). Die Frage der Auswahl von Fällen oder Fallgruppen wird generell unter dem Stichwort ‹Sampling› *(→ 4.4)* behandelt.

Jenseits dieser Probleme, die eher einen (zumindest auch) technischen Aspekt im Rahmen der Durchführung qualitativer Forschungsprojekte haben, finden sich in diesem Teil auch Fragestellungen, die stärker im Bereich der *Erkenntnistheorie* angesiedelt sind. In den letzten Jahren hat die Rolle und Verwendung von Hypothesen *(→ 4.2)* in der qualitativen Forschung wieder mehr Aufmerksamkeit gewonnen. Ebenso wird für verschiedene Methoden das Verhältnis von Theorie und empirischen Daten unter Rückgriff auf das Konzept der Abduktion behandelt – dass es eher der Gedankenblitz des Forschers am konkreten Fall ist, der letztlich zur Erkenntnis und zur Theoriebildung führt, und nicht unbedingt die systematische Arbeit im Sinne von Induktion und Deduktion *(→ 4.3)*. Ein für die qualitative Forschung nach wie vor nicht gelöstes Problem ist die Frage der Gütekriterien, die ihren Vorgehensweisen angemessen sind *(→ 4.7)*.

Uwe Flick
4.1 Design und Prozess qualitativer Forschung

1. Zur Rolle des Designs in der qualitativen Forschung

In der quantitativen Forschung gibt es eine umfangreiche Literatur zu verschiedenen Formen von Forschungsdesigns, z. B. Querschnitt- und Längsschnittdesigns, experimentelle versus nicht-experimentelle Forschung, zur Verwendung von Kontrollgruppen oder von sog. Doppelblindversuchen in Medikamentenstudien. «Erhebungsdesigns sind Mittel zum Zweck der Sammlung aussagekräftiger Daten» (Diekmann 2007, S. 312). Die Entscheidung für eines der genannten Designs ist häufig davon geprägt, Einflüsse der Forschung bzw. der Forscher auf die Erhebungssituation und damit auf die Daten zu kontrollieren, zu minimieren oder auszuschließen. In der qualitativen Forschung wird diesem Aspekt weniger Gewicht beigemessen, was Miles und Huberman (1994, S. 16) zu der Feststellung veranlasst: «Im Gegensatz zu dem, was Sie gehört haben mögen, gibt es tatsächlich qualitative Forschungsdesigns.»

Genereller ist in beiden Bereichen mit dem Stichwort des Forschungsdesigns die Frage nach der Planung einer Untersuchung angesprochen – wie sollen Datenerhebung und -analyse konzipiert und wie die Auswahl empirischen ‹Materials› (Situationen, Fälle, Personen etc.) gestaltet werden, damit die Fragestellung der Untersuchung beantwortet und dies auch in der zur Verfügung stehenden Zeit und mit den vorhandenen Mitteln erreicht werden kann?

Dem entspricht die Definition, die Ragin (1994, S. 191) gibt:

«Ein Forschungsdesign ist ein Plan für die Sammlung und Analyse von Anhaltspunkten, die es dem Forscher erlauben, eine Antwort zu geben – welche Frage er auch immer gestellt haben mag. Das Design einer Untersuchung berührt fast alle Aspekte der Forschung von den winzigen Details der Datenerhebung bis zur Auswahl der Techniken der Datenanalyse.»

Die – nicht sehr umfangreiche – Literatur zu Forschungsdesigns in der qualitativen Forschung (vgl. LeCompte & Preissle 1993; Marshall & Rossman 2006; Miles & Huberman 1994; Flick 2007a, Kap. 8–12; 2007b) beschäftigt sich mit dem Thema in zweifacher Hinsicht: Entweder werden bestimmte Grundmodelle qualitativer Forschung gegenübergestellt, zwischen denen sich der Forscher für seine konkrete Studie entscheiden kann (z. B. Creswell 1998). Oder die Bestandteile, aus denen sich ein konkretes Forschungsdesign zusammensetzt, werden benannt und diskutiert (z. B. Maxwell 2005).

Als Komponenten, die bei der Konstruktion eines Forschungsdesigns eine Rolle spielen und berücksichtigt werden sollten, lassen sich festhalten:
– die Zielsetzung der Studie;
– der theoretische Rahmen;
– ihre konkrete Fragestellung;
– die Auswahl empirischen Materials;
– die methodische(n) Herangehensweise(n);
– der Grad an Standardisierung und Kontrolle;
– die Generalisierungsziele und
– die zeitlichen, personellen und materiellen Ressourcen, die zur Verfügung stehen
  (vgl. unten Abschnitt 3).

2. Basisdesigns in der qualitativen Forschung

Als Basisdesigns in der qualitativen Forschung können unterschieden werden (vgl. auch Cresswell 1998):
– Fallstudien;
– Vergleichsstudien;
– retrospektive Studien;
– Momentaufnahmen: Zustands- und Prozessanalysen zum Zeitpunkt der Forschung und
– Längsschnittstudien.

Fallstudien
Fallstudien zielen auf die genaue Beschreibung oder Rekonstruktion eines Falls ab (vgl. ausführlicher Ragin & Becker 1992). Das Fallverständnis ist dabei eher weit gefasst – neben Personen können auch soziale Gemeinschaften (z. B. Familien), Organisationen und

Institutionen (z. B. ein Pflegeheim) Gegenstand einer Fallanalyse werden. Dabei ist das entscheidende Problem die Identifikation eines für die Fragestellung der Untersuchung aussagekräftigen Falls, die Klärung, was zum Fall noch dazugehört und welche methodischen Zugänge seine Rekonstruktion erfordert (vgl. hierzu Hildenbrand 1999). Geht es in einer Fallanalyse um schulische Probleme eines Kindes, ist z. B. zu klären, ob es ausreicht, das Kind im schulischen Kontext zu beobachten, ob zusätzlich noch die Lehrer und/oder die Mitschüler befragt und inwieweit die Familie und ihr Alltag über Beobachtungen in die Analyse einbezogen werden sollten etc. Schließlich ist zu klären, wofür dieser Fall steht (vgl. Flick 2007a, S. 168 ff.).

Vergleichsstudie
Bei vergleichenden Studien wird dagegen der Fall nicht in seiner Komplexität und Ganzheit betrachtet, sondern eine Vielzahl von Fällen im Hinblick auf bestimmte Ausschnitte: Spezifische Inhalte des Expertenwissens mehrerer Personen oder Biographien in Hinblick auf eine konkrete Krankheitserfahrung und den weiteren Lebensverlauf werden vergleichend gegenübergestellt. Hier stellen sich vor allem Fragen der Auswahl der Fälle in den zu vergleichenden Gruppen. Ein weiteres Problem ist der (als notwendig erachtete) Grad an Standardisierung oder Konstanthaltung der übrigen Bedingungen, die nicht Gegenstand des Vergleiches sind: Um kulturelle Unterschiede in den Gesundheitsvorstellungen portugiesischer und deutscher Frauen zeigen zu können, wurden in beiden Kulturen Interviewpartnerinnen gesucht, die in möglichst vielen Dimensionen (Leben in der Großstadt, vergleichbare Berufe, Einkommen und Bildungsniveau) unter zumindest sehr ähnlichen Bedingungen leben, um Unterschiede auf die Vergleichsdimension ‹Kultur› zurückführen zu können (vgl. Flick et al. 1998).

Die Dimension Einzelfall – Vergleichsstudie stellt eine Achse dar, anhand deren sich die Basisdesigns qualitativer Forschung ordnen lassen. Eine Zwischenstufe stellt die Verbindung mehrerer Fallanalysen dar, die zunächst als solche durchgeführt werden und dann komparativ oder kontrastierend gegenübergestellt werden. Eine zweite Achse zur Ordnung qualitativer Designs verläuft entlang der zeitlichen Dimension von retrospektiven Analysen über Momentaufnahmen zu Längsschnittstudien.

Retrospektive Studien

Das Prinzip der Rekonstruktion von Fällen kennzeichnet einen großen Teil der biographischen Forschung, die mit einer Reihe von Fallanalysen in vergleichender, typisierender oder kontrastierender Weise (s. u.) arbeitet. Biographische Forschung *(→ 3.6; → 3.7; → 5.11)* ist gleichzeitig exemplarisch für ein retrospektives Forschungsdesign, in dem rückblickend vom Zeitpunkt der Durchführung der Forschung bestimmte Ereignisse und Prozesse in ihrer Bedeutung für individuelle oder kollektive Lebensläufe analysiert werden. Designfragen im Zusammenhang mit retrospektiver Forschung beinhalten die Auswahl der für den untersuchten Prozess aussagekräftigen Informanten («Biographieträger», Schütze 1983), die Definition angemessener Vergleichsgruppen, die begründete Eingrenzung des untersuchten Zeitraums, die Prüfung der Frage, welche (z. B. historischen) Quellen und Dokumente *(→ 5.15)* zusätzlich zu Interviews mit den Biographieträgern herangezogen werden sollen (zu dieser Form der Triangulation vgl. Marotzki 1995b; → 4.6), wie die Einflüsse heutiger Sichtweisen auf die Wahrnehmung und Bewertung früherer Erfahrungen zu berücksichtigen sind (vgl. hierzu Bruner 1987).

Momentaufnahmen: Zustands- und Prozessanalyse zum Zeitpunkt der Forschung

Demgegenüber fokussiert ein großer Teil qualitativer Forschung Momentaufnahmen: Verschiedene Ausprägungen des Expertenwissens, das in einem Feld im Moment der Forschung existiert, werden in Interviews *(→ 5.2; → 5.3)* erhoben und miteinander verglichen. Auch wenn in die Interviews entsprechende Beispiele aus früheren Zeitpunkten einfließen, ist die Forschung nicht primär auf die Rekonstruktion eines Prozesses in retrospektiver Perspektive gerichtet. Vielmehr wird eine Zustandsbeschreibung zum Zeitpunkt der Forschung gegeben.

Auch eine Reihe von prozessorientierten Vorgehensweisen hat einen starken Gegenwartsbezug, ist also nicht an der Rekonstruktion vergangener Ereignisse aus der Sicht (eines) der Beteiligten interessiert (vgl. hierzu Bergmann 1985; → 5.5), sondern am Ablauf von aktuellen Geschehnissen aus einer zeitlich parallelen Perspektive. In ethnographischen Studien nehmen Forscher für einen längeren Zeitraum am sich entwickelnden Geschehen teil, um dieses par-

allel zu seinem Verlauf einzufangen und zu analysieren. In Konversationsanalysen *(→ 5.17)* wird ein Gespräch aufgezeichnet und dann
in seinem Verlauf analysiert, bei der objektiven Hermeneutik
(→ 5.16) wird ein Protokoll streng sequenziell in seinem Verlauf ‹von
Anfang bis Ende› interpretiert.

Bei diesen Ansätzen stellt sich unter der Designperspektive die
Frage der Eingrenzung des empirischen Materials: Wie kann die
Auswahl sicherstellen, dass das für die Fragestellung der Untersuchung relevante Phänomen in den empirisch dokumentierten Ausschnitten von Gesprächen und Prozessen auch tatsächlich enthalten
ist? Wann sollte der Beginn, wann das Ende einer (Beobachtungs-
bzw. Gesprächs-)Sequenz gesetzt werden? Nach welchen Kriterien
sollte Vergleichsmaterial ausgewählt und kontrastiert werden: Welche Gespräche bzw. Gesprächsausschnitte, welche Beobachtungsprotokolle sollen konkret verglichen werden?

Längsschnittstudien
Die letzte Variante eines Basisdesigns qualitativer Forschung stellen
Längsschnittstudien dar, die einen interessierenden Prozess oder Zustand auch zu späteren Erhebungszeitpunkten analysieren. Diese
Strategie wird – explizit zumindest – in der qualitativen Forschung
kaum angewendet. Ausnahmen stellen die Untersuchung von Gerhardt (1986) zu Patientenkarrieren dar, in der die Interviewpartner
nach einem Jahr erneut befragt wurden, sowie die Studie von Ulich
et al. (1985) zu Verarbeitung der Arbeitslosigkeit bei Lehrern, in der
diese innerhalb eines Jahres jeweils siebenmal interviewt wurden.
Für die meisten qualitativen Methoden gibt es wenig an Hinweisen,
wie sie sich in Längsschnittstudien mit mehreren Erhebungszeitpunkten einsetzen lassen *(→ 6.5)*. Implizit wird eine Längsschnitt-
perspektive in einem zeitlich begrenzten Rahmen durch die längere
Teilnahme des Forschers im Feld bei der Ethnographie *(→ 5.5)* realisiert sowie – mit einem retrospektiven Fokus – in der Biographieforschung *(→ 3.6; → 3.7; → 5.11)*, die einen längeren Ausschnitt des
Lebenslaufs erhebt. Die Stärke einer Längsschnittstudie – Veränderungen in Sicht- oder Handlungsweisen durch wiederholte Erhebungen dokumentieren zu können, wobei der Ausgangszustand eines
Veränderungsprozesses unbeeinflusst von seinem Endzustand erfasst werden kann – lässt sich dadurch jedoch nicht in vollem Umfang realisieren.

Abbildung 1 ordnet die behandelten Basisdesigns qualitativer Forschung entlang der beiden Dimensionen an:

Abbildung 1: Basisdesigns in der qualitativen Forschung

3. Prozessuale Entscheidungen bei der Realisierung von Designs

Der qualitative Forschungsprozess lässt sich als eine Abfolge von Entscheidungen beschreiben (Flick 1991a, 1995). Dabei kann der Forscher bei der Realisierung seines Projekts in verschiedenen Stationen des Prozesses – von der Fragestellung über die Erhebung und Auswertung bis zur Darstellung der Ergebnisse – aus verschiedenen Alternativen auswählen. In diesen Entscheidungen realisiert er das Design seiner Studie in doppelter Hinsicht – ein vorab geplantes Design wird in konkrete Vorgehensweisen umgesetzt, bzw. durch die Entscheidungen für die jeweiligen Alternativen wird das Design im Prozess konstituiert und modifiziert.

Zielsetzung der Studie
Mit einer qualitativen Studie können verschiedene Zielsetzungen verfolgt werden. Orientierungsmodell ist häufig der Ansatz der gegenstandsbegründeten Theorieentwicklung entsprechend des Modells von Glaser & Strauss (1967; → 2.1; → 5.13; → 6.6). Die für diese Zielsetzung notwendige Form der Offenheit hat die Diskussion um qualitative Forschung generell lange Zeit geprägt (z. B. Hoffmann-Riem 1980) und steht hinter einer Reihe konkreter methodischer Ansätze (z. B. das theoretische Sampling als Prinzip der Fallauswahl → 4.4). Dabei ist zu bedenken, dass der Anspruch der Theorieentwicklung für eine Vielzahl qualitativer Studien eine Überforderung darstellt: Diplomarbeiten mit diesem Ziel zu belasten ist

ebenso wenig realistisch (hier v. a. aufgrund der zu knappen Zeit, Ressourcen und Erfahrungen), wie es mit der Intention vieler Auftraggeber qualitativer Forschungsprojekte wenig kompatibel ist *(→ 6.5)*. Hier sind eher detaillierte Beschreibungen oder Evaluationen *(→ 3.12)* von laufender Praxis gefragt. Für eine Studie, die eine genaue Beschreibung von Abläufen institutioneller oder alltäglicher Praxis liefern will, können einige der methodischen Instrumente von Glaser und Strauss – z. B. das theoretische Sampling – praktikabel sein, müssen es aber nicht unbedingt. Die Frage, inwieweit sich mit qualitativen Methoden auch hypothesengeleitete oder gar hypothesenprüfende Studien realisieren lassen *(→ 4.2)*, ist noch nicht hinreichend beantwortet, wird aber in verschiedenen Kontexten auch praktisch relevant: So werden etwa im Rahmen der objektiven Hermeneutik im Verlauf der Interpretation Hypothesen aufgestellt und an Analysen weiteren Materials überprüft und falsifiziert *(→ 5.16; → 4.7)*. Diese Beispiele sollen zeigen, dass es unterschiedliche Typen von Zielsetzungen für qualitative Studien gibt: Beschreibung, Hypothesenprüfung und Theoriebildung. Auf der Ebene der Zielsetzungen unterscheidet Maxwell (2005, S. 16) darüber hinaus zwischen Studien, mit denen primär persönliche Ziele (z. B. eine Diplomarbeit zum Abschluss eines Studiums, eine Dissertation), praktische Ziele (herauszufinden, ob und wie ein bestimmtes Programm oder Angebot funktioniert) oder Forschungsziele (die sich eher auf eine allgemeine Erkenntnis über einen bestimmten Gegenstand richten) verfolgt werden.

Formulierung der Fragestellung
Die Fragestellung einer qualitativen Untersuchung ist einer der entscheidenden Faktoren für ihren Erfolg oder ihr Scheitern. Ihre Formulierung hat einen starken Einfluss auf das Design der Studie. Fragestellungen sollten einerseits so klar und eindeutig wie möglich formuliert werden, und dies auch noch so früh wie möglich im Verlauf des Projekts. Andererseits werden Fragestellungen im Laufe des Projekts immer wieder konkretisiert, fokussiert, weiter eingegrenzt und revidiert (vgl. Flick 2007a, S. 134). Maxwell (2005, S. 66) vertritt den Standpunkt, dass Fragestellungen weniger der Ausgangspunkt als das Ergebnis der Formulierung eines Forschungsdesigns sein sollten. Fragestellungen lassen sich auch daraufhin betrachten bzw. klassifizieren, inwieweit sie dazu geeignet sind, bestehende An-

nahmen (etwa im Sinne von Hypothesen) zu bestätigen, oder darauf abzielen, Neues zu entdecken bzw. dies zuzulassen. Strauss (1991, S. 50) bezeichnet Letzteres als «generative Fragen» und versteht darunter: «Fragen, die bei der Forschungsarbeit sinnvolle Richtungen aufweisen; sie führen zu Hypothesen, nützlichen Vergleichen, zur Erhebung bestimmter Datentypen und sogar dazu, dass der Forscher auf möglicherweise wichtige Probleme aufmerksam wird.»

Forschungsfragen können einerseits zu breit gehalten sein, weswegen sie dann kaum eine Orientierung bei der Planung und Umsetzung der Studie geben. Sie können aber auch zu eng gehalten sein und darüber am untersuchten Gegenstand vorbeizielen oder die Entdeckung des Neuen eher blockieren als fördern. Fragestellungen sollten so formuliert werden, dass sie (im Rahmen der geplanten Studie und mit den zur Verfügung stehenden Ressourcen) beantwortbar sind. Es gibt eine Reihe von Versuchen, Typen von Forschungsfragen zu benennen (vgl. z. B. Flick 2007a; Lofland & Lofland 1994). Maxwell (2005) unterscheidet mit Blick auf das Forschungsdesign generalisierende und partikularisierende Fragen sowie Fragestellungen, die auf Unterschiede abzielen, von solchen, die Prozessbeschreibungen fokussieren.

Generalisierungsziele und Darstellungsziele
Bei der Festlegung des Forschungsdesigns empfiehlt es sich zu berücksichtigen, welche Generalisierungsziele mit der Studie verbunden werden: Geht es um eine detaillierte Analyse eines Falls in möglichst vielen Facetten, um den Vergleich oder um eine Typologie verschiedener Fälle, Situationen, Personen etc.? Bei vergleichenden Studien stellt sich die Frage nach den Hauptdimensionen, anhand deren bestimmte Phänomene verglichen werden sollen. Die theoretisch oder in der Fragestellung begründete Beschränkung auf eine oder wenige Vergleichsdimensionen vermeidet den vermeintlichen Zwang, alle möglichen Dimensionen zu berücksichtigen und entsprechend Fälle aus einer großen Zahl von Gruppen und Kontexten einzubeziehen. Hier ist vor allem kritisch zu prüfen, inwieweit klassische demographische Dimensionen in jeder Studie zu berücksichtigen sind: Verlangen das untersuchte Phänomen und die Fragestellung tatsächlich einen Vergleich nach Geschlecht bzw. Alter, nach Stadt und Land, nach Ost und West etc.? Sollen alle diese Dimensionen berücksichtigt werden, müssen für jede Ausprägung mehrere

Fälle einbezogen werden. Damit werden schnell Fallzahlen notwendig, die sich im Rahmen eines zeitlich und personell begrenzten Projekts nicht mehr bearbeiten lassen. Von daher sollte eher geklärt werden, welche dieser Dimensionen die entscheidende ist. Studien mit einem sinnvoll begrenzten Anspruch auf Generalisierung sind nicht nur einfacher zu handhaben, sondern in der Regel auch aussagekräftiger (vgl. als Beispiel Hildenbrand 1983).

In der qualitativen Forschung ist zwischen numerischer und theoretischer Generalisierung zu unterscheiden. Die wenigsten Projekte erheben den Anspruch, von den untersuchten Fällen auf eine bestimmte Population schließen zu wollen bzw. zu können. Aufschlussreicher ist die Frage nach der theoretischen Generalisierbarkeit der gefundenen Ergebnisse. Hierfür ist weniger die Zahl der untersuchten Personen oder Situationen entscheidend als die Unterschiedlichkeit der einbezogenen Fälle (maximale Variation) oder die theoretische Reichweite der durchgeführten Fallinterpretationen. Um die theoretische Generalisierbarkeit zu erhöhen, ist der Einsatz unterschiedlicher Methoden (Triangulation; → 4.5; → 4.6; → 4.7) zur Untersuchung eines Phänomens an wenigen Fällen häufig aussagekräftiger als der Einsatz einer Methode an möglichst vielen Fällen. Hier ist zu entscheiden, ob die Methoden-Triangulation am Fall oder am Datensatz erfolgen kann bzw. soll.

Für die Entwicklung einer Typologie ist z. B. nicht nur eine gezielte Fallauswahl, sondern auch die Einbeziehung von Gegenbeispielen und die Verwendung von Fallkontrastierungen zusätzlich zu Fallvergleichen notwendig (vgl. Kelle & Kluge 1999, S. 40 ff.).

Unter Generalisierungsaspekten ist dann auch die Frage zu prüfen, welchen zusätzlichen Gewinn die Triangulation mit qualitativen (→ 4.6) oder quantitativen Methoden (→ 4.5) verspricht und wie sich dies mit den zur Verfügung stehenden Ressourcen vereinbaren lässt.

Schließlich ist zu berücksichtigen, welche Ziele der Darstellung (→ 5.22) mit einer qualitativen Studie verbunden sind: Ist das empirische Material die Grundlage für das Schreiben eines Essays (Bude 1989) oder einer eher erzählenden Darstellung und erhält dabei eher illustrative Funktionen? Oder geht es darum, eine systematisierende Aufbereitung der Variation in den untersuchten Fällen zu liefern?

Grad an Standardisierung und Kontrolle

Miles & Huberman (1994, S. 16 ff.) unterscheiden zwischen straffen und lockeren Forschungsdesigns, wobei sie je nach Fragestellung und Bedingungen im konkreten Fall durchaus Indikationen für beide Varianten sehen: Straffe Forschungsdesigns sind durch eng begrenzte Fragestellungen und stark festgelegte Auswahlverfahren bestimmt, wobei der Grad an Offenheit dem untersuchten Feld und dem empirischen Material gegenüber eher begrenzt ist. Diese Designs sehen die Autoren vor allem dort als sinnvoll an, wo Forschern die Erfahrung mit qualitativer Forschung fehlt, wo die Forschung von eng umgrenzten Konstrukten ausgeht und wo sie sich auf die Untersuchung bestimmter Zusammenhänge in vertrauten Kontexten beschränkt. Dann sehen sie lockere Designs eher als Umweg zur gesuchten Erkenntnis an. Straffere Designs erleichtern schließlich auch die Entscheidung, welche Daten bzw. Ausschnitte aus den Daten relevant für die Untersuchung sind und welche nicht, und erleichtern Vergleich und Zusammenfassung der Daten aus beispielsweise verschiedenen Interviews oder Beobachtungen.

Lockere Designs sind durch eher weit gefasste Begriffe und zunächst wenig festgelegte methodische Vorgehensweisen gekennzeichnet. Diese Art von Designs sehen Miles und Huberman dort indiziert, wo ein großes Maß an Erfahrung mit Forschung in unterschiedlichen Feldern gegeben ist, wo neue Felder erforscht werden und die theoretischen Konstrukte und Begriffe relativ wenig entwickelt sind. Diese zweite Variante ist deutlich an den methodischen Vorschlägen von Glaser & Strauss (1967; → *2.1; 5.13*) orientiert, die etwa in ihrem Vorgehen beim theoretischen Sampling *(→ 4.4)* durch große Offenheit und Flexibilität gekennzeichnet sind.

Auch wenn qualitative Forschung sich häufig dem Ideal des Prinzips der Offenheit (Hoffmann-Riem 1980) verpflichtet weiß, ist es für viele Fragestellungen und Projekte sinnvoll, sich über das als notwendig erachtete Maß an Kontrolle Gedanken zu machen: Inwieweit sollten Kontextbedingungen, unter denen die zu vergleichenden Unterschiede zwischen zwei Vergleichsgruppen auftreten, konstant sein (s. o.)? Welcher Grad an Kontrolle bzw. Vergleichbarkeit der Bedingungen, unter denen die verschiedenen Interviews in einer Studie durchgeführt werden, sollte gegeben sein?

Auswahl: Sampling und Vergleichsgruppenbildung

Auswahlentscheidungen bei qualitativer Forschung fokussieren einerseits Personen oder Situationen, an denen Daten erhoben werden, andererseits Ausschnitte des erhobenen Materials, an denen weiterführende Interpretationen vorgenommen bzw. Ergebnisse exemplarisch dargestellt werden sollen (vgl. Flick 2007a, S. 154 ff.; → 4.4). Theoretisches Sampling gilt dabei als Königsweg für qualitative Studien. Vielfach sind jedoch andere Auswahlstrategien angemessener (vgl. etwa die Vorschläge von Patton 1990), wenn das Ziel nicht in der Theoriebildung, sondern etwa in der Evaluation institutioneller Praxis besteht.

Wesentlicher Bestandteil der Auswahlentscheidung ist (bei komparativen Untersuchungen) die Vergleichsgruppenbildung. Hier ist zu klären, auf welcher Ebene Vergleiche angestellt werden sollen: zwischen Personen, zwischen Situationen, zwischen Institutionen oder zwischen Phänomenen? Entsprechend ist die Auswahl so zu treffen, dass jeweils mehrere Fälle in einer Vergleichsgruppe enthalten sind.

Ressourcen

Ein Faktor, der bei der Ausarbeitung eines Forschungsdesigns häufig unterschätzt wird, sind die zur Verfügung stehenden Ressourcen (Zeit, Personen, Technik, Kompetenzen, Erfahrungen etc.). Bei Forschungsanträgen wird oft ein unrealistisches Verhältnis zwischen geplanten Arbeitspaketen und den beantragten (und realistischerweise beantragbaren) personellen Ressourcen zugrunde gelegt.

Für eine realistische Projektplanung empfiehlt es sich, eine Kalkulation der anfallenden Tätigkeiten zu erstellen, die beispielsweise für ein ca. 90-minütiges Interview noch einmal ebenso viel Zeit für die Gewinnung von Interviewpartnern, die Organisation des Termins, Fahrtzeiten etc. berechnet. Hinsichtlich der Kalkulation von Transkriptionszeiten *(→ 5.9)* für Interviews gehen die Einschätzungen auseinander – abhängig von der Genauigkeit des verwendeten Transkriptionssystems. Morse (1994, S. 232 f.) schlägt vor, für schnell schreibende Transkribenden die Länge des zu transkribierenden Tonbandes mit der Interviewaufzeichnung mit dem Faktor 4 zu multiplizieren. Wenn man die Kontrolle des fertigen Transkripts am Tonband mitrechnet, ist die Länge des Bandes insgesamt mal 6 zu nehmen. Für die Gesamtkalkulation des Projekts empfiehlt sie, die

dabei berechnete Zeit zu verdoppeln, um Spielräume für nicht vor-
hergesehene Schwierigkeiten und «Katastrophen» zu haben. Bei der
Planung eines mit transkribierten Interviews arbeitenden Projekts
sollten auf jeden Fall ein gutes Bandgerät zur Aufzeichnung und ein
spezielles Gerät mit Fußschalter zum Abspielen der Bänder bei der
Transkription eingesetzt werden. Beispielpläne für die Kalkulation
von Zeitplänen von empirischen Projekten finden sich bei Marshall
& Rossman (1995, S. 123 ff.). Die Zeit für die Interpretation von
Daten ist schwer zu kalkulieren. Bei der Entscheidung für die Verwendung von Computern und Programmen wie ATLAS oder NU-
DIST (→ 5.14; → 7) für die Dateninterpretation sollte auf jeden Fall
ausreichend Zeit für die technische Vorbereitung (Installation, Feh-
lerbeseitigung, Einarbeitung der Mitarbeiter in das Programm etc.)
eingeplant werden.

Bei der Bewilligung des Projekts werden gelegentlich die beantragten Mittel gekürzt und vielleicht noch zusätzliche methodische
Schritte, etwa eine zusätzliche Vergleichsgruppe oder Erhebungs-
phase, verlangt. Spätestens dann wird eine Überprüfung des Verhältnisses von Aufgaben und Ressourcen notwendig, und es sollten
gegebenenfalls Abkürzungsstrategien in den methodischen Vorgehensweisen überlegt werden.

4. Abkürzungsstrategien

Viele der gängigen qualitativen Methoden sind mit einem hohen
Grad an Genauigkeit und ebenso hohem Zeitaufwand verbunden –
bei der Datenerhebung (hier ist das Narrative Interview zu nennen
→ 5.2), bei der Transkription (→ 5.9) und bei der Auswertung (z. B.
brauchen sowohl die Vorgehensweisen der Objektiven Hermeneutik
als auch des Theoretischen Codierens viel Zeit → 5.16; → 5.13). Gerade bei Drittmittelprojekten und Auftragsforschung, aber auch bei
Diplomarbeiten steht diesem zeitlichen Aufwand der Methoden ein
sehr begrenzter Zeitrahmen gegenüber, in dem die Fragestellungen
beantwortet werden sollten (→ 6.5). Unter dem Stichwort Abkürzungsstrategien werden (begründete) Abweichungen von Maximal-
forderungen der Genauigkeit und Vollständigkeit diskutiert. So sind
z. B. die Vorschläge von Meuser und Nagel (1991) zur Konzeption
von Experteninterviews ernst zu nehmende Hinweise für die Gestaltung qualitativer Interviews mit Interviewpartnern, die unter hohem

Zeitdruck stehen. Gleiches gilt für die u. a. von Strauss (1991, S. 266) oder Kowal und O'Connell *(→ 5.9)* geäußerten Vorschläge, nur die Teile von Interviews und auch nur so genau zu transkribieren, wie die Fragestellung der Untersuchung es tatsächlich verlangt. Die nicht-transkribierten Teile von Interviews können z. B. über Zusammenfassungen oder Themenlisten im Forschungsprozess bleiben und bei Bedarf transkribiert werden. Nach Phasen des offenen Codierens *(→ 5.13)* liegt häufig eine überfordernde Anzahl von Codes bzw. Kategorien vor. Neben der Erleichterung der Verwaltung und Ordnung solcher Kategorien durch Computerprogramme wie ATLAS/ti *(→ 7; → 5.14)* hat es sich als hilfreich erwiesen, fragestellungsbezogene Prioritätenlisten zu bilden, die die Auswahl und Reduktion der Kategorien ermöglichen. Gleiches gilt für die in der Fragestellung begründete Auswahl von den Textstellen, die einer intensiven Interpretation unterzogen werden sollen.

5. Resümee

Forschungsdesigns lassen sich abschließend als Mittel beschreiben, die Ziele der Forschung zu erreichen. Sie binden Theorierahmen, Fragestellung, Forschungs-, Generalisierungs- und Darstellungsziele mit den verwendeten Methoden und verfügbaren Ressourcen unter dem Fokus der Zielerreichung zusammen. Ihre Realisierung ist das Ergebnis der im Forschungsprozess getroffenen Entscheidungen. Abbildung 2 fasst die Einflussfaktoren und Entscheidungen, die die konkrete Festlegung von Forschungsdesigns bestimmen, noch einmal zusammen:

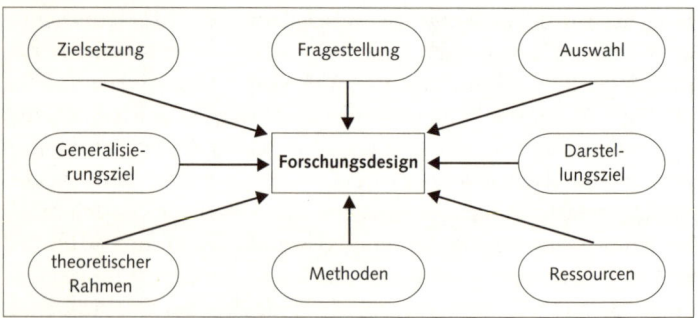

Abbildung 2: Komponenten qualitativer Forschungsdesigns

Weiterführende Literatur

Flick, U. (2007a). Qualitative Sozialforschung – Eine Einführung. Reinbek bei Hamburg: Rowohlt (insbesondere Kap. 8–12).

Marshall, C. & Rossman, G. B. (2006). Designing Qualitative Research. Thousand Oaks, London, New Delhi: Sage (4. Aufl.).

Maxwell, J. A. (2005). Qualitative Research Design – An Interactive Approach. Thousand Oaks, London, New Delhi: Sage (2. Aufl.).

Werner Meinefeld
4.2 Hypothesen und Vorwissen in der qualitativen Sozialforschung

> 1. Hypothesen in der quantitativen und in der qualitativen Methodologie: der Gegensatz
> 2. Der Hypothesenverzicht als ein Ergebnis der Profilierung der methodologischen Position
> 3. Die neuere Diskussion um Hypothesen und Vorwissen in der qualitativen Sozialforschung
> 4. Ansatzpunkte für eine Neuorientierung der methodologischen Position
> 5. Ein Fazit

Methodologische Begründungen der besonderen Perspektive einer qualitativen Sozialforschung pointieren ihre Position häufig dadurch, dass sie sie in strenger Abgrenzung von den Regeln einer auf Standardisierung und Quantifizierung abzielenden Methodologie entwickeln. Angesichts der Dominanz und des elaborierten Standes quantitativer Methodenforschung ist dies nicht verwunderlich – soweit diese Art der Darstellung jedoch nicht nur eine Frage der Didaktik ist, sondern auch die inhaltliche Positionierung betrifft, resultieren aus dieser Selbstdefinition «ex negativo» Probleme für die Verwirklichung gerade auch der spezifisch qualitativen Forschungsziele. Beides: Selbstverortung mittels Abgrenzung und latente negative Folgen, ist in besonders ausgeprägter Weise am Beispiel des Umgangs mit Hypothesen in der qualitativen Methodologie zu beobachten.

1. Hypothesen in der quantitativen und in der qualitativen Methodo- logie: der Gegensatz

Für quantitativ orientierte Methodologen stellt die Formulierung von Hypothesen *zu Beginn* einer Untersuchung ein unverzichtbares Mittel dar, die unvermeidliche Theorieladung jeglicher Wahrneh- mung wie auch die unumgängliche Selektivität jeglicher Forschung einer systematischen Kontrolle zu unterwerfen. Erstens wird es als erforderlich erachtet, das Vorwissen des Forschers in dieser Weise bewusst zu machen und somit zu kontrollieren. Zweitens lässt sich explizit an den Stand des vorhandenen Wissens anknüpfen und zur Integration und Kumulation dieses Wissens beitragen. Drittens er- fordert die zeitliche Abfolge und Trennung von Datenerhebung und Datenanalyse eine *vorgängige* Ausarbeitung des theoretischen Rah- mens, da dieser die nachfolgenden Forschungsschritte anleitet wie auch begrenzt und eine die Datenerhebung begleitende Korrektur der Operationalisierung wegen der strikten Phasierung des For- schungsprozesses nicht möglich ist.

Obgleich auch in der qualitativen Methodologie die Tatsache theoriegeleiteter Wahrnehmung nicht in Frage gestellt wird, lehnt man hier überwiegend die Formulierung von Ex-ante-Hypothesen ab: Gerade weil man sich der Tatsache bewusst ist, dass das Wissen Wahrnehmung und Handeln beeinflusst, will man vermeiden, dass der Forscher mittels der Hypothesen auf bestimmte Aspekte «fest- geschrieben» wird, die er «vorab» nur aus seinem eigenen (wissen- schaftlichen und alltäglichen) Relevanzbereich gewinnen kann, de- ren «Passung» mit den Deutungsmustern der von ihm untersuchten Personen aber nicht von vornherein gewährleistet ist. An die Stelle der Forderung nach einer Explizierung des Vorwissens in Form von Hypothesen tritt daher in der qualitativen Methodologie die Forde- rung nach einer Suspendierung dieses Vorwissens zugunsten einer größtmöglichen *Offenheit* gegenüber den spezifischen Deutungen und Relevanzsetzungen der Handelnden – einer Offenheit, die man durch die vorgängige Formulierung von Hypothesen gefährdet sieht.

Das Grundproblem: der Einfluss des Vorwissens auf die Wahr- nehmung, wird also von beiden Seiten gesehen – die gewählte Lö- sungsstrategie zielt aber jeweils in eine andere Richtung, da die da- mit verbundenen Implikationen unterschiedlich gewichtet werden. Steht in der quantitativen Methodologie die Notwendigkeit der

Kontrolle des Forschers und der *bewussten Strukturierung des Forschungshandelns* im Vordergrund (während die Übereinstimmung der theoretischen Kategorien mit den Deutungsmustern der Handelnden als im Wesentlichen unproblematisch behandelt wird), so fordern qualitative Methodologen primär die Sicherstellung der *Angemessenheit* der vom Forscher verwendeten Kategorien und seine *Offenheit* für das potenziell «Andere» des Forschungsfeldes (und halten die Kontrolle des Forschers durch methodische Regeln für eine trügerische «Lösung»).

2. Der Hypothesenverzicht als ein Ergebnis der Profilierung der methodologischen Position

Die skizzierte programmatische Entgegensetzung dieser beiden Antworten auf das zugrunde liegende erkenntnistheoretische Problem erweist sich in historischer Perspektive weniger als «naturgegeben», sondern als Folge der sich ausbildenden Konkurrenz zweier methodologischer Ansätze.

In den klassischen Studien der empirischen Sozialforschung finden wir keine explizite Auseinandersetzung mit dem Problem der Kontrolle des Vorwissens oder gar der Frage der Formulierung von Ex-ante-Hypothesen (vgl. z. B. die Arbeiten von William I. Thomas und Florian Znaniecki, William F. Whyte, Howard S. Becker oder Paul F. Lazarsfeld).[1] Was die Praxis im Umgang mit «Vorwissen» und «Hypothesen» betrifft, so zeigt sich, in welch hohem Maß das Forschungshandeln insbesondere am theoretischen, aber auch am alltagsweltlichen Wissen der Forscher orientiert war und wie sehr diese Vorstellungen, indem sie die Sammlung und Strukturierung des Datenmaterials erst ermöglichten, den Ertrag ihrer Arbeiten bestimmt haben. Umgekehrt lässt sich zeigen, dass eine Formulierung inhaltlich spezifizierter Hypothesen zu Beginn dieser Studien oftmals gar nicht möglich gewesen wäre; so betonen Whyte und Blanche Geer ausdrücklich, wie grundlegend sich ihre Fragestellung nach den «ersten Tagen im Feld» gewandelt hat und wie sie sie an die Besonderheiten und Möglichkeiten ihres Untersuchungsgegenstandes anpassen mussten (Whyte 1955, S. 283 ff., S. 317 ff., S. 320 ff.; Geer 1964, S. 340 f.).

Im Verlauf der Ausformulierung der beiden sich alternativ verstehenden methodologischen Positionen in den nachfolgenden Jahrzehnten lässt sich im Hinblick auf die Explizierung dieses Vorwissens in Form von Hypothesen eine zunehmende Kontrastierung und wechselseitige Abgrenzung der jeweils für erforderlich und sinnvoll gehaltenen methodischen Vorgehensweisen ausmachen, die dann in die im ersten Abschnitt skizzierten gegensätzlichen Forschungsstrategien mündeten. Aufseiten der qualitativen Methodologie kommt dabei der programmatischen Arbeit von Barney G. Glaser und Anselm L. Strauss *The Discovery of Grounded Theory* eine besondere Bedeutung zu. Die Autoren fordern hier ausdrücklich, der Forscher möge sich von allem Vorwissen frei machen und sogar auf die vorgängige Lektüre theoretischer und empirischer Arbeiten zu seinem Themenbereich verzichten, um seinem Forschungsfeld möglichst unvoreingenommen gegenübertreten zu können. Die Aufgabe empirischer Forschung sollte es demnach nicht (zumindest nicht vorrangig) sein, aus «großen» (am Schreibtisch entworfenen) Theorien systematisch abgeleitete Hypothesen einer empirischen Überprüfung zu unterziehen, da diese Thesen oft nicht zu den konkret zu untersuchenden Situationen «passten»; empirisch fundierte allgemeine Theorien seien vielmehr nur zu erwarten, wenn der Forscher seine Kategorien aus den Daten selbst gewinne *(→ 2.1)*. Die Formulierung einer soziologischen Theorie solle also nicht am Beginn, sondern am Ende des Forschungsprozesses stehen: Das vorrangige Ziel der Sozialforschung sei nicht Theorie*test*, sondern Theorie*generierung* (1967, S. 1–18).

Die von Glaser und Strauss in ausdrücklicher Absetzung vom «mainstream» der empirischen Sozialforschung entwickelte Position *(→ 2.1)* erwies sich in der Rezeption der qualitativen Methodologie in Deutschland – über den Ansatz der *Grounded Theory* hinaus – als äußerst einflussreich: Mehrere Autoren sahen die Forderung nach Hypothesenverzicht als Voraussetzung für eine interpretative Sozialforschung an und erhoben die «Offenheit» der Methodik zu einem Kernstück qualitativer Forschung (z. B. Hoffmann-Riem 1980, S. 345 f.; Lamnek 1995, S. 22 f., S. 139 f.). Mit der hier vorgenommenen Verschiebung der Aufmerksamkeit von Ex-ante- auf im Forschungsprozess hervorgebrachte Hypothesen trat das grundsätzliche erkenntnistheoretische Problem, nämlich die Kontrolle des vom Forscher mitgebrachten Vorwissens, in den Hintergrund. Diesen Aspekt glaubte man nicht zuletzt deswegen vernachlässigen zu können, weil ja gerade die Offenheit der Methoden eine Korrektur «durch das Feld» ermöglichen würde: «Unpassendes» Vorwissen würde im Verlauf der Studie als solches erkennbar werden. Aber auch wenn man den unterschiedlichen Grad an Offenheit der verschiedenen Methoden konzediert, so übersieht diese Argumentation, dass auch die *erste* Konstitution von Daten bereits eine aktive Leistung des Forschers darstellt, die auf seinem Forschungsinteresse und Vorverständnis aufbaut. Die Forderung nach einem «möglichst voraussetzungslosen» Sicheinlassen auf das Feld verdeckt gerade diese grundlegende Konstitution des Feldes in Abhängigkeit von dem dem Forscher zu diesem Zeitpunkt «verfügbaren Wissensvorrat». Erkenntnisse über soziale Phänomene «emergieren» nicht aus eigener Kraft, sie sind Konstruktionen des Forschers von Anfang an. Die in der qualitativen Methodologie gelegentlich zu findende Idealisierung der «Unvoreingenommenheit» des Forschers und der Vorstellung einer «direkten» Erfassung der sozialen Realität sind somit erkenntnistheoretisch nicht zu halten (vgl. Meinefeld 1995, S. 287–294).

In distanzierter Betrachtung fällt auf, dass diese methodologische Idealisierung im Widerspruch sowohl zu einer theoretischen Kernaussage qualitativer Forschung steht («Die Interpretation der Situation ist wissensabhängig») als auch die Forschungspraxis nicht richtig wiedergibt (so berichten Glaser und Strauss in ihrer 1965 erschienenen Studie *Interaktion mit Sterbenden* ganz selbstverständlich von ihrem Rückgriff auf ihr Vorwissen über diesen Gegenstandsbereich – 1974, S. 263 f.).[2] Eine Erklärung für diese Diskrepanz zwischen theoretischer Einsicht, praktischer Forschung und methodologischer Norm könnte in dem Bemühen um die Etablierung einer möglichst scharf konturierten Alternative zur dominanten standardisierenden Methodologie zu suchen sein. So konstatiert denn auch Horst Weishaupt als Ergebnis seiner Analyse qualitativer Projektberichte: «Es drängt sich der Eindruck auf, dass die methodologische Diskussion von Abgrenzungsbemühungen bestimmt wird, die für die Praxis qualitativer Sozialforschung von untergeordneter Bedeutung sind» (1995, S. 94).

Und in einer wissenschaftssoziologischen Fallanalyse zeigt Jean Converse die Vermengung methodologischer und forschungspolitischer Argumente im Konflikt um offene und standardisierte Interviews in den USA während des Zweiten Weltkriegs (1984).

3. Die neuere Diskussion um Hypothesen und Vorwissen in der qualitativen Sozialforschung

Der Anstoß für eine kritische methodologische Diskussion, die sich von der Festlegung *gegen* Ex-ante-Hypothesen löst, ging in Deutschland von Christel Hopf aus (1983, 1996). Am Beispiel zweier empirischer Studien versuchte sie zu zeigen, dass einerseits die zu untersuchende Fragestellung durchaus ein qualitatives Vorgehen erfordern könne, andererseits aber aufgrund der vorliegenden Vorarbeiten eine inhaltliche Fokussierung geboten sei, die die Formulierung von Ex-ante-Hypothesen unumgänglich mache. Bei einer prinzipiellen Ablehnung von Hypothesen berücksichtige man zum einen die sehr unterschiedliche Zielrichtung von Hypothesen nicht, die sich je nach Geltungsanspruch und Gegenstand in ihrer Eignung für qualitative Fragestellung stark unterschieden (beziehen sie sich z. B. auf universelle Gesetze oder auf singuläre Tatbestände; haben sie Aussagen über den Zusammenhang von Variablen oder über soziale Prozesse und Deutungsmuster zum Thema? – 1983, S. 48–50; 1996, S. 11 f.). Zum anderen sprächen die Erfahrungen aus der Forschungspraxis gegen eine unbedingte Offenheit in der Datenerhebung: Der aus dem Fehlen von Selektionskriterien resultierende Zwang zu einer *extensiven Exploration* aller *möglicherweise* interessierenden Aspekte kollidiere mit der für eine interpretative Forschung konstitutiven *intensiven Sinnerschließung* und überfordere in dieser Situation den Forscher (1983, S. 50–52). Der generelle Verzicht auf Ex-ante-Hypothesen gefährde daher die Realisierung genuin qualitativer Forschungsziele: Er sei «dogmatisch und nicht diskutierbar» (1983, S. 49).

Andere Autoren verweisen in ihrem Plädoyer für eine unvoreingenommene Auseinandersetzung mit der Notwendigkeit und der Möglichkeit einer Reflexion des Vorwissens in der qualitativen Sozialforschung auf die unter erkenntnistheoretischen Gesichtspunkten identische Wirkung von Hypothesen und Vorwissen in Bezug auf die Strukturierung des nachfolgenden Forschungshandelns und fordern dazu auf, diese «Lücke» in der qualitativen Methodologie zu schließen. Zum einen bestehe hier einfach die Notwendigkeit, an den allgemeinen Stand der erkenntnistheoretischen Diskussion anzuschließen und sich nicht dem Vorwurf auszusetzen, mit dem Anspruch auf «unvoreingenommene» Wahrnehmung einen erkenntnistheoretischen Sonderstatus für qualitative Methoden zu beanspruchen; zum Zweiten eröffne sich mit dieser Frage, vor der ja jede Form der Sozialforschung stehe, die Möglichkeit, das Verhältnis von qualitativer und quantitativer Methodologie zu überdenken und die Differenzen und Gemeinsamkeiten neu zu definieren (Meinefeld 1997; Böttger 1998; Strobl 1998).

4. Ansatzpunkte für eine Neuorientierung der methodologischen Position

In welcher Weise könnten die scheinbar widersprüchlichen Erwartungen zu erfüllen sein: einerseits dem erkenntnistheoretischen Erfordernis nach einem Einbezug des Vorwissens in die methodische Kontrolle zu entsprechen, andererseits das interpretative Apriori nicht aufzugeben, die soziologische Analyse von den genuinen Sinnzuschreibungen der Handelnden ihren Ausgang nehmen zu lassen und im Deutungsakt den Handlungen nicht die Kategorien des Forschers überzustülpen?

Eine Voraussetzung für die Auflösung dieses Dilemmas ist zunächst das Anerkennen der Tatsache, dass der letzteren Anforderung nur näherungsweise zu genügen ist. Es kann eben nicht darum gehen, einer Erfassung der sozialen Realität in Kategorien des Forschers eine «reine» Rekonstruktion der Sichtweise der Handelnden entgegenzustellen: Es ist immer nur möglich, die Kategorien anderer Personen auf der Basis der eigenen Kategorien zu verstehen (siehe dazu auch Schütz' Ausführungen zur mitweltlichen Beobachtung: 1974, S. 287 ff.). Hier liegt ja gerade das Missverständnis eines *soziologischen* Verstehenskonzepts z. B. bei T. Abel (1964) oder H. Albert (1975), die das «Verstehen» als eine auf individueller Sensibilität beruhende direkte Erfassung subjektiven Sinns konzipierten (und deswegen verwarfen), während es doch nur bedeuten kann, die Handlungen anderer Personen als einem bestimmten, im Wissensbestand der jeweiligen sozialen Gruppe verfügbaren Handlungsmuster zugehörig zu identifizieren und sie unter dieses Deutungsmuster, *wie und so weit es dem Verstehenden vertraut ist*, zu subsumieren (vgl. hierzu Meinefeld 1995, Kapitel I). Man muss die grundsätzliche Einschränkung akzeptieren, dass jede Wahrnehmung nur unter Rückbezug auf die je eigenen Deutungsschemata Bedeutung gewinnt, also das Vorwissen unsere Wahrnehmungen unvermeidlich strukturiert und somit als Grundlage jeder Forschung anzusehen ist. Damit aber ist das kategoriale Gegeneinander in eine graduelle Differenz transformiert, das Grundproblem stellt sich für alle Forscher in derselben Weise.

Ein zweiter Schritt in Richtung der Auflösung dieses Gegeneinanders könnte in der Unterscheidung der Forschungsfragen nach Art und Menge des bereits vorliegenden Wissens auf dem gerade untersuchten Gebiet bestehen. Betrachten wir die Situation für die eingangs erwähnten klassischen Studien, so zeigt sich, dass hier eine Vorab-Formulierung inhaltlich gerichteter Hypothesen gar nicht in Frage kommen konnte. Möchte andererseits heute jemand über die Interaktion mit Sterbenden forschen, so wird er kaum umhinkommen, die Vorarbeiten von Glaser und Strauss zur Kenntnis zu nehmen und die eigene Forschung unter Berücksichtigung der dort berichteten Ergebnisse zu konzipieren.

Keineswegs aber muss dies bedeuten, für neue Beobachtungen nicht mehr offen zu sein. Wenn wir lernen, zwischen der prinzipiellen *methodischen* Offenheit und der Explizertheit, mit der das Vor*wissen* reflektiert und ausformuliert wird, zu unterscheiden, wird es möglich, die Formulierung von Hypothesen mit dem Rekonstruieren gegenstandsspezifischer Bedeutungsgehalte zu vereinbaren. Die Offenheit für das Neue hängt gerade nicht davon ab, dass wir auf der inhaltlichen Ebene das Alte und Bekannte nicht bewusst gemacht haben, sondern davon, in welcher Weise wir die Suche nach dem Neuen methodisch gestalten. Logisch sind diese beiden Ebenen unabhängig voneinander – die Frage der Konkretisierung des Vorwissens und der Wahl der anzuwendenden Methode für die Gewinnung neuen Wissens hängen nur insofern (auf der konkret-praktischen Ebene) zusammen, als z. B. ein standardisierter Fragebogen keine Informationen beschaffen kann, die außerhalb der vom Forscher für wichtig erachteten Dimensionen angesiedelt sind, da im gewählten Instrument für sie kein Platz ist. Dies bedeutet zum einen jedoch nicht, dass damit das Ergebnis schon vorab entschieden wäre, wie gelegentlich kritisiert wird: Nur das Gerüst der in die Untersuchung einbezogenen Dimensionen ist damit festgelegt, nicht aber deren konkrete inhaltliche Ausprägung; es können also sehr wohl inhaltlich überraschende Ergebnisse auf diesem Wege gewonnen werden (Opp 1984, 65 f.). Zum Zweiten bedeutet es nicht, dass die Wahl offener(er) Methoden (wie teilnehmende Beobachtung

→ *5.5* oder Interviews → *5.2*) *per se* eine *inhaltliche* Offenheit garantiert: Implizit gebliebenes Vorwissen führt auch bei diesen Methoden zu selektiver Wahrnehmung und Interpretation, denn das Erkennen, ob etwas neu ist oder nicht, liegt beim Forscher und nicht bei den untersuchten Personen. Die in der qualitativen Methodologie geforderte Offenheit für die potenzielle Besonderheit des Untersuchungsfeldes wird also nicht durch den Verzicht auf eine Explizierung des Vorwissens gefördert, sondern durch eine bewusste Handhabung von Methoden, die eine «Abweichung» des Feldes vom Erwarteten erkennen und protokollieren lassen – was aber nicht zuletzt voraussetzt, dass eine solche Erwartung bewusst ist.

Was die *Möglichkeit* einer Reflexion des Vorwissens betrifft, so ist zu beachten, dass dieses unterschiedliche Ausprägungen annehmen kann.

1. In jedem Fall verfügen wir über ein *alltagsweltliches Vorwissen*, auf das wir, wie vage und unsicher es auch sein mag, beim Fehlen besserer Informationen zurückzugreifen gezwungen sind, um überhaupt eine erste Orientierung im Forschungsfeld vornehmen zu können. Dieses Vorwissen ist immer nur partiell zu explizieren, da hier letztlich ein unendlicher Regress möglich ist. Aber gerade auf dieser Ebene entscheidet sich die grundlegende, aber eben nicht weiter reflektierte Konstitution des Forschungsgegenstandes, die damit kulturellen Selbstverständlichkeiten verhaftet bleibt, sodass ihre Reflexion ein – wenn auch oft nicht einlösbares – Desiderat darstellt (als Beispiel vgl. Bourdieu et al. 1991, S. 44 ff.).

2. Des Weiteren bezieht sich jeder Forscher in seiner Auseinandersetzung mit dem Forschungsfeld auf einen Korpus ihm vertrauter *allgemein-theoretischer Konzepte*, die ebenfalls zur grundlegenden Konstitution des Gegenstandes durch den Forscher beitragen. Obwohl sie in größerem Ausmaß bewusst sind, lassen auch sie sich nicht vollständig explizieren, doch kann die Forderung nach ihrer bewussten Reflexion mit größerer Aussicht auf Erfolg erhoben werden.

3. Schließlich gibt es eine Reihe *gegenstandsbezogener Konzepte*, die die Fokussierung auf bestimmte inhaltliche Aspekte des zu untersuchenden Forschungsthemas erlauben und die daher im gegebenen Fall durchaus auch im Rahmen qualitativer Forschung die Formulierung von Ex-ante-Hypothesen ermöglichen und sogar erfordern können.

In Bezug auf die Bewertung der Auswirkungen dieses Vorwissens auf den Forschungsprozess ist zu bedenken, dass dieser nicht erst beginnt, wenn Hypothesen formuliert werden bzw. man ohne Hypothesen «ins Feld geht». Wenn der *gesamte* Forschungsprozess methodisch reflektiert werden soll, so ist die Fixierung auf die Formulierung von Ex-ante-Hypothesen (befürwortend in der quantitativen, ablehnend in der qualitativen Methodologie) nicht haltbar: Die Formung der Aufmerksamkeit des Forschers setzt bereits früher und grundlegender an. Allerdings sollte man sich bei dem Bemühen um die Kontrolle dieser Vor-Strukturierung der Einschränkung bewusst sein, dass diese Reflexion – zumindest zum jetzigen Zeitpunkt – kaum normierbar sein dürfte; wie in Zukunft damit zu verfahren sein wird, sollte in der empirischen Forschungspraxis erprobt werden, bevor man zu einer methodologischen Festlegung kommt.

5. Ein Fazit

Im Prozess der Selbstvergewisserung als einer eigenständigen Methodologie hat die Entscheidung gegen Ex-ante-Hypothesen zwar zu einer Konsolidierung der qualitativen Position in der Abgrenzung von der quantitativen Methodologie beigetragen, sie hat aber auch zu einer erkenntnistheoretisch nicht haltbaren Festlegung geführt, die zudem die Einsatzmöglichkeiten qualitativer Forschung begrenzte. Die Erfahrungen in der Forschungspraxis zeigen jedoch zum einen, dass auch die quantitative Forschung in ihrer Mehrheit nicht der Norm des Hypothesen*testens* folgt (vgl. Meinefeld 1997, S. 23 f.), zum anderen belegen die genannten Beispiele von Hopf, dass auch im qualitativen Forschungsprogramm das Testen von Hypothesen einen legitimen Platz einnehmen kann. Die Entscheidungslinie über Art und Ausmaß der Konkretisierung des Vorwissens (bis hin zur Formulierung gerichteter Ex-ante-Hypothesen) verläuft nicht entlang der Linie «qualitativ – quantitativ», sie ist offensichtlich von anderen Faktoren abhängig. Es wäre wünschenswert, wenn diese Tatsache methodologisch ratifiziert würde und man in der qualitativen wie in der quantitativen Sozialforschung zu einem unverkrampften Umgang mit dem Problem der Strukturierung des Forschungshandelns durch das Vorwissen kommen könnte.

Anmerkungen

1 Das tatsächliche methodische Vorgehen in dieser Phase der Begründung moderner empirischer Forschung dürfte sehr zutreffend in einer Feststellung eingefangen sein, mit der Marie Jahoda die retrospektive Überpointierung der methodischen Reflektiertheit zurechtrückt, die das 27 Jahre nach der Erstveröffentlichung von Lazarsfeld verfasste Vorwort zur Neuauflage der *Arbeitslosen von Marienthal* auszeichnet – einer Studie, die auch heute noch als Muster einer vorbildlichen empirischen Forschung gilt: «Sollte sie [diese Darlegung – W. M.] (…) den Anschein erwecken, dass uns diese Prinzipien schon während der Studie zur Verfügung standen, wäre sie irreführend. Wir hatten weder inhaltlich noch methodisch einen klaren Plan (…) Die Methoden erwuchsen aus der Konzentration auf das Problem, nicht um ihrer selbst willen» (1980/81, S. 139). Und – so wäre zu ergänzen – als Forschungsstrategie und -methode erschien jedes Vorgehen legitim, das die Gewinnung von interessanten Daten für die Fragestellung zu ermöglichen versprach.

2 Zwar ist es richtig, dass Strauss in späteren Veröffentlichungen (1991, S. 36 f. u. passim; Strauss & Corbin 1990, S. 31–38) das Vorwissen als eine wichtige Quelle theoretischer Sensibilität anerkennt; da Strauss (und Corbin) allerdings am «Entdecken» als primärem Ziel qualitativer Forschung festhalten, tarieren sie diesen Hinweis mit der erneuten Warnung vor der Gefahr der «Einengung» aus, die von vorab bekannten Kategorien für die Offenheit für Neues ausgehe (1990, S. 32 f.) – und halten damit im Wesentlichen am normativen Anspruch der früher formulierten Position fest. Noch expliziter beharrt Glaser auf dem vorgängigen Verzicht auf jegliches Vorwissen (vgl. Kelle 1994, S. 334 f.; vgl. insgesamt die vorzügliche Darstellung der Positionen von Glaser und Strauss bei Kelle 1994, 283 ff.).

Weiterführende Literatur

Hopf, C. (1996). Hypothesenprüfung und qualitative Sozialforschung. In: Strobl, R. & Böttger, A. (Hg.): Wahre Geschichten? – Zu Theorie und Praxis qualitativer Interviews, S. 11–21. Baden-Baden: Nomos.

Kelle, U. (1994). Empirisch begründete Theoriebildung – Zur Logik und Methodologie interpretativer Sozialforschung. Weinheim: Deutscher Studien Verlag.

Meinefeld, W. (1995). Realität und Konstruktion – Erkenntnistheoretische Grundlagen einer Methodologie der empirischen Sozialforschung. Opladen: Leske + Budrich.

Jo Reichertz
4.3 Abduktion, Deduktion und Induktion in der qualitativen Forschung

---

1. Die Abduktion – ein regelgeleiteter Weg zu neuer Erkenntnis?
2. Deduktion, quantitative und qualitative Induktion, Abduktion
3. Zwei Strategien zur Herbeiführung von Abduktionen
4. Forschungsergebnisse – Rekonstruktion oder Konstruktion?

---

1. Die Abduktion – ein regelgeleiteter Weg zu neuer Erkenntnis?

Sozialforscher, die sich dem Auf und Ab des eigenen Berufsvokabulars zuwenden, können seit gut einem Jahrzehnt das Aufblühen eines Begriffs miterleben, der knapp 400 Jahre alt ist: Die Rede ist von dem Begriff der *Abduktion*. Dieser Aufschwung war so enorm, dass mancherorts sogar von einem ‹abductive turn› gesprochen wird (vgl. Bonfantini 1988; Wirth 1995).

Erstmals eingeführt 1597 von Julius Pacius, um das aristotelische ‹Apagogè› zu übersetzen, blieb die Abduktion fast drei Jahrhunderte gänzlich unbeachtet. Erst Ch. S. Peirce (1839–1914) griff sie auf und bezeichnete mit ihr das einzige wirklich *kenntniserweiternde* Schlussverfahren (so der Anspruch), das sich von den geläufigen logischen Schlüssen – nämlich der Deduktion und der Induktion – kategorial unterscheiden soll (vgl. 1976, 1986, 1992). Aber noch mehrere Jahrzehnte vergingen, bis die Überlegungen von Peirce systematisch rezipiert und auch aufgenommen wurden (Anderson 1995; Apel 1967; Fann 1970; Hanson 1965; Moore & Robin 1964; Reichertz 1991b; Rohr 1993; Tursman 1987; Wartenburg 1971).

Heute ist der Begriff ‹Abduktion› so etwas wie ein Geheimtipp innerhalb der Sozialforschung (aber nicht nur dort): Pädagogen, Sprachwissenschaftler, Psychologen, Psychoanalytiker, Semiotiker, Theaterwissenschaftler, Theologen, Kriminologen, Forscher im Bereich Künstliche Intelligenz (KI) und natürlich auch die Soziologen reklamieren in ihren Forschungsberichten, ihre neuen Erkenntnisse verdankten sich der Abduktion.

Der große Erfolg der Abduktion geht m. E. auf zwei Besonderheiten zurück: zum einen auf dessen Unbestimmtheit, zum Zweiten auf die auch daraus folgende Fehleinschätzung der Leistungen von Abduktionen. Denn oft erzeugt die Nutzung des Abduktionsbegriffs bei vielen Verwendern vor allem eine Hoffnung, nämlich die nach einer *regelgeleiteten* und *reproduzierbaren* Produktion neuen *gültigen* Wissens. Diese Hoffnung findet sich vor allem bei der KI-Forschung und einigen Varianten qualitativer Sozialforschung (→ *2.1*).

All diesen Ansätzen ist gemeinsam, dass sie sowohl den *logischen* als auch den *innovativen* Charakter der Abduktion betonen. Die Abduktion wird zwar nicht mehr als ein herkömmlicher, klassischer Schlussmodus aufgefasst, sondern als ein neuer, der noch nicht von der formalen Logik eingemeindet ist – aber: Er ist auf jeden Fall ein Schlussmodus. Gerade in diesem ‹Schlussmodus-Sein› liegt der heimliche Charme der Abduktion. Einerseits ist sie ein *logischer* Schluss (und damit vernünftig und wissenschaftlich), andererseits reicht sie in die Sphäre tieferer Einsicht (und generiert neue Erkenntnis). Ein solcher Abduktionsbegriff verbindet die Kritik an einem nur zur Tautologie fähigen Positivismus mit der Hoffnung auf eine neue Sozialforschung, welche die Sozialität vernünftiger und somit besser versteht. Die Abduktion soll der Sozialforschung oder besser: den Sozialforschern helfen, Neues auf logisch und methodisch geordnetem Weg finden zu können.

Diese Hoffnung richtet sich gegen Reichenbach und Popper, die mit ihrer Trennung der Logik der Entdeckung von der Logik der Rechtfertigung die erste in den Bereich der Psychologie ‹vertrieben› und nur die zweite dem Bereich ernst zu nehmender Wissenschaft zugeordnet haben. Diese Trennung soll wieder rückgängig gemacht werden: Die unglückliche Disjunktion von Entdeckungs- und Rechtfertigungszusammenhang soll mittels der Abduktion wieder aufgehoben werden. Eine solche Rückbesinnung verspricht viel: Befreiung von der ‹Zufälligkeit des guten Einfalls› (Habermas 1968, S. 147) und (so die Hoffnung) ‹synthetische Schlüsse a posteriori› (vgl. Oevermann 1987).

Wegen dieser Hoffnung galt und gilt die Abduktion bei vielen Sozialforschern als Beschwörungsformel – immer einsetzbar, wenn nach der kognitiven Basis des wissenschaftlichen Deutungsprozesses gefragt wird. Diese Hoffnung resultiert m. E. jedoch allein aus einem weit verbreiteten Missverständnis der Peirce'schen Position, nämlich dem Missverständnis, zwischen der Schlussform ‹Hypothese› und der Schlussform ‹Abduktion› bestünden keine Unterschiede. Aus heutiger Sicht ist jedoch unstrittig, dass Peirce etwa bis 1898 unter dem Namen ‹Hypothese› *zwei* recht unterschiedliche Formen des Schlussfolgerns fasste. Als ihm dieser unklare Gebrauch des Namens ‹Hypothese› auffiel, arbeitete er in seiner Spätphilosophie den Unterschied zwischen den beiden Verfahren deutlich heraus und nannte die eine Operation ‹Qualitative Induktion› und die andere ‹Abduktion› (ausführlicher dazu Reichertz 1991b, aber auch Eco 1985).

Viele Sozialwissenschaftler berufen sich (m. E. zu Unrecht) in Bezug auf die *Leistungen* der Abduktion auf die Spätphilosophie von Peirce, jedoch in Bezug auf die *Form* und *Gültigkeit* auf die Arbeiten von Peirce zur Hypothese. Nur aufgrund dieses ‹Bedeutungsmischlings› gelingt ihnen der Entwurf einer logischen Operation, die *regelgeleitet* neue Erkenntnis hervorbringt.

2. Deduktion, quantitative und qualitative Induktion, Abduktion

Die gesellschaftliche Ordnung, an der sich Menschen (oft, aber nicht immer) in ihrem Handeln orientieren, wandelt sich permanent und ist zudem ‹subkulturell fragmentiert›. Die Ordnung(en) besitzen deshalb immer nur einen lokalen Geltungsbereich und werden ständig und (seit dem Aufkommen der Moderne) immer schneller von ebendiesen Menschen geändert, die ihr zuvor (in Maßen) noch folgten. Hinzu kommt, dass sowohl die *Gestaltung* als auch die *Geltung* dieser Ordnung an die Sinnzuschreibungen und Interpretationsleistungen der handelnden Subjekte gebunden sind. Sozialwissenschaftliche Handlungserklärungen zielen nun auf die (Re-)Konstruktion der für die handelnden Subjekte relevanten Ordnung. Allerdings kann eine solche Ordnung nicht (mehr) aus bewährten Großtheorien *abgeleitet* werden, da diese zum einen in der Regel nicht ‹lokal› genug, zum anderen durch den steten gesellschaftlichen Wandel oft bereits überholt sind. Weil dies so ist, müssen neue ‹passende› Ansichten über die Beschaffenheit sozialer Ordnung stets aufs Neue generiert werden. Deshalb ist es ausgesprochen sinnvoll, sich die zu verstehende Lebenspraxis möglichst genau anzusehen und aufgrund dieser Daten die *neuen* Ordnungen zu (re-)konstruieren.

Wenn man nun in der (qualitativen wie der quantitativen) Forschung ernsthaft damit beginnt, erhobene Daten auszuwerten, also diese entlang bestimmter Merkmale und Merkmalsordnungen zu typisieren, dann stellt sich sehr schnell die Frage, wie man ein wenig Ordnung in sein Datenchaos bringen kann. Das ist nur zu einem geringen Teil eine arbeitsorganisatorische Frage (Sortieren der Daten), sondern sehr viel mehr die Frage, wie die unüberschaubare Mannigfaltigkeit der Daten mit (vorhandenen oder noch zu findenden) Theorien in Verbindung gebracht werden kann.

Bei diesem Unternehmen sind (folgt man den Überlegungen von Peirce) idealtypisch *drei* Verfahren zu unterscheiden, wobei das zweite Verfahren von mir im Weiteren in zwei Untergruppen geteilt wird – jedoch nicht, weil zwischen den beiden gravierende Unterschiede vorliegen, sondern weil so die schon angesprochene Unterscheidung zwischen Abduktion und Hypothese bzw. qualitativer Induktion klarer gemacht werden kann (ausführlicher hierzu Reichertz 1991a).

1. Eine Art der Datenauswertung besteht in dem Verfahren der *Subsumtion*. Die Subsumtion geht von einem bereits bekannten Merkmalszusammenhang, also einer bekannten *Regel* aus (z. B.: Alle Einbrecher, die auch den Medizinschrank plündern, sind drogenabhängig.) und versucht, diesen allgemeinen Zusammenhang in den Daten wieder zu finden (z. B.: Der unbekannte Einbrecher hat den Medizinschrank geplündert.), um dann über den Einzelfall Kenntnisse zu erlangen (z. B.: Der unbekannte Einbrecher ist drogenabhängig.).

Die logische Form dieser gedanklichen Operation ist die der *Deduktion*: Der in Frage stehende Einzel-Fall wird einer bereits bekannten Regel untergeordnet. Hier wird eine vertraute und bewährte Ordnung auf einen neuen Fall angewendet. Neues (über die Ordnung der Welt) erfährt man auf diese Weise nicht – halt nur, dass der noch unbekannte Einbrecher drogenabhängig ist (ein Wissen, das für die Polizei ganz nützlich sein kann – wenn die Regel stimmt). Deduktionen sind also *tautologisch*, sie besagen nichts Neues. Deduktionen sind jedoch nicht nur tautologisch, sondern auch *wahrheitsübertragend*: Ist die zur Anwendung gebrachte Regel gültig, dann ist nämlich auch das Ergebnis der Regelanwendung gültig.

2.1 Eine zweite Art der Auswertung besteht darin, im Datenmaterial vorgefundene Merkmalskombinationen zu einer Ordnung oder Regel zu ‹verlängern›, zu generalisieren. Ausgehend von der Beobachtung: ‹Bei den Einbrüchen a, b und c ist der Medizinschrank geplündert worden.› und der Fallkenntnis: ‹Herr Müller beging die

Einbrüche a, b und c.› wird der Schluss gezogen: ‹Herr Müller plündert bei Einbrüchen immer den Medizinschrank.› Die logische Form dieser gedanklichen Operation ist die der quantitativen Induktion. Sie überträgt die quantitativen Eigenschaften einer Stichprobe auf die Gesamtheit, sie ‹verlängert› den Einzelfall zu einer Regel. Quantitative Induktionen sind also (streng genommen) ebenfalls tautologisch, jedoch nicht wahrheitsübertragend. Die Resultate dieser Form des Schlussfolgerns sind lediglich *wahrscheinlich*.

2.2 Eine besondere Variante der induktiven Bearbeitung der Daten besteht nun darin, bestimmte qualitative Merkmale der untersuchten Stichprobe so zusammenzustellen, dass diese Merkmalskombination einer anderen (bereits im Wissensrepertoire der Interaktionsgemeinschaft vorhandenen) in wesentlichen Punkten gleicht. In diesem Fall kann man den bereits existierenden Begriff für diese Kombination benutzen, um die ‹eigene› Form zu benennen. Die logische Form dieser Operation ist die der qualitativen Induktion. Sie schließt von der Existenz bestimmter qualitativer Merkmale einer Stichprobe auf das Vorhandensein anderer Merkmale (z. B.: Ich sehe hier am Tatort eine bestimmte Spurenlage. In sehr vielen Elementen stimmt sie mit dem Spurenmuster von Müller überein. Schluss: Müller ist der Spurenleger.). Der beobachtete Fall *(token)* ist ein Exemplar einer bekannten Ordnung *(type)*.

Kurz: Schließt die quantitative Induktion von den quantitativen Eigenschaften einer Stichprobe auf die Gesamtheit, so ergänzt die qualitative Induktion dagegen die wahrgenommenen Merkmale einer Stichprobe mit anderen, nicht wahrgenommenen. Nur in diesem Sinn überschreitet diese Art der Induktion die Grenzen der Erfahrung – nämlich lediglich die Erfahrung mit der in Frage stehenden Stichprobe. Kenntniserweiternd ist dieser Schluss nur insofern, als er von einer begrenzten Auswahl auf eine größere Gesamtheit schließt. Die qualitative Induktion ist kein gültiger, sondern ein nur wahrscheinlicher Schluss – allerdings besitzt sie den Vorzug, dass sie sich (wenn auch nicht einfach) operationalisieren lässt. Allen wissenschaftlichen Verfahren, die in den erhobenen Daten nur neue Formen des bereits Bekannten erkennen, liegt die qualitative Induktion zugrunde.

3. Die dritte (scheinbar ähnliche, aber dennoch völlig verschiedene) Art der Datenbearbeitung besteht darin, aufgrund der Ausdeutung der erhobenen Daten solche Merkmalskombinationen zu-

sammenzustellen bzw. zu entdecken, für die sich im bereits existierenden Wissensvorratslager *keine* entsprechende Erklärung oder Regel findet. Dann ist man überrascht. Wirkliche Überraschung löst (nicht nur laut Peirce) echtes Erschrecken aus – und die Suche nach der (neuen) Erklärung. Da kein passender ‹type› zu finden ist, muss in einem geistigen Prozess ein neuer *er-* bzw. *ge*funden werden. Manchmal erlangt man aufgrund eines gedanklichen Prozesses eine solche neue Erkenntnis, und wenn, dann stellt sie sich ‹blitzartig› ein, und der gedankliche Prozess ist nur ‹sehr wenig von logischen Regeln behindert› (Peirce 1973, S. 253).

Eine Ordnung, eine Regel ist bei diesem Verfahren also erst noch zu (er)finden – und zwar mit Hilfe einer geistigen Anstrengung. Etwas Unverständliches wird in den Daten vorgefunden, und aufgrund des geistigen Entwurfs einer *neuen* Regel wird sowohl die Regel gefunden bzw. erfunden und zugleich klar, was der Fall ist. Die logische Form dieser Operation ist die der Abduktion. Hier hat man sich (wie bewusst auch immer und aus welchen Motiven auch immer) entschlossen, der bewährten Sicht der Dinge nicht mehr zu folgen.

Eine solche Bildung eines neuen ‹types›, also die Zusammenstellung einer neuen typischen Merkmalskombination, ist ein kreativer Schluss, der eine neue Idee in die Welt bringt. Diese Art der Zusammenschließung ist nicht zwingend, eher sehr waghalsig. Die Abduktion ‹schlussfolgert› also aus *einer* bekannten Größe (= Resultat) auf *zwei* unbekannte (= Regel und Fall). Die Abduktion ist also ein mentaler Prozess, ein geistiger Akt, ein gedanklicher Sprung, der das zusammenbringt, von dem man nie dachte, dass es zusammengehört.

3. Zwei Strategien zur Herbeiführung von Abduktionen

Nimmt man das bisher Gesagte ernst, dann müsste man zum (für die alltägliche Wissenschaftspraxis pessimistischen) Befund kommen, dass die abduktive Entdeckung von Neuem entweder auf den blinden Zufall, ein glückliches Schicksal, einen gütigen Gott, eine wohlgesinnte Evolution oder eine besonders günstige Gehirnphysiologie angewiesen ist. Wissenschaft als *systematisches* Unternehmen schiene demnach zum Scheitern verurteilt. Anything goes.

Aber – wenn man schon den Blitz nicht algorithmisch geregelt *herbeizwingen* kann – gibt es vielleicht Verhaltensweisen und Vorkehrungen, die es dem Blitz erleichtern ‹einzuschlagen›? Denn auch der Blitz kommt nicht völlig unerwartet. So tritt er – um im Bild zu bleiben – nur im Gefolge einer bestimmten Wetterlage auf. Man kann im Gewitter die Eichen suchen und vor den Buchen weichen oder gar die Spitze des Kirchturms aufsuchen. Durch keine dieser Maßnahmen kann sichergestellt werden, dass der Blitz kommt und trifft; aber die Möglichkeit ist doch sehr viel größer als bei jemandem, der nur die strahlende Sonne liebt, sich bei Gewitter stets im Keller aufhält und, falls er doch einmal in das Unwetter muss, die Nähe von Blitzableitern sucht. Kurz: Sollte Erkenntnis tatsächlich etwas mit Zufällen zu tun haben, dann kann man dem Zufall eine Chance geben oder sie ihm verweigern.

Peirce selbst nennt *zwei Großstrategien*, die geeignet sind, abduktive Prozesse besonders gut ‹hervorzulocken› oder doch zumindest deren Auftreten zu begünstigen. Eine ist der Erzählung entnehmbar, in der Peirce rückblickend von seinen Fähigkeiten als Hobbydetektiv berichtet (Peirce 1929). Peirce waren demnach auf einer Schiffsreise sein Überzieher und seine wertvolle Uhr gestohlen worden. Er erschrak sehr, da die Uhr nicht sein Eigentum war. Deshalb beschloss er, die Uhr auf alle Fälle und auf schnellstem Wege wiederzuerlangen. Er ließ alle Bediensteten zusammenrufen und hieß sie, sich in einer Reihe aufzustellen. Dann schritt er die Reihe entlang, sprach mit jedem ein paar scheinbar belanglose Worte.

> «Als ich die Reihe zu Ende gegangen war, machte ich ein paar Schritte zur Seite, wobei ich aber in Hörweite blieb, und brummte vor mich hin: ‹Nicht ein Fünkchen Licht, an das ich mich hier halten könnte.› Dem entgegnete jedoch mein zweites Ich (mit dem ich fortwährend Dialoge unterhalte): ‹Du *musst* den Mann einfach herausbekommen. Vergiss, dass dir die Gründe fehlen, du musst sagen, welchen du für den Dieb hältst.› Ich machte eine kleine Schleife, nachdem ich kaum eine Minute gegangen war, und als ich mich ihnen wieder zuwandte, war jeder Zweifel von mir gewichen» (Peirce 1929, S. 271).

Peirce benannte eine Person als Täter und später, nach vielen Verwirrungen (die man am besten selbst einmal nachliest – vgl. hierzu Sebeok & Umiker-Sebeok 1985), stellte sich heraus, dass der von Peirce Verdächtigte tatsächlich der Dieb war.

Den Anstoß für diese Eigeninitiative in Sachen ‹detective work› gab also die *Angst* – und zwar nicht die Furcht vor dem Verlust der 350 Dollar, welche die Uhr wert war, sondern die Angst vor einer erwarteten «life-long-professional disgrace» (Peirce 1929, S. 270).

Der Körper geriet in einen Alarmzustand, doch offensichtlich war dies noch nicht genug. Als er nach den ersten Unterhaltungen mit den Bediensteten nämlich noch keinen Verdächtigen benennen konnte, erhöhte er willentlich den Handlungsdruck. In dieser teilweise selbst herbeigeführten Notsituation kam es zum abduktiven Blitz.

Abduktionen können zwar nicht durch ein spezifisches Verfahrensprogramm erzwungen werden, aber man kann (und dies ist die Lehre aus dieser Episode) Situationen herbeiführen, in denen sich Abduktionen eher ereignen. Und nach Peirce ist die Anwesenheit von *echtem Zweifel* oder *Unsicherheit* oder *Angst* oder *großem Handlungsdruck* eine günstige ‹Wetterlage› für das Entstehen abduktiver Blitze.

Aber Peirce entwirft noch eine andere Möglichkeit, Situationen zu schaffen, in denen es deutlich häufiger zu neuen Erkenntnissen kommt. Hierzu sollte der Suchende – so der Rat von Peirce – ohne ein bestimmtes Ziel seinen Geist wandern lassen. Dieses geistige Spiel ohne Regeln nennt er ‹*musement*›, ein Spiel der Versenkung – Tagträumerei. Wie man in den Zustand der Tagträumerei gelangt, kann man folgenden Formulierungen von Peirce entnehmen:

> «Betrete dein kleines Boot der Versenkung, stoß dich ab in den See deiner Gedanken und lasse den Atem des Himmels deine Segel füllen. Mit geöffneten Augen, wach für alles, was um dich und in dir vor sich geht, im offenen Gespräch mit dir selbst. (…) Es ist jedoch kein Gespräch allein mit Worten, sondern es ist illustriert (…) mit Schaubildern und Experimenten» (Peirce 1931–35, Bd. 6, S. 315 – Übersetzung J. R.).

Um dies zu tun, bedarf es der Muße, das heißt: Die Befreiung von dem aktuellen Handlungsdruck ist die grundlegende Bedingung, ohne die das Boot nicht in Fahrt kommt. Dies widerspricht scheinbar sehr vehement den Rahmenbedingungen für gelingende Abduktionen, welche Peirce in seinem Detektivbeispiel nennt.

Der Widerspruch löst sich allerdings auf, wenn man das Typische der beiden ‹abduktionsfreundlichen› Settings sucht. Denn in beiden Fällen bewirken die Verfahrensweisen, dass der *bewusst arbeitende*, mit logischen Regeln vertraute *Verstand* ausmanövriert wird. Der Detektiv Peirce lässt dem kalkulierenden Verstand gar keine Zeit, sich mit der Lösung seines Problems zu beschäftigen, und der tagträumende Peirce schaltet das logische Urteilsvermögen aus, indem er sich dem ‹Atem des Himmels› anvertraut.

Alle Maßnahmen, günstige Bedingungen für Abduktionen zu schaffen, zielen also stets auf eins: auf die Erlangung einer *Haltung*, bereit zu sein, alte Überzeugungen aufzugeben und neue zu suchen. Abduktives Schlussfolgern ist also kein kenntnisliefernder *Schlussmodus*, also auch keine *exakte* Methode, mit deren Hilfe sich *logisch geordnet* (und damit operationalisierbar) Hypothesen oder gar eine Theorie generieren lässt, sondern abduktives Folgern ist eine Haltung gegenüber Daten und gegenüber dem eigenen Wissen: Daten sind ernst zu nehmen, und die Gültigkeit des bislang erarbeiteten Wissens ist einzuklammern.

4. Forschungsergebnisse – Rekonstruktion oder Konstruktion?

Abduktive Anstrengungen suchen nach (neuer) Ordnung, jedoch zielen sie nicht auf die Konstruktion einer *beliebigen* Ordnung, sondern auf die Findung einer Ordnung, die zu den überraschenden ‹Tatsachen› *passt* oder, genauer: die handlungspraktischen Probleme, die sich aus dem Überraschenden ergeben, löst.

Fluchtpunkt dieser selektierenden (auf neue Ordnung ausgerichteten) Aufmerksamkeit ist nicht eine größtmögliche Realitätsnähe oder eine möglichst hohe Rationalität. Fluchtpunkt ist vor allem der *Nutzen*, den der entwickelte ‹type› für die interessierende Fragestellung beibringt. Einerseits bringt er Ordnung und die Mittel der sprachlichen Darstellung, andererseits sind diese neuen ‹types› unverzichtbare Werkzeuge, wenn es darum geht, aus der hypothetisch verstandenen, weil geordneten Vergangenheit Hypothetisches über die Zukunft prognostizieren zu können, also wenn es darum geht, Antworten auf die Frage «What to do next?» zu produzieren. Neue Ordnungen sind deshalb immer auch an zukünftigem Handeln orientiert.

Die abduktiv gefundene Ordnung ist also keine (reine) Widerspiegelung von Wirklichkeit – sie reduziert auch nicht die Wirklichkeit auf die wichtigsten Bestandteile. Die gewonnenen Ordnungen sind stattdessen *gedankliche Konstruktionen*, mit denen man gut oder weniger gut leben kann. Für manche Zwecke sind bestimmte Konstruktionen von Nutzen, für andere wieder andere. Die Suche nach Ordnung ist deshalb nie endgültig abgeschlossen und immer auf Widerruf vorgenommen. Solange die neue Ordnung bei der Bewältigung einer Aufgabe hilfreich ist, wird sie in Kraft belassen; ist die Hilfeleistung eingeschränkt, dann müssen Differenzierungen vorgenommen werden; erweist sie sich als nutzlos, wird sie verworfen. Insofern sind die abduktiv gefundenen Ordnungen weder (beliebige) Konstruktionen noch (valide) Rekonstruktionen, sondern *brauchbare* (Re-)Konstruktionen.

Die Abduktion sucht (wie bereits mehrfach gesagt) angesichts überraschender Fakten nach einer sinnstiftenden Regel, nach einer möglicherweise gültigen bzw. passenden Erklärung, welche das Überraschende an den Fakten beseitigt. Endpunkt dieser Suche ist eine (sprachliche) Hypothese. Ist diese gefunden, beginnt ein mehrstufiger Überprüfungsprozess.

Besteht die erste Stufe des wissenschaftlichen Erkenntnisprozesses in der Findung einer Hypothese mittels Abduktion, dann besteht die zweite aus der *Ableitung von Voraussagen* aus der Hypothese, also einer Deduktion, und die dritte in der *Suche nach Fakten*, welche die Vorannahmen ‹verifizieren›, also einer Induktion. Sollten sich die Fakten nicht finden lassen, beginnt der Prozess von neuem, und dies wiederholt sich so oft, bis die ‹passenden› Fakten erreicht sind. Mit dieser Bestimmung entwirft Peirce eine dreistufige Erkenntnislogik von Abduktion, Deduktion und Induktion.

Entdeckung und Überprüfung sind laut Peirce also *zwei* voneinander zu unterscheidende Teile *eines* Prozesses des Erkennens, des Forschens. Ist die Entdeckung weitgehend dem bewussten und systematischen Zugriff entzogen, so vollzieht sich die Überprüfung entlang operationalisierbarer und regelgeleiteter, vernunftkontrollierter Standards.

Gewissheit über die Validität abduktiver Schlüsse ist jedoch selbst dann nicht zu erreichen, wenn man die abduktiv gewonnene Hypothese einer extensiven Prüfung unterwirft, also aus ihr Konsequenzen deduziert und diese dann induktiv aufzuspüren sucht und dann diesen Dreischritt immer wieder repetiert. Verifizieren im strengen Sinn des Worts lässt sich auf diese Weise nichts. Was man allein auf diesem Weg erhält, ist eine intersubjektiv aufgebaute und geteilte ‹Wahrheit›. Diese ist (nach Peirce) allerdings erst erreicht, wenn *alle* Gemeinschaftsmitglieder zu der gleichen *Überzeugung* gekommen sind. Da mit ‹alle› (bei Peirce) auch die gemeint sind, die nach uns geboren werden, ist der Prozess der Überprüfung grundsätzlich nicht abzuschließen. Absolute Sicherheit ist für Peirce also nicht zu erlangen. «In Wahrheit können Menschen niemals unbedingte Gewissheit erreichen» (1986, S. 229). Deshalb: «Unfehlbarkeit in wissenschaftlichen Belangen ist für mich unwiderstehlich komisch» (Peirce 1931, Collected Papers, Bd. 1, S. X 1.9 – Übersetzung J. R.).

Weiterführende Literatur

Apel, K. O. (1967). Der Denkweg von Charles Sanders Peirce. Frankfurt a. M.: Suhrkamp.

Eco, U. & Sebeok, Th. (Hg.) (1985). Der Zirkel oder Im Zeichen der Drei. München: Wilhelm Fink Verlag.

Reichertz, J. (1991). Aufklärungsarbeit. Kriminalpolizisten und Feldforscher bei der Arbeit. Stuttgart: Enke.

Hans Merkens
4.4 Auswahlverfahren, Sampling, Fallkonstruktion

1. Fallauswahl
2. Sampling
3. Fallkonstruktion

Nach Flick (2007a, S. 155) werden Auswahlentscheidungen im Forschungsprozess auf drei verschiedenen Ebenen gefällt:
– bei der Erhebung von Daten (Fallauswahl, Fallgruppenauswahl),
– bei der Interpretation (Auswahl des Materials und Auswahl im Material) sowie
– bei der Darstellung von Ergebnissen (Präsentation des Materials).
Um die Intersubjektivität der Forschung zu gewährleisten, sind Kriterien erforderlich, die die Entscheidungen leiten, damit andere Forscher bei gleicher Vorgehensweise zu einem ähnlichen Resultat gelangen bzw. das Ergebnis der Fallkonstruktion einer rationalen Kritik unterworfen werden kann. Dazu werden im Folgenden vor allem die relevanten Kriterien diskutiert. Zwischen den drei Ebenen besteht eine hohe Interdependenz, die auch bei einigen Auswahlverfahren in den Mittelpunkt gestellt werden wird. Im ersten Abschnitt werden Auswahlprobleme des Falls bzw. der Fallgruppe diskutiert.

Im zweiten werden Aspekte der Auswahl des Materials in den Mittelpunkt gestellt und im abschließenden Abschnitt Aspekte der Interpretation des Falls erörtert.

1. Fallauswahl

Auswahlverfahren

Eine erste Entscheidung betrifft die Auswahl des Falls: Klassische qualitative Untersuchungen haben das Besondere zum Thema. Insofern ist Auswahlverfahren keine besondere Aufmerksamkeit geschenkt worden, weil das Besondere des Falls bereits über die Wahl des Gegenstandes gegeben war. Das scheint z. B. in der Ethnologie so zu sein, wenn man einen bestimmten Stamm untersucht. Dennoch bedarf es auch hier einer Fragestellung, wie sie z. B. Mead (1958) formuliert hat, die eine Antwort auf die Frage suchte, ob die Geschlechtsrollenverteilung zwischen Mann und Frau biologische oder soziale Ursachen habe.

Auswahlverfahren benötigt man ebenso, wenn man z. B. psychische Folgen von Arbeitslosigkeit untersuchen will: Die Folgen der Arbeitslosigkeit werden bei Langzeitarbeitslosen mit hoher Wahrscheinlichkeit andere sein als bei Menschen, die gerade arbeitslos geworden sind. So muss man in Bezug auf Arbeitslosigkeit eingrenzen, welche Merkmale die in die Stichprobe einbezogenen Arbeitslosen haben sollen: Man konstruiert den Fall der psychischen Folgen der Arbeitslosigkeit, bevor die Untersuchung begonnen wird. Probleme, die sich bei dieser anfänglichen Konstruktion ergeben, hat Merkens (1986) bei der Reanalyse einer Feldbeobachtung aufgezeigt, die zum Thema «Türken beim Einkaufen» durchgeführt worden war. Die Schwierigkeit bestand darin, Türken als Türken zu identifizieren, da im Feld angetroffene Türken beim Einkaufen beobachtet werden sollten. Das setzte voraus, dass Indikatoren festgelegt werden mussten, um unter den Einkaufenden Türken zu identifizieren.

Auch Dilthey (1968a, b) hatte für die Geisteswissenschaften Kriterien für die Vorkonstruktion des Falls formuliert, indem er, um eine Epoche zu verstehen, Analysen der Biographien herausragender Menschen der jeweiligen Zeit zu einer guten Methode erklärte. Dieser Zugriff wird von dem Gedanken geleitet, dass Epochen durch die Kultur und diese durch ihre hervorragenden Vertreter geleitet seien. Hier war es die Herausforderung, Zeugen zu identifizieren.

Zugänglichkeit

Ebenso wie bei quantitativen Studien kommt der Zugänglichkeit der Ereignisse, Aktivitäten oder Personen, die den Gegenstand der Untersuchung bilden sollen, Bedeutung zu (Burgess 1991; → 5.1). Bei Personen kann man dieses Problem mit deren Erreichbarkeit charakterisieren: Häufig verweigern z. B. Gruppen, die untersucht werden sollen, oder einzelne Mitglieder dieser Gruppen die Mitarbeit. Indem dieser Aspekt nicht erörtert wird – war es möglich, alle gewünschten Ereignisse, Aktivitäten bzw. Personen in die Untersuchung einzubeziehen? –, ist es für einen Außenstehenden nicht zu beurteilen, in welchen Grenzen der Fall untersucht worden ist. Verweigerungen oder Hindernissen kommt Bedeutung zu, weil sie oft systematischer Natur sind. Sollte das so sein, verfälscht ihr Nichteinbeziehen die Ergebnisse in eine bestimmte Richtung in Relation zum Gesamtfall. Bei qualitativen Studien besteht der Anreiz für empirische Erhebungen oft darin, dass die Zugänglichkeit zu einem bestimmten Fall oder einer bestimmten Gruppe, Institution gesichert ist. Dann stehen nicht bestimmte Auswahlprozeduren im Vordergrund, sondern die Auswahl wird über die Zugänglichkeit konstituiert.

In diesem Kontext spielen bei qualitativen Studien *gatekeepers* (Schlüsselpersonen) eine zentrale Rolle *(→ 5.1)*. Bei der Untersuchung von Organisationen *(→ 3.11)* wird häufig nicht darauf verwiesen, wer der *gatekeeper* war und welche zusätzlichen *gatekeepers* innerhalb der Organisation gewonnen werden mussten bzw. konnten (Burgess 1991). So muss man bei der Untersuchung von Unternehmen in der Regel einen der Topmanager als *gatekeeper* gewinnen. Daneben spielt aber auch der Betriebsrat eine zentrale Rolle, wenn es um die Wahl weiterer Interviewpartner geht. Informationen zum Personenkreis der *gatekeepers* sind für das Einschätzen der erreichten Ergebnisse und die Frage der Übertragbarkeit wichtig, weil *gatekeepers* mit ihrer Bereitschaft des Öffnens einer oder mehrerer Türen häufig ein Eigeninteresse verbinden.

Die Bedeutung der Zugänglichkeit wird in einer Unterscheidung von Morse (1994) zwischen primärer – die Fälle der Untersuchung werden gezielt ausgewählt – und sekundärer Selektion aus einer anderen Perspektive betrachtet. Letztere ist gegeben, wenn in einer Untersuchung die ‹Fälle› per Anzeige oder anderem Aufruf aufgefordert werden, sich zu melden. Im zweiten Fall unterliegt die Zugänglichkeit Restriktionen: Die an der Untersuchung Teilnehmenden müssen sich selbst aktivieren. Erstere findet immer dann statt, wenn Personen, Ereignisse, Aktivitäten bewusst in die Stichprobe aufgenommen werden. Da die Forschenden häufig einen persönlichen Zugang zum Feld wählen müssen, werden Aspekte der sekundären Selektion öfter eine Rolle spielen.

In qualitativen Studien wird die Aufmerksamkeit auf einen anderen Punkt gelenkt, der eher als Validitätsproblem *(→ 4.7)* von Interesse ist: Dadurch, dass der Untersucher Berichterstatter über Ereignisse, Aktivitäten bzw. Personen ist, die den Gegenstand der Untersuchung bilden, scheinen seine Informationen authentisch zu sein. So wird Authentizität als Merkmal solcher Studien beansprucht. Das hat eine Tradition, die sich auf Dilthey (1968a) begründen lässt, der als wesentliches Merkmal der Geisteswissenschaften festhielt, dass sie auf dem Erleben aufbauten. Das Erleben ist aber für den, der erlebt, authentisch. Der Anspruch auf Authentizität lässt übersehen, dass eine Auswahl von Ereignissen, Aktivitäten oder Personen Kriterien genügen muss, wenn es gelingen soll, Erkenntnisse zu gewinnen, die nicht nur eingegrenzt für den untersuchten Fall zutreffen.

Diese Probleme sollen an einem fiktiven Beispiel verdeutlicht werden. In den Sozialwissenschaften sind gegenwärtig Untersuchungen zum Rechtsextremismus ein beliebtes Thema. Für qualitative Untersuchungen stellen sich dabei mindestens drei Probleme:

1. Sind die in die jeweilige Untersuchung einbezogenen Personen rechtsextrem?

2. Wird das Spektrum des Rechtsextremismus angemessen abgebildet, oder gibt es auch Typen von Rechtsextremen, für die die Untersuchten nicht typisch sind?

3. Werden Aktivitäten, Ereignisse, Personen, welche in der rechtsextremen Szene anzutreffen sind, durch die in die Untersuchung einbezogenen Personen angemessen repräsentiert?

Hier deutet sich ein Zirkel an: Die Auswahl der Gruppe erfolgt unter dem Aspekt der Zugänglichkeit und ist nicht unabhängig von den Vorurteilen des Untersuchenden. Die Durchführung der Untersuchung bleibt in gewissen Grenzen vom Vorwissen des Untersuchenden und der Zugänglichkeit zum Fall beeinflusst. Die Konstruktion des Falls erfolgt innerhalb der so gesetzten Grenzen. Eine Erweiterung würde eine Ergänzung der Stichprobe erfordern, die aber auf der Basis der Untersuchung keinen großen Gewinn erbringen könnte, weil man ähnliche Mitglieder der Gruppe einschließen würde. Daher kann eine so angelegte Studie nur Einblicke in die Einstellungen und Handlungen von Rechtsextremen gewähren. Sie bedarf der Ergänzung durch weitere Untersuchungen, die aber wahrscheinlich unter ähnlichen Restriktionen stehen. Nicht die Vergleichbarkeit der Ergebnisse kann bei Untersuchungen diesen Typs das Ziel sein, sondern weitere Studien müssen wie Ergänzungen bei einem Puzzle ausgewählt werden: Man benötigt ein Sample von Untersuchungen. Der Fall erweitert sich zur Fallgruppe.

Fallgruppen
Fallgruppen können aus mindestens zwei verschiedenen Gründen gebildet und ausgewählt werden: Erstens kann es sich um den Versuch einer Ergänzung oder Komplettierung des Wissens im eben beschriebenen Sinn handeln. Zweitens kann es sich um den Versuch einer Replikation handeln (Bourgeois & Eisenhart 1988, S. 818). Dieser Typ setzt eine gewisse Homogenität der Fälle voraus, über die dann die Allgemeinheit der gewonnenen Aussagen geprüft werden kann. Die Auswahlkriterien sind von Annahmen über die Ähnlichkeit der untersuchten Fälle geprägt.

2. Sampling

Stichprobentechniken
Um einen systematischen Zugriff auf Daten in qualitativen Untersuchungen zu gewinnen, müssen zwei Voraussetzungen erfüllt sein: Erstens muss eine Vorstellung über den Fall vorliegen, der untersucht werden soll, und zweitens müssen nachvollziehbare Techniken bei der Ziehung der Stichproben von Personen, Ereignissen oder Aktivitäten dokumentiert werden. Bei Patton (1990, S. 169 ff.) findet sich hierzu eine Übersicht. Es ist überraschend, dass auch neuere Handbücher zu qualitativen Methoden keine Artikel zu diesem Problem, sondern den Hinweis enthalten, dass bei qualitativen Studien wenig Wert auf die Bestimmung des Rahmens der jeweiligen Stichprobe gelegt werde (vgl. z. B. Denzin & Lincoln 1994c, S. 200).

Bei quantitativen Methoden ist die Grundgesamtheit bekannt, wenn Aussagen über die Merkmalsverteilung darin gewonnen werden sollen. Die Stichprobe wird gewöhnlich vor Beginn der Erhebung gezogen oder im Erhebungsprozess unter Beachtung identischer Kriterien vervollständigt. Bei qualitativen Methoden lässt sich häufig die Grundgesamtheit, für die der untersuchte Fall bzw. die untersuchte Fallgruppe steht, erst im Anschluss an die Untersuchung beschreiben. Aus dieser Differenz folgt eine unterschiedliche Zielrichtung, die sowohl mit der Untersuchung als auch der Ziehung der Stichprobe verfolgt wird. Während bei vielen quantitativen Untersuchungen statistische Repräsentativität angestrebt wird, wird mit qualitativen Untersuchungen häufig Generalisierbarkeit der Ergebnisse angestrebt, die u. a. dadurch erreicht werden kann, dass die Stichprobe den untersuchten Fall inhaltlich repräsentiert (Merkens 1997, S. 100). Es geht nicht darum, die Verteilung von Merkmalen in Grundgesamtheiten zu erfassen, sondern darum, die Typik des untersuchten Gegenstandes zu bestimmen und dadurch die Übertragbarkeit auf andere, ähnliche Gegenstände zu gewährleisten (Hartley 1994, S. 225).

Was bei quantitativen Untersuchungen ein methodisches Problem ist – Stichprobenziehung –, wandelt sich bei qualitativen Untersuchungen zu einem inhaltlich-interpretativen Problem: die Definition der Grundgesamtheit für den Fall. Damit werden Kriterien für das Ziehen der Stichprobe sichtbar (Merkens 1997, S. 102): Es muss gesichert werden, dass der Fall facettenreich erfasst wird. Patton (1990) nennt hierzu bestimmte Techniken, die von Stichproben extremer Fälle (169 f.) über Stichproben typischer Fälle (173 f.) bis zu einer Stichprobe kritischer Fälle (174 ff.) reichen. In Organisationen sollten z. B. nicht alle Interviewten aus der gleichen Hierarchieebene kommen oder einer Abteilung angehören, wenn die Organisationskultur untersucht wird (Morgan 1988, S. 42). Außerdem sollten nicht nur günstige Fälle einbezogen werden, die den bisherigen Wissensstand bestätigen, sondern auch ungünstige bzw. kritische, neben der Unternehmensleitung z. B. auch der Betriebsrat, neben den Lehrkräften einer Schule auch Eltern und Schuljugendliche, um nur zwei Beispiele zu geben. Beim Ziehen der Stichprobe sollte maximale Variation angestrebt werden (Patton 1990, S. 172 f.).

Beim Ziehen der Stichproben gibt es zwei unterschiedliche Vorgehensweisen: Einerseits kann die Stichprobe vor dem Beginn der

Untersuchung bezüglich bestimmter Merkmale festgelegt sein, das heißt, jedes Element der Stichprobe wird auf der Basis eines Kriterienrasters gezogen. Andererseits kann man die Stichproben auf der Basis des jeweils erreichten Erkenntnisstandes erweitern und ergänzen (theoretisches Sampling). Die konkrete Technik des Stichprobenziehens kann also im letzteren Fall während der Untersuchung nach Zweckmäßigkeitserwägungen abgeändert werden (Wiedemann 1991; Flick 1995).

Johnson (1990, S. 21 ff.) nimmt für den ersten Fall eine Abwägung der Vor- und Nachteile bestimmter Methoden des Ziehens von Stichproben vor, indem er Zufallsstichproben – er sieht auch bei qualitativen Methoden die Möglichkeit von repräsentativen Stichproben – mit Stichproben vergleicht, bei denen andere Kriterien angewendet worden sind, wie z. B., dass Informanten in ethnographischen Studien Schlüsselpositionen in sozialen Netzwerken einnehmen sollten (vgl. Bernard 1988). Stichproben dieser Art werden häufig absichtsvoll und nicht nach dem Zufallsprinzip gezogen (Miles & Huberman 1994, S. 36). Flick (1996) hat bei einer Untersuchung zur sozialen Repräsentation technischen Wandels eine geschichtete Stichprobe gezogen, bei der Beruf, Geschlecht und Nationalität als Schichtungsmerkmale verwendet worden sind. Ähnlich hat Blank (1997, S. 37 f.) für ausgewählte 60 Befragte zunächst die demographischen Variablen ‹Geschlecht›, ‹Alter› und ‹alte versus neue Bundesländer›, für die 22 zuletzt Befragten zusätzlich das ‹soziale Engagement› als Variable benannt. Stichproben können auch auf andere Weise nach Funktionen geschichtet werden, wenn es sich um Untersuchungen in Organisationen handelt.

Bei der Untersuchung einer Organisation müssen mindestens zwei verschiedene Stichproben gezogen werden: eine von Mitgliedern und eine von Ereignissen, denn in Organisationen sind Mitglieder an Ereignissen beteiligt: Meetings können solche Ereignisse sein. Deshalb muss beim Ziehen der Stichproben ein anderes Rational befolgt werden: Man fragt nach Ereignissen und erhofft sich davon, dass man über eine geschickte Auswahl der Ereignisse die relevanten Informationen erhalten kann (Hornby & Symon 1994). Dabei sollten die verschiedenen Aktivitäten einbezogen werden, die in einer Organisation anzutreffen sind. Die Differenzierung nach Aktivitäten, Ereignissen und Personen sollte nicht im Sinne eines Entweder-oder verstanden werden, sondern es handelt sich um verschiedene Aspekte, die bei der Ziehung der Stichprobe beachtet werden müssen. Kombiniert man bezüglich der Ereignisse teilnehmende Beobachtung (Ereignisstichprobe) und Befragung von Teilnehmern (Personenstichprobe), dann kommt es zu einer Schnittmenge zwischen beiden Arten der Stichproben. Das ist ein Spezialfall der Triangulation *(→ 4.6)*, der so bisher wenig dargestellt worden ist. Im Sinne der Untersuchungsökonomie und der Validierung der Ergebnisse sind solche Kombinationen von Stichproben anzustreben. Huberman und Miles (1994, S. 440) fordern ergänzend, dass Prozesse, Ereignisse, Orte und Zeiten angemessen in der Stichprobe repräsentiert sind. Technisch gesehen handelt es sich in diesen Fällen um geschichtete Stichproben.

Neben Merkmalen, die der Beschreibung der Stichprobe dienen, lassen sich Vorgehensweisen bzw. Kriterien formulieren, die das Ziehen einer Stichprobe leiten können und die Qualität der Stichprobe inhaltlich beschreiben. Für die Ziehung selbst bietet sich in vielen Fällen, in denen am Beginn der Untersuchung kein fester Stichprobenplan vorliegt, ein Verfahren nach der Schneeballmethode an (Burgess 1982; Patton 1990, S. 176 f.; Hornby & Symon 1994, S. 169 f.): Man fragt die, die man interviewt hat, wen sie noch zu einem Interview empfehlen können (vgl. auch Herwartz-Emden 1986). Dieses Verfahren führt zu geklumpten Stichproben, weil Nennungen in aller Regel innerhalb des Bekanntenkreises erfolgen.

Bei verschiedenen Hierarchieebenen im untersuchten Feld muss man sich nach Möglichkeit für eine Vorgehensweise entweder ‹bottom up› oder ‹top down› entscheiden. Studien diesen Typs sind in den letzten Jahren mit dem Ziel durchgeführt worden, Unternehmenskulturen zu beschreiben. Dabei hat man sich in der ersten Phase der Untersuchungen darauf beschränkt, das ‹obere Management› in die Untersuchungen einzubeziehen. Offensichtlich war es die leitende Annahme, dass Kulturen von Managern geprägt werden. Bei Klein- und Mittelbetrieben konnten alle Manager einbezogen werden. Genauere Untersuchungen der Unternehmenskultur müssen auch Beschäftigte von niedrigeren Hierarchieebenen einschließen. Dafür bieten sich zwei unterschiedliche Vorgehensweisen an: Einerseits muss sichergestellt werden, dass die unterschiedlichen Bereiche der Organisation repräsentiert sind. Man zieht zu diesem Zweck eine Stichprobe nach dem Organigramm (Johnson 1990, S. 40 ff.). Andererseits muss sichergestellt sein, dass unterschiedliche Standpunkte vertreten sind und die Informanten sich als kundig erweisen (Bergs-Winkels 1998). Bei den bisher vorgestellten Techniken stellt sich die Frage, wann die Stichprobe groß genug ist. Kvale (1996, S. 102) nennt als Regel, dass man aufhören könne, weitere Interviews durchzuführen, wenn bei neuen Interviewpartnern keine neuen Informationen mehr gewonnen würden (theoretische Sättigung).

Beim Ziehen der Stichprobe können auch andere Kriterien wie die Qualität der Informanten, eine Rolle spielen (Spradley 1979). So konzentrieren sich Hornby & Symon (1994) auf Schlüssel-Informanten bei ihren Untersuchungen von Informationsflüssen in Organisationen. Bei Morse (1994, S. 228) findet sich eine Charakterisierung solcher Informanten:

- Sie verfügen über das Wissen und die Erfahrung, deren die Forscher bedürfen.
- Sie haben die Fähigkeit zu reflektieren.
- Sie können sich artikulieren.
- Sie haben die Zeit, interviewt zu werden.
- Sie sind bereit, an der Untersuchung teilzunehmen.

Die Auswahl erfolgt zusätzlich nach einem weiteren Kriterium: Informationen sind einerseits an Funktionen und damit verbundenes Wissen gebunden, sie können andererseits bei Personen besonders gehäuft abgerufen werden, die in Netzen eine zentrale Position einnehmen. Die Forderung, vor allem Informanten auszuwählen, die besonders kenntnisreich sind, setzt also voraus, dass man über Vorkenntnisse bezüglich des untersuchten Falls verfügt.

Einzelfall

Der Einzelfall kann eine Person, eine Gruppe oder eine Organisation sein. Bei einer Einzelfallstudie ist bezüglich der Auswahl zu begründen, warum der Fall ausgewählt worden ist. Dabei kann sowohl das Besondere, der Künstler, dessen Biographie verfasst werden soll, weil in ihm etwas Typisches gesehen wird, als auch das Allgemeine, der Stahlarbeiter, dessen Tagesläufe verfolgt werden, um an ihm das Typische seiner Situation darzustellen, ein hinreichender Grund sein. Häufig wird auch eine Reihe von Einzelfällen dargestellt, wie das etwa in den Shell-Studien der Fall gewesen ist (Jugendwerk der Deutschen Shell 1981, 1985, 1992, 1997). Das Ziel ist dabei, das Typische einer Lebenslage in den Blick zu nehmen. Deshalb müssen Kriterien für die Auswahl genannt werden.

Beim Einzelfall muss neben dessen Auswahl ein Kriterienraster für die Auswahl der Ereignisse entwickelt werden, welches die Datenerhebung und die Beschreibung des Falls leitet. Wenn z. B. ein Tagesverlauf aufgezeichnet werden soll, wird es weder im Fall der Fremdbeobachtung noch in dem des Selbstreports möglich sein, Vollständigkeit der Ereignisse zu erreichen (Kirchhöfer 1998). Über Einschnitte und Segmente, die ausgewählt werden, lässt sich die Typik eines Falls konstruieren. Damit wird ersichtlich, dass ein Grundverständnis des Falls bereits vor der Auswahl der Ereignisse vorliegen muss. Damit wird ein gewisser Zirkel sichtbar, der typisch für diese Art des Ziehens von Stichproben ist: Die Auswahl der Ereignisse zu seiner Beschreibung erfolgt unter einem Vorwissen. Anschließend wird der Fall rekonstruiert.

Theoretical sampling
An dieser Stelle muss eine weitere Unterscheidung eingefügt werden. Nach Blumer (1969) kann man bei empirischen Untersuchungen zwischen den Phasen der Inspektion und der Exploration unterscheiden. Im Prinzip sind bisher nur Vorgehensweisen für Untersuchungen mit dem Ziel der Inspektion vorgestellt worden. Bei diesen liegt bereits eine gewisse Kenntnis des Falls vor, die es gestattet, am Beginn der Untersuchung eine vorläufige Konstruktion vorzunehmen. Viele qualitative Studien werden in dieser Tradition durchgeführt. Wenn aber über Sampling berichtet worden ist, dann ist im Prinzip jeweils eine Methode vorgestellt worden, die sich im Sinne Blumers (1969) an einer explorativen Vorgehensweise orientiert, weil erst im Ablauf der Untersuchung fixiert wird, welche Personen, Ereignisse und Aktivitäten in die Untersuchung einbezogen werden sollen. Gegenüber der bisher beschriebenen Vorgehensweise ist das eine Verschiebung der Reihenfolge.

Explorative Studien stellen einen Sonderfall dar, weil für sie charakteristisch ist, dass der Fall noch nicht bekannt ist, sondern im Verlauf der Untersuchung konstruiert wird. Es empfiehlt sich eine Vorgehensweise, die sich an Prämissen der Grounded Theory orientiert (Glaser & Strauss 1967; → 2.1; → 5.13; → 6.6). Johnson (1990) beschreibt diesen Typ damit, dass der Rahmen erst im Verlauf der Untersuchung emergiert. Schatzman & Strauss (1973, S. 38 f.) haben es ‹selektives Sampling› genannt und die Bezeichnung damit begründet, dass man beim Ziehen von Stichproben Wahlen treffen müsse. Diese Wahlen werden in der hier beschriebenen Tradition im Sinne des bewussten Auswählens getroffen. Sie haben zwischen den Dimensionen *Zeit, Ort, Personen, Ereignisse* und *Aktivitäten* unterschieden und damit auf die Mehrperspektivität hingewiesen, die beim Ziehen von Stichproben in dieser Tradition zu beachten ist. Strauss (1987, S. 16 ff.) bezeichnet diese Methode als *theoretical sampling* (vgl. Glaser & Strauss 1967). Dabei hat er drei Schritte unterschieden: Daten sammeln, Codieren und Formulieren von theoretischen Memos. Sowohl auf der Basis des Codierens als auch des Formulierens von Memos kann sich die Notwendigkeit des erneuten Datensammelns ergeben. Diese kann einerseits dadurch verursacht werden, dass man Bestätigungen für das bisher Gefundene benötigt, andererseits kann es dazu dienen, das bisher Gefundene durch eine Verbreiterung der Datenbasis in Bezug auf die Allgemeinheit des Ergebnisses zu kontrollieren. Beim theoretischen Sampling wird auf der Basis der bisherigen Analyse entschieden, welche Gruppen oder Subgruppen von Populationen, Ereignissen oder Aktivitäten als Nächstes in die Untersuchung aufgenommen werden müssen. Strauss und Corbin (1990, S. 181) gehen sogar davon aus, dass nur Ereignisse ausgewählt werden, Personen also im Zusammenhang mit Ereignissen in die Stichprobe aufgenommen werden. Es sind Ereignisse, die als Stichprobenpunkt die Basis der Untersuchung bilden.

Eisenhardt (1995, S. 72) weist zusätzlich darauf hin, dass die Auswahl einzelner Fälle in dieser Theorietradition zwar nach dem Zufallsprinzip möglich wäre, aber keinen Sinn mache. Damit wird nochmals in Bezug auf einen anderen Aspekt die Bedeutung unterstrichen, die der zielgerichteten Selektion zukommt, die nicht nur auf das Ziehen der Stichprobe, sondern ebenso auf die Auswahl von Fällen angewendet werden muss.

Auf dieser Basis ergibt sich ein anderer Ablauf der Untersuchung: Nach einer ersten Phase der Datensammlung werden Hypothesen gebildet, die dann mit Hilfe weiterer Daten getestet werden können, woran sich weitere Durchläufe anschließen können. Bei jedem der Zwischenschritte muss überlegt werden, wie auf dem jeweiligen Wissensstand eine ergänzende Stichprobe aussehen müsste, um den erreichten Wissensstand zu überprüfen oder auch abzusichern. Es muss also jeweils entschieden werden, welche neue oder ergänzende Stichprobe am nützlichsten ist. Schwartz und Jacobs

(1979, S. 30) ergänzen, dass es aussichtsreich sei, völlig verschiedene Gruppen, die den gleichen Prozess durchlaufen, in die Untersuchung einzubeziehen, um zu prüfen, was richtig oder falsch in Bezug auf Vorstellungen über strukturelle Uniformitäten ist. Ähnlich beschreiben Miles und Huberman (1994, S. 37) den Forschungsprozess bei qualitativen Studien mit Kontrastieren, Vergleichen, Wiederholen, Katalogisieren und Klassifizieren. Damit wird deutlich, dass beim *theoretical sampling* die kritische Prüfung des Falls bereits Teil seiner Konstruktion ist. Das ist ein wesentlicher Unterschied zu den anderen hier vorgestellten Techniken des Ziehens von Stichproben. Weil aber diesen Aspekten so große Bedeutung zukommt, wird eine genaue Beschreibung der jeweils hinzugefügten Teile der Stichprobe und der mit ihrer Hinzunahme verbundenen Erwartungen wichtig.

Beim *theoretical sampling* liegt einer der entscheidenden Unterschiede zu anderen Techniken des Stichprobenziehens darin, dass die Vorstellungen vom Fall am Beginn der Untersuchung noch vage sind und sich erst im Verlauf der Untersuchung herauskristallisieren. Insofern kann auch am Beginn noch kein Fall konstruiert werden. Die Konstruktion des Falls wird in den Forschungsprozess selbst verlagert.

3. Fallkonstruktion

Ragin und Becker (1992) fragen im Titel ihres Buchs provozierend: «Was ist ein Fall?» Zwar sind im Verlauf der bisherigen Darstellung bereits Hinweise darauf gegeben worden, was ein Fall ist, aber es bedarf noch einiger Zusätze zur Klärung: Eine erste Variante bietet das bereits erwähnte Beispiel der Untersuchung von Rechtsextremisten – Fälle werden gefunden (Harper 1992). Der Fall wird als besondere empirische Einheit entdeckt (Ragin 1992, S. 9). Davon sind andere empirische Beispiele zu unterscheiden, in denen diese Naturwüchsigkeit nicht angenommen werden kann. Fälle können auch als Objekte angesehen werden; auf der Basis von Literaturstudien werden sie entdeckt (Vaughan 1992). In dieser Variante handelt es sich um empirische Einheiten, die für allgemeine Konzeptionen stehen (Ragin 1992, S. 9 f.). In einer dritten Version sind die Fälle Konstruktionen (Wieviorka 1992). Theoretische Konstruktionen werden auf der Basis der Fälle erstellt (Ragin 1992, S. 10). Bei einem vierten Typ handelt es sich bei den Fällen um Konventionen (Platt 1992). Allgemeine Annahmen über die Fälle werden auf diese Weise konstruiert (Ragin 1992, S. 10 f.). Trotz dieser Differenzen lassen sich bis auf den ersten Typ allgemeine Regeln formulieren. Zum Abschluss einer Untersuchung muss der jeweilige Fall konstruiert werden. Dazu müssen in einem ersten Schritt die Vorannahmen formuliert werden, die zur Auswahl des spezifischen Falls geführt haben und die bei der Untersuchung das Sampling angeleitet haben. Über die Vorannahmen und diese Kriterien kann Intersubjektivität in Bezug auf diese Schritte hergestellt werden. Im zweiten Schritt sollte beschrieben werden, ob die Stichproben primär oder sekundär selektiert worden sind. Drittens sollte die Rolle der *gatekeepers* eingeschätzt und viertens die Qualität der Stichproben beschrieben werden und dabei, wenn die Kriterien der Stichproben vor Beginn der Untersuchung festgelegt worden sind, nach repräsentativen, geschichteten und geklumpten Stichproben unterschieden werden. Sollte es sich um gelegentliche Stichproben handeln, müssten auch diese charakterisiert werden.

Im weiteren Verlauf müssen die Stadien beschrieben werden, in denen der Fall eine bestimmte Kontur annahm und wie darauf mit bestimmten Methoden des Sampling reagiert worden ist. Hierher gehören der Einbezug der die bisherige Sicht unterstützenden Fälle im Sinne einer Replikation von einzelnen Fällen, aber auch die Suche nach kritischen Fällen, die geeignet sein können, die bisherige Sicht zu widerlegen. Abschließend muss die Datenbasis der Untersuchung beschrieben und gezeigt werden, wie diese in Relation zu den Ergebnissen steht, welche erreicht worden sind. Auf diese Weise können das Besondere und das Allgemeine des jeweiligen Falls herausgearbeitet werden. Einerseits wird auf diese Weise die Nachprüfbarkeit der Konstruktion des Falls eröffnet, was eine wesentliche Voraussetzung für die Intersubjektivität der wissenschaftlichen Erkenntnis ist. Andererseits wird die Nachprüfbarkeit des Falls in anderen Untersuchungen ermöglicht. Über die Beschreibung des Rahmens, die auf diese Weise geleistet wird, kann dann auch die Generalisierbarkeit der Ergebnisse gesichert werden, weil das Setting des Falls bzw. der Fallgruppe und – darüber vermittelt – der Kontext des Falls deutlich werden. Generalisiert werden kann aber nur innerhalb des jeweiligen Kontextes.

Weiterführende Literatur

Flick, U. (2007a). Qualitative Sozialforschung – Eine Einführung. Reinbek bei Hamburg: Rowohlt.

Patton, M. Q. (1990). Qualitative evaluation and research methods. Newbury Park: Sage (3. Aufl. 2002).

Strauss, A. & Corbin, J. (1990). Basics of qualitative research. Grounded theory. Procedures and techniques. Newbury Park: Sage.

Udo Kelle und Christian Erzberger
4.5 Qualitative und quantitative Methoden: kein Gegensatz

---

1. Einleitung
2. Modelle der Methodenintegration
3. Die Integration von qualitativen und quantitativen Forschungsergebnissen
4. Strategien der Methodenintegration

---

1. Einleitung

Vor allem in Deutschland gibt es eine starke Tendenz, qualitative und quantitative Methoden zwei unterschiedlichen Methoden-‹paradigmen› zuzuordnen und dabei auf deren jeweils unterschiedliche philosophische Wurzeln zu verweisen, wobei bereits die Verwendung des Begriffs des Paradigmas den Gedanken nahe legt, dass es sich um grundlegend inkompatible Denkweisen und Weltsichten handelt.

Ganz so unüberwindlich muss die Grenze zwischen qualitativer und quantitativer Methodologie allerdings nicht sein. So existieren seit längerem eine Reihe von Arbeiten, welche versuchen, methodische und methodologische Grundlagen für eine Integration beider Ansätze zu entwickeln (vgl. Barton & Lazarsfeld 1955/1984; Denzin 1978; Fielding & Fielding 1986; Flick 1991b, 1998a; Erzberger 1998; Kelle & Erzberger 1999). Unabhängig davon werden auch in der Forschungspraxis immer häufiger interpretative ‹qualitative› Verfahren (wie Gruppendiskussionen *[→ 5.4]* oder nichtstandardisierte Interviews [→ 5.2]) mit standardisierten ‹quantitativen› Methoden zu gemeinsamen Untersuchungsdesigns verbunden (vgl. Freter et al. 1991; Nickel et al. 1995).

Hierbei werden allerdings nur selten Methoden selber kombiniert (indem z. B. verbale Textdaten zunächst interpretativ und anschließend mit Hilfe statistischer Methoden analysiert werden, vgl. Kuckartz 1995; Roller et al. 1995), sondern in der Regel werden qualitative und quantitative Erhebungs- und Auswertungsschritte parallel in einem Forschungsprojekt mit jeweils eigenen Datensätzen durchgeführt und anschließend die resultierenden Forschungsergebnisse aufeinander bezogen (vgl. Prein et al. 1993; Erzberger & Prein 1997; Erzberger 1998).

Im Folgenden werden wir deshalb Fragen nach der Integration der qualitativen und quantitativen Forschungsergebnisse diskutieren und dabei nicht nur auf die Vorteile der Methodenintegration, sondern auch auf mögliche Inkompatibilitäten, Schwierigkeiten und Probleme aufmerksam machen.

2. Modelle der Methodenintegration

In methodologischen Diskussionen zur Methodenintegration lassen sich zwei unterschiedliche Konzepte unterscheiden: Dies ist einerseits ein häufig von quantitativen Methodikern vertretenes *Phasenmodell*, wonach qualitative Methoden der Hypothesengenerierung quantitativen Verfahren der Hypothesenprüfung dienen sollen. Von qualitativ orientierten Autoren wird andererseits oft ein Ansatz vertreten, wonach die Verbindung qualitativer und quantitativer Methoden denselben Gegenstand aus unterschiedlichen Richtungen auf unterschiedliche Weise beleuchten und damit zu einem umfassenderen und valideren Bild führen soll – für ein solches Vorgehen wird oft der Begriff *Triangulation* (→ 4.6) verwendet.

Das Phasenmodell

In ihrem mittlerweile klassischen Aufsatz schlagen Barton & Lazarsfeld (1955/1984) vor, qualitative Studien zur Generierung von Hypothesen einzusetzen, die anschließend in quantitativen Untersuchungen überprüft werden sollten. Als zentrale Stärke qualitativer Verfahren betrachteten diese Autoren die Möglichkeit zur Exploration von bislang theoretisch wenig durchdrungenen Zusammenhängen. Weil die Ergebnisse qualitativer Studien allerdings nur auf der Grundlage kleiner Fallzahlen zustande kämen und hierbei oft unsystematisch vorgegangen würde, müssten die qualitativ entwickelten Hypothesen und Theorien *(→ 2.1; → 6.6)* mit Hilfe von Verfahren geprüft werden, die eine präzise Messung von vorher definierten Variablen zulassen. Obwohl dem Verständnis der beiden Autoren nach quantitative Forschung hinsichtlich der Validität *(→ 4.7)* der Ergebnisse der qualitativen Forschung eindeutig überlegen ist, besitzen qualitative Methoden dennoch eine mehr als marginale Bedeutung im Forschungsprozess; denn sie können dem Forscher Hypothesen liefern, zu denen er auf andere Weise nicht gelangen kann.

Bartons und Lazarsfelds Ansatz unterscheidet sich in diesem Punkt von hypothetiko-deduktiven Konzepten, die den *standard view* in vielen quantitativen Methodenlehrbüchern repräsentieren (z. B. Diekmann 2007; Friedrichs 1983; Mayntz et al. 1969; Schnell et al. 1999). Die Vorstellung, dass Hypothesen durch ein methodisches Verfahren empirisch begründet entwickelt werden sollen, ist diesen Konzepten fremd – die Aufstellung von Hypothesen wird als kreativer und nicht als methodischer Vorgang verstanden. Soweit sozialwissenschaftliche Methodenlehrbücher solche Sichtweisen und gleichzeitig ein Phasenmodell der Methodenintegration vertreten, argumentieren sie allerdings inkonsistent: Auf der einen Seite empfehlen sie im *context of discovery* die Durchführung qualitativer Vorstudien, deren Methodisierbarkeit sie auf der anderen Seite aber für unmöglich halten und deren Ergebnissen sie deswegen auch kaum Vertrauen entgegenbringen (z. B. Friedrichs 1983, S. 52 ff.; Mayntz et al. 1969, S. 93). Unter forschungspragmatischen Gesichtspunkten bleibt jedoch unklar, warum Forscher sich überhaupt der Mühe unterziehen sollten, Feldbeobachtungen und Interviews durchzuführen, wenn daraus ohnehin nur beliebige Hypothesen resultieren und nicht stattdessen am Schreibtisch auf Intuitionen warten, Hypothesen aus einer Lostrommel ziehen sollen o. Ä.

Die wissenschaftstheoretische Schwachstelle eines einseitig hypothetiko-deduktiven Ansatzes besteht darin, dass die Frage nach einer (zumindest partiellen) Rationalisierbarkeit und Methodisierbarkeit des *context of discovery* nicht zugelassen wird. Wenn dem Forscher allerdings keinerlei Verfahrensvorschriften zur Generierung relevanter Hypothesen zur Verfügung stehen, müssen auch elaborierte Strategien zur Hypothesentestung leer laufen. Diese können schließlich nur solche Hypothesen verwenden, die den vorhandenen Wissensbeständen des Forschers entstammen. Alle anderen Sachverhalte bleiben im Dunkeln, können entsprechend nicht in den Hypothesen auftauchen, «werden also auch nicht getestet und fehlen folglich im wissenschaftlichen Bild dieses Wirklichkeitsbereiches. Sind solche Sachverhalte konstitutiv für den untersuchten Bereich, bleibt die wissenschaftliche Darstellung ohne ausreichenden Bezug zur Wirklichkeit – und zwar selbst dann, wenn sie sich ausschließlich auf empirisch bestätigte Hypothesen stützen kann» (Gerdes 1979, S. 5).

Diese methodologische Einseitigkeit mancher ansonsten an den Naturwissenschaften orientierten Methodiker überrascht auch deswegen, weil gerade Naturwissenschaften Beispiele dafür liefern, wie eine methodisch kontrollierte Ermittlung relevanter Phänomene im Untersuchungsfeld einer quantitativen Messung von Aspekten dieser Phänomene notwendigerweise vorausgehen muss – in der analytischen Chemie etwa hat die quantitative Analyse der untersuchten Substanzen deren qualitative Analyse regelmäßig zur Voraussetzung. Auch die gegenwärtige wissenschaftstheoretische Diskussion kritisch-rationaler Prägung, wo Fragen der Methodisierbarkeit und Rationalisierbarkeit des *context of discovery* und der Stellenwert ‹rationaler Heuristiken› im Forschungsprozess bereits seit 30 Jahren lebhaft diskutiert werden (ein Überblick über solche Diskussionen gibt Kelle 1994), wird in der quantitativ orientierten Methodenliteratur nur ungenügend rezipiert. Barton und Lazarsfeld tragen der Existenz solcher rationalen Heuristiken zumindest implizit Rechnung, denn es kann schließlich nur dann sinnvoll sein, eine qualitative Vorstudie zur Hypothesengenerierung durchzuführen, wenn damit zumindest das Spektrum der möglichen Hypothesen sinnvoll eingeschränkt wird, wenn also die so entwickelten Hypothesen ‹beliebigen Hypothesen› prinzipiell überlegen sind.

Die Triangulationsmetapher

In der Verwendung des Begriffs ‹Triangulation›, der aus der Navigation und Landvermessung entlehnt wurde und der dort die Bestimmung eines Orts durch Messungen von zwei bekannten Punkten aus bezeichnet, kommt die Idee zum Ausdruck, dass qualitative und quantitative Verfahren zwar verschieden, aber in bestimmter Hinsicht methodologisch gleichrangig sind. Dieses Konzept wurde ursprünglich im Kontext quantitativer Methodenlehre entwickelt, wo der Einsatz unterschiedlicher Messinstrumente (Campbell & Fiske 1959) oder unterschiedlicher Methoden (Webb et al. 1966) die Validität der Untersuchungsergebnisse erhöhen soll. Als Denzin diesen Begriff 1970 aufnahm, um die Integration qualitativer und quantitativer Verfahren methodologisch zu begründen, verstand auch er darunter zuerst ein Verfahren zu einer gegenseitigen Validierung von Methoden und Forschungsergebnissen: Methodologische Triangulation bestehe in einem «komplexen Prozess des Gegeneinander-Ausspielens von Methoden, um die Validität von Feldkontakten zu maximieren» (Denzin 1978, S. 310).

Ausgehend von der Überlegung, dass qualitative und quantitative Verfahren Prämissen jeweils unterschiedlicher *Theorie*traditionen in den Forschungsprozess einbringen, wurde dieser Auffassung von etlichen Autoren ein anderes Konzept von Triangulation entgegengestellt, wonach qualitative und quantitative Methoden weniger zur gegenseitigen Validierung als zur gegenseitigen Ergänzung geeignet seien (z. B. Fielding & Fielding 1986, S. 33; Flick 1991b). In diesen Debatten zeigen sich die Grenzen des Triangulationsbegriffs ebenso wie seine systematische Ambiguität: Der Begriff ‹Position eines Ortes›, klar verständlich im Kontext der Landvermessung, ist in der empirischen Sozialforschung nicht genau definiert. Die «Berechnung der Position eines Ortes durch die Messung von unterschiedlichen Punkten aus» kann hier bedeuten, dass

1. mit verschiedenen Methoden *dasselbe soziale Phänomen* erfasst wird oder

2. dass hiermit *unterschiedliche Aspekte desselben Phänomens* oder sogar *unterschiedliche Phänomene* erfasst werden, deren Abbildungen sich allenfalls zu einem einheitlichen Bild ergänzen.

Diese Unterscheidung ist keineswegs ein sprachlicher Kunstgriff; denn nur dann, wenn sich verschiedene Methoden auf denselben Gegenstand beziehen, können sie zur wechselseitigen Validierung ihrer Ergebnisse eingesetzt werden. Wenn dagegen verschiedene Methoden verschiedene Aspekte desselben Gegenstandes oder auch unterschiedliche Gegenstände erfassen, so sind unterschiedliche Ergebnisse natürlich zu erwarten, ohne dass dies den Schluss auf deren fehlende Validität erlaubt.

Zwei Lesarten der Triangulationsmetapher liegen also vor: Triangulation als kumulative Validierung von Forschungsergebnissen und Triangulation als Ergänzung von Perspektiven, die eine umfassendere Erfassung, Beschreibung und Erklärung eines Gegenstandsbereichs ermöglichen, wobei in der neueren Literatur der Aspekt der Komplementarität, das heißt der Ergänzung von Perspektiven gegenüber dem Aspekt der Validierung, hervorgehoben wird: «Triangulation wird damit weniger zu einer Strategie der Validierung der Ergebnisse und Vorgehensweisen als zu einer Alternative dazu (...), die Breite, Tiefe und Konsequenz im methodischen Vorgehen erhöht» (Flick 1998a, S. 230).

3. Die Integration von qualitativen und quantitativen Forschungsergebnissen

Allgemeine Modelle der Methodenintegration wurden zumeist auf einer abstrakten methodologischen Ebene entwickelt. Konfrontiert man sie mit Erfahrungen aus der Forschungspraxis (Erzberger & Prein 1997; Erzberger 1998; Freter et al. 1991; Kelle & Erzberger 1999; Nickel et al. 1995; Prein et al. 1993), so zeigt sich, dass das Verhältnis zwischen qualitativen und quantitativen Forschungsergebnissen nicht aufgrund eines einzelnen Modells festgelegt werden kann. Weder kann davon ausgegangen werden, dass Ergebnisse qualitativer und quantitativer Methoden grundsätzlich konvergent sind und deswegen immer zur gegenseitigen Validierung verwendet werden können, noch davon, dass sich qualitative und quantitative Ergebnisse unter jeweils verschiedenen Bedingungen stets zu einem stimmigen Gesamtbild verbinden lassen – bei dem parallelen Einsatz qualitativer und quantitativer Verfahren in einem gemeinsamen Untersuchungsdesign sind vielmehr drei Ausgänge möglich. Qualitative und quantitative Forschungsergebnisse können

1. konvergieren, d. h. tendenziell übereinstimmen,
2. sich komplementär zueinander verhalten, d. h. sich gegenseitig ergänzen, oder
3. divergent sein, d. h. sich gegenseitig widersprechen.

Konvergenz
Dass sich qualitative und quantitative Erhebungs- und Auswertungsverfahren auf denselben Gegenstand beziehen können, kann nicht nur für die Anwendung des klassischen Phasenmodells, also

für die Validierung qualitativer Ergebnisse durch quantitative Studien, sondern auch für die Validierung von quantitativen Instrumenten genutzt werden. Letzteres geschieht etwa in *qualitativen Preteststudien* (etwa durch Erprobungs-Fragen oder durch die Methode des ‹lauten Denkens›), wenn überprüft wird, inwieweit die Interviewten Items in der von den Fragebogenkonstrukteuren beabsichtigten Weise verstehen. Hierbei wird qualitatives Material genutzt, um festzustellen, inwieweit die betreffenden Items ‹das messen, was sie messen sollen›, d. h. inwieweit sie *valide* sind. Hierzu dürfen sich die qualitativen und quantitativen Daten natürlich nicht komplementär verhalten, das heißt, sie dürfen nicht unterschiedliche Sachverhalte abbilden, die sich zu einem stimmigen Gesamtbild ergänzen, sondern sie müssen sich auf dieselben Sachverhalte, z. B. die Bewertung einer bestimmten Tatsache durch den Befragten, beziehen.

Eine Konvergenz qualitativer und quantitativer Ergebnisse kann aber auch im Rahmen qualitativer Befragungen genutzt werden. Qualitative Leitfadeninterviews, die in empirischen Lebenslaufstudien eingesetzt werden, können beispielsweise dann, wenn bei derselben Stichprobe Daten zum Lebenslauf mit Hilfe standardisierter Instrumente erhoben wurden, strukturiert werden mit Hilfe der Informationen des quantitativen Untersuchungsteils – etwa indem die qualitativen Interviews anhand von Graphiken geführt werden, die Stationen des Lebenslaufs darstellen (Erzberger 1998, S. 183 f.).

Komplementarität
Weil mit Hilfe qualitativer Untersuchungen subjektive Sinnsetzungen ‹Relevanzhorizonte› und Handlungsorientierungen der Akteure im empirischen Material entdeckt werden können, über die der Forscher zuvor keine theoretisch begründeten Annahmen besaß und die er deswegen auch nicht bei der Konstruktion von Erhebungsinstrumenten berücksichtigen konnte, liefern qualitative Untersuchungen oft solche Informationen, die mit Hilfe quantitativer Forschungsdesigns allein kaum hätten ermittelt werden können (vgl. Kelle 1994, S. 44 ff.).

Qualitative Ergebnisse führen oft dort zu (soziologisch) gehaltvollen Erklärungen, wo quantitative Studien Zusammenhänge auf der Basis soziodemographischer Variablen allenfalls beschreiben können. In der Lebenslaufforschung lassen sich statistisch feststellbare Unterschiede zwischen bestimmten Berufsgruppen oft nur auf der Basis zusätzlichen qualitativen Materials erklären: So wurde in einer quantitativen Studie über die Erwerbsbiographien junger Facharbeiter zu Beginn der 90er Jahre festgestellt (vgl. Kelle & Zinn 1998), dass bei jungen Maschinenschlossern, verglichen mit anderen Berufsgruppen, die Weiterbildungsneigung unabhängig vom Schulabschluss am größten war. Analysen von Strukturvariablen gaben keine Hinweise auf Arbeitsmarktzusammenhänge; denn die Tendenz von Angehörigen dieser Berufsgruppe, das berufliche Feld zu verlassen und weitere formale Qualifikationen im Bildungssystem zu erwerben, konnte nicht als Reaktion auf schlechte Arbeitsmarktchancen im gelernten Beruf zurückgeführt werden. Dieses auf den ersten Blick nicht leicht zu verstehende statistische Faktum konnte nur mit Hilfe qualitativer Leitfadeninterviews erklärt werden, die Informationen über berufliche Kulturen lieferten: Die befragten Maschinenschlosser hatten einerseits im Laufe ihrer Berufsausbildung oft ein ausgeprägtes Facharbeiterbewusstsein entwickelt, andererseits waren ihre Aspirationen auf eine weiter gehende qualifizierte Facharbeitertätigkeit im Ausbildungsbetrieb nach der Berufsausbildung in der Regel enttäuscht worden. Bevor diese jungen Fachkräfte das Angebot einer wenig qualifizierten Beschäftigung annahmen, entschieden sie sich lieber dafür, (auch aufwendige) weitere Bildungsbemühungen auf sich zu nehmen.

Qualitative Verfahren können also dabei helfen, Lücken ‹variablensoziologischer› Erklärungen, bei denen statistische Zusammenhänge durch zusätzliche *Ex-post*-Annahmen erklärt werden, zu schließen, während quantitative Verfahren überindividuelle Strukturzusammenhänge aufzeigen können, die von den Individuen nicht bewusst wahrgenommen werden und sich durch qualitative Interviews deswegen kaum erfassen lassen. Im einen wie im anderen Fall ergänzen sich die Verfahren und vermitteln ein umfassenderes Bild des Untersuchungsgegenstandes. Voraussetzung für diese Komplementarität ist allerdings, dass ein theoretischer Rahmen besteht, in welchem die Einzelergebnisse sinnvoll aufeinander bezogen werden können.

Divergenz
Aus diesen Überlegungen lässt sich demnach kein allgemeines ‹Komplementaritätsmodell› für die Integration qualitativer und quantitativer Methoden ableiten, denn Widersprüche zwischen

den Ergebnissen einer quantitativen und einer qualitativen Teil-
untersuchung sind kein seltenes Ereignis: In qualitativen Interviews deuten Befragte ihre Lebensläufe oft anders, als sie dem
empirischen Sozialforscher bei einer statistischen Aggregatbetrach-
tung erscheinen. Während sich etwa in einer quantitativen Studie
über weibliche Erwerbsbiographien der gelernte Erstberuf der
Frauen als entscheidende Variable zur Erklärung von Unterschieden zwischen den Lebensläufen der Befragten erweisen kann, erklären die Befragten in qualitativen Interviews dennoch ihre eigenen Berufsbiographien vor allem mit Ereignissen oder Einflüssen
aus dem familiären Bereich (vgl. Born et al. 1996). Solche Widersprüche können im Prinzip auf zwei Arten erklärt werden: als Folge *methodischer Fehler* oder als Hinweis auf die Unzulänglichkeit
der verwendeten *theoretischen Konzepte*. In dem dargestellten Fall
konnte erst, nachdem alle Möglichkeiten für (qualitative und
quantitative) Methodenartefakte ausgeschlossen worden waren,
eine Modifikation des theoretischen Rahmens die Divergenzen erklären: Hierbei wurden ehepartnerliche Aushandlungsprozesse (familiale Einflüsse) auf der Grundlage beruflicher Ressourcen (Erstberuf) als entscheidender kausaler Faktor für Unterschiede
zwischen den Erwerbsbiographien identifiziert.

Divergenzen zwischen qualitativen und quantitativen Ergebnissen können also Anlass geben zur Revision und Modifikation theoretischer Vorannahmen oder sogar die Entwicklung neuer theoretischer Konzepte anregen. Bei einem solchen Vorgehen muss
allerdings vermieden werden, dass bestehende theoretische Annahmen durch *ad hoc* eingeführte Hilfsannahmen immunisiert werden.
Das bedeutet, dass die aufgrund der Divergenzen zwischen qualitativen und quantitativen Ergebnissen neu entwickelten Konzepte erst
dann vertrauenswürdig sein können, wenn sie einer zusätzlichen empirischen Prüfung unterzogen worden sind.

4. Strategien der Methodenintegration

Der Einsatz qualitativer Verfahren ist vor allem dort unverzichtbar,
wo die Untersucher *a priori* keinen Zugang zu den typischen Deutungsmustern und Handlungsorientierungen im untersuchten Gegenstandsbereich haben. In dem Maß, wie diese Handlungsorientierungen und Deutungsmuster von sozialen Strukturen beeinflusst

sind, kann eine Verknüpfung qualitativer und quantitativer Methoden dazu dienen, unterschiedliche Aspekte sozialer Sachverhalte zu beleuchten. Mit Hilfe quantitativer Verfahren kann dann die Bedeutung sozialstruktureller Kontextfaktoren erforscht und mit Hilfe qualitativer Methoden die Interpretation dieser Kontextfaktoren durch die Akteure untersucht werden.

Anders als viele quantitativ orientierte Methodiker betonen Barton und Lazarsfeld zwar die Notwendigkeit qualitativer Forschung im sozialwissenschaftlichen Untersuchungsprozess, weisen den qualitativen Verfahren aber letztendlich eine marginale Rolle zu. Der Triangulationsbegriff erfasst die vielfältigen Möglichkeiten, die eine Integration qualitativer und quantitativer Methoden eröffnen, und die verschiedenen Funktionen von Methodenintegration im Forschungsprozess wesentlich besser. Allerdings kann unter Triangulation abhängig von Fragestellung, Untersuchungsdesign und Forschungsergebnissen Unterschiedliches verstanden werden: die gegenseitige Validierung von Ergebnissen einerseits oder die Ergänzung verschiedener Blickwinkel zu einem einheitlichen Bild des Untersuchungsgegenstands andererseits. Ein einheitliches Konzept der Methodenintegration, das qualitativen und quantitativen Forschungsergebnissen einen bestimmten forschungslogischen oder theoretischen Status a priori zuweist – etwa in dem Sinn, dass sich qualitative und quantitative Ergebnisse grundsätzlich ergänzen müssten –, lässt sich aus diesen verschiedenen Funktionen und Verwendungsweisen von Methodenintegration also nicht ableiten. Ergebnisse von qualitativen und quantitativen Studien können konvergieren, komplementär sein oder sich gegenseitig widersprechen, wobei jede dieser Möglichkeiten für den Forschungsprozess fruchtbar sein kann: Eine Divergenz von Ergebnissen etwa zwingt zur Formulierung erklärungskräftigerer und validerer theoretischer Modelle, die nicht entwickelt worden wären, hätten sich die Untersucher nur auf einen der beiden Methodenstränge verlassen.

Ein grundlegender Mangel allgemeiner Modelle der Methodenintegration besteht oft darin, dass versucht wird, methodologische Regeln zur Methodenintegration ohne Beziehung zu theoretischen Überlegungen über die Natur des untersuchten Gegenstandsbereichs zu formulieren. Der richtige ‹Methodenmix› ist aber stets abhängig von der Art des untersuchten Gegenstandsbereichs und den verwendeten theoretischen Konzepten.

Weiterführende Literatur

Alexander, J. C., Giesen, B., Münch, R. & Smelser, N. J. (Hg.) (1987). The Micro-Macro Link. Berkeley, Los Angeles, London: University of California Press.

Erzberger, Ch. (1998). Zahlen und Wörter. Die Verbindung quantitativer und qualitativer Daten und Methoden im Forschungsprozess. Weinheim: Deutscher Studienverlag.

Kelle, U. & Erzberger, Ch. (1999). Integration qualitativer und quantitativer Methoden: methodologische Modelle und ihre Bedeutung für die Forschungspraxis. *Kölner Zeitschrift für Soziologie und Sozialpsychologie, 51,* 509–531.

Uwe Flick
4.6 Triangulation in der qualitativen Forschung

---

1. Triangulation als Validierungsstrategie
2. Triangulation in der Kritik
3. Anwendungsformen
4. Systematische Perspektiven-Triangulation
5. Praktische Probleme der Triangulation
6. Perspektiven: Triangulation zwischen Konvergenz und Divergenz

---

In der Sozialforschung wird mit dem Begriff ‹Triangulation› die Betrachtung eines Forschungsgegenstandes von (mindestens) zwei Punkten aus bezeichnet.

In der Regel wird dies durch die Verwendung verschiedener methodischer Zugänge realisiert. Als Strategie der Geltungsbegründung *(→ 4.7)* für Vorgehensweisen und Ergebnisse empirischer Sozialforschung findet Triangulation gerade in jüngeren Publikationen zu qualitativen Methoden besondere Beachtung (vgl. Marotzki 1995b; Schründer-Lenzen 1997). Triangulation wird aktuell auch in der Diskussion um die Verbindung von qualitativer und quantitativer Forschung verwendet (Jick 1983; → 4.5). In diesem Beitrag geht es jedoch vor allem um die Triangulation innerhalb der qualitativen Forschung, die in neueren Veröffentlichungen wieder verstärkt diskutiert wird (z. B. Flick 2008; Seale 1999a, b; Steinke 1999).

1. Triangulation als Validierungsstrategie

Die Idee der Triangulation wurde in die sozialwissenschaftliche Methodenliteratur aus der Landvermessung importiert – allerdings in einem eher metaphorischen Sinn. So verdeutlicht Blaikie (1991), dass die ursprüngliche Verwendung in den Sozialwissenschaften wenig mit dem Verständnis in der Landvermessung übereinstimmt. Die Diskussion um non-reaktive Messverfahren (Webb et al. 1966) und der Ansatz der «multi-trait-multi-method-matrix» von Campbell & Fiske (1959) bilden den Ausgangspunkt für die generelle methodische Auseinandersetzung mit dem Konzept. Breitere Aufmerksamkeit in der qualitativen Forschung finden – auch heute noch – die Vorschläge von Denzin (1978), der Triangulation zunächst als eine Strategie der Validierung versteht und vier Formen unterscheidet:

– *Daten-Triangulation* kombiniert Daten, die verschiedenen Quellen entstammen und zu verschiedenen Zeitpunkten, an unterschiedlichen Orten oder bei verschiedenen Personen erhoben werden.

– *Investigator-Triangulation* kennzeichnet den Einsatz verschiedener Beobachter bzw. Interviewer, um subjektive Einflüsse durch den Einzelnen auszugleichen.

– *Theorien-Triangulation* meint die Annäherung an den Forschungsgegenstand «ausgehend von verschiedenen Perspektiven und Hypothesen» (1978, S. 297).

– Denzins zentrales Konzept ist die *methodologische Triangulation* innerhalb einer Methode («within-method», z. B. die Verwendung verschiedener Subskalen in einem Fragebogen) und von verschiedenen Methoden («between-method»).

Das Ziel der letzten Strategie beschreibt Denzin (1978, S. 304) wie folgt: «Zusammengefasst beinhaltet methodologische Triangulation einen komplexen Prozess des Gegeneinander-Ausspielens jeder Methode gegen die andere, um die Validität von Feldforschungen zu maximieren.»

2. Triangulation in der Kritik

In verschiedenen Kontexten wurden kritische Diskussionen über Triangulation als Strategie der Validierung im gerade skizzierten Sinn geführt: Dabei werde zu wenig berücksichtigt, dass jede Methode den Gegenstand, der mit ihr erforscht werden soll, auf spezifische Weise konstituiert (z. B. Bloor 1997, S. 39). Wird dieser Aspekt vernachlässigt, ist Triangulation mit dem Vorwurf des «extremen Eklektizismus» konfrontiert (Fielding & Fielding 1986, S. 33). Silverman (1985, S. 21) bezweifelt, dass es sinnvoll ist, verschiedene Methoden mit dem Ziel zu kombinieren, ein «‹totales› Bild eines Phänomens zu erhalten (...). Die Zusammensetzung dieses Bildes ist problematischer, als solche Vertreter der Triangulation unterstellen mögen. Was in einem Setting passiert, ist nicht einfach Korrektiv dessen, was woanders passiert – beides muss jeweils in seinen eigenen Begriffen verstanden werden.» Fielding und Fielding (1986, S. 33) resümieren die Kritik an der Konzeption von Denzin folgendermaßen: «Wir sollten Theorien und Methoden vorsichtig und zielbewusst in der Absicht kombinieren, unserer Analyse mehr Breite und Tiefe zu verleihen, aber nicht mit dem Ziel, ‹objektive› Wahrheit anzustreben.» Blaikie (1991) bemängelt, dass die Kombination unterschiedlicher Methoden dem jeweiligen theoretischen Hintergrund der einzelnen Methoden zu wenig Rechnung trägt.

In neueren Arbeiten (z. B. Denzin 1989c, S. 246; Denzin & Lincoln 1994, S. 2) hat Denzin diese Kritiken aufgegriffen und versteht Triangulation mittlerweile als Strategie auf dem Weg zu einem tieferen Verständnis des untersuchten Gegenstandes und damit als Schritt auf dem Weg zu mehr Erkenntnis und weniger zu Validität und Objektivität in der Interpretation. Triangulation wird inzwischen weniger als Strategie der Validierung in der qualitativen Forschung, sondern als Strategie, Erkenntnisse durch die Gewinnung weiterer Erkenntnisse zu begründen und abzusichern, gesehen (vgl. Flick 2008; Denzin & Lincoln 1994a, S. 2).

3. Anwendungsformen

Die vier Formen der Triangulation, die Denzin vorgeschlagen hat, lassen sich auch angesichts der genannten Kritiken als Ansatzpunkte für die Realisierung dieser Strategie nehmen:

Daten-Triangulation

Visuelle Daten gewinnen neben verbalen Daten – Interviews (→ 5.2) und Gruppendiskussionen (→ 5.4) – in der qualitativen Forschung größere Aufmerksamkeit. Neben der Akzentuierung von (nicht nur teilnehmender) Beobachtung (→ 5.5) werden Videoaufzeichnungen und Fotos (Becker 1986; → 5.6) immer häufiger verwendet, wie auch die Analyse von Kinofilmen (Denzin 1989c; → 5.7). Daraus ergeben sich neue Perspektiven in der Triangulation von Daten: Neben der Verwendung im Rahmen von Interviews (vgl. hierzu Flick 2007a, S. 304 ff.; Fuhs 1997) lassen sich visuelle Daten auch als eigenständige Erkenntnisquelle mit verbalen Daten triangulieren (Harper → 5.6 gibt ein Beispiel für die Verbindung von Fotos und Interviews). Völlig neue Datensorten, wie die elektronischen Prozessdaten (→ 5.8), eröffnen weitere Möglichkeiten der Triangulation mit herkömmlichen Daten.

Investigator-Triangulation

Aktuelle Umsetzungen finden sich in den Vorschlägen, Interpretationen erhobener Daten nur in Gruppen durchzuführen, um subjektive Sichtweisen der Interpreten zu erweitern, zu korrigieren oder zu überprüfen. Im Zusammenhang mit der objektiven Hermeneutik (Oevermann et al. 1979; → 5.16) wird diese Forderung schon lange erhoben. Auch verschiedene Konzeptionen von Forschungswerkstätten (im Sinne von Strauss 1991 oder wie sie im Kontext der Biographieforschung und Objektiven Hermeneutik angewendet werden; → 6.2) sind diesem Gedanken verpflichtet.

Within-Method-Triangulation

Am Beispiel des episodischen Interviews (Flick 1996, 2008) lässt sich dieses Prinzip verdeutlichen: Darin wird ein Gegenstandsbereich (z. B. Technischer Wandel im Alltag) durch Erzählaufforderungen, die sich auf Erfahrungen in konkreten Situationen richten, erschlossen. Diese werden mit Fragen kombiniert, die eher auf Definitionen und allgemeinere Antworten abzielen. Dabei wird z. B. nach dem Begriff des Computers, den der Interviewpartner über eine bestimmte Zeit hinweg herausgebildet hat, gefragt («Was verbinden Sie heute mit dem Begriff ‹Computer›? Welche Geräte zählen Sie dazu?»). Zuvor wurde um eine Erzählung der Situation gebeten, in der er zum ersten Mal mit einem Computer konfrontiert war («Könnten Sie mir die Situation erzählen, in der Sie eine Vorstellung davon gewonnen haben, was ein Computer ist?» bzw. «Bei welcher Gelegenheit sind Sie das erste Mal mit einem Computer in Berührung gekommen? Könnten Sie mir diese Situation erzählen?») oder in denen der Computer besonderen Einfluss auf den Alltag hatte. Dadurch wird in diesem Interview versucht, die methodischen Zugänge des Leitfaden-Interviews und der Erzählung mit ihren jeweiligen Stärken systematisch zu verbinden. Dies soll einerseits ergänzende Perspektiven auf den Gegenstand in der Erfahrungsweise durch die Interviewten eröffnen: Zur konkreten Prozessperspektive, die in (Situations-)Erzählungen deutlich wird (als ich den Computer zum ersten Mal ...), stellt die abstrakte Zustandsbeschreibung (ein Computer ist für mich ...) eine Ergänzung dar. Andererseits soll sie unterschiedliche Facetten der subjektiven Auseinandersetzung mit dem Gegenstand verdeutlichen: So argumentierte eine französische Informatikerin auf der abstrakten Ebene allgemeinerer Zusammenhänge regelmäßig mit den geschlechtsspezifischen Zugangsbarrieren, die Frauen den Umgang mit Computern oder Technik allgemein erschweren. In den konkreten Situationen, die sie erzählte, wurde dagegen eher eine durchgängige Erfolgsgeschichte des Bezwingens widerständiger Geräte und Situationen deutlich (vgl. Flick 1996).

Between-Method-Triangulation

Am stärksten wird jedoch die Kombination verschiedener Methoden mit dem Stichwort Triangulation verknüpft, wobei unterschiedliche Akzente gesetzt werden: Einerseits wird damit die Verbindung qualitativer und quantitativer Methoden (vgl. u. a. Engler 1997; Flick 2007a, Kap. 2; S. 280 ff.; → 4.5) in unterschiedlichen Forschungsdesigns bezeichnet. Andererseits schlägt Marotzki (1995b) vor, reaktive Verfahren (z. B. das Narrative Interview → 5.2; → 5.11), bei denen Forscher Teil der Untersuchungssituation sind, mit nicht-reaktiven Verfahren (Analyse vorgefundener Materialien, z. B. Dokumente, Fotos, Tagebücher etc.; → 5.15) – d. h. Daten, die nicht für die Forschung erstellt wurden – zu kombinieren. Damit sollen die Grenzen beider methodischen Zugänge überschritten werden. Weiterhin lassen sich über die Triangulation verschiedener methodischer Zugänge unterschiedliche Bereiche des untersuchten Gegenstandsbereiches erfassen – etwa das konkrete berufliche Handeln und das Wissen über eigene Handlungsweisen und -routinen.

In einer Studie über Vertrauen in Beratungsbeziehungen (Flick 1989) wurden subjektive Theorien von Beratern über Vertrauen in halb standardisierten Interviews erhoben und mit Konversationsanalysen von Beratungsgesprächen trianguliert, die die Interviewpartner mit Klienten in ihrem beruflichen Alltag durchgeführt haben. Während der erste Zugang allgemeinere Erfahrungen und Vorstellungen der Berater über Voraussetzungen und förderliche Bedingungen der Vertrauensherstellung verdeutlichte, konnte mit dem zweiten Zugang gezeigt werden, wie diese Vorstellungen im konkreten Handeln erfolgreich umgesetzt werden bzw. wie und woran dies scheitert.

Spezielle Aktualität erfährt methodologische Triangulation in der Ethnographie. Für Lüders (1995, S. 321) «wandelt sich Ethnographie (…) in eine Forschungsstrategie, die alle nur denkbaren und ethisch vertretbaren Optionen der Datengewinnung einschließt». Die für die Realisierung der Optionen notwendigen methodischen Zugänge werden dabei miteinander trianguliert, auch wenn der Begriff dabei nicht immer explizit verwendet wird. Am Ende steht weniger die wechselseitige Validierung der Erkenntnisse, die mit den einzelnen Methoden gewonnen wurden, als eine Erweiterung der Erkenntnismöglichkeiten über den untersuchten Lebensbereich. Da die verschiedenen Methoden wie Beobachtung und Befragung eher ad hoc in der Situation der längeren Teilnahme (→ 5.5) kombiniert werden, lässt sich auch von *impliziter* Triangulation in der Ethnographie sprechen (Flick 2008).

Explizite Triangulation findet hier statt, wenn ethnographische Methoden der längeren Teilnahme und Beobachtung in einem Feld ausdrücklich mit dem Einsatz von (z. B. berufsbiographischen oder episodischen) Interviews mit einzelnen Akteuren an gesondert vereinbarten Terminen kombiniert werden. So wurden in einem Projekt der Gesundheitsforschung (vgl. Flick & Röhnsch 2008) ethnographische Beobachtungen an Orten, an denen sich obdachlose Jugendliche aufhalten, und mit gesondert durchgeführten episodischen Interviews mit einzelnen Jugendlichen trianguliert. Der erste Zugang ermöglicht, die Handlungs- und Kommunikationsweisen zu analysieren, während der zweite die Bedeutung von Gesundheit und der ‹Szene› für den Einzelnen verdeutlicht (vgl. Flick 2008, Kap. 4).

Wenn die Konzeption der Triangulation ernst genommen wird, ist für all diese Varianten kennzeichnend, dass dabei die kombinierten Verfahren als gleichwertig verstanden und nicht vorab ein Verfahren als das zentrale und die anderen als Vorstufe oder Illustration betrachtet werden.

Theorien-Triangulation

Bei der Kombination verschiedener Methoden ist zu berücksichtigen, dass diese jeweils vor unterschiedlichen theoretischen Hintergründen entwickelt wurden. In die konkrete Triangulationssituation werden die zum Teil nicht kompatiblen erkenntnistheoretischen Grundannahmen über den untersuchten Gegenstand bzw. über (qualitative) Forschung über die Methoden transportiert.

Dieses Problem lässt sich an einem der bereits erwähnten Beispiele verdeutlichen: Während die Rekonstruktion subjektiver Theorien von einem explizit subjektorientierten Wissens- und Handlungsverständnis ausgeht (unter dem Stichwort des reflexiven Subjekts zusammengefasst: Scheele & Groeben 1988), legt die Konversationsanalyse ein eher situationsorientiertes Handlungsverständnis zugrunde (unter dem Stichwort der Gesprächsmaschine zusammengefasst), die dem einzelnen Teilnehmer an einem Gespräch weitgehend zuweist, wie er auf bestimmte Äußerungen seines Gegenübers reagieren kann bzw. sollte; → *5.17*). Zum Problem wird dies, wenn solche Unterschiede im Gegenstandsverständnis nicht berücksichtigt werden. Als Abhilfe werden verschiedene Alternativen diskutiert: So schlägt Blaikie (1991, S. 129) z. B. vor, Methoden nur innerhalb eines Forschungsansatzes zu kombinieren, und verweist dabei auf das Beispiel von Cicourel (1975), der im Rahmen eines ethnomethodologischen Ansatzes verschiedene Methoden miteinander kombinierte («indefinite triangulation»). Alternativ dazu fordern Fielding und Fielding (1986), diese theoretischen Perspektiven bei der Analyse der erhaltenen Daten, der Konvergenzen und Divergenzen, die die Methoden produzieren, einzubeziehen. Denzin (1989c) schließlich legt nahe, Daten unter verschiedenen theoretischen Blickwinkeln zu betrachten, um darüber neue Facetten in ihnen zu entdecken.

4. Systematische Perspektiven-Triangulation

In eine ähnliche Richtung weist der Vorschlag der «systematischen Perspektiven-Triangulation» (Flick 2008). Dabei werden gezielt verschiedene Forschungsperspektiven qualitativer Forschung miteinander kombiniert, um deren Stärken zu ergänzen und Grenzen wechselseitig aufzuzeigen. Dieser Ansatz lässt sich auf die vier diskutierten Anwendungsformen der Triangulation beziehen, soll hier jedoch exemplarisch für die Verknüpfung verschiedener Methoden an dem bereits eingeführten Beispiel skizziert werden, in dem subjektive Theorien von Beratern über Vertrauen in Beziehungen zu Klienten mit Interviews und kommunikativer Validierung (in Anlehnung an Scheele & Groeben 1988; Kvale 1995a; → 4.7) rekonstruiert und mit Konversationsanalysen von Beratungsgesprächen trianguliert wurden. Darüber wurden verschiedene Forschungsperspektiven umgesetzt: Der erste Zugang zielt auf subjektive Sichtweisen (des Beraters) ab, während der zweite Zugang Beschreibungen alltäglicher Routinen fokussiert.

Damit sind zwei der Forschungsperspektiven in der qualitativen Forschung, die Lüders und Reichertz (1986) unterscheiden, realisiert. In einer anderen Terminologie (Bergmann 1985) wird mit dem ersten Zugang ein rekonstruktives Verfahren angewendet und mit einem interpretativen Verfahren (dem zweiten Zugang) kombiniert (für Beispiele vgl. Flick 2008). Dieser Ansatz kombiniert die Methoden- und Datentriangulation explizit mit einer Triangulation theoretischer Perspektiven.

5. Praktische Probleme der Triangulation

Triangulation am Fall

Die konsequenteste Variante ist, die triangulierten Methoden an denselben Fällen einzusetzen: Beratungsgespräche von den interviewten Beratern werden erhoben und analysiert, die in einem Feld beobachteten Personen werden (alle) interviewt. Dieses Vorgehen ermöglicht die fallbezogene Auswertung beider Datensorten und erlaubt am Einzelfall die unterschiedlichen Perspektiven, die die methodischen Zugänge eröffnen, zu vergleichen und zu verknüpfen. Darüber hinaus lassen sich hier solche Vergleiche und Verbindungen auch auf höherer Ebene vornehmen: So können Systematiken, die sich aus dem Vergleich der einen Datensorte (z. B. Ablaufmuster von Beratungsgesprächen) ergeben, mit Mustern aus dem Vergleich der anderen Datensorte (Schwerpunktsetzungen und blinde Flecken, die sich über alle subjektiven Theorien hinweg oder berufsgruppenspezifisch feststellen lassen) in Beziehung gesetzt werden. Samplingentscheidungen *(→ 4.4)* stellen sich nur einmal, da für beide Datensorten dieselbe Fallauswahl getroffen wird.

Nachteile sind, dass erstens häufig die Belastung für den einzelnen Teilnehmer an der Untersuchung unzumutbar hoch ist – sich zu einem Interview bereit zu erklären und zusätzlich ein Beratungsgespräch bereitzustellen ist, gemessen an dem üblichen Aufwand für die Teilnahme an einer Studie, eine vergleichsweise hohe Erwartung. Zweitens erhöht sich die Gefahr von Ausfällen deutlich. Jeder, der ablehnt, entweder ein Interview oder ein Beratungsgespräch zu liefern, ist für die gesamte Untersuchung, die am Fall triangulieren will, ‹verloren›.

Triangulation an Datensätzen
Schließlich ergibt sich bei Beobachtungen an offenen Plätzen (z. B. Sport-‹Szenen›) das Problem, dass so viele Personen dabei beobachtet werden, dass nicht alle auch interviewt werden können. Von daher ist eine Triangulation am Fall hier gar nicht möglich, weshalb sie auf der Ebene der Datensätze ansetzen sollte.

Der Einsatz der einzelnen Methoden erfolgt zunächst unabhängig voneinander und produziert einen Satz von Beobachtungsdaten und eine Reihe von Interviews. Beide werden auf ihre Gemeinsamkeiten und Unterschiede hin ausgewertet. Die Triangulation bezieht sich dann praktisch auf die Ergebnisse beider Auswertungen und setzt sie in Beziehung. Als praktisches Problem stellt sich hier die Frage, wie die Vergleichbarkeit der Samples, an denen die unterschiedlichen Methoden zum Einsatz kommen, gewährleistet werden kann. Weiterhin ist zu klären, ob die verschiedenen Methoden zum gleichen Zeitpunkt eingesetzt werden können oder ob aufgrund der Planung und Ressourcen des Projektes die empirischen Schritte nacheinander durchgeführt werden – erst die Beobachtungsdaten erhoben und ausgewertet und dann die Interviews geführt und analysiert werden. In diesem Fall sind Einflüsse der unterschiedlichen Zeitpunkte auf die Inhalte zu berücksichtigen.

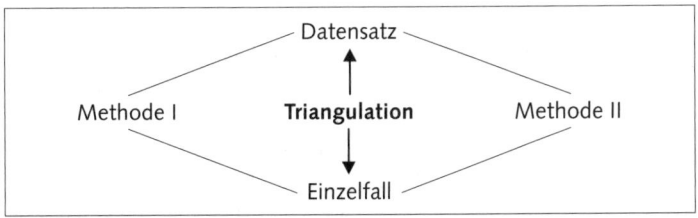

Abbildung 1: Ansatzpunkte methodischer Triangulation

6. Perspektiven: Triangulation zwischen Konvergenz und Divergenz

Ziel der Triangulation verschiedener methodischer Zugänge und Perspektiven auf beiden Ebenen (vgl. Abb. 1) sollte weniger sein, Konvergenzen im Sinne der Bestätigung des bereits Gefundenen zu erhalten. Aufschlussreich für die Theorieentwicklung wird die Triangulation von Methoden und Perspektiven vor allem, wenn sie *divergente Perspektiven* verdeutlichen kann, wenn – um das obige Beispiel noch einmal aufzugreifen – das Handeln des Beraters anders verläuft, als seine subjektive Theorie über Vertrauen eigentlich erwarten ließe.

Dann ergibt sich eine neue Perspektive, die nach theoretischen Erklärungen verlangt. Von einem solchen Verständnis der Triangulation lassen sich Bezüge zur Konzeption des «theoretischen Sampling» und der theoretischen Sättigung von Glaser und Strauss (1967) herstellen. Entsprechend halten Glaser und Strauss (1967, S. 68) fest, dass «eine Theorie, die nur aus einer Datensorte entwickelt wurde, niemals so gut passt oder funktioniert wie eine Theorie, die aus verschiedenen Datenausschnitten (...) entwickelt wurde». Auch im Prozess des theoretischen Sampling *(→ 4.4)* werden bei konsequenter Anwendung weitere Methoden einbezogen, wenn dadurch der Erkenntnisstand überschritten werden kann. Wo die Einbeziehung neuer Daten keine neuen Erkenntnisse mehr bringt, ist die theoretische Sättigung erreicht. Wo die Einbeziehung weiterer Methoden ‹nur› die bereits vorhandenen Erkenntnisse im Sinne ihrer Validierung bestätigt, stößt die Triangulation an die Grenze der theoretischen Sättigung. Triangulation sollte entsprechend als Weg der Erweiterung der Erkenntnis über den untersuchten Gegenstand verstanden werden.

Damit lassen sich *drei Verwendungsweisen der Triangulation* festhalten: als Validierungsstrategie, als Ansatz der Generalisierung der gefundenen Erkenntnisse und als Weg zu zusätzlicher Erkenntnis.

Weiterführende Literatur

Denzin, N. K. (1978/1989). The Research Act (2. Aufl.). Chicago: Aldine (3. Aufl.). Englewood Cliffs: Prentice Hall.

Flick, U. (2008). Triangulation – Eine Einführung. Wiesbaden: VS-Verlag für Sozialwissenschaft (2. Aufl.).

Seale, C. (1999). Quality in Qualitative Research. *Qualitative Inquiry*, 5, 465–478.

Ines Steinke
4.7 Gütekriterien qualitativer Forschung

1. Grundpositionen zur Bewertung qualitativer Forschung
2. Ausgangspunkte für die Formulierung von Kernkriterien
3. Kernkriterien qualitativer Forschung

Wie lässt sich die Qualität qualitativer Forschung bestimmen? Welchen Kriterien soll sie genügen? Die Frage, anhand welcher Kriterien die Wissenschaftlichkeit, Güte und Geltung qualitativer Forschung bewertet werden kann, wird häufig gestellt. Die Antworten in den entsprechenden Artikeln, Lehr- und Handbüchern bleiben jedoch entweder sehr allgemein oder wenig systematisch. Die weitere Etablierung qualitativer Forschung in der Gesamtlandschaft empirischer Sozialforschung wird wesentlich davon abhängen, dass für ihre Bewertung angemessene Kriterien definiert werden. In diesem Beitrag wird die heterogene Literatur zu Qualitätskriterien qualitativer Forschung kritisch gesichtet und in drei Grundpositionen zusammengefasst. Anschließend werden Kernkriterien zur Bewertung qualitativer Forschung sowie Wege zu deren Sicherung und Prüfung formuliert.

1. Grundpositionen zur Bewertung qualitativer Forschung

In Diskussionen über Qualitätskriterien qualitativer Forschung lassen sich drei Positionen ausmachen:

Quantitative Kriterien für qualitative Forschung
Kennzeichnend für diese Position ist, dass Kriterien der quantitativen auf qualitative Forschung übertragen werden. Zentrale Kriterien sind Objektivität, Reliabilität und Validität aus der experimentell-statistischen und der hypothesenprüfenden Forschung und aus der Psychometrie (Tests, Fragebögen, Skalen etc.). Dahinter steht die verbreitete Auffassung von «Einheitskriterien», mit denen jede Forschung zu bewerten sei. Kriterien aus der quantitativen Forschung werden dabei an qualitative Forschung angepasst, indem sie reformuliert und operationalisiert werden (wie die «Intercoderreliabilität», die Mayring 1983 vorschlägt; Kirk & Miller 1986;

Lincoln & Guba 1985; Kelle, Kluge & Prein 1993). Hierzu gehört auch der Vorschlag von Miles und Huberman, qualitative Kriterien (z. B. Glaubwürdigkeit) in das bekannte Schema quantitativer Kriterien (Objektivität, Reliabilität, Validität) einzuordnen:

- Objektivität/Bestätigbarkeit qualitativer Untersuchungen;
- Reliabilität/Verlässlichkeit/«auditability»;
- Interne Validität/Glaubwürdigkeit/Authentizität;
- Externe Validität/Transferierbarkeit/Passung;
- Nutzen/Anwendung/Handlungsorientierung (1994, S. 277 ff.).

Eigene Kriterien qualitativer Forschung
Vertreter der zweiten Grundposition bezweifeln grundsätzlich die Übertragbarkeit quantitativer Kriterien auf qualitative Forschung. Im Gegensatz zu Repräsentanten der ersten Position nehmen sie die wissenschaftstheoretische, methodologische und methodische Besonderheit qualitativer Forschung als Ausgangspunkt für die Formulierung geeigneter Kriterien. Häufig diskutiert werden:

1. Kommunikative Validierung (Terhart 1981, 1995; Kvale 1995b): Daten oder Ergebnisse der Forschung werden den Untersuchten mit dem Ziel vorgelegt, dass sie von ihnen hinsichtlich ihrer Gültigkeit bewertet werden. In der englischsprachigen Literatur wird dies als ‹member check› diskutiert.

2. Triangulation: Durch den Einsatz komplementärer Methoden, Theorien, Daten oder Forscher in einer Untersuchung sollen Einseitigkeiten oder Verzerrungen, die einer Methode, Theorie, Datenbasis oder einem einzelnen Forscher anhaften, kompensiert werden. Nachdem Triangulation anfangs als Instrument zur Validierung verstanden wurde (Denzin 1978), wird sie heute als methodische Technik diskutiert, die zu einer breiteren und tieferen Erfassung des Untersuchungsgegenstands führt (Denzin 1994; Flick 2008; → 4.5 → 4.6).

3. Validierung der Interviewsituation: Interviews und ihr Verlauf *(→ 5. 2; → 5.3)* werden daraufhin analysiert, ob die Interviewpartner ‹wahrheitsgemäß› bzw. aufrichtig erzählen. Konkret wird geprüft, ob es Hinweise darauf gibt, dass ein Arbeitsbündnis zwischen Forscher und untersuchter Person *nicht* zustande gekommen ist (vgl. Legewie 1987; Kvale 1996; Groeben et al. 1988). Dieses Bündnis soll von Offenheit, Vertrauen, Arbeitsbereitschaft und einem möglichst geringen Machtgefälle zwischen Forscher und Informant gekennzeichnet sein.

4. Authentizität (Guba & Lincoln 1989, S. 245 ff.; Manning 1997): Dieses Kriterium für qualitative Evaluationsforschung *(→ 3.12)* bezieht sich u. a. auf folgende Bereiche: Wurde mit den Äußerungen der Untersuchten und den zugrunde liegenden Wertstrukturen im Forschungsprozess sorgfältig umgegangen? Wurden die multiplen Konstruktionen der Untersuchten im Forschungsprozess angemessen erhoben, systematisch aufeinander bezogen und mit den untersuchten Personen auf ihre Gültigkeit per *member check* geprüft? Werden im Forschungsprozess neue Orientierungen für die Untersuchten initiiert? Dient die Forschung der Entscheidungsfindung oder als Anregung für Handlungen?

Postmoderne Ablehnung von Kriterien
Vertreter einer dritten Position argumentieren generell gegen die Möglichkeit, Qualitätskriterien für qualitative Forschung zu formulieren:

1. Aus postmoderner Perspektive wird unterstellt, dass es unmöglich sei, Kriterien auf ein festes Bezugssystem zu beziehen (z. B. Richardson 1994, S. 552; J. K. Smith 1984, S. 383).

2. Shotter (1990, S. 69) argumentiert aus sozial-konstruktivistischer Sicht *(→ 3.4)*, dass die Annahme, die Welt sei sozial konstruiert, nicht mit Standards für die Bewertung von Erkenntnisansprüchen vereinbar ist, da damit die Grundlage des sozialen Konstruktivismus verlassen werde.

3. Denzin (1990b, S. 231) definiert postmoderne Ethnographie u. a. dadurch, dass Forscher ihre Texte in der ersten Person Singular schreiben, wodurch die Kluft zwischen der beobachtenden Person und der beobachteten Realität überwunden wird und Fragen nach Reliabilität oder Validität sich nicht mehr stellen *(→ 2.7; → 5.22)*.

2. Ausgangspunkte für die Formulierung von Kernkriterien

Demgegenüber werden hier (in Abschnitt 3) Kernkriterien zur Bewertung qualitativer Forschung vor dem Hintergrund folgender Überlegungen vorgeschlagen:

1. Qualitative Forschung kann ohne Bewertungskriterien nicht bestehen:

Die Zurückweisung von Kriterien entsprechend der dritten Position birgt die Gefahr der Beliebigkeit und Willkürlichkeit qualitativer Forschung. Nicht zuletzt resultieren daraus Probleme für die weitere Anerkennung qualitativer Forschung außerhalb ihrer eigenen engen *scientific community* (→ 6.5). Allein aus der Zugrundelegung konstruktivistischer Annahmen ist ein Verzicht auf Kriterien nicht zwingend. Vielmehr stehen auch postmodern und konstruktivistisch geprägte Sozialforscher vor dem Problem, andere vom Wert und der Qualität ihrer Untersuchungen und Ergebnisse zu überzeugen (vgl. Lincoln & Guba 1985, S. 290). Auch die Tendenz, qualitative Forschung zunehmend als Kunstlehre (vgl. Denzin 1994) oder ‹Forschungsstil› (Strauss 1987, 1995) und weniger als formalisierbare Vorgehensweise aufzufassen, entbindet nicht von der Anwendung von Bewertungskriterien. Diese sollten vielmehr solchen Entwicklungen in der qualitativen Forschung gerecht werden. Insbesondere konstruktivistische Ansätze sind eine geeignete Plattform für die Formulierung eines konsistenten erkenntnistheoretischen und methodologischen Rahmens für die Entwicklung von Qualitätskriterien qualitativer Forschung (vgl. ausführlicher dazu Steinke 1999, S. 81 ff.). Die Ergebnisse qualitativer Arbeiten werden als Produkte verschiedener Entscheidungs- und Konstruktionsleistungen innerhalb des Forschungsprozesses aufgefasst und bewertet (vgl. auch Terhart 1995, S. 375).

2. Quantitative Kriterien sind nicht für die Bewertung qualitativer Forschung geeignet: Sie wurden für ganz andere Methoden (z. B. Tests, Experimente) entwickelt, die wiederum auf entsprechenden Methodologien, Wissenschafts- und Erkenntnistheorien basieren. Da deren Grundannahmen kaum mit qualitativer Forschung vereinbar sind, ist es nicht gerechtfertigt, von ihr zu erwarten, dass sie den Kriterien quantitativer Forschung entsprechen kann oder soll. Quantitative Kriterien können insbesondere aufgrund der vergleichsweise geringen Formalisierbarkeit und Standardisierbarkeit qualitativer Forschung nicht unmittelbar auf diese übertragen werden. Dennoch gibt es zahlreiche Anregungen für die Formulierung von Bewertungskriterien qualitativer Forschung aus der Auseinandersetzung mit quantitativen Kriterien (vgl. Steinke 1999, S. 131 ff.).

3. Für qualitative Forschung müssen Kriterien, die deren eigenem Profil, das heißt ihren Kennzeichen, Zielen, wissenschaftstheoretischen und methodologischen Ausgangspunkten *(→ 1)* Rechnung tragen, entwickelt werden. Dabei geht es weniger darum, einzelne Kri-

terien zu formulieren, wie dies häufig der Fall ist. Vielmehr ist ein System von Kriterien, das möglichst viele Aspekte der Bewertung qualitativer Forschung abdeckt, notwendig. Dieses muss auch Wege der Operationalisierung der Kriterien beinhalten, die deren konkrete Prüfung ermöglichen.

Für die Kriterien qualitativer Forschung werden hier die Begriffe ‹Objektivität›, ‹Reliabilität› und ‹Validität› aus zwei Gründen nicht verwendet: (1) Diese Kriterien werden unterschiedlich definiert. Besonders unter Validität wird in der qualitativen Forschung etwas anderes verstanden als in der quantitativen Diskussion (vgl. Steinke 1999, S. 203). Die englischsprachige Literatur zu qualitativen Kriterien (z. B. Lincoln & Guba 1985, S. 292; Kvale 1989, S. 73) lehnt mitunter ihr Verständnis von Reliabilität und Validität an die Alltagsbedeutung dieser Wörter an: Reliabilität wird z. B. gleichgesetzt mit Zuverlässigkeit bzw. Vertrauenswürdigkeit und Vorhersagbarkeit. Der bewusste Verzicht auf die Begriffe ‹Objektivität›, ‹Reliabilität› und ‹Validität› soll gewährleisten, dass Bedeutungen der nachfolgend vorgeschlagenen Kernkriterien ein eigenes Profil erhalten. (2) Viele Formen von Objektivität, Reliabilität und Validität wurden für standardisierte Forschung entwickelt und sind daher nur bedingt auf qualitative Forschung übertragbar. Die Verwendung dieser Begriffe könnte dazu führen, dass unterschiedliche und teilweise ungerechtfertigte Erwartungen an die im Folgenden diskutierten Kriterien geknüpft werden.

3. Kernkriterien qualitativer Forschung

Eine *abschließende* Kriteriendiskussion lässt sich nur unter Berücksichtigung der jeweiligen Fragestellung, Methode, der Spezifik des Forschungsfelds und des Untersuchungsgegenstands führen. Der gegenstands-, situations- und milieuabhängige Charakter qualitativer Forschung (vgl. Lüders 1995, S. 319 f.), die Vielzahl unterschiedlicher qualitativer Forschungsprogramme *(→ 1)* und die stark eingeschränkte Standardisierbarkeit methodischer Vorgehensweisen in diesem Bereich stehen eigentlich im Widerspruch zu der Idee, einen universellen, allgemein verbindlichen Kriterienkatalog zu formulieren. Dieser Widerspruch lässt sich durch ein zweistufiges Vorgehen auffangen:

(1) Die folgende Formulierung zentraler, breit angelegter *Kern-*

kriterien qualitativer Forschung und von Prozeduren zu ihrer Prüfung steckt einen Kriterienkatalog ab, an dem sich qualitative Forschung orientieren kann. (2) Die Kriterien und Prüfverfahren sollten für die Anwendung *untersuchungsspezifisch* – d. h. je nach Fragestellung, Gegenstand und verwendeter Methode – konkretisiert, modifiziert und gegebenenfalls durch weitere Kriterien ergänzt werden.

Intersubjektive Nachvollziehbarkeit
Für qualitative Sozialforschung kann im Unterschied zu quantitativer nicht der Anspruch auf intersubjektive *Überprüfbarkeit* erhoben werden. Eine identische Replikation einer Untersuchung ist schon allein aufgrund der begrenzten Standardisierbarkeit des Vorgehens in der qualitativen Forschung unmöglich. Angemessen für qualitatives Vorgehen ist der Anspruch auf Herstellung von intersubjektiver *Nachvollziehbarkeit* des Forschungsprozesses, auf deren Basis eine Bewertung der Ergebnisse erfolgen kann. Die Sicherung und Prüfung der Nachvollziehbarkeit kann auf drei Wegen erfolgen:
1. Die *Dokumentation des Forschungsprozesses* ist die zentrale Technik. Damit wird einem externen Publikum die Möglichkeit gegeben, die Untersuchung Schritt für Schritt zu verfolgen und den Forschungsprozess und die daraus hervorgegangenen Ergebnisse zu bewerten. Mit diesem Kriterium kann der für jede qualitative Studie einmaligen Dynamik zwischen Gegenstand, Fragestellung und methodischem Konzept Rechnung getragen werden (vgl. auch Mayring 1993, S. 104; Terhart 1995, S. 383). Ein Vorzug der Forderung nach Dokumentation des Forschungsprozesses besteht darin, dass die Leser nicht an vorgegebene oder die in der vorliegenden Studie verwendeten Kriterien zur Bewertung der Untersuchung gebunden werden, sondern die Studie im Licht ihrer eigenen Kriterien beurteilen können. Die Herstellung intersubjektiver Nachvollziehbarkeit durch Dokumentation kann somit als Hauptkriterium bzw. als Voraussetzung zur Prüfung anderer Kriterien betrachtet werden. Was sollte konkret dokumentiert werden *(→ 6.5)*?
– Die Notwendigkeit der Dokumentation des *Vorverständnisses* des Forschers, seiner expliziten und impliziten Erwartungen resultiert daraus, dass sie die Wahrnehmung (z. B. bei Beobachtungen), die Auswahl bzw. Entwicklung der verwendeten Methoden und damit die Daten und das Gegenstandsverständnis beeinflusssen. Die Darstellung des Vorverständnisses ermöglicht zu entscheiden, ob

in der Studie wirklich Neues erkannt wurde, d. h. nicht nur nach Bestätigung von Ex-ante-Hypothesen *(→ 4.2)* gesucht wurde, bzw. ob auch versucht wurde, dieses Vorwissen zu irritieren.

- Die Dokumentation der *Erhebungsmethoden* und des *Erhebungskontextes* beinhaltet die konkrete Angabe der jeweils verwendeten Verfahren (z. B. Leitfadeninterview) sowie Informationen darüber, wie sie entwickelt wurden. Informationen über den Kontext, in dem das Interview stattfindet, ermöglichen u. a. die Einschätzung der Glaubwürdigkeit von Interviewäußerungen, die z. B. aufgrund von fehlender Offenheit oder fehlendem Vertrauen der Interviewpartner eingeschränkt sein kann.

- Die Dokumentation der *Transkriptionsregeln (→ 5.9)* erlaubt festzustellen, welche Informationen (nicht) transkribiert wurden, wie einheitlich die Transkription ist und ob die angegebenen Regeln auch eingehalten wurden.

- Eine Dokumentation *der Daten* ist u. a. Voraussetzung dafür, einzuschätzen, ob der Interviewtyp richtig eingesetzt wurde.

- Die Dokumentation *der Auswertungsmethoden* und der Texte (wörtliche Äußerungen der Untersuchten und ggf. Dokumente) gestattet eine Bewertung der Interpretation und die Prüfung, ob Verfahrensrichtlinien eingehalten wurden (Scheff 1994, S. 8).

- Eine präzise Dokumentation der *Informationsquellen* (Bryman 1988, S. 77; Kirk & Miller 1986, S. 57 f.; Silverman 1993, S. 146 f.; Spradley 1980, S. 69 f.) beinhaltet die konkrete Angabe, aus welchen Quellen Informationen stammen:
  • wörtliche Äußerungen der Interviewpartner,
  • sinngemäße Wiedergaben von Äußerungen der Interviewpartner,
  • der Kontext, in dem die Äußerung steht,
  • Beobachtungen des Forschers,
  • Hypothesen, Deutungen bzw. Interpretationen des Forschers.
  Auf der Basis dieser Angaben ist nachvollziehbar, auf welchen Daten Interpretationen basieren. Sie sind eine Hilfe für den Leser, wenn er versucht, die Perspektiven der Untersuchten zu rekonstruieren.

- Die Dokumentation von *Entscheidungen und Problemen* beinhaltet z. B. Überlegungen zum Sampling und zur Methodenwahl, die Dokumentation von Widersprüchen, die in der Analyse aufgetreten sind und nicht gelöst werden.

- Schließlich sollten die *Kriterien*, denen die Arbeit genügen soll, dokumentiert werden.

2. *Interpretationen in Gruppen* sind eine diskursive Form der Herstellung von Intersubjektivität und Nachvollziehbarkeit durch expliziten Umgang mit Daten und deren Interpretation. Sie werden beispielsweise für die Objektive Hermeneutik (Oevermann et al. 1979, S. 393; Garz & Kraimer 1994b, S. 13; → *5.16*) und von Strauss (1987) für die Grounded Theory *(→ 5.13)* empfohlen (vgl. auch Kvale 1989, 1995b; Mishler 1986). Einen Schritt weiter geht der Ansatz des «peer debriefing» (Lincoln & Guba 1985, S. 308), bei dem ein Projekt mit Kollegen, die nicht an der gleichen Untersuchung arbeiten, diskutiert wird.

3. Die *Anwendung kodifizierter Verfahren* ist an herkömmliche Wege zur Herstellung von Intersubjektivität angelehnt: die Vereinheitlichung methodischen Vorgehens. Obgleich qualitative Forschung kaum standardisierbar ist, ist sie dennoch um Regelgeleitetheit und Kodifizierung von Forschungstechniken, d. h. die Explikation und systematische Analyse des Vorgehens mit dem Ziel der logischen Formulierung von Methoden, bemüht (Barton & Lazarsfeld 1955, S. 321, S. 359; Bohnsack 1999). Heute liegen z. B. mit dem narrativen Interview *(→ 5.2)*, der Objektiven Hermeneutik *(→ 5.16)*, der Methode der Grounded Theory *(→ 5.13)* usw. verschiedene kodifizierte Verfahren vor. Wenn kodifizierte Verfahren verwendet werden, verfügt der Leser einer Publikation über Informationen, die eine Kontrolle bzw. den Nachvollzug der Untersuchung erleichtern. Werden keine kodifizierten Verfahren übernommen, ist es erforderlich, die Analyseschritte zu explizieren und detaillierter zu dokumentieren.

Indikation des Forschungsprozesses
Gegenstandsangemessenheit ist nicht nur ein Kennzeichen qualitativer Forschung *(→ 1)*, sondern kann zugleich als Kriterium dafür betrachtet werden, ob dieser Anspruch eingelöst wurde. Das Kriterium Indikation ist weiter gefasst als die Forderung nach Gegenstandsangemessenheit, da nicht nur die Angemessenheit der Erhebungs- und Auswertungsmethoden, sondern der gesamte Forschungsprozess hinsichtlich seiner Angemessenheit (Indikation) beurteilt wird. Dabei ist zu unterscheiden:

1. Die Indikation des *qualitativen Vorgehens* angesichts der Fragestellung *(→ 4.1)*: Legt sie einen qualitativen Zugang nahe, oder sind andere Verfahren angemessen? Sind z. B. die Repräsentativität

oder die Verteilung von Phänomenen in der Bevölkerung oder aber reine Hypothesenprüfungen *(→ 4.2)* das Ziel der Untersuchung, sollte auf die entsprechenden quantitativen Methoden zurückgegriffen werden.

2. Indikation der *Methodenwahl*: Sind die Methoden zur Erhebung und Auswertung dem Untersuchungsgegenstand angemessen? Im Einzelnen:

– Sind die Methoden gegenstandsangemessen? Entspricht der Untersuchungsgegenstand den Gegenständen, für welche die verwendete Methode konzipiert wurde? Dafür ist es wichtig, die Anwendungsbereiche und Grenzen qualitativer Methoden zu kennen (für eine Systematik dazu vgl. Flick 2007a). Kann für einen interessierenden Untersuchungsgegenstand nicht auf bereits ausgearbeitete Methoden zurückgegriffen werden, so müssen sie – gegenstandsangemessen – entwickelt werden.

– Wurde den Äußerungen und Bedeutungen der Untersuchten hinsichtlich des Untersuchungsgegenstandes ausreichend Spielraum eingeräumt? Kommen die subjektiven Perspektiven, alltäglichen Handlungsweisen und Bedeutungen der Untersuchten in Bezug auf den Gegenstand zur Geltung und werden sie nicht zu stark durch methodische Strukturen eingeschränkt bzw. vorstrukturiert? Werden die Gegenstände in alltäglichen Kontexten der Informanten untersucht?

– Ermöglichen die verwendeten Verfahren Irritationen des Vorwissens? Erhebungs und Auswertungsverfahrens sollten so gestaltet sein, dass Überraschungen, d. h. Irritationen des Vorverständnisses des Forschers, möglich sind. Dafür ist eine abduktive Haltung förderlich *(→ 2.1; → 4.3; → 5.21)*.

– War der Forscher längere Zeit im Feld anwesend *(→ 5.5)*? Insbesondere wenn die Lebenswelt der Untersuchten dem Forscher kaum vertraut ist, sollte sich seine Anwesenheit im Feld über einen längeren Zeitraum erstrecken.

3. Indikation von *Transkriptionsregeln*: Wie genau sollten Transkriptionen sein? Als derzeitigen Konsens in den Sozialwissenschaften zur Frage angemessener Transkriptionen von gesprochenen Diskursen betrachtet Bruce (1992, S. 145 zit. nach O'Connell & Kowal 1995a, S. 96) folgende Anhaltspunkte:

– Handhabbarkeit, d. h. einfach schreibbar (für den, der transkribiert);

– Lesbarkeit, leichte Erlernbarkeit und Interpretierbarkeit (für Personen bzw. den Computer, die Texte bearbeiten) *(→ 5.9)*.

4. Indikation der *Samplingstrategie*: Inwiefern ist die Auswahl der Untersuchungsfälle, -situationen etc. indiziert? Morse (1994, S. 228) gibt Hinweise dafür, wer als guter Informant gilt. Ist das Sampling zweckgerichtet, und werden informationsreiche Fälle ausgewählt (für eine entsprechende Übersicht mit 15 Samplingstrategien vgl. Patton 1990, S. 169 ff.; *→ 4.4)*?

5. Indikation der *methodischen Einzelentscheidungen im Kontext der gesamten Untersuchung*: Passen die Methoden der Erhebung und der Auswertung zueinander? Inwiefern ist das Untersuchungsdesign angesichts der verfügbaren Ressourcen (Zeit, Anzahl der Projektmitarbeiter) indiziert *(→ 4.1)*?

6. Indikation der *Bewertungskriterien*: Sind die Qualitätskriterien, die an die Studie angelegt werden, dem jeweiligen Gegenstand, der Methode und der Fragestellung angemessen?

Empirische Verankerung

Die Bildung *und* Überprüfung von Hypothesen bzw. Theorien sollte in der qualitativen Forschung empirisch, d. h. in den Daten, begründet (verankert) sein. Die *Theoriebildung* ist so anzulegen, dass die Möglichkeit besteht, Neues zu entdecken und theoretische Vorannahmen des Forschers in Frage zu stellen bzw. zu modifizieren. Die Theorien sollten dicht an den Daten (z. B. den subjektiven Sicht- und Handlungsweisen der untersuchten Subjekte) und auf der Basis systematischer Datenanalyse entwickelt werden. Für die *Theorieprüfung* werden durch Deduktion aus den Theorien Folgen oder Prognosen abgeleitet und am empirischen Datenmaterial verifiziert bzw. falsifiziert. Während Verifikation nach Bestätigung der Theorie durch die Daten sucht, prüft die Falsifikation als härteres Kriterium die Theorie durch den Versuch, sie zu widerlegen (vgl. zu Letzterem auch Seale 1999a, S. 73 ff.). Folgende Wege eignen sich zur Prüfung der empirischen Verankerung:

1. Die Verwendung *kodifizierter Methoden*, z. B. Objektive Hermeneutik *(→ 5.16)* oder Grounded Theory *(→ 5.13)*, gewährleistet die empirische Verankerung.

2. Gibt es *hinreichende Textbelege* für die entwickelte Theorie? Wie wurde mit Widersprüchen und abweichenden bzw. negativen Fällen, Situationen und Settings umgegangen?

3. Die *Analytische Induktion* (Bühler-Niederberger 1985, 1991) ist eine Methode der Theoriegenerierung, die zugleich Falsifikationen ermöglicht. Eine möglichst weit entwickelte Theorie wird anhand eines Falls geprüft. Trifft die Theorie nicht zu, dann wird das Phänomen umdefiniert oder der Fall aus der Theorie ausgeschlossen. «Es werden so lange Fälle studiert, das Phänomen umdefiniert und die Hypothese umformuliert, bis eine universelle Beziehung etabliert wird; jeder negative Fall ruft nach einer Umdefinition oder Umformulierung» (Bühler-Niederberger 1985, S. 478).

4. Aus der generierten Theorie können *Prognosen* abgeleitet und hinsichtlich ihres Eintretens am Text (Interviews, Beobachtungen etc.) geprüft werden *(→ 5.16)*.

5. *Kommunikative Validierung* (s. o.) ermöglicht eine Rückbindung der im Forschungsprozess entwickelten Theorie an die Untersuchten. Unangemessen ist kommunikative Validierung, wenn die generierte Theorie jenseits der Zustimmungsfähigkeit der untersuchten Personen liegt. Letzteres betrifft insbesondere die Objektive Hermeneutik, die objektive Bedeutungen jenseits einer subjektiv-intentionalen Ebene rekonstruiert *(→ 5.16)*.

Limitation

Dieses Kriterium dient dazu, im Sinne eines ‹testing the limits› die Grenzen des Geltungsbereichs, d. h. der Verallgemeinerbarkeit einer im Forschungsprozess entwickelten Theorie, herauszufinden und zu prüfen. Dazu sollte analysiert werden, auf welche weiteren Bedingungen (Kontexte, Fälle, Untersuchungsgruppen, Phänomene, Situationen etc.) die Forschungsergebnisse, die unter spezifischen Untersuchungsbedingungen entwickelt wurden, zutreffen. Wenn alle und sehr spezifische Bedingungen der Untersuchung erfüllt sein müssen, damit die Erkenntnisse übertragbar sind, sind die Ergebnisse kaum verallgemeinerbar. Es ist also zu klären, welche Bedingungen minimal erfüllt sein müssen, damit das in der Theorie beschriebene Phänomen auftritt. Zugleich werden nur zufällige, für die Theorie irrelevante Aspekte herausgefiltert. Dies kann insbesondere durch das Einführen, Weglassen und Variieren von Bedingungen, Kontexten, Phänomenen etc., die für das Hervorbringen oder die Beeinflussung des Untersuchungsgegenstandes relevant sind, herausgefunden werden. Dazu sind folgende Techniken hilfreich:

1. Bei der *Fallkontrastierung* werden im Verhältnis zur Theorie maximal und minimal verschiedene Fälle ausgesucht und analysiert. Das kontrastierende Vergleichen der Fälle ermöglicht die Identifikation von Elementen, Ursachen, Bedingungen etc., die gleichartige Fälle miteinander teilen und die für das theoretische Phänomen wesentlich sind.

2. Die explizite Suche und Analyse *abweichender, negativer und extremer Fälle* folgt der Idee, durch Konstanthaltung möglichst vieler Aspekte und die maximale, konzeptgeleitete Variation einzelner Aspekte Aussagen über die Bedeutung der jeweils variierten Konzepte zu treffen.

Kohärenz

Die im Forschungsprozess entwickelte Theorie sollte in sich konsistent sein. Entsprechend ist zu prüfen: (1) Ist die generierte Theorie kohärent? (2) Wurden Widersprüche in den Daten und Interpretationen bearbeitet? Ungelöste Fragen und Widersprüche sollten offen gelegt werden.

Relevanz

Theorien hinsichtlich ihres pragmatischen Nutzens zu beurteilen ist insbesondere für qualitative Forschung, die jenseits von Aktions- oder Evaluationsforschung (→ 3.12) angesiedelt und daher nicht per se pragmatisch ist, wichtig. Folgende Fragen können dafür an den Forschungsprozess und die darin generierte Theorie gerichtet werden:

1. Ist die *Fragestellung* relevant?
2. Welchen *Beitrag* leistet die entwickelte Theorie?

Werden durch die Theorie neue Deutungen zur Verfügung gestellt? Beinhaltet die Theorie Erklärungen für das interessierende Phänomen?
Regt die Theorie zur Lösung von Problemen an?
Sind die Ergebnisse verallgemeinerbar?
Ist die Darstellung der Theorie überschaubar?

Reflektierte Subjektivität

Dieses Kriterium prüft, inwiefern die konstituierende Rolle des Forschers als Subjekt (mit seinen Forschungsinteressen, Vorannahmen, Kommunikationsstilen, biographischem Hintergrund etc.) und als

Teil der sozialen Welt, die er erforscht, möglichst weitgehend methodisch reflektiert in die Theoriebildung einbezogen wird. Dabei sollte geprüft werden:

1. Wird der Forschungsprozess durch *Selbstbeobachtung* begleitet? Damit lässt sich z. B. feststellen, ob ängstigende Gehalte zu Verstehensbarrieren oder zur Verdrängung dieser Aspekte aus der Theorie führen.

2. Werden *persönliche Voraussetzungen* für die Erforschung des Gegenstandes reflektiert? Ist das methodische Vorgehen der Person des Forschers angemessen? Ein Forscher, dem offene Situationen unangenehm sind, ist z. B. für ein narratives Interview eher weniger geeignet.

3. Besteht eine Vertrauensbeziehung zwischen Forscher und Informant als Voraussetzung für die Erhebung von kultur- und gegenstandsangemessenen Daten?

4. Erfolgen *Reflexionen während des Feldeinstiegs (→ 5.1)*? Die dabei auftretenden Unbehaglichkeiten und Irritationen liefern wichtige Hinweise auf die Spezifik des Feldes.

Für die Bewertung einer Studie ist die Anwendung von nur einem oder zwei der vorgeschlagenen Kriterien nicht ausreichend. Auf der Grundlage mehrerer Kriterien sollte entscheidbar sein, ob das ‹bestmögliche› Ergebnis erzielt wurde.

Weiterführende Literatur

Kelle, U. (1994). Empirisch begründete Theoriebildung. Zur Logik und Methodologie interpretativer Sozialforschung. Weinheim: Deutscher Studienverlag.

Seale, C. (1999). The quality of qualitative research. London: Sage.

Steinke, I. (1999). Kriterien qualitativer Forschung. Ansätze zur Bewertung qualitativ-empirischer Sozialforschung. Weinheim, München: Juventa.

5. Qualitative Methoden und Forschungspraxis

5.0 Einleitung

Das methodische Spektrum der qualitativen Forschung hat sich in den letzten Jahr(zehnt)en deutlich ausgeweitet. Hierfür gibt es verschiedene Gründe, zumindestens eine Reihe von Trends, die sich als Erklärung heranziehen lassen:

– Differenzierung von methodischen Vorgehensweisen,
– neue Datensorten,
– unterschiedliche Entwicklungen in deutschsprachigen und anglo-amerikanischen Diskussionen, die zunehmend wechselseitig wahrgenommen werden.

Das Spektrum der Interviewverfahren *(→ 5.2)* hat sich zunehmend erweitert, ist aber nach wie vor im Spannungsfeld von Leitfaden und Narrativen Interviews angesiedelt. Die Ausweitung resultiert hier aus der Erkenntnis, dass für verschiedene Fragestellungen Mischformen angemessen sein können oder eigene Erhebungsverfahren notwendig sind. Die Gruppendiskussion erlebt unter dem Stichwort ‹Focus group› eine neue internationale Blüte *(→ 5.4)*, vor allem in Bereichen der Markt- und Medienforschung und der ‹cultural studies› *(→ 3.9)*.

Teilnehmende Beobachtung als Methode ist zunehmend in der allgemeineren Strategie der Ethnographie *(→ 5.5; → 3.8)* aufgegangen und wird dabei Teil eines komplexen Vorgehens, das stark von Fragen des Zugangs *(→ 5.1)* und der Darstellung von Ergebnissen *(→ 5.22)* bestimmt ist.

Neben den eher am gesprochenen Wort und dem Medium des Textes orientierten Datenerhebungen gewinnen neue Medien als Daten zunehmendes Gewicht: Fotos *(→ 5.6)* und Filme *(→ 5.7)* spielen schon seit längerem eine größere Rolle insbesondere in der internationalen Diskussion. Die neuen Formen der elektronischen Kommunikation über E-Mail und Internet ermöglichen ganz neue Formen der Analyse kommunikativer Prozesse, die vor allem durch

die besondere Qualität der Daten (elektronische Spuren) gekennzeichnet sind (→ 5.8).

Hinsichtlich der Auswertung erhobener Daten lassen sich verschiedene Entwicklungen feststellen: Generell können Vorgehensweisen, die codierend vorgehen und Kategorien entwickeln, entweder in der Tradition von Anselm Strauss (→ 5.13) oder der
Inhaltsanalyse (→ 5.12), von solchen unterschieden werden, die hermeneutischen Traditionen verpflichtet sind (→ 5.16; → 5.18; → 5.20;
→ 5.21). Diese Verfahren stehen für sich und lassen sich – mit gewissen Unterschieden – auf jede Datensorte anwenden.

Bei Interviewstudien stellt sich die Frage, wie die vorhandenen
Auswertungsverfahren für die dabei gewonnenen Daten genutzt
werden können. Konkrete Vorschläge liegen für Leitfadeninterviews
(→ 5.10) und für narrativ-biographische Interviews (→ 5.11) vor,
wobei der erste stärker an einem codierend-kategorisierenden Vorgehen orientiert ist, der zweite eher hermeneutisch vorgeht.

Die Verwendung von Computern bei der Auswertung qualitativer Daten (→ 5.14) findet immer stärkere Verbreitung, wobei sich
ihre Anwendung bislang vor allem bei codierender Auswertung findet.

Im deutschen Sprachraum gibt es eine zunehmende Differenzierung hermeneutischer Methoden (→ 3.5): Aus der objektiven und
der sozialwissenschaftlichen Hermeneutik hat sich die hermeneutische Wissenssoziologie (→ 5.16) entwickelt, aus der Konversationsanalyse (→ 5.17) die Gattungsanalyse (→ 5.18). Dabei ist im letzten
Fall im Begriff der ‹kommunikativen Gattungen› wiederum ein brei-
teres Verständnis der Daten enthalten. Ebenfalls aus der Konversationsanalyse entwickelt hat sich die Diskursanalyse (→ 5.19), die
insbesondere in der angloamerikanischen Psychologie breite Aufmerksamkeit findet.

Datenerhebung und -analyse sind eingerahmt von einer Reihe
weiterer methodischer Schritte. Der Weg ins Feld (→ 5.1) ist häufig
nicht nur ein technisches Problem. An Schwierigkeiten und Widerständen, denen Forscher dabei begegnen, lässt sich häufig schon ein
großer Teil der möglichen Erkenntnisse über das Feld und die Akteure darin erahnen. Transkription (→ 5.9) wird ebenfalls längst
nicht mehr als ein lästiger technischer Schritt gesehen, durch den
Tonbandaufzeichnungen in lesbare Texte verwandelt werden. Vielmehr wird der konstruktive Anteil des jeweiligen Vorgehens und sei-

ner Regeln auf die Darstellung der dann interpretierbaren Vorgänge zunehmend erkannt. Analog wird der konstitutive Anteil der Erstellung von Feldnotizen in teilnehmender Beobachtung und Ethnographie im entsprechenden Kapitel *(→ 5.5)* diskutiert.

Die Rolle der Darstellung von Ergebnissen *(→ 5.22)* und Vorgehensweisen qualitativer Forschung wurde in den letzten Jahren vor allem in den angloamerikanischen Diskussionen in der Ethnographie als entscheidender Schritt behandelt. Zumindest ist dadurch die Sensibilität für den Anteil der Darstellungsweisen am Forschungsprozess gewachsen. Schließlich ist der Erkenntnisgewinn in der Empirie häufig nicht nur in der konsequenten und regelgeleiteten Anwendung von Methoden begründet. Die Kunst der Interpretation *(→ 5.21)* liegt gelegentlich auch in der Nutzung von Zufällen und Offenheit für das Unvorhergesehene.

Insgesamt orientiert sich die Anordnung der einzelnen Kapitel in diesem Teil an Schritten des Forschungsprozesses – vom Feldeinstieg über die Datenerhebung, Transkription zur Auswertung und der Darstellung. Andererseits finden sich immer mehr integrierte Methoden – z. B. Ethnographie oder Film- oder Gattungsanalyse –, die sich nicht eindeutig der Erhebung oder Auswertung zuordnen lassen. In solchen Fällen werden Sammlung und Interpretation der Daten in einem Kapitel abgehandelt.

Stephan Wolff
5.1 Wege ins Feld und ihre Varianten

1. Der Feldzugang – Begriffsklärung und Zielsetzung
2. Der Weg ins Feld und seine sozialwissenschaftliche Thematisierung
3. Strukturelle Probleme des Zugangs

1. Der Feldzugang – Begriffsklärung und Zielsetzung

Er wäre verfehlt, beim «Weg ins Feld» an eine fixe Grenze zu denken, nach deren Überschreitung sich das Innere des Feldes dem forschenden Blick offen und ungeschützt darbietet. Deshalb heißt es im

Folgenden nicht «Einstieg», sondern «Feldzugang». Dieser Begriff hebt nicht nur den Tätigkeits- bzw. Prozesscharakter des gemeinten Geschehens stärker hervor, er kommt auch ohne eine strikte Drinnen-draußen-Unterscheidung aus. Unter «Forschungsfeld» werden hier natürliche soziale Handlungsfelder im Gegensatz zu künstlichen situativen Arrangements verstanden, die extra für Forschungszwecke geschaffen werden.

Forschungsfelder können öffentliche Orte, Gruppen, soziale Milieus («Szenen»), aber auch Organisationen oder Stammesgruppen sein. Für jedes dieser Forschungsfelder ergeben sich aus Sicht des Forschers *zwei grundlegende Fragen*:

1. Wie gelingt es ihm, mit seinem Forschungsfeld in Kontakt zu treten und sein Gegenüber zur Mitwirkung zu bewegen? Damit Forschung als soziale Veranstaltung überhaupt zustande kommen kann, sollten die angesprochenen Vertreter des Feldes von sich aus bereit sein, nicht nur ungewohnte *Zumutungen* in Kauf zu nehmen. Dazu zählt beispielsweise:

- Zeit für Gespräche zu erübrigen,
- die Raumsouveränität teilweise aufzugeben,
- Peinlichkeiten auszuhalten,
- sich kommunikativen Zugzwängen auszusetzen (wie sie durch narrative Interviews entstehen),
- die eigenen Kommunikationsbedürfnisse einzuschränken (wenn sie sich einem Leitfaden-Regime unterwerfen),
- Infragestellungen bislang geltender Selbstverständlichkeiten zu akzeptieren.

Sie sollen darüber hinaus noch vielfältige *eigene Aktivitäten entfalten* wie:

- sich in den Forscher hineinversetzen (um für diesen interessante Daten liefern zu können);
- ihn über situative Relevanzen belehren;
- ihm Wege ebnen und auf kompetente Gesprächspartner hinweisen;
- Antworten auf Fragen geben, die sie sich selbst noch nie gestellt haben und deren Sinn zunächst dunkel bleibt;
- ihm ohne Sicherheiten Vertrauen schenken;
- sich und anderen erklären, was es mit dem Forscher und seinem Projekt auf sich hat;
- die eigene Ungestörtheit zu signalisieren, obwohl man sich unter Beobachtung weiß u. a. m.

2. Wie kann er *sich selbst* im Verhältnis zum Feld so *positio-nieren*, dass die sachlichen, zeitlichen und sozialen Rahmenbedin-gungen für eine sachgerechte Durchführung der geplanten For-schungsarbeit gewährleistet oder zumindest seine entsprechenden Handlungsmöglichkeiten nicht entscheidend eingeschränkt sind?

Es gibt *keine Patentrezepte*, wie der Weg ins Feld gesucht und gefunden werden sollte. Weder ist es sinnvoll, die Illusion der Plan-barkeit zu beschwören, noch, die situativen Unwägbarkeiten zu be-klagen. Falsch wäre es auch, die Zugangsfrage als technisches oder als psychologisches Vorfeld-Problem zu bagatellisieren, nach dessen Erledigung die eigentliche Forschung erst beginnt. Deshalb sollte man den Weg ins Feld als eine nie ganz abgeschlossene Arbeitsauf-gabe begreifen (und gestalten), die kooperativ, d. h. gemeinsam mit den vermeintlichen «Objekten» der Forschung, abgewickelt werden muss. Die Beschäftigung mit dem Weg ins Feld dient nicht nur me-thodologischen oder forschungspragmatischen Zwecken. Sie eröff-net darüber hinaus Einblicke in Strukturen und Abläufe der For-schung als einer sozialen Veranstaltung und in das untersuchte Handlungsfeld. Die oft beklagten und als lästig empfundenen An-läufe, Umwege und Holzwege, ja selbst die üblicherweise sorgsam verschwiegenen gescheiterten Zugangsversuche avancieren dann zu «kritischen Ereignissen», deren Analyse eigene Erkenntnismöglich-keiten eröffnet.

2. Der Weg ins Feld und seine sozialwissenschaftliche Thematisierung

Klassische Zugangsschilderungen lesen sich wie Heldengeschichten, in denen nach einer Phase der Mühen, der Irritation und des Suchens der Forscher letztendlich doch das angestrebte «Herz der Finsternis» (Joseph Conrad) erreicht. Der entscheidende Moment des «Ankom-mens» im Feld erfährt oft eine besondere Stilisierung: etwa als schlagartige (positive) Wende in den Beziehungen zu den «Eingebo-renen», als überwältigendes emotionales Erlebnis des Angenom-menseins oder als plötzliche Gestaltschließung wie beim Umkippen gewohnter Sichtweisen. Damit ist zugleich jener Zeitpunkt markiert, von dem ab die eigentliche Forschung beginnen kann (besonders kunstvoll: Geertz 1983b, S. 208; → 2.6).

Thematisiert wird die Zugangsproblematik zunächst als *Problem des Forschers*, der Zugang begehrt und sich dabei mit den Widerständen des Feldes, aber auch mit seinen eigenen psychischen Abwehrtendenzen gegenüber den mit einer Zugangssituation verknüpften Infragestellungen und Irritationen auseinander zu setzen hat (vgl. Lindner 1981). Man sucht nach probaten interaktiven und/oder psychologischen Strategien, die den Forscher in die Lage versetzen, solche Widrigkeiten zu erkennen und erfolgreich zu neutralisieren (als Beispiel für solche Empfehlungssammlungen vgl. Gans 1982). Die posthume Veröffentlichung des Forschungstagebuchs von Malinowski (1967), des gefeierten Pioniers der Teilnehmenden Beobachtung *(→ 5.5)*, über seine Zeit bei den Trobriandern führte zu einer nachhaltigen Ernüchterung bezüglich der erreichbaren Substanzialität des «Dort-Seins» des Feldforschers und ließ eine grundsätzlichere Auseinandersetzung mit der Zugangsproblematik – nicht nur für die Ethnologie – unabweisbar werden.

In einem nächsten Schritt wurde die Zugangsproblematik *als Beziehungsproblem* reformuliert. Dabei gerieten insbesondere die Beziehung zu den *Schlüsselinformanten* und deren besondere Merkmale ins Blickfeld (Casagrande 1960).

Manche dieser Schlüsselinformanten haben es in der ethnographischen Forschung zu regelrechter Berühmtheit gebracht: Zu ihnen zählen «Doc», der William F. Whyte nicht nur Kontakte innerhalb die «Street Corner Society» vermittelte, sondern ihm auch sonst als eine Art Coach zur Seite stand; «Don Juan», der Carlos Castaneda angeblich in die Lehren der Yaqui-Zauberei einweihte, oder Ogotemmêli, der als umsichtiger Gesprächspartner von Marcel Griaule bei den Dogon fungierte.

Auffällig viele dieser Schlüsselpersonen bekleiden eine soziale Außenseiterstellung in ihrer Gemeinschaft, z. B. aufgrund vorgängiger intensiver Erfahrungen mit Außenstehenden oder häufig auch aufgrund irgendeines persönlichen Schicksalsschlags. Die Problematik, die in der Beziehung zu solchen «marginal men» für den Feldzugang liegen könnte, wurde entweder als ein vorübergehendes Problem behandelt (das sich, wenn die Forschung an Tiefe gewinnt, von selbst erledigt) oder positiv gewendet, indem man auf die besondere Sensibilität und Beobachterkompetenz solcher Personen verwies.

Eine weitere Schwierigkeit beim Weg ins Feld ergibt sich dadurch, dass die *Abgrenzbarkeit* von Forschungsfeldern im ethnologischen wie im soziologischen Bereich zunehmend fragwürdig erscheint. Lange Zeit war man davon ausgegangen, dass sich Feldforscher auf isolierte soziale Einheiten an der Peripherie der (Welt-)Gesellschaft bzw. auf abgegrenzte städtische Szenen, Gruppen und Organisationen beziehen könnten; dass also das Feld, zu welchem ein Zugang gesucht wurde, nicht nur unproblematisch identifizierbar, sondern auch als eigenständiger kultureller Zusammenhang rekonstruierbar sei. Die Einsicht in die faktische Vernetzung dieser eben nur scheinbar isolierten Einheiten mit ihrer Umgebung macht aber eine eindeutige Grenzziehung unmöglich. Der ethnographische Blick verschwimmt auch dadurch, dass es die Feldforschung vermehrt mit der *eigenen* Kultur und mit Phänomenen zu tun bekommt, die eher im gesellschaftlichen *Normalbereich* angesiedelt sind *(→ 3.8)*. Der zunehmende *Mangel an Fremdheit*, verbunden mit der geschärften Einsicht in die Funktionsweise des ethnographischen Exotismus, lässt die Verwendung des für ethnographisches Arbeiten typischen Kunstgriffs des «methodischen Befremdens» (Hirschauer & Amann 1997) zugleich unabweisbar *und* fragwürdig erscheinen. Daraus erwächst ein Bewusstsein dafür, dass es sich bei der Autonomie und Identifizierbarkeit von Kultur um eine *konstruktive Leistung* der Forschung handelt: Der Gegenstand, zu dem man Zugang sucht, wird im Vollzug der Forschung – allein schon durch die in die wissenschaftliche Fragestellung eingehenden Klassifizierungen von Untersuchungsgruppen (vgl. Moerman 1974) – als solcher erst konstituiert. Verbindet man diesen Gedanken mit der These der ethnographischen Autorität (Clifford 1993a), dann ließe sich folgern, dass man als Forscher in gewisser Weise *Zugang zu seiner eigenen Fiktion sucht.*

Eine neue Qualität erhielt die Diskussion um den Zugang, als man sich – von ihrem sozialen Status und von ihrem sozialen Kapital her – mächtigeren Gruppen (wie Aufsichtsräten, Adelskreisen oder Chefärzten; vgl. Saffir u. a. 1980; Hertz & Imber 1997) und Organisationen als Forschungsfeldern zuwandte, also «Gegenständen», die den Zugang zu ihren Bereichen aktiv kontrollieren können und wollen. Das gilt insbesondere für *Organisationen*, die zunehmend zu Hauptansprechpartnern für Zugangswünsche werden. Sie verfügen über eine breite Palette von Praktiken, um sich neugierige Dritte vom Leib zu halten, um Informationen über sich selbst zu generieren, sie zu beeinflussen und ihre Verwendung zu kontrollieren. Selbst für Forschungsbegehren aufgeschlossenere Organisationen verzichten selten darauf, Zugangshürden zu installieren oder zumindest Zugangs-routinen zu entwickeln. Man muss dann nicht nur informelle «gate-keepers» überzeugen, sondern auch den Dienstweg beschreiten – im Extremfall bis hin zum hochoffiziellen Kontraktmanagement über eine eigens dazu eingerichtete Forschungszugangs-Steuerungsagen-tur. Manche dieser Agenturen und Verfahrenswege fungieren fak-tisch als Forschungs*verhinderer* (Beispiele bei Albrecht 1999, etwa S. 821).

Ein neuer Akzent für die Zugangsfrage ergibt sich daraus, dass die Beforschten zunehmend über sozialwissenschaftliche Forschung *vorinformiert*, zum Teil sogar selbst sozialwissenschaftlich vor- oder ausgebildet sind. Dies mag gelegentlich zu größerem Verständnis und Entgegenkommen der Forschung gegenüber beitragen. Derarti-ge Kenntnisse lassen sich aber auch «paradox verwenden» (vgl. Beck & Bonß 1989), d. h. zur *Abwehr* von Zugangsversuchen, im Extremfall bis dahin, dass dem Forscher gegenüber vermeintlich feh-lende Forschungsstandards eingeklagt werden (vgl. Kroner & Wolff 1986).

Angesichts derartiger Entwicklungen ist das klassische *Modell des unsichtbaren Feldforschers*, der sich gleichsam mit einer Tarn-kappe ins Feld schleicht und dort unbemerkt seinen Beobachtungen nachgeht, nicht einmal mehr als Idealtyp plausibel. Die Angst vor der Reaktivität, die in den interaktiven Aspekten des Feldzugangs nur zu neutralisierende Störvariablen sieht, weicht zunehmend der Einsicht, dass derartige Effekte im Grunde als Zeichen für die «Na-türlichkeit» der Untersuchung zu werten sind, die es zu reflektieren und gegebenenfalls sogar als Erkenntnisquelle zu nutzen gilt. Der Feldzugang muss als ein *eigenständiges* soziales Phänomen betrach-tet, analysiert und gestaltet werden. Tut man dies, so fallen eine Rei-he *grundlegender Arbeitsprobleme* auf, mit denen sich die Beteilig-ten (also nicht nur die Forscher!) auf dem gemeinsamen Weg ins bzw. im Feld auseinander zu setzen haben, ob sie diese nun aus-drücklich als solche thematisieren oder nicht.

3. Strukturelle Probleme des Zugangs

Das Feld als soziales System
Wie jeder Fremde ist der Forscher vom Standpunkt des Feldes aus zunächst ein *Mensch ohne Geschichte*, der sich nur schwer in die

dort gewohnten Kategorien einordnen lässt und dessen Loyalität zweifelhaft bleibt. Kommen noch elementare Verständigungsschwierigkeiten auf verbaler und nonverbaler Ebene hinzu (Vokabular, Kommunikationsstil, Umgangsformen), dann gelingt es nur selten, diesen Fremden und sein Anliegen *unproblematisch* in die gewohnten Kommunikationszusammenhänge einzubinden. Für die Beantwortung der Frage, ob man (sich auf) den Fremden «ein-lassen» sollte, ist es aber entscheidend, ob und wie seine Person und sein Anliegen als «anschlussfähig» identifiziert oder «anschlussfähig» gemacht werden kann. Im Zugangsprozess kommt es daher nicht nur zum Versuch einer kognitiven und sozialen *Verortung* von Forscher und Anliegen, sondern im gleichen Atemzug zur Erfahrung, Dramatisierung und Etablierung der *Grenze* zwischen der betreffenden sozialen Einheit und ihrer Umwelt.

In der Regel vollzieht sich die *soziale Verortung* in zwei Schritten: Zunächst wird die grundsätzliche Anschlussfähigkeit geprüft. Es geht dabei um die Frage, ob die erkennbaren Eigenschaften der Person (Geschlecht, Alter, ethnische Zugehörigkeit) und ihres Anliegens sowie Aspekte des organisatorischen Umfeldes, aus dem der Forscher stammt, mit örtlichen Weltbildern, Interessen und Abläufen kompatibel sind. Erst im zweiten Schritt kommt es zur Zuweisung von bzw. zur Einigung auf bestimmte Teilnehmerrollen (vgl. Lau & Wolff 1983). Dieser zweistufige Prozess wird in der Literatur meist durch die Gegenüberstellung von «getting in» (physischer) und «getting on» (sozialer Zugang) umschrieben, wobei allerdings übersehen wird, dass schon das «getting in» eine soziale Verortung impliziert.

Im Feldzugang konstituiert sich das Feld und wird zugleich von den Akteuren wie den Beobachtern *als eine soziale Einheit* erfahren, d. h. als ein gegenüber seiner Umwelt abgegrenzter Kommunikationszusammenhang, in dem Beteiligte von Außenstehenden unterschieden werden. Im Falle von Organisationen verlangt die Beteiligung die Übernahme einer Mitgliedschaftsrolle und das Akzeptieren der damit verbundenen Erwartungen. Aus der dargestellten grundlegenden Bedeutung von *Grenzerhaltung* und *Mitgliedschaftsrolle* folgt u. a., dass der Forscher *als Forscher* kein Mitglied der betreffenden Organisation werden kann. Dies wäre nur denkbar, indem er organisationsintern für partikulare Zwecke funktionalisiert wird («unser Forscher», etwa in der Rolle des Beraters oder Legitimationsbeschaffers) oder wenn er selbst die Differenz zwischen sich und dem Feld auflöst («going native»).

Eine dem «going native» komplementäre Form der Distanzlosigkeit stellt die *verdeckte Forschung* dar, bei der sich der Forscher über eine unverfängliche Mitgliedschaftsrolle Zugang verschafft, dafür als Forscher aber nicht mehr in Erscheinung treten kann. Neben ethischen und forschungspolitischen Einwänden *(→ 6.1)* spricht gegen diese Form des Zugangs, dass die dabei notwendigen Anpassungsleistungen in der Konsequenz nicht nur die soziale Form, sondern auch die Qualität der Datenerhebung erheblich einschränken.

Analoges gilt beim Zugang zu *einfachen Sozialsystemen* (Luhmann 1972). Selbst wenn es sich dabei um Abläufe in öffentlichen, scheinbar frei zugänglichen Settings handelt, kann die Gestaltung der Anwesenheit des Forschers zum Problem werden. Schon der bloße Blick auf eine soziale Begegnung im Vorübergehen vermag eine Zugangsproblematik, d. h. eine nach Klärung drängende soziale Situation, zu konstituieren. In dem Augenblick, in dem Anwesende sich wechselseitig als Anwesende wahrnehmen und adressieren, kommt unweigerlich ein, wenn auch vielleicht nur kurzfristiges, einfaches Sozialsystem zustande. Daher reicht, unter Bedingungen wechselseitiger Wahrnehmbarkeit, bloßes Unbeteiligtsein nicht aus, um eine Störung zu vermeiden. Nötig ist vielmehr eine sozial akzeptable Form des Sich-unsichtbar-Machens, an deren aktiver Sicherstellung Beobachter wie Beobachtete ihren Anteil haben – etwa durch die Gestaltung ihrer Blicke, Gesten, räumlichen Positionierungen usw. Goffman (1974a) spricht davon, dass Außenstehende, um diesen Status zu behalten, erkennbar «höfliche Gleichgültigkeit» an den Tag zu legen hätten.

Glückt dies nicht, wird die Integrität der betreffenden Person, unter Umständen sogar des betreffenden Interaktionssystems, problematisch. Die Störung muss in einem *eigenen* Interaktionssystem als Zugangsfrage thematisiert und – etwa durch die Zuweisung einer geduldeten Beobachterrolle – bearbeitet werden. Manche soziale Settings verfügen über institutionalisierte Beobachterrollen, die sich von Forschern zum Zweck verdeckter Beobachtungen nutzen lassen.

Klassische Beispiele finden wir bei Untersuchungen devianter «Szenen», etwa in der Untersuchung der Pornoszene um den Times Square in New York durch Karp (1980) oder Humphreys (1973) umstrittene Beobachtungen homosexueller «Toiletten-Geschäfte». Wie bei der verdeckten Beobachtung in Organisationen kommen hierbei nur recht fragile Arrangements zustande, bei denen stets Kontaktverlust und Entdeckung droht, ein hoher Aufwand für Informationskontrolle und Eindrucksmanagement anfällt und wenig Möglichkeiten zu direkter Kommunikation bestehen.

Umgang mit «Türstehern»

Für die Pflege ihrer Grenzbeziehungen verfügen Organisationen, aber auch manche Gruppen, über eigene «gatekeepers» (oder «stranger-handlers»; vgl. Agar 1996). Der gekonnte Umgang mit solchen Türstehern gewinnt damit strategische Bedeutung innerhalb der Zugangsarbeit. Allerdings ist im Einzelfall keineswegs immer klar auszumachen, wer eigentlich einem Zugangsbegehren zustimmen muss bzw. wessen Zustimmung eigentlich zählt. Im Hinblick auf Organisationen als Forschungsfelder lassen sich folgende Faustregeln formulieren (vgl. Morill et al. 1999):

In eher monokratischen Organisationen mit bürokratisierten Entscheidungsabläufen zählt allein die Zustimmung der Geschäftsleitung, während es in dezentralisierten Organisationen ganz verschiedene Adressen geben kann, die zu kontaktieren sind. Schwierig gestaltet sich die Orientierung, wenn von einem hohen Politisierungsgrad des organisatorischen Entscheidungsverhaltens auszugehen ist. Dann muss die Zustimmung einer Koalition von Entscheidungsträgern, im schlimmsten Fall von verschiedenen, sich gegenseitig bekriegenden Koalitionen, gesucht werden. Zudem lehrt die Erfahrung, dass es sensitive Phasen für Zugangsversuche gibt: Mit Schwierigkeiten sollte man z. B. dann rechnen, wenn gerade das Management gewechselt, die Organisation einen Skandal hinter sich hat oder vor nicht allzu langer Zeit Kollegen im Haus waren. Bei Organisationen mit verschiedenen, lose verkoppelten Machtzentren können zweideutige Situationen entstehen, in denen der Forscher zwischen alle Stühle gerät, ihm andererseits auch niemand so recht zu sagen vermag, was zu gelten hat und auf wen man sich berufen sollte. Insbesondere bei hoher politischer Dynamik im untersuchten Feld bleibt die Frage der Identifizierung der gerade aktuellen Türsteher eine ständige Aufgabe (vgl. als klassisches Beispiel Gouldner 1954). Im Zweifel empfiehlt es sich, den offiziellen Dienstweg einzuhalten.

«Immunreaktionen»

Auf Zugangsbemühungen reagieren die betreffenden Felder, soweit möglich, mit dem Rückgriff auf bereits bekannte und erprobte Muster der Neutralisierung von Störungen und des Umgangs mit unliebsamen bzw. ungewohnten Ansinnen. Zum einschlägigen *Repertoire von Organisationen* gehören u. a. folgende Strategien:

– *Hochzonen:* man legt das Ansinnen zunächst einmal einer höheren Stelle mit der Bitte um Prüfung vor;
– *Nachfragen:* man veranlasst den Forscher zu immer neuen Darstellungen seines Forschungsziels und seines Vorgehens;
– *Abwarten:* man legt die Angelegenheit auf Wiedervorlage, weil sich erfahrungsgemäß viele Anfragen von selbst erledigen;
– *Angebote machen:* man akzeptiert das Ansinnen grundsätzlich, bietet aber von sich aus Daten an bzw. erklärt sich nur mit Erhebungsmethoden einverstanden, die ursprünglich nicht vorgesehen waren;
– *Zuweisen:* man sieht Zeitpunkte, Rollen und Untersuchungsgelegenheiten vor, die man vom eigenen Standpunkt aus für geeignet und angemessen erachtet;
– *Eingemeinden:* man macht die Forschung und ihre Ergebnisse zur eigenen Sache, versucht den Forscher in organisationsinterne bzw. in Auseinandersetzungen mit anderen Organisationen einzubinden oder ihn mit einem indirekten Auftrag zu versehen.

Da sich Forscher ihrerseits auf solche Strategien einstellen (können), kommt es in der Praxis zu vielfältigen Interaktionseffekten. Deren spezifische Dynamik ergibt sich aus dem Grad der Geschlossenheit des Feldes gegenüber Forschungsbemühungen und der Transparenz der Forschungsabsichten (Hornsby-Smith 1993). Besonders schwierige Konstellationen können im Fall der Forschung «nach oben» zustande kommen, insoweit bei Eliten deren hohe Sichtbarkeit mit schwieriger Erreichbarkeit kontrastiert und es geradezu zum sozialen Status dieser Personen gehört, ihre Zugänglichkeit zu kontrollieren und ein funktionierendes Management ihrer (Nicht)-Erreichbarkeit zu etablieren.

Ambivalenz

Diesen Immunreaktionen korrespondiert eine *notorische Ambivalenz* aufseiten des Forschers. Diese manifestiert sich nicht selten in aggressiv getönten Allmachts- und/oder Minderwertigkeitsphantasien dem Feld gegenüber. Man schwankt dann als Forscher zwischen dem irritierten Gefühl, nichts als bare Fassaden präsentiert zu bekommen, und der Überzeugung, das Feld und seine Probleme im Grunde besser als die Untersuchten selbst zu begreifen. Für die Gemütslage vieler Forscher auf dem Weg ins Feld ist die fast zwanghafte Vorstellung charakteristisch, es gäbe hinter den Fassaden eine «wahre», aber arglistig verschwiegene Realität. Gerade die anscheinend so offene Situation der Feldforschung nährt eine allgegenwärtige *Bereitschaft zum Motivverdacht* bzw. zur notorischen Vermutung, auf der «Hinterbühne» liefe die eigentliche Show ab. Interessanterweise stellt sich dieses Gefühl bei *allen* Beteiligten, also auch bei den Beforschten, immer wieder ein. Praktisch jeder Ethnograph dürfte zu irgendeinem Zeitpunkt seiner Arbeit als eine Art von Spion wahrgenommen worden sein.

Verheimlichung und Geheimhaltung

Lee (1993) apostrophiert im Hinblick auf solche Ambivalenzen den Zugang zum Feld als eine Übung «in the politics of distrust». Wie diese Misstrauenspolitik betrieben wird, hängt in erheblichem Maß vom jeweiligen Verständnis von Geheimnis und von Geheimhaltung ab.

Alois Hahn (1997) gibt hierzu einige nützliche Klarstellungen: Wenn der Zugang zu Wissen bzw. zu Bewusstseinsinhalten reguliert wird, die noch gar nicht geteiltes Wissen sind («ach, wie gut, dass niemand weiß, dass ich Rumpelstilzchen heiß»), dann handelt es sich um Verheimlichung, also um den Versuch, eine Information jeglicher Kommunikation zu entziehen. Den für die Feldforschung relevanteren Fall stellt die *Geheimhaltung* dar. Hier wird der Kreis der Personen eingeschränkt, die über einen Gegenstand reden und schreiben dürfen bzw. die hörend oder lesend zum Mitwisser einer Kommunikation werden könn(t)en. Geheimhaltung bezieht sich auf bereits Mitgeteiltes, wobei etwas in einer Gruppe von miteinander Kommunizierenden Bekanntes nachträglich und ausdrücklich zum Geheimnis erklärt und die Gruppe damit nach außen geschlossen wird. Deshalb lässt sich Geheimhaltung durchaus als produktiver Mechanismus, d. h. *zum Zweck der Identitätsstiftung des betreffenden Feldes und seiner Mitglieder,* einsetzen. Es kommt aber auch vor, dass die Geheimhaltungsgarantie einer Mitteilung *vorausgeht,* die betreffende Information also ausdrücklich nur «unter dem Mantel der Verschwiegenheit» weitergegeben wird. In diesem Fall liegt der soziologische Sinn eines Geheimnisses weniger in der Schließung der kommunikativen Grenzen einer sozialen Gruppe oder eines Verbandes als vielmehr in der selektiven Eröffnung einer sonst nicht bestehenden Kommunikationschance für Dritte (wie das in Gestalt des Beicht- oder Arztgeheimnisses sowie des Informantenschutzes bei Journalisten institutionalisiert ist).

Sich diese Differenzierungen bewusst zu machen, erlaubt nicht nur, kurzschlüssige subjektivistische Interpretationen und Motivunterstellungen zu vermeiden (also Geheimhaltung nicht mit Verheimlichung zu verwechseln), sondern auch das Paradox der «Gefährdung» des Forschers durch seine *Einweihung* in Geheimnisse des Feldes in den Blick zu bekommen: Insoweit ein Geheimnis eine Differenz zu den Nichteingeweihten konstituiert, gerät derjenige, der in Geheimnisse eingeweiht wird, in eine Zwickmühle. Über Interna informiert zu werden, kann für den Forscher zum Problem werden, das ihn vor die Alternative von Verrat oder Selbstzensur stellt. Daher ist Goffmans (1989, S. 129) Warnung zu beherzigen: «Wenn man sie in strategische Geheimnisse einweiht, nehmen das manche als Indikator dafür, jetzt wirklich ‹drin› zu sein. Ich denke nicht, dass das ein wirklich gutes Zeichen ist.»

Strukturelle Intransparenz
Eine immer wieder berichtete Merkwürdigkeit des Zugangsprozesses besteht darin, dass die Beforschten nur selten auf das Forschungsprojekt bzw. auf das, was hiervon in den diversen Papieren und Vorstellungsgesprächen steht, inhaltlich eingehen. Aus der Perspektive des Feldes muss es dem Forscher durch die Art und Weise seiner Darstellungen gelingen, den Nachweis zu führen,

- dass das Forschungsunternehmen *seriös* ist;
- dass den betroffenen Einrichtungen oder Gruppen *kein Schaden* droht;
- dass man sich in gewissen Grenzen auf die Kooperationsbereitschaft, Solidarität und Verschwiegenheit des Forschers *verlassen* kann;
- dass der Forscher den alltäglichen Betrieb nur in einem vertretbar geringen Maß *stören* wird;
- dass man ihn in absehbarer Zeit *wieder los sein* wird.

Diese Fragen entziehen sich nicht nur einer direkten Überprüfung durch die Beforschten; auch der Forscher selbst weiß darauf keine endgültige Antwort! Nicht so sehr die Gewichtigkeit des Forschungsziels oder die Elaboriertheit des methodischen Arsenals, also inhaltliche Aspekte, sondern die angemessene Form der Präsentation, das glaubwürdige Signalisieren eines reputierlichen organisatorischen Umfeldes, die Art des persönlichen Auftretens oder die Bereitwilligkeit, vonseiten des Feldes angedeutete Anregungen und Empfindlichkeiten aufzunehmen, erweisen sich deshalb als die entscheidenden Indikatoren für die Akzeptabilität des Anliegens und des Forschers als Person (vgl. Lau & Wolff 1983). Darüber hinaus vermuten erfahrene Türsteher, dass selbst wissenschaftlich neutral klingende Darstellungen produziert, geglättet und geschönt, sozusagen «interessierte Präsentationen» sind – entspricht dies doch ihrem eigenen Umgehen mit Information (z. B. wenn sie Jahresberichte, Stellenausschreibungen, Anträge formulieren oder lesen). Vielfach werden weitere Informationen nur deshalb nachgefragt, um aus etwaigen Brüchen in den verschiedenen Darstellungen Schlüsse ziehen zu können (vgl. Feldman & March 1990).

Insoweit sie diese Ambiguitäten unberücksichtigt lassen, implizieren strikte Ethik-Codes und radikale Forderungen nach «informed consent» ein unrealistisches Bild der Forschungspraxis. Der Prozess des Feldzugangs kann nämlich nur dann in Gang kommen, wenn mögliche Nachfragen zurückgestellt werden, also trotz verbleibender Unklarheiten mit der Arbeit begonnen wird. Ein solcher Arbeitskonsens impliziert eine *situationsbezogene Dialektik von Ehrlichkeit*, angesichts dessen Taylors & Bogdans (1998) Faustregel «be trustful, but vague and imprecise» eine sinnvolle Empfehlung darstellt. Demgegenüber ist der Versuch, von welcher Seite auch immer, völlige Transparenz anzubieten (etwa ganze Forschungsanträge zu überreichen) oder einzuklagen (z. B. ganz genau über alle Details des Forschungsplans Auskunft zu verlangen), ein sicherer Weg, Forschung *nicht* in Gang kommen zu lassen (vgl. Kroner & Wolff 1986).

Feldforschung als eigenes Handlungssystem

Das Ziel der Zugangsarbeit besteht nur in einem begrenztem Maß darin, die Distanz zwischen Forscher und Feld, d. h. die Unterschiede in den beiderseitigen Interessen, Informationen und Perspektiven, aufzuheben. Mindestens ebenso wichtig scheint zu sein, die wechselseitige Differenzen als Ressourcen für den Erkenntnisprozess anzuerkennen, sie zu pflegen und gegebenenfalls zu nutzen. Für den

Forscher bedeutet dies vor allem, sich stets der Differenz zwischen Teilnahme und Beobachtung bewusst zu bleiben. Hilfreich dafür sind Vereinbarungen über

- die Zuweisung einer akzeptierten Beobachterrolle (etwa der eines Praktikanten),
- die Möglichkeit eines zeitweisen Rückzugs aus dem Feld («Teilzeit-Ethnographie») sowie
- darüber, dass der Forscher «naive» Fragen über eigentlich selbstverständliche Tatbestände stellen darf.

Die Beforschten müssen nicht nur bereit sein, sich auf diese zum Teil recht künstlich anmutenden «Befremdungen» (Hirschauer & Amann 1997) einzulassen. Sie sollten darüber hinaus eigene Selbstverständlichkeiten als «fragwürdig» behandeln können. Um überhaupt miteinander ins Gespräch kommen zu können, sehen sich beide Seiten bis zu einem gewissen Grad genötigt, sich bewusst von ihrem sozialen und kognitiven Bezugssystem zu distanzieren. Beide Seiten bewegen sich in einer Randzone zwischen ihren jeweiligen Bezugskulturen. Durch ihr Arbeitsbündnis konstituieren sie für eine gewisse Zeit ein *hybrides System*, dessen Bestand und dessen Leistungsfähigkeit nicht zuletzt von der Aufrechterhaltung dieser Differenzen abhängt.

Vielfach sind es gerade die Beforschten, die auf die Anerkennung und Aufrechterhaltung von Differenzen pochen. Überangepassten Forschern begegnet man für gewöhnlich ebenso mit Skepsis wie solchen, die ungefragt ihre Solidarität bekunden oder ungebeten hilfreiche Vorschläge machen. Umgekehrt ist bei einem allzu enthusiastischen Empfang durch das Feld Vorsicht geboten, da sich damit oft insgeheim Hoffnungen und Zumutungen verbinden, die auf eine Funktionalisierung des Forschers hinauslaufen.

Innerhalb dieses hybriden Systems entwickeln sich eigene Rollenbeziehungen, Zeithorizonte, Kommunikationsformen, Rationalitätskriterien und Verpflichtungen, was wiederum eminente Auswirkungen auf die Entfaltungsmöglichkeiten des Projekts haben kann: Dies betrifft z. B. die situative Akzeptabilität bestimmter Methoden (Interviews ja, Beobachtung nein), die Frage, welche Themen legitime Gegenstände von Nachfragen darstellen, an welchen Ereignissen der Forscher teilnehmen kann und wo er Grenzen zu respektieren hat. Erfahrene Feldforscher orientieren sich an den sich im Rahmen dieses Handlungssystems ergebenden Optionen und reformulieren angesichts der gegebenen praktischen Umstände gegebenenfalls ihre Fragen und Untersuchungsschritte. Sinnvoll erscheint eine *progressive Feldzugangsstrategie*, die mit einer einigermaßen diffusen Fragestellung beginnt und die auch nicht darauf setzt, gleich mit den anspruchsvollsten Erhebungsverfahren zu beginnen. Bei einer solchen Strategie steht zunächst zumindest nicht die Durchsetzung eines Forschungsplans, sondern die *Sicherung und Gestaltung eines angemessenen* situativen Kontexts für den Forschungs*prozess* im Vordergrund.

Der Forscher kann dem Feld nichts bieten

Feldforschungsbeziehungen sind fragile Gebilde. Die Beteiligten kommen eher zufällig zusammen, sie verbindet nur eine kurze Geschichte, eine gemeinsame Zukunft ist nicht absehbar. Sie beginnen einen komplexen Kooperationsprozess, für den es kaum Routinen gibt und dessen Entwicklung nicht im Detail vorhersehbar ist. Beide Seiten müssen sich aufeinander einlassen, ohne rechte Gründe und Sicherheiten für Vertrauen zu haben. Angesichts einer solchen Konstellation mag es verständlich sein, wenn sich Forscher den Zugang mit problematischen Ankündigungen oder gar Versprechungen im Hinblick auf den erwartbaren Nutzen des Projekts für das untersuchte Feld erkaufen wollen.

Ein solches Austauschmodell impliziert aber nicht nur eine unzulässige Vereinfachung des Verhältnisses zwischen Wissenschaft und Feld. Es stellt auch angesichts der Trivialität dessen, was der Forscher faktisch anzubieten hat, eine Form der *Hochstapelei* dar. Unter dem Strich beschränkt sich der tatsächliche Nutzen für das Feld in den meisten Fällen auf eine kurzfristige Unterbrechung der täglichen Langeweile, auf die Möglichkeit, seine Sorgen und Beschwerden an den Mann zu bringen, sowie auf eine Gelegenheit, ein gutes Werk zu tun. Nur ganz selten können und wollen Vertreter des Feldes mit den Ergebnissen der Forschung etwas anfangen. Wenn Türsteher dem Forscher tatsächlich einmal die Rolle eines Evaluators, Kritikers oder Beraters anbieten, von ihm also Gegenleistungen einfordern, dann ist nicht nur deshalb Vorsicht geboten, weil ihn dies von seiner Kompetenz her überfordern könnte. Problematischer ist die dadurch entstehende *Rollendiffusität* zwischen den Beteiligten, vor allem die Selbstbeschränkungen und Kompromisse, zu denen sich der Forscher in einer solchen Situation bereit finden muss, um die unterschiedlichen Erwartungen der Vertreter des Feldes und seine Interessen auszubalancieren *(→ 3.12; → 6.3)*. Dieser Einsicht entgegen steht aber die Unsicherheit des Forschers, ob er von seinem Feld wirklich noch ernst genommen wird, wenn er nicht ein gewisses Mindestmaß an Expertise signalisiert.

Angesichts dieser gerade in der Zugangssituation auf ihn einstürmenden Versuchungen, Zumutungen und Phantasien gerät der Forscher leicht in Gefahr, zu schnell zu schlau zu werden bzw. nach außen erscheinen zu wollen. Um dieser Gefahr zu begegnen, empfiehlt es sich, nicht nur dem Feld, sondern auch sich selbst gegenüber auf seiner Naivität zu beharren, um so sein – tatsächliches oder vermeintliches – Nicht-Wissen so lange wie möglich methodisch nutzen zu können.

Weiterführende Literatur

Johnson, J. M. (1975). Doing Field Research. New York: Free Press.

Lau, J. & Wolff, S. (1983). Der Einstieg in das Untersuchungsfeld als soziologischer Lernprozess. *Kölner Zeitschrift für Soziologie und Sozialpsychologie*, 35, 417–437.

Saffir, W. B., Stebbins, R. A. & Turowetz, A. (Hg.) (1980). Fieldwork Experience – Qualitative Approaches to Social Research. New York: St. Martins Press.

Christel Hopf
5.2 Qualitative Interviews – ein Überblick*

1. Zur Einführung
2. Varianten qualitativer Interviews
3. Ausgewählte Fragen der Durchführung qualitativer Interviews

1. Zur Einführung

In der Sozialforschung sind qualitative Interviews – teilstandardisierte oder offene Interviews – sehr verbreitet. Im Rahmen quantitativer Forschungsprojekte dienen sie vor allem der Vorbereitung standardisierter Erhebungen und der Entwicklung von Erhebungsinstrumenten. In der qualitativen Sozialforschung sind ihre Einsatzmöglichkeiten vielfältiger. Qualitative Interviews spielen zum einen eine wichtige Rolle in ethnographischen, auf teilnehmender Beobachtung (→ 5.5) basierenden Forschungsprojekten. Sie dienen hier u. a. der Ermittlung von Expertenwissen über das jeweilige Forschungsfeld, der Erfassung und Analyse der subjektiven Perspektive der Beobachteten oder Erhebungen zu ihrer Biographie (→ 3.6). Noch gebräuchlicher sind qualitative Interviews – zumindest in der Bundesrepublik – in Forschungsprojekten, deren zentrale empirische Grundlage qualitative Interviews sind. Hierzu gehören unter anderen: Projekte aus dem Bereich der Biographieforschung, Studien zu geschlechterbezogenen Fragestellungen (→ 3.10), Studien zu sozialen und politischen Orientierungen unterschiedlicher Bevölkerungsgruppen oder Studien zum Berufszugang und zu beruflicher Sozialisation.

Qualitative Interviews sind im Vergleich zu anderen Forschungsverfahren in den Sozialwissenschaften besonders eng mit Ansätzen der verstehenden Soziologie verbunden. Durch die Möglichkeit, Situationsdeutungen oder Handlungsmotive in offener Form zu erfragen, Alltagstheorien und Selbstinterpretationen differenziert und offen zu erheben, und durch die Möglichkeit der diskursiven Verständigung über Interpretationen sind mit offenen und teilstandardisierten Interviews wichtige Chancen einer empirischen Umsetzung handlungstheoretischer Konzeptionen in Soziologie und Psychologie gegeben. Im Zusammenhang mit der Begründung qualitativer Verfahren in der Sozialforschung wurde dies als besondere Leistung qualitativer Interviews – im Vergleich zu den begrenzteren Möglichkeiten standardisierter Befragungen – auch immer wieder hervorgehoben, häufig mit Rückgriffen auf theoretische Traditionen der phänomenologischen Soziologie (→ 3.1), aber auch mit Bezugnahmen auf Max Webers Konzeption einer verstehenden Soziologie oder mit Verweisen auf die Traditionen des Symbolischen Interaktionismus (→ 3.3). Trotzdem ist die Verbindung von verstehender Soziologie und qualitativen Interviews nicht zwingend, wie man sich an der begrenzteren Funktion zeitgeschichtlicher oder organisationsbezogener (→ 3.11) qualitativer Befragungen beispielhaft verdeutlichen kann.

2. Varianten qualitativer Interviews

Es gibt eine große Vielfalt unterschiedlicher Typen und Verfahren qualitativer Interviews (vgl. als zusammenfassende Darstellungen u. a. Spöhring 1989, S. 147 ff.; Flick 2007a, S. 194 ff.; Lamnek 1995, S. 35 ff.; Friebertshäuser 1997; für die Auswertung → 5.10). Nach einem ersten Überblick über unterschiedliche Interview-Varianten im nächsten Abschnitt möchte ich danach zwei dieser Varianten ausführlicher darstellen, nämlich fokussierte und narrative Interviews. Diese werden deshalb hervorgehoben, weil sie nach meinem Eindruck besonders gelungene Kompromisse zwischen unterschiedlichen, mitunter schwer zu vereinbarenden Ansprüchen an qualitative Interviews sind (vgl. hierzu auch Hopf 1978). Sie vereinbaren ein hohes Maß an Offenheit und Nicht-Direktivität mit einem hohen Niveau der Konkretion und der Erfassung detaillierter Informationen und sind dadurch anderen Interview-Varianten überlegen.

Ein Überblick
Wichtige Fragen, die der Unterscheidung zwischen unterschiedlichen Varianten qualitativer Interviews dienen, sind:

1. die Frage, ob man sich bei der Interviewführung *(→ 5.3)* an ausformulierten Fragen orientiert, deren Abfolge im Interview gegebenenfalls auch festgelegt ist, oder ob das Interview sehr offen auf der Grundlage einiger weniger, vorab festgelegter Fragen oder Fragerichtungen geführt wird. Die in der Forschung besonders häufig eingesetzten Varianten qualitativer Interviews stehen zwischen diesen Extremen und sind als relativ flexibel eingesetzte teilstandardisierte Interviews zu beschreiben: Die Forscher orientieren sich an einem Interview-Leitfaden, der jedoch viele Spielräume in den Frageformulierungen, Nachfragestrategien und in der Abfolge der Fragen eröffnet.

2. die Frage, ob man sich bei der Durchführung von Interviews auf ganz besondere Konstellationen, Texte, Filme u. Ä. konzentriert und ihre Erörterung in den Mittelpunkt rückt – im Extremfall in fokussierten Interviews – oder ob in den Interviews ein breites Spektrum von Themen, Situationen und Fragestellungen angesprochen wird.

3. die Frage, ob bei der Interviewführung die Aufforderung zur Narration im Vordergrund steht – wie im narrativen Interview –

oder ob es primär um die Erhebung allgemeinerer Deutungen, politischer Orientierungen bzw. komplexer Argumentationen geht. Während im ersten Fall die Aufforderung zum Erzählen und das aktive Zuhören dominieren, sind in den anderen Fällen aktives Fragen und Nachfragen, vorsichtiges Argumentieren und das Aufbauen möglicher Gegenpositionen relevanter.

Im Folgenden sollen einige der in der soziologischen und psychologischen Forschung gebräuchlicheren Varianten qualitativer Interviews knapp charakterisiert werden.

Struktur- oder *Dilemma-Interviews* sind im Vergleich zu anderen teilstandardisierten Interviews in den Fragevorgaben und der Abfolge der Fragen relativ stark festgelegt (vgl. hierzu und zum Folgenden u. a. Colby & Kohlberg 1987 I, S. 151 ff.; Oser & Althof 1992, S. 171 ff.). Sie entwickelten sich als Interview-Varianten in der Piaget-Kohlberg-Tradition und dienen insbesondere der Erfassung unterschiedlicher Stufen moralischen Urteilens. In Dilemma-Interviews wird versucht, auf der Grundlage von Stellungnahmen zu Erzählvorgaben Urteilsstrukturen zu erfassen. In den jeweiligen Erzählvorgaben werden Entscheidungsprobleme vorgestellt – ein besonders bekanntes Beispiel hierfür ist das so genannte Heinz-Dilemma, in dem es um Medikamentendiebstahl in einer Notsituation geht –, zu denen die Befragten begründet Stellung nehmen sollen. Mit einem festen Katalog von standardisierten Fragen und Nachfragen (vgl. Oser & Althoff 1992, S. 172 f.) sollen die jeweiligen Begründungen der Befragten so ausführlich und differenziert erhoben werden, dass die einzelnen Begründungen im Prozess der Interview-Auswertung unterschiedlichen Niveaus moralischer Urteilsfähigkeit zugeordnet werden können.

Klinische Interviews sind ursprünglich Teil der klinischen und therapeutischen Praxis und dienen dort – in unterschiedlichen Graden der Strukturiertheit – der Diagnose von Erkrankungen (vgl. zu klinischen Interviews zu Beginn psychoanalytischer Behandlungen Argelander 1970). Aber auch in nicht-therapeutischen, primär forschungsbezogenen Kontexten wird der Begriff des klinischen Interviews – oder auch des Tiefen-Interviews (vgl. Lamnek 1995, S. 81) – häufiger verwendet. Insbesondere für Psychologen ist der Begriff des «klinischen Interviews» vielfach ein Sammelbegriff für teilstandardisierte oder nicht-standardisierte Erhebungsformen, etwa in Abgrenzung zu Testverfahren.

In *biographischen Interviews* wird ein Zugang zur Erschließung von Lebensgeschichten gesucht. Wie Fuchs (1984, S. 179 ff.) ausführt, gibt es biographische Interviews sowohl als teilstandardisierte als auch als narrative Interviews. Fuchs empfiehlt, diese unterschiedlichen Interviewformen miteinander zu verbinden. Eine Verbindung unterschiedlicher Interviewformen schlagen auch andere Autoren vor. Insbesondere werden Kompromisse zwischen teilstandardisierten und narrativen Interviews angestrebt. Beispiele hierfür sind: das problemzentrierte Interview (Witzel 1985) oder das episodische Interview (Flick 2007a, S. 238 ff.).

Neben den hier aufgelisteten Typen mehr oder weniger strukturierter teilstandardisierter Interviews gibt es eine Reihe weiterer Varianten qualitativer Interviews. Zu ihnen gehören beispielsweise Experteninterviews (vgl. zu diesen Vogel 1995) oder ethnographische Interviews (vgl. Spradley 1979). Als Überblick über die vielfältigen Typen und Anwendungsbereiche qualitativer Interviews mag dies jedoch ausreichen, zumal zu bedenken ist, dass die unterschiedlichen Varianten qualitativer Interviews in der Praxis der empirischen Sozialforschung vielfach kombiniert verwendet werden und bisweilen auch gar nicht explizit benannt werden.

Fokussierte Interviews

Die Form des fokussierten Interviews wurde in den 40er Jahren im Zusammenhang mit Kommunikationsforschung und Propagandaanalyse von Robert Merton, Patricia Kendall u. a. entwickelt (vgl. Merton & Kendall 1979; Merton et al. 1956). Zentral für diese Interviews ist die Fokussierung auf einen vorab bestimmten Gesprächsgegenstand bzw. Gesprächsanreiz – wie etwa einen Film, den die Befragten gesehen haben, einen Artikel, den sie gelesen haben, eine bestimmte soziale Situation, an der sie teilhatten und die auch den Befragenden bekannt ist, u. a. – und der Versuch, Reaktionen und Interpretationen im Interview in relativ offener Form zu erheben.

Fokussierte Interviews sind in ihrer ursprünglichen Form Gruppeninterviews, sie sind jedoch nicht an die Gruppensituation gebunden. In ihrer Fokussierung auf vorab definierte Gesprächsgegenstände ähneln sie den Struktur- oder Dilemma-Interviews (vgl. oben), und da ihnen – allerdings flexibel eingesetzte – Gesprächsleitfäden zugrunde liegen, könnte man sie auch als Spezialform teilstandardisierter Interviews ansehen. Sie sind jedoch in der Anregung freier, auch assoziativer Stellungnahmen zu den Gesprächsgegenständen offener als beispielsweise die Struktur-Interviews. Denn ein Ziel fokussierter Interviews ist es ja gerade, die Themenreichweite zu maximieren und den Befragten die Chance zu geben, auch nicht antizipierte Gesichtspunkte zur Geltung zu bringen.

Merton et al. arbeiten in ihrer Buchpublikation zu fokussierten Interviews, in der sie auf der Grundlage umfangreicher Interview-Transkripte Erfahrungen mit dieser Interviewform resümieren, vor allem die folgenden vier Qualitätskriterien fokussierter Interviews heraus (vgl. Merton et al. 1956, S. 12 und passim):

1. Reichweite: Das Spektrum der im Interview angeschnittenen Problemstellungen darf nicht zu eng sein. Das heißt, die Befragten müssen eine maximale Chance haben, auf die «Stimulus-Situation» (den Film, den Text, das Bild o. Ä.) zu reagieren. Es geht dabei sowohl um theoretisch antizipierte als auch um nicht antizipierte Reaktionen (vgl. Merton et al. 1956, S. 41 ff.).

2. Spezifität: Die im Interview aufgeworfenen Themen und Fragen sollen in spezifizierter Form abgehandelt werden. Beispielsweise sollen die Befragten nach dem Anschauen eines Films nicht einfach nur globale Einschätzungen und Wertungen äußern, sondern konkretere, auf einzelne Szenen bezogene Erinnerungen und Gefühle.

3. Tiefe: Im Interview soll die Tiefendimension angemessen repräsentiert sein. Die Befragten sollen bei der Darstellung der affektiven, kognitiven und wertbezogenen Bedeutung, die bestimmte Situationen für sie haben, unterstützt werden.

4. Personaler Kontext: Der persönliche Kontext, in dem die analysierten Deutungen und Reaktionen stehen, muss in ausreichendem Maß erfasst werden. Seine Kenntnis ist unter anderem Voraussetzung für die Interpretation nicht antizipierter Reaktionen auf die im Interview thematisierten Kommunikationsinhalte (vgl. Merton et al. 1956, S. 117 f.).

Als neuere Variante fokussierter Interviews können solche Interviews gelten, in denen Aufzeichnungen zum Tagesablauf oder auch komplexere persönliche Dokumente zum Gesprächsgegenstand gemacht werden (vgl. Zeiher & Zeiher 1998, S. 207 ff.), oder Interviews, die im Rahmen teilnehmender Beobachtung *(→ 5.5)* durchgeführt werden, in denen spezifische gemeinsam erlebte Situationen – z. B. Unterrichtssituationen – abgehandelt werden (vgl. Hargreaves et al. 1981, S. 59 ff.). Fokussierte Interviews können auch eine wichtige Hilfe bei der Anregung persönlicher, nicht immer leicht darzustellender Erinnerungen sein. Wir haben dieses in einem Forschungsprojekt zur «subjektiven Bedeutung filmischer Gewaltdarstellungen für Jugendliche» feststellen können. Den befragten jugendlichen Berufsschülern wurde ein Spielfilm («Romper Stomper») vorgeführt, in dem es um eine rechte, gewaltorientierte Skin-Gruppe in Australien geht. In ihren Reaktionen auf den Film gingen die Jugendlichen vielfach spontan auf eigene Gewalterfahrungen ein. Der Film diente der Aktivierung von Erinnerungen, die ohne den Film als Anregungspotenzial im Interview schwerer zugänglich gewesen wären.

Zu den Vorteilen fokussierter Interviews gehört, wie oben ausgeführt, die Möglichkeit, eine sehr zurückhaltende, nicht-direktive Gesprächsführung mit dem Interesse an sehr spezifischen Informationen und der Möglichkeit zur gegenstandsbezogenen Explikation von Bedeutungen zu verbinden. Dass allerdings auch bei fokussierten Interviews die Interviewpraxis im Vergleich zum theoretischen Anspruch zum Teil zu wünschen übrig lässt, ist von Merton und Kendall (1979) in einer materialreichen und instruktiven Analyse einzelner Interviewsequenzen herausgearbeitet worden.

Narrative Interviews
Diese Form des Interviewens ist von Fritz Schütze im Zusammenhang mit einer Studie über kommunale Machtstrukturen entwickelt worden (vgl. 1976, 1977; vgl. zu narrativen Interviews auch Hermanns 1991 oder Fischer-Rosenthal & Rosenthal 1997b, S. 412 ff. → 5.11) und wird besonders häufig im Zusammenhang mit lebensgeschichtlich bezogenen Fragestellungen eingesetzt. Dabei wird der Begriff des «narrativen Interviews» in der Forschungspraxis zum Teil recht weit gefasst und mitunter auch als Kürzel für teilstandardisierte biographische Interviews verwendet. In der ursprünglichen Form ist dies jedoch nicht vorgesehen, sondern Grundelement des narrativen Interviews ist die von den Befragten frei entwickelte, durch eine Eingangsfrage – die «erzählgenerierende Frage» – angeregte Stegreiferzählung.

Die einzelnen Phasen des narrativen Interviews werden von Fischer-Rosenthal und Rosenthal (1997b, S. 414 ff.) wie folgt charakterisiert:

1. die Erzählaufforderung, die so formuliert sein muss, dass die Gesprächspartner nicht zu sehr gegängelt werden und dass ihnen dabei geholfen wird, Erinnerungen zu mobilisieren und frei zu erzählen;

2. die autonom gestaltete Haupterzählung oder – im Fall des biographisch-narrativen Interviews – die biographische Selbstrepräsentation;

3. erzählgenerierende Nachfragen:

a) anhand der in Phase 2 notierten Stichpunkte,

b) externe Nachfragen;

4. Interviewabschluss.

Ein wichtiges Prinzip bei narrativen Interviews ist, dass die Haupterzählung von den Befragten autonom gestaltet wird, auch wenn sie gegebenenfalls eher im Stil des knappen Berichts oder der Argumentation verfasst ist. Es soll zunächst nicht interveniert werden, sondern die Befragenden sollen während der Haupterzählung in erster Linie die Rolle aufmerksamer Zuhörer übernehmen und durch unterstützende Gesten und nicht-direktive Kurzkommentare zur Aufrechterhaltung der Erzählung beitragen. Erst ein Nachfrageteil gibt den Forschern Chancen zu einer aktiveren Gestaltung. Hier werden zunächst offen gebliebene Fragen aufgegriffen, die sich aus der Erzählung ergeben. Wichtige Prinzipien dabei: Die Fragen sollen möglichst offen formuliert werden und die Befragten zu weiteren Erzählungen anregen. Fischer-Rosenthal und Rosenthal (1997b, S. 418) unterscheiden, bezogen auf das biographisch-narrative Interview, zwischen drei Typen narrativen Nachfragens:

1. Ansteuern einer bestimmten Lebensphase: Können Sie mir über diese Zeit (z. B. die Kindheit) noch etwas mehr erzählen?

2. Ansteuern einer in der Haupterzählung erwähnten Situation: Sie erwähnten vorhin (die betreffende Situation) … Können Sie mir diese Situation einmal genauer erzählen?

3. Ansteuern einer Belegerzählung zu einem Argument: Können Sie sich noch an eine Situation erinnern (in der Ihr Vater autoritär war; in der Sie nicht mehr an Ihren Erfolg glaubten etc.)?

Die auf die Erzählung bezogenen Nachfragen haben bereits die Funktion einer vorsichtigen Prüfung von Annahmen, die sich bei der Erzählung der Befragten aufdrängten, sich jedoch durch diese allein nicht klären lassen (vgl. Fischer-Rosenthal & Rosenthal 1997b, S. 416 f.). Dies ist bei den «externen» Nachfragen, die sich primär aus den Relevanzentscheidungen der Interviewenden ergeben, noch stärker der Fall. Sie sollten möglichst erst kurz vor Abschluss des Interviews gestellt werden. Der Schlussteil des Interviews kann relativ kurz sein und sich vor allem auf die Einschätzung des Interviews und der Interviewsituation beziehen, er kann jedoch auch umfassender sein. Fritz Schütze spricht im Zusammenhang mit biographisch-narrativen Interviews von einem Bilanzierungsteil (vgl. 1983). In ihm werden die Befragten in stärkerem Maß als Experten und Theoretiker ihrer selbst angesprochen und auf abstrakter Ebene zu Generalisierungen und Selbstinterpretationen befragt, sofern solche abstrakteren Selbstdeutungen im Erzählteil bereits angelegt waren.

Generell ist mit der Form des narrativen Interviews die Idee verbunden, dass die Erzählungen stärker an konkreten Handlungsabfolgen und weniger an den Ideologien und Rationalisierungen der Befragten orientiert sind. Befragte, die frei erzählen, geben hierbei gegebenenfalls auch Gedanken und Erinnerungen preis, die sie auf direkte Fragen nicht äußern können oder wollen. Erklärt wird dies aus den «Zugzwängen» des Erzählens. Schütze erwähnt in diesem Zusammenhang insbesondere die Prinzipien des Gestaltschließungs- und Detaillierungszwangs (vgl. 1977, S. 10; vgl. als Überblick zu diesen und weiteren Zugzwängen des Erzählens auch Kallmeyer & Schütze 1977, S. 188 ff.).

3. Ausgewählte Fragen der Durchführung qualitativer Interviews

Im Folgenden sollen einige problematische oder umstrittene Aspekte qualitativer Interviews herausgearbeitet werden. Dabei ist mit der Darstellung kein Anspruch auf Vollständigkeit verbunden (→ 5.3). Nicht behandelt werden unter anderem Fragen der Protokollierung (→ 5.9; → 6.4) und die Frage, in welchem Maß die technischen Möglichkeiten in jedem Fall voll ausgeschöpft werden sollten, Probleme, die mit der Kooperation zweier Befragender in einem Interview verbunden sind, oder die praktischen Probleme, die mit der Gewinnung von Interviewpartnern verbunden sind. Im Zentrum stehen vielmehr ausbildungsbezogene Aspekte der Planung und Durchführung qualitativer Interviews.

Die Fähigkeit, qualitative Interviews durchzuführen, wird im Allgemeinen als ein selbstverständlicher und relativ unproblematischer Bestandteil der Qualifikation von Sozialwissenschaftlern angesehen.

Es gibt wohl einen relativ breiten Konsensus darüber, dass diese Interviews nur von Befragenden durchgeführt werden sollten, die verantwortlich in den jeweiligen Forschungsprojekten mitarbeiten oder die zumindest mit dem theoretischen Ansatz, den Fragestellungen und den Vorarbeiten des Projekts so vertraut sind, dass sie in der Lage sind, Interviews autonom zu führen. Dies bedeutet unter anderem, dass sie in der Lage sein müssen einzuschätzen, wann es inhaltlich angemessen ist, vom Frageleitfaden abzuweichen, an welchen Stellen es erforderlich ist, intensiver nachzufragen, und an welchen Stellen es für die Fragestellungen des Projekts von besonderer Bedeutung ist, nur sehr unspezifisch zu fragen und den Befragten breite Artikulationschancen einzuräumen.

Neben der Anforderung der inhaltlich-theoretischen Kompetenz gibt es jedoch nur wenige präzisere Vorstellungen zur Qualifikation von Befragenden in qualitativen Interviews. Die einen schwören auf die Alltagskompetenz, die anderen wecken den Eindruck, dass Kompetenzprobleme sich mit der Narration sozusagen von selbst erledigen (vgl. in der Richtung z. B. Hoffmann-Riem 1980, S. 357 ff.). Dies ist jedoch nicht der Fall. Denn erstens gibt es auch schlecht geführte narrative Interviews, und zweitens lassen sich nicht alle Fragestellungen der Soziologie mit Hilfe narrativer Erhebungstechniken angehen. Wir sind also in der Praxis der Sozialforschung nach wie vor darauf angewiesen, auch teilstandardisierte Interviews durchzuführen und nach Wegen einer Verbesserung der entsprechenden Interviewpraxis Ausschau zu halten.

Ich habe diese Interviewpraxis vor längerer Zeit auf der Grundlage eigener Interviewerfahrungen und der Erfahrungen von Kollegen kritisiert (vgl. Hopf 1978) und meine, dass trotz der Ausweitung von Erfahrungen mit qualitativer Forschung die damals hervorgehobenen Probleme und «Kunstfehler» vielfach auch heute noch aktuell sind. Dies sind zum Teil Planungsfehler: Fehleinschätzungen des Verhältnisses von Informationsinteressen und zur Verfügung stehender Zeit. Es gibt nach wie vor in manchen Projekten Probleme mit überlangen Leitfäden und, damit verbunden, die Tendenz zu einem oberflächlichen Abhaken der Fragen («Leitfadenbürokratie»).

Zum Teil hängen die Kunstfehler in qualitativen Interviews jedoch mit Ausbildungsdefiziten zusammen, die durch eine Verbesserung der Ausbildungspraxis an den Hochschulen und eine Intensivierung der Beratung und Supervision in einzelnen Forschungsprojekten grundsätzlich behebbar sind. Typische ausbildungsbedingte und durch Mangel an Erfahrung bedingte Probleme oder «Anfängerfehler» bei der Durchführung qualitativer Interviews, die unter anderem mit der Angst vor der ungewohnten Situation einer intensiven Kommunikation mit Fremden zu tun haben, sind beispielsweise:

- die Tendenz zu einem dominierenden Kommunikationsstil: die Häufung suggestiver Fragen und suggestiver Vorgaben und Interpretationen (vgl. hierzu auch Richardson et al. 1979) oder die Häufung von bewertenden und kommentierenden Aussagen, meist unterstützend gemeint, aber eben doch lenkend und gegebenenfalls störend;
- Probleme mit den passiv-rezeptiven Anteilen des Interviewens: Schwierigkeiten und fehlende Geduld beim Zuhören und beim Aufgreifen von Anhaltspunkten für Nachfragen;
- eine aus Angst und Unsicherheit resultierende Unfreiheit im Umgang mit dem Frageleitfaden: Er wird penetrant immer wieder ins Gedächtnis gerufen (diese Frage hatten wir schon, oder: jetzt sind wir mit diesem Teil durch u. a.), er wird als Disziplinierungsinstrument benutzt (also, wenn wir uns alle etwas kürzer fassen, kommen wir heute noch mit unseren Fragen durch u. a.), oder er kann den Blick für interessante, nicht antizipierte Aspekte verstellen (vgl. hierzu auch Merton & Kendall 1979, S. 185).

Es ist mit Sicherheit eine Hilfe, solche und vergleichbare Kommunikationsprobleme und «Kunstfehler» beim Interviewen in der Ausbildung oder später in projektinternen Diskussionen am Beispiel konkreter Interviewprotokolle zu analysieren und zu diskutieren, auch wenn man dabei im Einzelfall zu diskrepanten Einschätzungen kommen mag, wie dies beispielsweise bei der Einschätzung des viel zitierten und im Wortlaut veröffentlichten (vgl. Heinze et al. 1980, Teil V) Interviews mit einer Fernstudentin der Fall ist. Oevermann et al. (1980, S. 18 f.) meinen, in diesem Interview seien «von einem unerfahrenen Interviewer so gut wie alle ‹Regeln der Kunst des unstrukturierten Interviews› verletzt worden», während die Herausgeber des Bandes, der dieses Interview und verschiedene Interviewinterpretationen enthält, das Interview als eines der gelungeneren – weniger schemativen und stärker narrativen – Interviews ihrer Studie zur «Lebensweltanalyse von Fernstudenten» hervorheben (Heinze et al. 1980, S. 7 f.). Angesichts der Komplexität der inhaltlichtheoretischen und sozialen Aspekte des Interviewens ist es nicht überraschend, dass es zu so unterschiedlichen Einschätzungen und Bewertungen kommen kann. Sie zu diskutieren und textbezogen an einzelnen Interviewpassagen zu erörtern, ist gerade deshalb besonders wichtig und sollte fester Bestandteil der Ausbildung und Qualifizierung von Sozialwissenschaftlern sein, die im Rahmen qualitativer Forschungsprojekte Interviews durchführen.

* Dieser Beitrag stellt eine stark überarbeitete und erweiterte Fassung des entsprechenden Artikels in der älteren Ausgabe des Handbuchs «Qualitative Sozialforschung» (Flick et al. 1991) dar (vgl. Hopf 1991a).

Weiterführende Literatur

Hopf, C. (1978). Die Pseudo-Exploration – Überlegungen zur Technik qualitativer Interviews in der Sozialforschung. *Zeitschrift für Soziologie*, 7, 97–115.

Merton, R. K. & Kendall, P. L. (1979). Das fokussierte Interview. In: Hopf, C. & Weingarten, E. (Hg.): Qualitative Sozialforschung, S. 171–204. Stuttgart: Klett-Cotta (zuerst 1945/46).

Schütze, F. (1983). Biographieforschung und narratives Interview. *Neue Praxis*, 13, 283–293.

Harry Hermanns
5.3 Interviewen als Tätigkeit

1. Die Gestaltung des Interview-‹Dramas›: Aufgaben, Ängste, Fallen
2. Das ‹Drama› wird vorbereitet
3. Das ‹Drama› erschafft seine Personen
4. Die Entwicklung des ‹Dramas› – ein Weg mit Hindernissen
5. Regieanweisung zur Interviewführung

Die Grundprinzipien der Interviewtechnik sind vielfach beschrieben worden *(→ 5.2)*. Hier soll die Tätigkeit des Interviewers als das Gestalten einer sozialen Interaktion («wie man es tut») im Vordergrund stehen. «Jedes Interview ist – neben einer Gelegenheit zur Informationssammlung – ein interpersonelles Drama mit einer sich entwickelnden Handlung» (de Sola Pool 1957, S. 193). Dieses Stegreif-Drama wird von beiden Teilnehmern aktiv produziert, allerdings kommt dem Interviewer dabei eine besondere Gestaltungsaufgabe zu. Diese soll hier näher untersucht werden.

1. Die Gestaltung des Interview-‹Dramas›: Aufgaben, Ängste, Fallen

Im Interview müssen spezifische *Aufgaben* bewältigt werden. Zunächst müssen Gesprächspartner gewonnen und Gespräche räumlich, zeitlich und thematisch verabredet werden; es muss eine fruchtbare Gesprächsatmosphäre geschaffen und über die Verwendung eines Recorders Einverständnis erzielt werden; der Interviewpartnerin muss verdeutlicht werden, in welcher Eigenschaft sie angesprochen wird, es muss ihr die im Interview gestellte Aufgabe und die Erwartung des Interviewers verdeutlicht werden. Schließlich muss das Interview methodisch durchgeführt und die Begegnung irgendwann einem Ende zugeführt werden. Die Anforderungen an die Gestaltung des «interpersonellen Dramas» eines Interviews sind also vielfältig und die möglichen Fallen zahlreich.

Vor allem für Anfänger, die sich an dieses Medium heranwagen, stellt sich die Interviewertätigkeit als eine Folge von Aufgaben dar, die beim Interviewer Unsicherheiten auslösen können. Diese Unsicherheiten haben erstens mit dem *Dilemma der Vagheit* zu tun: Auf der einen Seite sind die Vorgaben für die Interviewdurchführung meist äußerst vage, auf der anderen Seite besteht die Anforderung, durch das Interview einen wesentlichen Beitrag zur Forschungsfragestellung zu leisten. Eine zweite Schwierigkeit kann man als das *Fairness-Dilemma* bezeichnen: Der Aufgabe und dem inhaltlichen Interesse des Interviewers, möglichst viel und Persönliches von der Interviewpartnerin zu erfahren, steht der Anspruch nach respektvollem Umgang mit der Gesprächspartnerin gegenüber. Schließlich kann für den Interviewer ein *Dilemma der Selbstpräsentation* auftauchen: Um sein Interview gut zu führen, kann er sich nicht so wissend und kenntnisreich zeigen, wie er zu sein glaubt.

2. Das ‹Drama› wird vorbereitet

Die Annäherung an das Feld *(→ 5.1)* durch Schlüsselpersonen und die Auswahl von Interviewpartnerinnen wird in der Methodenliteratur umfangreich beschrieben (vgl. Flick 2007a, S. 142 ff.). Ein Aspekt, der vor allem den Anfängern bei der Interviewtätigkeit nahe gelegt werden muss, ist der Umgang mit *Absprachen über das Setting* des Interviews. Vor allem dann, wenn in einem Feld Interviewpartnerinnen schwer zu gewinnen sind, neigen Anfänger dazu, es bei möglichst vagen Absprachen zu lassen, um sich ja keinen Korb zu holen. So entstehen ungünstige Rahmenbedingungen, etwa dadurch, dass Interviewpartnerinnen terminlich begrenzt sind und der Interviewer im Gespräch unter Zeitdruck gerät.

Eine weitere Rahmenbedingung, deren geeignete Einführung oft vergessen wird, ist das Aufnahmegerät, also Audio- oder Videorecorder. Am Beispiel des Recorders kann man sehr gut ein zentrales Problem darstellen, nämlich die Aufgabe des Interviewers, das Interview *inszenieren* zu müssen.

Der Recorder stellt vor allem für unerfahrene Interviewer in mehrfacher Hinsicht ein Problem dar. Oft sind es die Interviewer, die sich nicht gern auf Band sprechen hören, weil sie fürchten, unprofessionell zu klingen. Diese Angst des Interviewers wird häufig auf die Interviewpartnerin verschoben, ihr wird unterstellt, sie habe Bedenken vor der Aufnahme. Der Interviewer stellt dann die Frage, ob er einen Recorder verwenden dürfe, auf eine Weise, die eine Ablehnung der Aufnahme geradezu nahe legt.

> Ein Beispiel: «*Ich hab hier mal so 'n Recorder, Kassettenrecorder mitgebracht, aber wenn Sie da was gegen haben, ich mein, ich kann das verstehen, also, wenn Ihnen lieber wäre ohne, ich mein …*»

Eine andere Form der Bewältigung der eigenen Angst vor dem Recorder besteht darin, dass der Interviewer das Gerät erst in dem Augenblick einschaltet, in dem er die Rede an die Interviewpartnerin übergibt. Damit wird der Interviewpartnerin nicht nur die Rede übergeben, sondern ihr wird im Interview-Drama auch die Aufgabe zugemutet, die «Recorderangst» allein zu bewältigen, was zu Befangenheit und Zurückhaltung in ihren Redebeiträgen führen kann. Daher ist es die Aufgabe des Interviewers, im Interview-‹Drama› das *Gefühlsmanagement* des «Recorder-Unwohlseins» zu übernehmen, indem er vor laufendem Recorder vorführt, dass man – von der Tatsache der Aufnahme gänzlich unbeeindruckt – entspannt und locker sprechen kann, mit allen Unvollkommenheiten der gesprochenen Sprache (vgl. Hochschild 1992). Dies wirkt auf die Interviewpartnerin wesentlich überzeugender, als wenn der Interviewer – hastig und kurz angebunden – die Interviewpartnerin zur «Ausführlichkeit» auffordert. Zur Aufgabe des Interviewers gehört es, nicht nur dem Gesprächspartner einen klaren Auftrag zu erteilen, wie er sich aus der jeweiligen Interviewmethodik ergibt, sondern ein *Gesprächsklima* zu schaffen, in dem die gewünschte Darstellungsweise geradezu «in der Luft liegt».

3. Das ‹Drama› erschafft seine Personen

«Die ersten Minuten eines Interviews sind entscheidend. Die Interviewpartnerinnen wollen einen Begriff vom Interview haben, bevor sie sich dazu hingeben, einem Fremden gegenüber frei ihre Gefühle und Erfahrungen preiszugeben» (Kvale 1996, S. 128). Der Interviewer muss in den ersten Minuten eine Situation herstellen, die so entspannt und offen ist, dass Menschen darin ohne Befürchtungen die unterschiedlichsten Aspekte ihrer Person und ihrer Lebenswelt zeigen können. Die zentrale Aufgabe des Interviewers in den ersten Minuten des Interviews ist die *Öffnung der Bühne*, damit die beteiligten Personen ihre Rollen finden können.

Aber wer ist nun die Interviewpartnerin für den Interviewer, und als wen spricht er sie an? Als Heimbewohnerin? Als Mitglied einer Altersgruppe? Als Frau? Und ist der Interviewer für sie jemand aus dem Sozialarbeitsbereich, der vielleicht Einfluss auf ihre Lebenssituation hat? Jemand, «den Schwester Eva gut kennt»? Ein junger Mensch, der sowieso nichts vom Altsein versteht?

Der Interviewer muss diese Zuschreibungen wahrnehmen und einen Sinn dafür entwickeln, welche Seiten der Interviewpartnerin er durch seine Beiträge anspricht, in welcher Rolle, Eigenschaft und Funktion er ihr begegnet. Und er muss Raum schaffen, damit die Interviewpartnerin unterschiedliche Aspekte ihrer Person darstellen kann: Sie muss sich als vornehme ältere Dame zeigen können, aber auch als listige Alte, die die Heimordnung unterläuft. Solche Rollenwechsel müssen im Stegreifdrama Interview interaktiv ermöglicht werden, oft angestoßen nur durch kleine Bemerkungen oder Gesten. Ein männlicher Interviewer kann der Interviewpartnerin zeigen, dass er ihre Perspektive als Frau versteht, ein älterer, korrekt gekleideter Interviewer kann einem Heranwachsenden zeigen, dass er sich in dessen jugendliche Verrücktheiten hineinversetzen kann. Diese

Anforderung an den Interviewer, Verständnis zu zeigen, birgt viele Gefahren. Man muss als Interviewer dabei die richtige Balance halten: interessiert sein, aufmerksam sein, verstehen, Respekt zeigen und zugleich vermeiden, sich durch eigene inhaltliche Stellungnahmen selbst zu exponieren («genau wie bei mir damals»), da hierdurch ein «Bündnis» angeboten wird, das die Interviewpartnerin in gewisser Hinsicht bindet.

Eine wesentliche Kompetenz des Interviewers besteht darin, *Rollen zu verstehen*, zu erfassen, «als wer» er selbst gesehen wird, «als wer» sein Gegenüber handelt und spricht. Eine zweite Kompetenz besteht darin, der Interviewpartnerin die *Übernahme anderer Rollen zu ermöglichen*: Er muss den Fortgang der Handlung so «inszenieren», dass damit der Interviewpartnerin auch tatsächlich die Möglichkeit gegeben wird, in ihrem Selbstdarstellungsaspekt aufrichtig zu sein (vgl. Legewie 1987, S. 141) und weitere Aspekte ihrer Person und ihrer Welt zu zeigen. Diese Inszenierung erfolgt vielfach dadurch, dass der Interviewer durch eine Nachfrage «beweist», dass er sich in die Perspektive der Interviewpartnerin hat einfühlen können und dass er in der Lage ist, die «dargestellte Wahrheit auszuhalten».

Während die Interviewpartnerin spricht, hat der Interviewer zwei Aufgaben zu bewältigen, die vielfach als widersprüchlich erlebt werden. Man kann die *Doppelrolle des Interviewers* so charakterisieren: Auf der einen Seite zeichnet er sich durch *Empathie* aus, indem er versucht, sich in die Darstellung der Interviewpartnerin zu versetzen, um zu verstehen, wie sie die Welt erlebt und deutet. Zugleich muss er jedoch eine andere Haltung zur Interviewpartnerin aufbauen, nämlich, dass er die Worte wohl hört, aber nicht sicher ist, welchen Bedeutungshorizont die Begriffe für die Interviewpartnerin haben. Er kennt nicht die selbstverständlichen Voraussetzungen, die die Interviewpartnerin mit ihren Begriffen verbindet, und der Interviewer muss sich der *Fremdheit* ihrer Darstellung bewusst sein. Er muss sich in eine Haltung *absichtlicher Naivität* (Kvale 1996, S. 33) begeben und die Interviewpartnerin danach fragen, was ihre Sicht von Dingen ist, die ihm als solche «eigentlich» bekannt sind. Und er muss dabei gleichzeitig im Gespräch den Eindruck vermitteln, interessiert und entspannt zuzuhören.

4. Die Entwicklung des ‹Dramas› – ein Weg mit Hindernissen

Interviewer, so wurde gesagt, sollten empatisch sein, und genau das kann eine Fülle von Problemen mit sich bringen. Oft haben Interviewer eine intuitive Ahnung, an welchen Stellen ein Gespräch für die Interviewpartnerin problematisch wird, und sie möchten sie davor bewahren. Solches *Schonverhalten* kann unterschiedliche Gründe haben. Wir wollen im Folgenden auf zwei davon eingehen, auf die *Angst vor Peinlichkeiten* im Gesprächsverlauf und auf die *Angst vor Intimitätsverletzungen* oder *Persönlichkeitskrisen*.

Peinlich werden kann sowohl der Interaktionsverlauf als auch der dargestellte Sachverhalt. Im Interaktionsverlauf wird Schweigen oft als peinlich empfunden (vgl. dazu besonders Gubrium & Holstein 1997, S. 127 ff. und Lueger & Schmitz 1984, S. 103 ff.). Erfolgt das *Schweigen* nach einer Redeübergabe des Interviewers, dann interpretieren Interviewer die «Nicht-Antwort» meist als einen Fehler ihrer Fragestellung und neigen häufig dazu, die – von ihnen selbst unterstellten – Unklarheiten ihrer Rede zu korrigieren oder zu ergänzen. Für die Interviewpartnerin kann ihr Schweigen nach der Redeübergabe jedoch eine andere Bedeutung haben, sie ordnet ihre Gedanken, oder die Pause ist eine «dramaturgische Inszenierung».

Eine andere Form von Peinlichkeiten, die der Interviewer empfinden kann, bezieht sich auf die *Peinlichkeit von Inhalten der Darstellung* der Interviewpartnerin. Diese können etwa bestehen in Verstößen gegen Moral und Sitte, eigene Unfähigkeiten, Blamagen, Ekel erregende Dinge oder tödliche Krankheiten. Schonverhalten zeigen Interviewer aber auch dann, wenn Nachfragen eine *Beschädigung des Images der Interviewpartnerin* bewirken würden, etwa indem man das von der Interviewpartnerin entworfene Selbstbild anzweifelt. Schonverhalten wird auch dann oft gezeigt, wenn der Interviewer mit der Interviewpartnerin ein *offenes* oder *heimliches Bündnis* (etwa Solidarisierung gegen ein gemeinsames Feindbild) eingegangen ist, das durch eine genauere Nachfrage gefährdet würde.

Eine weitere Ursache für ein Schonverhalten kann die Befürchtung sein, eine Interviewerin würde zu viel von sich preisgeben, oder es würde gar zur *Herbeiführung einer persönlichen Krise* kommen, wenn der Interviewer die Befragung fortsetzt. Diese Befürchtung ist besonders bei Gesprächspartnerinnen, die persönliche Probleme haben, nachvollziehbar. Aber auch bei Personen, die sich durch die Dynamik des Interviews völlig ausliefern, ohne das zu wollen, kann der Interviewer berechtigte Angst haben, die *Grenzen der Intimität* zu verletzen, und er begegnet dem durch Unterbrechung der Interviewpartnerin und Überleitung auf ein anderes Thema.

Diese Haltung eines Interviewers erscheint zunächst sehr verantwortungsvoll. Es gibt aber ein zweites Moment, das dabei eine Rolle spielen kann, und zwar das *Verhältnis des Interviewers zu seiner eigenen Interviewtätigkeit.* Bei Interviews, die stark auf das persönliche Erleben der Interviewpartnerin eingehen, kann man grob gesagt zwei Typen von Haltungen des Interviewers zu seiner Interviewtätigkeit unterscheiden. Die erste Haltung kann man als das *Gefühl des Ausbeuters* bezeichnen. Sie ist gekennzeichnet durch ein latent schlechtes Gewissen: Man bringt aus Eigennutz (für die eigene Diplomarbeit/Dissertation/Forschungsarbeit) jemanden dazu, einem Fremden Intimes anzuvertrauen. Der Interviewer fürchtet, zu aufdringlich zu sein, der Interviewpartnerin zu nahe zu treten, deren Freundlichkeit, jemandem helfen zu wollen, schamlos auszubeuten. Die zweite Haltung geht davon aus, dass sich zwei Dinge günstig fügen, die wohlwollende Neugier des Interviewers und das gute Gefühl, das die Interviewpartnerin hat, wenn sie ihre Sicht der Dinge in einem interessanten Gespräch ausführlich entfalten kann. Man könnte diese Haltung das *Gefühl der glücklichen Koinzidenz* nennen. Der Interviewer erlebt sich dabei als jemand, der dem anderen eine bereichernde Erfahrung ermöglicht, die man sonst nur selten findet. Der Interviewer macht ein Geschenk: Er interessiert sich – manchmal stundenlang – für den anderen und sein Erleben und ist ein guter Zuhörer. Es ist klar, dass ein Interviewer, der der ersten Haltung (Angst vor Ausbeutung) zuneigt, viel eher gefährdet ist, eine Schonhaltung einzunehmen, als ein Interviewer des zweiten Typs. Das Problem des Schonens ist also nicht nur, vielleicht nicht einmal in erster Linie ein Problem des Gegenübers, sondern vielmehr des Interviewers: Oft schont er nicht die Interviewpartnerin, sondern sich selbst. Er ist nicht nur auf sein Gegenüber oder die zu produzierenden Forschungsergebnisse bezogen, sondern auch auf seine eigene Person.

Deutlich wird dies auch, wenn Interviewer Angehörige einer Gruppe interviewen, der sie selbst angehören. In diesem Fall kann es Probleme geben, sich in die *Rolle des Fremden* zu versetzen. Wenn etwa Diplomanden der Sozialarbeit Sozialarbeiterinnen interviewen, dann setzen die Interviewpartnerinnen voraus, dass sie es mit Kollegen zu tun haben, die sich in der Welt der Sozialarbeit auskennen. Solche Situationen sind für den Interviewer problematisch, denn wenn er um Erläuterung von Sachverhalten bittet, die in der Sozialarbeit als Selbstverständlichkeiten gelten, dann disqualifiziert er sich als Gruppenmitglied. Ein Interviewer, der selbst Student der Sozialarbeit ist und im Interview mit einer Sozialarbeiterin nachfragt, was sie mit Streetwork oder Beziehungsarbeit meint, setzt sich dem Verdacht aus, in seinem Fach keine Ahnung zu haben. Dieses Dilemma zwischen Selbstpräsentation des Interviewers und Interviewerfordernissen führt häufig dazu, dass Interviewer hier ein Schonverhalten sich selbst gegenüber zeigen, sie verzichten auf Nachfragen, die es erst ermöglichen, die Lebenswelt und den Wissensvorrat der Interviewpartnerin kennen zu lernen, um das Ansehen ihrer Person im Interview vor Schaden zu bewahren.

Das Interview ist also tatsächlich ein Drama, dessen Gestaltung viele Fallen enthält und das von den Beteiligten soziale Kompetenzen erfordert – nicht nur die Fähigkeit des Interviewers, klug zu fragen.

5. Regieanweisung zur Interviewführung

1. Machen Sie Ihrer Gesprächspartnerin rechtzeitig den Rahmen klar. In einem «briefing» müssen Sie vermitteln,
- um was es geht (über was und für welchen Zweck Sie sprechen, was mit den Informationen geschieht, wer hinter der Sache steht) und
- wie es geht (wer das Interview führen wird, wer beim Interview anwesend sein soll und darf, wo das Gespräch stattfinden wird, wie lange es dauern wird).
2. Schaffen Sie im Interview ein gutes Klima:
- Seien Sie entspannt (oder wirken Sie wenigstens so) und strahlen Sie dieses Gefühl aus, auch beim Recorderstart;
- versuchen Sie die «Botschaft» des Gegenübers zu verstehen, er kommuniziert mehr als die reine «Information».
3. Schaffen Sie ihrem Gegenüber Raum, sich zu zeigen:
- Versuchen Sie nicht, Ihre eigene Position darzustellen, vor allem nicht Ihre Übereinstimmung mit dem Gegenüber («geht mir ge-

nauso!»). Sie sollen ein «unabhängiges» Interesse haben, was immer auch Ihr Gegenüber äußert.

– Geben Sie ihm die Möglichkeit, mehrere Aspekte seiner Person zu zeigen (der Held soll auch seine Ratlosigkeit ausdrücken können, der Gutmensch seinen Hass).

– Schonen Sie ihn nicht vor etwas, das ihm peinlich sein könnte, sondern zeigen Sie ihm durch Ihre eigene Haltung, dass Sie fähig sind, seine Wahrheit auszuhalten.

4. Geben Sie dem ‹Drama› die Möglichkeit, sich zu entwickeln:

– Stellen Sie kurze, leicht verständliche Fragen, die Ihr Gegenüber zu weiterer Detailschilderung animieren.

– Forschungsfragen sind keine Interviewfragen: Fragen Sie nicht nach theoretischen Kategorien («Welche Motivation hat Ihre Studienfachwahl beeinflusst?»), sondern fragen Sie nach Konkretem aus der Lebenswelt Ihres Gegenübers.

– Sprechen Sie Ihre Sprache, imitieren Sie keine Milieusprache. Benutzen Sie aber die konkreten Namen und Begriffe, die Ihr Gegenüber verwendet. Wenn der Freund Paul heißt, dann reden Sie von Paul und nicht von «Ihrer Beziehung».

5. Versuchen Sie im Interview nicht, theoretische Begriffe zu entdecken, sondern die Lebenswelt Ihrer Gesprächspartner:

– Seien Sie naiv. Lassen Sie sich Begriffe, Vorgänge, Situationen erläutern. Sie blamieren sich nicht, wenn Sie nach Selbstverständlichkeiten fragen: «Was ist Streetwork? Was meinen Sie mit Beziehungsproblemen, was ist passiert?»

– Versuchen Sie durch das Interview, die Lebenswelt Ihres Gegenübers so gut zu verstehen, dass Sie ein Drehbuch für Szenen aus dieser Welt schreiben und bei der Inszenierung Regie führen könnten. Fragen Sie so lange nach, bis Ihnen klar ist, was dort passiert (ist).

Weiterführende Literatur

Gubrium, J. F. & Holstein, J. A. (1997). The New Language of Qualitative Method. New York, Oxford: Oxford University Press.

Holstein, J. A. & Gubrium, J. F. (1995). The Active Interview. Qualitative Research Methods Series 37. Thousand Oaks, London, New Delhi: Sage.

Kvale, S. (1996). InterViews. An Introduction to Qualitative Research Interviewing. Thousand Oaks, London, New Delhi: Sage.

Ralf Bohnsack
5.4 Gruppendiskussion

Die wechselvolle Geschichte des Gruppendiskussionsverfahrens in der Bundesrepublik ist eng verbunden mit den zeitgeschichtlichen Phasen der Entwicklung der (qualitativen) empirischen Sozialforschung im Allgemeinen. So basiert die erste große Untersuchung über das politische Bewusstsein im Nachkriegsdeutschland Anfang der 50er Jahre im Wesentlichen auf Gruppendiskussionen. In jüngster Zeit erleben wir nicht nur in Deutschland, sondern auch im angelsächsischen Sprachbereich erneut ein lebhaftes Interesse an dieser Methode, welches in eine vielfältige Forschungspraxis mündet. Hier gilt es allerdings sehr genau zu prüfen, ob die vorgeschlagenen Verfahrensweisen den Gütekriterien empirischer Sozialforschung entsprechen können.

Wollen Verfahrensweisen in der empirischen Sozialforschung den Namen ‹Methode› zu Recht tragen, bedürfen sie einer Verankerung und Begründung in sozialwissenschaftlichen Traditionen mit ihren je unterschiedlichen theoretischen Modellen und Grundbegrifflichkeiten. Im Folgenden werden zunächst derartige theoretische Modelle des Gruppendiskussionsverfahrens identifiziert.

1. Das Modell des Individuums in öffentlicher Auseinandersetzung

Am Anfang der Entwicklung des Gruppendiskussionsverfahrens in der Bundesrepublik stand die Kritik an der individuellen Isolierung der Interviewten in der Umfrageforschung. Am Frankfurter Institut für Sozialforschung unter der Leitung von Horkheimer und Adorno sollten die für die Erörterung politischer Fragen für typisch gehaltenen *öffentlichen* Gesprächssituationen einer Begegnung unter Fremden (z. B. im Eisenbahnabteil) nachgebildet werden. Denn «tiefer liegende» oder «latente» Meinungen gewinnen «erst Kontur, wenn das Individuum – etwa in einem Gespräch – sich gezwungen sieht, seinen Standpunkt zu bezeichnen und zu behaupten», heißt es bei Pollock (1955, S. 34). In der für die Frankfurter Schule typischen psychoanalytisch geprägten Empirie ging es darum, hinter «Abwehrmechanismen und Rationalisierungen» zu schauen. Unbeschadet der theoretischen Kritik an der Isolierung individueller Meinungen in der Umfrageforschung wurden in der (quantitativen) empirischen Auswertung die einzelnen Redebeiträge dann aber doch getrennt voneinander analysiert.

2. Das Modell der informellen Gruppenmeinung

Ebendies Problem hat Werner Mangold (1960) in seiner am selben Institut entstandenen Dissertation im Zuge einer Re-Analyse des vorliegenden Materials aufgegriffen. In Abgrenzung von der bisherigen Fokussierung auf Einzelmeinungen entwickelt er das Konzept der «Gruppenmeinung». Diese sei «keine ‹Summe› von Einzelmeinungen, sondern das Produkt kollektiver Interaktionen» (a. a. O., S. 49). Diese Gruppenmeinungen werden – und dies ist die andere entscheidende Wendung, die Mangold der Methode nun gab – in der Diskussionssituation nicht erst produziert, sondern lediglich *aktualisiert*. Sie «haben sich in der Realität unter den Mitgliedern des betreffenden Kollektivs bereits ausgebildet» (1973, S. 240). Bei diesen «Kollektiven» handelte es sich im Verständnis von Mangold um «Großgruppen», also – wie man auch sagen könnte – um Milieus (z. B. von Bergleuten und Bauern oder auch Flüchtlingen).

Die *empirische* Evidenz des Kollektiven erkannte Mangold als diejenige einer zwanglosen bis euphorischen Integration des Einzelnen in den in der wechselseitigen Bezugnahme sich steigernden Diskurs. Demgegenüber orientierte sich das *theoretische* Konzept der Gruppenmeinungen an dem (bis heute dominanten) Verständnis des Kollektiven nach Art der den Handelnden exterioren und mit Zwang ausgestatteten «faits sociaux im Sinne Durkheims», wie Horkheimer und Adorno im Vorwort zur Studie von Mangold (1960, S. 7) hervorgehoben haben. Nicht zuletzt diese Unvermittelbarkeit von empirischer Evidenz und theoretischem Rahmen war es, die in der nun folgenden Etappe der theoretischen Modellierung des Konzepts der Gruppendiskussion die Rezeption der Arbeit von Mangold erschwerte.

3. Das Modell des interpretativen Aushandelns von Bedeutungen

Beeinflusst durch die zunehmende Bedeutung des «interpretativen Paradigmas» (vgl. Arbeitsgruppe Bielefelder Soziologen 1973) wurden die Interaktionsabhängigkeit und der Prozesscharakter von Meinungen und Bedeutungsmustern erkannt und nach Methoden gesucht, die dem in valider Weise Rechnung zu tragen vermochten. Wie dies dem interpretativen Paradigma, d. h. der Verstehenden Soziologie in der Tradition des Symbolischen Interaktionismus *(→ 3.3)* und der Phänomenologie *(→ 3.1)* eigen ist, erschien es nun aber schwierig, bei aller Prozesshaftigkeit noch Strukturen zu entdecken. Der Prozesscharakter von Interaktionen und Gesprächen wurde auf den Aspekt des lokalen und situativen Aushandelns, also auf denjenigen der *Emergenz* von Bedeutungen reduziert. Auf der Grundlage eigener Forschungspraxis mit Gruppendiskussionen kommt Nießen (1977, S. 67 f.) angesichts der sich ständig verändernden Aushandlungsprozesse zu dem Schluss, «dass die aufgrund der Diskussionsergebnisse gemachten Annahmen über das Handeln in der realen Situation nicht zutreffen». Volmerg stellte aus diesen Gründen die Gültigkeit des Verfahrens in Frage: «Wenn infolge der Anwendung des Untersuchungsinstruments ‹Gruppendiskussion› Meinungen verändert bzw. erst gebildet werden, dann sind die Ergebnisse prinzipiell nicht reproduzierbar» (1977, S. 205). Die *Reproduzierbarkeit* von Ergebnissen ist jedoch wesentliche Voraussetzung für die Zuverlässigkeit einer Methode. Das heißt, die Methode der Gruppendiskussion entspricht nur dann den Genauigkeitskriterien empirischer Forschung, wenn in einer anderen Untersuchungssituation dieselben Meinungen oder Orientierungen in der Gruppe beobachtbar sind. Dies ist eines der zentralen methodischen Probleme auch der aktuellen Auseinandersetzung um die *focus groups* in der angelsächsischen Diskussion. In ihrem Überblicksartikel setzen sich Lunt und Livingstone mit dem Vorwurf mangelnder Zuverlässigkeit («test-retest reliability») auseinander: «Reliabilität bei Focus-Gruppen ist nicht gegeben, weil bei wiederholten Zusammenkünften der Gruppen andere Gespräche ablaufen» (1996, S. 92; Übers. d. Hg.).

4. Focus Groups und Group Discussions: zur angelsächsischen Diskussion

In der angelsächsischen Diskussion finden sich zwei unterschiedliche Stränge oder Traditionen der Anwendung von Gruppendiskussionen. Nur einer der beiden Stränge ist eng mit dem Begriff der «focus group» verbunden. Dieser wurde ursprünglich von Merton et al. (1956; vgl. auch Merton 1987) im Zuge der Entwicklung neuer Verfahren der Rezeptionsforschung von Propagandasendungen im Zweiten Weltkrieg geprägt. Die spätere Verwendung von «focus groups» in der Marktforschung ist überwiegend der Sichtweise von Merton gefolgt, der zufolge dieses Verfahren lediglich für die Generierung neuer Forschungsfragen und Hypothesen und für Pretests geeignet erscheint. Die Gruppen werden von den Forschern aus einander nicht bekannten Teilnehmern nach dem Zufallsprinzip zusammengesetzt.

In Auseinandersetzung mit dieser Praxis in der Marktforschung haben dann vor allem Morgan (1988) und Krueger (1988) versucht, dieses Verfahren für die sozialwissenschaftliche Forschung fruchtbar zu machen und aufzuwerten. Da jedoch eine umfassende methodologische Begründung fehlt, wurde und wird das Verfahren weiterhin im Wesentlichen auf die Hypothesengenerierung reduziert (vgl. Morgan 1988, S. 11 und S. 21), und es erscheint nach Morgan und Krueger (1993, S. 9) für die Produktion *generalisierungsfähiger* Ergebnisse weniger geeignet. In den Arbeiten von Morgan und Krueger und in deren Nachfolge werden auch eher Faustregeln (insbesondere zu Interviewtechniken) vermittelt als methodologische und theoretische Begründungen (vgl. Lunt & Livingstone 1996, S. 82). So fehlt eine grundlagentheoretische Fundierung, die erst eine Bewältigung der Probleme der Gültigkeit und Zuverlässigkeit ermöglichen würde.[1] Vor allem aber blieb der Gesprächscharakter dieser Art der Datenproduktion unberücksichtigt, wie Kitzinger (1994, S. 104) in einer Bestandsaufnahme von 40 publizierten Studien mit «focus groups» kritisiert: «Ich konnte nicht eine finden, die sich mit der Konversation zwischen den Teilnehmern befasste.»

In ihrer Bestandsaufnahme geht Kitzinger allerdings nicht auf den zweiten angelsächsischen, den ganz anderen Strang der Entwicklung des Gruppendiskussionsverfahrens ein, dessen Wurzeln in Birmingham am Center for Contemporary Cultural Studies einerseits in den Analysen jugendlicher Stile von Paul Willis *(→ 2.4)*, andererseits in den Mediennutzungs- bzw. Rezeptionsanalysen von David Morley zu suchen sind. Die für die Stil- und Milieuanalyse bahnbrechende Arbeit von Willis (1977, dt. 1979) basiert ebenso wie seine späteren (1981 und 1991) in ihrem methodischen Kern auf Gruppendiskussionen, den «group discussions»: «Unsere elementare Methode, um in die Worte hineinzugehen und sie zu entziffern, war eine freie und allgemeine Form der Ethnographie, die sich vor allem der aufgezeichneten Gruppendiskussion bediente» (Willis 1991, S. 18; → 2.4).

An einer methodologischen Rekonstruktion des Gruppendiskussionsverfahrens ist Willis allerdings wenig interessiert. Auch die grundlagentheoretische Bedeutung seiner Arbeiten wurde erst in der Re-Analyse explizit gemacht – vor allem durch Giddens (1988) mit Bezug auf die Kategorie des «praktischen Bewusstseins».

Morley (1980, 1992 und 1996) widmet sich ausführlicher der methodologischen Begründung der Gruppendiskussion, deren Bedeutung er auf zwei Ebenen ansiedelt: Zum einen sollte der Prozesshaftigkeit und dem interaktiven Charakter von Sinnzuschreibungen und Bedeutungskonstitutionen im Zuge der Medienrezeption Rechnung getragen werden. Entsprechend sollten «die Basiseinheiten einer Analyse des Nutzungsverhaltens (a) Interaktionen und nicht individuelles Handeln und (b) Interaktionen in ihrem sozialen Kontext sein» (1996, S. 41). Zum anderen versteht Morley – wie auch Willis – die Diskussionsgruppen als *Repräsentanten* umfassenderer (makrosozialer) Entitäten, vor allem «Klassen». Die Diskussionsgruppen wurden nach demographischen Kriterien (Beruf, Ausbildung, Alter) homogen zusammengesetzt, waren aber nicht eigentlich Realgruppen. Sie repräsentieren klassen- oder milieuspezifische «diskursive Formationen», deren struktureller Ausdruck die «interpretativen Codes» (a. a. O., S. 112 ff.) sind, also homologe Muster von milieuspezifischen Sinnzuschreibungen und Orientierungen (s. u.). Derartige «Codes» werden in den Diskussionsgruppen nicht erst produziert; sie *emergieren* nicht situativ. Vielmehr werden sie im Diskurs *repräsentiert* und aktualisiert und somit immer wieder *re*produziert, sofern diejenigen zusammenkommen, die zum selben Milieu bzw. zur selben «interpretive community» gehören (vgl. hierzu die kritische Auseinandersetzung mit Morley bei Schröder 1994). Dieses Modell ist also nicht eines der *Emergenz*, wie im interpretativen Paradigma, sondern eines der *Repräsentanz* (vgl. auch Loos & Schäffer 2000). Hiermit lässt sich die Reproduzierbarkeit von Ergebnissen und somit die Zuverlässigkeit der Methode methodologisch begründen.

Die empirischen Verfahren zur Analyse derartiger «Codes» oder tiefer liegender Sinnmuster sind im Bereich der *cultural studies (→ 3.9)* nur ansatzweise methodisch ausgearbeitet worden. Weiter gehende Möglichkeiten wurden erst durch neuere Verfahren der Textinterpretation eröffnet, die den «wörtlichen» Sinngehalt von Einzeläußerungen transzendieren und zu jenen tiefer liegenden kollektiven Orientierungsstrukturen oder *Orientierungsmustern* (vgl. zu diesem Begriff Bohnsack 1998) vordringen, die sich erst im Zusammenspiel der Einzeläußerungen dokumentieren.

5. Das Modell kollektiver Orientierungsmuster

Diskurse erscheinen oft zusammenhanglos oder in ihrem Ablauf relativ willkürlich, d. h. *strukturlos* und somit auch *nicht reproduzierbar*, wenn wir lediglich das betrachten, was in den einzelnen Redebeiträgen «wörtlich» mitgeteilt wird, also deren *immanenten Sinngehalt*, wie Karl Mannheim (1980) dies genannt hat. Dazu ein Beispiel aus einem Forschungsprojekt über jugendliche Migranten türkischer Herkunft (vgl. u. a. Bohnsack & Nohl 1998):

«Initiiert durch eine Frage der Diskussionsleitung danach, ob sie derzeit bei ihren Eltern wohnen, bringen die (männlichen) Jugendlichen zunächst reihum Erzählungen ein, in denen erläutert wird, dass es aufgrund des «Respekts» dem Vater gegenüber unmöglich sei, in seiner Gegenwart zu rauchen. Sie schildern dann einander wechselseitig ergänzend, wie sie in der männlichen peer-group miteinander umgehen. Schließlich beschreibt einer von ihnen die Situation eines Restaurantbesuchs mit seiner deutschen

Freundin. Mit ihr kommt es zu Meinungsverschiedenheiten darüber, wer bezahlen darf.»

Obschon die Themen sich von der Vorgabe der Diskussionsleitung lösen und scheinbar sprunghaft wechseln, *verstehen* die Jugendlichen einander offensichtlich, ohne ihr eigentliches Anliegen aber selbst zu *«interpretieren»*, das heißt, das der Passage zugrunde liegende Orientierungsmuster begrifflich-theoretisch zu explizieren, also ohne es selbst «wörtlich» benennen zu können. Ihre Orientierungsstruktur wird vielmehr in Beschreibungen und Erzählungen, also *metaphorisch* entfaltet. Indem der Forscher stellvertretend für die Teilnehmer die Orientierungsstruktur interpretiert, vollzieht er, was Mannheim (1964a; s. auch Bohnsack 1997 und 1999) *dokumentarische Interpretation* genannt hat, nämlich die begrifflich-theoretische Explikation der wechselseitigen (intuitiven) Verstehensleistungen der Erforschten (vgl. dazu auch den Begriff des «praktischen Bewusstseins» bei Giddens 1988).

Auf diesem Wege erschließt sich durch den zunächst ein wenig zusammenhanglos erscheinenden Diskursprozess hindurch ein den einzelnen Redebeiträgen (Erzählungen, Beschreibungen) gemeinsames, ein kollektives Sinnmuster: In dem oben genannten Beispiel geht es um eine für die Alltagspraxis der Jugendlichen relevante *Sphärentrennung*: Indem der tradierte Habitus des Respekts gegenüber dem Vater und der Herkunftsfamilie es gebietet, wesentliche Bereiche der *äußeren* Sphäre (des Handelns der Jugendlichen in der Öffentlichkeit und in den gesellschaftlichen Institutionen – wie Schule und Ausbildung) aus der *inneren* Sphäre (Familie, Verwandtschaft und ethnische Community) in kontrollierter Weise herauszuhalten, kommt es zu einer strikten Sphärentrennung, die eine «offene» Verhandlung mit den Eltern über identitätsrelevante Probleme der Jugendlichen nicht zulässt. Beide Sphären mit ihren unterschiedlichen Moralen (der «deutschen» und der «türkischen») stehen unverbunden nebeneinander. Dies betrifft auch die Beziehung zur deutschen Freundin. Im Fall des Konflikts zwischen diesen Moralen kommt es nicht zu einem (meta-)kommunikativen Aushandeln, sondern zu einem strategischen Umgehen dieser Problematik. Wie dann die ebenfalls in die Passage eingebrachten Beschreibungen der Jugendlichen über ihre ‹peer-group› zeigen, wird auch dort (im Unterschied zu anderen von uns untersuchten Gruppen) eine Vermittlung der Sphären nicht geleistet. Die ‹peer-group› orientiert sich am tradierten (also über die innere Sphäre vermittelten) Modus der Beziehung junger Männer untereinander. In anderen Passagen derselben Gruppendiskussion (z. B. in derjenigen, in der die Jugendlichen über Erfahrungen ethnischer Diskriminierung berichten) wird die Orientierungsstruktur bzw. das Orientierungsmuster der strikten Grenzziehung zwischen den Sphären in *homologer* Weise zum Ausdruck gebracht; die Orientierungsstruktur wird also auch hier *reproduziert*.

Da sich die hier vorgestellte Passage durch relativ detaillierte Darstellungen («metaphorische Dichte») sowie durch eine relativ engagierte Bezugnahme aufeinander («interaktive Dichte») auszeichnet, lässt sich vermuten, dass hier ein fokussiertes Orientierungsproblem zum Ausdruck gebracht wird. Wir sprechen bei solchen Passagen von *Fokussierungsmetaphern*.

Mit diesem Beispiel sind zentrale Komponenten der *dokumentarischen Interpretation kollektiver Orientierungsmuster* angesprochen:

- Der dokumentarische muss vom immanenten wörtlichen Sinngehalt unterschieden werden.
- Der dokumentarische Sinngehalt erschließt sich erst, wenn der Diskursprozess berücksichtigt wird.
- Eine derartige *Prozessanalyse* setzt zum einen voraus, dass sehr genau *rekonstruiert* wird, wie die einzelnen Redebeiträge aufeinander bezogen sind («Diskursorganisation»).
- Prozessanalyse bedeutet zum anderen, die *Dramaturgie* des Diskurses zu berücksichtigen, ihre Höhepunkte, also Fokussierungsmetaphern zu identifizieren.

6. Gültigkeit und Zuverlässigkeit: standardisierte, offene und rekonstruktive Verfahren

Vor diesem Hintergrund gewinnt auch das Problem der *Reproduzierbarkeit der Ergebnisse*, d. h. der Orientierungsstrukturen, eine neue Bedeutung: Sie sind *Prozessstrukturen*, die im Diskursprozess relativ unabhängig von spezifischen Themen in homologer Weise *reproduziert* werden. Als «Struktur des Falls» wird nur anerkannt, was sich im Diskursverlauf immer wieder reproduziert. Im Sinne der rekonstruktiven Methodologie haben die Forscher Bedingungen der Möglichkeit dafür zu schaffen, dass die Struktur des Falls sich in der für ihn typischen Eigengesetzlichkeit zu entfalten vermag. Im Gegensatz zu den *standardisierten* Verfahren, in denen die Reproduzierbarkeit der Ergebnisse und damit deren Zuverlässigkeit – in Analogie zum naturwissenschaftlichem Experiment – durch die Standardisierung des Verfahrensablaufs seitens des Forschers gewährleistet werden soll, basieren die *rekonstruktiven* Verfahren auf den Strukturen oder – etwas salopp formuliert – «Standards» alltäglicher Kommunikation, auf «natürlichen Standards und Routinen der Kommunikation» (Soeffner & Hitzler 1994, S. 41). Demgegenüber verzichten die *offenen* Verfahren (z. B. bei Nießen und Volmerg; s. o.) auf eine Standardisierung bzw. Strukturierung seitens der Forscher und können eine Strukturierung durch die Erforschten selbst auf dem Wege von Prozessstrukturen und «Alltagsmethoden» nicht systematisch leisten.

7. Kommunikative und konjunktive Erfahrung

Dem «Interpretativen Paradigma» zufolge wird Sozialität als «Inter-Subjektivität» auf dem Weg einander wechselseitig interpretierender Subjekte «hergestellt». Auch die Ethnomethodologie (Garfinkel 1973; → 3.2) und die Theorie des kommunikativen Handelns bei Habermas gehen von einem derartigen Modell ständiger wechselseitiger Interpretationen aus.

Davon zu unterscheiden ist eine andere, fundamentalere Sozialität, bei der die Diskursbeteiligten durch das «Einander-Verstehen im Medium des Selbstverständlichen» (Gurwitsch 1977, S. 178) miteinander verbunden sind. Diese basiert auf Gemeinsamkeiten der Handlungspraxis, des biographischen Erlebens, des Schicksals, also der Sozialisationsgeschichte. Bleibt diese Form der Sozialität als «Zugehörigkeit» (Gurwitsch) noch weitgehend an das direkte Zusammenleben in konkreten *Gruppen* gebunden, so gelingt es Mannheim (1980), jene Art von Kollektivität, die er den «konjunktiven Erfahrungsraum» nennt, analytisch vom Begriff der Gruppe zu trennen. Mannheim (1964b) hat dies am Beispiel des «Generationszusammenhanges» als eines konjunktiven Erfahrungsraums herausgearbeitet. Diejenigen, die durch eine gemeinsame generationsspezifische Erlebnisschichtung miteinander verbunden sind, somit zur selben Generation gehören, stehen überwiegend nicht in direkter Kommunikation miteinander. Allerdings wird gemeinsames Er-

leben dort am umfassendsten zur *Artikulation* gebracht, wo diejenigen sich zusammenfinden, denen dieses gemeinsam ist. Die
Gruppe ist somit nicht der soziale Ort der *Genese* und *Emergenz*,
sondern derjenige der *Artikulation* und *Repräsentation* generations-
spezifischer bzw. allgemeiner: kollektiver Erlebnisschichtung.

Dabei ist jeweils im Einzelfall zu klären, welche kollektiven oder
milieuspezifischen Gemeinsamkeiten der Erlebnisschichtung durch
den Diskurs bzw. die Gruppe repräsentiert werden, aufgrund welcher der genannten Gemeinsamkeiten sie sich konstituiert hat. Wir
unterscheiden daher bei der Auswertung von Gruppendiskussionen
unterschiedliche Erfahrungsräume oder Milieus, vor allem: genera-
tions-, geschlechts- und bildungsspezifische (vgl. Bohnsack 1989),
die wir auch als *Typiken* bezeichnen (s. u.). Obwohl die Gruppe somit lediglich ein «Epi-Phänomen» für die Analyse unterschiedlicher
Erfahrungsräume ist, vermittelt sie einen validen empirischen Zugang zur Artikulation kollektiver Sinnzusammenhänge. Diese artikulieren sich in «zeremoniellen», also *habitualisierten*, d. h. immer
wieder reproduzierten und grundlegend mimetisch (vgl. Gebauer &
Wulf 1998) angeeigneten Handlungspraktiken.

Der primordiale Sinnzusammenhang dieses sozialen Prozesses in
seiner *Prozess-Struktur* ist Gegenstand der soziogenetischen oder
dokumentarischen Interpretation. Diese Methode zielt auf die Analyse von Sinnstrukturen jenseits des wörtlichen oder referenziellen
Sinngehalts, aber auch jenseits der kommunikativen Absichten der
Beteiligten (vgl. Bohnsack 1992, 1997). Darin zeigen sich Unterschiede zur, aber auch gewisse Übereinstimmungen mit der soziolinguistischen Gesprächsanalyse (vgl. Bohnsack 1999, S. 72 ff.).

8. Soziolinguistische Gesprächsanalyse und die Rekonstruktion kollektiver Orientierungen

In ihren für die soziolinguistische Gesprächsanalyse bedeutsamen
Arbeiten unterscheiden John Gumperz und Jenny Cook-Gumperz
grundsätzlich zwei Sinnebenen: die des wörtlichen oder referenziellen Sinngehalts («referential meaning») und jene, die sich erst auf
dem Weg der «Interpretation» erschließt (vgl. Gumperz 1982,
S. 207). Interpretation im Sinne von Gumperz zielt einerseits auf die
kommunikative *Absicht* (intent) der individuellen Sprecher. Andererseits betont Gumperz: «Was interpretiert werden soll, muss durch

Interaktion zunächst einmal hergestellt werden, ehe die Interpretation beginnen kann» (a. a. O., S. 206).

Die Betonung des interaktiven und kooperativen Charakters des Sinngehalts, der Gegenstand von Interpretationen ist, steht also in einem Spannungsverhältnis zur Kategorie der kommunikativen Absicht der jeweiligen Sprecher. Die empirischen Studien von Gumperz und Cook-Gumperz nehmen nicht allein individuelle und absichtsvolle Selbstrepräsentationen, wie Goffman (1974b; → 2.2), sondern auch und überwiegend kollektive Identitäten in den Blick. Die von ihnen untersuchten kommunikativen Stile, insbesondere die «Kontextualisierungshinweise» (‹contextualization cues›), haben nicht nur die Funktion, individuelle Selbstpräsentationen zu signalisieren und auszuhandeln, sondern auch Zugehörigkeiten zu Gruppen, Kollektiven oder Milieus. Vor allem im Bereich der Identifizierung ethnischer Zugehörigkeit haben Gumperz und Cook-Gumperz beobachtet: «(…) die Teilnehmer sondieren gemeinsame Erfahrungen oder Anhaltspunkte für geteilte Auffassungen (…). Die Fähigkeit, einen gemeinsamen Rhythmus herzustellen, ist, neben anderen Faktoren, eine Funktion der Gleichartigkeit des ethnischen Hintergrundes» (1981, S. 436). In einem derartigen «gemeinsamen Rhythmus» oder einem «Sich-aufeinander-Einstimmen» (‹attunement›; Gumperz 1992, S. 42) repräsentiert sich, in den Worten Mannheims (1980), ein gemeinsamer oder «konjunktiver» Erfahrungsraum.

Die Art der interaktiven Bezugnahme, in der das kollektive Sinnmuster sich konstituiert, wird in unseren eigenen Analysen auch in ihrer *formalen Struktur* rekonstruiert. Wir sprechen dann von *Diskursorganisation (→ 5.19)*. Diese ist u. a. davon abhängig, ob über *gemeinsames* oder lediglich *strukturidentisches* Erleben verhandelt wird oder ob kein gemeinsamer Erlebniszusammenhang gegeben ist und damit auch keine «Gruppe». Die von der Diskussionsleitung initiierte und geförderte Selbstläufigkeit ermöglicht ein diskursives Einpendeln auf Erlebnis*zentren*, in denen der Fokus kollektiver Orientierungen gefunden werden kann. Die in derartiger Steigerung der metaphorischen und interaktiven Dichte entfalteten Darstellungen bezeichnen wir als *Fokussierungsmetaphern*. Diese Dramaturgie wird, ebenso wie die formale Diskursorganisation und die darin eingelassenen Beschreibungen und Erzählungen, in genauer Textinterpretation sequenzanalytisch mit den beiden Interpretationsschritten der «formulierenden» und «reflektierenden Interpretation» rekonstruiert.

9. Reflexive Prinzipien bei der Leitung von Gruppendiskussionen: Anmerkungen zur Erhebungssituation

Wie in allen rekonstruktiven Verfahren folgt man auch bei der Durchführung von Gruppendiskussionen einem methodologischen Grundprinzip, wonach der Forscher Bedingungen ermöglichen muss, damit sich der Fall, hier also die Gruppe, in seiner *Eigenstrukturiertheit* prozesshaft entfalten kann. Dies meint vor allem, dem Diskurs die Möglichkeit zu geben, sich auf jene Erlebniszentren einzupendeln, welche jeweils die fokussierte Erfahrungsbasis des kollektiven Orientierungsrahmens der Gruppe darstellen. Die Gruppe bestimmt somit ihre Themen selbst. Eine (thematische) Vergleichbarkeit der Diskurse, wie sie Voraussetzung für eine komparative Analyse ist, bedingt aber eine gewisse Standardisierung zumindest der Ausgangsfragestellung. Nachfragen sind zunächst nur zugelassen, wenn der Diskurs ins Stocken gerät, und zielen primär darauf, die Selbstläufigkeit wiederherzustellen. Erst in einer späteren Phase werden bisher nicht behandelte Themen fremdinitiiert. Für die Analyse ist es auch aufschlussreich, was *nicht* zu den fokussierten Erlebniszentren gehört, welche Themen bzw. Erfahrungsbereiche warum fremd sind oder gemieden werden.

Auf der Basis einer Rekonstruktion unserer eigenen Forschungspraxis lassen sich folgende Prinzipien der Leitung von Gruppendiskussionen nennen:

1. *Die gesamte Gruppe ist Adressatin der Interventionen.* Die Interventionen und Fragen der Diskussionsleitung sind nicht an einzelne Personen, sondern an die gesamte Gruppe adressiert. Damit soll vermieden werden, dass die Forschenden direkten Einfluss auf die Verteilung der Redebeiträge nehmen.

2. *Vorschlag von Themen, nicht Vorgabe von Propositionen.* Mit der Ausgangsfragestellung und durch die Nachfragen der Diskussionsleitung werden lediglich Themen initiiert, nicht Propositionen[2] vorgegeben, das heißt, es sollen Vorgaben dahin gehend vermieden werden, in welcher Weise, in welcher Richtung, also innerhalb welchen Orientierungsrahmens das Thema bearbeitet wird.

Vagheit der Fragestellung

3. *Demonstrative Vagheit.* Die Fragestellungen seitens der Diskussionsleitung sind bewusst und «demonstrativ» vage gehalten. Hiermit werden also (milieuspezifische) Fremdheit und Unkenntnis signalisiert, wie dies der methodologischen Grundhaltung der Fremdheit in der Wissenssoziologie, der Phänomenologischen Soziologie und der Ethnographie entspricht *(→ 3.8; → 5.5)*. Damit wird Respekt gegenüber dem Relevanzsystem und der Erfahrungswelt der Erforschten bekundet; zugleich werden diese aufgefordert, der Unkenntnis der Forschenden durch ausführliche und detaillierte Darstellungen abzuhelfen (vgl. dazu auch das reflexive Prinzip 5). Die Demonstration von Vagheit wie auch die Generierung detaillierter Darstellungen kann z. B. durch «unpräzise» und offen formulierte Fragen, aber auch durch *Fragereihungen* erreicht werden (z. B.: «Wie war das damals mit dem Übergang von der Schule zum Beruf? Wie ist es euch in der Zeit so ergangen?»). Unsere Erfahrungen mit Fragereihungen korrespondieren mit Beobachtungen im Rahmen der Konversationsanalyse (vgl. Sacks 1992, S. 561, sowie Bergmann 1981a, S. 133 ff.; *→ 5.17*).

4. *Kein Eingriff in die Verteilung der Redebeiträge.* Idealerweise erfolgen die Nachfragen erst, nachdem Mitglieder der Gruppe die Gelegenheit, den Redebeitrag, den «turn» zu übernehmen, nicht wahrgenommen haben. Im Sinne der Konversationsanalyse (vgl. Sacks et al. 1974, S. 25 ff.) bedeutet dies, dass eine Nachfrage erst erfolgen soll, nachdem es zu einem «Erlöschen» (lapse) des Diskurses gekommen ist – im Unterschied zu einer «Lücke» (gap) oder einer «Pause» (pause).

Die Forschenden nehmen also die ihnen als Gesprächsteilnehmer im Rahmen des «turn-taking-systems» zustehenden Rechte nicht wahr und *demonstrieren*, dass sie nicht die Absicht haben, dies zu tun. Sie bringen sich also nicht in die Teilnehmerfunktion einer Alltagskonversation ein, aber auch nicht in die Funktion der Diskussionsleitung bei Konferenzen, also diejenige der «Moderation», zu der auch die Zuweisung von Redebeiträgen gehört. Die in der Gruppendiskussion geforderte Zurückhaltung der Diskussionsleitung soll den Diskussionsteilnehmern Gelegenheit geben, einerseits Themen abzuschließen, andererseits die Verteilung, die Allokation der Redebeiträge selbst zu organisieren.

5. *Generierung detaillierter Darstellungen.* Die Fragen und Nachfragen sollen so gehalten sein, dass sie detaillierte Beschreibun-

gen oder auch Erzählungen zu generieren vermögen. Mit detaillierten Darstellungen soll der Zugang zur (Rekonstruktion der) Handlungspraxis und dem ihr zugrunde liegenden Modus Operandi, dem (kollektiven) Habitus, ermöglicht werden. Erreicht wird dies zum einen, indem direkt bzw. explizit «Erzählungen» und «Beschreibungen» und/oder «Erleben» nachgefragt werden (z. B.: «Könnt Ihr einmal erzählen oder beschreiben, was Ihr damals so erlebt habt, als ...?»). Erreicht wird die Generierung detaillierter Darstellungen aber auch durch *Fragereihungen* (vgl. dazu die Ausführungen unter 3), durch die dann zugleich auch Vagheit demonstriert werden kann.

6. *Immanente Nachfragen.* Immanente, d. h. auf ein bereits gegebenes Thema und den bereits gegebenen Orientierungsrahmen gerichtete Nachfragen haben Priorität gegenüber exmanenten, d. h. auf die Initiierung *neuer* Themen gerichteten.

7. *Die Phase exmanenter Nachfragen.* Nachdem (in der intuitiven Einschätzung der Diskussionsleitung) der dramaturgische Höhepunkt der Diskussion überschritten ist und somit die für die Gruppe selbst zentralen Themen (Fokussierungsmetaphern) abgearbeitet worden sind, werden nun (in exmanenter Weise) die für die Forschenden selbst relevanten und bisher nicht behandelten Themen eingebracht. Dazu sollte eine vom Erkenntnisinteresse und der angestrebten Typenbildung des Projekts her entfaltete Liste thematischer Schwerpunkte für Nachfragen vorbereitet worden sein. Dabei wird das reflexive Prinzip (6.) außer Kraft gesetzt. Alle anderen Prinzipien behalten ihre Gültigkeit.

8. *Die direktive Phase.* Gegen Ende der Diskussion greifen die Feldforscher auf jene Sequenzen des Diskurses zurück, die ihnen (ihrem intuitiven Eindruck zufolge) widersprüchlich oder in anderer Weise auffällig erschienen sind. In immanenter Anknüpfung an diese Sequenzen werden diese Widersprüche und Auffälligkeiten nun thematisch. Dabei verlieren die reflexiven Prinzipien (2.) und (3.) ihre Gültigkeit. Alle anderen gelten weiterhin.

10. Formulierende Interpretation, reflektierende Interpretation, Typenbildung

Die methodologische Leitdifferenz unseres Auswertungsverfahrens (Bohnsack 1989; Bohnsack et al. 1995) ist diejenige von *immanentem* versus *dokumentarischem* Sinngehalt (vgl. Mannheim 1964a).

Sie korrespondiert mit der Differenz zwischen einer «Kybernetik erster und zweiter Ordnung» bei Luhmann (1990b; vgl. auch: Bohnsack 1999, S. 207 ff.). Das, *was* gesagt, berichtet, diskutiert wird, also das, was *thematisch* wird, gilt es von dem zu trennen, was sich in dem Gesagten über die Gruppe *dokumentiert*. Dies ist die Frage danach, *wie* ein Thema, d. h. in welchem *Rahmen* es behandelt wird. Hierbei kommt der *komparativen Analyse* (vgl. auch: Glaser & Strauss 1967) insofern von Anfang an eine zentrale Bedeutung zu, als sich der Orientierungsrahmen erst vor dem Vergleichshorizont anderer Gruppen (wie wird dasselbe Thema bzw. Problem in anderen Gruppen bearbeitet?) in konturierter und *empirisch überprüfbarer* Weise herauskristallisiert.

Die Grundstruktur der *formulierenden Interpretation* ist die thematische Gliederung, d. h. die Thematisierung von Themen, die Entschlüsselung der zumeist impliziten thematischen Struktur der Texte.

Die *reflektierende Interpretation* zielt auf die Rekonstruktion der Orientierungsmuster bzw. des Orientierungsrahmens. Ihr Grundgerüst ist die Rekonstruktion der Formalstruktur der Texte (jenseits ihrer thematischen Struktur). Im Fall der Gruppendiskussion bedeutet dies die Rekonstruktion der *Diskursorganisation*, d. h. der Art und Weise, wie die Beteiligten aufeinander Bezug nehmen.

Im Zuge der *Typenbildung* werden auf der Grundlage von *Gemeinsamkeiten* der Fälle (z. B. die bildungsmilieutypisch allen Lehrlingen gemeinsame Erfahrung der Auseinandersetzung mit dem Arbeitsalltag) spezifische milieutypische Kontraste der Bewältigung dieser Erfahrungen (z. B. zwischen Musikgruppen und Hooligans; vgl. Bohnsack et al. 1995) herausgearbeitet. Der *Kontrast in der Gemeinsamkeit* ist fundamentales Prinzip der Generierung einzelner Typiken und zugleich die Struktur, durch die eine ganze Typologie zusammengehalten wird. Die Eindeutigkeit einer Typik ist davon abhängig, inwieweit sie von anderen auch möglichen Typiken unterscheidbar ist. Die Typenbildung gerät umso valider, je klarer am jeweiligen Fall auch andere Typiken aufgewiesen werden können, je umfassender der Fall innerhalb einer Typologie verortet werden kann.

Anmerkungen

[1] Dies gilt im Wesentlichen auch für die Monographie von Lamnek (1998) mit dem Titel «Gruppendiskussion», die sich im Übrigen auch in zentralen Punkten auf die Arbeiten von Morgan und Krueger stützt.

[2] Mit dem Begriff der «Proposition» knüpfe ich an Harold Garfinkel (1961) an. Im Sinne von Garfinkel sind in alltäglichen Darstellungen oder Beschreibungen («descriptions») Propositionen («propositions»), also Unterstellungen oder Feststellungen von Orientierungen und Haltungen impliziert.

Weiterführende Literatur

Bohnsack, R. (1999). Rekonstruktive Sozialforschung. Einführung in Methodologie und Praxis qualitativer Methoden. Opladen: Leske & Budrich (darin vor allem Kap. 3, 7, 8, 10 und 11).

Loos, P. & Schäffer, B. (2000). Das Gruppendiskussionsverfahren. Theoretische Grundlagen und empirische Anwendung (Reihe: Qualitative Sozialforschung). Opladen: Leske & Budrich.

Lunt, P. & Livingstone, S. (1996). Rethinking the Focus Group in Media and Communications Research. *Journal of Communication*, 46, 79–98. Spring.

Christian Lüders
5.5 Beobachten im Feld und Ethnographie

---

1. Von der Teilnehmenden Beobachtung zur Ethnographie
2. Teilnehmende Beobachtung
3. Ethnographie
4. Herausforderungen

---

1. Von der Teilnehmenden Beobachtung zur Ethnographie

Wer das Handeln von Menschen, ihre Alltagspraxis und Lebenswelten empirisch untersuchen will, hat im Prinzip zwei Möglichkeiten: Man kann mit den Beteiligten Gespräche über ihr Handeln führen und entsprechende Dokumente sammeln in der Hoffnung, auf diese Weise gehaltvolle Informationen *über* die interessierende Praxis zu erhalten. Oder man sucht nach Wegen und Strategien, an dieser Alltagspraxis möglichst längerfristig teilzunehmen und mit ihr vertraut zu werden, um sie in ihren alltäglichen Vollzügen beobachten zu können. Die zweite Strategie – die im Mittelpunkt dieses Beitrags steht – ist in der einschlägigen Literatur und hier vor allem im deutschsprachigen Raum lange Zeit als *teilnehmende Beobachtung* beschrieben worden; erst in jüngerer Zeit beginnt sich unter dem Einfluss der amerikanischen und englischen Diskussion stattdessen der Begriff «Ethnographie» durchzusetzen. Mit der Ersetzung des gewohnten Begriffs gehen auch veränderte konzeptionelle Akzentsetzungen einher.

2. Teilnehmende Beobachtung

Teilnehmende Beobachtung hat ihre historischen Wurzeln einerseits in Anthropologie und Ethnologie, andererseits in den Sozialreformbewegungen Ende des 19. und Anfang des 20. Jahrhunderts in den USA und Großbritannien. Ethnische sowie verteilungs- und migrationsbedingte Konflikte in den urbanen Industriezentren und das Entstehen neuer Formen von Armut und Verelendung in den Slums der Großstädte mobilisierten nicht nur Sozialreformer, sondern auch Wissenschaftler und Universitäten. In den 20er und 30er Jahren des letzten Jahrhunderts entstand vor allem in Chicago eine eigene Tradition der Stadtsoziologie auf der Basis ausführlicher teilnehmender Beobachtungen und Reportagen. Berühmt wurden vor allem die Studien von Thomas und Znaniecki, Park, Burgess und anderen (vgl. Lindner 1990). Fortgesetzt wurde diese Tradition in den 50er Jahren vor allem durch die mittlerweile zum Klassiker avancierte Untersuchung «Street Corner Society» von William F. Whyte (1955).

Als Anfang der 60er Jahre die teilnehmende Beobachtung in den USA wieder mehr Aufmerksamkeit verbuchen konnte, konzentrierte sich das methodologische Interesse auf die systematische Begründung und Ausarbeitung des Verfahrens als eigenständiger sozialwissenschaftlicher Forschungsmethode (vgl. Lüders 1995). Von den damaligen Protagonisten wurde teilnehmende Beobachtung als ein wichtiger Zugang zur sozialwissenschaftlichen Beschreibung von Wirklichkeit verstanden. Zugleich sahen sie sich, vor allem im Vergleich mit dem Interview und im Horizont des Primats quantifizierender Sozialforschung, immer wieder genötigt zuzugeben, dass es ihr an einem klaren methodologischen Profil mangele. Man strebte deshalb nicht nur die Ausformulierung eines Sets methodischer Regeln analog zu den etablierten sozialwissenschaftlichen Verfahren an, sondern bemühte sich auch um eine tragfähige theoretisch-methodologische Fundierung der Forschungspraxis. Dieses Anliegen lag auch dem 1969 erschienenen Reader von McCall & Simmons zugrunde.

Bilanziert man diese und ähnlich gelagerte Bemühungen aus heutiger Sicht, lässt sich festhalten, dass sich die Diskussionen vor allem auf zwei Aspekte konzentrierten: Da waren erstens der teilnehmende Beobachter und seine Beziehungen im und zum Feld. So lautete beispielsweise das erste Axiom bei Bruyn: «Erstes Axiom: Der teilnehmende Beobachter nimmt am Leben und den Meinungen (sentiments) der Menschen in Face-to-face-Beziehungen teil» (Bruyn 1966, S. 13). Was dies methodologisch bedeutete, wurde meist mit Hilfe der Rollentheorie ausbuchstabiert. Sichtbar wurden auf diesem Wege die in unzähligen Wendungen beschriebenen Dilemmata des teilnehmenden Beobachters, der als distanzierter Beobachter seinen wissenschaftlichen Standards und Aufgaben folgen muss, zugleich aber in den jeweiligen Situationen sozial und kulturell verträglich handeln muss. So folgt denn auch für Bruyn aus dem ersten Axiom: «Konsequenz: Die Rolle des teilnehmenden Beobachters beinhaltet beides: Unvoreingenommenheit und persönliche Beteiligung» (Bruyn 1966, S. 14). Der Sache nach konnten diese Rollenkonflikte nicht aufgelöst werden (→ 5.1). Die methodologische Diskussion konzentrierte sich dementsprechend auf die Auflistung unterschiedlicher Typen möglicher Konstellationen im Feld und ihrer Variablen (offene vs. verdeckte Beobachtung, unterschiedliche Grade der Teilnahme, Ausmaß der Standardisierung der Beobachtung etc.). Man hoffte, auf diese Weise wenigstens einige charakteristische Konflikte beschreiben und entsprechende pragmatische Empfehlungen formulieren zu können.

Neben dem Beobachter und seinen Rollenkonflikten im Feld konzentrierte sich die methodologische Diskussion zweitens auf die verschiedenen Phasen des Forschungsprozesses. Auf der Basis im Detail nicht immer übereinstimmender Phaseneinteilungen wurden unterschiedliche Aufgaben und Schwierigkeiten, denen sich der teilnehmende Beobachter im Feld ausgesetzt sieht, klassifiziert und methodologisch reflektiert. Dazu gehören die Phase der Problemdefinition, der Kontaktaufnahme, des Feldeinstiegs, der Etablierung einer Feldrolle und ihre Aufrechterhaltung, des Erhebens und Protokollierens von Daten, des Ausstiegs aus dem Feld und schließlich der Auswertung, der theoretischen Verarbeitung und Veröffentlichung der Ergebnisse (vgl. z. B. Hammersley & Atkinson 1983; Jorgensen 1989). Daneben werden unterschiedliche Phasen der Beobachtung unterschieden. Dabei geht man davon aus, dass nach einer eher breit angelegten beschreibenden Phase der Blick immer genauer auf den Forschungsgegenstand gerichtet werden kann (fokussierte Beobachtung), um dann nur noch ausgewählte Aspekte genauer zu untersuchen (selektive Beobachtung; vgl. Spradley 1980).

Es ist kennzeichnend für die englischsprachige Diskussion, dass diesen methodologischen Konzepten vorwiegend eine heuristische, *forschungspragmatische* Funktion zugeschrieben wurde. Dies verhinderte nicht nur eine zu weitgehende Standardisierung und Formalisierung; zugleich implizierte dieses Verständnis, dass alle methodologischen Ansätze und Konzepte nicht als solche Gültigkeit beanspruchen konnten, sondern sich erst in der Forschungspraxis und im Horizont konkreter Fragestellungen zu bewähren hatten. Bis heute hat dies zur Folge, dass die einschlägige Literatur vor allem in den Zeitschriften – wie Journal of Contemporary Ethnography (früher: Urban Life bzw. Urban Life and Culture), Qualitative Sociology, Qualitative Inquiry oder Qualitative Studies in Education –, aber auch zahlreichen Readern (vgl. z. B. Shaffir, Stebbins & Turowetz 1980; Shaffir & Stebbins 1991; Aster, Merkens & Repp 1989) neben ergebnisorientierten Berichten immer wieder durch methodologische Beiträge geprägt ist, in denen die jeweiligen projektspezifischen Erfahrungen aufgearbeitet werden. Diskutiert wird dabei z. B.,
– wie man Vertrauensbeziehungen aufbaut,
– wie die eigene Rolle während des Aufenthalts im Feld gestaltet werden kann,
– wie man protokolliert, offen oder (teil-)standardisiert, ob man nachträglich aus dem Gedächtnis die Ereignisse zusammenfasst oder in der Situation kurze Notizen macht, auf deren Basis man ausführlichere Protokolle erstellt,
– wie und wann man sich am besten für die Erstellung von Protokollen aus dem Feld zurückzieht,
– wie man in heiklen und gefährlichen Situationen agiert, wie man Informanten gewinnt,
– wie man technische Geräte und vorhandene Dokumente nutzen kann,

- wie man andere Verfahren wie Interviews und Gruppengespräche in der Situation einsetzen kann und
- wie man schließlich verhindert, von der Fülle der Informationen und Daten überrollt zu werden und in der Unübersichtlichkeit bzw. der Faszination des Alltags die eigene Forschungsfrage zu verlieren (vgl. z. B. Fetterman 1989; Grills 1998; sowie die Reihe «Qualitative Research Methods»: → 7).

In der deutschsprachigen Diskussion wurden diese Entwicklungen lange Zeit nicht aufgenommen. Die teilnehmende Beobachtung bzw. Feldforschung, wie sie gelegentlich auch genannt wurde (Girtler 1984; 1989; Friebertshäuser 1996), führte ein Schattendasein, wurde methodologisch wenig diskutiert und nur selten als zentrales Verfahren eingesetzt. Zwar wurde sie als ein Erhebungsverfahren neben Interview, Gruppendiskussion und Dokumentenanalyse geführt, aber spätestens an der Frage der Standardisierbarkeit des Vorgehens und angesichts ihres scheinbar ungesicherten methodologischen Status schieden sich die Geister. Für manche kam der teilnehmenden Beobachtung bestenfalls eine ergänzende, unter Umständen explorative Rolle in der Forschung zu (vgl. z. B. Bohnsack 1999, S. 146). Forschern, die nahezu ausschließlich auf die teilnehmende Beobachtung setzten, wurde zwar ein hoher Unterhaltungswert zugebilligt, als seriöse Forschung wurden ihre Arbeiten aber nicht rezipiert. Auch der Boom qualitativer Sozialforschung seit Ende der 70er Jahre hat daran lange Zeit wenig geändert.

Es bedurfte einer ganzen Reihe von Entwicklungen und Anlässen, bis man begann, die Stärken der teilnehmenden Beobachtung offensiv herauszuheben. Hilfreich dabei war sicherlich die Einsicht, dass das ursprüngliche Programm nicht einlösbar war, weil sich die vielfältigen Konstellationen, in denen teilnehmend beobachtet wurde, nicht methodologisch kontrollieren lassen. Das Bemühen, kontextunabhängige methodologische Regeln zu formulieren, wurde de facto in jedem Forschungsprojekt konterkariert, weil es offenbar vor allem das situationsangemessene Handeln des Beobachters, sein geschulter Blick und seine Fähigkeiten, heterogenes Material zu einer plausiblen Beschreibung zu verdichten, waren, an denen sich die Qualität von Studien entschied. Gerade weil aber ungezählte Studien belegten, dass man mit dieser Strategie interessante und wichtige Forschungsergebnisse erzielen konnte, begann man einerseits mit einer gewissen Vagheit in methodologischen Fragen zu leben, die nicht selten durch die Betonung «des Primats der Forschungspraxis über die ‹Theorie›, wie etwas zu machen sei» (Hammersley 1990, S. 1), zum Prinzip erhoben wurde. Zum anderen begann man, teilnehmende Beobachtung in einem weiter gefassten Sinn als eine *flexible, methodenplurale kontextbezogene Strategie* zu verstehen, die ganz unterschiedliche Verfahren beinhalten konnte. Für dieses Verständnis hat sich inzwischen der Begriff Ethnographie eingebürgert, wobei es sinnvoll erscheint, ihn auch nur in diesem Sinn zu verwenden. Eine weitere Ausdehnung des Begriffs für den gesamten Bereich qualitativer bzw. rekonstruktiver Sozialforschung, wie dies zurzeit in den USA en vogue ist (vgl. z. B. Denzin 1997), ist wenig sinnvoll, weil damit die methodologischen Besonderheiten dieses Zugangs aus den Augen verloren werden.

3. Ethnographie

In den letzten Jahren hat die Zahl ethnographischer Studien, aber auch methodologisch und konzeptionell angelegter Arbeiten zum Thema ‹Ethnographie› im deutschsprachigen Raum erheblich zugenommen. Begriffe wie Ethnographie, ethnographisches Vorgehen und Schreiben gehören noch nicht zum selbstverständlichen Repertoire qualitativer Sozialforschung. Hier erweist sich der deutschsprachige Raum im Vergleich zu der Diskussion etwa in den USA oder in Großbritannien in allen Aspekten als Entwicklungsland. Jedoch sind z. B. mit dem Reader von Berg & Fuchs (1993) immerhin eine Auswahl einschlägiger theoretischer Texte erstmals auch in der deutschen Übersetzung verfügbar. Mit den Sammelbänden von Hirschauer und Amann (1997) und Knoblauch (1996b) ist das hiesige Spektrum von Themen und Studien zugänglich. Die jüngst veröffentlichten einführenden Sammelbände zu den ‹Cultural Studies› (vgl. Bromley, Göttlich & Winter 1999; Engelmann 1999) stellen einem breiteren Publikum nicht nur einen theoretischen Blickwinkel, sondern auch ein Forschungsfeld vor, für das der ethnographische Blick geradezu konstitutiv ist *(→ 2.4; → 3.8; → 3.9).*

In einer ersten Annäherung lassen sich Ethnographien als Beschreibungen von Ethnien oder, um einen Begriff von Honer (1993, S. 14 ff.) aufzunehmen, als Beschreibungen von kleinen Lebenswelten verstehen. Sowohl der Begriff der Ethnie als auch die Anspielung auf das Husserl'sche Konzept der Lebenswelten in der Formulierung von Honer weisen darauf hin, dass Ethnographien üblicherweise die jeweilige Kultur und die darin eingelagerten Wissensbestände und -formen in das Zentrum der Aufmerksamkeit rücken. Anders jedoch als die traditionelle Ethnologie und Kulturanthropologie nehmen sozialwissenschaftliche Ethnographien vorrangig die eigene Kultur, genauer: die Kulturen in der eigenen Gesellschaft, in den Blick. Vor dem Hintergrund einer hochgradig ausdifferenzierten und pluralisierten Gesellschaft, in der die eigene Existenzform zunehmend nur noch als eine Option von ungezählten anderen erscheint, in der also Fremdheitserlebnisse in vielfältiger Form zur alltäglichen, nicht nur medial vermittelten Erfahrung geworden sind, wächst nicht nur die Neugierde, manchmal auch als das voyeuristische Interesse an anderen, scheinbar abseitigen und abstrusen Existenzformen, sondern auch die Nachfrage nach seriöser Beschreibung und Analyse des gar nicht mehr so Selbstverständlichen und des Neuen. Ethnographie der eigenen Kulturen wird so zu einem Medium der gesellschaftlichen Selbstbeobachtung.

Es ist deshalb auch nicht überraschend, dass ethnographische Studien heute ein breites Spektrum an Gegenständen und Themen aufweisen *(→ 3.8)*. Diese Studien untersuchen vor allem die Perspektiven der Teilnehmer, ihre Wissensbestände und -formen, ihre Interaktionen, Praktiken und Diskurse.

Im Zentrum der ethnographischen Neugierde steht – theoretischer formuliert – die Frage, wie die jeweiligen Wirklichkeiten praktisch ‹erzeugt› werden; es geht ihr also um die situativ eingesetzten Mittel zur Konstitution sozialer Phänomene aus der teilnehmenden Perspektive. Ein derartiges Erkenntnisinteresse ist nicht identisch mit dem alltäglichen Blick der Teilnehmer. Während diese üblicherweise daran interessiert sind, ihre handlungspraktischen Probleme zu lösen, konzentriert sich der ethnographische Blick auf jene Aspekte der Wirklichkeit, die diese gleichsam als selbstverständlich voraussetzen, nämlich die Praktiken zu ihrer ‹Erzeugung›, und fragt, wie es die Teilnehmer schaffen, sich selbst und anderen gegenüber soziale Fakten zu schaffen. Es ist deshalb ganz unvermeidlich, dass ethnographische Forschung «das weitgehend Vertraute (...) betrachtet, als sei es fremd, es wird nicht nachvollziehend verstanden, sondern methodisch ‹befremdet›: es wird auf Distanz zum Beobachter gebracht» (Amann & Hirschauer 1997, S. 12).

Vor diesem Hintergrund kann man Ethnographien im Anschluss

an Amann und Hirschauer als «mimetische Formen empirischer Sozialforschung» (1997, S. 20) begreifen, deren «Selektivität und Methodizität (…) nicht durch externe Vorschriften und Hypothesen über das Was, Wann, Wo und Wie eines standardisierten Beobachtungsverfahrens reguliert, sondern vom erfahrbaren Gegenstand erwartet (werden)» (ebd.), die mit der «scheinbar trivialen und ‹unmethodischen› Ausgangsfrage ‹What the hell is going on here› (Geertz)» beginnen (ebd.).

Versucht man nun, über die ganze Vielfalt von Themen und Zugängen hinweg die wesentlichen Charakteristika ethnographischer Forschung zu beschreiben, rücken drei Momente in das Zentrum der Aufmerksamkeit: längere Teilnahme, Ethnographie als flexible Forschungsstrategie und ethnographisches Schreiben.

Längere Teilnahme

Wenn Ethnographen von irgendetwas überzeugt sind, dann von der Annahme, dass die situative Praxis und das lokale Wissen nur durch länger dauernde Teilnahme, «durch anhaltende Kopräsenz von Beobachter und Geschehen» (Amann & Hirschauer 1997, S. 21) einer Analyse zugänglich gemacht werden können. Keine noch so ausführlichen Interviews und Gruppendiskussionen oder detaillierten Analysen natürlicher Dokumente können dies ersetzen. Gerade das Interesse an der Insiderperspektive zwingt den Ethnographen dazu, sich den jeweils gelebten situativen Ordnungen und Praktiken gleichsam auszusetzen, anzupassen, in einem gewissen Sinn auch zu unterwerfen. Eine Formulierung von Hammersley und Atkinson bringt dies auf den Punkt: «Der Ethnograph nimmt, verdeckt oder offen, am Alltagsleben der Menschen für längere Zeit teil, beobachtet, was geschieht, hört zu, was gesagt wird, stellt Fragen und sammelt alle irgendwie verfügbaren Daten, die für sein Thema von Bedeutung sein könnten» (1983, S. 2). In Abhebung zu Erinnerungen, Meinungen und Beschreibungen, die Befragte in Interviews, Gesprächen und Diskussionen äußern, also in Abhebung von Rekonstruktionen *über* Erfahrungen, Erlebnisse und Ereignisse setzt Ethnographie auf die Teilnahme und den Mitvollzug gegenwärtiger kultureller Ereignisse bzw. – um einen Begriff von Goffman aufzunehmen – auf die Kopräsenz (vgl. Goffman 1971a).

Voraussetzung für einen längeren und informativen Aufenthalt im Forschungsfeld sind die Bewältigung des Zugangs und die Über-

nahme einer von den Teilnehmern im Feld akzeptierten Rolle
(→ 5.1). Dementsprechend spielt in den Forschungsberichten die
Darstellung, wie es einem gelungen ist, Zugang zu dem jeweiligen
Feld zu bekommen, welche Hürden dabei bewältigt werden mussten, wie Vertrauen aufgebaut werden konnte und welche ‹gatekeeper› von besonderer Bedeutung waren, immer eine zentrale Rolle.
Weil üblicherweise die kleinen Lebenswelten, die Gegenstände von
Ethnographien werden, für den Ethnographen fremde Welten darstellen, weil zudem die Entwicklung eines fremden Blicks zu den
zentralen Leistungen des Ethnographen gehört, kann man das Eintauchen in Forschungsfelder auch als einen Prozess der partiellen
Enkulturation beschreiben (vgl. Amann & Hirschauer 1997, S. 27).
    Die Erfahrung dabei zeigt, dass die Art und Weise, wie man Zu-
gänge gewinnt, meistens schon zentrale Charakteristika des Feldes
widerspiegeln. Selbst in jenen Fällen, bei denen der Zugang (zunächst) scheitert, sind die dabei gewonnenen Erfahrungen aufschlussreich, weil sie hilfreiche Hinweise über die Struktur des Forschungsgegenstandes liefern können (vgl. Lau & Wolff 1983).
Zugleich erfolgen beim Übergang in das Forschungsfeld vielfältige
Weichenstellungen hinsichtlich einer Positionierung im Feld. Wie
man sich selbst einführt und vorstellt, wie man von Schlüsselpersonen den Teilnehmern im Feld vorgestellt wird, wie man dann später
selbst ‹mitspielt›, sind Stationen und Prozesse, an denen die Position
des Ethnographen im Feld der vorhandenen Beziehungen ausgehandelt und definiert wird. Die Forschungspraxis zeigt, dass dabei ein
breites Spektrum an Möglichkeiten existiert, die von der offenen beobachtenden Forscherrolle, die allen bekannt und für alle sichtbar
ist, bis hin zu unterschiedlichen Formen der tarnenden Mitgliedschaft (sei es z. B. als Praktikant, als neugieriger Interessent, als ver-
meintlicher Kunde oder Kollegin) mit fließenden Übergängen und
durchaus wechselnden Positionen während des Forschungsprozesses reicht.
    Die meist über längere Zeiträume sich erstreckende Teilnahme
fordert dabei Ethnographen insofern heraus, als sie sich üblicherweise nicht allein auf die Rolle des distanzierten, scheinbar neutralen
Beobachters zurückziehen können. Im Gegenteil: Alle ergiebigen
Ethnographien basieren auf entwickelten, vertrauensvollen Beziehungen und gelebter Teilnahme, aus denen meistens vielfältige Mi-
schungsverhältnisse, heikle Balancen zwischen Nähe und Distanz,

zwischen Eintauchen in die Praxis und dem resultieren, was Amann und Hirschauer präzise als das «strategische Privatspiel der Wissenserzeugung» (1997, S. 27) bezeichnet haben.

Flexible Forschungsstrategie
Eine derartige längere Teilnahme ist nur möglich, wenn der Ethnograph in der Lage ist, sich den jeweiligen situativen Gegebenheiten anzupassen. Dies impliziert auch, dass er in der Lage sein muss, sein methodisches Vorgehen anzupassen und die Balance zwischen Erkenntnisinteressen und situativen Anforderungen aufrechtzuerhalten. Denn ein allzu rigides Festhalten an methodischen Verfahrensprinzipien könnte über kurz oder lang den Zugang zu wichtigen Informationen verschließen. So erweist sich die Forschungspraxis als im hohen Maß milieu- und situationsabhängig, geprägt durch die beteiligten Subjekte, ihre Lebensformen und -bedingungen und die Unwägbarkeiten des Alltags. Letztendlich kann man sich diesen nur unterwerfen: «Die Technik besteht meines Erachtens darin, Daten zu erheben, indem man sich selbst, seinen eigenen Körper, seine eigene Persönlichkeit und seine eigene soziale Situation den unvorhersehbaren Einflüssen aussetzt, die sich ergeben, wenn man sich unter eine Reihe von Leuten begibt, ihre Kreise betritt, in denen sie auf ihre soziale Lage, ihre Arbeitssituation, ihre ethnische Stellung oder was auch immer reagieren» (Goffman 1996, S. 263). Dies allerdings impliziert, dass die Methodendebatte es in diesem Fall mit einer abstrakt und vorweg nicht mehr kontrollierbaren Vielfalt und Komplexität an Erhebungs- und Feldsituationen zu tun hat, die jedes Bemühen um Standardisierung ins Leere laufen lassen.
Kennzeichnend für ethnographische Forschung ist deshalb der flexible Einsatz unterschiedlicher methodischer Zugänge entsprechend der jeweiligen Situation und des jeweiligen Gegenstands – wobei nicht nur der Einsatz der Verfahren der Situation angepasst wird, sondern unter Umständen auch die Verfahren selbst. Biographisch-narrative Interviews nach den Regeln der Kunst *(→ 5.2; → 5.11)* kommen dann z. B. ‹im Feld› eher selten zum Einsatz, weil in der untersuchten Alltagspraxis nur selten Situationen entstehen, in denen die Teilnehmer entspannt zwei Stunden über ihr Leben sprechen können. In derartigen Konstellationen ist eher damit zu rechnen, dass die Biographien in unterschiedlichen Situationen und Zusammenhängen, bruchstückhaft, konzentriert in ungezählten An-

ekdoten, durchdrungen von Widersprüchen und aktuellen Einfär-
bungen, zur Sprache kommen.

Ausgehend von diesem Prinzip ist ethnographisches Vorgehen für
alle Forschungsmethoden offen. Neben der teilnehmenden Beobachtung in einer Vielzahl von Kontexten werden Interviews unterschiedlicher Art geführt, quantitative Daten erhoben und eingesam-
melt, Gespräche mit natürlichen Gruppen arrangiert, historische
und aktuelle Dokumente aller Art gehortet, die Alltagspraxis zu unterschiedlichen Formen der Selbstdarstellung angeregt, Videos aufgenommen, Fotoserien erstellt *(→ 5.6)* und in vielfältiger Form
Recherchen angestellt. Vieles erinnert dabei an journalistische Techniken, sodass nachvollziehbar wird, dass vor allem in der amerikanischen Diskussion das Verhältnis von Ethnographie und ‹new jour-
nalism› wiederholt zum Thema gemacht wurde (vgl. z. B. Denzin
1997, S. 126 ff.).

Wo andere – wie dies Knoblauch (1994b, S. 8) einmal polemisch
bezeichnet hat – «quasi-polizeilich Vorschriften ‹methodisch kontrollierter Hermeneutik›» entwickeln, sprechen Ethnographen deshalb von «the art of fieldwork» (Wolcott 1995), von einer Kunstlehre und bezeichnen Ethnographie als «opportunistische und
feldspezifische Variante empirischer Sozialforschung» (Amann &
Hirschauer 1997, S. 20). Wo die einen auf Verfahren setzen, betonen die anderen «die subtile Handhabung ihrer persönlichen Kon-
taktformen» (a. a. O., S. 25) und die «seismographischen Fähigkeiten» der Forscher (ebd.). Damit geht es nicht mehr um die (richtige
oder falsche) Anwendung einer Methode, sondern um die situa-
tions- und fallangemessene Realisierung einer allgemeinen methodologischen Pragmatik. Mit dieser Wendung rücken nun erstens das
Risiko und die nicht planbaren, die situativen, zufälligen und individuellen Momente des Forschungsprozesses in den Mittelpunkt der
Aufmerksamkeit. «Die Logik teilnehmender Beobachtung ist nicht
linear; ihre Praxis erfordert vom Forscher ein breites Spektrum an
Fähigkeiten, Entscheidungen zu treffen und einfallsreich zu sein;
darüber hinaus beeinflussen zahlreiche sachfremde (nonrationale)
Faktoren in vielfältiger Hinsicht empirische Untersuchungen» (Jorgensen 1989, S. 9).

Zweitens gewinnt das *kunstgerechte* Handeln des Forschers in
den jeweiligen Situationen an Bedeutung: «Ethnographie impliziert
Risiko, Unsicherheit und Ungemütlichkeit (…). Nicht nur, dass der

Forscher unbekannte Felder zu betreten hat; er geht auch noch ‹unbewaffnet›, ohne Fragebögen, Interviewleitfäden oder Beobachtungsprotokolle, die ihn vor dem kalten Wind der rauen Realität schützen könnten. Sie stehen mit sich allein. Sie selbst sind ihr erstes Forschungsinstrument, mit dem sie Daten ausfindig machen, identifizieren und sammeln müssen» (Ball 1990, S. 157). Damit werden nicht nur alle Ansprüche im Hinblick auf eine Formalisierung, Standardisierung und Methodisierung des Verfahrens abgewehrt; zugleich wird dadurch auch berücksichtigt – was Forscher und Methodologen häufig vergessen –, dass «der Sozialforscher und das Forschungshandeln selbst Teile und Momente jener Lebenswelt sind, die untersucht wird» (Hammersley & Atkinson 1983, S. 234). Dem liegt die Einsicht zugrunde, dass der ethnographische Forscher nicht nur am Leben des Untersuchungsfeldes teilnehmen muss, um etwas in Erfahrung zu bringen, sondern dass ihm – wie allen Sozialforschern – bei der Datengewinnung und -auswertung – ethnomethodologisch gesprochen – nur die Praktiken des Alltags zur Verfügung stehen.

Im günstigen Fall gelingt es ihm, diese zu verfeinern: «Wie feinsinnig die Ziele der Sozialwissenschaften auch immer sein mögen, so sind ihre Methoden doch nur Verfeinerungen oder Weiterentwicklungen jener Verfahren, die im Alltag Verwendung finden» (Hammersley & Atkinson 1983, S. 15). Allein die Möglichkeiten, diesen Sachverhalt entlastet von den Entscheidungszwängen des Alltags *reflexiv* in allen Aspekten zum Thema machen zu können, unterscheidet Forschung, sieht man einmal von ihren Zwecken und Funktionen ab, vom Alltagshandeln. Die Fähigkeit, das eigene Vorgehen, die eigenen Erfahrungen und Wahrnehmungen im Feld und die eigenen individuellen, kulturellen, sozialen und existenziellen Voraussetzungen reflexiv durchdringen zu können, wird deshalb auch zur entscheidenden Kompetenz des Ethnographen (vgl. Hammersley & Atkinson 1983).

Mit derartigem «strategischen Privatspiel» sind eine Vielzahl von ethischen und rechtlichen Fragen verbunden. Rein formal gesehen, basieren Ethnographien in der Bundesrepublik Deutschland auf personenbezogenen Daten und unterliegen damit den Bestimmungen des Datenschutzrechtes und den dort formulierten Bedingungen für wissenschaftliche Forschung. Dies ist z. B. insofern folgenreich, weil nach dem Gesetz die Teilnehmer im Feld der Ethnographie und der weiteren Verwendung der Daten für wissenschaftliche Zwecke ausdrücklich zustimmen müssten. Weiterhin sind Forscher verpflichtet, Daten vollständig zu anonymisieren, sicher und in jeder Hinsicht für Unbefugte unzugänglich aufzubewahren und später entsprechend den gesetzlichen Vorgaben – z. B. in einem Reißwolf – zu vernichten. Unabhängig davon gilt es von Fall zu Fall zu entscheiden und ethisch zu begründen, welche Strategien im Feld jeweils verfolgt werden *(→ 6.1)*.

Ethnographisches Schreiben und Protokollieren
Das Aufschreiben und die Darstellung des Beobachteten, Gehörten und Erlebten stellt ein konstitutives Moment von und zugleich eine Herausforderung für Ethnographien dar (vgl. für konkrete Vorschläge Emerson, Fretz & Shaw 1995). Neben der Vielfalt der methodischen Zugänge und der aktiven Anteilnahme des Forschers bzw. der Forscherin am Alltagsleben des Feldes ist für Ethnographien kennzeichnend, dass sie wie kein anderes Verfahren der Sozialforschung auf der nachträglichen Protokollierung des dabei Beobachteten und Wahrgenommenen bzw. genauer: des nachträglich noch Erinnerten basieren. Im Gegensatz zu audiovisuellen Aufzeichnungstechniken, die das interaktive Geschehen registrierend konservieren, handelt es sich bei Beobachtungsprotokollen um das Ergebnis eines «Transformationsprozesses, mit dem ein in sich sinnhaft strukturiertes, in situ organisiertes soziales Geschehen substituiert wird durch eine typisierende, narrativierende, ihrerseits deutende Darstellung ex post» (Bergmann 1985, S. 308), also um eine «rekonstruierende Konservierung» (ebd.; → 5.22).

Beobachtungsprotokolle als Grundlage von Ethnographien können deshalb nicht als getreue Wiedergaben oder problemlose Zusammenfassungen des Erfahrenen begriffen werden, sondern müssen als das gesehen werden, was sie sind: Texte von Autoren, die mit den ihnen jeweils zur Verfügung stehenden sprachlichen Mitteln ihre ‹Beobachtungen› und Erinnerungen nachträglich sinnhaft verdichten, in Zusammenhänge einordnen und textförmig in nachvollziehbare Protokolle gießen.

Diese Einsicht lenkt die Aufmerksamkeit auf das Problem der Autorschaft, wobei hier nicht immer eindeutig zwischen der Erstellung von Protokollen als der eigentlichen Datengrundlage von Ethnographien und der Erstellung von ethnographischen Berichten auf der Basis dieser Protokolle unterschieden wird (vgl. zum zweiten Aspekt → 5.22). Während vor allem in der deutschsprachigen Diskussion der Frage der Auswertung qualitativer Materialien, also der Protokolle, große Aufmerksamkeit geschenkt wird, spielt dieser Aspekt in der englischsprachigen Diskussion um Ethnographie bislang eher eine untergeordnete Rolle. Stattdessen steht hier vor allem die Diskussion um das Schreiben von Ethnographien im Vordergrund, und die damit verbundene These von der Krise der Repräsentation fand wiederholt breite Aufmerksamkeit, ohne dass sie allerdings forschungspraktisch erkennbare Konsequenzen gehabt hätte.

Ausgangspunkt der Diskussion war dort die Entdeckung des Autors als Quelle aller Ethnographien und die Einsicht, dass auch Protokolle keineswegs als 1:1-Repräsentationen beobachteter Wirklichkeit gelten können, sondern Ergebnis komplexer Sinnstiftungsprozesse sind. Dies gilt erst recht für das Schreiben ethnographischer Berichte, da diese auf der Basis der – wic immer auch erfolgten – Auswertung die in den Protokollen enthaltenen Beobachtungen systematisieren und einordnen, zu Ergebnissen verdichten und als Resultat dieser Beobachtungen präsentieren. Vor allem in der amerikanischen Diskussion gibt es eine Reihe von Arbeiten, die aus einer metatheoretischen Perspektive und mit den Methoden der Sprachanalyse ethnographische Texte zum Gegenstand der Analyse machen (→ 5.22). Ziel dieser Studien war es, die Muster und Strukturen, die sprachlichen Konventionen und Formate sowie die ideographischen Markierer zu rekonstruieren, die den Texttypus ‹ethnographischer Bericht› auszeichnen und gegenüber anderen Darstellungsformen – etwa der Reisebeschreibung – abheben bzw. mit deren Hilfe Ethnographen ihre Leser von der Authentizität und Glaubwürdigkeit der Darstellung überzeugen wollen (vgl. z. B. Van Maanen 1988, 1995). So interessiert sich etwa Atkinson (1990) dafür, wie es Ethnographen gelingt, in ihren Texten Autorität zu vermitteln und den Leser zu überzeugen, dass sie Realität darstellen. Die textförmige Repräsentation von Handlungsvollzügen (S. 104 ff.) und handelnden Subjekten (1990, S. 129 ff.) sind ebenso Analysegegenstand wie die verschiedenen sprachlichen Mittel und Formate zur Vermittlung von Unterschieden wie Distanz und Ironie (1990, S. 157 ff.).

Die Implikationen derartiger Analysen waren vielschichtig. Zunächst liefern sie eine Vielzahl von empirischen Einzelbeobachtungen über die Art und Weise, wie Ethnographen ihre Texte erzeugen und gestalten. Meist bleibt es aber bei dieser rekonstruktiven Auflistung; die methodologischen Implikationen beschränken sich dann auf die allgemeine Forderung, dass man lernen sollte, sich bewusst zu werden, mit welchen sprachlichen Mitteln sie arbeiten. Darüber hinaus verdeutlichen derartige Analysen unabweisbar, dass nicht nur das Schreiben ethnographischer Berichte, sondern Forschung generell primär eine «rhetorical activity» ist (Atkinson 1990, S. 10) und der schreibende Protokollant und der schreibende Autor des Berichtes unauflösbar mit dieser Aktivität verbunden sind. Diese Einsicht in den rhetorischen Charakter sozialwissenschaftlicher Forschung und der von ihr beschriebenen Wirklichkeit (Wolff 1976) führt unmittelbar zu der erkenntnistheoretischen Frage nach dem Verhältnis von Text und ‹Realität› und in die ungeliebte Debatte um die Unterschiede bzw. Gemeinsamkeiten zwischen Alltag, Wissenschaft, Literatur, zwischen Fiktion und Realität, zwischen Analyse und Phantasie bzw. der Rolle des Autors und seiner Subjektivität.

Außer einigen Reflexionsgewinnen erbrachten diese Debatten jedoch forschungspraktisch wenig greifbare oder hilfreiche Ergebnisse. Letztendlich geriet jeder Ethnograph in das Dilemma zwischen rhetorischer Konstruktion und Empirie, für das keine bewährten Auswege vorgesehen waren. Vor allem gab es keine erkennbaren Antworten auf die brennende Frage, wie man denn nun am besten Protokolle erstellen sollte, welche Informationen sie enthalten und welche Struktur sie aufweisen müssten, damit sie als Grundlage der Auswertung dienen können. So bleibt es bis heute jedem Ethnographen selbst überlassen, ob er – in Abhängigkeit von seiner Forschungsfrage – größere Handlungsabläufe oder Handlungszusammenhänge, einzelne Ereignisse und Situationen, wörtliche Rede oder sinngemäße Zusammenfassungen notiert und ob er sich dabei bemüht, Prozesse so weit wie möglich in ihrer raumzeitlichen Entwicklung zu dokumentieren, oder ob er bereits bei der Protokollierung beginnt, inhaltlich zu interpretieren. Diese Offenheit geht mittlerweile so weit, dass bei einigen Vorschlägen selbst der Texttypus Protokoll unscharf zu werden droht. Wenn gerade im Kontext postmoderner Konzepte von Ethnographie von Vielstimmigkeit, «performances», von «true fictions» und von «dialogischer Evokation» gesprochen wird (vgl. zusammenfassend Lüders 1995, S. 330 ff. und 1996), dann führt dies zu Sprach- und Darstellungsformen, bei denen die Begriffe Protokoll und Bericht ihre angestammte und vertraute Bedeutung verlieren. Wer Protokolle nach dem Muster reflektierender Kristallkugeln entfalten möchte (vgl. Richardson 1994), öffnet das Feld für unterschiedliche Texttypen und Erfahrungshorizonte, wobei er sich zugleich neue Probleme bei der Auswertung einhandelt.

4. Herausforderungen

Die wachsende Zahl ethnographischer Studien und methodologischer Beiträge zur Ethnographie kann nicht über die vielen angesprochenen kritischen Fragen und ungelösten Probleme hinwegtäuschen. Neben den bekannten offenen Fragen qualitativer Sozialforschung (z. B. zum Problem der Gültigkeit: → 4.7) ist vor allem das Problem der Auswertung ethnographischer Materialien zu nennen. Eine Herausforderung ist dies, weil sich die aktuelle Debatte vorrangig auf den Aspekt der Teilnahme im Feld konzentriert, die Frage aber, wie eine Ethnographie, also die Beschreibung einer Ethnie in Form eines Textes bzw. eines Forschungsberichts entsteht, kaum thematisiert wird. Gerade die immer wieder propagierte multiperspektivische Zugangsweise, der parallele Einsatz unterschiedlicher Erhebungsverfahren provoziert jedoch unweigerlich die Frage, wie die auf diese Weise gewonnenen Daten *ausgewertet*, aufeinander bezogen und verdichtet werden können, sodass daraus schließlich eine lesbare und für andere ergiebige Ethnographie wird.

  In der jüngeren deutschsprachigen Diskussion wurde dieses Problem erstmals systematisch mit der Frage aufgegriffen, wie man denn Protokolle teilnehmender Beobachtung bzw. Feldprotokolle auswerten und was man daraus erfahren könne. Während Schneider dafür plädierte, Feldprotokolle ähnlich wie Interviewtranskriptionen als strukturierte Texte zu betrachten, die mit den Mitteln der Sequenzanalyse *(→ 5.16)* auszuwerten seien (Schneider 1987, S. 106 ff.), argumentierte Reichertz, dass «die Darstellung von Ereignissen (...) immer an eine Form gebunden» sei (Reichertz 1989, S. 99), sodass unvermeidlich zunächst die Darstellungsformen des Feldforschers im Vordergrund stünden. Wenn man dieses Argument zuspitzt, hieße dies, dass man Feldprotokolle nicht als Protokolle von Ereignissen lesen und interpretieren dürfe, sondern als bereits interpretierte, mehr oder weniger literarisch verdichtete Dokumente der Erfahrungen und Sinnstiftungen des Feldforschers selbst zu verstehen hätte. Reichertz selbst wies auf einen Ausweg aus diesem Dilemma, indem er für einen vergleichenden Zugang warb: Mit Hilfe von Feldprotokollen könne «sehr gut die wissenschaftliche Perspektivik eines Ereignisses rekonstruiert (...) und mit anderen verglichen werden» (ebd., S. 102).

Vergleichsmöglichkeiten eröffnen sich dabei in zweifacher Hinsicht: Zum einen können Daten miteinander verglichen werden, die mit Hilfe des gleichen Zugangs gewonnen wurden, also Daten auf der Basis von Feldprotokollen eines oder mehrerer Feldforscher (Datentriangulation). Daneben können aber auch Ergebnisse aus unterschiedlichen Zugängen, also z. B. Interviews, Gruppendiskussionen, Dokumentenanalysen, Feldprotokolle u. Ä., miteinander verglichen werden (Methodentriangulation; → 4.6). Man erhofft sich davon, dass man durch systematisches Aufeinanderbeziehen unterschiedlicher Daten und Ergebnisse nicht nur zu einer vollständigeren, «dichteren» Beschreibung der jeweiligen Lebenswelt gelangt, sondern zugleich ein Validierungsinstrument in den Händen hält. Der etwas naive Glaube im Hintergrund besagt, dass, wenn eine Handlung aus unterschiedlichen Perspektiven sehr ähnlich beschrieben wird, man gute Gründe hätte, den Beschreibungen, d. h. also den Feldprotokollen, zu trauen. Das Problem dabei ist, dass zwar auf der Ebene alltäglicher Plausibilitäten man mit derartigen Argumentationen recht weit kommt, dass derartige Argumente aber eine tragfähige Auswertungsstrategie und Begründung dafür nicht ersetzen können. In diesem Sinn kann festgehalten werden, dass nach wie vor kein Konsens darüber besteht, wie unterschiedliche Daten aufeinander bezogen und wie Feldprotokolle ausgewertet werden. Das Problem wird noch einmal verschärft, wenn in der jüngeren Diskussion Ethnographen als «personale Aufzeichnungsapparate» und Feldprotokolle als «inspektive Daten» (Amann & Hirschauer 1997, S. 21 ff.) verstanden werden.

Ein anderer Vorschlag, diesen Schwierigkeiten zumindest teilweise zu entkommen, ist der Einbezug des Lesers. Damit wird der Akzent von der Auswertung und der Darstellung auf den Nachvollzug bei der Lektüre verschoben. Nicht die Frage, wie die Daten im Einzelnen ausgewertet und aufeinander bezogen worden sind, ist von zentraler Bedeutung, sondern ob für die Leser der daraus entstandene Text nachvollziehbar und plausibel ist, wird zum entscheidenden

Qualitätskriterium (Reichertz 1992). Die Entscheidung über die Qualität einer Studie wird damit den Lesenden, unter Umständen dem Diskurs der Rezipienten überantwortet. Das mag innerhalb des Wissenschaftssystems noch ein gangbarer Weg sein; für die Rezeption außerhalb des Wissenschaftssystems, also in Öffentlichkeit, Politik, Verwaltung und beruflicher Praxis und im gesamten Bereich der praxisbezogenen Forschung, stellt dieser Vorschlag keine Lösung dar, weil die Leser üblicherweise nicht über die dafür notwendigen Voraussetzungen verfügen.

Man kann sich bei diesen Fragen – vor allem, wenn man sie erkenntnistheoretisch, wissenschaftstheoretisch und methodologisch verbindlich lösen will – leicht verlaufen. Bevor man jedoch absehbar vergeblich auf verbindliche Lösungen wartet oder dazu neigt, mit gewichtigen grundsätzlichen Argumenten das Kind mit dem Bade auszuschütten, und das heißt letztlich: ethnographische Forschung zu verhindern, weil sie ohnehin nicht die strengen methodologischen, wissenschafts- und erkenntnistheoretischen Anforderungen erfüllen kann, spricht viel dafür, Forschung zu betreiben und gründlich zu reflektieren. Ethnographie lebt von der Teilnahme und den Berichten über diese Teilnahme. Was notwendig wäre, ist eine Intensivierung dieser Forschung und der Diskussion über die dabei gemachten Erfahrungen.

Weiterführende Literatur

Amann, K. & Hirschauer, St. (1997). Die Befremdung der eigenen Kultur. Ein Programm. In: Hirschauer, St. & Amann, K. (Hg.). Die Befremdung der eigenen Kultur. Zur ethnographischen Herausforderung soziologischer Empirie, S. 7–52. Frankfurt a. M.: Suhrkamp.

Hammersley, M. & Atkinson, P. (1983). Ethnography. Principles in Practice. London, New York: Tavistock.

Jorgensen, D. L. (1989). Participant Observation. A Methodology for Human Studies (Applied Social Research Methods Series, Vol. 15). Newbury Park, London, New Delhi: Sage.

Douglas Harper
5.6 Fotografien als sozialwissenschaftliche Daten

Über sozialwissenschaftliches Fotografieren zu schreiben, ist eine abschreckend schwierige Aufgabe. Wir leben in einer Welt, die den meisten Menschen optisch vertraut ist. Die Soziologie untersucht die Welt, in der wir leben. Also wäre das Anlegen eines visuellen Verzeichnisses der Welt, in der wir leben, als integraler Bestandteil der Sozialforschung durchaus wünschenswert. Die Soziologen verwenden aber nur selten Fotografien. Zumeist denken sie über die Verknüpfung von visueller Information und soziologischer Denkungsart überhaupt nicht nach. Bei den Anthropologen liegen die Dinge ähnlich im Argen. Lediglich einige akademische Kleingruppen, die sich der visuellen Soziologie und Anthropologie verschrieben haben, schaffen ein Gegengewicht zu der ansonsten entschiedenen Ablehnung eines an sich natürlichen, kreativen und interessanten sozialwissenschaftlichen Forschungsstils.

Man kann das Thema der Fotos als sozialwissenschaftlicher Daten unter verschiedenen Gesichtspunkten betrachten. Da mein Beitrag für ein Handbuch der qualitativen Sozialforschung bestimmt ist, schlage ich einen pragmatischen Weg ein und richte dabei das Augenmerk eher auf Feldstudien als auf die semiotische Analyse visueller Texte.

Dieser Beitrag möchte dazu ermutigen, in Anknüpfung an die Versuche einiger weniger Forscher mit Fotos umzugehen und durch eigene Erfahrung fotografische Mündigkeit zu erlangen. Wie andere Aspekte qualitativer Forschung auch kann die visuelle Dimension am ehesten durch Praxis begriffen werden. Sie lässt sich systematisch nicht beschreiben und nicht lehren wie Surveymethoden oder statistische Verfahren. Denn mit der Fotografie gelangt die Soziologie als Wissenschaft ganz in die Nähe der künstlerischen Tätigkeit.

Zunächst wird die Art und Weise betrachtet, wie sich spezifische

Merkmale der Fotografie auf die Verwendung fotografischer Methoden in sozialwissenschaftlichen Feldstudien auswirken können. Danach werden einige bereits vorliegende Ansätze der visuellen Soziologie beschrieben, die Sozialforschern als Richtlinien zur Erweiterung und Bereicherung ihrer Untersuchungsrepertoires und -methoden dienlich sein können.

1. Vom Wesen des Bildes

Die visuelle Soziologie verwendet optische Repräsentationen jeder Art – oder sie kann es tun. Der vorliegende Beitrag befasst sich allerdings nur mit einem Typus derartiger Repräsentationen: mit der Fotografie. Fotos verkörpern gleichsam die verbreitetste Form der visuellen Soziologie. Dennoch sind Fotos höchst merkwürdige Repräsentationen: Sie fangen die Welt anscheinend *vor* jeder möglichen Deutung ein, tun dies aber mit subjektiver Voreingenommenheit. Es gibt kein anderes Verfahren zur Erfassung der Welt, das mit solcher Ironie die eigene Inkonsistenz auf die Spitze treibt. Alles, was hier über die optischen Methoden zu lesen ist, lebt geradezu von der Spannung zwischen diesen widersprüchlichen Merkmalen der Fotografie.

Ein Foto entsteht, wenn Licht seine Spuren auf einer ‹Gedächtnis›-Oberfläche zurücklässt. Diese Oberfläche ist, wie in der traditionellen Fotografie, chemisch zusammengesetzt oder, wie bei lichtempfindlichen Computerchips, elektronisch. Unerlässlich für die Entstehung eines Fotos ist die Reflexion von Licht durch einen Gegenstand. Deshalb ist es eine Aufnahme dieses Gegenstandes zu einem bestimmten Zeitpunkt. In diesem Sinn ist die Fotografie denn auch empirisch: Sie zeichnet auf, was unsere Augen wahrgenommen haben. Wenn also ein Feldforscher Informationen über die Behausung von Leuten, die Dichte des Straßenverkehrs oder die statusabhängige Kleidung von Menschen aufzeichnen will, bietet sich die Fotografie als brauchbarer Datenträger an. Der Spruch, dass das Bild mehr wert ist als tausend Worte, trifft in diesem Fall vermutlich den Nagel auf den Kopf. Die Fotografie akkumuliert eine schier unglaubliche Menge von Informationen – das Foto eines komplexen gesellschaftlichen Ereignisses oder einer vielschichtigen materiellen Gegebenheit erfordert zu seiner Beschreibung mehrere Textseiten.

Text und Bild sind nie gleichwertig. Ein Bild teilt allerdings auch nur Fragmente mit. Traditionsgemäß wird die Bruchstelle zwischen Bildern und ausführlichen Texten durch Legenden überbrückt; diese erweisen sich als Kurztexte, durch die das Bild mit anderen Bedeutungen verknüpft wird. Einige visuelle Ansätze der Sozialwissenschaften verwenden Legenden zur Stiftung von Sinnzusammenhängen zwischen Fotos und Texten. Aber Legenden machen aus Bildern oft genug redundante Doppelgänger bestimmter Textpassagen. Andere Modelle der Wort-Bild-Integration dagegen haben die visuelle Soziologie sehr beflügelt. Zwei außergewöhnliche Beispiele seien genannt: zum einen die Studie von Agee und Evans (1960) über die Wanderarbeiter in den USA zur Zeit der Wirtschaftskrise, zum anderen die Studie von Berger und Mohr (1975) über Gastarbeiter in mitteleuropäischen Ländern. Die 31 Fotos von Evans – eine Serie legendenloser Aufnahmen dreier Familien und ein kurzer Essay über eine Stadt in den Südstaaten der USA – leiten die 460 Seiten umfassende Narration der drei Familien durch James Agee ein. In dieser außergewöhnlichen Gleichordnung von Wort und Bild wird keins von beiden durch das andere sei es ersetzt, sei es wiederholt. Wort und Bild entfalten sich im Gegenteil Hand in Hand – die Intensität des Texts scheint durch die sparsamen Ausdrucksmittel der Bilder gespeist zu sein.

In dem Meisterwerk von Berger und Mohr zum Thema der Gastarbeiter im Europa der 60er Jahre des 20. Jahrhunderts wird das Verhältnis von Wort und Bild umgekehrt: Die mehr als 200 Aufnahmen Mohrs tragen entscheidend zur Entfaltung von Bergers mitunter ironischem und verhaltenem, vielschichtigem Text bei.

Die Verwendung fotografischer Verfahren zur Datengewinnung bildet den Ausgangspunkt der frühen visuellen Soziologie und Anthropologie. Das beste Beispiel dafür ist nach wie vor das Buch *Balinese Character* von Gregory Bateson und Margaret Mead (1942). In dieser Studie verwendeten die Autoren 759 Aufnahmen (aus einer Sammlung von mehr als 25 000 Bildern, die sie im Verlauf ihrer Feldarbeit aufgenommen haben), um ihre ethnographische Analyse zu untermauern und zu bereichern. Bildsequenzen zeigen soziale Rituale der Balinesen; andere machen deren Routineinteraktionen sichtbar. Diese Bilder gleichen kurzen Filmclips (die Forscher haben übrigens mehrere Kurzfilme gedreht, die die gleichen visuellen Botschaften vermitteln wie die Bildsequenzen). Fotos wurden auch zur

Dokumentierung der materiellen Kultur (Gebäude, landwirtschaftliche Techniken) verwendet.

Gelegentlich machen Soziologen von Dokumentarfotos in der Absicht Gebrauch, ihr geschichtliches Verständnis mit Hilfe dieser aus der Berufsfotografie stammenden Bilder zu vervollständigen. So haben beispielsweise Sozialforscher die Aufnahmen Jacob Riis' (1971 [1890]) herangezogen, um die Lebensbedingungen in den Industriestädten des frühen 20. Jahrhunderts zu analysieren. Diese Sozialforscher gingen von der Erkenntnis aus, dass die Industrialisierung und der Mangel an öffentlichen Verkehrsmitteln Ursache einer extremen Wohndichte und anderer gesellschaftlicher Konfliktpotenziale waren. Die Aufnahmen Riis' beleuchten einen Aspekt dieser Lebensbedingungen; sie brechen allerdings auch den Rahmen rein geschichtlicher, demographischer und struktureller Gegebenheiten auf, indem sie die Spuren menschlicher Mimik und Gestik festhalten und dadurch anzeigen, wie die Leute unter jenen Bedingungen mit der Realität zurechtzukommen versuchten.

Soziologen verwenden ferner Fotos zur Erfassung der Erfahrungswelt. So habe ich z. B. in meiner Untersuchung der Umwelt landwirtschaftlicher Milchviehbetriebe Luftaufnahmen herangezogen (vgl. Harper 1997). Die aus einem kleinen Flugzeug aufgenommenen Bilder machten deutlich, dass der Typus dieser Betriebe, die ich aufgrund anderer Analysen zu definieren versucht hatte, aus der Vogelperspektive ganz anders aussieht. So trat die Wirklichkeit aus der Höhe gesehen anders in Erscheinung als unter dem ‹normalen› Blickwinkel. Aufgrund des Perspektivenwandels musste ich die Aussagen über die Bauernhöfe, den Gebäudetypus und sogar die Folgen bestimmter Anbauverfahren ergänzen. Ich habe dank einiger Aufnahmen auch eine bestimmte Entwicklungstendenz der Milchviehbetriebe hin zu anderen, nichtlandwirtschaftlichen Zwecken entdecken können. Zwar waren die Aufnahmen nicht ganz uneindeutig, aber sie verdichteten sich zur Basis einer neuen Typologie, die auf die Analyse von Struktur und Wandel anderer landwirtschaftlicher Umgebungen übertragen werden konnte. In diesem Fall ist die fotografische Erfassung aus der Luft eine sprudelnde Informationsquelle zum Thema strukturbedingter Phänomene im geschichtlichen Wandel.

Diese Beispiele legen den Gedanken nahe, dass die visuelle Soziologie lediglich im Ablichten soziologisch relevanter Gegenstände besteht; dabei werden die Bilder manchmal in die vertextete Analyse des gleichen Gegenstandes eingebaut. Als solche wäre die visuelle Soziologie also eine ziemlich einfache Angelegenheit. Diese vereinfachende Vorstellung der visuellen Sozialforschung ist jedoch ins Sperrfeuer der Kritik geraten, vor allem aufgrund ihrer Verbindung zur empirischen Soziologie und zur Dokumentarfotografie.

Die weitgehend vom Postmodernismus inspirierte Kritik (vgl. Bolton 1989 und darin besonders den Aufsatz von Rosler; vgl. ferner Solomon-Godeau 1991) besagt im Kern, dass die empirische Soziologie und die in deren Dienst stehende Fotografie eine objektive Realität einfach postulieren und an die Verfügbarkeit von Werkzeugen für die Messung dieser Realität glauben. Aber eigentlich sei die Realität – argumentieren die Postmodernisten – fundamental zweideutig, sodass Fotos, wie überhaupt alle Aufzeichnungen aus dem Leben, viel eher subjektiv gefärbte Repräsentationen als objektive Dokumente seien (vgl. u. a. Clifford & Markus 1986). Gravierender ist der Vorwurf, dass die Soziologie und in noch stärkerem Maß die Dokumentarfotografie ihre eigene Ideologie durch die verführerische Maske des Objektivismus kaschieren. Diese Kritik trifft ins Schwarze, obgleich die Prämissen der empirischen Soziologie durch die Kritik für einige Forscher, die sich der visuellen Soziologe verpflichtet fühlen (und dazu zähle ich mich selber), nicht außer Geltung gesetzt werden. Vielmehr erweist sich die Fotografie als eine Ergänzung der Sozialforschung. Wenn wir uns dessen bewusst sind, wie Fotos konstruiert werden, können wir sie mit Gewinn verwenden. So fahre ich mit der Erörterung des Einflusses sozialer und technischer Aspekte auf die Bedeutung von Fotografien fort und wende mich dabei auch der Frage zu, welche Folgen das Fotografieren für die Sozialwissenschaften auf der Suche nach angemessenen Visualisierungsverfahren haben mag.

2. Die soziale Konstruktion von Bildern

Ein Foto ist sozial konstruiert in dem Sinn, dass der soziale Status des Fotografen und des abzubildenden Gegenstands auf den Prozess der Aufnahme Einfluss nehmen. Man braucht eine gewisse soziale Macht, um Fotos anzufertigen (vgl. Tagg 1988), teils schon deshalb, weil durch das Aufnehmen Identitäten, persönliche Beziehungen und Lebensgeschichten verdinglicht werden. Ein Vater mag auf den

Gedanken verfallen, seine Kinder in lächerlichen Posen aufzunehmen; die Kinder haben dagegen keine soziale Macht, um ihre Eltern im Zank (oder beim Geschlechtsverkehr) aufzunehmen und die so entstandenen Bilder als Dokumente der ‹offiziellen› Familiengeschichte herumzureichen (vgl. Chaflen 1986). Soziologen und Anthropologen haben stillschweigend das Recht in Anspruch genommen, die von ihnen untersuchten Menschen zu fotografieren und sie solcherart als Gegenstand akademischer Gelehrsamkeit zu präsentieren (und zwar in einer Weise, welche die ideologische Basis der Beziehung zu dem ‹Gegenstand› verheimlicht). Edwards' (1992) Aufsatzsammlung zur Fotografie in der frühen britischen Anthropologie macht genau diesen Punkt spürbar: Auch nach den von den Anthropologen des frühen 20. Jahrhunderts formulierten Kriterien sind die Bilder keine objektiven Dokumentationen der Forschungsobjekte. Vielmehr drücken die Aufnahmen die Beziehungen der Kolonisatoren zu ihren Gegenständen aus: Die Anthropologie war eine Kolonialwissenschaft, und die im Dienste dieser Disziplin angefertigten Bilder legten fest, was Eingeborene sind – die dem Kolonialismus innewohnende Asymmetrie der sozialen Beziehungen wurde damit verdinglicht. Es gibt keine Fotos, die Eingeborene von den Kolonisatoren (oder dem Kolonialismus) gemacht hätten. Allerdings haben in jüngerer Zeit ehemalige ‹Eingeborene› für sich das Recht in Anspruch genommen, ihre eigenen Bilder zu produzieren und ihre visualisierte Geschichte zu erzählen. Dadurch wurden die für die traditionelle Anthropologie charakteristischen Sozialbeziehungen in Frage gestellt.

Die soziale Konstruktion der Fotografie ist oft eine ungleich subtilere Sache, als es die vorher erwähnten Beispiele vermuten lassen. Ich habe beispielsweise 110 Dokumentaraufnahmen verwendet, die unmittelbar nach dem Ende des Zweiten Weltkriegs entstanden sind. Sie gehören zu einer Untersuchung, die ich über die Entwicklung der landwirtschaftlichen Milchviehbetriebe im Nordosten der USA durchführe. Die Fotos stammen aus einer Sammlung, die von einer amerikanischen Gesellschaft, der Standard Oil of New Jersey (SONJ), finanziert und von dem bekannten Fotografietheoretiker Roy Striker aufgebaut wurde. Meine Stichprobe umfasst etwa 40 Bilder der Fotografin Charlotte Brooks und ungefähr 70 andere Bilder von männlichen Fotografen. Der Vergleich zwischen geschlechtsspezifischen Bildmerkmalen war für mich höchst überra-

schend. Auf den Bildern der fotografierenden Männer waren so gut
wie keine Bäuerinnen zu sehen. Die Männer nahmen die Frauen weder als Individuen auf dem Feld noch bei der Hausarbeit oder bei
der Kindererziehung auf. Charlotte Brooks richtete dagegen ihr Objektiv auf diese ausgeklammerten Themen. Daraus folgt, dass wir
bei der Betrachtung der Fotos als Dokumente der landwirtschaftlichen Lebensbedingungen in der Epoche des Zweiten Weltkriegs einen Ausschnitt aus einem Gesamtbild für ein getreues Abbild halten. Im vorliegenden Fall sind die Fotos allerdings das Ergebnis der
für die USA der 40er Jahre des 20. Jahrhunderts typischen sozialen
Konstruktion von Männlichkeit und Weiblichkeit *(→ 3.10)*.

Sozialwissenschaftler sollten sich aus verschiedenen Gründen
über die soziale Konstruktion von Bildern Klarheit verschaffen.
Zum einen müssen wir erkennen, dass die Fotografie die Asymmetrie von Beziehungen reproduziert – sie liegt zumeist auch dem Forschungsprozess zugrunde. Ich kann mich zwar in die Lebenswelt der
Armen begeben, indem ich vorübergehend die Straße als mein Do-
mizil wähle und verschiedenste Situationen fotografiere; ein Ob-
dachloser dagegen kann sich nicht in die Lebenswelt meines Univer-
sitätspräsidenten einschleichen und dort Aufnahmen machen. Diese
Erkenntnis war für manche Sozialwissenschaftler das Motiv zum
gänzlichen Verzicht auf die Fotografie. Für andere kommt diese Erkenntnis der Aufforderung gleich, die Machtverhältnisse in den Beziehungen zwischen den untersuchten Subjekten und den Forschenden neu zu ordnen. Einige Soziologen sind durch den Konflikt
zwischen der vollständigen Aufgabe der Fotografie und der Unterweisung der untersuchten Personen in die Belange der Fotografie mit
der Analyse ihrer eigenen Kultur konfrontiert worden (durch eine
solche Unterweisung können die untersuchten Personen womöglich
ihre soziale Macht stärken). Wendy Ewald ist eine führende Gestalt
in diesem Bereich. Sie zieht die Asymmetrie zwischen Erwachsenen
und Kindern ebenso in Erwägung wie die Asymmetrie zwischen der
Ersten und der Dritten Welt. Ihre erste veröffentlichte Untersuchung
über Kinder der Appalachen (1985) eignet sich als Einführung in
diese Denkweise. Die Fotos und Beschreibungen ihrer Probanden
widersprachen den Stereotypen, die man lange Zeit mit der Apa-
chen-‹Kolonie› im Herzen der USA in Verbindung brachte. Bei diesem Ansatz ist der Fotoapparat – einschließlich des Texts, der die
Bilder ergänzt – ein Mittel zur Erzeugung aufklärerischer Reflexio-

nen. Bild und Text machen aber noch keine fertige Sozialwissenschaft aus, sondern bilden eine Datenbasis, auf die Sozialwissenschaftler und andere Forscher zurückgreifen können.

3. Die technische Konstruktion des Bildes

Keine Kamera sieht wie ein menschliches Auge. Die optischen aufeinander abgestimmten Linsen sind aus Gründen, die im Rahmen
dieses Beitrags nicht behandelt werden, nicht imstande, das auf den
Film zu bannen, was wir im natürlichen Gesichtsfeld wahrnehmen
(seit dem Aufkommen der virtuellen Realitäten durch Computersi-
mulationen hat sich die Situation jedoch geändert; vgl. Boccia Artieri 1996). Eine Bildaufnahme setzt die wissentlich oder unwissentlich
vollzogene Wahl einer Deutung unter vielen voraus. Die meisten
Menschen, gleich, ob sie als Soziologen tätig sind oder nicht, lassen
diese Tatsache jedoch außer Acht. Sie verwenden fast immer voll-
automatisierte Kameras und produzieren technisch-durchschnittli-
che, phantasielose Bilder. Die im Bereich der visuellen Soziologie
und Anthropologie tätigen Forscher sollten indes auch an die Möglichkeiten denken, die eine Kamera bei der Interpretation der Wirklichkeit und in der Produktion ausdrucksstarker Bilder besitzt. Das
heißt eigentlich, dass die vollautomatisierten Kameras auf den Müll
gehören und man sich mit den Grundregeln der Fototechniken vertraut macht. Anders gesagt, man soll durch Selbsterziehung ein bewusster Fotograf werden.

Die technischen Randbedingungen, unter denen Bilder hergestellt werden, lassen sich in drei Gruppen einteilen. Die erste dieser
Randbedingungen betrifft die Wahl des Ausschnitts.

Menschen sind mit zwei horizontal nebeneinander liegenden Augen ausgestattet. Unser Gesichtsfeld entspricht unter Normalbedin-
gungen einem Oval, das durch die Zusammenarbeit der beiden Augen konstituiert wird. Vermutlich aus Gründen der technischen
Vereinfachung wurden Fotos anfänglich als viereckige Flächen hergestellt. Diese Konvention hat sich durchgesetzt; sie scheint von beinahe niemandem in Frage gestellt zu werden. Deshalb hat das Foto-
format das menschliche Sehen von Anfang an auf eine radikale
Weise interpretativ eingeengt. Andere Formate und Linsen deuten
andere, mögliche Interpretationen des menschlichen Sehens an. Was
Panoramakameras ‹sehen›, entspricht weitgehend dem im normalen

Gesichtsfeld sich zeigenden Ausschnitt der Welt. Diese Kameras erfassen aber auch Dinge jenseits des menschlichen Sehvermögens. Mit Teleobjektiven ausgestattete Kameras gestatten einem Fotografen, die Oberfläche eines Films mit einem sehr kleinen Ausschnitt der Realität zu füllen – etwa so, wie wir mit einem Teleskop Fragmente der Welt erblicken.

Die visualisierenden Soziologen sollten sich der Wahl des Formats und der Auswirkungen desselben auf die Aufnahmen in diversen sozialwissenschaftlichen Objektbereichen bewusst sein. Wir müssten folglich Linsen und Kamera so wählen, dass sie die der Erforschung spezifischer Probleme angemessene Datengewinnung erleichtern. Ich habe eine Luftaufnahme an den Anfang des zuvor erwähnten Buchs über den Bauernstand gesetzt. Sie zeigt einen Hof aus einer Höhe von 700 Metern. Man sieht den Hof auf einem rechteckig aussehenden Landstreifen, auf dem Gegenstände herumliegen. Der Kontrast zu den umgebenden Feldern ist markant. Bei näherer Betrachtung macht das Foto alte landwirtschaftliche Maschinen sichtbar, die ohne bestimmte Ordnung um den Hof herum abgestellt sind und der Entnahme von Ersatzteilen dienen. Das Gebäude selbst ist aus Metall gebaut – ein gediegenes, nicht gerade billiges Haus für einen Bauern, der unter der Armutsgrenze lebt und mit Ersatzteilen Handel treibt. Andere Fotos des Buchs übernehmen die Rolle eines Mikroskops mit schwacher Auflösung und machen Details sowohl einzelner Arbeitsgänge wie auch von Werkzeugen und Reparaturen sichtbar. Ein mit einem Teleobjektiv aufgenommenes Foto vergrößert eine Hand, die sich an einer Kettensäge zu schaffen macht: Es zeigt die Feinheiten der Handarbeit. Die erste Aufnahme in diesem Beispiel entspricht der Analyse aus einem distanziert-überblickenden Gesichtspunkt (der mit dem strukturanalytischen Ansatz übereinstimmt), während die mit dem Teleobjektiv aufgenommenen Fotos diverse Mikroelemente des lebensweltlichen Milieus dokumentieren – nämlich die in der Werkzeugmanipulation sich verkörpernde Handfertigkeit als Grundlage technischen Wissens. Alles ist somit eine Frage der fotografischen Gestaltung.

Das Auge registriert Informationsflüsse wie ein Film. Das Anstarren eines Gegenstands während einer, zweier Sekunden ist eher unüblich. Auf unserem Lebensweg verarbeitet das Gehirn diese optischen Informationen zu sinnvollen visuellen Narrationen. Dennoch kann auch das Fotografieren diese reellen oder implizierten Informationsflüsse teilweise durch die kreative Handhabung von Blende und Belichtungszeit einfangen.

Die Blende steuert die Lichtmenge, die auf die Filmoberfläche fällt. Sie lässt sich begreifen als ein Mechanismus, mit dessen Hilfe ein Fenster mehr oder weniger weit geöffnet wird. Die richtige Belichtung ergibt sich aus der Wahl der Blende im Verhältnis zur Wahl der Belichtungszeit. Die Entscheidung über Blende und Belichtungszeit wirkt sich aber auch auf das Aussehen des Bildes aus. Je nach Belichtungsdauer wird ein Ereignis mehr oder weniger zur ‹Gefrierstarre› gebracht (eine Aufnahme mit einer Belichtungszeit von $1/500$ Sek. bringt einen Vorgang zum Stillstand; eine Belichtungszeit unter $1/30$ Sek. lässt sogar das Abbild eines Fußgängers verschwommen erscheinen). Die Wahl der Belichtungszeit wirkt sich auf die Regulierung der Blende aus (fixiert das Objektiv bei einer Blende von 1.4 einen Gegenstand in einer Entfernung von etwa 30 cm vom Fotoapparat, wird nur ein kleiner Ausschnitt aus dem Umfeld dieses Gegenstands erfasst; bei einer Blende von 64 dagegen werden alle Gegenstände in einer Entfernung zwischen einem Meter und dem Horizont eingefangen). Diese Parameter bestimmen also darüber, welche Informationen durch ein Foto vermittelt werden.

Ich arbeite derzeit z. B. an einem Projekt mit wiederholten Fotografien (vgl. Rieger 1996) in Bologna in Italien. Mit meinem Kollegen möchte ich ermitteln, wie einzelne Stadtteile, die vor 80 oder mehr Jahren aufgenommen wurden, ihre Physiognomie verändert haben. Uns interessiert nicht nur die Frage, welche Gebäude errichtet und welche abgerissen wurden, sondern auch die Frage, wie sich der ‹Puls des Stadtlebens› in den vergangenen Dezennien gewandelt hat. Die alten Bilder, die wir zu Vergleichszwecken verwenden, sind mit langer Belichtungszeit aufgenommen worden, da es damals Kameras mit kurzen Verschlusszeiten nicht gab. Um mit Fotos zu arbeiten, die den alten Aufnahmen entsprechen, haben wir unsere Kamera auf ein Stativ montiert (damit die Gebäude und andere unbewegliche Gegenstände deutlich zu sehen sind), lange Belichtungszeiten gewählt (sie ergeben ‹verwackelte› Gestalten im Vordergrund) und eine kleine Blende eingestellt (damit Gegenstände in einer Entfernung zwischen einigen und mehreren hundert Metern gut erkennbar sind). Mit dieser Methode haben wir Fotos produziert, die die Realität ähnlich ablichten wie die Bilder früherer Zeiten. Das

Ergebnis beruht auf der einfachen Anwendung technischer Möglichkeiten zur Herstellung spezifischer fotografischer ‹Aussagen›.

Die Kamera wird vom visualisierenden Soziologen gleichsam als ein editorisches Instrument verwendet. Die Beherrschung der technischen Parameter der Bildherstellung versetzt ihn in die Lage, Daten zu analysieren und selektiv zu verarbeiten – ähnlich wie ein quantitativ vorgehender Soziologe statistische Tests und Tabellen zur Analyse und darstellenden Verarbeitung numerischer Daten verwendet.

Schließlich sind auch Beherrschung und Interpretation der Lichtverhältnisse als technische Parameter der Fotografie zu beachten. Eine Fotografie ist letztlich nichts anderes als die Aufnahme reflektierten Lichts. Aber lichtempfindliche Filme und Computerchips nehmen das Licht anders auf, als es das Auge sieht. Filme können das Farbspektrum in Schwarz, Weiß und Grautöne aller Abstufungen verwandeln; diverse Farbfilme bevorzugen jeweils andere Tönungen und verarbeiten Kontrastschärfen auf ihre Art. Das vom Auge wahrgenommene Licht entspricht selten dem auf der Filmoberfläche zu sehenden Licht, sodass Fotografen zur Schaffung der erwünschten ‹Aussage› Licht hinzufügen oder wegnehmen. Steiger (1995) hat gezeigt, wie technische Optionen zu unterschiedlichen «Aussagen» führen und wie diese mehr oder weniger bruchlos zu einem bestimmten theoretischen Ansatz passen, zu einem anderen aber nicht. Fast alle Ausführungen dieser Autorin betreffen die geschickte Wahl der Lichtgebung zur Produktion von Fotos, die die in einer Wohnung während der Tageszeit vorgegebenen Lichtverhältnisse nachahmen. Ihre Argumente führen vor Augen, dass das «Lesen» von Fotografien eigentlich ein «Lichtlesen» und dass die Rekonstruktion des Lichts in einer bestimmten Alltagssituation keine Nebensächlichkeit ist. Das Beispiel Steigers bildet insofern eine Ausnahme, als ihre Arbeit der Beziehung zwischen technischer Gewissenhaftigkeit und visuellem Denken in der Soziologie sorgfältig auf den Grund geht. Und so sind meine Bemerkungen zum Thema der Bildgestaltung, der Blende, der Belichtungszeit und des Lichts dazu bestimmt, das Bewusstsein für die Feinheiten der Kameraverwendung zu schärfen, um so das Potenzial der visuellen Soziologie zu vergrößern.

4. Wie wird man zu einem visualisierenden Soziologen?

Bisher wurde die These vertreten, dass die Fotografie subjektive und objektive Merkmale in sich vereinigt. Die fotografische Objektivität beruht auf der Tatsache, dass Kameras das von der Oberfläche von Gegenständen zurückgeworfene Licht aufnehmen. Dagegen verdankt sich die fotografische Subjektivität der sozialen und der technischen Konstruktion von Bildern. Die Ausführungen zu dieser These sind allerdings nicht als Empfehlungen zu verstehen, sondern als Argumente für eine bestimmte Auffassung. Damit stellt sich nun aber die Frage: Wie wird man denn zu einem visualisierenden Soziologen?

Vermutlich zunächst dadurch, dass man mit soziologischem Bewusstsein fotografiert. Howard Becker (1974) hat als Erster dieses Argument vorgetragen. Dieser Aufsatz sowie andere verwandte Beiträge, die ähnliche Ideen vertreten (vgl. Becker 1986), sollten von allen gelesen werden, die als visualisierende Sozialforscher arbeiten möchten.

Becker (1998) fasst sozialwissenschaftliche Theorien nicht als komplexe intellektuelle Veranstaltungen auf, sondern als praktisches Hilfsmittel, mit dem Ordnung in Informationsmengen gebracht wird. Trotzdem fordert er, dass man beim Fotografieren theoretisch denkt. Was bedeutet das genau? Jedes Foto wird nach Becker von einem bestimmten theoretischen Gesichtspunkt aus aufgenommen, der sich allerdings nur zu einem geringen Teil aus der Soziologie ergibt. Die Theorie in unserem Kopf – Becker bezeichnet sie als «Laientheorie» – schreibt uns vor, worauf wir die Kamera richten und wie wir dieses optische Werkzeug (technisch gesprochen) zur Konstruktion eines Bildes verwenden. Wir fotografieren also, um die wahrgenommene, jedoch noch nicht analysierte Welt abzubilden. Mit unserer Laientheorie wenden wir uns aber auch soziologischen Gegenständen zu. Wenn wir fotografieren, tun wir das so, dass die entstehenden Bilder zu der laientheoretischen Auffassung passen. Arbeiten wir als Fotoreporter (vgl. Hagaman 1996), dann wissen wir, wie wir die Weltanschauung der Zeitungsredaktion und die jüngsten Konventionen des Fotojournalismus in Bilder umsetzen sollen. Wir erreichen das, indem wir bestimmte Motive wählen und die erwünschten Bilder durch die Wahl von Blende und Belichtungszeit anfertigen. Arbeiten wir als Soziologen, besitzen wir vermutlich bereits ein bestimmtes theoretisches Vorwissen über den uns interessierenden Gegenstand – etwa so, wie Bateson und Mead die balinesische Gesellschaft theoretisch erschlossen hatten, bevor sie die ersten Fotos machten (sie hatten in der Tat bereits mehrere Bücher über ihr Thema geschrieben, noch bevor sie zum Fotoapparat griffen). Dieses Vorwissen teilt dem Forschenden mit: «Hier wird ein von meinen Informanten beschriebenes Ritual inszeniert, es dauert zwanzig Minuten und besteht aus vier Episoden; ich werde es aufnehmen, um die Übergänge zwischen den Episoden und die Interaktionen zwischen den Akteuren zu dokumentieren.» So gesehen ist die Arbeit der visuellen Soziologie ein ganz unmittelbarer Vorgang – wir führen sie im Forschungsprozess aus, um das gegebene Wissen zu einem bestimmten Thema zu erweitern.

Nicht alle im Feld arbeitenden Soziologen besitzen (wie damals Bateson und Mead) ein bestimmtes Maß an Vorwissen. Den visualisierenden Soziologen bieten sich unter diesen Bedingungen zwei Möglichkeiten an. Die eine besteht darin, den Fotoapparat zur Gewinnung von Informationen für eine empirisch im Sinne von Glaser und Strauss (1967) sich fortschreibende Theorie *(→ 2.1; → 6.6)* zu verwenden. Fotos, die im Verlauf des Forschungsprozesses angefertigt werden, dienen somit zur Konkretisierung von Erfahrungen, mit deren Hilfe theoretische Annahmen fortlaufend berichtigt werden. Hier trägt das Fotografieren zur Theoriebildung selbst bei. Der Bedarf an Fotos in Feldstudien setzt ja voraus, dass die Sozialforscher *etwas* in Augenschein nehmen. Das kann zum Ausgangspunkt eines sich entwickelnden theoretischen Gedankens werden.

Die zweite Möglichkeit besteht darin, Fotos zur Bestätigung und Weiterentwicklung bestehender Theorien zu verwenden. Diese zweite Möglichkeit ist womöglich die nützlichere. Die ‹fotogeleitete Hervorlockung› ist eine Methode, mit der Forschende durch Vorgabe bestimmter Aufnahmen – man kann sie sozusagen als Vorlagen eines ‹kulturellen Rorschach-Tests› ansehen – den zu erforschenden Personen Bildinterpretationen entlocken. Diese Methode wurde in einer Untersuchung eines aus einer ländlichen Gegend stammenden Handwerkers und Mechanikers verwendet (vgl. Harper 1987). Thema der Studie war das praktische Wissen eines ‹Bastlers› in einem industriellen Milieu; die Fotos von Werkzeugen, Maschinen und Arbeitsabläufen, die ich während der Untersuchung angefertigt hatte, regten die Interviews an, in denen der Interaktionspartner sein praktisches Wissen, die seiner Arbeit zugrunde liegenden sozialen Beziehungen, die Maschinen und andere Gegenstände der Arbeitssituation explizit machte.

Forschende können also Fotos von Ereignissen, von denen Leute in der Vergangenheit betroffen waren, zur Hervorlockung von Erinnerungen an Episoden ihrer Lebensgeschichte einsetzen. Margolis (1998) hat das politische Bewusstsein von Arbeitern aus dem Kohlebergbau untersucht und Fotos von der Arbeit in der Zeche aus früheren Jahrzehnten verwendet; er legte diese Fotos den Kumpeln im Interview vor und regte auf diese Weise deren Interpretationen an. Man kann annehmen, dass die Bildinterpretation tatsächlich die von der Methode der ‹fotogeleiteten Hervorlockung› erwarteten Reflexionen über vergangene Zeiten ausgelöst hat.

Andere Forscher (vgl. van der Does et al. 1992) haben diese Methode dadurch verändert, dass sie die beobachteten Personen einerseits in den fotografischen Prozess einbezogen und sie andererseits nachträglich in Interviews befragt haben. Van Mierlo und ihre Mitarbeiter nahmen unter der Anleitung von fünf zu erforschenden Personen ein multikulturelles Setting in den Niederlanden auf. Danach wurden diese Personen anhand der Fotos über den zuvor erfolgten ‹Fotoausflug› befragt. Schließlich wurde jede Person in weiteren Interviews mit den Fotos konfrontiert, die unter der Anleitung ihrer ‹Nachbarn› – sie unterschieden sich jeweils durch Alter, Geschlecht und ethnischen Ursprung – aufgenommen worden waren.

In allen Beispielen der ‹fotogeleiteten Hervorlockung› verlieren die Fotos ihren Anspruch auf Objektivität. Das Vermögen der Fotografie besteht nunmehr darin, die Subjektivität derer freizusetzen, die ein Bild anders sehen als die Sozialforscher.

Ein mit Hilfe der ‹fotogeleiteten Hervorlockung› geführtes Interview erfordert die Mitarbeit der beobachteten Personen. Damit wird eine Forderung der postmodernen Kritik im Forschungsprozess selbst erfüllt. Zugleich bietet sich mit diesem Verfahren ein Medium an, durch das die Forschenden an die Grenzen ihres Wissens von der Welt der von ihnen erforschten Personen geführt werden. Bei geschicktem Einsatz dieser Methode werden die Rollen im Forschungsprozess vertauscht: Die untersuchte Person wird zum Lehrer, und die forschende Person lernt.

Meine Anregungen zum Thema der visuellen Soziologie sind bescheiden. Die meisten visualisierenden Soziologen versuchen, das Sehen in den Untersuchungsprozess einzubauen. Ein empfindsamer

Forscher im Feld steht beinahe schon an der Schwelle zur visuellen Sozialforschung. So ist es von Vorteil, wenn man weiß, wie die Kamera Informationen aufzeichnet. Wichtig ist allerdings, dass man sich der Auswirkungen der Fotografie auf den Forschungsprozess bewusst wird. Schließlich schadet es nicht, wenn man über die verschiedenen (technischen und sozialen) Konstruktionen von Bildern Bescheid weiß und die Tatsache anerkennt, dass Fotos auf eine bestimmte Weise angefertigt und interpretiert werden. Die übrigen notwendigen Voraussetzungen sind Phantasie und Kreativität.

Übersetzung aus dem Englischen von Alexandre Métraux

Weiterführende Literatur

Grady, J. (1996). The Scope of Visual Sociology. *Visual Sociology*, 11 (2), 10–24.

Prosser, J. (Hg.) (1998). Image-based Research: A Sourcebook for Qualitative Researchers. London: Falmer Press.

Steiger, R. (1998). On the Uses of Documentary: The Photography of Ernst Brunner. *Visual Sociology,* 13 (1), 25–48.

Norman K. Denzin
5.7 Reading Film – Filme und Videos als sozialwissenschaftliches Erfahrungsmaterial

1. Frühe Verwendungsweisen des Films
2. Kino und Ethnographie
3. Trinhs Epistemologie des Sehens
4. Fotografien und Filme verstehen
5. Die Erforschung der Gesellschaft mit Hilfe von Film und Fotografie
6. Prinzipien einer kritischen visuellen Analyse
7. Schlussfolgerungen

«Wir neigen dazu, die Erfahrung selbst an vorderste Stelle zu setzen, als gäbe es ein Leben [als Schwarzer] jenseits der Welt der Repräsentation (…) [aber] eine Flucht aus den Fängen der Politiken der Repräsentation ist unmöglich (…). Nur an unseren Formen der Selbstdarstellung können wir ablesen, was uns konstituiert und wer wir sind» (Stuart Hall, 1996d, S. 473).

In diesem Beitrag untersuche ich, wie Soziologen und andere Forscher aus dem Bereich der Cultural Studies Film und Fotografie verwenden (Hall 1996a, b; → *3.9*). Seit kurzem gibt es eine visuelle Soziologie oder soziologische Forschungsrichtung, die sich um eine kritische Interpretation bildlicher Repräsentationen bemüht (vgl. Flick 1998a, S. 136–166). Als Material dienen ihr Fotografien, Anzeigen, Werbespots, alle Arten audiovisueller Aufnahmen, Geschichten, Fernsehsendungen, Dokumentar- und Spielfilme. Methodisch beschäftigt sie sich gleichermaßen mit der Grammatik, der Semantik und der Syntax des Sehens, mit Wahrnehmung und Interpretation.

Eine Analyse der bildlichen Repräsentationen einer Kultur erweist sich aus zwei Gründen als notwendig. Erstens besitzen wir keinen direkten Zugang zur Wirklichkeit. Die Menschen leben in einer Welt aus Bedeutungen, einer Wirklichkeit aus zweiter Hand, die durch die meinungsbildenden Institutionen in unseren Gesellschaften geprägt ist (Mills 1963, S. 375). Das Alltagsleben und seine Wirklichkeit sind symbolisch vermittelt. Ihre Repräsentationen sind keine objektiven und neutralen kulturellen Texte. Sie sind von Ideologie, Klasse, Nation, Geschlecht und Rasse beeinflusst und verzerrt und bringen zugleich deren jeweilige Bedeutung zum Ausdruck. Die Aufgabe einer kritischen Soziologie besteht darin, diese Systeme der Repräsentation und Interpretation zu «lesen» und zu analysieren. Zweitens besitzen visuelle Darstellungen eine interaktive Dimension. «Bilder liefern nicht einfach Aussagen ... vielmehr treten wir mit ihnen in eine Beziehung, um aus ihnen Schlüsse zu ziehen» (Becker 1986, S. 279; Becker 1998, S. 158 f.). Folgt man dieser Überlegung, dann erweisen sich die visuellen Formen, in und mit denen sich eine Gesellschaft darstellt, gleichermaßen als Forschungsmethoden und als Quellen oder Themenbereiche, die jeweils für sich genommen untersucht werden können. Diese beiden Behauptungen bestimmen meine weiteren Ausführungen. Ich werde beständig fragen: «Auf welche Weise repräsentieren diese Methoden die Gesellschaft?» und: «Wie können Soziologen sie lesen, interpretieren und nutzen?»

Ich beginne mit einer kurzen Übersicht über die Verwendung von Film und Fotografie in den Sozialwissenschaften. In einem nächsten Schritt werde ich unter Bezugnahme auf die Arbeiten der vietnamesischen Filmemacherin T. Minh-ha Trinh (1989a, b; 1991; 1992) die zentralen Gesichtspunkte und die auf visuelles Material bezogenen epistemologischen Grundannahmen der klassischen dokumentarischen und der postmodernen Zugänge zum Bild als Text vergleichend gegenüberstellen. Drittens werde ich eine Methode zur Interpretation visueller Texte vorstellen. Viertens werde ich kurz diskutieren, wie filmische und fotografische Repräsentationen zur Erforschung und kritisch wertenden Analyse der Gesellschaft genutzt werden können. Mit einer Darstellung der Prinzipien visueller Forschung will ich schließen.

1. Frühe Verwendungsweisen des Films

In den Humanwissenschaften existiert eine lange Tradition der Verwendung von Filmmaterial und Fotografien (vgl. Harper 1994). Seit 1918 wurden in nordamerikanischen Grundschulen pädagogische Filme für Lehrzwecke eingesetzt, in High Schools seit 1930. Seit den 60er Jahren haben sich visuelle Soziologie und Anthropologie vorrangig als Spezialisierungen ihrer Herkunftsdisziplinen etabliert und sich zeitgleich in Verbindung mit qualitativen und ethnographischen Forschungsmethoden entwickelt (Harper 1994, S. 403; → 5.6). So haben z. B. Anthropologen spätestens seit den 40er Jahren im Anschluss an die berühmte, auf Fotografien gestützte Analyse des balinesischen Charakters von Margaret Mead und Gregory Bateson (1942) Dokumentarfilme produziert und Fotografien benutzt.

Trotz dieser Entwicklung werden gegenwärtig «die beiden Quellen der visuellen Soziologie in Frage gestellt und neu bewertet» (Harper 1994, S. 403). Die interpretativ ausgerichtete Ethnographie hat sich von den klassischen Formen ethnographischer Repräsentation, in denen Bilder als Ausdruck einer unveränderlichen Wirklichkeit galten, entfernt. Ethnographen experimentieren heute mit Texten in der Ichform, mit Fotocollagen und neuen Formen visueller Repräsentationen, in denen sich Tatsache, Fiktion und Autobiographie miteinander verschränken und in denen sogar Schauspieler wie wirkliche Personen behandelt werden (vgl. Trinh 1992). In den Arbeiten von Trinh werden diese Veränderungen im Feld der visuellen Analyse ausgearbeitet.

2. Kino und Ethnographie

Trinh ist in erster Linie Filmemacherin. Sie beginnt mit einer Dekonstruktion des klassischen Dokumentar- und Ethnographiefilms, der in die Welt der Eingeborenen eindringt und den Beobachter aus der westlichen Welt mit Neuigkeiten aus der Eingeborenenwelt versorgt. Wie die Ethnographie definiert sich auch der Dokumentarfilm im Gegensatz zum Mainstream des Hollywoodkinos und begreift seine Arbeit fern der Fiktion (Clough 1998, S. 26–27). Weil der Dokumentarfilm von den Verwicklungen des Star- und Studiosystems befreit agiert, «bedient er sich wirklicher Personen und wirklicher Probleme aus der wirklichen Welt und *setzt sich mit ihnen auseinander.* Er legt Wert auf genaue und intime Beobachtung und *beurteilt ihren Wert* danach, wie gut es ihm gelingt, die wirklichen Vorgänge einzufangen (…). Eindrucksvolle Geschichten aus dem Leben, unendliche Abfolgen authentischer Situationen» (Trinh 1991, S. 33) bestimmen sein Bild.

Der Dokumentarfilm nimmt die wirkliche Welt als Ausgangspunkt, er bedient sich einer Ästhetik der Objektivität und einer technischen Apparatur, die wahre Aussagen (Bilder) über die Welt hervorbringt (1991, S. 33). Die folgenden Elemente charakterisieren das Wesen des Dokumentarfilms (1991, S. 33–36):

– die strenge Befolgung einer naturalistischen Perspektive, die eine Verknüpfung zwischen bewegtem Bild und gesprochenem Wort fordert;
– die Benutzung eines Richtmikrophons und eines tragbaren Aufnahmegeräts;
– mit den Lippenbewegungen synchronisierte Tonaufnahmen; Authentizität, verstanden als Darstellung wirklicher Personen in wirklichen Situationen;
– Echtzeit ist wahrer als die filmische Zeit – daraus erklären sich die Langzeit-Einstellungen;
– möglichst geringe Eingriffe durch Schnitttechniken und Verzicht auf Montagen;
– wenige Großaufnahmen und Bevorzugung der Weitwinkel-Perspektive;
– Verwendung der zurückhaltenden Handkamera, um die «Menschen dahin zu bringen, die ‹Wahrheit› zu sagen, die sie sonst in gewöhnlichen Situationen nicht äußern würden» (1991, S. 34);
– der Filmautor ist Beobachter und niemand, der erst arrangiert, was aufgenommen wird;
– Aufnahmen nur vom Kamerablick unbeeinflusster Ereignisse;
– der Film fängt die objektive Wirklichkeit ein;

- Dramatisierung der dargestellten Wahrheit;
- glaubwürdige Darstellung der aufgenommenen Situationen durch Berichte der beteiligten Personen;
- der Film soll den Betrachter von der vertrauenswürdigen Wahrheit des Dargestellten überzeugen;
- der Fokus liegt auf Alltagserfahrungen, durch die das «Soziale» definiert wird;
- die Anwesenheit des Filmers wird maskiert und bleibt verborgen;
- Einsatz verschiedener Techniken der Überzeugung wie persönliche Zeugnisse und das Reden der gewöhnlichen Leute;
- der Film zielt auf das Leben der normalen Leute, die üblicherweise nicht zu Wort kommen; sie sind seine Bezugsgröße;
- der Film wird mit drei «Kameras» produziert: der Kamera im technischen Sinn, dem Kamerablick des Filmemachers und dem genuinen Blick des Dokumentarfilms. Die Fakten im Film sind das Ergebnis dieser drei Kamerablicke (1991, S. 39).

Diese ästhetischen Strategien charakterisieren den dokumentarischen Stil und erlauben es dem Filmer, eine Vorlage zu erzeugen, die dem Betrachter die Illusion vermittelt, einen «ungefilterten Zugang zur Wirklichkeit» (1991, S. 40) zu erhalten. In diesem unbefragten Selbstverständnis ist der dokumentarische Stil zu einem Teil der US-amerikanischen Filmindustrie einschließlich seiner allumfassenden Präsenz in kommerziellen Fernsehserien und Nachrichtensendungen geworden (1991, S. 40).

Trinh entwickelt eine reflexive Lesart dieser Merkmale des Dokumentarfilms und zitiert ihre eigenen Arbeiten als Belege für eine Dokumentationsform, die empfänglich ist für die fließenden Grenzen zwischen Fakten und Fiktion, die auf Nuancen reagiert und Meinungsäußerungen als politische Konstruktionen begreift (1991, S. 41). Derartige Texte und Vorlagen begreifen, dass Wirklichkeit niemals neutral oder objektiv, sondern immer sozial konstruiert ist. Filmen wird damit zu einer Frage der «Rahmung» von Wirklichkeit. Selbstreflexivität ist dabei nicht als persönlicher Stil oder als überwertige Beschäftigung mit Methodenfragen misszuverstehen. Vielmehr konzentriert sie sich auf den reflexiven Zwischenraum, der die Repräsentation definiert, auf «den Ort, an dem das Spiel innerhalb des textuellen Rahmens zu einem Spiel mit diesem Rahmen selbst wird, also auf die Übergänge zwischen Text und Textumfeld (...) eine Arbeit, die sich in dieser Weise auf sich selbst bezieht, erweist

sich als Prozess zwischen Arbeit (...) und Leere, der nie beendet ist»
(1991, S. 48). Bei einem solchen Vorgehen werden Bedeutungen
nicht aufgezwungen. Der Film bietet sich als Vorlage für vielfältige
Erfahrungen an. Eine verantwortliche, reflexive Produktion enthält
folgende Merkmale (1991, S. 188):
- sie macht ihre eigene politische Strategie sichtbar und zeigt politische Bewusstheit;
- sie befragt die Wirklichkeiten, die sie darstellt;
- sie flicht die Geschichte des Produzenten in die erzählte Geschichte ein;
- sie überantwortet die Interpretation dem Publikum;
- sie widersteht der Versuchung, Konsumobjekt zu werden;
- sie verweigert sich allen Dichotomien (männlich/weiblich usw.);
- sie stellt Unterschiede in den Vordergrund, nicht Konflikte;
- sie bedient sich verschiedener Stimmen, sie hebt Sprache als Form
  des Schweigens hervor, akzentuiert die Besonderheiten der Stimme, des Tonfalls, der Modulation, Pausen, Schweigen, Wiederholungen;
- Schweigen wird als eine Form des Widerstands vorgestellt.

Reflexive Filme suchen nach der Wahrheit in den Fiktionen des Lebens, sie erkunden den Wahrheitsgehalt in Lebenserfahrungen, in
Gleichnissen und Sprichwörtern, in denen nichts erklärt, aber alles
evoziert wird (1991, S. 162).

3. Trinhs Epistemologie des Sehens

Trinh eröffnet den Raum für eine neue okulare Epistemologie, für
einen Blick auf die Filmherstellung, die eine Herausforderung für
das Mainstreamkino und die traditionelle Ethnographie mit ihrer
realistischen Dokumentationsweise darstellt. Der reflexive Film
stellt die eingeschliffenen Gewohnheiten eines unveränderlichen und
verzerrten Mittelklassenblicks in Frage (1991, S. 97–98, 115). Er fa-
vorisiert nachdenkliche Bilder und Repräsentationen, die Frauen
nicht in Abziehbilder eines exotischen, erotischen und minoritären
weiblichen anderen verwandeln (1991, S. 115). Das reflexiv gebro-
chene Bild «entthront den männlichen Blick, mit dem Männer das
Bild der Frau besitzen, darstellen und erschaffen, sei es als Schauob-
jekt (...) oder als Frau, die den [männlichen] Blick fesselt, indem sie
das Begehren ihres Herrschers symbolisiert» (1991, S. 115). Diese

Perspektive enthüllt den Blick des Kameraauges und stellt jede Emp-
findung von Ähnlichkeit in Frage, das in diese visuelle Welt projiziert werden kann. Auf diese Weise durchkreuzt der reflexive Film
den Blick des Betrachters, der sich selbst als Produkt der unbemerk-
ten Kamera erkennen muss, und einer Kamera, die das Bild einer
perfekten natürlichen und abbildähnlichen Welt vermittelt.

Eine solche Epistemologie des Blicks schafft den Raum für ein
subversives Kino, das neue Wege der Begegnung mit der Wirklichkeit und ihren Repräsentationen vermittelt. In ihrem Film «Surname
Viet Given Name Nam» (1989) dekonstruiert Trinh das Interview
und seine Grundlagen im Dokumentarfilm. (Der Film ist eine Studie
über vietnamesische Frauen, deren Namen sich verändern oder
gleich bleiben, je nachdem, ob sie einen Ausländer oder einen Viet-
namesen heiraten.) Trinh (1992, S. 49) lässt fünf Vietnamesinnen
aus fünf verschiedenen Perspektiven sprechen, die jeweils für das
Familiensystem, das Geschlecht, das Alter, die Führungsrolle und die
historische Epoche stehen. Damit erzeugt sie ein komplexes Bild der
vietnamesischen Kultur (1992, S. 144). Ihr Film bewegt sich auf
vielschichtigen Textebenen, die von nachdenklichen Bildern der
Frauen in unterschiedlichen Situationen überlagert sind. Geschichtliche Ereignisse überschneiden sich mit Altersphasen (Kindheit, Jugend, Erwachsensein, Alter), rituellen Zeremonien (Hochzeiten, Be-
gräbnisse, Krieg, Marktgänge, Tanzveranstaltungen) und täglicher
Hausarbeit (Kochen), während die interviewten Frauen zu den im
Off bleibenden Interviewerinnen sprechen. Es gibt zwei Englisch
sprechende Stimmen, eine dritte Stimme singt Redensarten und
Sprichwörter und zitiert Gedichte auf Vietnamesisch (mit englischen
Untertiteln). Dazu kommen Interviews mit Vietnamesinnen, die eng-
lischsprachig untertitelt sind, sowie Interviews, die auf der Leinwand simultan ins Englische übersetzt werden (Trinh 1992, S. 49).
Diese Interviews werden in Trinhs Film von vietnamesischen Schauspielerinnen nachgestellt, die am Ende des Films zu ihren Erfahrungen als Darstellerinnen der real durchgeführten Interviews befragt
werden (1992, S. 146).

Indem Trinh das Interview als Methode zur Informationsgewin-
nung über die Wirklichkeit zurückweist, stellt sie zugleich die Frage
nach der Wahrheit (1992, S. 145). Welche Wahrheit stellt sie dar, die
des ursprünglichen Interviews (Mai 1983), die der auf der Leinwand
gezeigten Interviewsituation oder die der Frauen als Darstellerinnen,

wie sie am Ende des Films interviewt werden? Der Film bietet die Möglichkeit, die Praxis des Interviewens *(→ 5.3)* selbst in die Konstruktion des Skripts einfließen zu lassen; auf diese Weise vermischen sich Wahrheit und Fiktion, Wirklichkeit und gestellte Realität (die Darstellerinnen sind nicht identisch mit den Frauen, die von Mai Thu Van interviewt wurden), auch wenn sich die ersten Phasen des Films zunächst wie ein traditioneller realistischer Dokumentarfilm entfalten. Der Betrachter weiß nicht, dass die im Film interviewten Frauen Schauspielerinnen sind, die die Interviews nachstellen, und er erfährt auch bis kurz vor Ende des Films nicht, dass die Interviews in den Vereinigten Staaten und nicht in Vietnam durchgeführt wurden.

Mit diesen Interpretationsstrategien eröffnet Trinh dem Betrachter einen Raum, der es ihm erlaubt, die Politiken der Repräsentation im Dokumentarfilm kritisch nachzuvollziehen und zu bewerten.

4. Fotografien und Filme verstehen

Filme oder Fotografien liefern ein Bild oder eine Ansammlung von Bildern als Deutungen von Wirklichkeit. Die Wirklichkeit oder der eingefangene Wirklichkeitsausschnitt kann niemals reproduziert werden, da das Gezeigte nur einmal geschehen kann. Visuelle Dokumente sind Aufzeichnungen vergangener Ereignisse (Barthes 1981).

Filme (und Fotografien) sprechen eine Sprache der Gefühle und Bedeutungen. Sie enthalten ein Vokabular und eine Ansammlung von Rahmungen, die dem Betrachter die Wirklichkeit vermitteln und sie für ihn definieren. In jedem Film oder jeder Fotoserie finden sich vier Erzähl- oder Bedeutungsstrukturen: (1) der visuelle Text, (2) der gesprochene Text, einschließlich der Kommentare der Fotografen zu ihren Bildern, (3) die Erzählung, die den visuellen und den gesprochenen Text zu einer zusammenhängenden Geschichte verknüpft oder in einem Rahmen verortet, und (4) die Interpretationen und Deutungen, die Betrachter (einschließlich der Sozialwissenschaftler) den visuellen, gehörten und erzählten Texten geben. Kein visueller Text ruft bei allen Betrachtern dieselben Assoziationen hervor. Im Verlauf der Auseinandersetzung mit dem Text entwickeln sie ihre unverwechselbar eigenen Lesarten und Interpretationen.

Filme oder Bilder können so gelesen werden, dass sie auf zwei voneinander unterscheidbaren Ebenen Bedeutung gewinnen. Die erste Ebene ist die wörtliche oder «realistische» Ebene. Dies ist ein Bild von «X». Eine wörtliche Lesart nimmt eine visuelle Repräsentation als unmittelbare Gegebenheit und fragt: «Was sagt diese Repräsentation über X?» Die zweite Bedeutungsebene liegt unter der sichtbaren Oberfläche und suggeriert, dass es sich beim Abgebildeten um mehr als eine bloße Repräsentation von «X» handele. Solche Lesarten kann man subversiv nennen. Sie fordern Interpretationen heraus, die die Oberfläche in Frage stellen und sich nicht mit wörtlichen Textinterpretationen begnügen.

Realistische Lesarten visueller Dokumente zeichnen sich durch vier Merkmale aus. Zunächst behandeln sie visuelle Vorlagen als realistische, wahrheitsgetreue Abbilder eines Phänomens. Sie unterstellen, dass Bilder Fenster zur wirklichen Welt seien. Zweitens sehen sie in den Vorlagen Wahrheitsansprüche über die Welt und die in ihr ablaufenden Vorgänge repräsentiert, dass also visuelle Vorlagen die Wahrheit erzählten. Drittens gehen realistische Lesarten davon aus, dass die Bedeutung einer visuellen Vorlage durch genaues Lesen ihrer Inhalte, eine Aufmerksamkeit für Details, die Beschreibung ihrer Zeichen und ihrer sichtbaren Dialoge erfasst werden könne. Viertens wollen realistische Lesarten den im Film oder Text auf die Wirklichkeit bezogenen Wahrheitsanspruch validieren. Ein traditionelles realistisches Vorgehen versucht zu entschlüsseln, in welcher Beziehung visuelle Vorlagen zu den «universellen» Gegebenheiten der menschlichen Existenz stehen.

Subversive Lesarten fordern realistische Interpretationen heraus. Sie gehen davon aus, dass der Realismus visueller Vorlagen immer schon durch Vorannahmen und Verzerrungen gefiltert ist. Aus dieser Perspektive erscheinen Arbeiten, die den Anspruch auf eine wahrheitsgetreue Reflexion der «Wirklichkeit, wie sie wirklich ist» erheben, grundsätzlich als fragwürdig. Subversives Verstehen betrachtet die von Realisten behaupteten Wahrheitsansprüche als je schon voreingenommen und hinterfragt im Gegensatz dazu den Standpunkt des Betrachters.

In dieser Perspektive sprechen Filme nicht von universellen Gegebenheiten menschlicher Existenz. Sie zeugen von begrenzten und unterschiedlichen menschlichen Erfahrungen, wie sie vom Fotografen oder Filmer eingefangen werden. Bei einer genauen Analyse zeigen sich dann andere Aspekte, die eine realistische Lesart ignorieren. Subversive Lesarten widmen ihre Aufmerksamkeit den Nebendarstellern und nicht den Hauptakteuren. Sie stellen die Positionen von Männern, Frauen und Kindern in der Erzählung einander gegenüber. Sie sehen sich an, wie der Film bestimmte kulturelle Schlüsselkonzepte wie Familie, Arbeit, Religion und Liebe idealisiert. Dies sind Beispiele für Aspekte, die bei einer subversiven Lektüre herausgestellt werden. Indem der Kritiker sie beleuchtet, kann er begründen, dass die zentrale Botschaft des Films nur in einer bestimmten Sicht der Wirklichkeit besteht. Das Ziel subversiver Lektüre liegt in der Entdeckung vielfältiger und vielschichtiger Bedeutungen, die im Film als Text gefunden werden können.

Ein Film erzeugt seine spezifische Version der Wahrheit, indem er bestimmte Widersprüche in seinem eigenen Text unterdrückt. Diese Widersprüche treten an jenen Verzweigungen seiner Geschichte zutage, an denen der Film (oder der visuelle Text) Fragen nach Ursachen und Wirkungen beantwortet. Bei der konkreten Untersuchung dieser Ursachenfragen erhellt eine subversive Lektüre die zugrunde liegenden Werte, denen der Film zur Geltung verhelfen will.

Natürlich muss die subversive durch eine realistische Lektüre gegengelesen und herausgefordert werden. Es sollte klar sein, dass die zweite Bedeutungsebene in einer visuellen Textvorlage nur nach einer vorgängigen wort- und bildgetreuen Interpretation der Bedeutungsebenen der Oberfläche entdeckt werden kann. Jede Vorlage muss auf beide Arten gelesen werden. Es gibt keine einzig korrekte Lesart eines visuellen Textdokuments, nur multiple Interpretationen. Es wäre falsch, Interpretationen nur auf die eine oder die andere Lesart zu begrenzen, weil damit andere Bedeutungsschichten, die in den Vorlagen allgegenwärtig sind, verfehlt würden.

5. Die Erforschung der Gesellschaft mit Hilfe von Film und Fotografie

Visuelle Repräsentationen reflektieren und definieren problembehaftete kulturelle Erfahrungen wie Krieg, Scheidung, Inzest, Alkoholismus, Drogenmissbrauch, politische Korruption, Liebe, Geburt und Tod. Hollywoodfilme dokumentieren historische Schlüsselmomente im Leben einer Gesellschaft. Filme können Probleme darstellen und auf Korruption in gesellschaftlichen Kerninstitutionen aufmerksam machen. Sie bringen politische Ideologien und zentrale kulturelle Werte zum Ausdruck und vermitteln sie zugleich. Frank Capras Filme aus den 30er und 40er Jahren verbreiteten eine soziale

Botschaft (*Mr. Smith Goes to Washington* oder *It's a Wonderful Life*
[*dt.*: Das Leben ist wundervoll]), die eine soziale Vergangenheit in
den Vereinigten Staaten wieder zu beleben versuchte, die von kom-
fortablen Häusern, engem Familienzusammenhalt, guter Nachbar-
schaft, blühenden Gemeinden und am Rande einer gütigen Wildnis
gelegenen reichen Farmen erzählte. Seine Filme reproduzieren die
gesellschaftlichen Beziehungen zwischen den Geschlechtern, den
Rassen und den verschiedenen Ethnien. Unvermeidlich placieren sie
den weißen Mann in Machtpositionen, weisen der Frau ihren Ort in
der Familie zu, verbannen rassische und ethnische Minoritäten in
den Dienstleistungsbereich oder schreiben ihnen gewalttätige und
antisoziale Einstellungen und Verhaltensweisen zu. Damit halten sie
den Mythos vom autonomen Individuum in der modernen Massen-
gesellschaft am Leben.

Filme und andere visuelle Vorlagen lösen bei den Betrachtern
Gefühle aus. Das Kino erzeugt beim Zuschauer eine Identifikation
mit Personen, die die zentralen kulturellen Werte repräsentieren; dabei zeigen sie häufig idealisierte Versionen der intimen Beziehungen
zwischen Männern und Frauen, von Liebenden und Geliebten und
von Ehepaaren. Zur gleichen Zeit liefern visuelle Texte interpretative Strukturen, die bei der Bewältigung der Probleme des Alltags helfen sollen.

Auf den beschriebenen unterschiedlichen Wegen enthüllen, beleuchten und erforschen Hollywoodfilme die Gesellschaft. Ihre Lektüre und Analyse gewährt Soziologen einen Einblick in Sachverhalte, die sie auf andere Weise vielleicht nicht zu sehen bekämen. Wenn
Soziologen diese interaktiven und prozesshaften Repräsentationen
untersuchen und analysieren, wie sie gemacht und verbreitet werden und wie die Zuschauer ihnen Bedeutung verleihen, können sie
auf eine Ebene kritischer Kulturanalyse gelangen, die ihnen andere
soziologische Methoden nicht erlauben.

6. Prinzipien einer kritischen visuellen Analyse

Nachfolgend werden einige Prinzipien formuliert, die als Anleitung
zur Erforschung und kritischen Analyse visuellen Materials hilfreich
sind. Diese Leitlinien besitzen vorläufigen Charakter und müssen
den jeweiligen Bedürfnissen des Forschers angepasst werden (vgl.
Collier & Collier 1986; S. 178 f.).

1. Phase eins: «Sehen und Fühlen»

(a) Betrachten Sie die visuellen Dokumente als umfassende Einheit.

(b) Sehen und hören Sie die Materialien und lassen Sie sie zu Ihnen sprechen. Spüren Sie ihren Wirkungen nach und schreiben Sie Ihre Empfindungen und Eindrücke nieder.

(c) Schreiben Sie alle Fragen auf, die Ihnen in den Sinn kommen. Achten Sie auf Bedeutungsmuster.

2. Phase zwei: «Welche Fragen soll man stellen?»

(a) Formulieren Sie Ihre Forschungsfrage.

(b) Welche Fragen will der Text beantworten?

(c) Wie werden kulturelle Schlüsselwerte repräsentiert und definiert?

(d) Legen Sie ein Verzeichnis der Belege an und achten Sie auf Schlüsselszenen und Bilder.

3. Phase drei: «Strukturierte Mikroanalyse»

(a) Gehen Sie die Szenen nacheinander durch und erstellen Sie jeweils eine Mikroanalyse, transkribieren Sie die Redebeiträge, beschreiben Sie die Szenen und notieren Sie sich Zitate aus dem Text.

(b) Bilden Sie Muster und Sequenzen und suchen Sie nach ihnen.

(c) Fertigen Sie detaillierte Beschreibungen an.

(d) Wie präsentiert das Material objektive Realität, wie werden Fakten behandelt, Erfahrungen wiedergegeben und Wahrheit dramatisiert?

(e) Behalten Sie die Forschungsfrage im Blick.

(f) Identifizieren Sie diejenigen zentralen Momente im Film/Text, in denen Wertkonflikte auftauchen.

(g) Arbeiten Sie genau heraus, auf welche Weise der Film/der Text/die Bilder zu diesen Werten Stellung nehmen.

4. Phase vier: «Suche nach Mustern»

(a) Gehen Sie zur Gesamtaufnahme zurück.

(b) Legen Sie alle Fotografien in ihrer Reihenfolge vor sich hin bzw. sehen Sie sich den ganzen Film noch einmal an.

(c) Kehren Sie zu Ihrer Forschungsfrage zurück. In welcher Weise behandeln diese Dokumente Ihre Frage, und wie beantworten Sie sie?

(d) Stellen Sie die realistische und die subversive Lektüre des Texts einander gegenüber.

(e) Formulieren Sie eine Interpretation auf der Basis dieser Leitlinien.

Diese Schritte stellen eine Hilfe zur Abfassung eines auf visuellen Dokumenten basierenden Forschungsberichts dar. Sie werden es dem Leser ermöglichen, die von Ihnen untersuchten visuellen Situationen sich selbst visuell zu vergegenwärtigen. Der Leser oder die Leserin kann dann entscheiden, ob Ihre Interpretationen auf seinen/ihren eigenen Erfahrungsbereich in naturalistischer Weise verallgemeinerbar sind oder nicht.

7. Schlussfolgerungen

Ich bin der Frage nachgegangen, wie Sozialwissenschaftler Film und Fotografie als Forschungsinstrumente nutzen können. Visuelle Repräsentationen sind Kommunikationsmittel und Forschungsinstrument in einem. Filme sind kulturelle und symbolische Formen und können dazu genutzt werden, wichtige Merkmale des sozialen Lebens aufzudecken und zu beleuchten. Optisch erhobene Dokumente sind «so lange von Nutzen, wie wir uns darüber bewusst bleiben, wie und nach welchen Regeln wir unseren Gegenstand wählen und sichtbar machen, auf welche Art und Weise wir die verschiedenen Filmausschnitte, auf die wir unsere Analyse stützen, organisiert haben» (Worth 1981, S. 193 f.). Ich habe in diesem Text versucht, einige dieser Regeln zu verdeutlichen.

Übersetzung aus dem Amerikanischen von Ernst v. Kardorff

Weiterführende Literatur

Bateson, G. & Mead, M. (1942). Balinese Character: A Photographic Analysis. New York: New York Academy of Science.

Harper, D. (1994). On the Authority of the Image: Visual Methods at the Crossroads. In: Denzin, N. K. & Lincoln, Y. S. (Hg.): Handbook of Qualitative Research, S. 403–412. Thousand Oaks: Sage.

Trinh, T. Minh-ha (1992). Framer Framed. New York: Routledge.

Jörg R. Bergmann und Christoph Meier
5.8 Elektronische Prozessdaten und ihre Analyse

1. Elektronische Prozessdaten
2. Dokumentation
3. Analyse
4. Präsentation

Die Entwicklung neuer Informations- und Kommunikationstechnologien und ihre Ausbreitung in unserer Lebenswelt hat zur Ausbildung von neuartigen Interaktionssituationen und Kommunikationsformen geführt, die bis vor kurzem noch weitgehend unbekannt
waren und auch heute noch großen Bevölkerungsgruppen – vor allem in der älteren Generation – wenig vertraut sind. Gemeinden,
Organisationen und Unternehmen sind mit ihren (Dienstleistungs-)
Angeboten auf Web-Seiten präsent, ebenso wie Privatpersonen, die
auf ihren Homepages oft phantasiereich Selbstpräsentation betreiben. E-Mail tritt zunehmend an die Stelle der alten papierenen Form
des schriftlichen Verkehrs, Menschen lernen sich immer häufiger
über elektronische Kontaktbörsen wie ICQ («I seek you») oder die
Unterhaltung per Internet Relay Chat (IRC) kennen. Und schließlich wird durch entsprechende Anwendungen (etwa Microsofts
NetMeeting) und bei einer ausreichend schnellen Verbindung ins
Internet das gemeinsame Arbeiten an Dokumenten bei gleichzeitiger
Ton- und Bildverbindung möglich (vgl. Filinski 1998 für eine Beschreibung verschiedener Formen von Internet-basierter Kommunikation).

Natürlich haben auch Sozialwissenschaftler die «neuen Medien»
schon für sich entdeckt. Man ist per E-Mail in Kontakt, tauscht über
«attachments» Texte oder andere Materialien aus, führt Literatur-
und Datenrecherchen im Internet durch und präsentiert sich, seine
Arbeitsschwerpunkte und Publikationen auf Web-Seiten. Allerdings
können sich Sozialwissenschaftler nicht damit begnügen, diese Medien als gleichsam natürliche Ressourcen für die eigenen Tätigkeiten zu nutzen, vielmehr müssen sie diese auch zum Thema sozialwissenschaftlicher Analyse machen (Garfinkel 1967a). Denn die
neuen Medien beeinflussen auf eine noch weitgehend undurch-

schaute Weise den Ablauf – möglicherweise auch den Inhalt – der Kommunikation, und eben dadurch können sich im Laufe der Zeit ganz neue Formen und Weisen der Vergesellschaftung entwickeln. Aus methodologischen wie sachlichen Gründen ist es deshalb eine Aufgabe der Sozialwissenschaften, diese neuen Medien im Hinblick auf die ihnen eigene Dynamik und Logik zu untersuchen, die durch sie generierten Interaktionssituationen und kommunikativen Formen zu beschreiben und aufzuzeigen, wie Prozesse der Vergesellschaftung durch die neuen Medien beeinflusst, geformt, hervorgebracht oder behindert werden.

Nimmt man sich dieser Aufgabe an, dann zeigt sich allerdings sehr schnell, dass die Forschung nicht umstandslos gegenstandsbezogen beginnen kann. Zunächst stellen sich neue methodische Herausforderungen und Probleme, die nicht einfach über eine Kombination von etablierten Verfahren im Sinn einer Triangulation (→ 4.6) bewältigt werden können, wie Williams et al. (1988, S. 51) vorschlagen. Dies soll im Folgenden anhand von vier Punkten aufgezeigt werden.

1. Elektronische Prozessdaten

Auch wenn elektronisch vermittelte Kommunikationsprozesse in besonderer Weise flüchtig und immateriell erscheinen, so hinterlassen sie doch Spuren. Diese Spuren sind zwar nicht mit bloßem Auge auszumachen; aber sie können leichter gelesen werden, als es manchen Beteiligten vielleicht lieb ist, weshalb sie auch ein durchaus bedrohliches *Potenzial an sozialer Kontrolle* bergen (vgl. Dern 1997). Bereits lange vor den Sozialwissenschaftlern haben andere Professionen diese Spuren als wichtige Informationsquelle für sich entdeckt. So ist es mittlerweile möglich, das Such- und Zugriffsverhalten von Firmenangehörigen bei der Nutzung des WWW zu protokollieren. Es kursieren E-Mails, deren Anhänge Cartoons enthalten und die nach dem Aufruf des Anhangs dem Betrachter die (gefälschte) Meldung einblenden, der Netzwerkadministrator habe eine «nicht dienstliche Nutzung des Internetzugangs» protokolliert und würde dies an die entsprechenden Stellen weiterleiten. Darüber hinaus werden die Informationen, die beim Surfen im WWW über die so genannten «Cookies» auf der Festplatte des Nutzers anfallen, von den Betreibern werbefinanzierter Websites systematisch für

Marktforschungszwecke und die angepasste Einblendung von Werbebotschaften ausgewertet.

In dem Moment, in dem Kommunikation auf elektronisch vermittelte Weise abläuft, werden also zugleich verschiedene Arten von prozess-produzierten Daten erzeugt. Im Allgemeinen werden unter *Prozessdaten* alle Daten verstanden, die als Aufzeichnungen öffentlicher oder privater Organisationen im Rahmen ihrer Tätigkeit anfallen und gesammelt werden (Müller 1977). Analog dazu verstehen wir unter *elektronischen Prozessdaten* alle Daten, die im Verlauf von computergestützten Kommunikationsprozessen und Arbeitstätigkeiten generiert werden – entweder automatisch oder aufgrund von Einstellungen der Nutzer. Damit ist unser Verständnis von elektronischen Prozessdaten enger als das Konzept der «computer-monitored data» (Williams et al. 1988, S. 91 f.), zu denen auch automatische Erhebungen etwa des Fernsehkonsums oder der Nutzung von Datenbanken gezählt werden. Die elektronischen Prozessdaten finden sich in Form von Dateien auf lokalen Festplatten oder auf Servern eines Rechenzentrums, und zu ihnen zählen u.a. Logs von Chat-Sessions, Dateien mit den Inhalten von E-Mails sowie html-Dateien (Html = Hypertext Markup Language) und dazugehörige Graphikelemente. Elektronische Prozessdaten sind zwar nicht ohne weiteres zugänglich (und fallen zur Zeit noch in eine rechtliche Grauzone), bilden aber eine wichtige Ressource für die Untersuchung von computergestützten Kommunikationsprozessen.

Allerdings gelten hier zwei wichtige Einschränkungen. Zum einen müssen diese Daten für eine Untersuchung in der Regel noch transformiert und aufbereitet werden. (Dazu mehr im nächsten Abschnitt.) Zum anderen muss beachtet werden, dass diesen Daten eine technische Funktionalität eigen ist und sie, da sie nicht zum Zweck wissenschaftlicher Untersuchungen generiert wurden, aus einer Forschungsperspektive defizitär erscheinen mögen (vgl. Garfinkel 1967b und seine Analyse der «guten» Gründe für «schlechte» Krankenhausakten). So ist in den elektronischen Prozessdaten zwar das Ergebnis von Kommunikations- und Interaktionsprozessen manifestiert, doch der Prozess selbst bildet sich nicht ab. Dies soll kurz am Beispiel von E-Mails und Web-Seiten erläutert werden.

Eine E-Mail, die übers Netz verschickt ihren Adressaten erreicht, ist das Endresultat vorangegangener Aktivitäten. Um nachvollziehen und untersuchen zu können, wie dieses Ergebnis zustande kommt, welche Formulierungen zunächst gewählt und dann wieder verworfen werden, auf welche Ressourcen der Autor im Verlauf des Schreibens einer Mail zurückgreift (z. B. auf eine frühere Mail des Empfängers, die automatische Rechtschreibprüfung usw.), werden andere Daten benötigt. Zur Untersuchung der faktischen Handhabung von elektronischen Kommunikationsmedien ist also eine *fortlaufende Dokumentation* dessen, was sich auf dem PC-Bildschirm abspielt, erforderlich. Darüber hinaus kann auch eine Dokumentation des Geschehens im unmittelbaren Arbeitsumfeld sinnvoll sein. Nur so lässt sich beobachten, ob das Lesen oder Schreiben von E-Mails über Murmeln, Stöhnen oder Lachen für die Kollegen im gleichen Büro als nervige oder auch vergnügliche Angelegenheit wahrnehmbar gemacht wird.

Ähnliche Beschränkungen der elektronischen Prozessdaten zeigen sich bei der Kommunikation über Web-Seiten. Aus den im Zwischenspeicher des Browsers abgelegten Dateien lassen sich zwar die besuchten Seiten identifizieren, der zugrunde liegende Kommunikationsprozess kann jedoch nur ungenau rekonstruiert werden. Suchbewegungen mit der Maus, das Zurückspringen um einen oder mehrere Links, das «Scrollen» durch lange Seiten oder auch das Verweilen an bestimmten Textstellen sind auf diese Weise nicht zu erfassen.

Die Prozessdaten, die im Verlauf von elektronisch vermittelter Kommunikation entstehen, weisen darüber hinaus besondere Eigenschaften auf. Das gilt insbesondere für Protokollierungen des Besuchs verschiedener Web-Seiten. Diese Seiten bestehen in der Regel aus unterschiedlichsten Elementen: formatierter Text, Graphiken, farbige Hintergründe, animierte Bildchen, eingebettete Videoclips und möglicherweise eine unterlegte Musik fließen hier zu einem *Hybrid* zusammen, das andere Anforderungen an eine Interpretation stellt als schriftbasierte und linear konstruierte Texte (vgl. dazu Kress & van Leeuwen 1996, S. 181–229; Nickl 1998, S. 391; Schmitz 1997, S. 136–147). Da alle diese Elemente gestalthaft integriert sind, müssen Web-Seiten als eigenständige kommunikative «Gattung» *(→ 5.18)* verstanden werden, für die die Amalgamierung verschiedenster Darstellungselemente konstitutiv ist. Ein Vorgehen, das sich darauf beschränkt, Teile der beim Browsen erzeugten Prozessdaten (etwa die Abfolge der besuchten Links, der textuelle oder graphische Aufbau der besuchten Seiten) herauszulösen und einzeln zu beschreiben, führt daher unvermeidlich zum Verlust des ursprünglichen Objekts. Dieses Problem stellt sich nach unserer Ansicht jedem sozialwissenschaftlichen Zugang, gleichgültig ob man dabei einer quantifizierenden Vorgehensweise oder der Forschungslogik der qualitativen Sozialforschung folgt.

2. Dokumentation

Aus dem eben dargestellten Sachverhalt ergibt sich die Notwendigkeit, Formen der Dokumentation zu entwickeln, bei denen die Details der elektronisch vermittelten Kommunikations- und Interaktionsprozesse und der Charakter der Prozessdaten als technisch separierte Bestandteile eines zuvor integrierten Hybrids für eine Analyse erhalten bleiben. Welche Strategien hier verfolgt werden können, soll kurz am Beispiel der Dokumentation von Web-Seiten erläutert werden.

Mit dem Abspeichern einer Web-Seite als html-Dokument lassen sich zwar Text und Formatierungen von Web-Seiten dokumentieren. Eingebettete Objekte wie graphische Elemente fallen allerdings heraus und sind nur als leere Rahmen repräsentiert. In einem auf diese Weise hergestellten Papierausdruck ist die vielgestaltige Landschaft einer Web-Seite nivelliert und auf bloßen Text reduziert. Auch das Herstellen von Bildschirmabzügen («screen shots») stellt keine befriedigende Lösung dar. Hierbei wird zwar eine Kopie des sichtbaren Bildschirmausschnitts erzeugt, aber alle die Bereiche von Web-Seiten, die erst über ein Scrollen nach unten erreichbar sind, werden so nicht dokumentiert. Neuere Versionen von Browsern mit ihren eingebauten «Offline-Funktionen» bieten hier eine gute Lösung. Mit ihnen lassen sich Kopien von einzelnen Web-Seiten sowie von kompletten Websites mit allen dazugehörigen Seiten erzeugen. Aber auch hier sind der Dokumentation Grenzen gesetzt. Problemlos funktionieren diese Offline-Browser nur, wenn die zu dokumentierenden Web-Seiten aus statischen html-Seiten bestehen. Dynamische Elemente (beispielsweise Passwortabfragen, Java-Applets, Toneinspielungen oder Bildschirminhalte, die sich über die aktuellen Koordinaten der Maus ergeben) verursachen dagegen Probleme. Für eine Übersicht über «Offline-Browser» siehe etwa Gieseke (1998, S. 75–107).

Für eine detaillierte Analyse computergestützter Arbeits- und Kommunikationsprozesse muss, über die Wahrung des Detailreichtums und des Charakters der Prozessdaten als separierter Teile eines zuvor integrierten Hybrids hinaus, auch die *Temporalstruktur des Geschehens* abgebildet werden. Dies gilt nicht nur für den Fall, dass videovermittelte Interaktion – etwa eine Videokonferenz auf der Grundlage von Web-Conferencing Software (etwa Microsofts Net-Meeting) – untersucht wird. Es gilt ganz allgemein für die Untersuchung von PC-gestützten Aktivitäten. So kann beispielsweise der Cursor, je nachdem, über welchen Bildschirmbereich man gerade fährt, eine unterschiedliche Gestalt annehmen. Und im Verlauf bestimmter Eingaben und Aktivitäten werden immer wieder Fenster, Dialogfelder und Aufforderungen eingeblendet, die dann in der Folge weiterer Handlungen wieder verschwinden. Eine Möglichkeit der Dokumentation dieser Ereignisse besteht nun darin, mit Hilfe spezieller Software (Lotus Screen-Cam u. Ä.) den PC-Bildschirm «abzufilmen». Diese «Filme» liefern eine *Echtzeit-Dokumentation* des Geschehens auf dem PC-Bildschirm und können für eine Analyse wiederholt betrachtet werden. Die so generierten Dateien können jedoch sehr umfangreich werden, wobei die Größe der Filmdateien abhängig ist von dem Ausmaß an Änderung der Bildschirminhalte und einer Reihe technischer Einstellungen (Auflösung des Bildschirms, Farbtiefe, Bildrate und Einstellungen der Tonaufzeichnung). Weitere Informationen finden sich z. B. unter ‹http://www.lotus.com/home.nsf/tabs/screencam›.

PC-gestützte Kommunikationsprozesse können natürlich auch über eine audiovisuelle Aufzeichnung mittels Kamera dokumentiert werden. Allerdings ist es hierbei ratsam, die bekannten Praktiken der Videoaufzeichnung *(→ 5.7)* an die neue Umgebung anzupassen. Um etwa beim Abfilmen des PC-Bildschirms ein störendes Bildrollen zu vermeiden, benötigt man entweder eine hochwertige Kamera, deren Bildwiederholrate sich an das von der PC-Graphikkarte ausgegebene Signal anpassen lässt. Alternativ dazu besteht die Möglichkeit, den PC mit einer Graphikkarte auszustatten, die die Bildinformation zugleich als Standard-Fernsehsignal (PAL) ausgibt. An diese Graphikkarte lässt sich dann ein Videorecorder anschließen, sodass das Geschehen auf dem PC-Bildschirm als Videofilm aufgezeichnet werden kann. Schließlich gibt es die Möglichkeit, einen Bildkonverter zwischen PC-Graphikkarte und PC-Monitor zu schalten und an diesen Konverter wiederum einen Videorecorder anzuschließen (ausführlicher dazu Meier 1998).

3. Analyse

Web-Seiten – aber auch andere Typen elektronischer Prozessdaten – stellen multimodale Hybride par excellence dar. Ihr besonderer Charakter muss nicht nur bei der Dokumentation, sondern auch im Verlauf der Analyse berücksichtigt werden. Welche Konsequenzen sich daraus für die Logik interpretativer Verfahren (→ 5.16) ergeben, ist gegenwärtig noch nicht abzusehen. Bislang sind keine etablierten qualitativen Methoden für diese Art von Daten verfügbar. Es liegt jedoch nahe, zunächst bestehende und erprobte analytische Verfahren für den besonderen Typus von elektronischen Prozessdaten zu adaptieren und zu modifizieren. Ein solches Vorgehen findet sich etwa bei Englisch (1991) oder Wolff (1995), die in ihren Arbeiten die Verfahren der objektiven Hermeneutik bzw. der Konversationsanalyse, die sich in der Auseinandersetzung mit Gesprächsdaten entwickelt haben, für Bilder bzw. für schriftsprachlich konstituierte Texte adaptieren.

Eine Adaptation bestehender Verfahren zur Untersuchung elektronischer Prozessdaten ist eine Aufgabe für die zukünftige Forschung. Wir können das an dieser Stelle nicht leisten, wollen aber kurz andeuten, welche Probleme dies etwa im Fall des für die Konversationsanalyse (→ 5.17) zentralen Konzepts der *Sequenzialität* aufwirft. Hier stellt sich ja die Frage, welche Rolle Sequenzialität beim Betrachten von Web-Seiten spielt. Kann man hier überhaupt von einer Sequenzialität des Handelns sprechen? Werden über Elemente, die als Blickfang dienen, und über Elemente, die als Vektoren fungieren und den Blick weiterleiten, Reihenfolgen von Aktivitäten und Lesepfade vorgegeben (vgl. Kress & van Leeuwen 1996, S. 218–219)? Kann die Reihenfolge von Aktivitäten – etwa das Wandern des Blicks des Betrachters – überhaupt dokumentiert werden (was ja eine grundlegende Voraussetzung für eine spätere Analyse darstellt)? Werden über Hyperlinks zu anderen Web-Seiten bestimmte Pfade der Progression im Netz nahe gelegt? Oder bringt die Hypertextorganisation es mit sich, dass man kaum mehr von der «konditionellen Relevanz» nachfolgender Handlungsschritte sprechen kann?

Es ist nicht zu erwarten, dass bei einer solchen Adaptation eingeführte analytische Konzepte eins zu eins übernommen und angewendet werden können. Darüber hinaus wird es neben der Adaptation bestehender Verfahren erforderlich werden, verschiedene Verfahren zu kombinieren und zu integrieren. Für den Fall der hier diskutierten *multimodalen Prozessdaten* heißt das, dass man bei einem Untersuchungsvorhaben darauf angewiesen ist, sich von Kompositionsanalysen, Bildanalysen, Sequenzanalysen, Inhaltsanalysen oder auch ethnosemantischen Vorgehensweisen inspirieren zu lassen.

4. Präsentation

Die Entwicklung computergestützter Arbeits- und Kommunikationstechnologien führt nicht nur zur Ausbildung neuer Interaktionssituationen, neuer kommunikativer Formen und damit letztlich auch zu neuen Forschungsgegenständen. Es entwickeln sich auch neue Formen der Präsentation sozialwissenschaftlicher Forschungsarbeit. Ein Beispiel dafür sind Fachzeitschriften, die online publiziert werden. Darüber hinaus lässt sich argumentieren, dass das World Wide Web der Repräsentation und Explikation von Gegenständen sozialwissenschaftlicher Forschung in besonderer Weise entgegenkommt. Dies gilt in erster Linie für solche Gegenstände, die nicht schrift-basiert sind – beispielsweise Bildersammlungen, historische Tondokumente oder audiovisuelle Aufzeichnungen. So lassen sich Interaktionssituationen über Ausschnitte aus audiovisuellen Dokumentationen viel intakter und verlustärmer repräsentieren, als dies beispielsweise über Transkripte möglich ist (Slack 1998, Abschnitte 4.2 und 4.3). Das heißt, zum einen können über das WWW Primärmaterialien, die einer Untersuchung zugrunde liegen, verfügbar gemacht werden, wodurch die Überprüfbarkeit qualitativer Forschungsresultate erheblich verbessert wird. Zum anderen können auch Präsentationen von Ergebnissen und Veröffentlichungen eine multimodale Form annehmen. Ein Beispiel dafür sind Aufsätze oder Bücher, zu denen weitere, textförmig nur schwer repräsentierbare Materialien über Web-Server abrufbar sind.

Mit einiger Sicherheit ist zu erwarten, dass mit den neuen Möglichkeiten der Präsentation der bislang sehr starke Zwang zur Verschriftlichung aller empirischen Datenstücke abnimmt. Vor diesem Hintergrund lässt sich darüber spekulieren, welche Langzeitwirkung elektronisch vermittelte Kommunikation auf die Prozesse qualitativer Sozialforschung haben wird. So ist etwa zu vermuten, dass sich die für verschiedene Phasen qualitativer Forschungsarbeit erforderlichen Zeitbudgets verändern. Darüber hinaus sind Auswirkungen auf den Prozess der Datenanalyse zu erwarten. Bislang waren etwa die aufwendigen Transkriptionen bei der Untersuchung von sprachlicher und nicht-sprachlicher Kommunikation nicht allein über ihren analytischen Nutzen motiviert, sondern auch dadurch, dass sie für eine Präsentation der Ergebnisse erforderlich waren. Der nachlassende Zwang zur Vertextung wird dazu führen, dass interpretative Arbeit weniger an Transkripten und mehr an den ursprünglichen Materialien geleistet wird. Dies kann einerseits zu einer größeren Materialnähe der Analysen führen – ein für qualitative Forschung durchaus wünschenswerter Effekt. Gleichzeitig wächst damit aber auch die Gefahr, dass etwa audiovisuelle Dokumentationen naiv als etwas «Gegebenes», also als «Daten» behandelt werden und ihr Charakter als *methodisch erzeugte Konstruktionen* (vgl. Bergmann 1985, S. 317) aus dem Blick gerät.

Weiterführende Literatur

Bergmann, J. R. (1985). Flüchtigkeit und methodische Fixierung sozialer Wirklichkeit: Aufzeichnungen als Daten der interpretativen Soziologie. In: Bonß, W. & Hartmann, H. (Hg.): Entzauberte Wissenschaft. *Soziale Welt*, Sonderband 3, S. 299–320. Göttingen: Schwartz.

Filinski, P. (1998). Chatten in der CyberWorld. Bonn u. a.: International Thomson.

Williams, F., Rice, R. E. & Rogers, E. M. (1988). Research methods and the new media. New York: Free Press.

Sabine Kowal und Daniel C. O'Connell
5.9 Zur Transkription von Gesprächen*

1. Zur Definition von Transkription
2. Zur Entwicklung von Transkriptionssystemen
3. Transkription als Theorie
4. Zur Herstellung von Transkripten
5. Probleme
6. Perspektiven

1. Zur Definition von Transkription

Unter Transkription versteht man die graphische Darstellung ausgewählter Verhaltensaspekte von Personen, die an einem Gespräch (z. B. einem Interview oder einer Alltagsunterhaltung) teilnehmen. Zur Transkription gehören *Transkribierende, Notationszeichen*, das Produkt in Form eines *Transkripts* und die *Transkriptleser*. Transkripte sind nötig, um das flüchtige Gesprächsverhalten für wissenschaftliche Analysen auf dem Papier dauerhaft verfügbar zu machen. Ziel der Herstellung eines Transkripts ist es, die geäußerten Wortfolgen (verbale Merkmale), häufig aber auch deren lautliche Gestaltung z. B. durch Tonhöhe und Lautstärke (prosodische Merkmale) sowie redebegleitendes nichtsprachliches Verhalten (sei es vokal wie Lachen oder Räuspern – parasprachliche Merkmale – oder nichtvokal wie Gesten oder Blickverhalten – außersprachliche Merkmale) möglichst genau auf dem Papier darzustellen, sodass die Besonderheiten eines einmaligen Gesprächs sichtbar werden. Transkripte sind als Ergänzungen und nicht als Ersatz für elektronische Aufnahmen zu verstehen.

Die Transkription ist zu unterscheiden von der *Deskription* des Gesprächsverhaltens. So kann das hörbare Einatmen eines Gesprächsteilnehmers durch «.hhh» transkribiert oder durch «EINATMEN» beschrieben werden. Der Buchstabe «h», so wird angenommen, bildet in schriftlicher Form den Vorgang des Atmens ab, und die Anzahl der Buchstaben gibt einen Eindruck von der Dauer der Atmung. In der Transkription wird also der Versuch gemacht, Merkmale des Gesprächsverhaltens so zu verschriften, dass eine Ähnlichkeitsbeziehung zwischen dem Verhalten und seiner Notation auf dem Papier besteht. Im Gegensatz dazu gibt es bei der Deskription keine Ähnlichkeitsbeziehung zwischen dem Verhalten und dessen Notation. Transkriptleser erfahren durch die Beschreibung «EINATMEN» nur, dass geatmet wurde, aber nicht, wie dies getan wurde.

Die Transkription ist auch zu unterscheiden von der *Codierung* mündlicher Äußerungen, d. h. von deren Klassifikation in festgelegte Kategorien. Transkriptionssysteme wurden in verschiedenen Disziplinen entwickelt. Dazu gehören die Anthropologie (z. B. Duranti 1997), die Linguistik (z. B. Ehlich 1993), die Soziologie (z. B. Atkinson & Heritage 1984) und die Psychologie (z. B. MacWhinney 1995).

2. Zur Entwicklung von Transkriptionssystemen

In die Entwicklung eines Transkriptionssystems gehen die folgenden grundlegenden Entscheidungen ein:

1. Die Auswahl der zu transkribierenden Verhaltensmerkmale (verbale, prosodische, parasprachliche und außersprachliche); diese Auswahl wird immer von der Zielsetzung und Fragestellung eines spezifischen Forschungsprojekts bestimmt.

2. Die Auswahl von Notationszeichen (z. B. Notierung der Silbendehnung als «da:», «da̲» oder «da=»); sie wird durch die Verfügbarkeit entsprechender Zeichenrepertoires und durch Annahmen über die Lesbarkeit von Transkripten bestimmt.

3. Die Auswahl des Transkriptionsformats für die räumliche Anordnung der zeitlichen Abfolge von Gesprächsbeiträgen auf dem Papier oder auf dem Bildschirm (z. B. Partiturschreibweise oder Zeilenschreibweise).

4. Die Festlegung der Fähigkeiten, die die zuverlässige und gültige Anwendung des Notationssystems von den Transkribierenden fordert.

5. Die Festlegung der Fähigkeiten, die das Lesen der Transkripte bei verschiedenen Leserschaften (z. B. Laien, Linguisten, Anthropologen oder Computer) voraussetzt.

Während die Verschriftung mündlicher Äußerungen historisch schon immer eine Rolle gespielt hat, sind verschiedene *Systeme* zur Transkription erst in den letzten Jahrzehnten entwickelt worden (vgl. Ehlich & Switalla 1976). Dieses verstärkte Interesse ist einerseits auf die technologische Entwicklung (Audio- und Videogeräte sowie Computer), andererseits auf die Einrichtung von weltweit vernetzten Datenbanken zum Austausch von Transkripten (Leech, Myers & Thomas 1995) zurückzuführen. Zu den ältesten Transkriptionssystemen gehören im angloamerikanischen Bereich die konversationsanalytische Transkriptionsnotation von Jefferson (1972; Psathas & Anderson 1990) und im deutschsprachigen Raum die *Halbinterpretativen Arbeitstranskriptionen (HIAT)* von Ehlich und Rehbein (1976). Seit Beginn der 90er Jahre zeigt sich ein intensiveres Interesse an Transkription sowohl an der Entwicklung neuer Systeme als auch an kritischen Überlegungen zu deren theoretischen Grundlagen (z. B. Edwards & Lampert 1993; Kowal & O'Connell 2003b).

3. Transkription als Theorie

Lange Zeit wurde die Herstellung von Transkripten als ein theorie-
neutraler Prozess betrachtet, der von den Primärdaten (dem Origi-
nalgespräch) über die Sekundärdaten (den Audio- bzw. Videoaufnahmen des Gesprächs) zu den Tertiärdaten (dem Transkript des
Gesprächs auf der Grundlage von Audio- oder Videoaufnahmen)
führt: Transkribierende bilden einfach auf dem Papier ab, was im
Gespräch gesagt und getan wird, und Leser von Transkripten wissen danach, wie ein Gespräch ablief. Dabei wurde vernachlässigt,
dass die Herstellung und die Verwendung von Transkripten theo-
riegeladene, konstruktive Prozesse sind. Transkripte sind tatsächlich durch eine erhebliche Reduktion der fast unbegrenzt reichhaltigen Primär- und Sekundärdaten gekennzeichnet (Cook 1990) sowie
dadurch, dass das zeitgebundene Gesprächsverhalten in zeitentbun-
dene visuelle Produkte überführt wird. Transkripte sind also immer
selektive Konstruktionen, und die Selektivität wirkt sich auf die
Analyse und Interpretation der Transkripte aus (Ochs 1979). Die
Theoriegeladenheit betrifft jeden der eingangs erwähnten Aspekte
von Transkription, weil an der Herstellung und Verwendung von
Transkripten immer Menschen mit ihren besonderen Zielsetzungen,
Fähigkeiten und Beschränkungen beteiligt sind.

In neueren Transkriptionssystemen zeigt sich ein zunehmendes
Bewusstsein dieser Theoriegeladenheit u. a. darin, dass die Auswahl
von Notationszeichen festgelegt und begründet wird und dass explizite Grundsätze für die Entwicklung der Systeme formuliert werden,
die die Herstellung und Verwendung von Transkripten betreffen. So
betont Ehlich (1993) für *HIAT*: «(a) Einfachheit und Validität,
(b) gute Lesbarkeit und Korrigierbarkeit und (c) geringer Trainings-
aufwand für Transkribierende und Transkriptbenutzende» (S. 125;
unsere Übersetzung). Selting et al. (1998) fügen für das *Gesprächsanalytische Transkriptionssystem (GAT)* u. a. die «Ausbaubarkeit
und Verfeinerbarkeit der Notation (‹Zwiebelprinzip›)» (S. 92) hinzu.

4. Zur Herstellung von Transkripten

In aller Regel wird beim Transkribieren von Sekundärdaten, z. B.
von einer Tonbandaufnahme, ausgegangen. In jedem Transkript
werden zunächst die Wörter, die die Gesprächsteilnehmer geäußert

haben, verschriftet. Dabei sind vier verschiedene Formen der Verschriftung möglich: (a) Standardorthographie, (b) literarische Umschrift, (c) *eye dialect* und (d) phonetische Umschrift. Die Verschriftung in Standardorthographie orientiert sich an den Normen der geschriebenen Sprache und macht damit die Arbeit von Transkribierenden leichter. Sie vernachlässigt aber zugleich die Besonderheiten der gesprochenen Sprache wie die Auslassung einzelner Laute (Elision) oder die Angleichung aufeinander folgender Laute (Assimilation). Dies gilt besonders dort, wo Sprecher von der Standardsprache abweichen. Diese Abweichungen werden in der literarischen Umschrift berücksichtigt wie etwa in der Elision von «e» in «*gehn*» für «*gehen*» oder in der Assimilation «*haste*» für «*hast du*». Der sog. *eye dialect*, der vor allem von der ethnomethodologischen Konversationsanalyse *(→ 5.17)* in englischsprachigen Transkripten verwendet wird, weicht noch stärker von der Standardorthographie ab, um Umgangssprache möglichst lautgetreu abzubilden, so etwa «*askedche*» für «*asked you*». Die phonetische Umschrift nach dem Internationalen Phonetischen Alphabet (IPA) stellt die mündlichen Äußerungen in phonetisch-phonologischen Kategorien dar, z. B. «*[geːn]*» für «*gehn*». In der Gesprächsforschung wird die phonetische Umschrift kaum verwendet, da sie zu viel Information enthält und schwer zu transkribieren und zu lesen ist.

Die Abfolge von Gesprächsbeiträgen auf der Transkriptfläche wird in einzelnen Systemen unterschiedlich abgebildet. Ein häufig verwendetes Transkriptionsformat ist die Zeilenschreibweise (vgl. etwa *GAT* in Selting et al. 1998, S. 97 ff.), die an dem folgenden fiktiven Beispiel gezeigt wird:

Beispiel (1)
   A: haste den jesehn
   B: nee wieso du   [etwa
   A: [na sicher der war doch vorhin [schon da
   B: [hm

Aufeinander folgende Gesprächsbeiträge werden hier jeweils mit einer neuen Transkriptzeile begonnen, sodass das Untereinander der Zeilen das Nacheinander der Beiträge abbildet. Der gleichzeitig mit B's Beitrag einsetzende folgende Gesprächsbeitrag von A in Beispiel (1) wird dagegen horizontal verschoben, und die Gleichzeitigkeit des

Sprechens wird mit eckigen Klammern gekennzeichnet. Hörerrückmeldungen wie «*hm*» werden ebenfalls horizontal verschoben und am Beginn durch eckige Klammern gekennzeichnet. Ein anderes Transkriptionsformat ist die Partiturschreibweise in *HIAT* (Ehlich & Rehbein 1976):

Beispiel (2)

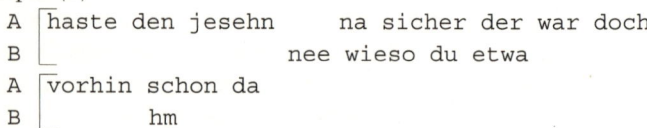

```
A ⌈haste den jesehn       na sicher der war doch
B ⌊                  nee wieso du etwa
A ⌈vorhin schon da
B ⌊     hm
```

Die Partiturschreibung unterscheidet sich von der Zeilenschreibweise durch die sog. Simultanfläche, die am linken Rand des Transkriptes zeilenübergreifend durch eine eckige Klammer variabler Größe (je nach Anzahl der Sprechenden) gekennzeichnet wird. Innerhalb der Simultanfläche zeigt die horizontale Anordnung der Gesprächsbeiträge, ob die Beiträge nacheinander oder gleichzeitig erfolgten. In der Vertikalen ist für jeden Sprecher eine Zeile vorgesehen, die auch nach dem Sprecherwechsel beibehalten wird.

Die meisten Notationszeichen, die keine Buchstaben sind, werden zur Verschriftung der prosodischen Merkmale verwendet. Zu den häufig notierten prosodischen Merkmalen zählen: Sprechpausen, Betonung, Intonation, Dehnung und Lautstärke. In dem fiktiven Beispiel (3) stellen wir die Transkription dieser prosodischen Merkmale in *HIAT* (Ehlich 1993) und *GAT* (Selting et al. 1998) gegenüber:

Beispiel (3)

HIAT	*GAT*
A: haste *den* . jesehn'	A: haste !DEN! (.) jesehn?
‹‹‹‹‹	
B: nee: wieso`	B: nee: ‹‹f›wieso›.

In *HIAT* bzw. *GAT* werden kurze Pausen durch «.» bzw. durch «(.)» notiert; Betonung durch Unterstreichung bzw. durch Großbuchstaben zwischen Ausrufezeichen; steigende Intonation durch «'» bzw. durch «?», fallende Intonation durch «`» bzw. durch «.». Die Silbendehnung wird in beiden Systemen durch «:» und die Lautstärke durch «‹‹‹‹‹‹‹» als Überschrift oder «‹‹f››» dargestellt.

Parasprachliche Merkmale, zu denen nichtsprachliche stimmliche Phänomene wie Lachen, Seufzen oder Atmen zählen (aber vgl. Selting 2000), werden in den gängigen Transkriptionssystemen entweder transkribiert oder beschrieben. In *HIAT* wird beispielsweise das Lachen durch «((Lachen))» beschrieben (Ehlich & Rehbein 1976, S. 31), während es in *GAT* entweder durch «((lacht))» beschrieben oder durch «hahaha» transkribiert wird (Selting et al. 1998, S. 100).

Zu den außersprachlichen Merkmalen zählen sichtbare (z. B. Blickzuwendung, Gesten) und hörbare, nichtvokale (z. B. Applaus) Verhaltensweisen, die redebegleitend auftreten. Sie werden in einigen Systemen (z. B. du Bois 1991) gar nicht berücksichtigt, während *HIAT* (Ehlich 1993, S. 135–140) und *GAT* (Selting et al. 1998, S. 109–113) ausführlich darauf eingehen.

5. Probleme

Die oben erwähnten Entscheidungen, die in die Entwicklung eines Transkriptionssystems und in dessen Verwendung eingehen, greifen alle ineinander, und bei allen treten bisher ungelöste Probleme auf. Die Auswahl der transkribierten Kategorien (insbesondere der prosodischen Merkmale) wird häufig nicht durch eine Fragestellung motiviert, das heißt, es wird mit erheblichem Aufwand viel mehr transkribiert, als analysiert wird. Tatsächlich scheint die Verfügbarkeit eines umfangreichen Transkriptionssystems den Benutzern nahe zu legen, dass sie das gesamte System in jedem einzelnen Forschungsprojekt ohne Einschränkung verwenden müssten.

Innerhalb desselben Systems wie auch zwischen verschiedenen Systemen findet man manchmal dasselbe Zeichen zur Notierung verschiedener Phänomene (vgl. das Zeichen «.» in Beispiel [3], das in *HIAT* eine kurze Pause und in *GAT* tief fallende Intonation notiert), und umgekehrt werden verschiedene Zeichen für die Notation desselben Phänomens verwendet. Das Problem besteht hier in der nichteindeutigen Zuordnung von Notationszeichen und dem damit Bezeichneten.

Die grundlegendsten Probleme sind jedoch weniger auf der Ebene des Systems selbst als auf der Ebene des Verhaltens beim Gebrauch des Systems zu finden. So müssen *Transkribierende* etwa bei der Verschriftung von Gesprächen verbale Phänomene zu Papier bringen, die sie als Gesprächsteilnehmer zu überhören gelernt haben. Dazu gehören Versprecher (z. B. «mittlerweise» statt «mittlerweile»), Wortabbrüche (z. B. «k-») und Verzögerungen wie etwa Wiederholungen (z. B. «der der») oder Fülllaute (z. B. «äh»). Die Notierung dieser Phänomene ist deshalb besonders anfällig für Fehler. Im Hinblick auf die Verschriftung prosodischer Merkmale müssen Transkribierende zum Teil Wahrnehmungsunterscheidungen treffen, die ihre Fähigkeiten überschreiten. Dies gilt sowohl für die Dauer von Sprechpausen als auch für die Betonung einzelner Silben.

In den meisten Transkriptionssystemen wird gute Lesbarkeit der Transkripte als Grundsatz gefordert. Tatsächlich aber ist die Lesbarkeit bisher in keinem Fall empirisch überprüft worden. So ist fraglich, ob die folgende Transkription des lachend geäußerten Wortes «grandmother» für *Transkriptleser* nachvollziehbar ist, da hier die Wortgestalt durch Zusatzzeichen aufgebrochen wird: «^gra@ndmo@the@r» (Du Bois 1991, S. 87). Ähnliche Zweifel stellen sich bei unserem oben aufgeführten Beispiel (3) ein. Selting (2000) hat auf eine Reihe weiterer Probleme hingewiesen.

Angesichts dieser Probleme formulieren wir im Folgenden in Anlehnung an O'Connell und Kowal (1995a, S. 98 ff.) einige grundlegende Empfehlungen für die Transkription von Gesprächen:

1. Es sollten nur solche Merkmale des Gesprächsverhaltens transkribiert werden, die auch tatsächlich analysiert werden.

2. Um die Eindeutigkeit von Notationszeichen zu sichern, sollten Buchstaben nur für die Darstellung der verbalen Merkmale von Äußerungen und Interpunktionszeichen nur in ihrer konventionellen Funktion verwendet werden.

3. Die interne Gestalt eines Worts sollte nicht durch zusätzliche Zeichen aufgebrochen werden.

4. Subjektive Wahrnehmungen und/oder Kategorisierungen von Transkribierenden sollten nicht als objektive Messungen notiert werden.

5. Ein gegebenes Notationszeichen sollte in einem Transkript nur für jeweils ein Merkmal des Gesprächsverhaltens verwendet werden, und kein Merkmal des Gesprächsverhaltens sollte durch verschiedene Notationszeichen dargestellt werden.

6. In einem Transkript sollte deutlich erkennbar zwischen Beschreibungen, Erklärungen, Anmerkungen und Interpretationen unterschieden werden.

7. Bei der Analyse von Transkripten sollte berücksichtigt werden, dass Transkribierende als Sprachbenutzer nicht selten unzuverlässig transkribieren (vgl. Lindsay & O'Connell 1995; O'Connell & Kowal 1994).

6. Perspektiven

Wir haben in zwei neueren Aufsätzen (O'Connell & Kowal 1995a, b) einen Überblick über den gegenwärtigen Stand der Transkription in den Sozialwissenschaften gegeben. Wohin das starke Interesse an Transkription, die Entwicklung neuer Transkriptionssysteme und die kritische Auseinandersetzung mit ihnen führen werden, ist gegenwärtig noch ungewiss. Aber einige Perspektiven zeichnen sich bereits ab. Die Beteiligung moderner Technologien an Transkription wird weiter zunehmen (Kallmeyer 1997). Das betrifft sowohl die Anfertigung von Transkripten unter Verwendung von Computerprogrammen (vgl. etwa Ehlich 1993, S. 141 ff.; Mac-Whinney 1995, S. vii) als auch die Veröffentlichung von Transkriptsammlungen in Verbindung mit elektronischen Datenträgern (z. B. Redder & Ehlich 1994).

In der Literatur über Transkription wird häufig auf die Notwendigkeit zur Standardisierung der Systeme hingewiesen. Paradoxerweise setzt die Standardisierung jedoch die Bereitschaft voraus, auf die Entwicklung eines eigenen Systems zu verzichten. Wie die Vielzahl vorliegender Transkriptionssysteme zeigt, scheint diese Bereitschaft bisher nicht gegeben zu sein. Überhaupt ist angesichts der Vielfalt möglicher Forschungsziele fraglich, ob eine Standardisierung überhaupt ein wünschenswertes Ziel ist.

Während Transkription in verschiedenen Disziplinen lange Zeit relativ unreflektiert verwendet wurde, ist hier in den letzten Jahren ein verstärktes Methodenbewusstsein zu bemerken. So betrachten Smith et al. (1995) Transkription als wesentliche methodologische Grundlage für «das neue Paradigma in der Psychologie» (S. 3; unsere Übersetzung), und in neueren Handbüchern zur Soziolinguistik (Richter 1988) und zur Psycholinguistik (Kowal & O'Connell 2003a) wird der Transkription jeweils ein eigenes Kapitel gewidmet.

Die wichtigsten Perspektiven bestehen unserer Meinung nach jedoch darin, das Herstellen sowie das Verwenden von Transkripten – als spezielle Arten des Zeichengebrauchs, d. h. als menschliche Verhaltensweisen – zum Gegenstand empirischer Forschung zu machen. Zu diesem Forschungsprogramm gehören (a) die semiotische Analyse der zeichentheoretisch begründbaren Optionen für die Entwicklung von Notationssystemen und (b) die psychologische Untersuchung der Verhaltensweisen von Sprachbenutzern beim Herstellen und Verwenden von Transkripten. Dazu zählen u. a. die folgenden Fragestellungen:

- Über welche Fähigkeiten und Fertigkeiten sollten Transkribierende verfügen, um Transkripte herzustellen, die die Tonband- bzw. Videoaufnahmen möglichst genau abbilden und nicht so sehr die Wahrnehmungsbegrenzungen der Transkribierenden?
- Wo ergeben sich typischerweise Abweichungen zwischen verschiedenen Transkribierenden, die dasselbe Transkript hergestellt haben?
- In welchem Ausmaß weichen die Wahrnehmungen von Transkribierenden von instrumentellen Analysen ab (etwa bei der Analyse von Sprechpausen oder anderen prosodischen Merkmalen durch oszillographische Aufzeichnungen)?
- Wie müssen Transkripte beschaffen sein, damit sie lesbar sind, d. h. angemessene Vorstellungen von einem Gesprächsverlauf bei Lesern auslösen? Dazu gehören auch die Frage, in welcher Weise die Zeichendichte in einem Transkript dessen Lesbarkeit durch kognitive Überlastung beeinträchtigt, sowie die Frage, ob bestimmte Transkriptionszeichen wie etwa «Ähs» in Lesern eines Transkripts unkontrollierbare (negative) Einstellungen gegenüber den Gesprächsteilnehmern erzeugen.

Erst wenn diese (und andere) Fragen empirisch überprüft sind, können die Möglichkeiten und Grenzen von Transkription als wissenschaftlicher Methode genauer bestimmt werden.

---

* Wir danken der Alexander von Humboldt-Stiftung für die Unterstützung bei der Abfassung dieses Kapitels im Rahmen eines Transcoop-Projekts für 1995–1998.

Weiterführende Literatur

Edwards, J. A. & Lampert, M. D. (Hg.) (1993). Talking data: Transcription and coding in discourse research. Hillsdale, NJ: Erlbaum.

Kowal, S. & O'Connell, D. C. (1995). Notation und Transkription in der Gesprächsforschung. *KODIKAS/CODE. Ars Semiotica: An International Journal of Semiotics*, 18, 113–138.

Kowal, S. & O'Connell, D. C. (2003a). Datenerhebung und Transkription. In: Rickheit, G., Herrmann, T. & Deutsch, W. (Hg.): Psycholinguistik/Psycholinguistics: Ein Internationales Handbuch/An International Handbook, S. 92–106. Berlin: de Gruyter.

Christiane Schmidt
5.10 Analyse von Leitfadeninterviews

1. Einleitung

Die Auswertungskategorien und -instrumente für ein Leitfadeninterview, das im Sinne qualitativer Forschung konzipiert und geführt worden ist, entstehen in Auseinandersetzung mit dem erhobenen Material. Eine der offenen Fragetechnik *(→ 5.2; → 5.3)* angemessene Auswertung kann das Material nicht mit vorfixierten Themenkatalogen interpretieren und zusammenfassen; diese lassen sich nur teilweise vor der Erhebung entwerfen.

Zur Analyse qualitativer Interviews gibt es eine Reihe von Auswertungstechniken (Überblicke hierzu bieten z. B. Flick 2007a, S. 369 ff.; Kuckartz 1997; Lamnek 1995, S. 107–125; Mayring 1983, S. 51–54, Mayring 1993, S. 76–101; Witzel 1982, S. 53–65). Welche Auswertungstechniken für Leitfadeninterviews im Rahmen einer Untersuchung gewählt werden, hängt von der Zielsetzung, den Fragestellungen und dem methodischen Ansatz ab – und nicht zuletzt davon, wie viel Zeit, Forschungsmittel und personelle Ressourcen zur Verfügung stehen. Im Folgenden wird eine Auswertungsstrategie vorgestellt, die sich im Rahmen von Forschungsansätzen bewährt hat, die einen offenen Charakter des theoretischen Vorverständnisses postulieren, jedoch nicht auf explizite Vorannahmen

(→ 4.2) und den Bezug auf Theorietraditionen verzichten (zu solchen «theorieorientierten Ansätzen» Hopf 1996; zum weitgehenden Verzicht auf explizite Vorannahmen: Glaser & Strauss, z. B. 1979; vgl. Kelle 1996; Fuchs 1984, S. 281 ff.). Unter Auswertungsstrategie wird hier eine Zusammenstellung verschiedener, für die Analyse von Leitfadeninterviews geeigneter Auswertungstechniken verstanden. Die am forschungspraktischen Ablauf orientierte Darstellung soll dazu ermutigen, eigene, passende Wege zu finden.

2. Kurze Beschreibung des Verfahrens und des methodologischen Hintergrundes

Die gewählte Auswertungsstrategie lässt sich in fünf Schritten darstellen: Zuerst werden – in Auseinandersetzung mit dem Material – Kategorien für die Auswertung gebildet. Diese werden – in einem zweiten Schritt – zu einem Auswertungsleitfaden zusammengestellt, erprobt und überarbeitet. Mit Hilfe dieses Auswertungs- oder Codierleitfadens geht es – drittens – darum, alle Interviews zu codieren, d. h. unter den Auswertungskategorien zu verschlüsseln. Auf der Basis der Verschlüsselungen lassen sich dann – viertens – Fallübersichten erstellen; diese bilden im letzten und fünften hier vorgestellten Auswertungsschritt eine Grundlage zur Auswahl einzelner Fälle für vertiefende Einzelfallanalysen.

Leitprinzip dieser Auswertungsstrategie ist der Austausch zwischen Material und theoretischem Vorverständnis. Dieser Austauschprozess beginnt nicht erst dann, wenn die Daten in transkribierter Form vorliegen, sondern schon zu Beginn der Erhebung: als eine Art Wechselspiel zwischen theoretischen Überlegungen auf der Basis von Auseinandersetzungen mit Literatur und Theorietraditionen auf der einen Seite, Erfahrungen und Beobachtungen bei der Erkundung des Forschungsfeldes auf der anderen Seite. Im Verlauf dieses Austauschprozesses können auch die theoretischen Vorannahmen ausdifferenziert, in Frage gestellt und verändert werden.

Erster Schritt: materialorientierte Bildung von Auswertungskategorien
Die Bestimmung von Auswertungskategorien beginnt mit dem intensiven und wiederholten Lesen des Materials. Mit Material sind

hier vor allem die vollständig und wörtlich transkribierten Interviews gemeint (→ *5.9*; zur Einbeziehung von Feldnotizen und Forschungstagebüchern Schmidt 1997, S. 546 f.). Vorausgesetzt wird, dass die Interviews in dem erforderlichen «Genauigkeitsgrad» verschriftet (vgl. Flick 2007a, S. 379 ff.) und durch «Korrekturhören» von Übertragungsfehlern bereinigt sind (vgl. Hopf & Schmidt 1993, Anh. C, S. 1–3). Empfehlenswert (für alle Auswertungsschritte) ist, computerunterstützt zu arbeiten *(→ 5.14)*.

Das Lesen der einzelnen Transkripte hat Ähnlichkeit mit dem studierenden Lesen wissenschaftlicher Texte (vgl. hierzu z. B. Stary & Kretschmer 1994). Das eigene theoretische Vorverständnis und die Fragestellungen lenken beim Lesen der Transkripte die Aufmerksamkeit. Ziel ist, für jedes einzelne Interviewtranskript die vorkommenden Themen und deren einzelne Aspekte, die sich – in einem sehr weiten Sinn – dem Zusammenhang der Fragestellung(en) zuordnen lassen, zu notieren. Zu einer Textpassage können dabei auch mehrere Themen bzw. Aspekte notiert werden. Um der Offenheit des Interviews Rechnung zu tragen, ist es wichtig, hierfür nicht einfach die Formulierungen aus den gestellten Fragen zu übernehmen, sondern darauf zu achten, ob die Befragten diese Begriffe überhaupt aufgreifen, welche Bedeutung diese Begriffe für sie haben, welche Aspekte sie ergänzen und welche sie weglassen und welche neuen, im Leitfaden nicht bedachten Themen im erhobenen Material auftauchen. Ziel ist nicht, für alle Interviewtexte die gleichen Themen zu finden; die Interviews sollen bei diesem ersten Zugang zum Material noch nicht vergleichend betrachtet werden. Es ist jedoch nützlich für die weiteren Auswertungsschritte, die bemerkten Ähnlichkeiten und Unterschiede zwischen den Interviews zu notieren; meist fällt es danach auch leichter, sich dann wieder auf den einzelnen Fall zu konzentrieren.

Das folgende Beispiel stammt – wie alle weiteren verwendeten Beispiele – aus der (theorieorientierten) Untersuchung «Familie und Rechtsextremismus» (Hopf et al. 1995), deren Fragestellungen und theoretische Vorannahmen sich auf Traditionen der Autoritarismus- und Bindungsforschung beziehen.

Kontext: Volker spricht von einem Jugendlichen, den er nicht mag, und erzählt auf Nachfragen, wie er und seine Freunde in der Disko mit ihm umgegangen sind. Zitat aus dem Transkript: «(…) auf jeden Fall die Art zu sprechen, die Art zu gehen, ich konnte alles an dem nicht ab. Die Art zu tanzen vor allem nicht. Und dann hab ich ihn ein paarmal die Treppe runtergekickt und so, haben wir nur Mist gemacht, der wurde andauernd zusammengeprügelt.» (S. 69)	Themen und Einzelaspekte (Notizen einer der Bearbeiterinnen beim Lesen des Transkripts) • Jugendlicher, der sich nicht konform verhält, wird abgelehnt und angegriffen • physische Gewalt • bagatellisierende Sprechweise • Gewalt Gruppe

Das genaue und wiederholte Lesen der einzelnen Interviewtranskripte ist sehr zeitaufwendig. Es ist aber notwendig, um Textpassagen nicht vorschnell eigenen Fragestellungen zuzuordnen und um nicht Textpassagen zu übersehen, denen man den Zusammenhang zur Fragestellung nicht auf den ersten Blick ansieht. In einem offen geführten Leitfadeninterview befinden sich die wichtigen Textpassagen zudem nicht immer im direkten Kontext der gestellten Frage; die vom Interviewer eingebrachten Aspekte werden häufig erst nach einiger Zeit ausführlicher aufgegriffen oder tauchen in der Antwort auf eine anderen Frage innerhalb eines ganz anderen Kontextes (wieder) auf. Wichtig ist, das Material beim Lesen und Annotieren nicht auf die eigenen theoretischen Vorannahmen zuzuschneiden, indem die Auswertung darauf reduziert wird, nur nach solchen Textstellen zu suchen, die sich als Beleg oder Illustration für die Vorannahmen eignen. Schon beim ersten Lesen sieht man häufig viele «schöne und passende Zitate», die sich für eine Präsentation im Endbericht anzubieten scheinen, und übersieht dabei Textstellen, die weniger gut zu den eigenen Erwartungen passen. Das wiederholte Lesen der Texte und vor allem der bewusste und offene Umgang mit den Vorannahmen hilft dabei, nicht nur Textpassagen zu bemerken, die den Vorüberlegungen entsprechen, sondern auch solche, die damit weniger in Einklang zu bringen sind (vgl. hierzu Hopf et al. 1995, S. 24).

Auf der Grundlage der gefundenen Themen und Aspekte werden nun Auswertungskategorien formuliert. Je nach Anzahl der Interviews, vorhandenen Arbeitskraftressourcen und persönlichem Arbeitsstil ist es sinnvoll, damit teilweise auch schon parallel zum Lesen der Interviews zu beginnen. Aus Auseinandersetzungen mit vorliegenden theoretischen und empirischen Konzepten, vor dem Hintergrund von Theorietraditionen, aus Diskussionen im Forschungsteam bzw. mit (Fach-)Kollegen entstehen – zunächst eher vage – Kategorien. Diese werden im Verlauf der Erhebung und bei der Vorbereitung der Auswertung durch Beobachtungen und Erfahrungen im Feld korrigiert und ergänzt. Der Austausch wird nun fortgesetzt, indem die in den Interviews gefundenen Themen und Einzelaspekte dem bisher entwickelten Kategorienverständnis gegenübergestellt werden. Die so entstehenden Begriffe oder Begriffskombinationen nenne ich Auswertungskategorien.

Welche Form die Auswertungskategorien haben, hängt wiederum stark von der Fragestellung ab; es kann sich um inhaltliche Themen und Aspekte handeln, z. B. um Argumentationen oder Argumentationskonfigurationen (vgl. Becker-Schmidt et al. 1982, S. 109 ff.); einzelne Kategorien können sich auch auf die sprachliche Form der Antworten beziehen (vgl. im obigen Beispiel «bagatellisierende Sprechweise»). Alternative Verfahren der Kategorienbildung am Material beschreiben Mayring im Rahmen der zusammenfassenden Inhaltsanalyse (1983, 1993; → 5.12), Witzel als Teilschritt der Auswertung problemzentrierter Interviews (1996) und Glaser & Strauss als Element des «Theoretischen Codierens» (→ 5.13).

Zweiter Schritt: Zusammenstellung der Auswertungskategorien zu einem Codierleitfaden
Die Entwürfe der Auswertungskategorien werden nun zu einem Auswertungs- oder Codierleitfaden zusammengestellt (vgl. hierzu auch Crabtree & Miller 1992, S. 95; Lewin, 1986, S. 284). Dieser enthält ausführliche Beschreibungen zu den einzelnen Kategorien, dabei werden zu jeder Kategorie verschiedene Ausprägungen formuliert. Mit Hilfe des Leitfadens soll das erhobene Material codiert werden. Codieren bedeutet hier – wie im nächsten Abschnitt näher erläutert wird –, entsprechende Textpassagen eines Interviews einer Kategorie zuzuordnen, und zwar der am besten zu diesen Textpassagen passenden Ausprägung. Die Brauchbarkeit der Auswertungskategorien wird zunächst an einigen Interviews erprobt und bewer-

tet – optimalerweise in diskursiver Form im Forschungsteam. Die Kategorien und ihre Ausprägungen können dabei z. B. ausdifferenziert, trennschärfer formuliert oder ganz aus dem Codierleitfaden wieder herausgenommen werden.

> Beispiel für die Entwicklung von Auswertungskategorien in einem Austauschprozess zwischen theoretischen Vorannahmen, Felderfahrungen und dem erhobenen Material: «Im Verlauf unserer Befragung von Jugendlichen ergaben sich bei uns immer mehr Zweifel daran, ob (…) das Autoritarismus-Konzept und die mit ihm intendierte Verbindung von autoritärer Unterordnung und Aggression für uns als zentrales analytisches Konzept überhaupt angemessen sei» (Hopf et al. 1995, S. 70). «So bestärkten z. B. erste Felderfahrungen unsere Skepsis gegenüber der Annahme, dass rechtsextrem orientierte Jugendliche in das klassische Bild des Autoritären als Radfahrer passen, der nach oben buckelt und nach unten tritt (…). Zwar hatten wir öfter während der Interviews oder hinterher beim Nachdenken über diese den Eindruck des ‹Tretens gegen Schwächere›, wir fanden aber nicht so häufig Hinweise auf autoritäre Unterordnung. Hieraus entwickelten sich Ideen für eine systematische Überprüfung der Aspekte ‹autoritäre Aggression› und ‹autoritäre Unterwürfigkeit›» (Hopf & Schmidt 1993, S. 58).

Neben anderen auf diese Aspekte bezogenen Auswertungskategorien wurde eine Auswertungskategorie «Radfahrer-Varianten» für den Codierleitfaden entworfen, am «Material geprüft und weiterentwickelt» (Rieker 1997, S. 49). Eingeleitet mit einer Beschreibung des klassischen Autoritären als «Radfahrer», wurden verschiedene Varianten dieses Typs im Codierleitfaden als fünf Ausprägungen beschrieben, z. B.:

1 eher klassischer Radfahrer: buckeln und treten
2 eher nur treten, verbunden mit einem tendenziell rebellischen oder pseudorebellischen Verhalten gegenüber Autoritäten/Stärkeren
3 eher nur treten, ohne rebellisches …
4 eher nur buckeln
5 weder buckeln noch treten
0 keine Angabe, nicht gefragt o. Ä., Zuordnung zu einer der Kategorien trotz vorhandener Information nicht möglich

Dritter Schritt: Codierung des Materials
Unter Verwendung des Codierleitfadens wird nun jedes einzelne Interview eingeschätzt und klassifiziert, indem eine Zuordnung des Materials zu den Auswertungskategorien vorgenommen wird. Jedes einzelne Interview wird unter allen Kategorien des Codierleitfadens verschlüsselt. Die Auswertungskategorien, die im vorangegangenen

Auswertungsschritt *aus* dem Material heraus gebildet worden sind, werden jetzt also *auf* das Material angewendet. Um die Fälle im Hinblick auf dominante Tendenzen vergleichen zu können, soll in diesem Auswertungsschritt die Informationsfülle reduziert werden. Dabei wird ein Informationsverlust in Kauf genommen, der umso geringer bleibt, je differenzierter die Auswertungskategorien und ihre inhaltlichen Ausprägungen formuliert sind. Die Besonderheiten und Feinheiten einzelner Interviews werden im nächsten Auswertungsschritt – der vertiefenden Fallinterpretation – wieder berücksichtigt (vgl. Schmidt 1997, S. 557).

Zunächst werden aus dem einzelnen Interview die Passagen herausgesucht, die sich – im weiten Sinn – einer Auswertungskategorie zuordnen lassen, dann wird für alle diese Textstellen zusammen *eine* Ausprägung vergeben (wie z. B. oben beschrieben «4 eher nur buckeln»). Passen mehrere Ausprägungen, wird die gewählt, die dominant ist. Es ist für diesen Zuordnungsprozess sehr wichtig, dass die Ausprägungen trennscharf formuliert sind, sich also nicht überschneiden. Wie im Codierleitfaden vorgegeben, werden alle Kategorien nacheinander auf jeweils ein Interview angewendet. Die Codierung unter einer Kategorie soll dabei möglichst unbeeinflusst von den Codierungen unter anderen Kategorien erfolgen. Lässt sich in einem Interview zu einer Kategorie kein oder zu wenig Material finden, um sich für eine Ausprägung zu entscheiden, wird die Ausprägung «nicht klassifizierbar» vergeben. Geschieht dies häufiger bei einer bestimmten Kategorie, kann dies auch darauf hindeuten, dass die Formulierung der Auswertungskategorie und ihrer Ausprägungen nicht gut gelungen ist und gestrichen oder überarbeitet werden muss.

Als hilfreich für das Codieren hat sich – in der erwähnten Rechtsextremismus-Studie – herausgestellt, die Einschätzungen und Klassifizierungen pro Interview in eine Kopie des Codierleitfadens einzutragen, und dazu die Textstellen, auf die sich die Einschätzung bezieht, als «Belege» in Form von Seiten und Zeilenangaben zu notieren.

Eine empfehlenswerte Variante des Codierens ist das konsensuelle Codieren. An der Codierung eines Falls sind dabei mindestens zwei Personen aus dem Forschungsteam beteiligt. Zunächst arbeiten sie unabhängig voneinander am gleichen Interview. Erst wenn sie einzeln das Interview unter allen Kategorien verschlüsselt haben, vergleichen und diskutieren sie die Zuordnungen. Sind die Einschätzungen diskrepant, versuchen sie zusammen, in ausführlicher Diskussion eine konsensuelle Lösung auszuhandeln. Neue Möglichkeiten asynchroner Kommunikation und Kooperation – z. B. CSCW-Systeme (Computer Supported Cooperative Working), internetbasierte Diskussionsforen oder E-Mail (vgl. hierzu z. B. Scholl et al. 1996, S. 31 f., und Diepold 1996, S. 14) – sind geeignet, ein Forschungsteam hierbei zu unterstützen.

Das hier beschriebene Codieren hat Ähnlichkeit mit der inhaltsanalytischen Technik der skalierenden Strukturierung (vgl. Mayring 1983, S. 85 ff.) und mit der Codierung von Fragebogendaten (vgl. z. B. Benninghaus 1994, S. 30; Bortz & Döring 1995, S. 305). Zu unterscheiden ist es vom «Theoretischen Codieren» nach Glaser & Strauss. Dort wird der Begriff des Codierens verwendet, um den Prozess der materialgeleiteten Theorieentwicklung («Grounded Theory») zu beschreiben (Wiedemann 1991, S. 443 f.; →*5.13*).

Vierter Schritt: quantifizierende Materialübersichten
Der nächste Schritt der hier beschriebenen Auswertungsstrategie lässt sich als quantifizierende Zusammenstellung der Ergebnisse der Codierung charakterisieren. Technisch gesprochen handelt es sich hierbei um übersichtliche Darstellungen in Tabellenform. Eine solche Materialübersicht besteht aus Häufigkeitsangaben zu bestimmten einzelnen Auswertungskategorien. Diese Häufigkeitsangaben geben einen ersten Überblick zu Verteilungen im Material. Sie sind allein noch nicht das Ergebnis, sondern liefern nur Informationen zur «Datenbasis». Aus der Materialübersicht können einzelne Auswertungskategorien ausgewählt und in Form von Kreuztabellen (Brosius 1988, S. 211 ff.) aufeinander bezogen werden. Auch diese «kombinierten Häufigkeitsangaben» sind für sich allein genommen noch kein Ergebnis.

Normbindung autoritäre Unterordnung/ autoritäre Aggression	Normbindung eher gegeben (mehr oder minder deutlich ausgeprägt)	eher nicht gegeben bzw. zwischen instrumentell-strategischer Orientierung und Normbindung	insgesamt
Unterordnung in Verbindung mit Aggression	–	6	6
eher nur Aggression	–	5	5
…	…	…	…
insgesamt	10	15	25

Auszug aus Tabelle «Radfahrer»-Mentalität und Norm- und Gewissens-bindung (Hopf et al. 1995, S. 72)

Quantifizierende Materialübersichten dienen vor allem der Vorbe-reitung der weiteren Analyse; sie verweisen auf mögliche Zusam-menhänge, denen in einer qualitativen Analyse nachgespürt werden kann. Die Vorannahmen beziehen sich auf Einzelfälle und müssen für jeden einzelnen Fall überprüft werden (vgl. Hopf 1996). Dabei können die Gesamt-Übersichten jedoch hilfreich sein, z. B. für die «gezielte Suche nach Ausnahmen» (Bühler-Niederberger 1991, S. 448).

Um zur Transparenz und Überprüfbarkeit einer qualitativen Stu-die beizutragen, ist es zudem sinnvoll, zu zentralen Auswertungska-tegorien eine Gesamtübersicht zu den Ergebnissen der Codierung für alle analysierten Fälle zu präsentieren – z. B. in Form einer Ta-belle, in der pro Zeile ein Fall dargestellt wird, und pro Spalte die Ergebnisse zu einzelnen Auswertungskategorien (vgl. Hopf et al. 1995, S. 194 ff.; Heppner et al. 1990, S. 45 f.).

Fünfter Schritt: vertiefende Fallinterpretationen
Vertiefende Fallinterpretationen sind der letzte Auswertungsschritt der hier vorgestellten Strategie. Ziele dieses Schrittes können sein: neue Hypothesen zu finden, Hypothesen am Einzelfall zu überprü-fen, begriffliche Konzepte auszudifferenzieren, zu neuen theoreti-schen Überlegungen zu kommen oder den vorhandenen theoreti-schen Rahmen zu überarbeiten. Mit den durch die Codierung

ermittelten Konstellationen lassen sich Fälle für eine vertiefende Analyse begründet auswählen. Die ausgewählten Transkripte werden unter einer bestimmten Fragestellung mehrmals genau gelesen und interpretiert. Das Ergebnis der Interpretation, das sich auf diesen einen Fall in allen seinen Besonderheiten bezieht, wird schriftlich festgehalten. Welche einzelnen Techniken bei der Interpretation eingesetzt werden, hängt von der Anlage der Untersuchung ab und begründet sich meist in der jeweiligen Interpretationstradition, der die Forschenden nahe stehen – z. B. einer hermeneutischen *(→ 3.5; → 5.16)* oder psychoanalytischen *(→ 5.20)* Tradition.

Weiterführende Literatur

Hopf, C. (1996). Hypothesenprüfung und qualitative Sozialforschung. In: Strobl, R. & Böttger, A. (Hg.): Wahre Geschichten? Zu Theorie und Praxis qualitativer Interviews, S. 9–21. Baden-Baden: Nomos.

Mayring, P. (1983). Qualitative Inhaltsanalyse. Grundlagen und Techniken. Weinheim, Basel: Beltz.

Schmidt, C. (1997). «Am Material»: Auswertungstechniken für Leitfadeninterviews. In: Friebertshäuser, B. & Prengel, A. (Hg.): Handbuch qualitative Methoden in der Erziehungswissenschaft, S. 544–568. Weinheim, München: Juventa.

Gabriele Rosenthal und Wolfram Fischer-Rosenthal
5.11 Analyse narrativ-biographischer Interviews

1. Erzählung und gemeinsam geteilte Wirklichkeit
2. Labovs und Waletzkis Narrativistik: das narrative Interview als Forschungsinstrument und seine Kritik
3. Narrativistische Methodologie biographischer Fallrekonstruktionen
4. Beispiel einer Fallrekonstruktion

1. Erzählung und gemeinsam geteilte Wirklichkeit

Wie können Menschen, die als Einzelne immer auch Verschiedenes erleben, dennoch kooperieren? Wenn es für die Mitglieder einer Gesellschaft ganz normal ist, dass man ständig mit Erlebnissen und Erfahrungen anderer zu rechnen hat, bei denen man nicht selbst anwesend und beteiligt war, wie lässt sich Erwartungssicherheit im Umgang miteinander herstellen? Wie kann eine gemeinsam geteilte Welt erzeugt werden, in der man sich orientiert bewegen kann, von der man annehmen kann, dass sie für alle in gleicher Weise für alle praktischen Zwecke ausreichend «wirklich» ist?

So absurd diese Fragen für den Alltagsmenschen klingen, der die Welt und die Möglichkeit sozialer Interaktion in ihr als selbstverständlich voraussetzt, so schwer fallen Antworten, wenn man verstehen will, *wie* die Menschen diese Selbstverständlichkeit praktisch herstellen und kontinuierlich aufrechterhalten. Auf der Suche nach der Antwort auf diese konstitutionstheoretische Frage von Sozialität und Gesellschaft stieß man – unter anderem – auf die soziale Funktion sprachlicher Kommunikation im Allgemeinen und des Erzählens im Besonderen.

Das Erzählen eines Erlebnisses erscheint als ein geeignetes Mittel, eigene Erfahrungen als Ergebnis und Prozess anderen so mitzuteilen, dass sie und auch man selbst diese Erfahrungen nachvollziehen und so gemeinsam verstehen können. Die so allererst hergestellte *Wir-Wirklichkeit* erlaubt – bis auf weiteres – stimmige Koorientierung und bleibt doch *prinzipiell prekär*. Sie kann einem ständig stattfindenden Interpretationsprozess nicht entzogen werden, weil sie permanent aktuell aufrechterhalten werden muss, denn gemeinsam geteilte Wirklichkeit gibt es nur «jetzt». Die Herstellung einer gemeinsam geteilten Sicht über Ereignisse, über die Welt, die «wir» haben und die «uns» ausmacht, kann im aktuellen Vollzug auch jederzeit misslingen. Auf der Erzähler- wie auf der Zuhörerseite gibt es situativ variierbare Ausgestaltungs- und Prüfmöglichkeiten, die zu einer abweichenden Sicht beider Seiten und somit zur Falsifikation der Geschichte führen können. Ob es sich dabei um eine «Lügengeschichte» handelt oder ob die «wirkliche» Erzählererfahrung vom Hörer nicht akzeptiert wird, weil sie die eigene Welt des Hörers zu stark bedrohen würde, ist in der Konsequenz der Nichtkonstitution einer gemeinsam geteilten Welt dasselbe (mit möglicherweise ähnlich negativen Konsequenzen für soziale Anerkennung, Glaubwürdigkeit und auch Selbstachtung des Erzählers). Selbst bei gemeinsamer Verifikation ist die Wirklichkeit nicht ein für alle Mal gesichert oder interpretationsimmun, denn aus anderer Beobachtungsperspektive oder zu einem späteren Zeitpunkt kann das gemeinsam akzeptierte Erleben als «nicht wirklich» zurückgewiesen werden. Wie konnte angesichts dieser ambivalenten Gegebenheiten das Geschichtenerzählen nicht nur Gegenstand, sondern auch Mittel wissenschaftlicher Methodik werden?

2. Labovs und Waletzkis Narrativistik: das narrative Interview als Forschungsinstrument und seine Kritik

Innerhalb der Sozialwissenschaften bedurfte es einerseits einer fortgesetzten Kritik an objektivistischen Ansätzen, die soziale Wirklichkeit unabhängig von symbolisch-sprachlichen Eigenstrukturierungen beobachten und darstellen wollen, andererseits eines methodisch verfeinerten Verstehens von Strukturen und Leistungen des Sprechens als Mittel sozialer Interaktion und der Gesellschaftskonstruktion. Erst dann – etwa seit Mitte der 60er Jahre – konnte ein so selbstverständliches, aber diffiziles Mittel der Kommunikation wie die Narration analysiert und in der Folge auch als Forschungsinstrument weiterentwickelt werden.

Der Epoche machende Artikel von Labov & Waletzki *Narrative Analysis: Oral Versions of Personal Experience* (1967/1997) bot theoretische Legitimationen und erste praktische Hinweise für die Entwicklung des «narrativen Interviews», das nach und nach zu einem prominenten Erhebungsinstrument in der qualitativen Sozialforschung wurde. Die Frage, wie Wirklichkeitserfahrung unter Gesellschaftsmitgliedern durch Kommunikation hergestellt und wissenschaftlich rekonstruiert werden kann, schien hier nicht nur theoretisch, sondern auch forschungspraktisch gelöst. Im deutschen Sprachraum entwickelte vor allem Fritz Schütze (1983, 1987) in den 70er Jahren im Umkreis des «Symbolischen Interaktionismus» *(→ 3.3)*, der phänomenologisch inspirierten Soziologie *(→ 3.1)* und sprachsoziologischer Ansätze eine Begründung und ein Modell für das «Hervorlocken» narrativer Texte im Interview *(→ 5.2; → 5.3)* und Verfahren zu ihrer Analyse.

Grundlegende kritische Fragen nach dem Verhältnis von Realität und Text *(→ 5.22)* sowie forschungspraktische Weiterentwicklungen begleiteten die Expansion des «narrativen Interviews». Mit seiner zunehmenden Verwendung ergibt sich das Problem vieler Varianten, die nicht alle einer «Qualitätskontrolle» nach narrativistischen Kriterien in der Datenerhebung oder Analyse standhalten.

Hier sollen nur zwei prinzipiellere Kristallisationspunkte der Kritik (Bamberg 1997; Baugh et al. 1997) skizziert werden. Sie betreffen erstens die Praxis und das Modell des Strukturalismus, zweitens die grundlegendere Frage eines Cartesianismus in den Sozialwissenschaften.

Bei der scheinbar spezifisch linguistischen Debatte um die Tragfähigkeit des *Strukturalismus* geht es darum, ob Kontinuität sozialer Interaktionen mit Hilfe des Strukturbegriffs und seiner polaren Ausprägungen (Tiefen- und Oberflächenstruktur; manifester und latenter Sinn etc.) angemessen zu erklären ist. Innerhalb der breit gefächerten Kritik ist ein extremer Pol die generelle Zurückweisung des Konzepts einer verborgen wirkenden generativen Struktur und damit auch des dazugehörigen wissenschaftlichen Rekonstruktionsprogramms ihrer Aufdeckung. Auf der anderen Seite des Spektrums lässt sich zwar eine weitgehende Akzeptanz dieser strukturalen Grundannahmen beobachten; aber die instrumentelle Nutzung der Narration wird problematisiert, wenn nicht zugleich ihre Inszenierung thematisch wird. Letzteres findet sich etwa bei der ethnomethodologischen Konversationsanalyse (vgl. Schegloff 1997; → *5.17*), die andererseits wichtige Teilmethoden der Bearbeitung narrativer Texte liefert. Die *interaktive* Erzeugung des Textes durch Sprecher *und* Hörer, um per Kommunikation «hier und jetzt etwas Bestimmtes zu tun», werde in der einseitigen Konzentration auf den Interviewten ebenso vernachlässigt, wie fälschlich eine bereits fertig (im Kopf) existierende Geschichte unterstellt werde, die nur situationsgerecht in der Kommunikation abzuliefern sei (Schegloff 1997, S. 99 f.).

Hier klingt das zweite, vorwiegend erkenntnistheoretische Problem an, das sich in der Kritik an einer Vorstellung von Bewusstsein und Gedächtnis (als interne Speicher- und Steuermedien) gegenüber einer davon unabhängigen äußeren Welt äußert. Dieser Vorwurf einer cartesischen Spaltung der sozialen Welt in eine kognitive und eine objektive Sphäre tritt ebenfalls in verschiedenen Varianten gegenüber narrativistischen Verfahren auf. Die narrativistische Unterscheidung eines «experienced event» gegenüber der symbolischen Interpretation im «narrated event» (Hopper 1997, S. 78 f.) wird ebenso problematisiert wie das Gedächtniskonzept als Fundus, aus dem Erzählung nur herauszulesen sei (Rosenthal 1995; Smith 1981). Stattdessen werden monistische oder dialektische Modelle der aktualsprachlichen narrativen Schaffung von Erinnerung im Moment der Kommunikation vorgeschlagen. Dabei kann der Bezug auf eine Erfahrungsaufschichtung im gelebten Leben und seine Einbettung in weitgehend nur sprachlich verfügbare Vergangenheits- und Zukunftshorizonte (Fischer 1986a, b) meist nicht preisgegeben werden. Der pauschale Cartesianismusvorwurf an die Unterscheidung von sozialer Realität und Semantik hilft ebenso wenig weiter wie die Gleichsetzung von Narration und Wirklichkeit. Weder sind Ereignisse ohne Wahrnehmung sozial relevant, noch kann es Narrationen ohne Wahrnehmung und Beobachtung von etwas geben. So lässt sich an der Unterscheidung von Ereignissen und Narrationen (wie weiteren Textsorten der Kommunikation) festhalten und gleichermaßen die wirklichkeitskonstitutive *Einheit* des Unterschiedenen im Prozess der aktualsprachlichen Kommunikation selber sehen.

Die in den letzten Jahren entwickelten Modifikationen narrativer Analyse können als Reaktionen auf den narrationskritischen Diskurs verstanden werden. Vor allem die Verbindung mit Verfahren der strukturalen Hermeneutik (Oevermann u. a. 1979; → *5.16*), die von einigen Soziologen (vgl. etwa Hildenbrand 1995; Wohlrab-Sahr 1992) geleistet wird, hat das theoretisch-technische «Lesegerät» von narrativen Texten erweitert. Das im Folgenden vorgestellte Rekonstruktionsmodell wurde in unterschiedlichen Forschungskontexten entwickelt (Rosenthal 1987; 1995) und verknüpft hermeneutische (Oevermann u. a. 1980) und textanalytische Verfahren (Schütze 1983; 1994) mit der Thematischen Feldanalyse (Fischer 1982, angeregt durch Gurwitsch 1974).

3. Narrativistische Methodologie biographischer Fallrekonstruktionen

Allgemein formuliert handelt es sich dabei um eine Analyse, die die Differenz von Narration und Leben in der Einheit der aktualsprachlichen Selbstpräsentation (im sozialwissenschaftlichen Interview) beobachtet. Das heißt, die Unterscheidung von erzähltem und erlebtem Leben spielt bei der Rekonstruktion eine wesentliche Rolle. Die einzelnen Arbeitsschritte (s. Kasten) benutzen beide Seiten der Unterscheidung und beziehen sie prozessorientiert aufeinander. Das schließt ausdrücklich die gewichtete Verwendung weiterer Quellen (Archivmaterialien, Arztberichte, Akten professioneller «Klientenprozessierung» usw.) ein.

Praktische Auswertungsschritte
(Fischer-Rosenthal & Rosenthal 1997a, S. 152 ff.) sind:
1. Analyse der biographischen Daten (Ereignisdaten)
2. Text- und thematische Feldanalyse (sequenzielle Analyse der Textsegmente des Interviews – Selbstpräsentation)
3. Rekonstruktion der Fallgeschichte (erlebtes Leben)
4. Feinanalyse einzelner Textstellen
5. Kontrastierung der erzählten mit der erlebten Lebensgeschichte
6. Typenbildung

Die Ergebnisformulierungen haben immer einen vorläufigen Charakter, sie gelten nur «bis auf weiteres». Sie sind also *hypothetisch* sowohl im Blick auf das sequenzielle Fortschreiten des Materials und seiner verschiedenen handwerklich produzierten Vertextungen wie auch hinsichtlich der Strukturentwicklungen im realen künftigen Lebensverlauf. Letzteres ist besonders wichtig für therapeutische, sozialtherapeutische und innerhalb der sozialen Arbeit prozessierte Rekonstruktionen, die gerade auf *Veränderungspotenziale* und Restrukturierungen abstellen. Schließlich trägt der hypothetische Charakter der Ergebnisse auch der Tatsache Rechnung, dass die engere wissenschaftliche Rezeption Modifikationen vornehmen kann und früher oder später auch vornehmen wird. Anders formuliert: Die Ergebnisproduktion der analytischen Rekonstruktion eröffnet konkrete Erwartungen und Möglichkeiten im Rahmen der Struktur, die jedoch nicht eintreten müssen; denn es kann immer auch anders kommen.

4. Beispiel einer Fallrekonstruktion

Die Methode der Narrationsanalyse als *biographische Fallrekonstruktion* wird im Folgenden an einem Beispiel verdeutlicht. Die Darstellung erfolgt problem- und ergebnisorientiert auf dem Hintergrund des oben abgebildeten Analyseschemas.

Die 1921 geborene Elisabeth Liebig, so ihr anonymisierter Name, wurde aufgefordert, ihre Familien- und Lebensgeschichte zu erzählen.[1] Sie beginnt mit der biographischen Eingangsevaluation: *«Nichts ist so, wie man sich's vorgestellt hat. Alles ist anders gekommen»* und schließt unmittelbar folgenden Bericht an: *«Die große Jugendliebe mit 15 den Mann kennen gelernt und mit 18 verlobt und mit 20 geheiratet und mit 21 kam der Sohn ((la-*

chend)) das war denn schon das Jahr 42, als dann, schon Krieg war.*»*

Wie lässt sich der Beginn dieser Selbstpräsentation interpretieren? Die Bedeutung einer biographischen Aussage kann prinzipiell auf zwei unterschiedlichen Zeitebenen – der Lebenszeit und der Erzählzeit – ausgelegt werden. Einerseits geht es um die *biographische Bedeutung* der dargestellten Erlebnisse oder einer Lebensphase – hier also des Verlaufs der Ehe und Familiengründung – im Ablaufkontext des *erlebten Lebens.* In diesem Fall könnten wir unter Einbeziehung des Datums, dass ihr Mann sieben Jahre älter ist und zum Zeitpunkt des Kennenlernens Teilnehmer an den Olympischen Spielen 1936 war, etwa die Hypothese formulieren, dass Elisabeth damals glücklich war, ihren großen Jugendschwarm erobert zu haben, es dann aber anders gekommen ist als von ihr erhofft.

Andererseits können wir auf die Ebene der erzählten Lebensgeschichte wechseln und die *Art der Präsentation* von biographischen Erlebnissen und Lebensphasen im Interview interpretieren. Für das vorliegende Beispiel ist zu fragen, welche Funktion für die Selbstpräsentation hat es, dass das Thema «Jugendliebe» am Anfang steht. Weswegen will sie sich so und nicht anders in der aktuellen Kommunikation vermitteln? Hier sind verschiedene Hypothesen möglich, etwa dass für sie die Ehe von höchster biographischer Bedeutung ist, gerade weil sie später im Interview von ihrer Scheidung 1949 zu berichten haben wird. Oder wir können annehmen, die Lebenszeit vor dem 15. Lebensjahr ist ihr unangenehm, deshalb spricht sie darüber eingangs nicht.

Zur Überprüfung dieser und weiterer möglicher Hypothesen auf beiden Analyseebenen bedürfte es:

– auf der Ebene der erlebten Lebensgeschichte einer sinnrekonstruktiven Einordnung der Ehegeschichte und der Geburt ihres Sohns in die sequenzielle Gestalt der Biographie, d. h. auch in die erlebte Lebensgeschichte vor dem 15. Lebensjahr;
– auf der Ebene der erzählten Lebensgeschichte einer sinnrekonstruktiven Einordnung dieser Eröffnungssequenz in die sequenzielle Gestalt der Haupterzählung.

Entscheidend für die Methode biographischer Fallrekonstruktionen ist die prinzipielle Differenz der beiden Ebenen der erlebten und der erzählten Lebensgeschichte, der wir in unterschiedlichen Auswertungsschritten in der Einheit des Falls gerecht zu werden versuchen.

Es wird die Ablaufgestalt der erzählten wie auch der erlebten Lebensgeschichte rekonstruiert. Bei der Analyse der erlebten Lebensgeschichte wird – soweit dies möglich ist – die temporale Abfolge der biographischen Erlebnisse sowie die Bedeutung, die diese Erlebnisse damals für den Autobiographen hatten, rekonstruiert. Diese Sinnrekonstruktion darf nicht nur Aufschichtungen der Vergangenheit berücksichtigen, sondern auch Erwartungen – z. B. an eine glückliche Ehe – oder Schemata eines «ungelebten Lebens», die sich ihrerseits mit dem Strom der Ereignisse und Erfahrungen verändern können und die notwendige zukünftige Seite einer biographischen Bedeutungskonstitution bilden. Zur Vorbereitung der Rekonstruktion der Fallgeschichte erfolgt eine sequenzielle *Analyse der biographischen Daten* (vgl. Oevermann u. a. 1980). Es werden zunächst die kaum an die Interpretation des Biographen gebundenen Daten in der zeitlichen Abfolge der Ereignisse im Lebenslauf analysiert. Die einzelnen Daten werden nacheinander in der Chronologie der Lebenszeit retrospektiv-prospektiv zum Ausgangspunkt, um Hypothesen zur Struktur des gelebten Lebens aufzustellen und prozessorientiert zu testen. Dies geschieht unter Einklammerung des Wissens über den weiteren biographischen Verlauf und *zunächst* noch unabhängig vom Wissen, das die Interpreten aus der erzählten Lebensgeschichte haben.

Einige weitere biographische Daten von Elisabeth Liebig vor ihrem 15. Lebensjahr: Elisabeth wird 1921 als erstes Kind ihrer Eltern geboren. Ihre Mutter ist zum zweiten Mal verheiratet; ihr Sohn aus dieser Ehe ist als kleines Kind verstorben. Unabhängig von den Selbstdeutungen Elisabeths lassen sich datenbezogen Annahmen bilden. So mag sie in der Kindheit im Schatten des verstorbenen Halbbruders gestanden haben. Eine Folgehypothese dazu wäre, dass Elisabeth versuchen wird, durch besonderes Verhalten die Aufmerksamkeit der Mutter zu gewinnen. Alle Folgehypothesen sind anhand der folgenden Daten der Lebensgeschichte zu überprüfen.

Weitere biographische Daten: Die Mutter erkrankt an multipler Sklerose; Elisabeth ist ca. sechs Jahre alt, als sich die Symptome dieser Krankheit deutlich zeigen. Mit neun Jahren wird sie Mitglied in einem Turnverein. Nach mehreren Versuchen begeht die Mutter im Februar 1933 Suizid. Auch hier lassen sich Hypothesen und Folgehypothesen dieser belastenden biographischen Konstellation für den weiteren Lebensweg aufstellen. Eine mögliche Lesart: Elisabeth sieht

464 Gabriele Rosenthal und Wolfram Fischer-Rosenthal

den Suizid der Mutter krankheitsbedingt, entwickelt eine große Angst vor Erkrankungen und betreibt Sport als Prävention.

Bevor die Hypothesen zu diesen Daten mit den Aussagen von Frau Liebig kontrastiert werden, soll zunächst die Analyse der erzählten Lebensgeschichte, die *Thematische Feldanalyse* vollzogen werden. Mit der Rekonstruktion der zum Interviewzeitpunkt gegenwärtigen Darstellungsperspektive gewinnen wir einen quellenkritischen Blick, der hilft, die biographische Bedeutung von Ereignissen in der Vergangenheit von der Gegenwartsperspektive zu unterscheiden. Die vor diesem Auswertungsschritt erfolgte Analyse der biographischen Daten dient als Kontrastfolie, die Anworten zulässt, welche Ereignisse erzählerisch ausgebaut, welche nicht oder kaum thematisiert werden und welche Reihenfolge in Abweichung von der Chronologie hergestellt wird. So liest sich der Beginn von Frau Liebigs Eingangserzählung mit dem Wissen über den Suizid der Mutter – drei Jahre bevor sie ihren Mann kennen gelernt hatte – völlig anders als bisher. Aber genau solche Lesarten wollte offenbar die Biographin nicht erzeugen, sonst hätte sie den Suizid der Mutter vorangestellt.

Bei der *Thematischen Feldanalyse* wird die Selbstpräsentation über Themenkomplexe, also die Verdichtung von thematischen Feldern in der Abfolge ihrer Behandlung rekonstruiert. Die Analyse geht davon aus, dass die Selbstpräsentation gar nicht oder nur zeitweise intentional steuerbar ist und dass die Erfahrungsgeschichte in einer entsprechenden Textproduktion der interventionsfreien Eingangserzählung manifest wird.

Zur Vorbereitung der Analyse wird der Interviewtext entsprechend der Chronologie der Erzählzeit sequenziert. Kriterien für die Segmentbestimmung sind: Sprecherwechsel, Textsorte und Themenwechsel.

Im Fallbeispiel wird die oben bereits zitierte erste Sequenz der Selbstdarstellung folgendermaßen notiert:

1/13	Evaluation	*«Nichts ist so, wie man sich's vorgestellt hat …»*
1/14	BERICHT	– große Jugendliebe: Mann mit 15 kennen gelernt
1/19		– 18 Verlobung; 20 Heirat – 21 Geburt des Sohnes «42, als dann, schon Krieg war»

Die Hypothesenentwicklung orientiert sich an folgenden Fragen:

1. Weshalb wird dieses Thema – Daten der Ehe und Familiengründung – an dieser Stelle eingeführt? Welche anderen Möglichkeiten hätte die Biographin gehabt, um auf die Erzählaufforderung nach Darstellung der Familien- und Lebensgeschichte zu antworten? Weshalb wird die gesamte Zeit vor dem 15. Lebensjahr nicht erwähnt?

2. Welche Themen werden angesprochen und welche nicht?

3. Weshalb wird dieses Thema in dieser Textsorte – hier des Berichts – und in dieser Ausführlichkeit bzw. Kürze präsentiert? Weshalb werden die Jahre 1936 bis 1942 in nur vier Zeilen abgehandelt?

4. Was sind die möglichen thematischen Felder, in die sich dieses Thema einfügt? Bettet Frau Liebig z. B. dieses Thema ein in das thematische Feld: «Alles was in meinem Leben nicht so gekommen ist, wie ich es mir vorgestellt habe», und erfahren die Hörerinnen sodann von solchen Enttäuschungen?

Hier stehen Art und Funktion der Selbstdarstellung im Interview zur Debatte und nicht die biographische Erfahrung zu anderen Zeitpunkten ihres Lebens. Es wird also nicht gefragt, welche Bedeutung es 1941 bei Eheschließung für die Biographin hatte, dass sie ihre Jugendliebe geheiratet hat. Von Interesse ist vielmehr, welche Funktion dieser Präsentationsanfang «heute» zum Interviewzeitpunkt für sie hat. Bei jedem Textsegment geht es um die inhärenten Verweisungen auf mögliche thematische Felder und um den Entwurf von anschlussfähigen weiteren Segmenten. Im Fortgang der Analyse zeigt sich, welche thematischen Felder von der Biographin ausgestaltet werden, welche Bestände dieser Felder nicht entwickelt, nur angedeutet oder vermieden werden. Es wird deutlich, welche Themen nicht thematisiert werden, obwohl sie ko-präsent sind – und zwar unabhängig von den Selbstdeutungen der Biographin.

Nach diesem ersten Segment fährt Frau Liebig in einer Mischung zwischen Bericht und Argumentation über ihre Ehe, die Rückkehr des Mannes aus der Gefangenschaft und die Eheschwierigkeiten fort. Argumentativ gibt sie die Gründe an, weshalb sie 1949 die Scheidung einreichte. Nach einem kurzen Bericht über die eigene Berufskarriere spannt sie dann den Bogen bis in die Gegenwart. Nach einer Viertelstunde beendet sie den Eingangsteil des Interviews, in dem sie bis dahin keine Geschichte erzählte.

Der gesamte Eingangsteil, konzentriert auf eine knappe Darstellung ihres Ehe- und Scheidungsverlaufs, lässt sich als das thematische Feld *«meine gescheiterte Ehe»* rekonstruieren. Der Bericht- und Argumentationsstil gibt wenig Einsicht in das Erleben von Frau Liebig; sie bleibt distanziert und an einzelnen Daten orientiert.

Erst mit vier weiteren Interviewfragen kommen die traumatischen Umstände des Todes ihrer Mutter zur Sprache. Zunächst bittet eine der beiden Interviewerinnen Frau Liebig, noch auf ihre Familiengeschichte einzugehen. Der darauf folgende Text mit vielen Beschreibungen darüber ist bereits länger als die erste Hauptsequenz. Damit können wir u. a. die Hypothese aufgeben, dass Frau Liebig nicht über die Zeit vor dem Kennenlernen ihres Mannes sprechen möchte. Es deutet sich vielmehr an, dass für sie ihre Ehegeschichte thematisch nicht mit ihrer Familiengeschichte verbunden ist.

Zu Beginn dieses Berichts gibt Frau Liebig an, dass ihre Mutter multiple Sklerose hatte, mehrere Selbsttötungen versuchte und: *«1933 ist ihr das gelungen, da war ich 12 Jahre alt»*. Auch hier ist es von Bedeutung, welches Thema darauf folgt. Frau Liebig schließt unmittelbar an: *«aber meine Ferien hab ich oft unten bei der Tante verbracht»*, und aus der Sequenzierung ersehen wir eine 13-zeilige Beschreibung schöner Erinnerungen an diese Ferien.

Bereits bei der Eingangserzählung wird deutlich, wie distanziert Frau Liebig über schwierige Situationen in ihrem Leben spricht. Auf einige Erzählaufforderungen zur Krankheit der Mutter und den Selbstmordversuchen produziert Frau Liebig dann jedoch eine ausführliche 30-zeilige Erzählung über den Todestag ihrer Mutter. Die Textstruktur macht die erhebliche biographische Bedeutung der Krankheit und des Todes der Mutter für ihr gelebtes Leben deutlich, jedoch kann die Erzählerin dies nicht explizit so darstellen. Sie konnte es vor allem nicht in ihre anfängliche Selbstpräsentation einbetten, die nicht durch Nachfragen strukturiert wurde. Es wird deutlich, dass die Biographin bemüht ist, distanziert über ihr Leben zu berichten, und dass es mehrerer Interventionen bedarf, um ihr zu etwas mehr Nähe zu ihren erlittenen traumatischen Erlebnissen in der aktuellen Kommunikationssituation zu verhelfen.

Wechseln wir über zum dritten Analyseschritt der *Rekonstruktion der Fallgeschichte*. Erneut auf der Ebene der erlebten Lebensgeschichte wird nach der biographischen Bedeutung einzelner Erlebnisse gefragt, indem die Hypothesen zu den einzelnen biographischen Daten und zum Verlauf der Lebensgeschichte mit den Aussagen der Biographen dazu kontrastiert werden. Gemäß der Auswertungslogik der Analyse der Daten werden die biographischen Erlebnisse in der Chronologie der erlebten Lebensgeschichte rekonstruiert. Die vorausgegangene Thematische Feldanalyse gibt uns bei diesem Auswertungsschritt wichtige Hinweise über die Gegenwartsperspektive der Biographen und über die funktionale Bedeutsamkeit ihrer Erzählungen für die heutige Präsentation ihrer Lebensgeschichte. Dieser vorangegangene Analyseschritt hat uns eine quellenkritische Perspektive vermittelt, die uns u. a. dabei hilft,

1. die Dominanz der dargestellten Ehegeschichte nicht naiv als die entscheidende biographisch bestimmende Lebenserfahrung zu nehmen, sondern vielmehr nach den darunter liegenden latenten Schichten zu suchen;

2. die in der Präsentation vorgenommene Trennung zwischen der Familiengeschichte der Herkunftsfamilie und der Geschichte ihrer Gründungsfamilie als Strategie der Leidensvermeidung bei gleichzeitiger Präsentation eines «Ersatz-Leidensthemas» zu erkennen;

3. die distanzierte Darstellung nicht einfach als adäquate Präsentationsform eines vermeintlich wenig von Leid geprägten Lebens zu deuten.

Der Analyseschritt sei am biographischen Datum der Selbsttötung der Mutter verdeutlicht. Frau Liebig erzählt, sie sei an jenem Tag «verspätet nach Hause gekommen». Sie habe gleich das Gas gerochen, die Mutter tot in der Küche aufgefunden, den Gashahn zugedreht und ihren Vater von der Arbeit geholt. Eine *Feinanalyse* dieser Textstelle, die hier nicht dargestellt werden soll, verdeutlicht, dass Frau Liebig sich auf der manifesten Ebene als kompetentes Mädchen schildert, auf der latenten Sinnebene ergibt sich ein abgewehrtes Schuldgefühl. Das zwölfjährige Mädchen fühlte sich schuldig am Tod der Mutter, weil es nicht rechtzeitig aus der Schule kam, und es fühlte sich für seine distanzierte Beziehung zur Mutter nach deren Tod schuldig.

Kontrastiert man die Analyse der erzählten mit der erlebten Lebensgeschichte, lässt sich die Hypothese formulieren, dass die Biographin den Verlust der Mutter und ihre unbewussten Schuldgefühle stellvertretend mit ihrer gescheiterten Ehe bearbeitet (daher der hohe Argumentationsanteil über ihre Scheidungsgründe in der Eingangserzählung).

Das vorgestellte Verfahren der Rekonstruktion versucht, den Gestaltungsprozess sowohl der erzählten als auch der erlebten Lebensgeschichte nachzuzeichnen, ohne dabei die Wechselbeziehung, ihre Einheit im Fall, aus den Augen zu verlieren. In getrennten Auswertungsschritten wird zunächst die eine oder andere Seite stärker fokussiert, um abschließend die Ergebnisse aufeinander zu beziehen.

Anmerkung

[1]   Das Interview führten Gabriele Rosenthal und Bettina Völter (zur familiengeschichtlichen Einbettung vgl. Völter 1997).

Weiterführende Literatur

Fischer-Rosenthal, W. (1996). Strukturale Analyse biographischer Texte. In: Brähler, E. & Adler, C. (Hg.): Quantitative Einzelfallanalysen und qualitative Verfahren, S. 147–208. Gießen: Psychosozial-Verlag.

Fischer-Rosenthal, W. & Rosenthal, G. (1997). Narrationsanalyse biographischer Selbstpräsentationen. In: Hitzler, R. & Honer, A. (Hg.): Sozialwissenschaftliche Hermeneutik, S. 133–164. Opladen: Leske & Budrich.

Rosenthal, G. (1995). Erlebte und erzählte Lebensgeschichte. Gestalt und Struktur biographischer Selbstbeschreibungen. Frankfurt a. M.: Campus.

Philipp Mayring
5.12 Qualitative Inhaltsanalyse

---

1. Zielsetzung der qualitativen Inhaltsanalyse
2. Geschichte der qualitativen Inhaltsanalyse
3. Theoretischer Hintergrund der qualitativen Inhaltsanalyse
4. Techniken einer qualitativen Inhaltsanalyse
5. Leistungen und Grenzen qualitativer Inhaltsanalyse
6. Neuere Perspektiven der qualitativen Inhaltsanalyse

---

1. Zielsetzung der qualitativen Inhaltsanalyse

Das Ziel der Inhaltsanalyse ist die systematische Bearbeitung von Kommunikationsmaterial (ursprünglich vor allem aus Massenmedien). Das müssen nicht ausschließlich Texte sein, es kann sich auch um musikalisches, bildliches, plastisches o. ä. Material handeln. In jedem Fall soll aber das Kommunikationsmaterial in irgendeiner Form festgehalten, protokolliert sein.

Die Inhaltsanalyse ist dabei zwar eine Technik, die aus den Kommunikationswissenschaften stammt. Sie beansprucht aber heute, zur systematischen Auswertung in den unterschiedlichsten Wissenschaftsbereichen dienen zu können. Moderne Inhaltsanalyse zielt dabei nicht mehr nur auf den *Inhalt* des verbalen Materials ab. Formale Aspekte ebenso wie latente Sinngehalte kann sie zu ihrem Gegenstand machen. Der Grundgedanke einer *qualitativen* Inhaltsanalyse besteht nun darin, die Systematik (strenge Regelgeleitetheit, Kommunikationseinbettung, Gütekriterien; s. u.) der Inhaltsanalyse für qualitative Analyseschritte beizubehalten, ohne vorschnelle Quantifizierungen vorzunehmen.

2. Geschichte der qualitativen Inhaltsanalyse

Neben einigen Vorläufern wurde die Inhaltsanalyse in ihrer heutigen Form im Wesentlichen zu Beginn dieses Jahrhunderts (vor allem in den 20er Jahren) in den USA entwickelt (vgl. Merten 1983; Lissmann 1997). Dabei stand die systematische Auswertung großer Textdatenmengen der sich entfaltenden Massenmedien (Radio, Zeitungen) im Vordergrund. Zunächst wurden hier einseitig quantitative Verfahren entwickelt: Häufigkeitsanalysen, bei denen bestimmte Textbestandteile ausgezählt werden (z. B. wie oft in einer Zeitung bestimmte politische Parteien erwähnt werden); Indikatorenanalysen, bei denen die Häufigkeit bestimmter Textbestandteile aufgrund theoretischer Überlegungen als Indikatoren übergeordneter Variablen definiert wird (z. B. Wörter wie «muss», «niemals», «ist» als Indikatoren für den Dogmatismusgrad eines Textes); Valenz- und Intensitätsanalysen, die das Material nach vorgegebenen Skalen einschätzen (z. B. wie stark die Kommentare einer Zeitung Positionen der jeweiligen Regierungsparteien ausdrücken); Kontingenzanalysen, bei denen Zusammenhänge von Textbestandteilen analysiert werden (z. B. wie oft in einer Zeitung bestimmte Politiker im direkten Kontext mit positiven Eigenschaften erwähnt werden). Sehr bald regte sich jedoch Kritik an diesen quantitativen Verfahren:

– Die Verfahren seien auf den vordergründigen Textinhalt beschränkt, vernachlässigten *latente Sinnstrukturen* (Kracauer 1952).

- Die Analyse missachte den die jeweiligen Texteinheiten definierenden und modifizierenden *Textkontext*.
- Die Logik der Analyse sei zu wenig *linguistisch fundiert* (Fühlau 1982).
- Der selbst aufgestellte Anspruch an *Systematik und Überprüfbarkeit* könne nicht erfüllt werden (Rühl 1976).

In der Folge wurde immer wieder versucht, als Alternative eine qualitative Inhaltsanalyse zu entwickeln. Jürgen Ritsert (1972) hat dabei ein Verfahren zum Aufspüren latenter Sinngehalte, vor allem ideologischer Gehalte, entwickelt, das in der schrittweisen Anwendung und Modifizierung des ideologiebezogenen theoretischen Vorverständnisses besteht – auch unter Einsatz quantitativer Analyseschritte (vgl. auch Vorderer & Groeben 1987). Mühlfeld, Windolf, Lampert und Krüger (1981) schlugen zur Auswertung offener Interviews eine Technik des schrittweisen Exzerpierens und Zusammenfassens vor. Rust (1980) versuchte, eine qualitative Quantifizierungen vorbereitende Inhaltsanalyse kultursoziologisch zu begründen. Mostyn (1985) hat einen streng hypothesengeleiteten qualitativ-inhaltsanalytischen Ansatz entwickelt. Auch das von Wittkowski (1994) beschriebene Verfahren zur Codierung von Interviewmaterial ähnelt dem hier Vorgestellten.

Die ideologiekritische qualitative Inhaltsanalyse von Populärliteratur über den Zweiten Weltkrieg («Landserhefte») (Ritsert 1964; 1972) ist bis heute in vielerlei Hinsicht beispielhaft geblieben. Ritsert setzte an den öffentlichen Diskussionen um eine mögliche Jugendgefährdung solcher Kriegsgroschenhefte Anfang der 60er Jahre an und weist nach, dass die Vorwürfe (verrohender Jargon, Wildweststil, Verharmlosung des Krieges) an der Oberfläche bleiben und damit selbst verharmlosen. Auf dem Hintergrund von Freuds Theorie über Massenpsychologie und Ich-Analyse *(→ 5.20)* leitet er vier Dimensionen ab:

- Mechanismen der Schuldabwehr,
- Rationalisierung der Niederlage,
- Ausdrücke des gekränkten kollektiven Narzissmus (Nationalismus),
- Relikte autoritärer Bindungen.

Zu diesen Dimensionen wurden dann aus den Geschichten in 33 zufällig ausgewählten Landserheften Material herausgefiltert, die Häufigkeit dieser Themen in den Landserheften bestimmt und Motive eines ideologischen Syndroms rekonstruiert. Auf diese Weise kristallisierte sich ein Führer-Gefolgschafts-Mythos, gekennzeichnet durch ‹Vateroffizier› und ‹Frontkameradschaft›, als ideologischer Kerngehalt heraus, eine «erstaunlich ungebrochene Reproduktion des alten Führer-Gefolgschafts-Wahnes faschistischer Provenienz» (Ritsert 1972, S. 76).

3. Theoretischer Hintergrund der qualitativen Inhaltsanalyse

Für die Auswertungsverfahren qualitativer Inhaltsanalyse sind folgende Grundsätze bestimmend:

- Das zu analysierende Material wird in seinem *Kommunikationszusammenhang* eingebettet verstanden (Gerbner, Holsti, Krippendorff, Paisley & Stone 1969): Wer ist der Sender (Autor), was ist der Gegenstand und sein soziokultureller Hintergrund (Quellen), was sind die Merkmale des Textes (z. B. Lexik, Syntax, Semantik, Pragmatik, nonverbaler Kontext), wer ist der Empfänger, wer die Zielgruppe?
- Die besondere *Systematik* der Inhaltsanalyse besteht in der Regelgeleitetheit (nach vorher formulierten Ablaufmodellen vorgehend), in der Theoriegeleitetheit (theoretisch abgesicherten Fragestellungen und Codierregeln folgend) und im schrittweisen, den Text in einzelne Analyseeinheiten zergliedernden, an Kategorien(-systemen) orientierten Vorgehen (vgl. Krippendorff 1980).
- Die qualitative Inhaltsanalyse hat dabei den Anspruch, sich auch an *Gütekriterien (→ 4.7)* wie der Interkoderreliabilität zu messen. Die Ansprüche werden zwar etwas niedriger gehängt (Kappa-Koeffizienten von .70 meist ausreichend), das Ziel bleibt aber, dass mehrere Inhaltsanalytiker mindestens an Materialausschnitten nachweislich zu ähnlichen Ergebnissen kommen.
- Dabei will sich die qualitative Inhaltsanalyse *quantitativen Analyseschritten* nicht verschließen, sondern versucht sie in den Analyseablauf begründet einzubeziehen.

4. Techniken einer qualitativen Inhaltsanalyse

Im Folgenden sollen konkrete Verfahrensweisen vorgestellt werden, die zunächst im Rahmen eines Forschungsprojekts zur subjektiven Verarbeitung von Arbeitslosigkeit entwickelt wurden (Ulich, Haußer, Mayring, Strehmel, Kandler & Degenhardt 1985; Mayring 1983). Dabei unterscheiden wir prinzipiell vier Vorgehensweisen:

Zusammenfassende Inhaltsanalyse will das Material so reduzieren, dass die wesentlichen Inhalte erhalten bleiben, aber ein überschaubarer Kurztext entsteht. Dazu wurde auf die Psychologie der Textverarbeitung zurückgegriffen (van Dijk 1980; Ballstaedt, Mandl, Schnotz & Tergan 1981), in der einzelne zusammenfassende (‹reduktive›) Prozesse differenziert wurden (Auslassung, Generalisation, Konstruktion, Integration, Selektion, Bündelung). Zusammenfassende Inhaltsanalysen bieten sich immer dann an, wenn man nur an der inhaltlichen Ebene des Materials interessiert ist und eine Komprimierung zu einem überschaubaren Kurztext benötigt.

Induktive Kategorienbildung hat als Grundgedanken, dass die Verfahrensweisen zusammenfassender Inhaltsanalyse genutzt werden, um schrittweise Kategorien aus einem Material zu entwickeln. Das folgende Ablaufmodell, das hier stellvertretend für die anderen Techniken qualitativer Inhaltsanalyse vorgestellt wird, veranschaulicht die Vorgehensweise.

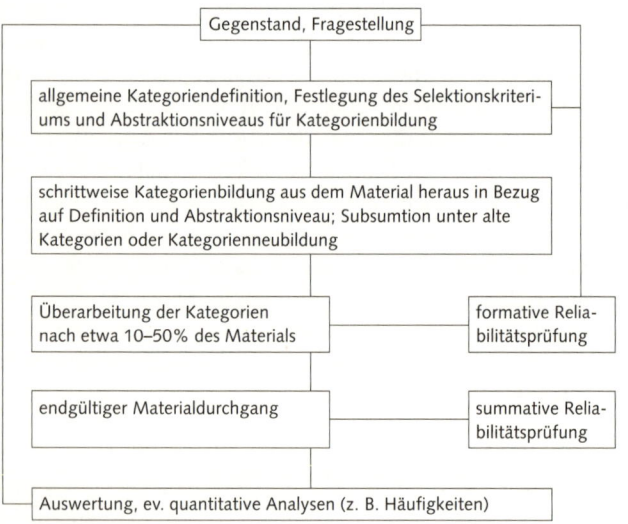

Ablaufmodell qualitativ-inhaltsanalytischer Verfahren am Beispiel induktiver Kategorienbildung (vgl. Mayring 1996)

So wurden beispielsweise mit dieser Verfahrensweise offene Biographiefragebögen arbeitsloser Lehrer und Lehrerinnen in den Neuen Bundesländern danach ausgewertet, welches Berufsverständnis die Probanden in der DDR-Zeit entwickelt hatten (Mayring, König & Birk 1996). Die häufigsten, induktiv gebildeten Kategorien waren dabei:

- Freude am Lehrerberuf
- Erfüllen bestimmter Funktionen in der Schulorganisation
- positive Kollektiverfahrungen
- Interesse am Fach
- Anerkennung, Achtung
- Umsetzen von Parteizielen (Solidarität, Freundschaft).

Daraus wurden dann mittels Zusammenfassung zwei Überkategorien gebildet (Lehrer aus Freude am Beruf selbst; Lehrer aus Engagement für den Sozialismus) und weiter untersucht, ob diese unterschiedlichen Orientierungen einen Einfluss auf die Verarbeitung der Arbeitslosigkeitserfahrungen zeigen.

Explizierende Inhaltsanalyse will das Gegenteil der zusammenfassenden Inhaltsanalyse: Zu einzelnen unklaren Textbestandteilen (Begriffen, Sätzen ...) soll zusätzliches Material herangezogen werden, um die Textstellen verständlich zu machen. Der Grundgedanke ist dabei das systematische, kontrollierte Sammeln von Explikationsmaterial. Dabei lässt sich unterscheiden zwischen einer engen Kontextanalyse, die nur das direkte Textumfeld heranzieht, und einer weiten Kontextanalyse, die Zusatzmaterial über den Text hinaus (Informationen über Kommunikator, Gegenstand, sozio-kulturellen Hintergrund, Zielgruppe) sammelt.

Strukturierende Inhaltsanalyse will bestimmte Aspekte aus dem Material herausfiltern, will unter vorher festgelegten Ordnungskriterien einen Querschnitt durch das Material legen oder das Material unter bestimmten Kriterien einschätzen. Es kommen hier formale, inhaltliche, typisierende und skalierende Vorgehensweisen in Frage, je nach Art der theoriegeleitet entwickelten Strukturierungsdimensionen, die dann in einzelne Kategorien untergliedert werden. Grundgedanke ist dabei, dass durch die genaue Formulierung von Definitionen, typischen Textpassagen («Ankerbeispielen») und Codierregeln ein Codierleitfaden entsteht, der die Strukturierungsarbeit entscheidend präzisiert.

5. Leistungen und Grenzen qualitativer Inhaltsanalyse

Die Verfahrensweisen qualitativer Inhaltsanalyse sind in vielen Bereichen psychologischer, pädagogischer und soziologischer Forschung eingesetzt worden. Dabei haben sich folgende Punkte als ihre
besonderen Stärken erwiesen:

– Die Systematik der qualitativen Inhaltsanalyse folgt in der Regel
  vorher festgelegten Ablaufmodellen. Dadurch ist das Verfahren
  durchsichtig, nachvollziehbar, leicht erlernbar und gut auf neue
  Fragestellungen übertragbar.
– Es steht zwar in der Regel ein Kategoriensystem im Zentrum der
  Analyse (wie bei quantitativer Inhaltsanalyse), dies wird aber
  während der Analyse in Rückkopplungsschleifen überarbeitet
  und an das Material flexibel angepasst.
– Durch sein regelgeleitetes Vorgehen lassen sich auch Gütekriterien *(→ 4.7)* wie die Interkoderreliabilität besser anwenden.

Mit qualitativer Inhaltsanalyse können in der Regel auch größere
Materialmengen bearbeitet werden. In die Analyse lassen sich leicht
quantitative Schritte einbauen, was zur Überwindung der so oft kri-
tisierten Dichotomisierung ‹qualitativ› versus ‹quantitativ› führen
kann.

Es müssen aber auch Einschränkungen und Grenzen der qualitativen Inhaltsanalyse genannt werden: Wenn die Fragestellung sehr
offen ist, die Studie stark explorativen Charakter trägt und auch eine
induktive Kategorienbildung (durch den Zwang zu einer allgemeinen Kategoriendefinition) zu einschränkend oder theoretisch nicht
schlüssig zu begründen wäre, sind offenere Verfahren zweckmäßi-
ger, wie sie beispielsweise mit der Grounded Theory *(→ 5.13)* vorliegen. Allerdings lassen sich auch hier Kombinationen denken, die in
einzelnen Analysedurchgängen offenere und inhaltsanalytische Verfahren miteinander verschränken. Das Kriterium sollte in jedem Fall
nicht die methodische Machbarkeit, sondern die Angemessenheit der
Methode für das Material und die Fragestellung sein.

6. Neuere Perspektiven der qualitativen Inhaltsanalyse

Die qualitative Inhaltsanalyse eignet sich aufgrund ihrer Systematik
in besonderer Weise für eine Computerunterstützung (Huber 1992;
Weitzman & Miles 1995; *→ 5.14).* Dabei geht es nicht um eine au-

tomatische Auswertung (wie in quantitativen Computerinhaltsanalysen), sondern um die Unterstützung und Dokumentation der einzelnen Analyseschritte sowie Hilfsfunktionen der Suche, Ordnung und Aufbereitung für quantitative Analysen. Hier hat sich das an der TU Berlin entwickelte Programm ATLAS/ti für qualitative Inhaltsanalysen besonders bewährt (vgl. Böhm, Mengel & Muhr 1994; Mayring, König & Birk 1996).

Weiterführende Literatur

Mayring, Ph. (1996). Lehrbuch qualitativer Forschung. Eine Einführung in qualitatives Denken. 3. Aufl. Weinheim: Psychologie Verlags Union.

Mayring, Ph. (1997). Qualitative Inhaltsanalyse. Grundlagen und Techniken. 6. Aufl. Weinheim: Deutscher Studien Verlag.

Mayring, Ph., König, J. & Birk, N. (1996). Computerunterstützte Qualitative Inhaltsanalyse von Berufsbiographien arbeitsloser LehrerInnen in den Neuen Bundesländern. In: Bos, W. & Tarnai, Ch. (Hg.): Computergestützte Inhaltsanalyse in der Empirischen Pädagogik, Psychologie und Soziologie, S. 105–120. Münster: Waxmann.

Andreas Böhm
5.13 Theoretisches Codieren: Textanalyse in der Grounded Theory

---

1. Das Vorgehen nach der Grounded Theory
2. Grenzen der Methode
3. Perspektiven

Anselm Strauss und Barney Glaser (1967) schufen mit der *Grounded Theory* eine umfassende Konzeption des sozialwissenschaftlichen Erkenntnis- und Forschungsprozesses *(→ 2.1; → 6.6)*. Sie reicht von ersten Ideen zu einer Forschungsfragestellung bis zum Erstellen des Ergebnisberichts *(→ 5.22)*. Datensammlung, -analyse und Theorieformulierung sind ineinander verschränkt. Die Bezeichnung *Grounded Theory* wird häufig sowohl für die Methode wie auch für das mit dieser Methode erzielte Forschungsergebnis verwendet.

Grounded Theory lässt sich als gegenstandsbegründete oder -veran-
kerte Theorie übersetzen. Sie erlaubt auf der Basis empirischer Forschung in einem bestimmten Gegenstandsbereich, eine dafür geltende Theorie zu formulieren, die aus vernetzten Konzepten besteht
und geeignet ist, eine Beschreibung und Erklärung der untersuchten
sozialen Phänomene zu liefern.

1. Das Vorgehen nach der Grounded Theory

Die *Grounded Theory* ist eine Kunstlehre, weshalb das Vorgehen
nicht rezeptartig zu erlernen ist. Ein anschauliches Beispiel zur Vermittlung der Methode findet sich im Beitrag von Hildenbrand
(→ 2.1). Die folgende Zusammenfassung des Vorgehens stützt sich
vor allem auf die Darstellungen von Glaser (1978), Strauss (1987)
sowie Strauss und Corbin (1990). Das Datenmaterial ist dabei Text
im weiteren Sinn (verschriftete Interviews, Feldnotizen, Beobachtungsprotokolle etc.). Die Datensammlung orientiert sich am Theoretical Sampling *(→ 4.4)*: In den Anfangsphasen werden möglichst
verschiedene Personen, Situationen und Dokumente ausgewählt, um
Daten zu gewinnen, die das ganze Spektrum zur Forschungsfragestellung abdecken. Später werden Daten gesucht, die die bereits
(vorläufig) entwickelten Kategorien der Theorie bestätigen bzw. differenzieren. *Sensibilisierende Konzepte* sind als Leitideen Ausgangspunkt der Forschung und haben den Charakter von offenen Fragen
(«Wie geht was vor?»). Die eigenen Fragen der Forscher, ihr Vorverständnis und damit zusammenhängend auch die eigenen Vorurteile
zum Gegenstandsbereich können beispielsweise mit Brainstorming
und Gruppendiskussionen herausgearbeitet werden. Hierher gehört
auch das Lesen einschlägiger Literatur (Fachpublikationen, aber
auch: journalistische Arbeiten, Romane und Erzählungen). Die
wichtigste intellektuelle Tätigkeit im Auswertungsprozess besteht
im *Vergleichen*. Hiermit ist weniger die Suche nach identischen Inhalten gemeint, sondern die Suche nach Ähnlichkeiten und Unterschieden (Busse 1994). Codieren kann als *Verschlüsseln* oder *Übersetzen* von Daten bezeichnet werden und umfasst die Benennung
von Konzepten wie auch ihre nähere Erläuterung und Diskussion.
Die Erläuterungen schlagen sich in Codenotizen nieder. So liegt als
Ergebnis des Codierens schließlich eine Liste von Begriffen vor wie
auch erläuternder Text. Es werden drei Typen des Codierens unter-

schieden, die teilweise den Charakter von Phasen im Forschungsprozess haben – offenes, axiales und selektives Codieren (vgl. unten). ‹Code› ist ein technischer Begriff des Auswertungsverfahrens und bedeutet ein benanntes Konzept. In den Daten werden Indikatoren für das interessierende Phänomen gesucht. Ziel der ersten Auswertungen sind Codes, die sich *unmittelbar* auf die Daten beziehen. Konzepte haben anfangs immer vorläufigen Charakter und werden im Fortgang der Auswertungen differenzierter, zahlreicher und abstrakter. Differenziertere Konzepte werden *Kategorien* genannt.

Memoschreiben
Theoretische Memos gründen sich auf die erwähnten Codenotizen und auf übergreifende Zusammenhänge, die der Forscher Schritt für Schritt erkennt. Das Schreiben von theoretischen Memos fördert eine Distanzierung von den Daten und trägt dazu bei, über eine nur deskriptive Arbeit hinauszugelangen (Motto: «Stop and memo!»). Die Memos können im Verlauf der Auswertung Ausgangspunkte für die Formulierung des Endmanuskripts werden. Theoretische Memos werden von Anfang an geschrieben und beständig überarbeitet (theoretical sorting). Arbeiten im Team mit Kollegen verhindert Einseitigkeiten und kann den Erkenntnisprozess beschleunigen, weshalb sich die Arbeit mit einer Forschergruppe und (Forschungs-)Supervision bewährt haben.

Offenes Codieren
Beim offenen Codieren werden die Daten analytisch ‹aufgeschlüsselt›, wobei sich das Prinzip der *Grounded Theory* zeigt: Von den Daten, d. h. vom Text aus, werden sukzessive Konzepte entwickelt, die schließlich als Bausteine für ein Modell genutzt werden können. Für den Anfang wird empfohlen, einzelne, kurze Textpassagen (Zeile für Zeile) auszuwerten. Später können größere Absätze oder ganze Texte codiert werden. Um über eine einfache Paraphrasierung hinauszukommen, werden folgende «theoriegenerierende» Fragen an den Text gestellt:
– Was? Worum geht es hier? Welches Phänomen wird angesprochen?
– Wer? Welche Personen, Akteure sind beteiligt? Welche Rollen spielen sie dabei? Wie interagieren sie?
– Wie? Welche Aspekte des Phänomens werden angesprochen (oder nicht angesprochen)?

- Wann? Wie lange? Wo? Wie viel? Wie stark?
- Warum? Welche Begründungen werden gegeben oder lassen sich erschließen?
- Wozu? In welcher Absicht, zu welchem Zweck?
- Womit? Welche Mittel, Taktiken und Strategien werden zum Erreichen des Ziels verwendet?

Beim Codieren nutzt der Forscher sein Hintergrundwissen über den Kontext der untersuchten Textpassage und generell sein Wissen über den untersuchten Bereich. Das Arbeitsergebnis ist ein Interpretationstext, der das analytische Denken über das Phänomen festhält und häufig Fragen enthält, wie das Phänomen weiter untersucht werden könnte (→ 2.1 für ein Beispiel). *Theoretische Codes* im Sinne von Begriffen aus wissenschaftlichen Theorien sollten anfangs gemieden werden. Als fruchtbar gelten *In-vivo-Codes,* die als umgangssprachliche Deutungen der Phänomene direkt aus der Sprache des Untersuchungsfeldes stammen. In-vivo-Codes sind Teile von «Theorien», die vom Produzenten des jeweiligen Textes selber formuliert wurden. Traditionelle Kategorien wie Alter, Geschlecht, Schicht etc. sollen erst nach gründlicher Prüfung auf ihre Relevanz hin verwendet werden. Der Text und das Hintergrundwissen des Forschers erlauben, unterschiedliche Aspekte oder Eigenschaften des jeweils untersuchten Phänomens zu benennen. Gedankliche (auch abwegige und extreme) Vergleiche liefern Hinweise auf die mögliche Variation der Aspekte bzw. ihrer Ausprägungen. Wenn sich ein Aspekt oder eine Eigenschaft auf einem Kontinuum anordnen lässt, ist eine Dimension ermittelt.

Das offene Codieren ist ein expandierendes Verfahren in dem Sinn, dass zu einem kleinen Stück Originaltext beträchtliche Mengen Interpretationstext hinzugefügt werden können. Um den Überblick zu behalten, sollte der Forscher kontinuierlich Memos schreiben und die Arbeitsergebnisse sortieren und gewichten. Beim Ordnen von Zwischenergebnissen zeigt sich, welche Konzepte wichtig für die eigene Fragestellung sind und dementsprechend vertiefend analysiert und welche Zwischenergebnisse beiseite gelegt und nicht weiter verfolgt werden sollten.

Axiales Codieren
Dieser Schritt dient der Verfeinerung und Differenzierung schon vorhandener Konzepte und verleiht ihnen den Status von Kategorien.

Eine Kategorie wird in den Mittelpunkt gestellt, und ein Beziehungs-netz wird um sie herum ausgearbeitet. Typischerweise wird das axiale Codieren besonders in mittleren und späteren Stadien der Auswertung angewendet. Ebenso wie das offene Codieren wird das axiale Codieren auf sehr kurze Textsegmente (im Sinne einer Fein-analyse), auf größere Textabschnitte oder den gesamten Text ange-wendet. Für die Theoriebildung ist vor allem das Ermitteln von Be-ziehungen (Relationen) zwischen der Achsenkategorie und den damit in Beziehung stehenden Konzepten in ihren formalen und in-haltlichen Aspekten wichtig. Die Achsenkategorie wird in ihren zeit-lichen und räumlichen Beziehungen, Ursache-Wirkungs-Beziehun-gen, Mittel-Zweck-Beziehungen, argumentativen, motivationalen Zusammenhängen ausgearbeitet. Die hypothetischen Beziehungen sind beim axialen Codieren in einem deduktiven Vorgehen immer wieder anhand neuen Datenmaterials zu überprüfen. Zur Ermitt-lung der Relationen zwischen Kategorien, die sich auf Teilaspekte des sozialen Handelns beziehen, hat sich das Codierparadigma nach Strauss bewährt (vgl. Abbildung).

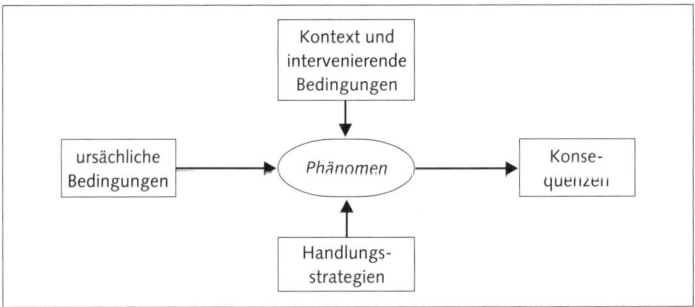

Codierparadigma für sozialwissenschaftliche Fragestellungen

Folgendes Beispiel soll das Codierparadigma veranschaulichen, wo-bei «Schmerz» als Achsenkategorie gewählt ist: «Wenn ich viel ge-trunken habe (Kontext), habe ich (Bedingung) Kopfschmerzen (Phä-nomen/Achsenkategorie). Dann nehme ich Aspirin (Strategie). Nach einer Weile geht es mir besser (Konsequenz)» (nach Strauss & Cor-bin 1990, S. 98).

Das durch die Achsenkategorie umschriebene *Phänomen* ist z. B. ein Ereignis oder Sachverhalt. Handlungen des Einzelnen wie auch

Interaktionen zwischen Personen drehen sich um das Phänomen. Folgende Fragen erleichtern die Wahl der Achsenkategorie: Worauf beziehen sich meine Daten? Um was drehen sich Handlungen und Interaktionen in den Daten eigentlich? *Ursachen* bzw. ursächliche Bedingungen tragen zum Auftreten oder der Entwicklung des Phänomens bei, z. B.: Ein gebrochenes Bein (= Ursache) führt zu Schmerz (= Phänomen). Wichtig ist hier, sich die Eigenschaften der Ursache zu verdeutlichen. Für das Beispiel hieße das, danach zu fragen: Welcher Bruch liegt vor? Einfach oder gesplittert? Etc. Bei den Ursachen müssen unter Umständen die subjektive Sicht, wie sie sich z. B. als Sprecherperspektive in einem Interviewtext darstellen kann, und die Sicht des Forschers unterschieden werden. *Ursachen* gelten gewöhnlich nur in einem bestimmten Set von *Bedingungen*, wobei für eine handlungsbezogene Theorienbildung die Bedingungen besonders wichtig sind, die Handlungs- und Interaktionsmöglichkeiten fördern oder einengen. Zu *Kontextbedingungen* zählen vor allem Zeit, Ort und Dauer. Zu *intervenierenden Bedingungen* werden das soziale, politische und kulturelle Umfeld und die individuelle Biographie gezählt. *Handlungen* und *Interaktionen* haben zwei Eigenschaften. (1) Sie sind Prozesse und haben einen Verlauf, weshalb es nahe liegt, nach Sequenzen und zeitlichem Verlauf zu fragen. (2) Sie sind zielorientiert und werden häufig aus bestimmten und bestimmbaren Gründen durchgeführt, weshalb von (interaktionellen) Strategien oder Taktiken gesprochen werden kann.

Zielorientiertheit sollte nicht mit (bewusster) Absichtlichkeit verwechselt werden. Für die Zwecke der Analyse wird eine funktionale Betrachtungsweise bevorzugt, die von Absichten absieht. Strauss und Corbin (1990, S. 104) geben folgendes Beispiel: In einer Untersuchung über das Selbstbewusstsein von Kindern wird eine Feldbeobachtung ausgewertet. Ein Kind wirft ein Glas Milch auf den Boden und wird von der Mutter im Beisein anderer Kinder ausgeschimpft. Dass das Selbstbewusstsein des Kindes unter dem Schimpfen (hier die interaktionelle Strategie) leidet, war keine bewusste Absicht der Mutter. Dennoch kann das Schimpfen hier als Strategie codiert werden.

Handlungen und Interaktionen führen zu bestimmten Konsequenzen. Strauss (1987, S. 57) empfiehlt bei der Anwendung des Codierparadigmas auf sprachliche Eigenheiten in den Daten zu achten: Forscher sollten Schlüsselwörter wie «weil», «da», «wegen»

oder «aufgrund von» als Hinweise auf ursächliche Bedingungen sehen. Konsequenzen von Handlungen werden oft durch Ausdrücke
wie «als Folge von», «deshalb», «mit dem Ergebnis», «die Konsequenz war», «folglich» angezeigt.

Zur weiteren Anregung beim axialen Codieren kann eine Übersicht über theoretische Rahmenkonzepte, so genannte Codier-Familien, genutzt werden. Die C-Familie (causes, contexts, consequences,
conditions u. a.) entspricht dem oben beschriebenen Codierparadigma. Für Glaser (1978) ist diese Codier-Familie zentral für die Analyse sozialen Geschehens («‹bread and butter› theoretical code of sociology», S. 74).

Codier-Familie	Konzepte	Beispiel
C-Familie	Ursachen, Konsequenzen, Korrelationen, Bedingungen	Bedingungen von Schmerz-erleben
Prozess-Familie	Stadien, Phasen, Verläufe, Passagen, Sequenzen, Karrieren	Karriere eines Patienten mit chronischem Schmerz
Grad-Familie	Ausmaß, Grad, Intensität, Grenzwert, Niveau, kritischer Wert	Ausmaß des Schmerzerlebens
Typen-Familie	Typen, Klassen, Genres, Prototypen, Klassifikationen	Typen von Schmerz (stechend, dumpf, pochend etc.)
Strategie-Familie	Strategie, Taktik, Techniken, Mechanismen, Management	Bewältigungsstrategien im Umgang mit Schmerz
Interaktions-Familie	Interaktion, Wechselwirkung, Symmetrie, Rituale	Wechselwirkung von Schmerz-erleben und Bewältigungs-versuchen
Identitäts-Familie	Identität, Selbst, Selbstkonzept, Identitätswandel, Fremdbilder	Fremd- und Selbstbilder von Schmerzpatienten
Qualitative Sprung-Familie	Grenze, kritischer Punkt, qualitativer Sprung	Beginn der Chronifizierung in der Karriere eines Schmerzpatienten
Kultur-Familie	Normen, Werte, sozial geteilte Einstellungen	Wertesysteme von Schmerzpati-enten hinsichtlich des Ertragens von Schmerzen, «feeling rules»
Konsens-Familie	Kontrakt, Übereinstimmung, Situationsdefinition, Uniformität, Konformität, Homogenität	Befolgen der Anweisungen des Arztes, Compliance

Codier-Familien nach Glaser (1978)

Selektives Codieren

In dieser Phase wird der Forscher vor allem als Autor auf der Grundlage der bis dahin erarbeiteten Kategorien, Codenotizen, Memos, Netzwerke, Diagramme etc. tätig. Als Ausgangspunkt für die Festlegung des zentralen Phänomens der Analyse empfiehlt sich das Sichten von Codelisten, zusammenfassenden Memos und Netzwerkdarstellungen. Das zentrale Phänomen wird als *Kernkategorie* bezeichnet und ist möglicherweise schon in der Formulierung der Fragestellung der Untersuchung enthalten. Allerdings stellt sich im Forschungsprozess manchmal heraus, dass ein anderes Phänomen als ursprünglich angenommen für den Gegenstandsbereich eine zentrale Bedeutung gewinnt. Es sind gerade solche Verschiebungen der Forschungsperspektive im Zuge der Datensammlung und Interpretation, die zu neuen und überraschenden Erkenntnissen führen. Deshalb wird in der Grounded Theory empfohlen, im Verlauf der Forschung immer wieder zu fragen, welche Phänomene im Mittelpunkt stehen, und entsprechende Theorie-Memos zu formulieren.

Beim Vorliegen mehrerer gut durchgearbeiteter Achsenkategorien können wir davon ausgehen, dass das zentrale Phänomen in seinen wesentlichen Aspekten erfasst wurde – andernfalls ist es erforderlich, zu früheren Phasen des Forschungsprozesses zurückzukehren. In der Forschungspraxis zeigen sich zwei Möglichkeiten. (1) Eine der Achsenkategorien erfasst das zentrale Phänomen und bietet sich damit als Kernkategorie an. Der Anwärter auf die Kernkategorie zeichnet sich formal durch seine vielfältigen Relationen zu allen anderen wichtigen Kategorien aus und hat eine zentrale Stellung im Begriffsnetz. (2) Häufig erweist es sich als sinnvoll, ein Phänomen in den Mittelpunkt zu stellen, auf das sich mehr als eine Achsenkategorie bezieht. In diesem Fall ist es notwendig, sich von den Achsenkategorien zu lösen und eine neue Kategorie zu formulieren, die durch Zusammenfassung oder Reformulierung einer vorhandenen Kategorie entsteht.

Häufig haben Forscher Schwierigkeiten, angesichts «lauter wichtiger Details» die zentralen Aussagen der Untersuchung bündig zu fassen. Hier sollte man fragen, welche «Geschichte» in den Daten enthalten ist. Der Forscher fasst in wenigen Sätzen die Ergebnisse der Untersuchung für einen interessierten Leser zusammen. Leitfragen für diese Niederschrift sind: Worum geht es hier? Was habe ich durch die Untersuchung gelernt? Was steht im Mittelpunkt? Welche Zusammenhänge bestehen? Die zentrale Geschichte dreht sich um die Kernkategorie, entfaltet diese prägnant und zeigt die Zusammenhänge zu anderen wichtigen Kategorien. Nach Festlegung der Kernkategorie, ihrer Eigenschaften und Dimensionen werden andere relevante Kategorien systematisch und schemageleitet (z. B. im Sinne des Codierparadigmas) in Beziehung zur Kernkategorie gesetzt. Sind die Relationen der zentralen Kategorien formuliert, lassen sich ihre jeweiligen Eigenschaften und Dimensionen auf Regelmäßigkeiten und Muster vergleichen.

Beispiel für das selektive Codieren
In einer Untersuchung zur psychischen Verarbeitung des Reaktorunfalls von Tschernobyl (Legewie et al. 1989) konnte folgendes Muster entdeckt werden: Für das Empfinden einer Bedrohung für die eigene körperliche Gesundheit und Lebenserwartung war entscheidend, ob das Alter einen wichtigen Bestandteil des Selbstkonzepts darstellte. «Junge» Menschen (nicht im Sinne des biologischen Alters, sondern im Sinne einer selbst zugeschriebenen Eigenschaft, also subjektives Alter) sahen sich diesbezüglich bei weitem bedrohter als «alte» Menschen. Diese Aussage konnte erst gemacht werden, nachdem ein systematischer Vergleich der Kombinationen keine Belege für die Kombinationen «jung» + «keine Bedrohung» und «alt» + «starke Bedrohung» ergab. Das Beispiel zeigt, wie durch systematisches Vorgehen Lücken innerhalb der Theorie (mangelnde Spezifikation, mangelnde Verankerung der Aussagen in den Daten) entdeckt, weiter bearbeitet und schließlich beseitigt werden können.

Der Grad der Verallgemeinerbarkeit einer so gewonnenen Theorie hängt zum Teil von einem Abstraktionsprozess ab, der das gesamte Forschungsvorgehen durchzieht. Je abstrakter die entwickelten Kategorien – insbesondere die Kernkategorie – formuliert sind, desto größer wird der Anwendungsbereich der Theorie. Damit wächst aber auch der Aufwand bei ihrer Entwicklung, denn letztlich muss der Weg von den Daten zu den relativ abstrakten Kategorien lückenlos dokumentiert sein. Eine gegenstandsverankerte Theorie ist überprüfbar, indem man die Theoriesätze als Hypothesen erneut an die Wirklichkeit heranträgt. Für soziale und vor allem historische Phänomene sind dabei Grenzen gesetzt, weil sich die sozialen Bedingungen nicht beliebig und exakt reproduzieren lassen.

2. Grenzen der Methode

Der Charakter der *Grounded Theory* als eine Kunstlehre erschwert die Erlernbarkeit und stellt an Forscher besondere Ansprüche hinsichtlich ihrer Kreativität. Die zunächst befreiend wirkende Forderung, sich in den ersten Auswertungsphasen von bestehenden Theorien zu lösen und die Theorie aus den Daten erwachsen zu lassen, verunsichert Studenten oft. Gerade für die Entscheidungen hinsichtlich des Überganges zwischen den verschiedenen Phasen des Codierens gibt es kaum feste Regeln (Flick 1995, S. 205). Die pragmatische Anweisung, wonach die Datensammlung und -auswertung abgeschlossen ist, wenn eine *theoretische Sättigung* erreicht ist (d. h. keine neuen Aspekte mehr zur Theorie hinzukommen), reicht gerade Anfängern kaum aus. Von daher wird wiederum verständlich, wie wichtig Teamarbeit und Forschungssupervision im Rahmen dieser Methode sind.

3. Perspektiven

Während sich Barney Glaser in den 80er Jahren aus dem aktiven Forschungsleben zurückzog, entwickelte Strauss den Ansatz weiter und bemühte sich insbesondere um eine didaktische Aufbereitung, um die Methode lehr- und lernbar zu machen (Strauss 1987; Strauss & Corbin 1990). Glaser (1992) wirft Strauss in diesem Zusammenhang vor, den ursprünglichen Ansatz eines Sich-entwickeln-Lassens von Theorie («emergence») zugunsten eines Erzwingens theoretischer Strukturen («forcing») aufgegeben zu haben. Seine Kritik richtet sich vor allem gegen das axiale Codierparadigma. Bereits in der ersten umfangreichen Veröffentlichung zur *Grounded Theory* haben Glaser und Strauss (1967) dringend nahe gelegt, die Methode an die je konkreten Fragestellungen und Verhältnisse anzupassen. Adaptionen bzw. systematische Weiterentwicklungen des Vorgehens finden sich beispielsweise bei Breuer (1996), Flick (1996) und Charmaz (1990). Breuer ergänzt für seine Fragestellungen den Ansatz der *Grounded Theory* durch die Nutzung von Übertragung und Gegenübertragung im psychoanalytischen Sinn *(→ 5.20)*. Flick (1996) geht in seiner Untersuchung zu Psychologie und Technik vom Konzept der sozialen Repräsentationen nach Moscovici aus. Unter der Annahme, dass in verschiedenen Gruppen unterschiedliche Sichtweisen auf Technik zu finden sind, werden im Vorhinein Gruppen ausgewählt, die dann untersucht werden. Damit wird das Sampling auf die Auswahl differierender Fälle innerhalb der Gruppen beschränkt. Charmaz (1990) nimmt ausführliche («dichte») Falldarstellungen als Ausgangspunkt der Theorienentwicklung. Eine Weiterentwicklung der *Grounded Theory* kann auch in der Verbesserung der Auswertungspraxis durch Nutzung spezifischer Computerprogramme gesehen werden *(→ 5.14)*. Programme wie ATLAS/ti (Muhr 1997) können eine Unterstützung des Auswertungshandwerks bieten und ermöglichen eine Qualitätssicherung dadurch, dass der Auswertungsprozess einzelner Forscher oder ganzer Teams lückenlos dokumentiert und reproduziert werden kann.

Weiterführende Literatur

Glaser, B. G. (1978). Theoretical sensitivity. Mill Valley, CA: The Sociology Press.

Glaser, B. G. & Strauss, A. (1967). The discovery of grounded theory. Strategies for qualitative research. Chicago: Aldine (deutsch 1998: Grounded Theory. Strategien qualitativer Forschung. Bern: Huber).

Strauss, A. & Corbin, J. (1990). Basics of qualitative research. Newbury Park: Sage (deutsch 1996: Grundlagen qualitativer Sozialforschung. Weinheim: Beltz).

Udo Kelle

5.14 Computergestützte Analyse qualitativer Daten

1. Die Bedeutung EDV-gestützter Methoden für die qualitative Sozialforschung
2. Methodologische und technische Grundlagen
3. Techniken computergestützter qualitativer Analyse und Anwendungsbeispiele
4. Grenzen und Reichweite computergestützter Methoden in der qualitativen Sozialforschung

1. Die Bedeutung EDV-gestützter Methoden für die qualitative Sozialforschung

Das Verhältnis qualitativer Forscher zum Computer war lange Zeit weniger von Enthusiasmus denn von Zurückhaltung geprägt: EDV-Anlagen wurden als Rechenmaschinen betrachtet – notwendig für statistische Auswertungen, aber kaum brauchbar für die hermeneutische Analyse von Texten. Seit den 60er Jahren verfügbare Programme zur Auswertung von Textdaten, etwa *The General Inquirer*, fanden Aufmerksamkeit nur im Bereich der quantitativen Inhaltsanalyse. Erst die Einführung der PC-gestützten Textverarbeitung machte das technologische Potenzial der EDV für die Bearbeitung, Speicherung, Manipulation und Archivierung von Texten deutlich. In den 80er Jahren begannen qualitative Forscher und Forschungsgruppen, zunächst unabhängig voneinander für spezifische Forschungsprojekte EDV-gestützte Textdatenbanksysteme zu entwickeln, von denen einige (z. B. THE ETHNOGRAPH, TAP, AQUAD und NUDIST) schließlich vermarktet wurden. Etliche dieser anfänglich sehr einfachen und umständlich zu bedienenden Programme wurden sukzessive zu umfangreichen Softwarepaketen weiterentwickelt (wie ATLAS/ti, WinMAX und, als eine der neuesten Entwicklungen, N-Vivo), die auch neueren Anforderungen an Softwareergonomie, graphische Oberflächengestaltung und Benutzerfreundlichkeit entsprechen. Mittlerweile sind mehr als 20 Programme speziell für qualitative Sozialforschung verfügbar, und ein harter Wettbewerb hat dazu geführt, dass in rascher Folge neue Versionen mit ständig wachsendem Funktionsumfang auf den Markt gebracht werden.

Die häufig von Interessenten und potenziellen Nutzern gestellte Frage nach «der besten Software für qualitative Forschung» muss hier allerdings unbeantwortet bleiben, und es kann an dieser Stelle auch kein Vergleich des Funktionsumfangs und der Stärken bzw. Schwächen der verschiedenen Softwarepakete erfolgen. Wegen der teilweise rasanten technischen Entwicklung in diesem Bereich sind solche Vergleiche, wie sie verschiedentlich in der Literatur vorgenommen wurden (etwa bei Tesch 1990 oder bei Weitzman & Miles 1995), oft bereits bei der Drucklegung veraltet. Zudem unterscheiden sich die bekannten Programme (z. B. WinMAX, ATLAS/ti oder N-Vivo) nur wenig hinsichtlich der Verfügbarkeit von methodologisch bedeutsamen Grundfunktionen (z. B. *Coding* und *Retrieval*, Abschnitt 3) – Unterschiede beziehen sich vor allem auf die Benutzerfreundlichkeit und auf den Support durch die Entwickler. Die Entwicklung der letzten Jahre hat zudem gezeigt, dass die verschiedenen Softwarepakete sich in ihrem Funktionsumfang zunehmend einander angleichen. Die Frage nach dem für eine bestimmte Analysestrategie am besten geeigneten Programm ähnelt dann der Frage, welches Tabellenkalkulations-Programm für bestimmte (z. B. kaufmännische oder technisch-wissenschaftliche) Berechnungen am besten geeignet ist. Ein Nutzer, der Erfahrungen mit mehreren solcher Programme gesammelt hat, wird angesichts einer solchen Frage zu der Antwort tendieren, dass die meisten verfügbaren Softwarepakete zur Bearbeitung der üblicherweise auftretenden Probleme geeignet seien, wenn auch manche der Aufgaben mit einigen der Programme eher umständlich zu realisieren sind.

Hierbei ist nicht nur die Passung der Software zu der jeweiligen Aufgabe, sondern auch zu dem (oft sehr idiosynkratischen) Arbeitsstil des einzelnen Nutzers von Bedeutung – die Softwareentwickler haben oft sehr unterschiedliche Denkmodelle, Metaphern und Modelle für dieselben Aufgabenstellungen und Techniken verwendet. (In manchen der Programme wird ein Kategorienschema etwa als hierarchischer Baum mit Unter- und Oberkategorien verstanden, andere Entwickler bevorzugen Netzwerkmetaphern, vgl. Abschnitt 3.) Programme für die EDV-gestützte Aufbereitung und Verwaltung qualitativer Daten werden deshalb von vielen Nutzern danach beurteilt, inwieweit die von den Entwicklern verwendeten Modelle der Datenverwaltung und Datenpräsentation zum eigenen Denkstil passen, und die Beurteilungen fallen dementsprechend unterschiedlich aus.

Anwender, die sich für eine EDV-gestützte Strategie der Aufbereitung und Verwaltung ihrer qualitativen Daten entschieden haben, sind deshalb gut beraten, sich hierbei nicht so sehr auf die Hinweise und Ratschläge von Kollegen oder auf die in der Literatur angestellten Vergleiche zu verlassen, sondern die Demonstrationsversionen verschiedener Programme auf deren Brauchbarkeit für die vorliegende Problemstellung und den eigenen Denk- und Arbeitsstil hin kritisch zu prüfen.

Von großer Hilfe hierfür können die Informationen sein, die der Web-Seite des «*CAQDAS-Networking Project*» der Universität in Surrey (http://www.soc.surrey.ac.uk/caqdas) zu entnehmen sind.

Von hier können auch die Demonstrationsversionen unterschiedlicher Pakete auf den eigenen Rechner heruntergeladen werden, und
es finden sich Hinweise auf verschiedene Mailinglisten und Internet-
Diskussionsforen, in denen Probleme EDV-gestützter qualitativer
Datenanalyse diskutiert werden und denen sich der potenzielle Nutzer anschließen kann, um von erfahrenen Kollegen Hilfestellung für
die Auswahl und Verwendung der Software zu erhalten. Nur wird
man auch hier auf eine globale Frage in der Art «Welches ist das
beste der verfügbaren Programme?» keine andere Antwort erhalten
als: «Das kommt auf die Problemstellung, das Ziel der Analyse und
vor allem auf den eigenen Arbeitsstil an.»

In der gegenwärtigen Diskussion über EDV-gestützte Verfahren
in der qualitativen Sozialforschung hat sich der Begriff *computergestützte qualitative Datenanalyse* eingebürgert (vgl. Kelle 1995,
1997; Fielding & Lee 1998). Diese Begriffswahl ist nicht unproblematisch, weil sie dem Missverständnis Vorschub leistet, Computerprogramme wie WinMAX, ATLAS/ti oder NUDIST könnten in ähnlicher Weise zur Analyse von Textdaten verwendet werden wie die
Statistiksoftware SPSS zur Durchführung von statistischen Analysen. Im Unterschied etwa zu Statistikprogrammpaketen sind solche
Programme jedoch nicht Werkzeuge zur *Analyse*, sondern zur *Strukturierung* und *Organisation* von Textdaten. Die von ihnen angebotenen Möglichkeiten der Datenorganisation haben allerdings weit
reichende methodologische Implikationen für die Gestaltung des
Analyseprozesses und für die Validität seiner Ergebnisse.

Anhand von Beispielen aus der Forschungspraxis sollen im Folgenden verschiedene Strategien des EDV-Einsatzes dargestellt und
deren Bedeutung für die qualitative Datenanalyse, ihre Probleme
und Grenzen diskutiert werden: *Codierungs-* und *Retrievaltechniken* für eine synoptische Analyse von Textpassagen, *Kategoriensche-
mata* und deren *Dimensionalisierung* sowie Möglichkeiten der EDV-
gestützten «Hypothesenprüfung» und der Integration qualitativer
und quantitativer Analysestrategien.

2. Methodologische und technische Grundlagen

Kritische Informatiker, Linguisten und Sprachphilosophen (etwa
Dreyfus & Dreyfus 1986; Winograd & Flores 1986) haben darauf
aufmerksam gemacht, dass einem algorithmischen Verstehen von

Texten mit Hilfe Daten verarbeitender Automaten enge Grenzen gesetzt sind. Gegen den Einsatz des Computers in der qualitativen Sozialforschung ließen sich also berechtigte methodologische Einwände vorbringen. Allerdings sind mit der hermeneutischen Textinterpretation vor allem dann, wenn große Mengen von Textdaten vorliegen, auch eine Reihe *mechanischer Aufgaben* verbunden. Ein Forschungsprojekt etwa, in dem nicht mehr als 30 qualitative Interviews von einstündiger Dauer durchgeführt wurden, produziert damit bereits einen Datenbestand von nicht weniger als 800 bis 1000 Seiten Text. Hinzu kommen schriftliche Interpretationen, theoretische Kommentare und «Memos» (Glaser & Strauss 1967/1998, S. 113 f.; → *5.13*) der Forscher, die sich oftmals verstreut in Notizbüchern, auf zahlreichen Manuskriptseiten und Karteikarten befinden. Die Verwaltung solcher Textmengen kann schnell zur organisatorischen Mammutaufgabe werden, ihre Vernachlässigung schwer wiegende methodologische Konsequenzen nach sich ziehen: Das Vorhandensein großer Mengen schlecht organisierter Textdaten erhöht die Gefahr, dass theoretische Aussagen auf einige wenige (möglicherweise eilig herausgesuchte) Zitate gestützt und Gegenevidenz im Datenmaterial übersehen wird.

Das Handwerkszeug, welches es erlaubt, über umfangreiche Textmengen Überblick zu behalten, wurde in hermeneutisch orientierten Disziplinen, etwa der Theologie, der Philologie oder der Geschichtswissenschaft, entwickelt und dort bereits seit Jahrhunderten erprobt. Es umfasst die Konstruktion von *Indizes, Registern* und *Konkordanzen*, die Einfügung von *Querverweisen*, um von einer Textstelle zu einer anderen zu gelangen, u. a. m. Auch in der qualitativen Sozialforschung werden schon seit langem solche Techniken für die Organisation und Verwaltung von Textdaten genutzt (vgl. Glaser & Strauss 1967/1998, S. 111 ff.; Taylor & Bogdan 1984, S. 136; s. auch Lofland & Lofland 1984, S. 134). Der Aufbau und die Verwaltung von Fundstellenregistern und Indizes mit Hilfe manueller Methoden ist allerdings eine sehr aufwendige Angelegenheit; die hierzu vielfach benutzten *Schneide- und Klebetechniken*, mit deren Hilfe Textpassagen zu Karteien geordnet werden können, haben zudem den schwer wiegenden methodologischen Nachteil, dass Textpassagen hiermit dauerhaft aus ihrem Kontext entfernt werden. Soll bei dem Aufbau einer Textstellenkartei das Problem des *hermeneutischen Zirkels* – Textstellen gewinnen ihre volle Bedeutung erst

aus ihrem Kontext und sind deshalb nur in ihrem Kontext interpretierbar – die erforderliche Berücksichtigung finden, sind wiederum
aufwendige manuelle Arbeiten notwendig (indem etwa eine unbe-
schädigte zusätzliche Kopie des Textes vorgehalten wird und die
Fundstelle eines jeden Textsegments auf der entsprechenden Kartei-
karte vermerkt wird).

Der Aufbau eines EDV-gestützten Organisationssystems für
Fließtext ist zwar mit recht einfachen Algorithmen und Datenstruk-
turen erreichbar, diese sind aber in der Regel in PC-Standardanwen-
dungen wie Textverarbeitungsprogrammen oder herkömmlichen
Datenbanksystemen nicht enthalten. Die Entwicklung *formatfreier
Textdatenbanksysteme* speziell für die Bedürfnisse qualitativer Sozialforschung, mit deren Hilfe die «Adressen» von Textpassagen zusammen mit Codeworten gespeichert werden, stellte hier die entscheidende Innovation dar. Fast alle der zurzeit auf dem Markt
verfügbaren Softwarepakete zur Unterstützung qualitativer Datenanalyse beruhen auf diesem Prinzip. Sie erlauben damit die Indizierung von und die Suche nach indizierten Textpassagen. Darüber hinaus enthalten zahlreiche der Programme verschiedene zusätzliche
Funktionen (allerdings in unterschiedlichem Umfang und unterschiedlicher Ausgestaltung – Einzelheiten können der Web-Seite des
«*CAQDAS-Networking Project*», vgl. Abschnitt 1, oder Weitzman,
Fielding & Lee 2000 entnommen werden), etwa

1. Funktionen zur Einfügung elektronischer Querverweise *(«hyperlinks»)* in die Textdaten;

2. Funktionen zur Speicherung und Verwaltung von theoretischen Kommentaren und *Memos*;

3. Funktionen zur Konstruktion und graphischen Darstellung
von *Netzwerken von Codierkategorien*;

4. Möglichkeiten zur Definition von *Variablen*, die einzelnen
Dokumenten zugeordnet werden können und durch die die Suche
nach Textstellen gesteuert werden kann;

5. Möglichkeiten für die Suche nach Textpassagen, zwischen denen bestimmte formale Relationen bestehen;

6. statistische Funktionen für die Durchführung von quantitativen Inhaltsanalysen.

Im Folgenden soll anhand von Beispielen aus der Forschungspraxis gezeigt werden, wie solche Techniken eingesetzt und miteinander kombiniert werden können.

3. Techniken computergestützter qualitativer Analyse und Anwendungsbeispiele

Computergestützte qualitative Datenanalyse ist keine eigene qualitative Methode, sondern umfasst eine Vielzahl von Techniken der Datenorganisation, deren Verwendung von dem jeweiligen Gegenstandsbereich, den Forschungszielen und der methodologischen Orientierung des Forschers bzw. der Forscherin abhängen. Diese Techniken sind integrierbar in verschiedene Konzepte hermeneutischer Arbeit mit Texten.

Die Verwendung entsprechender Softwareprogramme kann etwa hilfreich sein bei

1. der Analyse von *Unterschieden, Ähnlichkeiten* und *Beziehungen* zwischen Textpassagen;

2. der Entwicklung von *Typologien* und *Theorien*;

3. der *Überprüfung* von *theoretischen Annahmen* anhand qualitativen Datenmaterials und der *Integration qualitativer* und *quantitativer Methoden.*

Im Folgenden sollen Möglichkeiten des EDV-Einsatzes für jeden dieser drei Bereiche diskutiert werden.

Die Analyse von Unterschieden, Ähnlichkeiten und Beziehungen zwischen Textpassagen
Die vergleichende Analyse von Texten anhand sog. *Synopsen* (Textstellen, die sich auf dasselbe Thema beziehen, werden nebeneinander gehalten und vergleichend analysiert) ist eine altbekannte Technik, deren große methodologische Bedeutung deutlich wird, wenn man einen Blick auf die Geschichte der Bibelauslegung wirft. Synopsen wurden seit dem Zeitalter der Aufklärung dazu verwendet, Widersprüche zwischen Bibelstellen aufzuzeigen, um die Dominanz einer rein dogmatisch verfahrenden Schriftinterpretation zurückzudrängen. Ihre Verwendung regte darüber hinaus die Entwicklung der bis heute weitgehend akzeptierten Theorie über die Entstehungsgeschichte der neutestamentlichen Schriften an.

Für den Bereich der qualitativen Sozialforschung wurde die von qualitativen Forschern in der Praxis häufig verwendete synoptische Analyse als Auswertungsmethode erstmals ausführlich von Glaser und Strauss beschrieben und diskutiert. Bei der *Methode des permanenten Vergleichens* (Glaser & Strauss 1967/1998, S. 107 ff.) sollen grundlegende Muster im Text durch einen sorgfältigen und intensiven Vergleich von Textpassagen entdeckt werden. Als Voraussetzung hierfür müssen die Daten *codiert* werden, das heißt, Textpassagen müssen Kategorien zugeordnet werden, die entweder in der Form eines fertigen Kategorienschemas vorliegen oder die im Laufe der Datenanalyse *ad hoc* entwickelt werden *(→ 5.13)*.

Fast alle der auf dem Markt verfügbaren Softwarepakete zur Unterstützung qualitativer Datenanalyse unterstützen die Indizierung und den Vergleich von Textpassagen, indem sie *Codierungs-* und *Retrievalfunktionen* enthalten (Kelle 1995, S. 4 ff.), welche die Zuordnung von Kategorien zu Textsegmenten (= «Codierung») und die Suche nach Textsegmenten, die derselben Kategorie zugeordnet wurden (= «Retrieval»), ermöglichen (vgl. Abbildung 1).

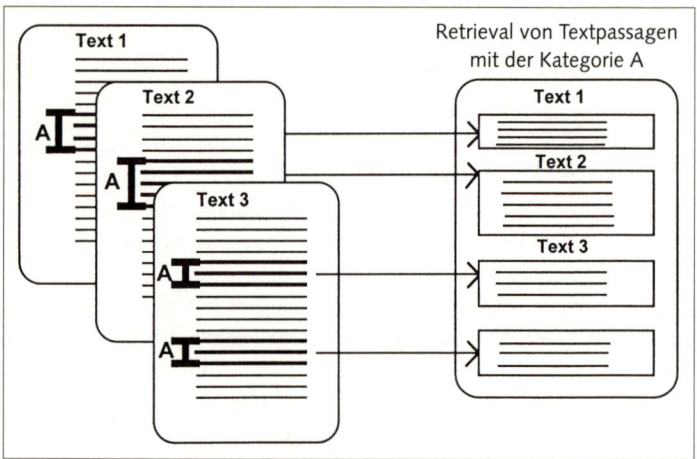

Abbildung 1: Codierung und Retrieval

Die ebenfalls von den meisten Programmen angebotene Funktion des *selektiven Retrievals* ermöglicht es dabei, die Suche nach Textpassagen durch *Filterführungen* einzuschränken, sodass etwa die Suche nach Textpassagen aus Interviews auf Befragte mit bestimmten Merkmalen beschränkt werden kann.

Die starke Betonung von Codierungs- und Retrievaltechniken hat lange Zeit zur Vernachlässigung einer anderen Technik geführt, die ebenfalls den Vergleich von Textpassagen unterstützt (vgl. Coffey et al. 1996): die Verwendung von elektronischen Querverweisen bzw. *hyperlinks*, durch die die Textpassagen direkt, d. h. ohne eine vorherige Codierung, miteinander verknüpft werden können. Angesichts der rasanten Entwicklung in diesem Bereich wird man davon ausgehen können, dass in Zukunft eine wachsende Anzahl der verfügbaren Softwarepakete eine solche Funktion enthalten (zurzeit vor allem ATLAS/ti).

Die Entwicklung von Typologien und Theorien
Wenn der Vergleich von Textpassagen als Grundlage für die empirisch begründete *Typenbildung* und *Theoriekonstruktion* (Kelle 1994; Kelle & Kluge 1999) dienen soll, kann dem Kategorienschema dabei eine zentrale Rolle zukommen. Um die Typenbildung und Theoriekonstruktion dabei nicht durch *ex ante* entwickelte Konzepte und Hypothesen einzuschränken, sollten die zu Beginn verwendeten Codierkategorien die Wahrnehmung empirischer Phänomene möglichst wenig einschränken. Zwei Formen von Codierkategorien *(→ 5.13)* erfüllen diese Voraussetzung besonders gut:
    1. abstrakte theoretische Konzepte bzw. «theoretische Codierungen» (Glaser 1978) wie etwa *Rolle, Status, Deutungsmuster* usw.
    2. alltagsnahe Konzepte (z. B. *Schule, Beruf, Ausbildung ...*), etwa von den Befragten selber verwendete Begriffe (sog. *In-vivo-*Codes, vgl. Glaser 1978, S. 70).
    Durch die vergleichende Analyse von Textpassagen können sowohl abstrakte theoretische Begriffe als auch alltagsnahe Codierkategorien sukzessive mit *empirischem Gehalt* gefüllt werden. Ein Beispiel soll diesen Vorgang verdeutlichen:
    In einem Forschungsprojekt, welches den Übergang von der Schule und Berufsausbildung in den Arbeitsmarkt untersuchte, wurden qualitative leitfadengestützte Interviews durchgeführt, mit deren Hilfe Entscheidungsprozesse von Jugendlichen bei der Berufswahl rekonstruiert werden konnten (vgl. Heinz et al. 1998). Um die einzelnen Handlungsschritte der Jugendlichen bei ihrer Berufswahl zu systematisieren, wurden die folgenden drei theoretischen Kategorien verwendet: *Aspirationen* umfassten die Handlungsziele der Jugendlichen, *Realisationen* stellten konkrete Handlungsschritte zu deren Umsetzung dar, und die Kategorie *Bilanzierungen* bezog sich auf Bewertungen des Verhältnisses zwischen Handlungszielen und Handlungsbedingungen.

Um Aspirationen, Realisationen und Bilanzierungen bezogen auf konkrete Lebensbereiche zu codieren, wurden die theoretischen Kategorien («Aspirationen», «Realisationen», «Bilanzierungen») mit Alltagskategorien («Arbeit und Beruf», «Partnerschaft» ...) zu einem Kategorienschema kombiniert (vgl. Abbildung 2).

---

1   Arbeit und Beruf
1.1 Arbeit und Beruf/Aspirationen
1.2 Arbeit und Beruf/Realisationen
1.3 Arbeit und Beruf/Bilanzierung

(...)
5   Partnerschaft
5.1 Partnerschaft/Aspirationen
5.2 Partnerschaft/Realisationen
5.3 Partnerschaft/Bilanzierungen
(...)

Abbildung 2: Auszug aus einem Kategorienschema

Dieses Kategorienschema repräsentierte eine *theoretische Achse* (Strauss & Corbin 1990/1996, S. 75 ff.) bzw. einen *heuristischen Rahmen* (Kelle 1994, S. 386 ff.), dessen empirischer Gehalt durch Informationen aus dem Datenmaterial aufgefüllt wird. Durch eine sorgfältige vergleichende Analyse von Textpassagen können Aspekte bzw. *Dimensionen* identifiziert werden, die zur Modifikation des Kategorienschemas und zu seiner Ergänzung durch weitere Kategorien und Subkategorien und zur Konstruktion einer Typologie führen. Dieser Prozess lässt sich anhand eines weiteren Beispiels aus dem dargestellten Forschungsprojekt verdeutlichen.

Um die Orientierungen der Befragten zu den Themen «Ehe» und «Familie» zu untersuchen, wurden in einem ersten Schritt Textpassagen, in denen diese beiden Themen angesprochen wurden, codiert. Im zweiten Schritt wurden die codierten Textsegmente von Befragten, die Familiengründung als zentrales Lebensziel betrachteten, durch ein selektives Retrieval herausgesucht und vergleichend interpretiert, wobei drei Dimensionen der Kategorie «Ehe» identifiziert wurden:

1. Ein Teil der Befragten betrachtete die Ehe als *einzig akzeptable Form des Zusammenlebens zwischen Mann und Frau*;

2. andere sahen die Eheschließung als notwendige *Vorausset-zung zu einer kindzentrierten Familiengründung;*

3. wiederum andere sahen die Eheschließung vor allem als *Ab-sicherung.* Befragte mit dieser Orientierung nannten (in unter-schiedlicher Kombination und Akzentuierung) drei verschiedene Argumente für eine Eheschließung, betreffend 1) deren Funktion zur *finanziellen Absicherung,* 2) ihre Bedeutung als moralisch ver-pflichtende Zusage lebenslanger *Bindung,* oder 3) die Eheschlie-ßung als Mittel, um die *Erwartung* des sozialen (insbes. familiären) *Umfelds* zu erfüllen.

Der Vergleich von Textpassagen ermöglichte hier die Differen-zierung des Kategorienschemas auf drei verschiedenen, hierarchisch strukturierten Ebenen (vgl. Abbildung 3).

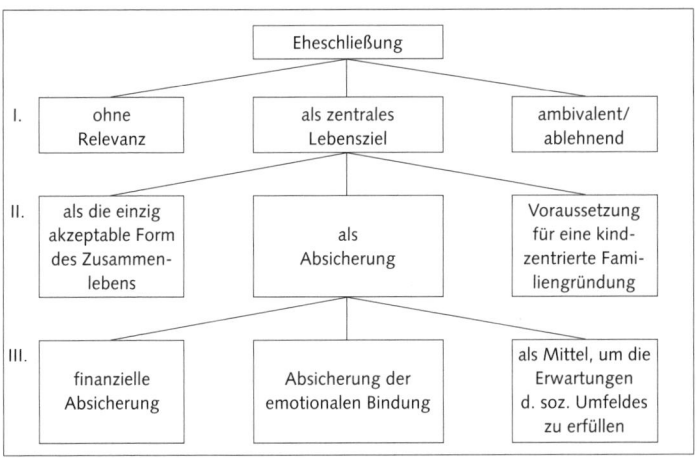

Abbildung 3: Hierarchisches Kategorienschema

Ein solches hierarchisches Begriffsschema lässt sich informations-technisch als *Netzwerk* oder *Graph* kennzeichnen und in eine kom-plexe Datenstruktur übersetzen, die es nicht nur erlaubt, die Bezie-hungen zwischen Codierkategorien bzw. die sich entwickelnde Typologie graphisch zu repräsentieren, sondern auch komplexe Re-trievalprozesse durchzuführen, wobei der Nutzer dann einem lan-gen Pfad entlang der «Knoten» (d. h. der Kategorien in Abb. 3) des Graphen bzw. Netzwerks folgen kann. Solche Graphen können auf sehr unterschiedliche Weise strukturiert sein. ATLAS/ti beispielsweise erlaubt dem Nutzer, Netzwerke mit nahezu beliebigen Verknüpfungen zu organisieren, während andere Programme (etwa NUDIST) nur hierarchische «Baum»-Strukturen zulassen.

Die Überprüfung von Hypothesen und die Integration quantitativer Techniken

Die Stärken der EDV-gestützten Datenverwaltung zeigen sich dann, wenn im Laufe der Datenauswertung entwickelte theoretische Annahmen überprüft werden sollen. Wurde das Datenmaterial zuvor mit den relevanten Kategorien hinreichend und erschöpfend codiert, so lässt sich oft relativ einfach das zur Überprüfung der jeweiligen Annahme notwendige Textmaterial EDV-gestützt suchen. Die in einer qualitativen Studie über erwerbsbiographische Orientierungen entwickelte Hypothese, dass geschlechtsspezifische Zusammenhänge zwischen beruflichen und familiären Orientierungen existieren, kann beispielsweise weiterverfolgt werden, indem – getrennt für männliche und weibliche Befragte – Textpassagen herausgesucht werden, welche gleichzeitig mit den Kategorien «Arbeitsorientierung» und «Familienorientierungen» codiert wurden. Eine solche Überprüfung von Annahmen wird in den meisten der verfügbaren Softwarepakete unterstützt durch komplexe Retrievalfunktionen für die Suche nach *gemeinsam auftretenden Codierungen*, die es z. B. ermöglichen, Textsegmente herauszusuchen, die mit bestimmten Codekategorien codiert wurden und sich gegenseitig *überlappen* oder eine gewisse *Nähe zueinander im Text* aufweisen.

Abbildung 4 zeigt das Ergebnis der Suche nach den gemeinsam auftretenden Codierungen «emo» (für *emotionale Belastungen*) und «cle» (für *kritische Lebensereignisse*) in einem Beispieldatensatz, durchgeführt mit dem Programm AQUAD. Das Programm liefert als Suchergebnis die «Adressen» (in Form von Zeilennummern) von Textstellen, in denen die mit «cle» und «emo» codierten Textsegmente gemeinsam auftreten. Aus diesem Programmausdruck lässt sich entnehmen, dass im Interview «bioss1» die Codierungen «cle» und «emo» einmal gemeinsam (zwischen Zeile 100 und Zeile 104 des Interviews) auftreten, im Interview «bioss2» hingegen fünfmal.

```
hypothesis 1/codefile bioss1.cod
100      102      cle      –      102      104      emo
hypothesis 1/codefile bioss2.cod
 24       28      cle      –       26       30      emo
 65       70      cle      –       72       82      emo
110      112      cle      –      111      115      emo
220      228      cle      –      212      224      emo
450      452      cle      –      456      476      emo
```

Abbildung 4: Resultat einer Suche nach gemeinsam auftretenden
Codierungen

Es darf hier in keinem Fall übersehen werden, dass die Information
über das gemeinsame Auftreten von Codierungen in ganz verschiedener Weise genutzt werden kann:

1. Sie kann als Hinweis darauf dienen, *an welcher Stelle des
Textkorpus* sich relevante Informationen über mögliche Zusammenhänge zwischen *emotionalen Belastungen* und *kritischen Lebensereignissen* befinden (durch die Eingabe eines entsprechenden Be-
fehls lassen sich diese Textstellen i. d. R. problemlos heraussuchen).

2. Sie kann als empirische Evidenz dafür betrachtet werden, dass
die Ereignisse *kritisches Lebensereignis* und *emotionale Belastung*
gemeinsam auftreten bzw. korrelieren (etwa in dem Sinn, dass im
Leben des ersten Interviewten einmal ein kritisches Lebensereignis
aufgetreten ist, welches emotionale Belastungen verursacht hat, wohingegen im Leben des zweiten Interviewten dieser Zusammenhang
fünfmal beobachtet werden kann).

Die erste Strategie verfolgt im Wesentlichen einen heuristischen
Zweck, wohingegen die zweite Strategie dem Verständnis von Hypothesenprüfung im Rahmen quantitativer Ansätze entspricht, wobei dann allerdings sichergestellt werden muss, dass die betreffenden Codierkategorien in eindeutiger und reliabler Weise bestimmte
Vorgänge, Sachverhalte und Ereignisse (z. B. die Tatsache, dass ein
Befragter ein kritisches Lebensereignis erlebt hat) repräsentieren.
Hierzu müssen die Kategorien vor der Codierung des Datenmaterials präzise (etwa anhand von Ankerbeispielen) definiert sein, und
ihre Reliabilität müsste durch einen Vergleich der von unabhängigen Codierern codierten Textpassagen überprüft werden. In qualitativen Studien verwendete Codierkategorien können diese Voraus-

setzungen allerdings oft aus nahe liegenden Gründen nicht erfüllen: Wenn nämlich Texte durch eine Codierung für die synoptisch vergleichende Analyse strukturiert und erschlossen werden sollen, steht in der Regel nicht die *Repräsentierungsfunktion* der Codierkategorien (d. h. der Umstand, dass Codierkategorien ein bestimmtes Ereignis abbilden) im Vordergrund, sondern deren *Indizierungsfunktion*. Die verwendeten Kategorien dienen also nicht dazu, präzise und *ex ante* definierte Fakten im Datenmaterial abzubilden, sondern dazu, den Umstand zu bezeichnen, dass eine Information über eine bestimmte Art von mehr oder weniger präzise definierten Fakten an einer bestimmten Stelle in den Daten gefunden werden kann (zu diesem Unterschied vgl. auch Seidel & Kelle 1995). Im Unterschied zu Codierkategorien, die wohldefinierte Ereignisse oder Sachverhalte repräsentieren, sind diese Kategorien oft möglichst allgemein gehalten, sodass eine große Klasse möglicher Sachverhalte und Ereignisse damit erfasst werden kann.

Bei einem offenen und theoriegenerierenden Vorgehen steht zumindest zu Beginn der qualitativen Analyse die *Indizierungsfunktion* der verwendeten Codierkategorien im Vordergrund: Die Codierung einer Textpassage mit der Kategorie «cle» bezeichnet dann nicht das *Faktum*, dass ein kritisches Lebensereignis stattgefunden hat, sondern den Umstand, dass die *codierte Textpassage* in irgendeiner Form in Beziehung steht zu kritischen Lebensereignissen. Für die Anwendung einer klassischen Strategie der «Hypothesentestung» sind solche Kategorien unbrauchbar. Allerdings sind «Hypothesen», welche der qualitative Forscher oder die qualitative Forscherin entwickelt, oft auch keine spezifischen und konkreten Aussagen über empirische Sachverhalte, sondern vorläufige und unpräzise, manchmal noch recht vage Vermutungen über mögliche Zusammenhänge. Die Prüfung solcher Annahmen oder «Hypothesen» ist kaum vergleichbar mit einem statistischen Hypothesentest: Es wird kein Algorithmus angewendet, der die Entscheidung über die Geltung einer bestimmten theoretischen Aussage erlauben soll – vielmehr geht es um die Sammlung von Textmaterial, dessen interpretative Analyse dem Forscher hilft, seine vorläufigen, anfangs möglicherweise allgemein gehaltenen und vagen Annahmen zu stützen und zu verwerfen, aber auch zu modifizieren und weiterzuentwickeln. Die computergestützte Suche nach gemeinsam auftretenden Codierungen kann diese Suche nach relevantem Datenmaterial unterstützen und damit eher einen *heuristischen Zweck* erfüllen als der Hypothesenprüfung im traditionellen Sinn dienen.

Auch der methodologisch angemessene Gebrauch von *Funktionen zur quantitativen Datenanalyse*, die in mehreren Softwarepaketen enthalten sind, ist davon abhängig, ob bei den verwendeten Kategorien deren *Repräsentierungsfunktion* und *Indizierungsfunktion* im Vordergrund steht. So enthält etwa das Programm WinMAX neben umfangreichen Codierungs- und Retrievalfunktionen auch Möglichkeiten, Codierkategorien zu fallbezogenen Variablen und Variablenwerten weiterzuentwickeln. Das Ergebnis dieses Prozesses ist eine quantitative Datenmatrix, die mit Hilfe von Standardstatistikpaketen ausgewertet werden kann. Der hier notwendige Übergang von indizierenden zu repräsentierenden Kategorien erfordert natürlich besondere Sorgfalt. Das ursprüngliche Ziel der Codierung bestand ja oft nicht in der Herstellung einer quantitativen Datenmatrix, sondern darin, sicherzustellen, dass alle relevanten Daten zu einem bestimmten Sachverhalt zusammengetragen werden können.

4. Grenzen und Reichweite computergestützter Methoden in der qualitativen Sozialforschung

Seit die Entwicklung von Computerprogrammen zur Unterstützung qualitativer Datenanalyse begonnen hat, wird eine Diskussion über deren potenziellen methodologischen Nutzen, aber auch über deren methodologische Risiken geführt, wobei sowohl großer Optimismus geäußert (Conrad & Reinarz 1984; Richards & Richards 1991) als auch besorgte Warnungen ausgesprochen wurden (Agar 1991; Seidel & Kelle 1995; Coffey et al. 1996).

Als Vorteile des EDV-Einsatzes in der qualitativen Sozialforschung werden dabei betont:

1. Die höhere Effizienz bei der Datenorganisation spart zeitliche und personelle Ressourcen und ermöglicht die *Bearbeitung größerer Datenmengen* und deshalb auch die *Ziehung größerer Stichproben* (Kelle & Laurie 1995). Allerdings darf hier nicht außer Acht gelassen werden, dass nicht «Stichprobengröße» das zentrale Kriterium für die qualitative Stichprobenziehung darstellt, sondern «Fallkontrastierung» (Kelle & Kluge 1999, S. 38 ff.), d. h. die Möglichkeit,

durch vielfältige Vergleiche zwischen bewusst gezogenen Einzelfällen Muster zu identifizieren. Eine große Stichprobe führt deshalb nicht *per se* zu einer höheren Validität der Ergebnisse, wenn nicht die gezielte Fallauswahl zur Erweiterung des Gegenstandsbereichs und zur Vertiefung der Analysen führt. Auch besteht hier die Gefahr, dass der Forscher oder die Forscherin von der großen Menge von Informationen, die durch die EDV-gestützte Aufbereitung der Daten verfügbar wird, überfordert wird. Der Zeitaufwand, um Textdaten durch Codierung zu strukturieren, sollte keinesfalls unterschätzt werden, zumal er bei der Vergrößerung des Datenumfangs entsprechend dem zusätzlichen Stichprobenumfang ansteigt. Dem durch größere Stichproben erzielten Gewinn an Daten stehen also immer zusätzliche Kosten in Form von Zeitaufwand und Mühe für die Datenorganisation gegenüber.

2. EDV-gestützte Techniken erzwingen die Systematisierung mancher Forschungstechniken, die sonst oft eher unsystematisch eingesetzt werden, und unterstützen damit einen transparenten Auswertungsprozess, der so weit wie möglich von expliziten Regeln geleitet wird.

3. Forscher werden von mühevollen mechanischen Aufgaben entlastet und angeregt, einerseits die Beziehungen zwischen Kategorien sorgfältiger zu erkunden, andererseits mit den Daten zu experimentieren und zu «spielen», wobei kreative und analytische Aspekte der Datenauswertung mehr Raum gewinnen (Fielding & Lee 1998).

In der Diskussion wurde aber auch die Besorgnis geäußert, dass die den einzelnen Softwarepaketen zugrunde liegenden methodologischen Annahmen unreflektiert in den Auswertungsprozess einfließen, sodass sich Forscher Analysestrategien zu Eigen machen, die den eigenen theoretischen und methodologischen Orientierungen nicht entsprechen. Auch wird die Kritik an den Softwareentwicklern geübt, dass der Pluralismus qualitativer Ansätze bei der Entwicklung der Programme nur unzureichend berücksichtigt wird. So weist Lonkila (1995) sowie Coffey und Kollegen (1996) darauf hin, dass eine Vielzahl der Softwarepakete einen starken Bezug zur *Grounded Theory* von Glaser und Strauss *(→ 5.13; → 2.1; → 6.6)* aufweist, während andere Methoden (etwa stärker hermeneutisch orientierte oder diskursanalytische Verfahren) vernachlässigt würden. Demgegenüber weisen Fielding und Lee aufgrund einer Literaturanalyse nach, dass mehr als zwei Drittel der qualitativen Studien, in denen EDV-gestützt gearbeitet wird, keinen Bezug zur *Grounded Theory* aufweisen (Fielding & Lee 1998). Auf der Grundlage einer eigenen empirischen Studie mit Softwarenutzern kommen diese beiden Autoren zudem zu dem Schluss, dass Befürchtungen, wonach Computerprogrammme gegen die methodologischen Intentionen der Nutzer ein Eigenleben entwickeln und den Analyseprozess determinieren, in der tatsächlichen Forschungspraxis nur wenig Bestätigung finden: Nutzer neigen eher dazu, auf die Verwendung eines bestimmten Softwarepakets (oder auch auf den Computereinsatz insgesamt) zu verzichten, als dass sie eine Analysestrategie übernehmen würden, die ihren eigenen methodologischen Orientierungen widerspräche.

Weitere kritische Monita in der Literatur betreffen die Gefahr, dass durch den EDV-Einsatz die Interpretation der Texte aus dem Mittelpunkt des Analyseprozesses gedrängt und durch die Beschäftigung mit den Codierkategorien ersetzt wird (Agar 1991; Seidel & Kelle 1995). Tatsächlich bestehen vor allem dann, wenn der Nutzer die Unterscheidung zwischen der Indizierungsfunktion und der Repräsentierungsfunktion von Codierkategorien vernachlässigt, nicht unerhebliche Risiken, Artefakte zu produzieren. Dies betrifft insbesondere die in Abschnitt 3 angesprochenen Techniken zur «Hypothesenprüfung» und der Integration qualitativer und quantitativer Auswertungsschritte: Der Übergang von einer Indizierung von Texten zu einer Beschreibung und Zusammenfassung von Sachverhalten ist nicht ohne methodologische Tücken und erfordert, dass der Forscher bzw. die Forscherin sich beständig Rechenschaft gibt über die Bedeutung der komplexen Algorithmen, die mit manchmal nur einem einzelnen Knopfdruck durchgeführt werden. Hier besteht durchaus eine Parallele zur Statistiksoftware. Auch hier können Forscher, welche die mittlerweile einfach zu bedienende Software unreflektiert, d. h. ohne die Kenntnis mathematischer Grundlagen, verwenden, leicht Artefakte und Fehlinterpretationen produzieren. Bei einem methodologisch reflektierten Einsatz jedoch eröffnen neuere Techniken der EDV-gestützten Organisation und Strukturierung von Textdaten vielfältige Möglichkeiten, qualitative Daten intensiver und systematischer (und oft auch mit mehr Spaß an der Sache) zu analysieren.

Weiterführende Literatur

Fielding, N. G. & Lee, R. M. (1998). Computer Analysis and Qualitative Research. London: Sage.

Kelle, U. (1995). Computer-aided qualitative data analysis. Theory, Methods and Practice. London: Sage.

Kuckartz, U. (2007). Einführung in die computergestützte Analyse qualitativer Daten. Wiesbaden: VS-Verlag.

Stephan Wolff
5.15 Dokumenten- und Aktenanalyse

---

1. Die dokumentarische Wirklichkeit
2. Dokumente in der Geschichte der qualitativen Forschung
3. Die konversationsanalytisch ausgerichtete Dokumentenanalyse
4. Empfehlungen zum praktischen Vorgehen

---

1. Die dokumentarische Wirklichkeit

Dokumente, hier verstanden als schriftliche Texte, die als Aufzeichnung oder Beleg für einen Vorgang oder Sachverhalt dienen, nehmen in modernen Gesellschaften eine prominente Stellung ein. Ein Großteil der für Gesellschaftsmitglieder relevanten Wirklichkeit wird ihnen in Form von Dokumenten zugänglich (Smith 1974, 1984). Ihren Bedeutungsgewinn verdanken sie vor allem dem säkularen Trend zur *Verrechtlichung* und *Organisierung* aller Lebensbereiche, insbesondere der Entwicklung einer modernen Verwaltung, die sich wesentlich durch das *Prinzip der Aktenförmigkeit* auszeichnet. Schriftlichkeit erhöht einerseits die Reichweite der Kommunikation, indem sie diese unabhängig macht von Zeit und Ort der Mitteilung (vgl. Ong 1987). Sie gefährdet aber zugleich deren Gelingen, weil situative Verständigungshinweise und unmittelbare Klärungsmöglichkeiten entfallen. Das für Organisationen typische Beharren auf schriftlichen Dokumenten als der präferierten Form der Darstellung von Wirklichkeit kann zu schmerzlichen Differenzerfahrungen führen, insbesondere dann, wenn Personen mit den amtlichen Darstellungen von Abläufen konfrontiert werden, an denen sie selbst beteiligt waren.

Exemplarisch dafür ist das Rechtsmittel der Revision. Für die Beurteilung der Rechtsverletzung eines Urteils ist nämlich *allein der Text* der Urteilsbegründung relevant. Nur dieser, nicht aber die Erinnerungen der Beteiligten, fungiert als Bezugspunkt für die Beurteilung dessen, was in der Hauptverhandlung der Fall war oder nicht. Die Formulierung «Was nicht in den Akten ist, ist nicht in der Welt» gehörte schon zu den Grundsätzen der Inquisitionsgerichte. In deutlichem Kontrast dazu steht das *Prinzip* der *Mündlichkeit*, das während der Verhandlung gilt; demzufolge darf, zumindest im Strafprozess, nur das mündlich Verhandelte der Entscheidung zugrunde gelegt werden (was z.B. impliziert, dass schriftliche Beweismittel grundsätzlich vorgelesen werden müssen).

Dokumente sind *standardisierte Artefakte*, insoweit sie typischerweise in bestimmten *Formaten* auftreten: als Aktennotizen, Fallberichte, Verträge, Entwürfe, Totenscheine, Vermerke, Tagebücher, Statistiken, Jahresberichte, Zeugnisse, Urteile, Briefe oder Gutachten. Ein großer Teil der amtlichen und die meisten privaten Dokumente sind nur für einen umschriebenen Kreis legitimer bzw. angesprochener Rezipienten bestimmt. Amtliche Dokumente fungieren zudem als *institutionalisierte Spuren*, das heißt, dass aus ihnen legitimerweise Schlussfolgerungen über Aktivitäten, Absichten und Erwägungen ihrer Verfasser bzw. der von ihnen repräsentierten Organisationen gezogen werden können (vgl. Lau & Wolff 1981). Angesichts der elaborierten und von den Beteiligten selbst durchaus reflektierten Kunst der Erstellung solcher Akten wird das Moment der *Fiktion* (im Sinne von Hergestelltheit), das grundsätzlich für alle Dokumente gilt, in besonderem Maß deutlich.

2. Dokumente in der Geschichte der qualitativen Forschung

Die qualitative Sozialforschung entwickelte sich im Kontext der Erforschung *oraler*, d. h. nicht text-vermittelter Kulturen (in der Ethnologie) bzw. anlässlich der Beschäftigung mit Phänomenen außerhalb oder doch am Rande der Organisationsgesellschaft (in der sog. Chicago-Schule). Dadurch war ein gewisser «bias» zugunsten sprachlicher Kommunikation bzw. sprachlicher Daten in einfachen Sozialsystemen angelegt (vgl. Atkinson & Coffey 1997). Wenn man sich nicht überhaupt darauf beschränkt, Dokumente auf die in ihnen enthaltenen Informationen zu reduzieren, nimmt die Beschäftigung damit bis heute einen vorwiegend *exegetischen Charakter* an, das heißt, sie werden als Quellen angesehen (Scott 1990; Hodder 1994), die auf andere, hinter ihnen liegende Phänomene und Absichten verweisen. Da ein enger Zusammenhang zwischen der «Aussagekraft» eines Dokuments und seiner Authentizität und Glaubwürdigkeit unterstellt wird, ergibt sich ferner eine Präferenz qualitativer Forscher für private Aufzeichnungen (wie Briefe oder biographische Aufzeichnungen; vgl. die klassische Untersuchung von Thomas & Znaniecki 1918; Fischer-Rosenthal 1991).

Wer Dokumente grundsätzlich als Repräsentationen *für etwas anderes* liest, behandelt sie wie eine «Fensterscheibe» (Gusfield 1976), durch die hindurch man auf eine Person, eine Tat oder einen Sachverhalt blickt. Thematisiert wird diese Fensterscheibe nur, wenn unglückliche und unpassende Formulierungen den «Durchblick» verzerren, wobei man von der grundsätzlichen Eliminierbarkeit derartiger Unklarheiten ausgeht (durch transparentere Darstellungen oder tiefgründigere Interpretation). Daraus ergibt sich aber das Paradox, dass eine so ansetzende Dokumentenanalyse im Idealfall ohne eine Analyse des Dokuments selbst auskommt. Es scheint aber dem Grundverständnis qualitativer Forschung weit mehr zu entsprechen, Dokumente als *eigenständige methodische und situativ eingebettete Leistungen* ihrer Verfasser (bei der Rezeption, auch ihrer Leser) anzuerkennen und *als solche* zum Gegenstand der Untersuchung zu machen. Dementsprechend wird hier der Begriff Dokumentenanalyse auch nicht zur Bezeichnung einer Forschungsmethode verwendet, sondern als Umschreibung einer spezifischen *Zugangsweise* zu schriftlichen Aufzeichnungen (die freilich eine Präferenz für bestimmte Methoden impliziert).

Eine nachhaltigere Beschäftigung mit Dokumenten als Texten und mit der Eigenlogik einer textlich vermittelten *dokumentarischen Wirklichkeit* setzt erst in den 60er Jahren ein. Der entscheidende Anstoß erfolgte durch den *Etikettierungsansatz (labeling approach)*, dessen Vertreter darauf hinwiesen, dass es erst die gesellschaftliche Reaktion sei, welche bestimmten Handlungen oder Personen das Attribut «abweichend» verleihe. Konsequent versuchten sie daher, den einschlägigen Agenturen bei der Produktion von Abweichungstatbeständen über die Schulter zu sehen. Auf diese Weise nahmen sie etwa den Daten der Kriminalitäts- und Selbstmordstatistik ihren Nimbus als Abbildung vermeintlich naturgegebener sozialer Tatsachen (im Sinne von Durkheim), indem sie die zu deren Erstellung nötigen institutionellen Definitions- und Dokumentationsprozesse sichtbar machten (Douglas 1967; Gephardt 1988). Besondere Bedeutung kommt den Arbeiten von Aaron Cicourel zu, der sich mit Einschätzungs- und Kategorisierungsprozessen im schulischen und im Bereich des amtlichen Umgangs mit Jugendkriminalität beschäftigte (vgl. Cicourel 1968; Cicourel & Kitsuse 1963; Cicourel et al. 1974). Cicourel interessierte sich insbesondere für die Frage, wie die *Übersetzung* von Angaben über Personen und Ereignisse, die aus Interviews bzw. bereits vorliegenden Aufzeichnungen stammen, in «amtlichen Fällen» vonstatten geht. Es zeigte sich, dass die Entscheidungen über die Zuweisung von Kategorien mit Blick auf eingespielte organisatorische Fallgestalten («normal cases») und Begründungsmuster («broken home») im Rahmen informeller oder institutionalisierter Aushandlungsprozesse gefällt werden (vgl. Sudnow 1965; Scheff 1973). Die einmal etablierte dokumentarische (Fall-)Realität entwickelt eine *Eigendynamik*, der sich die kategorisierte Person, aber auch die damit beschäftigten Instanzen in der Folge nur schwer entziehen können.

Typischerweise ist der Umstand bzw. sind die Hintergründe ihrer Produziertheit in den Dokumenten selbst nicht mehr sichtbar. Der Schwerpunkt der Etikettierungsforschung lag daher auf dem Nachweis des *rhetorischen* Charakters von Dokumenten (Gusfield 1976). Dokumente wurden als *institutionelle Zurschaustellungen* (Goffman 1972) oder gar als Formen *bürokratischer Propaganda* entlarvt (Altheide & Johnson 1980), die primär auf die Herstellung eines Anscheins von Legitimität, Rationalität und Effizienz in den Augen relevanter Umwelten der Organisation zielten (Bogdan & Ksander 1980; Meyer & Rowan 1977). Kennzeichnend für diese Studien ist neben ihrer entlarvend-ironischen Attitüde und ihrer Konzentration auf den Aspekt des opportunistischen Informationsmanagements eine gewisse Halbherzigkeit, insoweit das Ideal einer «richtigen» Abbildung nicht wirklich aufgegeben wurde (Pollner 1987).

Einen radikalen Perspektivenwechsel vollzog dann die *ethnomethodologische Forschung*, insoweit sie konsequent darauf verzichtete, Dokumente als – wie immer defizitäre – Ressourcen zu verwerten, sondern sie, genauer die sozial organisierten Praktiken ihrer Produktion und Rezeption, zum eigentlichen Gegenstand der Unter-

suchung machte. Das klassische Beispiel für eine ethnomethodologisch ansetzende Dokumentenanalyse stammt von Harold Garfinkel (1967b): Im Rahmen einer Studie über Patientenkarrieren war
ihm aufgefallen, dass die einschlägigen Unterlagen nur lückenhaft
und ungenau ausgefüllt waren. An diesem für ihn als Forscher är-
gerlichen Umstand der «fehlenden Daten» nahm das Klinikpersonal eigenartigerweise kaum Anstoß. Da Garfinkel diesen Befund
nicht als Ausdruck von Inkompetenz des Personals abtun wollte,
stellte er sich die Frage, ob es nicht auch «‹gute Gründe› für solche
‹schlechten› klinischen Aufzeichnungen» gäbe. Eine unter dem Gesichtspunkt des Klinikbetriebs vorgenommene Informationssammlung erweist sich dann als vernünftig, wenn sie die hierfür zur Verfügung stehende Zeit in Rechnung stellt, was in der Regel bedeutet,
dass man es so weit wie möglich bei knappen Angaben bewenden
lässt. Zu bedenken ist ferner, dass Akten zur Kontrolle der Tätigkeit bzw. der Effektivität des Personal herangezogen werden könnten. Dies lässt eine gewisse Vagheit der Darstellung sinnvoll erscheinen, weil sich dadurch im Zweifelsfall die Möglichkeit einer auf die
praktischen Umstände bezogenen Erläuterung und Rechtfertigung
eröffnet. Schließlich wird von jedem kompetenten Insider eine
prinzipielle Diskrepanz zwischen den Bedingungen und sachlichen
Notwendigkeiten der dokumentierten Tätigkeit einerseits, den spezifischen Anforderungen an die korrekte Erfüllung der Berichts-
pflicht andererseits in Rechnung gestellt. Das «Ärgernis» des Forschers entpuppt sich so als eine für die Beteiligten durchaus
rationale und nachvollziehbare Form der Gestaltung von Dokumenten (vgl. Feldman & March 1981). Die Bedeutung der Einträge
in den Krankenakten kann nur ermessen, wer über die typischen
Abläufe des Patientenkontakts, über die Umstände, unter denen die
Eintragungen gemacht werden, über die zu erwartenden Leser sowie über die Beziehung zwischen ihnen und den Verfassern Bescheid
weiß. Statt davon auszugehen, die Krankenakten würden die Ordnung der Interaktion zwischen den Beteiligten widerspiegeln (oder
verhüllen), sei es deshalb angemessener, davon zu sprechen, dass ein
Verständnis ebendieser Ordnung für ein korrektes Lesen Voraussetzung ist.

Obwohl prinzipiell immer verschiedene Interpretationen des Ak-
teninhalts möglich sind, gibt es, so Garfinkel, so etwas wie eine
Standardlesart – zumindest für den befugten und kompetenten Le-

ser. Dieser kann bei der Lektüre nämlich eine begründete Vorstellung darüber gewinnen, ob und wie die Arbeit im Hinblick auf das, was man unter den gegebenen Umständen als normal und vernünftig erwarten würde, erledigt wurde.

> «Die verschiedenen Aufzeichnungen in den Krankenakten sind Zeichen – wie Bruchstücke, aus denen man eine unendliche Zahl von Mosaiken bilden kann –, die nicht deshalb zusammengestellt wurden, um die Beziehung zwischen dem klinischen Personal und dem Patienten zu beschreiben; vielmehr sollen sie es einem Mitarbeiter der Klinik ermöglichen, die Beziehung zwischen dem Patienten und der Klinik als normalen Ablauf des Klinikbetriebes für den Fall darstellen zu können, falls sich die *Frage einer Normalisierung* als konkretes Problem stellen sollte. In diesem Sinn kann man sagen, dass der *Inhalt einer solchen Akte eher als Beleg für ein Vertragsverhältnis als einer Beschreibung von Abläufen dient*» (Garfinkel 1967b, S. 202 f.; Ü. d. A.).

Der durch Garfinkels Untersuchung repräsentierten «frühen» Ethnomethodologie *(→ 3.2)* gelang zwar eine grundlegende Klärung der sozialen Produziertheit und situativen Lesbarkeit von Dokumenten – ohne sich freilich mit den Dokumenten als Texten konkret auseinander gesetzt zu haben. Aufgrund der beschränkten Reichweite der *ethnographischen* Methoden *(→ 5.5)* fehlen bis in die 80er Jahre systematische Rekonstruktionsversuche der in Akten enthaltenen Darstellungsformen. Einen wichtigen Anknüpfungspunkt markiert Garfinkel (1967b, S. 200 f.) allerdings schon selbst, indem er die These aufstellt, dass Dokumente Äußerungen in einem Gespräch ähnelten, dessen Beteiligte sich zwar nicht kennen, aber gleichwohl in der Lage sind, Anspielungen und indirekte Hinweise zu verstehen, weil sie bereits wissen, worüber geredet werden könnte. Für eine *gesprächsanalytische Herangehensweise* an Dokumente spricht zudem, dass die Fähigkeit zum Lesen und Schreiben von Texten sich ontogenetisch auf der Grundlage interaktiver und konversationeller Kompetenzen entwickelt. Es ist daher vernünftig anzunehmen, dass die methodischen Praktiken, die bei der Produktion und Interpretation von Texten eine Rolle spielen, jenen entsprechen bzw. von jenen abgeleitet sind, die bei der Produktion und Interpretation sprachlicher Interaktion eingesetzt werden.

3. Die konversationsanalytisch ausgerichtete Dokumentenanalyse

Diese Anregungen wurden von konversationsanalytisch arbeitenden Ethnomethodologen aufgegriffen, die sich im Verlauf der 80er Jahre vermehrt der *institutionellen* Kommunikation sowie interaktiven Konstellationen mit geringerer ‹interaktiver Dichte› wie Witzen, Vorträgen oder Erzählungen zuwandten. Von da war es nur ein Schritt zur Beschäftigung mit schriftlich vermittelten Interaktionen (wie Briefwechseln; vgl. Mulkay 1985) und schließlich zu Dokumenten, die auf einen institutionellen Kommunikationszusammenhang hin verfasst werden, wie wissenschaftlichen Aufsätzen (Knorr-Cetina 1984; Woolgar 1980), psychiatrischen Gutachten (Knauth & Wolff 1991) oder Urteilsgründen (Wolff & Müller 1997).

Von zentraler Bedeutung für die konversations- bzw. diskursanalytisch ausgerichtete Dokumentenanalyse[1] sind die Arbeiten von Harvey Sacks (1972) zum methodischen Charakter von Beschreibungen und Dorothy Smiths Konzeption des «aktiven Texts» (1976 und 1986). In ihrer Studie «K ist geisteskrank – Die Anatomie eines Tatsachenberichts» (1976) zeigt sie exemplarisch, dass schriftliche Texte keine passiven, gleichsam ihren Interpreten ausgelieferten Darstellungen von Wirklichkeit sind, sondern ihre soziale Lesbarkeit aktiv strukturieren. Die besondere Leistung eines Tatsachenberichts besteht darin, beim Leser den Eindruck einer objektiven und stabilen Wirklichkeit hervorzurufen, gleichzeitig aber die Tatsache und die Mechanismen ihrer textlichen Vermitteltheit unsichtbar werden zu lassen. Zu klären wäre also zunächst, mit Hilfe welcher Prozeduren Dokumente überhaupt als Beschreibungen der Realität lesbar werden.

Sacks (1972) hat das methodische Instrumentarium, dessen sich Gesellschaftsmitglieder bei der Erstellung wie bei der Identifizierung von Beschreibungen bedienen, am Beispiel der beiden Sätze «The baby cried. The mother picked it up» entwickelt. Auch ohne das Geringste über die konkreten Umstände zu wissen, kann jedes kompetente Mitglied diese beiden Sätze als Geschichte verstehen, in der es um ein weinendes Kleinkind und seine Mutter geht, die dieses, eben weil es weint, hochhebt. Alternative Lesarten (z. B.: ‹Baby› ist eigentlich ein Erwachsener, der mit seinem Spitznamen angeredet wird; die Mutter ist nicht die des Kindes; sie hebt irgendeinen Gegenstand auf usw.) sind grundsätzlich möglich, aber nur in ausdrücklicher Absetzung gegen die präferierte Variante.

Nach Sacks beruht der Umstand, dass die Leser solche Sätze weitgehend ähnlich verstehen, auf dem Einsatz bestimmter institutionalisierter Kategorisierungs- und Schlussfolgerungsregeln, die er zusammenfassend als *membership categorization device* bezeichnet.

Die Wirkungsweise dieses «Apparats» wird deutlich, wenn man sich vor Augen führt, dass mit der Auswahl einer bestimmten Beschreibungskategorie zugleich auf andere dazu passende Kategorien verwiesen wird, mit denen zusammen sie eine «Kollektion» bildet (im Beispiel: «Familienangehörige»). Die Kategorisierung geht über die bloße Etikettierung insoweit hinaus, als mit einer Kategorie auch bestimmte sozial erwartbare Handlungsweisen und Attribute verbunden sind («category bound activities»). Da man beispielsweise von Müttern normalerweise erwartet, dass sie sich um ihre Kleinkinder kümmern, wäre der Satz: «Das Baby weinte. Die Mutter sah zu.» nicht nur als Beschreibung, sondern als Beschreibung eines *abweichenden* Verhaltens hörbar. Über die Art der gewählten Kategorisierung kann sich zudem auch der Kategorisierende selbst in ein bestimmtes soziales Verhältnis zum Kategorisierten setzen und damit den Charakter seines Berichts modifizieren: Man stelle sich vor, die Frau würde nicht als Mutter, sondern als «Patientin» oder als «Angeklagte» apostrophiert! Analoge Effekte, wie sie sich durch eine differenzierende Identifizierung von Personen einstellen (wie implizite hier: Beschuldigungen), lassen sich auch durch die Nutzung der konventionellen Implikationen bestimmter Ortsformulierungen erzielen (vgl. Drew 1978).

Da grundsätzlich unendlich viele, formal korrekte Versionen eines Sachverhalts denkbar sind, muss über die konkrete Form der Beschreibung *entschieden* werden. Die dabei auftretende Selektivität ist kein etwa durch Genauigkeit behebbares Informationsproblem, sondern stellt eine unumgehbare Gestaltungsaufforderung dar. Es lassen sich eine Reihe struktureller Probleme angeben, denen sich die Autoren von Beschreibungen gegenübersehen, deren Lösung ihnen aber auch spezifische Ausdrucksmöglichkeiten eröffnet (vgl. Bergmann 1991b; Wolff 1995).

Beschreibungen, gleich welcher Art, sind auf ein spezifisches (wenngleich oft nur imaginiertes) Publikum bezogen oder doch so lesbar. Um ihre Äußerungen rezipientenorientiert zuschneiden zu können, müssen die Produzenten von Beschreibungen auf konventionelle Annahmen über die Identität und das Vorwissen ihrer Rezipienten Bezug nehmen. Ihnen stellt sich die Frage: Wie schreibe ich einen Text, der von meinen Lesern als an sie gerichtet empfunden und verstanden werden kann?

Die Verfasser von Beschreibungen sind weiterhin darauf angewiesen, dass die Angemessenheit und Gültigkeit ihrer Feststellungen unterstellt wird. Es stellt sich das Problem der *Tatsächlichkeit* sowie das der *Autorisierung*. Im Hinblick darauf lautet die Frage: Wie signalisiere ich durch meinen Text die Realitätsangemessenheit meiner Schilderungen? Zudem gilt es, sich mit konkurrierenden bzw. denkbaren anderen Versionen des Sachverhalts auseinander zu setzen. Dabei sind *implizite* Beschreibungskonflikte (wenn über sehr unwahrscheinliche Begebenheiten berichtet wird; vgl. Wooffitt 1992) von *expliziten* Beschreibungskonflikten zu unterscheiden (wenn z. B. ein Obergutachter zur Arbeit seiner Kollegen Stellung nehmen muss; vgl. Knauth & Wolff 1991).

Beschreibungen können, wie elaboriert sie auch ausfallen mögen, ihren Gegenstand niemals ‹endgültig› erfassen oder ‹erschöpfend› wiedergeben. Die Vagheit und der elliptische Charakter von Beschreibungen stellen daher keine zu eliminierenden Fehler dar; im Gegenteil, unnötige Präzisierungen sind sozial negativ sanktioniert («Warum erzählst du mir das?»). Die jeweilige Abwägung kann insbesondere im Falle mehrerer Rezipientengruppen zum Problem werden (z. B. wenn psychiatrische Gerichtsgutachter mit Juristen, Kollegen und den Begutachteten selbst als Lesern rechnen müssen).

Diese Gestaltungsleistungen lassen sich nur begrenzt durch explizite Formulierungen, Begründungen und Erklärungen bewerkstelligen, sondern müssen *reflexiv*, d. h. durch die Art und Weise der Textgestaltung – gleichsam nebenbei –, erledigt werden. Die Kunst besteht darin, die Interpretation weder ganz dem Leser zu überlassen (im Sinne der reader-response-theory), den Text aber auch nicht durch Instruktionen gegen Interpretationsversuche hermetisch abzuschließen. Es gilt, aus der Not der unumgänglichen Vagheit von Beschreibungen eine Tugend werden zu lassen. Hierbei kommt den Verfassern von Texten der Umstand zugute, dass diese Vagheit sozial sanktioniert ist, die Rezipienten also geradezu erwarten, angemessen «offene», interpretationsbedürftige Texte präsentiert zu bekommen. Andererseits macht man sich die konventionellen

Unterstellungen des *membership categorization device* zunutze. Durch geschickt gewählte Kategorisierungen, Attributionen, Kontraste, Reihungen usw. lassen sich *Sinnlücken* und *interpretative Rätsel* induzieren, von denen man annehmen kann, dass sie ein kompetenter Leser der angesprochenen «interpretativen Gemeinschaft» (Fish 1980) in bestimmter Weise schließen bzw. auflösen wird.

Der strukturierende Effekt «aktiver Texte» erfolgt also insbesondere dadurch, dass der Leser zu einer bestimmten *konventionellen Lesart* (McHoul 1982) verleitet wird, indem man ihn zur *activity of implication* herausfordert (für entsprechende Analysen vgl. Smith 1986; Watson 1997; Silverman 1993, 1998).

4. Empfehlungen zum praktischen Vorgehen

Für die Analyse dokumentarischer Wirklichkeiten und ihrer Produziertheit lassen sich folgende forschungspraktische Empfehlungen geben:

Angesichts ihres Herstellungscharakters lassen sich Dokumente nur äußerst eingeschränkt als Belege oder Hinweise für Sachverhalte oder Entscheidungsprozesse verwenden, die in ihnen angesprochen werden. Dokumente stellen eine *eigenständige Datenebene* dar. Es ist von daher problematisch, Aussagen in Dokumenten gegen Analyseergebnisse auszuspielen, die über betreffende Sachverhalte auf anderen Datenebenen (etwa durch Interviews oder Beobachtungen) gewonnen wurden (z. B. Urteilstexte gegen Gerichtsbeobachtungen; vgl. Wolff & Müller 1997). Die gängige Praxis, Dokumente sozusagen als zweite Front hinter den Beobachtungs- und verbalen Daten zu verwenden, sollte vermieden werden.

Dokumente, selbst solche, die ausdrücklich als Tatsachenberichte firmieren, sollten nicht auf die Funktion eines Informations-Containers reduziert, sondern grundsätzlich als *methodisch gestaltete Kommunikationszüge* behandelt und analysiert werden. Inhaltsanalytische Paraphrasierungs- und Reduktionstechniken, die nur auf ihren vermeintlichen Informationsgehalt zielen, verfehlen diese «Eigensinnigkeit» von Dokumenten ebenso wie Ansätze, die ihnen mit einer grundsätzlich (ideologie-)kritischen oder evaluativen Einstellung begegnen (wie die «Kritische Diskursanalyse»; vgl. Titscher et al. 1998; → *5.19*).

Es empfiehlt sich auch für die Analyse von Dokumenten die konversationsanalytische Maxime *order all points* zu übernehmen. Selbst scheinbare Äußerlichkeiten (wie Layout, Zeilenabstand, Farbe, Papierqualität, die Reihenfolge der Gliederungspunkte) oder ganz selbstverständlich erscheinende Formulierungen (wie Anredenformen, Kategorisierungen oder Verlaufsschilderungen) sollten daher bis zum Nachweis des Gegenteils nicht als zufällig bzw. analytisch unerheblich betrachtet werden. Transkriptionen des Materials (etwa um sie mit Textanalysesoftware bearbeiten zu können) sind daher als problematisch anzusehen, soweit dabei die phänomenale Gestalt des Dokuments verändert wird. Dies gilt – leider – auch für *Anonymisierungen*, die, weil sie die jeweiligen Referenzierungsformen unsichtbar machen, oft analytisch wichtiges Material eliminieren (vgl. Wolff 1995). In jedem Fall sollte die Möglichkeit bestehen, die erhobenen Befunde am Originalmaterial zu überprüfen.

Die Analyse von Gesprächen wird bekanntlich dadurch erleichtert, dass sich die Beteiligten selbst beständig gegenseitig ihr Verständnis signalisieren bzw. vermeintliche Fehler korrigieren. Diese Ressource ist bei textlich vermittelter Kommunikation in weit geringerem Maß verfügbar. Deshalb ist gerade bei der Dokumentenanalyse die Versuchung groß, im Zweifel *Kontextinformationen* zur Klärung heranzuziehen. Dies sollte aber so lange wie möglich vermieden werden. Dafür spricht, dass auch die Verfasser bzw. Leser von Dokumenten mit diesem Problem konfrontiert sind. Sie können sich aber nur in begrenztem Maß darauf verlassen, dass durch die Leser die nötigen Kontextinformationen ergänzt werden, und sind daher weitgehend auf die Nutzung der inneren Sequenzialität und Geordnetheit des Textes angewiesen. Deshalb sollte die Analyse zunächst von der Selbstgenügsamkeit des Textes ausgehen und die immanenten Analysemöglichkeiten ausschöpfen. Wann immer dies von der Materiallage möglich ist, sollte zudem eine Analyse des «Gesprächs» zwischen dem untersuchten Dokument und den darauf folgenden bzw. ihm vorangehenden Texten (wie z. B. Widersprüche, Stellungnahmen, Aufforderungen, Belehrungen) erfolgen.

Da eine wichtige «Leistung» von Dokumenten darin besteht, den Umstand ihrer Hergestelltheit unsichtbar zu machen, muss ihr Analytiker gelegentlich zu Techniken der Befremdung seines Gegenstandes (Amann & Hirschauer 1997) greifen, um an die strukturellen Probleme wie die lokalen Praktiken der Textproduktion heranzukommen. Bewährt haben sich diesbezüglich u. a.:

- die Technik des «Laut-Lesens» von vorgelegten Dokumenten;
- ethnographische Beobachtungen von oder narrative Interviews zu konkreten Fällen der Dokumentenerstellung (gegebenenfalls unter Berücksichtigung der «critical incident technique», vgl. Chell 1998);
- der Vergleich zwischen verschiedenen Gruppen von Textproduzenten (etwa psychiatrischen, psychologischen und sozialpädagogischen Gutachtern derselben Person; vgl. Gohde & Wolff 1990); und
- die Kontrastierung von Dokumententexten mit ihrer mündlichen Präsentation.

Die qualitative Dokumentenanalyse zielt auf die Erforschung der *strukturellen Probleme* und des methodischen Instrumentariums, mit denen sich Dokumentenersteller und ihre Rezipienten auseinander zu setzen haben, und versucht, die Implikationen unterschiedlicher Gestaltungsformen und Darstellungsstrategien zu explizieren. Man sollte von ihr keine Hinweise auf «richtige» Textgestaltung erwarten.

Anmerkung

1 Angesichts der rasch fortschreitenden Annäherung der empirisch arbeitenden Diskursanalytiker an konversationsanalytische Vorstellungen und Methoden (vgl. Edwards & Potter 1992; Potter 1996; Antaki & Widdicombe 1998; → 5.17) wird auf eine kontrastierende Darstellung der Diskursanalyse verzichtet (ich folge damit der Anregung von Silverman 1998, S. 193, anders akzentuiert: → 5.19).

Weiterführende Literatur

Potter, J. (1996). Representing Reality – Discourse, Rhetoric and Social Construction. London, Thousand Oaks, New Delhi: Sage.

Watson, R. (1997). Ethnomethodology and Textual Analysis. In: Silverman, D. (Hg.): Qualitative Research. Theory, Method and Practice, S. 80–98. London: Sage.

Wolff, S. (1995). Text und Schuld. Die Rhetorik psychiatrischer Gerichtsgutachten. Berlin: de Gruyter.

Jo Reichertz
5.16 Objektive Hermeneutik und hermeneutische Wissenssoziologie

1. Objektive Hermeneutik
2. Hermeneutische Wissenssoziologie

1. Objektive Hermeneutik

Der Begriff ‹objektive Hermeneutik› bezeichnet ein komplexes *theoretisches, methodologisches* und *methodisches* Konzept, das im Wesentlichen auf die Arbeiten von Ulrich Oevermann zurückgeht. Zwischenzeitlich wurden auch die Bezeichnungen ‹strukturale Hermeneutik› oder ‹genetischer Strukturalismus› verwendet.

Die sich als Kunstlehre verstehende objektive Hermeneutik nimmt in Anspruch, die grundlegende Untersuchungsmethode *jeglicher* sozialwissenschaftlichen Forschung zu sein. Konsequenterweise interpretiert sie nicht mehr nur Protokolle alltäglicher Interaktion, sondern prinzipiell alle Texte, wobei auch die Malerei, Architektur, Spuren kriminellen Handelns u. Ä. als Texte verstanden werden. Das Verfahren besteht darin, das jeweilige soziale Handeln erst als Text zu fassen und zu fixieren, um es dann im Hinblick auf handlungsgenerierende latente Sinnstrukturen hermeneutisch auszulegen.

Anfangs ging es dabei allein um die ‹Rekonstruktion der *objektiven* Bedeutungsstrukturen› von Texten: Was die Textproduzenten sich bei der Erstellung ihres Textes dachten, wünschten, hofften, meinten, also welche subjektiven Intentionen sie hatten, war und ist für die objektive Hermeneutik ohne Belang. Was allein zählt, ist die objektive Sinnstruktur des Textes in einer bestimmten Sprach- und Interaktionsgemeinschaft. Später bezog sich das Attribut ‹objektiv› nicht nur auf den Gegenstandsbereich, sondern auch auf die Geltung der gewonnenen Aussagen wird der Anspruch erhoben, mit Hilfe des Verfahrens zu objektiven Ergebnissen gelangen zu können.

«Indem die objektive Hermeneutik sich, unabhängig davon, welchen konkreten Gegenstand sie zu analysieren hat, immer primär auf die Rekonstruktion der latenten Sinnstrukturen bzw. objektiven Bedeutungsstrukturen derjenigen Ausdrucksgestalten richtet, in denen sich der zu untersuchende Gegenstand oder die zu untersuchende Fraglichkeit authentisch verkörpert, kann sie in demselben Maße Objektivität ihrer Erkenntnis bzw. ihrer Geltungsprüfung beanspruchen, wie wir das selbstverständlich von den Naturwissenschaften gewohnt sind. Dies einfach deshalb, weil jene zu rekonstruierenden Sinnstrukturen durch prinzipiell angebbare Regeln und Mechanismen algorithmischer Grundstruktur präzise überprüfbar und lückenlos am jederzeit wieder einsehbaren Protokoll erschlossen werden können» (Oevermann 1996, S. 4).

Die Gültigkeit von Analysen soll durch eine strikte Anwendung der hermeneutischen Kunstlehre gesichert werden. Eine *objektive Rekonstruktion objektiver Strukturen* wird verstanden als Grenzwert, den man dann erreicht, wenn man nicht davon abläss, die kanonischen Vorschriften der objektiven Hermeneutik anzuwenden.

Geschichte der objektiven Hermeneutik
Die Entwicklung des Verfahrens der objektiven Hermeneutik geht im Wesentlichen zurück auf das von Oevermann, Krappmann und Kreppner geleitete Großforschungsprojekt ‹Elternhaus und Schule›, das sich ab 1968 mit der Bedeutung des elaborierten bzw. restringierten Sprachcodes für den Schulerfolg beschäftigte. Die Untersuchungen wurden zu Beginn des Forschungsvorhabens rein quantitativ durchgeführt. Die Unzulänglichkeit der so erlangten Ergebnisse führte zu einer grundlegenden Kritik der Methoden und zu einer Auseinandersetzung mit dem Kompetenz-Performanz-Modell Chomskys, der Lerntheorie Piagets und dem Traumatisierungskonzept Freuds.

Oevermann und seine damaligen Mitarbeiter (insbesondere T. Allert, Y. Schütze, H. Gripp und E. Konau) entwickelten bis Anfang 1970 qualitative *Erhebungsverfahren*, später dann auch hermeneutische *Auswertungsprozeduren*. Bezugspunkt dieser Hermeneutik war nicht die weit zurückreichende deutsche Diskussion um eine philosophische Hermeneutik, sondern vor allem die in Amerika laut gewordene Kritik an der quantitativ ausgerichteten Form sozialwissenschaftlichen Messens. Methodologisch begründet wurde der Neuansatz vor allem mit Verweis auf die Sprachtheorie Meads, den Regelbegriff Searles und die abduktive Forschungslogik von Peirce (→ 4.3).

Oevermanns Arbeiten beschäftigen sich seit 1980 weniger mit der weiteren methodologischen Fundierung der Methode, denn mehr mit theoretischen Konzepten, der Praxisberatung und tagespolitischen Themen, z. B. der *Professionstheorie*, dem *Strukturbegriff*, der *Organisation des kriminalpolizeilichen Meldedienstes*, der *Medienkritik*, der Bedeutung von *Religion*, der *Entwicklung von Neuem* und immer wieder Problemen der *Interpretation von Malerei*. Methodologisch neu ist der Versuch Oevermanns, ‹fiktionale Daten› (Dramen, Romane) für die Rekonstruktion der Strukturlogik realen Handelns zu nutzen (Oevermann 1997 – siehe hierzu auch die interessante Debatte in König 1996b).

Anderen Autoren, die sich der objektiven Hermeneutik zurechnen, geht es stattdessen vorerst vor allem um weitere Fallanalysen und die Diskussion der methodischen und theoretischen Implikationen des hermeneutischen Ansatzes (vgl. hierzu die Sammelbände von Aufenanger & Lenssen 1986 und Garz & Kraimer 1994a sowie in Auseinandersetzung damit Schröer 1994 und T. Sutter 1997).

Das Konzept der objektiven Hermeneutik ist zurzeit im deutschsprachigen Raum (auch in Österreich und der Schweiz) einer der prominentesten Ansätze qualitativer Sozialforschung und findet sich in allen neueren Methodenbüchern zur qualitativen Sozialforschung (z. B. Bohnsack 1999; Hitzler & Honer 1997; Lamnek 1995).

Strategien des empirischen Vorgehens
Entgegen einem weit verbreiteten Irrtum gibt es nicht *ein* Verfahren der objektiv-hermeneutischen Textinterpretation. Es existiert lediglich ein gewisses gemeinsames Grundverständnis, das sich von Fall zu Fall in unterschiedliche, sich teilweise ausschließende Varianten ausfaltet. Gemeinsam ist allerdings allen Varianten, dass *vor* der Analyse die drei Haupthindernisse auf dem Weg zu einer ungetrübten Sinnauslegung überwunden werden müssen.

Als Erstes gilt es, den im Alltag stets und überall herrschenden und den Prozess der Sinnexplikation stets vorzeitig abschneidenden Handlungsdruck aufzulösen, sprich: sich bei der Analyse sehr viel Zeit zu nehmen. Dann ist sicherzustellen, dass keine neurotischen und/oder ideologischen Verblendungen bei den Interpreten vorhanden sind – wie dies allerdings geschehen soll, bleibt bei Oevermann unklar. Als Letztes sollte man darauf achten, dass die Interpreten kompetente Mitglieder der untersuchten Sprach- und Interaktionsgemeinschaft sind (Kinder sind also in der Regel ausgeschlossen).

Auf der Suche nach dem Verfahren der objektiven Hermeneutik

findet man in den Schriften zur objektiven Hermeneutik allerdings bisher insgesamt drei Varianten der Textauslegung oder, genauer: drei Formen der *Darstellung* der eigenen Forschungspraxis.

1. Die *Feinanalyse* eines Textes auf acht unterschiedlichen Ebenen, wobei vorab das Wissen um den äußeren Kontext und die Pragmatik eines Interaktionstyps expliziert und in der Analyse berücksichtigt werden (z. B. Oevermann et al. 1979).

2. Die *Sequenzanalyse* jedes einzelnen Interaktionsbeitrags, Zug um Zug, ohne vorab den inneren oder äußeren Kontext der Äußerung zu explizieren (z. B. Oevermann et al. 1979, S. 412–429): Sie ist die anspruchsvollste Variante der objektiven Hermeneutik, da sie sich sehr stark an den methodologischen Prämissen des Gesamtkonzeptes orientiert.

3. Die ausführliche *Interpretation der objektiven Sozialdaten* aller an der Interaktion Beteiligten, bevor der zu interpretierende Text zur Hand genommen wird (z. B. Oevermann et al. 1980). Diese Variante handhabt die Grundlagen einer Theorie des hermeneutischen Deutens sehr flexibel und geht mit ihnen eher metaphorisch um.

Die erste Variante hat innerhalb der qualitativen Sozialforschung anfangs viele Anwender gefunden, wohl auch, weil sie zumindest in ihren wichtigsten Elementen formalisiert und somit leicht lernbar ist. Die zweite Variante bildet mittlerweile den eigentlichen Kern der objektiven Hermeneutik – detailliert werden Texte Zug um Zug *ohne* Einsatz von Wissen um den Fall ausgedeutet. Scharf von ihr zu unterscheiden ist die dritte Variante, welche die Auslegung der objektiven Daten des Falls vor die Analyse des Textes stellt. Aufgegriffen wird diese Spielart vor allem dann, wenn man die Anwendung der objektiven Hermeneutik ökonomisieren will.

Zur Forschungslogik

Generell betreibt die objektive Hermeneutik nur Einzelfallanalysen. Standardisierte und großflächige Erhebungen werden aus methodologischen Gründen abgelehnt, denn nur die Erhebung nichtstandardisierter Daten und deren objektiv-hermeneutische Auslegung würden gültige Ergebnisse garantieren. Die Gültigkeit der Analyse leitet sich vor allem aus der richtigen Anwendung der hermeneutischen Kunstlehre ab. Die Trennung von ‹logic of discovery› und ‹logic of verification› (Reichenbach; Popper) wird damit ausdrücklich zurückgenommen: ‹Wahrheit› ergibt sich aus dem richtigen Entdeckungsverfahren, da die richtige Textbehandlung «die Sache selbst zum Sprechen» (Oevermann 1984, S. 11) bringt.

Von der singulären (Einzelfallstrukturrekonstruktion) zur allgemeinen Aussage (Strukturgeneralisierung) gelangt die objektive Hermeneutik mittels des Falsifikationsprinzips; Strukturrekonstruktion und Strukturgeneralisierung werden aufgefasst als äußerste Pole eines gerichteten Forschungsprozesses, in dem die Ergebnisse mehrerer Einzelfallstrukturrekonstruktionen sich zu einer generellen Struktur verdichten. Eine einmal rekonstruierte Fallstruktur kann bei der Interpretation von weiteren Exemplaren des gleichen Typs als zu falsifizierende Heuristik genutzt werden. Das Argument lautet in etwa so: Im Zuge der Textanalyse wird rekonstruiert, welche Struktur in dem untersuchten Text aufzufinden ist. Diese Beschreibung sollte möglichst genau und trennscharf sein. Lässt sich bei der Analyse des Textes eine Stelle finden, welche der zuvor explizierten Strukturbeschreibung widerspricht, gilt die Hypothese als falsifiziert.

Ziel der Strukturgeneralisierung ist immer die Entdeckung und Beschreibung *allgemeiner* und *einzelfallspezifischer* Strukturgesetzlichkeiten zugleich, sog. generativer Regeln, die – laut Oevermann (1999a) – einen Naturgesetzen und Naturtatsachen vergleichbaren Status haben. Mit Hilfe dieses positiven Wissens über das Allgemeine und den Einzelfall sollen weiche Prognosen für die Zukunft eines Handlungssystems aufgestellt werden können. Genaue, deterministische Aussagen sind jedoch nicht möglich, sondern allein die Angabe von Transformationsspielräumen.

Zur Aktualität
Das Verfahren der objektiven Hermeneutik gilt zurzeit als eines der verbreitetsten und reflektiertesten innerhalb der bundesdeutschen qualitativen Sozialforschung. Dennoch gibt es keine ‹Schule› der objektiven Hermeneutik, allerdings eine Reihe von Wissenschaftlern, die sich bei der eigenen Forschung auf das Verfahren der objektiven Hermeneutik berufen. Erlernen kann man die Kunstlehre der objektiven Hermeneutik vor allem bei Oevermann (Frankfurt/Main) selbst. Er bietet regelmäßig für Studierende und auch für Berufstätige Kurse an, in denen man seine Kunst der Datenauslegung erlernen kann *(→ 7)*. Eine von Oevermann lizenzierte Einführung in die Kunstlehre der objektiven Hermeneutik ist trotz aller Bemühungen

bis heute noch nicht geschrieben worden. Außer in Deutschland gibt es vor allem in Österreich und der Schweiz eine Reihe von Forschern, die sich mit den Möglichkeiten der objektiven Hermeneutik beschäftigen.

Größere Auseinandersetzungen mit dem Konzept der objektiven Hermeneutik gibt es bislang nur in Deutschland. So untersucht Reichertz (1986) mit einem an die objektive Hermeneutik angelehnten Verfahren sämtliche Texte Oevermanns und rekonstruiert so die Entwicklung dieses Ansatzes aus einer ‹distanzierten Innensicht›. Liebau (1987) analysiert in seiner Studie über die Sozialisationstheorien von Oevermann und Bourdieu vor allem deren Subjektbegriff und dessen Auswirkung auf eine Theorie pädagogischen Handelns. H. Sutter (1997) komponiert aus der Innensicht das von Oevermann verstreut Geschriebene zu einer einheitlichen Theorie und Praxis der objektiven Hermeneutik.

2. Hermeneutische Wissenssoziologie

Der Begriff ‹hermeneutische Wissenssoziologie› bezeichnet ein komplexes *theoretisches, methodologisches* und *methodisches* Konzept, das im Wesentlichen auf die Arbeiten von Hans-Georg Soeffner zurückgeht. Anfangs wurde auch häufiger der Name ‹sozialwissenschaftliche Hermeneutik› *(→ 3.5)* verwendet. Die hermeneutische Wissenssoziologie hat sich in dieser Form zum einen durch die Kritik an der ‹Metaphysik der Strukturen› der objektiven Hermeneutik (vgl. Reichertz 1986), zum anderen durch die Auseinandersetzung mit der sozialphänomenologischen Forschungstradition (Schütz, Luckmann; → 3.1) herausgebildet.

Wissenssoziologisch ist diese Perspektive, weil sie diesseits von Konstruktivismus und Realismus die Großfragestellung untersucht, wie Handlungssubjekte hineingestellt und sozialisiert in historisch und sozial entwickelte Routinen und Deutungen des jeweiligen Handlungsfeldes diese einerseits *vor*finden und sich aneignen (müssen), andererseits diese immer wieder neu ausdeuten und damit auch ‹eigen-willig› *er*finden (müssen). Die neuen (nach den Relevanzen des Handlungssubjekts konstituierten) Neuauslegungen des gesellschaftlich vorausgelegten Wissens werden ihrerseits (ebenfalls als Wissen) in das gesellschaftliche Handlungsfeld wieder eingespeist (vgl. Berger & Luckmann 1969; Soeffner 1989).

Hermeneutisch ist diese Perspektive, weil sie bei der methodisch angeleiteten Auswertung der erhobenen Daten den Prämissen der ‹sozialwissenschaftlichen Hermeneutik› (Soeffner 1989, Soeffner & Hitzler 1994a) folgt.

Strukturanalytisch ist diese Perspektive, weil das Verhalten der Individuen erst dann als verstanden gilt, wenn der Interpret in der Lage ist, beobachtetes Verhalten in Relation zu dem vorgegebenen und für den jeweiligen Handlungstypus relevanten Bezugsrahmen zu setzen und es in dieser Weise als sinnvoll nachzuzeichnen.

Folglich geht es bei der Rekonstruktion des Handelns um die Sichtbarmachung der (als Wissen abgelagerten) strukturellen, vorgegebenen Handlungsprobleme und -möglichkeiten, die bei der Herausbildung der ‹egologischen Perspektive› dem Protagonisten *mit guten Gründen zugeschrieben* werden können (vgl. Reichertz 1991a). Im Zentrum steht dabei allerdings nicht die Rekonstruktion der von den jeweiligen Individuen gewussten singulären Perspektive. Angestrebt wird also die rationale *Konstruktion* egologischer Perspektiventypen (vgl. Hitzler 1991; Schröer 1997).

Geschichte der hermeneutischen Wissenssoziologie

«Wer über die Akte der Deutung nichts weiß und sich über ihre Prämissen und Ablaufstrukturen keine Rechenschaftspflicht auferlegt, interpretiert – aus der Sicht wissenschaftlicher Überprüfungspflicht – einfältig, d. h. auf der Grundlage impliziter alltäglicher Deutungsroutinen und Plausibilitätskriterien» (Soeffner 1989, S. 53). Demnach gehört zum ‹Verstehen von etwas› selbstverständlich auch die *«Beschreibung und das Verstehen des Verstehens»* (ebd.). Diese Aussagen von Soeffner sind m. E. nicht nur wesentliche Bestandteile jeder wissenssoziologischen Hermeneutik, sondern sie können auch (historisch betrachtet) als Ausgangspunkte dieser Forschungsstrategie gelten.

Auf den Punkt gebracht besagen diese Forderungen, dass der, welcher seine Beobachtung verstehen will, auch *seine eigene* Handlung des ‹Verstehens› (also seinen ‹Alltag der Hermeneutik›) beobachten muss. Durch diese Forderung der ‹Anwendung auf sich selbst› wurde die wissenssoziologische Hermeneutik von Beginn an (und einige Zeit vor der Präsenz des ‹radikalen Konstruktivismus›; → 3.4) in die prekäre Lage gebracht, sich mit dem ‹konstruktivistischen Charakter› von Beobachtung und Interpretation auseinander zu setzen. ‹Prekär› ist diese Lage deshalb, weil die Selbstanwendung der Wissenssoziologie auf die Arbeiten der Wissenssoziologen zutage bringt, dass sich die Konstrukte der Wissenschaftler zwar inhaltlich, aber nicht strukturell von den Konstrukten unterscheiden, welche die Personen in ihrem normalen Alltag anfertigen und die von den Wissenssoziologen beobachtet und gedeutet werden.

Strategien des empirischen Vorgehens

Die hermeneutische Wissenssoziologie gewinnt ihre Erkenntnisse durchweg aus empirischer Forschung. Untersucht werden alle Formen sozialer Interaktion sowie alle Arten von Kulturerzeugnissen. Da die Forschungsstrategie nicht auf die Entdeckung allgemeiner Gesetze, die menschliches Verhalten erklären, ausgerichtet ist, sondern auf die (Re-)Konstruktion der Verfahren und Typisierungsleistungen, mit denen Menschen sich eine sich stets neu geschaffene Welt vertraut und verfügbar machen, gilt der systematischen ‹Findung› des Neuen besonderes Interesse. Eine Reihe von methodischen Vorkehrungen soll dies erleichtern.

So soll bereits in der ersten Forschungsphase der Forscher darum bemüht sein, eine ‹abduktive Haltung› (vgl. Reichertz 1991a; → 4.3) aufzubauen. Das heißt, er muss seine Forschung so gestalten, dass ‹alte› Überzeugungen ernsthaft auf die Probe gestellt werden und gegebenenfalls ‹neue›, tragfähigere Überzeugungen gebildet werden können. Dieses ‹Programm› lässt sich jedoch nur sinnvoll umsetzen, wenn die erhobenen Daten so beschaffen sind, dass ihre Verrechenbarkeit mit den abgelagerten Überzeugungen nicht von vornherein gewährleistet ist. Die Daten müssen die Eigenschaften eines Wetzsteins besitzen, und der Interpret muss gezwungen sein, seine überkommenen Vorurteile abduktiv ab- oder umzuschleifen.

Am widerstandsfähigsten dürften m. E. *nichtstandardisiert* erhobene Daten, also audiovisuelle Aufzeichnungen und Tonbandprotokolle, sein (vgl. Reichertz 1991a). Da solche Daten von den Interaktanden nicht in Anbetracht der/einer forschungsleitenden Fragestellung produziert und die Erhebung selbst nicht von subjektiven Wahrnehmungsschemata geprägt wurden, ist die Wahrscheinlichkeit recht groß, dass sie nicht von vornherein mit den abgelagerten Überzeugungen zur Deckung zu bringen sind.

Wenn die Erhebung nichtstandardisierter Daten nicht möglich ist oder keinen Sinn macht, dann ist der Forscher genötigt, selbst Daten zu produzieren: Er muss Beobachtungsprotokolle anfertigen und Interviews führen – und er tut gut daran, dies nach wissenschaftlich verbindlichen Standards zu tun; mithin produziert er Daten, die ihrerseits von (wissenschaftlichen) Standards geprägt sind.

Dabei sind folgende zwei Erhebungsprinzipien zu beherzigen: (1) Der Forscher sollte *(nur)* in Bezug auf den zu untersuchenden Sachverhalt möglichst *naiv* ins Feld gehen und Daten sammeln (vgl. Hitzler 1991). (2) Gerade in der Einstiegsphase sollte eine möglichst *unstrukturierte* Datenerhebung gewährleistet sein. Der Grund: Eine frühzeitige analytische und theoretische Durchdringung des Materials und eine sich daran anschließende gezielte Erhebung von Daten in der Eingangsphase würde nur dazu führen, den Datenwetzstein, an dem sich später Theorien bewähren und entwickeln lassen sollen, stumpf werden zu lassen. Setzt der Forscher bei der Erhebung standardisierter Daten diese beiden Prinzipien um, dann ist zumindest strukturell die Möglichkeit eröffnet, dass die Daten ‹ihn ins Grübeln bringen›, ihn an seinen ‹alten› Überzeugungen zweifeln lassen (vgl. Reichertz 1997).

Zur Forschungslogik
Eine Interpretation von Daten mit Hilfe der wissenssoziologischen Hermeneutik erschöpft sich nicht in der angemessenen Deskription von Beobachtungen oder der Nachzeichnung subjektiv entworfenen und gemeinten Sinns, sondern sie zielt auf die Findung der *intersubjektiven* Bedeutung von *Handlungen*. ‹Intersubjektiv› heißt nun in keinem Fall ‹wahr› oder ‹wirklich›, sondern lediglich, dass es um die Bedeutung geht, welche durch eine (sprachliche) *Handlung* innerhalb einer bestimmten Interaktionsgemeinschaft erzeugt wird. Die Bedeutung einer Handlung wird so (zu einem Teil) gleichgesetzt mit der *antizipierbaren* Reaktionsbereitschaft, welche die Handlung innerhalb einer Interaktionsgemeinschaft auslöst.

Die Interpretationstheorie schließt sich damit an die Vorstellungskraft eines typisierten typischen, in eine bestimmte Interaktionsgemeinschaft einsozialisierten Symbolbenutzers an, nicht jedoch an dessen konkrete Bewusstseinsinhalte.

Kurz und plakativ: Die Bedeutung symbolischen Handelns liegt nicht vergraben im Bewusstsein des Zeichenbenutzers oder zeigt sich in einer kodifizierten Verweisung (sie liegt also nicht in der Vergangenheit), sondern die Bedeutung eines Zeichens besteht stattdessen in der *antizipierbaren Reaktionsbereitschaft* und den *realisierten Reaktionen*, die das Symbol bei der interpretierenden Gruppe auslöst (sie liegt also in der Zukunft).

Methodisch verfolgt eine wissenssoziologische Hermeneutik folgenden Weg: In der Anfangsphase wird das Datenprotokoll ‹offen codiert› (Strauss; → 5.13), will sagen: Das jeweilige Dokument wird sequenziell, extensiv und genau analysiert, und zwar Zeile um Zeile oder sogar Wort für Wort. Entscheidend in dieser Phase ist, dass man noch keine (bereits bekannte) Bedeutungsfigur an den Text heranführt, sondern mit Hilfe des Textes möglichst viele (mit dem Text kompatible) Lesarten konstruiert. Diese Art der Interpretation nötigt den Interpreten, sowohl die Daten als auch seine (theoretischen Vor-)Urteile immer wieder aufzubrechen – was ein gutes Klima für das Finden neuer Lesarten schafft.

Sucht man in der Phase des ‹offenen Codierens› nach Sinneinheiten (die natürlich immer schon theoretische Konzepte beinhalten bzw. mit diesen spielen und auf sie verweisen), so sucht man in der zweiten Phase der Interpretation nach höher aggregierten Sinneinheiten und Begrifflichkeiten, welche die einzelnen Teileinheiten verbinden. Außerdem lassen sich jetzt gute Gründe angeben, weshalb man welche Daten neu bzw. genauer nacherheben sollte. Man erstellt also im dritten Schritt neue Datenprotokolle, wenn auch gezielter. So kontrolliert die Interpretation die Datenerhebung, aber zugleich, und das ist sehr viel bedeutsamer, wird die Interpretation durch die nacherhobenen Daten falsifiziert, modifiziert und erweitert.

Am Ende ist man angekommen, wenn ein hoch aggregiertes Konzept, eine Sinnfigur, gefunden bzw. konstruiert wurde, in das alle untersuchten Elemente zu einem sinnvollen Ganzen integriert werden können und dieses Ganze im Rahmen einer bestimmten Interaktionsgemeinschaft verständlich (sinnvoll) macht. Die Frage, ob die so gewonnene Deutung mit der ‹Wirklichkeit im Text› tatsächlich korrespondiert, ist sinnlos, da eine wissenssoziologische Forschung sich stets und immer nur mit der ‹*sozialen* Realität› beschäftigt (Beispiele finden sich in Soeffner 1992).

Zur Aktualität

Die hermeneutische Wissenssoziologie wird zurzeit vor allem an deutschsprachigen Universitäten gelehrt und ausgeübt (Konstanz, Dortmund, Essen, St. Gallen, Wien). Dennoch gibt es keine ‹Schule› der hermeneutischen Wissenssoziologie. Allerdings berufen sich eine Reihe deutscher, Schweizer und österreichischer Wissenschaftler aus unterschiedlichen sozialwissenschaftlichen Disziplinen explizit auf diese Forschungsstrategie. Eine ‹offizielle› Einführung in das Verfahren der hermeneutischen Wissenssoziologie existiert bis heute noch nicht, jedoch gelten Soeffner (1989) und Soeffner & Hitzler (1994a) als grundlegend. Zudem liegt mit Schröer (1994) ein Band vor, in dem vor allem die Methodik dargestellt und diskutiert wird, während in Hitzler, Reichertz & Schröer (1999) vor allem die Theorie und Methodologie erörtert wird.

Eine erste systematische Beschreibung der hermeneutischen Wissenssoziologie liefert Schröer (1997), während mit Reichertz (1991a) und Knoblauch (1995) zwei auch methodologisch begründete Forschungsprogrammatiken vorgelegt wurden. In T. Sutter (1997) findet sich eine erste Auseinandersetzung mit der hermeneutischen Wissenssoziologie.

Weiterführende Literatur

Hitzler, R. & Honer, A. (Hg.) (1997). Sozialwissenschaftliche Hermeneutik. Opladen: Leske & Budrich.

Reichertz, J. (1986). Probleme qualitativer Sozialforschung. Frankfurt a. M., New York: Campus.

Schröer, N. (Hg.) (1994). Interpretative Sozialforschung. Auf dem Weg zu einer hermeneutischen Wissenssoziologie. Opladen: Westdeutscher Verlag.

Jörg R. Bergmann
5.17 Konversationsanalyse

1. Gegenstand und Ziele
2. Entwicklungs- und Wirkungsgeschichte
3. Theoretischer Hintergrund
4. Methodisches Vorgehen
5. Reichweite und Grenzen
6. Neuere Entwicklungen und Perspektiven

1. Gegenstand und Ziele

Konversationsanalyse (= KA) ist die Bezeichnung für einen Forschungsansatz, der sich auf einem strikt empirischen Weg der Untersuchung von sozialer Interaktion als einem fortwährenden Prozess der Hervorbringung und Absicherung sinnhafter sozialer Ordnung widmet. Die KA geht davon aus, dass in allen Formen von sprachlicher und nichtsprachlicher, unmittelbarer und mittelbarer Kommunikation die Handelnden damit beschäftigt sind, die Situation und den Kontext ihres Handelns zu analysieren, die Äußerungen ihrer Handlungspartner zu interpretieren, die situative Angemessenheit, Verständlichkeit und Wirksamkeit ihrer eigenen Äußerungen herzustellen und das eigene Tun mit dem Tun der anderen zu koordinieren. Ziel dieses Ansatzes ist es, die konstitutiven Prinzipien und Mechanismen zu bestimmen, mittels deren die Handelnden im situativen Vollzug des Handelns und in wechselseitiger Abstimmung mit ihren Handlungspartnern die sinnhafte Strukturierung und Ordnung eines ablaufenden Geschehens und der Aktivitäten, die dieses Geschehen ausmachen, erzeugen. Methodisch setzt die KA bei der möglichst verlustarmen Dokumentation – der audiovisuellen Aufzeichnung und späteren Transkription – realer und ungestellter sozialer Vorgänge an und fraktioniert aus diesen durch vergleichend-systematische Analyse einzelne Strukturprinzipien von sozialer Interaktion sowie Praktiken ihrer Handhabung durch die Interaktionsteilnehmer.

2. Entwicklungs- und Wirkungsgeschichte

Die Anfänge der KA als einer eigenen soziologischen Forschungsrichtung liegen in den 60er und 70er Jahren. Von grundlegender Bedeutung waren dabei die Arbeiten von Harvey Sacks (1967), insbesondere die «Lectures», die er von 1964 bis zu seinem Tod im Jahr 1974 an verschiedenen kalifornischen Universitäten hielt und die sich mit den Mechanismen des Geschichtenerzählens, dem Sprecherwechsel in Gesprächen, Verfahren der Kategorisierung von Personen, Abfolgesequenzen von Äußerungen, Hörermaximen, Funktionen von Pronomen und einer Fülle anderer Themen befassten. Über Jahrzehnte hinweg zirkulierten diese «Lectures» in Form von Tonbandabschriften, ehe sie in edierter Form zugänglich wurden (Sacks

1992). Neben den paradigmatisch bedeutsamen Arbeiten von Sacks (Silverman 1998) waren es vor allem die Studien von Emanuel Schegloff (1968) und Gail Jefferson (1972), die in den frühen Jahren der KA ihr Profil verschafften.

Theoriegeschichtlich ist die KA in der von Harold Garfinkel begründeten Ethnomethodologie verwurzelt, und bis heute ist sie in ihrem theoretischen und methodischen Selbstverständnis wesentlich von der Ethnomethodologie (→ 3.2) geprägt (Heritage 1984). Daneben haben die interaktionsanalytischen Arbeiten Erving Goffmans (Bergmann 1991a; → 2.2), die Ethnographie des Sprechens, die kognitive Anthropologie sowie die Philosophie des späten Wittgenstein einen erkennbaren Einfluss auf Entstehung und Programm der KA ausgeübt.

Seit Anfang der 70er Jahre, als die ersten Sammelwerke mit einschlägigen Arbeiten erschienen (Sudnow 1972; Turner 1974; Schenkein 1978; Psathas 1979), ist die KA aus ihrem zunächst engen Wirkungsbereich herausgetreten. Sie wurde zunehmend auch außerhalb der USA rezipiert (für den deutschsprachigen Raum vgl. Kallmeyer & Schütze 1976) und stieß in einigen Nachbardisziplinen auf beträchtliche Resonanz. Dies gilt vor allem für die Sprachwissenschaft, die sich bereits seit den 60er Jahren mit soziolinguistischen Fragen befasst und unter dem Einfluss der Ethnographie der Kommunikation auch qualitativen Forschungsmethoden zugewandt hatte (vgl. Gumperz & Hymes 1972). Heute nehmen die Konzepte und methodologischen Prinzipien der KA im Rahmen einer Linguistik, die pragmatische Fragestellungen verfolgt (Levinson 1983) und auf die Dialogizität von Sprache ausgerichtet ist (Linell 1998), einen festen Platz ein.

Dagegen war die Stellung der KA im Rahmen ihrer Herkunftsdisziplin, der Soziologie, von Beginn an umstrittener. Aufgrund ihrer Konzentration auf die Strukturebene der Interaktion wie aufgrund ihrer entschieden empirischen Orientierung ist sie nicht selten als empiristisch oder formalistisch kritisiert bzw. als soziologisch nicht relevant eingestuft worden. Doch die kontinuierliche Publikation empirischer Studien aus vielfältigen gesellschaftlichen Teilbereichen und der kumulative Effekt dieser Arbeiten haben das Erkenntnispotenzial der Konversationsanalyse auch für Außenstehende deutlich werden lassen. Die KA gilt heute neben den «Studies of Work» (→ 3.2) als die zweite profilierte Analyserichtung, die sich aus dem ethnomethodologischen Forschungsprogramm entwickelt hat, und sie ist weithin anerkannt als ein wichtiger mikrosoziologischer Ansatz zur Analyse der Strukturen symbolisch vermittelter Interaktion.

Klassische und neuere Arbeiten aus dieser Forschungsrichtung finden sich in einer Reihe von Sammelbänden (Atkinson & Heritage 1984; Button & Lee 1987; Boden & Zimmerman 1991; Have & Psathas 1995) und Sonderheften von Zeitschriften (Button, Drew & Heritage 1986; Maynard 1988; Beach 1989; Pomerantz 1993); auch monographische Einführungen, in denen das methodische Programm der KA expliziert wird (Bergmann 1988; Hutchby & Wooffitt 1998; Have 1999; Deppermann 1999), sowie Bibliographien (Fehr et al. 1990) sind verfügbar.

3. Theoretischer Hintergrund

Die Ethnomethodologie ist entstanden aus der Kritik an sozialwissenschaftlichen Theorien mit einem ungebrochen normativen und objektivistischen Wirklichkeitsverständnis. In den 50er und 60er Jahren hat Harold Garfinkel (1967a) in einer Reihe von Arbeiten theoretisch wie empirisch gezeigt, dass man dem spezifischen Charakter der menschlichen Sozialität nicht gerecht wird, wenn man soziale Wirklichkeit als eine Realität konzipiert, die hinter oder jenseits der tagtäglichen, wahrnehmbaren und erfahrbaren Handlungen liegt, diese gar determiniert *(→ 2.3)*. Dem setzt Garfinkel die Vorstellung entgegen, dass die Handelnden aktiv und kreativ die Wirklichkeiten, in denen sie leben, erzeugen und das, was sie als objektive, unabhängig von ihrem Zutun existierende Tatsachen wahrnehmen und behandeln, erst in ihren Handlungen und Wahrnehmungen als solche konstruieren und hervorbringen. Geht man aber davon aus, dass gesellschaftliche Tatbestände ihren Wirklichkeitscharakter allein über die zwischen den Menschen ablaufenden Interaktionen erhalten, wird die Untersuchung der *Strukturen und Eigenarten dieser Interaktionen* zu einem zentralen Thema der Sozialwissenschaften. Und ebendiesem Thema widmet sich die KA.

Für die Ethnomethodologie «verwirk-licht» sich gesellschaftliche Wirklichkeit erst im alltäglich-praktischen Handeln, soziale Ordnung ist für sie ein fortwährendes Erzeugnis von Sinnzuschreibungen und Interpretationsleistungen. Diese sinnvermittelte Wirklichkeitserzeugung ist kein bloß kognitiver Vorgang, sie ist nicht beliebig und rein subjektiver Natur, sondern sie läuft, da alle kompetenten Gesellschaftsmitglieder an ihr teilhaben, wahrnehmbar und «methodisch» ab – darauf bezieht sich ja das Konzept der Ethno-«Methodologie» (Weingarten, Sack & Schenkein 1976). Und weil die Produktion von Wirklichkeit im Handeln *methodischer Art* ist, ist sie auch durch einzelne formale und als solche beschreibbare Strukturmerkmale gekennzeichnet.

Allgemein formuliert gilt das Interesse der KA den generativen Prinzipien und Verfahren, mittels deren die Teilnehmer an einem Gespräch in und mit ihren Äußerungen und Handlungen die charakteristischen Strukturmerkmale und die «gelebte Geordnetheit» (Garfinkel) des interaktiven Geschehens, in das sie verwickelt sind, hervorbringen. Der Objektbereich, auf den sich die KA dabei zunächst konzentriert und der ihr auch den Namen gab, sind Gespräche vom Typ des alltäglichen, gewöhnlichen, selbstzweckhaften, nicht von Satzungen und anderen formalen Bestimmungen beherrschten Gesprächs – eben die Unterhaltung oder Konversation. Diese Art des Gesprächs kann als eine Basisform der Interaktion angesehen werden – freilich nicht im Sinn einer quasi-naturhaften sozialen Verkehrsform, denn auch die Formen der alltäglich-trivialen Unterhaltung sind historisch und kulturell geprägt (Burke 1993). Doch sie dienen immer als der kommunikative Ort, von dem aus man in andere, z.B. zeremoniell oder institutionell geprägte Formen der Kommunikation (Gottesdienst, Schulunterricht u.Ä.) eintritt und zu dem man dann auch wieder – z.B. nach einer Gerichtsverhandlung – zurückkehrt. Aus der Perspektive der KA erhalten institutionenspezifische Gesprächstypen gerade dadurch ihren genuinen Charakter, dass die Strukturen der alltäglich-trivialen, außerinstitutionellen Kommunikation in spezifischer Weise transformiert werden. Auch diese anderen Formen des Gesprächs waren immer schon Gegenstand der KA, die somit thematisch keineswegs auf die Untersuchung von «Konversationen» beschränkt ist, weshalb Schegloff (1988) «talk-in-interaction» als angemessenere Bezeichnung für ihren Objektbereich vorgeschlagen hat.

Gegenüber früheren Ansätzen der Interaktionsanalyse (etwa dem von Bales) zeichnet sich die KA durch ihr Bemühen aus, interaktive Vorgänge nicht unter externe, vorgegebene Kategorien zu subsumieren. Ihr genügt es nicht, eine Äußerung als einen Vorwurf, ein Kompliment o.Ä. zu identifizieren oder ein plausibles Motiv für sie zu finden. Ihr Erkenntnisziel ist vielmehr, soziale Formen und Prozesse in ihrer inneren Logik und Dynamik zu begreifen und zu bestimmen, welche methodischen Ressourcen erforderlich sind, um eine Äußerung in ihrem Sinngehalt erkennbar zu machen, in den Gesprächsverlauf einzubinden, situativ abzustimmen, zu kontextualisieren, wahrzunehmen und zu beantworten.

Ein kritischer Punkt, an dem sich immer wieder Diskussionen entzünden (Hopper 1990/91), betrifft den Zusammenhang von sprachlicher Äußerung und Äußerungskontext. Aus der Perspektive der KA genügt es nicht, diese beiden Größen bloß korrelativ etwa im Sinn einer Addition von Äußerungsanalyse und Ethnographie aufeinander zu beziehen und dann eine plausible Verbindung zu konstruieren. In jedem Moment einer Interaktion umfasst das, was als *Interaktionskontext* potenziell relevant sein könnte, eine unendliche Fülle, weshalb es Aufgabe der Analyse ist nachzuweisen, dass ein spezifischer kontextueller Sachverhalt für die Handelnden selbst handlungsrelevant war. Die KA sieht die Interagierenden also als *kontextsensitive Akteure*, die den Kontext ihres Handelns analysieren, mit Hilfe ihres Alltagswissens interpretieren, ihre Äußerungen auf diesen Kontext einstellen und sich wechselseitig ihre Kontextorientierungen fortwährend anzeigen (Auer 1986). Weil es aber im Allgemeinen schwierig ist, die momentane Handlungsrelevanz von situativen Umständen oder einzelnen persönlichen Merkmalen der Interagierenden zweifelsfrei zu belegen, spielt für die KA ein spezifischer Kontext, der im Ablauf einer sozialen Interaktion immerfort Relevanz für die Interagierenden hat, eine herausragende Bedeutung: der *sequenzielle Kontext*. Jede Äußerung produziert für die ihr sequenziell nachfolgende Äußerung ein kontextuelles Environment, das für die Interpretation dieser nachfolgenden Äußerung bedeutsam ist und deshalb von den Interagierenden bei der Interpretation und Produktion von Äußerungen beständig herangezogen wird. Die Sequenzanalyse ist insofern die für die KA typische Form der Kontextanalyse; sie ist gewissermaßen der «Kontextanalyse» der Handelnden selbst nachgebildet.

Über die Sequenzanalyse hinaus befasst sich die KA auch mit anderen Prinzipien der Kontextorientierung der Interagierenden, so etwa dem Prinzip des «Recipient Design», das besagt, dass die Handelnden bemüht sind, ihre Äußerungen spezifisch auf ihre jeweiligen Handlungspartner – und deren Vorwissen – zuzuschneiden. Ziel dieser Art der Kontextanalyse ist es, den Kontext des Gesprächs als einen Kontext im Gespräch zu bestimmen. Der KA ist damit insofern ein ethnographisches Potenzial eigen, als sie zum Thema macht, wie sich der Kontext einer Interaktion in den Äußerungen der Teilnehmer reproduziert.

4. Methodisches Vorgehen

Es ist ein Postulat der qualitativen Sozialforschung, dass Methoden ihrem jeweiligen Gegenstand angemessen sein müssen. Doch die Angemessenheit eines methodischen Verfahrens lässt sich eigentlich nicht im Vorhinein entscheiden, da zu diesem Zeitpunkt über den Gegenstand zu wenig bekannt ist – ebendeshalb wird er ja gerade untersucht. Im Grunde lässt sich immer erst retrospektiv, wenn die Analyse eines Phänomens zu einem sachhaltigen Ergebnis geführt hat, feststellen, ob eine Methode zur Analyse dieses Phänomens geeignet war. Überlegungen dieser Art waren für die Kritik der Ethnomethodologie an der herkömmlichen Sozialforschung zentral, und sie sind der Grund dafür, weshalb Ethnomethodologie und KA lange Zeit nur widerstrebend bereit waren, ihr Vorgehen in Gestalt allgemeiner methodischer Regeln zu formulieren. Methoden, die isoliert, generalisiert, kanonisiert und mechanisch auf beliebige Phänomene angewendet werden, bergen die große Gefahr, dass mit ihnen allenfalls bereits bekannte Eigenschaften «entdeckt» werden. Neue Phänomene erfordern neue Methoden – doch diese lassen sich natürlich nicht im Vorhinein konstruieren *(→ 5.8)*.

Diese Warnung im Gedächtnis behaltend, werden im Folgenden einige methodische Prinzipien beschrieben, die aus vorliegenden konversationsanalytischen Studien destilliert wurden. Als Sacks, Schegloff und Mitarbeiter damit begannen, sich für Alltagsgespräche zu interessieren, standen ihnen keine einfach anwendbaren Methoden zur Verfügung. Unter Bezug auf vielfältige theoretische Überlegungen entwickelten sie diese Methoden im Umgang mit Ton- und Bildaufzeichnungen von Allerweltshandlungen, die in ihrer rohen Form belassen, also noch nicht unter didaktischen oder ästhetischen Gesichtspunkten zu Lehr- oder Dokumentarzwecken geschnitten und montiert worden waren. Materialien dieser Art den Status von soziologisch relevanten «Daten» zuzuerkennen, war zu diesem Zeitpunkt höchst ungewöhnlich.

Neuartig war diese Art von Daten insofern, als sie einen im Moment ablaufenden sozialen Vorgang auf registrierende Weise konservieren, wogegen für die herkömmlichen Daten – numerisch-statistische Angaben, Interviewaussagen oder Protokolle eines Beobachters – ein rekonstruierender Konservierungsmodus charakteristisch ist. In der Rekonstruktion wird ein unwiederbringlich vergangenes soziales Geschehen durch Umschreibung, Erzählung oder Kategorisierung erfasst, wobei jedoch das Geschehen in seinem ursprünglichen Ablauf weitgehend getilgt ist: Es ist prinzipiell bereits von nachfolgenden Deutungen überlagert, zum Teil hochgradig verdichtet und nur mehr in symbolisch transformierter Gestalt verfügbar (Bergmann 1985). Erst der registrierende Konservierungsmodus, der ein soziales Geschehen in den Details seines realen Ablaufs fixiert, ermöglicht es dem Sozialforscher, die «lokale» Produktion von sozialer Ordnung zu verfolgen, also zu analysieren, wie die Interagierenden sich in ihren Äußerungen sinnhaft aufeinander orientieren und gemeinsam, an Ort und Stelle, zu intersubjektiv abgestimmten Realitätskonstruktionen gelangen.

Nicht Erinnerungen, imaginierte Beispiele oder experimentell induziertes Verhalten nimmt die KA als Material für ihre Analysen, sondern audiovisuelle Aufzeichnungen von realen Interaktionen, die insofern als ‹natürlich› gelten können, als sie in ihrem originären Habitat belassen werden und auch ohne den Sozialforscher und sein Aufzeichnungsgerät abgelaufen wären. Imaginierte Beispiele bilden oft idealisierte und verarmte – weil durch Plausibilität zensierte – Versionen von sozialen Vorgängen. Deshalb wird der Sozialforscher darauf verpflichtet, sich in seinen Beobachtungen auf den tatsächlichen – und oft genug: unwahrscheinlichen – Ablauf eines Vorgangs zu beziehen mit der Möglichkeit, sich von ihm irritieren zu lassen.

Das Bemühen, das registrierte soziale Geschehen möglichst verlustarm für die Analyse zu bewahren, kennzeichnet auch den nächsten Schritt der Datenverarbeitung, die Verschriftung des aufgezeichneten Interaktionsgeschehens. Im Vorgang der Transkription soll das aufgezeichnete Rohmaterial nicht von scheinbar irrelevanten Bestandteilen gereinigt, nicht orthographisch normalisiert, sondern in seinen Details bewahrt, d. h. mit allen Stockungen, Versprechern, Pausen, Äußerungsüberlappungen, Dialektfärbungen, Intonationskonturen etc. erhalten werden. Andernfalls würde ja der Informationsgewinn, den die Ton- und Bildaufzeichnung mit sich bringt, sofort wieder verschenkt werden. (Für eine Übersicht über die in der englischsprachigen KA üblichen Transkriptionszeichen vgl. Atkinson & Heritage 1984; ein neues integriertes Transkriptionssystem für den deutschsprachigen Raum haben Selting u. a. 1998 vorgeschlagen; → 5.9.)

Das Bestreben, das Originalgeschehen im Verlauf der Datenaufbereitung möglichst authentisch zu bewahren, verweist auf eine zentrale analytische Maxime der KA. Entsprechend ihrer ethnomethodologischen Herkunft lässt sich die KA in ihrem Vorgehen von einer Ordnungsprämisse leiten, die besagt, dass kein in einem Transkript auftauchendes Textelement a priori als Zufallsprodukt anzusehen und damit als mögliches Untersuchungsobjekt auszuschließen ist. Jedes Textelement wird zunächst – auch wenn dies dem Common Sense des Forschers widerspricht – als Bestandteil einer sich reproduzierenden Ordnung betrachtet und in den Kreis möglicher und relevanter Untersuchungsphänomene einbezogen. Diese «Order at all points»-Maxime (Sacks 1984) soll sicherstellen, dass der Sozialforscher mögliche Untersuchungsphänomene nicht über eine Liste von im Vorhinein feststehenden Fragen lokalisiert, sondern sich offen mit seinem Untersuchungsmaterial befasst und auf seine Beobachtung vertraut.

Kurz formuliert besteht nun das methodische Vorgehen der KA darin, für ein beobachtbares, gleichförmiges Phänomen die generativen Prinzipien – «the machinery» (Sacks) – zu rekonstruieren. Im Einzelnen wird dabei so vorgegangen, dass als Erstes in der Aufzeichnung bzw. im Transkript eines Interaktionsgeschehens ein Objekt als mögliches Ordnungselement isoliert wird. Welcher Art dieses Element ist – es kann eine bestimmte Interaktionssequenz, eine Äußerung, eine Formulierung, eine Geschichte, eine Interjektion, ein Räuspern, eine Kopfbewegung o. Ä. sein –, steht nicht im Vorhinein fest. Für das weitere Vorgehen ist die Annahme leitend, dass dieses Element ein Bestandteil einer von den Interagierenden methodisch erzeugten Geordnetheit ist. Man wird deshalb früher oder später nach anderen Manifestationen dieses Elements suchen und so aus dem Datenmaterial eine Kollektion von Fällen zusammenstellen, in denen sich dieses Objekt – in welcher Variation auch immer – zeigt.

Für den nächsten Schritt ist eine Überlegung zentral, die sich bei der hermeneutischen Interpretation ebenso wie bei funktionalistischen Erklärungen findet: Das identifizierte Objekt und seine Geordnetheit wird verstanden als Resultat der methodischen Lösung eines strukturellen Problems, in diesem Fall eines Problems der sozialen Organisation von Interaktion. Dabei ist die Art dieses Problems nicht aus einem fertigen Katalog abzulesen, sondern selbst Thema der Untersuchung. Für welches «Problem» ist etwa das übliche Sich-Melden zu Beginn eines Telefongesprächs eine «Lösung»? Auf welches «Problem» verweist die häufige Form der Einleitung einer Geschichte, bei der ein Erzähler wissen lässt, ihm sei etwas Komisches, Schreckliches o. Ä. passiert? Und was für ein Problem könnte dadurch gelöst werden, dass ein Sprecher seine Äußerung unterbricht und sie noch einmal von vorn beginnt? Entlang Fragen dieser Art strebt die KA danach, die praktischen Methoden zu rekonstruieren, die den Handelnden als Lösung für interaktive Probleme dienen und deren Verwendung die beobachtbare Geordnetheit eines Interaktionsgeschehens generiert.

Bei dieser Art des Vorgehens ist der Sozialforscher unvermeidlich auf seine Intuition und Kompetenz als Gesellschaftsmitglied angewiesen. Doch darf er nicht bei seiner Intuition stehen bleiben, sonst kommt er gar nicht in die Analyse hinein. Er muss versuchen, sein intuitives Verständnis zu methodisieren, d. h. die formalen Mechanismen herauszuarbeiten, die ihm – wie den Interagierenden – die sinnhafte Interpretation des dokumentierten Handlungsgeschehens ermöglichen.

Diese formalen Mechanismen, deren Rekonstruktion das Ziel der KA ist, müssen ein generatives Prinzip beinhalten, das in der Lage ist, sowohl die Ausgangsdaten der Analyse zu reproduzieren als auch neue Fälle und ähnliche Phänomene zu erzeugen. Nicht die Beschreibung von Verhaltensgleichförmigkeiten ist das Ziel der KA, sondern die Identifizierung von Prinzipien, die ihrem Status nach reale Orientierungsgrößen für die Akteure darstellen. Damit besteht eine wesentliche Aufgabe der Analyse darin, am Datenmaterial aufzuzeigen, auf welche Weise die Interagierenden selbst in ihren Äußerungen und Handlungen diese formalen Prinzipien berücksichtigen. Und da die Interagierenden sich in den verschiedensten kontextuellen Bedingungen bewegen, müssen diese Prinzipien auch als formale, situationsübergreifende Mechanismen konzipiert werden, die aber den Interagierenden Raum lassen für die kontextsensitive Gestaltung ihrer Äußerungen. (Mit welchen Methoden die Handelnden diese Partikularisierung ihrer Äußerungen erreichen, ist selbst ein Untersuchungsthema der KA.)

Schließlich sei noch kurz auf die für die qualitative Sozialforschung generell schwierige Frage der Validitätsprüfung eingegangen. Vertreter der KA suchen die Gültigkeit ihrer Analysen u. a. dadurch nachzuweisen, dass sie aus dem Datenmaterial funktional gleichartige Phänomene zusammentragen (→ 4.7). Dem liegt die Überlegung zugrunde, dass es zu derartigen Konkurrenzen deshalb kommt, weil den Handelnden in der Regel nicht nur eine «Methode», sondern ein Arsenal von formalen Verfahren zur Lösung eines Interaktionsproblems zur Verfügung steht und sie oft mehrere dieser Verfahren gleichzeitig einsetzen (Schegloff & Sacks 1973). Ein strengeres, doch häufig nicht anwendbares Verfahren der Gültigkeitsprüfung besteht darin, im Datenmaterial nach «abweichenden Fällen» zu suchen und an ihnen den Nachweis zu führen, dass die Akteure selbst diese Fälle als Verstöße gegen das normativ erwartete Orientierungsmuster wahrnehmen und behandeln, etwa indem sie sie als dispräferierte Handlungen markieren oder zu Korrekturmaßnahmen greifen (Pomerantz 1984). Schließlich bietet sich noch an, die Gültigkeit einer Interpretation anhand der Nachfolgeäußerung eines Interaktionsteilnehmers zu überprüfen. In ihr manifestiert sich ja, wie ein Rezipient eine vorangegangene Äußerung verstanden hat, und diese Verstehensmitteilung kann vom Sozialforscher als Beleg für die Stichhaltigkeit seiner Interpretation in Anspruch genommen werden. Hierin kommt erneut zum Ausdruck, dass die methodischen Prinzipien der KA in einem direkten Zusammenhang mit den praktischen Alltagsmethoden – also ihrem Untersuchungsgegenstand – stehen.

5. Reichweite und Grenzen

Die Themenbereiche, mit denen sich konversationsanalytische Forschungsarbeiten von Beginn an beschäftigt haben und bis heute beschäftigen, lassen sich folgendermaßen gruppieren:

1. Im Zentrum der Aufmerksamkeit stehen zum einen die konstitutiven Mechanismen, die für das geordnete Nacheinander und die geregelte Abfolge von Äußerungen in einem Gespräch verantwortlich sind. Das betrifft vor allem die «turn taking»-Organisation in Unterhaltungen (von paradigmatischer Bedeutung hierfür die Ar-

beit von Sacks, Schegloff & Jefferson 1974) sowie die sequenzielle Organisation von Redezügen, die für zahlreiche Interaktionstypen – Bitten, Einladungen, Komplimente, Ablehnungen, Beschwerden, Vorwürfe, Beschuldigungen, Streitigkeiten, Argumentationen, Geschichtenerzählungen etc. – bestimmt wurden.

2. Seit den frühen Arbeiten von Sacks über die Mechanismen des Geschichtenerzählens in Unterhaltungen bilden kommunikative Großformen, die mehr als nur einfache Äußerungssequenzen umfassen, ein prominentes Thema in der KA (exemplarisch hierfür etwa die Studie von Jefferson [1988] über «troubles talk» oder die Untersuchung von Bergmann [1987] über Klatsch).

3. Das Interesse der KA gilt weiterhin den Mechanismen, die ein singuläres Gespräch als eine soziale Einheit konstituieren, wozu etwa die Organisation der Gesprächseröffnung und -beendigung sowie die Organisation der thematischen Fokussierung und Kontinuierung zählen.

4. Praktiken der Beschreibung und Kategorisierung etwa von Personen waren ein sehr frühes Thema in der KA, das über lange Jahre wenig Beachtung fand und erst seit kurzem wieder aufgegriffen wird (Hester & Eglin 1997) – etwa bei der Analyse von Fremdbildern und sozialen Stereotypen (Czyzewski et al. 1995).

5. Ein durchgehendes Interesse der KA gilt der Frage, wie Teilnehmer an einer Interaktion Verständigung – oder jedenfalls den Glauben an Verständigung – zwischen sich herstellen und absichern und wie die «repair organization» funktioniert, welche die Interagierenden im Fall von Verständigungsproblemen aktivieren (Schegloff, Jefferson & Sacks 1977).

Die KA war in ihrer Anfangsphase noch ganz auf die Untersuchung der konstitutiven Mechanismen von *sprachlicher* Interaktion beschränkt. Begründet war das u. a. darin, dass das Datenmaterial zumeist aus Aufzeichnungen von Telefongesprächen bestand. Dabei ist – ohne den Eingriff des Forschers – die leibliche Präsenz des anderen und die visuelle Kommunikationsebene ausgeblendet, wodurch sich die Komplexität des kommunikativen Geschehens wesentlich reduziert. Das erleichterte zwar die Entwicklung von Routinen und Methoden des Umgangs mit dieser Art von Material, doch natürlich führen die Menschen ihr Leben nicht – oder jedenfalls nicht fortwährend – am Telefon. Es waren zum einen Arbeiten, die mit ihren Analysen von nonverbalen Aspekten der Kommunikation (Heath 1986; Streeck & Hartge 1992) die Beschränkung auf diese Telefonperspektive überwanden. Zum andern ist die Zahl jener konversationsanalytischen Studien beständig gestiegen, die den außersprachlichen Handlungs- und insbesondere Arbeitskontext (Drew & Heritage 1992) in der Analyse berücksichtigen. Arbeiten dieser Art sind seit einigen Jahren in der konversationsanalytischen Literatur vorherrschend, und es ist mittlerweile kaum mehr möglich, eine Übersicht zu gewinnen über die zahlreichen Studien, die sich mit Interaktion in gerichtlichen, pädagogischen, medizinischen und psychiatrischen Institutionen sowie mit polizeilichen Vernehmungen, telefonischen Notrufen, Beratungen, psychotherapeutischen Gesprächen, Verkaufsgesprächen und politischen Veranstaltungen befassen (als Beispiele Peräkylä 1995; Beach 1996; für den deutschsprachigen Raum Wolff & Müller 1997; Meier 1997).

6. Neuere Entwicklungen und Perspektiven

Die KA hat innerhalb der qualitativen Sozialforschung das Bewusstsein geschärft für die sprachliche Verfasstheit der sozialen Wirklichkeit sowie für die interaktiven Phänomene, in denen sich soziale Strukturzusammenhänge reproduzieren. Sie hat – darin durchaus in der Traditionslinie der Soziologie Georg Simmels stehend – die unscheinbar kleinen, mikroskopisch-molekularen Formen der Vergesellschaftung als empirisches Untersuchungsfeld erschlossen und einer qualitativen, streng formalen Analyse zugänglich gemacht. Sie ist in dieser Hinsicht unter den ‹weichen› qualitativen Methodologien gewissermaßen die ‹härteste›. Ihre grundlagenanalytische und methodologische Bedeutung resultiert gerade aus ihrer rigorosen Beschränkung auf das Detail, doch wird sie in Zukunft mehr Aufmerksamkeit darauf richten müssen, zwischen den zahlreichen Analysen von Einzelphänomenen eine Verbindung herzustellen (hierzu exemplarisch Kallmeyer 1994 ff.; Bergmann & Luckmann 1999).

Das Potenzial und die Lebendigkeit des konversationsanalytischen Forschungsansatzes zeigen sich sowohl bei der Erschließung neuer Forschungsfelder als auch in ihrer Attraktivität für theoretische Unternehmungen. So haben mehrere Autoren in den vergangenen Jahren gezeigt, dass die auf den ersten Blick so empiristisch, minimalistisch und puristisch wirkende Konversationsanalyse in

hohem Maß anschlussfähig ist für die Methodik objektiv-hermeneutischer Fallanalysen (Schmitt 1992) wie für hoch abstrakte soziologische Theoriebildung nach Art der Systemtheorie (Hausendorf 1992; Schneider 1994). Im Rahmen der Sprachwissenschaft
haben konversationsanalytische Konzepte einen neuen Blick auf
den Zusammenhang von Interaktion und Prosodie (Couper-Kuhlen
& Selting 1996) bzw. Grammatik (Ochs, Schegloff & Thompson
1997) ermöglicht und wichtige Impulse in dem expandierenden
Feld der Untersuchung interkultureller Kommunikation gegeben
(Günthner 1993). Neuere Bemühungen, die Kommunikationsver-
gessenheit der Psychologie zu korrigieren und eine «diskursive Psychologie» zu begründen (Edwards & Potter 1992; Antaki & Widdicombe 1998; → 5.19), stützen sich wesentlich auf die KA. Eine
einflussreiche Rolle spielt die KA schließlich in neueren Arbeiten,
die sich der Untersuchung medial vermittelter Kommunikation widmen: Es gibt Arbeiten, die bei der Analyse von schriftsprachlich
konstituierten Texten (Wolff 1995) oder massenmedialen Produkten (Ayaß 1997) der Verfahrenslogik der KA folgen. Desgleichen
stehen die neuesten Forschungen zur Human-Computer-Interaction
(HCI) und zur Computer-Mediated-Communication (CMC) konzeptionell und methodisch in einer engen Beziehung zur KA (Suchman 1987; Button 1993; → 5.8). Gerade in diesem Bereich ist zu erwarten, dass die überlegte Kombination von Ethnographie und KA
zu Resultaten führt, die auch von hoher praktischer Relevanz sein
werden.

Weiterführende Literatur
Eberle, T. S. (1997). Ethnomethodologische Konversationsanalyse. In: Hitzler, R.
& Honer, A. (Hg.): Sozialwissenschaftliche Hermeneutik, S. 245–279. Opladen:
Leske & Budrich.
Have, P. ten (1999). Doing conversation analysis: A practical guide. London: Sage.
Sacks, H. (1992). Lectures on conversation. Volume I and II. Edited by G. Jeffer-
son with introductions by E. A. Schegloff. Oxford: Blackwell.
Zeitschrift: *Research on Language and Social Interaction* (Mahwah, N. J.:
Lawrence Erlbaum).
Verweise auf einschlägige Internet-Adressen, weiterführende «Links» und Foren
finden sich im Serviceteil *(→ 7, S. 666)*.

Hubert Knoblauch und Thomas Luckmann
5.18 Gattungsanalyse

1. Hintergründe und Ziele der Gattungsanalyse

Gattungen der Kommunikation sind seit langem Gegenstand der Rhetorik und Poetik, der Theologie und Literaturwissenschaft, der Volkskunde und Linguistik. In der Soziologie und Sozialpsychologie haben erst einige grundlegende Veränderungen im Zugang zu ihrem Gegenstand in der jüngeren Zeit Methoden zur Analyse kommunikativer Gattungen entstehen lassen. Einmal ist das zunehmende Interesse an kommunikativen Prozessen zu erwähnen. In Analogie zum *linguistic turn* der Philosophie wird zuweilen auch vom Wechsel zum kommunikativen Paradigma in der gegenwärtigen Soziologie gesprochen. Während sich dieser Wechsel manchmal auf die Auswahl eines leitenden Vokabulars beschränkt, haben sich zum anderen doch auch empirische Ansätze ausgebildet, die sich mit der Analyse kommunikativer Vorgänge beschäftigen. Dazu gehören etwa die Ethnographie der Kommunikation *(→ 3.8; → 5.5)*, die Konversationsanalyse *(→ 5.17)* und die sozialwissenschaftliche Hermeneutik *(→ 3.5; → 5.16)*, deren Methoden auch einen Ausgangspunkt für die Gattungsanalyse bilden. Schließlich spielt in der Entstehung der Gattungsanalyse die technologische Entwicklung eine wichtige Rolle, besonders die Verfügbarkeit der sich schnell verfeinernden audiovisuellen Aufzeichnungsgeräte, also zunächst der Tonbandaufzeichnung und dann des Videogeräts. Der sinnvoll überlegte Einsatz dieser Geräte macht bislang *flüchtige* Kommunikationsprozesse zugänglich (Bergmann 1985).

Diese Entwicklungen bilden den methodischen Hintergrund der

soziologischen Gattungsanalyse, die an die phänomenologisch orientierte Handlungstheorie anschließt (Luckmann 1992). Kommunikative Handlungen weisen die Grundstrukturen eines sozialen Handelns auf, das sich durch Wechselseitigkeit und Zeichenhaftigkeit auszeichnet. Wie alle anderen Formen des Handelns unterliegt auch das kommunikative Handeln der Routinisierung und Institutionalisierung (Vorgängen, die vor allem dort eintreten, wo Handeln wiederholt wird und von großer individueller oder soziologischer Relevanz ist; Berger & Luckmann 1969). Kommunikative Handlungen dieser Art bilden typische Muster aus, an denen sich Handelnde orientieren können. Als kommunikative Gattungen werden diejenigen kommunikativen Vorgänge bezeichnet, die sich gesellschaftlich verfestigt haben. Kommunikative Muster und Gattungen können also gleichsam als Institutionen der Kommunikation aufgefasst werden. Ihre gesellschaftliche Grundfunktion besteht darin, von der Bewältigung untergeordneter (kommunikativer) Handlungsprobleme zu entlasten. Sie erleichtern die Kommunikation, indem sie die Synchronisation der Handelnden und die Koordination der Handlungsschritte über vorgeprägte Muster in einigermaßen verlässliche und gewohnte Bahnen lenken. Gattungen bilden somit Orientierungsrahmen für die Produktion und Rezeption kommunikativer Handlungen.

Gattungen unterscheiden sich ihrer Form nach von «spontanen» kommunikativen Vorgängen dadurch, dass sich Menschen in einer voraussagbar typischen Weise an vorgefertigten Mustern ausrichten. Das kann den Charakter kanonischer Festlegungen ganzer Handlungskomplexe annehmen. Die Vorprägungen können sich aber auch auf bestimmte Aspekte des Handelns beschränken, z. B. auf die Redezugabfolge (etwa bei Interviews) oder die Thematik (wie bei Planungsgesprächen). Die Gattungsanalyse zielt also nicht nur auf diejenigen kommunikativen Formen, die als prototypische Gattungen in jeder Hinsicht verfestigt sind und eine situativ, funktional und prozedural deutlich bestimmte Struktur aufweisen, wie etwa die Klagelieder georgischer Frauen oder die genealogischen Rezitationen in Bantu-Königtümern. Weil sie sich grundsätzlich für die Verfestigung kommunikativer Formen und Muster interessiert, behandelt sie auch schwächer verfestigte und kanonisch nicht festgelegte kommunikative Formen, wie etwa Streitgespräche, Belehrungen und Rundfunk-Beratungssendungen.

2. Zur Methodik der Gattungsanalyse

Im Unterschied zu den ansonsten – in der Betonung der «Natürlichkeit» der Daten und dem sequenzanalytischen Vorgehen – verwandten methodischen Verfahren beschränkt sich die Gattungsanalyse nicht auf einzelne exemplarische Fallanalysen. Vielmehr ist sie *komparativ* angelegt: Sie vergleicht kommunikative Handlungen, die transkribiert wurden und auf die «gefrorene» Mündlichkeit der Tonbandaufnahme prinzipiell immer rückführbar sind, und sie versucht, typische Ähnlichkeiten und Unterschiede bei den «Exemplaren» herauszustellen. Die Texte werden vor dem Hintergrund des Wissens um die gesellschaftlichen, interaktiv bedeutsamen Hintergründe der in ihnen festgehaltenen kommunikativen Handlungen interpretiert. So wie dieses Wissen von den «Text» produzierenden Handelnden vorausgesetzt wird, muss es in der Textinterpretation explizit gemacht werden.

Im Einzelnen lässt sich die Vorgehensweise der Gattungsanalyse in mehrere Schritte aufteilen:

1. Den Anfang bildet die *Aufzeichnung* kommunikativer Vorgänge in natürlichen Situationen. Dabei kann es sich um Klatschgespräche zwischen Nachbarn, um Job-Interviews, um Vereinsversammlungen oder Parteitage, um Prüfungsgespräche oder Internet-Chats handeln. Wesentlich ist, dass die Erhebung mit dem Erwerb ethnographischen Wissens über die Kontexte dieser Kommunikation einhergeht. In Grenzfällen schwer zugänglicher Themen mag es nötig sein, gesprächsähnliche Interviews zu führen.

2. Die Aufzeichnungen werden transkribiert. Dabei stehen verschiedene Transkriptionssysteme *(→ 5.9)* zur Verfügung, die von der Standard-Schriftsprache bis hin zu linguistisch-phonetischen und videoanalytischen Systemen reichen. Die Genauigkeit der Transkription ist von der Strukturebene abhängig, die im Mittelpunkt der Analyse steht (s. u.). Bei umfangreichen Datenmengen ist es empfehlenswert, eine grobe Katalogisierung der Daten vorzunehmen, die thematische, sozial-interaktive, kontextuelle und zeitliche Parameter enthält.

3. Die so «fixierten» Daten werden hermeneutisch gedeutet und sequenzanalytisch analysiert. Das heißt, dass zunächst versucht wird, das Alltagsverständnis der Texte auf der Wort-, Satz- und Redezugebene zu klären. Auf dieser Ebene ist das ethnographische

Kontextwissen wesentlich, da es zur Klärung kontextabhängiger semantischer Bezüge von Äußerungen dienen kann.

4. In einem weiteren Schritt wird eine konversationsanalytisch orientierte Analyse *(→ 5.17)* durchgeführt, die den detaillierten Verlauf, die regelhafte Abfolge von Redezügen und Redezugsequenzen rekonstruiert (Bergmann 1981b). Die hermeneutischen und sequenzanalytischen Interpretationen sollen nach Möglichkeit in (alters- und geschlechtsbezogen, regional sowie sozial usw. nicht allzu homogenen) Gruppen durchgeführt werden, um auf eine Fächerung des Alltagswissens, das als erste Ressource der Interpretation dient, zurückgreifen zu können. Unterschiedliche Interpretationen müssen unter der strikten Verpflichtung formuliert werden, ausschließlich mit der Evidenz der Texte begründet zu werden. Im Unterschied zu den meisten anderen hermeneutischen Methoden wird bei der Analyse besonders auf die in der Mündlichkeit verankerten Aspekte der transkribierten Texte geachtet (Prosodie etc.; → 5.9).

5. So werden Strukturmodelle gebildet, die an weiteren Fällen auf ihre Stimmigkeit überprüft werden. Durch die Heranziehung vergleichbarer sowie kontrastierender Fälle wird das Strukturmodell gestützt oder verändert, bis die Analyse weiterer Fälle keinen Erkenntnisgewinn mehr bringt.

6. Schließlich werden Strukturvarianten betrachtet, die durch Modalisierungen hervorgebracht werden (Ironisierung, Spielformen usw.). Hier ist die Berücksichtigung des Erhebungskontextes besonders wichtig: Was ist der «Sitz im Leben» der betreffenden kommunikativen Form? Nimmt z. B. die dialogische Gattung der Konversionserzählung eine andere Struktur an, wenn sie monologisch berichtet, wenn sie medial vermittelt oder wenn sie in einem Gruppeninterview erhoben wird? Nehmen Feuerwehrnotrufe eine andere Form an, wenn sie von einer freiwilligen Dorffeuerwehr oder von einer professionellen Großstadtfeuerwehr abgewickelt werden? Die kontextuellen Grenzen der Strukturvariation bzw. -sättigung sind selbst ein Teil der empirischen Fragestellung über die kommunikative Form. Die Antworten bilden einen bedeutsamen Aspekt der Ergebnisse.

3. Die Binnenstruktur kommunikativer Gattungen

Der Verfestigungsgrad «ganzheitlicher» kommunikativer Strukturen wird schrittweise festgestellt, indem man mit der Analyse struktureller Einzelmerkmale beginnt. Weil diese Merkmale unterschiedliche Reichweiten aufweisen, werden sie (analytisch, nicht «real», trennbaren) Strukturebenen zugeordnet.

Die Binnenstruktur enthält textliche Merkmale im engeren Sinn. Dazu zählen:

- Prosodie: Intonation, Lautstärke, Sprechgeschwindigkeit, Pausen, Rhythmus, Akzentuierung, Stimmqualität;
- Sprachvarietät: Hochsprache, Jargon, Dialekt, Soziolekt;
- Sprachregister: formales, informelles oder intimes Register;
- stilistische und rhetorische Figuren: Alliterationen, Metaphern, Rhythmus etc.;
- «Klein-» und «Kleinstformen»: verbale Stereotypen, idiomatische Redewendungen, Gemeinplätze, Sprichwörter, kategorische Formulierungen, historisch tradierte Formeln, Inschriften und Rätsel;
- Motive, Topoi und Gliederungsmerkmale.

Die Einbettung solcher Merkmale in übergeordnete Gattungen ist ein komplexes binnenstrukturelles Merkmal. Exemplarisch zeigt das etwa Ulmer (1988) in seiner Analyse von Konversionserzählungen. Die genannten Mittel erzeugen eine Ablösung der erzählten Zeit von der Erzählens-Zeit: Einer in zunehmendem Maße negativ geschilderten, sehr gerafften vorkonversionellen biographischen Phase folgt ein vor allem paralinguistisch hervorgehobenes, sehr gedehntes Konversionereignis, in dessen Licht die nachkonversionelle Biographie gestellt wird.

Bei der Analyse kommunikativer Gattungen müssen die Besonderheiten des Mediums berücksichtigt werden. So zeigt Keppler (1985), dass sich medial vermittelte Gattungen wie Nachrichtensendungen durch das Verhältnis von Wort-, Musik- und Bildbeiträgen, «On»- und «Off-Text», Zeichentrick und Computeranimation, Farben und Beleuchtung auszeichnen. Auch Kameraeinstellungen, Schnitt, Dramaturgie, Figuren und Setting spielen für dieses Medium eine zentrale Rolle, wie Ayaß (1997) am Beispiel des *Worts zum Sonntag* zeigt *(→ 5.7).*

4. Merkmale der situativen Verwirklichung kommunikativer Gattungen

Neben Verfestigungen auf der Ebene der Binnenstruktur stehen auf der situativen Strukturebene jene Merkmale im Vordergrund, die sich auf die Koordination der kommunikativen Handlungen und ihren situativen Kontext beziehen.

Zur situativen Realisationsebene gehören etwa Rituale der Kontaktaufnahme und -beendigung, der Begrüßung und Verabschiedung, des Dankens und Wünschens, der Entschuldigung, der Einladung und des Akzeptierens bzw. Ablehnens, der Bewertung und Gegenbewertung etc. Neben diesen «rituellen» Aspekten gehören auch Merkmale, welche die interaktive Organisation kommunikativer Handlungen betreffen, zur situativen Realisierungsebene. Sie lassen sich durch Muster von Redezugabfolgen und Paarsequenzen («adjacency pairs») beschreiben, etwa Fragen und Antworten, Auffordern und Nachkommen der Aufforderung.

Hierzu zählen auch Strategien der längerfristigen Gesprächsorganisation (beispielsweise die Ankündigung der Übernahme eines langen Gesprächsstücks durch eine «Lizenz» [«ticket»]). Wie Bergmanns (1987, S. 113) Analyse von Klatsch verdeutlicht, zeichnet sich der Beginn einer Klatschinteraktion durch eine Präsequenz aus, in der die Handelnden überprüfen, ob die Bedingungen für eine Klatschkommunikation gegeben sind: Diese betreffen einerseits die Frage, ob und wie die Person, über die geklatscht werden soll, den Gesprächsteilnehmern bekannt ist und damit als Klatschobjekt thematisiert werden kann; zum andren geht es darum, sicherzustellen, dass «die sozial geächtete Praxis des Klatschens von allen Gesprächsteilnehmern mitgetragen wird. Denn nur so kann der Klatschproduzent die für ihn unangenehme Situation vermeiden, als alleiniges ‹Klatschmaul› zu gelten».

Zu den konversationellen Merkmalen der situativen Verwirklichungsebene gehören neben den Einschub-, Prä- und Postsequenzen bestimmte Präferenzstrukturen. So verdeutlichen Arbeiten zu argumentativen Gesprächen, dass in diesen kommunikativen Vorgängen die sonst übliche Präferenz für Übereinstimmung umgekehrt wird in eine Präferenz für nicht-übereinstimmende Äußerungen, in denen die Polarität zur vorherigen Aussage geradezu hervorgehoben wird. Durch Präferenzstrukturen konstituiert sich zudem die spezifische kommunikative Rolle der Beteiligten: Proponenten oder Opponenten, Belehrende und Belehrte, Redner und Publikum sind Beispiele solcher Rollen, die situativ durch bestimmte Präferenzorganisationen gebildet werden (Knoblauch 1991b; Keppler 1994).

Zur situativen Verwirklichungsebene kommunikativer Muster zählt schließlich der nichtsprachliche soziale Kontext. Dieser umfasst die sozialräumliche und zeitliche Anordnung der Interaktionsteilnehmer sowie die das Sprechen komplementierenden Handlungsmuster. Die zeitlich und räumlich begrenzten sozialen Situationen, die sich einerseits durch typische kommunikative Muster und Aggregationen, andererseits durch ein bestimmtes Personal auszeichnen, bilden *soziale Veranstaltungen*. Soziale Veranstaltungen können informelle Familientischgespräche sein oder Gruppen, die sich zu anberaumten Aktivitäten treffen (Bibelgruppen, Frauengruppen u. a. m.), sowie jene «Schlüsselsituationen», die für die Karriere von Personen oder für organisationsrelevante Entscheidungen zentral sind: Meetings, Sprechstunden- und Bewerbungsgespräche (Knoblauch 1995). Diese zeichnen sich häufig durch besondere Äußerungsformate und eine bestimmte Auswahl an kommunikativen Mustern aus.

5. Die Außenstruktur kommunikativer Gattungen und der kommunikative Haushalt

Dass kommunikative Gattungen gleichsam die Inseln im Strom kommunikativen Handelns bilden, lässt sich mit Blick auf Face-to-face-Situationen leicht nachvollziehen. Sie stehen aber auch in einem Zusammenhang mit großflächigen sozialen Strukturen. So ist es offenkundig, dass in verschiedenen institutionellen Zusammenhängen nicht nur besondere Gattungen vorgezogen werden, sondern dass sie sich durch die Verwendung solcher Gattungen geradezu definieren lassen. Das zeigt sich etwa an der religiösen Kommunikation. Die Spezifik des Religiösen ist wesentlich durch viele, häufig sehr stark kanonisierte Gattungen definiert, etwa Gebete, Predigten, «heilige Worte» und schriftlich festgelegte heilige Texte, aber auch visuelle Formen (Ikonen, Votivbilder, Plastiken), Rituale und liturgisch organisierte soziale Veranstaltungen (Knoblauch 1998). Ein ähnlich enger Zusammenhang zwischen institutioneller Spezifik und Gattungen besteht im Bereich des Rechts, der Wissenschaft oder der Politik (Günthner & Knoblauch 1996).

Gattungsanalysen werden zunehmend an Medien der Massen-kommunikation und der elektronischen Kommunikation durchge-führt. Denn die technisch vermittelte Kommunikation weist nicht nur besondere Merkmale auf der Ebene der Binnenstruktur (etwa Nachrichten im Unterschied zu Spielfilmen, Talk-Shows im Unter-schied zu Homepages) und medienspezifisch vermittelte Interakti-onsstrukturen (z. B. Ratesendungen im Fernsehen im Unterschied zu Internet-Chatrooms, interaktives Radio im Unterschied zu Kinofil-men) auf, sondern ist auch durch Merkmale der Außenstruktur ge-kennzeichnet. Zwischen der Verbreitung, Zugänglichkeit und Nut-zungsweise verschiedener Medien und ihrer besonderen Gattungen und bestimmten sozialen Kategorien und Milieus kann ein enger Zusammenhang herrschen. So zeigt sich z. B., dass Werbespottypen, in denen das Produkt im Vordergrund steht, meist dem ästhetischen Geschmack der Menschen entsprechen, die dem Harmoniemilieu zugerechnet werden, während der Teil des wirtschaftlich relativ gut gestellten, überdurchschnittlich gebildeten Publikums, das dem «Selbstverwirklichungsmilieu» zugerechnet wird, die sog. Kunst-spots bevorzugt. Der Präsentationsspot, bei dem das Produkt in eine alltägliche Vorführung eingebunden ist, kommt dem Unterhaltungs-milieu entgegen.

Die Parallelität zwischen bestimmten Typen der Gattung Werbe-spot und sozialen Milieus macht deutlich, dass kommunikative Gat-tungen Indikatoren für soziale Kategorien sind. Doch sollte auch bedacht werden, dass Institutionen wie soziale Milieus vermittels solcher Formen konstituiert werden. Das gilt nicht nur für lokal or-ganisierte oder auf der Basis von Einkommen und Bildung geprägte Milieus, sondern auch für geschlechtsspezifische oder ethnische Mi-lieus, die sich durch unterschiedliche Ausprägungen kommunikati-ver Gattungen (Argumentationen, Jobinterviews und Sprechstun-dengespräche) unterscheiden.

Um Wandel und Kontinuität der kommunikativen Formen und Vorgänge in einer Gesellschaft in den Blick zu bekommen und um interkulturelle Vergleiche systematisch durchführen zu können, wird als umfassende Kategorie der Begriff des kommunikativen Haus-halts vorgeschlagen: Der *kommunikative Haushalt* einer Gesell-schaft umfasst all jene kommunikativen Vorgänge, die einen Einfluss auf Bestand und Veränderung einer Gesellschaft ausüben. Er enthält Gattungen ebenso wie bedeutsam gewordene ‹spontane› kommuni-

kative Vorgänge, sprachliche wie nonverbale Formen der Kommunikation. Er gliedert sich nach Situationen, Institutionen und Milieus. Der kommunikative Haushalt bildet damit das Herzstück
dessen, was als Kultur bezeichnet wird. Die kommunikativen Gattungen und die schwächer verfestigten kommunikativen Muster bilden gleichsam die sinnstiftende und handlungsorientierende Innen-
architektur einer Gesellschaft In diesem Sinne versteht sich die
Gattungsanalyse als eine «induktive» Methode zur empirischen
Analyse von Kultur und Gesellschaft.

Weiterführende Literatur

Günthner, S. & Knoblauch, H. (1994). Forms are the food of faith: Gattungen als
    Muster kommunikativen Handelns. *Kölner Zeitschrift für Soziologie und So-
    zialpsychologie* 46, 4, 693–723.
Knoblauch, H. & Günthner, S. (1995). Culturally patterned speaking practices –
    the analysis of communicative genres. *Pragmatics* 5, 1–32.
Luckmann, Th. (1987). Kanon und Konversion. In: Assmann, A. & Assmann, J.
    (Hg.): Kanon und Zensur, S. 38–46. München: Fink.

Ian Parker
5.19 Die diskursanalytische Methode

1. Die Diskursanalyse in der Psychologie
2. Die Diskursanalyse in der kritischen Psychologie
3. Ein Beispiel zur Veranschaulichung (aus der Pädagogik)

Diskursanalytiker untersuchen Texte, und zwar im Hinblick auf deren Aufbau, auf deren Funktionen in unterschiedlichen Kontexten
und auf deren Widersprüchlichkeiten. Wir verwenden den Begriff
‹Diskurs›, weil unsere Auffassung viel mehr betrifft als die Sprache
nach psycholinguistischer oder soziolinguistischer Definition.

Einige Beiträge der Soziolinguistik, die sich mit der Semantik und
der Pragmatik gesprochener und geschriebener Texte – also mit der
Textbedeutung und mit den durch Texte verursachten Veränderungen – befassen, zeigen in aller Anschaulichkeit, wie anscheinend

glatte Texte einer Untergliederung unterzogen werden können. Ferner richten sie das Augenmerk auf die verschiedenen, in den Texten verborgenen Typen der Aussageimplikationen (vgl. Halliday 1978). Allerdings stehen Neulinge, die einen Zugang zur Diskursanalyse suchen, oft vor unüberwindlich erscheinenden Hürden, weil manche Einführungen in die Diskursanalyse den Diskurs bestenfalls unter linguistischer oder soziologischer Perspektive beschreiben. Der vorliegende Beitrag skizziert sowohl die Diskursanalyse innerhalb der Hauptströmungen der akademischen Psychologie wie auch die Form, die die Diskursanalyse in der kritischen Psychologie annimmt. Schließlich wird an einem Beispiel gezeigt, welche Belange ein kritischer Diskursanalytiker im Auge behalten sollte.

1. Die Diskursanalyse in der Psychologie

Die von Potter und Wetherell (1987, 1995) vertretene Auffassung der Diskursanalyse hat auf Vertreter der qualitativen Psychologie in Großbritannien einen erheblichen Einfluss ausgeübt. Diese Auffassung steht am Ursprung dessen, was viele Sozialpsychologen unter ‹Diskurs› verstehen. Auf die Gegenliebe von traditionellen Psychologen ist dieses Vorbild der Diskursanalyse teilweise deshalb gestoßen, weil sie in Gestalt des ‹diskursiven Handlungsmodells› eine Alternative zu dem an Fachinstitutionen gelehrten Modell gebildet hat (vgl. Edwards & Potter 1993). Mit dem ‹diskursiven Handlungsmodell› wurden bestimmte Kategorien relativiert, die von der Psychologie als unverzichtbar und als unabänderlich angenommen werden. Damit war ein erster positiver Schritt getan. Dennoch ist an diesem Modell einiges auszusetzen: (1) Es bleibt nach wie vor der traditionellen Psychologie verhaftet; (2) es geht der Thematisierung von Politik und Machtstrukturen aus dem Weg; (3) es untersucht lediglich bestimmte Textsorten, statt den analytischen Blick auf weitere diskursive Praktiken zu richten, durch die sich das Selbstverständnis der Menschen bestimmt. Übernehmen wir vorbehaltlos dieses Modell, dann verzichten wir auf das spezifische *kritische* Potenzial des diskursanalytischen Ansatzes für die Psychologie.

In dem von Potter und Wetherell vorgestellten diskurspsychologischen Ansatz steht der Gegensatz zwischen der Konversationsanalyse *(→ 5.17)* und der Ethnomethodologie *(→ 3.2)* für den zwischen qualitativen und quantitativen Methoden bestehenden Graben. Die

Ethnomethodologie vertritt vehement den Standpunkt, dass Quantifizierungen zu bodenloser Abstraktion verführen. Aufgrund der Ablehnung aller quantitativen Methoden bedient sie sich eines phänomenologischen Forschungsstils (vgl. Smith 1976; → 3.1). Die Konversationsanalyse hat es im Gegensatz dazu vorgezogen, sich den Regeln dessen anzupassen, was nach ihrem Dafürhalten das akademische Spiel ist (vgl. Antaki & Widdicombe 1998). Diese beiden Stränge der Diskursanalyse laufen allerdings Gefahr, den ‹Essenzialismus› der etablierten akademischen Psychologie in Alternativen einzuschmuggeln, die mit qualitativen Verfahren arbeiten.

Der Essenzialismus lässt sich in der heutigen Diskursanalyse in mindestens vierfacher Form nachweisen. Die erste Form des Essenzialismus liegt vor, wenn ein Diskursanwender als Person definiert wird, die intentional bestimmte ‹interpretative Repertoires› gebraucht oder bestimmte rhetorische Effekte zu erzielen bestrebt ist (vgl. Edwards 1995). Da die traditionelle psychologische Forschung vom Individuum ausgeht, verwundert es eigentlich nicht, dass die Rhetorik der Intentionalität auf diskursanalytische Beschreibungen abfärbt und dass die ‹Funktionen› des Diskurses auf die Innerlichkeit des individuellen Sprechers zurückgeführt werden. Gerade deshalb sollte man sich in der in kritischer Absicht betriebenen Sprachforschung besonders vor den Gefahren des Individualismus hüten.

Die zweite Form des Essenzialismus begegnet einem dann, wenn die Angst vor Sprachdeterminismen in diskursanalytischen Beschreibungen wettgemacht wird durch die Wiedereinführung dieses oder jenes Begriffs des Selbst (vgl. Burr 1994).

Die dritte Form des Essenzialismus zeigt sich dort, wo Behauptungen über diskursive Fähigkeiten des Menschen in Aussagen über notwendige Eigenschaften oder auch über die ‹dilemmatische Eigenschaft› des Denkens umgesetzt werden (vgl. Billig 1991).

Die vierte Form des Essenzialismus schließlich zeichnet sich ab, sobald theoretische Erklärungen für Konsumenten der Psychologie durch Rekurs auf Modelle der Quasi-Kognition oder sogar durch den Rückgriff auf neurophysiologische Erklärungsmodelle schmackhaft gemacht werden (vgl. Harré & Gillett 1994).

Die zuletzt genannte Version der Diskursanalyse ist besonders für Autoren attraktiv, die Anschluss an das «neue Paradigma» der Sozialpsychologie (vgl. Harré & Secord 1972) gesucht haben. Sie hat die an vielen Psychologischen Instituten in den letzten zehn Jahren betriebene qualitative Forschung in gewisser Weise legitimiert. Das hat dann zu der Überlegung geführt, dass die Einbettung der ‹diskursanalytischen Wende› in eine ‹zweite kognitivistische Revolution› möglich sei; im Zuge dieser zweiten kognitivistischen Revolution würde sich zeigen, dass die Maschinerie des Mentallebens den meisten Menschen bereits weitgehend vertraut sei (vgl. Harré & Gillett 1994). Einige kritisch eingestellte Sozialpsychologen, die einerseits in der Untersuchung der Rhetorik einen Ausweg aus der psychologischen Laborforschung erblickt haben und sich deshalb der Frage widmen, wie Menschen im Alltagsleben mit Dilemmata umgehen (vgl. Billig 1987), betrachten nunmehr ihre Arbeit als ‹diskursanalytisch› und stellen aufgrund ihrer Ergebnisse die Behauptung auf, dass sie neue Erkenntnisse über das menschliche Denken anzubieten hätten (vgl. Billig et al. 1988). Es ist allerdings zu bemerken, dass die verschiedenen Entwicklungen der Diskursanalyse die Etablierung einer kritischen Perspektive in der Psychologie durchaus befördert haben. So gründet beispielsweise die Analyse des Rassismus von Wetherell und Potter (1992; vgl. Potter & Wetherell 1995) auf einer radikaleren, von Michel Foucault inspirierten Form diskursanalytischer Forschung.

Dieser Beitrag beschäftigt sich mit den von Foucault inspirierten diskursanalytischen Ansätzen, die an strukturalistische und poststrukturalistische Theorien anknüpfen. Diese Ansätze sind jüngst ausdrücklich mit der Entwicklung der ‹kritischen Psychologie› in Zusammenhang gebracht worden.

2. Die Diskursanalyse in der kritischen Psychologie

Der Sprachwissenschaftler Ferdinand de Saussure (1974) fasste einmal den kühnen Gedanken, dass es unter der Bezeichnung ‹Semiologie› eine neue Wissenschaft geben könne, die das Leben der Zeichen in der Gesellschaft untersuchen werde. Die Erkundung semiologischer Bedeutungsmuster wird inzwischen teils unter diesem Label, teils unter dem verwandten, aus den USA stammenden Label ‹Semiotik› vorangetrieben (vgl. Hawkes 1977). Obgleich die Diskursanalytiker in der Psychologie vorwiegend gesprochene und geschriebene Texte unter die Lupe genommen haben, sollte eine kritische ‹Lektüre› der psychischen Phänomene als eines Bestandteils unserer Kultur alle Arten symbolischen Materials einbeziehen, das wir zur

Selbstdarstellung verwenden (vgl. Parker & Bolton Discourse Network 1999). Die Gesamtheit dieses symbolischen Materials ist *organisiert*. Erst aufgrund dieser Organisation können wir als Verwender des symbolischen Materials ein Gefühl von Gemeinschaft und Identität entwickeln. Die Semiologie im Allgemeinen und die Diskursanalyse im Besonderen führen uns zu der Frage, wie denn die Subjektivität – die Daseinserfahrung und das Daseinsgefühl in bestimmten diskursiven Zusammenhängen – innerhalb und außerhalb der Psychologie konstituiert wird.

Die Psychologie glaubt, sie sei ‹realistisch›. Das trifft aber weitgehend nur zu, wenn man ‹realistisch› im empiristischen Wortsinn definiert. Die Vertreter der Diskursanalyse bezweifeln jedoch, dass ihre Disziplin ‹die Realität› über die Erschließung von Texten ergründe. Es ist nämlich möglich, die besonderen Merkmale eines ‹realistischen› Textes als Konstruktionen einer als selbstverständlich aufgefassten Außenwelt zu analysieren, ohne aus den Konstruktionen irgendeine Behauptung über die Beschaffenheit der Außenwelt abzuleiten. Einige filmtheoretische Untersuchungen visueller Texte *(→ 5.7)* haben z. B. gezeigt, wie die Ideologie vermittels der Re-Präsentation von Ereignissen auf der Leinwand den Bilderfluss in ein Scheinfenster verwandelt, das sich auf die Welt öffnet (vgl. McCabe 1974). Psychologische Aussagensysteme verwenden den gleichen ‹Trick›, denn sie erheben den Anspruch, ein Fenster auf die Mechanismen unseres Bewusstseins zu öffnen.

In der Diskursanalyse werden nicht zuletzt auch Verschriftungen untersucht, die mit visuellen Texten aus unserer Umwelt operieren und auf diese Weise den Aussagen über die Welt den Anschein von Vernünftigkeit und Plausibilität verleihen.

Die Organisation des Diskurses aufgrund von Mustern und Strukturen legt die Bedeutung des symbolischen Materials fest. Das ist der Grund, warum Diskursanalytiker Texte untergliedern und deren Funktionsweise erfassen können. Im Forschungsprozess wenden wir uns spezifischen Texten zu. Das mag aus pragmatischen Gründen dazu verleiten, uns als Statthalter der Kultur aufzufassen. Folglich sollten wir darauf achten, wie die untersuchten Bedeutungen in einem aus vielen Texten bestehenden Zusammenhang produziert werden. Anders gesagt: Wir dürfen die ‹intertextuellen› Merkmale nicht einfach übergehen. Ziehen wir einen vorgefertigten Text heran oder fabrizieren wir aus Versatzstücken einen Text, versetzen wir uns in die Lage, die zwischen den Zeichen bestehenden Beziehungen aufzuspüren und die Regelhaftigkeiten festzustellen, durch die bestimmte Sprecherpositionen für die Leser angezeigt werden. Gelingt es uns, die Bedeutungsmuster und -strukturen aufzudecken, dann erfassen wir auch die in der Sprache angelegte Macht der Ideologie. Das heißt, wir identifizieren unterschiedliche ‹Diskurse›, durch welche die in der Welt wahrgenommenen Gegenstände und Beziehungen genauso definiert werden wie die Gegebenheiten, die wir in uns selbst als psychisch real erfahren.

Saussure führte die Unterscheidung zwischen dem individuellen Sprechen und dem Sprachsystem ein. Die Sprache als System bestimmt darüber, wie Sprechakte (Austin 1962) produziert werden können und welche Bedeutung sie für andere Sprecher haben. Roland Barthes (1972) erweiterte später den durch die Saussure'sche Unterscheidung gesetzten Forschungsrahmen, indem er die Fähigkeit der Sprache untersuchte, nicht nur durch ‹Denotation› Dinge außerhalb ihrer selbst zu bezeichnen, sondern auch durch ‹Konnotation› auf ein Geflecht von Assoziationen anzuspielen, das als ein ideologisches Zeichensystem zweiter Ordnung fungiert. Dieses System zweiter Ordnung bezeichnete er als «Mythos». Mythen naturalisieren kulturelle Bedeutungen und erzeugen den Schein, dass die Sprache nicht nur auf die Welt verweist, sondern auch eine unabänderliche, universelle Weltordnung widerspiegelt. Da der Mythos die Welt nicht direkt zu widerspiegeln behauptet, sondern sich vielmehr als selbstverständlich anmutende Sicht der Dinge hinterrücks ins Sprechen einschleicht, ist er einer der wirkungsvollsten Hebel der Ideologie.

Foucault (1980) misstraute dem Begriff der Ideologie, der den Menschen zu der Vermutung verleitet, dass hinter den Dingen eine verborgene, der Ideologie entgegengesetzte ‹Wahrheit› stecke. Die von Foucault inspirierte Diskursanalyse in der Psychologie steht inzwischen allerdings dem von radikalen Literaturtheoretikern geklärten Ideologiebegriff weniger skeptisch gegenüber. Sie versucht sogar, den Ideologiebegriff für die analytische Lektüre von Texten nutzbar zu machen.

Das heißt nun nicht, dass die meisten Diskursanalytiker sich der Position der ‹Rezeptionstheoretiker› in der Literaturwissenschaft (vgl. z. B. Iser 1978) verschrieben hätten. Der Begriff des lesenden ‹Rezipienten› führt uns nämlich zurück zu einer kognitivistischen

Auffassung des Individuums, das in seinem Kopf eine Interpretationsmaschine herumträgt, mit der es die um es herum stattfindenden Ereignisse decodiert. Der Begriff suggeriert zudem, dass es für den Leser eine von keinem Diskurs beeinflusste Position gibt, sodass er den Textgehalt aus der Perspektive des reinen Objektivismus zu analysieren vermag (vgl. Eagleton 1983). Die Diskursanalytiker, die sich mit Literaturtheorie befassen, haben viel eher an Barthes' Unterscheidung zwischen ‹lese-› und ‹schreiborientierten› Texten Anschluss gesucht. Mit dieser Unterscheidung hat Barthes (1977) angedeutet, dass es geschlossene, nur für das Lesen bestimmte Diskurse gibt und solche, die nicht nur gelesen, sondern aufgrund ihrer Offenheit auch fortgeschrieben, also verändert werden können. Reine Lesetexte – beispielsweise Psychologielehrbücher – gewähren den Lesenden nur die Möglichkeit zur Reproduktion des Gelesenen. Schreiborientierte Texte dagegen laden die Lesenden zur Teilnahme an der Sinnkonstitution und zur Veränderung der Bedeutungen ein. Es tun sich hier Probleme des Lesens und der Interpretation auf, die mit den quantitativen Methoden der Psychologie nicht zu lösen sind.

Binden wir unsere Arbeit in dieser Weise an die Foucault'sche Tradition an, kann unser Ansatz die Kritik diskursiver Widersprüche befördern und zum Verständnis der Konstitution des modernen psychischen Subjekts sowie der Stellung desselben in Wissens- und Machtregimes beitragen. Unter diesen Voraussetzungen können sich die Forscher auch ganz vom *mainstream* der Psychologie befreien und das Fach als eine Reihe von Praktiken wahrnehmen, die sich ‹dekonstruieren› lassen.

Obgleich die in diesem Bereich der Diskursanalyse tätigen Forscher vor einer Systematisierung ihres Ansatzes warnen, weil derselbe eher als Mittel zur Sensibilisierung für sprachliche Phänomene denn als Methodenkatalog dient, ist es dennoch möglich, einige Verfahrensschritte anzugeben, über welche die Widersprüche, Konstruktionen und Funktionen der Sprache identifiziert werden. Parker (1992) hat einige dieser ‹Schritte› skizziert, von denen hier sieben genannt werden sollen.

(1) Die Forschenden werden ermuntert, einen Text zu verschriften, falls er in dieser Form noch nicht vorliegt; (2) zum Text soll frei assoziiert werden, damit Bedeutungsschattierungen sich herauskristallisieren; diese lassen kulturelle Vernetzungen erkennen; die Assoziationen werden schriftlich fixiert; (3) die Gegenstände, von denen

die Rede ist, werden im Text oder in ausgewählten Textabschnitten systematisch durch die Markierung des jeweiligen Satzsubjekts identifiziert; (4) die Distanz zum Text wird dadurch bewahrt, dass man ihn selbst, und nicht die von ihm ‹bezeichneten› Gegenstände, zum Untersuchungsobjekt macht; (5) die jeweiligen ‹Subjekte›, d. h. Charaktere, Personen, Rollen, werden spezifiziert; (6) man rekonstruiere die angenommenen Rechte und Verantwortlichkeiten der jeweiligen im Text erwähnten ‹Subjekte› und stelle (7) das Netzwerk der Beziehungen schematisch dar. Diese Sprachmuster sind ‹Diskurse›, die sich dann hinsichtlich der Ideologie, der Macht und der Institutionen genauer verorten lassen.

3. Ein Beispiel zur Veranschaulichung (aus der Pädagogik)

Wir wählen ein hervorragendes Beispiel kritischer Forschung zur Veranschaulichung der Bedeutung methodologischer und theoretischer Debatten in der Diskursanalyse.

Walkerdine (1991) hat die Interaktion zwischen einer Lehrerin und einem jungen Schüler im Klassenzimmer untersucht. Die theoretischen Voraussetzungen und Annahmen dieser Analyse sind später von Henriques et al. (1998) expliziert worden.

Aus dem kurzen Auszug des Transkripts geht hervor, dass die Lehrerin den Schüler in Schach halten konnte, bis dieser mit einem Schwall sexistischer Beleidigungen reagierte. Sie zog sich zurück und war danach zur Wiederherstellung ihrer Autorität nicht mehr imstande. Die am Thema der Macht interessierten Psychologen werden naturgemäß versucht sein, den Machtfaktor zu definieren als wissentliche Ausübung von Autorität einer Person über eine andere, die ‹sich unterordnet› oder ‹gehorcht›. Macht im Diskurs ist jedoch eine etwas kompliziertere Angelegenheit. Die Begriffe ‹Subjektposition› und ‹Aufforderung› haben sich als hilfreiche Werkzeuge erwiesen, mit denen sich die Interaktionen zwischen ‹machtausübender› und ‹machtloser› Person haben erfassen lassen. Forscher in der Tradition Foucaults suchen hier nach Anhaltspunkten dafür, wie die Organisation der Sprache in einer bestimmten Kultur Raum schafft für das Entstehen solcher Phänomene und wie das Selbst an den ‹Oberflächen der Machtemergenz› auf sinnvolle Weise bestimmte Repräsentationen und Praktiken entwickelt.

Walkerdines Analyse zeigt, wie die Interaktion zwischen den beiden Personen durch konkurrierende Diskurse – hier durch den auf Entwürdigung der weiblichen Sexualität zielenden Diskurs und dort durch den Diskurs liberaler Erziehung – determiniert wurde. Der Schüler konnte die Lehrerin in ihrer Rolle als Frau wahrnehmen und sie zum Schweigen bringen, und die Frau, die sich Toleranz gegenüber ungehinderten kindlichen Meinungsäußerungen angeeignet hatte, nahm sich selbst als gute Lehrerin wahr, wodurch sie den Schüler nicht mehr zum Schweigen zu bringen vermochte. Eine geschichtliche Episode wie diese sollte von der Diskursanalyse folglich nicht als ein Geschehen aufgefasst werden, in das zwei individuelle Akteure verwickelt werden, sondern vielmehr als ein Handlungsfeld, in dem Individuen sowohl ein Selbst- wie auch ein Fremdverständnis entwickeln. Die beiden Diskurse kamen hier nur aufgrund des umfassenderen Machtsystems der Geschlechterbeziehungen *(→ 3.10)* und des ideologischen Erziehungssystems ins Spiel. Macht wurde im Klassenzimmer so ausgeübt, dass die Frau an der Reproduktion ihrer eigenen Unterdrückung mitwirkte. Die Analyse der Diskursregeln, denen eine spezifische soziale Formation unterworfen ist, muss folglich klären, wie Individuen schöpferisch mit diesen Regeln umgehen, welche Machtstrukturen die Akteure bei der Teilnahme am Interaktionsgeschehen rekonstruieren und welche Widerstandsformen sie verwirklichen können. Die Makroebene erweist sich damit als etwas, das auf die Mikroebene abfärbt und sich dort manifestiert.

Walkerdine befolgte in ihrer Untersuchung keine durch Regeln festgesetzte Reihe von ‹Schritten›. Die meisten Beispiele aus der Diskursanalyse, die mit solchen Untersuchungsschritten operieren, tun dies aus didaktischen Gründen (vgl. z. B. Parker 1994). Walkerdine identifiziert allerdings im Text beispielsweise die ‹Subjekte› (die besonderen Merkmale für ‹Frau›, ‹Schüler›, ‹Lehrerin›, ‹Kind›) als diskursiv konstruierte Objekte und beschrieb deren Rechte, deren Verantwortlichkeiten und die dabei involvierten Machtmuster.

Die Lehrerin aus Walkerdines Beispiel war aufgrund ihrer Ausbildung sowohl ein Opfer der Psychologie als auch ein Opfer des Sexismus geworden. Die Konzeption des Psychischen fungiert im gesunden Menschenverstand wie ein ‹Mythos› und geht mit Ausschließungs- und pathologisierenden Praktiken einher, die von ebendiesem gesunden Menschenverstand als natürlich und allgemein gültig wahrgenommen werden. Deshalb ist es erforderlich, die Analyse psychischer Phänomene Hand in Hand mit der Analyse psychologischer Praktiken in westlichen Kulturen durchzuführen. Insbesondere ist zu untersuchen, wie die Psychologie das Bild des ‹persönlichen Selbst› über ihre Praktiken als Bestandteil des ‹Psycho-Komplexes› (vgl. Rose 1985) verbreitet. Doch damit wird auch evident, wie problematisch es ist, sich auf den naiven Menschenverstand als ein stets vertrauenswürdiges Korrektiv zur akademischen Psychologie zu berufen.

Jene, die sich mit der ihnen durch die Sprache zugewiesenen Position innerhalb einer Kultur abfinden oder die Machtverhältnisse nicht zu kritisieren wünschen, also auch zögern, die ihnen von der Psychologie zugeschriebenen Merkmale zu durchschauen, werden sich durch Lehrbücher der Diskursanalyse durcharbeiten, ohne den Zweck derselben wirklich zu verstehen. Denn die Sprache erfüllt in ihren Augen bloß eine Aufgabe: die Welt zu repräsentieren, wie sie ist oder wie sie nach gesundem Menschenverstand zu sein hat.

Es ergeben sich hier viele Paradoxien. Sowohl die konservative als auch die kritische Psychologie sind Teil des Alltagswissens außerhalb der Universitäten und der Kliniken. Es ist einfacher, diese Paradoxien aufzulösen, wenn wir auf den Begriff des Widerspruchs im Diskurs eingehen und unsere Aufmerksamkeit darauf richten, wie machtstabilisierende und machtunterminierende Objekte durch widersprüchliche Bedeutungen konstituiert werden.

Es gibt keinen geraden Pfad quer durch die Diskursanalyse, dem wir beispielsweise bei der Anwendung der Foucault'schen Begrifflichkeit folgen könnten und der uns die Gewähr gibt, dass wir eine brauchbare kritische Perspektive erarbeiten. Denn es findet stets eine Auseinandersetzung über die Bedeutung der Begriffe und deren Wirkungen innerhalb von Wahrheitsregimes statt (vgl. Parker & Burman 1993). So können wir die ‹Diskurspsychologie› als Gegendiskurs entwerfen, der die psychischen Prozesse in die Kultur und die Politik einbettet; die gleiche ‹Diskurspsychologie› kann aber auch von den Hauptströmungen der akademischen Psychologie absorbiert werden, wodurch die kritische Spitze der ‹Diskurspsychologie› stumpf würde.

Der Stoff des psychischen Lebens ist im Diskurs beschlossen. Deshalb ist die Aussage nicht von der Hand zu weisen, dass wir eine alternative ‹Diskurspsychologie› entwickeln. Diese Aussage muss aber eher auf der theoretischen denn auf der methodischen Ebene geklärt werden, sofern die Diskursanalyse mehr sein soll als eine weitere Methode unter anderen und sofern sie am Aufbau einer kritischen Psychologie mitarbeiten will (vgl. Parker 1999).

Übersetzung aus dem Englischen von Alexandre Métraux

Weiterführende Literatur

Henriques, J., Hollway, W., Urwin, C., Venn, C. & Walkerdine, V. (1998). Changing the Subject: psychology, social regulation and subjectivity (Reissued edition). London: Routledge.

Parker, I. (1997). Discursive Psychology. In: Fox, D. & Prilleltensky, I. (Hg.): Critical Psychology: An Introduction, S. 284–298. London: Sage.

Parker, I. & Burman, E. (1993). Against Discursive Imperialism, Empiricism and Constructionism: Thirty two problems with discourse analysis. In: Burman, E. & Parker, I. (Hg.): Discourse Analytic Research: Repertoires and Readings of Texts in Action, S. 155–172. London: Routledge.

Hans-Dieter König
5.20 Tiefenhermeneutik

1. Texte als Inszenierung von Lebensentwürfen
2. Zur Entwicklungsgeschichte psychoanalytischer Sozialpsychologie
3. Lorenzers Verständnis der Psychoanalyse als Sozialwissenschaft
4. Die bei der Anwendung der Methode einzuhaltenden Regeln
5. Entwicklungschancen für eine tiefenhermeneutische Sozialforschung

1. Texte als Inszenierung von Lebensentwürfen

Die von Lorenzer (1981b, 1986) anhand von Literaturinterpretationen entwickelte Tiefenhermeneutik stellt eine sozialwissenschaftliche Methode der psychoanalytischen Kulturforschung dar, welche den narrativen Gehalt von Texten und Bildern über die Wirkung auf das Erleben der Interpreten untersucht. Dabei kann es sich sowohl um natürliche Protokolle wie Interviews und Gruppendiskussionen als auch um künstliche Protokolle wie literarische Texte oder Filme handeln. Die Analyse richtet sich auf die bewussten und unbewussten Lebensentwürfe, die in den über Text oder Film transportierten sozialen Interaktionen inszeniert werden. Es wird eine Doppelbödigkeit sozialer Handlungsabläufe unterstellt, der entsprechend sich die Bedeutung von Interaktionen in der Spannung zwischen einem manifesten und einem latenten Sinn entfaltet (vgl. Abbildung).

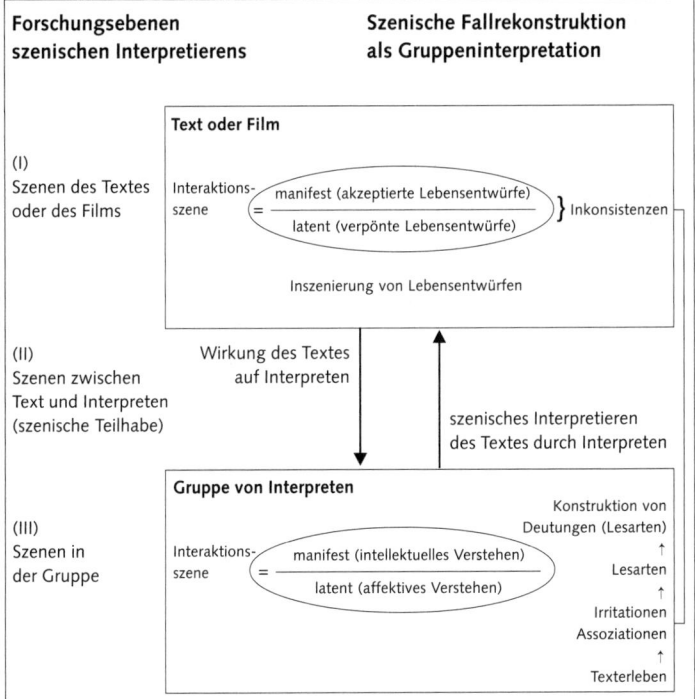

Die Tiefenhermeneutik erforscht die *Doppelbödigkeit* der im Text oder Film arrangierten Interaktionspraxis, ein Gefüge von Interaktionsszenen, deren Bedeutung sich in der Spannung zwischen einem *manifesten* und einem *latenten* Sinn entfaltet (I). Der Zugang zum latenten Sinn, der über Schlüsselszenen zugänglich wird, die sich als *inkonsistent* erweisen, erschließt sich dadurch, dass die Interpreten den Text oder Film auf das eigene Erleben («szenische Teilhabe") wirken lassen (II). Indem die Interpreten in einer Haltung *gleichschwebender Aufmerksamkeit* den sich einstellenden *Assoziationen* und *Irritationen* folgen, gewinnen sie Zugang zu Lesarten, welche das routinisierte Textverstehen unterlaufen. Diese sich auf die Entdeckung von Neuem richtenden Lesarten werden in der Gruppe diskutiert (III), um den latenten Sinn zu erfassen, der sich hinter dem manifesten Sinn des szenisch entfalteten Textes oder Films verbirgt (I).

Während der manifeste Sinn des Interagierens durch bewusste Lebensentwürfe (Erwartungen, Intentionen, Sorgen) bestimmt wird, verschaffen sich auf der latenten Bedeutungsebene Lebensentwürfe (Wünsche, Träume, Ängste) einen Ausdruck, welche bislang noch nicht bewusst geworden sind oder unter dem Druck sozialer Herrschaft wieder verdrängt wurden, um sich hinter dem Rücken der Subjekte verhaltenswirksam durchzusetzen.

Worauf die tiefenhermeneutische Rekonstruktion des manifesten und latenten Sinns eines Textes oder Films zielt, soll exemplarisch anhand von Lorenzers (1990) Interpretation eines Gedichts von R. A. Schröder aus dem Gedichtzyklus «Wintertrost – für S. Stegmann 1941» illustriert werden, das folgendermaßen lautet:

«Wenn dich die Nähe quält,
Denk an die Ferne,
Wenn dir die Sonne fehlt,
Blick in die Sterne.

Einer ist nah und weit,
Nah wie dein Wille,
Fern wie die Ewigkeit,
Denk's und werd stille.»

Auf der manifesten Bedeutungsebene des Gedichts geht es um ein «lebenspraktisches Trösten» (Lorenzer 1990, S. 263): Der Leser wird dazu aufgefordert, sich von einer leidvollen Wirklichkeit zu distanzieren (die «quälende Nähe») und sich darüber durch den Rückgriff auf eine «sichere Weltordnung» («einer ist nah und weit») zu erheben (ebd.). Irritierend ist, dass dieses Eingehen auf den Leser auf mehrfache Weise unterlaufen wird: Der Leser soll sich von sinnlicher Erfahrung distanzieren (weg vom Erleben von «Nähe» hin zum «Denken» einer «Ferne», weg vom Spüren der Sonnenwärme hin zum distanzierten Blick ins kalte Sternenlicht). Der Dialog mit dem Leser wird zudem durch das Aufgehen in dem «Einen» und durch einen Befehl («Denk's und werd stille») abgeschnitten. Das Ineinandergreifen des manifesten und latenten Sinns offenbart, wie das Gedicht eine den Leser entmündigende Wirkung entfaltet: Während der manifeste Sinn auf «Selbstbefreiung, Gedankenfreiheit und Selbstgewissheit in Übereinstimmung mit (…) einem anderen» zielt, fordert der latente Sinn zur «Selbstpreisgabe» und «Auflösung von Subjektivität» auf (Lorenzer 1990, S. 272). Ebenda, wo der Widerstand des Lesers gegen das Dritte Reich gestärkt werden soll, wird ihm die Subjektivität entzogen, weil sich die «Abstinenz von sinnlicher Erfahrung (…) mit der schweigsamen Vereinzelung zum generellen Aktionsverzicht» verbindet (ebd.). So wird fassbar, welche Sozialisationswirkung das Gedicht entfalten kann: Während sich der Freiheit und Autonomie verheißende manifeste Sinn an die Vernunft des Lesers wendet, vereinnahmt der latente Sinn, der hinter dem Rücken des Bewusstseins eine ganz bestimmte gefühlsmäßige Reaktion weckt: Die Aufforderung zu schweigen, sich in eine Innerlichkeit zurückzuziehen und sich mit einer Gottheit zu verbinden, appelliert daran, das Subjektivität stiftende symbolische Handeln aufzugeben und auf eine vorsprachlich-narzisstische Erlebnisebene zu regredieren, auf der das ozeanische Gefühl einer grenzenlosen Verschmelzung mit dem All genossen werden kann.

2. Zur Entwicklungsgeschichte psychoanalytischer Sozialpsychologie

Freud (1972b) brachte das Drama der infantilen Sexualentwicklung, das er als «Kernkomplex» der Neurosenbildung verstand, im Rückgriff auf das von Sophokles verfasste Bühnenstück *König Ödipus* auf den Begriff. Darin zeigt sich, wie sich die Psychoanalyse von Anfang an im Spannungsfeld zwischen therapeutischer Praxis und Kulturanalyse entfaltete (vgl. König 1996c), obgleich sie zunächst nur als Methode und Theorie einer therapeutischen Praxis systematisch entwickelt wurde. In den kulturkritischen Schriften fasste Freud das neurotische Leiden als Ausdruck eines allgemeinen «Unbehagens in der Kultur» auf, das er darauf zurückführte, dass die Menschen unter einer Kulturentwicklung leiden, die auf der «Unterdrückung von Trieben» und auf ihrer nur teilweise gelungenen «Sublimierung» basiert (Freud 1972a, S. 18).

Wichtige Anstöße, die Psychoanalyse mit den Sozialwissenschaften zu verbinden, gingen in den 30er und 40er Jahren von den Forschungen des in die USA emigrierten Frankfurter Instituts für Sozialforschung aus. So wurde unter Horkheimers Regie (1932) das Problem, wie sich der Nationalsozialismus aus der bürgerlichen Gesellschaft entwickelt hatte, auch sozialpsychologisch untersucht. Der wichtigste sozialpsychologische Beitrag des Instituts wurde die von Adorno und seinen Mitarbeitern (1950) verfasste Studie zur autoritären Persönlichkeit, die für antidemokratische Propaganda anfällig ist.

Der in den 60er Jahren ausgetragene Positivismusstreit gab der Methodendiskussion neue Anregungen. Adornos (1969a, 1969b) im Rahmen einer Auseinandersetzung mit den analytisch-empirischen und quantitativen Sozialwissenschaften explizierte Methode einer kritischen Sozialforschung, welche die individuelle Erfahrung mittels einer deutenden Spurensicherung dechiffriert und über Einzelfallrekonstruktionen das Gesellschaftlich-Allgemeine exemplarisch untersucht, wurde zur Grundlage einer wissenschaftstheoretischen Auseinandersetzung um die Psychoanalyse.

3. Lorenzers Verständnis der Psychoanalyse als Sozialwissenschaft

Lorenzer hat auf der skizzierten Basis ein sozialwissenschaftliches Verständnis der Psychoanalyse in drei Forschungsetappen entfaltet:

1. Im weiteren Sinn bezeichnet der Begriff der Tiefenhermeneutik, der mit Rückgriff auf eine Bezeichnung von Habermas (1968, S. 267 f.) verwendet wurde, Lorenzers Anliegen (1974, S. 153 ff.), die Psychoanalyse als interpretierende Sozialwissenschaft zu begreifen, welche auf die «Rekonstruktion der inneren Lebensgeschichte des Patienten» zielt (S. 154). Der Psychoanalytiker bediene sich eines von Lorenzer (1970) so bezeichneten «szenischen Verstehens», mit dessen Hilfe sich die Mitteilungen, Träume und Erinnerungen des Analysanden als Inszenierung bewusster und unbewusster Lebensentwürfe verstehen lassen. Das szenische Verstehen vermag verdrängte Lebensentwürfe bewusst zu machen, weil der Analytiker die Mitteilungen des Analysanden über die sich zwischen ihnen szenisch entfaltende Beziehungssituation erschließt, wie sie sich im Zusammenspiel von Übertragung und Gegenübertragung entfaltet.

2. Um die Metaphorik der psychoanalytischen Metapsychologie zu entziffern und die Geschichts- und Gesellschaftsblindheit der Freud'schen Begrifflichkeit aufzuheben, reformulierte Lorenzer (1971, 1972, 1974) die Psychoanalyse als Interaktions- und Sozialisationstheorie. Mit dem symbolischen Interaktionismus *(→ 3.3)* teilt die von ihm entwickelte psychoanalytische Interaktionstheorie die Perspektive darauf, dass die Akteure den sozialen Interaktionen einen subjektiven Sinn beilegen und sich im Medium des kollektiven Symbolsystems der Sprache auf eine tentative Weise über individuelle Bedürfnisse, soziale Erwartungen und Normen verständigen (vgl. Turner 1962). Anders aber als beim symbolischen Interaktio-

nismus, der die Motive der Akteure auf sprachlich artikulierte, bewusste Handlungsgründe reduziert (vgl. Strauss 1968), geht es in der Psychoanalyse auch um unbewusste Motive, die sich hinter den sprachlich artikulierten Motiven verbergen.

Über welche Handlungsqualifikationen die Interaktionspartner verfügen, versucht Lorenzer auf der Grundlage einer psychoanalytischen Sozialisationstheorie zu klären, welche die Freud'sche Persönlichkeitstheorie interaktionstheoretisch reformuliert. Dabei durchläuft das Individuum im Verlauf des frühen familialen Sozialisationsprozesses zwei verschiedene Entwicklungsniveaus von Handlungsentwürfen, die grundsätzlich den beiden Formen des Sozialverhaltens entsprechen, welche Mead (1934) im Rahmen seiner anthropologisch begründeten Kommunikationstheorie unterscheidet – das über einen Gestenaustausch regulierte Tierverhalten und das selbstreflexive Handeln von Menschen, die aufgrund der Verfügung über Sprache signifikante Gesten austauschen. Das Es, das mit der *Affekt-* und *Triebstruktur* identifiziert wird, bildet ein Gefüge unbewusster Interaktionsformen. Diese gelten als intrapsychischer Niederschlag eines über den Austausch von Gesten regulierten sensomotorischen Interagierens zwischen Säugling und primärer Bezugsperson, in dessen Verlauf Reiz-Reaktions-Komplexe ineinander greifen. Das Ich erweist sich dagegen als ein Gefüge symbolischer Interaktionsformen, welche sich als intrapsychischer Niederschlag eines über den Austausch signifikanter Gesten regulierten Interagierens erweisen und das Denken ermöglichen.

3. Im engeren Sinn wird der Begriff der Tiefenhermeneutik für das von Lorenzer (1986) entwickelte Projekt einer psychoanalytischen Kulturanalyse verwendet (vgl. Belgrad et al. 1987; Belgrad 1997; König 1996b und 1998), welche den narrativen Gehalt von Texten und Filmen auf eine methodologisch reflektierte Weise untersucht. Damit unterscheidet sich die Tiefenhermeneutik von einer naiven Form der subsumtionslogischen Anwendung der Psychoanalyse auf die Kultur, die klinische Diagnosen an kulturellen Erscheinungen bloß illustriert und damit zur Psychologisierung und Pathologisierung des sozialwissenschaftlichen Forschungsgegenstandes führt. Dabei wird das methodologische Problem ignoriert, das mit der Anwendung der Psychoanalyse auf die Kultur verbunden ist. Die psychoanalytischen Begriffe, die in einer therapeutischen Praxis entwickelt wurden und auf sie zugeschnitten sind, lassen sich nicht ein-

fach auf die Kultur übertragen, weil es sich hierbei um ein Forschungsfeld mit anderen und eigenen Merkmalen handelt.

Wenn man die Freud'sche Theorie als Sozialwissenschaft systematisch entfalten will, ohne das sich in einem Textprotokoll manifestierende Interaktionsdrama unvermittelt unter psychoanalytische Theoriebruchstücke zu subsumieren, dann geht es *methodologisch* darum, die in der therapeutischen Praxis entwickelte Methode der psychoanalytischen Hermeneutik, das von Lorenzer (1970) entwickelte «szenische Verstehen», so zu modifizieren, dass es in sozialwissenschaftlicher Forschungspraxis dazu beiträgt, im Rahmen einer zu entwerfenden eigenständigen Theorie der Kultur Neues zu entdecken.

4. Die bei der Anwendung der Methode einzuhaltenden Regeln

Im Rahmen dieses Beitrags kann nicht ausgeführt werden, wie sich die tiefenhermeneutische Kulturanalyse aus der therapeutischen Verfahrensweise des szenischen Verstehens entwickelt hat (vgl. Lorenzer 1986; König 1996c). Auch können hier nicht alle Regeln des tiefenhermeneutischen Interpretierens erörtert werden (vgl. König 1997c). Insofern werden hier nur die wichtigsten Regeln der Methode erläutert. Um die Verfahrensweise zu veranschaulichen, wird die Anwendung dieser Regeln am Beispiel eines Forschungsprojekts zur medialen Inszenierung von Rechtsextremismus illustriert, in dem auch der Bonengel-Film *Beruf Neonazi* szenisch rekonstruiert wurde:

1. Die in Text oder Film arrangierte Interaktionspraxis wird als ein Drama aufgefasst, in dem verschiedene Personen auf einer mit bestimmten Kulissen und Requisiten ausgestatteten Bühne auftreten, um durch einen Austausch von Gesten und durch Sprache konkrete Lebensentwürfe darzustellen (vgl. Abb., Interaktionsebene I). Ein erstes Verstehen erschließt sich, sobald das Geschehen auf der Bühne in der Umgangssprache so lebendig nacherzählt wird, dass man es sich bildhaft vorstellen kann: Indem der Münchner Neonazi Althans gut gelaunt durch die Gedenkstätte Auschwitz schlendert, um munter vor sich hin pfeifend das Krematorium aufzusuchen, setzt er sich als ein neugieriger Tourist in Szene, der das ehemalige Vernichtungslager in einen amüsanten Ausflugsort verwandelt (vgl. König 1995c).

2. Das Schauspiel, das Text oder Film bieten, lassen die Interpreten wie Theaterbesucher auf das eigene Erleben wirken. Egal, ob begeistert oder gelangweilt reagiert wird, man überträgt auf Text oder Film Affekte, aufgrund deren die uneingestandenen Lebensentwürfe spürbar sind, welche die Akteure auf der Bühne hinter offen zum Ausdruck gebrachten Intentionen, Wünschen und Sorgen verbergen und in ihrem Interagieren doch ungewollt zum Ausdruck bringen.

3. Das affektive Verstehen, das aufgrund dieser emotionalen Teilhabe an Text oder Film zustande kommt, lässt sich fruchtbar machen, indem man sich an Freuds Ratschläge für das psychoanalytische Verstehen hält. Einerseits folgt man seiner Aufforderung, «sich nichts besonders merken zu wollen», und dem Text gegenüber eine Haltung «gleichschwebender Aufmerksamkeit» einzunehmen (Freud 1975, S. 171). Andererseits hält man sich an Freuds Regel der freien Assoziation und überlässt es den eigenen Einfällen, auf welche Interaktionsszenen sich die gleichschwebende Aufmerksamkeit richtet und was man verstehen will: Da die Seminarteilnehmer vor allem über die beiden Szenenfolgen schockiert waren, in denen Althans eine serbische Holocaust-Überlebende verhöhnte und Auschwitz zu destruieren versuchte, wurde mit der szenischen Interpretation dieser beiden Filmsequenzen begonnen.

4. Von besonderem Interesse sind jene Assoziationen zum Text, welche an irritierenden Interaktionssequenzen ansetzen. Der Begriff *Irritation* hebt darauf ab, dass bestimmte Interaktionsszenen befremden, weil sie Lesarten widersprechen, die sich im Zuge eines routinisierten Textverstehens aufdrängen: Als bei der Interpretation der Filmsequenz, in der Althans sich über eine serbische Holocaust-Überlebende mokierte (vgl. König 1995b), in der Gruppe die Rede darauf kam, dass die in Tränen ausbrechende alte Frau gar kein Mitleid, sondern Wut wecke, weil sie wie auf Kommando «jammere», und als jemand anders hinzufügte, im Grunde reagiere Althans doch «cool» und «intelligent», erschlossen sich abweichende Lesarten, welche einen Zugang zu einer latenten Sinnebene eröffneten. So wurde fassbar, dass die Zuschauer auf das schockierende Verhalten von Althans nicht nur ablehnend, sondern ihren Idealen und Moralvorstellungen entgegen auch fasziniert reagierten.

5. Das Filmverstehen geht zwar vom je eigenen Erleben aus, wird jedoch in der Regel in eine Gruppeninterpretation eingebracht

(vgl. König 1993). Diese stellt das intellektuelle Verstehen zurück, mit dessen Hilfe späterhin die Ideologie von Althans untersucht wurde – ein «orthodoxer Nationalsozialist», der Jugendliche für die um den Antisemitismus zentrierte Weltanschauung des Faschismus einzunehmen versucht. Im Gegensatz dazu ist bei der Gruppeninterpretation von einem affektiven Verstehen und Erleben des Textes oder Films auszugehen. Da sehr persönliche Text- und Filmerlebnisse ausgetauscht werden, entwickelt sich eine lebhafte Kontroverse über verschiedene Lesarten. Durch die Auseinandersetzung darüber, ob die Serbin von einem Schmerz überwältigt werde oder «jammere», ob Althans ein bösartiger und zynischer Antisemit oder ein smarter und gut aussehender junger Mann sei, dessen Rechtsextremismus auch irgendwie «chic» sei, fand in der Gruppe eine heftige Auseinandersetzung um die angemessenste Lesart statt. Der sich durch das Aufeinanderprallen konkurrierender Lesarten entzündende Konflikt lässt sich als eine zwischen den Interpreten Gestalt annehmende Szene begreifen (vgl. Abb., Interaktionsebene III), die Rückschlüsse auf die szenische Struktur des Films erlaubt. Denn es sind der Text und die Bilder, welche derart unterschiedliche emotionale Reaktionen freisetzen. Die Gruppendiskussionen werden aufgezeichnet und verschriftet.

6. Da das Verstehen des Textes oder Films über die Wirkung auf das eigene Erleben zugänglich wird, ist es notwendig, dass die Interpreten ein Forschungstagebuch anlegen, in das regelmäßig die eigenen Einfälle, Fragen und Verstehenszugänge eingetragen werden. So entsteht ein Protokoll, das die unterschiedlichen Lesarten festhält, mit denen man sich einen eigenen Zugang zum Text oder Film erschlossen hat.

7. Lassen sich auch die Seminarteilnehmer von ihren subjektiven Erfahrungen leiten, dann werden die Deutungsversuche dadurch verallgemeinert, dass sie im Dienst der szenischen Interpretation des Textes oder Films stehen, der sich als ein komplexes Gefüge sinnlich-bildhafter Szenen begreifen lässt. Das szenische Verstehen beginnt mit einer Interaktionsszene, welche aufgrund von Assoziationen und Irritationen eine gleichschwebende Aufmerksamkeit auf sich zieht. Das an dieser Szene weiterhin Befremdende lassen sich die Interpreten durch andere Szenen erläutern, welche benachbart sind oder in einem ganz anderen Handlungszusammenhang des Textes/Films stehen, jedoch auf eine vergleichbare Weise irritieren. Sol-

che Szenen, welche bei eingehender Analyse die gleiche oder eine ähnliche situative Struktur offenbaren, lassen sich zu verschiedenen Szenenfolgen zusammenstellen: Die Szenen der Auschwitzsequenz schließen sich zu einer Serie von Szenen zusammen, welche wiederum mit der Filmsequenz verknüpft ist, in der Althans eine Holocaust-Überlebende verhöhnt. Die unterschiedlichen Szenenfolgen, die so lange verglichen und miteinander kombiniert werden, bis sie sich zu einer das Ganze erhellenden szenischen Konfiguration zusammenfügen, konstituieren die verschiedenen Themen des Films, die häufig auf vielfältige Weise miteinander verschlungen sind: die Rebellion eines zornigen jungen Manns gegen die ältere Generation; seine durch die Filmsequenzen mit dem Deutschkanadier Zündel visualisierte Initiation durch die Männergemeinschaft der Neonazis (vgl. König 1997a); die Feuerprobe, sich in der Öffentlichkeit als ein wütender Neonazi darzustellen, der die Juden hasst; und seine Erfolge als politischer Redner vor Jugendlichen (vgl. König 1997b).

8. Der Prozess des szenischen Interpretierens stellt das erste Feld eines *hermeneutischen Verstehensprozesses* dar, auf dem man sich der Umgangssprache bedient. Dabei entfaltet sich das szenische Interpretieren in der Spannung zwischen drei Interaktionsebenen (vgl. Abb.): Das szenische Gefüge des Textes/Films (I), das durch die Selbstinszenierungen von Althans geprägt wird, wird über die Wirkung auf die Interpreten erschlossen. Die Gefühle der Ohnmacht, Wut und Faszination, mit denen die Seminarteilnehmer auf Althans reagieren, dokumentieren das emotionale Reagieren auf das in Text oder Film dargebotene Schauspiel, eine szenische Teilhabe an einer Bilderwelt (II), die über die Szenen fassbar wird, welche in der Gruppe aufgrund der Kontroverse über verschiedene Lesarten Gestalt annehmen (III).

9. Das zweite Feld des hermeneutischen Verstehensprozesses wird durch das *theoretische Begreifen* der Fallrekonstruktion konstituiert. Wie die dem Forschungsprojekt zugrunde liegende theoretische Fragestellung aufgrund von Erkenntnissen sozialwissenschaftlicher und psychoanalytischer Theoriebildung entwickelt wurde, so wird nun auf diese Einsichten zurückgegriffen, um das Neue, das durch die szenische Fallrekonstruktion entdeckt wurde, zu typisieren und auf einen angemessenen Begriff zu bringen. So wurde im Anschluss an die szenische Interpretation der Auschwitzsequenz auf den Begriff gebracht, wie der Münchner Neonazi faszi-

niert, indem er sich als ein «Yuppie-Nazi» präsentiert, der gleichzeitig auf autoritäre, konsumistische und mediale Modi sozialer Anpassung setzt.

Im Zuge eines theoretischen Begreifens der Fallstruktur wurden zudem soziale und historische Bezüge hergestellt. So wurde analysiert, dass der Regisseur Bonengel einen Film produziert hat, der, indem er vom Tanz eines Neonazis auf einem Vulkan erzählt, einem postmodernen Zeitgeist entgegenkommt. Und zuletzt wurde rekonstruiert, dass die Inszenierungen von Althans ihre besondere Wirkung einem politischen Klima verdanken, in dem der ehemalige Bundeskanzler Kohl mit Hilfe eines neuen Jargons der Eigentlichkeit versuchte, den Holocaust als «bittere Erfahrung der Geschichte» zu archivieren: Nachdem Kohl dafür gesorgt hatte, «dass die Gefühle der Scham und Schuld eingefroren» wurden, «mit denen man als Deutscher (…) auf Auschwitz reagiert», vermochte ein Neonazi wie Althans «Auschwitz gegenüber ganz andere Gefühle zu wecken» (König 1995c, S. 412).

10. Das *Schreiben* lässt sich als das dritte hermeneutische Feld der tiefenhermeneutischen Fallanalyse begreifen. In Auseinandersetzung mit Text oder Film, den in der Gruppe produzierten Lesarten (die durch die Verlaufsprotokolle der Gruppensitzungen verfügbar sind), dem Tagebuch des Forschers und den im Anschluss daran entworfenen Überlegungen zum theoretischen Begreifen der Fallstruktur wird ein Text erstellt, der Leser zu überzeugen versucht und den Forschungsprozess selbstkritisch reflektiert *(→ 5.22)*.

Zwischen der weitläufigen Gruppeninterpretation und der knappen Darstellung der Interpretationsergebnisse im Rahmen einer Veröffentlichung besteht vor allem folgender Unterschied: Im Rahmen der Gruppeninterpretation wird erst gegen Ende, sobald das Text-/Filmmaterial szenisch ausgebreitet ist und in seiner Tiefenstruktur fassbar wird, die Frage beantwortbar, welche Sinnzusammenhänge als *manifest* und welche als *latent* zu bezeichnen sind und wie ihr Verhältnis zueinander zu bestimmen ist. Die Darstellung der Interpretationsergebnisse, welche Leser zu überzeugen versucht, beginnt hingegen mit dem leicht nachvollziehbaren manifesten Sinn und eröffnet Schritt für Schritt einen Zugang zu den verborgenen Bedeutungsfacetten des latenten Sinns, die Leser erst im Zuge zunehmender Vertrautheit mit dem szenischen Gefüge des Textes/Films plausibel erscheinen können.

5. Entwicklungschancen für eine tiefenhermeneutische Sozialforschung

Die Tiefenhermeneutik ist in vielfältiger Weise auf ästhetische Produktionen wie Literatur (vgl. Würker 1993; König 1996d), Musik (Schmid Noerr 1987), Film (vgl. König 1995a; 1996a), religiöse und profane Rituale (vgl. Lorenzer 1981a; Schmid Noerr & Eggert 1986), lebensweltliche Handlungskontexte (Horn, Beier & Wolf 1983; Leithäuser & Volmerg 1988) und pädagogische, kommerzielle sowie politische Interventionen in lebensweltlichen Handlungskontexten (vgl. Trescher 1985; Graf-Deserno & Deserno 1998; König 1990) angewendet worden (vgl. zusammenfassend König 1997c). Die Frage, wie entwicklungsfähig die Methode ist, soll anhand des Problems umrissen werden, dass Lorenzer (1972) sein interaktionstheoretisches Verständnis der Freud'schen Theorie im Rahmen einer *materialistischen Sozialisationstheorie* entfaltete, in deren Verlauf er parallel zur Marx'schen Kritik der politischen Ökonomie eine Kritik der bürgerlichen Wissenschaft Psychoanalyse entwickelte. Zwar hat Lorenzer durch das Begreifen der Freud'schen Theorie als Interaktionstheorie einen Bogen zu den Einsichten des Symbolischen Interaktionismus geschlagen; jedoch bleibt sein Versuch der Vermittlung von Psychoanalyse und Soziologie unbefriedigend, weil er sich damit begnügte, die Freud'sche Theorie mit dem historischen Materialismus zu verbinden. Soziales Handeln ist jedoch nicht nur psychoanalytisch als Realisierung von intrasubjektiven Lebensentwürfen und nicht nur strukturanalytisch als Nachvollzug von ökonomischen Zwängen oder als Befolgung von objektiven Systemimperativen zu begreifen. Vielmehr entwickelt das soziale Handeln als symbolisches Interagieren eine Eigendynamik im Rahmen einer Lebenswelt, welche das Vermittlungsglied zwischen dem Seelenleben und dem sozialem System darstellt. Im Rekurs auf Einsichten der Verstehenden Soziologie und des Symbolischen Interaktionismus *(→ 3.3)* lässt sich die von Lorenzer entworfene psychoanalytische Sozialisationstheorie beispielsweise mit Bourdieus (1979) sozialstruktureller Theorie verknüpfen. In dieser Perspektive erscheint das subjektive Leiden von Individuen nicht nur als Niederschlag unbewältigter intrasubjektiver Erfahrungen, sondern auch als Resultat eines Kampfes um Macht in einem sozialen Feld. Diese Vermittlung von Soziologie und Psychoanalyse wird insbesonders durch

Bourdieus (1979) Habitustheorie ermöglicht, die für eine sozialpsychologische Interpretation offen ist. Nach Bourdieu wird der Habitus als ein System von Dispositionen dadurch in frühkindlichen Sozialisationsprozessen sozial hergestellt, dass die äußeren klassenspezifischen und sozialstrukturellen Lebensbedingungen inkorporiert werden. Als zweite Natur leitet der Habitus unbewusst ebenjene Praxis des Handelns an, die den Anforderungen des sozialen Feldes entspricht. Wie sich der Habitus aus soziologischer Sicht mit Bourdieu als ein «sozialer Instinkt» begreifen lässt, der auf einer Verinnerlichung der objektiven sozialen Lage beruht und die Wahl eines entsprechenden Lebensstils bestimmt, so lässt er sich aus psychoanalytischer Perspektive als die Triebmatrix bestimmen: Lorenzer zufolge als jenes Gefüge unbewusster Interaktionsformen, die sich als innerer Niederschlag frühkindlicher Interaktionen bilden und ein System von Verhaltensentwürfen darstellen, welches die späteren Interaktionen strukturiert.

Wie sich dieser neue Brückenschlag zwischen Psychoanalyse und Soziologie in eine tiefenhermeneutische Sozialforschung übersetzen lässt, ist hier am Beispiel der Biographieforschung entwickelt worden (vgl. König 1999a; 1999b; → 3.6; → 3.7): Um die sozialen und psychischen Konstitutionsbedingungen von Lebensgeschichten zu erforschen, werden narrative Interviews (vgl. Schütze 1983) erhoben, die dann mit Hilfe der Tiefenhermeneutik und der Narrationsanalyse ausgewertet werden. Durch diese Triangulation (→ 4.6) zweier Methoden der Textinterpretation wird die Fallstruktur von zwei unterschiedlichen epistemischen Standorten aus rekonstruierbar: Fassbar wird, wie sich Biographien einerseits durch die Verarbeitung intrasubjektiver Konflikte, andererseits durch das symbolische Interagieren mit anderen, durch die Aneignung spezifischer Wissensbestände und durch die Integration in besondere soziokulturelle Milieus entfalten. Dieses Beispiel zeigt, wie sich die Tiefenhermeneutik als eine psychoanalytisch orientierte Methode qualitativer Sozialforschung entwickeln und mit anderen sozialwissenschaftlichen Methoden kombinieren lässt.

Weiterführende Literatur

König, H. D. (1997). Tiefenhermeneutik als Methode kultursoziologischer Forschung. In: Hitzler, R. & Honer, A. (Hg.): Sozialwissenschaftliche Hermeneutik, S. 213–241. Opladen: Leske & Budrich.

König, H. D. (Hg.) (1998). Sozialpsychologie des Rechtsextremismus. Frankfurt a. M.: Suhrkamp.

Lorenzer, A. (1986): Tiefenhermeneutische Kulturanalyse. In: König, H. D., Lorenzer, A., Lüdde, H., Naghol, S., Prokop, U., Schmid Noerr, G. & Eggert, A. (Hg.): Kultur-Analysen. Psychoanalytische Studien zur Kultur, S. 11–98. Frankfurt a. M.: Fischer.

Heinz Bude
5.21 Die Kunst der Interpretation

1. Eine Erfahrung von Wahrheit
2. Das Nutzen von Zufällen und das Ertragen von Unentscheidbarkeiten
3. Der «abduktive Schluss»
4. Das Interview als «objektiver Zufall»
5. Die Hingabe ans Objekt und die Eingebung des Begriffs
6. Eine offene Form des Komplexen, Zeitlichen und Instabilen
7. Singularität und Spezifität

Was Robert Merton (1968) Ende der 40er Jahre noch in Opposition zum Hempel-Oppenheim-Schema wissenschaftlicher Erklärungen als das «serendipity pattern» (Muster des Spürsinns) in der empirischen Forschung bezeichnet hat, ist heute wesentlich für das Verständnis postpositivistischer Sozialforschung. Empirische Forschung erschöpft sich bei weitem nicht im Testen oder Verifizieren von Hypothesen, sondern stellt eine eigene Praxis *experimentellen Theoretisierens* dar, aus der sich Modelle des Erklärens und Begriffe des Verständnisses alltäglicher gesellschaftlicher Wirklichkeit ergeben. «Serendipity» meint die Entdeckung unvorhergesehener, unnormaler und unspezifischer Daten, die eine neue Sichtweise zwischenmenschlichen Handelns verlangen und eine andere Vorstellung des sozialen Universums mit sich bringen. Leon Festingers (1957) Konzept der kognitiven Dissonanz, Sigmund Freuds (1940) Begriff des Unbewussten oder Harold Garfinkels (1967a) Auffassung der Normalitätsunterstellungen haben in solchen Entdeckungen ihren Grund.

1. Eine Erfahrung von Wahrheit

In Antwort auf ein merkwürdiges oder überschüssiges Datum kommt die hermeneutische Dialektik von Wahrheit und Methode in Gang, wodurch bestimmte Denkgewohnheiten als Festgelegtheiten und gewisse Wahrnehmungsweisen als Vergessenheiten deutlich werden. Zur sozialwissenschaftlichen Theoriebildung trägt empirische Forschung bei, wenn sie uns Ideen, Kategorien und Formeln für unbeachtete soziale Sachverhalte und unbedachte gesellschaftliche Zusammenhänge liefert, die dann weiter theoretisch bearbeitet und begrifflich geprüft werden können. Aber der «serendipity»-Effekt stellt sich nie von selber ein. Es braucht immer einen Forscher, der sich den Sachen selbst stellt und damit die Routinen der paradigmatischen Komplexitätsreduktion überwindet und aus der Interpretation eine Kunst macht. Der Begriff *Kunst* steht hier für den Umgang mit Mehrdeutigkeiten, das Erfassen von Begrenztheiten und das Mischen von Getrenntem (zu diesem von der Ästhetik der klassischen Moderne inspirierten Begriff von Kunst in der Wissenschaft: Clifford 1988b). Freilich ist dies nicht als bloßes Spiel oder subjektives Verhalten gemeint, sondern als Ausdruck einer Erfahrung von Wahrheit, die den Kontrollbereich methodischer Legitimation übersteigt (so eine Formulierung von Gadamer 1972, S. XXVII).

2. Das Nutzen von Zufällen und das Ertragen von Unentscheidbarkeiten

Die Frage nach dem Verhältnis von Kunst und Wissenschaft dient zunächst der Abgrenzung zwischen den Formen künstlerischer Intuition und denen wissenschaftlicher Skepsis. Selbst die Vorstellung einer «dritten Kultur» der Soziologie zwischen Literatur und Wissenschaft (Lepenies 1985) beruht auf der vorgängigen Unterscheidung zwischen szientifischen und literarischen Orientierungen. Die Frage nach dem Verhältnis von Kunst und Wissenschaft stellt sich nicht nur von außen im Blick auf institutionelle Trennungen, sondern für die Wissenschaft auch von innen heraus, wenn über Genesis und Geltung wissenschaftlicher Erkenntnisse nachgedacht wird. Dann kommt man um zwei grundlegende Einsichten nicht herum: nämlich zum einen, dass für eine Entdeckung ganz bestimmte Zufälle zusammentreffen müssen, die den Bereich des «Erkannten» für den des «Erkennbaren» öffnen; und zum anderen, dass die Begründung von Aussagen den Rückgriff auf Plausibilitäten beinhaltet, die im Rahmen desselben Aussagesystems nicht mehr begründet werden können. Im ersten Fall geht es um die wissenschaftsgeschichtliche Einsicht in die Zufälligkeit von Entdeckungen, im zweiten um die denktheoretische Einsicht in die Unvollständigkeit von Begründungen. Wissenschaft kann der Originalität des Unbekannten ebenso wenig habhaft werden wie der Paradoxien der Selbstbegründung. Es gehört daher zur Kunst der Wissenschaft, Zufälle nutzen und Unentscheidbarkeiten ertragen zu können. Wer sich von der Wissenschaft nur die Sicherheit von Methoden und die Gewissheit von Begründungen erwartet, bringt sich von vornherein um den Reiz der Forschung, der da beginnt, wo man mit Methodengehorsam und Begründungsidealität nicht mehr weiterkommt.

Das Moment der Kunst kommt also durch die Nichtmethodisierbarkeit einer forscherischen Haltung und die Zirkelhaftigkeit des selbstreflexiven Bewusstseins in die Wissenschaft. Weil man weder aus Theorien ableiten noch von einzelnen Beobachtungen verallgemeinern kann, was der Fall ist, bedarf es der eingelebten Erfahrung und des gezielten Einsatzes eines Forschers, der sich selbst zum Instrument der Forschung macht. Interpretieren ist nicht nur eine Selbstentäußerung in dem Sinn, dass es immer jemanden gibt, der interpretiert. Es ist überdies ein Selbstentwurf, in dem immer ein Affekt steckt. Wo die Wissenschaftstheorie ein Subjekt des Bewusstseins unterstellt, steht in der Forschungspraxis ein Mensch im Leben. Der Wille zum Wissen (Foucault) ist deshalb die Bedingung auch und gerade der wissenschaftlichen Wirklichkeitserforschung.

3. Der «abduktive Schluss»

Charles Sanders Peirce hat in seiner berühmtem Methodologie des «abduktiven Schlusses» einen Weg jenseits induktiver Verallgemeinerungssicherheit und deduktiver Ableitungsgewissheit gesehen: Die Deduktion beweist, dass aus logischen Gründen etwas der Fall sein muss; die Induktion zeigt, dass eine empirische Evidenz besteht, dass etwas tatsächlich wirksam ist; die Abduktion dagegen vermutet bloß, dass etwas der Fall sein könnte. Damit verlässt sie den festen Boden von Vorhersage und Prüfung, um eine neue Idee einzuführen oder ein fremdes Phänomen zu verstehen.

Peirce geht es um den Vorgang der Bildung einer Hypothese, was für ihn mehr als nur ein kognitiver Akt ist, sondern ein Augenblick des Entwurfs einer Welt.

> «Der abduktive Schluss kommt wie ein Blitz. Es ist ein Akt der Einsicht, obwohl extrem fehlbarer Einsicht. Zwar waren die verschiedenen Elemente der Hypothese schon vorher in unserem Verstande vorhanden; aber erst die Idee, das zusammenzubringen, welches zusammenzubringen wir uns vorher nicht hätten träumen lassen, lässt die neu eingegebene Vermutung vor unserem Auge aufblitzen» (Peirce 1970, S. 366).

Der «abduktive Schluss» beruht demnach auf einer doppelten Bewegung: Man muss einerseits die verschiedenen Elemente einer Hypothese vor seinem inneren Augen rotieren lassen, sie andererseits zum richtigen Zeitpunkt in einer Deutung auf den Punkt bringen. Es gibt so etwas wie ein «timing» des Deutungsprozesses, bei dem man zu früh, aber auch zu spät sein kann: zu früh, weil noch nicht alle relevanten Verweisungszusammenhänge eruiert sind, und zu spät, weil sich die Assoziationen in einer schlechten Unendlichkeit verlaufen (→ 2.1; → 4.3).

4. Das Interview als «objektiver Zufall»

Was bedeuten diese Überlegungen für die verschiedenen Stufen des interpretativen Forschungsprozesses? Worin besteht die Kunst bei der Erhebung, Auswertung und Darstellung von qualitativen Daten? Nach Maßgabe der naturalistischen Doktrin in der interpretativen Sozialforschung könnte man geneigt sein, das konservierende Instrument der Teilnehmenden Beobachtung (→ 5.5) dem intervenierenden des Interviews (→ 5.2) vorzuziehen. Aber was die Begegnung mit der Wirklichkeit betrifft, besteht zwischen diesen beiden Herangehensweisen kein so entscheidender Unterschied.

In dem einleitenden Selbstinterview zu seinen «New Yorker Gesprächen» geht Sylvère Lotringer auf den Unterschied zwischen einem schriftlichen Werk und einem aufgezeichnetem Interview ein:

> «In der Schrift ist das Verschwinden niemals definitiv. Schreiben heißt ein Werk errichten, ein Denkmal aufstellen. Zudem ist es das Vertrauen in die eigene Unsterblichkeit oder in das Überleben, was in unserer Zivilisation meiner Meinung nach immer zweifelhafter wird. Das Interview ist hingegen eine Form, die flüchtiger, nomadenhafter und vergänglicher ist. Man erbaut

keine Pyramide, sondern besetzt einen Winkel. Man schafft kein Fundament, man stellt sein Zelt für die Nacht auf» (1983, S. 21).

Der Interviewer gleicht einem Mitreisenden auf der Zugfahrt, dem
man sein ganzes Leben erzählt. Die Begrenztheit des Kontakts
scheint die Bedingung für die besondere Wahrheitsfähigkeit dieser
Beziehung darzustellen. Man vertraut dem, mit Georg Simmel
(1984) gesprochen, «weiterziehenden Fremden», als welcher der Interviewer erscheint, Dinge an, die man einer nahe stehenden Person
möglicherweise niemals sagen würde. So werden Terminiertheit und
Distanziertheit zu Strukturmerkmalen einer «sozialen Beziehung besonderer Art» (Scheuch 1973, S. 66), in der der Einzelne für einen
kurzen Moment als unverwechselbares Gesicht aus der anonymen
Masse in Erscheinung tritt. Es handelt sich um eine zufällige, aber
außeralltägliche Begegnung, in der sich der Befragte als singuläres
Subjekt einer Aussage und zugleich als kategorialer Repräsentant
eines Kollektivbewusstseins begreifen kann.

Doch die Asymmetrie der Rollenverteilung zwischen Frager und
Befragtem sollte nicht darüber hinwegtäuschen, was beide Gesprächspartner vereint: die wechselseitige Gegenwartsbewältigung
und das fortlaufende Bemühen um Bedeutung (dazu eindringlich
Cicourel 1970). Bereits in den ersten Momenten eines Interviews,
wenn man sich begrüßt, sich hinsetzt und ein paar Worte darüber
verliert, was jetzt folgt, wird eine Beziehungskonstellation zwischen
Interviewer und Interviewtem ausgehandelt *(→ 5.3)*, die das gesamte
weitere Gespräch bestimmt. Beide Seiten müssen sich schnell ein
Bild davon machen, mit wem sie es zu tun haben und wie sie in den
nächsten ein bis zwei Stunden miteinander zurechtkommen sollen.
Insofern ist jedes Interview eine einmalige und flüchtige Begegnung,
die sich aus dem endlosen, offenen und vielstimmigen Fluss der Alltagskommunikation herauslöst. Wo ist der «wahre Ort» dieser
Rede? Was sagt dieses zufällige Ereignis über das soziale Universum
seines Vorkommens? Wen kümmert's, und wer spricht?

Von dem Philosophen Georg Simmel stammt das Bild des Senk-
bleis, das sich von jedem Punkt an der Oberfläche des Daseins in die
Tiefe der Seele schicken lässt (1984, S. 195), und die Surrealisten
sprachen vom «objektiven Zufall» eines folgenreichen Zusammen-
treffens. Schon bei der Datenerhebung in Form eines «offenen Interviews» kommt für den Sozialforscher also alles darauf an, Signifikanz aus Kontingenz zu gewinnen. Man spricht mit irgendjemandem

und hat plötzlich eine ganze Welt in der Hand. Um im zitierten Bild von Lotringer zu bleiben: Der Interviewer erlaubt dem Interviewten, einen bestimmten Winkel zu besetzen, von dem aus man einen Blick aufs Ganze werfen kann. Wo wir uns dann befinden, ist eine Frage vorläufiger Vermutungen, die immer unsicher bleiben und der weiteren Überprüfung bedürfen.

5. Die Hingabe ans Objekt und die Eingebung des Begriffs

Das Problem wiederholt sich bei der Auswertung des protokollierten und dokumentierten Materials. Wo fängt man an, und wie ist zu lesen, was in den Transkripten steht? Ohne die Entscheidung eines Interpreten, der eine Stelle herausgreift und versteht, was er liest, kann kein Forschungsprozess beginnen. Nur der Einsatz eines Lesers, der über eine Formulierung stutzt oder den Aussagegehalt einer Äußerung ernst nimmt, bringt diese zufälligen und beiläufigen Texte des Alltags zum Sprechen.

Bedingung einer solchen Lektüre ist die Einklammerung der eigenen, Motiven der Selbsterhaltung unterliegenden, Urteilsstrukturen. Die eingeübte «methodische Dummheit» verwandelt ein handelndes und erlebendes Alltagssubjekt in einen distanzierten Leser, der sich der Lust am Text hingibt. Für Roland Barthes (1974, S. 19) stellt sich dann die Alternative zwischen zwei Arten der Lektüre: Die eine steuert direkt auf die Wendungen der biographischen Erzählung zu, sie betrachtet die Ausdehnung des Textes und ignoriert die Sprachspiele. Die andere Lektüre lässt nichts aus, sie ist schwerfällig und klebt am Text, sie liest, wenn man so will, mit Akribie und Besessenheit. Wo die eine schnell vorwärts geht, kommt die andere nicht voran. Im ersten Fall zielt die Lust auf die herausgearbeitete «biographische Gesamtformung», im zweiten auf die rekonstruierten Zwischenräume der Wollust. Obwohl Barthes der dezidierten Auffassung ist, dass nur diese zweite, akribische Lektüre dem modernen Text angemessen ist, wird man sagen müssen, welche Lektüre man wählt, zeigt, was für ein Mensch man ist.

Die Einstellung der «methodischen Dummheit» verlangt vom Leser die Zügelung seiner Affekte: Sie müssen umgewandelt werden in Lesarten, die erprobt und wieder beiseite gelegt werden können. Doch die Affekte lassen sich nicht gänzlich ausschalten, und das

Prüfen der Lesarten kann nicht endlos fortgesetzt werden. Kurt H. Wolff (1968) hat die Spannung, aus der eine Deutung hervorgeht, mit den beiden Ausdrücken «surrender» und «catch» gekennzeichnet. Man muss sich dem Material überlassen, um darin Strukturen erkennen zu können. Wie aber kommt aus der Hingebung ans Objekt die Eingebung des Begriffs zustande? Jede Interpretation beruht auf dem Einsatz eines sich selbst verstehenden Einzelnen. Im Akt der Deutung verwandelt sich der distanzierte, in den Text versunkene Leser wieder in ein engagiertes, um sich selbst bekümmertes Ich. Die hermeneutische Philosophie spricht vom *Entwurfscharakter* des Verstehens, worin die Zukünftigkeit eines sich selbst ergreifenden Ich steckt. Schließlich kann einem die Verantwortung für eine Interpretation niemand abnehmen. Wer diesen Sprung nicht wagt, kann keinen Begriff erfassen.

6. Eine offene Form des Komplexen, Zeitlichen und Instabilen

Aber es gibt nicht nur die Kunst des Interviews und die Kunst der Interpretation, sondern auch die Kunst der Darstellung. Dem wird, Anstößen besonders aus der Ethnologie folgend, in der sozialwissenschaftlichen Methodendiskussion in letzter Zeit vermehrte Aufmerksamkeit geschenkt (einen guten Überblick bietet der Band von Berg & Fuchs 1993). Im Prinzip stellt sich hier die Alternative zwischen den Formen der systematischen, auf linearen oder zirkulären Begriffsableitungen beruhenden, der essayistischen, auf punktuelle Seinserhellung gerichteten (Bude 1989), und der narrativen, einem geschichtlichen Verlauf folgenden Darstellung (Bude 1993). Obwohl in der qualitativen Sozialforschung narrative Darstellungen bevorzugt werden (als ethnologische Rätselerzählung, als klinische Novelle, als «natural history» im Sinne der Chicago-Schule oder als soziologisches Porträt), fordert jede Darstellung ihren Autor. Für das Schreiben existieren trotz einiger Bemühungen um eine soziologische Poetik (Brown 1977; Edmondson 1984; Nisbet 1976 oder Clifford & Marcus 1986) am wenigsten Vorgaben, nach denen man sich richten könnte, weshalb schnell Zuflucht zum Begriff des Stils (Gumbrecht & Pfeiffer 1986) gesucht wird, der freilich aufgrund seiner genieästhetischen Implikationen die Grenzen zwischen Kunst und Wissenschaft völlig verwischt. Für die qualitative Sozialforschung ist ein gewisses Formbewusstsein für die Kunst des Schreibens deshalb so wichtig, weil sich erst durch die Darstellung die Plausibilität der Forschung und die Generalisierbarkeit ihrer Ergebnisse erweist *(→ 5.22)*.

Dazu muss man sich die verschiedenen Ziele von Generalisierung in den Sozialwissenschaften vor Augen führen. Qualitative Sozialforschung hat es in ihren Einzelfallstudien mit aggregierten Phänomenen persönlicher Lebenswelten, organisationeller Entwicklungen oder gesellschaftlicher Verschiebungen zu tun, die nicht auf einzelne Verhaltensaspekte von Individuen zurückgeführt werden können. Deshalb läuft Generalisierung nicht über die Analyse der Beziehungen zwischen isolierten Indikatoren, sondern zielt auf die schlüssige Rekonstruktion der Verlaufsdynamik und Erzeugungslogik sozialer «Gebilde» und historischer «Gestalten» (Mayntz 1985). Die Ergebnisse qualitativer Forschungen sind daher keine generellen Theorien mit dem Anspruch auf universelle Gültigkeit, universelle Anwendbarkeit und universelle Relevanz, sondern kontextualistische Erklärungen, die von befristeter Gültigkeit, von lokaler Anwendbarkeit und von perspektivischer Relevanz sind (diesen Unterschied zwischen apodiktischen Theorien und kasuistischen Erklärungen macht Jahoda 1995).

Dem entspricht in der Darstellung eine offene Form, die mit minuziösen Interpretationen, verknappten Aussagen und vorläufigen Begriffen operiert. Der Autor ist dann kein «generalisierter anderer» (Mead 1934) mehr, der die Dinge aus freischwebender Lage betrachtet und den Leuten über die Schulter blickt, sondern ein «spezifischer anderer», der von den sozialen Verwerfungen berührt und von den historischen Ereignissen bewegt wird (zu diesem Perspektivenwechsel Bude 1988). Weil er sich nicht hinter einer Theorie verstecken kann, ist jede Erklärung seines Gegenstandes immer auch eine Selbsterklärung, die dem Leser einen Platz im Text reserviert. So verwirklicht sich die kontextualistische Methodologie in einer Strategie der Textproduktion, bei der die Zeitgebundenheit des Gegenstands, die Teilnehmerperspektive des Autors und die Rezeptionsbeteiligung des Lesers nicht nur als Konstitutionsbedingungen erwähnt, sondern als Sachaspekte dargestellt werden.

Es handelt sich um eine Form, die die Aufmerksamkeit auf das Komplexe, Zeitliche und Instabile des sozialen Universums lenkt und sich damit vom cartesianischen Ideal der Trennung weg und zum heraklidischen der Transformation hinbewegt (dazu Thompson

1981; → *5.11)*. Freud hat über diese «analytische Mentalität» folgendermaßen Auskunft *(→ 5.20)* gegeben:

> «Die Psychoanalyse ist kein System wie die philosophischen, das von einigen scharf definierten Grundbegriffen ausgeht, mit diesen das Weltganze zu erfassen sucht, und dann, einmal fertig gemacht, keinen Raum mehr hat für neue Funde und bessere Einsichten. Sie haftet vielmehr an den Tatsachen ihres Arbeitsgebietes, sucht die nächsten Probleme der Beobachtung zu lösen, tastet sich in der Erfahrung weiter, ist immer unfertig, immer bereit ihre Lehren zurechtzurücken oder abzuändern. Sie verträgt es (...), dass ihre obersten Begriffe unklar, ihre Voraussetzungen vorläufige sind, und erwartet eine schärfere Bestimmung derselben von zukünftiger Arbeit» (1940, Bd. 13, S. 229).

7. Singularität und Spezifität

Dass sich damit die Wissenschaft der Kunst angleicht, war Freud so sehr bewusst, dass er fürchtete, seine Krankengeschichten, die wie Novellen zu lesen seien, entbehrten des ernsten Gepräges der Wissenschaftlichkeit. Aber nur die eingehende Darstellung der seelischen Vorgänge am einzelnen Fall schien ihm einen Fortschritt im Verständnis der inneren Beziehungen zwischen Leidensgeschichte und Krankheitssymptomen zu gestatten (1940, Bd. 1, S. 227).

Hier liegt der eigentliche Unterschied zwischen Kunst und Wissenschaft: Die Kunstform der Novelle ändert nichts an der Wissenschaftsform der Krankengeschichte. Denn es geht nicht um den Fall an sich, sondern um die Einsicht in den Hergang eines psychopathologischen Mechanismus.

So hat es die qualitative Sozialforschung immer mit individuellen Fällen zu tun, die so kein zweites Mal vorkommen; aber sie interessiert sich nicht für ihre Individualität als solche, sondern versucht, sie zu begreifen. Der entscheidende Schritt der Interpretation besteht in der Konstruktion einer Kategorie, die die konkrete Fülle eines Falls repräsentiert. Daran hängt das Gefühl der gestaltschließenden und strukturerhellenden Evidenz einer Rekonstruktion *(→ 2.1)*. Paul Veyne (1990, S. 50 ff.) spricht vom Übergang von der unaussprechlichen Singularität zur erfassten Spezifität eines Falls. Wissenschaft beschäftigt sich nicht mit der bloßen Einzigartigkeit von Individuen und Ereignissen, sondern mit dem, was an ihnen gleichzeitig allgemein und besonders ist. Ihr Ziel ist die Freilegung eines Falls, nicht die Erinnerung an ein Individuum oder ein Ereignis.

Damit wird die literarisch ambitionierte Sozialforschung nicht nur zum Konkurrenten, sondern am Ende zum Feind der Literatur. Zwar steht die Kunst unter der Anziehungskraft des Idealtypischen, aber nichts ist schlimmer für die ästhetische Geltung eines Kunstwerks als der Nachweis seiner Deckungsgleichheit mit der Stimmung und dem Geist einer Epoche. Es muss eine unauflösbare Differenz spürbar sein, die mit den nicht-substituierbaren Einzelheiten des Werks zu tun hat. Denn im Unterschied zur soziologischen will die literarische Darstellung nicht das Spezifische, sondern das Singuläre einer Person oder einer Begebenheit zum Ausdruck bringen. Dieses Geheimnis des Nicht-Identischen entgeht der Wissenschaft. Roland Barthes (1969, S. 13) hat die Besonderheit des literarischen Werks darin gesehen, dass dieses immer noch etwas anderes ist als die Summe seiner Quellen, Einflüsse und Vorbilder. Es bildet einen irreduziblen Kern in der unentschiedenen Masse der Ereignisse, Bedingungen und Mentalitäten.

Weiterführende Literatur

Berg, E. & Fuchs, M. (Hg.) (1993). Kultur, soziale Praxis, Text – Die Krise der ethnographischen Repräsentation. Frankfurt a. M.: Suhrkamp.

Clifford, J. (1988). The Predicament of Culture – Twentieth-Century Ethnography, Literature, and Art, S. 117–151. Cambridge, Mass., London: Harvard University Press.

Wolff, K. H. (1968). Hingebung und Begriff. Berlin, Neuwied: Luchterhand.

Eduard Matt
5.22 Darstellung qualitativer Forschung

1. Zur Geschichte der Diskussion
2. Theoretische Hintergründe
3. Grenzen und Reichweite der Diskussion
4. Verschiedene Wege der Darstellung

Eine wesentliche Tätigkeit des Sozialwissenschaftlers ist das Schreiben von Texten: Anträge werden geschrieben, Forschungsergebnisse und Theorien präsentiert, Publikationen erstellt. Daten und Analysen müssen hierzu in eine für den Leser angemessene Form, in eine Repräsentationsweise ‹übersetzt› werden. Diese (Neu-)Konstruktion des Gegenstandes vollzieht sich über die Darstellung der Ergebnisse (Redfield 1948). Zur textlichen Repräsentation der Wirklichkeit gibt es kein kanonisierbares Verfahren.

Es lassen sich mehrere zusammenhängende Aspekte des Schreibens und der Textdiskussion unterscheiden: die konkreten Schreibschwierigkeiten des Wissenschaftlers; die Art und Weise, wie die Forschungssubjekte in den Texten der Wissenschaftler zu Wort kommen, und die Frage, wie eine Objektivierung des Anderen vermieden wird; das Schreiben für einen bestimmten Zweck und für ein spezifisches Publikum. Schreiben erweist sich als eine Interaktion zwischen theoretischen Annahmen, der (Re-)Konstruktion des Gegenstandes, rhetorischen Strategien und der Zuhörerschaft. Zugleich sind wissenschaftliche Texte selbst hinsichtlich ihrer Konstruktion analysierbar. Die Präsentationen von Daten, Erklärungen und Theorien verweisen auf epistemologische Annahmen sowie auf Strategien der Herstellung von Glaubwürdigkeit und Plausibilität.

1. Zur Geschichte der Diskussion

Die Problematik der Darstellung wird in der Anthropologie und Ethnologie unter dem Begriff der Krise der ethnographischen Repräsentation diskutiert. Insbesondere die Arbeiten von Clifford Geertz (→ 2.6; Wolff 1992; Fröhlich & Mörth 1998) fordern zum Überdenken und zur Neuformulierung des Verhältnisses von Beobachtung, Interpretation und textlicher Repräsentation auf. Die Krise ergab sich aus Diskussionen um die Validität von Studien und um den Postkolonialismus. Das Enttarnen von Fälschungen, Plagiaten, ‹reinen Fiktionen›, die Erkenntnis, dass sich bei Wiederholungsstudien sehr unterschiedliche Ergebnisse zeigten, schürte den Zweifel an der Echtheit und Zuverlässigkeit einzelner Beobachtungen und ganzer Studien, an der ethnographischen Autorität (vgl. Duerr 1987). Kritik wird ferner geübt am ‹kulturellen Imperialismus›, der die Deutungsmuster und Lebensformen der westlichen Welt für die ganze Welt als gültig, vorbildlich und als Maßstab ansieht.

Für den Sozialwissenschaftler ist die Beschreibung der eigenen Kultur nicht unproblematisch (Hollander 1965). In der qualitativen

Sozialforschung wird ebenso angestrebt, die Wirklichkeit der Anderen nicht mehr unter theoretisch hergeleitete Kategorien unterzuordnen, sondern den historischen, milieuspezifischen, und/oder den geschlechtsspezifischen Besonderheiten der Situationen Rechnung zu tragen. Der Versuch, ‹das Andere› zu verstehen, der Eigenstrukturiertheit des Falles gerecht zu werden, und dies durch entsprechende textuelle Konstruktionen zu (re-)präsentieren, stellt die verschiedenen Disziplinen in unterschiedlicher Weise vor eine gemeinsame Aufgabe.

2. Theoretische Hintergründe

Zentral für die qualitative Forschung ist das Konzept der ‹Wirklichkeit als Text›. Das Ergebnis der Objektivation von Sinn, die fixierten Repräsentationsmuster von Wirklichkeit werden selbst als Text (textus, lat.: Gewebe) bezeichnet. Die Besonderheit der sozialen Interaktion, ihre Flüchtigkeit bei gleichzeitiger Sinnproduktion, kann erst dann einer Analyse zugeführt werden, wenn sie in eine Textform gebracht worden ist. Der schriftliche Text wird als Inskription eines Sinngebildes betrachtet, das es zu rekonstruieren gilt. Durch die Fixierung erfolgt ferner die Loslösung aus dem spezifischen Handlungskontext. Auf diese Weise gewinnt die Handlung Autonomie, ist erst jetzt jenseits der spezifischen Eigeninterpretation und Intentionen der Beteiligten deutbar (Ricœur 1972). Die Arten der Wirklichkeitsherstellung, die Ressourcen und Strategien, die sozial, kulturell und historisch unterschiedlich zur Anwendung kommen, zu rekonstruieren, bedeutet für den Wissenschaftler, objektivistische Annahmen aufzugeben und eine hermeneutische Position einzunehmen (Geertz 1980b; Soeffner 1989).

Zwar ist kulturelles Handeln in Form von Objektivationen fixiert, doch dieser Text ist nicht einfach zu lesen: Wirklichkeit ist nicht als ein homologes Gebilde zu konzeptualisieren, sondern eher durch Mehrdeutigkeit, Vielschichtigkeit und Widersprüchlichkeit gekennzeichnet (Geertz 1983a). Lesen heißt: ‹entziffern, eine Lesart entwickeln›, d. h. die Er- und Bereitstellung eines kategorialen und konzeptuellen Apparates, mit und durch den die vorliegenden ‹Texte› eine sinnvolle Deutung erlangen. Diesen Interpretationsrahmen zu erstellen, die Relevanz des Geschehens zu konstruieren, ist die Aufgabe des Forschers. Die Beschreibung des

Geschehens erfolgt unter dieser Perspektive, sie bestimmt damit, welche Daten und wie viel dargestellt wird. Jede Darlegung ist selektiv, sie stellt eine Auswahl aus unendlich vielen Beschreibungsmöglichkeiten dar (Sacks 1963). Jede Geschichte, «wie es wirklich war», ist eine Konstruktion für spezifische Zwecke und für ein spezifisches Publikum, nie eine bloße Reproduktion (Bergmann 1985). Konstruieren heißt weder Abbilden noch Reproduzieren einer Wirklichkeit, sondern Herausfinden, wie (und welcher) Sinn auf der Basis welcher Ressourcen erstellt und hergestellt, wie und welche Wirklichkeit in und durch Situationen, Symbole, Objektivationen hervorgebracht wird. Gleichzeitig findet sich das Prinzip der Reflexivität, der prinzipiellen sozialen Bedingtheit des Wissens und Handelns: Fragen der Gegenstandskonstitution und Fragen der Erfassung der Gegenstandskonstitution verweisen aufeinander (vgl. Pollner 1991).

Damit steht der Forscher vor dem praktischen Problem, wie er seine Daten auswerten und seine Ergebnisse mit/anhand der Daten darstellen soll. Dabei lassen sich unterschiedliche Fokusse unterscheiden, wie z. B. die Einzelfallorientierung, die Milieubeschreibung, die Herausstellung typischer Strukturen oder die Strukturgeneralisierung. Jede dieser Schwerpunktsetzungen führt zu unterschiedlicher Auswertung, Bedeutung und Präsentation der Daten; sie können als Dokument von Authentizität, als Beleg oder nur als Illustration dienen. Welcher Weg gewählt wird, hängt von den Erkenntnisinteressen des Forschers, aber ebenso vom Datenmaterial selbst ab: Welche Probleme, konstitutiven Merkmale oder Strukturen dokumentieren sich hierin? Die Variabilität der Analysen ist kein Argument für die Beliebigkeit qualitativer Forschung, sondern Ausdruck der Anerkennung der Eigenstrukturiertheit des Forschungsfeldes und der unterschiedlichen Erkenntnisinteressen.

Die Darstellung von Wirklichkeit ist immer zugleich eine Konstruktion von Wirklichkeit. Die Art und Weise der Anordnung der Daten, Aussagen und Ergebnisse erzeugt eine entsprechende Deutung der Welt. Die Angemessenheit und Autorität der Beschreibungen werden gleichzeitig in spezifischen Textformen zum Ausdruck gebracht. Der Gestaltungsspielraum für die Darstellung ist aber nicht beliebig. Die ‹Konstruktion von Wirklichkeit› durch die Sozialwissenschaftler findet im soziohistorischen Kenntnisstand ihre Wirkung und ihre Grenzen.

Todorov (1989) diskutiert die Frage des Erfolges von Beschreibungen im Verhältnis zu ‹Wahrheit und Fiktion› am Beispiel der Namensgebung Amerikas. Nicht ihr Entdecker Kolumbus, sondern sein Steuermann Amerigo Vespucci wurde zum Namenspatron der Neuen Welt. Todorov führt dies auf ihre unterschiedlichen Beschreibungen der Entdeckung zurück. Kolumbus wählte einen eher wissenschaftlichen, dokumentarischen, tatsachenbezogenen Stil, der durch das Denken des Mittelalters geprägt war (Betonung des gefundenen Reichtums, des Paradiescharakters, des Vorhandenseins von Geistern und Monstern). Sein Adressat war das spanische Könighaus, sein Ziel, Geld für weitere Expeditionen zu bekommen. Amerigo Vespucci hingegen pflegte einen literarischen Stil; er schrieb für ein breites Publikum, das er unterhalten wollte. Ihm ging es um Ruhm, nicht um Wahrheit. Entsprechend finden sich bei ihm Übertreibungen, eine Hervorhebung des Kuriosen. Seine Ausführungen sind Ausdruck der damaligen europäischen Vorstellungswelt über den Anderen als Wilden (Kannibalismus, sexuelle Perversionen, Areligiosität). In seinen Illustrationen bleibt Kolumbus den traditionellen Zeichnungen verhaftet. Vespucci hingegen versucht, das spezifisch ‹Amerikanische› auch in seinen Zeichnungen wiederzugeben, d. h. seine Imaginationen ins Bild zu setzen. Der Erfolg seiner Darstellungsweise hat dazu beigetragen, seinen Namen mit dem des neu entdeckten Kontinents zu verknüpfen.

3. Grenzen und Reichweite der Diskussion

Mit der Anerkennung der konstruktiven Tätigkeit des Subjekts verliert der Stil des Realismus (Naturalismus) mit seiner Annahme einer ‹realen, wirklichen› Welt jenseits unserer Erkenntnis und Darstellung an Überzeugungskraft. In Konkurrenz zu ihm haben sich zwei weiterführende Diskurse entwickelt, der der Postmoderne und der Sozialkonstruktivismus (→ 3.4).

Gemäß den ‹Postmodernen› (vgl. Clifford & Marcus 1986; Marcus & Fischer 1986; Clifford 1988a; *kea* 4/1992; Berg & Fuchs 1993; Bachmann-Medick 1996) kann ein übergreifender Sinn in der Welt nicht mehr gefunden werden. Texte können keine Einheit, keine Ordnung mehr herstellen; nur noch Fragmente, unvollständige Diskurse, verschiedene Versionen können repräsentiert werden. Da alles Interpretation ist, bestreiten die Vertreter der Postmoderne die

Möglichkeit einer Erfassung von Realität. Sie wenden sich der Analyse ästhetischer Dimensionen zu, wie etwa der Stilanalyse, die ohne den Bezug auf den Wahrheitsgehalt des Dargestellten auskommt. Überprüft (und validiert) werden nicht mehr der Bezug des Textes zur Wirklichkeit, seine theoretische Aussagekraft, seine neuen Erkenntnisse über die Welt, sondern sein Schreibstil, seine Herstellung von Autorität und Authentizität *(→ 3.3)*.

In der sozialkonstruktivistischen Diskussion *(→ 3.4)*, die in der qualitativen Sozialforschung von größerer Bedeutung ist, interessieren hingegen gerade die Konstruktionsweisen, die soziokulturellen Wissensbestände, die Deutungen der Welt, sowie jene Machtverhältnisse, die diese ‹Wirklichkeit der Konstruktionen› in einer Gesellschaft sichern. Aber auch hier geht es nicht um den Wahrheitsgehalt von Aussagen, sondern um ihre gesellschaftliche Herstellung und Verortung. Deren Rekonstruktion und Analyse ist ein Ziel qualitativer Forschung.

4. Verschiedene Wege der Darstellung

Der Akt des Schreibens ist für die meisten Sozialwissenschaftler problembehaftet. Jeder hat dabei seine individuellen Rituale, Stile, Vorgehensweisen entwickelt. Hinderlich sind die beiden grundlegenden Bedenken: das Geschehen nicht angemessen strukturieren zu können, sowie die Angst, das Dargestellte könnte falsch sein. Trotzdem halten viele Sozialwissenschaftler an einer objektiven Tatsachenbeschreibung fest, und es fällt ihnen schwer zu akzeptieren, dass es nicht nur einen einzigen richtigen, letztgültigen Text gibt, sondern verschiedene Texte für unterschiedliche Zwecke hergestellt werden müssen (Becker 1994). Es ist sogar gestattet, auf dem Weg von der Erfahrung zur Textpräsentation unterschiedliche Versionen eines plausiblen Textes zu schreiben.

Van Maanen (1988) unterscheidet drei hauptsächliche Formen der Textpräsentation. Die *realistische Darstellung* ist sachlich, in der dritten Person geschrieben, es herrscht ein dokumentarischer Stil vor, die Sprache der Fakten. Die Erfahrungsebene wird ausgeblendet. Das Typische steht bei der Beschreibung im Vordergrund, die Herstellung einer objektiven Realität. Der Forscher als Autor kommt nicht vor, er fungiert als unparteilicher Beobachter. Auch die Selbstdeutungen der Beobachteten kommen nicht zum Tragen.

Es wird eine eindeutige Beschreibung seitens des Forschers produziert.

Bei der *selbst-bekennenden (confessional) Beschreibung* handelt es sich um einen sehr persönlichen Stil, der Forscher erzählt aus dem Feld, seine praktischen Felderfahrungen über Zugang, Erlebnisse, seine Empfindungen, und darüber, wie ihn das Feld verändert hat. Es wird in der ersten Person geschrieben, die eigenen Annahmen und Vorurteile offen gelegt und eine mögliche Version, die des Forschers, erstellt.

Ebenso ist die *impressionistische Beschreibung* hochgradig persönlich. Hier versucht der Forscher, sein Publikum in die Welt des Erforschten zu versetzen, eine ergreifende, außergewöhnliche Geschichte aus dem Feld zu erzählen. Das Erinnernswerte der Tätigkeit des Forschers steht im Vordergrund. Das Wiedererleben der Geschichte, nicht die Interpretation oder Analyse, steht an. Es wird nur ein kleiner Teil des Forschungsgegenstandes präsentiert. Die bevorzugte Textform ist hier der Essay (Bude 1989). Die Grenzziehung zur Literatur wird aufgebrochen *(→ 3.3; → 5.21)*.

Es lässt sich die Entwicklung beobachten, dass die Unzufriedenheit mit der traditionellen, der realistischen Darstellung, die – trocken – Ergebnisse referiert, aber in der die erfahrungsbezogene Seite der Forschung, die vielfältigen Erfahrungen im Datenerhebungsprozess, die Lebendigkeit und Buntheit des Gegenstandes ebenso wenig wie die symbolischen Welten, das alltägliche Handeln und die Bedeutungswelten der Anderen nicht zum Ausdruck kommen, zur Entstehung neuer Präsentationsweisen geführt hat: Tagebücher (z. B. Malinowski 1986), ethnologischer Roman (z. B. Bowen 1984), Gedichte (Ethnopoetik), literarisierte Darstellungen des Erlebens der Feldforschungssituation (Barley 1990). Hier ist es zu einer Vielzahl derartiger ‹Experimente› gekommen (Richardson 1994; Hirschauer & Amann 1997).

Das traditionelle Medium des schriftlichen Textes bietet nur sehr begrenzte Möglichkeiten, Milieus oder Kulturen zu beschreiben, die sich maßgeblich über andere Formen, wie z. B. Tanz, Musik o. Ä., definieren. Gesucht wird nach anderen Ausdrucksmitteln und Medien, z. B. in der auditiven Wiedergabe und der filmischen Repräsentation. Die Dokumentation der Daten oder der Analyse erfolgt über die Beilegung von Kassetten oder einer CD-ROM. Die neuere Entwicklung, die Erstellung von ‹Hyper-Texten› im Internet, wirft ebenfalls neue Fragen des Schreibens auf: Diese sind nicht durch die klassische, in sich geschlossene Gestalt gekennzeichnet, sondern durch ihre Verweise (‹links›) auf andere Texte, auf Einbindung in viele Diskussionsstränge *(→ 5.8)*.

Die verschiedenen Weisen der Präsentation sind zugleich Ausdruck unterschiedlicher Methodologien. Die Textualität wissenschaftlicher Texte wird damit zum Analysegegenstand. Die Texte lassen sich hinsichtlich ihrer Rhetorik zur Herstellung von Autorität, von Glaubwürdigkeit analysieren (z. B. Atkinson 1990; Knauth & Wolff 1990). So hat Bazerman (1987) am Beispiel der Regeln für die Abfassung psychologischer Arbeiten zur Veröffentlichung in Fachzeitschriften gezeigt, wie sich in den Darstellungsmodi z. B. die behavioristischen Grundannahmen der Disziplin oder einer Schule dokumentieren. Der Zusammenhang zwischen theoretischer Konzeptualisierung, textueller Präsentation und Aussage wird damit zum Analysegegenstand (z. B. anhand verschiedener Autoren: Geertz 1990; am Beispiel der Arbeiten Goffmans: Atkinson 1989; weitere Beispiele: Sociological Theory 1990).

Strategien der Validierung
Wesentliche textliche Strategien in der qualitativen Sozialforschung zur Validierung sind die Offenlegung des Vorgehens und des Interpretationsprozesses (ihre Nachvollziehbarkeit), die Präsentation entsprechenden Datenmaterials, die Wiedergabe von Transkripten, Feldnotizen u. a. *(→ 4.7)*. Die Betonung der Nachvollziehbarkeit ist wichtig, weil bereits die Datenauswahl eine Interpretation der Signifikanz des Wiedergegebenen darstellt. In theoretischen Arbeiten erfüllen Zitate und Literaturverweise eine ähnliche Funktion. Weiterhin vermitteln z. B. Diagramme, Schaubilder oder Illustrationen zur Visualisierung theoretischer Zusammenhänge den Eindruck von Rationalität und lassen sich als Überzeugungsstrategien analysieren.

Auch wenn alle genannten Vorgaben berücksichtigt werden, bleibt das Problem der Begründung für die Angemessenheit von Konstruktionen bestehen. Geertz spricht von der ‹Bürde der Autorschaft› (1990, S. 135), die nicht auf die Methode abwälzbar ist *(→ 2.6)*. Der Wissenschaftler ist für die Qualität seiner Arbeit selbst verantwortlich, er hat die moralische Verpflichtung zur Sorgfalt. Diese Forderung zielt darauf ab, die eigene Autorschaft im Text sichtbar werden zu lassen, die eigenen Vorstellungen, Perspektiven und Kompetenzen offen zu legen. Und dieser Bürde kann man sich nicht mit dem Verweis auf methodologische Diskussionen entziehen.

Texte werden für ein Publikum geschrieben, das es mit Hilfe von glaubwürdig vermittelten Argumenten und Analysen zu überzeugen gilt. Die Akzeptabilität eines wissenschaftlichen Textes hängt vor allem von den in der jeweiligen Forschergemeinschaft anerkannten Regeln des Forschens und der Textproduktion ab. Gerade in den Sozialwissenschaften ist die Gebundenheit an ein spezifisches Publikum ausgeprägt. Der Bezug des Autors zu *seiner* ‹scientific community› fungiert daher selbst als ein Gestaltungsfaktor und als ein Validierungskriterium für seinen wissenschaftlichen Text (Reichertz 1992; → 4.7). Und so bildet der Verweis auf den Kontext der Arbeit, auf ihre Eingebundenheit in spezifische praktische Umstände und institutionelle Rahmen, unter denen sie entstanden ist, die Antwort, warum der Text gerade diese Form (Analyse, textliche Darstellung) angenommen hat. Die Validität bemisst sich an der Relevanz und Angemessenheit der Analyse im Hinblick auf die Erkenntnis über den Gegenstandsbereich, also auf die Frage: Inwieweit trägt der Beitrag des Autors zu einer Erweiterung des Diskussions- und Deutungsrahmens sozialer Wirklichkeit bei?

Konstituiert sich ‹die Wirklichkeit einer Beschreibung› durch einen interaktiven Akt, gehören beide Seiten zum Vorgang, die Rhetorik des Autors ebenso wie die Inferenz des Lesers/Hörers, verlangt Verstehen und Erklären nicht nur die Stimme des Autors, sondern ebenso das Ohr des Rezipienten, so sind sämtliche Versuche, die Gültigkeit, Angemessenheit und Aussagekraft einer Beschreibung oder Analyse über die Verwendung entsprechender literarischer Ausdruckselemente, persuasiver Strategien oder durch Rekurs auf die Einhaltung methodologischer Prämissen zu begründen oder gar zu sichern, letztendlich zum Scheitern verurteilt. Der ‹Erfolg› eines Werkes erweist sich als eine Leistung des Milieus, in dem es kompetent rezipiert und diskutiert wird. Der Autor hat als Autor hierauf nur einen geringen Einfluss.

Weiterführende Literatur

Becker, H. S. (1994). Die Kunst des professionellen Schreibens. Ein Leitfaden für die Geistes- und Sozialwissenschaften. Frankfurt a. M.: Campus (orig.: 1986).

Berg, E. & Fuchs, M. (Hg.) (1993). Kultur, soziale Praxis, Text. Die Krise der ethnographischen Repräsentation. Frankfurt a. M.: Suhrkamp.

Van Maanen, J. (Hg.) (1995). Representation in Ethnography. Thousand Oaks, London, New Delhi: Sage.

6. Qualitative Forschung im Kontext

6.0 Einleitung

Die in den vorangegangenen Teilen des Handbuchs behandelten theoretischen, methodologischen und methodischen Möglichkeiten und Gestaltungsalternativen qualitativer Forschung bilden den inzwischen reichhaltigen und auch gut erprobten Fundus, aus dem sich Forscher für ihre gegenstandsbezogenen, theoriegeleiteten und anwendungsbezogenen Studien bedienen können. Die Praxis qualitativer Forschung vollzieht sich nicht nur in unterschiedlichen Wirklichkeitsbereichen; sie muss auch auf Kontextbedingungen ihrer eigenen Praxis reagieren, auf ethische Fragen, auf Probleme der Lehre und Vermittlung und auf die Problematik ihrer gesellschaftlichen Verwendung.

Die Berücksichtigung forschungsethischer Fragen *(→ 6.1)* verlangt bei der qualitativen Forschung besondere Sensibilität: So gewinnt sie durch ethnographische Verfahren tiefe Einblicke in sonst eher verschlossene gesellschaftliche Teilbereiche, sie hat es mit sensiblen Dokumenten und mit Materialien zu tun, die zu sozialer Kontrolle ge- und missbraucht werden können, und durch ihre subjektbezogenen Vorgehensweisen sind gegebenenfalls Würde, informationelle Selbstbestimmung und Interessen der Person berührt.

Qualitative Forschung ist gegenüber allen Versuchen einer Reduzierung auf methodische Anleitungen und Regeln seit jeher besonders resistent; ein Grund dafür ist, dass gute Studien immer auch stark von den Forscherpersönlichkeiten und den von ihnen verwandten Methoden ‹leben› *(→ 2.1–2.7)*. Dies erleichtert die Vermittlung von Forschungskompetenzen und Haltungen in der Lehre nicht gerade. Trotzdem wird die Zukunft qualitativer Forschung auch davon abhängen, dass erfolgreiche Wege der Lehre in qualitativer Forschung gefunden werden. Allgemeine Probleme und Beispiele für eine Vermittlung qualitativer Forschung werden im entsprechenden Kapitel *(→ 6.2)* behandelt.

Der Transfer qualitativer Forschungsergebnisse in Praxiskontexte *(→ 6.3)* stellt einen dritten Bereich dar, den er selbst zwar nur begrenzt beeinflussen kann, über den er aber gerade deshalb auch intensiv reflektieren muss. Die große Alltagsnähe und «Dichte» seiner Arbeitsweisen und Ergebnisse macht qualitative Forschung in besonderer Weise anfällig für externe Trivialisierung und das Abschieben ins unverbindliche Feuilleton.

Den Abschluss dieses Teils bilden drei Beiträge, die von unterschiedlichen Positionen aus die aktuellen, bisherigen und erwartbaren Entwicklungen qualitativer Forschung durchaus kritisch beleuchten. Zukunft und Perspektiven der qualitativen Forschung werden auch im Kontext internationaler Trends und im Spannungsverhältnis von Technik und Hermeneutik diskutiert *(→ 6.4)*. Zu Herausforderungen qualitativer Forschung werden u. a. die Entwicklung methodischer Vorgehensweisen, die in praktischen Kontexten und Auftragsforschung mit hohem Zeitdruck handhabbar sind *(→ 6.5)*. In beiden Beiträgen wird die Notwendigkeit hervorgehoben, die Frage nach den angemessenen Gütekriterien *(→ 4.7)* zu beantworten. Angesichts der Vielzahl entwickelter Methoden und durchgeführter Projekte wird abschließend *(→ 6.6)* nach der Rolle der Theoriebildung in der aktuellen Forschung gefragt, die ja zumindest für Anselm Strauss *(→ 2.1)* eine, wenn nicht die Zielsetzung qualitativer Forschung darstellte.

Christel Hopf
6.1 Forschungsethik und qualitative Forschung

---

1. Einleitung – normative und rechtliche Grundlagen
2. Das Prinzip der informierten Einwilligung («informed consent»)
3. Zum Prinzip der Nicht-Schädigung

---

1. Einleitung – normative und rechtliche Grundlagen

Unter dem Stichwort «Forschungsethik» werden in den Sozialwissenschaften im Allgemeinen all jene ethischen Prinzipien und Regeln zusammengefasst, in denen mehr oder minder verbindlich und mehr oder minder konsensuell bestimmt wird, in welcher Weise die Beziehungen zwischen den Forschenden auf der einen Seite und den in sozialwissenschaftliche Untersuchungen einbezogenen Personen auf der anderen Seite zu gestalten sind. Typische, auch in der qualitativen Sozialforschung immer wieder gestellte Fragen sind dabei unter anderem: die Frage nach der Freiwilligkeit der Teilnahme an Untersuchungen, die Frage nach der Absicherung von Anonymitäts- und Vertraulichkeitszusagen, die Frage nach der Vermeidung von Schädigungen derer, die in Untersuchungen einbezogen werden, oder auch die Frage nach der Zulässigkeit verdeckter Formen der Beobachtung.

Während man in der amerikanischen Soziologie bereits in den 60er Jahren damit begann, forschungsethische Prinzipien und Regeln im Rahmen eines umfassenden «Code of Ethics» festzulegen,[1] geschah dies in der deutschen Soziologie erst Anfang der 90er Jahre. Die Mitglieder der Deutschen Gesellschaft für Soziologie (DGS) und des Berufsverbandes Deutscher Soziologen (BDS) stimmten nach umfangreichen organisationsinternen Diskussionen einem Ethik-Kodex zu, in dem neben Fragen der Lehre, Begutachtung u. a. auch zentrale forschungsethische Fragen behandelt wurden (vgl. Ethik-Kodex 1993).

Es sind jedoch nicht allein die Grundsätze und Anforderungen, auf die man sich in professionsinternen Diskussionen geeinigt hat, zu berücksichtigen, wenn es um die normative Gestaltung der eigenen Forschungspraxis geht, sondern auch rechtliche Anforderungen. In Deutschland enthalten die Datenschutzgesetze auf Bundes- und Landesebene (vgl. als Überblick: Gola & Schomerus 1997) zu Fragen der Erhebung, Aufbewahrung, Weitergabe und Veröffentlichung sozialwissenschaftlicher Daten Grundsätze und Regelungen, die unter forschungsethischen Gesichtspunkten unmittelbar relevant sind. Grundlegend ist dabei jeweils die Aufforderung zur Wahrung der Persönlichkeitsrechte bzw. zur Wahrung «des informationellen Selbstbestimmungsrechts des Betroffenen» (Gola & Schomerus 1997, S. 113), die vielfältige Regelungen im Bereich der Erhebung und Auswertung sozialwissenschaftlicher Daten zur Folge hat. So folgt beispielsweise das Prinzip der informierten Einwilligung («informed consent») keineswegs nur aus forschungsethischen Diskussionen in der Soziologie – oder auch in der Psychologie –, sondern es ist auch rechtlich fixiert (vgl. hierzu vor allem § 4 und § 40 des Bundesdatenschutzgesetzes von 1990). Personenbezogene Daten dürfen in der Sozialforschung nur mit Einwilligung der Betroffenen erhoben werden, die über den Zweck der Erhebung informiert werden müssen. Die in den 60er und 70er Jahren in forschungsethischen Diskussionen heftig umstrittene «verdeckte» teilnehmende Beobachtung, bei der Soziologen mit irreführenden Angaben zur eigenen Person an Gruppenaktivitäten teilnahmen und über diese Aktivitäten in ihren Veröffentlichungen berichteten (vgl. als Beispiele Lofland & Lejeune 1960; Humphreys 1970), ist daher heute sowohl unter forschungsethischen als auch unter rechtlichen Gesichtspunkten unzulässig (→ 5.5).

Im Folgenden werden ausgewählte forschungsethische und rechtliche Anforderungen präsentiert, zur Diskussion gestellt und in ihrer Bedeutung für Forschung im Bereich qualitativer Untersuchungen erläutert. Dabei wird deutlich werden, dass forschungsethische Fragen im Rahmen qualitativer Forschung – im Vergleich zur quantitativen Forschung – einschneidender und auch schwerer zu lösen sind. Dies gilt sowohl für die Umsetzung des Prinzips der informierten Einwilligung als auch für die Einlösung von Vertraulichkeits- und Anonymitätszusicherungen. Beispielsweise dürften Bevölkerungsumfragen, die auf repräsentativen Stichproben basieren, unter forschungsethischen Gesichtspunkten im Allgemeinen nicht allzu viel Kopfzerbrechen bereiten, selbst wenn in ihnen heikle Themen berührt werden. In späteren Forschungsberichten sind Vertraulichkeits- und Anonymitätszusagen in der Regel leicht einzuhalten, während die Forschungsberichte über einzelne Fälle, Gemeinden oder Organisationen – auch wenn alle einschlägigen Namen anonymisiert und zusätzliche Möglichkeiten der Anonymisierung genutzt wurden – leichter zu ethischen Problemen und Konflikten mit den in Untersuchungen einbezogenen Personen führen können (vgl. hierzu vor allem Abschnitt 3; → 5.1).

2. Das Prinzip der informierten Einwilligung («informed consent»)

Im Ethik-Kodex der Deutschen Gesellschaft für Soziologie und des Berufsverbandes Deutscher Soziologen heißt es hierzu:

> «Generell gilt für die Beteiligung an sozialwissenschaftlichen Untersuchungen, dass diese freiwillig ist und auf der Grundlage einer möglichst ausführlichen Information über Ziele und Methoden des entsprechenden For-

schungsvorhabens erfolgt. Nicht immer kann das Prinzip der informierten
Einwilligung in die Praxis umgesetzt werden, z. B. wenn durch eine umfas-
sende Vorabinformation die Forschungsergebnisse in nicht vertretbarer
Weise verzerrt werden. In solchen Fällen muss versucht werden, andere
Möglichkeiten der informierten Einwilligung zu nutzen» (Ethik-Kodex
1993, I B2).

Die Gruppe, die den Ethik-Kodex erarbeitet hatte,[2] verband mit dieser Formulierung des Prinzips der informierten Einwilligung den
Anspruch, dass die Persönlichkeitsrechte der in sozialwissenschaftliche Untersuchungen einbezogenen Personen in jedem Fall zu
schützen seien. Gleichzeitig sollten Möglichkeiten einer kurzfristi-
ger Täuschung, wie sie beispielsweise in sozialpsychologischen Experimenten erforderlich sein können, nicht von vornherein verbaut
werden. In diesem Fall sollten, wie zitiert, andere Möglichkeiten der
informierten Einwilligung genutzt werden. Gedacht war dabei insbesondere daran, den vorübergehend getäuschten Untersuchungsteilnehmern nach der erfolgten Aufklärung über den tatsächlichen
Zweck der Studie die Möglichkeit zu eröffnen, die erhobenen Daten zurückzuziehen – eine Möglichkeit, die sich im übrigen auch aus
Rechtsvorschriften ergibt (vgl. BDSG 1990, § 4).
   Der Grundsatz der Freiwilligkeit der Untersuchungsteilnahme
und der Anspruch, die potenziellen Untersuchungsteilnehmer zur
angemessenen Fundierung ihrer Teilnahme-Entscheidung möglichst
ausführlich vorab zu informieren, schließen aus, dass Gruppen oder
Organisationen über einen längeren Zeitpunkt hinweg über Identität und Ziele von Sozialforschern, die «under cover» beobachten,
getäuscht werden. In diesem Fall wäre das Prinzip der Freiwilligkeit
der Untersuchungsteilnahme in gravierender, nur schwer zu recht-
fertigender Weise verletzt.[3]
   Auch wenn man sich in der Soziologie in der Ablehnung der verdeckten teilnehmenden Beobachtung weitgehend einig ist, bleiben
die mit dem Prinzip der informierten Einwilligung verbundenen Fragen prekär. So ist es in der qualitativen Forschung – insbesondere
bei primär explorativen Projekten – nicht immer leicht, vorab über-
zeugend und sachgerecht über die eigenen Forschungsziele und die
Forschungsplanung zu informieren (vgl. hierzu und zum Folgenden
auch Roth 1962; → 5.1). Außerdem ist denkbar, dass, auch wenn
umfassend über Forschungsziele und -vorgehen informiert wird, die
vermittelten Informationen von den Befragten oder Beobachteten

nicht in vollem Umfang verstanden oder anders gedeutet werden. Bei der Darstellung des eigenen Vorhabens muss man sich unter anderem auch deshalb auf den Wahrnehmungs-, Interpretations- und Werthorizont der untersuchten Gruppierungen einstellen (vgl. Thorne 1980; vgl. hierzu auch Ethik-Kodex 1993, I B4). Die notwendige Anpassung an die Population, die untersucht werden soll, kann jedoch zu weit gehen und zur Unterdrückung anstößiger Informationen, die die Teilnahmebereitschaft gefährden könnten, führen. So haben wir es beispielsweise in einer Forschungsgruppe, die sich mit rechtsextremen Orientierungen junger Frauen befasste, vermieden, in den für Experten und Untersuchungsteilnehmer vorgesehenen Informationen zur geplanten Studie, den Begriff «rechtsextrem» zu verwenden (vgl. Projektgruppe 1996, S. 89 ff.). Wir hatten den Eindruck, dass der Begriff «rechtsextrem» zu starken Abwehrreaktionen führte, und wollten diese vermeiden, sind damit jedoch wohl an die Grenze des forschungsethisch Vertretbaren gegangen – oder haben diese Grenze eventuell schon überschritten?

Dass das Prinzip der informierten Einwilligung in der qualitativen Forschung keineswegs immer leicht umzusetzen ist, wird auch in einem von Herbert Gans (1982) verfassten Artikel zu den Problemen teilnehmender Beobachtung deutlich. Er beschreibt hier die Ängste, mit denen Feldforscher konfrontiert sind. Zu diesen Ängsten gehören auch Angst und Unsicherheit, die mit der Unehrlichkeit gegenüber den untersuchten Personen verbunden sind (vgl. Gans 1982, S. 59 f.). Auch dann, wenn die Menschen im Forschungsfeld angemessen und wahrheitsgemäß über die Rolle des Forschenden informiert werden, bleiben Elemente der Täuschung erhalten. Der Forscher «(...) spiegelt emotionale Beteiligung nur vor, auch wenn er unbeteiligt ist; er beobachtet, auch wenn er den Anschein erweckt, als wäre das nicht der Fall, und er stellt – wie ein offiziell eingeführter Interviewer – Fragen mit verdeckten Zielen, von denen seine Gesprächspartner vermutlich nichts ahnen. Kurz gesagt, psychologisch gesehen verhält sich der teilnehmende Beobachter unehrlich; er täuscht die Menschen über seine Gefühle, und wenn er sie beobachtet, spioniert er sie in Wahrheit aus» (Gans 1982, S. 59, Übers. d. Hg.). Nach Herbert Gans folgt hieraus, dass die teilnehmenden Beobachter mit Schuldgefühlen konfrontiert sind, die sie bisweilen durch Überidentifikation mit den untersuchten Personen abzubauen versuchen *(→ 5.5)*. Welches im Einzelnen auch die psychischen Konsequenzen bei den Forschenden sein mögen, das Problem der partiellen Täuschung im Rahmen teilnehmender Beobachtung ist relevant. Hier werden Grenzen deutlich, die dem Prinzip der informierten Einwilligung in der qualitativen Forschung gesetzt sind. Gleichzeitig sollte das Problem der partiellen Täuschung den Blick für die sozialen und psychischen Risiken schärfen, die für die Forschenden mit der teilnehmenden Beobachtung verbunden sind und die Supervision und Beratung im Forschungsprozess erforderlich machen.

3. Zum Prinzip der Nicht-Schädigung

In forschungsethischen Diskussionen gibt es über den Anspruch, die in Untersuchungen einbezogenen Menschen nicht zu schädigen, keinen Dissens. Die Schwierigkeiten stecken auch hier, ähnlich wie beim Prinzip der informierten Einwilligung, in der konkreten Umsetzung und in den Grenzfällen.

Im Ethik-Kodex der Deutschen Gesellschaft für Soziologie und des Berufsverbandes Deutscher Soziologen wird zum Prinzip der Nicht-Schädigung Folgendes ausgeführt:

> «Personen, die in Untersuchungen als Beobachtete oder Befragte oder in anderer Weise, z. B. im Zusammenhang mit der Auswertung persönlicher Dokumente, einbezogen werden, dürfen durch die Forschung keinen Nachteilen oder Gefahren ausgesetzt werden. Die Betroffenen sind über alle Risiken aufzuklären, die das Maß dessen überschreiten, was im Alltag üblich ist. Die Anonymität der befragten oder untersuchten Personen ist zu wahren» (Ethik-Kodex 1993, I B 5).

Bei der Einschätzung möglicher Beeinträchtigungen und Schädigungen durch Sozialforschung geht man im Allgemeinen davon aus, dass die in sozialwissenschaftliche Untersuchungen einbezogenen Personen – anders als beispielsweise in Teilen der medizinischen Forschung – weniger durch das eigentliche Untersuchungsvorhaben gefährdet sind als vielmehr durch mögliche Folgen der Beteiligung, allem voran durch die Verletzung von Vertraulichkeitszusagen (vgl. hierzu u. a. Tropp 1982, S. 399 ff.). Der Anspruch, Vertraulichkeitszusagen einzuhalten, gehört insofern zu den Essentials forschungsethischer Normierungen in der Soziologie. Verletzungen dieses Anspruchs können, wie in den folgenden Abschnitten zu erläutern ist, sowohl durch die Weitergabe personenbezogener Daten entstehen als auch durch sozialwissenschaftliche Veröffentlichungen, in denen die untersuchten Personen, Regionen oder Institutionen unzureichend anonymisiert wurden.

Die Weitergabe personenbezogener Daten

Elmar Weingarten schildert den Fall eines Soziologen, der in den 80er Jahren von einem amerikanischen Gericht verurteilt wurde. Er hatte mehrfach gerichtliche Vorladungen missachtet und sich geweigert, dem Gericht seine Feldforschungsnotizen zur Verfügung zu stellen (vgl. hierzu und zum Folgenden: Weingarten 1986, S. 220). Zum Hintergrund: Der betreffende Soziologe – Mario Brajuha – arbeitete an seiner Dissertation, die eine Arbeitsplatzuntersuchung in einem Restaurant zum Gegenstand hatte. Er arbeitete dabei – im Sinne des Verfahrens der teilnehmenden Beobachtung – als Koch und Kellner in der von ihm beobachteten Gaststätte und machte sich, wie dies üblich ist, Feldforschungsnotizen zu seinen Erfahrungen. Gegen Ende seiner Tätigkeit ging das Restaurant in Flammen auf, und die Polizei vermutete Brandstiftung – daher das Interesse an seinen Aufzeichnungen, deren Herausgabe er verweigerte. Das Verfahren endete mit einem Vergleich: Das Gericht bestand nicht auf der Herausgabe der Aufzeichnungen, Brajuha musste jedoch mehrere tausend Dollar für Strafe und Prozesskosten bezahlen.

Prinzipiell ist ein solcher Fall auch in Deutschland denkbar. Die Soziologen haben hier – anders als beispielsweise Pfarrer oder Ärzte – kein Zeugnisverweigerungsrecht und können insofern ebenfalls unter den Druck von Polizei und Gerichten geraten, Daten herauszugeben. Dies ist vor allem für die Soziologen und Soziologinnen relevant, die sich mit abweichendem Verhalten und Kriminalität befassen. Im Ethik-Kodex, aus dem oben zitiert wurde, wird dieser Fall mitbedacht, und es wird versucht, das Recht auf Zeugnisverweigerung zumindest moralisch zu beanspruchen: «Soziologinnen und Soziologen sollen unter Verweis auf entsprechende Regelungen für andere Professionen der Schweigepflicht unterliegen und für sich das Recht auf Zeugnisverweigerung beanspruchen, wenn zu befürchten steht, dass auf der Basis der im Rahmen soziologischer Forschung gewonnenen Informationen die Informanten irgendwelche – insbesondere strafrechtliche – Sanktionen zu gewärtigen haben» (Ethik-Kodex 1993, I B 8).

Schädigungen von Untersuchungsteilnehmern durch Informationsweitergabe sind nicht nur in so eklatanten, sondern auch in schwächeren Fällen möglich. Ursachen können sein: die unzureichende Sicherung der Originaldaten (Tonkassetten, nicht verschlüsselte Feldnotizen u. ä.), das Reden über Einzelfälle außerhalb der Projektarbeit und die Vernachlässigung der Verpflichtung zur Verschwiegenheit, unzureichende Anonymisierung in veröffentlichten Dokumenten, Achtlosigkeiten im Umgang mit der elektronischen Speicherung nicht verschlüsselter Daten u. a. m. (vgl. als Sammlung von Beispielen hierzu Sieber 1992, S. 52 ff.).

Es gehört zu den Ergebnissen der neueren Datenschutzgesetzgebung und auch neuerer forschungsethischer Diskussionen, dass man sich heute in der Sozialforschung um die Absicherung von Vertraulichkeits- und Anonymitätszusagen sehr viel intensiver bemüht als beispielsweise in den 60er Jahren. Dies erhöht generell den Arbeitsaufwand in empirischen Forschungsprojekten. Bei der Planung qualitativer Forschungsprojekte ist zudem zu berücksichtigen, dass hier die Datenanonymisierung wesentlich aufwendiger als in quantitativen Projekten ist: Umfangreiche Interviewtranskripte oder Beobachtungsprotokolle, die vielfältige, mehr oder minder offenkundige Hinweise zur Identität der Untersuchten und zum Untersuchungskontext enthalten, müssen so anonymisiert werden, dass keine Rückschlüsse auf die befragten Personen, die Organisationen und Regionen, in deren Kontext die Erhebungen durchgeführt wurden, möglich sind und dass gleichzeitig der Informationsgehalt nicht so zusammenschmilzt, dass eine Auswertung sinnlos wird.

Sollte sich ein Trend fortsetzen, der gegenwärtig zu beobachten ist, wird man sich zukünftig mit der Anonymisierung und Verschlüsselung qualitativer Daten noch mehr Mühe geben müssen. Denn die Anforderung, Daten für die Verwendung in anderen Forschungszusammenhängen und für eine zentrale Archivierung weiterzugeben, mit der die quantitative Forschung seit langem konfrontiert ist, wird in letzter Zeit vermehrt auch an die qualitative Forschung gerichtet (vgl. hierzu generell Sieber 1992, S. 62 f.; für die qualitative Forschung Kluge & Opitz 1999a). Dies wirft eine Vielzahl neuer organisatorischer und forschungsethischer Fragen auf. Dabei sind die Probleme im technischen Bereich am geringsten, da in der qualitativen Forschung die anonymisierten Protokolle von Interviews und Beobachtungen vielfach elektronisch gespeichert werden. Schwerer sind hingegen die mit der Weitergabe von Daten verbundenen forschungsethischen und datenschutzrechtlichen Fragen zu lösen. Die untersuchten Personen müssen um ihr Einverständnis gebeten werden; dies folgt aus dem Prinzip der informierten Einwilligung und auch aus dem informationellen Selbstbestimmungsrecht. Und es muss abgesichert sein, dass die Daten wirklich keinerlei Hinweise auf den organisatorischen und regionalen Kontext der Studie enthalten. Bei organisationsbezogenen oder regional bezogenen qualitativen Projekten dürfte dieses besonders schwer zu realisieren oder unmöglich sein. Man sollte deshalb in der qualitativen Forschung der Aufforderung, Textdateien zur zentralen Archivierung und Weitergabe zur Verfügung zu stellen, mit Vorsicht und Skepsis begegnen.

Probleme der Veröffentlichung

Man kann Untersuchungsbeteiligte nicht allein dadurch schädigen, dass man Informationen über Einzelne preisgibt, sondern auch dadurch, dass man sich in Veröffentlichungen über sie als Gruppe in einer Weise äußert, die sie selbst als schädigend empfinden oder die für sie tatsächlich mit Nachteilen verbunden ist.

Ein berühmtes Beispiel hierfür ist der so genannte «Springdale»-Fall, den ich hier knapp darstellen möchte: 1958 veröffentlichten Arthur Vidich und Joseph Bensman die Ergebnisse einer überwiegend qualitativen Studie über eine Kleinstadt im Staat New York («Small Town in Mass Society») – anonymisiert als «Springdale». Die Daten, die Grundlage dieses Buches waren, waren von Vidich im Rahmen eines Forschungsprojektes der Cornell-Universität erhoben worden, dem er jedoch zum Zeitpunkt der Publikation nicht mehr angehörte.

Forschungsethisch war das Vorgehen Vidichs und Bensmans unter verschiedenen Gesichtspunkten problematisch (vgl. hierzu auch die Diskussion in der Zeitschrift «Human Organization», Bde. 17–19/1958–1960). So war unter anderem die Anonymisierung nur unvollständig gelungen. Zwar waren die Personen, über die in der Studie berichtet wurde, mit Phantasie-Namen ausgestattet worden. Sie waren jedoch durch die jeweiligen Funktionsbeschreibungen (Bürgermeister, Verwaltungsleiter etc.) erkennbar.

Insgesamt war man in «Springdale» erregt und sehr verärgert – dies allerdings nicht allein wegen der unzureichenden Anonymisierung von Personen, sondern auch wegen der Interpretationen. Ärger bereiteten offenbar insbesondere die Thesen zur Machtstruktur in der Gemeinde und die Behauptung, es gäbe in Springdale so etwas wie eine «unsichtbare Regierung», in der einflussreiche Personen, die keine öffentlichen Ämter innehaben, gleichwohl die Geschicke der Kleinstadt bestimmten (vgl. hierzu auch Becker 1969, S. 260).

Der Vorfall löste in der Profession eine heftige Kontroverse aus, die vor allem in der Zeitschrift «Human Organization» ausgetragen wurde. Vidich und Bensman (1958/59) rechtfertigten ihr Vorgehen gegenüber ihren Kritikern – zum Beispiel von William Foote Whyte, der sich im Editorial der Zeitschrift kritisch geäußert hatte –, indem sie darauf hinwiesen, dass man bei Untersuchungen von Organisationen und Gemeinden mit negativen Reaktionen rechnen müsste, insbesondere dann, wenn in den Forschungsergebnissen mächtige Gruppierungen und Respektspersonen Gegenstand seien. Im Rahmen bürokratisch organisierter Forschung und unter dem Einfluss öffentlicher Forschungsfinanzierung sei es leider zunehmend problematisch, sich der Möglichkeit solcher negativen Reaktionen offen zu stellen. Hier gelte die Maxime: Ärger und Konflikte vermeiden, damit auch in Zukunft Forschungsmittel zur Verfügung stehen. Wenn man in den Sozialwissenschaften dagegen zum wissenschaftlichen Fortschritt beitragen wolle und fundamentale soziologische Fragen aufgreifen wolle, dann dürfe man sich diesem Druck nicht beugen, sondern müsse so viel Unabhängigkeit bewahren, dass man auch negative Reaktionen und Konflikte riskieren kann.

So einleuchtend die Argumente Vidichs und Bensmans unter wissenschaftlichen und politischen Gesichtspunkten sein mögen: Sie vernachlässigen den legitimen Anspruch der untersuchten Personen und Institutionen, dass sie durch den Forschungsprozess und die Forschungsergebnisse nicht geschädigt werden. Der Hinweis auf den wissenschaftlichen Fortschritt kann dabei nicht weiterhelfen. Denn über die Frage, welche Untersuchung zum wissenschaftlichen Fortschritt beiträgt und welche nicht, wird man in den Sozialwissenschaften nur selten Einigkeit herstellen können. Dies hängt sowohl mit der Vielfalt unterschiedlicher Paradigmen in der Soziologie – im theoretischen und methodischen Zugang – zusammen als auch damit, dass in Urteile über den Beitrag spezifischer Untersuchungen zum Wissenschaftsfortschritt immer auch Relevanz- und Wertgesichtspunkte eingehen. Man kann eine unter methodischen Gesichtspunkten brillante Untersuchung trotzdem für unergiebig halten, weil man die in ihr behandelten Fragen für irrelevant hält.

Auf allgemeiner Ebene ist es deshalb meiner Ansicht nach nicht möglich, rational zwischen dem Beitrag, den eine Untersuchung zum wissenschaftlichen Fortschritt leistet, und ihren möglichen schädigenden Effekten abzuwägen und auf dieser Grundlage zu einer Entscheidung, ob veröffentlicht wird oder nicht, zu kommen. Eine Lösung dieses Problems, die allerdings praktisch schwer umzusetzen ist, könnte darin liegen, dass man denjenigen, die in Untersuchungen einbezogen waren, prinzipiell die Chance gibt, sich vor einer Veröffentlichung zu den geplanten Inhalten zu äußern. Es kann jedoch meiner Ansicht nach nicht akzeptiert werden, dass man Fragen der Kosten-Nutzen-Abwägung – d. h. der Abwägung zwischen möglichen Schädigungen und relevantem Wissensgewinn – forschungsethischen Kommissionen überlässt, wie dies in den USA zum Teil der Fall ist (vgl. Sieber 1992, S. 75 ff.). Denn angesichts der Tatsache, dass in die Beurteilung des Beitrags, den ein sozialwissenschaftliches Projekt zum wissenschaftlichen Fortschritt leistet, auch politische Gesichtspunkte eingehen, bestünde die Gefahr, dass aus der forschungsethischen Begutachtung eine politische Disziplinierung wird.

Anmerkungen

1 Vgl. den Code of Ethics der American Sociological Association (ASA) von 1969 (vgl. den Abdruck in: Toward a Code of Ethics 1968/1969, S. 318), der inzwischen mehrfach überarbeitet und erneut zur Abstimmung gestellt wurde – zuletzt 1997.

2 Ihr gehörten an: aus der DGS: der damalige Vorsitzende Bernhard Schäfers, Dirk Käsler, der eine wichtige Funktion bei der Initiierung der Debatte über den Ethik-Kodex hatte, und ich (damals Vorstandsmitglied und Leiterin der Arbeitsgruppe); aus dem BDS: der damalige Vorsitzende Siegfried Lamnek; aus der damals noch bestehenden Gesellschaft für Soziologie (Ostdeutschland): Hansgünter Meyer (bis 1992 Präsident dieser Gesellschaft).

3 Vgl. hierzu und zu der entsprechenden forschungsethischen Diskussion der 60er und 70er Jahre Hopf (1991b, S. 175 ff.). Vgl. zur Dokumentation dieser Debatte insbesondere Filstead 1970. Es sei angemerkt, dass die «under cover»-Forschung im «Code of Ethics» der American Sociological Association (ASA) – auch in der neuesten Version von 1997 – weniger massiv abgelehnt wird (vgl. Code of Ethics 1997, 12.05 [d]). Es heißt dort, in sehr seltenen Fällen könne es erforderlich sein, die Identität der Forschenden zu verbergen, um Forschung

überhaupt zu ermöglichen. Voraussetzungen hierfür seien allerdings: a) es dürften sich für die untersuchten Personen keine mehr als minimalen Risiken ergeben; b) es müsste die Zustimmung eines «institutional review board» oder eines vergleichbaren Gremiums mit forschungsethischer Kompetenz erwirkt werden.

Weiterführende Literatur

Becker, H. S. (1969). Problems in the publication of field studies. In: McCall, G. J. & Simmons, J. L. (Hg.): Issues in participant observation: A text and reader, S. 260–270. New York: Random House (zuerst 1964).

Gola, P. & Schomerus, R. (1997). Bundesdatenschutzgesetz (BDSG), mit Erläuterungen. München: C. H. Beck'sche Verlagsbuchhandlung (6. Aufl.).

Sieber, J. E. (1992). Planning ethically responsible research. A guide for students and Internal Review Boards. Newbury Park u. a.: Sage.

Uwe Flick und Martin Bauer [*]
6.2 Qualitative Forschung lehren

1. Zielsetzungen der Vermittlung qualitativer Methoden
2. Besondere Probleme der Vermittlung qualitativer Forschung
3. Ausbildung in qualitativer Forschung am Methodology Institute der London School of Economics
4. Beispiel eines Lehr-Forschungsprojekts
5. Ebenen und Kontexte der Vermittlung qualitativer Forschung

Qualitative Forschung wird heute in unterschiedlichen Kontexten gelehrt. Sie hat an vielen Orten in die Grundkurse sozialwissenschaftlicher Methodenlehre Eingang gefunden, wird gelegentlich als eigenes Fach in Ergänzung zu solchen Grundkursen gelehrt, und es gibt spezielle Angebote der Weiterqualifikation in qualitativen Forschungstechniken für graduierte Sozialwissenschaftler. Bislang gibt es wenige explizite Darstellungen, wie sie gelehrt werden sollte, oder Erfahrungsberichte, die das eigene Vorgehen oder verschiedene Konzeptionen und Praktiken der Lehre qualitativer Forschung so aufbereiten, dass sie demjenigen, der (erstmals) einen entsprechenden Kurs konzipieren soll, eine Orientierung bieten können. Im Folgenden geht es darum, Zielsetzungen und Vorgehensweisen für die Vermittlung qualitativer Forschung(-smethoden) für diese verschiedenen Kontexte zu skizzieren.

1. Zielsetzungen der Vermittlung qualitativer Methoden

Mit der Lehre in qualitativer Forschung können unterschiedliche Ziele verbunden sein – etwa einen Überblick über das zunehmend heterogene Feld qualitativer Ansätze und Verfahren zu geben oder eine detaillierte Einführung in konkrete Vorgehensweisen zu vermitteln. In den wenigen Publikationen, die sich explizit diesem Thema widmen (z. B. Strauss 1987, 1988; Glesne & Webb 1993; Webb & Glesne 1992), wird betont, dass sich Kurse in qualitativer Forschung deutlich von anderen Methodenkursen unterscheiden. Dies wird vor allem daran festgemacht, dass man qualitative Forschung eigentlich nur verstehen kann, wenn sie (zumindest auch) am praktischen Vorgehen und am Material vermittelt wird. Stichworte wie «learning by doing», «learning in the field», «Lernen am Material» bekommen dabei besondere Bedeutung. Da verschiedene qualitative Methoden den Charakter einer Kunstlehre (behalten) haben – dies trifft für die objektive Hermeneutik *(→ 5.16)* ebenso zu wie für die Vorgehensweise von Strauss *(→ 2.1; → 5.13)* –, gilt es in ihrer Vermittlung, das richtige Verhältnis zwischen Technik, Haltung und der Kunst der Anwendung der Methode zu finden. Entsprechend empfehlen verschiedene Autoren (z. B. Strauss 1988, S. 92), Seminare als Workshops zu konzipieren, die mit (teilweise deutlich) weniger als 20 Studenten durchgeführt werden (sollten – Glesne & Webb 1993, S. 260). Beide Zielsetzungen – Überblick und praktische Handwerkserfahrung – lassen sich am besten mit einer Kombination aus verschiedenen Veranstaltungen und Veranstaltungstypen erreichen:

- Überblicksveranstaltungen (z. B. «Einführung in die qualitative Sozialforschung»);
- verfahrensorientierte Seminare (z. B. «Methoden der Textinterpretation»);
- handwerksbezogene Kurse (z. B. «Interviewverfahren und -durchführung»); Interview- und Interpretationsmethoden lassen sich am besten in der Kombination mit praktischer Anwendung und der gemeinsamen Auswertung von Erfahrungen und Problemen vermitteln und erlernen. Ein Weg dahin ist ein systematisches Interviewtraining;

- Seminare zu erkenntnistheoretischen Grundlagen qualitativer Forschung (z. B. «Konstruktivismus – Spielarten und Implikationen für qualitative Forschung», «Geltungsbegründung qualitativer Forschung»);
- gegenstandsbezogene Lehr-Forschungsprojekte (Studienprojekte), die es erlauben, über längere Zeit an einer Fragestellung und mit einer oder mehreren Methoden konkret zu arbeiten. Solche Projekte liefern den Rahmen, um praktische Erfahrungen zu sammeln, die ein Verständnis der Möglichkeiten und Grenzen qualitativer Methoden ermöglichen.

Webb & Glesne (1992, S. 786 ff.) unterscheiden analog Einführungs-, Forschungsdesign-, Theorie- und feldbasierte Forschungskurse. Ziel der Lehre in diesem Sinn ist, Studenten in die Lage zu versetzen,

- eine begründete Auswahl von Methoden zu treffen,
- die Grundprinzipien verschiedener Verfahren zu verstehen,
- Daten hinsichtlich ihrer Aussagekraft auf konkrete Fragestellungen einzuschätzen,
- vorliegende oder selbst erzielte Forschungsergebnisse zu bewerten und schließlich
- eigene empirische Untersuchungen – im Rahmen von Abschlussarbeiten und in ihrer anschließenden beruflichen Tätigkeit – zu konzipieren und durchzuführen.

Um diese Ziele zu erreichen, lassen sich grundsätzlich zwei Wege beschreiten: Ein eher punktueller Ansatz, der etwa die Analyse vorhandenen Materials in den Vordergrund stellt und auf die entsprechenden Methoden fokussiert, ist zu unterscheiden von einem prozessorientierten Weg, der von der Findung und Konzipierung einer Fragestellung über Fallauswahl, Datenerhebung, Transkription und Analyse bis zur Anfertigung von Forschungsberichten geht. Als Einstieg in diese zweite Variante lässt sich etwa der Film «Einstweilen wird es Mittag» von Karin Brandauer verwenden, der auf der Studie von Jahoda et al. (1933/1980; vgl. Jahoda 1991) über die Arbeitslosen von Marienthal basiert. An seiner Spielhandlung lassen sich wesentliche Schritte, Konflikte und Probleme einer qualitativen Studie gut verdeutlichen und diskutieren. Parallel oder ergänzend dazu ist die Lektüre der Originalstudie zu empfehlen.

2. Besondere Probleme der Vermittlung qualitativer Forschung

Bei der Konzeption von Lehrveranstaltungen stellt sich unter anderem die Frage, welche Literatur zur Orientierung verwendet werden soll – für den Dozenten bei der Konzeption des Seminars und für die Studenten zum Weiterlesen und Selbststudium. Für die Einführung in qualitative Forschung gibt es mittlerweile eine Reihe von Lehrbüchern mit unterschiedlichen Ansprüchen und Qualitäten (z. B. Lamnek 1995; Mayring 1996; Flick 2007a; Strauss 1991; Silverman 2000; für einen Überblick: → 7). Für verschiedene Ansätze fehlen bislang systematische Monographien, die als Einführungen oder Lehrbücher geeignet sind. Dies gilt für die objektive Hermeneutik ebenso wie für die derzeit vor allem im Medienbereich stark rezipierten Cultural Studies oder die Ethnographie im deutschsprachigen Raum (als englischsprachige Einführung: Hammersley & Atkinson 1983). Auch für die Forschung mit Narrativen Interviews sind bislang nur gute, aber eher knapp gehaltene Einführungsartikel (Hermanns 1991; Fischer-Rosenthal & Rosenthal 1997a), aber keine grundlegende Monographie zu empfehlen. Für einführende Seminare muss die Literaturliste aus Artikeln zusammengestellt werden, die meist eher für den Anfänger zu spezielle Probleme behandeln. Aktuelle Einführungen mit detaillierten Handlungsbeschreibungen des Vorgehens liegen für fallrekonstruktive Forschung (Hildenbrand 1999) und Konversationsanalyse (Deppermann 1999) vor.

Für andere Ansätze gibt es dagegen eine Vielzahl von Lehrbüchern – etwa für die *Grounded Theory* teilweise auch in deutscher Übersetzung (Glaser & Strauss 1967/1998; Glaser 1978, 1992; Strauss 1987/1991; Strauss & Corbin 1990/1996). Hier stehen Studierende gelegentlich vor dem Problem, die unterschiedlichen Terminologien und Varianten des Vorgehens, die sich in den in verschiedenen Phasen der Entwicklung des Ansatzes entstandenen Lehrbüchern finden, zu differenzieren, wobei einige der Übersetzungen zusätzliche Unklarheiten fördern.

Als ein generelles Problem diskutieren Webb & Glesne (1992), dass Studenten in Kursen über qualitative Forschung die Relativität vieler Fragen entdecken und akzeptieren müssen. Häufig wird die Frage gestellt: «Wie viele Interviews muss ich durchführen, damit sie für eine wissenschaftliche Arbeit mit qualitativen Methoden ausreichen?» Diese Frage lässt sich erfahrungsgemäß nur mit einer Relativierung («das kommt darauf an …») beantworten – abhängig von der Fragestellung, dem Datenmaterial, der Aussage, die getroffen werden soll, der Ebene der Verallgemeinerung und schließlich den zur Verfügung stehenden Ressourcen. Der möglicherweise entstehende Eindruck der Beliebigkeit solcher Entscheidungen lässt sich durch entsprechende Beispiele ausräumen. Darin sollte deutlich werden, dass z. B. bei einer vergleichenden Studie weniger die Zahl der durchgeführten Interviews entscheidend ist als die darin berücksichtigten Dimensionen (im Sinne des theoretischen Sampling → 4.4) und dass aus jeder Gruppe, die verglichen werden soll, mehr als nur ein Fall aufgenommen wurde.

Weiterhin werden die Schwierigkeiten vieler Studenten (und Forscher) relevant, das eigene Vorgehen und die Schritte, die durchlaufen wurden, zu verdeutlichen. Neben allgemeineren Problemen mit dem wissenschaftlichen Schreiben (vgl. hierzu Becker 1994; Rückriem & Stary 1997; Narr & Stary 2000) sollte hier die spezielle Frage der Darstellbarkeit qualitativer Ergebnisse und Vorgehensweisen (→ 5.22) bis hin zur Erreichung von Glaubwürdigkeit und Authentizität (vgl. Flick 2007a, Kap. 29) behandelt werden.

Im Folgenden werden zwei Beispiele für die Vermittlung qualitativer Forschungskompetenzen etwas ausführlicher dargestellt.

3. Ausbildung in qualitativer Forschung am Methodology Institute der London School of Economics

An der *London School of Economics and Political Science* sind Ausbildung und Forschung zu sozialwissenschaftlichen Forschungsmethoden im großzügig ausgestatteten Methodology Institute (LSE-Mi; siehe im Internet: www.lse.ac.uk) konzentriert. Das LSE-Mi wurde als eine interdisziplinäre Einrichtung 1994 gegründet, um die postgraduale Methodenausbildung (Forschungsplanung und -designerstellung, Datenerhebung, qualitative und quantitativ-statistische Analyse) für Doktoranden aller sozialwissenschaftlichen Disziplinen an der LSE langfristig zu koordinieren und zu verstärken.

Ein Kurs über 15 Wochen mit dem Titel «Text, image and sound in social research» bildet den Kern der qualitativen Methodenausbildung. Wöchentliche Veranstaltungen werden durch Workshops (Einführung in Computerprogramme wie ATLAS/ti, NUD/ist etc.; → 5.14), Kurse zu Interviewtechniken und das *Advanced Qualitative*

Analysis Seminar ergänzt. Die Arbeitsphilosophie des Kurses basiert auf einer strukturellen Sicht der Forschung und unterscheidet vier Dimensionen der Forschungstätigkeit: Design (z. B. Einzelfall- oder Vergleichsstudie; Personen- oder Zeitstichprobe), Datensorten (z. B. Einzelinterview, audiovisuelle Daten oder Beobachtungen), Analyseverfahren (Codierung, semiotische oder Inhalts-Analyse) und Erkenntnisinteresse (Kontrolle und Prognose oder Verständigung zur Emanzipation). Die vier Dimensionen beinhalten jeweils ein Entscheidungsproblem, wobei die Elemente über die Dimensionen hinweg kombinierbar und tatsächlich zu finden sind. Jedes reale Forschungsprojekt setzt demnach eine Kombination von Elementen um: Man befolgt Designprinzipien, generiert eine oder mehrere Sorten von Daten, analysiert sie mit bestimmten Verfahren und verfolgt dabei ein generelleres Erkenntnisinteresse. Ein Großteil der fruchtlosen Polemik um qualitative versus quantitative Methoden basiert auf der Vermischung dieser vier Dimensionen des Forschungshandelns: Oft meint man den Esel «Formalisierung» und schlägt den Sack «Datensorte». Tiefeninterviews oder Ethnographie werden vorschnell mit emanzipatorischem Erkenntnisinteresse identifiziert, wobei der Verwendungszusammenhang der Forschungsresultate ignoriert wird, bei dem gut gemeinte Absichten in ihr Gegenteil umschlagen können (Bauer, Gaskell & Allum 2000).

Wie der Titel «Text, image and sound ...» schon andeutet, umfasst das Kursprogramm verschiedene Datensorten. Der Methodenfokus wird über Interviewverfahren *(→ 5.2; → 5.3)* hinaus auf Textmaterialien, Fotografie *(→ 5.6)*, Video- und Filmmaterialien *(→ 5.7)* sowie Geräusche und Musik als soziale Daten erweitert. Für die Analyse all dieser Datensorten werden eine Reihe analytischer Zugangsformen eingeführt: Semiotik, Rhetorik, Diskurstheorie, Narratologie, klassische Inhaltsanalyse und Interpretation. Der wöchentliche Zyklus umfasst Vorlesungen und Seminare, die teilweise von zusätzlich einbezogenen aktiven Forschern und Experten bestritten werden. Im wöchentlichen Seminar werden jeweils ein oder zwei Forschungspapiere, die den Vorlesungsinhalt illustrieren, referiert und diskutiert.

Trotz der Vielzahl an Publikationen zu qualitativen Methoden in jüngster Zeit fehlt bisher ein Lehr- oder Handbuch, das dieses spezifische Programm im Hinblick auf Datensorten, Analysemethoden und didaktisch aufgearbeitete Beispiele abdeckt. Der Konzeption

des Kurses am nächsten kommt das Buch von Flick (1998a), dessen
Lektüre bei den Teilnehmern vorausgesetzt wird. Ein eigenes Lehrbuch qualitativer Forschung, das auf der Arbeitsphilosophie des
LSE-Mi aufbaut, ist erschienen (Bauer & Gaskell 2000). Das Vorle-
sungs- und Seminarprogramm sieht folgendermaßen aus:

A Grundlagen
1. Überblick über den Kurs
2. Sozialforschung und Erkenntnisinteresse
3. Corpuskonstruktion als qualitatives Selektionsprinzip
   B Datensorten
4. Beobachtung im Feld
5. Formen des Interviews
6. Gruppeninterviews
7. Geräusche und Musik als Daten
8. Fotografie und Video/Film
   C Analyseverfahren
9. Semiotik
10. Klassische Inhaltsanalyse: Codierung und Indexierung
11. Rhetorische Analyse
12. Narratologie
    D Problematisierungen
13. Probleme der Interpretation
14. Gütekriterien der Forschung: jenseits von Stichprobe, Reliabilität und Validität
15. Das Abschlusssymposium

Tabelle 1: Kursprogramm

Alle Kursteilnehmer werden anhand der folgenden fünf Aufgaben
mit Noten bewertet.

Das Datenportfolio
In den ersten Wochen des Kurses werden die Vorlesungen unterbro-
chen, und bevor die intellektuelle Auseinandersetzung mit Datensorten und Analyseverfahren einsetzt, wird jeder Teilnehmer aufgefordert, ein eigenes Portfolio mit drei verschiedenen Datensorten
möglichst zum selben Thema zu erstellen. Ein Student, der sich für
Arbeitslosigkeit interessiert, wird z. B. einige Interviews führen, Zei-
tungsartikel zum Thema sammeln und gegebenenfalls Beobachtungen in einem Arbeitsamt anstellen. Der Bericht über das Erreichte
beschreibt einerseits das Material daraufhin, wie es gesammelt wurde, und, im Hinblick auf systematische Mängel, andererseits die
subjektiven Erfahrungen bei der Datenerhebung in Form eines un-

geschminkten Berichts (in Anlehnung an das Konzept der «confessional tales» – Van Maanen 1995) solcher Felderfahrungen. Als Gesamtergebnis entsteht jedes Jahr ein Fundus von Beobachtungen über kleine und große Fehlhandlungen, realistische Zeiterfordernisse und Probleme der Forschungsinteraktion, die mit allen Teilnehmern zusammenfassend diskutiert werden. Diese Aufgabe steigert das Problembewusstsein und zeigt die Relevanz von Forschungsplanung, Selbstreflexion und -kontrolle des Forschers.

Der diskursive Essay

In der Mitte des Vorlesungszyklus nehmen sich die Teilnehmer ein Problem vor und bearbeiten dies in einem Kurzessay von höchstens 2500 Wörtern. Dabei wird eine mit Literaturverweisen belegte Argumentation mit These, Entwicklung und Zusammenfassung erwartet zu Themen wie: die Funktion von Zahlen in der Forschung; das Problem des Engagements in der Sozialforschung; der Beitrag des Designs zum Forschungsprozess; Vergleich von Einzel- und Gruppeninterviews als Forschungsmethoden.

Bericht zum Abschlusssymposium

Ein weiterer Schritt ist das Symposium am Ende des Kurses. Die Teilnehmer bilden vier Gruppen, die sich jeweils einer Datensorte widmen: Beobachtung und Video/Film; Interview; Textmaterialien; Sound/Musik. In kurzen Referaten werden Aspekte dieser Datensorte und analytische Verfahren an einem Forschungsbeispiel dargestellt. Dabei sind drei Fragen zu beantworten:

1. Unter welchen Bedingungen ist die Datensorte bzw. Analysemethode indiziert?

2. Was sind die Kriterien ‹guter Forschungspraxis›?

3. Was ist ‹gut› am Forschungsbeispiel?

Im Anschluss an die mündliche Beantwortung dieser drei Fragen im Plenum bringen die Teilnehmer ihr Referat in einem weiteren Kurzessay zu Papier. Ziel dieser Übung ist, die Studenten für die Frage der Methodenindikation und -gegenindikation zu sensibilisieren und einen Methodenmonismus zu vermeiden, der für jedes erdenkliche Forschungsproblem nur eine Zugangsmethode vorsieht. Ebenso soll damit das Anspruchsniveau für qualitative Methodik erhöht werden. Qualitative Forschung kann nicht länger in einer Negativhaltung gegen ‹positivistische Forschung› verharren. Die mittlerweile vorliegende Masse an Forschungspraxis erfordert die Erarbeitung von Qualitätskriterien in funktionaler Analogie zu Stichprobe, Reliabilität und Validität im Forschungsprozess (Flick 1998a; Steinke 1999; Seale 1999a; Gaskell & Bauer 2000; → 4.7).

Schriftliches Examen
Wie in England üblich, wird jeder Kurs mit einer Prüfung abgeschlossen. Nach neun Monaten absolvieren die Kursteilnehmer ein dreistündiges schriftliches Examen, wobei drei von zehn Fragen zu beantworten sind. Zur Beantwortung der ersten Frage wird ein empirischer Forschungsartikel aus einer international führenden Zeitschrift angegeben. Die Teilnehmer werden aufgefordert, den Artikel vorbereitend zu lesen und dazu im Examen eine methodologische Kritik zu formulieren. Die beiden übrigen Fragen umfassen ähnliche Themen wie der genannte diskurvise Essay.

Empirisches Forschungsprojekt
Jeder Teilnehmer schließt das Jahr mit einem kleinen empirischen Forschungsprojekt ab, das in einer der angeschlossenen Disziplinen angesiedelt und bewertet wird (z. B. in Sozialstatistik, Sozialpolitik, Soziologie, Gender Studies oder Sozialpsychologie) und die Kenntnisse aus dem Methodentraining praktisch umsetzt.

4. Beispiel eines Lehr-Forschungsprojekts

Beim folgenden Beispiel handelt es sich um eine auf zwei Semester angelegte Veranstaltung, die in vierstündigen Blöcken an der Technischen Universität Berlin mit ca. 20 Teilnehmern durchgeführt wurde. Um eine praktische Einführung in Methoden der Datenerhebung und -analyse zu geben, wird dabei ein kleines Forschungsprojekt zu Gesundheitsvorstellungen von Professionellen (Ärzten, Pflegekräften) in seinen wesentlichen Schritten von der Festlegung und Eingrenzung der Fragestellung bis zur Datenerhebung und -analyse realisiert. Als didaktische Mittel kommen Moderationstechniken (Kartenabfragen, Kleingruppenarbeit mit Arbeitsmaterialien und Darstellung der Ergebnisse im Plenum) zum Einsatz (vgl. Weidenmann 1995). Für die Arbeit am Material werden Gruppen von vier bis fünf Studenten gebildet, die kontinuierlich innerhalb des Seminars und zwischen den Sitzungen arbeiten.

Zentrale Probleme der Durchführung einer Interviewstudie wie Feldzugang *(→ 5.1)*, Datenschutz *(→ 6.1)*, Varianten des Interviews *(→ 5.2)*, der Interviewführung *(→ 5.3)*, der Codierung und Interpretation von Daten *(→ 5.13; → 5.16)*, der Darstellung und Verallgemeinerung von Ergebnissen *(→ 5.22)* werden in Form knapper Inputs mit weiterführenden Literaturhinweisen vermittelt. Als Methoden wurden in diesem Beispiel das episodische Interview (Flick 2007a, 2008) und das theoretische Codieren nach Strauss (1991; *→ 5.13*) angewendet. Praktische Übungen zur Interviewführung finden in Form von Rollenspielen und videounterstützten Interviewtrainings statt. Im Wechsel von Arbeitsgruppen und Gesamtgruppe wird der Leitfaden entwickelt. Dazu erhalten die Teilnehmer strukturierende Materialien (vgl. Tabelle 2 für ein Beispiel).

Interviewplanung für ein episodisches Interview

Zur Interviewplanung gehören Formulierungsvorschläge (1) für die Interviewführung (Einstieg ins Thema, Fragebereiche, Fragen etc.) und (2) für den Interviewrahmen (Datenschutz, allgemeine Hinweise zur Fragestellung und zur Dauer und Art der Gesprächsführung).

Arbeitsschritte Interviewführung

1. Moderator(in) und Protokollant(in) wählen
2. Durchsicht der für das Interview interessierenden Themen
3. Welche Themen stehen im Mittelpunkt des Interesses (1 bis max. 4)?
4. Welche Bereiche des (z. B. beruflichen) Alltags können Aufschluss über das oder die zentralen Themen geben?
5. Formulieren Sie für jeden Bereich einen Erzählanstoß, der den Befragten möglichst klar und eindeutig dazu bringen kann, zu jedem Bereich von Punkt 4 eine oder mehrere Situationen zu erzählen, die mit den zentralen Themen zusammenhängen (z. B.: Wenn Sie sich zurückerinnern, was war Ihre erste Erfahrung oder Auseinandersetzung mit …? Könnten Sie mir bitte diese Situation erzählen?).
6. Formulieren Sie für jeden Bereich (max. 2–3) Fragen nach Zusammenhängen etc., die den Befragten möglichst klar und eindeutig dazu bringen können, seine Sicht dieser Zusammenhänge oder Konzepte zu formulieren (z. B. Was ist … für Sie? Was verbinden Sie mit diesem Begriff?).
7. Formulieren Sie Stichwörter (max. 4!) für wichtige Nachfragen, d. h. zu zentralen Aspekten, auf die Sie unbedingt zurückkommen möchten, wenn sie der Befragte nicht von sich aus anspricht.

Arbeitsschritte Interviewrahmen

1. Überlegen Sie sich, was der Interviewte vorab wissen sollte, damit er auf das eigentliche Interview gut eingestimmt wird und auch versteht, worauf es ankommt und was seine Rolle ist. Gehen Sie von dem aus, was der Interviewte evtl. schon vorab bei der Vereinbarung des Interviewtermins erfahren hat.

2. Formulieren Sie in Stichworten eine entsprechende Einführung zum Interview zu folgenden Aspekten: Zweck des Interviews; Bandaufnahme und Datenschutz (nach der Zustimmung an dieser Stelle das Bandgerät einschalten!); Erläuterung, worauf es im Interview ankommt, z. B. die ganz persönliche Sichtweise; Erläuterung zur Gesprächsführung und voraussichtlichen Dauer des Interviews (Hier kommt das eigentliche Interview!).

3. Formulieren Sie in Stichworten den Abschluss des Interviews, z. B.: Blieb noch etwas Wichtiges unberücksichtigt? Rückmeldung seitens des Interviewpartners?

Tabelle 2: Arbeitsmaterial für die Leitfadenentwicklung

Im ersten Teil der Veranstaltung führt und transkribiert jeder Teilnehmer (mindestens) ein Interview. Die Analyse der erhobenen Daten im zweiten Teil findet in den Arbeitsgruppen statt. Neben vergleichenden Interpretationen fertigen die Studenten eine kurze Falldarstellung für jedes Interview an. Als Literatur zur Einführung in den inhaltlichen Gegenstandsbereich dienten verschiedene Beiträge aus Flick (1998b), als methodische Literatur wurden Flick (2007a), Glaser & Strauss (1965) und Strauss (1991) zugrunde gelegt. Tabelle 3 gibt einen Überblick über den Ablauf der Veranstaltung.

Lehr-Forschungsprojekt «Gesundheitsvorstellungen bei Professionellen»

Teil I: Durchführung von Interviews

1. Vorbesprechung, Einführung
Kartenabfrage: Erwartungen und Befürchtungen zum Seminar
Kleingruppenarbeit: Anwendung eines Fragebogens und eines Interviewleitfadens
Input: Forschungsprozess bei qualitativer Forschung
Kleingruppenarbeit: Brainstorming zum Forschungsthema
Vergleich und Bündelung der Arbeitsergebnisse
Input: Kurze Einführung zum Thema «Gesundheitsvorstellungen»
Arbeitsgruppenbildung

2. Einführung in das Forschungsthema
Input: Kurze Vorstellung ausgewählter Studien
Diskussion über Fragestellungen, Vorgehen und Ergebnisse
Kleingruppenarbeit: Erarbeitung und Eingrenzung der Fragestellung
Vergleich und Bündelung der Arbeitsergebnisse
Input: Zur Rolle von Fragestellungen in der qualitativen Forschung
Diskussion
Input: Fragen des Zugangs

3. Interviewtypen und ihre Indikation
Input: Fokussiertes Interview, Narratives Interview, Episodisches Interview

Diskussion über die Eignung der Verfahren und Auswahl
Kleingruppenarbeit: Interviewplanung
Vergleich und Bündelung der Arbeitsergebnisse
Input: Datenschutz

4. Interviewführung I
Kleingruppenarbeit: Erwartungen und Befürchtungen an das Interview
Vergleich und Bündelung der Arbeitsergebnisse
Input: Bekannte Probleme der Interviewführung
Kleingruppenarbeit: Ausarbeitung der Teilbereiche eines Leitfadens
Vergleich und Bündelung der Arbeitsergebnisse
Input: Samplingstrategien bei qualitativer Forschung

5. Interviewführung II
Interviewtraining (Rollenspiel mit Video, Auswertung im Plenum)
Überarbeitung und Endredaktion des Leitfadens
Interviewpartner: Poolbildung, Auswahl und Zuteilung
Input: Interviewprotokoll, Aufzeichnung und Transkription der Interviews

6. Interviewerfahrungen
Bericht und Auswertung der Interviewverläufe im Einzelfall
Vorspielen von Ausschnitten und Feedback
Klärung von Fragen zur Transkription
Zusammentragen erster Ideen und Fragestellungen zur Interpretation
Ausblick auf die Fortsetzungsveranstaltung im folgenden Semester
Offene Fragen

Teil II: Interpretation von Interviews

7. Grundlagen und Strategien der Textinterpretation
Bestandsaufnahme über vorliegende/transkribierte Interviews
Auswertung der Interviewerfahrungen
Kleingruppenarbeit: Einführende Übung zur Textinterpretation
Input: Grundlagen und Strategien der Textinterpretation
Input: Grobstrukturierung der Auswertung
Kleingruppenarbeit: Erstellung einer Kurzbeschreibung für jedes Interview
Vergleich und Bündelung der Arbeitsergebnisse; ggf. Fortsetzung bis zum 8. Termin

8. Textanalyse nach Strauss I
Input: Vorstellung der Studie «Interaktion mit Sterbenden» (Glaser & Strauss 1965)
Input: Textanalyse nach Strauss (1991 – Grounded Theory) I: offenes Codieren
Kleingruppenarbeit: Anwendung auf das eigene Interview
Vergleich und Bündelung der Arbeitsergebnisse

9. Textanalyse nach Strauss II
Vorstellung ausgewählter Kurzbeschreibungen
Input: Textanalyse nach Strauss (Grounded Theory) II: axiales Codieren
Kleingruppenarbeit: Anwendung des Codierparadigmas auf das eigene Interview
Vergleich und Bündelung der Arbeitsergebnisse

10. Textanalyse nach Strauss III
Kleingruppenarbeit: Anwendung auf das eigene Interview

Vergleich und Bündelung der Arbeitsergebnisse
Input: Textanalyse nach Strauss (Grounded Theory) III: selektives Codieren
Kleingruppenarbeit: Fortsetzung der Anwendung auf das eigene Interview

11. Fortsetzung und methodische Alternative I: Qualitative Inhaltsanalyse
Kleingruppenarbeit: Anwendung des Codierparadigmas auf das eigene Interview
Ziel: Benennen des zentralen Phänomens für eigene Interviews
Verknüpfung nach dem Codierparadigma
Dimensionieren des zentralen Konzeptes
Vergleich und Bündelung der Arbeitsergebnisse
Input: Methodische Alternative I: Qualitative Inhaltsanalyse

12. Fortsetzung und methodische Alternative II: Hermeneutische Verfahren
Bestandsaufnahme der Arbeitsergebnisse mit dem eigenen Interview
Kleingruppenarbeit: Anwendung des Codierparadigmas auf Fallgruppen, z. B.:
Berufsgruppen (ggf. unterschieden nach Geschlecht)
Vergleich und Bündelung der Arbeitsergebnisse
Input: Methodische Alternative II: Hermeneutische Verfahren

13. Gütekriterien, Verallgemeinerung, Darstellung bei qualitativer Forschung
Kleingruppenarbeit: Fortsetzung des selektiven Codierens: Formulierung einer Kern-
kategorie, Rückbindung an einzelne Interviews
Vergleich und Bündelung der Arbeitsergebnisse
Input: Gütekriterien, Verallgemeinerung bei qualitativer Forschung
Input: Darstellungsweisen von Ergebnissen qualitativer Forschung
Klärung von Fragen für die Anfertigung von Hausarbeiten (Fallanalysen)

Tabelle 3: Ablauf eines Lehr-Forschungsprojekts

Das Projekt wird mit einer Hausarbeit abgeschlossen, die Daten und Fallanalysen zum eigenen Interview enthält.

5. Ebenen und Kontexte der Vermittlung qualitativer Forschung

Lehrveranstaltungen zu qualitativer Forschung werden in verschiedenen Kontexten angeboten, wobei jeweils spezifische Probleme einer fundierten Ausbildung in den entsprechenden Methoden im Weg stehen können.

Qualitative Forschung als Teil der allgemeinen Methodenausbildung
Häufig werden in grundständigen Studiengängen (Soziologie, Erziehungswissenschaft, Psychologie) im Rahmen der allgemeinen Ausbildung in Methoden der empirischen Sozialforschung im Grundstudium ein oder mehrere Termine zu qualitativen Erhebungs- und Auswertungsverfahren eingeplant. Dem tragen auch verschiedene

Lehrbücher empirischer Sozialforschung (z. B. Bortz & Döring 1995; Diekmann 2007) Rechnung, indem sie eigene Kapitel zu diesem Thema enthalten, ohne die Methoden jedoch in die allgemeine Darstellungslogik einzubauen. Ein Problem bei dieser Heranführung an qualitative Forschung ist, dass bei zwei, drei Sitzungen die Zeit fehlt, ein tieferes Verständnis von Vorgehensweise und Haltung qualitativer Forschung zu vermitteln, geschweige denn Arbeiten am Material zu ermöglichen. Eine zweite Schwierigkeit dabei ist, dass die Lehrenden häufig qualifiziert für standardisierte Verfahren oder speziell für Statistik sind und wegen dieser Qualifikationen eingestellt werden mit der Erwartung, dass sie qualitative Methoden ‹mit› erledigen. Gelegentlich gibt es für die Studierenden wenigstens die Möglichkeit, ergänzend ‹Empirische Praktika› mit qualitativen Methoden zu absolvieren, in denen sie Feld- und Materialerfahrungen gewinnen können.

Spezielle Angebote im Rahmen eines Anwendungsfachs
Eine zweite Variante der Vermittlung qualitativer Forschung bindet sie an bestimmte Anwendungsfächer im Hauptstudium (z. B. Klinische Psychologie, Organisationssoziologie etc.) quasi als Ergänzung bzw. Alternative zur Methodenausbildung im Grundstudium an. Auch hier ergibt sich häufig das Problem, dass die entsprechenden Veranstaltungen von eigentlich für andere Themen qualifizierten und angestellten Lehrkräften (z. B. Psychotherapeuten) im Rahmen eines sehr begrenzten Zeitbudgets etwa als Propädeutikum für Diplomarbeiten in diesem Feld angeboten werden.

Postgraduale Angebote
Entsprechend dieser Situation im deutschsprachigen Raum – Webb & Glesne (1992) berichten Ähnliches für die USA – stehen viele Absolventen vor dem Problem, dass sie für die Anfertigung einer Dissertation mit qualitativen Methoden oder die Arbeit in einem entsprechenden Forschungsprojekt nicht genügend ausgebildet sind. Angesichts dieses Bedarfs gibt es seit einigen Jahren eine Vielzahl von Weiterbildungsangeboten im Bereich qualitative Forschung – von kommerziellen Summerschools in objektiver Hermeneutik über Forschungswerkstätten im Bereich Biographieforschung oder Promotionskollegs (z. B. «Biographische Risiken und neue professionelle Herausforderungen» – Universitäten Halle und Magdeburg; für

einen Überblick und detailliertere Informationen → 7) hin zu einem eigenen Studiengang: «Qualitative Methoden in den Sozialwissenschaften» an der Freien Universität Berlin.

In diesem Studium wird in drei Semestern eine Kombination aus *theoretischen Veranstaltungen* – wie einer Ringvorlesung, Lektürekurse zum Symbolischen Interaktionismus *(→ 3.3)*, zu Phänomenologie *(→ 3.1)* oder Ethnographie *(→ 5.5)* –, *methodischen Seminaren* – zu Feldforschung, Interviews und Auswertungsverfahren – sowie *Projektseminaren* und *Forschungswerkstätten* angeboten, die eine theoretisch reflektierte Arbeit am empirischen Material ermöglicht. Projektseminare binden die Teilnehmer in die laufende Forschungsarbeit der Lehrenden ein. In Forschungswerkstätten schließen sich Teilnehmer mit eigenen Forschungsprojekten zusammen und erhalten Betreuung und Supervision durch die Lehrkräfte.

Solche postgradualen Angebote sind insgesamt so angelegt, dass sie verschiedene, Theorien und Methoden einführende und vertiefende Veranstaltungen mit ausführlichen Materialanalysen in regelmäßigen Forschungscolloquien oder Forschungswerkstätten verbinden und darüber die Defizite der grundständigen Studiengänge ausgleichen. Ähnliche Ziele werden im Rahmen von größeren Forschungsverbünden durch die Einrichtung von methodischen Beratungsprojekten auch mit qualitativen Methoden verfolgt.

* Darstellung der Konzeption der London School of Economics (Abschnitt 3)

Weiterführende Literatur

Bauer, M. & Gaskell, G. (Hg.) (2000). Qualitative researching with text, image and sound – a handbook. London: Sage.

Glesne, C. & Webb, R. (1993). Teaching Qualitative Research – Who does what? *Qualitative Studies in Education*, 6 (3), 253–266.

Strauss, A. (1988). Teaching qualitative research methods courses: a conversation with Anselm Strauss. *Qualitative Studies in Education* 1 (1), 91–99.

Ernst von Kardorff
6.3 Zur Verwendung qualitativer Forschung

1. Sozialwissenschaftliches Wissen und seine Verwendung

Die Ausdifferenzierung qualitativer Forschung, ihre Etablierung als eigenständiger und innerhalb der Sozialwissenschaften anerkannter Bereich von Theoriebildung und Methodologie sowie ihr breites Spektrum an Methoden und Interpretationsverfahren zur Deutung sozialer Wirklichkeiten verdankt sich nicht nur der immanenten Dynamik der Wissenschaftsentwicklung. Qualitative Forschung profitiert insgesamt von einer säkularen Entwicklung moderner Wissensgesellschaften und in der Folge einer «Versozialwissenschaftlichung» (Beck & Bonß 1989) gesellschaftlichen Wissens und sozialer Lebensformen (vgl. Max Webers Hypothese vom Weg zu einer methodischen Lebensführung). Dies reicht von Populärsynthesen in der Alltagswelt zu ‹richtiger› Erziehung und Beziehungsgestaltung über Curricula zur Fortbildung von Berufspraktikern bis hin zu Planungs- und Entscheidungswissen für Politik, Verwaltung und Unternehmen *(→ 3.12)*. Das Einsickern sozialwissenschaftlichen Wissens in die Gesellschaft wird unter dem Stichwort «Verwendung» unter verschiedenen Aspekten diskutiert und in der sog. Verwendungsforschung («utilization research», Weiß 1983) untersucht (Beck & Bonß 1984; Bonß & Hartmann 1985; Wingens 1988; Beck & Bonß 1989; Bosch, Fehr, Kraetsch & Schmidt 1999).

Nach dem Scheitern sozialtechnischer Steuerungsillusionen und der Entdeckung, dass wissenschaftliches Wissen nicht umstandslos in Praxis transferiert werden kann, wird von einer Krise der Verwendung gesprochen. Im Einzelnen zeigt sie sich darin, dass *sozialwissenschaftliches* Wissen von der Praxis nicht oder anders verwendet

wird als von seinen Urhebern gedacht, dass es trivialisiert und paradox genutzt und «verwandelt» wird oder in der Praxis gleichsam
«verschwindet». Seine direkten Auswirkungen in Richtung höherer
Rationalität bei politischen Entscheidungsprozessen sind eher gering
zu veranschlagen und schwer nachzuweisen (Wingens 1988; Wingens & Weymann 1988). Schließlich wird sein Nutzen von den
Praktikern häufig als gering oder ambivalent beurteilt. Dies gilt für
qualitative wie quantitative Forschung gleichermaßen. Welches sind
nun die besonderen Verwendungsweisen qualitativer Forschung?
Welche Probleme treten dabei auf? Welchen Beitrag kann qualitative Forschung zur Verwendungsforschung und zu ihrer Verwendung
selbst leisten?

2. Verwendungsweisen qualitativer Forschung

«Verwendung» qualitativer Forschung bezieht sich (1) auf Theorien,
Konzepte und Sichtweisen, die in verschiedene Praxisfelder Eingang
gefunden haben, (2) auf Forschungsergebnisse, die sich etwa auf
Reformen in bestimmten Praxisfeldern ausgewirkt haben, und (3)
auf Methoden und Verfahrensweisen, die in unterschiedlichen Praxisfeldern zum Einsatz kommen.

Zur Verwendung von Theorien, Konzepten und Sichtweisen
Eine Reihe von Konzepten aus der qualitativen Forschung haben
auch außerhalb der akademischen Wissenschaft eine beachtliche
Karriere in Praxisfeldern wie Sozialarbeit, Erziehung, beruflicher
Fortbildung, medizinischer Versorgung, Psychiatrie, Strafvollzug,
Organisationsreform u. Ä. durchlaufen. Hierzu gehören z. B. Begriffe wie «soziale Identität» (Mead 1934) und klassische Studien zur
professionellen Sozialisation von angehenden Ärzten (Becker, Geer,
Hughes & Strauss 1961) oder Goffmans Konzept der Rollendistanz
(1973b). Ein weiteres Beispiel ist die von Howard S. Becker (1973)
und anderen entwickelte Konzeption der «abweichenden Karriere»
und die «labeling-Theorie», die praktischen Eingang etwa in Jugendgerichtsverfahren und Gutachten, in die Ausbildung von Lehrern, aber auch in die öffentliche Debatte um die Ursachen von Abweichung gefunden hat. In diesem Zusammenhang gehört auch der
von Erving Goffman *(→ 2.2)* unter interaktiv-strategischen Aspekten behandelte Stigma-Begriff (1967) oder sein Konzept der «tota-

len Institution» (1973a). Diese Denkfiguren gehören heute in der pädagogischen, sozialarbeiterischen, kriminologischen oder psychiatrischen Praxis, in der Organisationsanalyse und in der Fortbildung von Berufspraktikern zum Standard fachlicher Argumentation.

Zur Verwendung qualitativer Forschungsergebnisse

Die komplexe Verwendung qualitativer *Forschungsergebnisse* in gesellschaftlichen Praxisfeldern soll an einem Beispiel illustriert werden:

In seinen zwischen 1954 und 1957 durchgeführten Untersuchungen über psychiatrische Kliniken, Klöster, Gefängnisse und Handelsschiffe, die unter dem Titel *Asyle* publiziert wurde, ging es Erving Goffman (→ 2.2) darum, «eine soziologische Darstellung der Struktur des Selbst zu entwickeln» (1973a, S. 11). Er konnte aus einer über teilnehmende Beobachtung gewonnenen Binnenperspektive zeigen, in welchem Ausmaß die Merkmale der «totalen Institution», wie reglementierter Tagesablauf unter Überwachung und fehlende private Rückzugsmöglichkeiten, Selbstbild und Interaktionsmuster der jeweiligen Insassen prägen. Der Erfolg und die Ausstrahlungswirkungen dieser als Beitrag zur soziologischen Theoriebildung angelegten Studien vor allem auf den Bereich der psychiatrischen Versorgung und – weniger ausgeprägt – auf Bewegungen zur Gefängnisreform kann kaum überschätzt werden, wurde doch die Situation der Patienten zum ersten Mal wissenschaftlich diskursfähig (sieht man einmal von der psychologischen Hospitalismuskonzeption von René Spitz ab). Für die breite Rezeption sind – unter dem Gesichtspunkt der Eigenart der qualitativen Herangehensweise – vor allem die Aspekte einer Perspektivenumkehr be deutsam: Die Institution wird aus der Sicht der und ihrer Wirkung auf die Insassen und nicht aus ihrem normativen Funktionsverständnis oder der Sicht professioneller Codierungen beschrieben. Damit können alle Beteiligten in der probeweisen Übernahme der verfremdeten Perspektive des Beobachters, der die Patienten und die Interaktionen zwischen ihnen und dem Personal in rekonstruktiver Weise beschrieben hat, bekannte Elemente neu sehen (zu wissenschaftssoziologischen und sozialpolitischen Aspekten der Rezeption von Goffmans Arbeiten vgl. v. Kardorff 1991a).

Die Verbreitung der Goffman'schen Analyse und seiner zentralen Konzepte «totale Institution» und «moralische Karriere des Geisteskranken» erscheint einem Typus «aufgehender» und nicht geplanter praktischer Verwendung – Goffman verfolgte mit seinen Studien ein theoretisches Ziel – zurechenbar. Seine Studien haben die Diskurse um die Reform der Psychiatrie beeinflusst und sind heute weitgehend in das selbstverständliche Inventar (sozial-)psychiatrischer Argumentation eingegangen.

Zur Verwendung qualitativer Methoden in verschiedenen Praxisfeldern

Hier sind vor allem vier Praxisfelder zu nennen, die Evaluation *(→ 3.12)*, die Organisationsanalyse und -entwicklung *(→ 3.11)*, Teile der Marktforschung sowie der Bereich von Aus-, Fort- und Weiterbildung (vgl. auch Dewe & Radtke 1989).

Das folgende Beispiel der Verwendung sozialwissenschaftlichen Wissens aus der Fortbildung von Fachkräften der Altenhilfe (allgemein v. Kondratowitz 1993) steht für einen Typus vornehmlich reflexiver Verwendung qualitativer Forschung. Und es zeigt exemplarisch, wie qualitative *Methoden* und *Sichtweisen* für Aus- und Fortbildung genutzt werden können.

In einer Begleituntersuchung zur Fortbildung von Altenpflegekräften mit dem Ziel der Vermittlung bewohnerbezogener Pflegeplanung (v. Kardorff 1987) zeigte sich, dass das Aufgreifen qualitativ erhobener berufsfeldtypischer Standarderzählungen über den Versorgungsalltag im Heim sich als Möglichkeit erweist, Widerstände gegen die Veränderung eingeschliffener Handlungsroutinen aufzubrechen. Dieses Aufbrechen geschieht durch eine sozialwissenschaftliche Reinterpretation der in den Standarderzählungen verdichteten Metaphern für alltägliche berufliche Belastungen, etwa das Waschen der pflegebedürftigen Heimbewohner. In der Kontrastierung des Modells der Handelnden mit seiner sozialwisssenschaftlich rekonstruktiven Analyse erkennen die Praktiker neue Handlungsalternativen und können diese für ihren Alltag neu kontextualisieren (vgl. auch Abschnitt 5).

3. Probleme bei der Verwendung qualitativer Forschung

Zum Wissenstypus qualitativer Forschung

Auch in der überwiegend quantitativ ausgerichteten Grundlagen- und anwendungsbezogenen Forschung haben inzwischen qualitative Verfahren zu explorativen Zwecken, als Ergänzung, Vertiefung und Differenzierung ihren festen Platz. Die Nutzung von Ergebnissen qualitativer Forschung ist aber nicht von ihrem Zugang und dem Prozess der Forschung selbst zu trennen. Dies hängt mit dem Charakter des von qualitativer Forschung erzeugten Wissens zusammen: Es ist eher hermeneutisch zirkulär als linear, es ist eher horizontal als hierarchisch, es ist eher plural und spezifisch als normativ und universell, es ist eher fragmentarisch, vielfältig verzweigt und vernetzt als geschlossen, es ist eher offen für alternative Sichtweisen als resultathaft, und es ist eher reflexiv als dogmatisch. Diese Beschreibung impliziert freilich nicht, dass qualitative Forschung durch diese Offenheit ihren wissenschaftlichen Erkenntnisanspruch preisgäbe oder beliebig würde: Sie zeigt an den von ihr untersuchten Gegenständen, um eine – hier zwar für das Verhältnis von Wissenschaft und Gesellschaft insgesamt gewählte – Formulierung der Wissenschaftssoziologin Helga Nowotny (1999) aufzugreifen: «Es ist so. Es könnte auch anders sein.»

Probleme der Verwendung
1. Durch ihre große Nähe zu den Lebenswelten der untersuchten Bereiche erweist sich qualitative Forschung als hoch anschlussfähig im Sinne eines Wiedererkennungs- oder auch Überraschungseffekts. Gleichzeitig ist sie besonders anfällig für Missverständnisse, da ihre Ergebnisse nicht als Analyse, sondern leicht als Abbild oder negativer als «Sittenbild» gelesen werden können. Dies birgt die Gefahr, dass ihre Ergebnisse nicht ernst genommen werden, weil sie den Laienvorstellungen von Wissenschaft und ihren gewohnten Darstellungsformen in Tabellen und Zahlenkolonnen widersprechen.

2. Die oft sehr umfangreichen Forschungsberichte über Interviews, Fallstudien und Prozessverläufe werden von Auftraggebern nur selten vollständig gelesen (→ 6.5). Diese Erfahrung zwingt zu einer ergebnishaften Darstellung (→ 5.22), die den Ablauf sozialer Konstruktionsprozesse unsichtbar werden lässt. Die Wirkung qualitativ gewonnener Einsichten entfaltet sich aber gerade im Verlauf von (dokumentierten) Rückkopplungsschleifen und Diskussionsgruppen (→ 3.12).

3. Auch wenn sich qualitative Forschung programmatisch humanistischen und demokratischen Idealen oder Benachteiligten gegenüber verpflichtet fühlt (von William F. Whyte über Herbert Blumer, Howard Becker, Norman K. Denzin bis zu Egon Guba und Yvonna Lincoln – um einige prominente Protagonisten zu nennen), sind ihre Ergebnisse keineswegs schon per se humanistisch. Detaillierte Kenntnisse ausgeforschter Lebenswelten lokaler (Sub-)Kulturen, Organisationsmilieus und betrieblicher Umwelten, Biographien ganz normaler Leute in ihrem beruflichen und privaten Alltag, von Helden oder Verbrechern tragen wohl zu einem besseren Verständ-

nis bei; sie können aber auch zu verstärkter sozialer Kontrolle, Disziplinierung, geschickter Einbindung in Organisationsziele oder auch zur Manipulation genutzt werden. Dies verweist wiederum auf ethische Aspekte der Forschungspraxis *(→ 6.1)* und auf ihre soziale Verantwortung.

4. Der Beitrag qualitativer Forschung zur Verwendungsforschung

Ganz allgemein funktioniert die Übertragung wissenschaftlicher Forschungsergebnisse in die Praxis oder die Verwendung wissenschaftlicher Wissensbestände im Beruf nicht nach dem Modell eines deduktiven Ableitungsschemas einer einfachen Übertragung – «reiner» – wissenschaftlich gewonnener Ergebnisse auf – «unreine» – anwendungsbezogene Problemstellungen oder Praxisfelder. Dies betrifft – wenn auch in unterschiedlichem Ausmaß – so verschiedene Disziplinen wie Ingenieurwissenschaften, Meteorologie und Medizin bis hin zu Sozialwissenschaften und Pädagogik. Dabei macht es zunächst keinen prinzipiellen Unterschied, ob es sich um Forschungsergebnisse handelt, die experimentell gewonnen wurden, auf quantitativen Erhebungen und Schätzungen beruhen oder qualitativ erhoben wurden. Die Verwendung geschieht kontextbezogen, situativ, in Abhängigkeit von beruflichen Traditionen, individuellem Erfahrungswissen und kommunikativen Routinen, und erzeugt dort einen Wissenstyp ganz eigener Art.

Kroner und Wolff (1989) kritisieren an der bisherigen Verwendungsforschung, dass sie eher *über* die Verwendung sozialwissenschaftlichen Wissens reflektiert habe, anstatt sich *mit* der Verwendung dieses Wissens *durch* die Gesellschaftsmitglieder in konkreten Handlungssituationen zu befassen. Gerade ethnomethodologische Ansätze, insbesondere die von Harold Garfinkel initiierten «Studies of Work» *(→ 3.2)*, und konversationsanalytische Herangehensweisen *(→ 5.17)* erweisen sich hier als fruchtbar. Sie können zeigen, auf welche Weise in praktischen Handlungskontexten, wie im beruflichen Handeln, sozialwissenschaftliches Wissen von den Akteuren praxeologisch «eingebaut» wird *(→ 3.2)*. Dabei handelt es sich um Vorgänge der sozialen Konstruktion wissenschaftlich gestützten beruflichen Handelns, die die «Verwendung» der wissenschaftlichen Elemente (Denkfiguren, Methoden, Wissensbestände) im aktuellen *Vollzug* erzeugen. Man kann hier in einem doppelten Sinn von *refle-*

xiver Verwendung sprechen: Sozialwissenschaftliches Wissen wird als Konstruktionselement im beruflichen Handeln als (handlungsleitendes, legitimierendes, sicherndes usw.) Wissen bewusst eingesetzt und zugleich als reflexives Wissen zur Analyse und Weiterentwicklung genutzt. Diese Perspektive qualitativer Forschung auf die Verwendung wissenschaftlichen Wissens liefert mit ihren Erkenntnissen zugleich Anknüpfungspunkte zur Rolle des Sozialwissenschaftlers bei der reflexiven Umsetzung dieses Wissens.

5. Verwendung qualitativer Forschung als Beratung – Beratung als Verwendung qualitativer Forschung

Zu Recht fassen Kroner und Wolff Verwendung als «eigenständigen sozialen Tatbestand» (1989, S. 73) auf. Wenn man die Kenntnis über den praktischen *Vollzug* der Verwendung durch Professionelle, etwa im Rahmen von Evaluationsstudien *(→ 3.12)*, in die Praxis zurückfließen ließe, dann könnte dies zur Grundlage einer auf qualitativer Forschung basierenden Konzeption sozialwissenschaftlicher Beratung führen (die dann selbst wieder beobachtet werden müsste). Hierzu bieten Überlegungen zu einer «klinischen Soziologie», wie sie von Dewe und Radtke (1989; vgl. auch Dewe 1985 und 1991) vorgeschlagen wurden, einen Anknüpfungspunkt. Ihrer Auffassung nach besteht deren Aufgabe darin, anhand von Fallstudien des beruflichen Alltags das daran Typische in einer «Strukturdeutung» zu verallgemeinern oder zu verdichten:

> «Der ‹klinische Soziologe› ist (...) weder daran interessiert, auch nur temporär an die Stelle des Handelnden zu treten, noch kommt es ihm darauf an, ‹neues› gegenstandsbezogenes Wissen in die Deutung einer Situation einzuführen, sondern er zielt in mäeutischer Absicht darauf, das in der beruflichen Handlungssituation vorhandene implizite Wissen in eine Explikation durch den Handelnden zu überführen» (Dewe & Radtke 1989, S. 54).

Dies bedeutet zunächst, dass die Aufgabe eines derart beratenden Sozialwissenschaftlers nicht in der resultathaften, wie auch immer didaktisch aufbereiteten Information über Ergebnisse der Forschung, sondern in der Hilfestellung bei der Rekonstruktion und Reflexion der Handlungsroutinen durch die Praktiker selbst, etwa in einer Klinik, besteht. Die verfremdende Perspektive einer qualitativ erarbeiteten Fallstudie kann Praktikern als Spiegel dienen, der sie zu Beobachtern ihrer eigenen Alltagsroutinen nunmehr aus der Perspektive eines momentan handlungsentlasteten Beobachters und nicht länger aus der des engagiert-verstrickten Beteiligten macht; die *Differenz* zwischen ihrer bekannten und in der alltäglichen Praxis in der Regel bestätigten und damit als «bewährt» geltenden Selbstdeutung zu der (ironisch, durch Erstaunen oder Abwehr) gebrochenen, auf jeden Fall reflexiven Rückspiegelung erzeugt selbst einen «soziologischen Blick». Dieser Perspektivenwechsel kann wiederum neue Erkenntnisräume eröffnen, die weitere Deutungen seitens des beratenden/begleitenden Sozialwissenschaftlers evozieren, und wiederum Reaktionen der Praktiker hervorlocken. Der qualitative Forscher wird somit im besten Fall zum Anreger und Katalysator für eine lernende Organisation (→ *3.11*; Heiner 1998), indem er mit Mitteln qualitativer Analyse Praktiker zum beständigen «Rückgang zu den Daten» *(→ 2.1)* als Erkenntnisquelle führt. Verwendung wird aus dieser Perspektive zu einem gemeinsamen Lernprozess an der konkreten Schnittstelle zwischen Wissenschaft und Praxis. Genau hier wird die Kommunikation zwischen den zwei getrennten «Kulturen» der Wissenschaft und des Alltags mit ihren strukturell verschiedenen Wissensformen zur praktischen Herausforderung. Die wissenschaftlichen Experten (hier die qualitativen Forscher) werden zu Beratern und Begleitern der beruflichen Experten. Das Expertenwissen, das inzwischen selbst zum Gegenstand qualitativer Untersuchungen geworden ist (vgl. Hitzler, Honer & Maeder 1994), wird nicht einfach übersetzt, sondern macht sich vermittels des hier skizzierten Beratungsprozesses selbst an die Praxis anschlussfähig. Die «interkulturelle Kommunikation» zwischen Expertenwissen, Praxiswissen und Laienwissen ist damit nicht vorrangig ein Problem didaktischer Übersetzung oder wissenschaftlicher Korrektur des Praktikerhandelns, sondern vielmehr eine eigenständige Konstruktionsleistung im Dialog (v. Kardorff 1998b). Verwendung (qualitativer) Forschung könnte dann als Praxisform zu «angewandter (Selbst-)Aufklärung» durch Beratung (Schmitz, Bude & Otto 1989) werden. Die Sozialwissenschaften würden dann zu «Möglichkeitswissenschaften» (Lepenies 1997) – gerade durch die Form qualitativer Beratungs- und Verwendungspraxis.

Weiterführende Literatur

Bonß, W. (2001). Vom Theorie-Praxis-Problem zur Verwendungsforschung und wieder zurück. In: Hug, T. (Hg.). Wie kommt Wissenschaft zu Wissen? – Bd. 3:

Einführung in die Methodologie der Sozial- und Kulturwissenschaften, S. 91–102. Hohengehren: Schneider.

Kurtz, T. (2007). Sociological Theory and Sociological Practice. *Acta Sociologica* 50, 283–294.

Lüders, C. (2006). Qualitative Daten als Grundlage der Politikberatung. In: Flick, U. (Hg.): Qualitative Evaluationsforschung. Konzepte – Methoden – Umsetzungen, S. 444–462. Reinbek bei Hamburg: Rowohlt.

Hubert Knoblauch
6.4 Zukunft und Perspektiven qualitativer Forschung

---

1. Einleitung
2. Ausbreitung, Akzeptanz und der hermeneutische Hang der qualitativen Forschung
3. Technik, Gütekriterien und reflexive Methodologie
4. Nach der Postmoderne

---

1. Einleitung

Auch wenn es sehr gewagt ist, Aussagen über die Zukunft zu machen, so steht uns in der Soziologie doch wenigstens die Möglichkeit offen, Aussagen über die zu machen, die solche Prognosen wagen. Zu ihnen zählt etwa Denzin (1997), der vorhersagt, dass die qualitative Sozialforschung nach dem Ende der Postmoderne zu einer neuen ‹wissenschaftlichen Spiritualität› beitragen und damit auch die Moral der zukünftigen Gesellschaft prägen werde. Spuren der in Nordamerika in viele gesellschaftliche Bereiche eingedrungenen religiösen Prophetie werden in dieser Aussage sehr gut sichtbar. Hierzulande sind die Prognosen weitaus bescheidener und beschränken sich auf den zukünftigen Beitrag der qualitativen Sozialforschung im sozialwissenschaftlichen Methodenkanon. Optimisten prognostizieren nichts weniger als die Ersetzung der in ihren Augen methodologisch mangelhaften quantitativen Forschung durch die reflektiertere qualitative Forschung. Doch auch ‹apokalyptische› Stimmen sind zu vernehmen: Die qualitative Sozialforschung sei eine vorübergehende Modeerscheinung, die von der nächsten Modewelle überrollt und ersetzt werde. Weil sie ohnehin keine angebbaren Standards kenne, habe sie nur dann eine Zukunft, wenn sie sich auf die explorative Klärung im Vorfeld quantitativer Studien beschränke.

Um die zukünftige Entwicklung der qualitativen Sozialforschung einschätzen zu können, ist ein Blick auf ihre bisherige Entwicklung sicherlich hilfreich. Auf der Grundlage dieser bisherigen Entwicklung können dann einige Tendenzen und Desiderate einer zukünftigen qualitativen Sozialforschung benannt werden.

2. Ausbreitung, Akzeptanz und der hermeneutische Hang der qualitativen Forschung

Auch wenn die qualitative Sozialforschung bis in die Anfänge der Soziologie zurückreicht, so steht ihr derzeitiger Aufschwung doch in einem engen wissenssoziologischen Zusammenhang mit der Auflösung des vermeintlichen ‹normativen› Konsenses der ‹nivellierten Mittelstandsgesellschaft›. Denn die rasante Veränderung der traditionellen gemeinschaftlichen Strukturen, die sog. Pluralisierung der Lebenswelten und die zunehmende Individualisierung in den westlichen Gesellschaften, kann mit den standardisierten Methoden kaum mehr erfasst werden. Tatsächlich könnte man sagen, dass die qualitative Sozialforschung geradezu prädestiniert ist zur Erfassung der für die spätmoderne Gesellschaft spezifischen Merkmale, die auch mit Begriffen wie Privatisierung, Enttraditionalisierung und Reflexivierung bezeichnet werden.

Im deutschsprachigen Raum erhielt die qualitative Sozialforschung wichtige Impulse aus der Rezeption entsprechender Entwicklungen im angelsächsischen Sprachraum und breitete sich entsprechend etwas später aus. Eine große Bedeutung kommt hierbei den Sammelbänden der Arbeitsgruppe Bielefelder Soziologen zu (1973), die die deutsche Leserschaft mit der Ethnomethodologie (→ 2.3; → 3.2) und neueren ethnographischen Ansätzen (→ 5.5) bekannt machten. Im Verlauf der 80er Jahre entfaltet sich die qualitative Sozialforschung allmählich und kann im Laufe der 90er Jahre sowohl institutionell wie personell als im Wissenschaftssystem akzeptiert angesehen werden.

Die Akzeptanz der qualitativen Forschung ist auch darin begründet, dass sie in eine zunehmende Zahl von Bereichen innerhalb, vor allem aber außerhalb der Soziologie ausstrahlt. Es ist sicherlich keine Übertreibung zu behaupten, dass mittlerweile nahezu jede Spezialdisziplin der Soziologie sozusagen ‹klassische› qualitative Studien kennt, und auch in den benachbarten Disziplinen der Sozial-, Kultur- und Geisteswissenschaften werden sie nicht nur rezipiert – sie prägen einen beträchtlichen Ausschnitt des Bildes der Sozialwissenschaft. Daneben ist die qualitative Sozialforschung von anderen wissenschaftlichen Disziplinen aufgenommen worden, etwa der Psychologie oder der Linguistik. Es mag überraschen, dass sie sich aber auch in den stärker praktisch orientierten, anwendungsbezogenen Disziplinen ausgebreitet hat wie den Betriebswissenschaften, der Verwaltungswissenschaft, der Erziehungswissenschaft, den medizinischen Pflegewissenschaften und dem Sozialwesen. In Zukunft bieten die anwendungsbezogenen Disziplinen viel versprechende Entwicklungsmöglichkeiten. Zu nennen ist hier das Schulungswesen und die Organisationsentwicklung, aber auch die Ingenieurwissenschaften, die sich zu einem Teil schon heute qualitativer, besonders ethnographischer Methoden bedienen.

Im Unterschied zur angelsächsischen hat die deutschsprachige qualitative Sozialforschung einen starken hermeneutischen Hang zur Bearbeitung von Texten als Rohdaten, die entweder die Form von Interviews *(→ 5.2)*, natürlichsprachlicher Texte oder von Handelnden hergestellter Dokumente annehmen. Diese Tendenz wurde von Soeffner (1982) treffend auf die Formel «Sozialwissenschaft als Textwissenschaft» gebracht. Vor dem Hintergrund einer eigenständigen Tradition der hermeneutischen Textauslegung und der soziologisch-theoretischen Auseinandersetzung mit dem Kommunikationsbegriff ist es zu einer – international bislang kaum wahrgenommenen – Entwicklung eigenständiger hermeneutischer Methoden gekommen, wobei insbesondere die objektive Hermeneutik *(→ 5.16)*, die sozialwissenschaftliche Hermeneutik *(→ 3.5)* und die Bildhermeneutik eine prominente Stellung einnehmen (als Überblick vgl. Hitzler & Honer 1997).

Allerdings geht dieser hermeneutische Hang im deutschsprachigen Raum auf Kosten dessen, was andernorts als Kern der qualitativen Sozialforschung angesehen wird. Im angelsächsischen Sprachraum wird sie vor allen Dingen mit der Ethnographie *(→ 3.8; → 5.5)* verbunden, ja beides wird sogar häufig gleichgesetzt (vgl. z.B. Vidich & Lyman 1994). Dagegen spielt die Ethnographie im deutschsprachigen Raum bislang eine untergeordnete Rolle. Ethnographische Arbeiten wurden nur von wenigen Autoren unternommen oder systematisch behandelt (z. B. Girtler 1980; 1984; Hildenbrand 1983), und erst in den letzten Jahren werden sie in größerer Breite betrieben (Knoblauch 1996b; Hirschauer & Amann 1997).

Schon um an die internationale Forschung anschließen zu können, sollte die Entwicklung und Anerkennung der Ethnographie ein zentrales Anliegen der deutschsprachigen Sozialforschung sein. Dabei gibt es gute Gründe für die Annahme, dass die sich so ausbildende Ethnographie besondere Potenziale birgt: Zum einen steht sie in der Tradition einer grundlagentheoretisch und methodologisch hochreflektierten Handlungshermeneutik vorwiegend phänomenologischer Provenienz *(→ 3.1)*. Zweitens steht sie im Horizont einer für die deutschsprachige Sozialtheorie spezifischen Hervorhebung der Kommunikation. Die nahe liegende Verknüpfung mit den eigenständig entwickelten hermeneutischen Methoden eröffnet sogar die Möglichkeit einer innovativen kommunikativen Sozialforschung, die ethnographische Methoden mit texthermeneutischen Ansätzen auf eine Weise verbindet, dass sie der zunehmenden Bedeutung der Kommunikation gerecht werden kann.

Auf der technischen Seite wird die Betonung der Kommunikation in der qualitativen Sozialforschung begleitet und unterstützt von der zunehmenden Verwendung audiovisueller Aufzeichnungstechnologien, also von Tonbändern, Kassettenrecordern und vermehrt auch Videogeräten. Allerdings steckt die Methodologie der Videoanalyse noch in den Kinderschuhen (Heath 1997) und stellt deswegen ein wichtiges Desiderat für die qualitative Sozialforschung dar *(→ 5.7)*.

Mit Blick auf audiovisuelle Daten kann unterschieden werden zwischen Aufzeichnungen «natürlicher Situationen» und solchen, die mit von den Handelnden erstelltem und mit ästhetischen, politischen oder wirtschaftlichen Interessen gestaltetem visuellem Material arbeiten (Ball & Smith 1992). Weil diese letztgenannte Datensorte vielfach in den Kommunikationswissenschaften behandelt wird, zeichnen sich fruchtbare wechselseitige Einflüsse zwischen Medienforschung und qualitativer Sozialforschung ab, die eine zeitgemäße Methode der empirischen Kulturanalyse begründen könnten, welche sich besonders mit der populären Kultur und ihrer ausgeprägten Visualität, ja Multimedialität beschäftigt *(→ 2.4; → 3.9)*.

3. Technik, Gütekriterien und reflexive Methodologie

Die Ausbreitung der qualitativen Sozialforschung in den letzten 20 Jahren legitimierte sich anfänglich durch eine scharfe Kritik der quantitativen Forschung. In jüngerer Zeit allerdings wird die Frontstellung zunehmend aufgebrochen, ja zuweilen werden beide Vorgehensweise als komplementär betrachtet. Offen bleibt allerdings die Frage, welche Form diese Komplementarität annehmen kann: Während sie von den einen als gleichwertige Verfahren angesehen werden, dient anderen die qualitative Forschung zur Exploration oder Vertiefung der quantitativen. Neuerdings aber treten auch hybride («mixed») Methodologien auf, die beide Vorgehensweisen kombinieren *(→ 4.5)*.

Auch innerhalb der qualitativen Methodologie ist die Entwicklung einer hybriden Methodologie zu erwarten, die häufig vom methodologisch irreführenden Begriff der Triangulation *(→ 4.6)* verdeckt wird. (Denn es handelt sich hier selten um korrektiv eingesetzte, sondern um ergänzende Methoden, die unterschiedliche Gegenstände bzw. Aspekte von Gegenständen behandeln. Besonders die Ethnographie ist prädestiniert für solche hybriden Methodologien.) Dabei sollte auch beachtet werden, dass Ethnographien durchaus kompatibel sind mit formalen und quantitativen Verfahren. Die Hybridisierung der Methodologie wird begünstigt durch die gegenwärtige technologische Entwicklung, die Formalisierungen, Standardisierungen und Automatisierungen nach sich zieht, wie wir sie bislang nur aus der quantitativen Sozialforschung kennen. Die Automatisierung konzentriert sich derzeit auf die elektronische Datenanalyse und -interpretation. Software-Programme *(→ 5.14; → 7)* dienen nicht nur der Textsuche und -verwaltung, sondern auch der Codierung und der codebasierten Theoriebildung *(→ 5.13)* und führen damit zu einer kaum mehr von außen einsehbaren Standardisierung der Auswertung. Indem Codierungen automatisch durchgeführt werden, unterlaufen diese Programme systematisch die hermeneutischen und klassifikatorischen Anforderungen, die an Forschende gestellt werden und deren Offenlegung und Reflexion ein wesentlicher Beitrag zur Analyse sind.

So problematisch der Einsatz dieser Software auch ist, die zunehmende Technologisierung auch der qualitativen Forschung führt zu einer Systematisierung des Forschungsprozesses, der unter dem Titel des Datenmanagements zusammengefasst wird. Denn die Computerisierung ermöglicht es schon heute, visuelle und akustische Daten zentral zu sammeln, systematisch zu erfassen oder auszutauschen. Diese Technologien können nicht nur zur Ausbildung neuer Formen der Kooperation zwischen Forschenden führen. Der Einbezug neuer, etwa visueller Datensorten wirft auch die Frage nach angemessenen Formen der Darstellung wissenschaftlicher Ergebnisse auf. Ohne der willkürlichen Auswahl der postmodernen Gattungen das Wort zu reden, werden in stärkerem Maß visuelle und filmische Formen der Präsentation *(→ 5.22)* von Daten und Untersuchungsergebnissen entstehen (von der Veröffentlichung visueller und akustischer Daten im Internet bis zu Video-Veröffentlichungen). Diese Visualisierung der wissenschaftlichen Ergebnispräsentation und die zunehmende Automatisierung der Datenaufbereitung (Transkription: *→ 5.9*) wird vermutlich nicht ohne Folgen auf die analytische Einstellung bleiben, die sich vom Schriftlich-Logischen fortbewegen dürfte.

Eines der grundlegenden Probleme der qualitativen Forschung stellt die Bewertung ihrer Ergebnisse dar. Herkömmlicherweise gelten sie als tendenziell «impressionistisch» und intersubjektiver Verifikation schwer zugänglich. Um dem zu begegnen, wird einmal die Auffassung vertreten, herkömmliche Gütekriterien *(→ 4.7)* wie Reliabilität und Validität eigneten sich nicht zur Bewertung qualitativer Forschung. Vielmehr sollten neue Gütekriterien entwickelt werden, die diese Forschung auf angemessenere Weise zu bewerten erlauben. Dazu gehören etwa die kommunikative Validierung, d. h. das Einholen der Zustimmung der Befragten zu den Forschungsaussagen, prozedurale Validität, die im Laufe des Forschungsprozesses sichergestellt werden soll, sowie ethische Kriterien wie Vertrauenswürdigkeit, Glaubwürdigkeit und Verlässlichkeit (Flick 2007a, S. 492 ff.). Andere Autoren sind dagegen der Auffassung, dass die herkömmlichen Gütekriterien gerade für die Bewertung der qualitativen Methoden geeignet seien und es nur darauf ankomme, Reliabilität und Validität entsprechend zu definieren (Peräkylä 1997).

Die Anpassung der Gütekriterien an die standardisierte Sozialforschung kann jedoch zu einem Verlust des spezifischen Beitrags qualitativen Forschens führen. Deswegen ist die Entwicklung eigener Gütekriterien für die qualitative Forschung notwendig. Eine unerlässliche Voraussetzung dafür ist die Weiterführung einer qualitativen Methodologie, vor allem im Anschluss an die sog. Grounded Theory *(→ 2.1; → 5.13; → 6.6)*, die von Strauss und Glaser entwickelt wurde. Sie zählt zu den wenigen Ansätzen einer wissenschaftlichen Vorgehensweise, die mit der analytischen Induktion, der Triangulation und der komparativen Methode wissenschaftstheoretisch fundierte Vorschläge unterbreitet und diese Vorschläge in eine detailliert ausgearbeitete Arbeitstechnik eingegliedert hat, die ihre offene Vorgehensweise in gewissem Sinn methodisch zu kontrollieren erlaubt.

Über diese Methodologie hinaus zeichnet sich eine spezifischere Entwicklung in Richtung auf das ab, was als «praxeologische» (Bohnsack 1999) oder reflexive Methodologie bezeichnet wird. Denn eine an (einerlei ob «subjektiv» oder «strukturell» bzw. «objektiv») sinnhaft Handelnden oder Kommunizierenden ausgerichtete Forschung muss einerseits deren Sinnorientierungen, Wissensbestände und kommunikativen Vorgänge berücksichtigen, andererseits die Relevanz des wissenschaftlich Untersuchten aus der Perspektive der Untersuchten. Eine reflexive Methodologie begründet also die wissenschaftliche Relevanz der untersuchten Aspekte vor dem Hintergrund des Relevanzsystems der Untersuchten.

Wie die (allerdings vielfach auf Naturwissenschaften beschränkten) Untersuchungen der qualitativen Wissenschaftssoziologie gezeigt haben, ist auch die wissenschaftliche Praxis in einem hohen Maß von den Methoden alltäglichen Handelns durchsetzt. Vor diesem Hintergrund überrascht es doch sehr, dass auch die qualitative Methodologie noch immer dem Muster des einsam forschenden und erkennenden Wissenschaftlers folgt. Von einer reflexiven Methodologie ist deswegen zu fordern, die faktischen Prozesse der qualitativen Forschung selbst zum Gegenstand der Analyse und zugleich zur Ressource der Forschung zu machen.

Es wäre soziologisch jedoch höchst naiv, würde man hoffen, die Methodologie könnte im sozial freischwebenden Raum allein anhand abstrakter, sozusagen ideeller Kategorien festgelegt werden. Gerade der Versuch, methodisch kontrollierte Vorgehensweisen zu entwickeln, ist unmittelbar an die Praktiken bestehender wissenschaftlicher Gruppierungen gebunden. Diese Reflexion auf die eigene Forschungspraxis macht einen weiteren Aspekt der reflexiven Methodologie aus. Dazu muss neben den wissenschaftspolitischen Prozessen, die auf der Ebene der Mikropolitik angesiedelt sind, auch den institutionellen Hintergründen Rechnung getragen werden. Tatsächlich zeichnen sich im Bereich der qualitativen Sozialforschung deutliche Tendenzen zur Institutionalisierung ab, die sich in der Ausbildung von Studienschwerpunkten, wissenschaftlichen und außerwissenschaftlichen Forschungsinstituten und Vereinen ausdrückt *(→ 7)*. Weil sich diese Institutionalisierung meist mit der Vorliebe für bestimmte Methoden und Methodologien verbindet, könnte man auch von «Schulen» sprechen, die – parallel zur Institutionalisierung – einen von ihrer Ausrichtung geprägten Kanon (Festlegen von Regeln, Orientierung an «Gründertexten», methodische Lehre: → 6.2) durchzusetzen versuchen. Aufgrund einer wenig ausgebildeten gemeinsamen Öffentlichkeit (Zeitschriften, Buchreihen, Veranstaltungen) nehmen sie alle jedoch eher den Charakter von «invisible colleges» als den von offenen Foren an. Aufgrund ihrer sozialen Unsichtbarkeit sind diese verschiedenen Gruppen, Schulen und Traditionen in hohem Maß unübersichtlich und unorganisiert. Vor diesem Hintergrund zeichnen sich drei Möglichkeiten ab: (a) Wenn die Transparenz nicht erhöht wird, dürfte es der qualitativen Forschung schwer fallen, ihre Akzeptanz zu halten; (b) eine oder mehrere Ansätze erweisen sich als wissenschaftspolitisch durchsetzungsfähig und setzen damit auch ihre Standards durch; (c) damit sich gewisse, über einzelne Schulen hinweg verbindliche Standards qualitativer Forschung ausbilden können, wird eine gemeinsame Öffentlichkeit geschaffen, die eine Voraussetzung macht: einen methodologischen Pluralismus, der nicht nur andere Ansätze zähneknirschend billigt, sondern anerkennt, dass unterschiedliche Ansätze sich auf unterschiedliche Aspekte von Forschungsgegenständen beziehen.

4. Nach der Postmoderne

Die schon eingangs erwähnte Postmoderne-Debatte bringt zwei Probleme der Sozialforschung zutage: Unter dem Titel der Krise der Legitimation wird bezweifelt, ob denn die Aussagen wissenschaftlich Beobachtender überhaupt besondere Ansprüche auf Allgemeinheit, Intersubjektivität oder Objektivität erheben könnten. Auch qualitativ Forschende und ihre Aussagen seien einem partikularen historischen und sozialen Kontext verbunden. Die Tatsache, dass im Wissenschaftssystem Mittelschichtsmänner aus dem westlichen

Kulturkreis vorherrschen, wird als ein Hinweis darauf angesehen, dass auch Wissenschaft nur ethnozentrische partikulare kulturelle Aussagen machen könne, deren Geltungsansprüche lediglich auf ihrer kulturellen Hegemonie beruht.

Unter dem Titel der Krise der Repräsentation wird, zweitens, die Möglichkeit in Frage gestellt, dass die beobachtete Kultur tatsächlich in Texten wiedergegeben werden könne. Diese Kritik bezieht sich zum einen auf den Positivismus, den sie in vielen qualitativen Ansätzen als unausgesprochene Annahme erkennt. Sie richtet sich zudem gegen die Unterstellung, Texte könnten die soziale Wirklichkeit, die untersucht wird, rekonstruieren. Indem der Repräsentationsanspruch wissenschaftlicher Texte in Frage gestellt wird, werden ihre rhetorischen, ästhetischen, ja zuweilen fiktiven Qualitäten hervorgehoben.

Zweifellos hat diese postmoderne Kritik in der angelsächsischen Debatte wichtige Beiträge geleistet, die sich auch hierzulande auswirkten: So hat sie zur Anerkennung weiblicher Standpunkte geführt (Warren 1988; Ribbens & Edwards 1998); die Positionen der verschiedensten ethnischen Gruppen finden zunehmend Beachtung, und schließlich wird auch gefordert, mit neuen Formen der Darstellung wissenschaftlicher Forschung zu experimentieren (Denzin 1997; → 5.22).

In der deutschsprachigen qualitativen Forschung nimmt die feministische Position (→ 3.10) allerdings bislang noch recht wenig Raum ein – von der Position ethnischer Gruppen ganz zu schweigen. Es ist jedoch zu erwarten, dass diese Positionen im Laufe der Zeit ausgebaut werden, doch ist kaum mehr anzunehmen, dass diese Entwicklung mit dem verbunden bleibt, was als «Postmoderne» bezeichnet wird. Denn schon in den Vereinigten Staaten ist ein gewisser Überdruss zu konstatieren. Marcus (1994, S. 573) etwa spricht von einer «aktuellen Erschöpfung hinsichtlich der expliziten Rhetorik der postmodernen Debatten», die in eine zuweilen paralysierende Form des Relativismus und einer geradezu wissenschaftsfeindlichen Furcht vor analytischen Unterscheidungen und logischen Argumenten führe. Und Lincoln und Denzin (1998, S. 583) stellen fest, dass die Postmoderne überlebt sei: «Wir befinden uns bereits in der Post-‹post›-Phase – Post-Poststrukturalismus, Post-Postmoderne.»

Weil die Postmoderne hierzulande allerdings nie eng mit der qualitativen Sozialforschung verbunden war, dürfte auch das schnelle

Ende dieser ‹Epoche› weniger Auswirkungen haben. Hier bleibt die qualitative Sozialforschung vielmehr mit den traditionell sozialwissenschaftlichen Grundbegriffen verbunden wie Sinn, Verstehen oder Kommunikation. Gerade weil aber auch diese Begriffe nicht unumstritten sind, wird sie ihre eigene Position deutlicher markieren und ihre eigene theoretische Grundlegung vorantreiben müssen. Damit könnte sie sich aus der Rolle eines bloßen Hilfsmittels der Erkenntnis befreien und eigenständige theoretische Beiträge zu einer empirisch begründeten, sinnverstehenden Analyse der modernen Gesellschaft leisten.

Weiterführende Literatur

Flick, U. (2007a). Qualitative Sozialforschung – Eine Einführung (Teil VII: Geltungsbegründung, Darstellung und Perspektiven Qualitativer Sozialforschung), S. 485–567. Reinbek bei Hamburg: Rowohlt.

Lincoln, Y. S. & Denzin, N. K. (1998). The Fifth Moment. In: Denzin, N. K. & Lincoln, Y. S. (Hg.): The Landscape of Qualitative Research. Theories and Issues, S. 407–429. Thousand Oaks: Sage.

Marcus, G. E. (1994). What Comes (Just) After ‹Post›? In: Denzin, N. K. & Lincoln, Y. S. (Hg.): Handbook of Qualitative Research, S. 563–574. Thousand Oaks: Sage.

Christian Lüders
6.5 Herausforderungen qualitativer Forschung

1. Interne Probleme
2. Externe Erwartungen an qualitative Forschung

Qualitative Sozialforschung und rekonstruktive Methodologien haben in den letzten 30 Jahren im deutschsprachigen Raum eine bemerkenswerte Verbreitung und Anerkennung gefunden. Verantwortlich für diesen Erfolg sind zahlreiche hervorragende empirische Studien, die nicht nur in methodologischer Hinsicht Maßstäbe setzten, sondern die auch wichtige Ergebnisse für die jeweiligen disziplinären Diskurse erbrachten (vgl. z. B. Hoffmann-Riem 1985; Nittel

1992; Riemann 1987). Einen wichtigen Beitrag haben eine Reihe von Veröffentlichungen zur Methodologie qualitativer Sozialforschung geleistet (vgl. zuletzt z. B. Hitzler, Reichertz & Schröer 1999; Kelle 1994).

Trotz solcher unstrittigen Fortschritte bleibt dieser Erfolg erstaunlich, weil man bei genauer Hinsicht zugeben muss, dass aus einer forschungspraktischen und methodologischen Perspektive eine Reihe von Problemen nach wie vor einer Antwort harren und die weitere Entwicklung des Feldes keineswegs klar erkennbar ist. Hier lassen sich zunächst zwei Problemkomplexe unterscheiden: ungelöste interne Probleme und externe Erwartungen. Zu den internen Problemen zählen vor allem der ungeklärte Stellenwert von Standards in der Forschungspraxis, offene Methodenfragen und weiße Flecken in den Gegenstandsbereichen. In Hinblick auf externe Erwartungen ist zu berücksichtigen, dass qualitative Sozialforschung sich auch außerhalb der Universitäten und akademischen Zirkel zu einem eigenständigen Erkenntniszugang in vielfältigen Forschungs- und Praxiszusammenhängen gemausert hat. Bislang wurden die dort gemachten Erfahrungen und Herausforderungen vom veröffentlichten ‹mainstream› der Methodologiedebatte jedoch kaum wahrgenommen.

1. Interne Probleme

Zum Stellenwert von Standards

Noch 1991 forderten die Herausgeber des «Handbuches Qualitative Sozialforschung», dass qualitative Sozialforschung «nach eigenen (ggf. noch zu entwickelnden) Standards» (v. Kardorff 1991b, S. 4) zu erfolgen habe. Wer heute die einschlägige methodologische Literatur durchblättert, wird eingestehen müssen, dass dieser Forderung nur allzu gut entsprochen wurde. In den allgemeinen Überblicksdarstellungen wird mittlerweile eine ganze Fülle von Kriterien vorgeschlagen. Um nur einige zu nennen: intersubjektive Nachvollziehbarkeit, Offenheit, Explikation, Transparenz, Flexibilität, Gegenstandsbezogenheit, theoretische Sättigung, Genauigkeit, Zuverlässigkeit (→ 4.7). Diese Kriterien werden im Kontext der jeweiligen Schulen und unterschiedlichen methodologischen Ansätze (z. B. der Methodologie der dokumentarischen Interpretation: Bohnsack 1999) weiterentwickelt und konkretisiert.

Für den überwiegenden Teil dieser Vorschläge gilt jedoch, dass sie meistens sehr allgemein gehalten sind und dass dort, wo sie konkreter werden, die Unterschiede schnell sichtbar werden. Dies führt zu der irritierenden Sachlage, dass trotz einer inzwischen langen Liste von Standards qualitativer Sozialforschung sich nirgends ein forschungspraktisch verbindlicher Konsens abzeichnet, welche Minimalstandards einzuhalten wären. Um dies an einem Beispiel zu verdeutlichen: Niemand wird ernsthaft dagegen argumentieren, dass intersubjektive Nachvollziehbarkeit ein wesentliches Qualitätskriterium qualitativer Sozialforschung darstellt. Es ist jedoch nicht möglich, sowohl in der Literatur zur Methodologie qualitativer Sozialforschung als auch anhand der vorliegenden Forschungsberichte auch nur einigermaßen verbindlich auszumachen, worauf sich dieses Kriterium konkret bezieht und was dies für die Durchführung und Darstellung von qualitativer Forschung bedeutet. Dabei erweisen sich nicht nur die Heterogenität der Vorschläge und die Vielschichtigkeit der Forschungspraxis als hinderlich, sondern in vielen Fällen kann man sich auch des Eindrucks nicht erwehren, dass derartige Kriterien nicht sonderlich ernst genommen werden. Um bei dem Beispiel der intersubjektiven Nachvollziehbarkeit zu bleiben: In ungezählten Projektberichten kann man lesen, dass die erhobenen Daten auf der Basis der Ansatzes der «Grounded Theory» (→ 2.1; → 5.13) codiert und zu Typen verdichtet wurden, um dann im Schlusskapitel theoretische Schlüsse ziehen zu können. Würde man das Kriterium der intersubjektiven Nachvollziehbarkeit ernst nehmen, so wäre zu erwarten, dass in diesen Studien irgendwo mindestens an einem Fall beschrieben oder exemplarisch vorgeführt wird, wie konkret vercodet wurde, welche Codes und Untercodes anhand welcher Daten gebildet wurden und wie diese schließlich dimensionalisiert und verdichtet wurden (vgl. hierzu ausführlich Kluge 1999; Kelle & Kluge 1999). Genau dies unterbleibt jedoch in der überwiegenden Mehrzahl der Fälle. Analoges ließe sich auch in Bezug auf die meisten ihrer Kriterien feststellen (Ähnliches trifft allerdings auch auf die quantifizierende Forschung zu).

In der qualitativen Forschung hat sich anstelle von Präzision und Nachvollziehbarkeit mittlerweile eine Kultur der Plausibilisierung von Forschungsergebnissen herausgebildet, die darauf abzielt, den Autor als glaubwürdige Autorität zu inszenieren, um dem Leser das Gefühl zu vermitteln, die Ergebnisse könnten plausibel sein. Auf diese Weise ist eine wenig befriedigende Situation entstanden: Auf der Ebene der Forschungsberichte versucht jeder Autor, interne, kontextbezogene Plausibilität zu erzeugen. Dies erfolgt in den meisten Fällen mit Hilfe von Behauptungen oder mit eher literarischen Mitteln, sodass eine Überprüfung von außen nur selten möglich ist. Wenn nicht gerade eklatante Widersprüche oder Ungereimtheiten auftreten, reicht der Vertrauensvorsprung üblicherweise aus. Würde man diese Studien allerdings unter der Perspektive der in den Handbüchern aufgelisteten Kriterien lesen, würden sie alle als mehr oder weniger methodologisch defizitär wahrgenommen werden.

Nun mag man argumentieren, dass eine derartige interne Plausibilität ausreicht und offenbar bisher der Entwicklung qualitativer Sozialforschung nicht geschadet habe. Dem wäre entgegenzuhalten, dass dies nur aus der begrenzten Binnenperspektive so erscheint. Wer außerhalb der universitären Zitierkartelle qualitative Sozialforschung und ihre Ergebnisse ‹an den Mann bringen› möchte, stößt auf erhebliche Widerstände, die sich zum Teil aus den Vorurteilen gegen geringe Fallzahlen speisen, die aber auch Widerhall ungelöster Probleme hinsichtlich der eigenen Standards und der Erfahrung sind, dass unter dem Label qualitative Sozialforschung methodologisch noch immer scheinbar nahezu alles möglich ist.

Offene methodische Fragen
In vielen Bereichen ihrer Praxis kann die qualitative Sozialforschung auf bewährte Strategien verweisen. Beispiele hierfür sind die mittlerweile sehr elaborierten Methodologien zur Biographieforschung *(→ 3.6; → 5.11)*, zur dokumentarischen Interpretation *(→ 5.4)*, zur objektiven Hermeneutik *(→ 5.16)*, zur Inhaltsanalyse *(→ 5.12)* u. a. Kennzeichnend für diese Methodologien sind ihr Einsatz in unterschiedlichen praktischen Forschungszusammenhängen und eine gut dokumentierte methodologische Auseinandersetzung mit den Voraussetzungen, Schritten und Implikationen des jeweiligen Verfahrens. Zugleich gibt es aber eine qualitative Forschungspraxis, bei der bislang auf die methodologische Reflexion weitgehend verzichtet wird. Auf zwei sehr unterschiedliche Beispiele für derartige weiße methodologische Flecken soll hier stellvertretend eingegangen werden.

Bislang noch nicht sehr zahlreich, aber immerhin vereinzelt praktiziert sind *qualitative Längsschnittstudien*. Will man längerfristige

Prozesse rekonstruieren, stellen sie ein unverzichtbares Instrumentarium dar, das z. B. für Follow-up-Studien auch große praktische Bedeutung besitzt. Überraschenderweise hält sich aber die Methodologiediskussion in der qualitativen Forschung – und dabei nicht nur die deutschsprachige – bei diesem Thema vollständig zurück. Von der einfachen Frage, wie solche Studien angelegt werden müssen (vgl. hierzu immerhin Strehmel 2000), über die Frage nach den methodischen Zugängen bis zu dem (erkenntnis-)theoretischen Problem, ob denn eine differente Fallstruktur zum Zeitpunkt t_2 nun einen Wandel der Struktur (z. B. eines Deutungs- oder eines Handlungsmusters) indiziert oder doch eher als Falsifikation der Rekonstruktion des Falls zum Zeitpunkt t_1 zu lesen sei, findet man keine Antworten.

Ein zweites Beispiel: Jeder, der einmal ein empirisches Forschungsprojekt termingerecht zu Ende bringen musste, weiß um den damit verbundenen Zeitdruck und die vielfältigen Probleme, große und unter Umständen heterogene qualitative Datenmengen verarbeiten zu müssen. Die in den Lehrbüchern empfohlenen interpretativen bzw. rekonstruktiven Strategien sind extrem zeitaufwendig, sodass man üblicherweise nur einige projektstrategisch zentrale Fälle in dieser Form ausführlich und in allen Details analysieren kann. Für das übrige Material müssen *Abkürzungsstrategien* eingesetzt werden. Doch auch im Hinblick auf die damit einhergehenden methodologischen Fragen kann man nur feststellen, dass alle Beteiligten das Problem kennen und sich die Methodologiediskussion wiederum vornehm ausschweigt. Weder existiert ein bewährtes Set an Abkürzungsstrategien, noch gibt es entsprechende Referenztexte, auf die man guten Gewissens zurückgreifen kann. In den meisten Projektberichten sucht man vergebens nach gelungenen Beispielen, und wenn man Kollegen fragt, sind die Auskünfte nur begrenzt erhellend.

Selbst in jenen Projekten, die ihre Daten EDV-gestützt mit Hilfe eines für qualitative Materialien geeigneten Datenbanksystems (z. B. WinMAX, Atlas/ti, Nudist, HyperResearch, Ethnograph; → 7) verwalten und vercoden (vgl. Kelle 1995; → 5.14), beschränken sich die Hinweise nicht selten auf rudimentäre Formen der einfachen Auszählung von zugewiesenen Codes und im Material aufscheinenden Inhalten. Die Abkürzung der Auswertung reduziert sich in diesen Projekten auf Bemühungen, das umfangreiche Datenmaterial wenigstens auf der Oberfläche ‹in den Griff zu bekommen›. Nicht selten führt dies dazu, dass quasi-quantifizierende Verfahren interpretative Zugänge ersetzen. Verschärft wird diese Situation gerade im Kontext von Auftragsprojekten, weil sich viele Projektnehmer verpflichtet sehen, eine einigermaßen akzeptable Anzahl von Fällen als Grundlage der Studie präsentieren zu können.

Man könnte diese Liste der methodologischen weißen Flecken erheblich verlängern. Neben der fast schon – mittlerweile routinemäßig zu nennenden – offenen Frage der Gütekriterien *(→ 4.7)*, des Designs qualitativer Projekte *(→ 4.1)* und der vielfältigen Probleme der Forschungsethik *(→ 6.1)* mangelt es noch immer an bewährten Konzepten und Verfahren zur Erstellung und Auswertung ethnographischer Protokolle, zu Strategien von qualitativen Sekundäranalysen (vgl. hierzu immerhin Kluge & Opitz 1999b), der intelligenten Verknüpfung von qualitativen und quantitativen Daten (zuletzt Kelle & Erzberger 1999; Erzberger 1998; → 4.5) und der Triangulation von Daten aus unterschiedlichen methodischen Zugängen *(→ 4.6)*. Noch immer wenig diskutiert sind der Daten- und Vertrauensschutz (zuletzt: Gläser 1999), deren Praxis in vielen Projekten eigentlich sofort die Datenschutzbeauftragten auf den Plan rufen müsste: Interviewtranskriptionen werden z. B. häufig ohne Zugangssicherung auf der Festplatte gespeichert. In vielen Projekten fehlt der abschließbare Stahlschrank, um die personenbezogenen Daten, und um solche handelt es sich bei den meisten Interviews, einbruchssicher zu lagern. Darüber hinaus zeigt die Forschungspraxis z. B. im Umfeld qualitativer Delinquenzforschung, dass Projektmitarbeiter immer wieder von strafrechtlich relevanten Ereignissen erfahren, sodass es eine eigene Diskussion wert wäre, wie mit solchen Informationen umgegangen wird, zumal sich Forscher nicht auf ein Zeugnisverweigerungsrecht berufen können *(→ 6.1)*.

Weiße Flecken in den Gegenstandsbereichen
Wie auch bei den zuvor skizzierten methodologischen weißen Flecken unterliegen die Hinweise auf die wenig ausgearbeiteten Themenfelder zunächst in hohem Maß den eigenen Interessen und Forschungskontexten. Dies berücksichtigend, scheinen vor allem zwei Forschungsbereiche im deutschsprachigen Raum unzureichend entwickelt, deren Bedeutung allerdings insofern unstrittig sein dürfte, als es für beide im englischsprachigen Raum eine kaum mehr über-

schaubare Diskussion mit zahlreichen Veröffentlichungen, eigenen Zeitschriften und Institutionen gibt. Gemeint sind die beiden Bereiche *qualitative Organisationsforschung (→ 3.11)* und *qualitative Evaluationsforschung (→ 3.12)*.

In beiden Bereichen gibt es im deutschsprachigen Raum empirische Studien und laufende Projekte. Während jedoch schon ein kurzer Blick in einschlägige Handbücher und Verlagsverzeichnisse deutlich macht, dass im englischsprachigen Raum darüber hinaus eine Vielzahl an methodologischen und konzeptionellen Beiträgen vorliegen (vgl. z. B. Clegg, Hardy & Nord 1996; Guba & Lincoln 1989; Patton 1990; Shaw 1999), fehlt es hierzulande an derartigen Arbeiten (vgl. zuletzt Heiner 1998; Flick 2006a).

2. Externe Erwartungen an qualitative Forschung

Im deutschsprachigen Raum erweist sich qualitative Sozialforschung im Wesentlichen – zumindest in ihren dominierenden Selbstverständigungsdiskursen – als eine universitäre, um nicht zu sagen: akademische Angelegenheit – mit der Folge, dass viele Themen und Herausforderungen, die vor allem in der englischsprachigen Diskussion die Zeitschriften, Buchreihen und Handbücher füllen, hier so gut wie kaum in den Blick geraten. Zugleich haben sich in vielen Feldern der außeruniversitären Forschung qualitative Strategien zu einem wesentlichen Moment der Forschungspraxis entwickelt. Dabei ist nicht nur an die großen außeruniversitären Forschungsinstitute und die Fachhochschulen zu denken, sondern auch an die vielfältigen Formen der Wissenserzeugung in den jeweiligen Praxisfeldern wie der Erwachsenenbildung, der Kinder- und Jugendhilfe, der Gesundheitsverwaltung, der Organisationsentwicklung etc. Sieht man einmal davon ab, dass die internen offenen methodologischen Fragen unvermeidlich den Wildwuchs von Strategien und den Etikettenschwindel extern noch unterstützen, sodass man nicht selten große Probleme hat, zu unterscheiden, was noch Forschung und was doch eher unverbindliche Gespräche waren, die dem Autor die eine oder andere Anregung mit auf den Weg gaben, implizieren öffentliche Aufträge an qualitative Forschungsprojekte in den meisten Fällen eine Reihe von konkreten methodologischen Herausforderungen. Qualitative Sozialforschung bewegt sich in diesen Bereichen zurzeit auf sehr glattem und vor allem dünnen Eis, weil es an überzeugenden methodologischen Antworten auf die Erwartungen der jeweiligen Auftraggeber (in den meisten Fällen: Verbände und politische Verwaltungen auf Bundes-, Landes- und Kommunalebene) mangelt.

Zuverlässige Beschreibungen

Blättert man qualitative Forschungsberichte und Methodenbücher durch, scheint es die vornehmste Aufgabe qualitativer Sozialforschung zu sein, Beiträge zu einer empirisch unterfütterten Theoriebildung zu liefern. Hieraus erklärt sich das große Interesse an Konzepten wie der «Grounded Theory». Schlichte Deskription gilt demgegenüber eher als schnöde, bestenfalls als zu überwindende Vorstufe. Zwar erweist sich diese Orientierung schon für die meisten universitären Projekte als schlichte Lebenslüge, weil der Großteil der Projekte diesem Anspruch in keiner Weise gerecht wird; wichtiger ist jedoch vielleicht, dass es sowohl für die wissenschaftliche Arbeit und die Theoriebildung, als auch für Politik, Verwaltung und Fachpraxis in den meisten Fällen äußerst hilfreich wäre zu erfahren, *wie* etwas ist, *warum* sich etwas wie entwickelt und *was* unter bestimmten Bedingungen *wo* herauskommt. Gefragt wäre also vorrangig gültiges *deskriptives Wissen*, unter bestimmten Bedingungen auch konzeptuelles Wissen, also die Beantwortung der Frage, wie man etwas besser machen könnte. Qualitative Forschung hätte angesichts dieser Erwartungen immer dann und nach wie vor gute Chancen, wenn das Gefühl entsteht, dass man mit quantifizierenden Verfahren nur die Oberfläche streift. Dies gilt vor allem für die Entstehung neuer virulenter Problemlagen. Dabei muss es sich gar nicht um große Mengen von Betroffenen handeln. Aber auch in Bezug auf Fragestellungen, in deren Mittelpunkt weniger die Erforschung neuer Problemlagen von Adressaten als vielmehr die zuständigen Institutionen und die in ihnen stattfindenden Prozesse (seien es Krankenhäuser, Jugendämter, Schulen, Psychiatrien, Gefängnisse, Ämter, Parteien etc.) stehen, sind vor allem qualitative Methodologien gefragt. Qualitative Forschung verspricht in diesen Fällen, ein tiefer gehendes, genaueres, in Bezug auf die komplexen Prozesse detaillierteres Wissen zu erzeugen. Notwendig ist dafür aber, dass sich dieses Wissen vor allem für die Nutzer, unter Umständen auch für die Auftraggeber, als mittelfristig tragfähig erweist, also eine zutreffende und für die Beteiligten nachvollziehbare Beschreibung z. B. der aktuellen Situation als Grundlage für die Planung von Infrastruktu-

ren im Stadtteil, die Reorganisation eines Betriebs oder die Neu-
orientierung von Hilfen bietet (vgl. z. B. Permien & Zink 1998).

Diese Anforderung ist allerdings methodologisch in mehrfacher
Hinsicht folgenreich:

1. Aus dem Interesse an detailliertem deskriptivem Wissen resultieren Implikationen für die methodischen und methodologischen
Zugänge. Das nachdrückliche Interesse an deskriptivem Wissen legt
je nach Fragestellung bestimmte Strategien nahe und macht andere
weniger plausibel. Theoretisch begründete Designs sind weniger gefragt als empirisch angelegte Kontraste, die das vorhandene Spektrum und die darin enthaltenen Optionen sichtbar werden lassen. In
analoger Weise würde es wenig Sinn machen, gegenüber Auftraggebern und Nutzern ein rigides konstruktivistisches Methodologiever-
ständnis zu vertreten, während rekonstruktive Positionen den Anforderungen und Erwartungen näher kommen.

2. Das Interesse an deskriptivem Wissen stellt die Projekte regelmäßig vor das Problem der ‹angemessenen› Fallzahl. Es ist z. B. vollkommen undenkbar, einem Bundesministerium die dysfunktionalen
Effekte von bestimmten gesetzlichen Rahmenbedingungen für die
Fachpraxis auf der Basis von vier im Detail analysierten Fällen zu
‹verkaufen› – und seien die Analysen noch so valide. Darüber hinaus
erzwingt die Heterogenität der institutionellen Kontexte und die
Pluralisierung der Lebenslagen regelmäßig nicht nur eine gewisse
regionale Streuung, sondern auch je nach Fragestellung die möglichst systematische Berücksichtigung unterschiedlicher Rahmenbedingungen (mindestens Ost – West; Stadt – Land; unterschiedliche
institutionelle Strukturen). Will man solchen Erwartungen entsprechen, hat dies zur Folge, dass selbst bei kleineren Projekten Größen-
ordnungen je nach Fragestellung von mindestens 40 bis 60 Fällen
Normalfall sind.

Zugleich gilt, dass die Ergebnisse an bestimmte Terminvorgaben
gebunden sind: Die Spielräume für Verlängerungen sind meistens
äußerst knapp kalkuliert. Dies ist vor allem vor dem Hintergrund zu
sehen, dass der normale Forschungsprozess von durchschnittlich
zwei bis drei Jahren aus der Perspektive von Auftraggebern und
Nutzern eine ohnehin kaum akzeptable Dauer besitzt.

3. Die Erwartung, detailliertes deskriptives Wissen erzeugen zu
sollen, wirft regelmäßig das Problem der *Reichweite* und *Gültigkeit
der Ergebnisse* auf (→ 4.7). Die interessante Frage ist dabei, wie man

auf einer mittleren Abstraktionsebene vor dem Hintergrund heterogener Kontexte gewonnene Daten erstens *validiert* und zweitens *begründet generalisiert*. Die jüngsten Veröffentlichungen zur Typenbildung haben hierzu wichtige Stichworte geliefert (vgl. Kelle & Kluge 1999). Es bedarf jedoch noch viel Arbeit, bis die dort vorgeschlagenen Strategien so umgesetzt werden, dass auf ihrer Basis Außenstehenden die einfache Frage beantwortet werden kann: Können wir den Daten trauen, und für welche Bereiche sind sie aussagefähig?

4. Eine bislang durchaus tragfähige Antwort auf diese Problematik war der Verweis, dass Erhebung, Aufbereitung und Auswertung von Daten der Kontrolle einer Forschungsgruppe unterliegen. Neben dem Verweis auf den absehbaren Arbeitsaufwand angesichts der zu bewältigenden Datenmenge lieferte dies die Begründung dafür, dass entsprechende Projekte mindestens mit zwei vollen wissenschaftlichen Stellen für Mitarbeiter ausgestattet sein und dass entsprechende Zeitressourcen eingeplant werden müssen. Daneben eröffnet dieses Argument den Zugang zu weiteren Ressourcen z. B. für wissenschaftliche Projektbeiräte, für Methodenworkshops und andere Formen der kollegialen Qualitätssicherung. Denn die Erfahrung zeigt, dass derartige Strukturen der kollektiven Beratung erheblich zur Validierung, Systematisierung und zur theoretischen Einordnung der Ergebnisse beitragen können.

Angesichts der knapper werdenden Finanzmittel zeichnet sich aber zunehmend ab, dass es hierfür zusätzlicher Argumente bedarf. Die Kosten für einen Projektbeirat sind schnell gestrichen, und eher wird ein neuer Rechner samt eines EDV-gestützten Vercodungs- und Auswertungsprogrammes finanziert als eine weitere BAT IIa/Ib-Stelle. Interpretationsgruppen bzw. Forschungswerkstätten (und diese nicht nur für die Ausbildung) und ihre Voraussetzungen als *forschungspraktische Qualitätszirkel* wären ein wichtiges Thema für die Methodologiediskussion.

Vermittelbares Wissen

Ein weiterer methodologisch relevanter Problemkontext ergibt sich aus der spezifischen Verwendungssituation (→ 6.3). Nicht nur, dass die politische Administration und die Fachpraxis am liebsten Ergebnisse immer gestern hätten. Jeder Auftraggeber ist daran interessiert, dass seine Forschungsaktivitäten bekannt werden. Sie sind ein Teil der symbolischen Politik und als solche von zentraler Bedeutung.

Dies bedeutet, schnelle Vorstellung auch schon von Zwischenergebnissen, möglichst schnelle Publikation der Projektergebnisse, Durchführung von Workshops, Auftreten bei Anhörungen, Zuarbeit bei Anfragen, Stellungnahme bei Expertisen – und alles sofort. Induktiv bzw. abduktiv angelegte Forschungsstrategien, wie sie in qualitativen Projekten üblich sind, stehen in einem deutlichen Spannungsverhältnis zu diesen Anforderungen.

Zugleich ist zu berücksichtigen, dass die Lesekapazitäten gerade auf Auftraggeberseite beschränkt sind. Methodologisch folgt daraus, dass Ergebnisse in einem erheblichen Umfang schnell verdichtet werden müssen. Ausführliche Fallanalysen, die darauf setzen, dass die Fülle an Details sowohl Glaubwürdigkeit erzeugt als auch die vorgestellten Typologien und theoretischen Schlüsse plausibel macht, sind bestenfalls illustrativ möglich. Wie aber generalisiert und verdichtet man Fallanalysen, sodass diese einerseits wissenschaftlichen Standards entsprechen, andererseits anschlussfähig an die Verwertungszusammenhänge politischer Administrationen und der Fachpraxis sind? Dahinter steckt ein generelles Problem qualitativer Sozialforschung: Angesichts ihrer voluminösen Forschungsberichte läuft sie Gefahr, nur noch von winzigen Minderheiten rezipiert zu werden.

Man kann es auch anders formulieren: Das Ansehen qualitativer Sozialforschung hängt wesentlich davon ab, ob es ihr gelingt, auf die Erwartungen von außen und die internen offenen Fragen befriedigende Antworten zu finden. Soll der Erfolg der letzten Jahre stabilisiert werden, muss sie sich diesen Herausforderungen stellen.

Weiterführende Literatur

Kreissl, R. & Wolffersdorf-Ehlert, Chr. v. (1985). Selbstbetroffenheit mit summa cum laude? Mythos und Alltag der qualitativen Methoden in der Sozialforschung. In: Bonß, W. & Hartmann, H. (Hg.): Entzauberte Wissenschaft. Zur Relativität und Geltung soziologischer Forschung. *Soziale Welt*, Sonderband 3, S. 91–110. Göttingen: Schwartz.

Reichertz, J. (1999). Über das Problem der Gültigkeit von Qualitativer Sozialforschung. In: Hitzler, R., Reichertz, J. & Schröer, N. (Hg.): Hermeneutische Wissenssoziologie. Standpunkte zur Theorie der Interpretation, S. 319–346. Konstanz: Universitätsverlag.

Steinke, I. (1999). Kriterien qualitativer Forschung. Ansätze zur Bewertung qualitativ-empirischer Sozialforschung. Weinheim, München: Juventa.

Alexandre Métraux
6.6 Verfahrenskunst, Methodeninnovation und Theoriebildung in der qualitativen Sozialforschung

1. Einleitung

In diesem Essay entwickle ich einige, teils auch kritisch gestimmte Argumente zu einzelnen Aspekten der qualitativen Sozialforschung. Den Drehpunkt der Argumentation bildet der Ansatz von Anselm Strauss *(→ 2.1; → 5.13)*, der zwar nicht als Spiegelbild der qualitativen Sozialforschung insgesamt betrachtet werden sollte, dem die Rolle eines Paradigmas aber durchaus zusteht. Einen systematischen Anspruch erhebe ich schon deshalb nicht, weil die selbst auferlegte Knappheit irgendeine, aus einem Systemanspruch abgeleitete Ordnung nicht ertrüge. Das ist Grund genug, Aussagen über Funktion, Zweck und Grenzen qualitativer Methoden in der Sozialforschung fallbezogen, d. h. an dem mit dem Namen Strauss verbundenen Paradigma zu treffen.

2. Theoriedefizite und qualitative Methoden

Als 1967 «The Discovery of Grounded Theory: Strategies for Qualitative Research» von Barney Glaser und Anselm Strauss erschien, wurde formell ein methodologisch nicht unerheblicher Gegensatz zwischen Theoriebildungsverfahren diagnostiziert, der zunächst weniger mit dem Streit über Wert und Sinn qualitativer und quantitativer Methoden zu tun hatte als vielmehr mit der Plausibilität unterschiedlicher Formen der Hypothesengenerierung und der Theoriebildung. Zwei konträre Auffassungen der Hypothesengenerierung wurden denn in der Ouvertüre des Buchs gleich namhaft gemacht: hier der New Yorker Funktionalismus von Robert Merton und Paul Lazarsfeld und dort die von Chicago ausgehende Forschungstradition, vertreten durch Gelehrte wie William Thomas, Florian Znaniecki, George H. Mead und Herbert Blumer (vgl. dazu Fisher & Strauss 1979). Für Glaser und Strauss verband sich diese Tradition mit «nüchterner qualitativer Methode, einem nicht ausgesprochen strengen Methodenbewusstsein und der uneinheitlichen Darstellung von Theorien» (Glaser & Strauss 1967, S. vii) – alles Dinge, die den Funktionalisten abscheulich vorkommen mussten und denen angehende Akademiker und Akademikerinnen allein schon um der Sicherung zukünftiger Karrieren willen aus dem Weg gehen sollten. Der Gegensatz zwischen beiden Schulen wurde aber schon deshalb nicht überbewertet, weil es um die Diagnose eines *allgemeinen Mangels* ging: Nach «unserer Überzeugung (…) hat keine der beiden Traditionen – noch irgendeine andere Tradition der Nachkriegssoziologie – die Kluft zwischen Theorie und empirischer Forschung erfolgreich überbrückt» (Glaser & Strauss, 1967, S. vii). Mit dem durch das Buch signalisierten Neuanfang setzten sich die Autoren nun aber dem (sanften) Zwang aus, die Erreichbarkeit eines Forschungsstils auf der Ebene der Theorie ebenso wie auf derjenigen der empirischen Datengewinnung durch überzeugende Ergebnisse nachzuweisen.

Ein weiterer Gesichtspunkt ist zu erwähnen: Nach der in der US-amerikanischen Soziologie jener Zeit vorherrschenden Auffassung galt nur ein weit ausholendes Gedankengebäude als ‹Theorie›, während Gedankengebäude kleineren Ausmaßes irgendetwas waren, nur keine Theorie. Ein Verfechter dieser Auffassung war Talcott Parsons, der sein Leben lang im Gefolge Max Webers an einer gesamtgesellschaftlichen *Grand Theory* gearbeitet hat (vgl. z. B. Parsons 1937 und Parsons & Shils 1951). Diese willkürlich anmutende Konvention hatte sich zum akademischen Diktat verfestigt: Da Untersuchungen geringerer Reichweite anscheinend keinen theoretischen Wert besaßen (oder: besitzen durften), stand den Forschenden nur noch die Möglichkeit offen, sich mit der Verbesserung der Datengewinnungs- und Überprüfungsinstrumente oder mit neuen, allerdings ohne theoretischen Kompass erhobenen Daten zu profilieren (vgl. Glaser & Strauss 1967, S. vii-viii und S. 1–2).

So ergab sich der Impetus zur Begründung qualitativer Forschung offensichtlich nicht aus dem antagonistischen Verhältnis, in das man die Methoden – hier die quantitativen, dort die qualitativen – zu pferchen pflegte, sondern aus dem Unbehagen am allgemeinen Zustand der Sozialforschung. Betrachtet man nun die Anwendung qualitativer Verfahren in den diversen Richtungen der Sozialforschung[1] und rekonstruiert man deren Geschichte unter dem Gesichtspunkt einer Neudefinition dessen, was man als ‹Theoriewürdigkeit› bezeichnen könnte, dann lässt sich die Rhetorik konnotativ aufgeladener Gegensätze (‹qualitative *vs.* quantitative Methoden›, ‹Erklären *vs.* Beschreiben› usw.) als Redensart durchschauen, die auf einem *Nebenschauplatz* etwa zur Gewinnung eines Vorsprungs gegenüber konkurrierenden Richtungen oder zur Sichtbarmachung eines Projekts verwendet wird. Für Strauss gilt jedenfalls, dass er qualitative Methoden nicht aus der prinzipiellen Gegnerschaft zur quantitativ vorgehenden Sozialforschung entwickelt hat, sondern aus Interesse an anspruchsvoller Theoriebildung. Man wäre also gut beraten, das soziale Methodenritual mit der sozialwissenschaftlichen Methodologie nicht zu verwechseln, wenn die kritische Bewertung qualitativer Methoden auf der Tagesordnung steht.

Ein dritter Aspekt ist kurz zu beleuchten. Die traditionelle Unterscheidung zwischen Entdeckungs- und Begründungszusammenhang bringt es mit sich, dass die Generierung von Hypothesen, sofern diese nicht aus vorgefertigten übergeordneten Sätzen abgeleitet sind, auf individualpsychische Einfälle zurückgeführt wird. Im Verhältnis zum Begründungszusammenhang, in dem es um Falsifikation, Verifikation und ähnliche noble Dinge menschlichen Erkennens geht, erweist sich aber der Entdeckungszusammenhang höchstens als eine Nebensächlichkeit. Wen kann es schon interessieren, wie eine Hypothese entstanden ist, wenn sich diese nicht bewährt hat? Wenn sie sich aber bewährt hat, dann fallen Intuitionen, Gedankenexperimente und Datengewinnung für die Tatsache, dass die Forschung Sätze mit dem Wahrheitswert ‹wahr› produziert, kaum ins Gewicht – es sei denn als anekdotische Schnörkel.

Es könnte aber sein, dass diese Auffassung des Entdeckungszusammenhangs kurzsichtig ist. Statt dem Zufall der Intuition oder dem kognitiv nicht berechenbaren Vorfall könnte sich die Hypothesengenerierung doch auch dem vorstrukturierenden Einblick in die Realität verdanken. Das hat mit dem Umstand zu tun, dass Formen der Erfahrungsverarbeitung existieren, die sich für die Hypothesengenerierung und so auch für den Theorieentwurf verwerten lassen. Man kann dieses Sammeln und Verwerten in Anspielung auf frühere Entwicklungen der Wissenschaften als ‹Kunst› bezeichnen und in

Erinnerung rufen, dass die Chemie den Namen ‹Scheidekunst› trug und die Medizin noch mit dem Namen ‹Heilkunde› belegt wird. Gerade auf diesen kunstvoll veranstalteten, lern- und lehrbaren *Vorlauf* sozialwissenschaftlicher Erkenntnis hat es ein Ansatz wie der von Strauss und Glaser abgesehen. Interpretiert man diesen Ansatz in dem Sinn, dass die Bewährung grammatisch wohlgebildeter Aussagen über gesellschaftliche Tatsachen nicht aus dem hohlen Bauch, sondern aufgrund systematisch gesammelter Daten erfolgt, ist die Rechtfertigung der sog. *Grounded Theory* oder jeder anderen sozialwissenschaftlichen Theorie natürlich trivial. Geht man bei der Interpretation jedoch von der Leitidee aus, dass das Sammeln *innovativer* Daten *sowohl vor wie auch nach* der Formulierung eines mit Neuheitsanspruch versehenen Ensembles von Hypothesen geschieht (vgl. Glaser & Strauss 1967, S. 5, S. 21–26 und S. 31–43), dann ist damit eine Wegmarke bezeichnet, die geschichtlich und methodologisch keineswegs trivial ist.

Ich gelange nach diesen rückblickenden Ausführungen zu dem Schluss, dass mindestens drei hinreichend nachvollziehbare Gründe für die Entwicklung der *Grounded Theory* benannt werden können:

1. die Unzufriedenheit mit dem Stil sozialwissenschaftlicher Forschung speziell in der Zeit nach 1945;

2. der Wille zur Wiedergewinnung theoretischer Kreativität durch Umdeutung des damals dominierenden Theoriebegriffs;

3. die Verwertung sozialwissenschaftlicher Erfahrung in der Konstruktion von Theorien welcher Reichweite auch immer.[2]

3. Die Verfahrenskunst und die Theoriebildung

Wie angedeutet, führt jeder Vorschlag neuer Methoden konsequenterweise zur Erprobung derselben. Diese Bewährungsprobe versetzt die Forschenden in eine Situation, in der vorgefertigte Regeln nur noch bedingt taugen. Mit dem Anspruch auf Verfahrensinnovation entsteht ein Zustand, in dem Irrtümer nicht ausgeschlossen, Irrläufer wahrscheinlich, Revisionen erwünscht sind. In der Konkurrenz mit traditionellen Ansätzen geraten aber noch nicht bewährte Neuerungen zwangsläufig ins Hintertreffen.

Nur fragt es sich in Anbetracht der *Struktur des Forschungsprozesses selbst (→ 4.1)*, ob der Konkurrenznachteil tatsächlich oder nur zum Schein besteht. Zur Erläuterung ist eine kurze Zwischenbetrachtung erforderlich. Forschung wird betrieben, um Unbekanntes zu durchschauen, zu begreifen und zu erklären. Das Unbekannte kann ein störender Effekt in einem Experiment, ein den am Forschungsprozess beteiligten Personen ungelöstes Rätsel (etwa das menschliche Genom, um ein modisches Forschungsobjekt zu erwähnen) oder eine noch teilweise strittige und deshalb Kopfzerbrechen bereitende Tatsache sein. Ein klassisches Beispiel aus der Medizingeschichte veranschaulicht diese letzte Konstellation. Wie Ludwik Fleck gezeigt hat, fassten die Vertreter der frühen Ansteckungstheorie mikroskopisch kleine Erreger als Ursache von Erkrankungen auf. Als sich herausstellte, dass solche Erreger auch bei Gesunden vorkamen, erwies sich die ursprüngliche Erklärung als unzureichend: Sie konnte mit der unbestrittenen Tatsache, dass die Anwesenheit von Erregern *keine* Infektionskrankheit auslöste, theoretisch nicht mehr weiterkommen. Damit war die erste Theorie zwar nicht aus den Angeln gehoben, nur hatte sich ein unbekannter Mechanismus bemerkbar gemacht, der vermutlich nicht einmal bemerkt worden wäre, wäre er völlig unvorbereitet, d. h. außerhalb des theoretischen Rahmens der ersten Erregertheorie, in Erscheinung getreten (vgl. Fleck 1935, S. 43).

Das Unbekannte setzt also die Forschungsmaschinerie erneut in Gang oder trägt zu deren Beschleunigung bei. In einer solchen Situation tut sich indes eine strategische Alternative auf:

1. Man kann entweder den Versuch unternehmen, das Unbekannte mit alten, bereits verfügbaren Methoden zu begreifen.

2. Man kann aber auch den Gegenversuch unternehmen, das Unbekannte mit einem neuartigen methodischen Rüstzeug zu zähmen.

Die erste Strategie ist methodenzentriert; sie ist eigentlich auf Methodenpurismus bedacht und gründet auf der Erwartung, das Unbekannte sei wohl doch so beschaffen, dass es sich dem Zugriff der bewährten Methoden nicht widersetzen werde. Metaphorisch ausgedrückt: Die methodenzentrierte Strategie nimmt an, dass ein gegebener Schlüssel das bis dahin vergeblich traktierte Schloss zu öffnen vermag, wenn der Schlüssel nur im richtigen Moment gedreht werde.

Eine Erwartung dieser Art ist dem Forschungsprozess oft abträglich. Denn mit dem verfügbaren Schlüssel wird das Schloss, statt geknackt, beschädigt. Dann bleibt nur die Möglichkeit offen, es mit einer problemorientierten Strategie zu versuchen. Aber problemorientierte Strategien laufen aufs *Basteln* hinaus, das, ähnlich wie in der medizinischen Klinik, nach Opportunitätserwägungen alles Mögliche ausprobiert, bis sich ein plausibles Ergebnis einstellt.

Ein kurzer Blick auf die qualitativen Methoden der Sozialforschung verrät, dass die Überlegungen zur Begründung und zur Qualifizierung des methodischen Bastelns heterogen sind. Der von Graumann und Métraux (1977) zur Debatte gestellte phänomenologische Ansatz enthält an keiner Stelle Angaben darüber, wie man beispielsweise eine Feldstudie konzipiert, wie man Beobachtungen anstellt oder wie man die Daten auswertet. Der Ansatz expliziert vielmehr vier strukturanalytische Kategorien (Leiblichkeit, Umwelthaftigkeit, Sozialität und Historizität) als begriffliches Quadrupel, das, weil es die Situationen menschlichen Verhaltens und Handelns überhaupt zu bestimmen scheint, der Auffassung der kleinsten analytischen Einheit im Bereich der Sozialforschung eine nicht zu unterschreitende Grenze auferlegt (vgl. Graumann & Métraux 1977, S. 47–49). Demnach ist der Reflexbogen (gleichgültig, an welchem Nervensystem er zur Erscheinung gebracht und durch Apparate objektiviert wird) Gegenstand weder der qualitativen noch der quantitativen Sozialforschung, und zwar deshalb, weil die genannte Grenze der analytischen Einheitsbildung unterschritten wird. Daraus folgt selbstverständlich *nicht*, dass Reflexbögen auch beim Menschen für die Erscheinungsweisen von Verhalten und Handeln unwichtig sind, noch dass sie sozial- und verhaltenswissenschaftlich außer Acht gelassen werden sollen. Wenn aber Reflexbögen analysiert werden, dann erfolgt es im Rahmen von Disziplinen, die, wie man zu sagen pflegt, in der Rolle der Hilfswissenschaften auftreten. So spricht der Ansatz von Graumann und Métraux die *Denk*weise der Sozialforschung und die *kognitiven Voraussetzungen* sozialwissenschaftlicher Begriffsbildung an, während er sich, was die konkreten Forschungshandlungen betrifft, mit Bedacht bedeckt hält.

Anders verfährt die ausführlich gestaltete Anleitung zur qualitativen Sozialforschung, die Strauss (1987) auf der Basis langjähriger Erfahrung vornehmlich im Bereich der Medizinsoziologie verfasst hat. Vergleicht man diese Anleitung mit der 20 Jahre früher erschienenen Methodenprogrammschrift der *Grounded Theory*, dann bemerkt man, dass die jüngere Publikation anhand einer Reihe von Beispielen zeigt, wie man in welchem Stadium eines Forschungsprojekts vorgeht, wogegen das Buch von 1967 zwar auch kein Plädoyer für eine bestimmte sozialwissenschaftliche *Denk*weise hielt, sondern einem beinahe überschäumenden Induktivismus frönte, der bei genügend umfangreichen Datenmassen einige für die Theoriebildung vermutlich brauchbare Häufungen und Überschneidungen sichtbar machen würde (verhalten sich Personen in einer bestimmten Umgebung fast immer gleich, kann angenommen werden, dass man es mit einem sozial verbindlichen Muster zu tun hat; die Häufung solcher Beobachtungsdaten dient danach, wie oben angedeutet, der Vorstrukturierung einer Hypothese oder einer Teiltheorie).

Und wieder anders verhält es sich mit den Anleitungen zur Inhaltsanalyse *(→ 5.12)* von Daten aus halb strukturierten Interviews, aus denen ersichtlich wird, nach welchen Regeln die semantische Bandbreite von Sätzen durch mehrere Leser eingeengt wird (vgl. z. B. Lisch & Kriz 1978). Anleitungen dieser Art sind jedoch datenspezifisch und nicht auf prinzipiell alle anfallenden Daten anwendbar.

Daraus geht hervor, dass Unsicherheiten, momentane methodische Anomie und Unwägbarkeiten aus der Arbeit mit qualitativen Methoden aus dem Forschungsprozess nicht wegzudenken sind. Der besonders unter Personen mit ausgeprägter statistischer Denkungsart beliebte Methodenpurismus (was einer finiten Menge statistischer Kriterien nicht genügt, ist kein wissenschaftlich fertiges Produkt, folglich keine valide Erkenntnis) schürt eine Abwehrhaltung, die den Freiraum der Innovation einengt, ganz abgesehen davon, dass selbst einfachste Messverfahren auf der *Bildung* von Einheiten beruhen, die keineswegs *selbst*verständlich sind: *Vor* einem formalen arithmetischen System zur Messbarkeit von Entitäten liegt der Pfad der Interpretation (vgl. Ellis 1968, S. 22–23).

4. Die Perspektive der Akteure

Man hat der qualitativen Sozialforschung mitunter vorgehalten, sie messe der Sicht der untersuchten Akteure zu viel Gewicht bei, wodurch der in keiner Wissenschaft verzichtbare Objektivitätsanspruch durch das Einschmuggeln eines heteronomen Gesichtspunkts beschädigt werde. Dieser Vorwurf beruht auf einem Missverständnis.

Nehmen wir an, über Monate verkettete Sequenzen von Handlungen, an denen mehrere Akteure in wechselnder Kooperation teilnehmen (wie dies in Hochschulen, Verwaltungen, Hospitälern usw. der Fall ist), sollen so informativ wie möglich aufgeklärt werden. Das Einholen von Informationen über Motive, Triebkräfte, Erwartungen usw. der Akteure erweist sich dabei als ein unverzichtbarer Forschungsschritt. Denn es ist anzunehmen, dass ein gegebener, im Aufmerksamkeitsfokus der Akteure stehender Sachverhalt (beispielsweise eine chronische Krankheit) unterschiedliche Handlungsmuster und unterschiedliche Verhandlungsstrategien anspricht. Eine Ärztin verhält sich aufgrund ihrer beruflichen Sozialisation zu einer als chronisch diagnostizierten Krankheit eines Patienten anders als der Patient selbst, und dieser wiederum anders als seine Verwandten, das Pflegepersonal oder das psychotherapeutische Team. Eine Beschreibung der stattfindenden Arbeitsprozesse (Spitalpflege, Organisation der Rückkehr nach Hause, Betreuung daselbst) lässt sich ohne Erfassung der (im weitesten Sinn) mentalen Prozesse und Zustände der Akteure nicht erzielen (vgl. Fagerhaugh & Strauss 1977). Aber die Beschreibung und die analytische Zerlegung des Geschehens ist deshalb nicht weniger sachbezogen als etwa die Beschreibung der Tulpenmorphologie oder die anatomische Zerlegung der Walfischlunge. Die Vorstellung, dass die Anatomie der Lunge oder die Morphologie der Tulpe deshalb objektiv seien, weil keines der beiden Untersuchungsobjekte mit einem autonomen Mentalleben ausgestattet ist, dass die Beschreibung sozialer Vorgänge dagegen als subjektiv abzulehnen sei, weil die ‹Untersuchungsobjekte› eine bestimmte Weltanschauung vertreten, unterschiedlich motiviert sind und verschiedene Interessen verfolgen, ist unhaltbar.

Man weiß aber, dass sagbare Motive nicht unbedingt die letzten Beweggründe sind und vordergründige Interessen ohne Kenntnis der Akteure auf untergründigen Triebschicksalen beruhen können. Solange die Sozialforschung die von den untersuchten Akteuren angebotenen Erklärungen des Handelns nicht unbesehen übernimmt, ist die Gefahr des Subjektivismus gebannt. Werden also etwa bei der Rekonstruktion der Verhandlungen, in die die Akteure nach der Diagnose einer chronischen Krankheit eintreten, die Sichtweisen ebendieser Akteure nicht berücksichtigt, wird man diesen *sozialen* Prozess schlechterdings nicht begreifen (vgl. Strauss 1978).

Wie weit nun die ‹Tiefen›analyse der mentalen Repräsentationen der Akteure getrieben wird, ist wiederum eine Sache (a) der Fragestellung, (b) des Theorieanspruchs und (c) des kunstvollen Anfertigens (Bastelns) adäquater Analyseverfahren. Und just bei der Frage der als notwendig erachteten Analysetiefe sind in der qualitativen Sozialforschung ihrerseits Erstarrungs- und Abschottungsmomente festzustellen. Die einen meinen, dass die Analyse sprachlicher Äußerungen all das auch erreicht, was andere nur durch teilnehmende Beobachtung aufklären zu können glauben. Wieder andere meinen, dass verbale Daten eine zu dünne analytische Basis bilden und dass deshalb parasprachliche, gestische, bildhafte und andere Daten einzubeziehen seien. Doch was zuvor über die Konkurrenz zwischen qualitativen und quantitativen Ansätzen gesagt wurde, gilt entsprechend für die Konkurrenz zwischen rivalisierenden Ansätzen in der qualitativen Sozialforschung: Diese wird nicht befördert, wenn das soziale Methodenritual mit der sozialwissenschaftlichen Methodologie gleichgesetzt oder verwechselt wird. Ein Monopol auf irgendeine Zaubermethode besitzt in der Forschung letztlich niemand.

Außenseitergruppen, geschlechtsspezifische Phänomene, Machtkonstellationen und bedrängende institutionelle Zwänge besitzen – übrigens nicht zu Unrecht – für die qualitative Sozialforschung einen gewissen Reiz. In den Institutionen, wo Forscherinnen und Forscher ihrer Arbeit nachgehen, finden unentwegt soziale Prozesse statt, die zu untersuchen nicht weniger reizvoll ist als andere Bereiche des gesellschaftlichen Lebens. Es könnte sich also lohnen, die qualitative Sozialforschung in aufklärerischer und in kritischer Absicht zum Untersuchungsobjekt zu machen, damit die Forschenden an sich selbst erfahren, was das Methodenbasteln für die Erschließung des Unbekannten impliziert. Für diese Art von Meta-Sozialforschung hat nicht zuletzt auch Anselm Strauss beredt geworben.

Anmerkungen

1 Außer in dem vorliegenden Band findet sich eine Präsentation verschiedener Ansätze der qualitativen Sozialforschung in Flick et al. (1991).

2 Ähnliche Motivkonstellationen sind übrigens für andere Autoren wie Cicourel (1970), Garfinkel (1967a) und Goffman (1974a) auch bestimmend gewesen (um nur einige Sozialwissenschaftler aus der Generation von Strauss zu nennen).

Weiterführende Literatur

Goffman, E. (1951). Asylums: Essays on the social situation of mental patients and other inmates. New York: Anchor-Doubleday.

Maines, D. R. (Hg.) (1991). Social organization and social process. New York: Aldine de Gruyter.

Strauss, A. (1987). Qualitative Analysis for Social Scientists. Cambridge, New York, New Rochelle (usw.): Cambridge University Press.

Heike Ohlbrecht
7. Serviceteil

Die große Anzahl neuerer Fachliteratur oder die Entwicklung im World Wide Web zeigen an, dass im Bereich qualitativer Forschung einiges in Bewegung ist. Im Folgenden wird eine Auswahl von Lehr- und Handbüchern vorgestellt, die in die Thematik der qualitativen Forschung einführen bzw. sich zur Vertiefung vorhandenen Wissens eignen. Nach der Darstellung von Zeitschriften und Buchreihen sowie klassischen Texten wird der rasanten Entwicklung qualitativer Forschung im Internet Rechnung getragen. Hier ist mit ständiger Veränderung zu rechnen, befinden sich doch viele gerade erst ins Leben gerufene Internetquellen auf dem Weg ihrer Formierung. Spätestens an dieser Stelle wird deutlich, dass ein Blick über den «deutschen Tellerrand» hinaus, insbesondere in den englischsprachigen Raum, nötig ist, um den Anschluss an die neueste Entwicklung nicht zu verlieren.

1. Lehr- und Handbücher

Lehrbücher

Bohnsack, R. (1999). Rekonstruktive Sozialforschung (6. Aufl. 2007)
   Der Autor charakterisiert die unterschiedlichen Wege der Erfahrungsgewinnung, die sich hinter den Begriffen der «quantitativen» und «qualitativen» Sozialforschung verbergen, und verweist darauf, dass die Unterschiede angemessener als «hypothesenprüfende» versus «rekonstruktive» Verfahren beschrieben werden sollten. Auf dieser Grundlage diskutiert er exemplarisch drei Wege der neueren rekonstruktiven Sozialforschung: narratives Interview, objektive Hermeneutik sowie die dokumentarische Methode der Interpretation. Als Einführungsbuch ausgewiesen, wendet sich dieses Buch

insbesondere an interessierte Leser, die sich einer vertiefenden Auseinandersetzung mit rekonstruktiven Verfahren stellen möchten.

Flick, U. (2007a). Qualitative Sozialforschung – Eine Einführung

Das Buch bietet einen Überblick über die wichtigsten Methoden zur Erhebung und Interpretation verbaler und visueller Daten. Der Forschungsprozess, Fragestellungen qualitativer Forschung sowie Zugänge zum Feld werden ebenso vorgestellt wie Fragen der Darstellung von Ergebnissen und Kriterien der Geltungsbegründung. Im Kapitel zur Textinterpretation werden die Verfahren der Textanalyse von der Codierung und Kategorisierung bis hin zu sequenziellen Analysen dargestellt. Besonders als einführendes Lehrbuch geeignet.

Lamnek, S. (1995). Qualitative Sozialforschung. Band 1 Methodologie. Band 2 Methoden und Techniken (4. Aufl. in einem Band 2005)

Der erste Teil führt in Gegenüberstellung zur traditionellen quantitativen Sozialforschung in die Grundlagen der qualitativen Forschung ein. Die zentralen Prinzipien qualitativer Forschung, ihre Grundlagen und wissenschaftstheoretischen Annahmen werden dargestellt. Im zweiten Teil wendet sich der Autor ausgewählten Methoden und Techniken der qualitativen Sozialforschung und ihrer Erhebung sowie Auswertung zu. Von Einzelfallstudien, qualitativen Interviews, Gruppendiskussionen, Inhaltsanalyse, teilnehmender Beobachtung bis zur biographischen Methode sind diese Verfahren in jeweils eigenen Kapiteln zusammengefasst. Ein Lehrbuch, von dem vor allem Anfänger profitieren können.

Mason, J. (1997). Qualitative Researching (2. Aufl. 2002)

Jennifer Mason stellt in ihrem Buch methodologische Überlegungen in anschaulicher Weise an den Anfang, um dann auf den Forschungsprozess und verschiedene Arten qualitativer Daten einzugehen. Ein besonderes didaktisches Mittel sind die «difficult questions», die in die Denkweise und Tradition qualitativer Forschungstätigkeit einführen. Unterschiedliche Strategien und Verfahren veranschaulichen die Vielfalt qualitativer Forschung.

Mayring, P. (1993). Einführung in die qualitative Sozialforschung (5. Aufl. 2002)

Der Autor legt eine elementare und verständliche Einführung in die Denkhaltung und die Methoden der qualitativen Sozialforschung vor. Die übersichtliche Gliederung unterteilt die Verfahren qualitativer Analysen in Erhebungs-, Aufbereitungs- und Auswertungsverfahren. Methodische und methodologische Grundlagen qualitativer Sozialforschung werden anhand vieler Beispiele dargestellt.

Strauss, A. & Corbin, J. (1990/1996). Grounded Theory: Grundlagen qualitativer Sozialforschung

Dieses Buch wendet sich an alle, die Theorien anhand qualitativer Datenanalyse bilden wollen. Die unter dem Namen Grounded Theory (→2.1) bekannte gegenstandsbegründete und datenverankerte Theoriebildung ist eine der verbreitetsten Vorgehensweisen der qualitativen Sozialforschung und wird hier praxisnah anhand zahlreicher Beispiele aus unterschiedlichen Forschungsfeldern anschaulich gemacht. Seinen besonderen Reiz verdankt das Buch der didaktischen Schritt-für-Schritt-Einführung, die somit auch Anfängern einen leichten Zugang ermöglicht. Für Fortgeschrittene werden ergänzende Techniken dargestellt. Das Buch gliedert sich in drei Teile: Der erste Teil bietet einen Überblick über die Denkweise der Grounded Theory, im zweiten Teil werden spezielle Techniken und Verfahrensweisen genauer dargestellt, z. B. Codierungsarten, und im dritten Teil werden zusätzliche Verfahrensweisen erklärt und Evaluationskriterien vorgestellt.

Handbücher

Bohnsack, R., Marotzki, W. & Meuser, M. (Hg.) (2003). Hauptbegriffe Qualitativer Sozialforschung (2. Aufl. 2006)

Die grundlegenden Begrifflichkeiten wie Abduktion, Rekonstruktive Sozialforschung, Erzählanalyse, Triangulation etc. werden in Form eines Wörterbuchs in kurzer und präziser Weise dargelegt und mit weiterführender Literatur angereichert. Dieses Buch bietet vor allem Studierenden eine Orientierungshilfe und einen Einstieg in die Begrifflichkeiten qualitativer Forschung.

Denzin, N. K. & Lincoln, Y. S. (1994b). Handbook of Qualitative Research (3. Aufl. 2005a)

Dieses reflexiv angelegte Handbuch umreißt theoretische Vorüberlegungen, Paradigmen qualitativer Forschung, Strategien und Stadien des Forschungsprozesses sowie Techniken der Erhebung, Analyse, Interpretation und Präsentation. Das schließt eine zusammenfassende Bewertung unterschiedlicher Forschungsstrategien wie Ethnographie, Phänomenologie, Grounded Theory, Biographieforschung, klinische Forschung sowie die Vorstellung von Verfahren wie Beobachtung, Dokumentenanalyse, qualitative Interviews und die Anwendung von Computern im qualitativen Forschungsprozess ein. Ein kritischer Ausblick auf Zukunftsperspektiven qualitativer Forschung angesichts der konstatierten postmodernen Krise der Repräsentation beschließt den Band. Überarbeitete Neuausgaben sind 2000 und 2005 erschienen.

Flick, U., Kardorff, E. v., Keupp, H., Rosenstiel, L. v. & Wolff, S. (Hg.) (1991). Handbuch Qualitative Sozialforschung

Dieses Handbuch bietet einen ausführlichen Überblick über die qualitative Forschung, beginnend bei den Perspektiven und Traditionen, weitergehend zu den Theorien und der exemplarischen Vorstellung von klassischen Studien, den Stationen des Forschungsprozesses bis zur zusammenfassenden Darstellung der vielfältigen Methoden. Es folgt eine Diskussion wichtiger Anwendungsgebiete qualitativer Forschung. Fragen der Generalisierung und Validierung qualitativer Forschungsergebnisse beschließen den Band.

Friebertshäuser, B. & Prengel, A. (Hg.) (1997). Handbuch qualitative Forschungsmethoden in der Erziehungswissenschaft

Das umfangreiche Handbuch trägt der zunehmenden Bedeutung qualitativer Forschung in den pädagogischen Forschungs- und Arbeitsfeldern Rechnung. Im ersten Teil wird die historische Entwicklung nachgezeichnet und in die theoretischen Grundlagen eingeführt; von methodologischen Erörterungen und der Skizzierung von Forschungsstrategien im zweiten Teil ausgehend werden im dritten Teil einzelne Forschungsmethoden mit ihrem jeweiligen theoretischen Hintergrund und ihrer praktischen Umsetzung vermittelt. Der vierte Teil behandelt Methoden der Praxisforschung und Perspektiven qualitativer Methoden in der erziehungswissenschaftlichen Ausbildung.

Krüger, H. & Marotzki, W. (1999). Handbuch erziehungswissenschaftliche Biographieforschung

In drei Teilen vermittelt das Handbuch einen systematischen Überblick über die theoretischen Diskurse, Forschungsmethoden und -schwerpunkte der erziehungswissenschaftlichen Biographieforschung. Im ersten Teil wird die Bedeutung der Biographieforschung für die Erziehungswissenschaften reflektiert und die historische Entwicklung dieser Forschungsrichtung dargestellt, im zweiten Teil stehen methodologische Fragen im Vordergrund, und im dritten Teil werden Ansätze, Forschungsstrategien und Ergebnisse der Biographieforschung in den verschiedenen erziehungswissenschaftlichen Teildisziplinen vorgestellt.

2. Zeitschriften und Buchreihen

Neben den zentralen sozialwissenschaftlichen Zeitschriften wie *Kölner Zeitschrift für Soziologie und Sozialpsychologie*, *Soziale Welt* oder *Soziologische Revue* sind u. a. folgende Periodika von Interesse:

Journal of Narrative and Life History (seit 1997: *Narrative Inquiry*). Editors: Bamberg, M. & McCabe, A.; Lawrence Erlbaum Assoc.

The International Yearbook of Oral History and Life Stories. Editors: Thompson, P., Bertaux, D. & Passerini, L.; Oxford Univ. Press.

Quality & Quantity. International Journal of Methodology. Editor: Capecchi, V.; Kluwer Academic Publishers.

Qualitative Sociology. Editor: Zussmann, R.; Kluwer Academic Publishers.

Qualitative Inquiry. Editors: Denzin, N. K. & Lincoln, Y. S.; Sage.

International Journal of Qualitative Studies in Education. Editors: Scheurich, J. & Foley, D.; Taylor & Francis.

Qualitative Research. Editors: Atkinson, P. A. & Delamont, S.; Sage.

Qualitative Health Research. Editor: Morse, J. M.; Sage.

Journal für Psychologie. Theorie – Forschung – Praxis. Hg.: Bergold, J., Jaeggi, E., Jüttemann, G. u. a.; Asanger Verlag.

Psychotherapie und Sozialwissenschaft. Zeitschrift für Qualitative Forschung. Hg.: Bergmann, J., Boothe, B., Buchholz, M. B. u. a.; Vandenhoeck & Rupprecht.

Sozialer Sinn – Zeitschrift für hermeneutische Sozialforschung. Hg.: Kutzner, S., Loer, T. & Maiwald, G.; Leske & Budrich.

Zeitschrift für Biographieforschung und Oral History BIOS. Hg.: Fuchs, W., Lehmann, A., Niethammer, L. u. a.; Leske & Budrich.

Zeitschrift für Qualitative Bildungs-, Beratungs- und Sozialforschung ZBBS. Hg.: Frommer, J., Huisinga, R., Krüger, H. u. a.; Leske & Budrich.

Buchreihen

Die Buchreihe *Qualitative Research Methods Series* erscheint seit 1986 mit Beiträgen zu verschiedenen Aspekten der qualitativen Forschung wie Reliability and Validity in Qualitative Research (Kirk & Miller 1986), Interpretive Biography (Denzin 1989d), Understanding Ethnographic Texts (Atkinson 1992), Focus Group as Qualitative Research (Morgan 1988) oder Conducting Interpretive Policy Analysis (Yanow 1999).

Die Buchreihe *The SAGE Qualitative Research Kit* ist 2007 erschienen und wurde von Flick (2007d) herausgegeben. Die Reihe setzt sich aus acht Bänden zusammen, die Themen wie Using Visual

Data in Qualitative Research (Banks 2007), Doing Focus Groups (Barbour 2007), Doing Interviews (Kvale 2007), Analysing Qualitative Data (Gibbs 2007) etc. beinhalten.

Die Reihe *Biographie und Gesellschaft*, herausgegeben von Kohli, Fuchs und Schütze, ist seit 1987 mit bisher 17 Bänden erschienen. Das Spektrum der Themen reicht von Arbeitslosigkeit und Lebensgeschichte (Vonderach et al. 1992), Geschichte, Biographie und friedenspolitischem Handeln (Straub 1993) bis zur Analyse engagierter Rollendistanz (Nagel 1997).

Die Buchreihe *Interaktion und Lebenslauf*, herausgegeben von Hoffmann-Riem, Kokemohr und Marotzki u. a., umfasst Beiträge zu unterschiedlichen Methoden der qualitativen Sozialforschung mit dem Schwerpunkt auf biographietheoretischen Fragestellungen, z. B.:

- Marotzki, W. & Kokemohr, R. (Hg.) (1991). Biographien in komplexen Institutionen.
- Hoffmann-Riem, C. (1993). Elementare Phänomene der Lebenssituation.
- Corsten, M. & Lempert, W. (1997). Beruf und Moral.

Auch die Buchreihe *Qualitative Sozialforschung*, die von Bohnsack, Lüders und Reichertz herausgegeben wird, trägt dem gestiegenen Interesse an qualitativen Methoden Rechnung. Auf der Grundlage überschaubarer Texte (80–100 Seiten) soll das relevante Erfahrungs- und Hintergrundwissen über Verfahren, Probleme und Anwendungsfelder qualitativer Sozialforschung dargestellt werden. Seit 1999 sind elf Bände erschienen, u. a.:

- Deppermann, A. (1999). Gespräche analysieren.
- Kelle, U. & Kluge, S. (1999). Vom Einzelfall zum Typus.
- Hildenbrand, B. (1999). Fallrekonstruktive Familienforschung.
- Dittmer, N. (2000). Transkribieren.
- Keller, R. (2004). Diskursforschung.
- Wernet, A. (2006). Einführung in die Interpretationstechnik der Objektiven Hermeneutik.

3. Klassische Studien und Aufsätze qualitativer Forschung

Im Folgenden wird eine exemplarische Auswahl klassischer Studien und Aufsätze aus der Tradition der qualitativen Forschung vorgestellt, die produktive Anstöße für weiterführende Studien lieferten, ein reiches Theorie- und Erkenntnispotenzial entfaltet und damit wesentlich zur Etablierung qualitativer Forschungsparadigmen und zur qualitativen Forschung als Paradigma beigetragen haben.

Symbolischer Interaktionismus
Die Theorie der Symbolischen Interaktion *(→ 3.3)* geht auf George Herbert Meads Hauptwerk *Mind, Self and Society* (1934) zurück. Wichtige Texte sind z. B.:
- Becker, H. S. (1963). Outsiders. Studies in the sociology of deviance (dt.: Außenseiter, 1973).
- Goffman, E. (1959). The Presentation of Self in Everyday Life (dt.: Wir alle spielen Theater, 1969).

Teilnehmende Beobachtung
Kennzeichnend hierbei ist das «Eintauchen» des Forschers in das zu untersuchende Feld *(→ 5. 1)* durch eine Teilnahme an den alltäglichen Lebenszusammenhängen *(→ 3.8; → 5.5)*.
- Park, R. (1939). An Outline of the Principles of Sociology.
- Whyte, W. F. (1955). Street corner society. The social structure of an Italian slum (dt.: Die Street Corner Society. Die Sozialstruktur eines Italienerviertels, 1996).

Ethnomethodologie
Die gesellschaftliche Wirklichkeit wird nach der Ethnomethodologie im alltäglichen praktischen Handeln hergestellt, so dass soziale Ordnung als Ergebnis fortlaufender Sinnzuschreibungen und Interpretationsleistungen aufzufassen ist *(→ 3.2)*.
- Garfinkel, H. (1967a). Studies in ethnomethodology.
- Patzelt, W. J. (1987). Grundlagen der Ethnomethodologie: Theorie, Empirie und politikwissenschaftlicher Nutzen einer Soziologie des Alltags.

Konversationsanalyse
Die Konversationsanalyse *(→ 5.17)* wurde Mitte der 60er Jahre durch die Arbeiten von Harvey Sacks begründet *(→ 2.3)*. Dieser entwickelte auf der Basis der Ethnomethodologie *(→ 3.2)* ein Verfahren zur sequenziellen Analyse von Gesprächen.
- Sacks, H. (1967). The search for help. No one to turn to.
Eine reichhaltige Quelle von Analysen, Überlegungen und Ideen stellen die «Lectures» dar, die nun auch einem breiten Publikum vor-

liegen, nachdem sie lange Zeit nur einem Kreis von Insidern zugänglich waren:

- Sacks, H. (1992). Lectures on conversation. Vol. I und II, hg. v. G. Jefferson.

Objektive Hermeneutik

Der objektiven Hermeneutik geht es um die Rekonstruktion der latenten Bedeutungsstrukturen eines Textes. Dieser von Oevermann entwickelte Ansatz wird von ihm als eine strukturalistische Position bezeichnet, die sich mit einer rekonstruktionslogischen Methodologie zwingend verknüpft (vgl. 1999b).

- Oevermann, U. (1993). Die objektive Hermeneutik als unverzichtbare methodologische Grundlage für die Analyse von Subjektivität.
- Hildenbrand, B. & Walter, J. (1988). «Gemeinsames Erzählen» und Prozesse der Wirklichkeitskonstruktion in familiengeschichtlichen Gesprächen.

Gemeindesoziologie

Die Studie von William Isaac Thomas und Florian Znaniecki «The Polish Peasant in Europe and America» (1918) gilt hier als wegweisend. Sie eröffnet die Blütezeit empirisch-theoretischer Forschung am Department of Sociology in Chicago mit weit reichenden Ausstrahlungswirkungen auf die Entwicklung der qualitativen Forschung. Anhand des Immigrationsschubs polnischer Bauern in die USA im ersten Jahrzehnt des 20. Jahrhunderts werden die Formen und Probleme sozialer Integration von Einwanderern umfassend untersucht.

Soziographie

Die Hauptaufgabe der Soziographie besteht nach Jahoda (1995) darin, die sozialen, lokalen und temporalen Bedingungen einer gegebenen Situation zu erfassen. Eine Studie über die Wirkung lang anhaltender Arbeitslosigkeit auf eine dörfliche Gemeinschaft, erstmals 1933 veröffentlicht, wurde zum Grundtext soziographischer Forschung.

- Jahoda, M., Lazarsfeld, P. F. & Zeisel, H. (1933). Die Arbeitslosen von Marienthal.

– Jahoda, M. (1989). Arbeitslose bei der Arbeit: die Nachfolgestudie zu «Marienthal» aus dem Jahr 1938.

Ethnographie
In der zweiten Dekade des 20. Jahrhunderts ging die Ethnologie vom extensiven Datensammeln zur intensiven Erforschung lokaler Zusammenhänge über. Die Wurzeln ethnographischer Methoden liegen in den anthropologischen und ethnologischen Werken von Bronislaw Malinowski, Franz Boas und in den linguistischen Studien von Edward Sapir. Stellvertretend genannt sei hier:
– Malinowski, B. (1935). Coral Gardens and their magic (dt.: Korallengärten und ihre Magie, 1981).

Ethnopsychoanalyse
Als empirische Basis tritt in der Ethnopsychoanalyse an die Stelle des therapeutischen Settings der Psychoanalyse das ethnopsychoanalytische Gespräch. Kernpunkt ist die Aufarbeitung und Analyse von unbewussten Übertragungs- und Gegenübertragungsbeziehungen im Forschungsfeld (→ 2.5; → 5.20). Als klassische Studien können folgende Arbeiten gelten:
– Parin, P., Morgenthaler, F. & Parin-Matthèy, G. (1971). Fürchte deinen Nächsten wie dich selbst.
– Nadig, M. (1986). Die verborgene Kultur der Frau.

Biographieforschung, Narrationsanalysen
Die oben genannte Studie von Thomas und Znaniecki gilt auch für die Biographieforschung als einer der frühesten Versuche, biographisches Material einer soziologischen Analyse zugänglich zu machen. Der Weg von der instrumentellen und illustrativen Nutzung biographischen Materials bis zur heutigen modernen soziologischen Biographieforschung war indes noch weit. In Deutschland konnte Fritz Schütze mit der Entwicklung des narrativen Interviews eine textanalytische Methode der biographischen Analyse vorstellen, die an die Tradition der Chicagoer Schule anknüpft *(→ 5.11)*.
– Schütze, F. (1983). Biographieforschung und narratives Interview.
– Riemann, G. (1987). Das Fremdwerden der eigenen Biographie.

Film- bzw. Fotografie-/Bildinterpretationen
Film und Fernsehen prägen die Realitäten des Alltags immer stärker.
Denzin analysierte Hollywoodfilme als Beispiele für die gesellschaft-
liche Reflexion sozialer Erfahrungen, Werte, Normen, Institutionen
oder geschichtlicher Ereignisse.
- Denzin, N. K. (1995). The cinematic society. The voyer's gaze.
- Harper, D. (1987). Working knowledge. Skill and community in
  a small shop.

Medizinsoziologie
In den frühen 60er Jahren untersuchten Glaser und Strauss die Interaktion zwischen Klinikpersonal und sterbenden Patienten. Diese
empirischen Studien erwiesen sich als beispielhaft, insbesondere
auch für die methodische Rezeption der Grounded Theory *(→ 2.1)*.
- Glaser, B. G. & Strauss, A. L. (1965). Awareness of Dying (dt.:
  Interaktion mit Sterbenden. Beobachtungen für Ärzte, Schwestern, Seelsorger und Angehörige, 1974).
- Corbin, J. M. & Strauss, A. L. (1988). Unending work and care
  (dt.: Weiterleben lernen. Chronisch Kranke in der Familie, 1993).

4. Internetquellen

Die folgende Aufstellung enthält eine Übersicht – ohne Anspruch
auf Vollständigkeit – der Informationsangebote im Bereich sozialwissenschaftlicher qualitativer Forschung im World Wide Web
(WWW). Aufgrund der Aktualität des Internets lassen sich jeweils
nur zeitlich begrenzte Aussagen treffen. Da jede Internetquelle ihre
besonderen Möglichkeiten wie auch ihre jeweiligen Grenzen hat,
bietet sich eine netzartige Nutzung verschiedener Links und Quellen
an.

Eine Auswahl von Links im deutschsprachigen Raum
(a) Mailinglisten
Diskussionen finden im Internet vor allem in Newsgroups und per
Mailinglists statt.
     QSF-L Qualitative Sozialforschung ist eine deutschsprachige in-
terdisziplinäre Mailingliste, die seit März 1999 besteht. Sie dient als
Informations-, Austausch-, Kontakt- und Kooperationsforum für
diejenigen, die sich für qualitative Forschung interessieren und mit

qualitativen Verfahren arbeiten (majordomo@majordomo.zedat.fu-berlin.de).

Die Mailingliste Biographieforschung informiert über Workshops, Publikationen, Forschungsprojekte aus dem Bereich qualitativer biographischer Forschung und ermöglicht den fachlichen Austausch (Biographieforschung@uni-magdeburg.de). Diskussionen und Informationen zur Gesprächsforschung sind über die Mailingliste Gesprächsforschung möglich (mailliste@gespraechsforschung.de).

(b) Literatur, Datenbank, Online-Journale
Die Deutsche Gesellschaft für Soziologie ist über http://www.soziologie.de zu erreichen. Dort sind die Leselisten der Sektionen und Arbeitsgruppen im Netz abgelegt. So auch z. B. die Leselisten der Sektionen «Methoden der empirischen Sozialforschung», «Biographieforschung» und Methoden der qualitativen Sozialforschung.

Über die Homepage des Zentrums für Qualitative Bildungs-, Beratungs- und Sozialforschung (ZBBS) in Magdeburg (http://www.zbbs.de) ist der Zugang zu Literatur für qualitative Biographieforschung möglich sowie zu Informationen über Workshops, Forschungsprojekte und die Zeitschrift für Qualitative Bildungs-, Beratungs- und Sozialforschung sowie zum jährlich stattfindenden Workshop zur qualitativen Forschung.

Ein Online-Journal für qualitative Sozialforscher stellt das Forum Qualitative Sozialforschung dar. Dieses mehrsprachige Online-Journal, herausgegeben von Bergold, Bohnsack, Breuer, Marotzki und Mruck, bietet seit Anfang 2000 die Möglichkeit, Artikel herunterzuladen und in Online-Diskussionsforen mit anderen Forschern in Kontakt zu treten; darüber hinaus sind hilfreiche Links für den Bereich qualitative Sozialforschung angegeben (http://qualitative-research.net/fqs/fqs.htm).

Informationen zu Tagungen, Projekten, Literatur, Forschungsdiskussion zu wissenschaftlichen Ansätzen, die sich mit der Untersuchung von Gesprächen befassen wie Konversationsanalyse, Diskursanalyse, Linguistische Pragmatik, Ethnographie der Kommunikation, sind unter folgender Adresse zusammengestellt: http://www.gespraechsforschung.de. Auch die Online-Zeitschrift zur verbalen Interaktion, herausgegeben von Deppermann und Hartung, ist hier zu finden.

Links im englischsprachigen Raum
(a) allgemeine Informationsangebote

QualPage – resources for qualitative researchers – (http://
www.qualitativeresearch.uga.edu/QualPage/) bietet ein breites In-
formationsangebot im Bereich qualitativer Forschung an wie Zusammenstellungen von Diskussionsforen, Online-Journalen, Organisationen, Software. Auf verschiedene Methoden der qualitativen
Forschung wird detailliert eingegangen, z. B. biographische Methoden, Ethnomethodologie und Konversationsanalyse, Grounded
Theory, Erzählforschung, Phänomenologie.

International Institute for Qualitative Methodology (http://
www.uofaweb.ualberta.ca/iiqm/). Diese Adresse führt zur Homepage des Internationalen Instituts für qualitative Forschung an der
University of Alberta mit Informationen zu Workshops, Konferenzen, Veröffentlichungen und Software-Programmen zur computergestützten Auswertung qualitativer Daten.

Qualitative Research in Information Systems (http://www.qual.
auckland.ac.nz/msis/isworld/). Zu finden ist hier ein von Michael D.
Myers herausgegebener Überblick zu verschiedenen Methoden
(Grounded Theory, Hermeneutik, Narrationsanalyse, Semiotik),
Techniken der Datenauswertung, Software-Programmen, Call for
Papers und weiteres mehr. Die Verweise und Links zur qualitativen
Forschung sind sehr umfangreich und informativ.

Qualitative Research Resources on the Internet (http://www.
nova.edu/ssss/QR/qualres.html) wurde von Ronald Chenail zusammengetragen und bietet eine ausführliche Zusammenstellung von
Web-Seiten, Texten, Workshops und anderen Informationen zur
qualitativen Forschung.

Informationen zur Ethnomethodologie und Sprachanalyse sind
über die von Paul ten Have zusammengestellte Seite «Ethno/Con-
versation Analysis News» (http://www2.fmg.uva.nl/emca/) zu erreichen.

(b) Online-Journale

Die Tendenz geht dahin, dass die einschlägigen Zeitschriften und
Journale neben der Print-Version auch eine, wenn auch häufig ge-
kürzte Online-Version anbieten. Inzwischen gibt es jedoch eine Reihe von ausgesprochenen Online-Journalen, die den fachlichen interaktiven Austausch fördern:

The Qualitative Report (http://www.nova.edu/ssss/QR/index. html). Ausgewiesen als ein Online-Journal der qualitativen Forschung und der kritischen Diskussion, das sich als ein Forum für Wissenschaftler, Studierende und allgemein an qualitativer Sozialforschung Interessierte versteht, ist dieses Forum offen für verschiedene Schulen, kritische Kommentare und Anmerkungen sowie für neue Entwicklungen auf dem Gebiet der qualitativen Methoden. Herausgegeben wird es seit 1990 von Ronald Chenail.

Sociological Research Online entstand 1996 und wird von Amanda Coffey und Nicola Green herausgegeben. Es handelt sich um ein Forum für theoretische, empirische und methodologische Fragestellungen der Soziologie zu aktuellen Bezügen in Politik, Gesellschaft und Wissenschaft (http://www.socresonline.org.uk/ home.html).

Das elektronische Journal Social Research Update wird herausgegeben vom Department of Sociology der Universität Surrey in Großbritannien und informiert über die neuesten Entwicklungen im Bereich qualitativer Forschung. Frei verfügbar sind Informationen und Artikel (http://sru.soc.surrey.ac.uk/).

Diskussionen, interdisziplinären Austausch und Informationen zum Bereich der Diskursanalyse anzubieten ist Anliegen der Online-Zeitschrift discourse analysis online, die 2002 gegründet wurde (http://extra.shu.ac.uk/daol/about/).

5. Software-Programme zur computergestützten Bearbeitung qualitativer Daten

Software-Programme im Bereich der Analyse qualitativer Daten dienen nicht nur der Textsuche und -verwaltung, sondern im Sinne einer systematischen Textbearbeitung, die eine kodifizierte Herangehensweise einschließt, dienen sie der Theoriebildung und gehen damit über das hinaus, was herkömmliche Textverarbeitungsprogramme leisten können. Allerdings sei daraufhin hingewiesen, dass diese Software keine Daten analysiert (dies bleibt Aufgabe des Forschers), sondern eine Unterstützungsleistung im Sinne eines Handwerkzeugs darstellt. Für EDV-Programme zur computergestützten Analyse qualitativer Daten hat sich die Bezeichnung «QDA-Software» (Computer Aided Qualitative Data Analysis) durchgesetzt (vgl. dazu Kuckartz 2007). Die angebotenen Programme haben sich in den letzten Jahren rasant entwickelt, für eine vertiefende Beschäftigung bieten sich die Überblicke bei Kuckartz (2007), Gibbs (2007), Lewins und Silver (2007) bzw. Kelle (1995) an (→ *5.14*).

Vor der Entscheidung für ein bestimmtes Programm (derzeit ca. 25 Programme) und damit für einen Programmtyp ist zu überlegen, auf welche Merkmale und Funktionen Wert gelegt wird. Via Internet lässt sich ein Überblick über die wichtigsten Programme herstellen, da die jeweiligen Programme sehr informative Homepages ins Netz gestellt haben mit zahlreichen Hilfe- und Unterstützungsfunktionen und Demoversionen. Eine Aufstellung der gängigen Programme, Informationen über Tagungen und Workshops im Bereich QDA-Software sowie eine Zusammenfassung der aktuellen Diskussion in diesem Bereich sind zu finden unter http://caqdas.soc.surrey.ac.uk/index.htm.

Die jeweiligen Demoversionen bieten die Möglichkeit, die Software-Programme kennenzulernen und zu prüfen, ob sie sich für den jeweiligen Forschungszusammenhang eignen. Als weitere Entscheidungshilfe kann die oben genannte Literatur dienen, und man sollte sich einen Überblick darüber verschaffen, in welchen Forschungsprojekten mit welchen Programmen bereits erfolgreich gearbeitet wurde.

Stellvertretend für die große Vielzahl von QDA-Software (wie NVIVO [http://www.qsrinternational.com/products_nvivo.aspx] oder Hyper Research [http://www.researchware.com]) werden im Folgenden zwei Programme näher vorgestellt: MAXQDA sowie ATLAS.ti.

MAXQDA, von Kuckartz entwickelt, blickt inzwischen auf eine Geschichte seit Ende der 1980er Jahre zurück. Das Programm unterstützt alle, die mit der qualitativen und quantitativen Analyse von Textdaten befasst sind. So wird die systematische Auswertung und Interpretation der Textdaten und Herausarbeitung und Prüfung theoretischer Schlussfolgerungen erleichtert bzw. ermöglicht. Die Anwendungsfelder von MAXQDA reichen von der Analyse qualitativer Interviews, der sozialwissenschaftlichen Feldstudie, Medienanalysen bis hin zur Auswertung offener Fragen im Rahmen von (Online-)Surveys. MAXQDA wird in vielen Wissenschafts- und Praxisfeldern eingesetzt.

MAXQDA unterstützt die Prozesse der Textinterpretation und Theoriebildung. In den Texten kann gesucht, kategorisiert, klassifiziert, gewichtet und typisiert werden, ohne dass die Komplexität der Daten verloren geht. Das Programm existiert in zwei Versionen: MAXQDA und MAXQDAplus. MAXQDAplus bietet Zusatzfunktionen wie das Tool MAXDictio zur quantitativen Analyse. Das Programm liegt in sechs Sprachen vor. Eine kostenfreie Demoversion, Online-Tutorials und Literatur finden sich unter der Webadresse http://www.maxqda.de.

Grundlegend für das Programm ATLAS.ti ist der Ansatz der Grounded Theory und damit das Codierparadigma von Strauss (1991). Das von Muhr entwickelte Softwareprogramm liegt in englischer Sprache vor und bietet Bearbeitungsmöglichkeiten auf der textuellen und der konzeptuellen Ebene. Aus dem Ausgangstext, z. B. dem zu interpretierenden Interview und den dazugehörigen Interpretationen bzw. Codierungen, wird am Bildschirm eine ‹hermeneutische› Einheit gebildet. Die Hauptstrategie des Programms kann bezeichnet werden als «VISE»: Visualization, Integration, Serendipity and Exploration. Textstellen können markiert, geordnet, kommentiert oder zur besseren Übersicht miteinander verbunden werden und bilden somit semantische Netzwerke. ATLAS.ti ermöglicht die Arbeit mit Textdaten sowie die Analyse weiterer Medientypen, wie Graphik, Audio, Video. Auch ATLAS.ti findet breite Anwendung in verschiedenen Wissenschaftsdisziplinen. Das Forum «atlas.ti-online Community» ermöglicht einen Erfahrungsaustausch der Nutzer untereinander (http://www.atlasti.de).

MAXQDA und ATLAS.ti bieten eine Reihe von Funktionen, die auf dem Bildschirm präsent sind und neben der Suche und Code-Zuordnung den Bezug zu den jeweiligen Textstellen nicht verlieren lassen. Am PC entsteht ein Beziehungssystem von Textstellen, Kategorien, Oberkategorien und Codes, die den Auswertungs- und Interpretationsprozess qualitativer Daten unterstützen. Die Programme bieten jeweils Schnittstellen zu anderen Programmen, z. B. zu SPSS (Statistical Package for the Social Sciences). Unterschiede bestehen hinsichtlich der Codierebenen, der Codewortlänge, der Medientypen, der Visualisierung und der Erstellung von hierarchischen Verbindungen *(→ 5.14)*.

6. Lehre und Fortbildung

Seit 1997 führt das Zentrum für Qualitative Bildungs-, Beratungs-
und Sozialforschung (ZBBS) jährlich den bundesweiten Workshop
zur Qualitativen Bildungs- und Sozialforschung in Magdeburg
durch. In Arbeitsgruppen werden Forschungsprojekte diskutiert,
deren Spektrum forschungsmethodisch sehr breit angelegt ist und
z. B. unterschiedliche Befragungs- und Beobachtungsmethoden sowie ethnographische Zugänge umfasst. Auch der zweijährige Auf-
baustudiengang «Qualitative Bildungs- und Sozialforschung» wird
hier angeboten. Nähere Informationen über: http://www.zbbs.de.

Das jährlich stattfindende Berliner Methodentreffen bietet in
Form von Workshops, Forschungswerkstätten, Postersessions und
Vorträgen Information, Beratung und Diskussion für all diejenigen,
die mit qualitativen Methoden arbeiten bzw. daran interessiert sind.
Die Teilnehmenden können sich durch selbst eingebrachte For-
schungsdaten aktiv an den Workshops beteiligen. Informationen
zum Ablauf etc. unter http://www.qualitative-forschung.de/metho
dentreffen/index.html.

Literatur

Abel, T. (1964). The Operation Called Verstehen. In: Albert, H. (Hg.): Theorie und Realität – Ausgewählte Aufsätze zur Wissenschaftstheorie, S. 177–188. Tübingen: Mohr (Siebeck) (zuerst 1948).

Abu Lughod, L. (1991). Writing against culture. In: Fox, R. G. (Hg.): Recapturing anthropology, S. 137–162. Santa Fe, N. M.: School of American Research.

Abu Lughod, L. (1993). Writing women's world's. Bedouin stories. Berkeley: University of California Press.

Adler, M. (1993). Ethnopsychoanalyse. Das Unbewusste in Wissenschaft und Kultur. Stuttgart, New York: Schattauer.

Adler, P. A. & Adler, P. (1987b). Membership Roles in Field Research. Newbury Park: Sage.

Adler, P. A. & Adler, P. (1987a). The Past and the Future of Ethnography. *Journal of Contemporary Ethnography*, 1, 4–24.

Adorno, T. W. (1966). Negative Dialektik. Frankfurt a. M.: Suhrkamp.

Adorno, T. W. (1969a). Einleitung zum ‹Positivismusstreit in der deutschen Soziologie›, Gesammelte Schriften, Bd. 8, S. 280–353. Frankfurt a. M.: Suhrkamp.

Adorno, T. W. (1969b). Gesellschaftstheorie und empirische Forschung, Gesammelte Schriften, Bd. 8, S. 538–546. Frankfurt. a. M.: Suhrkamp.

Adorno, T. W., Frenkel-Brunswik, D. H., Levinson, R. & Sanford, N. (1950). The Authoritarian Personality. Studies in Prejudice. Edited by M. Horkheimer and S. H. Flowerman. New York: Norton Library.

Adorno, T. W. & Horkheimer, M. (1955). Dialektik der Aufklärung. Frankfurt a. M.: Fischer (Neuaufl. 1986).

Agar, M. (1991). The Right Brain Strikes Back. In: Fielding, N. G. & Lee, R. M. (Hg.): Using Computers in Qualitative Research, S. 181–194. Newbury Park, Ca.: Sage.

Agar, M. (1996). The Professional Stranger. San Diego: Academic Press (2. Aufl.).

Agee, J. & Evans, W. (1960). Let Us Now Praise Famous Men. Boston: Houghton Mifflin.

Albert, H. (1975). Traktat über kritische Vernunft. Tübingen: Mohr (Siebeck – 3., erw. Aufl. – zuerst 1968).

Albrecht, G. (1999). Methodische Probleme bei der Erforschung sozialer Probleme. In: Albrecht, G., Groenemeyer, A. & Stallberg, F. W. (Hg.): Handbuch Soziale Probleme, S. 768–882. Opladen, Wiesbaden: Westdeutscher Verlag.

Alewyn, R. (1929). Das Problem der Generationen in der Geschichte. *Zeitschrift für deutsche Bildung*, 5, 519–527.

Allaire, Y. & Firsirotu, M. E. (1984). Theories of Organizational Culture. *Organization Studies*, 3, 193–226.

Altheide, D. L. & Johnson, J. M. (1980). Bureaucratic Propaganda. Boston: Allyn and Bacon.

Amann, K. & Hirschauer, S. (1997). Die Befremdung der eigenen Kultur. Ein Programm. In: Hirschauer, S. & Amann, K. (Hg.): Die Befremdung der eigenen Kultur. Zur ethnographischen Herausforderung soziologischer Empirie, S. 7–52. Frankfurt a. M.: Suhrkamp.

Anderson, D. (1995). Strand of System. The Philosophy of C. Peirce. West Lafayette: Purdue University Press.

Anderson, R. J. & Sharrock, W. W. (1984). Analytic Work: Aspects of the Organization of Conversational Data. *Journal for the Theory of Social behaviour*, 14, 103–124.

Antaki, C. & Widdicombe, S. (Hg.) (1998). Identities in Talk. London: Sage.

Apel, K. O. (1967). Der Denkweg von Charles Sanders Peirce. Frankfurt a. M.: Suhrkamp.

Arbeitsgruppe Bielefelder Soziologen (Hg.) (1973). Alltagswissen, Interaktion und gesellschaftliche Wirklichkeit. Reinbek bei Hamburg: Rowohlt (Neuauflage 1980, Opladen: Westdeutscher Verlag).

Arbeitsgruppe Bielefelder Soziologen (Hg.) (1976). Kommunikative Sozialforschung. München: Fink.

Argelander, H. (1970). Das Erstinterview in der Psychotherapie. Darmstadt: Wissenschaftl. Buchgesellschaft.

Aster, R., Merkens, H. & Repp, M. (Hg.) (1989). Teilnehmende Beobachtung. Werkstattberichte und methodologische Reflexionen. Frankfurt a. M.: Campus.

Atkinson, J. M. & Heritage, J. (Hg.) (1984). Structures of social action – Studies in conversation analysis. Cambridge, England: Cambridge University Press.

Atkinson, P. (1988). Ethnomethodology: A critical review. *Annual Review of Sociology*, 14, 411–465.

Atkinson, P. (1989). Goffman's poetics. *Human Studies*, 12, 59–76.

Atkinson, P. (1990). The Ethnographic Imagination. Textual constructions of reality. London, New York: Routledge.

Atkinson, P. (1992). Understanding Ethnographic Texts. London, Thousands Oaks, New Delhi: Sage.

Atkinson, P. & Coffey, A. (1997). Analysing Documentary Realities. In: Silverman, D. (Hg.): Qualitative Research. Theory, Method and Practice, S. 45–62. London: Sage.

Atteslander, P. (1996). Auf dem Wege zur lokalen Kultur. Einführende Gedanken. In: Whyte, W. F.: Die Street Corner Society. Die Sozialstruktur eines Italienerviertels, S. IX–XIV. Berlin, N.Y.: de Gruyter.

Attewell, P. (1974). Ethnomethodology since Garfinkel. *Theory and Society*, 1, 179–210.

Auer, P. (1986). Kontextualisierung. *Studium Linguistik*, 19, 22–47.

Aufenanger, S. & Lenssen, M. (Hg.) (1986). Handlung und Sinnstruktur. Bedeutung und Anwendung der objektiven Hermeneutik. München: Kindt.

Austin, J. L. (1962). How to do things with words. Oxford: Clarendon Press.

Ayaß, R. (1997). Das Wort zum Sonntag. Fallstudie einer kirchlichen Sendereihe. Stuttgart: Kohlhammer.

Ayaß, R. & Bergmann, J. (Hg.) (2006). Qualitative Methoden in der Medienforschung. Reinbek bei Hamburg: Rowohlt.

Bachmann-Medick, D. (Hg.) (1996). Kultur als Text: die anthropologische Wende in der Literaturwissenschaft. Frankfurt a. M.: Fischer.

Bachtin, M. (1989). Speech genres and other essays. Austin: University of Texas Press.

Bahrdt, H. P. (1985). Das Gesellschaftsbild des Arbeiters – Ein Vortrag zur Entstehung dieser Studie. *Zeitschrift für Soziologie*, 14, 152–155.

Bahrdt, H. P. (1996). Grundformen sozialer Situationen – Eine kleine Grammatik des Alltagslebens. München: Beck.

Ball, M. S. & Smith, G. W. (1992). Analyzing Visual Data. Newbury Park: Sage.

Ball, S. J. (1990). Self-doubt and soft data: social and technical trajectories in ethnographic fieldwork. *Qualitative Studies in Education*, 3, 157–171.

Ballstaedt, S.-P., Mandl, H., Schnotz, W. & Tergan, S.-O. (1981). Texte verstehen, Texte gestalten. München: Urban & Schwarzenberg.

Bamberg, M. G. (Hg.) (1997). Oral Versions of Personal Experience: Three Decades of Narrative Analysis. *Special Issue of Journal of Narrative and Life History*, 7, 1–4.

Banks, M. (2007). Using Visual Data in Qualitative Research. London. Thousand Oaks, New Delhi: Sage.

Barbour, R. S. (2007). Doing Focus Groups. London. Thousand Oaks, New Delhi: Sage.

Barley, N. (1990). Traumatische Tropen. Notizen aus meiner Lehmhütte. Stuttgart: Klett-Cotta (orig.: 1986).

Barthes, R. (1957/1972). Mythologies. New York: Hill & Wang.

Barthes, R. (1969). Literatur oder Geschichte. Frankfurt a. M.: Suhrkamp.

Barthes, R. (1974). Die Lust am Text. Frankfurt a. M.: Suhrkamp.

Barthes, R. (1977). Image-Music-Text. London: Fontana.

Barthes, R. (1981). Camera Lucida. New York: Hill and Wang.

Barton, A. H. & Lazarsfeld, P. F. (1955). Some functions of qualitative analysis in social research. Frankfurter Beiträge zur Soziologie I, S. 321–361. Frankfurt a. M.: Europäische Verlagsanstalt.

Barton, A. H. & Lazarsfeld, P. F. (1955/1984). Einige Funktionen von qualitativer Analyse in der Sozialforschung. In: Hopf, C. & Weingarten, E. (Hg.): Qualitative Sozialforschung, S. 41–89. Stuttgart: Klett-Cotta.

Bateson, G. & Mead, M. (1942). Balinese Character: A Photographic Analysis. New York: New York Academy of Sciences.

Bauer, M. W., Gaskell, G. & Allum, N. C. (2000). Quality, quantity and knowledge interests: avoiding confusions. In: Bauer, M. W. & Gaskell, G. (Hg.): Qualitative researching with text, image and sound – a handbook, S. 3–17. London: Sage.

Bauer, M. & Gaskell, G. (Hg.) (2000). Qualitative researching with text, image and sound – a handbook. London: Sage.

Baugh, J., Feagin, C., Guy, G. & Schiffrin, D. (Hg.) (1997). Towards a Social Science of Language: A Festschrift for William Labov. Amsterdam: Benjamins.

Bazerman, Ch. (1987). Codifying the social scientific style. The APA publication manual as a behaviorist rhetoric. In: Nelson, J. S., Megill, A. & McCloskey,

D. N. (Hg.): The Rhetoric of the Human Sciences, S. 125–144. Madison: University of Wisconsin Press.

Bazzi, D. (1996). Vom Ort des Notstands zur Gruppenhaut. *Tsantsa*, 1, 54–65.

Beach, W. (Hg.) (1989). *Western Journal of Speech Communication*. Special Issue on «Sequential organization of conversational activities», 53, 2.

Beach, W. (Hg.) (1996). Conversations about illness: Family preoccupations with bulimia. Mahwah, N. J.: Lawrence Erlbaum.

Beauvoir, S. de (1951). Das andere Geschlecht – Sitte und Sexus der Frau. München u. a.: Droemersche Verlagsanstalt.

Beck, U. & Bonß, W. (1984). Soziologie und Modernisierung. Zur Ortsbestimmung der Verwendungsforschung. *Soziale Welt*, 25, 381–406.

Beck, U. & Bonß, W. (Hg.) (1989). Weder Sozialtechnologie noch Aufklärung? Analysen zur Verwendung sozialwissenschaftlichen Wissens. Frankfurt a. M.: Suhrkamp.

Becker, H. S. (1963). Outsiders. Studies in the sociology of deviance. New York: Free Press.

Becker, H. S. (1969, zuerst 1964). Problems in the publication of field studies. In: McCall, G. J. & Simmsons, J. L. (Hg.): Issues in participant observation: A text and reader, S. 260–270. New York: Random House.

Becker, H. S. (1973). Außenseiter. Frankfurt a. M.: Fischer.

Becker, H. S. (1974). «Photography and Sociology. *Studies in the Anthropology of Visual Communication*, 1, 3–26 (Nachdruck in: Becker, H. S. [1986]. Doing Things together. Evanston: Northwestern University Press).

Becker, H. S. (1986). Doing Things together. Selected Papers. Evanston, Ill.: Northwestern University Press.

Becker, H. S. (1994). Die Kunst des professionellen Schreibens. Ein Leitfaden für die Geistes- und Sozialwissenschaften. Frankfurt a. M.: Campus (orig. 1986).

Becker, H. S. (1998). Tricks of the Trade. Chicago: University of Chicago Press.

Becker, H. S., Geer, B., Hughes, E. C. & Strauss, A. L. (1961). Boys in white. Student culture in medical school. Chicago: Chicago Univ. Press.

Becker-Schmidt, R., Brandes-Erlhoff, U., Karrer, M., Rumpf, M. & Schmidt, B. (1982). Nicht wir haben die Minuten, die Minuten haben uns. Zeitprobleme und Zeiterfahrungen von Arbeitermüttern. Studie zum Projekt «Probleme lohnabhängig arbeitender Mütter». Bonn: Verlag Neue Gesellschaft.

Becker-Schmidt, R. & Knapp, G. A. (Hg.) (1995). Das Geschlechterverhältnis als Gegenstand in den Sozialwissenschaften. Frankfurt a. M. u. a.: Campus.

Behnke, C. & Meuser, M. (1999). Geschlechterforschung und qualitative Methoden. Opladen: Leske & Budrich.

Belgrad, J. (Hg.) (1997). Politisches szenisch entschlüsseln. Tiefenhermeneutik als Verfahren politischer Analyse. *Politisches Lernen*, 15.

Belgrad, J., Görlich, B., König, H. D. & Schmid Noerr, G. (Hg.) (1987). Zur Idee einer psychoanalytischen Sozialforschung. Dimensionen szenischen Verstehens. Frankfurt a. M.: Fischer.

Benninghaus, H. (1994). Einführung in die sozialwissenschaftliche Datenanalyse. München, Wien: Oldenbourg (3. Auflage).

Berg, E. & Fuchs, M. (Hg.) (1993). Kultur, soziale Praxis, Text. Die Krise der ethnographischen Repräsentation. Frankfurt a. M.: Suhrkamp.

Berger, J. & Mohr, J. (1975). A Seventh Man. New York: Viking.

Berger, P. L. & Kellner, H. (1984). Für eine neue Soziologie. Frankfurt a. M.: Fischer.

Berger, P. L. & Luckmann, T. (1969). Die gesellschaftliche Konstruktion der Wirklichkeit. Eine Theorie der Wissenssoziologie. Frankfurt a. M.: Fischer.

Bergmann, J. R. (1981a). Frage und Frageparaphrase – Aspekte der redezuginternen und sequenziellen Organisation eines Äußerungsformats. In: Winkler, P. (Hg.): Methoden der Analyse von Face-to-Face-Situationen, S. 128–142. Stuttgart: Metzler.

Bergmann, J. R. (1981b). Ethnomethodologische Konversationsanalyse. In: Schröder, P. & Steger, P. (Hg.): Dialogforschung. Jahrbuch des Instituts für deutsche Sprache, S. 9–51. Düsseldorf: Schwann.

Bergmann, J. R. (1985). Flüchtigkeit und methodische Fixierung sozialer Wirklichkeit: Aufzeichnungen als Daten der interpretativen Soziologie. In: Bonß, W. & Hartmann, H. (Hg.): Entzauberte Wissenschaft. *Soziale Welt*, Sonderband 3, S. 299–320. Göttingen: Schwartz.

Bergmann, J. R. (1987). Klatsch. Zur Sozialform der diskreten Indiskretion. New York, Berlin: de Gruyter.

Bergmann, J. R. (1988). Ethnomethodologie und Konversationsanalyse, Kurseinheit 1–3. Studienbrief für die Fernuniversität Gesamthochschule Hagen.

Bergmann, J. R. (1991a). Goffmans Soziologie des Gesprächs und seine ambivalente Beziehung zur Konversationsanalyse. In: Hettlage, R. & Lenz, K. (Hg.): Erving Goffman – ein soziologischer Klassiker der zweiten Generation, S. 301–326. Bern, Stuttgart: Haupt.

Bergmann, J. R. (1991b). Deskriptive Praktiken als Gegenstand und Methode der Ethnomethodologie. In: Herzog, M. & Graumann, C. F. (Hg.): Sinn und Erfahrung – Phänomenologische Methoden in den Humanwissenschaften, S. 86–102. Heidelberg: Asanger.

Bergmann, J. R. & Luckmann, T. (Hg.) (1999). Kommunikative Konstruktion von Moral, 2 Bde. Opladen: Westdeutscher Verlag.

Bergold, J. B. & Flick, U. (Hg.) (1987). Ein-Sichten. Zugänge zur Sicht des Subjekts mittels qualitativer Forschung. Tübingen: DGVT-Verlag.

Bergs-Winkels, D. (1998). Weiterbildung in Zeiten organisationskultureller Revolution. Zwei Fallstudien. Hamburg: Dr. Kovac.

Bernard, H. R. (1988). Research methods in cultural anthropology. Newbury Park: Sage.

Berreby, D. (1995). Unabsolute Truths: Clifford Geertz. *New York Times Magazine*, April 9, 44–47.

Beyl, W. (1988). Zur Weiterentwicklung der Evaluationsmethodologie. Frankfurt a. M. usw.: Peter Lang.

Bihl, G. (1995). Werteorientierte Personalarbeit. München: Beck.

Billig, M. (1987). Arguing and Thinking: A Rhetorical Approach to Social Psychology. Cambridge: Cambridge University Press.

Billig, M. (1991). Ideology and Opinions. London: Sage.

Billig, M., Condor, S., Gane, M., Middleton, D. & Radley, A. (1988). Ideological Dilemmas: A Social Psychology of Everyday Thinking. London: Sage.

Bion, W. R. (1990). Lernen durch Erfahrung. Frankfurt a. M.: Suhrkamp.

Blaikie, N. W. (1991). A critique of the use of triangulation in social research. *Quality and Quantity*, 25, 115–136.

Blank, R. (1997). «Ich habe andere Sorgen als Politik». Qualitative Studie «Jugend '97». In: Jugendwerk der Deutschen Shell (Hg.): Jugend '97. Zukunftsperspektiven, Gesellschaftliches Engagement, Politische Orientierungen, S. 33–77. Opladen: Leske & Budrich.

Blankertz, H. (1982). Die Geschichte der Pädagogik. Wetzlar: Büchse der Pandora.

Bloor, M. (1997). Techniques of Validation in Qualitative Research: A Critical Commentary. In: Miller, G. & Dingwall, R. (Hg.): Context and Method in Qualitative Research, S. 37–50. London, Thousand Oaks, New Delhi: Sage.

Blumenberg, H. (1981). Wirklichkeiten, in denen wir leben. Stuttgart: Reclam.

Blumer, H. (1969). Symbolic interactionism. Perspective and method. Englewood Cliffs, N. J.: Prentice Hall.

Blumer, H. (1973). Der methodologische Standort des Symbolischen Interaktionismus. In: Arbeitsgruppe Bielefelder Soziologen (Hg.): Alltagswissen, Interaktion und gesellschaftliche Wirklichkeit, S. 80–146. Reinbek bei Hamburg: Rowohlt.

Blumer, H. (1981). George Herbert Mead. In: Rhea, B. (Hg.): The Future of the Sociological Classics, S. 136–169. Boston: George Allen & Unwin.

Boccia Artieri, G. (1996). The Virtual Image Technology, Media, and the Construction of Visual Reality. *Visual Sociology*, 11, 56–61.

Boden, D. & Zimmerman, D. H. (Hg.) (1991). Talk and social structure: Studies in ethnomethodology and conversation analysis. Oxford: Polity Press.

Bogdan, R. & Ksander, M. (1980). Policy Data as a Social Process: A Qualitative Approach to Quantitative Data. *Human Organization*, 39, 302–309.

Böhm, A., Mengel, A. & Muhr, T. (Hg.) (1994). Texte verstehen. Konzepte – Methoden – Werkzeuge. Konstanz: Universitätsverlag.

Bohnsack, R. (1989). Generation, Milieu und Geschlecht – Ergebnisse aus Gruppendiskussionen mit Jugendlichen. Opladen: Leske & Budrich.

Bohnsack, R. (1992). Dokumentarische Interpretation von Orientierungsmustern – Verstehen – Interpretieren – Typenbildung in wissenssoziologischer Analyse. In: Meuser, M. & Sackmann, R. (Hg.): Analyse sozialer Deutungsmuster, S. 139–160. Pfaffenweiler: Centaurus.

Bohnsack, R. (1997). Dokumentarische Methode. In: Hitzler, R. & Honer, A. (Hg.): Sozialwissenschaftliche Hermeneutik, S. 191–211. Opladen: Leske & Budrich.

Bohnsack, R. (1998). Rekonstruktive Sozialforschung und der Grundbegriff des Orientierungsmusters. In: Siefkes, D., Eulenhöfer, P., Stach, H. & Städtler, K. (Hg.): Sozialgeschichte der Informatik – Kulturelle Praktiken und Orientierungen, S. 105–121. Wiesbaden: Deutscher Universitäts-Verlag.

Bohnsack, R. (1999). Rekonstruktive Sozialforschung – Einführung in Methodologie und Praxis. Opladen: Leske & Budrich (6. Aufl. 2007).

Bohnsack, R., Marotzki, W. & Meuser, M. (Hg.) (2003). Hauptbegriffe Qualitativer Sozialforschung. Stuttgart: Verlag Barbara Budrich (UTB) (2. Aufl. 2006).

Bohnsack, R., Loos, P., Schäffer, B., Städtler, K. & Wild, B. (1995). Die Suche nach Gemeinsamkeit und die Gewalt der Gruppe – Hooligans, Musikgruppen und andere Jugendcliquen, Opladen: Leske & Budrich.

Bohnsack, R. & Nohl, A.-M. (1998). Adoleszenz und Migration – Empirische Zugänge einer praxeologisch fundierten Wissenssoziologie. In: Bohnsack, R. & Marotzki, M. (Hg.): Biographieforschung und Kulturanalyse – Transdisziplinäre Zugänge qualitativer Forschung, S. 260–282. Opladen: Leske & Budrich.

Bolton, R. (Hg.) (1989). The Contest of Meaning: Critical Histories of Photography. Cambridge: MIT Press.

Bonfantini, M. (1988). Semiotik und Geschichte: eine Synthese jenseits des Marxismus. Zeitschrift für Semiotik, 10, 85–95.

Bonß, W. (2001). Vom Theorie-Praxis-Problem zur Verwendungsforschung und wieder zurück. In: Hug, T. (Hg.): Wie kommt Wissenschaft zu Wissen? – Bd. 3: Einführung in die Methodologie der Sozial- und Kulturwissenschaften, S. 91–102. Hohengehren: Schneider.

Bonß, W. & Hartmann, H. (Hg.) (1985). Entzauberte Wissenschaft. Soziale Welt, Sonderband 3. Göttingen: Schwartz.

Born, C., Krüger, H. & Lorenz-Meyer, D. (1996). Der unentdeckte Wandel: Annäherung an das Verhältnis von Struktur und Norm im weiblichen Lebenslauf. Berlin: edition Sigma.

Bröckling, U., Krasmann, S. & Lemke, T. (2004). Glossar der Gegenwart. Frankfurt a. M.: Suhrkamp.

Bortz, J. & Döring, N. (1995). Forschungsmethoden und Evaluation für Sozialwissenschaftler. Berlin u. a.: Springer (2., überarb. Aufl.).

Bosch, A., Fehr, H., Kraetsch, C. & Schmidt, G. (Hg.) (1999). Sozialwissenschaftliche Forschung und Praxis. Interdisziplinäre Sichtweisen. Wiesbaden: Deutscher Universitäts-Verlag.

Böttger, A. (1998). Zur Bedeutung der Theorie im rekonstruktiven Interview. Vortrag auf der Jahrestagung der Arbeitsgruppe «Methoden der qualitativen Sozialforschung» in Frankfurt a. M. am 8. Mai 1998.

Bourdieu, P. (1979). Die feinen Unterschiede. Kritik der gesellschaftlichen Urteilskraft. Frankfurt a. M.: Suhrkamp.

Bourdieu, P. (1982). Sozialer Sinn. Kritik der theoretischen Vernunft. Frankfurt a. M.: Suhrkamp.

Bourdieu, P. & Wacquant, L. J. (1992). Reflexive Anthropologie. Frankfurt a. M.: Suhrkamp.

Bourdieu, P., Chamboredon, J.-C. & Passeron, J.-C. (1991). Soziologie als Beruf. Wissenschaftstheoretische Voraussetzungen soziologischer Erkenntnis. Berlin, New York: de Gruyter (1968).

Bourgeois III, L. J. & Eisenhart, K. M. (1988). Strategic decision processes in high velocity environments: Four cases in the microcomputer industry. Management Science, 7, 816–835.

Bowen, E. S. (1984). Rückkehr zum Lachen. Ein ethnologischer Roman. Berlin: Reimer (orig.: 1964).

Boyer, L. B. (1980). Die Psychoanalyse in der Ethnologie. *Psyche*, 34, 694–715.

Boyer, L. B. (1982). Kindheit und Mythos. Eine ethno-psychoanalytische Studie der Appachen. Stuttgart: Klett-Cotta.

Boyer, L. B. (1983). Approaching cross-cultural Psychotherapy. *The Journal of Psychoanalytic Anthropology*, 6, 237–245.

Boyer, L. B. & Grolnik, S. A. (Hg.) (1975 ff.). *The psychoanalytic Study of Society*, Vol. 1 ff. Hillsdale, N. Hove, London: The Analytic Press.

Boyer, L. B. & Grolnik, S. A. (Hg.) (1985). Essays in honor of Werner Muensterberger. *The psychoanalytic Study of Society*, 11. Hillsdale, N. Hove, London: The Analytic Press.

Boyer, L. B. & Grolnik, S. A. (Hg.) (1988). Essays in honor of Georges Devereux. *The psychoanalytic Study of Society*, 12. Hillsdale, N. Hove, London: The Analytic Press.

Boyer, L. B. & Grolnik, S. A. (Hg.) (1989). Essays in honor of Paul Parin. *The psychoanalytic Study of Society*, 14. Hillsdale, N. Hove, London: The Analytic Press.

Brandstätter, H. (1978). Organisationsdiagnose. In: Mayer, A. (Hg.): Organisationspsychologie, S. 43–71. Stuttgart: Poeschel.

Brauner, H. (1978). Die Phänomenologie Edmund Husserls und ihre Bedeutung für soziologische Theorien. Meisenheim a. G.: Hain.

Breuer, F. (Hg.) (1996). Qualitative Psychologie. Opladen: Westdeutscher Verlag.

Bröckling, U., Krasmann, S. & Lemke, T. (2004). Glossar der Gegenwart. Frankfurt a. M.: Suhrkamp.

Bromley, R., Göttlich, U. & Winter, C. (Hg.) (1999). Cultural Studies. Grundlagentexte zur Einführung. Lüneburg: zu Klampen.

Brosius, G. (1988). SPSS/PC & Basics und Graphics. Einführung und praktische Beispiele. Hamburg, New York: McGraw-Hill Book Company.

Brosziewski, A. (1997). Unternehmerisches Handeln in moderner Gesellschaft. Wiesbaden: DUV.

Brown, M. E. (1994). Soap Opera and Women's Talk. The Pleasure of Resistance. Thousand Oaks, London, New Delhi: Sage.

Brown, R. (1977). A Poetic for Sociology – Toward a Logic of Discovery for the Human Sciences. London, New York: Cambridge University Press.

Bruce, G. (1992). Comments. In: Svartvik, J. (Hg.): Directions in Corpus Linguistics. Proceedings of the Nobel Symposium 82, Stockholm, August 4–8, 1991, S. 145–147. Berlin: de Gruyter.

Bruckner, P. & Finkielkraut, A. (1981). Das Abenteuer gleich um die Ecke. München, Wien: Hanser.

Bruner, E. (1984). Experience and Its Expressions. In: Turner, V. M. & Bruner, E. N. (Hg.): The Anthropology of Experience. Urbana: University of Illinois Press.

Bruner, J. (1987). Life as Narrative. *Social Research*, 54, 11–32.

Bruner, J. (1990). Acts of Meaning. Cambridge, Ma.: Harvard University Press.

Bruner, J. & Postmann, L. (1949). On the Perception of Incongruity: A Paradigm. *Journal of Personality*, 18, 206–223.

Bryant, A. & Charmaz, K. (Hg.) (2007). The Sage Handbook of Grounded Theory. London: Sage.

Bruyn, S. T. (1966). The Human Perspective in Sociology. The Methodology of Participant Observation. Englewood Cliffs, N. J.: Prentice Hall.

Bryk, A. (Hg.) (1983). Stakeholder-Based Evaluation. San Francisco: Jossey-Bass.

Bryman, A. (1988). Quantity and Quality in Social Research. London: Unwin Hyman.

Bude, H. (1984). Rekonstruktion von Lebenskonstruktionen – eine Antwort auf die Frage, was die Biographieforschung bringt. In: Kohli, M. & Robert, G. (Hg.): Biographie und soziale Wirklichkeit. Neuere Beiträge und Forschungsperspektiven, S. 7–28. Stuttgart: Metzler.

Bude, H. (1987). Deutsche Karrieren – Lebenskonstruktionen sozialer Aufsteiger aus der Flakhelfer-Generation. Frankfurt a. M.: Suhrkamp.

Bude, H. (1988). Auflösung des Sozialen? Die Verflüssigung des soziologischen «Gegenstandes» im Fortgang der soziologischen Theorie. Soziale Welt, 39, 4–17.

Bude, H. (1989). Der Essay als Form der Darstellung sozialwissenschaftlicher Erkenntnisse. Kölner Zeitschrift für Soziologie und Sozialpychologie, 41, 526–539.

Bude, H. (1993). Die soziologische Erzählung. In: Jung, S. & Müller-Doohm, S. (Hg.): «Wirklichkeit» im Deutungsprozess – Verstehen und Methoden in den Kultur- und Sozialwissenschaften, S. 409–429. Frankfurt a. M.: Suhrkamp.

Bude, H. (1995). Das Altern einer Generation – Die Jahrgänge 1938 bis 1948. Frankfurt a. M.: Suhrkamp (2. Aufl. 1997).

Bude, H. (1997). Die «Wir-Schicht» der Generation. Berliner Journal für Soziologie, 7, 197–204.

Bude, H. (2000). Die biographische Relevanz der Generation. In: Kohli, M. & Szydlik, M. (Hg.): Generationen in Familie und Gesellschaft, S. 19–35. Opladen: Leske & Budrich.

Bühler, K. (1965). Sprachtheorie. Die Darstellungsfunktion der Sprache. Stuttgart (2. Aufl.).

Bühler-Niederberger, D. (1985). Analytische Induktion als Verfahren qualitativer Methodologie. Zeitschrift für Soziologie, 14, 475–485.

Bühler-Niederberger, D. (1991). Analytische Induktion. In: Flick, U., Kardorff, E. v., Keupp, H., Rosenstiel, L. v. & Wolff, S. (Hg.): Handbuch Qualitative Sozialforschung, S. 446–450. München: Psychologie Verlags Union.

Bungard, W., Holling, H. & Schultz-Gambard, J. (1996). Methoden der Arbeits- und Organisationspsychologie. Weinheim: Beltz.

Burgess, R. G. (1982). Elements of sampling in field research. In: Burgess, R. G. (Hg.): Field research: a sourcebook and field manual, S. 76–78. London: George Allen & Unwin.

Burgess, R. G. (1984). In the field. An introduction to field research. London: Allen & Unwin.

Burgess, R. G. (1991). Sponsors, gatekeepers, members, and friends. In: Shaffir, W. B. & Stebbins, R. A. (Hg.): Experiencing fieldwork. An inside view of qualitative research, S. 43–52. Newbury Park: Sage.

Burke, P. (1993). The art of conversation. Oxford: Polity Press.

Burkitt, I. (1999). Bodies of Thought: Embodiment, Identity and Modernity. London: Sage.

Burns, T. (1992). Erving Goffman. London: Routledge.

Burr, V. (1994). An Introduction to Social Constructionism. London: Routledge.

Busse, D. (1994). Interpretation, Verstehen und Gebrauch von Texten: Semantische und pragmatische Aspekte der Textrezeption. In: Böhm, A., Mengel, A. & Muhr, T. (Hg.): Texte verstehen. Konzepte, Methoden, Werkzeuge, S. 49–80. Konstanz: Universitätsverlag.

Büssing, A. (1995). Organisationsdiagnose. In: Schuler, H. (Hg.): Lehrbuch der Organisationspsychologie, S. 445–480. Bern: Huber.

Butler, J. (1991). Das Unbehagen der Geschlechter. Frankfurt a. M.: Suhrkamp.

Butler, J. (1993). Imitation and Gender Insubordination. In: Lemert, C. (Hg.): Social Theory: The Multicultural & Classic Readings, S. 637–648. Boulder, Col.: Westview (urspr. 1991: Fuss, D. (Hg.): Inside/Outside: Lesbian Theories, Gay Theories, S. 13–31. New York: Routledge).

Button, G. (Hg.) (1991). Ethnomethodology and the human sciences. Cambridge: Cambridge University Press.

Button, G. (Hg.) (1993). Technology in working order. Studies of work, interaction, and technology. London, New York: Routledge.

Button, G., Drew, P. & Heritage, J. (Hg.) (1986). Interaction and language use, *Human Studies*, (9) 2–3.

Button, G. & Lee, J. R. (Hg.) (1987). Talk and social organisation. Clevedon: Multilingual Matters.

Campbell, D. T. & Fiske, D. W. (1959). Convergent and Discriminant Validation by the Multitrait-Multimethod Matrix. *Psychological Bulletin*, 56, 81–105.

Carnap, R. (1961). Der logische Aufbau der Welt. Hamburg (2. Aufl.) (zuerst 1928).

Casagrande, J. B. (Hg.) (1960). In the Company of Man. New York: Harper & Row.

Cassirer, E. (1953). Philosophie der symbolischen Formen. 3 Bde. Darmstadt: Wissenschaftliche Buchgesellschaft (2. Aufl.).

Chaflen, R. (1986). Snapshot Versions of Life. Bowling Green Ohio: Bowling Green University Press.

Charmaz, K. (1985). Rethinking self and feeling: review of ‹On understanding emotion› by N. K. Denzin. *Contemporary Sociology*, 14, 552–555.

Charmaz, K. (1990). «Discovering» chronic illness: Using grounded theory. *Social Science and Medicine*, 30, 1161–1172.

Chelimsky, E. & Shadish, W. R. (Hg.) (1997). Evaluation for the 21st Century. A Handbook. Thousand Oaks: Sage.

Chell, E. (1998). Critical Incident Technique. In: Cassell, C. & Symon, G. (Hg.): Qualitative Methods and Analysis in Organizational Research. A Practical Guide, S. 51–72. London, Thousand Oaks, New Delhi: Sage.

Chen, H.-T. (1997). Theory-driven Evaluations. Thousand Oaks: Sage.

Christmann, G. (1997). Ökologische Moral. Zur kommunikativen Konstruktion und Rekonstruktion umweltschützerischer Moralvorstellungen. Wiesbaden: Deutscher Universitäts-Verlag.

Cicourel, A. V. (1968). The Social Organization of Juvenile Justice. New York: Wiley.

Cicourel, A. V. (1970). Methode und Messung in der Soziologie. Frankfurt a. M.: Suhrkamp (zuerst 1964).

Cicourel, A. V. (1975). Sprache in der sozialen Interaktion. München: List.

Cicourel, A. V. & Jennings, K. H. (1974). Language Use and School Performance. New York: Academic Press.

Cicourel, A. V. & Kitsuse, J. I. (1963). The Educational Decision-Makers. Indianapolis: Bobbs-Merrill.

Clarke, J., Cohen, P., Corrigan, P., Gerber, J., Hall, S., Hebdige, D., Jefferson, T., McCron, R., McRobbie, A., Murdock, G., Parker, H. & Roberts, B. (1979). Jugendkultur als Widerstand. Milieus, Rituale, Provokationen. Hg. v. A. Honneth, R. Lindner & R. Paris. Frankfurt a. M.: Syndikat.

Clegg, S., Hardy, C. & Nord, W. (Hg.) (1996). Handbook of Organization Studies. London, Thousand Oaks: Sage.

Clifford, J. (1988a). The Predicament of Culture. Twentieth-Century Ethnography, Literature, and Art. Cambridge, London: Harvard University Press.

Clifford, J. (1988b). On Ethnographic Surrealism. In: Clifford, J.: The Predicament of Culture – Twentieth-Century Ethnography, Literature, and Art, S. 117–151. Cambridge, Ma., London: Harvard University Press.

Clifford, J. (1993a). Über ethnographische Autorität. In: Berg, E. & Fuchs, M. (Hg.): Kultur, soziale Praxis, Text. Die Krise der ethnographischen Repräsentation, S. 109–157. Frankfurt a. M.: Suhrkamp.

Clifford, J. (1993b). Über ethnographische Allegorie. In: Berg, E. & Fuchs, M. (Hg.): Kultur, soziale Praxis, Text. Die Krise der ethnographischen Repräsentation, S. 200–239. Frankfurt a. M.: Suhrkamp.

Clifford, J. (1993c). Halbe Wahrheiten. In: G. Rippl (Hg.): Unbeschreiblich weiblich. Texte zur feministischen Anthropologie, S. 104–136. Frankfurt a. M.: Fischer.

Clifford J. & Marcus G. E. (Hg.) (1986). Writing Culture – The Poetics and Politics of Ethnography. Berkeley: University of California Press.

Clough, P. T. (1998). The End(s) of Ethnography. New York: Peter Lang (2. Aufl.).

Code of Ethics. American Sociological Association (Approved by ASA Membership in June 1997).

Coffey, A., Holbrook, B. & Atkinson, P. (1996). Qualitative data analysis: technologies and representations. Sociological Research Online, 1 (http://www.socresonline.org.uk/socresonline/1/1/4html).

Colby, A. & Kohlberg, L. (1987). The measurement of moral judgment. 2 Bde. Cambridge: Cambridge University Press.

Collier, J. Jr. & Collier, M. (1986). Visual Anthropology: Photography as a Research Method. Albuquerque: University of New Mexico Press.

Collins, R. (1980). Erving Goffman's Sociology: Social Origins of an American

Structuralism. In: Ditton, J. (Hg.): The View from Goffman, S. 170–209. New York: Macmillian.

Comelli, G. (1985). Training als Beitrag zur Organisationsentwicklung. Handbuch der Weiterbildung für die Praxis in Wirtschaft und Verwaltung. München: Hanser.

Comelli, G. (1994). Teamentwicklung – Training von «familiy groups». In: Hofmann, L. M. & Regnet, E. (Hg.): Innovative Weiterbildungskonzepte, S. 61–84. Göttingen: Verlag für Angewandte Psychologie.

Conrad, P. & Reinarz, S. (1984). Qualitative Computing: Approaches and Issues. *Qualitative Sociology*, 7, 34–60.

Converse, J. (1984). Strong Arguments and Weak Evidence: The Open/Closed Questioning Controversy of the 1940s. *Public Opinion Quarterly*, 48, 267–282.

Cook, G. (1990). Transcribing infinity – Problems of context presentation. *Journal of Pragmatics*, 14, 1–24.

Cooley, C. H. (1902). Human Nature and the Social Order. New York: C. Scribner's sons.

Corbin, J. M. & Strauss, A. L. (1988). Unending work and care. San Francisco: Jossey-Bass.

Corbin, J. & Strauss, A. L. (1990). Grounded Theory Research: Procedures, Canons and Evaluative Criteria. *Zeitschrift für Soziologie*, 19, 418–427.

Corbin, J. & Strauss, A. L. (1993). Weiterleben lernen – Chronisch Kranke in der Familie. München: Piper.

Corsten, M. & Lempert, W. (1997). Beruf und Moral. Weinheim: Deutscher Studien Verlag.

Coulter, J. (1989). Mind in action. Cambridge: Polity Press.

Coulter, J. (Hg.) (1990). Ethnomethodological sociology. Brookfield: Edward Elgar.

Couper-Kuhlen, E. & Selting, M. (Hg.) (1996). Prosody in Conversation: Interactional Studies. Cambridge: Cambridge University Press.

Crabtree, B. F. & Miller, W. L. (1992). A Template Approach to Text Analysis: Developing and Using Codebooks. In: Crabtree, B. F. & Miller, W. L. (Hg.): Doing Qualitative Research. Research Methods for Primary Care, Vol. 3, S. 93–109. Newbury Park, London, New Delhi: Sage.

Crapanzano, V. (1973). Die Hamadsa. Eine ethnopsychiatrische Untersuchung in Marokko. Stuttgart: Klett-Cotta.

Crapanzano, V. (1983). Tuhami: Portrait eines Marokkaners. Stuttgart: Klett-Cotta.

Crapanzano, V. (1985). Waiting: the whites of South Africa. London: Granada.

Crapanzano, V. (1986). Hermes Dilemma – The Masking of Subversion in Ethnographic Description. In: Clifford, J. & Marcus, G. (Hg.): Writing Culture – The Poetics and Politics of Ethnography, S. 51–76. Berkeley: University of California Press.

Creswell, J. W. (1998). Qualitative Inquiry and Research Design – Choosing among Five Traditions. Thousand Oaks, London, New Delhi: Sage.

Crombie, E. J. (1997). What is Deduction? In: Houser, N., Roberts, D. D. & Van

Eyra, J. (Hg.): Studies in the Logic of C. S. Peirce, S. 460–476. Bloomington: Indiana University Press.

Cronbach, L. J. (1982). In Praise of Uncertainty. In: Rossi, P. (Hg.): New Directions for Program Evaluation Practice, S. 49–66. San Francisco: Jossey-Bass.

Cronbach, L. J. (1983). Ninety-five-Theses. In: Madaus G. F., Scriven, M. & Stufflebeam, D. L. (Hg.): Evaluation Models. Boston: Kluwer-Nijhoff.

Czyzewski, M., Gülich, E., Hausendorf, H. & Kastner, M. (Hg.) (1995). Nationale Selbst- und Fremdbilder im Gespräch: Kommunikative Prozesse nach der Wiedervereinigung Deutschlands und dem Systemwechsel in Ostmitteleuropa. Opladen: Westdeutscher Verlag.

Dallinger, U. (Hg.) (1988). Zur Verwendung sozialwissenschaftlichen Wissens in der Altenpflegefortbildung. *Kasseler Beiträge der ASG zur gerontologischen Forschung*, 35–57.

Dammann, R. (1991). Die dialogische Praxis der Feldforschung. Der ethnographische Blick als Paradigma der Erkenntnisgewinnung. Frankfurt a. M., New York: Campus.

D'Andrade, R. (1995). The development of cognitive anthropology. Cambridge: Cambridge University Press.

Darnton, R. (1989). Ein Bourgeois bringt seine Welt in Ordnung: Die Stadt als Text. In: Darnton, R.: Das große Katzenmassaker, S. 125–168. München: Hanser.

Dauben, J. W. (1995). Peirce and History of Science. In: Ketner, K. L. (Hg.): Peirce and Contemporary Thought, S. 146–195. New York: Fordham University Press.

Dausien, B. (1996). Biographie und Geschlecht – Zur biographischen Konstruktion sozialer Wirklichkeit in Frauenlebensgeschichten. Bremen: Donat.

Davies, W. H. (1972). Peirce's Epistemology. The Hague: Martinus Nijhoff.

De Certeau, M. (1988). Die Kunst des Handelns. Berlin: Merve.

DeGEval – Deutsche Gesellschaft für Evaluation (2003). Standards für Evaluation. Köln: Eigenverlag (www.degeval.de).

Delany, C. F. (1993). Science, knowledge and mind: a study in the philosophy of C. S. Peirce. Notre Dame, Indiana: University of Notre Dame Press.

Dennett, D. C. (1991). Consciousness explained. Harmondsworth: Penguin.

Denzin, N. K. (1969). Symbolic interactionism and ethnomethodology: A proposed synthesis. *American Sociological Review*, 34, 922–934.

Denzin, N. K. (1971). The logic of naturalistic inquiry. *Social Forces*, 50, 166–181.

Denzin, N. K. (1977). Notes on the criminogenic hypothesis: A case study of the American liquor industry. *American Sociological Review*, 42, 905–920.

Denzin, N. K. (1978). The Research Act. A Theoretical Introduction to Sociological Methods. New York: McGraw Hill (2. Auflage) (3. Aufl., Englewood Cliffs: Prentice Hall, 1989).

Denzin, N. K. (1979). The interactionist study of social organization: A note on method. *Symbolic Interaction*, 2, 59–72.

Denzin, N. K. (1982). On time and mind. *Studies in Symbolic Interaction*, 4, 35–42.

Denzin, N. K. (1983). A note on emotionality, self and interaction. *American Journal of Sociology*, 89, 402–409.

Denzin, N. K. (1984). On understanding emotion. San Francisco: Jossey-Bass.

Denzin, N. K. (1985a). Emotion as lived experience. *Symbolic Interaction*, 8, 223–240.

Denzin, N. K. (1985b). On the phenomenology of sexuality, desire, and violence. *Current Perspectives in Social Theory*, 6, 39–56.

Denzin, N. K. (1986). Reflections on the ethnographer's camera. *Current Perspectives in Social Theory*, 7, 105–123.

Denzin, N. K. (1987a). Under the influence of time: Reading the interactional text. *The Sociological Quarterly*, 28, 327–341.

Denzin, N. K. (1987b). Postmodern children. *Society*, 24, 32–36.

Denzin, N. K. (1987c). On semiotics and symbolic interactionism. *Symbolic Interaction*, 10, 1–19.

Denzin, N. K. (1988). *Blue Velvet:* Postmodern contradictions. *Theory, Culture and Society*, 5, 461–473.

Denzin, N. K. (1989a). Review symposium on field methods: Review of The clinical perspective in fieldwork by Edgar Schein, Membership roles in field research by P. A. Adler and P. Adler, and Semiotics and fieldwork by P. K. Manning. *Journal of Contemporary Ethnography*, 18, 89–109.

Denzin, N. K. (1989b). Interpretive interactionism. Applied social research methods series, Vol. 16. Thousand Oaks, Ca.: Sage Publications.

Denzin, N. K. (1989c). The research act: A theoretical introduction to sociological methods. Englewood Cliffs, N. J.: Prentice Hall (3. Aufl.).

Denzin, N. K. (1989d). Interpretive Biography. London, Thousands Oaks, New Delhi: Sage.

Denzin, N. K. (1990a). Presidential address on The Sociological Imagination revisited. *The Sociological Quarterly*, 31, 1–22.

Denzin, N. K. (1990b). Writing the interpretive postmodern ethnography: Review essay of The python killer by Vinigi L. Grottanelli and In sorcery's shadow, by Paul Stoller and Cheryl Olkes. *Journal of Contemporary Ethnography*, 19, 231–236.

Denzin, N. K. (1991a). The postmodern sexual order: Sex, lies and yuppie love. *The Social Science Journal*, 28, 407–424.

Denzin, N. K. (1991b). Empiricist cultural studies in America: A deconstructive reading. *Current Perspectives in Social theory*, 11, 17–39.

Denzin, N. K. (1992a). Symbolic interactionism and cultural studies: The politics of interpretation. Cambridge, Ma.: Blackwell Publishers.

Denzin, N. K. (1992b). The suicide machine. *Society*, 29, 7–10.

Denzin, N. K. (1992c). The conversation. *Symbolic Interaction*, 15, 135–149.

Denzin, N. K. (1993). *Rain Man* in Las Vegas: Where is the action for the postmodern self? *Symbolic Interaction*, 16, 65–77.

Denzin, N. K. (1994). The Art and Politics of Interpretation. In: Denzin, N. K. & Lincoln, Y. S. (Hg.): Handbook of Qualitative Research, S. 500–515. London, Thousand Oaks, New Delhi: Sage.

Denzin, N. K. (1995). The cinematic society. The voyer's gaze. New York: Sage.

Denzin, N. K. (1996a). Prophetic pragmatism and the postmodern: A comment on Maines. *Symbolic Interaction*, 19, 341–355.

Denzin, N. K. (1996b). Sociology at the end of the century. *The Sociological Quarterly*, 37, 743–752.

Denzin, N. K. (1997). Interpretive Ethnography. Ethnographic Practices for the 21st Century. Thousand Oaks, London, New Delhi: Sage.

Denzin, N. K. (1998a). The new ethnography. *Journal of contemporary ethnography*, 27, 405–415.

Denzin, N. K. (1998b). From positivism to interpretivism and beyond: Tales of transformation in educational and social research (the mind-body connection). *Teachers College Record*, 99, 594–596.

Denzin, N. K. (1998c). Performing Montana, Part II. Urbana, Ill.: University of Illinois. Unpublished manuscript.

Denzin, N. K. (2000a). Interpretive ethnography for the next century. *Journal of Contemporary Ethnography*.

Denzin, N. K. (2000b). The Practices and Politics of Interpretation (Chapter 35). In: Denzin, N. K. & Lincoln, Y. S. (Hg.): Handbook of Qualitative Research, S. 897–923. Thousand Oaks, Ca.: Sage Publications (2. Aufl.).

Denzin, N. K. & Keller, C. M. (1981). Frame analysis reconsidered. *Contemporary Sociology*, 10, 52–69.

Denzin, N. K. & Lincoln, Y. S. (1994a). Introduction: Entering the Field of Qualitative Research. In: Denzin, N. K. & Lincoln, Y. S. (Hg.): Handbook of Qualitative Research, S. 1–17. London, Thousand Oaks, New Delhi: Sage.

Denzin, N. K. & Lincoln, Y. S. (Hg.) (1994b). Handbook of Qualitative Research. Thousand Oaks, London: Sage (2. Aufl. 2000).

Denzin, N. K. & Lincoln, Y. S. (1994c). Strategies of Inquiry. In: Denzin, N. K. & Lincoln, Y. S. (Hg.): Handbook of Qualitative Research, S. 200–208. Thousand Oaks: Sage.

Denzin, N. & Lincoln, Y. S. (Hg.) (2005a). Handbook of Qualitative Research. London, Thousand Oaks, New Delhi: Sage (3. Aufl.).

Denzin, N. & Lincoln, Y. S. (2005b). Introduction: The Discipline and Practice of Qualitative Research. In: N. Denzin & Y. S. Lincoln (Hg.): Handbook of Qualitative Research, S. 1–32. London, Thousand Oaks, New Delhi: Sage (3. Aufl.).

Deppermann, A. (1999). Gespräche analysieren: Eine Einführung in konversationsanalytische Methoden. Opladen: Leske & Budrich.

Dern, D. P. (1997). Footprints and fingerprints in cyberspace: The trail you leave behind. *ONLINE*, Juli 1997.

Devereux, G. (1961). Mohave ethnopsychiatry: the psychic disturbances of an Indian tribe. Washington: Smithsonian Inst. Pr.

Devereux, G. (1967). Angst und Methode in den Verhaltenswissenschaften. München: Hanser.

Devereux, G. (1974). Normal und anormal: Aufsätze zur allgmeinen Ethnopsychiatrie. Frankfurt a. M.: Suhrkamp.

Devereux, G. (1978). Ethnopsychoanalyse. Die komplementaristische Methode in den Wissenschaften vom Menschen. Frankfurt a. M.: Suhrkamp.

Devereux, G. (1985). Realität und Traum. Psychotherapie eines Prärie-Indianers. Frankfurt a. M.: Suhrkamp (zuerst 1951).

Dewe, B. (1985). Soziologie als beratende Rekonstruktion. Zur Metapher des klinischen Soziologen. *Soziale Welt*, Sonderband 3, 351–390.

Dewe, B. (1991). Beratende Wissenschaft. Göttingen: Schwartz.

Dewe, B. & Radtke, F.-O. (1989). Klinische Soziologie – eine Leitfigur der Verwendung sozialwissenschaftlichen Wissens. In: Beck, U. & Bonß, W. (Hg.): Weder Sozialtechnologie noch Aufklärung?, S. 46–71. Frankfurt a. M.: Suhrkamp.

Dewey, J. (1980). Kunst als Erfahrung. Frankfurt a. M.: Suhrkamp.

Diaz-Bone, R. & Schuber, K. (1996). William James. Hamburg: Junius.

Diederichsen, D. (1993). Freiheit macht arm – Das Leben nach dem Rock 'n' Roll 1990–93. Köln: Kiepenheuer & Witsch.

Diekmann, A. (2007). Empirische Sozialforschung. Reinbek bei Hamburg: Rowohlt. (17. Aufl.)

Diepold, P. (1996). Internet. Neue Chancen für die Lehre. In: Neue Medien in der Hochschullehre. Handbuch Hochschullehre Highlights, Bd. 2, S. 1–22. Bonn: Raabe.

Dierkes, M. & Hähner, K. (1993). Sozio-ökonomischer Wandel und Unternehmensleitbilder. In: Strümpel, B. & Dierkes, M. (Hg.): Innovation und Beharrung in der Arbeitspolitik, S. 277–310. Stuttgart: Schäffer-Poeschel.

Diezinger, A., Kitzer, H., Anker, I., Bingel, I., Haas, E. & Odierna, S. (Hg.) (1994). Erfahrung mit Methode – Wege sozialwissenschaftlicher Frauenforschung. Freiburg i. Br.: Kore.

Dijk, T. A. van (1980). Macrostructures. Hillsdale, N. J.: Erlbaum.

Dilthey, W. (1968a). Über vergleichende Psychologie. Beiträge zum Studium der Individualität. In: Dilthey, W.: Gesammelte Schriften, Bd. V: Die geistige Welt. Einleitung in die Philosophie des Lebens. Erste Hälfte, S. 241–316. Stuttgart: B. Teubner Verlagsanstalt (5. Aufl.).

Dilthey, W. (1968b). Die Entstehung der Hermeneutik. In: Dilthey, W.: Gesammelte Schriften, Bd. V: Die geistige Welt. Einleitung in die Philosophie des Lebens. Erste Hälfte. Abhandlungen zur Grundlegung der Geisteswissenschaften, S. 317–338. Stuttgart: B. Teubner Verlagsanstalt (5. Aufl.).

Dilthey, W. (1968c). Der Aufbau der geschichtlichen Welt in den Geisteswissenschaften. In: Dilthey, W.: Gesammelte Schriften, Bd. VII. Stuttgart: B. Teubner Verlagsanstalt (5. Aufl.).

Dilthey, W. (1982). Die geistige Welt. Einleitung in die Philosophie des Lebens. Erste Hälfte: Abhandlungen zur Grundlegung der Geisteswissenschaften. Gesammelte Schriften, Bd. V. Göttingen: Vandenhoeck & Ruprecht.

Dittmer, N. (2000). Transkribieren. Opladen: Leske & Budrich.

Dölling, I. & Krais, B. (Hg.) (1997). Ein alltägliches Spiel – Geschlechterkonstruktion in der sozialen Praxis. Frankfurt a. M.: Suhrkamp.

Douglas, J. D. (1967). The Social Meaning of Suicide. Princeton: Princeton University Press.

Douglas, J. D. (Hg.) (1970). Understanding everyday life: Toward the reconstruction of sociological knowledge. Chicago: Aldine.

Douglas, J. D. (1976). Investigative Social Research. Beverly Hills, London: Sage.

Douglas, M. (1974). Ritual, Tabu und Körpersymbolik – Sozialanthropologische Studien in Industriegesellschaft und Stammeskultur. Frankfurt a. M.: Fischer.

Douglas, M. (1991). Wie Institutionen denken. Frankfurt a. M.: Suhrkamp.

Dreitzel, H. P. (1972). Die gesellschaftlichen Leiden und das Leiden an der Gesellschaft. Stuttgart: Enke.

Drew, P. (1978). Accusations: The Occasioned Use of Members' Knowledge of ‹Religious Geography› in Describing Events. Sociology, 12, 1–22.

Drew, P. & Heritage, J. (Hg.) (1992). Talk at work: Interaction in institutional settings. Cambridge: Cambridge University Press.

Drew, P. & Wootton, A. (1988). Introduction. In: Drew, P. & Wootton, A. (Hg.): Erving Goffman – Exploring the Interaction Order, S. 1–13. Cambridge: Polity Press.

Dreyfus, S. E. & Dreyfus, H. L. (1986). Mind over Machine – The Power of Human Intuition and Expertise in the Era of the Computer. Oxford: Blackwell.

Du Bois, J. W. (1991). Transcription design principles for spoken discourse research. Journal of Pragmatics, 15, 71–106.

Du Gay, P. (Hg.) (1997). Production of Culture/Cultures of Production. London, Thousand Oaks, New Delhi: Sage.

Du Gay, P., Hall, S., Janes, L., Mackay, H. & Negus, K. (1997). Doing Cultural Studies. The Story of the Sony Walkman. London, Thousand Oaks, New Delhi: Sage.

Duerr, H.-P. (Hg.) (1987). Authentizität und Betrug in der Ethnologie. Frankfurt a. M.: Suhrkamp.

Dunn, R. G. (1998). Identity Crisis. Minneapolis: University of Minnesota Press.

Duranti, A. (1997). Linguistic anthropology. Cambridge: University Press.

Eagleton, T. (1983). Literary Theory: An Introduction. Oxford: Blackwell.

Eagleton, T. (1991). Ideology: An Introduction. London: Verso.

Easterlin, R. A. (1980). Birth and Fortune – The Impact of Numbers on Personal Welfare. New York: Basic Books.

Eberle, T. (1984). Sinnkonstitution in Alltag und Wissenschaft: Der Beitrag der Phänomenologie an die Methodologie der Sozialwissenschaften. Bern, Stuttgart: Haupt.

Eberle, T. S. (1988). Die deskriptive Analyse der Ökonomie durch Alfred Schütz. In: List, E. & Srubar, I. (Hg.): Alfred Schütz. Neue Beiträge zur Rezeption seines Werkes, S. 69–119. Amsterdam: Rodopi.

Eberle, T. S. (1991). Rahmenanalyse und Lebensweltanalyse. In: Hettlage, R. & Lenz, K. (Hg.): Erving Goffman – Ein Klassiker der zweiten Generation, S. 157–210. Bern, Stuttgart: Haupt.

Eberle, T. S. (1993). Schütz' Lebensweltanalyse: Soziologie oder Protosoziologie? In: Bäumer, A. & Benedikt, M. (Hg.): Gelehrtenrepublik – Lebenswelt, S. 293–320. Wien: Passagen.

Eberle, T. S. (1997). Ethnomethodologische Konversationsanalyse. In: Hitzler, R. & Honer, A. (Hg.): Sozialwissenschaftliche Hermeneutik, S. 245–279. Opladen: Leske & Budrich.

Eberle, T. S. (1999a). Sinnadäquanz und Kausaladäquanz bei Max Weber und Alfred Schütz. In: Hitzler, R., Reichertz, J. & Schröer, N. (Hg.): Hermeneutische Wissenssoziologie, S. 97–119. Konstanz: UVK.

Eberle, T. S. (1999b). Die methodologische Grundlegung der interpretativen Sozialforschung durch die phänomenologische Lebensweltanalyse von Alfred Schütz. *Österreichische Zeitschrift für Soziologie*, 4, 65–90.

Eco, U. (1985). «Hörner, Hufe, Sohlen. Einige Hypothesen zu drei Abduktionstypen». In: Eco, U. & Sebeok, Th. (Hg.): Der Zirkel oder Im Zeichen der Drei, S. 288–320. München: Hanser.

Eco, U. & Sebeok, T. (Hg.) (1985). Der Zirkel oder Im Zeichen der Drei. München: Hanser.

Edmondson R. (1984). Rhetoric in Sociology. London: Macmillan.

Edwards, D. (1995). A commentary on discursive and critical psychology. *Culture and Psychology*, 1, 55–63.

Edwards, D. & Potter, J. (1992). Discursive psychology. London: Sage.

Edwards, D. & Potter, J. (1993). Language and causation: A discursive action model of description and attribution. *Psychological Review*, 100, 23–41.

Edwards, E. (Hg.) (1992). Anthropology and Photography 1860–1920. New Haven: Yale University Press.

Edwards, J. A. & Lampert, M. D. (Hg.) (1993). Talking data: Transcription and coding in discourse research. Hillsdale, NJ: Erlbaum.

Ehlich, K. (1993). HIAT – A transcription system for discourse data. In: Edwards, J. A. & Lampert, M. D. (Hg.): Talking data – Transcription and coding in discourse research, S. 123–148. Hillsdale, NJ: Erlbaum.

Ehlich, K. & Rehbein, J. (1976). Halbinterpretative Arbeitstranskriptionen (HIAT). *Linguistische Berichte*, 45, 21–41.

Ehlich, K. & Switalla, B. (1976). Transkriptionssysteme – Eine exemplarische Übersicht. *Studium Linguistik*, 2, 78–105.

Eickelpasch, R. & Lehmann, B. (1983). Soziologie ohne Gesellschaft? Probleme einer phänomenologischen Grundlegung der Soziologie. München: Fink.

Eisenhardt, K. M. (1995). Building theories from case study research. In: Huber, G. P. & van de Ven, A. H. (Hg.): Longitudinal field research. Studying processes of organizational change, S. 65–90. Thousand Oaks: Sage.

Ellis, B. (1968). Basic Concepts of Measurement. Cambridge: Cambridge University Press.

Ellrich, L. (1999). Verschriebene Fremdheit – Die Ethnographie kultureller Brüche bei Clifford Geertz und Stephen Greenblatt. Frankfurt a. M., N Y: Campus.

Emerson, R., Fretz, R. & Shaw, L. (1995). Writing Ethnographic Fieldnotes. Chicago, London: Chicago University Press.

Endreß, M. (1999). Alfred Schütz. In: Kaesler, D. (Hg.): Klassiker der Soziologie. Bd. 1. München: Beck.

Engelmann, J. (Hg.) (1999). Die kleinen Unterschiede. Der Cultural-Studies-Reader. Frankfurt a. M.: Campus.

Engeström, Y. & Middleton, D. (Hg.) (1996). Cognition and communication at work. Cambridge: Cambridge University Press.

Engler, S. (1997). Zur Kombination von qualitativen und quantitativen Methoden. In: Friebertshäuser, B. & Prengel, A. (Hg.): Handbuch Qualitative Forschungsmethoden in der Erziehungswissenschaft, S. 118–130. Weinheim: Juventa.

Englisch, F. (1991). Bildanalyse in struktural-hermeneutischer Einstellung – Methodische Überlegungen und Anwendungsbeispiele. In: Garz, D. & Kraimer, K. (Hg.): Qualitativ-empirische Sozialforschung, S. 133–176. Opladen: Westdeutscher Verlag.

Erdheim, M. (1982). Die gesellschaftliche Produktion von Unbewusstheit. Eine Einführung in den ethnopsychoanalytischen Prozess. Frankfurt a. M.: Suhrkamp.

Erdheim, M. (1988). Psychoanalyse und Unbewusstheit in der Kultur. Aufsätze 1980–1987. Frankfurt a. M.: Suhrkamp.

Erdheim, M. & Nadig, M. (1983). Ethnopsychoanalyse. In: Mertens W. (Hg.): Psychoanalyse. Ein Handbuch in Schlüsselbegriffen, S. 129–135. München, Wien, Baltimore: Urban & Schwarzenberg.

Erzberger, C. (1998). Zahlen und Wörter. Die Verbindung quantitativer und qualitativer Daten und Methoden im Forschungsprozess. Weinheim: Deutscher Studien Verlag.

Erzberger, C. & Kelle, U. (1998). Qualitativ vs. Quantitativ? Wider den Traditionalismus methodologischer Paradigmen. *Soziologie*, 3, 45–54.

Erzberger, C. & Prein, G. (1997). Triangulation: Validity and empirically based hypothesis construction. *Quality & Quantity*, 31, 141–154.

Esser, H. (1996). Die Definition der Situation. *Kölner Zeitschrift für Soziologie und Sozialpsychologie*, 48, 1–34.

Esser, H. (1999). Die Konstitution des Sinns. In: Honer, A., Kurt, R. & Reichertz, J. (Hg.): Diesseitsreligion, S. 135–150. Konstanz: UVK.

Ethik-Kodex der Deutschen Gesellschaft für Soziologie und des Berufsverbandes Deutscher Soziologen. *DGS-Informationen*, 1/93, 13–19.

Ethnopsychoanalyse 1–6 (1990 ff.). Frankfurt a. M.: Brandes & Apsel.

Everitt, A. & Hardiker, P. (1996). Evaluating for Good Practice. London: Macmillan.

Ewald, W. (1985). Portraits and Dreams: Photographs and Stories by Children of the Appalachians. New York: Writers and Readers Publishing.

Fagerhaugh, S. Y. & Strauss, A. (1977). Politics of Pain Management: Staff-Patient Interaction. Menlo Park, Ca. u. a.: Addison-Wesley Publishing Company.

Fann, K. T. (1970). Peirce's Theory of Abduction. *The Hague*.

Fehr, B. J., Stetson, J. & Mizukawa, Y. (1990). A bibliography for ethnomethodology. In: Coulter, J. (Hg.): Ethnomethodological sociology, S. 473–559. Brookfield: Edward Elgar.

Feldman, M. S. & March, J. G. (1981). Information in Organizations as Signal and Symbol. *Administrative Science Quarterly*, 26, 171–186.

Feldman, M. S. & March, J. G. (1990). Information in Organisationen als Signal und Symbol. In: March, J. G. (Hg.): Entscheidung und Organisation, S. 455–477. Wiesbaden: Gabler.

Fengler, C. & Fengler, T. (1980). Alltag in der Anstalt: Wenn Sozialpsychiatrie praktisch wird. Eine ethnomethodologische Untersuchung. Rehburg-Loccum: Psychiatrie-Verlag.

Ferguson, M. & Golding, P. (Hg.) (1997). Cultural Studies in Question. Thousand Oaks, London, New Delhi: Sage.

Festinger, L. (1957). A Theory of Cognitive Dissonance. Stanford: Stanford University Press.

Fetterman, D. M. (1989). Ethnography: Step by Step. Newbury Park: Sage.

Fetterman, D. M. (1994). Empowerment Evaluation. *Evaluation Practice*, 15, 1–15.

Fetterman, D. M., Kaftarian, S. & Wandersman, A. (1996). Empowerment evaluation: Knowledge and tools for self-assessment and accountability. Thousand Oaks: Sage.

Fielding, N. G. & Fielding, J. L. (1986). Linking Data. Beverly Hills: Sage.

Fielding, N. G. & Lee, R. M. (1998). Computer Analysis and Qualitative Research. London: Sage.

Filinski, P. (1998). Chatten in der CyberWorld. Bonn u. a.: International Thomson.

Filmer, P., Phillipson, M., Silverman, D. & Walsh, D. (1972). New directions in sociological theory. London: Collier-Macmillan.

Filstead, W. J. (Hg.) (1970). Qualitative methodology. Firsthand involvement with the social world. Chicago: Markham.

Fine, G. A. (1993). The Sad Demise, Mysterious Disappearance, and Glorious Triumph of Symbolic Interactionism. *Annual Review of Sociology*, 19, 61–87.

Fischer, W. (1982). Time and Chronic Illness. A Study on the Social Constitution of Temporality. Berkeley (Eigenverlag) – Habilitationsschrift Fakultät für Soziologie, Universität Bielefeld 1992.

Fischer, W. (1986a). Alltagszeit und Lebenszeit in Lebensgeschichten von chronisch Kranken. In: Hurrelmann, K. (Hg.): Lebenslage, Lebensalter, Lebenszeit, S. 157–171. Weinheim, Basel: Beltz.

Fischer, W. (1986b). Prekäre Leiblichkeit und Alltagszeit. Kontingenz und Rekurrenz in der Zeiterfahrung chronisch Kranker. In: Fürstenberg, F. & Mörth, I. (Hg.): Zeit als Strukturelement von Lebenswelt und Gesellschaft, S. 237–256. Linz: Trauner.

Fischer-Rosenthal, W. (1991). William I. Thomas & Florian Znaniecki: «The Polish Peasant in Europe and America». In: Flick, U., Kardorff, E. v., Keupp, H., Rosenstiel, L. v. & Wolff, S. (Hg.): Handbuch Qualitative Sozialforschung, S. 115–118. Weinheim: Psychologie Verlags Union.

Fischer-Rosenthal, W. (1996). Strukturale Analyse biographischer Texte. In: Brähler, E. & Adler, C. (Hg.): Quantitative Einzelfallanalysen und qualitative Verfahren, S. 147–208. Gießen: Psychosozial-Verlag.

Fischer-Rosenthal, W. & Rosenthal, G. (1997a). Narrationsanalyse biographischer Selbstpräsentationen. In: Hitzler, R. & Honer, A. (Hg.): Sozialwissenschaftliche Hermeneutik, S. 133–164. Opladen: Leske & Budrich.

Fischer-Rosenthal, W. & Rosenthal, G. (1997b). Warum Biographieanalyse und wie man sie macht. *Zeitschrift für Sozialisationsforschung und Erziehungssoziologie*, 17, 405–427.

Fish, S. (1980). Is There a Text in This Class? – The Authority of Interpretative Communities. Cambridge und London: Harvard University Press.

Fisher, B. M. & Strauss, A. L. (1979). Interactionism. In: Bottomore, T. & Nisbet, R. (Hg.): A History of Sociological Analysis, S. 457–498. London: Heinemann.

Fisher, M. (1997). Qualitative Computing: Using Software for Qualitative Data Analysis. Aldershot: Avebury.

Fiske, J. (1989). Understanding Popular Culture. London, Sydney, Wellington: Unwin Hyman.

Fiske, J. (1993). Power Plays – Power Works. London, New York: Verso.

Fiske, J. (1994). Media Matters. Everyday Culture and Political Change. Minneapolis: University of Minnesota Press.

Fiske, J. (1997). Populäre Texte, Sprache und Alltagskultur. In: Hepp, A. & Winter, R. (Hg.): Kultur – Medien – Macht. Cultural Studies und Medienanalyse, S. 65–84. Opladen: Westdeutscher Verlag.

Fiske, J. (1999). Wie ein Publikum entsteht: Kulturelle Praxis und Cultural Studies. In: Hörning, K. H. & Winter, R. (Hg.): Widerspenstige Kulturen. Cultural Studies als Herausforderung, S. 238–263. Frankfurt a. M.: Suhrkamp.

Fleck, L. (1935). Entstehung und Entwicklung einer wissenschaftlichen Tatsache. Einführung in die Lehre vom Denkstil und Denkkollektiv. Frankfurt a. M.: Suhrkamp (1980).

Flick, U. (1989). Vertrauen, Verwalten, Einweisen – Subjektive Vertrauenstheorien in sozialpsychiatrischer Beratung. Wiesbaden: Deutscher Universitäts-Verlag.

Flick, U. (1991a). Stationen des qualitativen Forschungsprozesses. In: Flick, U., Kardorff, E. v., Keupp, H., Rosenstiel, L. v. & Wolff, S. (Hg.): Handbuch Qualitative Sozialforschung, S. 148–175. München: Psychologie Verlags Union.

Flick, U. (1991b). Triangulation. In: Flick, U., Kardorff, E. v., Keupp, H., Rosenstiel, L. v. & Wolff, S. (Hg.): Handbuch Qualitative Sozialforschung, S. 432–434. München: Psychologie Verlags Union.

Flick, U. (1996). Psychologie des technisierten Alltags – Soziale Konstruktion und Repräsentation technischen Wandels in verschiedenen kulturellen Kontexten. Opladen: Westdeutscher Verlag.

Flick, U. (1998a). An Introduction to Qualitative Research. Thousand Oaks, London, New Delhi: Sage.

Flick, U. (Hg.) (1998b). Wann fühlen wir uns gesund? – Subjektive Vorstellungen von Gesundheit und Krankheit. Weinheim: Juventa.

Flick, U. (2000). Konstruktion und Rekonstruktion – Methodologische Überlegungen zur Fallrekonstruktion. In: Kraimer, K. (Hg.): Die Fallrekonstruktion – Beiträge zur Wirklichkeitsdeutung sozialen Lebens, S. 177–197. Frankfurt a. M.: Suhrkamp.

Flick, U. (Hg.) (2006a). Qualitative Evaluationsforschung – Konzepte, Methoden, Anwendungen. Reinbek bei Hamburg: Rowohlt.

Flick, U. (2006b). Qualität in der qualitativen Evaluationsforschung. In: Flick, U. (Hg.): Qualitative Evaluationsforschung. Konzepte – Methoden – Umsetzungen, S. 424–443. Reinbek bei Hamburg: Rowohlt.

Flick, U. (2007a). Qualitative Sozialforschung – Eine Einführung. Reinbek bei Hamburg: Rowohlt.

Flick, U. (2007b). Designing Qualitative Research. London: Sage.

Flick, U. (2007c). Managing Quality in Qualitative Research. London: Sage.

Flick, U. (Hg.) (2007d). The SAGE Qualitative Research Kit. London: Sage.

Flick, U. (2008). Triangulation – Eine Einführung. Wiesbaden: VS-Verlag für Sozialwissenschaft (2. Aufl.).

Flick, U., Hoose, B. & Sitta, P. (1998). Gesundheit und Krankheit gleich Saúde & Doenca? Gesundheitsvorstellungen bei Frauen in Deutschland und Portugal. In: Flick, U. (Hg.): Wann fühlen wir uns gesund? – Subjektive Vorstellungen von Gesundheit und Krankheit, S. 141–159. Weinheim: Juventa.

Flick, U., Kardorff, E. v., Keupp, H., Rosenstiel, L. v. & Wolff, S. (Hg.) (1991). Handbuch Qualitative Sozialforschung. Grundlagen, Konzepte, Methoden und Anwendungen. München: Psychologie Verlags Union (2. Aufl. 1995).

Flick, U. & Röhnsch, G. (2008). Gesundheit auf der Straße. Gesundheitsvorstellungen und Umgang mit Krankheit im Kontext von Jugendobdachlosigkeit. Weinheim: Juventa.

Foley, D. E. (1990). Learning Capitalist Culture: Deep in the Heart of Tejas. Philadelphia.

Ford, N. A. (1998). A Blueprint for Negro Authors. In: Liggins Hill, P. (Hg.): Call & Response: The Riverside Anthology of the African American Literary Tradition. New York: Houghton Mifflin (originally published in Phylon, 1950).

Foucault, M. (1976). Überwachen und Strafen. Die Geburt des Gefängnisses. Frankfurt a. M.: Suhrkamp.

Foucault, M. (1977). Sexualität und Wahrheit. Bd. 1: Der Wille zum Wissen. Frankfurt a. M.: Suhrkamp.

Foucault, M. (1980). Power/Knowledge: Selected Interviews and Other Writings 1972–1977. Hassocks, Sussex: Harvester.

French, W. & Bell, C. (1977). Organization development. Englewood Cliffs, N. J.: Prentice Hall.

Frerichs, P. & Steinrücke, M. (1993). Klasse und Geschlecht als Strukturkategorien moderner Gesellschaften. In: Aulenbacher, B. & Goldmann, M. (Hg.): Transformationen im Geschlechterverhältnis – Beiträge zur industriellen und gesellschaftlichen Entwicklung, S. 231–245. Frankfurt a. M. u. a.: Campus.

Freter, H.-J., Hollstein, B. & Werle, M. (1991). Integration qualitativer und quantitativer Verfahrensweisen – Methodologie und Forschungspraxis. *ZUMA-Nachrichten*, 29, 98–114.

Freud, S. (1940). Gesammelte Werke. London, Frankfurt a. M.: Imago Publishing und Fischer.

Freud, S. (1972a). Die ‹kulturelle› Sexualmoral und die moderne Nervosität. Studienausgabe, Bd. IX, S. 9–32. Frankfurt a. M.: Fischer (zuerst 1908).

Freud, S. (1972b). Drei Abhandlungen zur Sexualtheorie. Studienausgabe Bd. V, S. 37–145. Frankfurt a. M.: Fischer (zuerst 1905).

Freud, S. (1975). Ratschläge für den Arzt bei der psychoanalytischen Behandlung. Studienausgabe, Erg.-Bd., S. 169–180. Frankfurt a. M.: Fischer (zuerst 1912).

Freundlieb, A. & Wolff, S. (1999). Evaluation. In: Pelikan, J. & Wolff, S. (Hg.): Das gesundheitsfördernde Krankenhaus, S. 80–91. Weinheim, München: Juventa.

Frevert, U. (1995). «Mann und Weib, und Weib und Mann» – Geschlechter-Differenzen in der Moderne. München: Beck.

Friebertshäuser, B. (1996). Feldforschende Zugänge zu sozialen Handlungsfeldern. Möglichkeiten und Grenzen ethnographischer Feldforschung. *Neue Praxis*, 26, 75–86.

Friebertshäuser, B. (1997). Interviewtechniken – ein Überblick. In: Friebertshäuser, B. & Prengel, A. (Hg.): Handbuch Qualitative Forschungsmethoden in der Erziehungswissenschaft, S. 371–395. Weinheim, München: Juventa.

Friebertshäuser, B. & Prengel, A. (Hg.) (1997). Handbuch qualitative Forschungsmethoden in der Erziehungswissenschaft. Weinheim, München: Juventa.

Friedlander, F. & Brown, L. D. (1974). Organization development. *Annual Review of Psychology*, 25, 313–341.

Friedrichs, J. (1973/1983). Methoden empirischer Sozialforschung. Opladen: Westdeutscher Verlag

Frischmann, B. & Mohr, G. (Hg.) (1997). Erziehungswissenschaft – Bildung – Philosophie. Weinheim: Deutscher Studien Verlag.

Fröhlich, G. & Mörth, I. (Hg.) (1998). Symbolische Anthropologie der Moderne. Kulturanalysen nach Clifford Geertz. Frankfurt a. M.: Campus.

Fuchs, W. (1984). Biographische Forschung. Eine Einführung in Praxis und Methoden. Opladen: Westdeutscher Verlag.

Fühlau, J. (1982). Die Sprachlosigkeit der Inhaltsanalyse. Linguistische Bemerkungen zu einer sozialwissenschaftlichen Analyse. Tübingen: Narr.

Fuhs, B. (1997). Fotografie und qualitative Forschung. Zur Verwendung fotografischer Quellen in den Erziehungswissenschaften. In: Friebertshäuser, B. & Prengel, A. (Hg.): Handbuch Qualitative Forschungsmethoden in der Erziehungswissenschaft, S. 265–285. Weinheim: Juventa.

Fuller, R. & Petch, A. (1995). Practitioner Research: the Reflexive Social Worker. Buckingham: Open University Press.

Gadamer, H.-G. (1972). Wahrheit und Methode – Grundzüge einer philosophischen Hermeneutik. Tübingen: Mohr (Siebeck) (3. Auflage).

Gans, H. (1982). The participant observer as a human being: Observations on the personal aspects of fieldwork. In: Burgess, R. G. (Hg.): Field research: A sourcebook and field manual, S. 53–61. London u. a.: Allen & Unwin (zuerst 1968).

Garfinkel, H. (1952). The perception of the other: A study in social order. Ph. D. dissertation. Harvard University.

Garfinkel, H. (1961). Aspects of Common-Sense-Knowledge of Social Structures. In: Transactions of the Fourth World Congress of Sociology, Vol. IV, S. 51–65. London: International Sociological Association.

Garfinkel, H. (1963). A conception of, and experiments with, ‹trust› as a condition of stable concerted actions. In: Harvey, O. J. (Hg.): Motivation and social interaction, S. 187–238. New York: Free Press.

Garfinkel, H. (1967a). Studies in ethnomethodology. Englewood Cliffs, N. J.: Prentice Hall.

Garfinkel, H. (1967b). ‹Good› Organizational Reasons for ‹Bad› Clinical Records. In: Garfinkel, H.: Studies in Ethnomethodology, S. 186–207. Englewood Cliffs: Prentice Hall.

Garfinkel, H. (1973). Das Alltagswissen über soziale und innerhalb sozialer Strukturen. In: Arbeitsgruppe Bielefelder Soziologen (Hg.): Alltagswissen, Interaktion und gesellschaftliche Wirklichkeit, S. 189–260. Reinbek bei Hamburg: Rowohlt.

Garfinkel, H. (1974). The origins of the term ‹ethnomethodology›. In: Turner, R. (Hg.): Ethnomethodology: Selected readings, S. 15–18. Harmondsworth: Penguin.

Garfinkel, H. (Hg.) (1986). Ethnomethodological studies of work. London: Routledge & Kegan Paul.

Garfinkel, H. (1991). Respecification: Evidence for locally produced, naturally accountable phenomena of order, logic, reason, meaning, method, etc. in and as of the essential haecceity of immortal ordinary society, (I): An announcement of studies. In: Button, G. (Hg.): Ethnomethodology and the human sciences, S. 11–19. Cambridge: Cambridge University Press.

Garfinkel, H. (1996). Ethnomethodology's program. *Social Psychology Quarterly*, 59, 5–21.

Garfinkel, H., Lynch, M. & Livingston, E. (1981). The work of a discovering science construed with materials from the optically discovered pulsar. *Philosophy of the Social Sciences*, 11, 131–158.

Garfinkel, H. & Sacks, H. (1976). Über formale Strukturen praktischer Handlungen. In: Weingarten, E., Sack, F. & Schenkein, J. (Hg.): Ethnomethodologie, S.130–176. Frankfurt a. M.: Suhrkamp (zuerst 1970).

Garfinkel, H. & Wieder, D. L. (1992). Two incommensurable, asymmetrically alternate technologies of social analysis. In: Watson, G. & Seiler, R. M. (Hg.): Text in context. Contributions to ethnomethodology, S. 175–206. Newbury Park: Sage.

Garz, D. & Kraimer, K. (1991). Qualitativ-empirische Sozialforschung im Aufbruch. In: Garz, D. & Kraimer, K. (Hg.): Qualitativ-empirische Sozialforschung, S. 1–34. Opladen: Westdeutscher Verlag.

Garz, D. & Kraimer, K. (Hg.) (1994a). Die Welt als Text. Zur Theorie, Kritik und Praxis der objektiven Hermeneutik. Frankfurt a. M.: Suhrkamp.

Garz, D. & Kraimer, K. (1994b). Die Welt als Text. Zum Projekt einer hermeneutisch-rekonstruktiven Sozialwissenschaft. In: Garz, D. & Kraimer, K. (Hg.): Die Welt als Text. Theorie, Kritik und Praxis der objektiven Hermeneutik, S. 7–21. Frankfurt a. M.: Suhrkamp.

Gaskell G. & Bauer, M. W. (2000). Towards public accountability: beyond sampling, reliability and validity. In: Bauer, M. W. & Gaskell, G. (Hg.): Qualitative researching with text, image and sound – a handbook, S. 336–350. London: Sage.

Gawatz, R. & Nowak, P. (Hg.) (1993). Soziale Konstruktionen von Gesundheit. Ulm: Universitätsverlag.

Gebauer, G. & Wulf, C. (1992). Mimesis: Kultur, Kunst, Gesellschaft. Reinbek bei Hamburg: Rowohlt.

Gebauer, G. & Wulf, C. (1998). Spiel – Ritual – Geste – Mimetisches Handeln in der sozialen Welt. Reinbek bei Hamburg: Rowohlt.

Gebert, D. (1978). Organisation und Umwelt. Stuttgart: Kohlhammer.

Gebert, D. (1995). Interventionen in Organisationen. In: Schuler, H. (Hg.): Lehrbuch der Organisationspychologie, S. 481–494. Bern: Huber.

Gebert, D. & Rosenstiel, L. v. (1996). Organisationspsychologie. Stuttgart: Kohlhammer.

Geer, B. (1964). First Days in the Field. A Chronicle of Research in Progress. In: Hammond, P. E. (Hg.): Sociologists at Work – Essays on the Craft of Social Research, S. 322–344. New York, London: Basic Books, Inc.

Geertz, C. (1968). Islam Observed. Religious Development in Morocco and Indonesia. Chicago: The University of Chicago Press.

Geertz, C. (1973). The Interpretation of Cultures. New York: Basic Books.

Geertz, C. (1980a). Negara – The Theatre State in Nineteenth-Century Bali. Princeton: Princeton University Press.

Geertz, C. (1980b). Blurred genres. The refiguration of social thought. *American Scholar*, 49, 165–179.

Geertz, C. (1983a). Dichte Beschreibung. Beiträge zum Verstehen kultureller Systeme. Frankfurt a. M.: Suhrkamp.

Geertz, C. (1983b). «Deep Play» – Bemerkungen zum balinesischen Hahnenkampf. In: Geertz, C.: Dichte Beschreibung – Beiträge zum Verstehen kultureller Systeme, S. 202–260. Frankfurt a. M.: Suhrkamp.

Geertz, C. (1983c). «Aus der Perspektive des Eingeborenen» – Zum Problem des ethnologischen Verstehens. In: Geertz, C.: Dichte Beschreibung – Beiträge zum Verstehen kultureller Systeme, S. 289–309. Frankfurt a. M.: Suhrkamp.

Geertz, C. (1983d). Ritual und sozialer Wandel – ein javanisches Beispiel. In: Geertz, C.: Dichte Beschreibung – Beiträge zum Verstehen kultureller Systeme, S. 96–132. Frankfurt a. M.: Suhrkamp.

Geertz, C. (1983e). Person, Zeit und Umgangsformen auf Bali. In: Geertz, C.: Dichte Beschreibung – Beiträge zum Verstehen kultureller Systeme, S. 133–201. Frankfurt a. M.: Suhrkamp.

Geertz, C. (1983f). Blurred Genres – The Refiguration of Social Thought. In: Geertz, C.: Local Knowledge – Further Essays in Interpretative Anthropology, S. 19–35. New York: Basic Books.

Geertz, C. (1983g). Local Knowledge – Fact and Law in Comparative Perspective. In: Geertz, C.: Local Knowledge – Further Essays in Interpretative Anthropology, S. 167–234. New York: Basic Books.

Geertz, C. (1983h). Introduction. In: Geertz, C.: Local Knowledge – Further Essays in Interpretative Anthropology, S. 3–18. New York: Basic Books.

Geertz, C. (1984a). Distinguished Lecture – Anti Anti-Relativism. *American Anthropologist*, 86, 603–613.

Geertz, C. (1984b). From the Native's Point of View. In: Shweder, R. & LeVine, R. (Hg.): Culture Theory, S. 123–136. Cambridge: University Press.

Geertz, C. (1988). Works and Lives. The Anthropologist as Author. Stanford: Stanford University Press.

Geertz, C. (1990). Die künstlichen Wilden. Der Anthropologe als Schriftsteller. München: Hanser (orig.: 1988).

Geertz, C. (1995). After the Fact – Two Countries, Four Decades, One Anthropologist. Cambridge: Harvard University Press.

Geertz, C. (1996). Welt in Stücken – Kultur und Politik am Ende des 20. Jahrhunderts. Wien: Passagen Verlag.

Gehrie, M. J. (1989). Psychonanalytic anthropology: the analogous tasks of the psychoanalist and the ethnographer. *The psychoanalytic Study of Society*, 14, 41–69.

Gephardt, R. P. Jr. (1988). Ethnostatistics: Qualitative Foundations for Quantitative Research. Newbury Park: Sage.

Gerbner, G., Holsti, O. R., Krippendorff, K., Paisley, W. J. & Stone, P. J. (Hg.) (1969). The Analysis of Communication Content. New York: Wiley.

Gerdes, K. (Hg.) (1979). Explorative Sozialforschung. Stuttgart: Enke.

Gergen, K. J. (1973). Social Psychology as History. *Journal of Personality and Social Psychology*, 26, 309–320.

Gergen, K. J. (1985). The Social Constructionist Movement in Modern Psychology. *American Psychologist*, 40, 266–275.

Gergen, K. J. (1988). If Persons Are Texts. In: Messer, S. B., Sass, L. A. & Woolfolk, R. L. (Hg.): Hermeneutics and Psychological Theory. Interpretive Perspectives on Personality, Psychotherapy, and Psychopathology, S. 28–51. New Jersey: Rutgers University.

Gergen, K. J. (1991). The Saturated Self: Dilemmas of Identity in Contemporary Life. New York: Basic Books.

Gergen, K. J. (1994). Realities and Relationships. Soundings in Social Construction. Cambridge, Ma.: Harvard University Press.

Gergen, K. J. (1999). An Invitation to Social Construction. London, Thousand Oaks, New Delhi: Sage.

Gerhardt, U. (1986). Patientenkarrieren. Eine medizinsoziologische Studie. Frankfurt a. M.: Suhrkamp.

Gerhardt, U. (1995). Typenbildung. In: Flick, U., Kardorff, E. v., Keupp, H., Rosenstiel, L. v. & Wolff, S. (Hg.): Handbuch Qualitative Sozialforschung. Grundlagen, Konzepte, Methoden und Anwendungen, S. 435–439. Weinheim: Psychologie Verlagsunion (2. Aufl.).

Gibbs, G. (2007). Analysing Qualitative Data. London. Thousand Oaks, New Delhi: Sage.

Giddens, A. (1981). A Contemporary Critique of Historical Materialism. Berkeley: University of California Press.

Giddens, A. (1984). Interpretative Soziologie – Eine kritische Einführung. Frankfurt a. M. u. a.: Campus.

Giddens, A. (1988). Die Konstitution der Gesellschaft – Grundzüge einer Theorie der Strukturierung. Frankfurt a. M., New York: Campus.

Gieseke, W. (1998). Die besten Tools zum Web-Surfen. Bonn u. a.: International Thomson.

Gildemeister, R. & Robert, G. (1999). Vergeschlechtlichung – Entgrenzung – Revergeschlechtlichung – Geschlechterdifferenzierende Arbeitsteilung zwischen Rationalisierung der Arbeitswelt und «postindustriellem Haushaltssektor». In: Hradil, S. (Hg.): Verhandlungen des 29. Kongresses der Deutschen Gesellschaft für Soziologie in Freiburg i. Br. 1998, S. 787–803. Frankfurt a. M. u. a.: Campus.

Gildemeister, R. & Wetterer, A. (1992). Wie Geschlechter gemacht werden – Die soziale Konstruktion der Zweigeschlechtlichkeit und ihre Reifizierung in der Frauenforschung. In: Knapp, G.-A. & Wetterer, A. (Hg.): Traditionen, Brüche – Entwicklungen feministischer Theorie, S. 201–254. Freiburg i. Br.: Kore.

Gillespie, M. (1995). Television, Ethnicity and Cultural Change. London, New York: Routledge.

Girtler, R. (1980). Polizei-Alltag. Opladen: Westdeutscher Verlag.

Girtler, R. (1984). Methoden der qualitativen Sozialforschung. Anleitung zur Feldarbeit. Wien, Köln, Graz: Böhlau.

Girtler, R. (1989). Die «teilnehmende unstrukturierte Beobachtung» – ihr Vorteil bei der Erforschung des sozialen Handelns und des in ihm enthaltenen Sinns. In: Aster, R., Merkens, H. & Repp, M. (Hg.): Teilnehmende Beobachtung, S. 299–320. Frankfurt a. M.: Campus.

Glaser, B. G. (1978). Theoretical Sensitivity: Advances in the Methodology of Grounded Theory. Mill Valley, Ca.: Sociology Press.

Glaser, B. G. (1992). Basics of grounded theory analysis: Emergence vs. forcing. Mill Valley, CA: Sociology Press.

Glaser, B. G. & Strauss, A. L. (1965). Awareness of Dying. Chicago: Aldine (dt. 1974: Interaktion mit Sterbenden – Beobachtungen für Ärzte, Schwestern, Seelsorger und Angehörige. Göttingen: Vandenhoeck & Ruprecht).

Glaser, B. G. & Strauss, A. L. (1967). The discovery of grounded theory. Strategies for qualitative research. Chicago: Aldine (dt. 1998: Grounded Theory. Strategien qualitativer Forschung. Bern: Huber).

Glaser, B. G. & Strauss, A.L. (1968). Time for Dying. Chicago: Aldine.

Glaser, B. G. & Strauss, A. L. (1979). Die Entdeckung gegenstandsbezogener Theorie: Eine Grundstrategie qualitativer Sozialforschung. In: Hopf, C. & Weingarten, E. (Hg.): Qualitative Sozialforschung, S. 91–111. Stuttgart: Klett-Cotta.

Gläser, J. (1999). Datenschutzrechtliche und ethische Probleme beim Publizieren von Fallstudien: Informantenschutz und ‹Objektschutz›. Soziologie, 32–47.

Glasersfeld, E. v. (1992). Aspekte des Konstruktivismus: Vico, Berkeley, Piaget. In: Rusch, G. & Schmidt, S. J. (Hg.): Konstruktivismus: Geschichte und Anwendung, S. 20–33. Frankfurt a. M.: Suhrkamp.

Glasersfeld, E. v. (1996). Radikaler Konstruktivismus: Ideen, Ergebnisse, Probleme. Frankfurt a. M.: Suhrkamp.

Glesne, C. & Webb, R. (1993). Teaching Qualitative Research – Who does what? Qualitative Studies in Education, 6, 253–266.

Goffman, E. (1967). Stigma – Über Techniken der Bewältigung beschädigter Identität. Frankfurt a. M.: Suhrkamp (Stigma. Notes on the Management of Spoiled Identity. Englewood Cliffs 1963: Prentice Hall).

Goffman, E. (1959/1969). Wir alle spielen Theater – Die Selbstdarstellung im Alltag. München: Piper (The Presentation of Self in Everyday Life. New York 1959: Doubleday).

Goffman, E. (1971a). Verhalten in sozialen Situationen – Strukturen und Regeln der Interaktion im öffentlichen Raum. Gütersloh: Westdeutscher Verlag (Behavior in Public Places. Notes on the Social Organization of Gatherings. New York 1963: Free Press).

Goffman, E. (1971b). Interaktionsrituale. Über Verhalten in direkter Kommunikation. Frankfurt a. M.: Suhrkamp (Interaction Ritual: Essays on the Face-to-Face Behavior. New York 1967: Doubleday).

Goffman, E. (1972). Asyle. Über die soziale Situation psychiatrischer Patienten und anderer Insassen. Frankfurt a. M.: Suhrkamp.

Goffman, E. (1973a). Asyle – Über die soziale Situation psychiatrischer Patienten und anderer Insassen. Frankfurt a. M.: Suhrkamp (Asylums. Essays on the Social Situation of Mental Patients and Other Inmates. New York 1961: Doubleday).

Goffman, E. (1973b). Interaktion – Spaß am Spiel. Rollendistanz. München: Piper (Encounters: Two Studies in the Sociology of Interaction. Indianapolis 1961: Bobbs-Merril).

Goffman, E. (1974a). Das Individuum im öffentlichen Austausch – Mikrostudien zur öffentlichen Ordnung. Frankfurt a. M.: Suhrkamp (Relations in Public. Microstudies of the Public Order. New York 1971: Harper and Row).

Goffman, E. (1974b/1977). Frame Analysis – An Essay on the Organization of Experience. New York, Evanston, San Franciso: Harper & Row (deutsch 1977: Rahmen-Analyse – Ein Versuch über die Organisation von Alltagserfahrungen. Frankfurt a. M.: Suhrkamp).

Goffman, E. (1978). Erwiderungen und Reaktionen. *Kölner Zeitschrift für Soziologie und Sozialpsychologie*, Sonderheft 20, 121–176 (Orig.: Replies and responses. *Language in Society*, 5, 1976, 257–331).

Goffman, E. (1981a). Geschlecht und Werbung. Frankfurt a. M.: Suhrkamp (Gender Advertisements. New York 1979: Harper and Row).

Goffman, E. (1981b). Strategische Interaktion. München, Wien: Hanser (Strategic Interaction. Philadelphia 1969: Pennsylvania Press).

Goffman, E. (1981c). Forms of Talk. Philadelphia: University of Pennsylvania Press.

Goffman, E. (1988). Wir alle spielen Theater. Die Selbstdarstellung im Alltag. München: Piper.

Goffman, E. (1989). On Fieldwork. *Journal of Contemporary Ethnography*, 18, 123–132.

Goffman, E. (1994). Das Arrangement der Geschlechter. In: Goffman, E.: Interaktion und Geschlecht, S. 105–158. Frankfurt a. M. u. a.: Campus.

Goffman, E. (1996). Über Feldforschung. In: Knoblauch, H. (Hg.): Kommunikative Lebenswelten. Zur Ethnographie einer geschwätzigen Gesellschaft, S. 261–269. Konstanz: UVK.

Gohde, H. & Wolff, S. (1990). «Gutachterlichkeit» in der Jugendgerichtshilfe. *Neue Praxis*, 20, 316–328.

Gola, P. & Schomerus, R. (1997). Bundesdatenschutzgesetz (BDSG), mit Erläuterungen. München: C. H. Beck'sche Verlagsbuchhandlung (6. Aufl.)

Goodenough, W. H. (1964). Cultural anthropology and linguistics. In: Hymes, D.

(Hg.): Language in culture and society, S. 36–39. New York: Harper (zuerst 1957).

Goodman, N. (1978/1984). Weisen der Welterzeugung. Frankfurt: Suhrkamp.

Goodwin, C. (1981). Conversational organization: Interaction between speakers and hearers. New York: Academic Press.

Göttlich, U. (1996). Kritik der Medien. Reflexionsstufen kritisch-materialistischer Medientheorien am Beispiel von Leo Löwenthal und Raymond Williams. Opladen: Westdeutscher Verlag.

Göttlich, U. & Winter, R. (Hg.) (2000). Politik des Vergnügens. Zur Diskussion der Populärkultur in den Cultural Studies. Köln: von Halem.

Gottowik, V. (1997). Konstruktionen des Anderen – Clifford Geertz und die Krise der ethnographischen Repräsentation. Berlin: Reimer.

Gouldner, A. W. (1954). Patterns of Industrial Bureaucracy. Glencoe, Ill.: Free Press.

Gouldner, A. W. (1974). Die westliche Soziologie in der Krise. Reinbek bei Hamburg: Rowohlt (zuerst 1971).

Graf-Deserno, S. & Deserno, H. (1998). Entwicklungschancen in der Institution. Psychoanalytische Teamsupervision. Frankfurt a. M.: Fischer.

Gramsci, A. (1991 ff.). Gefängnishefte in 10 Bänden. Hamburg, Berlin: Argument.

Grathoff, R. (1989). Milieu und Lebenswelt. Frankfurt a. M.: Suhrkamp.

Graumann, C. F. & Métraux, A. (1977). Die phänomenologische Orientierung in der Psychologie. In: Schneewind, K. A. (Hg.): Wissenschaftstheoretische Grundlagen der Psychologie, S. 27–53. München, Basel: Ernst Reinhardt.

Greenblatt, S. (1997). The Touch of the Real. *Representations*, 59, 14–29.

Greif, S., Holling, H. & Nicholson, N. (1989). Arbeits- und Organisationspsychologie. München: Psychologie Verlags Union.

Greif, S. (1978). Intelligenzabbau und Dequalifizierung durch Industriearbeit? In: Frese, M., Greif, S. & Semmer, N. (Hg.): Industrielle Psychopathologie, S. 232–256. Bern: Huber.

Grills, S. (Hg.) (1998). Doing Ethnographic Research. Fieldwork Settings. Thousand Oaks, London, New Delhi: Sage.

Groeben, N., Wahl, D., Schlee, J. & Scheele, B. (1988). Forschungsprogramm Subjektive Theorien. Eine Einführung in die Psychologie des reflexiven Subjekts. Tübingen: Francke.

Gross, P. (1994). Die Multioptionsgesellschaft. Frankfurt a. M.: Suhrkamp.

Gross, P. (1999). Ich-Jagd. Frankfurt a. M.: Suhrkamp.

Grossberg, L. (1992). We gotta get out of this place. Popular conservatism and postmodern culture. New York, London: Routledge.

Grossberg, L. (1999). Was sind Cultural Studies? In: Hörning, K. H. & Winter, R. (Hg.): Widerspenstige Kulturen. Cultural Studies als Herausforderung, S. 43–83. Frankfurt a. M.: Suhrkamp.

Grundmann, M. (Hg.) (1999). Konstruktivistische Sozialisationsforschung. Frankfurt a. M.: Suhrkamp.

Grüneisen, V. & Hoff, E. (1977). Familienerziehung und Lebenssituation. Weinheim: Beltz.

Gstettner, P. (1995). Handlungsforschung. In: Flick, U., Kardorff, E. v., Keupp, H.,

Rosenstiel, L. v. & Wolff, S. (Hg.): Handbuch Qualitative Sozialforschung, S. 266–268. Weinheim, Basel: Psychologie-Verlagsunion (2. Aufl.).

Guba, E. G. & Lincoln, Y. S. (1989). Fourth Generation Evaluation. Newbury Park, London, New Delhi: Sage.

Gubrium, J. F. & Buckholdt, D. R. (1979). The Production of Hard Data in Human Service Organization. *Pacific Sociological Review*, 22, 115–136.

Gubrium, J. F. & Holstein, J. A. (1997). The New Language of Qualitative Method. New York, Oxford: Oxford University Press.

Gumbrecht, U. & Pfeiffer, K. L. (Hg.) (1986). Stil – Geschichten und Funktionen eines kulturwissenschaftlichen Diskurselementes. Frankfurt a. M.: Suhrkamp.

Gumperz, J. (1982). Discourse Strategies – Studies in Interactional Sociolinguistics. Cambridge, London, New York: Cambridge University Press.

Gumperz, J. (1992). Contextualization Revisited. In: Auer, P. & Diluzio, A. (Hg.): The Contextualization of Language, S. 39–53. Amsterdam, Philadelphia.

Gumperz, J. & Cook-Gumpertz, J. (1981). Ethnic Differences in Communicative Style. In: Fergusan, C. A. & Heath, S. H. (Hg.): Language in the USA, S. 430–445. Cambridge, London, New York: Cambridge University Press.

Gumperz, J. & Hymes, D. (Hg.) (1972). Directions in sociolinguistics: The ethnography of communication. New York: Holt, Rinehart & Winston.

Günthner, S. (1993). Diskursstrategien in der interkulturellen Kommunikation: Analysen deutsch-chinesischer Gespräche. Tübingen: Niemeyer.

Günthner, S. (1999). Vorwurfsaktivitäten in der Alltagsinteraktion. Grammatische, prosodische, rhetorisch-stilistische und interaktive Verfahren bei der Konstruktion kommunikativer Muster und Gattungen. Tübingen: Niemeyer.

Günthner, S. & Knoblauch, H. (1996). Die Analyse kommunikativer Gattungen in Alltagsinteraktionen. In: Michaelis, S. & Tophinke, D. (Hg.): Texte – Konstitution – Verarbeitung – Typik, S. 36–57. München: Lincom.

Günthner, S. & Knoblauch, H. (1997). Gattungsanalyse. In: Hitzler, R. & Honer, A. (Hg.): Sozialwissenschaftliche Hermeneutik, S. 281–307. Opladen: Leske & Budrich.

Günthner, S. & Kotthoff, H. (Hg.) (1992). Die Geschlechter im Gespräch – Studien im institutionellen Diskurs. Stuttgart: Metzler.

Gurwitsch, A. (1974). Das Bewusstseinsfeld. Berlin, New York: de Gruyter.

Gurwitsch, A. (1977). Die mitmenschlichen Begegnungen in der Milieuwelt. Berlin, New York: de Gruyter.

Gusfield, J. (1976). The Literary Rhetoric of Science: Comedy and Pathos in Drinking Driver Research. *American Sociological Review*, 41, 16–34.

Haase, H. (1996). Ethnopsychoanalyse: Wanderungen zwischen den Welten. Stuttgart: Verlag Internationale Psychoanalyse.

Habermas, J. (1968). Erkenntnis und Interesse. Frankfurt a. M.: Suhrkamp.

Habermas, J. (1970). Zur Logik der Sozialwissenschaften. Frankfurt a. M.: Suhrkamp (zuerst 1967).

Habermas, J. (1981). Theorie des kommunikativen Handelns, Bd. 2. Frankfurt a. M.: Suhrkamp.

Hacking. I. (1999). Was heißt ‹soziale Konstruktion›? – Zur Konjunktur einer Kampfvokabel in den Wissenschaften. Frankfurt a. M.: Fischer.

Hagaman, D. (1996). How I Learned Not to be a Photojournalist. Lexington: University of Kentucky Press.

Hagemann-White, C. (1994). Der Umgang mit der Zweigeschlechtlichkeit als Forschungsaufgabe. In: Diezinger, A., Kitzer, H., Anker, I., Bingel, Haas, E. & Odierna, S. (Hg.): Erfahrung mit Methode – Wege sozialwissenschaftlicher Frauenforschung, S. 301–320. Freiburg i. Br.: Kore.

Hahn, A. (1997). Geheimnis. In: Wulf, C. (Hg.): Vom Menschen – Handbuch Historische Anthropologie, S. 1105–1118. Weinheim, Basel: Beltz.

Hall, S. (1990). The Emergence of Cultural Studies and the Crisis of the Humanities, *October*, 53, 11–23.

Hall, S. (1994). Rassismus und kulturelle Identität. Ausgewählte Schriften 2. Hamburg: Argument.

Hall, S. (1996a). Introduction. In: Hall, S., Held, D., Hubert, D. & Thompson, K. (Hg.): Modernity: An Introduction to Modern Societies, S. 3–18. Cambridge, Ma.: Blackwell.

Hall, S. (1996b). New Ethnicities. In: Morley, D., Chen, K. & Hall, S. (Hg.): Critical Dialogues in Cultural Studies, S. 441–444. London: Routledge.

Hall, S. (1996c). The West and the Rest: Discourse and Power. In: Hall, S., Held, D., Hubert, D. & Thompson, K. (Hg.): Modernity: An Introduction to Modern Societies, S. 184–228. Cambridge, Ma.: Blackwell.

Hall, S. (1996d). «What is this ‹Black› in Black Popular Culture?» In: Morley, D., Chen, K. & Hall, S. (Hg.): Critical Dialogues in Cultural Studies, S. 465–475. London: Routledge.

Hall, S. (Hg.) (1997). Representation: cultural representations and signifying practices. London: Sage.

Hall, S. (1999). Die zwei Paradigmen der Cultural Studies. In: Hörning, K. H. & Winter, R. (Hg.): Widerspenstige Kulturen. Cultural Studies als Herausforderung, S. 13–42. Frankfurt a. M.: Suhrkamp.

Hall, S. & Jefferson, T. (Hg.) (1976). Resistance through Rituals. Youth subcultures in post-war Britain. London: Hutchinson.

Hall, S. (1980). Encoding/Decoding. In: Hall, S., Hobson, D., Lowe, A. & Willis, P. (Hg.): Culture, Media, Language, S. 128–138. London: Unwin Hyman (dt. Übersetzung: Kodieren/Dekodieren. In: Bromley, R., Göttlich, U. & Winter, C. [Hg.]: Cultural Studies. Grundlagentexte zur Einführung, S. 92–110. Lüneburg: zu Klampen).

Halliday, M. A. (1978). Language as Social Semiotic. London: Edward Arnold.

Hammersley, M. (1990). Reading Ethnographic Research. A Critical Guide. London, New York: Longman.

Hammersley, M. & Atkinson, P. (1983). Ethnography – Principles in Practice. London, New York: Tavistock.

Hannerz, U. (1992). Cultural complexitiy. Studies in the social organization of meaning. New York: Columbia University Press.

Hannerz, U. (1995). «Kultur» in einer vernetzten Welt. Zur Revision eines ethnologischen Begriffs. In: Kaschuba, W. (Hg.): Kulturen, Identitäten, Diskurse. Perspektiven europäischer Ethnologie, S. 64–84. Berlin: Akademie.

Hanson, N. R. (1965). Notes Toward a Logic of Disovery. In: Bernstein, R. J. (Hg.): Perspectives on Peirce, S. 42–65. New Haven.

Haraway, D. (1995). Primatologie ist Politik mit anderen Mitteln. In: Orland, B. & Scheich, E. (Hg.): Das Geschlecht der Natur – Feministische Beiträge zur Geschichte und Theorie der Naturwissenschaften, S. 136–198. Frankfurt a. M.: Suhrkamp.

Hargreaves, D. H., Hester, S. K. & Mellor, F. J. (1981). Abweichendes Verhalten im Unterricht. Weinheim, Basel: Beltz (zuerst 1975).

Harper, D. (1987). Working Knowledge: Skill and Community in a Small Shop. Chicago: University of Chicago Press.

Harper, D. (1992). Small N's and community case studies. In: Ragin, C. C. & Becker, H. S. (Hg.): What is a case? Exploring the foundations of social inquiry, S. 139–158. Cambridge: University Press.

Harper, D. (1994). On the Authority of the Image: Visual Methods at the Crossroads. In: Denzin, N. K. & Lincoln, Y. S. (Hg.): Handbook of Qualitative Research, S. 403–412. Thousand Oaks, London: Sage.

Harper, D. (1997). Visualizing Structure: Reading Surfaces of Social Life. *Qualitative Sociology*, 20, 57–77.

Harré, R. (1992). The Discursive Creation of Human Psychology. *Symbolic Interaction*, 15, 515–527.

Harré, R. & Gillett, G. (1994). The Discursive Mind. London: Sage.

Harré, R. & Secord, P. F. (1972). The Explanation of Social Behaviour. Oxford: Blackwell.

Hartley, J. F. (1994). Case studies in organizational research. In: Cassell, C. & Symon, G. (Hg.): Qualitative Methods in Organizational Research. A practical Guide, S. 208–229. London: Sage.

Hartmann, H. (1988). Sozialreportagen und Gesellschaftsbild. In: Soeffner, H.-G. (Hg.): Kultur und Alltag. *Soziale Welt*, Sonderband 5, 342–352. Göttingen: Schwartz.

Hauschild, T. (1981). Ethno-Psychoanalyse. Symboltheorien an der Grenze zweier Wissenschaften. In: Schmied-Kowarzik, W. & Stagl, J. (Hg.): Grundfragen der Ethnologie, S. 151–168. Berlin: Reimers.

Hausen, K. & Nowotny, H. (Hg.) (1986). Wie männlich ist die Wissenschaft? Frankfurt a. M.: Suhrkamp.

Hausendorf, H. (1992). Gespräch als System. Linguistische Aspekte einer Soziologie der Interaktion. Opladen: Westdeutscher Verlag.

Have, P. ten (1999). Doing conversation analysis: a practical guide. London: Sage.

Have, P. ten & Psathas, G. (Hg.) (1995). Situated order: Studies in the social organisation of talk and embodied activities. Washington, D. C.: University Press of America.

Hawkes, T. (1977). Structuralism and Semiotics. London: Methuen.

Heald, S. & Deluz, A. (Hg.) (1994). Anthropology and Psychoanalysis. An encounter through culture. London, New York: Routledge.

Heath, C. (1986). Body movement and speech in medical interaction. Cambridge: Cambridge University Press.

Heath, C. (1997). The analysis of activities in face to face interaction using video. In: Silverman, D. (Hg.): Qualitative Research, S. 183–199. London: Sage.

Hebdige, D. (1979). Subculture. The Meaning of Style. London: Methuen.

Heiner, M. (Hg.) (1988a). Praxisforschung in der sozialen Arbeit. Freiburg i. Br.: Lambertus.

Heiner, M. (Hg.) (1988b). Selbstevaluation in der sozialen Arbeit. Freiburg i. Br.: Lambertus.

Heiner, M. (Hg.) (1998). Experimentierende Evaluation. Ansätze zur Entwicklung lernender Organisationen. Weinheim, München: Juventa.

Heinrichs, H. J. (1993). Über Ethnopsychoanalyse, Ethnopsychiatrie und Ethno-Hermeneutik. In: Schmied-Kowarzik, W. & Stagl, J. (Hg.): Grundfragen der Ethnologie, S. 359–380. Berlin: Reimers.

Heinz, W., Kelle, U., Zinn, J. & Witzel, A. (1998). Vocational Training and Career Development in Germany. Results from a Longitudinal Study. *International Journal of Behavioral Development*, 22, 77–101.

Heinze, T., Klusemann, H.-W. & Soeffner, H.-G. (Hg.) (1980). Interpretationen einer Bildungsgeschichte. Bensheim: päd.-extra-Buchverlag.

Helm, D. T., Anderson, W. T. Meehan, A. J. & Rawls, A. W. (Hg.) (1989). Interactional order: New directions in the study of social order. New York: Irvington.

Helmers, S. (1993). Beiträge der Ethnologie zur Unternehmenskultur. In: Dierkes, M., Rosenstiel, L. v. & Steger, U. (Hg.): Unternehmenskultur in Theorie und Praxis, S. 147–187. Frankfurt a. M.: Campus.

Henriques, J., Hollway, W., Urwin, C., Venn, C. & Walkerdine, V. (1998). Changing the Subject: psychology, social regulation and subjectivity (Reissued edition). London: Routledge.

Hepp, A. & Winter, R. (Hg.) (1999). Kultur – Medien – Macht. Cultural Studies und Medienanalyse. Opladen: Westdeutscher Verlag (2., erw. u. überarb. Aufl.).

Heppner, G., Osterhoff, J., Schiersmann, C. & Schmidt, C. (1990). Computer? «Interessieren tät's mich schon, aber …» – Wie sich Mädchen in der Schule mit Neuen Technologien auseinander setzen. Bielefeld: Kleine-Verlag.

Heritage, J. (1984). Garfinkel and ethnomethodology. Oxford: Polity Press.

Heritage, J. C. (1987). Ethnomethodology. In: Giddens, A. & Turner, J. H. (Hg.): Social theory today, S. 224–272. Cambridge: Polity Press.

Hermanns, H. (1991). Narratives Interview. In: Flick, U., Kardorff, E. v., Keupp, H., Rosenstiel, L. v. & Wolff, S. (Hg.): Handbuch Qualitative Sozialforschung, S. 182–185. München: Psychologie Verlags Union.

Hertz, R. & Imber, J. B. (Hg.) (1997). Studying Elites Using Qualitative Methods. Thousand Oaks: Sage.

Herwartz-Emden, L. (1986). Türkische Familien und Berliner Schule. Die deutsche Schule im Spiegel von Einstellungen, Erwartungen und Erfahrungen türkischer Eltern. Eine empirische Untersuchung. Berlin: Express.

Hesse-Biber, S. & Dupuis, P. (1995). Hypothesis testing in computer-aided qualitative data analysis. In: Kelle, U. (Hg.): Computer-aided qualitative data analysis. Theory, Methods and Practice, S. 129–135. London: Sage.

Hester, S. & Eglin, P. (Hg.) (1997). Culture in action: Studies in membership categorization analysis. Washington, D. C.: International Institute for Ethnomethodology and Conversation Analysis & University Press of America.

Hilbert, R. A. (1992). The classical roots of ethnomethodology: Durkheim, Weber, and Garfinkel. Chapel Hill: University of North Carolina Press.

Hildenbrand, B. (1983). Alltag und Krankheit. Ethnographie einer Familie. Stuttgart: Klett.

Hildenbrand, B. (1995). Fallrekonstruktive Forschung. In: Flick, U., Kardorff, E. v., Keupp, H., Rosenstiel, L. v. & Wolff, S. (Hg.): Handbuch Qualitative Sozialforschung, S. 256–259. Weinheim: Beltz (2. Aufl.).

Hildenbrand, B. (1999). Fallrekonstruktive Familienforschung – Anleitungen für die Praxis. Opladen: Leske & Budrich.

Hildenbrand, B. & Walter, J. (1988). «Gemeinsames Erzählen» und Prozesse der Wirklichkeitskonstruktion in familiengeschichtlichen Gesprächen. Zeitschrift für Soziologie 17, 203–217.

Hirschauer, S. (1993). Die soziale Konstruktion der Transsexualität – Über die Medizin und den Geschlechtswechsel. Frankfurt a. M.: Suhrkamp.

Hirschauer, S. (1994). Die soziale Fortpflanzung der Zweigeschlechtlichkeit. Kölner Zeitschrift für Soziologie und Sozialpsychologie, 46, 668–692.

Hirschauer, S. (1995). Dekonstruktion und Rekonstruktion – Plädoyer für die Erforschung des Bekannten. In: Pasero, U. & Braun, F. (Hg.): Konstruktion von Geschlecht, S. 67–88. Pfaffenweiler: Centaurus.

Hirschauer, S. & Amann, K. (Hg.) (1997). Die Befremdung der eigenen Kultur. Zur ethnographischen Herausforderung soziologischer Empirie. Frankfurt a. M.: Suhrkamp.

Hitzler, R. (1988). Sinnwelten. Opladen: Westdeutscher Verlag.

Hitzler, R. (1991). Dummheit als Methode. In: Garz, D. & Kraimer, K. (Hg.): Qualitativ-empirische Sozialforschung, S. 295–318. Opladen: Westdeutscher Verlag.

Hitzler, R. (1993). Die Wahl der Qual. Zeitschrift für Sexualforschung, 3/93, 228–242.

Hitzler, R. (1994). Sinnbasteln. In: Mörth, I. & Fröhlich, G. (Hg.): Das symbolische Kapital der Lebensstile, S. 75–92. Frankfurt a. M., New York: Campus.

Hitzler, R. (1995). Ehe trotz Bonn? In: Matjan, G. (Hg.): Individualisierung und Politik (Kurswechsel Buch), S. 56–62. Wien: Sonderzahl.

Hitzler, R. (1997). Perspektivenwechsel. Soziologie, 5–18.

Hitzler, R. (1999a). Konsequenzen der Situationsdefinition. In: Hitzler, R., Reichertz, J. & Schröer, N. (Hg.): Hermeneutische Wissenssoziologie, S. 289–308. Konstanz: UVK.

Hitzler, R. (1999b). Welten erkunden. Soziale Welt, 4, 473–482.

Hitzler, R., Behring, A., Göschl, A. & Lustig, S. (1996): Signale der Sicherheit. In: Knoblauch, H. (Hg.): Kommunikative Lebenswelten, S. 177–197. Konstanz: UVK.

Hitzler, R. & Honer, A. (1984). Lebenswelt, Milieu, Situation. *Kölner Zeitschrift für Soziologie und Sozialpsychologie*, 36, 56–74.

Hitzler, R. & Honer, A. (1988). Der lebensweltliche Forschungsansatz. *Neue Praxis*, 18, 496–501.

Hitzler, R. & Honer, A. (1991). Qualitative Verfahren zur Lebensweltanalyse. In: Flick, U., Kardorff, E. v., Keupp, H., Rosenstiel, L. v. & Wolff, S. (Hg.): Handbuch Qualitative Sozialforschung. Grundlagen, Konzepte, Methoden und Anwendungen, S. 382–385. München: Psychologie Verlags Union.

Hitzler, R. & Honer, A. (1994). Bastelexistenz. In: Beck, U. & Beck-Gernsheim, E. (Hg.): Riskante Freiheiten, S. 307–315. Frankfurt a. M.: Suhrkamp.

Hitzler, R. & Honer, A. (Hg.) (1997). Sozialwissenschaftliche Hermeneutik. Opladen: Leske & Budrich.

Hitzler, R., Honer, A. & Maeder, C. (Hg.) (1994). Expertenwissen – die institutionalisierte Kompetenz. Opladen: Westdeutscher Verlag.

Hitzler, R. & Pfadenhauer, M. (1998). Let your body take control! Zur ethnographischen Kulturanalyse der Techno-Szene. In: Bohnsack, R. & Marotzki, W. (Hg.): Biographieforschung und Kulturanalyse, S. 75–92. Opladen: Leske & Budrich.

Hitzler, R., Reichertz, J. & Schröer, N. (Hg.) (1999). Hermeneutische Wissenssoziologie. Standpunkte zur Theorie der Interpretation. Konstanz: Universitätsverlag Konstanz.

Hochschild, A. R. (1992). Das gekaufte Herz. Frankfurt a. M.: Campus-Verlag.

Hodder, I. (1994). The Interpretation of Documents and Material Culture. In: Denzin, N. K. & Lincoln, Y. S. (Hg.): Handbook of Qualitative Research. S. 393–402. Thousand Oaks, London, New Delhi: Sage.

Hoffmann, F. (1989). Erfassung, Bewertung und Gestaltung von Unternehmenskulturen. Von der Kulturtheorie zu einem anwendungsorientierten Ansatz. *Zeitschrift für Führung und Organisation*, 3, 168–173.

Hoffmann-Riem, C. (1980). Die Sozialforschung einer interpretativen Soziologie. Der Datengewinn. *Kölner Zeitschrift für Soziologie und Sozialpsychologie*, 32, 339–372.

Hoffmann-Riem, C. (1985). Das adoptierte Kind. Familienleben mit doppelter Elternschaft. München: Fink (2. Aufl.).

Hoffmann-Riem, C. (1993). Elementare Phänomene der Lebenssituation. Weinheim: Deutscher Studien Verlag.

Hoggart, R. (1957). The Uses of Literacy. London: Chatto & Windus.

Hollander, A. N. den (1965). Soziale Beschreibung als Problem. *Kölner Zeitschrift für Soziologie und Sozialpsychologie*, 17, 201–233.

Holstein, J. A. (1992). Producing People – Descriptive Practice in Human Service Work. *Current Research on Occupations and Professions*, 7, 23–39.

Holstein, J. A. & Gubrium, J. F. (1995). The Active Interview. Thousand Oaks, London, New Delhi: Sage.

Holstein, J. A. & Gubrium, J. F. (2000). The Self We Live By: Narrative Identity in a Postmodern World. New York: Oxford University Press.

Honegger, C. (1991). Die Ordnung der Geschlechter – Die Wissenschaften vom Menschen und das Weib 1750–1850. Frankfurt a. M. u. a.: Campus.

Honer, A. (1985a). Bodybuilding als Sinnsystem. *Sportwissenschaft*, 155–169.

Honer, A. (1985b). Beschreibung einer Lebens-Welt. Zur Empirie des Bodybuilding. *Zeitschrift für Soziologie*, 14, 131–139.

Honer, A. (1993). Lebensweltliche Ethnographie. Ein explorativ-interpretativer Forschungsansatz am Beispiel von Heimwerker-Wissen. Wiesbaden: DUV.

Honer, A. (1994a). Aspekte des Selbermachens. Aus der kleinen Lebens-Welt des Heimwerkers. In: Richter, R. (Hg.): Sinnbasteln, S. 138–149. Wien u. a.: Böhlau.

Honer, A. (1994b). Qualitätskontrolle. Fortpflanzungsexperten bei der Arbeit. In: Schröer, N. (Hg.): Interpretative Sozialforschung, S. 178–196. Opladen: Westdeutscher Verlag.

Honer, A. (1994c). Das explorative Interview. *Schweizerische Zeitschrift für Soziologie*, 623–640.

Honer, A. (1999). Bausteine zu einer lebensweltorientierten Wissenssoziologie. In: Hitzler, R., Reichertz, J. & Schröer, N. (Hg.): Hermeneutische Wissenssoziologie, S. 51–67. Konstanz: UVK.

Hopf, C. (1978). Die Pseudo-Exploration – Überlegungen zur Technik qualitativer Interviews in der Sozialforschung. *Zeitschrift für Soziologie*, 7, 97–115.

Hopf, C. (1983). Die Hypothesenprüfung als Aufgabe qualitativer Sozialforschung. *ASI-News*, 6, 33–55.

Hopf, C. (1991a). Qualitative Interviews in der Sozialforschung. Ein Überblick. In: Flick, U., Kardorff, E. v., Keupp, H., Rosenstiel, L. v. & Wolff, S. (Hg.): Handbuch Qualitative Sozialforschung, S. 177–182. München: Psychologie Verlags Union.

Hopf, C. (1991b). Zwischen Betrug und Wahrhaftigkeit. Fragen der Forschungsethik in der Soziologie. *Soziologie*, 2, 174–191.

Hopf, C. (1996). Hypothesenprüfung und qualitative Sozialforschung. In: Strobl, R. & Böttger, A. (Hg.): Wahre Geschichten? Zu Theorie und Praxis qualitativer Interviews, S. 9–21. Baden-Baden: Nomos.

Hopf, C., Rieker, P., Sanden-Markus, M. & Schmidt, C. (1995). Familie und Rechtsextremismus. Familiale Sozialisation und rechtsextreme Orientierungen junger Männer. Weinheim, München: Juventa.

Hopf, C. & Schmidt, C. (Hg.) (1993). Zum Verhältnis von innerfamilialen sozialen Erfahrungen, Persönlichkeitsentwicklung und politischen Orientierungen. Dokumentation und Erörterung des methodischen Vorgehens in einer Studie zu diesem Thema. Hildesheim: vervielfältigtes Manuskript.

Hopper, P. J. (1997). Dualism in the Study of Narrative: A note on Labov and Waletzky. *Journal of Narrative and Life History*, 7, 75–82.

Hopper, R. (Hg.) (1990/91). *Research on Language and Social Interaction*. Special Issue on «Ethnography and conversation analysis», 24, 2–3.

Horkheimer, M. (1988). Geschichte und Psychologie. Gesammelte Schriften, Bd. 3, S. 48–69. Frankfurt a. M.: Fischer (zuerst 1932).

Horn, K., Beier, C. & Wolf, M. (1983). Krankheit, Konflikt und soziale Kontrolle. Eine empirische Untersuchung subjektiver Sinnstrukturen. Opladen: Westdeutscher Verlag.

Hornby, P. & Symon, G. (1994). Tracer studies. In: Cassell, C. G. & Symon, C.

(Hg.): Qualitative Methods in Organizational Research. A practical Guide, S. 157–186. London: Sage.

Hörning, K. H. & Winter, R. (Hg.) (1999). Widerspenstige Kulturen. Cultural Studies als Herausforderung. Frankfurt a. M.: Suhrkamp.

Hornsby-Smith, M. (1993). Gaining Access. In: Gilbert, N. (Hg.): Researching Social Life, S. 52–67. London: Sage.

House, E. (1980). Evaluating with Validity. Beverly Hills: Sage.

House, E. (1993). Professional Evaluation: Social Impact and Political Consequences. Newbury Park: Sage.

House, E. (1994). The Future of Perfect Evaluation. *Evaluation Practice*, 15, 239–248.

Huber, G. L. (1995). Qualitative hypothesis examination and theory building. In: Kelle, U. (Hg.): Computer-aided qualitative data analysis. Theory, Methods and Practice, S. 136–151. London: Sage.

Huber, G. L. (Hg.) (1992). Qualitative Analyse. Computereinsatz in der Sozialforschung. München: Oldenbourg Verlag.

Huberman, A. M. & Miles, M. B. (1994). Data management and analysis. In: Denzin, N. K. & Lincoln, Y. S. (Hg.): Handbook of Qualitative Research, S. 428–444. Thousand Oaks: Sage.

Humboldt, W. v. (1999). Über die Verschiedenheit des menschlichen Sprachbaues und ihren Einfluss auf die geistige Entwicklung des Menschengeschlechts. Opladen: Leske & Budrich (zuerst 1836).

Humphreys, L. (1970). Tearoom trade. London: Duckworth.

Humphreys, L. (1973). Toiletten-Geschäfte – Teilnehmende Beobachtung homosexueller Akte. In: Friedrichs, J. (Hg.): Teilnehmende Beobachtung abweichenden Verhaltens, S. 254–267. Stuttgart: Enke.

Husserl, E. (1969). Die Krisis der europäischen Wissenschaften und die transzendentale Phänomenologie. Husserliana, Bd. IV. Den Haag: Nijhoff (zuerst 1936).

Hutchby, I. & Wooffitt, R. (1998). Conversation analysis: Principles, practices and applications. Oxford: Polity Press.

Irigaray, L. (1987). Zur Geschlechterdifferenz – Interviews u. Vorträge. Wien: Wiener Frauenbuchverlag.

Irle, M. (1963). Soziale Systeme. Göttingen: Hogrefe.

Iser, W. (1978). The Act of Reading. London: Methuen.

Jackson, M. (1998). Minima Ethnographica: Intersubjectivity and the Anthropological Project. Chicago: University of Chicago Press.

Jaeger, H. (1977). Generationen in der Geschichte. *Geschichte und Gesellschaft*, 3, 429–452.

Jahoda, M. (1980/81). Aus den Anfängen der sozialwissenschaftlichen Forschung in Österreich. *Zeitgeschichte*, 8, 133–141.

Jahoda, M. (1989). Arbeitslose bei der Arbeit: die Nachfolgestudie zu «Marienthal» aus dem Jahr 1938. Frankfurt a. M., New York: Campus.

Jahoda, M. (1991). Jahoda, M., Lazarsfeld, P. & Zeisel, H. Die Arbeitslosen von Marienthal. In: Flick, U., Kardorff, E. v., Keupp, H., Rosenstiel, L. v. & Wolff, S. (Hg.): Handbuch Qualitative Sozialforschung – Grundlagen, Konzepte, Methoden und Anwendungen, S. 119–122. Weinheim: Beltz Psychologie Verlags Union.

Jahoda, M. (1995). Nichtreduktionistische Sozialpsychologie – ein fast aussichtsloses Unternehmen, zu faszinierend, um es unversucht zu lassen. In: Jahoda, M., Sozialpsychologie der Politik und Kultur, S. 295–305. Graz, Wien: Nausner & Nausner.

Jahoda, M., Lazarsfeld, P. & Zeisel, H. (1933). Die Arbeitslosen von Marienthal. Leipzig: Hirzel (Frankfurt a. M.: Suhrkamp, 1980).

James, W. (1890). Principles of Psychology. New York: Holt.

Jameson, F. (1976). On Goffman's Frame Analysis. *Theory and Society*, 3, 119–133.

Jaques, E. (1951). The changing culture of a factory. London: Tavistock.

Jefferson, G. (1972). Side sequences. In: Sudnow, D. (Hg.): Studies in social interaction, S. 294–338. New York: The Free Press.

Jefferson, G. (1988). On the sequential organization of troubles-talk in ordinary conversation. *Social Problems*, 35, 418–441.

Jensen, K. B. & Jankowski, N. W. (Hg.) (1991). A Handbook of Qualitative Methodologies for Mass Media Communication Research. London: Routledge.

Jick, T. (1983). Mixing Qualitative and Quantitative Methods: Triangulation in Action. In: Maanen, J. v. (Hg.): Qualitative Methodology, S. 135–148. London: Sage.

Johnson, J. C. (1990). Selecting ethnographic informants. Newbury Park: Sage.

Johnson, J. M. (1975). Doing Field Research. New York: Free Press.

Jones, T. (1998). Interpretative Social Science and the «Native's Point of View» – A Closer Look. *Philosophy of the Social Sciences*, 28, 32–68.

Jorgensen, D. L. (1989). Participant Observation. A Methodology for Human Studies. Newbury Park, London, New Delhi: Sage.

Jugendwerk der Deutschen Shell (Hg.) (1981). Jugend '81. Lebensentwürfe, Alltagskulturen, Zukunftsbilder. Bd. 2. Hamburg: Jugendwerk der Deutschen Shell.

Jugendwerk der Deutschen Shell (Hg.) (1985). Jugendliche und Erwachsene 85, 5 Bde. Opladen: Leske & Budrich.

Jugendwerk der Deutschen Shell (Hg.) (1992). Jugend '92. Lebenslagen, Orientierungen und Entwicklungsperspektiven im vereinigten Deutschland. Bd. 1: Gesamtdarstellung und Biographische Porträts. Opladen: Leske & Budrich.

Jugendwerk der Deutschen Shell (Hg.) (1997). Jugend '97. Zukunftsperspektiven, Gesellschaftliches Engagement, Politische Orientierungen. Opladen: Leske & Budrich.

Jung, P. (1987). Selbstorganisationsleistungen zur Gestaltung der betrieblichen Mikroorganisationen. *Zeitschrift für Organisationspsychologie*, 56, 313–319.

Kahn, R. L. (1977). Organisationsentwicklung: Einige Probleme und Vorschläge. In: Sievers, B. (Hg.): Organisationsentwicklung als Problem, S. 281–301. Stuttgart: Klett.

Kallmeyer, W. (1997). Vom Nutzen des technologischen Wandels in der Sprachwissenschaft – Gesprächsanalyse und automatische Sprachverarbeitung. *Zeitschrift für Literaturwissenschaft und Linguistik*, 27, 124–152.

Kallmeyer, W. (Hg.) (1994 ff.). Kommunikation in der Stadt, Teile 1–4. Berlin, New York: de Gruyter.

Kallmeyer, W. & Schütze, F. (1976). Konversationsanalyse. *Studium Linguistik*, 1, 1–28.

Kallmeyer, W. & Schütze, F. (1977). Zur Konstitution von Kommunikationsschemata der Sachverhaltsdarstellung. In: Wegener, D. (Hg.): Gesprächsanalysen, S. 159–274. Hamburg: Buske.

Kapitan T. (1997). Peirce and the Structure of Abductive Inference. In: Houser, N., Roberts, D. D. & Van Eyra, J. (Hg.): Studies in the Logic of C. S. Peirce, S. 477–496. Bloomington: Indiana University Press.

Kardorff, E. v. (1987). Die Verwendung sozialwissenschaftlichen Wissens in der Fortbildung für Altenpfleger. In: Dallinger, U. (Hg.): Die Arbeit mit älteren Menschen, S. 35–57. Kassel: ASG.

Kardorff, E. v. (1988). Praxisforschung als Forschung der Praxis. In: Heiner, M. (Hg.): Praxisforschung in der sozialen Arbeit, S. 77–100. Freiburg i. Br.: Lambertus.

Kardorff, E. v. (1991a). Goffmans Anregungen für soziologische Handlungsfelder. In: Hettlage, R. & Lenz, K. (Hg.): Erving Goffman – ein soziologischer Klassiker der zweiten Generation, S. 327–354. Bern, Stuttgart: Haupt.

Kardorff, E. v. (1991b): Qualitative Sozialforschung – Versuch einer Standortbestimmung. In: Flick, U., Kardorff, E. v., Keupp, H., Rosenstiel, L. v. & Wolff, S. (Hg.): Handbuch Qualitative Sozialforschung. Grundlagen, Konzepte, Methoden und Anwendungen, S. 3–8. München: Psychologie Verlags Union.

Kardorff, E. v. (1998a). Evaluation. In: Grubitzsch, S. & Weber, K. (Hg.): Psychologische Grundbegriffe. Ein Handbuch, S. 151–154. Reinbek bei Hamburg: Rowohlt.

Kardorff, E. v. (1998b). Laien- und Expertenkulturen – Probleme transkultureller Kommunikation am Beispiel von Therapie und Rehabilitation. In: Ionach, I. (Hg.): Sprache und Sprechen. Band 34, S. 77–89. München: Reinhardt Verlag.

Kardorff, E. v. (2000). Qualitative Forschung in der Rehabilitation. In: Koch, U. & Bengel, J. (Hg.): Handbuch der Rehabilitationswissenschaften, S. 409–428. Berlin, New York, Heidelberg: Springer.

Kardorff, E. v. (2006). Zur gesellschaftlichen Bedeutung und Entwicklung (qualitativer) Evaluationsforschung. In: Flick, U. (Hg.): Qualitative Evaluationsforschung. Konzepte – Methoden – Umsetzungen, S. 63–91. Reinbek bei Hamburg: Rowohlt.

Karp, D. A. (1980). Observing Behavior in Public Places – Problems and Strategies. In: Saffir, W. B., Stebbins, R. A. & Turowetz, A. (Hg.): Fieldwork Experience – Qualitative Approaches to Social Research, S. 82–97. New York: St. Martin's Press.

Kaschube, J. (1993). Betrachtung der Unternehmens- und Organisationskulturforschung aus (organisations-)psychologischer Sicht. In: Dierkes, M., Rosenstiel, L. v. & Steger, U. (Hg.): Unternehmenskultur in Theorie und Praxis, S. 90–146. Frankfurt a. M.: Campus.

Kaufmann, F. X. (1993). Generationsbeziehungen und Generationsverhältnisse im

Wohlfahrtsstaat. In: Lüscher, K. & Schultheis, F. (Hg.): Generationenbeziehun-
gen in «postmodernen» Gesellschaften, S. 95–108. Konstanz: Universitätsverlag.

Kayales, C. (1998). Gottesbilder von Frauen auf den Philippinen: Die Bedeutung
der Subjektivität für eine interkulturelle Hermeneutik. Münster: Lit.

kea 4/1992. Zeitschrift für Kulturwissenschaft, Heft 4: Writing Culture.

Kelle, U. (1994). Empirisch begründete Theoriebildung – Zur Logik und Methodologie interpretativer Sozialforschung. Weinheim: Deutscher Studien Verlag.

Kelle, U. (Hg.) (1995). Computer-Aided Qualitative Data Analysis. Theory, Methods and Practice. London, Thousand Oaks, New Delhi: Sage.

Kelle, U. (1996). Die Bedeutung theoretischen Vorwissens in der Methodologie der
Grounded Theory. In: Strobl, R. & Böttger, A. (Hg.): Wahre Geschichten? Zu
Theorie und Praxis qualitativer Interviews, S. 24–45. Baden-Baden: Nomos.

Kelle, U. (1997). Theory Building in Qualitative Research and Computer Programs
for the Management of Textual Data, Sociological Research Online, 2 (http://
www.socresonline.org.uk/socresonline/2/2/1.html).

Kelle, U. & Erzberger, C. (1999). Integration qualitativer und quantitativer Methoden: methodologische Modelle und ihre Bedeutung für die Forschungspraxis. Kölner Zeitschrift für Soziologie und Sozialpsychologie, 51, 509–531.

Kelle, U., Kluge, S. & Prein, G. (1993). Strategien der Geltungssicherung in der
qualitativen Sozialforschung. Zur Validitätsproblematik im interpretativen Paradigma. Arbeitspapier Nr. 24 des Sfb 186, Bremen: Universität.

Kelle, U. & Kluge, S. (1999). Vom Einzelfall zum Typus. Fallvergleich und Fallkontrastierung in der qualitativen Sozialforschung. Opladen: Leske & Budrich.

Kelle, U. & Laurie, H. (1995). Computer use in qualitative research and issues of
validity. In: Kelle, U. (Hg.): Computer-aided qualitative data analysis. Theory,
Methods and Practice, S. 19–28. London: Sage.

Kelle, U. & Zinn, J. (1998). School-to-Work Transition and Occupational Careers
– Results from a Longitudinal Study in Germany. In: Lange, T. (Hg.): Understanding the School-to-Work Transition, S. 71–90. New York: Nova Science Publishing.

Keller, R. (2004). Diskursforschung. Wiesbaden: VS-Verlag (2. Aufl.).

Keller, R., Hirseland, A., Schneider, W. & Viehöver, A. (Hg.) (2006). Handbuch
Sozialwissenschaftliche Diskursanalyse (Bd. 1): Theorien und Methoden. Wiesbaden: VS-Verlag.

Keppler, A. (1985). Information und Präsentation. Zur politischen Berichterstat-
tung im Fernsehen. Tübingen: Niemeyer.

Keppler, A. (1994). Tischgespräche. Über Formen kommunikativer Vergemein-
schaftung am Beispiel der Konversation in Familien. Frankfurt a. M.: Suhrkamp.

Kessler, S. J. & McKenna, W. (1978). Gender – An Ethnomethodological Approach. New York u. a.: John Wiley & Sons.

Ketner, K. L. (1995). His Glassy Essence. An Autobiography of C. S. Peirce. Nash-
ville and London: Vanderbilt University Press.

Kets de Vries, M. F. & Miller, D. (1986). Personality, Culture, and Organization.
Academy of Management Review, 11, 266–279.

Kettner, M. (1998). Zur Semiotik der Deutungsarbeit. Wie sich Freud mit Peirce gegen Grünbaum verteidigen lässt. *Psyche*, 52, 618–647.

Keupp, H. (Hg.) (1994). Zugänge zum Subjekt. Perspektiven einer reflexiven Sozialpsychologie. Frankfurt a. M.: Suhrkamp.

Kieser, A. (1980). Person und Organisation. In: Graf Hoyos, C., Kroeber-Riehl, W., Rosenstiel, L. v. & Strümpel, B. (Hg.): Grundbegriffe der Wirtschaftspsychologie, S. 467–476. München: Kösel.

Kieser, A. (1988). Von der Morgenansprache zum «Gemeinsamen HP-Frühstück». Zur Funktion von Werten, Mythen, Ritualen und Symbolen. «Organisationskulturen» in der Zunft und in modernen Unternehmen. In: Dülfer, E. (Hg.): Organisationskultur, S. 207–225. Stuttgart.

Kieser, A. & Kubicek, H. (1977). Organisation. Berlin: de Gruyter.

Kirchhöfer, D. (1998). Aufwachsen in Ostdeutschland. Langzeitstudie über die Tagesläufe 10- bis 14-jähriger Kinder. Weinheim: Juventa.

Kirk, J. & Miller, M. L. (1986). Reliability and Validity in Qualitative Research. London, Thousands Oaks, New Delhi: Sage.

Kitsuse, J. I. & Cicourel, A. V. (1963). A Note on the Use of Official Statistics. *Social Problems*, 11, 131–139.

Kitzinger, J. (1994). The Methodology of Focus Groups – The Importance of Interaction between Research Participants. *Sociology of Health & Illness*, 16, 103–121.

Klein, S. (1991). Der Einfluss von Werten auf die Gestaltung von Organisationen. Berlin: Duncker & Humblot.

Klinger, C. (1990). Bis hierher und wie weiter? Überlegungen zur feministischen Wissenschafts- und Rationalitätskritik. In: Krüll, M. (Hg.): Wege aus der männlichen Wissenschaft – Perspektiven feministischer Erkenntnistheorie, S. 21–56. Pfaffenweiler: Centaurus.

Kluge, S. (1999). Empirisch begründete Typenbildung. Zur Konstruktion von Typen und Typologien in der qualitativen Sozialforschung. Opladen: Leske & Budrich.

Kluge, S. & Opitz, D. (1999a). Die Archivierung qualitativer Daten am Sonderforschungsbereich 186 der Universität Bremen. Vortrag. München: Jahrestagung der Arbeitsgruppe «Methoden der qualitativen Sozialforschung» der Deutschen Gesellschaft für Soziologie (DGS – 7./8. Mai).

Kluge, S. & Opitz, D. (1999b). Die Archivierung qualitativer Interviewdaten. Forschungsethik und Datenschutz als Barrieren für Sekundäranalysen? *Soziologie*, 48–63.

Knapp, G.-A. (1988). Die vergessene Differenz. *Feministische Studien*, 6, 12–31.

Knauth, B. & Wolff, S. (1989). Verwendung als Handlungsform. Ein konversationsanalytischer Beitrag zur Verwendungsforschung. *Soziale Welt*, 30, 397–417.

Knauth, B. & Wolff, S. (1990). Realität für alle praktischen Zwecke: Die Sicherstellung von Tatsächlichkeit in psychiatrischen Gerichtsgutachten. *Zeitschrift für Rechtssoziologie*, 11, 211–233.

Knauth, B. & Wolff, S. (1991). Zur Fruchtbarkeit der Konversationsanalyse für die Untersuchung schriftlicher Texte. *Zeitschrift für Soziologie*, 20, 36–49.

Knoblauch, H. (1988). «Wenn Engel reisen ...» – Kaffeefahrten und Altenkultur. *Soziale Welt, Sonderheft 6 «Kultur und Alltag»*, 397–411.

Knoblauch, H. (1991a). Die Welt der Wünschelrutengänger und Pendler. Frankfurt a. M., New York: Campus.

Knoblauch, H. (1991b). The taming of foes: The avoidance of asymmetry in informal discussions. In: Markova, I. & Foppa, K. (Hg.): Asymmetries in Dialogue, S.166–194. Hertfordshire: Harvester.

Knoblauch, H. (1992). Die Welt der Wünschelrutengänger und Pendler. Frankfurt a. M.: Campus.

Knoblauch, H. (1994a). Vom moralischen Kreuzzug zur Sozialtechnologie. Die Nichtrauchkampagne in Kalifornien. In: Hitzler, R., Honer, A. & Maeder, C. (Hg.): Expertenwissen, S. 248–267. Opladen: Westdeutscher Verlag.

Knoblauch, H. A. (1994b). Erving Goffmans Reich der Interaktion. In: Goffman, E.: Interaktion und Geschlecht. Herausgegeben und eingeleitet von H. A. Knoblauch. Mit einem Nachwort von H. Kotthoff, S. 7–49. Frankfurt a. M., New York: Campus.

Knoblauch, H. (1995). Kommunikationskultur. Die kommunikative Konstruktion kultureller Kontexte. Berlin: de Gruyter.

Knoblauch, H. (1996a). Soziologie als strenge Wissenschaft? In: Preyer, G., Peter, G. & Ulfig, A. (Hg.): Protosoziologie im Kontext, S. 93–105. Würzburg: Königshausen & Neumann.

Knoblauch, H. (Hg.) (1996b). Kommunikative Lebenswelten. Zur Ethnographie einer geschwätzigen Gesellschaft. Konstanz: Universitätsverlag.

Knoblauch, H. (1996c). Arbeit als Interaktion: Informationsgesellschaft, Post-Fordismus und Kommunikationsarbeit. *Soziale Welt*, 47, 344–362.

Knoblauch, H. (1997). Zwischen den Geschlechtern? In-Szenierung, Organisation und Identität des Transvestismus. In: Hirschauer, S. & Amann, K. (Hg.): Die Befremdung der eigenen Kultur, S. 84–113. Frankfurt a. M.: Suhrkamp.

Knoblauch, H. (1998). Transzendenzerfahrung und symbolische Kommunikation. In: Tyrell, H., Krech, V. & Knoblauch, H. (Hg.): Religion als Kommunikation, S. 147–186. Würzburg: Ergon.

Knorr-Cetina, K. (1984). Die Fabrikation von Erkenntnis. Frankfurt a. M.: Suhrkamp.

Knorr-Cetina, K. (unter Mitwirkung von: Amann, K., Hirschauer, S. & Schmidt, K.-H.) (1988). Das naturwissenschaftliche Labor als Ort der «Verdichtung» von Gesellschaft. *Zeitschrift für Soziologie*, 17, 85–101.

Knorr-Cetina, K. (1989). Spielarten des Konstruktivismus – Einige Notizen und Anmerkungen. *Soziale Welt*, 40, 86–96.

Knorr-Cetina, K. & Mulkay, M. (Hg.) (1983). Science observed: Perspectives on the social study of science. London: Sage.

Koch-Straube, U. (1997). Fremde Welt Pflegeheim. Eine ethnographische Studie. Bern: Hans Huber.

Kohl, K.-H. (1992). Geordnete Erfahrung. Wissenschaftliche Darstellungsformen und literarischer Diskurs in der Ethnologie. *Soziale Welt, Sonderband 8*, 363–374.

Kohli, M. & Szydlik, M. (Hg.) (2000). Generationen in Familie und Gesellschaft. Opladen: Leske & Budrich.

Kohlstruck, M. (1997). Zwischen Erinnerung und Geschichte – Der Nationalsozialismus und die jungen Deutschen. Berlin: Metropol.

Kondratowitz, H.-J. v. (1993). Verwendung gerontologischen Wissens in der Kommune. Berlin: DZA.

König, E. & Zedler, P. (Hg.) (1995). Bilanz qualitativer Forschung. Band I: Grundlagen qualitativer Forschung. Weinheim: Deutscher Studien Verlag.

König, H. D. (1990). High Noon im Mittelmeer. Die Reinszenierung des Mythos des Westens auf der politischen Bühne. In: Kempf, W. (Hg.): Medienkrieg oder ‹Der Fall Nicaragua›. Politpsychologische Analysen über US-Propaganda und psychologische Kriegführung, S. 169–187. Berlin, Hamburg: Argument.

König, H. D. (1993). Die Methode der tiefenhermeneutischen Kultursoziologie. In: Jung, T. & Müller-Doohm, S. (Hg.): «Wirklichkeit» im Deutungsprozess. Verstehen und Methoden in den Kultur- und Sozialwissenschaften, S. 190–222. Frankfurt a. M.: Suhrkamp.

König, H. D. (1995a). Der in dem Film Basic Instinct inszenierte Geschlechterkampf. In: Müller-Doohm, S. & Neumann-Braun, K. (Hg.): Kulturinszenierungen, S. 141–164. Frankfurt a. M.: Suhrkamp.

König, H. D. (1995b). Die Holocaust-Überlebende und der grinsende Neonazi. Tiefenhermeneutische Rekonstruktion einer Szenensequenz aus dem Bonengel-Film Beruf Neonazi. In: König, H. D. (Hg.): Mediale Inszenierungen rechter Gewalt. Psychosozial, 18, 13–25.

König, H. D. (1995c). Ein Neonazi in Auschwitz. Tiefenhermeneutische Rekonstruktion einer Filmsequenz aus Bonengels Beruf Neonazi und ihre Wirkung im kulturellen Klima der Postmoderne. In: König, H. D. (Hg.): Sozialpsychologie des Rechtsextremismus, S. 372–415. Frankfurt a. M.: Suhrkamp.

König, H. D. (1996a). Hitler als charismatischer Massenführer. Tiefenhermeneutische Fallrekonstruktion zweier Sequenzen aus dem Film Triumph des Willens und ihre sozialisationstheoretische Bedeutung. In: König, H. D. (Hg.): Sozialpsychologie des Rechtsextremismus, S. 41–82. Frankfurt a. M.: Suhrkamp.

König, H.-D. (1996b). Neue Versuche, Becketts Endspiel zu verstehen. Sozialwissenschaftliches Interpretieren nach Adorno. Frankfurt a. M.: Suhrkamp.

König, H. D. (1996c). Methodologie und Methode der tiefenhermeneutischen Kultursoziologie in der Perspektive von Adornos Verständnis kritischer Sozialforschung. In: König, H. D. (Hg.): Neue Versuche, Becketts Endspiel zu verstehen. Sozialwissenschaftliches Interpretieren nach Adorno, S. 314–387. Frankfurt a. M.: Suhrkamp.

König, H. D. (1996d). Todessehnsüchte und letztes Aufbegehren. Eine tiefenhermeneutische Rekonstruktion des Endspiels. In: König, H. D. (Hg.): Neue Versuche, Becketts Endspiel zu verstehen. Sozialwissenschaftliches Interpretieren nach Adorno, S. 250–313. Frankfurt a. M.: Suhrkamp.

König, H. D. (1997a). «Ich trage heute einen Judenstern in der Form eines Hakenkreuzes!» Tiefenhermeneutische Biographieforschung am Beispiel von Bonengels Dokumentarfilm Beruf Neonazi. In: Politisches szenisch entschlüsseln. Tiefenhermeneutik als Verfahren politischer Analyse. *Politisches Lernen*, 3–4/97, 141–176.

König, H. D. (1997b). «Ihr seid ihr selbst und müsst euch selber befreien!» Ideologiekritische und sozialpsychologische Rekonstruktion der Rede eines Neonazis vor Jugendlichen in Cottbus. In: Heim, R. & König, H. D. (Hg.): Generation, Unbewusstes und politische Kultur. *Psychosozial*, 20, 69–90.

König, H. D. (1997c). Tiefenhermeneutik als Methode kultursoziologischer Forschung. In: Hitzler, R. & Honer, A. (Hg.): Sozialwissenschaftliche Hermeneutik, S. 213–241. Opladen: Leske & Budrich.

König, H. D. (Hg.) (1998). Sozialpsychologie des Rechtsextremismus. Frankfurt a. M.: Suhrkamp.

König, H. D. (1999a). Die Identitätskrise eines Soziologiestudenten. Zur Kombination von Soziologie und Psychoanalyse in der Biographieforschung. In: Glatzer, W. (Hg.): Soziologie und Politologie an der Frankfurter Universität, S. 363–373. Opladen: Leske & Budrich.

König, H. D. (1999b). Fasziniert vom Körper eines Neonazis. Soziologische und psychoanalytische Rekonstruktion einer Studentenbiographie. In: Alheit, P. (Hg.): Biographie und Leib – Interdisziplinäre Annäherungen, S. 264–286. Gießen: Psychosozial-Verlag.

Koselleck, R. (1978). Einleitung. In: Brunner, O., Conze, W. & Koselleck, R. (Hg.): Geschichtliche Grundbegriffe – Historisches Lexikon zur politisch-sozialen Sprache in Deutschland. Bd. 1, S. XIII–XXVII. Stuttgart: Klett-Cotta.

Kotthoff, H. (1999). Mahlzeiten mit Moral: Georgische Trinksprüche zwischen Pathos und Poesie. In: Bergmann, J. & Luckmann, T. (Hg.): Von der Moral zu den Moralen. 2 Bde. Opladen: Westdeutscher Verlag.

Kowal, S. & O'Connell, D. C. (1995). Notation und Transkription in der Gesprächsforschung. *KODIKAS/CODE. Ars Semiotica: An International Journal of Semiotics*, 18, 113–138.

Kowal, S. & O'Connell, D. C. (2003a). Datenerhebung und Transkription. In: Rickheit, G., Herrmann, T. & Deutsch, W. (Hg.): Psycholinguistik/Psycholinguistics: Ein Internationales Handbuch/An International Handbook, S. 92–106. Berlin: de Gruyter.

Kowal, S. & O'Connell, D. C. (2003b). Die Transkription mündlicher Äußerungen. In: Herrmann, T. & Grabowski, J. (Hg.): Enzyklopädie der Psychologie – Themenbereich C – Theorie und Forschung, Serie III: Sprache, Bd. 1. Sprachproduktion, S. 101–120. Göttingen: Hogrefe.

Kracauer, S. (1952). The challenge of qualitative content analysis. *Public Opinion Quarterly*, 16, 631–642.

Kraus, W. (1995). Qualitative Evaluationsforschung. In: Flick, U., Kardorff, E. v., Keupp, H., Rosenstiel, L. v. & Wolff, S. (Hg.): Handbuch Qualitative Sozialforschung, S. 412–415. Weinheim, Basel: Psychologie Verlags Union (2. Aufl.).

Kress, G. & Leeuwen, T. v. (1996). Reading images. The grammar of visual design. London, New York: Routledge.

Krippendorff, K. (1980). Content analysis. An Introduction to its Methodology. Beverly Hills: Sage.

Kroeber, A. L. & Parsons, T. (1958). The Concepts of Culture and Social System. *American Sociologist*, 23, 582–583.

Kroner, W. & Wolff, S. (1986). Der praktische Umgang mit Wissenschaft – Reflexion zu einem missglückten Einstieg in das Forschungsfeld. In: Lüdtke, H., Agricola, S. & Karst, U. (Hg.): Methoden der Freizeitforschung, S. 127–154. Opladen: Leske & Budrich.

Kroner, W. & Wolff, S. (1989). Pädagogik am Berg. Verwendung sozialwissenschaftlichen Wissens als Handlungsproblem vor Ort. In: Beck, U. & Bonß, W. (Hg.): Weder Sozialtechnologie noch Aufklärung?, S. 72–121. Frankfurt a. M.: Suhrkamp.

Krotz, F. (1995). Fernsehrezeption kultursoziologisch betrachtet. *Soziale Welt*, 46, 245–265.

Krüger, H. & Marotzki, W. (Hg.) (1999). Handbuch erziehungswissenschaftliche Biographieforschung. Opladen: Leske & Budrich.

Krueger, R. A. (1988). Focus Groups – A Practical Guide for Applied Research. Newbury Park, London, New Delhi: Sage.

Kubicek, H. (1984). Führungsgrundsätze als Organisationsmythen und die Notwendigkeit von Entmythologisierungsversuchen. *Zeitschrift für Betriebswirtschaft*, 54, 4–29.

Kubik, G. (1993). Die mukanda-Erfahrung. In: Van de Loo, M.-J. & Reinhart, M. (Hg.): Kinder. Ethnologische Forschungen in fünf Kontinenten, S. 309–347. München: Trickster.

Kubik, G. (1994). Ethnicity, cultural identity and the psychology of culture contact. In: Béhague, G. (Hg.): Music and Black Ethnicity. The Caribbean and South America, S. 17–46. New Brunswick: Transaction Publishers.

Kuckartz, U. (1995). Case-oriented Quantification. In: Kelle, U. (Hg.): Computer-Aided Qualitative Data Analysis, S. 158–166. London, Thousand Oaks, New Delhi: Sage.

Kuckartz, U. (1997). Qualitative Daten computergestützt auswerten: Methoden, Techniken, Software. In: Friebertshäuser, B. & Prengel, A. (Hg.): Handbuch qualitative Methoden in der Erziehungswissenschaft, S. 584–595. Weinheim, München: Juventa.

Kuckartz, U. (2007). Einführung in die computergestützte Analyse qualitativer Daten. Wiesbaden: VS-Verlag.

Kuckartz, U., Dresing, T., Rädiker, S. & Stefer, C. (2007). Qualitative Evaluation. Der Einstieg in die Praxis. Wiesbaden: VS-Verlag.

Kühlmann, T. M. & Franke, J. (1989). Organisationsdiagnose. In: Roth, E. (Hg.): Organisationspsychologie. Enzyklopädie der Psychologie, Bd. 3, S. 631–651. Göttingen: Hogrefe.

Kuhn, T. (1962). Die Struktur wissenschaftlicher Revolutionen. Frankfurt a. M: Suhrkamp.

Kuper, A. (1973). Among the anthropologists. History and context in anthropology. New York: Pica Pr.

Kurtz, T. (2007). Sociological Theory and Sociological Practice. *Acta Sociologica*, 50, 283–294.

Kvale, S. (1989). To Validate is to Question. In: Kvale, S. (Hg.): Issues of Validity in Qualitative Research, S. 73–92. Lund: Studentlitteratur.

Kvale, S. (1995a). Validierung: Von der Beobachtung zu Kommunikation und Handeln. In: Flick, U., Kardorff, E. v., Keupp, H., Rosenstiel, L. v. & Wolff, S. (Hg.): Handbuch Qualitative Sozialforschung, S. 427–431. Weinheim, Basel: Psychologie Verlags Union (2. Aufl.).

Kvale, S. (1995b). The social construction of validity. *Qualitative Inquiry*, 1, 19–40.

Kvale, S. (1996). InterViews. An Introduction to Qualitative Research Interviewing. Thousand Oaks, London, New Delhi: Sage.

Kvale, S. (2007) Doing Interviews. London. Thousand Oaks, New Delhi: Sage.

Labov, W. & Waletzky, J. (1997). Narrative Analysis: Oral Versions of Personal Experience. *Journal of Narrative & Life History*, 7, 3–38 (zuerst 1967).

Lachmund, J. & Stollberg, G. (Hg.) (1992). The Social Construction of Illness. Illness and Medical Knowledge in Past and Present. Stuttgart: Steiner.

Lamnek, S. (1995). Qualitative Sozialforschung. Bd. 1. Methodologie. Bd. 2. Methoden und Techniken. Weinheim: Beltz, Psychologie Verlags Union (4. Aufl. in einem Band 2005).

Lamnek, S. (1998). Gruppendiskussion – Theorie und Praxis. Weinheim: Psychologie Verlags Union.

Lange, E. (1983). Zur Entwicklung und Methodik der Evaluationsforschung in der Bundesrepublik Deutschland. *Zeitschrift für Soziologie*, 12, 253–265.

Langer, S. K. (1965). Philosophie auf neuem Wege. Das Symbol im Denken, im Ritus und in der Kunst. Frankfurt a. M.: Suhrkamp.

Laqueur, T. (1992). Auf den Leib geschrieben – Die Inszenierung der Geschlechter von der Antike bis Freud. Frankfurt a. M. u. a.: Campus.

Latour, B. & Woolgar, S. (1979). Laboratory Life. The social construction of Scientific Facts. Beverly Hills: Sage.

Lau, T. (1992). Die heiligen Narren. Punk 1976–1986. Berlin, New York: de Gruyter.

Lau, T. & Wolff, S. (1981). Bündnis wider Willen – Sozialarbeiter und ihre Akten. *Neue Praxis*, 11, 199–214.

Lau, T. & Wolff, S. (1983). Der Einstieg in das Untersuchungsfeld als soziologischer Lernprozess. *Kölner Zeitschrift für Soziologie und Sozialpsychologie*, 35, 417–437.

LeCompte, M. D. & Preissle, J. (1993). Ethnography and Qualitative Design in Educational Research. San Diego: Academic Press (2. Auflage).

Lee, R. M. (1993). Doing Research On Sensitive Topics. London: Sage.

Lee, R. M. & Fielding, N. G. (1996). Qualitative data analysis: Representations of a technology. A comment on Coffey, Holbrook and Atkinson. *Sociological Research Online*, (1) 4 (http://www.socresonline.org.uk/socresonline/1/4/lf.html).

Leech, G., Myers, G. & Thomas, J. (Hg.) (1995). Spoken English on computer – Transcription, mark-up, and application. Harlow, England: Longman.

Legewie, H. (1987). Interpretation und Validierung biographischer Interviews. In:

Jüttemann, G. & Thomae, H. (Hg.): Biographie und Psychologie, S. 138–150. Heidelberg: Springer Verlag.

Legewie, H., Jaeggi, E., Böhm, A., Boehnke, K. & Faas, A. (1989). Längerfristige psychische Folgen von Umweltbelastungen. Berlin: Institut für Psychologie der Technischen Universität (Endbericht zum Forschungsprojekt FIP 2/17).

Legge, K. (1984). Evaluating Planned Organizational Change. London: Academic Press.

Leggewie, C. (1995). Die 89er – Porträt einer Generation. Hamburg: Hoffmann & Campe.

Leisering, L. (1992). Sozialstaat und demographischer Wandel – Wechselwirkungen, Generationsverhältnisse, politisch-institutionelle Steuerung. Frankfurt a. M., New York: Campus.

Leithäuser, T. & Volmerg, B. (1988). Psychoanalyse in der Sozialforschung. Eine Einführung am Beispiel einer Sozialpsychologie der Arbeit. Opladen: Westdeutscher Verlag.

Lemert, C. (1997). Postmodernism Is Not What You Think. Malden, Ma.: Blackwell.

Lenz, K. (1991). Goffman – ein Strukturalist? In: Hettlage, R. & Lenz, K. (Hg.): Erving Goffman – ein soziologischer Klassiker der zweiten Generation, S. 243–300. Bern, Stuttgart: Haupt.

Lepenies, W. (1985). Die drei Kulturen – Soziologie zwischen Literatur und Wissenschaft. München: Hanser.

Lepenies, W. (1997). Die Sozialwissenschaften nach dem Ende der Geschichte. In: Lepenies, W.: Benimm und Erkenntnis. Zwei Vorträge, S. 51–100. Frankfurt a. M.: Suhrkamp.

Leschinsky, A. (1988). Lebenslaufforschung – ein neues Paradigma sozial- und erziehungswissenschaftlicher Forschung. *Zeitschrift für Pädagogik*, 34, 19–23.

Leuzinger, M. (1998). Qualitative und quantitative Einzelfallforschung. Versuch einer Bruckenbildung zwischen klinischer «Junktim-Forschung» und nachträglicher «extraklinischer» Psychotherapieforschung. *Psychotherapieforum*, 6, 102–117.

Levenstein, A. (1912). Die Arbeiterfrage. München: Reinhardt.

Levi, I. (1995). Induction according to Peirce. In: Ketner, K. L. (Hg.): Peirce and Contemporary Thought, S. 59–93. New York: Fordham University Press.

Levinson, S. C. (1990). Pragmatik. Tübingen: Niemeyer.

Lévi-Strauss, C. (1978). Strukturale Anthropologie I. Frankfurt a. M.: Suhrkamp.

Lévi-Strauss, C. (1981). Die elementaren Strukturen der Verwandtschaft. Frankfurt a. M.: Suhrkamp.

Lewin, K. (1947). Frontiers in Group. *Human Relations*, 1, 5–41.

Lewin, K. (1976). Die Lösung sozialer Konflikte. Bad Nauheim: Christian (3. Aufl.).

Lewin, M. (1986). Psychologische Forschung im Umriss. Berlin, Heidelberg, New York, Tokio: Springer Verlag.

Lewins, A. & Silver, C. (2007). Using Software in Qualitative Research: A Step-by-Step Guide. London: Sage.

Lewis, O. (1971). La vida – Eine puertoricanische Familie in der Kultur der Armut. Düsseldorf, Wien: Econ.

Leymann, H. (1993). Mobbing. Psychoterror am Arbeitsplatz und wie man sich dagegen wehren kann. Reinbek bei Hamburg: Rowohlt.

Lichtenberg, G. C. (1983). Sudelbücher (1765–1799). In: Lichtenberg, G. C., Schriften und Briefe, Bd. I, S. 63–526. Frankfurt a. M.: Insel.

Liebau, E. (1987). Gesellschaftliches Subjekt und Erziehung. Weinheim: Beltz.

Lieberson, S. (1992). Small N's and big conclusions: an examination of the reasoning in comparative studies based on a small number of cases. In: Ragin, C. C. & Becker, H. S. (Hg.): What is a case? Exploring the foundations of social inquiry, S. 105–118. Cambridge: University Press.

Liebes, T. & Katz, E. (1990). The Export of Meaning. Cross-cultural readings of *Dallas*. Oxford: Oxford University Press.

Lincoln, Y. S. (1994). Tracks towards a postmodern politics of evaluation. *Evaluation Practice*, 15, 299–310.

Lincoln, Y. S. & Denzin, N. K. (1998). The Fifth Moment. In: Lincoln, Y. S. & Denzin, N. K. (Hg.): The Landscape of Qualitative Research. Theories and Issues, S. 407–429. Thousand Oaks: Sage.

Lincoln, Y. S. & Guba, E. G. (1985). Naturalistic Inquiry. Beverly Hills: Sage.

Lindemann, G. (1993). Das paradoxe Geschlecht – Transsexualität im Spannungsfeld von Körper, Leib und Gefühl. Frankfurt a. M.: Suhrkamp.

Lindner, R. (1981). Die Angst des Forschers vor dem Feld. *Zeitschrift für Volkskunde*, 77, 51–70.

Lindner, R. (1990). Die Entdeckung der Stadtkultur. Soziologie aus der Erfahrung der Reportage. Frankfurt a. M.: Suhrkamp.

Lindsay, J. & O'Connell, D. C. (1995). How do transcribers deal with audio recordings of spoken discourse? *Journal of Psycholinguistic Research*, 24, 101–115.

Linell, P. (1998). Approaching dialogue: Talk, interaction and contexts in dialogical perspectives. Amsterdam: John Benjamins.

Lisch, R. & Kriz, J. (1978). Grundlagen und Modelle der Inhaltsanalyse. Reinbek bei Hamburg: Rowohlt.

Lissmann, U. (1997). Inhaltsanalyse von Texten. Landau: Verlag Empirische Pädagogik.

List, E. (1983). Alltagsrationalität und soziologischer Diskurs: Erkenntnis- und wissenschaftstheoretische Implikationen der Ethnomethodologie. Frankfurt a. M.: Campus.

Livingston, E. (1986). The ethnomethodological foundations of mathematics. London: Routledge & Kegan Paul.

Lofland, J. (1980). Early Goffman – Style, Structure, Substance, Soul. In: Ditton, J. (Hg.): The View from Goffman, S. 1–23. New York: Macmillan.

Lofland, J. & Lofland, L. H. (1984). Analyzing Social Settings: A Guide to Qualitative Observation and Analysis. Belmont, Ca.: Wadsworth Publishing Company.

Lofland, J. F. & Lejeune, R. A. (1960). Initial interaction of newcomers in Alcoholics Anonymous: A field experiment in class symbols and socialization. *Social Problems*, 8, 102–111.

Lonkila, M. (1995). Grounded theory as an emerging paradigm for computer-assisted qualitative data analysis. In: Kelle, U. (Hg.): Computer-aided qualitative data analysis. Theory, Methods and Practice, S. 41–51. London: Sage.

Loos, P. & Schäffer, B. (2000). Das Gruppendiskussionsverfahren – Theoretische Grundlagen und empirische Anwendung. Opladen: Leske & Budrich.

Lorenzer, A. (1970). Sprachzerstörung und Rekonstruktion. Frankfurt a. M.: Suhrkamp.

Lorenzer, A. (1971). Symbol, Interaktion und Praxis. In: Lorenzer, A. et al.: Psychoanalyse als Sozialwissenschaft. Frankfurt a. M.: Suhrkamp.

Lorenzer, A. (1972). Zur Begründung einer materialistischen Sozialisationstheorie. Frankfurt a. M.: Suhrkamp.

Lorenzer, A. (1974). Die Wahrheit der psychoanalytischen Erkenntnis. Ein historisch-materialistischer Entwurf. Frankfurt a. M.: Suhrkamp.

Lorenzer, A. (1981a). Das Konzil der Buchhalter. Die Zerstörung der Sinnlichkeit. Eine Religionskritik. Frankfurt a. M.: Fischer.

Lorenzer, A. (1981b). Zum Beispiel ‹Der Malteser Falke›. Analyse der psychoanalytischen Untersuchung literarischer Texte. In: Urban, B. & Kudszus, W. (Hg.): Psychoanalytische und psychopathologische Literaturinterpretation, S. 23–46. Darmstadt: Wissenschaftliche Buchgesellschaft.

Lorenzer, A. (1986). Tiefenhermeneutische Kulturanalyse. In: König, H. D., Lorenzer, A., Lüdde, H., Naghol, S., Prokop, U., Schmid Noerr, G. & Eggert, A. (Hg.): Kultur-Analysen. Psychoanalytische Studien zur Kultur, S. 11–98. Frankfurt a. M.: Fischer.

Lorenzer, A. (1990). Verführung zur Selbstpreisgabe – psychoanalytisch-tiefenhermeneutische Analyse des Gedichtes von Rudolf Alexander Schröder. *Kulturanalysen*, 2, 261–277.

Lotringer, S. (1983). New Yorker Gespräche. Berlin: Merve.

Lübbe, H. (1983). Der Nationalsozialismus im deutschen Nachkriegsbewusstsein. *Historische Zeitschrift*, 236, 579–599.

Luckmann, B. (1970). The Small Life-Worlds of Modern Man. *Social Research*, 4, 580–596.

Luckmann, T. (Hg.) (1978). Phenomenology and Sociology. Harmondsworth: Penguin.

Luckmann, T. (1979). Phänomenologie und Soziologie. In: Sprondel, W. & Grathoff, R. (Hg.): Alfred Schütz und die Idee des Alltags in den Sozialwissenschaften, S. 196–206. Stuttgart: Enke.

Luckmann, T. (1980). Lebenswelt und Gesellschaft. Paderborn u. a.: Schöningh.

Luckmann, T. (1983). Eine phänomenologische Begründung der Sozialwissenschaften? In: Henrich, D. (Hg.): Kant oder Hegel?, S. 506–518. Stuttgart: Klett-Cotta.

Luckmann, T. (1986). Grundformen der gesellschaftlichen Vermittlung des Wissens: Kommunikative Gattungen. *Kölner Zeitschrift für Soziologie und Sozialpsychologie*, Sonderheft 27, 191–211.

Luckmann, T. (1989). Kultur und Kommunikation. In: Haller, M., Hoffmann-Nowottny, H.-J. & Zapf, W. (Hg.): Kultur und Gesellschaft (Verhandlungen des Soziologentags in Zürich 1988), S. 33–45. Frankfurt a. M., New York: Campus.

Luckmann, T. (1990). Lebenswelt: Modebegriff oder Forschungsprogramm. *Grundlagen der Weiterbildung*, 1, 9–13.

Luckmann, T. (1992). Theorie des sozialen Handelns. Berlin, New York: de Gruyter.

Luckmann, T. (1993). Schützsche Protosoziologie? In: Bäumer, A. & Benedikt, M. (Hg.): Gelehrtenrepublik – Lebenswelt, S. 321–326. Wien: Passagen.

Luckmann, T. & Gross, P. (1977). Analyse unmittelbarer Kommunikation und Interaktion als Zugang zum Problem der Konstitution sozialwissenschaftlicher Daten. In: Bielefeld, H.-U. (Hg.): Soziolinguistik und Empirie, S. 198–207. Wiesbaden: Athenäum.

Lüders, C. (1995). Von der teilnehmenden Beobachtung zur ethnographischen Beschreibung. In: König, E. & Zedler, P. (Hg.): Bilanz qualitativer Forschung. Bd. 2: Methoden, S. 311–342. Weinheim: Deutscher Studien Verlag.

Lüders, C. (1996). Between Stories – Neue Horizonte der qualitativen Sozialforschung? Zu: Denzin, N. K. & Lincoln, Y. S. (Hg.): Handbook of Qualitative Research. *Sozialwissenschaftliche Literaturrundschau*, 19, 19–29.

Lüders, C. (2006). Qualitative Daten als Grundlage der Politikberatung. In: Flick, U. (Hg.): Qualitative Evaluationsforschung. Konzepte – Methoden – Umsetzungen, S. 444–462. Reinbek bei Hamburg: Rowohlt.

Lüders, C. & Reichertz, J. (1986). Wissenschaftliche Praxis ist, wenn alles funktioniert und keiner weiß warum. Bemerkungen zur Entwicklung qualitativer Sozialforschung. *Sozialwissenschaftliche Literaturrundschau*, 12, 90–102.

Lueger, M. & Schmitz, Ch. (1984). Das offene Interview. Theorie – Erhebung – Rekonstruktion latenter Strukturen. Wien: Service-Fachverlag.

Luhmann, N. (1972). Einfache Sozialsysteme. *Zeitschrift für Soziologie*, 1, 85–107.

Luhmann, N. (1990a). Soziologische Aufklärung 5 – Konstruktivistische Perspektiven. Opladen: Westdeutscher Verlag.

Luhmann, N. (1990b). Die Wissenschaft der Gesellschaft. Frankfurt a. M.: Suhrkamp.

Luhmann, N. (1997). Die Gesellschaft der Gesellschaft. Frankfurt a. M.: Suhrkamp.

Lunt, P. & Livingstone, S. (1996). Rethinking the Focus Group in Media Research: *Journal of Communication*, 46, 79–98.

Lutz, B., Hartmann, M. & Hirsch-Kreinsen, H. (Hg.) (1996). Produzieren im 21. Jahrhundert. Frankfurt a. M.: Campus.

Lynch, M. (1985). Art and artifact in laboratory science: A study of shop work and shop talk in a research laboratory. London: Routledge & Kegan Paul.

Lynch, M. (1993). Scientific practice and ordinary action: Ethnomethodology and social studies of science. Cambridge: Cambridge University Press.

Lynch, M., Livingston, E. & Garfinkel, H. (1985). Zeitliche Ordnung in der Arbeit des Labors. In: Bonß, W. & Hartmann, H. (Hg.): Entzauberte Wissenschaft. *Soziale Welt*, Sonderheft 3, 179–206. Göttingen: Schwartz.

Lyotard, F. (1980). Das postmoderne Wissen: ein Bericht. Wien: Passagen.

MacWhinney, B. (1995). The CHILDES project – Tools for analyzing talk. Hillsdale, N. J.: Erlbaum (2. Aufl.).

Madaus, L. G. F., Scriven, M. & Stufflebeam, D. L. (Hg.) (1983). Evaluation Models. Boston: Kluwer-Nijhoff.

Maeder, C. (1995). In totaler Gesellschaft. St. Gallen, Bamberg: Dissertationsdruck.

Maeder, C. & Brosziewski, A. (1997). Ethnographische Semantik. In: Hitzler, R. & Honer, A. (Hg.): Sozialwissenschaftliche Hermeneutik, S. 335–362. Opladen: Leske & Budrich.

Mahnkopf, B. (1985). Verbürgerlichung. Die Legende vom Ende des Proletariats. Frankfurt, New York: Campus.

Mai, T. V. (1983). Vietnam: un peuple, deux voix. Paris: Pierre Horay.

Maier, C. (1996). Das Leuchten der Papaya: Ein Bericht von den Trobriandern in Melanesien. Hamburg: Europ. Verlagsanstalt.

Mainiero, L. A. (1994). Liebe im Büro – Flirts, Intrigen und Karrieren am Arbeitsplatz. Stuttgart: Kreuz.

Malinowski, B. (1935). Coral Gardens and their magic. A study of the methods of tilling the soil and agricultural rites in the Trobriand Islands. New York: American Book Company (dt. Frankfurt a. M.: Syndikat, 1981).

Malinowski, B. (1986). Ein Tagebuch im strikten Sinne des Wortes. Neuguinea 1914–1918. Frankfurt a. M.: Syndikat (orig. 1967).

Mangold, W. (1960). Gegenstand und Methode des Gruppendiskussionsverfahrens. Frankfurt a. M.: Europäische Verlagsanstalt.

Mangold, W. (1973). Gruppendiskussionen. In: König, R. (Hg.): Handbuch der empirischen Sozialforschung, Bd. 2, S. 228–259. Stuttgart: Enke (3. Aufl.).

Mannheim, K. (1964a). Beiträge zur Theorie der Weltanschauungsinterpretation. In: Mannheim, K.: Wissenssoziologie, S. 91–154. Neuwied: Luchterhand (urspr. 1921–1922. In: *Jahrbuch für Kunstgeschichte* I, XV, 4).

Mannheim, K. (1964b). Das Problem der Generationen. In: Mannheim, K.: Wissenssoziologie – Auswahl aus dem Werk, S. 509–565 (ursprünglich 1928, *Kölner Vierteljahreshefte für Soziologie*, 7, Heft 2).

Mannheim, K. (1980). Strukturen des Denkens. Frankfurt a. M.: Suhrkamp (ursprünglich 1922–1925, unveröff. Manuskript).

Manning, K. (1997). Authenticity in Constructivist Inquiry: Methodological Considerations without Prescriptions. *Qualitative Inquiry*, 3, 93–115.

Manning, P. (1992). Erving Goffman and Modern Sociology. Stanford: Polity Press.

Marcus, G. E. (1986). Contemporary Problems of Ethnography in the Modern World System. In: Clifford, J. & Marcus, G. E. (Hg.): Writing Culture. The Poetics and Politics of Ethnography, S. 165–193. Berkeley, Los Angeles, London: University of California Press.

Marcus, G. E. (1994). What comes after ‹post›. The case of ethnography. In: Denzin, N. K. & Lincoln, Y. S.: Handbook of Qualitative Research, S. 563–574. Thousand Oaks, London: Sage.

Marcus, G. E. & Fischer, M. M. (1986). Anthropology as Cultural Critique. An Experimental Moment in the Human Sciences. Chicago: University of Chicago Press.

Margolis, E. (1998). Picturing Labor: A Visual Ethnography of the Coal Mine Labor Process. *Visual Sociology*, 13, 5–36.

Markowitz, J. (1979). Die soziale Situation. Frankfurt a. M.: Suhrkamp.

Marotzki, W. (1995a). Qualitative Bildungsforschung. In: König, E. & Zedler, P. (Hg.): Bilanz qualitativer Forschung. Band I: Grundlagen qualitativer Forschung, S. 99–134. Weinheim: Deutscher Studien Verlag.

Marotzki, W. (1995b). Forschungsmethoden der erziehungswissenschaftlichen Biographieforschung. In: Krüger, H. H. & Marotzki, W. (Hg.): Erziehungswissenschaftliche Biographieforschung, S. 55–89. Opladen: Leske & Budrich.

Marotzki, W. (1997a). Biographieanalyse als mikrologische Zeitdiagnose. Eine methodologisch inspirierte Relektüre der Schriften Walter Benjamins. In: Frischmann, B. & Mohr, G. (Hg.): Erziehungswissenschaft – Bildung – Philosophie, S. 131–148. Weinheim: Deutscher Studien Verlag.

Marotzki, W. (1997b). Morphologie eines Bildungsprozesses. Eine mikrologische Studie. In: Nittel, D. & Marotzki, W. (Hg.): Berufslaufbahn und biographische Lernstrategien. Eine Fallstudie über Pädagogen in der Privatwirtschaft, S. 83–117. Hohengehren: Schneider.

Marotzki, W. & Kokemohr, R. (Hg.) (1991). Biographien in komplexen Institutionen. Weinheim: Deutscher Studien Verlag.

Marshall, C. & Rossman, G. B. (2006). Designing Qualitative Research. Thousand Oaks, London, New Delhi: Sage (4. Aufl.).

Marx, W. (1987). Die Phänomenologie Edmund Husserls. München: Fink.

Mason, J. (1997). Qualitative Researching. London, Thousands Oaks, New Delhi: Sage Publications (2. Aufl. 2002).

Matthes, J. (1985). Die Soziologen und ihre Wirklichkeit – Anmerkungen zum Wirklichkeitsverhältnis der Soziologie. In: Bonß, W. & Hartmann, H. (Hg.): Entzauberte Wissenschaft. *Soziale Welt*, Sonderband 3, 49–64. Göttingen: Schwartz.

Matthiesen, U. (1983). Das Dickicht der Lebenswelt und die Theorie des kommunikativen Handelns. München: Fink.

Matthiesen, U. (1991). Lebenswelt/Lebensstil. *Sociologia Internationalis*, 31–56.

Matthiesen, U. (1998). An den Rändern der deutschen Hauptstadt – Regionalkulturelle Suburbanisierungsprozesse im Märkischen Sand – zwischen ‹Hightech-Kathedralen› und ‹Nationalpark DDR›. *Berliner Journal für Soziologie*, 8, 245–268.

Maxwell, J. A. (2005). Qualitative Research Design – An Interactive Approach. Thousand Oaks, London, New Delhi: Sage (2. Aufl.).

Mayer, K. U. & Blossfeld, H. P. (1990). Die gesellschaftliche Konstruktion sozialer Ungleichheit im Lebenslauf. In: Berger, P. A. & Hradil, S. (Hg.): Lebenslagen, Lebensläufe, Lebensstile. *Soziale Welt*, Sonderband 7, 297–316. Göttingen: Schwartz.

Mayer, K. U. (1990). Lebensverläufe und sozialer Wandel. Anmerkungen zu einem Forschungsprogramm. In: Mayer, K. U. (Hg.): Lebensverläufe und sozialer Wandel. *Kölner Zeitschrift für Soziologie und Sozialpsychologie*, Sonderheft 31, 7–21.

Maynard, D. W. (Hg.) (1988). *Social Problems*. Special issue on «Language, interaction, and social problems». 35, 4.

Maynard, D. W. & Clayman, S. (1991). The diversity of ethnomethodology. *Annual Review of Sociology*, 17, 385–418.

Mayntz, R. (1985). On the Use and Non-use of Methodological Rules in Social Research. In: Gerhardt, U. E. & Wadsworth, M. E. (Hg.): Stress and Stigma, S. 39–52. Frankfurt a. M., London, New York: Campus.

Mayntz, R., Holm, K. & Hübner, P. (1969). Einführung in die Methoden der empirischen Sozialforschung. Köln: Westdeutscher Verlag.

Mayring, P. (1983). Qualitative Inhaltsanalyse. Grundlagen und Techniken. Weinheim, Basel: Beltz (6. Aufl. 1997).

Mayring, P. (1993). Einführung in die qualitative Sozialforschung. Weinheim: Beltz (5. Aufl. 2002).

Mayring, P. (1996). Lehrbuch qualitativer Forschung. Eine Einführung in qualitatives Denken. Weinheim: Psychologie Verlags Union (3. Aufl.).

Mayring, P., König, J. & Birk, N. (1996). Computerunterstützte Qualitative Inhaltsanalyse von Berufsbiographien arbeitsloser LehrerInnen in den Neuen Bundesländern. In: Bos, W. & Tarnai, C. (Hg.): Computergestützte Inhaltsanalyse in der Empirischen Pädagogik, Psychologie und Soziologie, S. 105–120. Münster: Waxmann.

McCabe, C. (1974). Realism and the Cinema: Notes on some Brechtian themes. In: McCabe, C. (Hg.): Theoretical Essays, S. 34–39. Manchester: Manchester University Press.

McCall, G. J. & Simmons, J. L. (Hg.) (1969). Issues in Participant Observation: A Text and Reader. Reading, Ma.: Addison-Wesley.

McHoul, A. W. (1982). Telling How Texts Talk. Oxford: Blackwell.

McRobbie, A. (1980). Settling Accounts with Subcultures. *Screen Education*, 34, 37–49.

McRobbie, A. (1998). British Fashion Design. Rag Trade or Image Industry? London, New York: Routledge.

Mead, G. H. (1934). Geist, Identität und Gesellschaft. Frankfurt a. M.: Suhrkamp, 1973.

Mead, G. H. (1969). Sozialpsychologie. Eingeleitet und herausgegeben von Anselm Strauss. Neuwied, Berlin: Luchterhand.

Mead, M. (1958). Mann und Weib. Das Verhältnis der Geschlechter in einer sich wandelnden Welt. Reinbek bei Hamburg: Rowohlt.

Mehan, H. & Wood, H. (1975). The reality of ethnomethodology. New York: Wiley.

Meier, C. (1997). Arbeitsbesprechungen: Interaktionsstruktur, Interaktionsdynamik und Konsequenzen einer sozialen Form. Opladen: Westdeutscher Verlag.

Meier, C. (1998). Zur Untersuchung von Arbeits- und Interaktionsprozessen anhand von Videoaufzeichnungen. *Arbeit. Zeitschrift für Arbeitsforschung, Arbeitsgestaltung und Arbeitspolitik*, 7, 257–275.

Meinefeld, W. (1995). Realität und Konstruktion – Erkenntnistheoretische Grundlagen einer Methodologie der empirischen Sozialforschung. Opladen: Leske & Budrich.

Meinefeld, W. (1997). Ex-ante-Hypothesen in der Qualitativen Sozialforschung: zwischen «fehl am Platz» und «unverzichtbar». *Zeitschrift für Soziologie*, 26, 22–34.

Menschik-Bendele, J. & Ottomeyer, K. (1998). Sozialpsychologie des Rechtsradikalismus. Entstehung und Veränderung eines Syndroms. Opladen: Leske & Budrich.

Merkens, H. (1986). Vorwissen und Hypothesenbildung beim Prozess des Beobachtens – Überlegungen zu den Grenzen der Beobachtung in der Arbeitsmigrantenforschung. In: Hoffmeyer-Zlotnik, H. P. (Hg.): Qualitative Methoden der Datenerhebung in der Arbeitsmigrantenforschung, S. 78–108. Mannheim: Forschung Raum und Gesellschaft e.V.

Merkens, H. (1997). Stichproben bei qualitativen Studien. In: Friebertshäuser, B. & Prengel, A. (Hg.): Handbuch qualitative Forschungsmethoden in der Erziehungswissenschaft, S. 97–106. Weinheim: Juventa.

Merten, K. (1983). Inhaltsanalyse. Einführung in Theorie, Methode und Praxis. Opladen: Westdeutscher Verlag.

Mertens, W. & Lang, H.-J. (1991). Die Seele im Unternehmen. Berlin: Springer.

Merton, R. K. (1968). The Bearing of Empirical Research on Sociological Theory. In: Merton, R. K.: Social Theory and Social Structure, S. 156–171. New York, London: The Free Press.

Merton, R. K. (1987). The Focused Interview and Focus Groups – Continuities and Discontinuities. *Public Opinion Quarterly*, 51, 550–556.

Merton, R. K., Fiske, M. & Kendall, P. L. (1956). The focused interview. A manual of problems and procedures. Glencoe, Ill.: The Free Press.

Merton, R. K. & Kendall, P. L. (1979). Das fokussierte Interview. In: Hopf, C. & Weingarten, E. (Hg.): Qualitative Sozialforschung, S. 171–204. Stuttgart: Klett-Cotta (zuerst 1945/46).

Meuser, M. (1998). Geschlecht und Männlichkeit – Soziologische Theorie und kulturelle Deutungsmuster. Opladen: Leske & Budrich.

Meuser, M. & Nagel, U. (1991). ExpertInneninterviews – vielfach erprobt, wenig bedacht. Ein Beitrag zur qualitativen Methodendiskussion. In: Garz, D. & Kraimer, K. (Hg.): Qualitativ-empirische Sozialforschung, S. 441–468. Opladen: Westdeutscher Verlag.

Mey, G. (Hg.) (2005). Handbuch Qualitative Entwicklungspsychologie. Köln: Kölner Studien Verlag.

Meyer, M. W. & Rowan, B. (1977). Institutional Organizations: Formal Structure as Myth and Ceremony. *American Journal of Sociology*, 83, 340–363.

Mikos, L. (1994). Fernsehen im Erleben der Zuschauer. München: Quintessenz.

Mikos, L. & Wegener, C. (Hg.) (2005). Qualitative Medienforschung. Ein Handbuch. Konstanz: UVK.

Miles, M. B., & Huberman, A. M. (1994). Qualitative Data Analysis – An Expanded Sourcebook. Thousand Oaks, London, New Delhi: Sage (2. Aufl.).

Miller, G. (1997). Contextualizing Texts: Studying Organizational Texts. In: Miller, G. & Dingwall, R. (Hg.): Context and Method in Qualitative Research, S. 77–91. London, Thousand Oaks, New Delhi: Sage.

Mills, C. W. (1963). Power, Politics, and People: The Collected Essays of C. Wright Mills, edited with an Introduction by Irving Louis Horowitz. New York: Ballantine.

Mintzberg, H. (1973). The nature of managerial work. New York: Wiley & Sons.

Mishler, E. G. (1986). Research Interviewing. Context and Narrative. Cambridge, Ma.: Harvard University Press.

Mitterer, J. (1999). Realismus oder Konstruktivismus? – Wahrheit oder Beliebigkeit? *Zeitschrift für Erziehungswissenschaft*, 2, 485–498.

Modelmog, I. (1991). Empirische Sozialforschung als Phantasietätigkeit. *Ethik und Sozialwissenschaften*, 2, 521–532.

Moerman, M. (1974). Accomplishing Ethnicity. In: Turner, R. (Hg.): Ethnomethodology, S. 34–68. Harmondsworth: Penguin.

Moerman, M. (1988). Talking Culture – Ethnography and Conversation Analysis. Philadelphia: University of Pennsylvania Press.

Mohr, R. (1992). Die Generation, die nach der Revolte kam. Frankfurt a. M.: Fischer.

Möhring, P. & Apsel, R. (Hg.) (1995). Interkulturelle psychoanalytische Therapie. Frankfurt: Brandes & Apsel.

Moore, E. C. & Robin, R. S. (Hg.) (1964). Studies in the Philosophy of Ch. S. Peirce – Second Series. Amherst.

Morgan, D. L. (1988). Focus Groups as Qualitative Research. Newbury Park, London, New Delhi: Sage.

Morgan, D. L. & Krueger, R. A. (1993). When to use Focus Groups and why? In: Morgan, D. L. (Hg.): Successful Focus Groups. Newbury Park: Sage.

Morgan, D. L. & Scannel, A. U. (1998). Planning Focus Groups. Thousand Oaks, London, New Delhi: Sage.

Morgan, G. (1997). Bilder der Organisation. Stuttgart: Klett-Cotta.

Morgenthaler, F. (1978). Technik. Zur Dialektik der psychoanalytischen Praxis. Frankfurt: Syndikat.

Morgenthaler, F., Weiss, F. & Morgenthaler, M. (1984). Gespräche am sterbenden Fluss. Ethnopsychoanalyse bei den Iatmul in Papua-Neuguinea. Frankfurt a. M.: Fischer.

Morley, D. (1980). The Nationwide Audience. Structure and Decoding. London: British Film Institute.

Morley, D. (1992). Television, Audiences and Cultural Studies. London, New York: Routledge.

Morley, D. (1996). Medienpublika aus der Sicht der Cultural Studies. In: Hasenbrink, U. & Krotz, F. (Hg.): Die Zuschauer als Fernsehregisseure – Zum Verständnis individueller Nutzungs- und Rezeptionsmuster, S. 37–51. Baden-Baden, Hamburg: Nomos.

Morley, D. (1997). Where the Global Meets the Local. Aufzeichnungen aus dem Wohnzimmer. *Montage*, 6, 5–35.

Morley, D., Kuan-Hsing, C. & Hall, S. (Hg.) (1996). Critical Dialogues in Cultural Studies. London: Routledge.

Moro, M. R. (1994). Parents en exil. Psychopathologie et migration. Paris: PUF.

Moro, M. R. (1998). Psychiatrie transculturelle des enfants des migrants. Paris: Dunod.

Morrill, C., Buller, D. B., Buller, M. K. & Larkey, L. L. (1999). Toward an Organizational Perspective on Identifying and Managing Formal Gatekeepers. *Qualitative Sociology*, 22, 51–72.

Morrison, K. (1981). Some properties of ‹telling-order designs› in didactive inquiry. *Philosophy of the Social Sciences*, 11, 245–262.

Morse, J. M. (1994). Designing Funded Qualitative Research. In: Denzin, N. K. & Lincoln, Y. S. (Hg.): Handbook of Qualitative Research, S. 220–235. Thousand Oaks, London, New Delhi: Sage.

Morse, J. M., Swanson, J. M. & Kuzel, A. J. (Hg.) (2001). The Nature of Qualitative Evidence. Thousand Oaks: Sage.

Moscovici, S. (1961). La Psychanalyse, son image et son public. Paris: Presse Universitaire Française (2. Aufl. 1976).

Moscovici, S. (1984). The phenomenon of social representations. In: Farr, R. M. & Moscovici, S. (Hg.): Social representations, S. 3–69. Cambridge: Cambridge University Press.

Moser, H. (1995). Grundlagen der Praxisforschung. Freiburg i. Br.: Lambertus.

Mostyn, B. (1985). The content analysis of qualitative research data: A dynamic approach. In: Brenner, M., Brown, J. & Cauter, D. (Hg.): The research interview, S. 115–145. London: Academic Press.

Muensterberger, W. (Hg.) (1974). Der Mensch und seine Kultur. Psychoanalytische Ethnologie nach «Totem und Tabu». München: Kindler.

Mühlfeld, C., Windolf, P., Lampert, N. & Krüger, H. (1981). Auswertungsprobleme offener Interviews. *Soziale Welt*, 32, 325–352.

Muhr, T. (1997). ATLAS.ti – Qualitative data analysis, management, model building (Manual zur Software). London u. a.: Scolari Sage.

Mulkay, M. (1985). The World and the World. London, New York: George Allen & Unwin.

Müller, P. J. (Hg.) (1977). Die Analyse prozess-produzierter Daten. Stuttgart: Klett-Cotta.

Müller, W. (1978). Der Lebenslauf von Geburtskohorten. In: Kohli, M. (Hg.): Soziologie des Lebenslaufs, S. 54–77. Berlin, Neuwied: Luchterhand.

Müller-Böling, D. (1992). Methodik der empirischen Organisationsforschung. In: Frese, E. (Hg.): Handwörterbuch der Organisation, S. 1491–1505. Stuttgart: Schäffer-Poeschel.

Musolf, G. R. (1998). Structure and Agency in Everyday Life: An Introduction to Social Psychology. Dix Hills, N. Y.: General Hall, Inc.

Nadig, M. (1986). Die verborgene Kultur der Frau. Ethnopsychoanalytische Gespräche mit Bäuerinnen in Mexiko. Subjektivität und Gesellschaft im Alltag von Otomi-Frauen. Frankfurt a. M.: Fischer.

Nadig, M. (1992). Der ethnologische Weg zur Erkenntnis. Das weibliche Subjekt in der feministischen Wissenschaft. In: Knapp, G. A. & Wetterer, A. (Hg.): Traditionen – Brüche. Entwicklungen feministischer Theorie, S. 151–200. Freiburg i. Br.: Kore.

Nadig, M. (1997). Die Dokumentation des Konstruktionsprozesses. Theorie und Praxisfragen in Ethnologie und Ethnopsychoanalyse heute. In: Völger, G. (Hg.): Sie und er. Frauenmacht und Männerherrschaft im Kulturvergleich, S. 77–84. Köln: Rautenstrauch-Joest Museum.

Nadig, M. & Erdheim, M. (1980). Die Zerstörung der wissenschaftlichen Erfahrung durch das akademische Milieu. Ethnopsychoanalytische Überlegungen zur Aggressivität in der Wissenschaft. Berliner Hefte, 15, 35–52.

Nagel, U. (1997). Engagierte Rollendistanz. Opladen: Leske & Budrich.

Narr, W. D. & Stary, J. (Hg.) (2000). Lust und Last des wissenschaftlichen Schreibens: Hochschullehrerinnen und Hochschullehrer geben Studierenden Tipps. Frankfurt a. M.: Suhrkamp.

Natanson, M. (Hg.) (1970). Phenomenology and Social Reality. The Hague: Nijhoff.

Nathan, T. (1977). Ideologie, Sexualität und Neurose: Eine Abhandlung zur ethnopsychoanalytischen Klinik. Frankfurt a. M.: Suhrkamp.

Nathan, T. (1988). Psychoanalyse paienne. Essays ethnopsychoanalytiques. Paris: Dunod.

Nathan, T. (1995). L'influence qui guérit. Paris: Jacob.

Nathan, T. & Stengers, I. (1995). Médecins et sorciers: manifeste pour une psychopathologie scientifique, le médecin et le charlatan. Le Plessis-Robinson: Synthélabo.

Neuberger, O. (1985). Arbeit. Stuttgart: Enke.

Neuberger, O. (1988a). Führung (ist) symbolisiert (Manuskript). Augsburg: Universität Augsburg.

Neuberger, O. (1988b). Was ist denn da so komisch? Weinheim: Psychologie Heute TB.

Neuberger, O. (1989a). Organisationstheorien. In: Roth, E. (Hg.): Organisationspsychologie, Enzyklopädie der Psychologie, Bd. 3, S. 205–250. Göttingen: Hogrefe.

Neuberger, O. (1989b). Symbolisierung. In: Organisationen. Augsburger Beiträge zur Organisationspsychologie und Personalwesen, 4, 24–36.

Neuberger, O. (1995a). Mikropolitik. Stuttgart: Enke.

Neuberger, O. (1995b). Unternehmenskultur. In: Flick, U., Kardorff, E. v., Keupp, H., Rosenstiel, L. v. & Wolff, S. (Hg.): Handbuch Qualitative Sozialforschung, S. 302–304. München: Beltz/PVU.

Neuberger, O. & Kompa, A. (1987). Wir, die Firma. Weinheim: Beltz.

Nicholson, L. (1994). Was heißt «gender»? In: Institut für Sozialforschung Frankfurt (Hg.): Geschlechterverhältnisse und Politik, S. 188–220. Frankfurt a. M.: Suhrkamp.

Nickel, B., Berger, M., Schmidt, P. & Plies, K. (1995). Qualitative Sampling in a Multi-Method Survey. Practical Problems of Method Triangulation in Sexual Behavior Research. Quality & Quantity, 29, 223–240.

Nickl, M. (1998). Web-Sites – die Entstehung neuer Textstrukturen. In: Bollmann, S. & Heibach, C. (Hg.): Kursbuch Internet, Anschlüsse an Wirtschaft und Politik, Wissenschaft und Kultur, S. 388–400. Reinbek bei Hamburg: Rowohlt.

Nießen, M. (1977). Gruppendiskussion – Interpretative Methodologie – Methodenbegründung – Anwendung. München: Fink.

Nightingale, V. (1996). Studying Audiences. The Shock of the Real. London, New York: Routledge.

Ninck Gbeassor, D. (1999). Überlebenskunst in Überlebenswelten. Ethnopsychologische Betreuung von Asylsuchenden. Berlin: Reimer.

Nisbet, R. A. (1976). Sociology as an Art Form. London: Heinemann.

Nittel, D. (1992). Gymnasiale Schullaufbahn und Identitätsentwicklung. Eine biographieanalytische Studie. Weinheim: Deutscher Studien Verlag.

Nittel, D. & Marotzki, W. (Hg.) (1997). Berufslaufbahn und biographische Lernstrategien. Eine Fallstudie über Pädagogen in der Privatwirtschaft. Hohengehren: Schneider.

Nora, P. (1996). Generation. In: Nora, P. (Hg.): Realms of Memory – The Construction of the French Past. Vol. 1: Conflicts and Divisions, S. 499–531. New York: Columbia University Press.

Nowotny, H. (1999). Es ist so. Es könnte auch anders sein. Frankfurt a. M.: Suhrkamp.

Obeyesekere, G. (1990). The work of culture: symbolic transformation in psychoanalysis and anthropology. Chicago: Chicago Univ. Press.

Ochs, E. (1979). Transcription as theory. In: Ochs, E. & Schieffelin, B. B. (Hg.): Developmental pragmatics, S. 43–72. New York: Academic Press.

Ochs, E., Schegloff, E. A. & Thompson, S. A. (Hg.) (1997). Interaction and grammar. Cambridge: Cambridge University Press.

Ochs, P. (1998). Peirce, pragmatism, and the logic of Scripture. Cambridge: Cambridge University Press.

O'Connell, D. C. & Kowal, S. (1994). The transcriber as language user. In: Bartelt, G. (Hg.): The dynamics of language processes: Essays in honor of Hans W. Dechert, S. 119–142. Tübingen: Gunter Narr.

O'Connell, D. C. & Kowal, S. (1995a). Basic principles of transcription. In: Smith, J. A., Harré, R. & Van Langenhove, L. (Hg.): Rethinking methods in psychology, S. 93–105. London: Sage.

O'Connell, D. C. & Kowal, S. (1995b). Transcription systems for spoken discourse. In: Verschueren, J., Oestman, J.-O. & Blommaert, J. (Hg.): Handbook of pragmatics, S. 646–656. Amsterdam: John Benjamins.

Oevermann, U. (1983). Zur Sache: Die Bedeutung von Adornos methodologischem Selbstverständnis für die Begründung einer materialen soziologischen Strukturanalyse. In: Friedeburg, L. v. & Habermas, J. (Hg.): Adorno-Konferenz 1983, S. 234–289. Frankfurt: Suhrkamp.

Oevermann, U. (1984). Il n'y a pas de problème de déscription dans les sciences sociales. Ms. Frankfurt a. M.

Oevermann, U. (1987). Über Abduktion. Tonbandmitschnitt seines Vortrages auf der Semiotik-Tagung, Essen.

Oevermann, U. (1993). Die objektive Hermeneutik als unverzichtbare methodologische Grundlage für die Analyse von Subjektivität. Zugleich eine Kritik der Tiefenhermeneutik. In: Jung, T. & Müller-Doohm, S. (Hg.): ‹Wirklichkeit› im Deutungsprozess. Verstehen in den Kultur- und Sozialwissenschaften, S. 106–189. Frankfurt a. M.: Suhrkamp.

Oevermann, U. (1996). Konzeptualisierung von Anwendungsmöglichkeiten und praktischen Arbeitsfeldern der objektiven Hermeneutik. Manifest der objektiv hermeneutischen Sozialforschung. MS. Frankfurt a. M.

Oevermann, U. (1997). Literarische Verdichtung als soziologische Erkenntnisquelle: Szenische Realisierung der Strukturlogik professionalisierten ärztlichen Handelns in A. Schnitzlers *Professor Bernhardi*. In: Wicke, M. (Hg.): Konfigurationen lebensweltlicher Strukturphänomene, S. 276–335. Opladen: Westdeutscher Verlag.

Oevermann, U. (1999a). Zur Klärung der Begriffe Regel, Norm und Normalität in der Analyse von Bewusstseinsformationen. Frankfurt a. M.: Ms.

Oevermann, U. (1999b). Strukturale Soziologie und Rekonstruktionsmethodologie. In: Glatzer, W. (Hg.): Ansichten der Gesellschaft, S. 72–85. Opladen: Leske & Budrich.

Oevermann, U., Allert, T., Konau, E. & Krambeck, J. (1979). Die Methodologie einer «objektiven Hermeneutik» und ihre allgemeine forschungslogische Bedeutung in den Sozialwissenschaften. In: Soeffner, H.-G. (Hg.): Interpretative Verfahren in den Sozial- und Textwissenschaften, S. 352–433. Stuttgart: Metzler.

Oevermann, U., Allert, T. & Konau, E. (1980). Zur Logik der Interpretation von Interviewtexten. Fallanalyse anhand eines Interviews mit einer Fernstudentin. In: Heinze, T., Klusemann, H.-W. & Soeffner, H.-G. (Hg.): Interpretationen einer Bildungsgeschichte, S. 15–69. Bensheim: päd.-extra-Buchverlag.

Oevermann, U. & Simm, A. (1985). Zum Problem der Perseveranz in Delikttyp und Modus operandi. In: Oevermann, U., Schuster, L. & Simm, A. (Hg.): Zum Problem der Perseveranz in Delikttyp und Modus operandi, S. 133–437. Wiesbaden.

Oevermann, U. & Tykwer, J. (1991). Selbstinszenierung als reales Modell der Struktur von Fernsehkommunikation. In: Müller-Doohm, S. & Neumann-Braun, K. (Hg.): Öffentlichkeit – Kultur – Massenkommunikation, S. 267–316. Oldenburg.

Ong, W. J. (1987). Oralität und Literalität – Die Technologisierung des Wortes. Opladen: Westdeutscher Verlag.

Opp, K.-D. (1984). Wissenschaftstheoretische Grundlagen der empirischen Sozialforschung. In: Roth, E. & Heidenreich, K. (Hg.): Sozialwissenschaftliche Methoden – Lehr- und Handbuch für Forschung und Praxis, S. 47–71. München: Oldenbourg.

Ortner, S. B. (1972). On Key Symbols. *American Anthropologist*, 27, 1338–1346.

Ortner, S. B. (1984). Theory in Anthropology since the Sixties. *Comparative Studies of Society and History*, 26, 126–166.

Ortner, S. B. (1997). Introduction. *Representations*, 59, 1–13.

Oser, F. & Althof, W. (1992). Moralische Selbstbestimmung. Modelle der Entwicklung und Erziehung im Wertebereich. Stuttgart: Klett-Cotta.

Ostrow, J. M. (1990). The Availability of Difference: Clifford Geertz on Problems of Ethnographic Research and Interpretation. *Qualitative Studies in Education*, 3, 61–69.

Oswald, H. (1984). In Memoriam Erving Goffman. *Kölner Zeitschrift für Soziologie und Sozialpsychologie*, 36, 210–213.

Ottomeyer, K. (1997). Kriegstrauma, Identität und Vorurteil. Klagenfurt: Drava.

Parin, P. (1965). Orale Eigenschaften des Ich bei Westafrikanern. *Schweizerische Zeitschrift für Psychologie und ihre Anwendungen*, 24, 342–347.

Parin, P. (1975). Gesellschaftskritik im Deutungsprozess. *Psyche*, 29, 97–117.

Parin, P. (1976). Das Mikroskop der vergleichenden Psychoanalyse und die Makrosozietät. *Psyche*, 30, 1–25.

Parin, P. (1977). Das Ich und die Anpassungs-Mechanismen. *Psyche*, 31, 481–515.

Parin, P. (1980). Die äußeren und die inneren Verhältnisse. Ethnopsychoanalytische Betrachtungen, auf unsere eigene Ethnie angewandt. *Berliner Hefte*, 15, 5–34.

Parin, P. (1989). Zur Kritik der Gesellschaftskritik im Deutungsprozess. *Psyche*, 43, 98–119.

Parin, P. (1992). Der Widerspruch im Subjekt. Ethnopsychoanalytische Studien. Hamburg: Europäische Verlagsanstalt.

Parin, P., Morgenthaler, F. & Parin-Matthèy, G. (1971). Fürchte deinen Nächsten wie dich selbst. Psychoanalyse und Gesellschaft am Modell der Agni in Westafrika. Frankfurt a. M.: Suhrkamp.

Parin, P., Morgenthaler, F. & Parin-Matthèy, G. (1993). Die Weißen denken zuviel. Psychoanalytische Untersuchungen bei den Dogon in Westafrika. Mit einem neuen Vorwort von Paul Parin und Goldy Parin-Matthèy. Hamburg: Europäische Verlagsanstalt (4. Aufl.).

Parin, P. & Parin-Matthèy, G. (1988). Subjekt im Widerspruch. Frankfurt a. M.: Athenäum Verlag.

Parin, P. & Parin-Matthèy, G. (1992). Das Ich und die Anpassungsmechanismen. In: Parin, P. (1992): Der Widerspruch im Subjekt. Ethnopsychoanalytische Studien, S. 78–111. Hamburg: Europäische Verlagsanstalt.

Park, R. (1939). An Outline of the Principles of Sociology. New York: Free Press.

Park, R. E. (1950). Human Migration and the Marginal Man. In: Park, R. E.: Race and Culture. Collected Papers, Bd. 1, S. 345–356. Glencoe, Ill.: The Free Press.

Parker, I. (1992). Discourse Dynamics: Critical Analysis for Social and Individual Psychology. London: Routledge.

Parker, I. (1994). Discourse analysis. In: Banister, P., Burman, E., Parker, I., Taylor, M. & Tindall, C.: Qualitative Methods in Psychology: A Research Guide, S. 92–107. Buckingham: Open University Press.

Parker, I. (1997). Discursive Psychology. In: Fox, D. & Prilleltensky, I. (Hg.): Critical Psychology: An Introduction, S. 284–298. London: Sage.

Parker, I. (1999). Critical psychology: critical links. *Annual Review of Critical Psychology*, 1, S. 5–20.

Parker, I. & Burman, E. (1993). Against Discursive Imperialism, Empiricism and Constructionism: Thirty two problems with discourse analysis. In: Burman, E. & Parker, I. (Hg.): Discourse Analytic Research: Repertoires and Readings of Texts in Action, S. 155–172. London: Routledge.

Parker, I. & the Bolton Discourse Network (1999). Critical Textwork: Varieties of Discourse and Analysis. Buckingham: Open University Press.

Parker, K. A. (1998). The continuity of Peirce's thought. New York: Vanderbilt University Press.

Parsons, A. (1967). Is the Oedipus Complex universal? A South Italian «nuclear complex». In: Hunt, R. (Hg.): Personalities and Cultures. New York: Free Press.

Parsons, T. (1937). The Structure of Social Action. New York: Free Press.

Parsons, T. & Shils, E. A. (1951). Towards a General Theory of Action. Harvard, Ma.: Harvard University Press.

Pasero, U. (1995). Dethematisierung von Geschlecht. In: Pasero, U. & Braun, F. (Hg.): Konstruktion von Geschlecht, S. 50–66. Pfaffenweiler: Centaurus.

Patton, M. Q. (1990). Qualitative Evaluation and Research Methods. Newbury Park, London, New Delhi: Sage (2. Aufl., 3. Aufl. 2002).

Patton, M. Q. (1997). Utilization-Focused Evaluation. The New Century Text. Thousand Oaks: Sage (3. Aufl.).

Patton, M. Q. (1998). Die Entdeckung des Prozessnutzens. In: Heiner, M. (Hg.): Experimentierende Evaluation, S. 55–66. München: Juventa.

Patton, M. Q. (2003). Qualitative Evaluation Checklist (www.wmich.edu/evalctr/checklists/qec/ – Zugriff 6.12.2007).

Patzelt, W. J. (1987). Grundlagen der Ethnomethodologie: Theorie, Empirie und politikwissenschaftlicher Nutzen einer Soziologie des Alltags. München: Fink.

Pawlowsky, P. & Bäumer, J. (1993). Funktionen und Wirkungen beruflicher Weiterbildung. In: Strümpel, B. & Dierkes, M. (Hg.): Beharrung und Wandel in der Arbeitspolitik, S. 69–120. Stuttgart: Poeschel.

Peckhaus, V. (1999). Abduktion und Heuristik. In: Nida-Rümelin, J. (Hg.): Rationality, Realism, Revision. Vorträge des 3. internationalen Kongresses der Gesellschaft für Analytische Philosophie vom 15. bis zum 18. September 1997. Berlin: de Gruyter.

Pedrina, F. (1999). Kultur, Migration und Psychoanalyse: therapeutische Konsequenzen theoretischer Konzepte. Tübingen: Diskord.

Peirce, C. S. (1929). Guessing. Hound and Horn 2, 267–282.

Peirce, C. S. (1931–1935). The Collected Papers of C. S. Peirce. 8 Bde. Cambridge: Harvard University Press.

Peirce, C. S. (1970). Aus den Pragmatismus-Vorlesungen. In: Peirce, C. S.: Schriften II, S. 299–389. Frankfurt a. M.: Suhrkamp.

Peirce, C. S. (1973). Lectures on Pragmatism – Vorlesungen über Pragmatismus. Herausgegeben mit Einleitung und Anmerkungen von Elisabeth Walther. Hamburg: Felix Meiner Verlag.

Peirce, C. S. (1976). The New Elements of Mathematics. 4 Bde. in 5 Büchern. Mouton: The Hague.

Peirce, C. S. (1986). Semiotische Schriften, Bd. 1. Herausgegeben und übersetzt von Christian Kloesel und Helmut Pape. Frankfurt a. M.: Suhrkamp.

Peirce, C. S. (1992). Reasoning and the Logic of Things. Edited by K. L. Ketner. Cambridge: Harvard University Press.

Peirce, C. S. (1997). Pragmatism as a Principle and Method of Right Thinking. Edited by P. A. Turrisi. New York: State University of New York Press.

Peltzer, K. (1995). Psychology and Health in African Cultures. Examples of Ethno-psychotherapeutic Practice. Frankfurt a. M.: IKO-Verlag für Interkulturelle Kommunikation.

Peräkylä, A. (1995). AIDS counselling: Institutional interaction and clinical practice. Cambridge: Cambridge University Press.

Peräkylä, A. (1997). Reliability and validity in research based on tapes and transcripts. In: Silverman, D. (Hg.): Qualitative Research, S. 199–220. London: Sage.

Permien, H. & Zink, G. (1998). Endstation Straße? Straßenkarrieren aus der Sicht von Jugendlichen. München: Deutsches Jugendinstitut.

Peters, T. J. & Waterman, R. H. (1984). Auf der Suche nach Spitzenleistungen. Was man von den bestgeführten US-Unternehmen lernen kann. Landsberg: Moderne Industrie.

Petersen, J. (1926). Die Wesensbestimmung der deutschen Romantik. Einführung in die moderne Literaturwissenschaft. Leipzig: Quelle & Meyer.

Peukert, H. (1984). Über die Zukunft der Bildung. *Frankfurter Hefte, FH – extra* 6, 129–137.

Piaget, J. (1937). La construction du réel chez l'enfant. Neuchâtel: Delachaux & Niestlé.

Platt, J. (1981). Evidence and Proof in Documentary Research. *Sociological Review*, 29, 31–66.

Platt, J. (1992). Cases of cases ... of cases. In: Ragin, C. C. & Becker, H. S. (Hg.): What is a case? Exploring the foundations of social inquiry, S. 21–52. Cambridge: University Press.

Plessner, H. (1970). Philosophische Anthropologie. Frankfurt a. M.: Suhrkamp.

Plessner, H. (1974). Husserl in Göttingen. In: Plessner, H.: Diesseits der Utopie, S. 143–159. Frankfurt a. M.: Suhrkamp.

Plessner, H. (1982). Lachen und Weinen. In: Plessner, H.: Gesammelte Schriften VII, S. 201–387. Frankfurt a. M.: Suhrkamp.

Plessner, H. (1983). Mit anderen Augen. In: Plessner, H.: Gesammelte Schriften VIII, S. 88–104. Frankfurt a. M.: Suhrkamp.

Plessner, H. (1985). Soziale Rolle und menschliche Natur. In: Plessner, H.: Gesammelte Schriften X, S. 227–240. Frankfurt a. M.: Suhrkamp.

Pollner, M. (1987). Mundane reasoning – Reality in Everyday and Sociological Discourse. Cambridge: Cambridge University Press.

Pollner, M. (1991). Left of ethnomethodology: The rise and decline of radical reflexivity. *American Sociological Review*, 56, 370–380.

Pollock, F. (Hg.) (1955). Gruppenexperiment – Ein Studienbericht. Frankfurter Beiträge zur Soziologie, Bd. 2. Frankfurt a. M.: Europäische Verlagsanstalt.

Pomerantz, A. (1984). Agreeing and disagreeing with assessments: Some features of preferred/dispreferred turn shapes. In: Atkinson, J. M. & Heritage, J. C. (Hg.): Structures of social action, S. 57–101. Cambridge: Cambridge University Press.

Pomerantz, A. (Hg.) (1993). Special Issue on: «New directions in conversation analysis». *Text*, 13, 2.

Popitz, H. (1972). Der Begriff der sozialen Rolle als Element der soziologischen Theorie. Tübingen: Mohr (Siebeck).

Popitz, H., Bahrdt, H. P., Jüres, E. A. & Kesting, H. (1957). Das Gesellschaftsbild des Arbeiters – Soziologische Untersuchungen in der Hüttenindustrie. Tübingen: Mohr (Siebeck).

Popper, K. (1973). Logik der Forschung. Tübingen: Mohr (zuerst 1934).

Potter, J. (1996). Representing Reality – Discourse, Rhetoric and Social Construction. London, Thousand Oaks, New Delhi: Sage.

Potter, J. & Wetherell, M. (1987). Discourse and Social Psychology: Beyond Attitudes and Behaviour. London: Sage.

Potter, J. & Wetherell, M. (1995). Soziale Repräsentation, Diskursanalyse und Rassismus. In: Flick, U. (Hg.): Psychologie des Sozialen. Repräsentationen in Wissen und Sprache, S. 177–200. Reinbek bei Hamburg: Rowohlt.

Power, M. (1997). The Audit Society – Rituals of Verification. Oxford: Oxford University Press.

Prein, G., Kelle, U. & Kluge, S. (1993). Strategien zur Integration quantitativer und qualitativer Auswertungsverfahren. Universität Bremen, Sfb 186. Arbeitspapier Nr. 19.

Projektgruppe «Soziale Beziehungen in der Familie, geschlechtsspezifische Sozialisation und die Herausbildung rechtsextremer Orientierungen» (1996). Dokumentation und Erläuterung des methodischen Vorgehens. Hildesheim: Institut für Sozialwissenschaften der Universität Hildesheim: Ms.

Psathas, G. (1973). Introduction. In: Psathas, G. (Hg.): Phenomenological Sociology, S. 1–21. New York.

Psathas, G. (Hg.) (1979). Everyday language: Studies in ethnomethodology. New York: Irvington.

Psathas, G. (1989). Phenomenology and Sociology. University Press of America.

Psathas, G. (Hg.) (1995). Ethnomethodology: Discussions and contributions. Special Issue of *Human Studies*, 18, H. 2–3.

Psathas, G. & Anderson, T. (1990). The ‹practices› of transcription in conversation analysis. *Semiotica*, 78, 75–99.

Ragin, C. C. (1992). Introduction – Cases of What is a case. In: Ragin, C. C. & Becker, H. S. (Hg.): What is a case? Exploring the foundations of social inquiry, S. 1–18. Cambridge: University Press.

Ragin, C. C. (1994). Constructing Social Research. Thousand Oaks, London, New Delhi: Pine Forge Press.

Ragin, C. C. & Becker, H. S. (Hg.) (1992). What is a case? Exploring the foundations of social inquiry. Cambridge: University Press.

Reck, U. (1991). Imitation und Mimesis – Eine Dokumentation. *Kunstforum*, 114, 69–85.

Redder, A. & Ehlich, K. (Hg.) (1994). Gesprochene Sprache – Transkripte und Tondokumente. Tübingen: Niemeyer.

Redfield, R. (1948). The art of social science. *American Journal of Sociology*, 54, 181–190.

Refisch, H. (1997). Freundschaft und Führung oder Haben Sie Freunde, Chef? München: Unveröffentlichte Dissertation, LMU.

Reiche, R. (1995). Von innen nach außen? Sackgassen im Diskurs über Psychoanalyse und Gesellschaft. *Psyche*, 49, 227–258.

Reichenbach, H. (1983). Erfahrung und Prognose. Braunschweig, Wiesbaden: Vieweg (zuerst 1938).

Reichertz, J. (1986). Probleme qualitativer Sozialforschung. Frankfurt a. M., New York: Campus.

Reichertz, J. (1988). Der Hermeneut als Autor – Das Problem der Darstellbarkeit hermeneutischer Fallrekonstruktionen. *Grounded*, 29–49.

Reichertz, J. (1989). Hermeneutische Auslegung von Feldprotokollen? – Verdrießliches über ein beliebtes Forschungsmittel. In: Aster, R., Merkens, H. & Repp, M. (Hg.): Teilnehmende Beobachtung. Werkstattberichte und methodologische Reflexionen, S. 84–102. Frankfurt a. M., New York: Campus.

Reichertz, J. (1991a). Aufklärungsarbeit – Kriminalpolizisten und Feldforscher bei der Arbeit. Stuttgart: Enke.

Reichertz, J. (1991b). Folgern Sherlock Holmes oder Mr. Dupin abduktiv? *Kodikas/Code*, 4, 345–367.

Reichertz, J. (1992). Beschreiben oder Zeigen – Über das Verfassen ethnographischer Berichte. *Soziale Welt*, 43, 331–350.

Reichertz, J. (1993). Abduktives Schlussfolgern und Typen(re)konstruktion. In: Jung, D. & Müller-Doohm, S. (Hg.): ‹Wirklichkeit› im Deutungsprozess, S. 258–282. Frankfurt a. M.: Suhrkamp.

Reichertz, J. (1997). Plädoyer für das Ende einer Methodologiedebatte bis zur letzten Konsequenz. In: Sutter, T. (Hg.): Beobachtung verstehen – Verstehen beobachten, S. 98–133. Opladen: Westdeutscher Verlag.

Reichertz, J. (1998). Von Haaren und Nägeln. Zur impliziten Anthropologie von Ch. S. Peirce. *Kodikas/Code*, 3/4, 287–304.

Reichertz, J. & Schröer, N. (1994). Erheben, Auswerten, Darstellen. Konturen einer hermeneutischen Wissenssoziologie. In: Schröer, N. (Hg.): Interpretative Sozialforschung. Auf dem Weg zu einer hermeneutischen Wissenssoziologie, S. 56–84. Opladen: Westdeutscher Verlag.

Reichertz, J. & Soeffner, H.-G. (1994). Von Texten und Überzeugungen. In: Schröer, N. (Hg.): Interpretative Sozialforschung. Auf dem Weg zu einer hermeneutischen Wissenssoziologie, S. 310–327. Opladen: Westdeutscher Verlag.

Reichmayr, J. (1995). Einführung in die Ethnopsychoanalyse. Geschichte, Theorien und Methoden. Frankfurt a. M.: Fischer.

Reichmayr, J. (Hg.) (2000). Biobibliographisches Lexikon der Ethnopsychoanalyse (http://www.uni-klu.ac.at/lex_epsa).

Rendtorff, B. (1998). Geschlecht und différance – Die Sexuierung des Wissens. Eine Einführung. Königstein/Taunus: Ulrike Helmer.

Ribbens, J. & Edwards, R. (Hg.) (1998). Feminist Dilemmas in Qualitative Research. Public Knowledge and Private Lives. London: Sage.

Richards, L. & Richards, T. (1991). The transformation of qualitative method: computational paradigms and research processes. In: Lee, R. M. & Fielding, N. G. (Hg.): Using computers in Qualitative Research, S. 38–53. London: Sage.

Richards, T. & Richards, L. (1994). Using computers in qualitative research. In: Denzin, N. K. & Lincoln, Y. S. (Hg.): Handbook of Qualitative Research, S. 445–460. Thousand Oaks: Sage.

Richardson, L. (1994). Writing. A Method of Inquiry. In: Denzin, N. K. & Lincoln, Y. S. (Hg.): Handbook of Qualitative Research, S. 516–529. Thousand Oaks: Sage.

Richardson, S. A., Snell Dohrendwend, B. & Klein, D. (1979). Die «Suggestivfrage». Erwartungen und Unterstellungen im Interview. In: Hopf, C. & Weingarten, E. (Hg.): Qualitative Sozialforschung, S. 205–231. Stuttgart: Klett-Cotta (zuerst 1965).

Richter, H. (1988). Transkription. In: Ammon, U., Dittmar, N. & Mattheier, K. J. (Hg.): Sociolinguistics/Soziolinguistik – An international handbook of the science of language and society/Ein internationales Handbuch zur Wissenschaft von Sprache und Gesellschaft, S. 966–972. Berlin: de Gruyter.

Ricœur, P. (1972). Der Text als Modell: Hermeneutisches Verstehen. In: Bühl, W. (Hg.): Verstehende Soziologie, S. 252–283. München: Nymphenburger Verlags-Handlung (orig. 1971).

Ricœur, P. (1981a). Mimesis and Representation. *Annals of Scholarship*, 2, 15–32.

Ricœur, P. (1981b). The Narrative Function. In: Ricœur, P.: Hermeneutics and the Human Sciences, S. 274–295. Cambridge: Cambridge University Press.

Ricœur, P. (1988). Zeit und Erzählung. Bd. 1. München: Fink.

Riedel, M. (1969). Wandel des Generationenproblems in der modernen Gesellschaft. Düsseldorf: Diederichs.

Rieger, J. (1996). Photographing Social Change. *Visual Sociology*, 11, 5–49.

Rieker, P. (1997). Ethnozentrismus bei jungen Männern. Weinheim, München: Juventa.

Riemann, G. (1987). Das Fremdwerden der eigenen Biographie. Narrative Interviews mit psychiatrischen Patienten. München: Fink.

Riis, J. A. (1971). How the Other Half Lives. New York: Dover (orig. 1890).

Ritsert, J. (1964). Zur Gestalt der Ideologie in der Popularliteratur über den Zweiten Weltkrieg. *Soziale Welt*, 15, 244.

Ritsert, J. (1972). Inhaltsanalyse und Ideologiekritik. Ein Versuch über kritische Sozialforschung. Frankfurt a. M.: Athenäum.

Roberts, B. (1975). Naturalistic Research into Subcultures and Deviance: An account of a sociological tendency. In: Jefferson, T. (Hg.): Resistance through Rituals, S. 243–252. Birmingham: CCCS.

Robillard, A. B. (1999). Meaning of a disability: The Lived Experience of Paralysis. Philadelphia, P. A.: Temple University Press.

Rodriguez-Rabanal, C. (1990). Überleben im Slum: psychosoziale Probleme peruanischer Elendsviertel. Frankfurt: Suhrkamp.

Roethlisberger, F. J. & Dickson, W. J. (1939). Management and the worker. Cambrigde, Ma.: Harvard University Press.

Rogers, M. F. (1992). They all were passing: Agnes, Garfinkel, and company. *Gender & Society*, 6, 169–191.

Rohr, S. (1993). Über die Schönheit des Findens. Stuttgart.

Roller, E., Mathes, R. & Eckert, T. (1995). Hermeneutic-Classificatory Content Analysis. In: Kelle, U. (Hg.): Computer-Aided Qualitative Data Analysis, S. 167–176. London, Thousand Oaks, New Delhi: Sage.

Rorty, R. (1979). Philosophy and the Mirror of Nature. Princeton: Princeton University Press.

Rose, N. (1985). The Psychological Complex: psychology, politics and society in England 1869–1939. London: Routledge and Kegan Paul.

Roseberry, W. (1982). Balinese Cockfights and the Seduction of Anthropology. *Social Research*, 49, 1013–1028.

Rosen, M. (1988). You asked for it, Christmas at the Bosses' Expense. *Journal of Management Studies*, 25, 463–480.

Rosenstiel, L. v. (2000). Grundlagen der Organisationspsychologie: Basiswissen und Anwendungshinweise. Stuttgart: Poeschel (4. Aufl.).

Rosenstiel, L. v., Einsiedler, H. E., Streich, R. & Rau, S. (1987). Motivation durch Mitwirkung. Stuttgart: Schäffer.

Rosenstiel, L. v., Nerdinger, F. & Spieß, E. (1991). Was morgen alles anders läuft. Düsseldorf: Econ.

Rosenthal, G. (1987). Wenn alles in Scherben fällt. Von Leben und Sinnwelt der Kriegsgeneration. Opladen: Leske & Budrich.

Rosenthal, G. (1995). Erlebte und erzählte Lebensgeschichte. Frankfurt a. M.: Campus.

Rosler, M. (1989). In, around and afterthoughts (on documentary photography). In: Bolton, R. (Hg.): The Contest of Meaning: Critical Histories of Photography. Cambridge: MIT Press.

Rossi, P. H. & Freeman, H. E. (1993). Evaluation. A systematic approach. Beverly Hills: Sage.

Roth, C. (1998). Kulturschock, Macht und Erkenntnis. Zur Auseinandersetzung mit Grenzen in der ethnologischen Forschungssituation. In: Schröter, S. (Hg.): Körper und Identitäten. Ethnologische Ansätze zur Konstruktion von Geschlecht, S. 169–185. Hamburg: Lit.

Roth, J. (1962). Comments on «secret observation». *Social Problems*, 9, 278–280.

Rückriem, G. & Stary, J. (1997). Wissenschaftlich arbeiten – Subjektive Ratschläge für ein objektives Problem. In: Friebertshäuser, B. & Prengel, A. (Hg.): Handbuch qualitative Methoden in der Erziehungswissenschaft, S. 831–847. Weinheim, München: Juventa.

Rühl, M. (1976). Vom Gegenstand der Inhaltsanalyse. *Rundfunk und Fernsehen*, 24, 367–378.

Rust, H. (1980). Qualitative Inhaltsanalyse – begriffslose Willkür oder wissenschaftliche Methode? Ein theoretischer Entwurf. *Publizistik*, 25, 5–23.

Ryave, A. L. & Schenkein, J. N. (1974). Notes on the art of walking. In: Turner, R. (Hg.): Ethnomethodology, S. 265–274. Harmondsworth: Penguin.

Ryder, N. B. (1965). The Cohort as a Concept in the Study of Social Change. *American Sociological Review*, 30, 843–861.

Ryle, G. (1971). Essays, 1929–1968, Vol. 2 of Collected Papers. London: Hutchinson.

Sackmann, R. (1998). Konkurrierende Generationen auf dem Arbeitsmarkt – Altersstrukturierung in Arbeitsmarkt und Sozialpolitik. Opladen, Wiesbaden: Westdeutscher Verlag.

Sacks, H. (1963). Sociological description. *Berkeley Journal of Sociology*, 1, 1–16.

Sacks, H. (1967). The search for help. No one to turn to. In: Schneidmann, E. (Hg.): Essays in self-destruction, S. 203–223. New York: Science House.

Sacks, H. (1972). On the analyzability of stories by children. In: Gumperz, J. J. & Hymes, D. (Hg.): Directions in sociolinguistics: The ethnography of communication, S. 325–345. New York: Holt, Rinehart & Winston.

Sacks, H. (1984). Notes on methodology. In: Atkinson, J. M. & Heritage, J. C. (Hg.): Structures of social action, S. 21–27. Cambridge: Cambridge University Press.

Sacks, H. (1992). Lectures on conversation. Volume I & II. Edited by G. Jefferson with introductions by E. A. Schegloff. Oxford: Blackwell.

Sacks, H., Schegloff, E. A. & Jefferson, G. (1974). A simplest systematics for the organization of turn-taking for conversation. *Language*, 50, 696–735 (reprint 1978).

Saffir, W. B., Stebbins, R. A. & Turowetz, A. (Hg.) (1980): Fieldwork Experience – Qualitative Approaches to Social Research. New York: St. Martin's Press.

Safranski, R. (1997). Ein Meister aus Deutschland. Heidegger und seine Zeit. Frankfurt a. M.: Fischer.

Saller, V. (1993). Von der Ethnopsychoanalyse zur interkulturellen Therapie. *Lucifer – Amor. Zeitschift zur Geschichte der Psychoanalyse*, 12, 99–123.

Sanders, J. R. (IIg.) (1999). Handbuch der Evaluationsstandards, Joint Committee on Standards for Educational Evaluation. Opladen: Leske & Budrich.

Sartre, J.-P. (1964). Marxismus und Existentialismus. Reinbek bei Hamburg: Rowohlt.

Sartre, J.-P. (1977). Der Idiot der Familie. Gustave Flaubert 1821 bis 1857. Reinbek bei Hamburg: Rowohlt.

Saussure, F. de (1974). Course in General Linguistics. London: Fontana.

Schafer, R. (1982). Eine neue Sprache für die Psychoanalyse. Stuttgart: Klett-Cotta.

Schaeffer, D. & Müller-Mundt, G. (Hg.) (2002). Qualitative Gesundheits- und Pflegeforschung. Bern: Huber.

Schatzman, L. & Strauss, A. L. (1973). Field research: Strategies for a natural sociology. Englewood Cliffs: Prentice Hall.

Scheele, B. & Groeben, N. (1988). Dialog-Konsens-Methoden zur Rekonstruktion Subjektiver Theorien. Tübingen: Francke.

Scheff, T. J. (1973). Das Etikett «Geisteskrankheit». Frankfurt a. M.: Fischer.

Scheff, T. J. (1994). Bloody Revenge. Emotions, Nationalism and War. Boulder, San Francisco, Oxford: Westview Press.

Schegloff, E. A. (1968). Sequencing in conversational openings. *American Anthropologist*, 70, 1075–1095.

Schegloff, E. A. (1988). Description in the social sciences I: Talk-in-interaction. *IPrA Papers in Pragmatics*, 2, 1–24.

Schegloff, E. A. (1997). «Narrative Analysis»: Thirty Years Later. *Journal of Narrative and Life History*, 7, 97–106.

Schegloff, E. A. Jefferson, G. & Sacks, H. (1977). The preference for self-correction in the organization of repair in conversation. *Language*, 53, 361–382.

Schegloff, E. A. & Sacks, H. (1973). Opening up closings. *Semiotica*, 7, 289–327.

Schein, E. H. (1984). Coming to a new awareness of organizational culture. *Sloan Management Review*, 3–16.

Schein, E. H. (1985). Organizational culture and leadership. San Francisco: Jossey-Bass.

Schein, E. H. (1990). Organizational culture. *American Psychologist*, 45, 109–119.

Scheler, M. (1923). Wesen und Formen der Sympathie. Die deutsche Philosophie der Gegenwart. Bern: Haupt.

Schelsky, H. (1981). Die Generationen der Bundesrepublik. In: Scheel, W. (Hg.): Die andere deutsche Frage, S. 178–198. Stuttgart: Klett-Cotta.

Schenkein, J. (Hg.) (1978). Studies in the organization of conversational interaction. New York: Academic Press.

Scheuch, E. K. (1973). Das Interview in der Sozialforschung. In: König, R. (Hg.): Handbuch der empirischen Sozialforschung, Bd. 2, S. 66–190. Stuttgart: Enke.

Schiebinger, L. (1995). Am Busen der Natur – Erkenntnis und Geschlecht in den Anfängen der Wissenschaft. Stuttgart: Klett-Cotta.

Schmid Noerr, G. (1987). Der Wanderer über dem Abgrund. Eine Interpretation des Liedes ‹Gute Nacht› aus dem Zyklus ‹Winterreise› von Franz Schubert und Wilhelm Müller. Zum Verstehen von Musik und Sprache. In: Belgrad, J., Görlich, B., König, H. D. & Schmid Noerr, G. (Hg.): Zur Idee einer psychoanalytischen Sozialforschung. Dimensionen szenischen Verstehens, S. 367–397. Frankfurt a. M.: Fischer.

Schmid Noerr, G. & Eggert, A. (1986). Die Herausforderung der Corrida. Vom latenten Sinn eines profanen Rituals. In: König, H. D., Lorenzer, A., Lüdde, H., Naghol, S., Prokop, U., Schmid Noerr, G. & Eggert, A. (Hg.): Kultur-Analysen. Psychoanalytische Studien zur Kultur, S. 99–162. Frankfurt a. M.: Fischer.

Schmidt, C. (1997). «Am Material»: Auswertungstechniken für Leitfadeninterviews. In: Friebertshäuser, B. & Prengel, A. (Hg.): Handbuch qualitative Methoden in der Erziehungswissenschaft, S. 544–568. Weinheim, München: Juventa.

Schmidt, S. J. (Hg.) (1987). Der Diskurs des Radikalen Konstruktivismus. Frankfurt a. M.: Suhrkamp.

Schmidt, S. J. (1998). Die Zähmung des Blicks. Konstruktivismus – Empirie – Wissenschaft. Frankfurt a. M.: Suhrkamp.

Schmitt, R. (1992). Die Schwellensteher. Sprachliche Präsenz und sozialer Austausch in einem Kiosk. Tübingen: Narr.

Schmitz, E., Bude, H. & Otto, C. (1989). Beratung als Praxisform «angewandter Aufklärung». In: Beck, U. & Bonß, W. (Hg.): Weder Sozialtechnologie noch Aufklärung?, S. 122–148. Frankfurt a. M.: Suhrkamp.

Schmitz, U. (1997). Schriftliche Texte in multimedialen Kontexten. In: Weingarten, R. (Hg.): Sprachwandel durch Computer, S. 131–158. Opladen: Westdeutscher Verlag.

Schneider, G. (1987). Interaktion auf der Intensivstation. Zum Umgang des Pflegepersonals mit hilflosen Patienten. Berlin: Papyrus.

Schneider, W. L. (1994). Die Beobachtung von Kommunikation: Zur kommunikativen Konstruktion sozialen Handelns. Opladen: Westdeutscher Verlag.

Schnell, R., Hill, P. B. & Esser, E. (1999). Methoden der empirischen Sozialforschung. München, Wien: Oldenbourg.

Scholl, W., Pelz, J. & Rade, J. (1996). Computervermittelte Kommunikation in der Wissenschaft. Münster, New York, München, Berlin: Waxmann.

Schönhammer, R. (1985). Stichwort «Manipulation» – Zur Exploration und Analyse eines heiklen Aspektes alltäglicher («impliziter») Führungsphilosophie. *Zeitschrift für Arbeits- und Organisationspsychologie*, 1, 2–14.

Schreyögg, G. (1992). Organisationskultur. In: Frese, E. (Hg.): Handwörterbuch der Organisation, S. 1525–1537. Stuttgart: Pöschel.

Schröder, K. C. (1994). Audience Semiotics, Interpretive Communities and the ‹Ethnographic Turn› in Media Research. *Media, Culture & Society*, 16, 333–347.

Schröer, N. (1992). Der Kampf um Dominanz. Berlin: de Gruyter.

Schröer, N. (Hg.) (1994). Interpretative Sozialforschung. Auf dem Weg zu einer hermeneutischen Wissenssoziologie. Opladen: Westdeutscher Verlag.

Schröer, N. (1997). Wissenssoziologische Hermeneutik. In: Hitzler, R. & Honer, A. (Hg.): Sozialwissenschaftliche Hermeneutik, S. 109–132. Opladen: Westdeutscher Verlag.

Schründer-Lenzen, A. (1997). Triangulation und idealtypisches Verstehen in der (Re-)Konstruktion subjektiver Theorien. In: Friebertshäuser, B. & Prengel, A. (Hg.): Handbuch Qualitative Forschungsmethoden in der Erziehungswissenschaft, S. 107–117. Weinheim: Juventa.

Schütz, A. (1960/1974). Der sinnhafte Aufbau der sozialen Welt. Wien: Springer (zuerst 1932).

Schütz, A. (1971). Gesammelte Aufsätze. Bd. 1 – Das Problem der sozialen Wirklichkeit. Den Haag: Nijhoff (Original 1962: Collected papers, Bd. 1. The Problem of Social Reality. Den Haag).

Schütz, A. (1972). Gesammelte Aufsätze. Bd. 2: Studien zur soziologischen Theorie. Den Haag: Nijhoff.

Schütz, A. & Luckmann, T. (1979/1984). Strukturen der Lebenswelt. 2 Bde. Frankfurt a. M.: Suhrkamp.

Schütz, A. & Parsons, T. (1977). Zur Theorie sozialen Handelns. Ein Briefwechsel. Frankfurt a. M.: Suhrkamp.

Schütze, F. (1976). Zur Hervorlockung und Analyse von Erzählungen thematisch relevanter Geschichten im Rahmen soziologischer Feldforschung. In: Arbeitsgruppe Bielefelder Soziologen (Hg.): Kommunikative Sozialforschung, S. 159–260. München: Wilhelm Fink.

Schütze, F. (1977). Die Technik des narrativen Interviews in Interaktionsfeldstudien – dargestellt an einem Projekt zur Erforschung von kommunalen Machtstrukturen. Bielefeld: Universität Bielefeld, Fakultät für Soziologie (vervielf. Ms.).

Schütze, F. (1983). Biographieforschung und narratives Interview. *Neue Praxis*, 3, 283–293.

Schütze, F. (1987). Das narrative Interview in Interaktionsfeldstudien. I. Studienbrief der Fernuniversität Hagen. Kurseinheit 1. FB Erziehungs-, Sozial- und Geisteswissenschaften.

Schütze, F. (1994). Das Paradoxe in Felix' Leben als Ausdruck eines «wilden» Wandlungsprozesses. In: Koller, H.-Ch. & Kokemohr, R. (Hg.): Lebensgeschichte als Text. Zur biographischen Artikulation problematischer Bildungsprozesse, S. 13–60. Weinheim: Deutscher Studien Verlag.

Schwandt, T. A. (2002). Evaluation Practice Reconsidered. New York: Peter Lang.

Schwartz, H. & Jacobs, J. (1979). Qualitative Sociology. A Method to the Madness. New York: The Free Press.

Scott, J. A. (1990). Matter of Record. Cambridge: Polity Press.

Scott, M. B. & Lyman, S. M. (1968). Accounts. *American Sociological Review*, 33, 46–62.

Seale, C. (1999a). The Quality of Qualitative Research. London, Thousand Oaks, New Delhi: Sage.

Seale, C. (1999b). Quality in Qualitative Research. *Qualitative Inquiry*, 5, 465–478.

Sebeok, T. & Umiker-Sebeok, J. (1985). «Sie kennen ja meine Methode.» Ein Vergleich von Ch. S. Peirce und Sherlock Holmes. In: Eco, U. & Sebeok, T. (Hg.): Der Zirkel oder: Im Zeichen der Drei, S. 28–87. München: Hanser.

Seidel, J. & Kelle, U. (1995). Different functions of coding in the analysis of textual data. In: Kelle, U. (Hg.): Computer-aided qualitative data analysis. Theory, Methods and Practice, S. 52–61. London: Sage.

Seifert, R. (1992). Entwicklungslinien und Probleme der feministischen Theoriebildung. Warum an der Rationalität kein Weg vorbeiführt. In: Knapp, G.-A. & Wetterer, A. (Hg.): Traditionen – Brüche. Entwicklungen feministischer Theoriebildung, S. 255–285. Freiburg i. Br.: Kore.

Selting, M. (2000). Probleme der Transkription verbalen und paraverbalen/prosodischen Verhaltens. In: Antos, G., Brinker, K., Heinemann, W. & Sager, S. (Hg.): Text- und Gesprächslinguistik – Ein internationales Handbuch zeitgenössischer Forschung. 2. Halbband: Gesprächslinguistik/Linguistics of text and conversation – An international handbook of contemporary research. Vol. 2: Linguistics of conversation. Berlin: de Gruyter.

Selting, M., Auer, P., Barden, B., Bergmann, J., Couper-Kuhlen, E., Günthner, S., Meier, C., Quasthoff, U., Schlobinski, P. & Uhmann, S. (1998). Gesprächsanalytisches Transkriptionssystem (GAT). *Linguistische Berichte*, 91–122.

Shaffir, W. B. & Stebbins, R. A. (1991). Experiencing Fieldwork. An Inside View of Qualitative Research. Newbury Park: Sage.

Shaffir, W. B., Stebbins, R. A. & Turowetz, A. (Hg.) (1980). Fieldwork Experience. Approaches to Social Research. New York: St. Martin's Press.

Shankman, P. (1984). The Thick and the Thin – On the Interpretative Theoretical Program of Clifford Geertz. *Current Anthropology*, 25, 261–279.

Sharrock, W. & Anderson, B. (1986). The ethnomethodologists. Chichester: Horwood, Tavistock.

Shaw, I. F. (1999). Qualitative Evaluation. London: Sage.

Shaw, I. F. & Lishman, J. (Hg.) (1999). Evaluation and Social Work Practice. London: Sage.

Shotter, J. (1990). Knowing of the third kind. Utrecht: ISOR.

Shotter, J. & Gergen, K. J. (Hg.) (1989). Texts of Identity. London: Sage.

Sieber, J. E. (1992). Planning ethically responsible research. A guide for students and Internal Review Boards. Newbury Park u. a.: Sage.

Sievers, B. (1977). Organisationsentwicklung als Problem. Stuttgart: Klett.

Signer, D. (1994). Konstruktionen des Unbewussten. Die Agni in Westafrika aus ethnopsychoanalytischer und poststrukturalistischer Sicht. Wien: Passagen.

Silverman, D. (1985). Qualitative Methodology and Sociology. Aldershot: Gower.

Silverman, D. (1993). Interpreting Qualitative Data. Methods for Analysing Talk, Text and Interaction. London: Sage.

Silverman, D. (1998). Harvey Sacks. Social Science and Conversation Analysis. New York: Oxford University Press.

Silverman, D. (2000). Doing qualitative research – a practical handbook. London: Sage.

Silverman, E. K. (1990). Clifford Geertz – Towards a More «Thick» Understanding? In: Tilley, C. (Hg.): Reading Material Culture, S. 121–159. London: Blackwell.

Simmel, G. (1902). Weibliche Kultur. In: Dahme, H.-J. & Köhnke, K. C. (Hg.): Schriften zur Philosophie und Soziologie der Geschlechter (1985), S. 159–176. Frankfurt a. M.: Suhrkamp.

Simmel, G. (1984). Das Individuum und die Freiheit. Berlin: Wagenbach (Neuausgabe: Brücke und Tür).

Slack, R. S. (1998). On the potentialities and problems of a WWW based natural sociology. *Sociological Research Online*, 3 (2) <http://www.soc.surrey.ac.uk/socresonline/3/2/3.html>.

Smircich, L. (1983). Concepts of Culture and Organizational Analysis. *Administrative Science Quarterly*, 28, 339–358.

Smith, B. H. (1981). Narrative versions, narrative theories. In: Mitchell, W. J. (Hg.): On Narrative, S. 209–232. Chicago: University of Chicago Press.

Smith, C. D. & Kornblum, W. (Hg.) (1989). In the Field – Readings on the Field Research Experience. New York, Westport, London: Praeger.

Smith, D. E. (1974). The Social Construction of Documentary Reality. *Sociological Inquiry*, 44, 257–268.

Smith, D. E. (1976). K ist geisteskrank. Die Anatomie eines Tatsachenberichts. In: Weingarten, E., Sack, F. & Schenkein, J. (Hg.): Ethnomethodologie. Beiträge zu einer Soziologie des Alltagshandelns. S. 368–415. Frankfurt a. M.: Suhrkamp.

Smith, D. E. (1984). Textually Mediated Social Organization. *International Social Science Journal*, 36, 59–75.

Smith, D. E. (1986). The Active Text. Texts as Constituents of Social Relations. In: Smith, D. E. (Hg.): Texts, Facts and Femininity, S. 120–158. Boston: Northeastern University Press.

Smith, J. A., Harré, R. & Van Langenhove, L. (1995). Introduction. In: Smith, J. A., Harré, R. & Van Langenhove, L. (Hg.): Rethinking methods in psychology, S. 1–8. London: Sage.

Smith, J. K. (1984). The problem of criteria for judging interpretive inquiry. Educational Evaluation and Policy Analysis, 6, 379–391.

Smythe, D. (1994). The Material Reality Under Monopoly Capitalism is That All Non-Sleeping Time of Most of the Population is Work Time. In: Guback, T. (Hg.): Counterclockwise. Perspectives on Communication from Dallas Smythe, S. 263–299. Boulder, Co.: Westview.

Sociological Theory (1990), 8, Nr. 2: Special Section: Writing the social text.

Soeffner, H.-G. (Hg.) (1979). Interpretative Verfahren in den Sozial- und Textwissenschaften. Stuttgart: Melzer

Soeffner, H.-G. (1982). Statt einer Einleitung: Prämissen einer sozialwissenschaftlichen Hermeneutik. In: Soeffner, H.-G. (Hg.): Beiträge zur empirischen Sprachsoziologie, S. 9–48. Tübingen: Narr.

Soeffner, H.-G. (1985). Anmerkungen zu gemeinsamen Standards standardisierter und nichtstandardisierter Verfahren in der Sozialforschung. In: Kaase, M. & Küchler, M. (Hg.): Herausforderungen der Empirischen Sozialforschung, S. 109–126. Mannheim: ZUMA.

Soeffner, H.-G. (Hg.) (1988). Kultur und Alltag. *Soziale Welt,* Sonderheft 6. Göttingen: Schwartz.

Soeffner, H.-G. (1989). Auslegung des Alltags – Der Alltag der Auslegung. Frankfurt a. M.: Suhrkamp.

Soeffner, H.-G. (1991a). «Trajectory» – das geplante Fragment. *BIOS*, 4, 1–12.

Soeffner, H.-G. (1991b). Zur Soziologie des Symbols und des Rituals. In: Oelkers, J. & Wegenast, K. (Hg.): Das Symbol – Brücke des Verstehens. Stuttgart: Kohlhammer.

Soeffner, H.-G. (1992). Die Ordnung der Rituale – Auslegung des Alltags 2. Frankfurt a. M.: Suhrkamp.

Soeffner, H.-G. (1995). The Art of Experienced Analysis: Anselm Strauss and His Theory of Action. *Mind, Culture and Activity*, 2, 29–32.

Soeffner, H.-G. (1999). Strukturen der Lebenswelt – ein Kommentar. In: Hitzler, R., Reichertz, J. & Schröer, N. (Hg.): Hermeneutische Wissenssoziologie, S. 29–37. Konstanz: UVK.

Soeffner, H.-G. & Hitzler, R. (1994a). Hermeneutik als Haltung und Handlung – Über methodisch kontrolliertes Verstehen. In: Schröer, N. (Hg.): Interpretative Sozialforschung, S. 28–54. Opladen: Westdeutscher Verlag.

Soeffner, H.-G. & Hitzler, R. (1994b). Qualitatives Vorgehen – Interpretation. In: Herrmann, T. & Tack, W. H. (Hg.): Enzyklopädie der Psychologie. Methodologische Grundlagen der Psychologie. Forschungsmethoden der Psychologie I, S. 98–136. Göttingen, Bern, Toronto, Seattle: Hogrefe.

Sokal, A. (1996). Transgressing the Boundaries. Towards a transformative hermeneutics of quantum gravity. *Social Text*, 46/47, 217–252.

Sola Pool, I. de (1957). A critique of the twentieth anniversary issue. *Public Opinion Quarterly*, 21, 14 ff.

Solomon-Godeau, A. (1991). Photography at the Dock: Essays on Photographic History, Institutions and Practices. Minneapolis: University of Minnesota Press.

Spencer, L., Ritchie, J., Lewis, J. & Dillon, L. (2003). Quality in qualitative education: A framework for assessing research evidence. London: National centre for Social Research (www.natcen.ac.uk – Zugriff 6.12.2007).

Spöhring, W. (1989). Qualitative Sozialforschung. Stuttgart: Teubner.

Spradley, J. P. (1979). The ethnographic interview. New York u. a.: Holt, Rinehart & Winston.

Spradley, J. P. (1980). Participant Observation. New York: Holt, Rinehart & Winston.

Srubar, I. (1981). Max Scheler: Eine wissenssoziologische Alternative. In: Stehr, N. & Meja, V. (Hg.): Wissenssoziologie. *Kölner Zeitschrift für Soziologie und Sozialpsychologie*, Sonderheft, 343–359.

Srubar, I. (1983). Abkehr von der transzendentalen Phänomenologie. In: Grathoff, R. & Waldenfels, B. (Hg.): Sozialität und Intersubjektivität, S. 68–84. München: Fink.

Srubar, I. (1988). Kosmion. Die Genese der pragmatischen Lebenswelttheorie von Alfred Schütz und ihr anthropologischer Hintergrund. Frankfurt a. M.: Suhrkamp.

Srubar, I. (1993). Schütz' pragmatische Theorie der Lebenswelt. In: Bäumer, A. & Benedikt, M. (Hg.): Gelehrtenrepublik – Lebenswelt, S. 335–346. Wien: Passagen.

Stagl, J. (1986). Kulturanthropologie und Kultursoziologie. *Kölner Zeitschrift für Soziologie und Sozialpsychologie, Sonderheft 27 «Kultur und Gesellschaft»*, 75–91.

Stake, R. E. (1995). The Art of Case Study Research. Thousand Oaks: Sage.

Stake, R. E. (1997). Advocacy in Evaluation. A Necessary Evil? In: Chelimsky, E. & Shadish, W. R. (Hg.): Evaluation for the 21st Century, S. 470–476. Thousand Oaks: Sage.

Star, S. L. (1997). Anselm Strauss: An Appreciation. *Sociological Research Online*, 2, 1–8.

Stark, W. (1996). Empowerment. Freiburg i. Br.: Lambertus.

Stary, J. & Kretschmer, H. (1994). Umgang mit wissenschaftlicher Literatur. Eine Arbeitshilfe für das sozial- und geisteswissenschaftliche Studium. Frankfurt a. M.: Cornelsen Scriptor.

Stehr, N. (1994). Arbeit, Eigentum und Wissen. Zur Theorie von Wissensgesellschaften. Frankfurt/M.: Suhrkamp.

Steiger, R. (1995). First Children and Family Dynamics. *Visual Sociology*, 10, 28–49.

Steinke, I. (1999). Kriterien qualitativer Forschung. Ansätze zur Bewertung quali-tativ-empirischer Sozialforschung. Weinheim, München: Juventa.

Stiftung für die Rechte zukünftiger Generationen (Hg.) (1998). 30 Jahre 68er. War-um wir Jungen sie nicht mehr brauchen. Freiburg i. Br.: Kore.

Stockmann, R. (Hg.) (2004). Evaluationsforschung. Grundlagen und ausgewählte Forschungsfelder. Opladen: Leske & Budrich (2. Aufl.).

Stonequist, E. V. (1961). The Marginal Man. New York: Russel & Russel.

Straub, J. (1993). Geschichte, Biographie und friedenspolitisches Handeln. Opla-den: Leske & Budrich.

Strauss, A. L. (1968). Spiegel und Masken. Die Suche nach Identität. Frankfurt a. M.: Suhrkamp.

Strauss, A. L. (1978). Negotiations: Varieties, Contexts, Processes, and Social Or-der. San Francisco, Washington, London: Jossey-Bass Publishers.

Strauss, A. L. (1987). Qualitative Analysis for Social Scientists. Cambridge: Uni-versity Press.

Strauss, A. L. (1988). Teaching qualitative research methods courses: a conversa-tion with Anselm Strauss. *Qualitative Studies in education*, 1, 91–99.

Strauss, A. L. (1991). Grundlagen qualitativer Sozialforschung – Datenanalyse und Theoriebildung in der empirischen soziologischen Forschung. München: Fink.

Strauss, A. L. (1993a). Intellectual Biography: Sources and Influences. Ms.

Strauss, A. L. (1993b). Continual Permutations of Action. New York: Aldine de Gruyter.

Strauss, A. L. (1995). Anselm Strauss im Gespräch mit H. Legewie und Barbara Schervier-Legewie. *Journal für Psychologie*, 3, 64–75.

Strauss A. (2004). Analyse mittels eines mikroskopischen Verfahrens. *Sozialer Sinn*, 1/2004.

Strauss, A. L. & Corbin, J. (1990). Basics of qualitative research. Newbury Park: Sage (dt. 1996: Grundlagen qualitativer Sozialforschung. Weinheim: Beltz, Psy-chologie Verlags Union).

Streeck, J. & Hartge, U. (1992). Previews: Gestures at the transition place. In: Auer, P. & Di Luzio, A. (Hg.): The contextualization of language, S. 135–158. Amsterdam: John Benjamins.

Strehmel, P. (2000). Qualitative Längsschnittanalyse. *Zeitschrift für Soziologie der Erziehung und Sozialisation*, 20, 98–100.

Strobl, R. (1998). Der Stellenwert theoretischer Vorannahmen in der theoriebil-denden qualitativen Forschung. Vortrag auf der Jahrestagung der Arbeitsgrup-pe «Methoden der qualitativen Sozialforschung» in Frankfurt a. M. am 8. Mai 1998.

Stufflebeam, D. (1994). Empowerment Evaluation, Objectivist Evaluation, and Evaluation Standards: Where the future of Evaluation should not go and where it needs to go. *Evaluation Practice*, 15, 321–338.

Suchman, L. (1987). Plans and situated actions. The problem of human-machine communication. Cambridge: Cambridge University Press.

Sudnow, D. (1965). Normal Crimes. *Social Problems*, 12, 255–276.

Sudnow, D. (Hg.) (1972). Studies in social interaction. New York: Free Press.

Sudnow, D. (1973). Organisiertes Sterben. Frankfurt: Fischer (zuerst 1967).

Sudnow, D. (1978). Ways of the hand: The organization of improvised conduct. London: Routledge & Kegan Paul.

Sudnow, D. (1979). Talk's body: A meditation between two keyboards. New York: Alfred Knopf.

Sutter, H. (1997). Bildungsprozesse des Subjekts. Eine Rekonstruktion von U. Oevermanns Theorie- und Forschungsprogramm. Opladen: Westdeutscher Verlag.

Sutter, T. (Hg.) (1997). Beobachtung verstehen, Verstehen beobachten. Opladen: Westdeutscher Verlag.

Szyperski, N. & Müller-Böling, D. (1981). Zur technologischen Orientierung der empirischen Forschung. In: Witte, E. (Hg.): Der praktische Nutzen empirischer Forschung, S. 159–188. Tübingen: Mohr.

Tagg, J. (1988). The Burden of Representation: Essays on Photographies and Histories. Basingstoke: Macmillan.

Taubitz, H. (1990). Die Unternehmenskultur der Deutschen Bundespost. Heidelberg: Decker.

Taylor, S. J. & Bogdan, R. (1980). Defending Illusions – The Institution's Struggle for Survival. *Human Organization*, 39, 209–218.

Taylor, S. J. & Bogdan, R. (1984). Introduction to Qualitative Research Methods: The Search for Meanings. New York: Wiley & Sons (2. Aufl. 1998).

Terhart, E. (1981). Intuition – Interpretation – Argumentation. Zum Problem der Geltungsbegründung von Interpretationen. *Zeitschrift für Pädagogik*, 27, 769–793.

Terhart, E. (1995). Kontrolle von Interpretationen. In: König, E. & Zedler, P. (Hg.): Bilanz qualitativer Forschung. Bd. 1: Grundlagen qualitativer Forschung, S. 373–397. Weinheim: Deutscher Studien Verlag.

Tesch, R. (1990). Qualitative Research. Analysis Types and Software Tools. New York: Falmer Press.

Thomas, K. (1969). Analyse der Arbeit. Stuttgart: Enke.

Thomas, W. I. & Znaniecki, F. (1918). The Polish Peasant. Vol. 1 & 2. Chicago: University of Chicago Press.

Thompson, E. P. (1961). The Long Revolution. *New Left Review*, 9/10, 24–39.

Thompson, E. P. (1963). The Making of the English Working Class. London: Victor Gollancz.

Thompson, M. (1981). Die Theorie des Abfalls – Über die Schaffung und Vernichtung von Werten. Stuttgart: Klett-Cotta.

Thorne, B. (1980). «You still takin' notes?» Fieldwork and problems of informed consent. *Social Problems*, 27, 284–297.

Titscher, S., Wodak, R., Meyer, M. & Vetter, E. (1998). Methoden der Textanalyse. Leitfaden und Überblick. Opladen & Wiesbaden: Westdeutscher Verlag.

Todorov, T. (1989). Fictions et vérités. *L'Homme*, 29, 7–33.

Torres, R. T., Preskill, S. H. & Piontek, M. E. (1996). Evaluation Strategies for Communicating and Reporting. Enhancing Learning in Organizations. London: Sage.

Toulmin, S. (1991). Kosmopolis. Die unerkannten Aufgaben der Moderne. Frankfurt a. M.: Suhrkamp.

Toward a Code of Ethics for Sociologists. *The American Sociologist*, 3 (1968)/4 (1969), 316–318.

Travers, M. (1997). The Reality of Law: Work and Talk in a Firm of Criminal Lawyers. Dartmouth: Ashgate.

Trescher, H. G. (1985). Theorie und Praxis der psychoanalytischen Pädagogik. Mainz: Grünewald.

Trice, H. M. & Beyer, J. (1985). Using Six Organizational Rites to Change Culture. In: Kilmann, R. (Hg.): Gaining Control of the Corporate Culture, S. 370–399. San Francisco.

Trinh, T. M. (1989a). Woman, Native, Other: Writing Postcoloniality and Feminism. Bloomington: Indiana University Press.

Trinh, T. M. (1989b). Surname Viet Given Name Nam.

Trinh, T. M. (1991). When the Moon Waxes Red: Representation, Gender and Cultural Politics. New York: Routledge.

Trinh, T. M. (1992). Framer Framed. New York: Routledge.

Tripet, L. (1990). Wo steht das verlorene Haus meines Vaters? Afrikanische Analysen. Freiburg i. Br.: Kore.

Tropp, R. A. (1982). A regulatory perspective on social science research. In: Beauchamp, T. L., Faden, R. R., Wallace jr., R. J. & Walters, L. (Hg.): Ethical issues in social science research, S. 391–415. Baltimore, London: Johns Hopkins Univ. Press.

Türk, K. (1992). Organisationssoziologie. In: Frese, E. (Hg.): Handwörterbuch der Organisation, S. 1633–1648. Stuttgart: Schäffer-Poeschel.

Turner, R. (1962). Role – taking: process versus conformity. In: Rose, A. M. (Hg.): Human Behavior and Social Processes, S. 20–40. London.

Turner, R. (Hg.) (1974). Ethnomethodology: Selected readings. Harmondsworth: Penguin.

Turner, S. (1977). Complex Organizations as Savage Tribes. *Journal for the Theory of Social Behavior*, 7, 99–125.

Tursman, R. (1987). Peirce's Theory of Scientific Discovery. Bloomington.

Ulich, D., Haußer, K., Mayring, P., Strehmel, P., Kandler, M. & Degenhardt, B. (1985). Psychologie der Krisenbewältigung. Eine Längsschnittuntersuchung mit Arbeitslosen. Weinheim: Beltz.

Ulich, E. (1994). Arbeitspsychologie. Zürich, Stuttgart: Hochschulverlag AG an der ETH und Schäffer-Poeschel.

Ulmer, B. (1988). Konversionserzählungen als rekonstruktive Gattung. *Zeitschrift für Soziologie*, 17, 19–33.

Valle, T. de (1993). Gendered Anthropology. London u. a.: Routledge.

Van der Does, S., Edelaar, I., Gooskens, M. & van Mierlo, M. (1992). Reading Images: A Study of a Dutch Neighborhood. *Visual Sociology*, 7, 4–68.

Van Dijk, T. (1997). The Study of Discourse. In: Van Dijk, T. (Hg.): Discourse as Structure and Process. Discourse Studies: A Multidisciplinary Introduction. Vol. 1, S. 1–34. London, Thousand Oaks, New Delhi: Sage.

Van Maanen, J. (1988). Tales of the Field: On Writing Ethnography. Chicago: University of Chicago Press.

Van Maanen, J. (Hg.) (1995). Representation in Ethnography. Thousand Oaks, London, New Delhi: Sage.

Vaughan, D. (1992). Theory elaboration: the heuristics of case analysis. In: Ragin, C. C. & Becker, H. S. (Hg.): What is a case? Exploring the foundations of social inquiry, S. 173–202. Cambridge: Cambridge University Press.

Veyne, P. (1990). Geschichtsschreibung – Und was sie nicht ist. Frankfurt a. M.: Suhrkamp.

Vidich, A. & Bensman, J. (1958). Small town in mass society. Princeton, N. J.: Princeton University Press.

Vidich, A. & Bensman, J. (Winter 1958/59). Kommentar zu: «Freedom and responsibility in research». Human Organization, 17, 2–5.

Vidich, A. J. & Lyman, S. M. (1994). Qualitative Methods. Their History in Sociology and Anthropology. In: Denzin, N. K. & Lincoln, Y. S. (Hg.): Handbook of Qualitative Research, S. 23–52. Thousand Oaks, London: Sage.

Vogel, B. (1995). «Wenn der Eisberg zu schmelzen beginnt ...» Einige Reflexionen über den Stellenwert und die Probleme des Experteninterviews in der Praxis der empirischen Sozialforschung. In: Brinkmann, C., Deeke, A. & Völkel, B. (Hg.): Experteninterviews in der Arbeitsmarktforschung, S. 73–83. Institut f. Arbeitsmarkt und Berufsforschung der Bundesanstalt für Arbeit.

Volmerg, U. (1977). Kritik und Perspektiven des Gruppendiskussionsverfahrens in der Forschungspraxis. In: Leithäuser, T., Volmerg, B., Salje, G., Volmerg, U. & Wutka, B. (Hg.): Entwurf zu einer Empirie des Alltagsbewusstseins, S. 184–217. Frankfurt a. M.: Suhrkamp.

Volosinov, V. N. (1975). Marxismus und Sprachphilosophie. Frankfurt a. M.: Ullstein.

Völter, B. (1997). Eine antifaschistische «Legende»? Die Familie Kaufmann/Liebig. In: Rosenthal, G. (Hg.): Der Holocaust im Leben von drei Generationen. Familien von Überlebenden der Shoah und von Nazi-Tätern, S. 311–344. Gießen: Psychosozial Verlag.

Vonderach, G., Siebers, R. & Barr, U. (1992). Arbeitslosigkeit und Lebensgeschichte. Opladen: Leske & Budrich.

Vorderer, P. & Groeben, N. (Hg.) (1987). Textanalyse als Kognitionskritik? Möglichkeiten und Grenzen ideologiekritischer Inhaltsanalyse. Tübingen: Narr.

Voß, A. (1992). Betteln und Spenden – Eine soziologische Studie über Rituale freiwilliger Armenunterstützung, ihre historischen und aktuellen Formen sowie ihre sozialen Leistungen. Berlin, New York: de Gruyter.

Walkerdine, V. (1991). Schoolgirl Fictions. London: Verso.

Walton, J. (1992). Making the theoretical case. In: Ragin, C. C. & Becker, H. S. (Hg.): What is a case? Exploring the foundations of social inquiry, S. 121–137. Cambridge: Cambridge University Press.

Warren, C. A. (1988). Gender Issues in Field Research. Newbury Park: Sage.

Wartenberg, G. (1971). Logischer Sozialismus – Die Transformation der Kantschen Transzendentalphilosophie durch Ch. S. Peirce. Frankfurt a. M.: Suhrkamp.

746 Literatur

Watson, G. & Seiler, R. M. (Hg.) (1992). Text in context. Contributions to ethnomethodology. Newbury Park: Sage.

Watson, R. (1997). Ethnomethodology and Textual Analysis. In: Silverman, D.
(Hg.): Qualitative Research. Theory, Method and Practice, S. 80–98. London:
Sage.

Webb, E. J., Campbell, D. T., Schwartz, R. D. & Sechrest, L. (1966). Unobstru-
sive Measures: Nonreactive Research in the Social Sciences. Chicago: Rand
McNally.

Webb, R. B. & Glesne, C. (1992). Teaching Qualitative Research. In: LeCompte,
M., Milroy, W. L. & Preissle, J. (Hg.): The Handbook of Qualitative Research
in Education, S. 771–814. New York: Academic Press.

Weber, M. (1972). Wirtschaft und Gesellschaft. Grundriss der verstehenden Soziologie (hg. v. J. Winckelmann). Tübingen: Mohr (5., rev. Aufl.).

Weber, M. (1973a). Der Sinn der ‹Wertfreiheit› der soziologischen und ökonomischen Wissenschaften. In: Weber, M.: Gesammelte Aufsätze zur Wissenschaftslehre. Hg. v. J. Winckelmann, S. 489–540. Tübingen: Mohr/Siebeck (4., erneut
durchges. Aufl.) (zuerst 1917).

Weber, M. (1973b). Die ‹Objektivität› sozialwissenschaftlicher und sozialpoliti-
scher Erkenntnis. In: Weber, M.: Gesammelte Aufsätze zur Wissenschaftslehre.
Hg. v. J. Winckelmann, S. 146–214. Tübingen: Mohr/Siebeck (4., erneut durchges. Aufl.) (zuerst 1917).

Weidenmann, B. (1995). Erfolgreiche Kurse und Seminare. Professionelles Lernen
mit Erwachsenen. Weinheim: Beltz.

Weidmann, R. (1990). Rituale im Krankenhaus. Wiesbaden: Dt. Univ.-Verlag.

Weilenmann, M. (1992). Das Unbewusste im Rechtsprozess. Eine ethnopsychoanalytische Studie über Burundi. *Journal*, 29, 26–55. Psychoanalytisches Sem.
Zürich.

Weingarten, E. (1986). Das sozialwissenschaftliche Experiment – verdeckte und
teilnehmende Beobachtung. In: Helmchen, H. & Winau, R. (Hg.): Versuche mit
Menschen in Medizin, Humanwissenschaft und Politik, S. 220–234. Berlin,
New York: de Gruyter.

Weingarten, E., Sack, F. & Schenkein, J. (Hg.) (1976). Ethnomethodologie: Beiträge zu einer Soziologie des Alltagshandelns. Frankfurt a. M.: Suhrkamp.

Weishaupt, H. (1995). Qualitative Forschung als Forschungstradition – Eine
Analyse von Projektbeschreibungen der Forschungsdokumentation Sozialwissenschaften (FORIS). In: König, E. & Zedler, P. (Hg.): Bilanz qualitativer Forschung, Band I: Grundlagen qualitativer Forschung, S. 75–96. Weinheim:
DSV.

Weiß, C. (1983). Three terms in Search of Reconceptualization: Knowledge, Utilization and Decision-Making. In: Holzner, B., Knorr, K. & Straßer, H. (Hg.):
Realizing Social Science Knowledge. Wien: Physika-Verlag.

Weiß, C. H. (1998). Evaluation: Methods für Studying Policies and Programms.
New York: Prentice Hall.

Weiß, F. (1991). Die dreisten Frauen. Ethnopsychoanalytische Gespräche in Papua-Neuguinea. Frankfurt a. M., New York: Campus.

Weitzman, E., Fielding, N. G. & Lee, R. M. (2000). Computer programs for qualitative data analysis. Thousand Oaks: Sage (2. Aufl.).

Weitzman, E. A. & Miles, M. B. (1995). Computer Programs for Qualitative Data Analysis. Newbury Park: Sage.

Wellmer, A. (1985). Zur Dialektik von Moderne und Postmoderne – Vernunftkritik nach Adorno. Frankfurt a. M.: Suhrkamp.

Welter-Enderlin, R. & Hildenbrand, B. (1996). Systemische Therapie als Begegnung. Stuttgart: Klett-Cotta.

Welz, F. (1996). Kritik der Lebenswelt. Opladen: Westdeutscher Verlag.

Wendt, W. R. (1997). Sozial und wissenschaftlich arbeiten. Freiburg i. Br.: Lambertus.

Wernet, A. (2006). Einführung in die Interpretationstechnik der Objektiven Hermeneutik. Wiesbaden: VS-Verlag (2. Aufl.).

West, C. & Zimmerman, D. H. (1991). Doing Gender. In: Lorber, J. & Farrell, S. A. (Hg.): The Social Construction of Gender, S. 13–37. Newbury Park: Sage Publications.

Westerlund, G. & Sjöstrand, S. E. (1981). Organisationsmythen. Stuttgart: Klett-Cotta.

Wetherell, M. & Potter, J. (1992). Mapping the Language of Racism: Discourse and the Legitimation of Exploitation. Hempel Hempstead: Harvester Wheatsheaf.

Wever, U. & Besig, H.-M. (1995). Unternehmenskommunikation als Lernprozess. Frankfurt a. M.: Campus.

Whyte, W. F. (1955). Street Corner Society. Enlarged Edition. Chicago: The University of Chicago Press (dt. 1996: Die Street Corner Society. Die Sozialstruktur eines Italienerviertels. Berlin, New York: de Gruyter).

Widmer, J. (1991). Goffman und die Ethnomethodologie. In: Hettlage, R. & Lenz, K. (Hg.): Erving Goffman – ein soziologischer Klassiker der zweiten Generation, S. 211–242. Bern, Stuttgart: Haupt.

Wiedemann, P. (1991). Gegenstandsnahe Theoriebildung. In: Flick, U., Kardorff, E. v., Keupp, H., Rosenstiel, L. v. & Wolff, S. (Hg.): Handbuch Qualitative Sozialforschung, S. 440–445. München: Psychologie Verlags Union.

Wieder, D. L. (1974). Language and social reality: The case of telling the convict code. Den Haag, Paris: Mouton.

Wieviorka, M. (1992). Case studies: history or sociology? In: Ragin, Ch. C. & Becker, H. S. (Hg.): What is a case? Exploring the foundations of social inquiry, S. 159–172. Cambridge: Cambridge University Press.

Wikan, U. (1990). Managing Turbulent Hearts – A Balinese Formula for Living. Chicago, London: The University of Chicago Press.

Wildavsky, A. (1972). The self-evaluating organization. In: Cook, T. D. (Hg.): Evaluation Studies Review (Ann. Vol. III). Beverly Hills: Sage.

Wiley, N. (1994). The Semiotic Self. Chicago: University of Chicago Press.

Willems, H. (1997). Rahmen und Habitus – Zum theoretischen und methodischen Ansatz Erving Goffmans. Frankfurt a. M.: Suhrkamp.

Williams, F., Rice, R. E. & Rogers, E. M. (1988). Research methods and the new media. New York: Free Press.

Williams, R. (1958). Culture and Society 1780–1950. London: Chatto & Windus.

Williams, R. (1977). Marxism and Literature. Oxford: Oxford University Press.

Williams, R. (1988). Understanding Goffman's Methods. In: Drew, P. & Wootton, A. (Hg.): Erving Goffman – Exploring the Interaction Order, S. 64–88. Cambridge: Polity Press.

Willig, C. & Stainton-Rogers, W. (Hg.) (2008). The Sage Handbook of Qualitative Research in Psychology. London: Sage.

Willis, P. E. (1975). The Main Reality. Final report on the SSRC project entitled ‹The Transition from School to Work›. Birmingham: CCCS.

Willis, P. E. (1976). The Man in the Iron Cage: Notes on Method. *Working Papers in Cultural Studies*, 9, 135–143.

Willis, P. (1977). Learning to Labour – How Working Class Kids get Working Class Jobs. Westmead, Farnborough, Hants: Saxon House (dt. 1979: Spaß am Widerstand. Gegenkultur in der Arbeiterschule. Frankfurt a. M.: Syndikat).

Willis, P. (1978). Profane Culture. London, Henley, Boston: Routledge & Kegan Paul (dt.: Profane Culture – Rocker, Hippies: Subversive Stile der Jugendkultur. Frankfurt a. M.: Syndikat, 1981).

Willis, P. (1979). Spaß am Widerstand. Gegenkultur in der Arbeiterschule. Frankfurt a. M.: Syndikat.

Willis, P. (1991). Jugend-Stile – Zur Ästhetik der gemeinsamen Kultur. Hamburg, Berlin: Argument.

Willis, P. (1997). TIES. Theoretically Informed Ethnographic Study. In: Nugent, S. & Shore, C. (Hg.): Anthropology and Cultural Studies, S. 182–192. London, Chicago: The University of Chicago Press.

Wilson, T. P. (1973). Theorien der Interaktion und Modelle soziologischer Erklärung. In: Arbeitsgruppe Bielefelder Soziologen (Hg.): Alltagswissen und gesellschaftliche Wirklichkeit, S. 54–79. Reinbek bei Hamburg: Rowohlt.

Wingens, M. (1988). Soziologisches Wissen und politische Praxis. Frankfurt a. M.: Campus.

Wingens, M. & Weyman, A. (1988). Die Verwendung soziologischen Wissens in der bildungspolitischen Diskussion. Pfaffenweiler: Centaurus.

Winnicott, D. W. (1974). Vom Spiel zur Kreativität. Stuttgart: Klett-Cotta.

Winograd, T. & Flores, F. (1986). Understanding Computers and Cognition. Chicago: Ablex Publishing Corp.

Winter, R. (1995). Der produktive Zuschauer. Medienaneignung als kultureller und ästhetischer Prozess. München: Quintessenz.

Winter, R. (2000). Die Kunst des Eigensinns. Cultural Studies als Kritik der Macht. Opladen: Westdeutscher Verlag.

Wirth, U. (1995). Abduktion und ihre Anwendungen. *Zeitschrift für Semiotik*, 17, 405–424.

Wittgenstein, L. (1967). Philosophische Untersuchungen. Frankfurt a. M.: Suhrkamp.

Wittkowski, J. (1994). Das Interview in der Psychologie. Interviewtechnik und Codierung von Interviewmaterial. Opladen: Westdeutscher Verlag.

Wittmann, H. H. (1985). Evaluation. Bern: Huber.

Witzel, A. (1982). Verfahren der qualitativen Sozialforschung. Überblick und Alternativen. Frankfurt a. M.: Campus.

Witzel, A. (1985). Das problemzentrierte Interview. In: Jüttemann, G. (Hg.): Qualitative Forschung in der Psychologie, S. 227–255. Weinheim, Basel: Beltz.

Witzel, A. (1996). Auswertung problemzentrierter Interviews. In: Strobl, R. & Böttger, A. (Hg.): Wahre Geschichten? Zu Theorie und Praxis qualitativer Interviews, S. 49–76. Baden-Baden: Nomos.

Wohlrab-Sahr, M. (1992). Biographische Unsicherheit. Formen weiblicher Identität in der «reflexiven Moderne»: Das Beispiel der Zeitarbeiterinnen. Opladen: Leske & Budrich.

Wolcott, H. F. (1995). The Art of Fieldwork. Walnut Creek, London, New Delhi: Altamira Press.

Wolff, K. H. (1968). Hingebung und Begriff. Berlin, Neuwied: Luchterhand.

Wolff, S. (1976). Der rhetorische Charakter der Sozialen Ordnung. Berlin: Duncker & Humblot.

Wolff, S. (1992). Die Anatomie der Dichten Beschreibung – Clifford Geertz als Autor. In: Matthes, J. (Hg.): Zwischen den Kulturen? – Die Sozialwissenschaften vor dem Problem des Kulturvergleichs. Soziale Welt, Sonderband 8, 339–361.

Wolff, S. (1995). Text und Schuld. Die Rhetorik psychiatrischer Gerichtsgutachten. Berlin: de Gruyter.

Wolff, S. & Müller, H. (1997). Kompetente Skepsis. Eine konversationsanalytische Untersuchung zur Glaubwürdigkeit in Strafverfahren. Opladen: Westdeutscher Verlag.

Wooffitt, R. (1992). Telling Tales of the Unexpected: The Organization of Factual Discourse. Hempel Hempstead: Harvester Wheatsheaf.

Woolgar, S. (1980). Discovery: Logic and Sequence in a Scientific Text. In: Knorr, K. D., Krohn, W. & Whitley, R. (Hg.): The Social Process of Scientific Investigation. Sociology of the Sciences Yearbook. Vol. IV, S. 239–268. Dordrecht: Reidel.

Worth, S. (1981). Studying Visual Communication. Philadelphia: Temple University Press.

Wottawa, H. & Thierau, H. (1998). Lehrbuch Evaluation. Bern: Huber (2. Aufl.).

Wundt, W. (1921). Völkerpsychologie. Eine Untersuchung der Entwicklungsgesetze von Sprache, Mythos und Sitte. Stuttgart: Kröner.

Würker, A. (1993). Das Verhängnis der Wünsche. Unbewusste Lebensentwürfe in Erzählungen E. T. A. Hoffmanns. Frankfurt a. M.: Fischer.

Yanow, D. (1999). Conducting Interpretive Policy Analysis. London, Thousand Oaks, New Delhi: Sage.

Young, F. (1952). C. S. Peirce: 1839–1914. In: Wiener, P. & Young, F. (Hg.): Studies in the Philosophy of C. S. Peirce, S. 271–276. Cambridge.

Zavala, A., Locke, E. A., Van Cott, H. P. & Fleishman, E. A. (1965). The analysis of helicopter pilot performance. Washington: American Institutes for Research.

Zeiher, H. J. & Zeiher, H. (1998). Orte und Zeiten der Kinder. Soziales Leben im Alltag von Großstadtkindern. Weinheim, München: Juventa (2. Aufl.).

Zimbardo, P. (1995). Psychologie. Berlin: Springer (6. Aufl.).

Zimmerman, D. H. (1974). Fact as a practical accomplishment. In: Turner, R. (Hg.): Ethnomethodology, S. 128–143. Harmondsworth: Penguin.

Zinser, H. (1984). Die Wiedereinsetzung des Subjektes: Von der psychoanalytischen Ethnologie zur Ethnopsychoanalyse. *Kölner Zeitschrift für Soziologie und Sozialpsychologie,* Sonderheft 26, 101–112.

Über die Autoren

Bauer, Martin, PhD, Jg. 1959, Lecturer, Dept. of Social Psychology und Methodology Institute, London School of Economics. Arbeitsschwerpunkte: Neue Technologien, Qualitative Methoden, Soziale Repräsentationen, Widerstand in sozialen Prozessen.

Bergmann, Jörg R., Prof. Dr., Dipl.-Psych., Jg. 1946, Universität Bielefeld, Fakultät für Soziologie. Arbeitsschwerpunkte: Qualitative Methoden, Neue Medien, Kommunikation im Alltag und in komplexen Arbeitssituationen.

Böhm, Andreas, Dr. phil., Jg. 1955, Landesgesundheitsamt Brandenburg. Arbeitsschwerpunkte: Epidemiologie, Kindergesundheit, Qualitative Methoden.

Bohnsack, Ralf, Prof. Dr. rer. soc., Dr. phil. habil., Dipl.-Soz., Jg. 1948, Freie Universität Berlin, FB Erziehungswissenschaft und Psychologie. Arbeitsschwerpunkte: Qualitative Methoden, Wissenssoziologie, Jugendforschung, Devianz.

Bude, Heinz, Prof. Dr. phil., Jg. 1954, Universität Kassel und Hamburger Institut für Sozialforschung. Arbeitsschwerpunkte: Generations-, Exklusions- und Unternehmerforschung.

Denzin, Norman K., Prof., PhD, Jg. 1941, College of Communications Scholar Distinguished Research Professor of Communications, Sociology, Cinema Studies and Humanities, University of Illinois, Institute of Communications Research. Arbeitsschwerpunkte: Cultural Studies, Interpretative Forschung, Medien und Ethnien.

Eberle, Thomas S., Prof. Dr., Jg. 1950, Soziologisches Seminar, Universität St. Gallen (Schweiz). Arbeitsschwerpunkte: Phänomenologische Soziologie, Wissenssoziologie, Kultursoziologie.

Erzberger, Christian, Dr., Jg. 1956, Gesellschaft für innovative Sozialforschung und Sozialplanung (GISS), Bremen. Arbeitsschwerpunkte: Quantitative und qualitative Methoden empirischer Sozialforschung, Sequenzmusteranalyse, Evaluationsforschung.

Fischer-Rosenthal, Wolfram, Prof. Dr., Jg. 1946, Universität Gesamthochschule Kassel, FB Sozialwesen. Arbeitsschwerpunkte: Qualitative Fallrekonstruktionen (u. a. biographischer Strukturen), Wissenssoziologie, Interaktionsanalysen (insbes. professionellen Handelns).

Flick, Uwe, Prof. Dr. phil. habil., Dipl.-Psych., Dipl.-Soz., Jg. 1956, Alice-Salomon-Hochschule und Technische Universität Berlin. Arbeitsschwerpunkte: Qualitative Methoden, Alltagswissen, Gesundheit.

Gildemeister, Regine, Prof. Dr. phil. habil., Dipl.-Soz., Jg. 1949, Institut für Soziologie der Eberhard-Karls-Universität Tübingen. Arbeitsschwerpunkte: Modi der sozialen Konstruktion von Geschlecht, Berufs- und Professionssoziologie, Qualitative Methoden.

Harper, Douglas, Prof. PhD, Jg. 1948, Duquesne University, Chair and Professor, Sociology Department; Co-Director: Center for Social and Public Policy. Arbeitsschwerpunkte: Visuelle Soziologie, Kultursoziologie, Soziologische Theorie.

Hermanns, Harry, Prof. Dr. rer. pol., Jg. 1947, Fachhochschule Potsdam. Arbeitsschwerpunkte: Studienreform, insbesondere multimediagestützte Studienformen, Qualitative Methoden der Sozialforschung.

Hildenbrand, Bruno, Prof. Dr. rer. soc., Jg. 1948, Institut für Soziologie, Friedrich-Schiller-Universität Jena. Arbeitsschwerpunkte: Struktur professionellen Handelns (in Therapie sowie Kinder- und Jugendhilfe), Strukturwandel im ländlichen Raum, Fallrekonstruktive Verfahren in den Sozialwissenschaften.

Hitzler, Ronald, Prof. Dr., Jg. 1950, Lehrstuhl für Allgemeine Soziologie, Universität Dortmund. Arbeitsschwerpunkte: Phänomenologie, dramatologische Anthropologie, hermeneutische Wissenssoziologie.

Honer, Anne, Prof. Dr., Jg. 1951, Fachhochschule Fulda, Fachbereich Sozial- und Kulturwissenschaften. Arbeitsschwerpunkte: Wissens- und Kultursoziologie, Phänomenologie, Ethnographie/qualitative Sozialforschung.

Hopf, Christel, Prof. Dr., Jg. 1942, Institut für Sozialwissenschaften der Universität Hildesheim. Arbeitsschwerpunkte: Methoden der empirischen Sozialforschung/Schwerpunkt qualitative Verfahren, Sozialisationsforschung, politische Soziologie.

Kardorff, Ernst v., Prof. Dr. phil. habil., Dipl.-Psych., Dipl.-Soz., Jg. 1950, Humboldt-Universität zu Berlin, Institut für Rehabilitationswissenschaften. Arbeitsschwerpunkte: Bewältigung chronischer Krankheiten in der Familie, Social Support, Selbsthilfe, Psychosoziale Versorgung, Qualitative Sozialforschung.

Kelle, Udo, Prof. Dr., Jg. 1960, Institut für Soziologie, Universität Marburg. Arbeitsschwerpunkte: Methodologie empirischer Sozialforschung, soziologische Handlungstheorie, Lebenslaufforschung, insbesondere Soziologie des Alters.

Knoblauch, Hubert, Prof. Dr., Jg. 1959, Institut für Soziologie der Technischen Universität Berlin. Arbeitsschwerpunkte: Allgemeine Soziologie, Religionssoziologie, Wissenssoziologie, qualitative Methoden.

König, Hans-Dieter, Prof. Dr. phil., Jg. 1950, frei praktizierender Psychoanalytiker in Dortmund, lehrt Soziologie und Sozialpsychologie an der Universität Frankfurt a. Main. Arbeitsschwerpunkte: Psychoanalytische Kultur- und Biographieforschung, Sozialisationstheorie, Methoden hermeneutischer Sozialforschung.

Kowal, Sabine, Prof. Dr., Jg. 1944, Apl. Professorin für Allgemeine Linguistik, Schwerpunkt Psycholinguistik, Technische Universität Berlin, Institut für Linguistik. Arbeitsschwerpunkte: Gesprächsforschung, Transkription, Rhetorik.

Lincoln, Yvonna S., Prof., Jg. 1944, Programmdirektorin des Higher Education Programm, Texas A & M University, Faculty of Educational Administration. Arbeitsschwerpunkte: Hochschulbildungsverwaltung und -führung, qualitative Forschungsmethoden, Programmevaluation.

Lindner, Rolf, Prof. Dr. phil., Dipl.-Soz., Jg. 1945, Professor für Europäische Ethnologie, Institut für Europäische Ethnologie, Humboldt-Universität zu Berlin. Arbeitsschwerpunkte: Stadtethnologie, Wissenschaftsforschung, Cultural Studies.

Luckmann, Thomas, Prof. PhD, Jg. 1927, Universität Konstanz, Arbeitsschwerpunkte: Wissenssoziologie, Phänomenologie, Kommunikation.

Lüders, Christian, Dr., Jg. 1953, Deutsches Jugendinstitut, Leiter der Abteilung

«Jugend und Jugendhilfe». Arbeitsschwerpunkte: Qualitative Sozialforschung, Kinder- und Jugendhilfe, Sozialpädagogik.

Marotzki, Winfried, Prof. Dr. habil., Jg. 1950, Otto-von-Guericke-Universität Magdeburg. Arbeitsschwerpunkte: Qualitative Sozialforschung, Bildungstheorie (philosophy of education), Internet Research.

Matt, Eduard, Dr. rer. soc., Jg. 1955, lebt und arbeitet in Bremen. Arbeitsschwerpunkte: Jugendsoziologie, Kriminologie, Wissens- und Kultursoziologie.

Mayring, Philipp, Prof. Dr., Jg. 1952, Institut für Psychologie der Universität Klagenfurt, Österreich. Arbeitsschwerpunkte: Qualitative Methoden (Inhaltsanalyse, Evaluation), Entwicklungspsychologie (Gerontologie), Pädagogische Psychologie (Emotion und Lernen, Virtuelle Medien), Mixed Methodologies.

Meier, Christoph, Jg. 1963, Fraunhofer-Institut für Arbeitswirtschaft und Organisation, Stuttgart. Arbeitsschwerpunkte: Telekooperation, Teamentwicklung in verteilten Organisationen, Analyse von (technisch vermittelten) Kommunikationsprozessen, Qualitative Forschungsmethoden (Ethnographie, Konversationsanalyse).

Meinefeld, Werner, Apl. Prof. Dr., Jg. 1948, Institut für Soziologie, Universität Erlangen-Nürnberg. Arbeitsschwerpunkte: Erkenntnistheorie, Methoden der empirischen Sozialforschung, Hochschulforschung.

Merkens, Hans, Prof. Dr., Jg. 1937, Freie Universität Berlin, FB Erziehungswissenschaft und Psychologie, Institut für Allgemeine Pädagogik. Arbeitsschwerpunkte: Jugendforschung, Organisationslernen und -kulturentwicklung, pädagogische Institutionen.

Métraux, Alexandre, Dr. phil., Jg. 1945, Mitglied des Ott-Selz-Instituts der Universität Mannheim. Arbeitsschwerpunkte: Wissenschaftsgeschichte, speziell: Hirn- und Nervenforschung zwischen 1750 und 1950, Wissenschaftstheorie, Erforschung der wissenschaftlichen Medien.

Nadig, Maya, Prof. Dr. phil., Jg. 1946, Professorin für Ethnologie, Bremer Institut für Kulturforschung (bik), Studiengang Kulturwissenschaft der Universität Bremen. Arbeitsschwerpunkte: Ethnopsychoanalyse, Genderbeziehungen, kulturelle Identität und transkulturelle Prozesse.

O'Connell, Daniel C., Prof., Jg. 1928, Prof. of Psychology, Loyola University of Chicago, Department of Psychology, Chicago IL, USA. Arbeitsschwerpunkte: Zeitliche Organisation des Sprechens, Transkription, Dialog.

Ohlbrecht, Heike, Dr. phil., Jg. 1970, Institut für Rehabilitationswissenschaften der Humboldt-Universität zu Berlin. Arbeitsschwerpunkte: Qualitative Methoden der Sozialforschung, Familiensoziologie, Bewältigung chronischer Krankheit im Jugendalter.

Parker, Ian, Prof. PhD, BA (Hons), Jg. 1956, Professor of Psychology Manchester Metropolitan University, Discourse Unit. Dept. of Psychology and Speech Pathology. Arbeitsschwerpunkte: Marxismus, Sprache, Psychoanalyse.

Reichertz, Jo, Prof. Dr., Jg. 1949, Professor für Kommunikationswissenschaft, Universität Essen. Arbeitsschwerpunkte: Qualitative Sozialforschung, Wissenssoziologische Text- und Bildhermeneutik, Kultursoziologie.

Reichmayr, Johannes, Prof. Dr. phil., Jg. 1947, Dozent für Psychologie mit besonderer Berücksichtigung der Psychoanalyse. Institut für Psychologie, Abteilung
für Sozialpsychologie an der Kulturwissenschaftlichen Fakultät der Universität
Klagenfurt. Arbeitsschwerpunkte: Ethnopsychoanalyse, Geschichte der psychoanalytischen Bewegung.

Rosenstiel, Lutz v., Prof. Dr. Dr. hc., Jg. 1938, Institut für Psychologie der Universität München. Arbeitsschwerpunkte: Führung, Sozialisation in Organisation,
Motivation und Volition.

Rosenthal, Gabriele, Prof. Dr., Jg. 1954, Professorin für Qualitative Methoden an
der Georg-August-Universität Göttingen, Methodenzentrum Sozialwissenschaften. Arbeitsschwerpunkte: Interpretative Soziologie, Biographieforschung, Familiensoziologie.

Schmidt, Christiane, Dr. phil., Jg. 1951, Universität Hildesheim, Institut für Angewandte Sprachwissenschaft. Arbeitsschwerpunkte: Subjektive Verarbeitung von
Erfahrungen mit (vernetzten) Computern, Evaluation internetunterstützter Seminare, Qualitative Beobachtungs- und Befragungsmethoden.

Soeffner, Hans-Georg, Prof. Dr., Jg. 1939, Universität Konstanz, Lehrstuhl für Allgemeine Soziologie. Arbeitsschwerpunkte: Kultursoziologie, Kulturanthropologie (Kommunikation, Wissen, Medien, Religion, Recht).

Steinke, Ines, Dr. phil., Dipl.-Psych., MBA, Jg. 1965, Forschung und Lehre zu qualitativen Methoden, Allgemeiner Psychologie und Jugendforschung. Tätigkeit in
der Wirtschaft in den Bereichen Markenführung, Markt- und Werbepsychologie sowie Usability und Design-Management.

Willems, Herbert, Prof. Dr. phil., M.A., Dipl.-Päd., Jg. 1956, Institut für Soziologie, Justus-Liebig-Universität Gießen. Arbeitsschwerpunkte: Soziologische
Theorien und Methoden, Alltagskultur, Massenmedien.

Winter, Rainer, Prof. Dr., Jg. 1960, Psychologe (Diplom) und Soziologe (M.A., Dr.
phil., Dr. habil.), Professor für Medien- und Kulturtheorie, Universität Klagenfurt. Arbeitsschwerpunkte: Soziologische Theorien, Soziologie der Globalisierung, Qualitative Methoden, Medien- und Kulturanalyse.

Wolff, Stephan, Prof. Dr., Jg. 1947, Universität Hildesheim, Institut für Sozialpädagogik. Arbeitsschwerpunkte: Angewandte Organisationsforschung, Qualitative Methoden, Kulturanthropologie.

Klaus Amann
Robert Musil – Literatur und Politik
Mit einer Neuedition ausgewählter politischer
Schriften aus dem Nachlass (55685)

Aristoteles
Metaphysik (55544)
Nikomachische Ethik (55651)
Politik (55545)

Doris Bachmann-Medick
Cultural Turns
Neuorientierungen in den Kulturwissenschaften (55675)

Sabina Becker
Literatur- und Kulturwissenschaften
Ihre Methoden und Theorien (55686)

Claudia Benthien
Haut
Literaturgeschichte – Körperbilder – Grenzdiskurse (55626)

Claudia Benthien/Hans Rudolf Velten (Hg.)
Germanistik als Kulturwissenschaft
Eine Einführung in neue Theoriekonzepte (55643)

Claudia Benthien/Christoph Wulf (Hg.)
Körperteile
Eine kulturelle Anatomie (55642)

Hartmut Böhme
Fetischismus und Kultur
Eine andere Theorie der Moderne (55677)

Hartmut Böhme/Peter Matussek/Lothar Müller
Orientierung Kulturwissenschaft
Was sie kann, was sie will (55608)

Klaus Michael Bogdal/Kai Kauffmann/Georg Mein
BA-Studium Germanistik
Ein Lehrbuch (55682)

Eberhard Braun/Felix Heine/Uwe Opolka
Politische Philosophie
Ein Lesebuch. Texte, Analysen, Kommentare (55700)